EBS 중학

| 국어 3 |

개념책

| 기획 및 개발 |

정혜진 송해나 이미애

| 집필 및 검토 |

강지연(국립국악고) 김수학(중동고) 박종혁(보성중) 신영미(운중고) 신장우(창문여고) 오경란(탄벌중)

| 검토 |

김서경 김호태 이용우 임동원 주진택

+ 수학 전문가 100여 명의 노하우로 만든
   수학 특화 시리즈

+ 연산 ε ▸ 개념 α ▸ 유형 β ▸ 고난도 Σ 의
   단계별 영역 구성

+ 난이도별, 유형별 선택으로
   사용자 맞춤형 학습

수학 마스터
기본부터 심화까지 **단계별 수학**

연산 ε(6책) | 개념 α(6책) | 유형 β(6책) | 고난도 Σ(6책)

EBS No.1 과목 특화 브랜드

EBS 중학

뉴런

| 국어 3 |

개념책

Structure 이 책의 구성과 특징

개념 잡기

꼭 알아 두어야 할 교과서의 주요 개념을 정리하였습니다. '예로 개념 확인'을 통해 학습 내용과 관련된 개념과 원리를 예를 통해 확인할 수 있습니다.

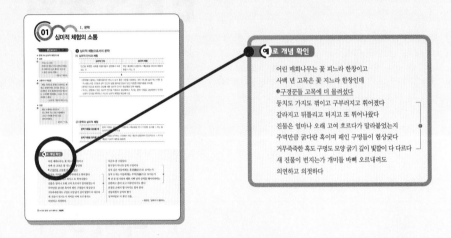

지문 연구

9종 검정 교과서의 주요 지문을 선정하여 관련 학습 내용과 구절 풀이, 낱말 풀이까지 꼼꼼하게 정리하였습니다.

평가 문제 및 100점 특강

- 주요 지문을 학습하고, 문제를 통해 평가에 대비하도록 하였습니다.
- 100점 특강을 통해 꼭 알아 두어야 할 필수 학습 내용을 알기 쉽게 설명하였습니다.

대단원 평가

대단원별 학습 내용을 문제를 통해 다시 한번 점검할 수 있습니다.

• EBS 홈페이지(mid.ebs.co.kr)에 들어오셔서 회원으로 등록하세요.
• 본 방송 교재의 프로그램 내용을 인터넷 동영상(VOD)으로 다시 보실 수 있습니다.
• 교재 및 강의 내용에 대한 문의는 EBS 홈페이지(mid.ebs.co.kr)의 Q&A 서비스를 활용하시기 바랍니다.

실전책 ------ 미니북

개념책에서 학습한 내용을 복습
하고 심화 학습할 수 있습니다.

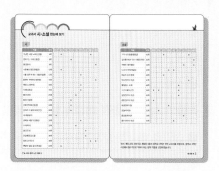

9종 검정 교과서의 수록된 문학 작품을 한
눈에 살펴볼 수 있도록 정리하였습니다.
'핵심 정리'와 '핵심 특강'을 통해 작품의
요점을 이해할 수 있습니다.

정답과 해설

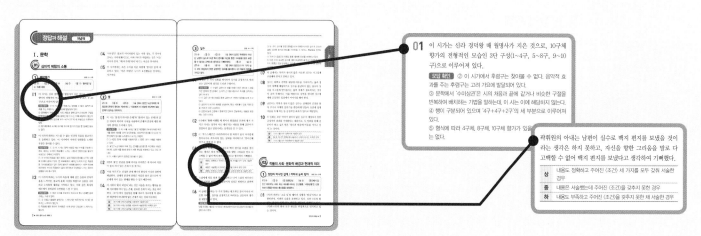

정답과 서술형의 예시 답안을 확인할 수 있습니다.
'오답 확인'은 오답이 오답인 이유를 확인할 수 있으며,
서술형 문제는 '채점 기준'을 통해 구체적인 평가가 가능합니다.

Contents 이 책의 차례

I 문학

01 심미적 체험의 소통

더 알아 두기

◆ 문학 속 심미적 체험의 예

■ 감동

예
> 이윽고 눈 속을
> 아버지가 약을 가지고 돌아오시었다.
> 아 아버지가 눈을 헤치고 따 오신
> 그 붉은 산수유 열매—.
> – 김종길, 「성탄제」

■ 교훈이나 깨달음

예
> 옛날 사람들은 흥정은 흥정이요, 생계는 생계이지만, 물건을 만드는 그 순간만은 오직 훌륭한 물건을 만든다는 그것에만 열중했다. 그리고 스스로 보람을 느꼈다.
> – 윤오영, 「방망이 깎던 노인」

■ 성찰

예
> 별을 노래하는 마음으로
> 모든 죽어 가는 것을 사랑해야지
> 그리고 나한테 주어진 길을
> 걸어가야겠다.
> – 윤동주, 「서시」

1 심미적 체험으로서의 문학

(1) 심미적 인식과 체험

심미적 인식	심미적 체험
인간을 포함한 세계를 아름다움의 관점에서 바라보는 것	어떤 대상에서 감동이나 깨달음을 얻으며 아름다움을 느끼는 것

↓

- 문학에서 말하는 아름다움이란 반드시 보기 좋은 것만을 의미하는 것이 아니며 슬프거나 추한 것, 우스꽝스러운 것 등과 같이 인간의 삶을 둘러싼 진실이 담긴 다양한 아름다움을 의미함.
- 문학은 인간과 세계의 진실에 대한 심미적 인식이 형상화된 언어 예술임.
- 작가는 경험에서 얻은 심미적 인식을 작품으로 형상화하고, 독자는 문학 작품을 감상하면서 작가의 심미적 인식을 파악하고 자신의 심미적 체험을 확장해 나감.

(2) 문학과 심미적 체험

문학 작품을 감상할 때	문학 작품을 감상하면서 감동이나 깨달음을 얻고 다양한 정서를 느끼는 등 심미적 체험을 하게 됨.
문학 작품을 창작할 때	문학 작품을 창작하는 과정에서 어떤 대상과 관련하여 인상적으로 느끼거나 깨달은 심미적 체험을 활용함.

예로 개념 확인

어린 매화나무는 꽃 피느라 한창이고
사백 년 고목은 꽃 지느라 한창인데
❶구경꾼들 고목에 더 몰려섰다
둥치도 가지도 꺾이고 구부러지고 휘어졌다
갈라지고 뒤틀리고 터지고 또 튀어나왔다
진물은 얼마나 오래 고여 흐르다가 말라붙었는지
주먹만큼 굵다란 혹이며 패인 구멍들이 험상궂다
거무죽죽한 혹도 구멍도 모양 굵기 깊이 빛깔이 다 다르다
새 진물이 번지는가 개미들 바삐 오르내려도
의연하고 의젓하다

사군자 중 으뜸답다
꽃구경이 아니라 상처 구경이다
상처 깊은 이들에게는 훈장(勳章)으로 보이는가
상처 도지는 이들에게는 부적(符籍)으로 보이는가
백 년 못 된 사람이 매화 사백 년의 상처를 헤아리랴마는
감탄하고 쓸어 보고 어루만지기도 한다
만졌던 손에서 향기까지도 맡아 본다
진동하겠지 상처의 향기
상처야말로 더 꽃인 것을.
– 유안진, 「상처가 더 꽃이다」

② 심미적 체험의 공유와 소통

(1) 작가

• 현실에서 겪은 가치 있는 경험이나 정서를 문학 작품으로 표현하여 독자와 공유하고자 한다.

• 문학 작품을 통해 독자에게 자신의 삶과 인식을 전함으로써 독자와 심미적 체험을 공유하고 소통한다.

(2) 독자

• 문학 작품을 읽으며 심미적 체험을 하고, 이를 다양한 방법으로 표현하면서 자신의 심미적, 정서적 경험을 확장한다.

• 문학 작품을 읽으며 작가의 심미적 인식을 자기 나름의 방식으로 이해하고, 자신의 심미적 인식을 작가나 다른 독자와 공유하고 소통함으로써, 세계를 깊이 이해하고 삶의 의미를 성찰한다.

③ 문학의 아름다움과 가치

형식		내용
언어를 갈고 닦아 문학 작품으로 표현하는 데서 느끼는 아름다움	+	문학 작품을 통해 감동을 느끼고 문학적 정서를 체험하는 데서 오는 아름다움

더 알아 두기

◆ 문학과 소통

작가	일상 언어를 다듬어 작품을 창작함.
↓	
작품	문학 언어로 표현됨.
↑	
독자	문학 언어를 읽고 아름다움을 느낌.

◆ 일상 언어와 문학 언어

일상 언어	문학 언어
• 지식, 정보, 의사 전달에 치중함. • 사실적으로 표현함. • 다듬어지지 않은 언어임. • 자세하고 설명적임. • 불필요한 군더더기 말이 많음. • 직접적이고 산문적임.	• 의사 전달보다 정서 표현에 중점을 둠. • 세련되게 잘 다듬어진 언어임. • 새로운 문학적 의미를 창조함. • 생략이 많고 함축적임. • 비유나 운율이 있는 말을 사용하기도 함.

❶ 문학의 아름다움: 사람들이 깨끗하고 예쁜 것만 좋아하고 거기서 아름다움을 느낀다면 '고목에 더 몰려서' 있을 이유가 없다. 겉모습과 상관없이 그 안에 담겨 있는 사연, 경험, 생각, 마음 등에서 진정한 아름다움을 찾기 때문에 독자는 이 시를 읽으며 사백 년을 살며 온갖 어려움을 견뎌 온 매화나무에게서 애정과 대견함을 느낄 수 있다.

❷ 심미적 체험: 이 시의 화자는 오래된 매화나무를 보고 있다. 오래된 고목의 둥치와 가지는 '꺾이고 구부러지고 휘어' 있고, '갈라지고 뒤틀리고 터지고 또 튀어나와' 있는 등 거친 모습이다. 그럼에도 불구하고 화자는 물론 다른 사람들도 꽃을 피우는 어린 매화나무보다 꽃이 지는 고목에 더 관심을 보이고 있다.

❸ 심미적 인식: 구경꾼들은 사백 년 된 매화나무의 거칠고 상처 입은 모습에서 나무가 지나온 세월의 아픔, 고통의 흔적을 본다. 안타까움과 연민을 느끼는 이도 있고, 의연하고 의젓한 모습이 대견하다고 감탄하는 이도 있다. 상처는 부끄러워하거나 감추어야 할 것이 아니라 사람을 성장하게 하는 것임을 깨달을 수 있다.

제망매가 | 월명사

- **해제:** 이 작품은 신라의 승려 월명사가 지은 10구체 향가로, 일찍 세상을 떠난 누이를 추모하며 삶과 죽음의 문제를 비유와 상징을 통해 깊이 있게 다루고 있다. 화자는 누이의 죽음에서 느끼는 슬픔과 안타까움, 삶의 허무함과 무상함을 종교의 힘으로 극복하고 있다.
- **주제:** 죽은 누이를 추모함. 누이의 죽음에 대한 슬픔을 종교적으로 극복함.

내용 연구 ▶▶▶

누이의 죽음을 대하는 화자의 태도 변화

1~4구	누이의 죽음을 안타까워함.

↓

5~8구	누이의 죽음에서 삶의 무상함을 느낌.

↓

9~10구	누이와 재회하기를 기대하며 이승의 슬픔을 극복함.

°생사(生死) ⓐ길은
　　　삶과 죽음의 갈림길
ⓑ °예 있으매 머뭇거리고,
　　　죽음에 대한 두려움
나는 간다는 말도
누이
못다 이르고 어찌 갑니까.
　　누이가 일찍 세상을 떠난 것에 대한 아쉬움, 안타까움
ⓒ ★어느 가을 이른 바람에
　　　누이의 갑작스러운 죽음, 요절(夭折)을 암시함.
이에 저에 떨어질 잎처럼,
　　　　유한한 생명을 지닌 인간(죽은 누이)을 비유함.
ⓓ ★한 가지에 나고
　　　같은 부모
ⓔ 가는 곳 모르온저.

아아, °미타찰(彌陀刹)에서 만날 나
　　화자가 죽은 누이와 재회할 공간 ↔ 이승　　화자 자신
도(道) 닦아 기다리겠노라.
불도(종교의 힘)　　누이를 다시 만날 미래 기약. 화자의 의지

▶ (　　　)의 죽음으로 인한 슬픔과 안타까움

▶ 누이의 죽음에서 느끼는 삶의 (　　　)와/과 무상함

▶ (　　　) 사상을 통한 슬픔 극복

구절 풀이

★**어느 가을 이른 바람에 / 이에 저에 떨어질 잎처럼.:** 요절한 누이를 이른 바람에 떨어지는 낙엽에 비유하고 있다. '이른 바람'은 누이의 '때 이른 죽음'을, '떨어질 잎'은 '죽은 누이'를 의미한다.

★**한 가지에 나고:** 누이와 화자가 한 부모에게서 태어난 남매이므로 '한 가지'는 '같은 부모'를 의미한다.

낱말 풀이

- **생사(生死):** 삶과 죽음.
- **예:** '여기에'의 준말. 여기에서는 '이승, 이 세상'을 뜻함.
- **미타찰(彌陀刹):** 아미타불이 살고 있는 극락 세계.

01 이 시가의 형식상 특징으로 적절한 것은?

① 3단 구성에 의해 시상을 전개하고 있다.

② 음악적 효과를 주는 후렴구를 반복하고 있다.

③ 수미상관의 구조가 시 전체에 안정감을 주고 있다.

④ 행 구분을 하지 않아 차분한 정서를 드러내고 있다.

⑤ 4음보의 율격을 통해 음악적 아름다움을 나타내고 있다.

02 이 시가에 대한 감상으로 적절하지 <u>않은</u> 것은?

① 대상의 부재로 인한 슬픔을 종교적으로 극복하고 있다.

② 삶과 죽음의 문제를 자연 현상에 빗대어 표현하고 있다.

③ 대상의 죽음을 통해 느끼는 인생무상의 정서를 드러내고 있다.

④ 다양한 비유적 표현을 통해 화자가 처한 상황을 나타내고 있다.

⑤ 자연의 영원함과 인간의 유한한 삶을 비교하여 주제를 강조하고 있다.

03 이 시가의 주된 정서와 분위기로 적절한 것은?

① 밝고 경쾌하다.　　　　② 외롭지만 따뜻하다.

③ 차갑고 쓸쓸하다.　　　④ 안타깝고 엄숙하다.

⑤ 무섭고 긴장감이 느껴진다.

04 ⓐ~ⓔ 중, 다음에서 설명하는 '미타찰'과 의미상 대립하는 것은?

> '미타찰(彌陀刹)'은 불교에서 아미타불이 살고 있다는 서방 정토, 즉 극락세계를 의미한다. 이 시에서는 시적 화자와 죽은 누이가 재회할 공간이기도 하다.

① ⓐ　　② ⓑ　　③ ⓒ　　④ ⓓ　　⑤ ⓔ

05 〈보기〉의 ㉠, ㉡에 해당하는 시구를 〈조건〉에 맞게 서술하시오.

┤ 보기 ├

이 시가는 월명사가 ㉠죽은 누이를 추모하기 위해 지은 10구체 향가이다. 작가는 누이의 ㉡때 이른 죽음에 대한 안타까움을 드러내며, 혈육의 죽음으로 인한 슬픔과 고뇌를 종교적 믿음으로 극복하고 있다.

┤ 조건 ├

• ㉠을 비유한 시구를 찾아 2어절로 쓸 것.

• ㉡을 암시하는 시구를 찾아 2어절로 쓸 것.

100점 특강

이 시가의 표현상 특징과 정서

	시어 / 시구	의미	정서
5구	이른 바람	누이의 요절을 암시함.	안타까움, 슬픔
6구	떨어질 잎	유한한 생명을 지닌 인간(죽은 누이)을 비유함.	동기애
7구	한 가지	같은 부모를 비유함.	
8구	모르온저	안타까움을 표출하는 감탄의 어조임.	삶의 허무함과 무상함
9구	아아	10구체 향가의 형식적 특징인 낙구의 감탄사 → 시상 전환의 역할을 함.	누이와의 재회를 기약하며 슬픔과 고뇌를 종교적 믿음으로 극복하려는 의지
10구	도(道) 닦아 기다리겠노라	불자로서의 태도 및 정진에의 다짐이 드러남.	

인간의 죽음을 바람에 떨어지는 나뭇잎에, 같은 부모에게서 태어난 남매를 한 가지에 난 잎에 비유한 것에서 뛰어난 문학성을 느낄 수 있다. 또한 혈육의 죽음에서 느끼는 깊은 슬픔과 안타까움, 삶의 무상함 등을 잘 형상화하고 있다.

꽃 | 김춘수

- **해제:** 이 작품은 존재의 참된 모습에 대한 인식을 통해 의미 있는 존재가 되는 과정, 의미 있는 존재가 되고 싶은 소망, 그리고 사람과 사람 사이의 진정한 관계 맺음에 대한 소망을 노래한 시이다.
- **주제:** 서로의 존재를 인식하고 서로에게 의미 있는 관계가 되기를 소망함.

내용 연구 ▶▶▶

'이름을 부르는 행위'의 의미

이름 부르기

'몸짓'	→	'꽃', '무엇', '눈짓'
의미 없는 존재		의미 있는 존재

- 대상의 존재를 인식함.
- 존재의 본질을 파악하고 이해함.
- 대상에게 의미를 부여함.

↓

진정한 관계를 맺는 과정

★내가 그의 이름을 불러 주기 전에는
　인식의 주체　　　그의 존재를 인식하기 전
그는 다만
인식의 대상
★하나의 ˚몸짓에 지나지 않았다.
　　　　의미 없는 존재

▶ 존재가 (　　　)되기 전에는 무의미한 존재임.

내가 그의 ㉠이름을 불러 주었을 때
　　　　존재를 인식하고 의미를 부여하는 행위
그는 나에게로 와서
꽃이 되었다.
의미 있는 존재 → 「'그'가 '나'와 의미 있는 관계를 맺게 됨.

▶ (　　　)을/를 부르는 행위를 통해 의미 있는 존재가 됨.

내가 그의 이름을 불러 준 것처럼
　　　　　존재의 본질을 파악하고 이해함.
나의 이 빛깔과 향기에 알맞는
　　　　존재의 본질　　시적 허용 – 알맞은(O)
누가 나의 이름을 불러 다오.
자신의 참모습을 알아보고 존재 가치를 인정해 주기를 소망함.
그에게로 가서 나도
그의 꽃이 되고 싶다.
누군가에게 의미 있는 존재가 되고 싶음.

▶ 의미 있는 존재가 되고 싶은 '나'의 (　　　)

우리들은 모두
▨: 서로가 서로에게 의미 있는 존재가 되기를 바라는 주체
무엇이 되고 싶다.
본질에 맞는 이름을 가지고 있는 의미 있는 존재
너는 나에게 나는 너에게
잊혀지지 않는 하나의 ˚눈짓이 되고 싶다.
　　　　　　서로의 참모습을 알고 이해하는 존재

▶ 서로에게 (　　　) 있는 존재가 되고 싶은 모두의 소망

구절 풀이

★**내가 그의 이름을 불러 주기 전에는:**
'나'가 '그'에게 의미를 부여하기 전, 즉 '나'가 '그'의 이름을 불러 '그'의 존재를 인식하기 전까지를 의미한다.

★**하나의 ˚몸짓에 지나지 않았다.:** '그'의 존재를 인식하기 전 '그'는 '나'에게 의미 없는 존재였다.

낱말 풀이

- **몸짓:** 몸을 놀리는 모양.
- **눈짓:** 눈을 움직여서 상대에게 어떤 뜻을 전달하거나 암시하는 동작.

01 이 시에 대한 설명으로 적절한 것은?

① 자연물을 활용하여 자연 친화적 정서를 드러내고 있다.
② 현재 시제를 사용하여 생생한 현장감을 자아내고 있다.
③ 대상을 의인화하여 화자가 처한 현실을 비판하고 있다.
④ 반어적 표현을 통해 화자가 깨달은 바를 강조하고 있다.
⑤ 대비적 시어를 통해 존재의 본질에 대한 화자의 생각을 드러내고 있다.

02 중요 1연~4연에 대한 설명으로 적절하지 않은 것은?

① 1연에서 '몸짓'은 존재를 인식하기 전의 대상이다.
② 2연에서 '꽃'은 만남을 통해 의미를 부여받은 존재이다.
③ 3연에서 '빛깔과 향기'는 화자의 진정한 모습을 의미한다.
④ 4연의 '무엇'은 서로에게 의미 있는 존재를 뜻한다.
⑤ 1연~4연을 통해 화자는 진정한 관계 맺기를 소망하고 있다.

03 ㉠에 대한 이해로 적절하지 않은 것은?

① 이름을 부름으로써 '그'에게 의미가 부여되었다.
② 이름을 부르고 나서 '나'와 '그'의 관계가 달라졌다.
③ 이름 부르기는 진정한 관계 맺기의 완성으로 볼 수 있다.
④ 이름을 부른다는 것은 '나'가 '그'의 존재를 인식했다는 뜻이다.
⑤ 존재의 본질을 파악하여 그에 맞는 이름을 불러 주어야 의미가 있다.

04 중요 서술형 이 시에서 '꽃이 되었다.'가 의미하는 바를 〈보기〉에 나타난 표현을 사용하여 서술하시오.

┤ 보기 ├

"아니, 난 친구들을 찾고 있어. '길들인다'는 게 뭐지?"
"그건 사람들이 너무나 잊고 있는 건데…… 그건 '관계를 맺는다'는 뜻이야." 여우가 말했다.
"관계를 맺는다고?"
"물론이지." 여우가 말했다. "넌 나에게 아직은 수없이 많은 다른 어린아이들과 조금도 다를 바 없는 한 아이에 지나지 않아. 그래서 나는 네가 별로 필요하지 않고. 나도 너에게는 수없이 많은 다른 여우들과 조금도 다를 바 없는 한 마리 여우에 지나지 않지. 하지만 네가 나를 길들인다면 우리는 서로가 필요하게 되는 거야. 너는 내게 이 세상에서 하나밖에 없는 존재가 되는 거야. 난 네게 이 세상에서 하나밖에 없는 존재가 될 거고……."

– 생텍쥐페리, 「어린 왕자」

100점 특강

◑ 인식 과정의 변화로 본 '나'와 '그'의 관계

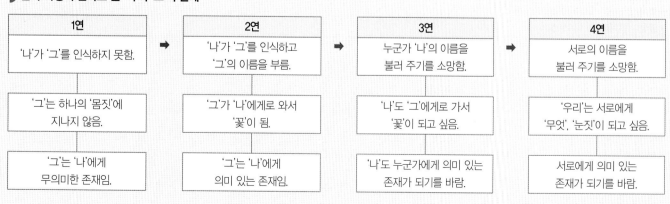

1연	2연	3연	4연
'나'가 '그'를 인식하지 못함.	'나'가 '그'를 인식하고 '그'의 이름을 부름.	누군가 '나'의 이름을 불러 주기를 소망함.	서로의 이름을 불러 주기를 소망함.
'그'는 하나의 '몸짓'에 지나지 않음.	'그'가 '나'에게로 와서 '꽃'이 됨.	'나'도 '그'에게로 가서 '꽃'이 되고 싶음.	'우리'는 서로에게 '무엇', '눈짓'이 되고 싶음.
'그'는 '나'에게 무의미한 존재임.	'그'는 '나'에게 의미 있는 존재임.	'나'도 누군가에게 의미 있는 존재가 되기를 바람.	서로에게 의미 있는 존재가 되기를 바람.

3 실수 | 나희덕

- **해제:** 이 작품은 실수와 관련된 두 가지 일화를 통해, 흔히 부정적으로 인식하는 실수를 긍정적으로 바라보며 그것의 의미를 이끌어 내고 있는 수필이다.
- **주제:** 실수의 긍정적 의미. 실수를 너그럽게 용납해 주는 태도의 필요성

내용 연구 ▶▶▶

일화의 역할

수필은 글쓴이가 살아가면서 얻은 생각을 펼치는 글이므로, 수필에는 글쓴이가 작품을 통해 드러내고자 하는 생각과 관련된 일화가 자주 등장한다. 이 글에서는 실수와 관련된 두 가지 일화를 제시하여 평범하고 일상적인 대상을 새로운 시각으로 바라보게 하고, 글쓴이의 심미적 체험을 독자에게 공유하고자 한다.

구절 풀이

★**꿈보다 해몽이 좋다.:** 사실이나 실제 의도, 상황보다 좋은 쪽으로 해석하는 것으로, 곽휘원의 아내는 남편이 보낸 백지 편지를 자신을 향한 그리움을 표현한 것이라 생각하여 기쁨을 느꼈다.

★**실수라면 나 역시 일가견이 있는 사람이다.:** 나 역시 실수에 관한 경험이 많다.

낱말 풀이

- **벽사창:** 짙푸른 빛깔의 비단을 바른 창.
- **글월:** '편지'를 달리 이르는 말.
- **의례적:** 형식이나 격식만을 갖춤. 또는 그런 것.
- **여백:** 종이 따위에, 글씨를 쓰거나 그림을 그리고 남은 빈 자리.
- **일가견:** 어떤 문제에 대하여 독자적인 경지나 체계를 이룬 견해.
- **비구니:** 출가한 여자 승려.
- **암자:** 큰 절에 딸린 작은 절. 도를 닦기 위하여 만든 자그마한 집.
- **세속:** 불교에서 일반 사회를 이르는 말. 속세.

가 옛날 중국의 곽휘원(郭暉遠)이란 사람이 떨어져 살고 있는 아내에게 편지를 보냈는데, 그
└→ 실수와 관련된 첫 번째 일화
편지를 받은 아내의 답 시는 이러했다.

> °벽사창에 기대어 당신의 °글월을 받으니
>
> 처음부터 끝까지 흰 종이뿐이옵니다.
> 　　　　　　아무 것도 쓰지 않은 백지를 보냄.
> 아마도 당신께서 이 몸을 그리워하심이
>
> 차라리 말 아니 하려는 뜻임을 전하고자 하신 듯하여이다.
> 　　　　아내의 생각: 그리움이 너무 커 말로 표현할 수 없음.

이 답 시를 받고 어리둥절해진 곽휘원이 그제야 주위를 둘러보니, 「아내에게 쓴 ⓐ °의례적인
　　　　　　　　　　　　　　　　　　　　　　　　　　　└ 곽휘원이 한 실수
문안 편지는 책상 위에 그대로 있는 게 아닌가. 아마도 그 옆에 있던 흰 종이를 편지인 줄 알고
잘못 넣어 보낸 것인 듯했다.」백지로 된 편지를 전해 받은 아내는 처음엔 무슨 ⓑ영문인가 싶었
지만, ㉠★꿈보다 해몽이 좋다고 자신에 대한 그리움이 말로 다할 수 없음에 대한 고백으로 그
°여백을 읽어 내었다. 남편의 실수가 오히려 아내에게 깊고 그윽한 기쁨을 안겨 준 것이다. 이
렇게 실수는 때로 삶을 신선한 충격과 ㉡행복한 오해로 이끌곤 한다.
　　　　　　　　　　　　　　실수인 줄 모르고 그리움, 사랑의 표현이라고 생각함.
　　　　　　▶ 문안 편지 대신 백지를 보낸 남편의 실수가 아내에게 (　　　　)을/를 줌.

나 ★실수라면 나 역시 °일가견이 있는 사람이다. 언젠가 °비구니들이 사는 °암자에서 하룻밤
└→ 실수와 관련된 두 번째 일화(글쓴이의 경험)　해당 분야에 대해 경험이 많고 잘 아는
을 묵은 적이 있다. 다음 날 아침 ㉢부스스해진 머리를 정돈하려고 하는데, 빗이 마땅히 눈에
띄지 않았다. 「원래 여행할 때 빗이나 화장품을 찬찬히 챙겨 가지고 다니는 성격이 아닌 데다 그
　　　　　　　　　　　　　　　　　　└ 글쓴이의 성격 ① - 꼼꼼하지 않고 덜렁거림.
날은 아예 가방조차 가지고 있지 않았다.」그러던 중에 마침 노스님 한 분이 나오시기에 나는 아
무 생각도 없이 이렇게 여쭈었다.

"스님, 빗 좀 빌릴 수 있을까요?"

스님은 갑자기 당황한 얼굴로 나를 바라보셨다. ㉣그제야 °파르라니 깎은 스님의 머리가 유난
　　　　　　　　　　　　　예상하지 못한 질문이라서　　　　　파란빛이 돌도록
히 빛을 내며 내 눈에 들어왔다. 나는 거기가 비구니들만 사는 곳이라는 사실을 깜박 잊고 엉뚱
한 ⓓ주문을 한 것이었다. 본의 아니게 노스님을 놀린 것처럼 되어 버려서 어쩔 줄 모르고 서 있
　　　　　　　　　　　　　　　머리카락이 없는 스님에게 빗을 빌려 달라고 함.
는 나에게, 스님은 웃으시면서 저쪽 구석에 가방이 하나 있을 텐데 그 속에 빗이 있을지 모른다
　　　　　　　　　실수를 이해하고 너그럽게 받아 줌.
고 하셨다.

방 한구석에 놓인 체크무늬 여행 가방을 찾아 막 열려고 하다 보니 그 「가방 위에는 먼지가 소
　　　　　　　　　　　　　　　　　　　　　　　　　　　　　└ 가방을 연 지 오래됨.
복하게 쌓여 있었다. 적어도 오륙 년은 손을 대지 않은 것처럼 보이는 그 가방은 아마도 누군가
산으로 들어오면서 챙겨 들고 온 ⓔ°세속의 짐이었음에 틀림없었다. 가방 속에는 과연 허름한
옷가지들과 빗이 한 개 들어 있었다. 　　　　　　　　　　　　▶ (　　　　)에게 빗을 빌려 달라는 실수를 함.

Rㄱ '믕化 🐢

01 이 글에 대한 설명으로 적절한 것은?

① 독자를 설득하기 위해 논리적 근거를 제시하고 있다.
② 글쓴이의 체험과 사건을 현재형으로 보여 주고 있다.
③ 글쓴이의 상상력을 바탕으로 현실을 재구성하고 있다.
④ 일화로 이야기를 시작하여 독자의 흥미를 유발하고 있다.
⑤ 효과적인 표현을 위해 함축적 의미를 지닌 언어를 많이 사용하고 있다.

02 이 글에서 알 수 있는 '나'의 성격으로 적절한 것은?

① 유머 감각이 있다.
② 준비성이 철저하다.
③ 꼼꼼하지 않고 덜렁거린다.
④ 처음 보는 사람에게도 친근하게 먼저 다가간다.
⑤ 정해진 틀이나 계획에 따라 생활하는 것을 싫어한다.

03 ⓐ~ⓔ와 바꿔 쓰기에 적절하지 <u>않은</u> 것은?

① ⓐ: 형식적인   ② ⓑ: 까닭
③ ⓒ: 엇비슷해진   ④ ⓓ: 요구
⑤ ⓔ: 세상

04 〈서술형〉 〈보기〉에 풀이된 ㉠의 뜻을 참고하여, ㉡의 구체적인 내용을 〈조건〉에 맞게 서술하시오.

┤ 보기 ├

 '꿈보다 해몽이 좋다.'는 하찮거나 언짢은 일을 그럴듯하게 돌려 생각하여 좋게 풀이함을 비유적으로 이르는 말로, 사실이나 실제 의도, 상황보다 좋은 쪽으로 받아들이고자 함을 뜻한다.

┤ 조건 ├

• '곽휘원의 아내는'을 주어로 할 것.
• '실수', '고백'이라는 단어를 넣을 것.
• 한 문장으로 쓸 것.

05 〈중요〉 ㉢에서 느껴지는 글쓴이의 심정으로 적절한 것은?

① 서글프고 부끄러움.
② 민망하고 겸연쩍음.
③ 미안하고 안타까움.
④ 빗을 빌리지 못해 아쉬움.
⑤ 실수를 한 자신이 한심함.

100점 특강

▶ **실수와 관련된 두 일화 비교**

실수한 사람	곽휘원	'나'(글쓴이 자신)
실수의 내용	떨어져 지내는 아내에게 문안 편지 대신 아무 것도 쓰여 있지 않은 백지를 보냄.	스님에게 빗을 빌려 달라고 함.
실수에 대한 상대의 반응	곽휘원의 아내는 자신을 향한 그리움을 말로는 다할 수 없어 남편이 백지를 보낸 것으로 받아들임.	스님은 웃으면서 저쪽 구석에 있는 가방 속에 빗이 있을지 모른다고 알려 줌.

▶ **실수의 효과**

곽휘원의 일화	➡	실수가 우리 삶에 신선한 충격이나 행복을 줄 수 있음.

🔍 내용 연구 ▶▶▶

글쓴이의 성격

• 꼼꼼하지 않고 덜렁거리는 편임.
• 집중하는 대상에 강하게 몰입함.
• 어떤 일에 집중할 때 실수를 자주 하는 편임.

실수의 긍정적인 면

• 악의가 섞이지 않은 실수는 의외의 좋은 결과나 즐거움을 가져다줄 때가 있음.
• 실수로 인해 웃다 보면 어색한 분위기가 가시고 초면에 쉽게 마음을 열게 되기도 함.

구절 풀이

★**우물가에서 숭늉 찾는 격:** 모든 일에는 질서와 차례가 있는 법인데 일의 순서도 모르고 성급하게 덤빔을 비유적으로 이르는 말로, 머리카락이 없어서 빗을 쓰지 않는 스님에게 빗을 빌려 달라고 한 글쓴이의 상황을 보여 준다.

★**백지상태가 되다.:** 아무것도 생각나지 않는 상태가 되다.

★**발 빠르게 돌아가는 세상:** 빠른 변화 속도에 맞추어 여유 없이 바쁘게 살아가는 현대 사회를 말한다.

낱말 풀이

• **무상하다:** 마음속에 아무런 상념이 없다.
• **보시:** 자비심으로 남에게 재물이나 불법을 베풂.
• **곤경:** 어려운 형편이나 처지.
• **초면:** 처음 만나는 처지.
• **어이없다:** 일이 너무 뜻밖이어서 기가 막히는 듯하다.
• **각박하다:** 인정이 없고 삭막하다.
• **용납되다:** 말이나 행동이 너그러운 마음으로 받아들여지다.
• **우두커니:** 넋이 나간 듯이 가만히 한자리에 서 있거나 앉아 있는 모양.

다 나는 그 빗으로 머리를 빗으면서 자꾸만 웃음이 나오는 걸 참을 수가 없었다. 절에서 빗을 _{스님에게 빌린 빗} 찾은 나의 엉뚱함도 ★우물가에서 숭늉 찾는 격이려니와, 빗이라는 말 한마디에 그토록 당황하고 어리둥절해하던 노스님의 표정이 자꾸 생각나서였다. 그러나 그 순간 나는 보았다. 시간을 거슬러 _{머리카락이 없는 자신에게 빗을 빌려 달라는 말에} 올라가 검은 머리칼이 있던, 빗을 썼던 그 까마득한 시절을 더듬고 있는 그분의 눈빛을. 이십 년 _{스님이 되기 전의 과거를 떠올림.} 또는 삼십 년, 마치 물길을 거슬러 올라가는 연어 떼처럼 참으로 오랜 시간이 그 눈빛 위로 스쳐 지나가는 듯했다. 그 순식간에 이루어진 회상의 끄트머리에는 그리움인지 ★무상함인지 모를 묘한 미소가 반짝하고 빛났다. 나의 실수 한마디가 산사의 생활에 익숙해져 있던 그분의 잠든 시간을 흔들어 깨운 셈이니, 그걸로 작은 ★보시는 한 셈이라고 오히려 스스로를 위로해 보기까지 했다. _{잊고 지냈던 과거}

▶ 빗을 빌려 달라는 '나'의 실수로 스님이 과거를 (   )하게 함.

라 이처럼 ㉠악의가 섞이지 않은 실수는 봐줄 만한 구석이 있다. 그래서인지 내가 번번이 저 _{나쁜 마음이나 의도} _{실수가 가져온 긍정적인 효과} 지르는 실수는 나를 ★곤경에 빠뜨리거나 어떤 관계를 불화로 이끌기보다는 의외의 수확이나 즐 거움을 가져다줄 때가 많았다. 겉으로는 비교적 차분하고 꼼꼼해 보이는 인상이어서 나에게 긴 _{쉽게 다가오지 못하던, 친해지기 어렵던} 장을 하던 상대방도 이내 나의 모자란 구석을 발견하고는 긴장을 푸는 때가 많았다. 또 실수로 _{악의 없는 실수를 하는 모습을 통해} 인해 웃음을 터뜨리다 보면 어색한 분위기가 가시고 ★초면에 쉽게 마음을 트게 되기도 했다. 그 렇다고 이런 효과 때문에 상습적으로 실수를 반복하는 것은 아니지만, 한번 어디에 정신을 집중 _{좋지 않은 일을 버릇처럼 하는} _{글쓴이의 성격 ② – 집중할 때 실수를 자주 함.} 하면 나머지 일에 대해서 거의 ★백지상태가 되는 버릇은 쉽사리 고쳐지지 않는다. 특히 풀리지 않는 글을 붙잡고 있거나 어떤 생각거리에 매달려 있는 동안 내가 생활에서 저지르는 사소한 실 수들은 내 스스로도 어처구니가 없을 지경이다.

그러면 실수의 '어처구니없음'은 어디서 오는 것일까. 원래 어처구니란 엄청나게 큰 사람이나 큰 물건을 가리키는 뜻에서 비롯되었는데, 그것이 부정어와 함께 굳어지면서 ★어이없다는 뜻으 _{'어이없다'의 어원} 로 쓰이게 되었다. 크다는 뜻 자체는 약화되고 그것이 크든 작든 우리가 가지고 있는 상상이나 상 식에서 벗어난 경우를 지칭하게 된 것이다. 그러니 상상에 빠지기 좋아하고 상식으로부터 자유로 워지려는 사람에게 어처구니없는 실수가 그림자처럼 따라다니는 것은 아주 자연스러운 일이다. _{일이 너무 뜻밖이어서 기가 막히는 듯한}

▶ 경험을 통해 (   )의 긍정적인 면을 깨닫게 됨.

마 결국 실수는 삶과 정신의 여백에 해당한다. 그 여백마저 없다면 이 ★각박한 세상에서 어떻 _{실수를 바라보는 글쓴이의 시각} 게 숨을 돌리며 살 수 있겠는가. 그리고 ★발 빠르게 돌아가는 세상에 어떻게 휩쓸려 가지 않고 남아 있을 수 있겠는가. 어쩌면 사람을 키우는 것은 능력이 아니라 실수의 힘일지도 모른다.

그러나 날이 갈수록 실수가 ★용납되는 땅은 점점 좁아지고 있다. 사소한 실수조차 짜증과 비 _{실수를 용납하지 않는 오늘날의 세태} 난의 대상이 되기가 십상이다. 남의 실수를 웃으면서 눈감아 주거나 그 실수가 나오는 내면의 풍경을 헤아려 주는 사람을 만나기도 어려워져 간다. 나 역시 스스로는 수많은 실수를 저지르고 _{타인의 실수에 너그럽지 못했던 자신의 태도를 성찰하고 반성함.} 살면서도 다른 사람의 실수에 대해서는 조급하게 굴거나 너그럽게 받아 주지 못한 때가 적지 않 았던 것 같다.

도대체 정신을 어디에 두고 사느냐는 말을 들을 때면 그 말에 ★무안해져 눈물이 핑 돌기도 하 _{수줍거나 창피하여 볼 낯이 없어} 지만, 내 속의 어처구니는 머리를 디밀고 이렇게 소리치는 것이다. 정신과 마음은 내려놓고 살 _{마음의 여유를 가지고} 아야 한다고. 어디로 가는 줄도 모르고 뛰어가는 자신을 하루에도 몇 번씩 세워 두고 ★우두커 니 있는 시간, 그 '우두커니' 속에 사는 '어처구니'를 많이 만들어 내면서 살아야 한다고. 바로 그 실수가 곽휘원의 아내로 하여금 백지의 편지를 꽉 찬 그리움으로 읽어 내도록 했으며, 산사의 노스님으로 하여금 기억의 어둠 속에서 빗 하나를 건져 내도록 해 주었다고 말이다.

▶ 실수는 각박한 일상에 여유를 주는 삶과 정신의 (   )에 해당함.

06 이 글에 대한 설명으로 적절하지 <u>않은</u> 것은?

① 사회적 통념을 새로운 시각으로 바라보고 있다.

② 대조적인 사례를 들어 주장을 일반화하고 있다.

③ 글에 담긴 글쓴이의 심미적 체험은 '깨달음'이다.

④ 단어의 뜻을 풀이하여 제재에 의미를 부여하고 있다.

⑤ 글쓴이가 자신의 잘못을 반성하며 독자에게 바라는 바를 당부하고 있다.

07 이 글을 읽은 후의 반응으로 적절하지 <u>않은</u> 것은?

① 실수는 우리의 삶과 뗄 수 없는 관계로구나.

② 글쓴이의 실수를 너그럽게 받아 준 스님이 존경스러워.

③ 실수를 통해서 성장할 수도 있다는 구절은 큰 위로가 되었어.

④ 작은 실수라도 다른 사람에게 피해가 갈 수 있으니 비난받아 마땅해.

⑤ 날이 갈수록 실수가 용납되지 않는 세상에 살고 있다는 것이 안타까워.

08 이 글을 바탕으로 강연을 한다고 할 때, 강연의 주제로 적절한 것은?

① 어떤 어려움 속에서도 희망을 잃지 말자.

② 실수는 한 번 하고 나면 돌이키기 어렵다.

③ 악의 없는 실수라도 용납되어서는 안 된다.

④ 실수에 대한 부정적 편견을 버리고 너그럽게 포용하자.

⑤ 지나온 삶을 돌아보는 시간은 예상 밖의 결과를 가져오기도 한다.

09 〈보기〉에서 ㉠의 결과에 해당하는 것끼리 묶은 것은?

┤ 보기 ├

ㄱ. 마음의 안정을 찾음.

ㄴ. 어색한 분위기를 풀어 줌.

ㄷ. 짜증과 비난을 피할 수 있음.

ㄹ. 처음 만나도 쉽게 마음을 열게 됨.

① ㄱ, ㄴ   ② ㄱ, ㄷ   ③ ㄴ, ㄷ

④ ㄴ, ㄹ   ⑤ ㄷ, ㄹ

서술형

10 〈보기〉는 이 글에 나타난 두 가지 실수이다. 둘의 공통점을 쓰고, 이를 통해 글쓴이가 추구하는 삶의 자세를 서술하시오.

┤ 보기 ├

• 아내에게 문안 편지 대신 백지를 보낸 곽휘원의 실수

• 스님에게 빗을 빌려 달라고 한 '나'의 실수

(1) 공통점:

(2) 추구하는 삶의 자세:

100점 특강

◗ **이 글에 나타난 글쓴이의 심미적 체험**

곽휘원의 일화	글쓴이의 일화
↓	↓
곽휘원의 아내로 하여금 백지의 편지를 꽉 찬 그리움으로 읽어 내도록 함.	산사의 노스님으로 하여금 기억의 어둠 속에서 빗 하나를 건져 내도록 함.

↓

실수는 삶과 정신의 여백임을 이해하고, 실수를 너그럽게 받아 주는 마음의 여유를 갖고 생활하는 자세가 필요함.

02 작품의 사회·문화적 배경과 현재적 의미

◆ 문학 작품의 사회·문화적 배경
문학 작품의 배경이 되는 사회의 정치·시대·문화적 상황이나 문물, 제도, 생활 양식 등을 말함.

◆ 문학 작품의 창작 의도
- 작가가 작품을 창작한 목적 및 작품을 통해 전달하고자 하는 생각이나 계획을 말함.
- 작품의 사회·문화적 배경과 밀접한 관계에 있음.

◆ 문학과 현실의 관계

> 문학은 사회를 반영한다.

↓

> 문학 작품에는 작가가 살고 있는 사회나 작품의 배경이 되는 사회를 살아가는 사람들의 삶이 드러남.

❶ 사회·문화적 배경을 고려한 문학 작품의 생산과 수용

작가 ➡ 작품 ⬅ 독자

| 자신의 사회·문화적 경험을 바탕으로 말하고자 하는 바를 작품에 드러냄. | 작품의 배경이 되는 사회·문화적 상황과 작가의 창작 의도를 파악하며 감상함. |

❷ 사회·문화적 배경을 고려하여 작가의 창작 의도 파악하기

(1) 사회·문화적 배경이 작품에 드러나는 경우

> 아, 들판이 적막하다— / 메뚜기가 없다! //
> 오 이 불길한 고요—
> 생명의 황금 고리가 끊어졌으니……
> — 정현종, 「들판이 적막하다」

'들판이 적막하다—', '메뚜기가 없다!'라는 시구를 통해 메뚜기가 사라진 환경에 대한 시임을 알 수 있음.

① 시어, 소재, 사건 등을 바탕으로 작품의 사회·문화적 배경을 파악한다.
: '들판이 적막하다—', '메뚜기가 없다!'라는 시구를 통해 메뚜기가 사라진 오늘날의 농촌을 배경으로 하고 있음을 파악함.
② 사회·문화적 배경에 대한 시적 화자나 작품 속 인물들의 태도를 파악한다.
: '아'라는 감탄사나 '오 이 불길한 고요—' 등의 시구를 통해 화자가 작품 속 상황에 대해 안타까워함을 알 수 있음.
③ 사회·문화적 배경과 관련하여 작가의 창작 의도를 파악한다.
: 메뚜기가 사라져서 적막하기만 한 가을 들판의 모습을 통해 생태계가 파괴된 오늘날의 환경에 대한 작가의 문제의식을 파악함.

예로 개념 확인

가난하다고 해서 외로움을 모르겠는가
너와 헤어져 돌아오는
눈 쌓인 골목길에 새파랗게 달빛이 쏟아지는데.
가난하다고 해서 두려움이 없겠는가
❶두 점을 치는 소리 / 방범대원의 호각 소리 메밀묵 사려 소리에
눈을 뜨면 멀리 육중한 기계 굴러가는 소리.
가난하다고 해서 그리움을 버렸겠는가

어머님 보고 싶소 수없이 뇌어 보지만
집 뒤 감나무에 까치밥으로 하나 남았을
새빨간 감 바람 소리도 그려 보지만. 〈중략〉
❷가난하다고 해서 왜 모르겠는가
가난하기 때문에 이것들을
이 모든 것들을 버려야 한다는 것을.
— 신경림, 「가난한 사랑 노래」

〈작품 감상〉 ❸이 시는 산업화가 한창 진행 중이던 1970년대를 배경으로, 가난 때문에 고향을 떠나 도시로 왔지만 인간다운 삶을 누리지 못하는 도시 노동자의 힘겨운 삶을 강조해서 보여 주고 있어. ❹지금도 경제적인 어려움 때문에 많은 것을 포기하고 살아야 하는 이웃들이 많이 있는데, 모두가 행복한 삶을 살 수 있는 세상이 되었으면 좋겠어.

(2) 사회·문화적 배경이 작품에 드러나지 않는 경우

> 이 몸이 죽고 죽어 일백 번 고쳐 죽어
> 백골이 진토 되어 넋이라도 있고 없고
> 님 향한 일편단심이야 가실 줄이 있으랴
> － 정몽주

시의 내용만으로는 작가가 왜 '이 몸이 죽고 죽어'라고 표현했는지, '님'이 누구인지 등을 알 수 없음.

① 작품의 배경이 되는 사회·문화적 상황에 대해 조사하여 배경지식을 쌓는다.

: 다양한 매체를 통해 조선을 건국한 이성계의 아들 이방원이 고려의 충신 정몽주를 회유하려다가 실패했다는 배경지식을 얻음.

② 사회·문화적 배경을 고려하여 작품의 내용을 이해한다.

: '님'은 고려 왕조 또는 고려의 마지막 왕인 공양왕을 가리키고, '일편단심'은 고려 왕조에 대한 충성을 의미함을 이해함.

③ 사회·문화적 배경과 관련하여 작가의 창작 의도를 파악한다.

: 이방원이 어떤 회유나 협박을 하더라도 고려 왕조에 대한 충성심을 버리지 않을 것이라는 정몽주의 의지를 파악함.

❸ 문학 작품의 현재적 의미 고려하기

> 문학 작품을 감상하며 작품에 드러난 과거의 가치를 파악함.
>
> ↓
>
> 오늘날과 비교하며 삶의 가치를 평가함.
>
> ↓

변하지 않는 삶의 가치	오늘날에 달라진 삶의 가치
↓	↓
가치의 보편성 확인	가치의 특수성 확인

더 알아 두기

◈ 문학 작품에서 드러나는 사회·문화적 배경

■ 사회·문화적 배경을 드러내는 소재를 사용함.

■ 인물의 말이나 행동을 통해 사회·문화적 배경을 암시함.

■ 인물들 간의 관계나 갈등에 사회·문화적 배경이 영향을 줌.

■ 사회·문화적 배경과 관련된 다양한 사건들이 발생함.

◈ 가치의 보편성과 특수성

> 「심청전」에서 심청은 앞을 못 보는 아버지의 눈을 치유하기 위해 공양미 삼백 석에 자신의 몸을 팔아 인당수에 빠졌다.

가치의 보편성	가치의 특수성
부모님께 효도하는 것은 자녀의 도리라는 사실은 현재에도 변하지 않는 가치임.	봉사인 아버지를 혼자 남게 한 것이 진정한 효도인지에 대한 생각은 다를 수 있음.

❶ **작품의 사회·문화적 배경을 알 수 있는 시구:** '두 점을 치는 소리', '방범대원의 호각 소리', '육중한 기계 굴러가는 소리'는 이 시가 산업화가 한창 진행되던 1970년대를 배경으로 하고 있으며, 시의 화자가 공장에서 일하는 근로자임을 보여 준다.

❷ **화자의 태도:** 시의 화자는 가난하기 때문에 외로움이나 두려움, 그리움 등의 인간적인 감정마저 포기해야 하는 현실을 안타까워하고 있다.

❸ **작가의 창작 의도:** 이 시는 산업화가 진행되면서 경제적인 이유로 농촌을 떠나 도시로 왔지만 여전히 가난을 벗어나지 못해 많은 것을 포기할 수밖에 없었던 근로자들의 모습을 담고 있다. 작가는 그들의 삶을 위로하고 그들의 처지를 사람들에게 전하기 위해 이 시를 창작했을 것이다.

❹ **작품의 현재적 의미:** 시의 화자와 비슷한 처지의 사람들이 아직도 주변에 많이 있음을 생각하면서, 사회 구성원 모두가 행복한 삶을 살아야 한다는 작가의 가치관에 동의하고 있다.

1

천만리 머나먼 길에 |왕방연 / 까마귀 눈비 맞아 |박팽년

■ **해제:** 다음 두 편의 시조는 각각 숙부인 수양 대군에게 왕위를 빼앗기고 귀양을 가야 했던 단종에 대한 안타까운 마음과 변치 않는 충성의 다짐을 담고 있다.
■ **주제:** (가)–사랑하는 사람을 여읜 슬픔. (나)–임에 대한 변함없는 지조의 다짐

🔍 내용 연구 ▶▶▶

(가)–감정 이입을 이용한 정서 표현

냇물이 울면서 흐름.

↓

• 냇물이 실제로 우는 것이 아니라 화자가 그렇게 느낀 것임.
• '님'과의 이별을 슬퍼하는 화자의 마음을 냇물을 통해 표현함.

(나)–대조적인 소재

까마귀	세조를 따르는 간신 혹은 세조
↕	
야광명월	단종을 따르는 충신 혹은 단종

가
★천만리 머나먼 길에 고운 님 °여의옵고
　　　매우 멀리 떨어진 길　　　사랑하는 사람　화자 – 사랑하는 사람과 이별한 사랑
내 마음 둘 데 없어 냇가에 앉았으니
　　'님'과의 이별로 인한 슬픔
★저 물도 내 안 같아서 울어 밤길 °예놋다
　감정 이입의 대상　마음　　　　부정적인 상황

▶ 사랑하는 '님'과의 이별

▶ 냇가에 앉아 슬픔을 달램.

▶ (　　　)의 마음이 자신과 같다고 생각함.

나
★까마귀 눈비 맞아 희는 듯 검노매라
　　부정적인 존재　　　　　까마귀의 부정적인 본성
★°야광명월(夜光明月)이 밤인들 어두우랴
　긍정적인 존재　　　　　　설의적 표현
님 향한 °일편단심(一片丹心)이야 변할 줄이 있으랴
화자가 사랑하는 대상　　　　　설의적 표현. 변하지 않을 것이라는 의지가 드러남.

▶ 검은 속성을 벗어나지 못하는 (　　　)

▶ 밤에도 밝게 빛나는 (　　　)

▶ 변하지 않는 지조의 다짐

🔖 구절 풀이

★**천만리 머나먼 길에:** '천만리'는 '매우 멀다'는 의미로, '님'과의 이별로 인한 슬픔의 크기를 표현하였다.
★**저 물도 ~ 예놋다:** '님'과의 이별로 인한 슬픈 마음 때문에 냇물 소리도 슬퍼서 흐느끼는 소리처럼 들리고 있다.
★**까마귀 ~ 검노매라:** 까마귀가 눈비 때문에 흰 듯 보이지만 검은 본성은 사라지지 않는다.
★**야광명월(夜光明月)이 밤인들 어두우랴:** 밝은 달은 어두운 밤에도 빛을 잃지 않는다는 말로, '밤'은 시련의 시간을 의미한다.

🔖 낱말 풀이

• **여의다:** 부모나 사랑하는 사람이 죽어서 이별하다.
• **예놋다:** '가는구나'의 예스러운 표현.
• **야광명월(夜光明月):** 밤에 밝게 빛나는 달.
• **일편단심(一片丹心):** 한 조각 붉은 마음이라는 의미로, 지조나 절개를 의미함.

01 (가), (나)의 화자에 대한 설명으로 적절한 것은?
① (가)의 화자는 세속을 벗어난 자연 속에서의 삶을 꿈꾸고 있다.
② (가)의 화자는 자신이 처한 문제와 관련하여 다른 대상을 탓하고 있다.
③ (나)의 화자는 대상과의 이별로 인한 슬픈 마음을 직접적으로 표현하고 있다.
④ (가)와 (나)의 화자는 모두 자신이 처한 현실에 대해 부정적으로 인식하고 있다.
⑤ (가)와 (나)의 화자는 모두 과거와 현재를 비교하며 과거에 대한 그리움을 드러내고 있다.

02 (나)의 표현상 특징으로 적절한 것은?
① 사물을 사람처럼 표현하여 친근감을 드러내고 있다.
② 대구적 표현을 사용하여 화자의 정서를 강조하고 있다.
③ 설의적 표현을 사용하여 화자의 의지를 드러내고 있다.
④ 희화화한 표현으로 대상에 대한 비판 의식을 드러내고 있다.
⑤ 반어적 표현을 사용하여 주제 의식을 우회적으로 표현하고 있다.

03 (나)에서 주제를 함축하는 표현을 찾아 한 단어로 쓰시오.

[04~05] 다음 글을 읽고 물음에 답하시오.

조선의 5대 임금인 문종이 죽고 난 후에 나이 어린 단종이 왕위를 계승하자, 단종의 숙부인 수양 대군은 힘으로 단종을 몰아내고 왕위를 빼앗는다. 그가 바로 조선의 7대 임금인 세조이다. 세조 즉위 후에도 많은 선비들이 단종을 복위시키려고 노력하다가 죽음을 맞게 되는데, (나)의 작가인 박팽년도 그중 한 사람이다. 한편 세조는 단종을 영월로 유배 보내는데, 이때 단종을 영월까지 호위한 인물이 (가)의 작가인 왕방연이다.

04 이 글을 참고하여 (가)를 이해한 내용으로 적절한 것은?
① '천만리'는 단종이 유배된 영월까지의 실제 거리를 구체적으로 표현한 것이다.
② '고운 님'은 단종을 영월에 유배시킨 수양 대군을 의미한다.
③ '여의옵고'에는 선비들의 죽음을 막지 못한 화자의 죄책감이 드러난다.
④ '냇가'는 단종이 유배된 영월을 상징하는 공간이다.
⑤ '물'은 단종을 생각하는 화자의 슬픈 마음을 드러내기 위해 감정을 이입한 대상이다.

05 이 글을 참고하여 (나)에서 대조적으로 사용된 소재 두 가지를 고르고, 그 상징적 의미를 서술하시오.

100점 특강

사회·문화적 배경을 고려한 작품 감상

	사회·문화적 배경	작품의 이해
(가)	수양 대군에 의해 유배당하는 단종을 작가(왕방연)가 영월까지 호송하고 돌아옴.	• '고운 님': 영월로 유배당한 단종 • 화자의 정서: 님(단종)과의 이별을 슬퍼함. • 표현 방법: '냇물'에 자신의 슬픈 감정을 이입하여 표현함.
(나)	수양 대군에게 왕위를 빼앗긴 단종에게 작가(박팽년)가 왕위를 되찾아 주기 위해 노력하다 죽임을 당함.	• '님': 수양 대군에게 왕위를 빼앗긴 단종 • 화자의 태도: 님(단종)에 대한 변치 않는 충성을 다짐함. • 표현 방법: 대조적인 소재를 사용하여 의미를 강조함.

2 우리 동네 구자명 씨 | 고정희

- **해제:** 이 작품은 '구자명 씨'라는 구체적인 여성의 삶을 통해 여성들에게 일방적인 희생을 강요하는 1980년대 가부장적 사회의 모순을 비판하는 현대시이다.
- **주제:** 여성들에게 일방적인 희생을 강요하는 사회를 비판함.

내용 연구 ▶▶▶

차창 밖과 안의 대조

차창 밖	꽃이 만발한 아름다운 풍경
↕	
버스 안	죽은 듯이 졸고 있는 구자명 씨

↓

대조를 통해 구자명 씨의 고단한 모습을 강조함.

시적 대상의 변화

전반부	→	후반부
구자명 씨		여자

↓

구자명 씨 개인의 이야기에서 여성 전체의 문제로 확장됨.

구절 풀이

★**부처님처럼 졸고 있는 구자명 씨:** '부처님처럼 움직이지 않고 졸 정도로 고단하다.'라는 의미와 '부처님처럼 인내하는 마음으로 고단한 삶을 감수하고 있다.'라는 의미의 두 가지로 해석할 수 있다.

★**잠 속에 흔들리는 ~ 안개꽃 멍에:** 가족을 위해 희생하는 구자명 씨의 고달픈 삶을 연약한 '팬지꽃'과 주목받지 못하는 '안개꽃'에 빗대어 표현하였다.

★**죽음의 잠을 향하여 ~ 화살을 당기고 있다:** 식구들의 안식을 위해 잠을 포기할 수밖에 없는 여성들의 고달픔과 희생을 드러내고 있다. 이때 '죽음의 잠'은 버스 안에서 졸고 있는 잠이 아니라 낮의 고달픔으로 밤에 죽은 듯이 자는 잠이다. '거부의 화살을 당기'는 것은 결코 깊은 잠에 들 수 없음을 뜻한다. 가족을 위해 희생해야 하는 여성은 잠에서 깰 수밖에 없는 것이다.

낱말 풀이

- **경적:** 주로 탈 것에 장치하여 주의나 경계를 하도록 소리를 울리는 장치. 또는 그 소리.
- **아랑곳없이:** 어떤 일에 참견을 하거나 관심을 둘 필요가 없이.
- **만취하다:** 술에 잔뜩 취하다.
- **멍에:** 쉽게 벗어날 수 없는 구속이나 억압을 비유적으로 이르는 말.

맞벌이 부부 우리 동네 구자명 씨
<small>구자명 씨의 상황 ① - 직장인   구체적 이름을 제시해 현실감을 줌.</small>
일곱 달 된 아기 엄마 구자명 씨는
<small>구자명 씨의 상황 ② - 아기 엄마</small>
출근 버스에 오르기가 무섭게
<small>구자명 씨의 고달픈 삶이 드러남.</small>
아침 햇살 속에서 졸기 시작한다
<small>구자명 씨의 처지와 대비되는 배경</small>
경기도 안산에서 서울 여의도까지

°경적 소리에도 °아랑곳없이

옆으로 앞으로 꾸벅꾸벅 존다   ▶ (   ) 안에서 졸고 있는 구자명 씨
<small>몹시 피곤한 상태임.</small>
차창 밖으론 사계절이 흐르고   ┌ ① 시간의 흐름 - 고단한 삶이 지속됨.
진달래 피고 밤꽃 흐드러져도 꼭   └ ② 아름다운 풍경 - 구자명 씨의 모습과 대비됨.

*부처님처럼 졸고 있는 구자명 씨,   ▶ 일 년 내내 고단하게 졸고 있는 구자명 씨

「그래 저 십 분은
<small>「」졸고 있는 구자명 씨의 삶에 대한 시적 화자의 추측 - 가족을 위해 희생적인 삶을 사는 모습을 유사한 문장 구조를 반복하여 보여 줌.</small>
간밤 아기에게 젖 물린 시간이고
<small>아기 엄마로서의 삶</small>
또 저 십 분은

간밤 시어머니 약시중 든 시간이고
<small>며느리로서의 삶</small>
그래그래 저 십 분은

새벽녘 °만취해서 돌아온 남편을 위하여 버린 시간일 거야」
<small>아내로서의 삶</small>   ▶ 간밤에 (   )을/를 위해 희생한 구자명 씨
고단한 하루의 시작과 끝에서
<small>하루 종일 고단한 삶이 지속됨.</small>
*잠 속에 흔들리는 °팬지꽃 아픔   ┐ 대구적 표현
식탁에 놓인 안개꽃 °멍에   ┘   ▶ 하루종일 이어지는 구자명 씨의 고단한 삶

그러나 부엌문이 여닫히는 지붕마다
<small>시상의 전환이 이루어짐.</small>
여자가 받쳐 든 한 식구의 안식이
<small>구자명 씨 개인의 문제가 여성 전체의 문제로 확장됨.</small>
아무도 모르게

*죽음의 잠을 향하여
<small>죽음과 같은 깊은 잠</small>
거부의 화살을 당기고 있다   ▶ 한 식구의 안식을 위해 희생하는 (   )들의 삶
<small>식구들의 안식을 위해 깊은 잠을 잘 수 없는 여성들의 고달픈 삶</small>

01 이 시에 대한 설명으로 적절하지 <u>않은</u> 것은?
① 현재형 종결을 사용하여 생생한 느낌을 주고 있다.
② 구체적인 지명과 인명을 사용하여 현실감을 높이고 있다.
③ 유사한 문장 구조를 반복하며 내용을 인상적으로 전달하고 있다.
④ 시적 화자가 자신의 이야기를 하며 독자의 공감을 유도하고 있다.
⑤ 상징적 소재를 사용하여 대상의 특성을 효과적으로 전달하고 있다.

02 이 시에서 묘사하고 있는 배경의 역할로 적절한 것은?
① 인물의 심리를 감각적으로 표현한다.
② 서정적이고 낭만적인 분위기를 조성한다.
③ 대비의 방법으로 인물의 처지를 부각한다.
④ 사회·문화적 배경을 상징적으로 드러낸다.
⑤ 미래에 대한 화자의 비관적 전망을 드러낸다.

03 이 시에서 〈보기〉의 밑줄 친 '의태어'에 해당하는 시어를 찾아 쓰시오.

> 보기
> 대상의 모양이나 움직임을 흉내 낸 말을 <u>의태어</u>라고 한다. 시에서 <u>의태어</u>를 사용하면 대상의 특성이나 상태 등을 현실감 있고 생생하게 전달할 수 있다.

04 〈보기〉를 참고하여 이 시를 이해한 내용으로 적절하지 <u>않은</u> 것은?

> 보기
> 문학은 현실의 삶을 반영한다. 따라서 문학 작품을 감상할 때에는 작품 창작에 영향을 준 사회·문화적 배경을 고려해야 한다. 고정희의 시 「우리 동네 구자명 씨」는 1980년대 우리 사회에서 여성들이 감수해야 했던 삶에 대한 문제의식을 던져 준다.

① 이 시에 등장하는 구자명 씨는 1980년대 여성의 삶을 대표하는 인물로 볼 수 있겠군.
② 이 시에서는 '식구의 안식'이 여성의 자유를 제한하는 요소로 작용할 수 있음을 말하고 있군.
③ 이 시는 가정주부와 사회인이라는 두 가지 역할을 함께 수행해야 했던 여성의 삶을 보여 주는군.
④ 출근길에 조는 모습을 통해 사회생활이 여성에게 고단한 삶의 피난처 역할을 하고 있음을 보여 주는군.
⑤ 이 시의 화자는 1980년대 여성들이 남성 중심의 가부장적 사회의 영향을 받고 있음을 말하고 있군.

서술형

05 이 시에서는 시상이 전개되면서 시적 대상이 확장되고 있다. 시적 대상이 어떻게 확장되었는지를 쓰고, 이에 담긴 작가의 의도를 쓰시오.

시적 대상	(㉮) → (㉯)
작가의 의도	㉰

100점 특강

구자명 씨의 삶을 통해 본 사회·문화적 배경

	가정에서의 삶		직장에서의 삶	
엄마로서의 삶	간밤에 아기에게 젖을 먹임.			
며느리로서의 삶	간밤에 시어머니의 약시중을 듦.	직장인으로서의 삶	매일 경기도 안산에서 서울 여의도까지 출근 버스를 타고 이동함.	
아내로서의 삶	새벽까지 만취한 남편을 기다림.			

↓

과거와 달라지지 않은 점	식구의 안식을 위해 여성의 희생을 강요함.
과거와 달라진 점	가정에서의 역할뿐만 아니라 직장인으로서 경제 활동도 담당해야 함.

꺼삐딴 리 | 전광용

- **해제:** 이 작품은 일제 강점기에서 1950년대에 이르는 한국의 격동기를 배경으로 특유의 처세술로 시대와 상황에 따라 권력을 좇으며 살아남은 이인국 박사를 통해 기회주의적인 삶을 사는 인간형을 풍자한 소설이다.
- **주제:** 시대의 흐름에 따라 변질하며 사는 기회주의적 삶에 대한 풍자

내용 연구 ▶▶▶

이인국 박사가 춘석의 입원을 거절한 이유

- 병원비를 감당할 능력이 없다고 판단함.
- 사상범을 입원시키는 것에 부담을 느낌

↓

외모로 사람을 판단하고 일제의 눈치를 보는 이인국 박사의 면모가 드러남.

구절 풀이

★**일본인 간부급들이 ~ 생각이 들었다.:** 이인국은 사상범인 춘석을 병원에 입원시켜 치료하는 것이 친일파로서 쌓아 온 자신의 경력에 흠이 될 것을 걱정하고 있다.

★**'국어(國語) 상용(常用)의 가(家)':** 여기에서 '국어'는 일본어를 가리킨다. 이를 통해 이인국이 일상적으로 일본어를 사용했음을 알 수 있다. 이 소설에서 언어는 이인국 박사가 세태에 적응하기 위해 가장 중요하게 생각한 수단이다.

낱말 풀이

- **사상범:** 사회 체제에 반대하는 사상을 가지고 죄를 지은 사람. 여기에서는 독립운동을 하는 사람을 의미함.
- **황국 신민(皇國新民):** 일제 강점기에, 천황이 다스리는 나라의 신하 된 백성이라 하여 일본이 자국민을 이르던 말.
- **일도양단(一刀兩斷)하다:** (비유적으로) 어떤 일을 머뭇거리지 아니하고 선뜻 결정하다.
- **단안:** 옳고 그름을 판단함.
- **자위대(自衛隊):** 나라의 안전을 유지하기 위하여 조직한 단체. 우리나라에서는 해방 이후에 짧은 시간 동안 활동함.
- **섬광:** 순간적으로 강렬히 번쩍이는 빛.
- **상념:** 마음속에 품고 있는 여러 가지 생각.

가 환자의 몰골이나 업고 온 사람의 옷매무새로 보아 경제 정도는 뻔한 일이라 생각되었다.
_{환자의 경제력에 따라 치료 여부를 결정함.}
그러나 그것보다도 더 마음에 켕기는 것이 있었다. ★일본인 간부급들이 자기 집처럼 들락날
_{환자를 꺼리는 진짜 이유는 경제적인 문제가 아님.}
락하는 이 병원에 이런 ★사상범을 입원시킨다는 것은 관선 시 의원이라는 체면에서도 떳떳지 못
_{'그가 평소에 친일 행위를 했음을 알 수 있음.}
할뿐더러, 자타가 공인하는 모범적인 ㉠황국 신민의 공든 탑이 하루아침에 무너지는 결과를
_{시대적 배경 – 일제 강점기}
가져오는 것이라는 생각이 들었다.
순간 그는 이런 경우의 가부 결정에 ★일도양단하는 자기 식으로 찰나적인 ★단안을 내렸다.
_{옳고 그름의 결정}   _{결단력이 있는 인물임.}
그는 응급 치료만 하여 주고 입원실이 없다는 가장 떳떳하고도 정당한 구실로 애걸하는 환자
_{의사로서의 양심보다는 친일파로서의 삶을 선택함.}
를 돌려보냈다. ▶ (　　　)의 입원을 거부하는 이인국 박사

나 그런데 며칠 전 시민대회 끝에 있은 ㉡해방 경축 시가행진을 자기도 흥분에 차 구경하느라
_{시대적 배경 – 해방 직후}
고 혜숙이와 함께 대문 앞에 나갔다가, ㉢자위대 완장을 두르고 대열에 끼인 젊은이와 눈이 마
_{이인국 박사 병원의 간호인}
주쳤다.
ⓐ이쪽을 노려보는 청년의 눈에서 불똥이 튀는 것 같은 살기를 느꼈다.
_{이인국 박사에게 좋지 않은 감정이 있음.}
무슨 영문인지 모르고 어리벙벙하던 이인국 박사는, 그것이 언젠가 입원을 거절당한 사상범 환
자 춘석이라는 것을 혜숙에게서 듣고야 슬금슬금 주위의 눈치를 살피며 집으로 기어들어 왔다.
_{과거의 행동 때문에 사람들의 시선을 두려워함.}
▶ (　　　) 경축 행사에서 춘석을 보고 불안해하는 이인국 박사

다 ★'국어(國語) 상용(常用)의 가(家)'
해방되던 날 떼어서 집어넣어 둔 것을 그동안 깜박 잊고 있었다.
_{자신의 친일 행위를 숨기기 위한 행동 ①}
그는 액자 틀 뒤를 열어 음식점 ㉣면허장 같은 두터운 모조지를 빼내어 글자 한 자도 제대로
_{자신의 친일 행위를 숨기기 위한 행동 ②}
남지 않게 손끝에 힘을 주어 꼼꼼히 찢었다.
이 종잇장 하나만 해도 일본인과의 교제에 있어서 얼마나 떳떳한 구실을 할 수 있었던 것인
_{일본인과 교제하는 데 많은 도움을 줌.}
가. 야릇한 미련 같은 것이 ★섬광처럼 머릿속을 스쳐 간다.
_{아쉬움}
환자도 일본 말 모르는 축은 거의 오는 일이 없었지만 대외 관계는 물론 집 안에서도 일체 일
_{일본인 또는 친일 행위를 하는 조선인을 대상으로 치료함.}
본 말만을 써 왔다. 해방 뒤 부득이 써 오는 제 나라 말이 오히려 의사 표현에 어색함을 느낄 만
_{친일을 하기 위해 선택한 수단}   _{일본 말만 사용했기 때문에}
큼 그에게는 거리가 먼 것이었다. ▶ (　　　)을/를 사용했다는 증명서를 찢는 이인국 박사

라 이인국 박사는 슬그머니 일어나 이 층으로 올라와 ㉤다다미방에서 혼자 뒹굴었다.
_{일본식 방 – 이인국 박사가 일본인 같은 삶을 살아왔음.}
앞일은 대체 어떻게 전개될 것인가, 뛰어넘을 수 없는 큰 바다가 가로놓인 것만 같았다. 풀어
_{해방 이후의 자신의 삶에 대한 불안감}   _{막막한 심정}
낼 수 있는 실마리가 전연 더듬어지지 않는 뒤헝클어진 ★상념 속에서, 그래도 이인국 박사는 꺼
지려는 짚불을 불어 일으키는 심정으로 막연한 한 가닥의 기대만을 끝내 포기하지 않은 채 천장
_{새로운 환경에 적응할 수 있을 것이라는 희망을 잃지 않음.}
을 멍청히 쳐다보고만 있었다.
지난 일에 대한 뉘우침이나 가책 같은 건 아예 있을 수 없었다.
_{일제 강점기에 친일 행위를 했던 일}   ▶ 자신의 과거를 뉘우치지 않고 앞날만 걱정하는 이인국 박사

01 이 글에 대한 설명으로 가장 적절한 것은?
① 서술자가 인물의 심리나 행동을 직접 전달하고 있다.
② 대화를 통해 인물들 사이의 갈등을 직접 드러내고 있다.
③ 공간적 배경의 이동에 따라 인물의 태도가 변하고 있다.
④ 작품 속에 위치한 서술자가 자신이 관찰한 이야기를 하고 있다.
⑤ 장면에 따라 서술자를 달리하여 다양한 시각으로 사건을 전달하고 있다.

02 다음을 바탕으로 이 글을 이해한 내용으로 적절하지 않은 것은?

〈이 글의 시대적 배경〉
ⓐ 일제 강점기 ── ⓑ 해방 직후

① ⓐ에서 이인국 박사는 자신의 신분이나 체면을 중시하는 태도를 보인다.
② ⓐ에서 이인국 박사는 다른 사람의 인정을 받기 위해서 언어를 적극적으로 활용하였다.
③ ⓑ에서 이인국 박사가 느끼는 불안은 ⓐ에서의 행동 때문이다.
④ ⓑ에서 이인국 박사는 ⓐ에서의 행동에 대해 죄책감을 느끼고 있다.
⑤ ⓑ에서 이인국 박사는 ⓐ에서의 행동의 흔적을 지우기 위해서 노력하고 있다.

03 〈보기〉에서 이인국 박사에 대해 적절한 평가를 한 것끼리 묶은 것은?

┤ 보기 ├
ㄱ. 정이 많아 다른 사람과의 관계에서 손해를 볼 때가 많은 것 같아.
ㄴ. 우유부단하여 중요한 일을 결정하는 데 어려움을 느끼는 것 같아.
ㄷ. 상대방을 판단할 때 외적인 요소를 중요하게 생각하는 인물인 것 같아.
ㄹ. 불안한 상황에서도 미래에 대한 막연한 기대를 갖고 행동하는 것 같아.

① ㄱ, ㄴ ② ㄱ, ㄷ ③ ㄴ, ㄷ ④ ㄴ, ㄹ ⑤ ㄷ, ㄹ

04 ㉠~㉤ 중, 이 글의 시대적 배경을 드러내는 소재가 아닌 것은?
① ㉠ ② ㉡ ③ ㉢ ④ ㉣ ⑤ ㉤

05 이 글의 내용과 시대적 상황을 고려할 때, '청년'이 ⓐ와 같은 태도를 보인 이유를 개인적인 차원과 민족적인 차원에서 각각 한 문장으로 서술하시오.
(1) 개인적 차원:
(2) 민족적 차원:

100점 특강

소설의 사회·문화적 배경에 따른 중심인물의 대응 방식 ①

배경을 드러내는 소재	사회·문화적 배경	이인국 박사의 대응
사상범(독립운동가), 황국 신민, 국어(國語) 상용(常用)의 가(家)	일제 강점기	• 일상생활에서 일본어만 사용함. • 일본인 간부들과 주로 어울림. • 사상범인 춘석의 입원을 거절함.
해방 경축 시가행진, 자위대 완장	해방 직후	• '국어(國語) 상용(常用)의 가(家)'라고 적힌 종이를 찢음. • 미래에 대한 불안감을 느끼며 사람들의 눈을 피함.

내용 연구 ▶▶▶

춘석의 말에 담긴 의미

춘석이 이인국 박사에게 비속어를 사용하면서 욕을 함.

↓

- 이인국 박사에 대한 춘석의 분노를 드러냄.
- 이인국 박사가 끌려온 것이 과거의 친일 행적 때문이었음을 알려 줌.

이인국 박사의 위기 극복 방법

위기	감옥에 끌려와 죽을 위기에 처함.

↓

극복	스텐코프의 혹을 제거해 주고 신임을 얻음.

→ 기회주의적인 처세술과 의사로서의 능력이 더해져서 위기에서 벗어날 수 있었음.

구절 풀이

★때도 묻지 않은 ~ 춘석이다.: 이인국 박사에게 입원을 거부당한 춘석이 노려보고 있는 것으로 보아, 이인국 박사가 끌려온 것에는 춘석의 영향이 있었음을 알 수 있다. 한편 일본 군복이 때도 묻지 않았다는 표현에서 춘석이 이전부터 입은 옷이 아님을 알 수 있다.

★그것 하나만 ~ 생길 것만 같았다.: 스텐코프의 혹을 치료해 주면 그의 신임을 얻어 감옥에서 나갈 수 있을 것이라는 기대를 하고 있다. 이인국 박사는 스텐코프가 자신을 도와줄 능력이 있다고 판단하고 있다.

낱말 풀이

- 끄나풀: 남의 앞잡이 노릇을 하는 사람을 낮잡아 이르는 말.
- 뇌까리다: 아무렇게나 되는대로 마구 지껄이다.
- 미결감(未決監): 아직 법적 판결이 나지 않은 죄수를 가두어 놓는 감방.
- 당성(黨性): 당원이 자신이 속한 당의 이익을 위하여 거의 무조건 가지는 충실한 마음과 행동.
- 당사(黨史): 정당의 역사. 여기서는 공산당의 역사를 기술한 책을 의미함.

마 "쪽발이 *끄나풀, 야 이 새끼야."
　　　　　일본 사람을 낮잡아 이르는 말

고함 소리에 놀라 이인국 박사는 흠칫 머리를 들었다.

*때도 묻지 않은 일본 병사 군복에 완장을 찬 젊은이가 쏘아보고 있다. 춘석이다.
　　　　　　　　　　　　　　　　　　　　　　　　　이인국 박사에 대한 적개심이 드러남.

이인국 박사는 다시 쳐다볼 힘도 없었다. 모든 사태는 짐작되었다.
　　　　　　　　　　　　　　　　　　　　　춘석의 신고로 끌려온 것임.

'이제는 죽는구나.' 그는 입속으로 *뇌까렸다.

"왜놈의 밑바시, 이 개새끼야."

일본 군용화가 그의 옆구리를 들이찬다. / "이 새끼, 어디 죽어 봐라."

구둣발은 앞뒤를 가리지 않고 전신을 내지른다.

등골 척수에 다급한 충격을 받자 이인국 박사는 비명을 지르고 꼬꾸라졌다.

그는 현기증을 일으켰다. 어깻죽지를 끌어 바로 앉혀도 몸을 가누지 못하고 한쪽으로 쓰러졌다.

"민족과 조국을 팔아먹은 이 개돼지 같은 놈아, 너는 총살이야, 총살……."
　과거의 친일 행적 때문에 끌려온 것임.　　　　　　　　　▶ (　　　) 때문에 끌려와 매를 맞는 이인국 박사

바 이튿날 *미결감 다른 감방에서 또 같은 증세의 환자가 두셋 발생하였다. 날이 갈수록 환자
　　　　　　　　　　　　　　전염병이 퍼짐.

는 늘기만 하였다.

이 판국에 병만 나면 열의 아홉은 죽는 길밖에 없다고 생각한 이인국 박사는 새로운 위협에
　　　　　　　　　　　　　　　　　　　　　　　　　　　자신도 병에 걸려 죽게 될까 봐 두려워함.

사로잡히기 시작하였다.

저녁 후 이인국 박사는 고문관실로 불려 나갔다.

"동무는 당분간 환자의 응급 치료실에서 일하시오."
　　　　　　　　　　　　　　　의사라는 신분으로 새로운 기회를 얻게 됨.

이게 무슨 청천벽력 같은 기적일까, 그는 통역의 말을 의심했다.
　　　　　　　　　　　마른 하늘에 날벼락

소련 장교와 통역관을 번갈아 쳐다보는 그의 눈동자는 생기를 띠어 갔다.
시대적 배경 – 해방 직후에 소련군이 내려온 상황　　　　　　▶ 전염병 환자들의 치료를 맡게 된 이인국 박사

사 그는 환자의 치료를 하면서도 늘 스텐코프의 왼쪽 뺨에 붙은 오리알만 한 혹을 생각하고
　　　　　　　　　　　　　　　　　소련 장교(고문관)의 이름

있었다.

불구라면 불구로 볼 수 있는 그 혹을 가지고 고급 장교에까지 승진했다는 것은, 소위 말하는

*당성(黨性)이 강하거나 그렇지 않으면 전공(戰功)이 특별했음에 틀림없다는 생각이 들었다.
　　　　　　　　　　　스텐코프에게 자신을 구해 줄 능력이 있다고 판단함.

*그것 하나만 물고 늘어지면 무엇인가 완전히 살아날 틈사구가 생길 것만 같았다.
　스텐코프의 혹

이인국 박사의 뜨내기 노어도 가끔 순시하는 스텐코프와 인사말은 주고받을 수 있을 정도로
　　　　　　　　　러시아어

진전되었다.

이 안에서의 모든 독서는 금지되었지만 노어 교본과 *당사(黨史)만은 허용되었다.

㉠이인국 박사는 마치 생명의 열쇠나 되는 듯이 초보 노어책을 거의 암송하다시피 하였다.
　　　　　　　　　'언어'를 처세술의 중요한 수단으로 생각함.　　　▶ (　　　)을/를 공부하며 기회를 엿보는 이인국 박사

아 ㉡완치되어 퇴원하는 날, 스텐코프는 이인국 박사의 손을 부서져라 쥐면서 외쳤다.
　　　　　　　　　　　　이인국 박사가 스텐코프의 혹 수술을 성공적으로 마침.

"꺼삐딴 리, 스바씨보."
　　　"고맙습니다."라는 의미의 러시아어

이인국 박사는 입을 헤벌리고 웃기만 했다. 마음의 감옥에서 해방된 것만 같았다.

"아진, 아진…… 오첸 하라쇼."
　　　"최고입니다. 매우 좋습니다."의 의미

스텐코프는 엄지손가락을 높이 들면서 '네가 첫째'라는 듯이 이인국 박사의 어깨를 치며 찬양
　　　　　　　　이인국 박사가 스텐코프의 신임을 받게 됨.

하였다.　　　　　　　　　　　　　　　　　　　　▶ (　　　)을/를 수술해 주고 그의 신임을 얻은 이인국 박사

06 이 글을 통해 알 수 있는 내용이 <u>아닌</u> 것은?

① 이인국 박사가 감옥에 갇힌 것은 과거의 친일 행위 때문이다.

② 이인국 박사는 춘석이 자신에게 분노하는 이유를 짐작하고 있다.

③ 이인국 박사는 '의사'라는 신분 덕분에 새로운 기회를 얻게 되었다.

④ 이인국 박사는 재판을 통해 총살 판결을 받고 법이 집행될 때를 기다리고 있었다.

⑤ 이인국 박사는 스텐코프에게 자신을 감옥에서 해방해 줄 힘이 있다고 판단하였다.

07 이 글을 읽은 후의 반응으로 가장 적절한 것은?

① 서술자는 주인공인 이인국 박사에 대해 연민의 태도를 보이고 있어.

② 인물이 사용하는 비속어가 인물의 심리를 효과적으로 드러내고 있어.

③ 작가는 개인과 개인의 갈등에 초점을 맞추며 이야기를 전개하고 있어.

④ 위기에서 벗어나기 위해 노력을 하기보다는 운을 바라는 이인국 박사의 태도가 답답하게 느껴졌어.

⑤ 일본 군복이나 군용화 등의 소재를 통해 볼 때 이 장면은 일제 강점기를 배경으로 하고 있는 것 같아.

08 다음은 이 소설의 제목에 대한 설명이다. 이 글의 내용으로 볼 때, 제목에 담긴 작가의 의도로 적절한 것은?

> '꺼삐딴 리'에서 '꺼삐딴'은 영어 캡틴(captain)의 소련(러시아) 발음인 '까삐딴'에서 비롯된 것으로, '우두머리', '최고의' 등의 의미로 쓰인다. 또한 '리'는 이인국 박사를 가리킨다.

① 감옥에 갇힌 이인국 박사의 부정적 상황을 반어적으로 강조한다.

② 스텐코프에게 최고라는 인정을 받은 이인국 박사의 능력을 부각한다.

③ 스텐코프와의 관계가 이인국 박사의 삶에 중요한 전환점이 된 것임을 드러낸다.

④ 소련이 우리 민족에 미친 영향이 일본이나 미국이 미친 영향보다 크다는 것을 강조한다.

⑤ 죄수의 신분에서 스텐코프의 인정을 받게 된 이인국 박사의 부정적 처세술을 풍자한다.

서술형

09 ㉠과 ㉡의 내용을 참고하여, (사)와 (아) 사이에 들어갈 내용을 요약하여 〈조건〉에 맞게 서술하시오.

> ┤ 조건 ├
> • '노어', '수술'이라는 단어를 사용할 것.

100점 특강

▶ 소설의 사회·문화적 배경에 따른 중심인물의 대응 방식 ②

배경을 드러내는 소재	사회·문화적 배경	이인국 박사의 대응
동무, 소련 장교, 당성, 노어, 당사, 스텐코프가 사용하는 러시아 말	해방 이후	• 노어책을 거의 암송하다시피 공부함. • 스텐코프의 혹을 제거하는 수술을 해 줌.

▶ 제목의 의미

꺼삐딴 리	• '우두머리'를 뜻하는 영어 캡틴(captain)의 러시아 발음인 '까삐딴'에서 비롯됨. • 스텐코프가 자신의 혹을 제거해 준 이인국 박사의 능력을 인정하며 한 말임. • 후반부의 '닥터 리'와 연결되면서 이인국 박사의 기회주의적 면모를 드러냄.

내용 연구 ▶▶▶

이인국 박사의 처세술

일제 강점기	일상에서도 일본어를 사용함.
해방 직후	노어책을 암기하다시피 공부함.
한국 전쟁 이후	개인 교수까지 받으며 영어를 공부함.

↓

언어 습득을 중요한 수단으로 생각함.

언어에 나타난 이인국 박사의 가치관

일본 놈, 로스케, 양키

↓

일본, 러시아, 미국 사람들의 신임을 얻기 위해 노력했지만, 그들에게 좋은 감정을 가진 것은 아님. 자신의 성공을 위해서 수단을 가리지 않는 이인국 박사의 가치관이 드러남.

구절 풀이

★**사실 그것을 ~ 본 일이 없는 그였다.**: 자신의 물건을 내놓는 것에 대한 아까운 마음만 있을 뿐 문화재를 유출하는 것에 대한 죄책감이 없다. 개인의 이익만을 생각하는 이인국 박사의 가치관이 드러나는 대목이다.

★**흥, 그 사마귀 같은 ~ 막히지 않았다.**: 개인의 이익만을 생각하며 기회주의적으로 살아온 이인국 박사의 삶이 요약적으로 제시되었다.

낱말 풀이

• **국무성**: 미국에서 외교 업무를 담당하는 연방 행정 기관.
• **처세법(處世法)**: 세상을 살아가는 방법.
• **기고만장(氣高萬丈)하다**: 우쭐하여 뽐내는 기세가 대단하다.
• **임상(臨狀)**: 환자를 진료하거나 의학을 연구하기 위하여 병상에 임하는 일.

자 차가 브라운 씨의 관사 앞에 닿았다. 〈중략〉
　　　　　　　　미국인 – 사회·문화적 배경이 달라짐.
맞은편 책상 위에는 작은 금동 불상(金銅佛像) 곁에 몇 개의 골동품이 진열되어 있다.
　　　　　　미국인인 브라운 씨의 관사에 우리 문화재가 많이 있음.
십이 폭 예서(隸書) 병풍 앞 탁자 위에 놓인 재떨이도 세월의 때 묻은 백자다.

저것들도 다 누군가가 가져다준 것이 아닐까 하는 데 생각이 미치자 ㉠이인국 박사는 얼굴이
　　　　　　　　　　　　　　　　　자신이 가져온 선물의 가치가 떨어질까 걱정함.
화끈하여졌다.

그는 자기가 들고 온 상감 진사(象嵌辰砂) 고려청자 화병을 생각하였다.
　　　　　　　　　　브라운 씨에게 줄 선물로 가져온 것
★㉡사실 그것을 내놓는 데는 얼마간의 아쉬움이 없지 않다. 국외로 내어 보낸다는 자책감 같
은 것은 아예 생각해 본 일이 없는 그다.

차라리 이인국 박사에게는, 저렇게 많으니 무엇이 그리 소중하고 달갑게 여겨지겠느냐는 망
설임이 더 앞섰다.　　　　　　　　　이인국 박사의 얼굴이 화끈해진 이유
　　　　　　　　　　　　　　　　　　　　▶ 문화재를 들고 브라운 씨를 찾아간 이인국 박사

차 "닥터 리는 영어를 어디서 배웠습니까?"
　　　'꺼삐딴 리'에서 호칭이 달라짐. – 시대의 변화
"일제 시대에 일본 말 식으로 배웠지요. 예를 들면, '잣도 이즈 아 캣도' 식으루요."

"그런데 지금 발음은 좋은데요. 문법이 아주 정확한 스탠다드 잉글리시입니다."
　　　　　이인국 박사가 언어 습득에 소질이 있음.　　　　　표준 영어
㉢그는 이 말을 들을 때 문득 스텐코프의 말이 연상되었다. / 그리고 보면 영국에 조상을 가
　　　　　　　　　자신의 노어 실력에 감탄하던 말
진다는 브라운 씨는 알(R) 발음을 그렇게 나타내지 않는 것 같게 여겨졌다.
　　　　　영어를 익히기 위한 이인국 박사의 노력
㉣"얼마 전부터 개인 교수를 받고 있습니다."　　　▶ 브라운 씨에게 (　　) 실력을 칭찬받은 이인국 박사

카 "그거, *국무성에서 ㉮통지 왔습니다."
　　　시대적 배경 – 한국 전쟁 이후 미국의 영향을 받던 시기
이인국 박사는 뛸 듯이 기뻤으나 솟구치는 흥분을 억제하면서 천천히 손을 내밀어 악수를 청
하였다. / "생큐, 생큐." / 어쩌면 이것은 수술 후의 스텐코프가 자기에게 하던 방식 그대로인지
　　　　　　　　　　　　　　　수술을 성공한 후 자신에게 고마워하던 스텐코프를 생각함.
도 모른다는 생각이 들었다.

이인국 박사는 ⓐ지성이면 감천이라고, '나의 *처세법은 유에스에이에도 통하는구나.' 하는
　　　　　　　　　　　정성을 다하면 어려운 일도 이룰 수 있음.
*기고만장한 기분이었다.
　　　이인국 박사의 선물에 만족함.
㉤청자병을 몇 번이고 쓰다듬으면서 술잔을 거듭하는 브라운 씨도 몹시 즐거운 기분이었다.

"미국에 가서의 모든 일도 잘 부탁합니다."

"네, 염려 마십시오. 떠나실 때 소개장을 써 드리지요."

"감사합니다."　　　　　　　　　　　　▶ 미국 (　　)의 통지를 받아 낸 이인국 박사

타 대학을 갓 나와 *임상 경험도 신통치 않은 것들이 미국에만 갔다 오면 별이라도 딴 듯이
　　　　　　　　의사로서의 경험이 많지 않은　　　　　　이인국 박사가 미국에 가려는 이유
날치는 꼴이 눈꼴사나웠다.

'어디 나두 댕겨오구 나면 보자!'

문득 딸 나미와 아들 원식의 얼굴이 한꺼번에 망막으로 휘몰아 왔다. 그는 두 주먹을 불끈 쥐
　　　　　　　　　　　　　　　　　　　　　　　　　　눈앞에 떠오름.
며 얼굴에 경련을 일으키듯이 긴장을 띠다가 어색한 미소를 흘려 보냈다.
　　　　　　　　　　　　　　　　　　러시아인을 낮잡아 이르는 말
　┌ *흥, 그 사마귀 같은 일본 놈들 틈에서도 살았고, 닥싸귀 같은 로스케 속에서 살아났는데,
　│　　　　　　　　　일제 강점기에서의 처세술　　　　　　해방 이후의 처세술
[A]　양키라고 다를까…… 혁명이 일겠으면 일구, 나라가 바뀌겠으면 바뀌구, 아직 이 이인국
　│　한국 전쟁 이후의 처세술　　　　　　　　　　나라에 대한 걱정은 없이 자신이 살 궁리만 함.
　└ 의 살 구멍은 막히지 않았다. 나보다 얼마든지 날뛰던 놈들도 있는데, 나쯤이야……'
　　　　　　　　　　　　　　　　　　　　　▶ 자신의 행위를 (　　)하는 이인국 박사

전광용, '꺼삐딴 리'

중요

10 다음을 고려하여 이 글을 감상한 내용으로 적절하지 <u>않은</u> 것은?

> 과거의 삶이 반영된 작품을 감상할 때에는 작품이 창작된 사회·문화적 배경을 바탕으로 작품을 이해해야 한다. 또한 작품에 나타난 인물의 삶의 태도를 오늘날의 삶과 관련지어 생각해 보는 것도 좋은 방법이다.

① 다른 사람을 해쳐야만 자신이 성공할 수 있다고 생각하는 것은 도덕적이지 않아.
② 한국 전쟁 이후에는 자신의 출세를 위해 미국에 잘 보이려고 하는 사람들이 많았나 봐.
③ 자신의 잘못을 반성하지 않고 계속 반복하는 이인국 박사의 행동은 옳지 않다고 생각해.
④ 자신의 이익을 좇으며 사는 것까지는 어쩔 수 없지만 그 방법이 잘못되었다면 비판을 받아야 해.
⑤ 소설 속의 내용과 같은 방법으로 우리 문화재가 국외로 빠져나갔다고 생각하니 안타까운 마음이 들어.

11 ⓐ와 의미가 통하는 속담으로 적절한 것은?

① 백지장도 맞들면 낫다.
② 닭 쫓던 개 지붕 쳐다본다.
③ 하늘은 스스로 돕는 자를 돕는다.
④ 똥 묻은 개가 겨 묻은 개 나무란다.
⑤ 콩 심은 데 콩 나고 팥 심은 데 팥 난다.

12 ㉠~㉤에 대한 설명으로 적절한 것은?

① ㉠: 이인국 박사는 다른 사람과 똑같은 실수를 하고 있음을 깨달으면서 부끄러움을 느끼고 있다.
② ㉡: 이인국 박사는 결정적인 순간에 양심의 가책을 느끼는 인간적인 면모를 드러내고 있다.
③ ㉢: 이인국 박사가 영어를 배우는 데 스텐코프의 도움이 컸음을 알 수 있다.
④ ㉣: 이인국 박사의 처세술에서 언어가 매우 중요한 역할을 하고 있음을 알 수 있다.
⑤ ㉤: 다른 사람을 돕는 것에서 삶의 보람을 찾는 브라운 씨의 삶의 태도가 드러난다.

13 [A]에 대한 설명으로 적절하지 <u>않은</u> 것은?

① 이인국 박사는 자신의 행위를 합리화하고 있다.
② 이인국 박사가 자신의 삶을 요약적으로 제시한다.
③ 이후의 삶에 대한 이인국 박사의 자신감이 드러난다.
④ 이인국 박사는 일본이나 러시아, 미국 등을 경외하는 태도를 드러낸다.
⑤ 이인국 박사는 나라의 운명보다는 개인의 안위를 우선적으로 생각한다.

서술형 ✏️

14 이 글의 맥락을 고려하여 ㉮의 내용과, 이인국 박사가 그것을 기다리는 이유를 서술하시오.

(1) ㉮의 내용:

(2) 기다리는 이유:

100점 특강

◐ 소설의 사회·문화적 배경에 따른 중심인물의 대응 방식 ③

배경을 드러내는 소재	사회·문화적 배경	이인국 박사의 대응
국무성, 미국에 유학 가는 젊은 의사들, 브라운 씨와의 대화 내용	한국 전쟁 이후 우리나라에서 미국의 영향력이 커지던 시기	→ • 브라운 씨에게 고려청자를 선물함. • 영어 개인 교수를 받음. • 미국으로 유학을 가려 함.

◐ 이인국 박사에 대한 평가

• 문화재를 국외로 유출하면서 죄책감을 느끼지 않음. • 시대와 상황에 따라 일본, 러시아, 미국의 편에 섬. • 나라가 바뀌어도 개의치 않고 자신이 살 궁리만 함.	→ 민족이나 다른 사람을 생각하지 않고 개인의 이익을 위해 수단을 가리지 않는 기회주의적 인물임.

4 노새 두 마리 |최일남

■ **해제:** 이 작품은 급격한 산업화와 도시화가 이루어지던 1970년대를 배경으로, 연탄 배달을 하며 힘들게 살아가는 아버지의 모습을 순진한 어린 소년의 눈을 통해 그린 소설이다. '노새'라는 소재를 통해 아버지의 고단한 삶을 상징적으로 보여 주고 있다.

■ **주제:** 급변하는 사회 상황에 적응하지 못하는 도시 하층민의 고단한 삶

글에 드러난 사회 · 문화적 배경

구동네		새 동네
허름한 집	+	문화 주택
판잣집		슬래브 집

↓

산업화·도시화 과정에서 생긴
서울 변두리 신흥 부락

구절 풀이

★**그랬는데 이삼 년 전부터 ~ 잡혀 갔다.:** 1970년대 산업화·도시화가 진행되면서 나타난 마을의 변화이다.

★**그런 가운데에서도 ~ 헤집고 다녔다.:** 노새는 아버지가 연탄을 배달할 때 사용하는데, 아버지가 구동네와 새 동네에 모두 연탄을 배달했음을 알 수 있다.

낱말 풀이

• **문화 주택:** 생활하기에 편리하고 보건 위생에 알맞은 새로운 형식의 주택.
• **슬래브 집:** 콘크리트 바닥이나 양옥의 지붕처럼 콘크리트를 부어서 한 장의 판처럼 만든 구조물로 만든 집.
• **판잣집:** 판자로 사방을 이어 둘러서 벽을 만들고 허술하게 지은 집.
• **등속:** 나열한 사물과 같은 종류의 것들을 몰아서 이르는 말.
• **노새:** 암말과 수나귀 사이에서 난 잡종으로 크기는 말보다 약간 작으며, 머리 모양과 귀·꼬리·울음소리는 나귀를 닮았다.
• **수챗구멍:** 집 안에서 버린 물이 집 밖으로 흘러 나가도록 만든 시설에서 허드렛물이 빠져나가는 구멍.

가 우리 동네는 변두리였으므로 얼마 전까지도 모두 그날그날 벌어먹고 사는 사람들이 많아 연탄 배달도 일거리가 그리 많지 않았다. 기껏해야 구멍가게에서 두서너 장을 사서는 새끼줄에 대롱대롱 매달고 가는 게 고작이었다. ★그랬는데 이삼 년 전부터 아직도 많은 빈터에 집터가 다져지고, 하나둘 문화 주택이 들어서더니 이제는 제법 그럴듯한 동네 꼴이 잡혀 갔다. 원래부터 있던 허름한 집들과 새로 생긴 집들과는 골목 하나를 경계로 하여 금을 긋듯 나누어져 있었는데, 먼 데서 보면 제법 그럴싸한 동네로 보였다. 일단 들어와 보면 지저분한 헌 동네가 이웃에 널려 있지만, 그냥 먼발치로만 보면 2층 슬래브 집들에 가려 닥지닥지 붙인 판잣집 등속이 보이지 않았으므로 서울의 변두리에 흔한 여느 신흥 부락으로만 보였다.

▶ 우리 동네에 생긴 변화

나 그러나 동네의 모습이 이처럼 달라지기는 했어도 ⓐ구동네와 ⓑ새 동네 사람들이 서로 어울리는 법이 없었다. 너는 너, 나는 나 하는 식으로 새 동네 사람들은 문을 꼭꼭 걸어 잠그고 누가 나가오는 것을 거절하고 있었다. 다만 그들이 들어옴으로 해서 구동네 사람들의 사는 모습이 조금 달라지기는 했는데 아무도 그걸 입에 올리지는 않았다. 아버지도 배달 일이 늘어나서 속으로는 새 동네가 생긴 것을 은근히 싫어하지는 않는 눈치였지만, 식구들 앞에서조차 맞대 놓고 그런 내색을 하지는 않았다. ★그런 가운데에서도 우리 노새는 온 동네 사람들의 눈길을 모으고 짤랑짤랑 이 골목 저 골목을 헤집고 다녔다. 아니 그것은 새 동네 쪽에서 더욱 그랬다. 원래의 우리 동네에서야 아무도 거들떠보지 않았다. 자기들은 아이들의 싯누런 똥이 든 요강 따위를 예사롭게 수챗구멍 같은 데 버리면서도, 어쩌다 우리 노새가 짐을 부리는 골목 한쪽에서 오줌을 찍 깔기면, "왜 하필이면 여기서 싸. 어이구, 저 지린내, 말을 부리려면 오줌통이라도 갖고 다닐 일이지 이게 뭐야. 동네가 뭐 공동변소가."

어쩌고 하면서 아낙네들은 코를 찡 풀어 노새 앞에다 팽개쳤다. 말과 노새의 구별도 잘 못 하는 주제에, 아무 데서나 가래침을 퉤퉤 뱉는 주제에 우리 노새를 보고 눈을 찢어지게 흘겼다. 그러나 새 동네에서는 단연 달랐다. 여간해서 말을 잘 않는 아주머니들도 우리 노새를 보면 입가에 미소를 머금었다. 개중에는 "아이, 귀여워, 오랜만에 보는 노샌데." 하기도 하고, "어머, 지금도 노새가 있었네." 하기도 하고, "아니, 이게 노새 아니에요? 아주 이쁘게 생겼네." 하기도 하고, "오머 오머, 이게 망아지는 아니고…… 네? 노새라고요? 아, 노새가 이렇게 생겼구나아." 하면서 모가지에 매달린 방울을 한 번 만져 보려다가 노새가 고개를 젓는 바람에 찔끔 놀라기도 했다. 비단 연탄 배달을 간 집에서만이 아니라 이 근처의 길을 가던 사람들도, 우리 노새를 힐끗 쳐다본 순간 분명히 다소 놀라는 기색으로 다시 한 번 거들떠보곤 했다. 대야를 옆에 끼고 볼이 빨갛게 익은 채 목욕 가다 오던 아주머니도 부드러운 눈길로 노새를 바라보고, 다정하게 나들이를 가려고 막 대문을 나서던 내외분도 우리 노새가 짤랑짤랑 지나가면 '고것…….' 하는 표정으로 한동안 지켜보고, 파 한 단 사 가지고 잰걸음으로 쫄쫄거리고 가던 식모 아가씨도 잠시 발을 멈추고 노새를 바라보았다.

▶ ( )에 대한 구동네와 새 동네 사람들의 반응

01 이 글의 서술상 특징으로 적절한 것은?

① 어린아이의 눈으로 바라본 사건을 서술하고 있다.

② 서술자가 개입하여 인물을 평가하여 서술하고 있다.

③ 여러 명의 서술자가 다양한 관점에서 사건을 서술하고 있다.

④ 이야기 밖의 서술자가 사건을 객관적으로 관찰하여 서술하고 있다.

⑤ 이야기 밖의 서술자가 인물들의 심리나 생각을 자세하게 서술하고 있다.

02 중요 이 글에 등장하는 다음 소재들의 공통점으로 적절한 것은?

> 연탄, 문화 주택, 슬래브 집, 판잣집

① 앞으로 전개될 사건을 암시한다.

② 인물의 심리 변화 과정을 보여 준다.

③ 글의 시대적 배경을 짐작하게 해 준다.

④ 인물 간의 갈등을 해소하는 매개체이다.

⑤ 작가가 말하고자 하는 바를 함축적으로 상징한다.

03 이 글을 통해 알 수 있는 '우리 동네'의 모습으로 적절하지 **않은** 것은?

① 허름한 집들과 문화 주택이 마구잡이로 섞여 있다.

② 서울의 변두리에 흔한 여느 신흥 부락으로 보였다.

③ 구동네에는 그날그날 벌어먹고 사는 사람들이 많다.

④ 먼발치로만 보면 판잣집이 슬래브 집들에 가려져 있다.

⑤ 구동네 사람들과 새 동네 사람들은 서로 어울리지 않는다.

04 노새에 대한 ⓐ와 ⓑ의 반응을 비교한 내용으로 적절한 것은?

① ⓐ와 ⓑ는 모두 안쓰럽게 보고 있다.

② ⓐ와 ⓑ는 모두 도와줄 대상으로 보고 있다.

③ ⓐ는 낯설게, ⓑ는 익숙하게 대하고 있다.

④ ⓐ는 호의적으로, ⓑ는 배타적으로 대하고 있다.

⑤ ⓐ는 무관심하게, ⓑ는 호기심 있게 바라보고 있다.

05 중요 서술형 (가)를 통해 알 수 있는 당시의 사회·문화적 상황을 〈조건〉에 맞게 서술하시오.

┌ 조건 ┐
• 시대적 배경을 구체적으로 제시할 것.
• 한 문장으로 서술할 것.

100점 특강

▶ '노새'에 대한 사람들의 반응

구동네 사람들		새 동네 사람들
• 원래의 우리 동네에서야 아무도 거들떠보지 않았다. • 골목 안쪽에서 오줌을 쩍 갈기면 코를 풀어 노새 앞에다 팽개쳤다. • 노새를 보고 눈을 찢어지게 흘겼다. → 동네 안에서 함께 살며 늘 보면서 익숙한 존재임.	⟷	• 노새를 보며 입가에 미소를 머금었다. • 호의와 관심을 가지며 부드러운 눈길로 바라보았다. → 볼 기회가 흔치 않고 이제껏 보지 못했던 존재임.

내용 연구 ▸▸▸

'노새'의 상징적 의미

- 무거운 짐을 실은 마차를 끎.
- 마차에 끌려가다가 나자빠짐.

↓

- 힘겹고 고단하게 살아가는 아버지
- 급격히 변화하는 시기에 가장으로서 책임을 다하려는 아버지

구절 풀이

★**마차가 넘어지면서 ~ 모양이었다.:** 마차에 묶여 끌려가던 노새의 몸이 자유롭게 되어, 노새가 도망가는 중심 사건이 발생하게 된다.

★**아버지가 돌아온 것은 ~ 되어서였다.:** 통행금지가 있었던 시대적 상황을 알려 주며, 아버지가 집 밖에 있을 수 있는 시간까지 노새를 찾아다녔음을 알 수 있다.

★**휘발유 한 방울 ~ 뭘 해.:** 시대의 변화에는 맞지 않지만, 자신의 일에 대한 자부심과 오기가 담겨 있다.

낱말 풀이

- **뒤미처:** 그 뒤에 곧 잇따라.
- **내박지르다:** '내박치다(힘껏 집어 내던지다.)'의 잘못.
- **경황:** 놀라고 두려워 허둥지둥함.
- **사뭇:** 거리낌 없이 마구.
- **통행금지:** 일정한 시간 동안 일정한 장소(거리, 집 밖)를 지나다니지 못하게 함.
- **소달구지:** 소가 끄는 수레.
- **삼륜차:** 바퀴가 세 개 달린 차. 바퀴가 앞에 한 개, 뒤에 두 개 달려 있는데 주로 짐을 실어 나른다.

다 ⓐ노새는 눈을 뒤집어 까다시피 하면서 바득바득 악을 써 댔으나 판은 이미 그른 판이었다. 그때였다. 노새가 발에서 잠깐 힘을 빼는가 싶더니 마차가 아래쪽으로 와르르 흘러내렸다. *뒤미처 노새가 고꾸라지고 연탄 더미가 대그르르 무너졌다. 아버지는 밀려 내려가는 마차를 따라 몇 발짝 뒷걸음질을 치다가 홀랑 물구나무서는 꼴로 나자빠졌다. 나는 얼른 한옆으로 비켜섰기 때문에 아무 일도 없었다. 그러나 정작 일은 그다음에 벌어지고 말았다. 허우적거리며 마차에 질질 끌려가던 노새가 마차가 *내박질러진 자리에서 벌떡 일어서더니 뒤도 안 돌아보고 냅다 뛰기 시작한 것이다. 정확히 말하면 벌떡 일어섰다가 순간적으로 아버지와 내가 있는 쪽을 힐끔 쳐다보고는 이내 뛰어 버린 것이다. ★마차가 넘어지면서 무엇이 부러져 몸이 자유롭게 된 모양이었다. / "어 어, 내 노새." / 아버지는 넘어진 채 그 경황에도 뛰어가는 노새를 쳐다보더니 얼굴이 새하얘졌다. <u>도망가는 노새를 보고 당황한 아버지</u> 그러나 그런 망설임도 그때뿐 아버지는 힘들게 일어서자 딴사람이 되어 빠른 걸음으로 노새를 뒤쫓았다. / "내 노새, 내 노새." / 아버지는 크게 소리 지르는 것도 아니고 그렇다고 입안엣소리도 아닌, 엉거주춤한 소리로 연방 뇌면서 노새가 달려간 곳으로 뛰어갔다. 나도 얼른 아버지의 뒤를 따랐다. 노새는 십 미터쯤 앞에 뛰어가고 있었다. 뒤미처 앞쪽에서는 악악 하는 비명 소리가 들려왔다.

▸ 몸이 자유롭게 되어 (   )간 노새

라 아버지와 헤어진 나는 *사뭇 뛰었다. 사람들은 거리에 가득 넘쳐 있었다. 크고 작은 ⓑ자동차는 뿡빵거리면서 씽씽 달려가고 달려오고 하였다. 5층 건물, 3층 건물이 즐비한 거리는 언제나처럼 분주했다. ㉠<u>아무도 나를 붙잡고 왜 뛰느냐고, 노새를 찾아 나선 길이냐고 묻지 않았다. 아무도 네가 찾는 노새가 방금 저쪽으로 뛰어갔다고 걱정 말라고 일러 주진 않았다.</u> <u>남에게 무관심한 도시인의 태도</u> 나는 이 사람에게 툭 부딪치고, 저 사람에게 탁 부딪치면서 사뭇 뛰었다. 그러나 뛰면서도 둘레둘레 사방을 쳐다보는 것을 잊지 않았다. 벌써 거리는 조금씩 어두워지고 있었다. 이미 앞이마에 헤드라이트를 켠 자동차도 있었다. ㉡<u>나는 그런 자동차들이 막 뛰어다니는 노새로 보였다.</u> <u>노새를 찾아야 하는 다급함과 노새를 찾고 싶은 절박함 때문에</u> 파랑 노새, 빨강 노새, 까만 노새 들이 마구 뛰어다니는 것이 아닌가. 바람같이 달리는 놈, 슬슬 가는 놈, 엉금엉금 기는 놈, 갑자기 멈추는 놈, 막 가다가 획 돌아서는 놈, 그것은 가지가지였다. 그런데도 그중에 우리 노새는 없었다.

▸ (   )에서 노새를 찾는 '나'

마 ★아버지가 돌아온 것은 *통행금지 시간이 거의 되어서였다. 예상한 일이지만 아버지는 빈 몸이었고 형편없이 힘이 빠져 있었다. 그때까지 식구들은 아무도 잠들지 않았다. 〈중략〉 아버지는 지금 내일부터 당장 벌이를 나갈 수 없는 아픔보다도 길들여 키워 온 노새가 가여워서 저러는지도 모를 일이었다. 아버지는 원래가 마부였다. 서울에 올라오기 전 시골에서도 줄곧 ⓒ<u>말 마차</u>를 끌었다. 어쩌다가 ⓓ*소달구지를 끄는 적도 있기는 했으나 얼마 가지 않아서 도로 말 마차로 바꾸곤 했다. 그런 아버지였으므로 서울에 올라와서는 내내 말 마차 하나로 버텨 나왔었는데 어떻게 마음먹었는지 노새로 바꾸고 만 것이다. 노새나 말이나 요즘은 그놈의 ⓔ*삼륜차 때문에 아버지의 일감이 자칫 줄어드는 듯하기도 했다. <u>웬만한 오르막길도 끄떡없이 오르고, 웬만한 골목 안 집까지도 드르륵 들이닥치니</u> <u>시대의 변화</u> 아버지의 말 마차가 위협을 느낌 직도 했고, 사실 일감을 빼앗기기도 했다. 그런데도 그때마다 아버지는 큰소리였다. / "㉢*<u>휘발유 한 방울 안 나오는 나라에서 자동차만 많으면 뭘 해.</u>" <u>자신이 평생 해 온 일에 대한 자부심</u> / 마치 애국자처럼 말하는 것이었으나 나는 아버지의 그 말 뒤에 숨은 오기 같은 것을 느낄 수 있었다.

▸ 노새를 못 찾고 집으로 돌아온 (   )

06 이 글의 내용과 일치하지 <u>않은</u> 것은?

① 아버지는 노새가 도망갈 것을 예상하지 못했다.
② 노새가 도망갈 때 주변 상황들이 혼란스러웠다.
③ 아버지는 결국 노새를 찾지 못한 채 집으로 돌아왔다.
④ 삼륜차의 등장으로 아버지의 일감이 감소하기도 했다.
⑤ 노새의 종류가 너무 많아 정작 '나'는 노새를 찾지 못했다.

07 ㉠에 드러난 행인들의 특징으로 적절한 것은?

① 동물을 지키고 보호하려는 노력이 부족하다.
② 주관이 뚜렷하여 쉽게 생각을 바꾸지 않는다.
③ 조금도 손해 보지 않기 위해 이것저것 따진다.
④ 자신과 상관없는 다른 사람의 일에는 무관심하다.
⑤ 속으로 생각하는 바와 겉으로 행동하는 바가 다르다.

08 ㉡의 이유로 적절한 것은?

① 자신을 떠나 달아난 노새에 대한 실망감 때문에
② 노새를 되찾아야 한다는 다급함과 절박함 때문에
③ 금방이라도 노새를 찾을 수 있다는 기대감 때문에
④ 예상보다 빠르게 도망치는 노새에 대한 놀라움 때문에
⑤ 노새로 인해 실망한 아버지를 봐야 한다는 걱정 때문에

09 ㉢에 담긴 아버지의 생각으로 적절한 것은?

① 자동차가 아닌 노새로도 충분히 연탄을 배달할 수 있어.
② 다른 사람의 자동차를 빌린다면 연탄 배달을 좀 더 쉽게 할 수 있겠어.
③ 자동차는 많더라도 내 자동차가 없어 연탄 배달을 못 하면 무슨 소용이야.
④ 연탄 배달에 쓰이는 자동차는 이미 많으니, 자동차를 대체할 새로운 변화를 만들어야겠어.
⑤ 우리나라에 휘발유가 나오지 않으니 연탄 배달 이외의 목적으로 자동차를 사는 사람들을 막아야 해.

중요 서술형
10 〈보기〉를 참고하여 ⓐ~ⓔ를 비슷한 특징을 지닌 것끼리 묶고, 그 특징을 시대적 배경과 관련지어 서술하시오.

> **보기**
> 이 소설은 1970년대를 배경으로 하여, 도시 하층민의 고달픈 삶을 그렸다. 1970년대는 산업화와 도시화 등 급격한 사회 변화가 나타나던 시기로, 변화 이전과 이후의 산물들이 공존하는 과도기적 모습을 보였다.

100점 특강

중심 사건에 대한 인물의 반응과 태도

중심 사건	인물	반응	태도
노새의 도망	아버지	• 아버지는 딴사람이 되어 빠른 걸음으로 노새를 뒤쫓았다.	당황스럽고 놀랐지만 필사적으로 노새를 찾으려 함.
	'나'	• 노새를 쫓아가는 아버지의 뒤를 따라 달렸다. • 뛰면서 사방을 쳐다보며 노새를 찾아다녔다. • 자동차들이 뛰어다니는 노새로 보였다.	노새를 찾아야 한다는 다급함과 절박함이 있음.
	거리의 사람들	• 노새를 잡는 일을 도와주지 않았다. • 노새를 찾는 나에게 아무런 말도 걸지 않았다.	다른 사람의 일에는 무관심함.

내용 연구 ▶▶▶

아버지의 태도 변화

(바)	노새를 찾다 들어간 동물원에서 멍하게 있음.

└ 노새를 잃은 것에 절망함.

(사)	잃어버린 노새를 대신해서 자신이 노새가 되겠다고 함.

└ 가족을 위해 의지를 다짐.

(아)	노새도 못 찾고, 노새가 입힌 피해로 경찰이 자신을 체포하러 온 것을 알고 집을 나감.

└ 열심히 노력하지만 시대에 적응하지 못하고 도시에서 살아가기가 힘들다고 느낌

구절 풀이

★**그러다가 아버지의 얼굴이 ~ 생각하였다.:** 아버지와 노새는 단순히 외모만이 아니라 연탄을 나르며 고단한 삶을 살아가는 것이나 시대의 변화에 뒤처지는 것도 비슷하다.

★**아, 우리 같은 노새는 ~ 생각이 들었다.:** 비행기, 헬리콥터, 자동차 등은 사회 변화(산업화·도시화)의 산물이다. '나'의 가족이 노새처럼 이런 사회 변화에 적응하지 못하고 어렵게 살아감을 나타낸다.

낱말 풀이

• **을씨년스럽다:** 보기에 날씨나 분위기 따위가 몹시 스산하고 쓸쓸한 데가 있다.

• **지서:** 본서에서 갈려 나가, 그 관할 아래서 지역의 일을 맡아 하는 관서.

• **스적스적:** 시적시적(힘들이지 아니하고 느릿느릿 행동하거나 말하는 모양)의 잘못.

• **대처:** 사람이 많이 살고 상공업이 발달한 번잡한 지역.

〔바〕 아버지와 내가 동물원에 들어간 것은 거의 해가 질 무렵이었다. 〈중략〉 동물원 안은 조용하고 *을씨년스러웠다. 동물들은 제집에 처박혀 있거나 가느다란 석양이 비치는 곳에 웅크리고 있거나 하였다. 막상 들어온 아버지는 그런 동물들을 별로 눈여겨보지 않았다. 동물들의 우리를 보다가 하늘을 보다가 할 뿐, 눈에 초점이 없었다. 칠면조도 사자도 호랑이도 원숭이도 사슴도 그런 눈으로 건성건성 보고 지나갈 뿐이었다. 그러던 아버지가 잠시 발을 멈춘 곳은 얼룩말이 있는 우리 앞이었다. 얼룩말은 두 마리였다. 아버지는 그러나 그 앞에서도 멍하니 서 있기만 하지 이렇다 할 감정의 표시를 하지 않았다. 나는 그런 아버지를 한 번 쳐다보고, 얼룩말을 한 번 쳐다보고 하였다. *그러다가 아버지의 얼굴이 어쩌면 그렇게 말이나 노새와 닮았는지 모르겠다고 생각하였다. _{아버지와 노새를 동일시함.} 그렇게 생각하고 보니 꼭 그랬다. 길게 째진, 감정이 없는 눈이며 노상 벌름벌름한 코, 하마 같은 입, 그리고 덜렁하니 큰 귀가 그랬다. 아버지가 너무 오래 말이나 노새를 다뤄 와서 그런 건지, 애당초 말이나 노새 같은 사람이어서 그런 짐승과 평생을 같이해 온 것인지는 알 수 없으나, 막상 얼룩말 앞에 세워 놓은 아버지는 영락없는 말의 형상이었다.

▶ 동물원에서 ( )와/과 ( )이/가 닮았다고 생각함.

〔사〕 "이제부터 내가 노새다. 이제부터 내가 노새가 되어야지 별수 있니? 그놈이 도망쳤으니까 이제 내가 노새가 되는 거지." _{가족을 부양하기 위해 노새가 하던 일까지 자신이 해야겠다는 책임감 있는 태도}

기분 좋게 취한 듯한 아버지는 놀라는 나를 보고 히힝 한 번 웃었다. 나는 어쩐지 그런 아버지가 무섭지만은 않았다. 그러면 형들이나 나는 노새 새끼고, 어머니는 암노새고, 할머니는 어미 노새가 되는 것일까? 나도 아버지를 따라 히히힝 웃었다. 어른들은 이래서 술집에 오는 모양이었다. 나는 안주만 집어 먹었는데도 술 취한 사람마냥 턱없이 즐거웠다. 노새 가족…… 노새 가족은 우리 말고는 이 세상에 또 없을 것이다.

▶ 자신이 노새가 되겠다며 ( )을/를 북돋우는 아버지

〔아〕 그러나 그러한 생각은 아버지와 내가 집에 당도했을 때 무참히 깨어지고 말았다. 우리를 본 어머니가 허둥지둥 달려 나와 매달렸다. / "이걸 어쩌우, 글쎄 경찰서에서 당신을 오래요. 그놈의 노새가 사람을 다치고 가게 물건들을 박살을 냈대요. 이걸 어쩌지." / "노새는 찾았대?"

"찾고나 그러면 괜찮게요? 노새는 간데온데없고 사람들만 다치고 하니까, 누구네 노새가 그랬는지 수소문 끝에 우리 집으로 순경이 찾아왔지 뭐유."

오늘 낮에 *지서에서 나온 사람이 우리 노새가 튀는 바람에 많은 피해를 입었으니 도로 무슨 법이라나 하는 법으로 아버지를 잡아넣어야겠다고 이르고 갔다는 것이었다. 아버지는 술이 확 깨는 듯 그 자리에 선 채 한동안 눈만 데룩데룩 굴리고 서 있더니 힝 하고 코를 풀었다. 그러고는 아무 말 없이 *스적스적 문밖으로 걸어 나갔다. 나는 "아버지." 하고 따랐으나 아버지는 돌아보지도 않고 어두운 골목길을 나가고 있었다. 나는 그 순간 또 한 마리의 노새가 집을 나가는 것 같은 착각을 일으켰다. 그러고는 무엇인가가 뒤통수를 때리는 것을 느꼈다. _{아버지} *아, 우리 같은 노새는 어차피 이렇게 비행기가 붕붕거리고, 헬리콥터가 앵앵거리고, 자동차가 빵빵거리고, 자전거가 쌩쌩거리는 *대처에서는 발붙이기 어려운 것인가 하는 생각이 들었다. _{산업화, 도시화가 이루어지던 1970년대 모습} 언젠가 남편이 택시 운전사인 칠수 어머니가 하던 말, "㉠최소한도 자동차는 굴려야지 지금이 어느 땐데 노새를 부려." 했다는 말이 생각났다. _{사회 변화에 적응하지 못하고 노새를 부리는 아버지를 비꼼.} 그러나 그것은 잠깐 동안이고 나는 금방 아버지를 쫓았다. 또 한 마리의 노새를 찾아 캄캄한 골목길을 마구 뛰었다.

▶ 순경들이 왔다는 소식을 듣고 다시 집을 나가는 아버지

11 이 글에 드러난 시대적 상황으로 적절하지 않은 것은?

① 산업화로 인해 다양한 교통수단이 등장하였다.

② 시대의 변화에 따라 새로운 직업들이 나타났다.

③ 변화에 적응하는 속도의 차이가 생겨 세대 간의 갈등이 심화되었다.

④ 급격한 사회 변화로 인해 이전에 있던 것들 중 사라져 가는 것이 생겨났다.

⑤ 도시화가 진행됨에 따라 변화에 적응하지 못하고 소외된 삶을 사는 도시 빈민층이 생겨났다.

12 이 글에 나타난 아버지의 태도 변화로 적절한 것은?

① 노새를 잃어 절망함. → 노새를 찾을 수 있다는 희망을 가짐. → 현실의 문제를 개선하려고 함.

② 도망간 노새에 분노함. → 노새를 찾을 수 있다는 희망을 가짐. → 현실의 문제를 개선하려고 함.

③ 노새를 잃어 절망함. → 노새의 역할을 하겠다는 의지를 북돋움. → 현실의 문제를 개선하려고 함.

④ 노새를 잃어 절망함. → 노새의 역할을 하겠다는 의지를 북돋움. → 나아지지 않는 현실에 힘들어함.

⑤ 도망간 노새에 분노함. → 노새의 역할을 하겠다는 의지를 북돋움. → 나아지지 않는 현실에 힘들어함.

중요 **서술형** ✏️
13 이 글의 제목인 '노새 두 마리'의 의미를 〈조건〉에 맞게 서술하시오.

┤ 조건 ├

• '노새 두 마리'에 해당하는 대상을 구체적으로 쓸 것.

• '노새 두 마리'의 상징적 의미를 쓸 것.

14 칠수 어머니가 ⊙과 같이 말한 의도로 적절한 것은?

① 자동차를 살 만큼의 경제적 여유가 없다면 도시를 떠나야 한다.

② 자동차를 굴리는 때에 노새를 부리는 것은 시대의 변화에 뒤처지는 것이다.

③ 시대의 변화에 따라 다양한 운송 수단이 나타났지만 자동차만큼 편한 것이 없다.

④ 경제력을 과시하기 위해서는 노새를 부리는 것보다 자동차를 굴리는 것이 효과적이다.

⑤ 자동차를 굴리는 것과 노새를 부리는 것은 큰 차이가 없으니 이왕이면 자동차를 굴리는 것이 낫다.

중요
15 오늘날의 삶에 비추어 이 글을 감상한 독자의 반응으로 적절하지 않은 것은?

① 변화 속도가 빠른 오늘날에도 자신의 소신을 지켜 나가며 묵묵히 자기 일을 하는 아버지와 같은 사람이 필요한 것 같아.

② 아버지를 찾아 캄캄한 골목길을 마구 뛰는 '나'의 모습에서 예전이나 지금이나 변하지 않는 가족 간의 사랑을 느낄 수 있었어.

③ 자신이 노새 역할까지 해야 한다고 말하는 아버지의 모습에서 오늘날에도 가장으로서 책임감을 느끼고 있을 아버지들이 떠올랐어.

④ 하루가 다르게 발전하는 첨단 과학 기술에 적응하지 못하는 사람들과, 자동차가 아닌 노새를 부리는 아버지의 처지가 비슷한 것 같아.

⑤ 힘겨운 삶을 살아가는 아버지의 모습을 보면서 개인의 노력 정도에 따라 삶의 질이 결정되는 오늘날의 모습과 과거의 모습이 유사하다고 생각했어.

▶ **100점 특강**

🔸 **제목 '노새 두 마리'의 의미**

• 아버지의 얼굴이 어쩌면 그렇게 말이나 노새와 닮았는지 모르겠다고 생각하였다.
• 이제부터 내가 노새다. 이제부터 내가 노새가 되어야지 별수 있니?
• 노새 가족은 우리 말고는 이 세상에 또 없을 것이다.
• 나는 그 순간 또 한 마리의 노새가 집을 나가는 것 같은 착각을 일으켰다.
• 또 한 마리의 노새를 찾아 캄캄한 골목길을 마구 뛰었다.
→ 아버지가 노새와 동일시됨.

➡️

시대의 변화(도시화·산업화)에 적응하지 못하고 뒤처지는 존재

5 허생전 | 박지원

- **해제:** 이 작품은 『열하일기』에 수록된 한문 소설로, 지식인인 '허생'과 허생의 아내, 이완 대장 간의 갈등이 드러나 있으며 이를 통해 조선 후기 집권층인 사대부의 무능과 허위의식, 경제적·사회적 제도의 취약점을 비판하고 있다.
- **주제:** 사대부 계층의 무능과 허위의식 비판

 내용 연구 ▶▶▶

허생과 아내의 갈등

허생
• 학문의 목적: 자기 수양
• 특징: 생계에 관심이 없고 경제적으로 무능력함.
• 성격: 관념적, 비실용적

⬆⬇

아내
• 학문의 목적: 과거 급제
• 특징: 남편 대신 생계를 유지함.
• 성격: 현실적, 실용적

구절 풀이

★**허생은 묵적골에 살았다.:** 묵적골은 과거에 가난한 양반이 많이 거주한 지역으로 허생의 신분과 처지를 알려 준다.

★**내 집이 가난하여 ~ 빌려 주시오.:** 돈을 빌리면서도 당당한 태도를 잃지 않는 허생의 비범함을 드러낸다.

낱말 풀이

• **장인바치:** 장인을 낮잡아 이르는 말.
• **말총:** 말의 갈기나 꼬리의 털.
• **망건값:** 망건(상투를 튼 사람이 머리카락을 걷어 올려 흘러내리지 않도록 머리에 두르는 그물처럼 생긴 물건)의 가격.

가 ★허생은 묵적골에 살았다. 남산 밑으로 곧장 닿으면, 우물 위에 오래된 은행나무가 서 있고, 은행나무를 향하여 사립문이 열렸는데, 두어 칸 초가는 비바람을 막지 못할 정도였다.

그러나 허생은 비바람이 새는 것은 아랑곳하지 않고 언제나 글 읽기만을 좋아하였으므로 그 아내가 삯바느질을 해서 겨우 입에 풀칠을 하였다.

어느 날 허생의 아내가 배고픈 것을 참다못해 울면서 말하는 것이었다. / "당신은 한평생 과거도 보러 가지 않으니, 글만 읽어 무엇 합니까?" / 그러자 허생이 웃으며 대답하였다. "내 아직 글 읽는 것이 익숙하지 못하오." / "그렇다면 장인바치 노릇도 못 하시나요?" "장인바치 일은 평소에 배우지 못하였으니 어쩌오?" / "그렇다면 하다못해 장사라도 해야 [A] 지요." / "장사를 할래도 밑천이 없으니 어떻게 하오?" / 아내는 성을 내며 꾸짖었다. "당신은 밤낮 없이 글을 읽더니, 그래 '어쩌오' 소리만 배웠소? 장인바치도 못 한다, 장사도 못 한다, 그럼, 도둑질이라도 못 하겠소?"

허생이 이 말에 책을 덮고는 벌떡 일어섰다.

〈중략〉 곧바로 그는 종로 거리에 가더니 길 가는 사람에게 물었다. / "한양에서 제일가는 부자가 누구요?" / 그 사람은 장안에서 제일가는 갑부가 변씨라고 일러 주었다. 허생이 바로 그 집을 찾아갔다. 주인을 만나 길게 읍(揖)을 한 후 단도직입적으로 잘라 말했다.

「★내 집이 가난하여 장사 밑천이 없소. 무엇을 좀 시험해 보고 싶으니 나에게 돈 만 냥만 빌려 주시오." / "그렇게 합시다." / 변씨는 대뜸 승낙하고는 그 자리에서 만 냥을 내주었다. 허생은 고맙다는 인사도 없이 가지고 가 버렸다.」 ▶ (   )(으)로 아내와 갈등하고 집을 나가 변씨에게 돈을 빌리는 허생

나 만금을 손쉽게 얻은 허생은 집에는 가지 않고, '안성은 경기와 호남의 갈림길이고 삼남의 요충이렸다.' 하면서 그길로 내려가 안성에 거처를 마련하였다.

다음 날부터 그는 시장에 나가서 ⓐ대추·밤·감·배·석류·귤·유자 따위의 과일을 모두 거두어 샀다. 파는 사람이 부르는 대로 값을 다 주고 혹은 시세의 배를 주고 샀다. 그리고 사는 대로 한정 없이 곳간에 저장해 두었다.

이렇게 되자 오래지 않아서 나라 안의 과일이란 과일이 모두 바닥이 났다. 대신들의 집에서 잔치나 제사를 지내려고 해도 과일을 구경하지 못해 제사상도 제대로 갖추지 못할 형편이었다. 허생에게 두 배를 받고 판 과일 장수들이 이번에는 그에게 달려와서 열 배를 주고 다시 사 가는 것이었다. 허생이 한숨을 쉬고 탄식하면서 말했다.

"㉠겨우 만 냥으로 나라를 기울게 할 수 있다니, 나라의 심천(深淺)을 알 만하도다!"

허생은 과일을 다 처분한 다음 칼·호미·무명·명주·솜 등을 모조리 사 가지고 제주도에 들어가서 그것을 팔아 이번에는 ⓑ말총이란 이름이 붙은 것은 모조리 사들였다.

"몇 해가 못 가서 나라 안 사람들은 상투를 싸매지 못하게 될 게다." / 과연 허생이 말한 대로 얼마 가지 않아서 나라의 망건값이 열 배나 뛰어올랐다. 말총을 내다 파니 100만 금이 되었다.

▶ (   )(으)로 큰돈을 번 허생

01 (가)를 통해 알 수 있는 인물에 대한 설명으로 적절하지 않은 것은?

① 허생: 경제적으로 무능력하고 생계에 관심이 없다.

② 허생: 가난에 굴하지 않는 당당한 태도를 가지고 있다.

③ 아내: 학문의 목적은 과거 급제라고 생각한다.

④ 아내: 남편에게 순종하는 전통적인 여성의 모습을 보인다.

⑤ 변씨: 처음 보는 사람에게 큰돈을 빌려줄 만큼 배포가 크고 대범하다.

 02 이 글을 통해 알 수 있는 창작 당시의 사회·문화적 배경으로 적절하지 않은 것은 ?

① 한 나라의 경제가 개인에 의해 좌지우지될 수 있었다.

② 양반일지라도 경우에 따라 장사를 해서 생계를 유지할 수 있었다.

③ 실용적이고 실리적인 가치가 중시되는 실학적 사고가 대두되었다.

④ 안성은 물자와 사람들이 많이 모여드는 경제와 문화의 중심지였다.

⑤ 신분 질서가 여전히 유지되어 부자라 하더라도 양반의 횡포에 맞설 수 없었다.

03 [A]를 통해 알 수 있는 작가의 의도로 적절한 것은?

① 당시 사대부의 무능함을 비판하고 있다.

② 물질만 중시하는 사회에 문제를 제기하고 있다.

③ 다른 사람들과의 교류가 필요함을 강조하고 있다.

④ 누군가에게 빚을 지면 갚아야 함을 충고하고 있다.

⑤ 신분에 얽매이지 않고 행동해야 함을 알리고 있다.

04 ⓐ와 ⓑ의 공통점으로 적절한 것은?

① 화폐 경제의 발달을 대표한다.

② 주로 양반들이 소비했던 물품들이다.

③ 가난했던 당대의 경제 상황을 보여 준다.

④ 성별에 따라 소비 물품이 다름을 나타낸다.

⑤ 평민들이 적극적으로 소비 활동을 했음을 보여 준다.

05 ㉠을 통해 작가가 비판하고자 하는 사회의 모습을 〈조건〉에 맞게 서술하시오.

| 조건 |

• '(ⓐ)를 통해 (ⓑ)를 비판하였다.'의 형식으로 쓸 것.
• ⓐ에는 허생이 부(富)를 축적한 방법을 쓸 것.
• ⓑ에는 비판하고자 하는 사회의 모습을 쓸 것.

100점 특강

등장인물의 말에 드러난 사회·문화적 배경

등장인물의 말	사회·문화적 배경
"그렇다면 장인바치 노릇도 못 하시나요?" "그렇다면 하다못해 장사라도 해야지요."	양반이라도 먹고살기가 힘들면 기술직이나 장사를 할 만큼 양반 중심의 신분 질서가 무너지기 시작함.
"겨우 만 냥으로 나라를 기울게 할 수 있다니, 나라의 심천(深淺)을 알 만하도다!"	유통이 발달하지 않았으며, 나라의 경제 구조가 취약함.

허생의 부(富) 축적 과정에 나타난 작가의 의도

부(富) 축적 과정		작가의 의도
물품	연회나 제사 용품(대추, 밤, 감 등), 양반들의 소비 물품(말총)	➡ 양반들의 허례허식을 비판함.
방법	사재기	당시의 취약한 경제 구조를 비판함.

5 허생전

🔍 내용 연구 ▶▶▶

도둑의 말에 드러난 사회·문화적 상황

①
> "밭이 있고 처가 있으면 왜 도둑질을 하겠소?"

↓

- 농민들이 원한 것은 평범한 양민으로서의 삶임.
- 위정자의 무능과 사회의 구조적 모순을 드러냄.

②
> "어찌, 그걸 원하지 않겠습니까마는 돈이 없습니다."

↓

평범한 삶을 살 수 있는 최소한의 경제적 기반도 없음.

구절 풀이

★**그렇다고 이제 평민으로 ~ 갈 곳도 없겠구나.**: 허생이 도둑들을 설득하는 부분으로, 이후 사건(도둑들이 섬으로 들어감)에 필연성을 부여하고 있다.

★**너희들은 아이를 낳거든 ~ 길러야 한다.**: 허생은 섬을 떠나면서 사람들에게 인간으로서 지켜야 할 예의범절과 양보의 미덕을 지킬 수 있도록 당부하고 있다.

낱말 풀이

- **괴수:** 못된 짓을 하는 무리의 우두머리.
- **도거리:** 따로따로 나누지 않고 한데 합쳐서 몰아치는 일.

다 허생이 섬에 상륙하여 높은 바위 꼭대기로 올라가 사방을 바라보고 나서 썩 마음에 들지는 않는 듯 이렇게 말했다. / "땅이 천 리도 채 못 되니 무엇에 쓴단 말이냐. 다만 땅이 기름지고 샘물이 맛이 있으니 한갓 부잣집 늙은이 노릇이나 할 수 있겠다." 〈중략〉

이때 변산 지방에 수천 명의 도둑 떼가 나타나 노략질을 하고 있었다. 여러 고을에서는 나졸들까지 풀어서 도둑을 잡으려 하였으나 도둑의 무리를 쉽사리 소탕하지 못하였다. 그러나 도둑의 무리 역시 각 고을에서 대대적으로 막고 나서니 쉽게 나아가 도둑질하기가 어려워져서, 마침내는 깊은 곳에 몸을 숨기고 급기야는 굶어 죽을 판국에 이르렀다.
무력한 지배층으로 인해 민생이 불안정함.

허생이 이 소문을 듣고 도둑의 소굴을 찾아 들어갔다. 그리고 도둑의 *괴수를 만나 타이르기 시작하였다. / "너희들 천 명이 천 금을 노략질해서 나누어 가진다면 한 사람 앞에 얼마씩 돌아가느냐?" / "그야 한 사람에 한 냥씩이지요."

"그럼, 너희들에게 처는 있는가? / "없소."

"그럼, 논밭은 있는가?" / "흥, 밭이 있고 처가 있으면 왜 도둑질을 하겠소?"
도둑들은 일확천금이 아닌 평범한 삶을 원함.

"정말 그렇다면 어찌 장가를 들어 집을 짓고 소를 사서 농사를 짓고 살면서 도둑이란 이름도 듣지 않고, 살림살이하는 부부의 재미도 맛보며, 아무리 밖에 나가더라도 잡힐 걱정이 없고 길게 입고 먹는 재미를 누리지 않고 있는가?" / "어찌, 그걸 원하지 않겠습니까마는 돈이 없습니다."
평범한 삶을 살 수 있는 최소한의 경제적 기반도 없음.

허생이 웃으며 말했다. / "너희들이 도둑질을 하면서 어찌 돈이 없는 것을 근심한단 말이냐? 정 그렇다면 내가 너희들을 위하여 마련해 주지. 내일 바다에 나가면 붉은 기를 단 배가 보일 게다. 그것이 다 돈을 실은 배야. 갖고 싶은 대로 가져가거라." ▶ ( )의 문제를 해결해 주는 허생

라 허생의 말이 떨어지자 도둑들이 앞을 다투어 돈 자루에 달려들었다. 그러나 100냥을 짊어지지 못하였다. 이 모습을 보고 허생이 말하였다.

"100냥도 들지 못하는 주제에 너희들이 무슨 도둑질을 한단 말이냐? *그렇다고 이제 평민으로 돌아가려고 해도 너희들의 이름이 도둑의 명부에 올라 있으니 그것도 안 되고, 그렇다면 갈 곳도 없겠구나. 그럼, 잘되었다. 내 여기서 기다리고 있을 터이니 이제부터 너희들은 한 사람이 100냥씩을 가지고 가서 계집 한 사람과 소 한 마리씩을 각기 구해 오너라."

도둑들은 대답을 하고 저마다 돈 자루를 걸머지고 뿔뿔이 흩어졌다. 허생은 2천 명의 식구가 1년 동안 먹을 양식을 장만해 가지고 도둑들이 오기를 기다리고 있었다. 기일이 되자 도둑들이 모두 모여들었다. 허생이 그들과 부인들을 모두 배에 실었다. 허생이 도둑들을 *도거리로 몰아가니 이때부터 나라 안도 잠잠해졌다. ▶ 도둑들과 함께 ( )(으)로 떠나는 허생

마 "내 처음 너희들과 이 섬에 올 때에는 먼저 부자가 되게 한 다음에, 따로 문자도 만들고 옷이며 갓 같은 것도 지어 입게 하려고 하였다. 그러나 땅은 좁고 내 덕도 부족하니 이제 나는 이곳을 떠날까 한다. *너희들은 아이를 낳거든 오른손으로 숟가락을 잡도록 가르치고 또 하루라도 먼저 난 사람이면 서로 음식을 양보하는 따위의 덕을 길러야 한다."
『 』 실학사상 – 백성의 생활을 윤택하게 한 후 문물과 제도를 개선하고자 함. 경제적 풍요로움. 문물과 제도 개선 *허생이 느낀 한계 *예의범절을 가르침도록 당부함.

그렇게 말하고는 다른 배들을 모조리 불 질러 없애 버렸다.

"가지 않으면 오는 사람도 없을 게다." / 또 은 50만 냥도 물속에 던져 버렸다.

"바다가 마르면 얻는 자가 있을 게다. 100만 냥이라면 나라 안에서도 써먹을 데가 없다. 하물며 이 조그마한 섬에서 어디다 쓰겠느냐."
나라의 경제 구조가 취약함.

마지막으로 도둑 중에서 같이 나갈 자는 모두 불러내어 배에 실었다.

"이 섬에서 화근을 뽑아 버려야 한다." / 이로부터 허생은 온 나라 안을 두루 돌아다니면서 가난하고 의지할 곳 없는 사람들을 구제하였다.
구세제민(救世濟民)
▶ 사람들에게 ( )을/를 하고 섬을 떠나는 허생

06 이 글의 내용과 일치하지 <u>않는</u> 것은?

① 허생은 도둑들의 근심을 해결해 주었다.
② 허생은 덕을 갖추는 것이 중요하다고 생각하였다.
③ 허생은 섬을 떠난 후에도 가난한 사람들을 구제하였다.
④ 도둑들은 모두 허생의 말을 그대로 믿고 따라서 함께 섬으로 떠났다.
⑤ 허생은 재물을 화근이라고 생각하여 모든 재물을 물속에 던져 버렸다.

07 (마)에 드러난 허생의 생각으로 적절하지 <u>않은</u> 것은?

① 섬 안의 문물이나 제도를 개선해야겠구나.
② 나의 이상을 펼치기에는 이 섬이 너무 좁구나.
③ 가장 먼저 섬에 사는 백성들이 윤택하게 살 수 있도록 해야겠구나.
④ 섬 안의 사람들이 적극적으로 외부와 왕래할 수 있도록 도와줘야겠구나.
⑤ 아이들에게 인간으로서 지켜야 할 예의범절과 양보의 미덕을 가르치도록 당부해야겠구나.

서술형 ✏️

08 이 글에 나타난 허생의 영웅적 모습을 〈조건〉에 맞게 서술하시오.

┤ 조건 ├
• '도둑'과 '나라'에 미치는 영향을 중심으로 쓸 것.
• 한 문장으로 쓸 것.

09 (다)를 바탕으로 도둑들의 대화를 다음과 같이 재구성할 때, ⓐ~ⓔ 중 적절하지 <u>않은</u> 것은?

도둑1: ⓐ요즘은 어딜 가나 도둑질하기가 너무 어려워.
도둑2: 맞아. ⓑ만약 내게 밭과 처가 있다면 난 도둑질을 안 할 거네. ⓒ잡힐까 봐 마음 놓고 밖에 나가지도 못하잖아.
도둑1: 맞아. ⓓ최소한의 경제적 기반만 있어도 도둑질까지는 안 했을 텐데.
도둑3: 자네들이 뭘 모르나 본데, ⓔ도둑 소리 들어도 요즘 같은 시대에는 돈을 많이 모으는 게 최고야.

① ⓐ ② ⓑ ③ ⓒ ④ ⓓ ⑤ ⓔ

중요 ➡️

10 (다)와 (라)에서 추측할 수 있는 당시의 사회·문화적 상황에 대한 설명으로 적절한 것은?

① 평민들이 가난을 이기지 못해 도둑이 되는 경우가 있었다.
② 도둑의 무리가 점차 증가하면서 굶어 죽는 도둑들이 많아졌다.
③ 부를 축적한 도둑들이 평민으로 돌아가 도둑의 수가 감소하였다.
④ 지배층은 강력한 권력을 사용하여 도둑의 무리를 소탕하고 민생을 안정시켰다.
⑤ 평민으로서의 삶보다 큰 이익을 얻을 수 있는 도둑의 삶이 낫다고 생각하는 사람이 많았다.

100점 특강

❯ 허생의 문제 해결 방법

문제 상황	해결 방법
도둑들이 평범한 평민으로 살 수 있는 최소한의 경제적 기반도 없음.	도둑들에게 생활 기반을 마련해 주고, 섬으로 데리고 가서 살아갈 방법을 가르쳐 줌.
나라에서도 도둑의 무리를 소탕하지 못함.	도둑들을 섬으로 몰아가 나라 안이 잠잠해짐.

❯ 허생이 '섬'에서 이루고자 한 것과 그 결과

목표	백성들의 생활을 윤택하게 한 후 문물이나 제도를 개선하고자 함.
한계	땅이 좁고 자신의 덕이 부족하여 뜻한 바를 이루지 못했다고 생각함.
당부	예의범절과 양보의 미덕을 당부하며 섬을 떠남.

내용 연구 ▶▶▶

재물에 대한 허생의 생각

재물로 인해서 얼굴이 좋아지는 것은 그대들에게나 있는 일이요, 만금이 어찌 도(道)를 살찌게 한단 말이오.

↓

• 재물보다 도(道)를 우선시함.
• 상인보다 선비가 우위에 있다고 생각함.
• 허생의 계급 의식의 한계가 드러남.

구절 풀이

★자네가 조정에 ~ 장만해 줄 수 있겠는가?: 종실(임금의 친족)의 딸들을 명나라 장졸들의 자손에게 시집보내고, 김류와 장유(권세 있는 양반)의 재산을 털어 명나라 유민들의 살림을 장만해 주라는 계책이다. 북벌론을 주장하는 양반들이 가지고 있는 기득권을 명나라 자손들과 나누라는 것인데, 양반들이 이를 따를 리가 없다. 이를 통해 허생은 허구적인 신념을 떠들어 대며 북벌을 주장하는 양반들을 비판하고 있다.

★옛날 번어기(樊於期)는 ~ 아까워하지 않았고,: 번어기는 중국의 전국 시대 진나라의 무장으로, 연나라에 망명해 있던 중 진시황을 암살하러 가는 형가에게 자기의 목을 내주어 형가로 하여금 진시황의 의심을 사지 않도록 한 일화를 말한다.

낱말 풀이

• **와룡 선생**: 삼국 시대 촉한의 정치가인 제갈공명으로, 지혜로운 자를 비유한 말.
• **삼고초려**: 중국 삼국 시대에 촉한의 유비가 남양의 융중 땅에 있는 제갈량의 초려, 즉 초가를 세 번이나 찾아가서 자기의 큰 뜻을 말하고 그를 초빙하여 군사로 삼은 일.

바 허생은 실로 오랜만에 변씨를 찾아가 말하였다.

"그대는 나를 기억하겠소?" / 변씨는 놀라며 말문을 열었다.

"그대의 얼굴빛이 조금도 나아지지 않은 걸 보니 만금을 몽땅 털린 모양이군."

허생이 웃으며 말했다. / "재물로 인해서 얼굴이 좋아지는 것은 그대들에게나 있는 일이요. 만금이 어찌 도(道)를 살찌게 한단 말이오." *허생의 계급 의식의 한계: 상인을 무시함.*

허생이 10만 냥의 어음을 변씨에게 주면서 말하였다. / "내 하루아침의 주림을 견디지 못하고 공부를 끝내지 못하였으니 그대의 만금이 부끄러울 따름이오."

변씨는 크게 놀라 일어나 절을 하였다. 그리고 10만 냥을 사양하고 옛날 빌려준 돈에다 이자만 계산해서 받으려 하였다. *양심 있는 상인의 모습* 그러자 허생이 크게 화를 내며,

"그대가 어찌 나를 장사꾼으로 본단 말이오." *허생은 상인보다 선비를 우월하게 인식함.*

하고는 소매를 획 뿌리치고 일어나 가 버렸다. 변씨는 가만히 그 뒤를 밟아 보았다.

그는 곧장 남산 밑 골짜기로 향하여 가더니, 거의 다 쓰러져 가는 어느 오막살이로 들어갔다. 마침 한 늙은 할멈이 우물 위쪽에서 빨래하는 것을 보고 변씨가 물었다.

"저 오막살이가 누구 집이오?"

"허 생원 댁이라오. 늘 가난하면서도 글 읽기를 좋아하더니, 하루아침에 싸리문을 나선 후로 소식이 끊긴 지 5년이오. 그 처가 혼자 살면서 남편이 나간 날로 제사를 지낸다오."

▶ 변씨에게 (　　　)을/를 갚는 허생

사 허생은 손을 휘저으며 말했다.

"밤은 짧고 말은 기니 듣기에 지루하군. 지금 자네 벼슬자리가 무엇인가?"

"어영대장입니다." / "그렇다면 나라에서는 믿을 만한 신하겠군. 내 °와룡 선생을 천거할 테니 자네가 임금에게 청하여 °삼고초려를 하게 할 수 있겠는가?" *첫 번째 계책*

이완은 머리를 떨구고 한참 동안 생각하고 나서,

"어려운가 합니다. 그다음의 일을 듣고자 하옵니다." / 허생이 이 말을 듣고 말했다.

"나는 두 번째라는 것은 배우지 못하였네." / 이 공이 굳이 묻거늘 허생이 다시 입을 열었다.

"조선이 옛날 그들에게 입은 은혜가 있다고 해서, 많은 명나라 장졸들의 자손들이 도망하여 동쪽으로 온 후로 떠돌이 외로운 홀아비 생활을 하고 있네. ★자네가 조정에 청하여 종실의 딸들을 그들에게 시집보내고, 김류와 장유의 집 재산을 털어서 그들의 살림을 장만해 줄 수 있 *두 번째 계책* 겠는가?" / 이완은 한참이나 머리를 숙이고 있다가 비로소 고개를 들었다. / "어렵겠습니다."

▶ 허생의 계책을 거절하는 (　　　)

아 "사대부들이 몸을 삼가고 예법을 지키고 있으니, 누가 그들의 자제를 머리 깎게 하고 호복을 입게 하겠습니까?" *당시의 사대부가 가진 의식* / 이 말에 허생은 버럭 화를 내며 말했다.

[A]

"소위 사대부란 대체 어떤 놈들이냐? 〈중략〉 ★옛날 번어기(樊於期)는 사사로운 원한을 갚고자 머리를 자르는 것을 아까워하지 않았고, 무령왕(武寧王)은 나라를 부강하게 만들고자 호복 입는 것을 수치로 여기지 않았다. 지금 명나라의 원수를 갚겠다고 하면서 그까짓 상투 하나를 아낀단 말이냐? 뿐만 아니다. 장차 말타기·칼 치기·창 찌르기·활 당기기·돌팔매질을 익혀야 하거늘, 그 넓은 소매를 고칠 생각은 하지 않고 예법만 찾느냐. 내 처음 세 가지를 말하였으나 너는 그중 한 가지도 하지 못한다 하면서 그래도 신임받는 신하 노릇을 한단 말이냐? 그래도 군이 신임받는 신하라고 하겠느냐? 이런 놈은 참수하는 것이 옳다."

허생은 좌우를 돌아보며 칼을 찾아 찔러 죽일 듯한 기세였다.

이 공은 크게 놀라 엉겁결에 뒤창을 차고 나와 뒤도 돌아보지 않고 집으로 돌아갔다.

▶ (　　　)에만 집착하는 사대부를 꾸짖는 허생

11 재물에 대한 허생과 변씨의 생각으로 적절한 것은?

① 변씨는 재물보다는 도(道)가 우위에 있다고 생각한다.

② 변씨는 지나친 재물은 마음을 괴롭게 한다고 생각한다.

③ 허생은 재물로 인해 자신의 얼굴이 좋아질 수 있다고 생각한다.

④ 허생은 도(道)를 살찌게 하기 위해 재물이 필요하다고 생각한다.

⑤ 허생은 장사꾼과 선비는 재물을 대하는 태도가 다르다고 생각한다.

12 이완에 대한 설명으로 적절하지 않은 것은?

① 형식과 예법에 얽매여 있는 사대부이다.

② 허생에게 나라를 위한 계책을 얻고자 한다.

③ 현실적인 이익을 근거로 허생을 설득하고 있다.

④ 허생의 제안을 실천하려는 의지나 노력이 없다.

⑤ 명분을 중시하는 기득권 계층의 관점을 대변한다.

13 허생이 이완에게 제안한 내용으로 적절하지 <u>않은</u> 것은?

① 임금이 친히 거동하여 인재를 영입하도록 설득해라.

② 백성들에게 몸을 삼가고 예법을 지키도록 교육해라.

③ 우리 자제들을 뽑아 머리를 깎고 호복을 입게 해라.

④ 종실의 딸들을 명나라 장졸들의 자손에게 시집보내라.

⑤ 권세 있는 양반들의 재산을 명나라 장졸들의 자손에게 나누어 주어라.

14 [A]를 통해 허생이 비판하고자 하는 계층으로 적절하지 <u>않은</u> 것은?

① 헛된 명분에 집착하는 무능력한 양반 계층

② 자기의 권력을 빼앗기기 싫어하는 기득권층

③ 예법을 앞세워 실질적 이득을 무시하는 사대부

④ 온갖 감언이설로 임금의 신임을 받는 신하 계층

⑤ 명나라의 원수를 갚겠다고 하지만 실질적으로 행동하지 않는 권력층

100점 특강

▶ 허생의 요구에 담긴 의도

요구		의도
임금에게 청하여 삼고초려를 하게 할 수 있겠는가?	➡	불합리한 인재 등용의 현실을 비판하며 인재를 얻기 위해서는 노력이 필요함을 강조함.
종실의 딸들을 명나라 자손들에게 시집보내고, 세도가의 재산을 나누어 줄 수 있겠는가?		명나라 후손을 귀하게 대접하지 않는 태도를 비판하며, 명나라를 위해 청나라를 쳐야 한다는 북벌론의 허구성을 지적함.
사대부의 자제들에게 청나라의 차림새를 하게 할 수 있겠는가?		당대 사대부의 복장과 예법이 명분 없는 허식일 뿐임을 비판함.

▶ 허생과 이완의 갈등

허생		이완
실리를 중시하며 당시의 문제점을 해결하기 위한 방법을 제안하는 비판적 지식인	⬄	명분을 중시하며 예법과 형식에 얽매여 허생의 방법을 받아들이지 못하는 집권층

03 작품 해석의 다양성

더 알아 두기

◈ 다양한 해석 방법을 활용하면 좋은 점

■ 작품을 여러 각도에서 바라볼 수 있어 작품을 깊고 넓게 이해하는 데 도움이 됨.

■ 다양한 해석을 비교하고 작품에 관한 생각을 자유롭게 떠올려 보면서 자신의 관점에서 작품을 해석할 수 있게 됨.

❶ 문학 작품을 해석하는 바람직한 태도

• 작품의 내용을 올바르게 이해한다.

• 공정하고 객관적인 안목으로 문학 작품을 대한다.

• 다른 사람들이 받아들일 수 있는 근거를 들어 해석한다.

❷ 문학 작품 해석의 다양성

• 독자의 경험, 배경지식, 가치관의 차이 • 해석 방법의 차이	➡ 문학 작품에 대한 해석이 달라짐.

❸ 독자에 따른 다양한 해석

경험	작품의 내용과 관련된 직접적, 간접적 경험이 있는 경우 작품을 더 깊이 이해할 수 있음. 예 6·25 전쟁을 직접 경험한 사람은 6·25 전쟁을 배경으로 하는 작품에 더 쉽게 호응할 수 있음.
배경지식	작품의 내용과 관련된 배경지식의 내용과 양에 따라 작품 해석의 방향과 깊이가 달라짐. 예 6·25 전쟁에 대한 역사적인 지식이 있는 사람은 역사적인 사실을 바탕으로 소설을 읽으면서 해석하게 됨.
가치관	독자의 가치관, 세계관 등에 따라 작품의 내용을 다르게 해석하게 됨. 예 6·25 전쟁을 배경으로 한 소설을 외국인이 읽었을 때 한국 사람과 다른 관점에서 해석하게 됨.

예로 개념 확인

아울러 이 구절은 시의 이미지 면에서도 가장 집약적이다. ❶'어린' 나비나 초사흘 달이라고도 하는 '초생'달은 모두 때가 이른 것들이다. 시작에 속한 것들이다. 큰 날개를 거느린 나비의 허리와 저물녘 샛별과 함께 떴다 금세 사라져 버리는 초승달은, 하얗고 기다랗고 가느다랗게 휘어 있다는 점에서 그 형태상 유사성을 지닌다. 새파란 바닷물에 전 나비의 허리가, 새파란 저녁 하늘에 떠 있는 초승달의 허리와 오버랩되는 아름다운 풍경이다. '꽃이 피지 않아서' '서글픈', 그리고 '새파래'서 '시린', 그런 풍경이다.

그렇다면 이 시의 중심 이미지인 '바다'와 '나비'는 무엇에 대한 은유일까. '바다'가 냉혹한 현실이라면 '나비'는 순진한 꿈의 표상이다. 꿈은 언제나 현실의 냉혹함을 모른 채 도전한다. ❷더 구체적으로는 근대 혹은 일제 강점기라는 시대와 그 앞에서 좌절감을 느낄 수밖에 없었던 시인 스스로의 자화상을 바다와 나비로 은유하였을 것이다. 바다 위를 나는 나비의 모습에서, 근대 혹은 시대의 진앙을 향해 새파란 현해탄을 건넜을 1930년대 식민지 지식인들이 떠오른 까닭이다.

– 정끝별, 「나비의 '허리'를 보다」

❹ 문학 작품을 바라보는 관점

작품 중심	작품 자체에 감상의 초점을 맞추고 해석하는 방법으로 소재, 인물 등에 관심을 둠.
독자 중심	독자에게 주는 가치를 중시하는 관점으로, 교훈적 의미 등에 관심을 둠.
작가 중심	작가의 삶과 관련하여 작가의 사상, 감정, 경험 등에 관심을 둠.
현실 중심	작품에 반영된 세계나 작품을 둘러싼 시대적, 사회적 상황에 관심을 둠.

❺ 주체적인 관점으로 작품을 해석하는 방법

작품을 해석하는 다양한 방법 중에서 하나를 고른다.

↓

작품 해석을 위해 필요한 자료를 구한다.

↓

조사한 자료를 바탕으로 작품을 해석한다.

더 알아 두기

◆ 문학 비평문을 읽는 방법

■ 작품을 어떤 관점에서 바라보고 해석하였는지 파악하며 읽음.

■ 작품 해석의 전제와 근거가 무엇인지 파악하며 읽음.

■ 작품 해석의 근거가 적절한지 판단하며 읽음.

■ 작품에 대한 해석이 타당한지 평가하며 읽음.

❶ **근거를 바탕으로 한 해석:** 글쓴이는 '나비 허리에 새파란 초생달이 시리다'라는 표현에 대해 나비와 초생달의 유사성을 근거로 하여, 꽃이 피지 않아서 서글픈 나비의 허리와 새파란 초생달이 시리다는 표현이 아름다우면서도 시린 풍경을 적절하게 표현하고 있다고 해석하고 있다. 문학 작품을 해석할 때에는 이와 같이 타당한 근거를 바탕으로 해야 독자의 설득력을 얻을 수 있다.

❶ **작품 중심 관점:** 이 부분은 작품 중심 관점으로 작품을 해석하고 있는 부분이다. 작품을 해석할 때 작품을 둘러싸고 있는 외부적 요소들을 배제한 채 오로지 작품 자체를 중심으로 해석하고 있다. 이와 같이 작품의 외적인 요소를 배제하면 작품 그 자체의 의미나 아름다움을 더욱 깊이 감상할 수 있다.

❷ **현실 중심 관점:** 글쓴이는 바다라는 현실 앞에서 좌절하고 마는 나비의 모습에서 1930년대 일제 강점기의 지식인들의 모습을 발견한다. 이 시는 시대의 거대한 변화 앞에 좌절하고 마는 시인을 포함한 지식인의 모습을 바다 앞의 나비로 표현하고 있다는 것이다. 이는 작품 자체의 의미만을 해석하는 ❶의 방법과는 구별되는데, 작품을 둘러싸고 있는 외부적 요소 중에서 시대적 현실을 중심으로 해석하는 관점이다. 이와 같이 현실 중심 관점으로 작품을 해석하면 작품의 의미가 그 자체의 의미를 넘어서 시대적·현실적 의미까지 확대될 수 있다.

「청포도」해석 | 이숭원

- **해제:** 이 글은 이육사의 시 「청포도」를 이육사의 시가 가진 일반적인 특징에 비추어 해석한 비평문이다. 시 작품의 표현을 중심으로 해석하면서 시 창작 당시의 시대 상황과 시인의 삶도 고려하였다.
- **주제:** 시 「청포도」에 담긴 화자의 삶의 태도와 의지

🔍 내용 연구 ▶▶▶

(가)의 시상 전개

청포도가 익어 감.
↓
흰 돛단배가 곱게 밀려서 옴.
↓
청포를 입은 손님이 찾아오기를 기다림.
↓
은쟁반에 하이얀 모시 수건을 준비함.

구절 풀이

★**시조 종장 첫 구에 ~ 사용하고 있다.:** 우리나라의 전통 정형시인 시조는 종장의 첫구를 세 글자로 시작해야 한다. 우리 조상들은 이를 지키기 위해 '어즈버', '두어라', '아이야'와 같은 말을 관습적으로 사용해 왔다.

★**단순한 사실의 ~ 의미를 갖게 된다.:** 1연에서 사실적으로 제시된 청포도가 2연에서 상징적인 존재로 발전함을 설명하고 있다.

낱말 풀이

- **주저리주저리:** 물건이 어지럽게 많이 달린 모양.
- **청포(青袍):** 푸른 색깔의 도포.
- **순차적:** 순서에 따라 차례대로 하는. 또는 그런 것.
- **관습적:** 관습에 따른. 또는 그런 것.

가

청포도

이육사

내 고장 칠월은
㉠청포도가 익어 가는 시절
중심 소재 – 풍요로움, 평화로움

△ : 푸른색 ↔ □ : 흰색
푸른색에 담겨 있는 평화로운 이미지와 흰색에 담겨 있는 깨끗한 이미지가 대비되어,
화자가 소망하는 평화롭고 희망찬 세계를 드러냄.

이 마을 전설이 *주저리주저리 열리고
먼 데 하늘이 꿈꾸려 알알이 들어와 박혀

하늘 밑 푸른 바다가 가슴을 열고
흰 돛단배가 곱게 밀려서 오면

내가 바라는 손님은 고달픈 몸으로
*청포를 입고 찾아온다고 했으니

내 그를 맞아 이 포도를 따 먹으면
두 손은 함뿍 적셔도 좋으련

㉡아이야 우리 식탁엔 은쟁반에
㉢하이얀 모시 수건을 마련해 두렴

▶ 이육사의 시 「(   )」 소개

나 대부분의 이육사의 시가 그러한 것처럼, 이 시는 각 연이 두 개의 시행으로 구성되어 있고
안정감을 주는 이유
전체의 구조는 내용 전개상 네 단락으로 나눌 수 있어서 형식적인 안정감을 준다. 시상의 전개 과정도 *순차적인 시간의 흐름을 따르고 있고 마지막 6연에서도 시상의 종결이 맺어지는 것을 분명히 하기 위해 *시조 종장 첫 구에 쓰이던 '아이야'라는 *관습적 시어까지 사용하고 있다.

▶ 「청포도」의 (   ) 특징

다 1연은 겉으로만 보면 7월에 청포도가 익어 간다는 단순한 사실의 제시이다. *단순한 사실의 제시처럼 보이던 1연의 내용은 2연의 도입으로 새로운 의미를 갖게 된다. 즉, 청포도에는 마을의 전설이 담길 뿐만 아니라 먼 하늘까지도 포함하는 상징적 사물로 상승한다. 전설은 삶의
마을의 역사, 마을 사람들의 삶   희망과 이상
다양한 시간적 과정을 암시하고 하늘은 공간적 희망이나 이상을 떠오르게 하는 역할을 하기 때문이다.

▶ 「청포도」의 (   ) 의미

01 이 글에 대한 설명으로 적절한 것은?

① 문학 작품의 창작 방법을 설명하고 있다.
② 문학 작품과 관련된 경험을 제시하고 있다.
③ 문학 작품의 의미를 해석하고 평가하고 있다.
④ 문학 작품을 활용하여 필요한 정보를 전달하고 있다.
⑤ 문학 작품에 담긴 사회상과 관련된 주장을 하고 있다.

02 (가)에 대한 설명으로 적절하지 <u>않은</u> 것은?

① 산뜻하고 깨끗한 느낌을 주고 있다.
② 미래에 대한 확신을 보여 주고 있다.
③ 청포도를 중심 소재로 사용하고 있다.
④ 현실에 대한 강한 저항이 드러나고 있다.
⑤ 색채 대비를 통해 선명한 느낌을 주고 있다.

03 (다)의 내용으로 볼 때, ㉠의 상징적 의미로 적절한 것은?

① 즐거움과 행복함
② 풍요로움과 여유로움
③ 삶의 과정과 희망, 이상
④ 싱그러운 자연의 생명력
⑤ 힘겨운 현실 속의 피난처

04 ㉡의 역할이 무엇인지 (나)를 참고하여 서술하시오.

05 〈보기2〉를 참고할 때, 〈보기1〉에서 ㉢과 같은 효과를 내는 시어는?

보기1
고향에 고향에 ⓐ돌아와도
ⓑ그리던 고향은 아니러뇨

산 꿩이 알을 품고
뻐꾸기 제철에 ⓒ울건만

마음은 제 고향 ⓓ지니지 않고
ⓔ머언 항구로 떠도는 구름
– 정지용, 「고향」

보기2
시적 허용이란 시에서 문법상 틀린 표현이라도 시적인 효과를 위하여 허용하는 것을 말한다.

① ⓐ ② ⓑ ③ ⓒ ④ ⓓ ⑤ ⓔ

100점 특강

▶ (나), (다)에 드러나는 해석의 관점

(나), (다)의 해석	작품 중심 관점
• 「청포도」의 형식적 특징 • 1연의 '청포도'와 2연의 '청포도'의 의미를 비교하며 해석함.	시의 형식적인 특징이나 내용과 소재, 의미 등을 중심으로 작품을 해석하는 관점

▶ '청포도'의 상징적 의미

전설	삶의 다양한 시간적 과정을 암시	+	하늘	공간적 희망이나 이상을 떠오르게 하는 역할

청포도	마을 사람들의 삶의 과정뿐만 아니라 희망과 이상까지도 포함하는 상징적 사물

「청포도」해석

내용 연구 ▶▶▶

이 시에 나타난 심상

• 시각적 심상

푸른색
청포도, 하늘, 푸른 바다, 청포

⇕

흰색
흰 돛단배, 은쟁반, 하이얀 모시 수건

• 촉각적 심상

두 손을 함뿍 적셔도

구절 풀이

★이 작품을 ~ 난관에 부딪혔다.: 조국의 광복과 손님의 고달픈 몸 간의 어울리지 않는 연관성에 대해 의문을 제기하고 있다.

★이 믿음이 ~ 동력일지 모른다.: 독립운동으로 인해 옥고를 치르면서도 광복에 대한 믿음을 가졌던 이육사의 삶을 바탕으로 시의 의미를 해석하고 있다.

낱말 풀이

• 애환: 슬픔과 기쁨을 아울러 이르는 말.
• 미감: 아름다움에 대한 느낌. 또는 아름다운 느낌.
• 견지하다: 어떤 견해나 입장 따위를 굳게 지니거나 지키다.
• 향연: 특별히 융숭하게 손님을 대접하는 잔치.
• 축도: 대상이나 그림을 일정한 비율로 줄여서 원형보다 작게 그림. 또는 그런 그림.
• 정갈하다: 깨끗하고 깔끔하다.

라 청포도가 마을 사람들의 °애환과 소망을 담아 제대로 익게 되면 그들이 기다리는 ㉠손님이 올 수 있는 상황이 저절로 마련된다. 3연은 손님이 등장하게 되는 배경을 나타낸 대목이다. 이 배경은 상당히 아름답고 풍요로운 정경으로 꾸며져 있어서 신비감을 갖게 한다. 청포도의 푸른빛과 바다의 푸른빛이 호응을 이루고 한편으로는 돛단배의 흰빛과 대조를 이룸으로써 색채의 °미감을 전달한다. 하늘과 바다가 스스로 가슴을 열어 손님의 방문을 맞이하고 흰 돛단배가 제 길을 찾아 자연스럽게 밀려오는 평화로운 분위기를 조성한다. ▶ '(   )'이/가 등장하는 배경

마 4연과 5연에서는 우리가 바라던 손님의 모습과 그를 맞이하는 우리의 자세를 이야기했다. 4연에서 그 손님은 청포를 입었으나 고달픈 몸으로 찾아왔다고 했다. ★이 작품을 조국 광복의 그날을 소망한 것으로 해석한 사람들은 내가 바라는 손님이 고달픈 몸으로 찾아온다는 바로 이 대목에서 난관에 부딪혔다. 조국 광복의 환희를 가져다줄 그 손님이 어째서 고달픈 몸으로 찾아오는가를 해명하기가 어려웠던 것이다. 여기서 청포는 깨끗함, 예의 바름, 신선함 등을 암시하는 것으로 이해된다. 그렇다면 그렇게 정갈하고 단정한 옷차림까지 갖춘 손님이 고달픈 몸으로 왔다고 하는 이유는 무엇일까? 이육사는 우리가 바라는 이상적인 세계가 막연한 기다림만으로 오는 것이 아니라는 사실을 인식하고 있었을 것이다. 많은 사람의 헌신과 희생을 거쳐야 비로소 우리가 바라는 이상 세계가 오리라는 믿음을 그는 °견지한 것이다. ★이 믿음이 십여 차례의 반복된 옥고와 모진 고문 속에서 그의 육체와 정신을 지켜 준 동력일지 모른다. ㉡인간의 행복은 단기간에 성취되는 것이 아니며 이상 세계의 건설을 위해서는 고달픈 자기희생의 과정이 있어야 한다는 삶의 진실을 이 시어가 함축하고 있다. ▶ '(   ) 몸'으로 오는 '손님'의 의미

바 그다음 5연에서 포도를 함께 나누는 축제와 °향연의 심상이 제시된 것은 그런 점에서 당연한 일이다. 포도에는 마을 사람들의 역사적인 삶의 과정과 희망과 꿈이 얽혀 있다. 손님과 나는 시간의 흐름과 공간의 넓이가 집약된 민족의 °축도를 앞에 놓고 희망의 미래를 설계해야 하는 것이다. 그러나 그 축제의 시간은 현재가 아닌 미래에 속한다. 그래서 화자는 "두 손은 함뿍 적셔도 좋으련"이라고 앞날에 대한 소망을 이야기하는 데서 멈추었다. ▶ (   )와 향연에 대한 소망

사 현재 우리가 할 일은 그 성스러운 시간의 도래를 예비하는 일이다. 그러기에 이 시의 마지막 6연은 °정갈하고 고결한 마음가짐으로 그 축복의 시간을 예비하여야 함을 말하고 있다. '은쟁반'과 '하이얀 모시 수건'은 우리가 지켜 가야 할 마음의 자세를 상징한다. 한 점 잡티 없고 부끄러움 없는 자세로 일제 말의 가혹한 시대를 견디어 간다는 것은 보통 어려운 일이 아니다. 그러나 이육사는 아주 당연한 일을 주문하듯이 그런 자세로 앞날을 예비하라고 말하며 시를 끝맺는다. 평범한 말 속에 담겨 있는 강인한 의지를 엿볼 수 있게 하는 대목이다. ▶ 미래를 위한 (   )의 자세

06 「청포도」에 대한 글쓴이의 해석으로 적절하지 <u>않은</u> 것은?

① 평범한 말을 통해 화자의 강인한 의지를 표현하고 있다.

② 작품 속 배경이 평화로우면서도 신비감을 느끼게 한다.

③ 미래에서 현재로 역행하는 방식으로 시간이 흐르고 있다.

④ 푸른빛과 흰빛의 대비를 통해 색채의 미감을 느끼게 한다.

⑤ 이상 세계의 건설을 위해서 희생을 감내해야 한다는 생각을 담고 있다.

07 (라)를 참고할 때, '손님'이 찾아오는 상황이 이루어지는 전제로 가장 적절한 것은?

① 푸른빛과 흰빛이 대조를 이룬다.

② 아름답고 풍요로운 정경을 이룬다.

③ 하늘과 바다의 푸른빛이 호응을 이룬다.

④ 마을 사람들의 애환과 소망이 청포도로 열린다.

⑤ 돛단배가 밀려 들어오는 평화로운 분위기를 보여 준다.

08 (사)를 바탕으로 할 때, 6연에서 '은쟁반'과 '하이얀 모시 수건'이 상징하고 있는 바가 무엇인지 한 문장으로 서술하시오.

09 이 글과 〈보기〉에서 ㉠을 해석한 것으로 적절한 것은?

┤ 보기 ├

'손님'은 화자가 간절하게 기다리는 대상이야. 물론 그가 누구인지는 정확히 알 수 없지만 어린 시절의 친구일 수도 있고 자신을 아껴 주었던 스승이나 가족일 수도 있겠지. 아니면 사랑하는 사람일 수도 있겠어.

	이 글	〈보기〉
①	조국의 광복	이상적인 세계
②	사랑하는 사람	간절히 기다리는 대상
③	이상적인 세계	간절히 기다리는 대상
④	이상적인 세계	어린 시절의 추억
⑤	간절히 기다리는 대상	이상적인 세계

10 글쓴이가 이 시의 4연을 ㉡과 같이 해석한 근거로 적절한 것은?

① 화자의 태도가 확신에 차 있어서

② '손님'이 단정한 옷차림을 하고 있어서

③ 청포도가 익어 가는 계절을 배경으로 하고 있어서

④ '손님'이 고달픈 몸으로 찾아온다고 표현하고 있어서

⑤ '손님'이 깨끗하고 예의 바른 인물로 그려지고 있어서

100점 특강

● (마)의 해석에 드러나는 관점

(마)의 해석		작가 중심 관점
이상 세계는 막연한 기다림만으로 얻어지는 것이 아니라 많은 사람의 희생과 헌신을 거쳐야 이루어지는 것이라는 생각을 바탕으로 '손님'이 고달픈 몸으로 온다고 표현함. 이는 이육사의 독립운동가로서의 삶과 관련이 깊음.	➡	시인의 삶에 비추어 시를 해석함.

● '은쟁반'과 '모시 수건'의 의미

'은쟁반'과 '모시 수건'		
우리가 지켜야 할 마음의 자세 = 한 점 잡티 없고 부끄러움이 없는 자세	➡	일제 말의 가혹한 시기를 견디어 내자는 의지가 나타남.

2 「봄은」해석 | 김흥규

- **해제:** 이 글은 신동엽의 시 「봄은」을 시가 창작된 시대에 중점을 두고 해석한 비평문이다. 글쓴이는 이 시를 '통일'이라는 우리 민족의 지상 과제에 대해 상징적 시어를 활용하여 표현하고 있다고 해석하였다.
- **주제:** 시 「봄은」에 담긴 통일에 대한 의지와 기대

🔍 내용 연구 ▶▶▶

(가)의 어조

단정적 어조
'오지 않는다', '움튼다'

+

예언적 어조
'움트리라', '녹여 버리겠지'

↓

봄은 자주적인 노력으로 맞이해야 하며 봄이 우리 강산의 부정적인 것을 녹여 버릴 것이라고 확신에 찬 어조로 말함.

구절 풀이

★이 작품에서 시인은 ~ 통해 노래한 다.: 이 시는 우리 민족의 과제인 통일을 어떻게 이루어 갈 것인가의 문제에 대해 '겨울'이 가고 '봄'이 온다는 계절의 변화를 통해 표현하였다고 말하고 있다.

낱말 풀이

- **움트다:** 기운이나 생각 따위가 새로이 일어나다.
- **갈망:** 간절히 바람.

가

봄은

신동엽

㉠봄은
상징적 표현 – 통일
남해에서도 북녘에서도
오지 않는다.

너그럽고
빛나는
봄의 그 눈짓은,
제주에서 두만까지
우리가 디딘
아름다운 논밭에서 움튼다.

겨울은,
바다와 대륙 밖에서
그 매운 눈보라 몰고 왔지만
이제 올
너그러운 봄은, 삼천리 마을마다
우리들 가슴속에서
⁕움트리라.

움터서,
강산을 덮은 그 미움의 쇠붙이들
눈 녹이듯 흐물흐물
녹여 버리겠지.

▶ 신동엽의 시 「(   )」 소개

나 우리가 살고 있는 이 시대의 가장 큰 과제가 무엇인가를 묻는다면 아마도 한국인들 대다수 가 '분단된 민족의 통일'이라고 답할 것이다. 그러나 이처럼 통일을 ⁕갈망하면서도 그것이 어떻 게 가능하며 그것을 이루는 일이 어디에서부터 시작되어야 하겠느냐는 물음에는 시원한 답이 잘 나오지 않는 것도 사실이다. ★이 작품에서 시인은 바로 그러한 문제를 '봄'에 관한 시적 언어 통일을 어떻게 할 것인가? 를 통해 노래한다.

▶ '봄은'의 창작 (   )

01 이와 같은 글을 읽을 때 유의할 점이 <u>아닌</u> 것은?

① 글쓴이의 작품에 대한 평가를 파악한다.
② 글쓴이의 작품을 보는 관점을 파악한다.
③ 작품에 대한 글쓴이의 해석을 정리한다.
④ 해석이 근거를 바탕으로 이루어져 있는지 판단한다.
⑤ 다른 문학 작품과의 관계가 잘 드러났는지 파악한다.

02 (중요) (가)의 화자에 대한 설명으로 적절하지 <u>않은</u> 것은?

① 미래에 대한 강한 확신을 가지고 있다.
② 주저하지 않고 단정적으로 말하고 있다.
③ 겨울이 지나고 봄이 오기를 기다리고 있다.
④ '나'보다 '우리'라는 공동체적 모습을 보이고 있다.
⑤ 과거를 통해 교훈을 얻으려는 태도를 보이고 있다.

03 (가)의 표현 방법에 대한 설명으로 적절한 것은?

① 대조적인 대상을 견주어 주제를 부각하고 있다.
② 강조하고자 하는 부분을 과장하여 제시하고 있다.
③ 의도와 반대로 말하여 주제를 강하게 드러내고 있다.
④ 어순을 바꾸어 전달하고자 하는 바를 강조하고 있다.
⑤ 의도적으로 질문의 형식을 만들어 변화를 주고 있다.

04 (중요) (나)에 드러나는 해석의 관점으로 적절한 것은?

① 작가를 중심으로 하는 관점
② 작품 자체를 중심으로 하는 관점
③ 다른 작품과의 관계를 중심으로 하는 관점
④ 독자에게 미치는 영향을 중심으로 하는 관점
⑤ 작품을 둘러싼 시대 상황을 중심으로 하는 관점

05 서술형 ✏️ 〈보기〉에서 설명하는 '봄'과 ㉠의 상징적 의미가 어떻게 다른지 한 문장으로 서술하시오.

┤ 보기 ├

지금은 남의 땅 – 빼앗긴 들에도 봄은 오는가?

나는 온몸에 햇살을 받고
푸른 하늘 푸른 들이 맞붙은 곳으로
가르마 같은 논길을 따라 꿈속을 가듯 걸어만 간다.

입술을 다문 하늘아, 들아
내 맘에는 내 혼자 온 것 같지를 않구나!
네가 끌었느냐, 누가 부르더냐. 답답워라. 말을 해 다오.

– 이상화, 「빼앗긴 들에도 봄은 오는가」

이 작품은 30여 년간의 식민지 치하에서 나온 현대 시 중 그 현실 감각의 날카로움과 뜨거운 정열이 결합된 예로서 가장 뛰어난 작품 중 하나로 손꼽는다.

100점 특강

❯ (나)에 드러나는 해석의 관점

(나)의 해석	현실 중심 관점
• 이 시대에 우리 민족에게 가장 큰 과제는 통일임. • '봄은'은 민족의 과제를 '봄'에 관한 시적 언어로 표현함.	시의 의미를 시대 상황에 비추어 해석함.

❯ 이 시의 화자가 지닌 특징

상황	겨울(분단)에서 봄(통일)을 기다림.
정서	봄(통일)이 올 것을 기대함.
태도	확신에 찬 태도를 지님.

 내용 연구 ▶▶▶

이 시의 비유적 표현 - 대유법
사물의 한 부분이나 특징 등으로 그 자체나 전체를 빗대어 나타내는 표현 방법

> 제주에서 두만까지, 아름다운 논밭마다,
> 삼천리 마을마다, 강산

↓

우리나라(조국)

다 시인이 노래하는 '봄'이란 곧 통일, 또는 통일이 이루어진 시대를 의미한다. 그것은 '남해에서도 북녘에서도 / 오지 않는다.'라고 시인은 분명하게 끊어서 말한다. *'남해'와 '북녘'은 모두 한반도를 둘러싼 외부의 힘을 말하는 것이다. 그러면 봄은 어디에서 오는가? 그것은 '제주에서 두만까지 / 우리가 디딘 / 아름다운 논밭에서' 움튼다. 즉, 우리 동포들이 살고 있는 바로 이 땅에서 그것은 이루어지는 것이다.
　　봄의 상징적 의미
　　　　　　　　　　　　　　한반도, 우리 민족의 내부
▶ 1연과 2연: '(　　　)'의 상징적 의미와 봄이 오는 곳

라 3연에서 시인은 그렇게 되지 않을 수 없는 까닭을 노래한다. 분단된 민족으로서 우리가 겪고 있는 괴로움을 '겨울'에 비긴다면 그것은 어디에서부터 온 것인가? 그는 '바다와 대륙 밖에서' 온 것이라고 생각한다. *민족과 국토의 분단은 우리가 원해서가 아니라 한반도를 둘러싼 국제 정치의 상황, 더 자세하게 말한다면 제2차 세계 대전이 끝나면서 한반도에 들어온 강대국 사이의 긴장과 대립에 따른 결과였다. 그러니 이제 우리가 기다리는 봄을 그 밖으로부터 바란다는 것은 어리석은 일일 따름이다. 이제 올 봄은 '삼천리 마을마다 / 우리들 가슴속에서' 움터야 하고, 그럴 수밖에는 없다. 민족의 분단에 의한 고통은 바로 그 고통을 겪는 사람들 스스로의 힘에 의해서만 풀릴 수 있기 때문이다.
　　　　　　　　통일에 대한 화자의 현실 인식
▶ 3연: '봄'이 (　　　)에서 올 수밖에 없는 이유

마 그리하여 찾아올 통일의 미래를 시인은 마지막 연에서 그려 본다. 오늘의 우리 강토를 덮고 있는 것은 '미움의 쇠붙이들', 즉 증오와 불신으로 가득 찬 군사적 대립·긴장이다. 우리 민족 모두의 마음속에서 싹트고 자라나는 ˚훈훈한 봄은 마침내 이 '쇠붙이들'을 모두 녹여 버리고 새로운 세계를 열게 될 것이다. 그때 제주에서 두만강까지 펼쳐진 아름다운 논밭과 삼천리 마을은 얼마나 아름다울 것인가라는 간절한 꿈이 이 구절 뒤에 담겨 있다. *그런 뜻에서 이 작품은 한 편의 시이면서 오늘의 시대적 상황에 관한 예언적 ˚진단이기도 하다.
　　　남북한의 군사적 대립
　　평화로운 통일의 시대
　　　　　　　　　　　　　　　시에 대한 글쓴이의 평가
▶ 4연: 봄이 온 미래에 대한 (　　　)

★'남해'와 '북녘'은 ~ 외부의 힘을 말하는 것이다.: 남해와 북녘이란 한반도를 벗어난 지역을 의미하는 것으로 남과 북을 둘러싼 외세로 해석하고 있다.

★민족과 국토의 분단은 ~ 대립에 따른 결과였다.: 우리 민족이 분단된 원인에 대해 설명하고 있다. 글쓴이는 '겨울이 바다와 대륙 밖에서' 왔다는 시구를 현실적으로 해석하고 있다.

★그런 뜻에서 이 작품은 ~ 예언적 진단이기도 하다.: 이 시가 가진 가치를 평가하는 부분으로, 이 시는 문학 작품의 가치를 넘어서는 시대적 의미를 가진다고 알려 주고 있다.

＊날말 풀이

• **훈훈하다**: ① 날씨나 온도가 견디기 좋을 만큼 덥다. ② 마음을 부드럽게 녹여 주는 따스함이 있다.

• **진단**: 의사가 환자의 병 상태를 판단하는 일. 여기에서는 평가 정도의 의미로 사용되고 있다.

06 이 글에 대한 설명으로 적절한 것은?

① 「봄은」의 문학사적 의의를 강조하고 있다.

② 「봄은」에 관련된 다양한 해석을 비교하고 있다.

③ 「봄은」을 시대적 상황에 비추어 해석하고 있다.

④ 「봄은」의 시인에 대해 자세하게 설명하고 있다.

⑤ 「봄은」의 작품 자체에 관심을 두고 해석하고 있다.

07 (다)를 바탕으로 남해와 북녘의 의미를 〈보기〉에서 골라 바르게 연결한 것은?

┤ 보기 ├

㉠ 남쪽의 외세

㉡ 북한에 사는 우리 민족

㉢ 대한민국

㉣ 한반도에 사는 우리 민족

㉤ 북쪽의 외세

① 남해 – ㉢, 북녘 – ㉡ ② 남해 – ㉠, 북녘 – ㉡

③ 남해 – ㉠, 북녘 – ㉤ ④ 남해 – ㉢, 북녘 – ㉤

⑤ 남해 – ㉣, 북녘 – ㉢

서술형 ✏

08 (라)를 바탕으로 할 때, 3연에서 화자가 강조하고 있는 통일의 방법이 무엇인지 〈조건〉에 맞게 서술하시오.

┤ 조건 ├

• '통일은'을 주어로 할 것.

• 한 문장으로 쓸 것.

09 (라)의 해석에 대해 〈보기〉와 같은 반응이 나온 이유로 적절한 것은?

┤ 보기 ├

이 시에서는 우리 민족의 분단의 원인을 외부에서 찾고 있지만 잘 이해가 되지 않았다. 분단의 원인이 외부에만 있는 것일까? 우리 내부에 있지는 않았을까?

① 작품에 대한 지식의 차이

② 작품에 대한 관심의 차이

③ 작품에 대한 감상 방법의 차이

④ 글쓴이와 독자의 가치관의 차이

⑤ 작품과 관련된 직접적 경험의 차이

중요

10 (마)를 바탕으로 할 때, 다음 구절에 대한 글쓴이의 해석으로 적절한 것은?

강산을 덮은 그 미움의 쇠붙이들

눈 녹이듯 흐물흐물

녹여 버리겠지.

① 통일이 되면 남북한의 번영이 보장되어 있다.

② 통일을 통해 외세의 개입에서 벗어날 수 있다.

③ 통일이 되었다고 외세의 개입이 끝나지는 않는다.

④ 통일이 되면 군사적 대립과 긴장이 사라질 것이다.

⑤ 통일이 되면 우리 민족이 안고 있는 모든 문제가 사라질 것이다.

100점 특강

▶ 통일에 대한 화자의 인식과 전망

현실 인식	전망
통일은 외부에서 오지 않고 내부에서 싹틈.	군사적 대립과 긴장이 사라지고 새로운 세계가 열리게 됨.

▶ 소재의 상징적 의미

봄	남해, 북녘, 바다와 대륙 밖	겨울	매운 눈보라	미움의 쇠붙이
통일, 통일의 시대	외세	분단의 고통, 괴로움	분단	군사적 대립과 긴장

대단원 평가

[01~07] 다음을 읽고 물음에 답하시오.

가 생사(生死) 길은
　예 있으매 머뭇거리고,
　나는 간다는 말도
　못다 이르고 어찌 갑니까.
　어느 가을 이른 바람에
　이에 저에 떨어질 잎처럼,
　한 가지에 나고
　가는 곳 모르온저.
　㉠아아, 미타찰(彌陀刹)에서 만날 나
　도(道) 닦아 기다리겠노라.

　　　　　　　　　　　　　　　　– 월명사, 「제망매가」

나 내가 그의 이름을 불러 주기 전에는
　그는 다만
　ⓐ하나의 몸짓에 지나지 않았다.

　내가 그의 이름을 불러 주었을 때
　그는 나에게로 와서
　꽃이 되었다.

　내가 그의 이름을 불러 준 것처럼
　나의 이 빛깔과 향기에 알맞는
　ⓑ누가 나의 이름을 불러 다오.
　그에게로 가서 나도
　ⓒ그의 꽃이 되고 싶다.

　우리들은 모두
　ⓓ무엇이 되고 싶다.
　너는 나에게 나는 너에게
　ⓔ잊혀지지 않는 하나의 눈짓이 되고 싶다.

　　　　　　　　　　　　　　　　– 김춘수, 「꽃」

다 악의가 섞이지 않은 실수는 봐줄 만한 구석이 있다. 그래서 인지 내가 번번이 저지르는 실수는 나를 곤경에 빠뜨리거나 어떤 관계를 불화로 이끌기보다는 ㉡의외의 수확이나 즐거움을 가져 다줄 때가 많았다. 겉으로는 비교적 차분하고 꼼꼼해 보이는 인 상이어서 나에게 긴장을 하던 상대방도 이내 나의 모자란 구석을 발견하고는 긴장을 푸는 때가 많았다. 또 실수로 인해 웃음을 터

뜨리다 보면 어색한 분위기가 가시고 초면에 쉽게 마음을 트게 되기도 했다. 〈중략〉

　결국 실수는 삶과 정신의 여백에 해당한다. 그 여백마저 없다 면 이 각박한 세상에서 어떻게 숨을 돌리며 살 수 있겠는가. 그리 고 발 빠르게 돌아가는 세상에 어떻게 휩쓸려 가지 않고 남아 있 을 수 있겠는가. 어쩌면 사람을 키우는 것은 능력이 아니라 실수 의 힘일지도 모른다.

　그러나 날이 갈수록 실수가 용납되는 땅은 점점 좁아지고 있 다. 사소한 실수조차 짜증과 비난의 대상이 되기가 십상이다. 남 의 실수를 웃으면서 눈감아 주거나 그 실수가 나오는 내면의 풍 경을 헤아려 주는 사람을 만나기도 어려워져 간다. 나 역시 스스 로는 수많은 실수를 저지르고 살면서도 다른 사람의 실수에 대해 서는 조급하게 굴거나 너그럽게 받아 주지 못한 때가 적지 않았 던 것 같다. / 도대체 정신을 어디에 두고 사느냐는 말을 들을 때 면 그 말에 무안해져 눈물이 핑 돌기도 하지만, 내 속의 어처구니 는 머리를 디밀고 이렇게 소리치는 것이다. 정신과 마음은 내려 놓고 살아야 한다고. 어디로 가는 줄도 모르고 뛰어가는 자신을 하루에도 몇 번씩 세워 두고 '우두커니' 있는 시간, 그 '우두커니' 속에 사는 '어처구니'를 많이 만들어 내면서 살아야 한다고. 바로 그 실수가 곽휘원의 아내로 하여금 백지의 편지를 꽉 찬 그리움 으로 읽어 내도록 했으며, 산사의 노스님으로 하여금 기억의 어 둠 속에서 빗 하나를 건져 내도록 해 주었다고 말이다.

　　　　　　　　　　　　　　　　– 나희덕, 「실수」

01 (가)~(다)를 읽은 후의 반응으로 적절한 것을 〈보기〉에서 골라 묶으면?

┤ 보기 ├

　ㄱ. (가)를 읽다 보면 누이의 죽음에 대한 슬픔과 인 생무상이 절절히 느껴져.
　ㄴ. (나)는 '꽃'의 개화 과정을 구체적으로 형상화하 여 생명 탄생의 신비로움을 보여 주고 있어.
　ㄷ. (다)를 읽고 나서 같은 실수를 반복하지 말아야 겠다고 생각했어.
　ㄹ. (가)와 (나)를 읽으며 시어의 함축적 의미를 생 각해 보는 것도 재미있었어.

① ㄱ, ㄴ　　　② ㄱ, ㄹ　　　③ ㄴ, ㄷ
④ ㄴ, ㄹ　　　⑤ ㄷ, ㄹ

02 (가)와 (나)의 공통점으로 가장 적절한 것은?

① 상승과 하강의 이미지를 사용하고 있다.

② 시간의 경과에 따라 시상을 전개하고 있다.

③ 감탄사를 통해 고조된 감정을 드러내고 있다.

④ 유사한 문장 구조를 반복하여 운율을 형성하고 있다.

⑤ 자연물을 통해 화자의 인식이나 정서를 부각하고 있다.

03 (나)에 대한 설명으로 가장 적절한 것은?

① 특정한 시어를 반복하여 화자의 생각을 강조하고 있다.

② 선명한 색채 대비를 통해 대상의 특징을 부각하고 있다.

③ 반어적 표현을 통해 암울한 시대 상황을 강조하고 있다.

④ 공간의 이동에 따른 화자의 정서 변화를 보여 주고 있다.

⑤ 화자가 처한 부정적인 현실에 대한 극복 의지가 드러나 있다.

중요
04 ㉠에 대한 이해로 적절한 것은?

① 화자의 깨달음과 의지를 나타낸다.

② 화자의 내적 갈등이 심화됨을 알 수 있다.

③ 화자의 진한 혈육의 정을 짐작할 수 있다.

④ 화자의 슬픔과 고뇌가 깊어짐을 나타낸다.

⑤ 화자의 삶에 대한 성찰과 후회를 나타낸다.

05 ㉡의 내용으로 보기 어려운 것은?

① 좋지 않은 첫인상을 바꿔 줄 수 있다.

② 어색한 분위기를 부드럽게 만들 수 있다.

③ 초면의 상대에게 쉽게 마음을 열게 되었다.

④ 각박한 세상에서 숨 돌릴 여유를 주기도 한다.

⑤ 잘 모르는 사람을 만났을 때 긴장을 풀게 한다.

06 〈보기〉를 참고하여 ⓐ~ⓔ를 이해한 내용으로 적절하지 않은 것은?

| 보기 |

　김춘수의 「꽃」에서 '꽃'은 이름을 통해 의미를 지닌 존재가 되면서 동시에 이름을 불러 주는 자에게 가치 있는 존재가 된다.

① ⓐ는 '그'가 화자에게 가치 있는 존재가 되지 못하는 상태를 나타낸다.

② ⓑ에서 화자가 아직 누군가에게 의미 있는 존재가 되지 못했음을 알 수 있다.

③ ⓒ는 의미를 지닌 존재가 되고 싶은 화자의 바람을 내포한다.

④ ⓓ의 '무엇'은 '이름이 불리기 전'의 상태를 의미한다.

⑤ ⓔ의 '하나의 눈짓'의 함축적 의미는 '꽃'이 의미하는 바와 유사하다.

중요 **서술형**
07 (다)에서 글쓴이가 우려하고 있는 요즘 세태와 이와 관련하여 반성하고 있는 자신의 태도는 무엇인지 〈조건〉에 맞게 서술하시오.

| 조건 |

• 오늘날의 세태를 먼저 밝힐 것.

• 한 문장으로 쓸 것.

[08~12] 다음 시를 읽고 물음에 답하시오.

가 천만리 머나먼 길에 고운 님 여의옵고
내 마음 둘 데 없어 냇가에 앉았으니
저 ⓐ물도 내 안 같아서 울어 밤길 예놋다

– 왕방연

나 까마귀 눈비 맞아 희는 듯 검노매라
야광명월(夜光明月)이 밤인들 어두우랴
님 향한 일편단심(一片丹心)이야 변할 줄이 있으랴

– 박팽년

다 맞벌이 부부 우리 동네 ㉠구자명 씨
일곱 달 된 아기 엄마 구자명 씨는
출근 버스에 오르기가 무섭게
아침 햇살 속에서 졸기 시작한다
경기도 안산에서 서울 여의도까지
경적 소리에도 아랑곳없이
옆으로 앞으로 꾸벅꾸벅 존다
차창 밖으로는 사계절이 흐르고
㉡진달래 피고 밤꽃 흐드러져도 꼭
㉢부처님처럼 졸고 있는 구자명 씨,
그래 저 십 분은
간밤 아기에게 젖 물린 시간이고
또 저 십 분은
간밤 시어머니 약시중 든 시간이고
그래그래 저 십 분은
새벽녘 만취해서 돌아온 남편을 위하여 버린 시간일 거야
고단한 하루의 시작과 끝에서
잠 속에 흔들리는 ㉣팬지꽃 아픔
식탁에 놓인 ㉤안개꽃 멍에
그러나 부엌문이 여닫히는 지붕마다
여자가 받쳐 든 한 식구의 안식이
아무도 모르게 / 죽음의 잠을 향하여
거부의 화살을 당기고 있다

– 고정희, 「우리 동네 구자명 씨」

08 (가)~(다)에 공통으로 해당하는 특징으로 알맞은 것은?
① 교훈적인 주제 ② 함축적인 언어
③ 의지적인 태도 ④ 서사적인 구조
⑤ 규칙적인 운율

서술형 ✎

09 다음 시조에서 ⓐ와 같은 역할을 하는 소재를 찾고, 두 시어가 하는 공통된 역할을 서술하시오.

> 방 안에 켜 있는 촛불 누구와 이별하였기에
> 눈물을 흘리면서도 속 타는 줄 모르는가
> 우리도 저 촛불 같아서 속 타는 줄 모르노라
>
> – 이개

(1) 소재:
(2) 역할:

중요

10 〈보기〉를 참고하여 (나)를 감상한 내용으로 적절하지 않은 것은?

┤ 보기 ├

박팽년은 사육신의 한 사람이다. 사육신은 조카인 단종을 몰아내고 왕위에 오른 세조를 인정하지 않는 한편, 단종의 복위를 시도하다가 죽임을 당한 6명의 충신을 말한다.

① '까마귀'는 세조를 따르는 무리들, 혹은 세조를 의미하겠군.
② '야광명월'은 '까마귀'와 대조적인 인물들을 말하겠군.
③ '밤'은 세조가 단종을 몰아내기 이전의 시기를 말하겠군.
④ '님'은 왕위에서 쫓겨난 단종으로 해석할 수 있겠군.
⑤ '변할 줄이 있으랴'는 단종에 대한 영원한 충성의 다짐으로 볼 수 있겠군.

11 (다)의 표현 방법에 대한 설명으로 적절하지 않은 것은?
① 현재형 시제를 사용하여 현실감을 주었다.
② 유사한 문장을 반복하여 의미를 강조하였다.
③ 접속어를 사용하여 분위기 전환을 유도하였다.
④ 의태어를 사용하여 인물의 행동을 생동감 있게 표현하였다.
⑤ 색채를 표현하는 형용사를 사용하여 대상의 특성을 드러내었다.

12 ㉠~㉤ 중, 가리키는 대상이 다른 하나는?
① ㉠ ② ㉡ ③ ㉢ ④ ㉣ ⑤ ㉤

[13~16] 다음 글을 읽고 물음에 답하시오.

가 '국어(國語) 상용(常用)의 가(家)'

해방되던 날 떼어서 집어넣어 둔 것을 그동안 깜박 잊고 있었다. 그는 액자 틀 뒤를 열어 음식점 면허장 같은 두터운 모조지를 빼내어 글자 한 자도 제대로 남지 않게 손끝에 힘을 주어 꼼꼼히 찢었다.

이 종잇장 하나만 해도 일본인과의 교제에 있어서 얼마나 떳떳한 구실을 할 수 있었던 것인가. 야릇한 미련 같은 것이 섬광처럼 머릿속을 스쳐 간다.

나 이튿날 미결감 다른 감방에서 또 같은 증세의 환자가 두셋 발생하였다. 날이 길수록 환자는 늘기만 하였다.

ⓐ이 판국에 병만 나면 열의 아홉은 죽는 길밖에 없다고 생각한 이인국 박사는 새로운 위협에 사로잡히기 시작하였다.

저녁 후 이인국 박사는 고문관실로 불려 나갔다.

"동무는 당분간 환자의 응급 치료실에서 일하시오."

다 그 환자의 실을 뽑는 옆에 온 스텐코프에게 이인국 박사는 말 절반 손짓 절반으로 혹을 수술하겠다는 의사를 표명했다. 〈중략〉

완치되어 퇴원하는 날, 스텐코프는 이인국 박사의 손을 부서져라 쥐면서 외쳤다.

"꺼삐딴 리, 스바씨보."

이인국 박사는 입을 헤벌리고 웃기만 했다. 마음의 감옥에서 해방된 것만 같았다.

라 "닥터 리는 영어를 어디서 배웠습니까?"

"일제 시대에 일본 말 식으로 배웠지요. 예를 들면, '잣도 이즈 아 캿도' 식으루요."

"그런데 지금 발음은 좋은데요. 문법이 아주 정확한 스탠다드 잉글리시입니다." 〈중략〉

"얼마 전부터 개인 교수를 받고 있습니다."

마 '흥, ⓑ그 사마귀 같은 일본 놈들 틈에서도 살았고, 닥싸귀 같은 로스케 속에서 살아났는데, 양키라고 다를까…… 혁명이 일겠으면 일구, 나라가 바뀌겠으면 바뀌구, 아직 이 이인국의 살 구멍은 막히지 않았다. 나보다 얼마든지 날뛰던 놈들도 있는데, 나쯤이야……'

그는 허공을 향하여 마음껏 소리치고 싶었다.

– 전광용, 「꺼삐딴 리」

13 이 글을 홍보하는 내용으로 가장 적절한 것은?

① 영웅은 난세에 나타난다. 고난의 역사 속에서 민족에게 한 줄기 빛이 된 영웅의 이야기.

② 소년은 그렇게 어른이 됩니다. 어려움을 이겨 내면서 한 뼘씩 성장해 간 한 소년의 성장 일기.

③ 격동기의 한국 근현대사. 그 속에서 살아남은 한 인물을 통해 사회 지도층의 위선을 풍자한 소설.

④ 복잡한 현실에서 벗어나서 이야기 자체를 즐기세요. 소설의 예술성을 극대화한 순수 소설의 결정체.

⑤ 주변에서 쉽게 만날 수 있는 이웃들의 소박한 이야기. 책장을 넘기면서 느낄 수 있는 진한 사람 냄새.

14 (가)~(마)의 이인국 박사에 대한 평가로 가장 적절한 것은?

① (가): 종잇장을 찢으며 미련을 느끼는 모습에서 양심이 남아 있는 인간적인 면모가 느껴져.

② (나): 자신의 성공을 위해 다른 사람을 이용하는 모습이 비열하다고 생각해.

③ (다): 결국 이인국 박사는 의사보다는 사업가에 어울리는 인물이었어.

④ (라): 이인국 박사는 원하는 것을 얻기 위해서는 그만큼 많은 노력이 필요하다는 것을 간과하고 있어.

⑤ (마): 이인국 박사는 나라가 처한 상황보다는 자신의 안위를 먼저 생각하는 이기적인 인물이야.

15 ⓐ의 상황에서 이인국 박사의 심리를 드러내는 한자 성어로 가장 적절한 것은?

① 개과천선(改過遷善)　② 안분지족(安分知足)
③ 와신상담(臥薪嘗膽)　④ 좌불안석(坐不安席)
⑤ 주마가편(走馬加鞭)

서술형

16 (가)~(라)를 통해 볼 때, 이인국 박사가 ⓑ와 같은 삶을 살기 위해 선택한 구체적인 처세술은 무엇인지 한 문장으로 서술하시오.

[17~20] 다음 글을 읽고 물음에 답하시오.

가 우리 동네는 변두리였으므로 얼마 전까지도 모두 그날그날 벌어먹고 사는 사람들이 많아 연탄 배달도 일거리가 그리 많지 않았다. 〈중략〉 그랬는데 이삼 년 전부터 아직도 많은 빈터에 집터가 다져지고, 하나둘 ⓐ문화 주택이 들어서더니 이제는 제법 그럴듯한 동네 꼴이 잡혀 갔다.

나 "내 노새, 내 노새." / 아버지는 크게 소리 지르는 것도 아니고 그렇다고 입안엣소리도 아닌, 엉거주춤한 소리로 연방 뇌면서 노새가 달려간 곳으로 뛰어갔다. 나도 얼른 아버지의 뒤를 따랐다. 노새는 십 미터쯤 앞에 뛰어가고 있었다.

다 나는 걸음을 멈출 수가 없었다. ⓑ노새를 찾아야 한다, 노새를 찾아야 한다는 마음이 내 걸음에 앞서, 몇 번 고꾸라지기도 하였다. 더러는 어떤 신사 아저씨의 옆구리에 넘어지듯 부닥치기도 하였는데, 그러면 그 아저씨는 "이 녀석아……." 어쩌고 하면서 못마땅하게 쳐다보고, 더러는 어떤 아주머니의 치마꼬리를 밟기도 하였는데, 그러면 그 아주머니는 "얘가 왜 이래, 눈을 어데두고 다녀?" 하면서 호통을 치기도 하였다. 그럴 때마다 나는 '미안해요, 우리 노새를 찾느라고 그래요.' 하고 뇌까렸으나 그것이 입 밖으로 말이 되어 나오지는 않았다.

라 아버지가 돌아온 것은 통행금지 시간이 거의 되어서였다. 예상한 일이지만 아버지는 빈 몸이었고 형편없이 힘이 빠져 있었다. 그때까지 식구들은 아무도 잠들지 않았다. 〈중략〉 다만 할머니만이 말을 걸었다. / "이제 오니?" / "네."

그뿐, 아버지는 더는 말이 없었다.

마 나는 그런 아버지를 한 번 쳐다보고, 얼룩말을 한 번 쳐다보고 하였다. 그러다가 아버지의 얼굴이 어쩌면 그렇게 말이나 노새와 닮았는지 모르겠다고 생각하였다. 〈중략〉 아버지가 너무 오래 말이나 노새를 다뤄 와서 그런 건지, 애당초 말이나 노새 같은 사람이어서 그런 짐승과 평생을 같이해 온 것인지는 알 수 없으나, 막상 얼룩말 앞에 세워 놓은 아버지는 영락없는 말의 형상이었다.

바 아, 우리 같은 노새는 어차피 이렇게 비행기가 붕붕거리고, 헬리콥터가 앵앵거리고, 자동차가 빵빵거리고, 자전거가 쌩쌩거리는 대처에서는 발붙이기 어려운 것인가 하는 생각이 들었다. 언젠가 남편이 택시 운전사인 칠수 어머니가 하던 말, "최소한도 자동차는 굴려야지 지금이 어느 땐데 노새를 부려." 했다는 말이 생각났다. 그러나 그것은 잠깐 동안이고 나는 금방 아버지를 쫓았다. 또 한 마리의 노새를 찾아 캄캄한 골목길을 마구 뛰었다.

– 최일남, 「노새 두 마리」

17 이 글을 통해 알 수 있는 내용으로 적절하지 **않은** 것은?

① 이삼 년 전부터 동네에 변화가 나타나기 시작했다.
② 나는 노새를 찾아야 한다는 마음으로 계속 걸었다.
③ 나는 아버지와 노새가 서로 닮은꼴이라고 생각했다.
④ 칠수 어머니는 노새를 부리는 것을 부정적으로 생각하고 있다.
⑤ 노새를 잃어버린 아버지는 큰 소리로 사람들에게 도움을 요청했다.

18 ⓐ와 ⓑ의 공통된 역할로 적절한 것은?

① 인물 간의 갈등을 해소한다.
② 앞으로 일어날 사건을 암시한다.
③ 인물의 성격을 상징적으로 보여 준다.
④ 소설 속 사회·문화적 배경을 알려 준다.
⑤ 사건에 대한 인물의 인식 차이를 나타낸다.

중요
19 이 글의 제목인 '노새 두 마리'에 대한 설명으로 적절하지 **않은** 것은?

① '노새'와 '아버지'를 의미한다.
② 힘든 일을 감당하며 고단한 삶을 살아간다.
③ 대도시에서 발붙이고 살기에 어려운 존재이다.
④ 시대의 변화에 적응하지 못해 현실을 회피한다.
⑤ 두 대상은 생김새나 삶의 흔적이 서로 유사하다.

서술형
20 이 글을 읽고 〈보기〉와 같이 감상문을 작성했을 때, 빈칸에 들어갈 내용을 서술하시오.

┤ 보기 ├

　이 소설을 읽고 도시화와 산업화로 인해 나타나는 사회 변화의 구체적인 모습을 알 수 있었어. 특히 (다)에 나온 인물들의 반응을 통해 도시가 발달하면서 (　　　　　　　　　　) 사회·문화적 배경을 찾을 수 있었어.

[21~24] 다음 글을 읽고 물음에 답하시오.

가 허생은 묵적골에 살았다. 남산 밑으로 곧장 닿으면, 우물 위에 오래된 은행나무가 서 있고, 은행나무를 향하여 사립문이 열렸는데, 두어 칸 초가는 비바람을 막지 못할 정도였다.

그러나 허생은 비바람이 새는 것은 아랑곳하지 않고 언제나 글 읽기만을 좋아하였으므로 그 아내가 삯바느질을 해서 겨우 입에 풀칠을 하였다.

나 다음 날부터 그는 시장에 나가서 대추·밤·감·배·석류·귤·유자 따위의 과일을 모두 거두어 샀다. 파는 사람이 부르는 대로 값을 다 주고 혹은 시세의 배를 주고 샀다. 그리고 사는 대로 한정 없이 곳간에 저장해 두었다. / 이렇게 되자 오래지 않아서 나라 안의 과일이란 과일은 모두 바닥이 났다. 대신들의 집에서 잔치나 제사를 지내려고 해도 과일을 구경하지 못해 제사상도 제대로 갖추지 못할 형편이었다. 허생에게 두 배를 받고 판 과일 장수들이 이번에는 그에게 달려와서 열 배를 주고 다시 사 가는 것이었다.

다 "100냥도 들지 못하는 주제에 너희들이 무슨 도둑질을 한단 말이냐? 그렇다고 이제 평민으로 돌아가려고 해도 너희들의 이름이 도둑의 명부에 올라 있으니 그것도 안 되고, 그렇다면 갈 곳도 없겠구나. 그럼, 잘되었다. 내 여기서 기다리고 있을 터이니 이제부터 너희들은 한 사람이 100냥씩을 가지고 가서 계집 한 사람과 소 한 마리씩을 각기 구해 오너라."

라 허생은 실로 오랜만에 변씨를 찾아가 말하였다.

"그대는 나를 기억하겠소?" / 변씨는 놀라며 말문을 열었다.

"그대의 얼굴빛이 조금도 나아지지 않은 걸 보니 만금을 몽땅 털린 모양이군." / 허생이 웃으며 말했다.

"재물로 인해서 얼굴이 좋아지는 것은 그대들에게나 있는 일이요. 만금이 어찌 도(道)를 살찌게 한단 말이오."

마 "사대부들이 몸을 삼가고 예법을 지키고 있으니, 누가 그들의 자제를 머리 깎게 하고 호복을 입게 하겠습니까?"

이 말에 허생은 버럭 화를 내며 말했다.

"소위 사대부란 대체 어떤 놈들이냐? 〈중략〉 옛날 번어기(樊於期)는 사사로운 원한을 갚고자 머리를 자르는 것을 아까워하지 않았고, 무령왕(武寧王)은 나라를 부강하게 만들고자 호복 입는 것을 수치로 여기지 않았다. 지금 명나라의 원수를 갚겠다고 하면서 그까짓 상투 하나를 아낀단 말이냐?"

– 박지원, 「허생전」

21 이 글의 내용과 일치하지 <u>않는</u> 것은?

① 허생을 대신해 아내가 생계를 책임지고 있다.

② 허생은 명분에만 집착하는 사대부를 꾸짖고 있다.

③ 허생은 자신과 변씨가 재물을 대하는 태도가 다르다고 생각한다.

④ 도둑의 명부에 있더라도 부를 축적하면 평민으로 돌아갈 수 있었다.

⑤ 과일 장수들은 자신이 판 금액보다 더 비싼 금액으로 허생에게서 과일을 샀다.

22 〈중요〉 (가)~(마)를 통해 알 수 있는 사회·문화적 배경으로 적절하지 <u>않은</u> 것은?

① (가): 일부 양반 계층이 생계에 무관심했다.

② (나): 매점매석으로 경제를 좌지우지할 만큼 경제 구조가 취약했다.

③ (다): 먹고살기 힘들어 평민이 도둑이 되는 경우가 있었다.

④ (라): 경제 능력을 갖춘 상인이 선비보다 우월하다는 인식이 널리 퍼져 있었다.

⑤ (마): 실리보다 명분이나 예법에 얽매인 사대부들이 많았다.

23 이 글을 통해 알 수 있는 작가의 의도로 적절한 것은?

① 허생과 같은 인재의 등용을 제안함.

② 새로운 신분 계층의 등장을 예고함.

③ 재물보다 도(道)가 중요함을 강조함.

④ 사대부의 무능과 허례허식을 비판함.

⑤ 백성이 윤택하게 살 수 있는 방법을 알려 줌.

24 〈보기〉는 이 글에 대한 설명이다. 빈칸에 들어갈 적절한 사회·문화적 상황을 서술하시오.

┌ 보기 ┐

「허생전」이 쓰인 18세기 후반은 사회 전반으로 커다란 변화가 나타났던 시기이다. 특히 경제적으로 (　　　　　　　　　)와/과 같은 변화가 나타나면서 '변씨'와 같은 새로운 신분 계층이 등장하였다.

[25~28] 다음 글을 읽고 물음에 답하시오.

가 1연은 겉으로만 보면 7월에 청포도가 익어 간다는 단순한 사실의 제시이다. 단순한 사실의 제시처럼 보이던 1연의 내용은 2연의 도입으로 새로운 의미를 갖게 된다. 즉, 청포도에는 마을의 전설이 담길 뿐만 아니라 먼 하늘까지도 포함하는 상징적 사물로 상승한다. 전설은 삶의 다양한 시간적 과정을 암시하고 하늘은 공간적 희망이나 이상을 떠오르게 하는 역할을 하기 때문이다.

나 3연은 손님이 등장하게 되는 배경을 나타낸 대목이다. 이 배경은 상당히 아름답고 풍요로운 정경으로 꾸며져 있어서 신비감을 갖게 한다. 청포도의 푸른빛과 바다의 푸른빛이 호응을 이루고 한편으로는 돛단배의 흰빛과 대조를 이룸으로써 색채의 미감을 전달한다. 하늘과 바다가 스스로 가슴을 열어 손님의 방문을 맞이하고 흰 돛단배가 제 길을 찾아 자연스럽게 밀려오는 평화로운 분위기를 조성한다.

다 이육사는 우리가 바라는 이상적인 세계가 막연한 기다림만으로 오는 것이 아니라는 사실을 인식하고 있었을 것이다. 많은 사람의 헌신과 희생을 거쳐야 비로소 우리가 바라는 이상 세계가 오리라는 믿음을 그는 견지한 것이다. 이 믿음이 십여 차례의 반복된 옥고와 모진 고문 속에서 그의 육체와 정신을 지켜 준 동력일지 모른다.

라 그다음 5연에서 포도를 함께 나누는 축제와 향연의 심상이 제시된 것은 그런 점에서 당연한 일이다. 포도에는 마을 사람들의 역사적인 삶의 과정과 희망과 꿈이 얽혀 있다. 손님과 나는 시간의 흐름과 공간의 넓이가 집약된 민족의 축도를 앞에 놓고 희망의 미래를 설계해야 하는 것이다. 그러나 그 축제의 시간은 현재가 아닌 미래에 속한다. 그래서 화자는 "두 손은 함뿍 적셔도 좋으련"이라고 앞날에 대한 소망을 이야기하는 데서 멈추었다.

마 '은쟁반'과 '하이얀 모시 수건'은 우리가 지켜 가야 할 마음의 자세를 상징한다. 한 점 잡티 없고 부끄러움 없는 자세로 일제 말의 가혹한 시대를 견디어 간다는 것은 보통 어려운 일이 아니다. 그러나 이육사는 아주 당연한 일을 주문하듯이 그런 자세로 앞날을 예비하라고 말하며 시를 끝맺는다. 평범한 말 속에 담겨 있는 강인한 의지를 엿볼 수 있게 하는 대목이다.

– 이숭원, 「청포도」 해석

25 이 글에 대한 설명으로 적절하지 <u>않은</u> 것은?

① 시에 대한 비평문이다.
② 시상 전개에 따라 시를 해석한 글이다.
③ 글쓴이의 생각과 근거가 함께 제시된다.
④ 시인에 대한 글쓴이의 긍정적 시각이 엿보인다.
⑤ 글쓴이의 개인적인 경험이 자연스럽게 드러난다.

26 (가)로 볼 때 2연의 역할로 적절한 것은?

① 1연 내용의 단순한 반복
② 중심 소재에 대한 단순한 소개
③ 주제 전달을 위한 분위기의 조성
④ 중심 소재에 대한 새로운 의미 부여
⑤ 현실에 대한 화자의 인식 수준 제시

27 (나)와 (다)에 드러나는 문학 작품 해석의 관점으로 적절한 것은?

	(나)	(다)
①	작품 중심 관점	작가 중심 관점
②	형식 중심 관점	작품 중심 관점
③	독자 중심 관점	형식 중심 관점
④	현실 중심 관점	독자 중심 관점
⑤	작가 중심 관점	현실 중심 관점

28 (라)와 (마)에 드러나는 '청포도'에 대한 해석과 일치하지 <u>않는</u> 것은?

① 시인의 평범한 말 속에는 강인한 의지가 담겨 있다.
② '손님'과 화자는 민족의 미래에 대해 서로 다른 생각을 가지고 있다.
③ 화자는 희생을 거쳐야 얻을 수 있는 미래에 대한 소망을 가지고 있다.
④ 포도에는 마을 사람들의 역사적 삶의 과정과 미래에 대한 희망과 꿈이 담겨 있다.
⑤ '은쟁반'과 '하이얀 모시 수건'은 한 점 잡티 없고 부끄러움 없는 마음의 자세를 나타낸다.

[29~32] 다음 글을 읽고 물음에 답하시오.

가 우리가 살고 있는 이 시대의 가장 큰 과제가 무엇인가를 묻는다면 아마도 한국인들 대다수가 '분단된 민족의 통일'이라고 답할 것이다. 그러나 이처럼 통일을 갈망하면서도 그것이 어떻게 가능하며 그것을 이루는 일이 어디에서부터 시작되어야 하겠느냐는 물음에는 시원한 답이 잘 나오지 않는 것도 사실이다. 이 작품에서 시인은 바로 그러한 문제를 '봄'에 관한 시적 언어를 통해 노래한다.

나 시인이 노래하는 '봄'이란 곧 통일, 또는 통일이 이루어진 시대를 의미한다. 그것은 '남해에서도 북녘에서도 / 오지 않는다.'라고 시인은 분명하게 끊어서 말한다. '남해'와 '북녘'은 모두 한반도를 둘러싼 외부의 힘을 말하는 것이다. 그러면 봄은 어디에서 오는가? 그것은 '제주에서 두만까지 / 우리가 디딘 / 아름다운 논밭에서' 움튼다. 즉, 우리 동포들이 살고 있는 바로 이 땅에서 그것은 이루어지는 것이다.

다 3연에서 시인은 그렇게 되지 않을 수 없는 까닭을 노래한다. 분단된 민족으로서 우리가 겪고 있는 괴로움을 '겨울'에 비긴다면 그것은 어디에서부터 온 것인가? 그는 '바다와 대륙 밖에서' 온 것이라고 생각한다. 민족과 국토의 분단은 우리가 원해서가 아니라 한반도를 둘러싼 국제 정치의 상황, 더 자세하게 말한다면 제2차 세계 대전이 끝나면서 한반도에 들어온 강대국 사이의 긴장과 대립에 따른 결과였다. 그러니 ⓐ이제 우리가 기다리는 봄을 그 밖으로부터 바란다는 것은 어리석은 일일 따름이다. 이제 올 봄은 '삼천리 마을마다 / 우리들 가슴속에서' 움터야 하고, 그럴 수밖에는 없다. 민족의 분단에 의한 고통은 바로 그 고통을 겪는 사람들 스스로의 힘에 의해서만 풀릴 수 있기 때문이다.

라 그리하여 찾아올 통일의 미래를 시인은 마지막 연에서 그려 본다. 오늘의 우리 강토를 덮고 있는 것은 '미움의 쇠붙이들', 즉 증오와 불신으로 가득 찬 군사적 대립·긴장이다. 우리 민족 모두의 마음속에서 싹트고 자라나는 훈훈한 봄은 마침내 이 '쇠붙이들'을 모두 녹여 버리고 새로운 세계를 열게 될 것이다. 그때 제주에서 두만강까지 펼쳐진 아름다운 논밭과 삼천리 마을은 얼마나 아름다울 것인가라는 간절한 꿈이 이 구절 뒤에 담겨 있다. 그런 뜻에서 이 작품은 한 편의 시이면서 오늘의 시대적 상황에 관한 예언적 진단이기도 하다.

－ 김흥규, 「봄은」 해석

---

29 이와 같은 글에 대한 설명으로 가장 적절한 것은?

① 문학 작품을 읽는 방법을 설명하는 글이다.
② 문학 작품의 내용을 요약 정리해 제시하는 글이다.
③ 문학 작품을 소개하면서 읽을 것을 권유하는 글이다.
④ 문학 작품에 대한 정보 전달을 목적으로 하는 글이다.
⑤ 문학 작품의 해석과 평가를 중심 내용으로 하는 글이다.

30 (가)~(라)를 바탕으로 소재의 의미를 연결한 것으로 적절하지 <u>않은</u> 것은?

① 겨울 – 분단의 아픔
② 봄 – 통일 또는 통일의 시대
③ 미움의 쇠붙이 – 군사적 대립과 긴장
④ 남녘, 북녘 – 한반도를 둘러싼 외부의 힘
⑤ 바다와 대륙 밖 – 민족의 소망이 담긴 공간

31 (라)를 참고할 때, 시의 마지막 연에 대한 설명으로 적절하지 <u>않은</u> 것은?

① 시인이 통일의 미래를 그리고 있다.
② 시인은 군사적 대립의 종료를 기대하고 있다.
③ 군사적 대립과 긴장에 대한 두려움을 표현한다.
④ 이 시가 새로운 세계를 꿈꾸고 있음을 보여 준다.
⑤ 이 시가 예언적인 성격을 가지고 있음을 알려 준다.

서술형

32 글쓴이가 ⓐ과 같이 생각하는 이유를 〈조건〉에 맞게 서술하시오.

┤ 조건 ├
• 분단의 원인과 그로 인한 고통의 치유 방법을 포함할 것.
• 한 문장으로 쓸 것.

II 문법

Ⅱ. 문법

01 음운의 체계와 특성

더 알아 두기

◈ 음운의 종류

■ 분절 음운: 모음과 자음처럼 쉽게 분리되는 음운

■ 비분절 음운: 소리의 길이, 높낮이, 강세 등과 같이 쉽게 분리되지 않지만 뜻을 구별하는 기능을 하는 음운

◈ 소리의 길이에 따라 뜻이 달라지는 단어

■ 눈

[눈ː]	눈이 많이 내린다.
[눈]	아침부터 눈이 아프다.

■ 말

[말ː]	가는 말이 고와야 오는 말이 곱다.
[말]	제주도에는 말이 많이 살고 있다.

◈ 표준 발음법 제4항에 규정된 'ㅚ, ㅟ'의 발음

■ 원칙: 전설 원순 모음인 'ㅚ, ㅟ'는 단모음으로 발음하여, 입술을 둥글게 한 상태로 각각 'ㅔ, ㅣ'를 발음함.

■ 허용: 'ㅚ, ㅟ'는 이중 모음으로 발음할 수 있음. 즉, 입술을 둥글게 하면서 끝에서 'ㅔ, ㅣ'로 소리 나는 이중 모음으로 발음해도 됨. 특히, 'ㅚ'는 이중 모음으로 발음하는 경우에 문자와는 달리 'ㅞ'와 발음이 비슷해짐.

① 국어의 음운

(1) 음운의 개념
말의 뜻을 구별해 주는 소리의 가장 작은 단위로, 모음과 자음 등이 있음.

(2) 모음과 자음

모음	발음할 때 공기의 흐름이 발음 기관의 방해를 받지 않고 순조롭게 나오는 소리
자음	발음할 때 공기의 흐름이 발음 기관의 방해를 받고 나오는 소리

② 국어의 모음 체계

(1) 모음의 분류
• 분류 기준: 입술 모양이나 혀의 위치의 변화

단모음	발음할 때 입술 모양이나 혀의 위치가 고정되어 도중에 바뀌지 않는 모음	ㅏ, ㅐ, ㅓ, ㅔ, ㅗ, ㅚ, ㅜ, ㅟ, ㅡ, ㅣ
이중 모음	발음할 때 입술 모양이나 혀의 위치가 도중에 바뀌는 모음	ㅑ, ㅒ, ㅕ, ㅖ, ㅘ, ㅙ, ㅛ, ㅝ, ㅞ, ㅠ, ㅢ

(2) 단모음의 분류
• 분류 기준 ①: 입술의 모양

원순 모음	발음할 때 입술 모양이 둥근 모음	ㅗ, ㅚ, ㅜ, ㅟ
평순 모음	발음할 때 입술 모양이 평평한 모음	ㅏ, ㅐ, ㅓ, ㅔ, ㅡ, ㅣ

• 분류 기준 ②: 혀의 최고점의 위치

전설 모음	발음할 때 혀의 최고점의 위치가 앞쪽에 있는 모음	ㅣ, ㅔ, ㅐ, ㅓ, ㅚ
후설 모음	발음할 때 혀의 최고점의 위치가 뒤쪽에 있는 모음	ㅡ, ㅓ, ㅏ, ㅜ, ㅗ

• 분류 기준 ③: 혀의 높이

고모음	발음할 때 입이 조금 열려 혀의 위치가 높은 모음	ㅣ, ㅟ, ㅡ, ㅜ
중모음	발음할 때 입이 조금 더 열려 혀의 위치가 중간인 모음	ㅔ, ㅚ, ㅓ, ㅗ
저모음	발음할 때 입이 더 크게 열려 혀의 위치가 낮은 모음	ㅐ, ㅏ

예 로 개념 확인

가 영희: 이거 ❶네 지우개구나.
철수: 아니, ❶내 지우개야.
영희: 그래, ❷네 것이라고 했잖아.
철수: 아니, ❷내 것이라니까!

나 (영어를 모국어로 하는) 외국인: 저기 ❸[탈]처럼 둥그런 ❸[탈]을 쓴 아이가 제 ❸[탈]이에요.
한국인: 아, ❸달처럼 둥그런 ❸탈을 쓴 아이가 당신 ❸딸이군요.

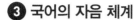

❸ 국어의 자음 체계

(1) 자음의 분류

• 분류 기준 ①: 소리 나는 위치

입술소리	두 입술 사이에서 나는 소리	ㅁ, ㅂ, ㅃ, ㅍ
잇몸소리	혀끝과 윗잇몸 사이에서 나는 소리	ㄴ, ㄷ, ㄸ, ㅌ, ㄹ, ㅅ, ㅆ
센입천장소리	혓바닥과 단단한 앞쪽 입천장 사이에서 나는 소리	ㅈ, ㅉ, ㅊ
여린입천장소리	혀의 뒷부분과 부드러운 뒤쪽 입천장 사이에서 나는 소리	ㄱ, ㄲ, ㅋ, ㅇ
목청소리	목청에서 나는 소리	ㅎ

• 분류 기준 ②: 소리 내는 방법

파열음	공기의 흐름을 막았다가 터뜨리며 내는 소리	ㄱ, ㄲ, ㅋ, ㄷ, ㄸ, ㅌ, ㅂ, ㅃ, ㅍ
파찰음	공기의 흐름을 막았다가 서서히 터뜨리며 마찰을 일으켜 내는 소리	ㅈ, ㅉ, ㅊ
마찰음	공기가 흐르는 통로를 좁혀 마찰을 일으키며 내는 소리	ㅅ, ㅆ, ㅎ
비음(콧소리)	입안의 통로를 막고 코로 공기를 내보내면서 내는 소리	ㄴ, ㅁ, ㅇ
유음 (흐름소리)	혀끝을 윗잇몸에 가볍게 대었다가 떼거나 윗잇몸에 댄 채 공기를 그 양옆으로 흘려 보내면서 내는 소리	ㄹ

• 분류 기준 ③: 소리의 세기(*파열음, 파찰음, 마찰음만 해당함.)

예사소리	성대 근육을 긴장시키지 않고 내는 편한 느낌의 소리	ㄱ, ㄷ, ㅂ, ㅅ, ㅈ
된소리	성대 근육을 긴장시켜 힘주어 내는 단단하고 강한 느낌의 소리	ㄲ, ㄸ, ㅃ, ㅆ, ㅉ
거센소리	성대 근육을 긴장시켜 숨이 거세게 터져 나오는 거칠고 거센 느낌의 소리	ㅋ, ㅌ, ㅍ, ㅊ

더 알아 두기

◈ 입안이나 코안의 울림 여부에 따른 자음의 분류

■ 발음할 때 입안이나 코안이 울리는 자음: 콧소리인 'ㄴ, ㅁ, ㅇ'과 흐름소리인 'ㄹ'이 해당함.

■ 발음할 때 입안이나 코안이 울리지 않는 자음: 'ㄴ, ㄹ, ㅁ, ㅇ'을 제외한 나머지 자음이 해당함.

◈ 비음(콧소리)을 확인하는 방법

■ 비음이 들어간 단어를 발음할 때 코를 막고 발음하면 소리가 달라짐.

예 '마음'과 '국수'를 코를 막고 발음해 보면, '마음'은 소리가 달라지지만 '국수'는 소리에 변화가 없음. 따라서 '마음'에 쓰인 자음 'ㅁ'이 비음임을 알 수 있음.

❶ **음운의 개념:** '네'와 '내'는 'ㅔ'와 'ㅐ'의 차이 때문에 전혀 다른 대상을 가리키는 말이 되었다. 이처럼 말의 뜻을 구별해 주는 모음이나 자음 등을 음운이라고 한다.

❷ **모음 체계에 따른 'ㅔ'와 'ㅐ'의 구분:** 'ㅔ'와 'ㅐ'는 발음이 유사하여 의사소통 과정에서 혼란을 가져올 수 있는 대표적인 모음이다. 하지만 국어의 모음 체계를 알고 있다면, 혀의 높이를 기준으로 중모음인 'ㅔ'와 저모음인 'ㅐ'를 구분하여 발음할 수 있다. 'ㅐ'는 'ㅔ'보다 혀를 더 낮추고 입을 더 많이 벌려 발음해야 한다.

❸ **국어의 자음 체계의 특징:** '달-딸-탈'은 자음의 차이에 따라 뜻이 달라진 예이다. 영어를 모국어로 하는 사람들은 이를 구별하여 발음하고 의미의 차이를 인식하는 데 어려움을 겪을 수 있다. 다른 나라의 말들과 비교할 때 국어의 자음은 '예사소리-된소리-거센소리'의 삼중 체계로 이루어진 특징을 지니기 때문이다.

01 음운의 뜻에 대한 설명으로 적절한 것은?

① 문장을 구성하고 있는 각각의 마디
② 분리하여 자립적으로 쓸 수 있는 말
③ 한 번에 소리 낼 수 있는 말소리의 단위
④ 말의 뜻을 구별해 주는 소리의 최소 단위
⑤ 공통된 성질에 따라 나누어 놓은 단어의 갈래

02 다음은 음운의 종류에 대한 설명이다. ㉠, ㉡에 들어갈 적절한 단어를 각각 쓰시오.

> 음운에는 (㉠)과 (㉡) 등이 있다. (㉠)은 허파에서 공기가 나올 때 발음 기관의 방해를 받지 않고 순조롭게 나오는 소리이고, (㉡)은 허파에서 나온 공기가 발음 기관 중 어느 부분에 닿아 방해를 받으면서 나오는 소리이다.

03 다음 단어를 이루고 있는 음운의 개수로 적절한 것은?

> 아침때

	자음	모음		자음	모음
①	2	3	②	3	3
③	3	4	④	4	4
⑤	4	5			

04 모음을 발음할 때 다음과 같이 분류한 기준으로 적절한 것은?

> ㅏ, ㅓ, ㅗ, ㅜ : ㅑ, ㅕ, ㅛ, ㅠ

① 소리의 세기에 따라
② 혀의 높낮이에 따라
③ 입술 모양의 차이에 따라
④ 혀의 최고점의 위치에 따라
⑤ 입술 모양이나 혀의 위치의 변화에 따라

05 다음 모음들을 발음할 때의 공통점을 〈조건〉에 맞게 서술하시오.

> ㅏ, ㅐ, ㅓ, ㅔ, ㅗ, ㅚ, ㅜ, ㅟ, ㅡ, ㅣ

┤ 조건 ├
• 입술 모양이나 혀의 위치와 관련지어 쓸 것.

06 다음에서 설명하는 모음으로만 이루어진 단어는?

> 발음할 때 혀의 최고점의 위치가 앞쪽에 있다.

① 아이　　② 위기　　③ 고무
④ 오늘　　⑤ 재주

07 다음 단어의 모음을 순서대로 발음할 때 입술 모양의 변화에 대한 설명으로 적절한 것은?

> 너구리

① 동그랬다가 평평해진다.
② 평평했다가 동그래진다.
③ 계속 동그란 모양을 유지한다.
④ 평평했다가 동그래졌다가 다시 평평해진다.
⑤ 동그랬다가 평평해졌다가 다시 동그래진다.

08 ㉠과 ㉡을 정확하게 발음하는 방법을 〈조건〉에 맞게 서술하시오.

> 바닷가에 ㉠게가 떼를 지어 나타나자 나와 함께 해변을 산책하던 ㉡개가 짖기 시작했다.

┤ 조건 ├
• 모음의 분류 기준이 드러나게 쓸 것.
• 발음하는 방법의 차이점을 구체적으로 설명할 것.

09 다음 설명을 모두 만족하는 모음은?

> • 입술을 둥글게 오므리고 발음한다.
> • 발음할 때 혀의 최고점의 위치가 뒤쪽에 있다.
> • 발음할 때 혀의 위치가 가장 높다.

① ㅗ   ② ㅚ   ③ ㅜ
④ ㅟ   ⑤ ㅡ

10 자음의 소리 나는 위치로 적절하지 <u>않은</u> 것은?

① ㄱ: 혀의 뒷부분과 여린입천장 사이
② ㄴ: 혀끝과 윗잇몸 사이
③ ㄷ: 혓바닥과 센입천장 사이
④ ㅁ: 두 입술 사이
⑤ ㅎ: 목청

11 소리 내는 방법이 같은 자음끼리 묶은 것은?

① ㅁ, ㅂ, ㅃ   ② ㄹ, ㅋ, ㅌ
③ ㄴ, ㄷ, ㄹ   ④ ㅅ, ㅆ, ㅎ
⑤ ㄱ, ㄲ, ㅇ

12 다음 자음들의 공통점에 대한 설명으로 적절한 것은?

> ㄱ, ㄲ, ㅋ, ㄷ, ㄸ, ㅌ, ㅂ, ㅃ, ㅍ

① 발음할 때 입안이나 코안이 울리는 소리이다.
② 혓바닥이 딱딱한 입천장에 닿아서 소리가 난다.
③ 발음할 때 코로 공기를 내보내면서 소리를 낸다.
④ 공기의 흐름을 막았다가 한꺼번에 터뜨리며 소리를 낸다.
⑤ 성대 근육을 긴장시켜 힘주어 내는 소리로 단단하고 강한 느낌을 준다.

13 다음에서 설명하는 자음이 사용되지 <u>않은</u> 단어는?

> 발음할 때 입안이나 코안이 울리는 소리로, 밝고 부드럽고 경쾌한 느낌을 준다.

① 개나리   ② 무궁화   ③ 진달래
④ 봉숭아   ⑤ 데이지

14 ㉮~㉱ 중, 길게 소리 내어 읽어야 하는 단어를 모두 고른 것은?

> ㉮눈이 내리던 ㉯밤이었다. 어떤 남자가 ㉰말을 달리며 숲길로 들어서고 있었다. ㉱발은 맨발이었다.

① ㉮   ② ㉮, ㉯   ③ ㉯, ㉰
④ ㉮, ㉯, ㉰   ⑤ ㉯, ㉰, ㉱

15 ⓐ의 첫소리와 비교할 때, ㉠과 ㉡에 쓰인 첫소리가 어떤 느낌을 주는지 각각 한 문장으로 쓰시오.

> • 그는 근육질의 ⓐ<u>단단</u>한 몸을 가지고 있다.
> • 그는 근육질의 ㉠<u>딴딴</u>한 몸을 가지고 있다.
> • 그는 근육질의 ㉡<u>탄탄</u>한 몸을 가지고 있다.

16 다음에서 설명하는 단어로 적절한 것은?

> • 초성은 발음할 때 혀끝이 윗잇몸에 닿아서 소리 나는 자음이다.
> • 중성은 발음할 때 입술 모양이 평평하고 혀의 높이가 높은 모음이다.
> • 종성은 발음할 때 혀의 양 옆으로 공기를 흘려 보내면서 소리 내는 자음이다.

① 금   ② 탑   ③ 실
④ 녹   ⑤ 밖

02 문장의 짜임

❶ 문장과 문장 성분

(1) **문장**: 생각이나 감정을 말과 글로 표현할 때 완결된 내용을 나타내는 최소의 단위

(2) **문장 성분**: 문장 안에서 일정한 문법적 기능을 하는 부분

❷ 문장 성분의 종류

(1) **주성분**: 문장을 이루는 데 꼭 필요한 성분

주어	동작이나 작용, 상태나 성질의 주체가 되는 말 예 철수가 사과를 먹는다.
서술어	주체의 동작이나 작용, 상태나 성질을 풀이하는 말 예 철수가 사과를 먹는다.
목적어	서술어가 나타내는 동작의 대상이 되는 말 예 철수가 사과를 먹는다.
보어	서술어 '되다, 아니다' 앞에서 의미를 보충하는 말 예 철수가 선생님이 되었다.

(2) **부속 성분**: 문장에서 주로 주성분을 꾸며 뜻을 더해 주는 성분

관형어	체언(명사, 대명사, 수사)을 꾸며 주는 말 예 그 친구를 만났다.
부사어	주로 용언을 꾸며 주는 말. 때로는 관형어나 부사어, 문장 전체를 꾸며 줌. 예 그 친구를 또 만났다.

(3) **독립 성분**: 어느 문장 성분과도 직접적인 관련이 없는 성분

독립어	문장의 다른 성분과 밀접한 관계를 맺지 않고 독립적으로 쓰이는 말. 부름, 감탄, 응답 등을 나타냄. 예 어머, 꽃이 피었네.

❸ 문장의 유형

(1) **홑문장**: 주어와 서술어의 관계가 한 번만 나타나는 문장 예 눈이 펑펑 내린다.

주어   서술어

(2) **겹문장**: 주어와 서술어의 관계가 두 번 이상 나타나는 문장

예 눈이 내리고 바람이 분다.   예 눈이 내리는 날에 나는 그녀를 만났다.

주어 서술어 주어 서술어   주어 서술어   주어   서술어

예 로 개념 확인

20○○년 ○월 ○일

    늦잠을 잤다. ❶나는 헐레벌떡 뛰었다. 그런데 버스를 놓쳤다. 10분이나 기다렸다. 다음 버스를 탔다. 겨우 학교에 도착했다. 다행히 지각은 면했다. 하지만 배고팠다. 수업에 집중할 수 없었다.   ❺

    ❷수업이 끝나자 나는 책상에 엎드렸다. ❸그때 찬수가 나에게 다가와서 빵을 건네주었다. ❹미소를 띤 찬수는 나에게 "배고프지?"라고 물었다. 그러면서 자기도 어제 아침을 못 먹어 오전 내내 힘이 없었다고 했다. 말하지 않아도 내 마음을 알아주는 친구, 찬수 덕분에 학교에 가는 것이 행복하다.   ❻

• 이어진문장: 둘 이상의 홑문장이 나란히 이어진 문장

대등하게 이어진 문장	앞 절과 뒤 절의 의미 관계가 '나열, 대조, 선택' 등의 대등한 관계에 있는 문장 예 형은 빵을 먹고 동생은 밥을 먹었다.(나열)
종속적으로 이어진 문장	앞 절과 뒤 절의 의미 관계가 독립적이지 못하고 '원인, 조건, 목적(의도), 양보, 배경' 등의 종속적인 관계에 있는 문장 예 형이 빵을 먹어서 동생은 밥을 먹었다.(원인)

• 안은문장: 다른 문장을 자신의 문장 성분으로 안고 있는 문장
(※ 안긴문장: 안은문장 속에 들어가 하나의 문장 성분처럼 쓰이는 문장)

명사절을 안은 문장	주어, 목적어, 부사어 등의 기능을 하는 명사화된 절을 안은 문장 예 우리는 그가 성실함을 알고 있다.
관형절을 안은 문장	체언을 꾸미는 관형어의 기능을 하는 절을 안은 문장 예 이 책은 내가 읽은 책이다.
부사절을 안은 문장	주로 용언을 꾸미는 부사어의 기능을 하는 절을 안은 문장 예 언니는 배가 아프도록 웃었다.
서술절을 안은 문장	서술어의 기능을 하는 절을 안은 문장 예 영희는 손이 매우 크다.
인용절을 안은 문장	다른 사람의 말이나 생각을 인용한 것을 절의 형식으로 안은 문장 예 진주는 "국어가 참 좋아요."라고 말했다. / 진주는 국어가 참 좋다고 말했다.

❹ 문장의 짜임에 따른 표현 효과

홑문장	내용을 간결하고 명료하게 전달하고, 사건이 속도감 있게 진행되는 느낌을 줄 수 있음.
겹문장	사건의 전후 관계나 인과 관계를 잘 드러내어 내용을 긴밀하고 집약적으로 전달할 수 있음.

⋮

홑문장과 겹문장을 사용할 때의 유의점

• 홑문장을 과도하게 쓰면 의미가 분산되고 문장 간의 논리적 관계를 드러내기 어려움.
• 겹문장이 지나치게 길면 문장의 구조가 복잡해져 의미를 정확히 전달하기 어려움.

더 알아 두기

◈ 이어진문장을 만드는 연결 어미
■ 앞뒤 문장을 대등하게 연결하는 어미

나열	-고, -(으)며
대조	-지만, -(으)나
선택	-거나, -든지

■ 앞뒤 문장을 종속적으로 연결하는 어미

원인	-아서/어서, -(으)니, -(으)므로
조건	-(으)면
목적 (의도)	-(으)려고, -고자
양보	-(으)ㄹ지라도, -(아)도
배경	-ㄴ데

■ 안긴문장을 만드는 말

명사절	-기, -(으)ㅁ
관형절	-(다)는, -(으)ㄴ, -(으)ㄹ, -던
부사절	-게, -이, -도록
인용절	라고, 고

◈ 절(節)
■ 주어와 서술어를 갖추었으나 독립하여 쓰이지 못하고 다른 문장의 한 성분으로 쓰이는 단위
예 겨울이 되니까 날씨가 춥다.
　　→ 2개의 절로 이루어진 문장

겨울이 되다. + 날씨가 춥다.
→ 겨울이 되니까 날씨가 춥다.
　　주어 서술어 　주어 　서술어
　　　절　　　　　　절

---

❶, ❷ 홑문장과 겹문장: ❶ '나는 헐레벌떡 뛰었다'는 '주어＋부사어＋서술어'로 이루어져, 주어와 서술어의 관계가 한 번만 나타나는 홑문장이다. ❷ '수업이 끝나자 나는 책상에 엎드렸다.'는 '주어＋서술어＋주어＋부사어＋서술어'로 이루어져, 주어와 서술어의 관계가 두 번 나타나는 겹문장이다.

❸, ❹ 겹문장의 종류: ❸은 '그때 찬수가 나에게 다가왔다.'와 '찬수가 나에게 빵을 건네주었다.'라는 두 개의 홑문장이 종속적으로 이어진 문장이다. ❹는 '찬수는 나에게 물었다.'라는 문장 안에 '미소를 띤'이 '찬수'를 꾸미며 관형절로 안겨 있고, '"배고프지?"라고'가 인용절로 안겨 있다. 따라서 관형절과 인용절을 안은 문장이다.

❺, ❻ 문장의 짜임에 따른 표현 효과: ❺는 홑문장으로 이루어져 내용이 간결하게 전달되며 사건이 빠르게 진행되는 느낌을 준다. ❻은 겹문장으로 이루어져 의미 관계가 긴밀하며 내용이 집약적으로 전달되고 있다.

01 문장 성분에 대한 설명으로 적절하지 <u>않은</u> 것은?

① 문장의 골격을 이루는 필수적인 성분을 주성분이라고 한다.

② 문장의 주성분에는 주어, 서술어, 목적어, 부사어가 있다.

③ 문장에서 '무엇을', '누구를'에 해당하는 성분은 목적어이다.

④ 문장 안에서 문장을 구성하면서 일정한 문법적인 기능을 한다.

⑤ 문장에서 주로 주성분을 꾸며 주는 기능을 하는 문장 성분은 부속 성분이다.

02 밑줄 친 부분의 문장 성분이 나머지와 <u>다른</u> 하나는?

① 공든 <u>탑이</u> 무너지랴.

② 말 한마디에 천 냥 <u>빚도</u> 갚는다.

③ <u>하늘은</u> 스스로 돕는 자를 돕는다.

④ 가는 말이 고와야 오는 <u>말이</u> 곱다.

⑤ 열 번 찍어 아니 넘어가는 <u>나무</u> 없다.

03 〈중 1〉 다음 설명을 참고할 때, 홑문장에 해당하는 것은?

> 주어와 서술어는 문장을 만들 때 반드시 있어야할 문장 성분이다. 주어와 서술어의 관계가 한 번만 나타나면 홑문장이라고 하고, 두 번 이상 나타나면 겹문장이라고 한다. 따라서 절이 아닌 관형어나 부사어, 독립어는 홑문장과 겹문장을 구분하는 데에 아무런 영향을 끼치지 않는다.

① 나는 개와 고양이를 기른다.

② 나의 취미는 음악 감상하기이다.

③ 나는 형이 쓰던 책상에서 공부한다.

④ 다섯 살 때까지 나는 시골에서 생활했다.

⑤ 나는 생일날이 어서 오기를 기다리고 있다.

04 〈서술형〉 다음 문장이 홑문장인지 겹문장인지 밝히고, 그 이유를 서술하시오.

> 그대는 나에게 행복을 주는 사람이다.

05 〈중 2〉 다음 설명을 참고하여 〈보기〉에서 안은문장을 모두 골라 묶은 것은?

> 〈겹문장의 종류〉
> • 이어진문장: 홑문장들이 대등하거나 종속적으로 연결된 겹문장
> • 안은문장: 다른 문장을 자신의 문장 성분으로 안고 있는 겹문장

> ┤ 보기 ├
> ㉠ 아이가 아장아장 걷는다.
> ㉡ 엄마가 웃자 아이도 웃는다.
> ㉢ 엄마는 울고 있는 아이를 달랜다.
> ㉣ 우리는 그녀가 아이의 엄마임을 알았다.

① ㉠, ㉡   ② ㉠, ㉢   ③ ㉡, ㉢

④ ㉡, ㉣   ⑤ ㉢, ㉣

06 다음 문장의 종류를 〈보기〉와 같이 설명할 때, ㉠과 ㉡에 들어갈 말을 바르게 짝지은 것은?

> 사촌이 땅을 사면 배가 아프다.

> ┤ 보기 ├
> 앞 절과 뒤 절이 (㉠)의 의미 관계로 (㉡) 이어진 문장이다.

	㉠	㉡		㉠	㉡
①	나열	대등하게	②	대조	대등하게
③	목적	대등하게	④	조건	종속적으로
⑤	의도	종속적으로			

07 〈보기〉의 ⓐ~ⓒ에 대한 설명으로 적절하지 <u>않은</u> 것은?

┤ 보기 ├

• 나는 ⓐ<u>그가 행복하기를</u> 진심으로 바랐다.
• 그는 ⓑ<u>내가 선물로 준</u> 책을 가방에 넣었다.
• 나는 ⓒ<u>땀이 나도록</u> 그의 손을 꽉 쥐었다.

① ⓐ, ⓑ, ⓒ에는 모두 주어와 서술어가 드러나 있다.
② ⓐ, ⓑ, ⓒ는 모두 다른 문장의 일부인 안긴문장이다.
③ ⓐ, ⓑ, ⓒ는 각각 목적어, 관형어, 부사어의 역할을 하고 있다.
④ ⓑ에는 생략된 주성분이 하나 있다.
⑤ ⓐ와 ⓒ에는 모두 부속 성분이 나타나 있다.

08 ^{중요} 밑줄 친 부분의 역할로 적절하지 <u>않은</u> 것은?
① 철수는 <u>마음씨가 참 곱다</u>. → 서술어 역할
② <u>세찬</u> 비가 주룩주룩 내린다. → 관형어 역할
③ <u>그가 거짓말을 했음</u>이 밝혀졌다. → 주어 역할
④ 윤지는 <u>우산도 없이</u> 빗속을 걸었다. → 목적어 역할
⑤ 우리는 다 같이 <u>배꼽이 빠지게</u> 웃었다. → 부사어 역할

09 밑줄 친 부분 중 다음 설명의 예로 적절한 것은?

다른 사람의 말이나 생각을 인용한 내용이 절의 형식으로 안긴 문장을 인용절이라고 한다. 인용절에는 직접 인용절과 간접 인용절이 있다. 직접 인용절은 주어진 문장을 그대로 인용한 것으로, 인용격 조사 '라고'가 쓰인다. 간접 인용절은 말하는 사람의 표현으로 바꾸어서 간접적으로 인용한 것으로 인용격 조사 '고'가 쓰인다.

① 그분은 <u>항상 웃으면서</u> 말씀하셨다.
② 그분은 <u>아무 말도 없이</u> 우리 곁을 떠나셨다.
③ 그분은 우리에게 <u>울지 말라고</u> 이야기하셨다.
④ <u>그분이 질문을 반복해도</u> 우리는 대답할 수 없었다.
⑤ 그분은 우리에게 <u>희망은 어디에나 있음</u>을 보여 주었다.

10 다음 문장에 대한 설명으로 적절하지 <u>않은</u> 것은?

그 학생은 국어는 잘하지만 수학은 못한다.

① 이 문장 전체의 주어는 '학생은'이다.
② 이 문장은 주성분만으로 이루어져 있다.
③ '국어는'과 '수학은'은 목적어에 해당한다.
④ 두 개의 홑문장이 대등하게 이어져 있다.
⑤ 앞 절과 뒤 절은 대조의 의미 관계를 지니고 있다.

11 ^{중요} 다음 ㉠, ㉡의 문장 구조를 분석한 내용으로 적절한 것은?

㉠ 할아버지께서는 다리가 불편하시다.
㉡ 아이는 자신을 칭찬해 주는 어른을 좋아한다.

① ㉠은 서술절을 안고 있고, ㉡은 관형절을 안고 있다.
② ㉠은 명사절을 안고 있고, ㉡은 부사절을 안고 있다.
③ ㉠은 두 문장이 대등하게 이어져 있고, ㉡은 종속적으로 이어져 있다.
④ ㉠은 '누가 어찌하다.'라는 구조로 이루어져 있고, ㉡은 '누가 어떠하다'라는 구조로 이루어져 있다.
⑤ ㉠에서는 안은문장의 주어와 안긴문장의 주어가 일치하지 않지만, ㉡에서는 안은문장의 주어와 안긴문장의 주어가 일치한다.

^{서술형}
12 다음 글에 주로 나타난 문장이 홑문장인지 겹문장인지 쓰고, 그 효과 두 가지를 서술하시오.

나는 달렸다. 거침없이 달렸다. 숨이 찼다. 하지만 멈추지 않았다. 바로 저기에 그 사람이 있었다. 나는 3년간 이 순간을 기다려 왔다. 그가 있었다. 바로 저기에 말이다.

(1) 주로 나타난 문장:
(2) 효과:

03 통일 시대의 국어

더 알아 두기

◈ 남한의 표준어와 북한의 문화어

표준어	문화어
• 전 국민이 공통적으로 쓸 수 있는 자격을 부여받은 단어	• 북한에서, 언어생활의 기준으로 삼기 위해 규범화한 언어
• 교양 있는 사람들이 두루 쓰는 현대 서울말	• 근로 인민 대중이 사용하는 현대 평양말

◈ 남북의 언어 차이가 나타난 이유

■ 분단 이후 오랜 세월 동안 교류가 활발히 이루어지지 않았기 때문

■ 서로 다른 언어 정책으로 말다듬기를 했기 때문

■ 서로 다른 정치 체제 및 이념, 제도 등이 언어에 영향을 미쳤기 때문

■ 기준으로 하는 지역어의 차이 때문에

❶ 통일 시대의 국어를 위해 필요한 태도

남북의 언어 차이로 인한 문제	통일 시대의 국어를 위해 필요한 태도
• 남북이 교류하고 화합하는 데 걸림돌이 될 수 있음. • 상대편의 말을 오해하여 갈등과 불신이 쌓일 수 있음. • 통일 이후 남북 지역 사람들 사이에 위화감이 생겨 국민 통합이 어려워질 수 있음.	• 남북의 언어 차이를 극복할 수 있는 방안에 관심을 두고 실천함. • 남북이 다양한 분야에서 활발히 교류하고 소통하는 것이 필요함을 인식해야 함. • 남북 언어의 차이를 이해하고 조정하여 언어의 동질성을 회복해야 함.

❷ 남북 언어의 동질성

남북은 한 민족으로서 같은 역사적 배경을 가지고, 분단 이전까지 오랫동안 같은 말과 글을 사용해 왔다.

• '주어 + 목적어 + 서술어'와 같은 문장의 구조가 동일하다.
• 사용하는 단어에 큰 차이가 없어 서로 의사소통이 가능하다.
• 소리 나는 대로 적는 표기와 형태를 밝혀 적는 표기를 모두 사용한다.

❸ 남북 언어의 이질성

(1) 발음의 차이

남한	두음 법칙을 인정함. 예 연락, 노동
북한	두음 법칙을 인정하지 않음. 예 련락, 로동

(2) 억양, 어조의 차이

남한	• 대체로 낮은 억양으로 말함. • 부드럽게 흘러가는 자연스러운 느낌을 줌.
북한	• 높은 데서 낮은 데로 떨어지는 억양이 반복됨. • 명확하고 또박또박하면서 강하고 드센 느낌을 줌.

예로 개념 확인

"그때 난 한생의 ❶리상과 목표를 다시금 새롭게 세웠습니다. 삶의 전부를 깡그리 태워서라도 세계를 굽어보는 최첨단 식료기술을 탐구하고 돌파하리라."

신해는 어느새 고개를 쳐들고 그를 바라보았다. 그는 ❷얼마전까지 자기의 마음속에 떠돌던 수치와 절망이 점차 가뭇없이 ❸사라져가고있음을 놀랍게 깨달았다. 저 열광에 번쩍이는 눈빛, 찬란한 앞날을 그려보이는 신심과 ❹락관에 넘친 저 목소리, 열정의 모습! 훅훅 불이 ❺끼쳐나오는듯한 진석의 목소리가 다시금 ❻귀전을 울렸다.

"신해❼동무! 우리 시대 매개 인간의 삶의 목표는 최첨단주로에 있습니다. 함께 손잡고 끝까지 ❽달려보지 않겠습니까?"

– 김경일, 「우리 삶의 주로」

(3) 어휘의 차이

남한	• 한자어를 많이 사용함. **예** 인물화, 한복 • 외래어를 그대로 사용하는 경우가 많음. **예** 터널, 주스 • 북한 말과 형태는 같지만 의미가 다른 단어가 있음. 　**예** 동무 – 늘 친하게 어울리는 사람
북한	• 고유어를 많이 사용함. **예** 사람그림, 조선옷 • 외래어를 고유어로 바꾸어 사용하는 편임. **예** 차굴, (과일)단물 • 남한 말과 형태는 같지만 의미가 다른 단어가 있음. 　**예** 동무 – 혁명을 위해 함께 싸우는 사람을 친근하게 이르는 말

(4) 표기의 차이

남한	• 합성어를 표기할 때, 사이시옷을 적음. **예** 수릿날, 나룻배 • 의존 명사를 앞말과 띄어 씀. **예** 할 수가, 먹을 만큼
북한	• 합성어를 표기할 때, 사이시옷을 적지 않음. **예** 수리날, 나루배 • 의존 명사를 앞말과 붙여 씀. **예** 할수가, 먹을만큼

❹ 남북 언어의 차이를 극복하기 위한 방안

• 남북 언어 차이 극복의 필요성을 알리고 이에 대한 관심을 갖도록 노력한다.
• 남한과 북한이 서로의 언어를 긍정적으로 바라볼 수 있도록 의식을 개선한다.
• 다양한 분야에서 남북 간 만남이 이루어져 서로의 문화를 활발하게 교류한다.
• 남북의 국어학자들이 자주 만나 어문 규범을 통일해 나가는 작업을 정책적으로 지원한다.
• 남북 공동 연구 기관을 만들어 남북의 어문 규정을 조화시킨 통일안을 만든다.
• 형태나 의미가 다른 어휘를 통합하고, 신조어 작업을 공동으로 진행한다.
• 『겨레말큰사전』을 빨리 완성하여 남북 학교에서 교육하고 널리 보급한다.
• 남북한이 함께 사용하는 국어 교과서를 만들어 통일된 언어를 가르친다.
• 남북한 생활 용어를 쉽게 알려 주는 앱을 만들어 보급한다.

더 알아 두기

◈ 남북의 언어 차이로 인한 문제
■ 뜻이 통하지 않아 자세히 설명해야 하는 상황이 생길 경우 대화 시간이 많이 걸린다.
■ 상대방이 한 말의 뜻을 잘못 이해하여 갈등이나 분쟁이 일어날 수 있다.
■ 상대방이 한 말의 내용을 정확히 이해하지 못해 사고를 내거나 실수를 할 수 있다.
■ 남한 사람과 북한 사람 사이에 위화감이 생길 수 있다.

◈ 『겨레말큰사전』
남북의 언어 통합을 목적으로 남한과 북한의 국어학자들이 공동으로 만드는 최초의 국어대사전이다. 2004년 4월 양측이 사전 편찬의향서를 체결하고 2005년 2월 겨레말큰사전 편찬위원회를 결성하면서 사업이 본격적으로 시작되었다. 남북이 공통으로 쓰는 말은 우선 올리고, 차이 나는 것은 남과 북이 단일화하여 33만여 개의 올림말을 실을 예정이다.

❶ 두음 법칙의 적용: 남한에서는 두음 법칙에 따라 '이상', '낙관'이라고 발음하지만, 북한에서는 두음 법칙을 인정하지 않기 때문에 '리상', '락관'이라고 발음한다.
❷ 띄어쓰기: 남한에서는 '얼마 전까지', '사라져 가고 있음을', '끼쳐 나오는 듯한', '달려 보지'와 같이 관형어와 의존 명사, 용언과 용언을 띄어 쓰지만 북한에서는 띄어 쓰지 않는다.
❸ 사이시옷 표기: 남한에서는 합성어의 경우 사잇소리 현상이 일어나면 사이시옷을 넣어 '귓전'과 같이 적지만, 북한에서는 사이시옷을 적지 않는다.
❹ 형태는 같지만 의미가 다른 단어: 남한에서와 달리 북한에서 '동무'는 혁명을 위하여 함께 싸우는 사람을 친근하게 이르는 말로 쓰인다.

1 남북의 언어 차이가 있나요? | 권순희

- **해제:** 이 글은 남북의 언어가 문법과 발음, 억양, 어휘, 화용적 측면에서 어떤 차이를 보이는지에 관하여 구체적인 사례를 들어 설명한 글이다.
- **주제:** 남북의 언어 차이의 실태와 원인

🔍 내용 연구 ▶▶▶

남북의 언어 차이

문법	대체로 동일하지만 부정어의 위치가 다름.
발음	두음 법칙의 인정 여부가 다름.
억양	더 높게 발음하는 위치가 다름.
어휘	같은 단어라도 가리키는 대상이 다름.
화용적	북한은 표면적 의미로 해석함.

[구절 풀이]

★ **'안'을 높여 발음하면 ~ 이해되기 때문이다.:** 북한 사람들은 남한 사람들과 달리 '먹'보다 '안'을 더 높게 발음하기 때문에 남한 사람들이 이를 듣고 단순한 거절의 의미가 아니라 거부의 의미로 오해할 수 있다.

★ **북한 이탈 주민은 ~ 말했다고 해석한다.:** 남한 사람들과 달리 북한 사람들은 직접 화법에 익숙하기 때문에 어떤 말을 주고받을 때에 그 속에 포함된 의미보다는 겉으로 드러난 의미로 받아들이는 경향이 있다.

[낱말 풀이]

- **억양:** 음(音)의 상대적인 높이를 변하게 함. 또는 그런 변화.
- **화용적:** 말하는 이, 듣는 이, 시간, 장소 따위로 구성되는 맥락과 관련된. 또는 그런 것.
- **북한 이탈 주민:** 북한에 주소, 직계 가족, 배우자, 직장 등을 두고 있는 사람으로서 북한을 벗어난 후 외국의 국적을 취득하지 아니한 사람.

가 문법적 구조 측면에서 볼 때 남한과 북한의 한국어의 구조는 대체적으로 동일하다. 예를 들면, 주어+목적어+서술어 어순이나 조사나 어미를 사용하는 형태 등은 동일하다. 그러나 문법이 모두 같은 것만은 아니다. 문법에서 차이가 나는 경우도 있다. 예를 들면, 남한에서는 '못 알아듣고'라고 표현하는데, 북한에서는 '알아 못 듣고'라고 표현한다. 부정어의 위치가 다르다.

_{남북 언어의 동질성}

▶ ( )적 구조 측면에서 남북의 언어 차이

나 특히 남한과 북한에서 발음 및 °억양, 어휘, °화용적 차이가 존재한다. 남한과 북한 언어 차이의 대표적인 사례를 들면 다음과 같다.

_{언어문화의 차이로 발생하는 언어 사용 양상의 차이}

발음에서 보면, 남한에서는 '노동', '염원'이라 발음하는 것을 °북한에서는 '로동', '념원'으로 발음한다. 이처럼 남한에서는 두음 법칙을 인정하는 반면, 북한에서는 이를 인정하지 않는다.

▶ 발음에 나타난 남북의 언어 차이

다 억양에서 보면, 남한에서는 부정문에서 부정을 나타내는 '안'이라는 어휘를 낮은 억양으로 발음하는 데 비해 북한에서는 '안'이라는 어휘를 높은 억양으로 발음한다. 예를 들면, 남한 사람들은 '안 먹겠습니다'라는 말을 할 때, '안'보다는 '먹' 부분을 더 높게 발음하는데, 북한 사람들은 '먹'보다는 '안' 부분을 더 높게 발음한다. 그 결과 '안'이 들어간 부정어를 °북한 이탈 주민이 말했을 때, 남한 사람들은 북한 이탈 주민이 불친절하고 무뚝뚝하다고 오해를 한다. *'안'을 높여 발음하면 '먹지 않겠다'는 거절의 의미보다 '먹기에 적절하지 않아 먹지 않는다'는 거부의 의미로 이해되기 때문이다.

▶ ( )에 나타난 남북의 언어 차이

라 어휘에서 보면, 남한에서는 '소시지'라고 표현하는 것을 북한에서는 '칼파스' 또는 '고기순대'라고 표현한다. 남한에서는 '오징어'라고 부르는 것을 북한에서 '낙지'라고 부르고, 남한에서 '낙지'라고 부르는 것을 북한에서는 '오징어'라고 부른다.

_{러시아어의 영향   고유어로 순화한 말}

▶ 어휘에 나타난 남북의 언어 차이

마 화용적 측면에서 보면, 남한에서는 명함을 주고받으면서 "언제 한번 식사라도 해요."라고 인사말을 전한다. 이때 이 표현은 정말 식사를 하자는 의미라기보다는 식사할 기회가 있기를 바란다는 의미로 해석해야 한다. 만약 식사를 정말 하려는 의도로 말하려면 약속 날짜를 잡으면서 식사를 하자고 할 것이다. 그런데 *북한 이탈 주민은 이 표현을 관계를 유지하기 위한 인사말로 받아들이지 않고, 표면적 의미로 해석하여 식사를 하자고 말했다고 해석한다. 즉 명함을 주고받은 사람이 "식사를 하자."라고 말해 놓고 전혀 이를 실천하지 않는다고 오해를 하는 것이다.

_{친근한 관계 형성을 위한 인사말(간접 화법)}

▶ ( ) 측면에 나타난 남북의 언어 차이

바 이러한 차이는 분단 후 긴 세월 동안 교류가 없었기 때문에 벌어진 일이다. 남과 북은 지난 70년 동안 문화적, 인적, 통신적 교류가 없이 분단되어 살아왔다. 40여 년 동안 분단 국가였던 독일보다 더 오랜 세월 교류 없이 남북이 서로 다른 체제를 유지하고 살았기 때문에 ㉠언어적 차이가 독일의 경우보다 더 심하다고 할 수 있다.

_{남북의 언어 차이가 생긴 근본적 원인}

▶ 남북의 언어 차이가 생긴 이유

01 이 글의 서술상 특징으로 적절한 것은?

① 두 대상 간의 차이점을 제시한 후 절충 방안을 모색하고 있다.

② 대상의 변화 과정을 시대순으로 제시하여 의의를 밝히고 있다.

③ 대상에 대한 그릇된 관점을 지적한 후 대상의 장단점을 나열하고 있다.

④ 대상에 관한 다양한 의견들을 제시하고 그 의견들에 대해 평가하고 있다.

⑤ 대조의 방식으로 구체적인 사례를 제시하여 대상의 특성을 설명하고 있다.

중요
02 이 글을 통해 알 수 있는 북한어의 특징으로 적절하지 않은 것은?

① 두음 법칙을 적용하여 발음한다.

② 문장 성분의 배열이 남한과 같다.

③ 외래어를 가급적 고유어로 바꾸어 쓰려고 한다.

④ 부정어를 다른 말에 비해 높은 억양으로 발음한다.

⑤ 대상을 가리키는 말이 남한과 뒤바뀌어 나타나기도 한다.

중요
03 ㉠을 극복하기 위한 방안으로 적절하지 않은 것은?

① 남북이 공동 국어사전을 편찬하여 보급한다.

② 남한의 표준어를 중심으로 언어 통일을 꾀한다.

③ 남북한의 언어 이질화에 대해 인식하고 이를 연구한다.

④ 남북한 공동의 언어 규정을 만들어 이를 바탕으로 말을 다듬는다.

⑤ 남북한이 상호 서신 왕래, 방송 청취 등 사회·문화적 교류를 늘린다.

중요 서술형
04 남북의 언어 이질화 문제가 생긴 가장 큰 원인을 〈조건〉에 맞게 서술하시오.

> ┤ 조건 ├
> • 이 글의 내용을 바탕으로 쓸 것.
> • 30자 내외의 온전한 문장으로 쓸 것.

100점 특강

● 남북의 언어 차이

구분	남한	북한
문법적 구조	주어+목적어+서술어 어순이나 조사나 어미를 사용하는 형태 등은 동일하나 부정어의 위치가 다름.	
	예 못 알아듣고	예 알아 못 듣고
발음	두음 법칙을 인정함. 예 노동, 염원	두음 법칙을 인정하지 않음. 예 로동, 념원
억양	부정어를 낮은 억양으로 발음함.	부정어를 높게 발음함. → 남측에서 거부의 의미로 오해
어휘	• 서구 언어의 영향을 받은 외래어를 사용함. 예 소시지(영어) • 같은 대상을 가리키는 말이 북한과 서로 다르기도 함. 예 오징어	• 러시아어 영향을 받은 외래어를 사용하거나 고유어로 다듬음. 예 칼파스(러시아어), 고기순대 • 같은 대상을 가리키는 말이 남한과 서로 다르기도 함. 예 낙지
화용적 측면	관계 유지를 위한 의도를 간접적으로 표현함.	표면적 의미로 해석함.

● 남북의 언어 차이가 발생한 원인

분단 후 70년 동안 문화적, 인적, 통신적 교류 없이 살아옴.	➡	남북 언어의 이질성이 심화됨.

1 남북의 언어 차이가 있나요?

남북의 언어 차이(어휘)

- 외래어의 유입이 달라 차이가 있음.
- 신조어의 차이가 존재함.
- 한자어에서 차이가 남.
- 전문어의 차이가 존재함.
- 형태나 발음이 같아도 의미가 다른 단어가 존재함.

가 남북의 언어는 외래어, 신조어, 한자어, 전문 용어 등에서도 차이가 존재한다.

첫째, 외래어의 °유입이 달라 발생하는 외래어 차이가 있다. 남한은 서유럽, 북미 위주의 문물 및 기술, 무역 교류가 이루어지는 반면 북한은 러시아, 중국을 통해 문물, 기술, 무역 교류가
_{정치 체제와 이념이 유사하기 때문}
이루어진다. 그 결과 남한에서는 영어, 프랑스어, 이탈리아어에서 유래한 외래어를 많이 사용하고, 북한은 러시아어, 중국어에서 유래한 외래어를 많이 사용한다. 예를 들면, 남한에서는 '샌들', '롱부츠'라는 영어식 외래어를 사용하지만 북한에서는 이들을 가리킬 때 각각 '산다', '왈렌끼'라는 러시아식 외래어를 사용한다.
▶ 남북한의 외래어 차이

나 둘째, 새로운 제도, 생활 문화의 창조, 새로운 기술 등으로 발생하게 되는 신조어의 차이가 존재한다. 예를 들면, 남한에서는 초등학생의 학교 등교 시간에 어머니들이 나와서 아이들의 안전을 위해 횡단보도 건너기를 지도한다. 이때 안전하게 횡단보도를 건너도록 지도하는 어머니
_{'녹색어머니'의 역할}
를 '녹색어머니'라고 부른다. ㉠ *'녹색어머니'는 '녹색'과 '어머니' 각각의 뜻을 안다고 이해할 수 있는 어휘가 아니다. 생활 문화 내에서 새롭게 만들어진 어휘이기 때문이다.
▶ 남북한의 (   ) 차이

다 셋째, 한자어에서 차이가 난다. 북한에서는 언어 정책상 한자어를 고유어로 °대체하여 사용하도록 하였으며 고유어로 °문화어를 지정하였다. 그 결과 많은 한자어가 언어 사용에서 사라지게 되었다. 그러나 상대적으로 남한에서는 여전히 한자어가 많이 존재하며 한자어를 많이 사용하고 있다. 게다가 남한과 북한에서 한자어의 어순이 다르게 사용되는 사례가 꽤 있다. 예를 들면, 남한에서 사용하는 '왕래'라는 어휘를 북한에서는 '래왕'으로, 남한에서는 '창제'를 북한에서는 '제창'으로, 남한에서의 °'상호'를 북한에서는 '호상'으로 표현한다.
▶ 남북한의 한자어 차이

라 넷째, 전문어의 차이가 존재한다. 예를 들면, 학생들이 사용하는 교과서가 다르고 학문적 풍토가 다르기 때문에 발생하게 되는 학습어의 차이가 있다. 남한에서는 '°가감법'이라는 용어를 사용하지만 북한에서는 '더덜기법'이라는 용어를 사용한다.
▶ 남북한의 (   ) 차이

마 이밖에도 남북의 언어에는 형태나 발음이 같은 단어라도 의미가 다른 사례가 존재한다. 예
_{오해가 생길 수 있고, 의도치 않은 갈등도 발생할 수 있음.}
를 들면, '수갑', '-질', '소행'이라는 단어의 의미는 남한과 북한이 다르다. 남한에서는 '수갑'이 '죄인의 손에 끼우는 고리'를 뜻하지만 북한에서는 '손에 끼는 장갑'을 의미한다. *남한에서는 '-질'이 '직업이나 직책에 °비하하는 뜻을 더하는 접미사'를 뜻하지만 북한에서는 비하하는 뜻이 없
_{⑩ 선생질, 목수질 등}
는 긍정적인 의미로 사용된다. '소행' 역시 남한에서는 부정적인 의미로 사용되는 데 비해 북한에서는 긍정적인 의미로 사용된다. 남한에서 '이게 누구 소행이지?'라고 하면 상대방을 꾸짖는 표현이 된다. 그러나 북한에서는 '착한 소행이다', '소행상을 타다', '소행이 얌전하다'처럼 표현하여 '소행'을 긍정적인 의미로 사용한다.
▶ 남북한의 단어의 의미 차이

구절 풀이

★**'녹색어머니'는 '녹색'과 ~ 어휘가 아니다.:** '녹색어머니'는 새로운 문화 속에서 만들어진 신조어이기 때문에 그것을 이루는 단어인 '녹색(green)'과 '어머니(mother)' 각각의 뜻으로 해석하면 그 뜻을 제대로 알 수 없다.

★**남한에서는 '-질'이 ~ 긍정적인 의미로 사용된다.:** '-질'이나 '소행'과 같이 같은 형태나 발음의 단어가 한쪽에서는 부정적 의미로, 다른 한쪽에서는 긍정적 의미로 사용된다면 이러한 단어로 인한 오해와 갈등이 생겨날 우려가 있다. 따라서 이러한 의미 차이를 이해하려는 노력이 필요하다.

낱말 풀이

- **유입:** 문화, 지식, 사상 따위가 들어옴.
- **대체하다:** 다른 것으로 대신하다.
- **문화어:** 북한에서, 언어생활의 기준으로 삼기 위해 규범화한 언어.
- **상호:** 상대가 되는 이쪽과 저쪽 모두.
- **가감법:** 덧셈과 뺄셈을 하는 방법.
- **비하하다:** 업신여겨 낮추다.

05 이 글에서 주로 설명하고 있는 것은?

① 남북한의 어휘에 나타난 차이
② 남북 언어의 문법적 구조 차이
③ 남북한의 제도와 생활 문화 차이
④ 남북의 언어에 공통으로 나타난 특성
⑤ 남북의 어문 규정을 만드는 방식 차이

07 ㉠을 고려할 때, 밑줄 친 단어의 성격이 '녹색어머니'와 유사한 것은?

① 고향 마을 뒷산에는 밤나무가 많이 있었어.
② 추운 날씨에 외출했다 오니 손발이 시리다.
③ 큰비가 와서 논밭이 모두 물에 잠겨 버렸어.
④ 면접을 보는데 꼭 가시방석에 앉은 것 같더군.
⑤ 그는 손수건을 꺼내 이마에 맺힌 땀을 닦았다.

중요
06 이 글의 내용과 일치하지 않는 것은?

① 북한에 비해 남한에서는 한자어를 적게 사용하는 편이다.
② 학문적 풍토가 달라 남한과 북한의 전문 용어가 서로 다르게 나타나기도 한다.
③ 북한은 러시아, 중국과 교류하면서 그 나라들 말에서 유래한 외래어를 사용한다.
④ 남한과 북한에 각기 새로운 제도와 기술 등이 생기면서 신조어의 차이가 발생하였다.
⑤ 남한에서 부정적인 의미로 쓰이는 말이 북한에서는 긍정적 의미로 쓰이는 경우가 있다.

중요 서술형
08 다음은 선생님과 북한 이탈 주민 학생 사이의 대화이다. 이 대화에서 오해가 발생한 원인을 〈조건〉에 맞게 서술하시오.

> 선생님: 동혁이는 꿈이 뭐니?
> 동혁: 전 애들을 좋아하니까 초등학교에서 선생질을 하고 싶어요.
> 선생님: (약간 못마땅한 표정) 선생질?

┤ 조건 ├
• 이 글의 내용을 바탕으로 쓸 것.
• 50자 내외의 온전한 문장으로 쓸 것.

100점 특강

▶ 남북의 언어 차이(어휘 중심)

• 외래어: 문물 및 기술, 무역 교류가 이루어지는 대상 국가가 서로 달라 차이가 발생함.
– 남한: 영어, 프랑스어, 이탈리아어 등에서 유래한 외래어를 많이 사용함. **예** 샌들
– 북한: 러시아어, 중국어에서 유래한 외래어를 많이 사용함. **예** 산따
• 신조어: 새로운 제도, 생활 문화의 창조, 새로운 기술 등으로 인해 차이가 발생함. **예** 녹색어머니
• 한자어: – 북한에서는 언어 정책상 한자어를 고유어로 대체하고 이를 문화어로 지정함.
– 남한과 북한에서 한자어의 어순이 다르게 사용되는 사례도 꽤 있음. **예** (남) 왕래 – (북) 래왕
• 전문어: 교과서가 다르고 학문적 풍토가 다르기 때문에 차이가 발생함. **예** (남) 가감법 – (북) 더덜기법
• 형태나 발음이 같은 단어라도 의미가 다른 사례가 존재함. **예** 수갑, -질, 소행

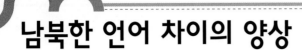

남북한 언어 차이의 양상

■ **해제:** 이 글에서는 다양한 분야에서 남한어와 북한어 사이에 어떤 차이가 있는지를 구체적인 사례와 대화 장면을 통해 설명하고 있다.
■ **주제:** 남북한 언어 차이의 양상

🔍 내용 연구 ▶▶▶

남북한 언어 차이의 양상

(가)	운동 경기의 용어들에서 많은 차이가 존재함.
(나)	한자어와 접미사, 조사의 사용에서 차이가 존재함.
(다)	일상생활에서 사용하는 어휘에서도 차이가 존재함.

[구절 풀이]

★ **외래어인 '팩스'는 북한 용어로 '팍스'다.:** 주로 교류하는 나라가 서로 다르다 보니 남한은 영어에서, 북한은 러시아에서 유래한 외래어를 사용한다.

★ **양측 수행원들이 ~ 오후 5시가 지나서야 끝났다.:** 남북이 사용하는 용어가 서로 다른 것들이 많아서 이를 합의하느라 시간이 많이 걸렸다는 것으로, 그만큼 남북한 언어의 이질화가 심각한 상황임을 짐작하게 한다.

[낱말 풀이]

● **이격하다:** 사이가 벌어지다. 또는 사이를 벌려 놓다.
● **장간방:** 가운데 벽이 없이 탁 트인 긴 방.
● **몽당:** '먼지'의 북한 방언.
● **말강스럽다:** 티 없이 맑고 환하게 깨끗하다.
● **모록이:** 여럿이 한데 모여 보기 좋을 정도로 탐스럽게.
● **발편잠:** 근심이나 걱정이 없어져서 마음을 놓고 편안히 자는 잠을 비유적으로 이르는 말.

가 "곱침에 이은 호쾌한 꽂아넣기." 아마 아나운서가 이런 식으로 중계방송을 한다면, 무슨 말인지 모르는 사람들이 많을 것이다. '곱침'은 북한에서 '드리블'을 가리키는 농구 용어이고, '꽂아넣기'는 '덩크 슛'을 이르는 말이다.

농구 용어를 살펴보자. '자유투'는 '벌넣기'라고 하고, '골밑 슛'은 '륜밑넣기', '워킹 반칙'은 '걸음어김'이라고 한다. 야구 용어도 알아듣기 힘들다. '투수'는 '넣는 사람'이라 하고, '내야수'는 '안마당지기', '타자'는 '치기수'라고 한다.

배구의 '살짝공(페인트)', '그물다치기(네트 터치)', 수영의 '나비헤엄(접영)', '짝배기(배영)', 체조의 '댕기운동(리본 체조)', '조마(뜀틀)', 그 밖에 '산들판달리기(크로스컨트리)', '밟아달리기(도움닫기)' 등도 우리에게 생소한 말들이다. ▶ (   ) 용어에 나타난 남북 언어의 차이

나 북측이 내놓은 합의문 초안에는 '지뢰해제'라는 용어가 등장한다. '지뢰해제'는 우리 용어로 '지뢰 제거'를 뜻한다. 우리 용어로 '장비'는 북한 용어로 '기재', '현황'은 '정형'이다. 예컨대 '지뢰 제거용 장비 현황'을 북한 용어로 바꾸면 '지뢰해제용 기재정형'이 된다. 또, '정상 회담'은 북한 용어로 '수뇌회담'이며, ★외래어인 '팩스'는 북한 용어로 '팍스'다.
〔러시아어에서 유래〕

북측 대표단은 '기본상', '근원상'이라는 용어를 자주 써 우리 대표단을 곤혹스럽게 했다. '기본적으로', '근원적으로'라는 용어를 쓰는 우리 대표단에게 북측 역시 귀를 쫑긋 세워야 했다. 남측
〔생소한 표현이라 신경을 더 씀.〕
이 내놓은 "쌍방은 경계 초소를 250m ●이격한다."는 문구는 북한 대표단에 의해 "쌍방은 경계 초소는 250m 이격한다."로 바뀌었다. 이러한 사례는 수없이 많았다.

㉠ ★양측 수행원들이 용어에 대한 토론을 하느라 오전 10시에 시작한 회담은 오후 5시가 지나서야 끝났다. 양측은 회담 합의문 작성 때 명사의 경우 '지뢰 제거(해제)'와 같이 괄호를 달고, 접미사와 조사 등은 각자의 어법대로 쓰기로 원칙을 정했다. ▶ 군사 회담 과정에서 경험한 남북 언어의 차이

다 (남한의 한 호텔에 묵게 된 북한 사람과 남한 종업원의 대화)

종업원: 손님, 어떠십니까? 이 방이 마음에 드십니까?
손님: 꽤 긴 ●장간방이군요. 그런데 좀 어둡습네다. 전기여닫개는 어디 있습네까?
종업원: 전기여닫개라니요? 뭘 말씀하시는지 잘 모르겠습니다.
손님: 불 켜는 것 말입네다.
종업원: 아, 스위치요? 제가 켜 드리지요. (불을 켠다.)
손님: 환해서 참 좋습네다. ㉡ ●몽당 하나 없이 ●말강스럽게 치워 놓았군요. 맘에 듭네다. 이 정도라면, 우리 가족이 ●모록이 ●발편잠을 잘 수 있겠습네다.
종업원: ? ▶ 남북 언어 차이로 인한 (   )의 문제점

01 (가)~(다)를 통해 남북의 언어 차이를 이해한 것으로 적절하지 <u>않은</u> 것은?

① (가)를 보니 북한 사람이 남한의 스포츠 중계방송을 보면 잘 이해하지 못할 수 있겠군.
② (나)를 보니 남북의 언어가 접미사와 조사의 쓰임에서도 차이가 난다는 것을 알 수 있군.
③ (다)를 보니 언어 차이로 인해 남한과 북한 사람 사이의 의사소통에 불편이 생길 수도 있겠군.
④ (가)~(다)를 보니 북한에서는 외래어를 모두 고유어로 바꾸어 사용한다는 것을 알 수 있군.
⑤ (가)~(다)를 보니 다양한 분야에서 남북의 언어 차이가 존재한다는 것을 알 수 있군.

02 ㉠을 통해 강조하고자 하는 것으로 가장 적절한 것은?

① 남북한의 언어 이질화가 심각한 수준이다.
② 남북한 모두 서로에 대한 불신이 깊은 편이다.
③ 남북한의 군사 대치 상황이 완화되기 쉽지 않다.
④ 남북한의 군사 용어에 어려운 한자어가 너무 많다.
⑤ 통일에 앞서 남북의 언어 통합이 우선되어야 한다.

03 (가)에서 다음 설명의 사례를 찾아 제시한 것으로 적절하지 <u>않은</u> 것은?

> 남북한의 언어는 외래어 수용에 있어서도 차이를 보인다. 남한에서는 외래어를 그대로 사용하는 것이 많은 반면, 북한에서는 대체로 이를 우리말로 바꾸어 쓰려고 한다.

	남한	북한
①	페인트	살짝공
②	덩크 슛	꽂아넣기
③	워킹 반칙	걸음어김
④	리본 체조	댕기 운동
⑤	도움닫기	밟아달리기

서술형

04 다음 사전의 뜻풀이를 참고하여, ㉡을 남한에서 사용하는 말로 자연스럽게 고쳐 쓰시오.

> 몽당03 「명사」「방언」 '먼지'의 방언(평안, 황해).
> 말강스럽다01 「형용사」 티 없이 맑고 환하게 깨끗하다.
> ⇒ 규범 표기는 '말끔하다'이다.

100점 특강

◗ (가): 운동 경기 용어에 나타난 남북 언어의 차이

남한	외래어를 그대로 사용하거나 한자어로 고쳐 사용하는 경우가 많음. **예** 드리블, 덩크 슛, 자유투
북한	일부 한자어를 사용하긴 하지만 대부분 고유어로 고쳐 사용하려 함. **예** 곱침, 꽂아넣기, 벌넣기

◗ (나): 군사 회담 과정에서 나타난 남북 언어의 차이

- 같은 대상을 가리키는 용어가 서로 다름. **예** 장비-기재, 정상-수뇌, 팩스-팍스
- 접미사의 쓰임이 다름. **예** 기본적으로-기본상
- 조사의 쓰임이 다름. **예** 경계 초소를-경계초소는
- 띄어쓰기가 다름. **예** 지뢰 제거용-지뢰해제용

◗ (다): 일상 대화에 나타난 남북 언어의 차이

남한과 북한이 서로에게 생소한 외래어와 단어를 사용함. **예** (남한) 스위치, 먼지, 말끔하다 / (북한) 전기여닫개, 몽당, 말강스럽다

01 국어의 음운에 대한 설명으로 적절한 것은?

① 뜻을 가진 가장 작은 말의 단위이다.

② 자음과 모음, 소리의 길이 등이 있다.

③ 자음은 발음할 때 코안이나 입안이 울리는 소리이다.

④ 모음은 소리 내는 방법과 소리의 세기에 따라 나눌 수 있다.

⑤ 모음은 발음할 때 공기의 흐름이 발음 기관의 방해를 받고 나오는 소리이다.

02 〈보기〉는 음운의 개념을 탐구하는 활동이다. ㉠~㉤ 중, 적절하지 <u>않은</u> 것은?

┤ 보기 ├

• [활동 1] 다음 단어들의 뜻을 구별해 주는 소리는 무엇인가요?

　(1) 산 : 간 → 'ㅅ'과 'ㄱ' ······················ ㉠

　(2) 산 : 손 → 'ㅏ'와 'ㅗ' ······················ ㉡

　(3) 산 : 상 → 'ㄴ'과 'ㅇ' ······················ ㉢

• [활동 2] [활동 1]에서 찾은 소리의 특성을 정리해 봅시다.

　－ 더 작은 단위로 쪼갤 수 있다. ················ ㉣

　－ 말의 뜻을 구별해 주는 역할을 한다. ········· ㉤

① ㉠　　② ㉡　　③ ㉢　　④ ㉣　　⑤ ㉤

03 〈보기〉의 단모음을 순서대로 발음할 때 나타나는 현상으로 적절한 것은?

┤ 보기 ├

$$ㅐ → ㅔ → ㅣ$$

① 입술을 점차 둥글게 오므리게 된다.

② 입술이 동그랬다가 점차 평평해진다.

③ 혀의 높이가 낮았다가 점차 높아진다.

④ 혀의 높이가 높았다가 점차 낮아진다.

⑤ 혀의 최고점의 위치가 앞쪽에서 뒤쪽으로 이동한다.

04 다음은 발음 기관의 단면도이다. ○ 표시된 부분에서 소리 나는 자음끼리 묶은 것은?

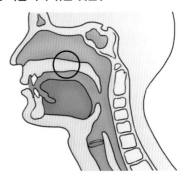

① ㄱ, ㅋ, ㅇ　　　② ㄷ, ㄸ, ㅌ

③ ㅂ, ㅃ, ㅍ　　　④ ㅅ, ㅆ

⑤ ㅈ, ㅉ, ㅊ

05 다음 설명의 '이것'에 해당하는 단어로 적절한 것은?

'이것'은 자음과 모음으로 이루어진 음절이야. '이것'의 자음을 소리 내는 방법은 공기가 흐르는 통로를 좁혀 마찰을 일으키는 것이지. 이것이 소리 나는 위치는 혀끝과 윗잇몸 사이야. '이것'의 모음은 입술을 둥글게 하여 발음해야 하고 혀의 최고점은 뒤쪽에 위치하게 된단다. 혀의 높이는 중간쯤 정도이지.

① 소　② 후　③ 쉬　④ 차　⑤ 헤

06 다음 대화에서 의사소통이 제대로 이루어지지 <u>않은</u> 이유를 〈조건〉에 맞게 서술하시오.

니콜: 불난 것 같아요.

원희: 네? 어디요? 119에 신고부터 할게요.

니콜: 아니요. 제 친구가 화난 것 같다고요.

원희: 아, 뿔났다고요?

┤ 조건 ├

• 의사소통에 혼란을 가져온 단어를 밝혀 쓸 것.

• 우리말 음운 체계의 특성과 관련지어 쓸 것.

07 다음 문장의 문장 성분에 대한 설명으로 적절한 것은?

> 온통 파란 바다가 눈부시게 아름다웠다.

① '온통'은 독립어로 쓰였다.
② 부사어는 '파란'과 '눈부시게'이다.
③ 부속 성분 중에 관형어는 쓰이지 않았다.
④ 문장 전체에서 주성분에 해당하는 말은 넷이다.
⑤ 문장 전체의 주어와 서술어는 각각 '바다가'와 '아름다웠다'이다.

서술형

08 다음 제시된 문장이 모두 홑문장인 이유를 〈조건〉에 맞게 서술하시오.

> ㉮ 행복은 어디에나 있어.
> ㉯ 노력은 결코 너를 배신하지 않아.

┤ 조건 ├
• 제시된 문장의 문장 성분을 '주어+목적어+서술어'와 같은 형태로 분석하여 홑문장인 이유를 쓸 것.

중요

09 다음 설명을 참고할 때, 〈보기〉의 ㉠~㉣ 중 이어진문장을 모두 골라 묶은 것은?

> 겹문장은 홑문장의 결합 방식에 따라 이어진문장과 안은문장으로 나눌 수 있다. 이어진문장은 둘 이상의 홑문장이 나란히 이어지는 문장이고, 안은문장은 다른 문장을 자신의 문장 성분으로 안고 있는 문장이다.

┤ 보기 ├
> 소녀가 물속에서 무엇을 하나 집어낸다. ㉠하얀 조약돌이었다. 그러고는 ㉡벌떡 일어나 팔짝팔짝 징검다리를 뛰어 건너간다. 다 건너가더니만 홱 이리로 돌아서며, / "이 바보." / 조약돌이 날아왔다. ㉢소년은 저도 모르게 벌떡 일어섰다. ㉣단발머리를 나풀거리며 소녀가 막 달린다.

① ㉠, ㉡   ② ㉠, ㉢   ③ ㉡, ㉢
④ ㉡, ㉣   ⑤ ㉢, ㉣

10 〈보기〉를 활용하여 문장의 짜임을 탐구한 내용으로 적절하지 <u>않은</u> 것은?

┤ 보기 ├
> ⓐ 우리 형은 발이 참 크다.
> ⓑ 누나는 가족이 그리웠다고 말했다.
> ⓒ 이 운동장은 우리가 축구를 하기에는 다소 좁다.

① ⓐ, ⓑ, ⓒ 모두 주어와 서술어의 관계가 두 번 이상 나타난다.
② ⓐ에서 '발이 참 크다'는 서술어의 역할을 한다.
③ ⓑ에서 '가족이 그리웠다고'는 주어의 역할을 한다.
④ ⓒ에서 '우리가 축구를 하기'는 부사어의 역할을 한다.
⑤ ⓒ는 명사형 어미가 결합되어 이루어진 명사절을 안고 있는 문장이다.

11 다음 문장의 짜임에 대한 발표 내용으로 적절하지 <u>않은</u> 것은?

> 수평선까지 펼쳐진 바다를 보니 그때의 추억이 떠오른다.

① 네 개의 홑문장이 결합되어 만들어진 겹문장입니다.
② '보니'의 주어는 생략되어 있지만 '내가'로 추측할 수 있습니다.
③ 앞 절이 뒤 절의 원인이 되어 종속적으로 이어진 문장이 쓰였습니다.
④ '바다'의 의미를 구체적으로 표현하기 위해 관형절을 사용하였습니다.
⑤ '수평선까지 펼쳐진'의 주어는 '바다가'로, 이 문장에서처럼 관형절에서 주어가 생략되는 경우가 있습니다.

서술형

12 〈보기〉에서 ㉠을 ㉡으로 고칠 때 얻을 수 있는 효과를 문장의 짜임과 관련지어 쓰시오.

┤ 보기 ├
> ㉠ 그는 잠을 못 잤다. 많이 아팠다. 아침 일찍 병원에 갔다. 병원 문이 닫혀 있었다.
> → ㉡ 그는 잠을 못 잘 정도로 많이 아파서 아침 일찍 병원에 갔지만 문이 닫혀 있었다.

[13~17] 다음 글을 읽고 물음에 답하시오.

가 문법적 구조 측면에서 볼 때 남한과 북한의 한국어의 구조는 대체적으로 동일하다. 예를 들면, 주어+목적어+서술어 어순이나 조사나 어미를 사용하는 형태 등은 동일하다. 그러나 문법이 모두 같은 것만은 아니다. 문법에서 차이가 나는 경우도 있다. 예를 들면, 남한에서는 '못 알아듣고'라고 표현하는데, 북한에서는 '알아 못 듣고'라고 표현한다. 부정어의 위치가 다르다.

특히 남한과 북한에서 발음 및 억양, 어휘, 화용적 차이가 존재한다. 남한과 북한 언어 차이의 대표적인 사례를 들면 다음과 같다.

발음에서 보면, 남한에서는 '노동', '염원'이라 발음하는 것을 북한에서는 '로동', '념원'으로 발음한다. 이처럼 ⊙남한에서는 두음 법칙을 인정하는 반면, 북한에서는 이를 인정하지 않는다.

억양에서 보면, 남한에서는 부정문에서 부정을 나타내는 '안'이라는 어휘를 낮은 억양으로 발음하는 데 비해 북한에서는 '안'이라는 어휘를 높은 억양으로 발음한다. 예를 들면, 남한 사람들은 '안 먹겠습니다'라는 말을 할 때, '안'보다는 '먹' 부분을 더 높게 발음하는데, 북한 사람들은 '먹'보다는 '안' 부분을 더 높게 발음한다. 그 결과 '안'이 들어간 부정어를 북한 이탈 주민이 말했을 때, 남한 사람들은 북한 이탈 주민이 불친절하고 무뚝뚝하다고 오해를 한다. '안'을 높여 발음하면 '먹지 않겠다'는 거절의 의미보다 '먹기에 적절하지 않아 먹지 않는다'는 거부의 의미로 이해되기 때문이다.

어휘에서 보면, 남한에서는 '소시지'라고 표현하는 것을 북한에서는 '칼파스' 또는 '고기순대'라고 표현한다. 남한에서는 '오징어'라고 부르는 것을 북한에서 '낙지'라고 부르고, 남한에서 '낙지'라고 부르는 것을 북한에서는 '오징어'라고 부른다.

화용적 측면에서 보면, 남한에서는 명함을 주고받으면서 ⓒ"언제 한번 식사라도 해요."라고 인사말을 전한다. 이때 이 표현은 정말 식사를 하자는 의미라기보다는 식사할 기회가 있기를 바란다는 의미로 해석해야 한다. 만약 식사를 정말 하려는 의도로 말하려면 약속 날짜를 잡으면서 식사를 하자고 할 것이다. 그런데 북한 이탈 주민은 이 표현을 관계를 유지하기 위한 인사말로 받아들이지 않고, 표면적 의미로 해석하여 식사를 하자고 말했다고 해석한다. 즉 명함을 주고받은 사람이 "식사를 하자."라고 말해 놓고 전혀 이를 실천하지 않는다고 오해를 하는 것이다.

나 첫째, 외래어의 유입이 달라 발생하는 외래어 차이가 있다.

남한은 서유럽, 북미 위주의 문물 및 기술, 무역 교류가 이루어지는 반면 북한은 러시아, 중국을 통해 문물, 기술, 무역 교류가 이루어진다. 그 결과 남한에서는 영어, 프랑스어, 이탈리아어에서 유래하는 외래어를 많이 사용하고, 북한은 러시아어, 중국어에서 유래하는 외래어를 많이 사용한다. 예를 들면, 남한에서는 '샌들', '롱부츠'라는 영어식 외래어를 사용하지만 북한에서는 이들을 가리킬 때 각각 '산따', '왈렌끼'라는 러시아식 외래어를 사용한다.

둘째, 새로운 제도, 생활 문화의 창조, 새로운 기술 등으로 발생하게 되는 신조어의 차이가 존재한다. 예를 들면, 남한에서는 초등학생의 학교 등교 시간에 어머니들이 나와서 아이들의 안전을 위해 횡단보도 건너기를 지도한다. 이때 안전하게 횡단보도를 건너도록 지도하는 어머니를 '녹색어머니'라고 부른다. '녹색어머니'는 '녹색'과 '어머니' 각각의 뜻을 안다고 이해할 수 있는 어휘가 아니다. 생활 문화 내에서 새롭게 만들어진 어휘이기 때문이다.

셋째, 한자어에서 차이가 난다. 북한에서는 언어 정책상 한자어를 고유어로 대체하여 사용하도록 하였으며 고유어로 문화어를 지정하였다. 그 결과 많은 한자어가 언어 사용에서 사라지게 되었다. 그러나 상대적으로 남한에서는 여전히 한자어가 많이 존재하며 한자어를 많이 사용하고 있다. 게다가 남한과 북한에서 한자어의 어순이 다르게 사용되는 사례가 꽤 있다. 예를 들면, 남한에서 사용하는 '왕래'라는 어휘를 북한에서는 '래왕'으로, 남한에서는 '창제'를 북한에서는 '제창'으로, 남한에서의 '상호'를 북한에서는 '호상'으로 표현한다.

13 이 글을 쓴 목적으로 가장 적절한 것은?
① 남북한 언어의 유래를 밝히기 위해서
② 남북한 언어의 동질성을 강조하기 위해서
③ 남북한 언어 차이의 실태를 설명하기 위해서
④ 남북한 언어의 변화 과정을 설명하기 위해서
⑤ 남북한 언어의 이질성을 줄이는 방법을 알려 주기 위해서

14 이 글을 통해 해결할 수 있는 질문으로 보기 <u>어려운</u> 것은?

① 문법의 측면에서 남북의 언어는 어떤 공통점과 차이점을 보이고 있는가?

② 북한어에서와 달리 남한어에서 두음 법칙이 인정되는 까닭은 무엇인가?

③ 북한 이탈 주민이 불친절하고 무뚝뚝하다는 오해를 하게 되는 까닭은 무엇인가?

④ 남북한의 어휘 중에 형태는 같지만 가리키는 대상이 다른 것의 예에는 무엇이 있나?

⑤ 남한어에 비해 북한어에 러시아에서 유래한 외래어가 많이 쓰이는 원인은 무엇인가?

15 (중요)

이 글을 읽고 난 후, 남북의 언어 차이를 극복하는 방안에 관해 대화한 내용 중 적절하지 <u>않은</u> 것은?

① 공동 연구 기관을 만들어서 남북의 서로 다른 어문 규정을 통합해야 해.

② 남북한의 생활 용어를 상황과 함께 알려 주는 앱을 만들어 보급하면 좋을 것 같아.

③ 분단 이전에 남북이 함께 사용했던 어휘를 사용하게 하면 쉽게 언어를 통합할 수 있어.

④ 남북이 함께 활용할 수 있는 사전을 공동으로 제작하여 어휘의 뜻을 통일할 필요가 있어.

⑤ 스포츠, 음악 등 다양한 분야에서 교류를 활성화하여 서로를 이해할 수 있는 기회를 가져야 해.

16 ㉠의 사례로 들기에 적절하지 <u>않은</u> 것은?

	남한	북한		남한	북한
①	노인	로인	②	냉면	랭면
③	여자	녀자	④	규율	규률
⑤	예절	례절			

17 ㉡의 쓰임에 대해 설명한 것으로 적절하지 <u>않은</u> 것은?

① 남한에서는 일반적으로 관계 유지를 위한 인사말로 쓰인다.

② 남한에서는 표면적 의미로 말한 경우라도 별도의 약속 없이 실행한다.

③ 북한에서는 실제로 특정한 날에 만나서 식사를 하는 것으로 받아들인다.

④ 남한에서는 상대방과 다시 만날 기회가 있기를 바란다는 의미를 담아 사용한다.

⑤ 북한에서는 이 말을 하고 실천하지 않으면 신의가 없는 사람이라는 평가를 받을 수 있다.

18 〈보기〉의 대화에 두드러지게 나타난 남북의 언어 차이로 적절한 것은?

┤ 보기 ├

손님: 꽤 긴 장간방이군요. 그런데 좀 어둡습네다. 전기여닫개는 어디 있습네까?

종업원: 전기여닫개라니요? 뭘 말씀하시는지 잘 모르겠습니다.

손님: 불 켜는 것 말입네다.

종업원: 아, 스위치요? 제가 켜 드리지요. (불을 켠다.)

손님: 환해서 참 좋습네다. 몽당 하나 없이 말강스럽게 치워 놓았군요. 맘에 듭네다. 이 정도라면, 우리 가족이 모록이 발편잠을 잘 수 있겠습네다.

① 발음의 차이 　② 억양의 차이

③ 어조의 차이 　④ 어휘의 차이

⑤ 문법의 차이

19 (중요) (서술형)

통일 시대의 국어에 관심을 가져야 하는 이유를 〈조건〉에 맞게 서술하시오.

┤ 조건 ├

• 통일 과정과 이후 언어의 차이로 인해 예상되는 문제 상황과 관련지어 쓸 것.

• 50자 이상의 온전한 문장으로 쓸 것.

III 읽기

01 문제를 해결하며 읽기

❶ 문제 해결 과정으로서의 읽기

글을 읽는 과정에서 발생하는 여러 가지 인지적인 문제들을 해결하며 글의 내용을 이해하는 것이다.

❷ 읽기 과정에서 발생할 수 있는 문제

> • 글에 쓰인 단어의 의미를 모름.
> • 글에 쓰인 문장의 의미가 애매하거나 모호함.
> • 주제나 중심 생각이 직접 드러나 있지 않음.
> • 글쓴이의 주장이 합리적이고 타당한지 고민됨.

↓

> 독자가 글의 내용을 바르게 이해하는 데 방해가 됨.

↓

> 읽기 과정에서 발생하는 문제들을 해결해야 함.

예로 개념 확인

붉은바다거북은 국제 자연 보호 연맹이 지정한 멸종 위기종인데, 이들의 생존을 위협하는 원인은 여러 가지가 있다. 세계 곳곳에는 바다거북의 산란지가 있는데 붉은바다거북은 밤에 모래사장으로 올라와 알을 낳는다. 이때 빌딩의 불빛이나 네온사인, 가로등 같은 인공 불빛이 ❶산란을 방해한다. 알에서 깨어난 새끼 거북은 달이나 별빛을 따라 방향을 잡고 바다로 기어가는데, 화려한 인공조명 때문에 방향을 잘못 잡고 육지 쪽으로 기어가다가 죽거나, 밤새 헤매다가 날이 밝으면 갈매기나 뱀, 여우, 너구리 같은 천적에게 잡아먹히고 만다.

부드러운 모래가 펼쳐진 바닷가가 휴양지로 개발되고 건물이 들어서면서 ❷바다거북이 알을 낳을 장소와 서식지를 잃어 가는 것도 큰 문제다. 또 물고기를 잡기 위해 설치한 어획 도구에 걸려서 다치거나 질식해서 죽기도 한다. 또 다른 원인은 플라스틱이다. 바람과 강물을 타고 떠내려간 쓰레기는 바다를 떠돌면서 매우 작은 크기로 부서진다. 이런 플라스틱 조각과 비닐, 풍선 같은 쓰레기를 해파리 같은 먹이로 착각해서 삼키고 만다. ❸결국 바다거북은 소화되지 않는 이런 쓰레기 때문에 영양분을 흡수하지 못하고, 화학 물질만 몸속에 쌓여 조직 손상을 입거나 이상 행동을 하고 껍질이 약한 알을 낳기도 한다.

– 박경화, 「플라스틱은 전혀 분해되지 않았다」

학습 목표 ・읽기가 문제를 해결하는 과정임을 이해할 수 있다.
・글에 나타난 정보와 독자의 배경지식을 활용하여 능동적으로 글을 읽을 수 있다.
・자신의 읽기 과정을 점검하고 효과적으로 조정하며 글을 읽을 수 있다.

❸ 읽기 과정에서 발생한 문제를 해결하는 방법

- ・사전을 찾거나 앞뒤 문맥을 고려하여 단어의 의미를 파악함.
- ・내용과 관련된 자신의 배경지식을 활용하여 문장의 의미를 파악함.
- ・글을 구성 단계별로 나누고, 중심 생각을 정리하여 주제를 파악함.
- ・글쓴이의 주장과 관련되는 다른 정보를 찾아 주장의 합리성과 타당성을 판단함.

↓

글에 나타난 정보와 독자의 배경지식을 활용함.

↓

적극적이고 능동적인 읽기 태도가 필요함.

❹ 문제 해결 과정으로서의 읽기의 의의

- ・적극적이고 능동적인 읽기 태도를 가질 수 있다.
- ・글의 내용을 정확하게 이해하고 오래 기억할 수 있다.
- ・글의 주제와 글쓴이의 의도를 정확하게 파악할 수 있다.
- ・글과 관련한 다른 정보를 찾으면서 배경지식을 쌓을 수 있다.
- ・글쓴이의 생각을 비판적으로 수용하고, 자신의 입장을 정리하며 생각의 폭을 확장할 수 있다.

❺ 읽기 과정의 점검과 조정

- ・읽기 과정에서 자신이 글의 내용을 잘 이해했는지 점검한다.
- ・읽기 목적과 상황에 맞게 읽기 방법을 효과적으로 조정한다.
- ・자신의 인지 상태 점검, 문제 상황 인식, 문제 해결을 위한 노력 등을 통해 능동적인 읽기 태도를 기를 수 있다.

더 알아 두기

◆ **글에 나타난 정보**
글쓴이가 글을 통해 자신의 생각을 효과적으로 전달하기 위해 선별하여 제시한 정보. 독자는 이를 통해 글의 중심 내용, 주제, 글의 구조, 글의 전개 방식 등을 파악할 수 있음.

◆ **배경지식**
어떤 대상과 관련해 알고 있는 지식이나 경험. 독자는 이를 활용하여 글에 드러난 정보를 이해하기도 하고, 글에 드러나지 않은 정보도 예측할 수 있음.

	읽기 과정에서 발생하는 문제	해결 방법	해결
❶	'산란'이 무슨 뜻이지?	사전을 찾음.	'산란'은 알을 낳는다는 뜻이구나.
❷	왜 바다거북이 알을 낳을 장소와 서식지를 잃어 간다고 하는 것일까?	배경지식을 활용함.	예전에 바다거북이 바닷가 근처에서 알을 낳는 사진을 본 적이 있어. 그런데 바닷가가 휴양지로 개발되고, 건물이 들어서니까 바다거북이 알을 낳거나 서식하는 장소가 없어진다고 하는 거지.
❸	글쓴이가 바다거북을 통해 말하고 싶은 바는 무엇일까?	앞뒤 문맥을 고려하여 중심 생각을 정리함.	바다거북이 멸종 위기에 처하게 된 원인 중 하나가 플라스틱 쓰레기니까, 플라스틱 쓰레기를 줄여 바다거북에게 미치는 나쁜 영향을 최소화하자는 것이지.

플라스틱은 전혀 분해되지 않았다 | 박경화

- **해제:** 이 글은 우리가 일상생활에서 쉽게 접할 수 있지만 분해와 재활용이 어려운 플라스틱이 동물과 인간에게 끼칠 수 있는 악영향을 근거로 제시하며, 플라스틱의 사용을 줄이자는 주장을 펼친 논설문이다.
- **주제:** 플라스틱의 사용을 줄이자.

플라스틱의 개념과 특징

개념	합성수지를 열 가공하거나 경화제, 촉매, 중합체 등을 사용하여 일정한 형상으로 성형한 것. 또는 그 원료인 고분자 재료

특징	장점	• 가볍고 절연성이 뛰어남. • 다양한 모양과 빛깔로 만들 수 있음.
	단점	• 고온에 잘 녹으며 흠집이 생기기 쉬움. • 정전기를 띠기 때문에 먼지가 잘 붙음. • 태우지 않는 한 자연 상태에 그대로 남음.

구절 풀이

★**다만 ~ 것이다.:** 플라스틱 분해 기간(500년)이 플라스틱을 사용해 온 기간(100년)보다 길기 때문에 태우지 않는 이상 분해되고 있는 중이라는 의미이다.

낱말 풀이

- **이음매:** 두 물체를 이은 자리.
- **합성수지:** 유기 화합물의 합성으로 만들어진 수지 모양의 고분자 화합물을 통틀어 이르는 말.
- **경화제:** 경도를 높이거나 경화를 촉진하기 위하여 첨가하는 물질.
- **중합체:** 분자가 기본 단위의 반복으로 이루어진 화합물.

가 '이럴 수가….'

한 장의 사진을 보고 멈칫했다. 미국의 어느 환경 운동가가 올린 사진에서 한동안 눈을 뗄 수가 없었다. ⓐ바다거북의 등껍질 가운데에 플라스틱 끈이 걸려 있고, 거북의 단단한 등딱지는 허리가 잘록한 땅콩 모양으로 자라 있었다. 플라스틱 끈은 상자에 담긴 여섯 개들이 맥주병을 고정시킬 때 사용하는 °이음매이다. 이 플라스틱은 꽤 오래전부터 거북의 몸에 걸려 있었던 모양이고, 딱딱한 거북의 등껍질을 기형으로 자라게 할 정도로 단단하고 강했다. 등껍질만 기형이 아니라 거북이 자라는 동안 몸과 내장 모두가 기형으로 성장했을 것이다. 그 고통이 얼마나 심했을지 나는 가늠하기조차 어렵다. 이렇듯 플라스틱은 생존율이 5,000분의 1에 지나지 않는 귀한 바다거북의 생명마저 위협하고 있다.
▶ (　　　)의 생명을 위협하는 플라스틱

나 플라스틱은 석유에서 추출되는 원료를 결합시켜 만든 고분자 화합물의 일종이다. 이 고분자 물질의 대부분은 °합성수지인데, 합성수지를 열 가공하거나 °경화제, 촉매, °중합체 등을 사용하여 일정한 형상으로 성형한 것 또는 그 원료인 고분자 재료를 플라스틱이라고 한다. [플라스틱의 개념]

플라스틱은 매우 가볍고 다양한 모양으로 만들 수 있고, 투명한 색부터 화려한 색깔까지 다양한 빛깔로도 만들 수 있다. [플라스틱의 장점 ①][플라스틱의 장점 ②] 그뿐인가. 전기가 통하지 않는 절연성도 뛰어나다. [플라스틱의 장점 ③] 그러나 고온에 잘 녹으며 표현이 부드러워 흠집이 생기기 쉽고, [플라스틱의 단점 ①][플라스틱의 단점 ②] 정전기를 띠기 때문에 표면에 먼지가 잘 붙는 단점도 있다. [플라스틱의 단점 ③]

플라스틱은 지구상에 없던 물질을 인간이 만들어 낸 것으로, 석유를 널리 사용하면서부터 개발되어 탄생한 지 이제 100년가량이 되었다. 그러나 플라스틱 분해 기간은 500년이거나 그 이상이라고 알려져 있고, 어떤 전문가들은 플라스틱 분해 기간을 정확히 알 수 없다고도 말한다. ★다만 정확한 것은 ㉠지금까지 만들어 낸 플라스틱은 태우지 않는 한 자연 상태에 그대로 남아 있다는 것이다. [플라스틱의 단점 ④]
▶ (　　　)의 개념과 특징

다 미국의 사진작가 크리스 조던은 2009년 북태평양 미드웨이 섬에서 촬영한 충격적인 사진을 인터넷에 공개했다. 사진 속에는 멸종 위기종 새인 ⓑ알바트로스가 죽어 있고, 그 몸속에는 작은 플라스틱 조각들이 가득 차 있었다. 음료수 플라스틱 병뚜껑과 라이터, 작게 부서진 플라스틱 조각들이 죽은 알바트로스 사체의 배 속을 가득 채우고 있었다. 알바트로스는 바닷물에 떠다니는 플라스틱 조각을 먹이로 착각하여 삼켰다가 위장 장애를 겪고, 결국엔 영양실조로 서서히 죽어 갔을 것이다. 조던은 사진이 너무 충격적이라 플라스틱 조각을 모아서 찍은 사진 조작이 아닐까 하는 의혹에 대해 이렇게 말했다.

"이 ㉡비극을 명확하게 전달하기 위해 나는 플라스틱 한 조각에도 손대지 않았다." [플라스틱 때문에 알바트로스가 죽은 것]

미드웨이 섬은 태평양에 위치한 미국령 산호초 섬으로, 하와이 제도의 북서부에 위치하고 있다. '중간점'이란 이름처럼 아시아와 북아메리카 대륙 사이의 중간 지점에 자리 잡고 있다. 태평양 한가운데에 있는 이 섬에는 세계 곳곳에서 버려진 쓰레기들이 바람과 해류를 따라 휩쓸려 온다. 바다를 이동하는 동안 단단한 플라스틱 쓰레기는 깨지고 닳고 작은 크기로 부서져 물속을 떠다닌다. 알바트로스는 이 플라스틱이 얼마나 위험한 것인지 모른 채 알록달록한 빛깔에 이끌려 꿀꺽 삼키고 말았던 것이다.
▶ (　　　)의 생명을 위협하는 플라스틱

86 ● EBS 중학 뉴런 국어 3 | 개념책

01 이 글의 내용과 일치하지 <u>않는</u> 것은?

① 바다거북의 등껍질에 걸린 플라스틱 끈은 등껍질을 기형으로 자라게 했다.

② 플라스틱 표면에 먼지가 잘 붙는 이유는 플라스틱이 정전기를 띠기 때문이다.

③ 플라스틱은 지구상에 없던 물질로 석유를 사용하기 전에 인간에 의해 개발되었다.

④ 사진 속 멸종 위기종 새인 알바트로스는 작은 크기로 부서진 플라스틱을 먹이로 착각하여 삼켰다.

⑤ 알바트로스 사체의 배 속에는 음료수 플라스틱 병뚜껑과 라이터, 플라스틱 조각들이 가득 차 있었다.

02 중요
이 글을 읽는 과정에서 발생할 수 있는 문제로 적절하지 <u>않은</u> 것은?

① '경화제'의 의미가 무엇일까?

② 글쓴이는 왜 바다거북 이야기를 하는 것일까?

③ 알바트로스에게 플라스틱은 왜 위험한 것일까?

④ 플라스틱은 태우지 않는 한 그대로 남아 있다고 말한 근거는 무엇일까?

⑤ 알바트로스의 사진이 조작되지 않았음을 증명할 수 있는 방법은 무엇일까?

03 ㉠의 의미를 추론한 것으로 적절한 것은?

① 플라스틱을 태우지 않아야만 자연을 지킬 수 있다.

② 플라스틱을 사용해 온 기간은 분해 기간보다 길다.

③ 플라스틱을 태우는 것보다 자연 상태에 남아 있게 하는 것이 더 유용하다.

④ 플라스틱은 자연 상태에 남아 있기 때문에 인위적으로 만들어 내지 않아도 된다.

⑤ 지금까지 만들어 낸 플라스틱은 태우지 않으면 오랫동안 분해되지 않은 채 남아 있다.

04 ㉡이 가리키는 것으로 적절한 것은?

① 알바트로스의 사진을 조작한 것

② 알바트로스가 멸종 위기종 새가 된 것

③ 플라스틱 조각으로 알바트로스가 죽은 것

④ 미드웨이 섬에 세계의 쓰레기들이 휩쓸려 오는 것

⑤ 단단한 플라스틱이 깨지고 닳고 작은 크기가 된 것

05 서술형 ✏
〈보기〉는 ⓐ와 ⓑ에 대한 설명이다. 빈칸에 알맞은 말을 서술하시오.

> ┤ 보기 ├
>
>   ⓐ와 ⓑ는 모두 (   ) 사례들이다.
> 글쓴이는 이를 통해 플라스틱 사용을 줄이자는 자신의 주장을 뒷받침하고 있다.

100점 특강

▶ 플라스틱이 생명체에 미치는 영향

바다거북	등껍질 가운데에 걸린 플라스틱 끈이 등껍질과 몸, 내장을 기형으로 자라게 만듦.	→ 플라스틱의 악영향: 생명체의 생명을 위협함.
알바트로스	플라스틱 조각을 먹어 위장 장애를 겪고 영양실조로 죽음.	

▶ 문제 해결 과정으로서의 읽기

문제		해결
'경화제', '중합체' 등은 무슨 뜻일까?	→	사전을 찾아, 각 단어의 뜻을 알아봐야지.
사진작가 크리스 조던이 자신은 플라스틱 한 조각에도 손대지 않았다고 말한 의미는 무엇일까?		문맥을 보니, 사진을 조작하지 않았는데도 조작이라고 생각할 만큼 사진 내용이 충격적이고 비극적임을 나타내는 거야.
글쓴이가 바다거북과 알바트로스의 사례를 통해 말하고자 하는 바는 무엇일까?		글에 나와 있는 플라스틱의 분해 기간이 길다는 정보와 바다거북과 알바트로스가 플라스틱으로 인해 피해를 입은 사례를 통해 플라스틱의 사용을 줄이자는 글쓴이의 의도를 예측할 수 있어.

1

내용 연구 ▶▶▶

플라스틱 재활용이 어려운 이유

수거된 경우

• 플라스틱 종류가 너무 많고 재질별 선별이 쉽지 않음.
• 이물질이 많이 묻거나 섞여 있고 세척이 안 된 채 배출되어 품질이 떨어지는 제품으로 재활용함.
• 재활용률이 높은 페트병도 화학솜이나 노끈을 만들고 일부는 실을 뽑아내 운동복을 만듦.

+

수거되지 않은 경우

• 땅에 묻혀 있거나 어딘가를 떠돌아다님.

라 2012년 8월 제주 김녕 앞바다에 어린 암컷 뱀머리돌고래가 바닷가로 떠밀려 왔다. 뱀머리돌고래는 도마뱀의 머리를 닮아 주둥이와 이마의 경계가 뚜렷하지 않고, 태평양과 대서양, 인도양, 지중해의 온대와 열대의 대륙붕 외곽에 주로 살고 있다. 뱀머리돌고래는 마르고 기운이 없어 보였지만 해양 경찰과 지역 주민들이 구조 활동을 열심히 벌여 돌보다가 다시 바다로 돌려보냈다. 그런데 얼마 지나지 않아 돌고래는 다시 바닷가로 밀려왔다. 사람들은 제주도의 돌고래 사육장으로 옮겨 열심히 치료했지만 구조된 지 5일 만에 그만 죽어 버렸다.

이 돌고래가 죽은 원인을 밝히기 위해 울산 고래 연구소로 옮겨 부검했다. 부검 결과 돌고래는 매우 야위어서 근육량과 지방층이 부족했고, 위에는 비닐과 엉킨 끈 뭉치가 들어 있어 위가 팽창되어 있었다. 결국 위 속에 들어 있는 이물질 때문에 먹이를 제대로 먹지 못하다가 영양 결핍에 걸려서 죽은 것이다. 국립 수산 과학원은 해양 쓰레기 때문에 바다거북이 죽은 사례는 가끔 확인했지만 고래가 해양 쓰레기 때문에 폐사한 것을 직접 확인한 것은 국내 최초라고 밝혔다.

▶ ( ) 때문에 죽은 뱀머리돌고래

마 대개 사람들은 플라스틱을 재활용할 수 있다는 생각에 편하게 쓰고 쉽게 버린다. 하지만 플라스틱 종류가 너무 많아서 재활용되는 양은 그리 많지 않다.
<small>플라스틱 재활용이 어려운 이유 ①</small>
플라스틱 중에는 페트병 재활용이 70%가량으로 가장 높고, 비료 포대나 석유통으로 쓰이는 폴리에틸렌, 욕조나 유아 용품으로 쓰는 폴리프로필렌, 요구르트 병 같은 폴리스티렌, 레고나 차 범퍼로 쓰는 아크릴로니트릴, 파이프나 호스, 비닐봉투로 쓰는 폴리염화비닐, 스티로폼인 발포폴리스티렌 등이 수거와 재활용이 잘되는 편이다. 하지만 이외에는 재질별로 선별하기가 쉽지 않다. 더구나 플라스틱 용기류에는 이물질이 많이 묻어 있거나 섞여 있고, 세척이 안 된 채
<small>플라스틱 재활용이 어려운 이유 ②</small>
<small>플라스틱 재활용이 어려운 이유 ③   플라스틱 재활용이 어려운 이유 ④</small>
배출되어 주로 플라스틱 *함지나 정화조처럼 품질이 떨어지는 제품으로 재활용한다. 재활용률이 높은 페트병도 다시 페트병으로 만들지 않고, 화학솜이나 노끈을 만들고 일부는 실을 뽑아내 운동복을 만들기도 한다. 그 외에는 태우거나 쓰레기 매립장에 묻는데, 수거되지 않은 나머지 플라스틱은 땅에 묻혀 있거나 어딘가를 떠돌아다닌다.

▶ 플라스틱의 ( ) 실태

바 해양 쓰레기의 60~80%는 플라스틱이 차지하고 있고, 바다에 떠다니거나 풀숲 사이에 흉물스럽게 버려져 경관을 해치고 관광 산업에 피해를 준다. 잘게 부서진 플라스틱은 새와 물고기
<small>플라스틱의 피해 ①</small>
같은 바다 생태계에 큰 영향을 미치고, 어업과 어장 같은 수산업에도 피해를 줄 뿐 아니라 배의
<small>플라스틱의 피해 ②</small>   <small>플라스틱의 피해 ③</small>
*스크루에 감겨 선박의 안전도 위협하고 있다. 사람의 눈에 보이지 않을 정도로 작은 미세 플라스틱은 물고기의 내장뿐 아니라 싱싱한 굴 속에서도 발견되어 우리 건강까지 위협하고 있다.
<small>플라스틱의 피해 ④</small>   <small>플라스틱의 피해 ⑤</small>
손 닿는 곳 어디에나 있는 이 플라스틱 시대에 플라스틱을 전혀 사용하지 않을 순 없지만 줄일
<small>글쓴이의 주장</small>
수 있다면 줄여 보자. 특히 짧은 시간에 사용하고 버리는 일회용 플라스틱 제품은 선택하지 말자. 지질 시대에 만들어진 석유는 지구가 매우 오랜 기간에 걸쳐 만들어 낸 소중한 자원이다. 우리는 이 소중한 석유를 10분가량 쓰고 난 뒤 버려질 플라스틱으로 만들었다가 다시 수백 년 동안 분해되지 않는 쓰레기로 만들어 내고 있다. 지금까지 사람들이 만들어 낸 모든 플라스틱은 썩지 않고 이 지구에 존재하고 있다. 길바닥에 나뒹구는 쓰레기로, 바다를 떠다니는 해양 쓰레기로, 매립장에 가득 쌓인 쓰레기로 다양한 모습으로 존재하고 있다. *나는 이 땅에서 죽어 사라져도 내가 사용한 플라스틱은 여전히 남아 있다. 그런데도 계속 이렇게 편하게 쓰고 쉽게 버려도 될까?

▶ 플라스틱의 사용을 줄이자는 당부

구절 풀이

★**나는 ~ 버려도 될까?:** 플라스틱은 잠깐 사용되더라도 분해되는 데 수백 년이 걸린다. 분해되지 않는 플라스틱은 동물과 인간에게 피해를 주기 때문에 편하게 쓰고 쉽게 버릴 것이 아니라 사용을 자제해야 한다는 글쓴이의 주장이 나타나 있다.

낱말 풀이

• **함지:** 나무로 네모지게 짜서 만든 그릇.
• **스크루:** 회전축 끝에 나선면을 이룬 금속 날개가 달려 있어서 회전을 하면 물을 밀어내는 힘이 생기는 장치.

06 이 글을 통해 확인할 수 있는 정보로 적절하지 <u>않은</u> 것은?

① 뱀머리돌고래는 해양 쓰레기 때문에 폐사하였다.
② 플라스틱은 사람들의 생각만큼 재활용되지 않는다.
③ 플라스틱이 배의 스크루에 감기면 안전상 위험하다.
④ 현대 사회에서 플라스틱을 전혀 사용하지 않을 수는 없다.
⑤ 플라스틱은 지구가 매우 오랜 기간에 걸쳐 만들어 낸 소중한 자원이다.

07 이 글을 통해 글쓴이가 말하고자 하는 바로 적절한 것은?

① 플라스틱 사용을 줄이자.
② 플라스틱 재활용 기술을 발전시키자.
③ 동물 구호 활동을 적극적으로 펼치자.
④ 석유와 같은 자원을 소중하게 여기자.
⑤ 건강을 위협할 수 있는 수산물 섭취를 줄이자.

서술형

08 〈보기〉는 배경지식을 활용하여 이 글을 읽은 독자의 반응이다. 밑줄 친 부분에 들어갈 내용을 서술하시오.

┤ 보기 ├

플라스틱 용기류는 내용물을 깨끗하게 비우고, 부착 상표 같은 다른 재질을 제거한 후에 눌러서 배출해야 한다고 알고 있었는데, 이 글을 읽으니 그 이유를 알 수 있었어. 왜냐하면 _____.

09 이 글에 드러난 특징으로 적절한 것만을 골라 묶은 것은?

┌─────────────────────────────────┐
│ ㉠ 플라스틱 재활용에 대한 정보를 전달함. │
│ ㉡ 구체적인 사례를 제시하여 주장을 뒷받침함. │
│ ㉢ 플라스틱 생산 과정을 시간의 흐름에 따라 설명함. │
│ ㉣ 플라스틱이 인간과 동물에게 미치는 영향을 대조함. │
└─────────────────────────────────┘

① ㉠, ㉡   ② ㉠, ㉢   ③ ㉠, ㉣
④ ㉡, ㉢   ⑤ ㉢, ㉣

10 〈보기〉의 관점에서 이 글을 읽는 독자의 반응으로 적절하지 <u>않은</u> 것은?

┤ 보기 ├

읽기 과정은 글을 읽으면서 발생하는 여러 가지 인지적인 문제를 해결해 나가는 행위이다.

① 동물도감에서 뱀머리돌고래의 사진을 본 기억을 떠올려야지.
② 플라스틱의 종류 이름이 너무 어려우니 사전을 찾아봐야겠어.
③ 국내에서 해양 쓰레기 때문에 바다거북이 죽은 사례를 찾아봐야겠어.
④ 플라스틱 사용에 대한 내 생각을 친구들과 공유하고, 다양한 의견을 들어 봐야지.
⑤ 플라스틱을 대체할 수 있는 물질을 찾기 어려우므로 글쓴이의 주장은 타당하지 않아.

100점 특강

▶ **이 글에 나타난 글쓴이의 주장**

플라스틱의 특징	플라스틱의 영향	글쓴이의 주장
• 수백 년 동안 분해되지 않음. • 재활용이 어려움.	• 관광 산업에 피해를 줌. • 바다 생태계와 수산업에 악영향을 줌. • 선박의 안전과 우리의 건강을 위협함.	플라스틱의 사용을 줄이자.

(특징 + 영향 → 주장)

▶ **이 글에서 활용할 수 있는 배경지식**

• 플라스틱이 동물에게 피해를 준 사례들 • 플라스틱 분리수거나 재활용에 관련된 신문 기사나 영상들 • 플라스틱 사용을 줄이기 위해 노력한 경험들	➡	글의 내용과 관련된 다양한 지식과 자신의 경험

2 신대륙의 숨은 보물, 고추 이야기 | 홍익희

■ **해제:** 이 글은 고추의 발견과 전 세계로의 전파 과정, 향신료로서 우리나라에 정착되기까지의 역사 등 고추에 관한 다양하고 객관적인 정보를 전달하고 있는 글이다.
■ **주제:** 고추의 발견, 전파와 우리나라에 정착한 과정

🔍 내용 연구 ▶▶▶

고추의 여러 가지 맛

매운맛	• 우리나라: 고추장 • 멕시코: 살사, 타바스코, 칠리 등 • 인도네시아: 삼발 • 태국: 남프릭 • 인도: 부트졸로키아 고추
순한 맛	• 헝가리: 파프리카 가루

↓

전 세계인의 입맛을 사로잡음.

가 중세 유럽의 ˚향신료 탐험은 1492년 콜럼버스의 신대륙 발견으로 이어졌습니다. 자신이 밟은 땅을 인도라고 착각한 콜럼버스는 후추를 찾지 못했지만 대신 감자와 고추를 발견하였습니다. 그는 자신의 일기에 '후추보다 더 좋은 향신료'라고 고추를 평했습니다.

이후 콜럼버스에 의해 유럽으로 전해진 고추는, 16세기 포르투갈과 네덜란드 상인을 통해 아시아, 아프리카까지 퍼져 나갔습니다. 그렇게 고추는 한 세기 만에 전 세계로 전해졌고, 많은 사람의 입맛을 사로잡게 되었습니다. ＊그만큼 고추는 신대륙과 함께 발견한 또 다른 보물이었던 셈입니다.

▶ 고추의 발견과 (   )

나 **우리가 알고 있는 고추**

현재 세계 곳곳에서 고추의 매운맛을 즐기고 있습니다. 우리가 고추장을 즐겨 먹듯 고추의 ˚원산지인 멕시코를 중심으로 살사, 타바스코, 칠리 등 매운 소스가 발전했습니다. 동남아에서도 덥고 습한 날씨 때문에 음식에 곁들이는 양념이 발달해 인도네시아의 삼발, 태국의 남프릭 등 매운 소스가 개발되었습니다. 또 인도에선 매운 품종의 고추가 많이 생산되고 있는데, 특히 아삼 지역은 엄청난 매운맛을 자랑하는 부트졸로키아 고추가 재배되었습니다.

한편, 우리가 잘 알고 있는 '달콤한' 고추, 파프리카는 부드러운 고추의 변종으로 미국의 열대 지역에 뿌리를 두고 있습니다. 터키를 대표하는 향신료인 파프리카는 오스만 제국 당시엔 헝가리로 전파되었습니다. 파프리카는 단맛부터 매운맛까지 다양한데, 이 중 순한 맛의 파프리카 가루는 헝가리를 대표하는 향신료가 되었습니다. 헝가리식 쇠고기 스튜 '굴라시'는 파프리카를 활용한 가장 대표적인 음식입니다. 이렇게 고추는 ㉠매운맛, ㉡순한 맛 가릴 것 없이 전 세계인의 입맛을 사로잡은 것입니다.

▶ 고추로 만든 다양한 (   )와/과 세계에서 즐기는 고추 맛

구절 풀이

★**그만큼 ~ 셈입니다.:** 신대륙 발견과 함께 발견된 고추가 전 세계로 퍼져 나가 많은 사람들의 입맛을 사로잡았기 때문에 '또 다른 보물'이라고 표현한 것이다.

낱말 풀이

• **향신료:** 음식에 맵거나 향기로운 맛을 더하는 조미료. 고추, 후추, 파, 마늘, 생강, 거자, 깨 따위가 있음.
• **원산지:** 동식물이 맨 처음 자라난 곳.

01 (가)와 (나)의 중심 내용으로 적절한 것은?

	(가)	(나)
①	고추의 발견과 전파	매운맛이 유행하는 이유
②	고추의 다양한 종류	고추가 가진 여러 가지 맛
③	중세 유럽의 향신료	세계인의 입맛에 맞는 고추
④	고추의 다양한 종류	고추를 이용한 다양한 요리
⑤	고추의 발견과 전파	세계인의 입맛에 맞는 고추

02 이 글을 읽는 과정에서 활용할 수 있는 배경지식으로 적절하지 않은 것은?

① 사람들은 맛이 아닌 아픔을 느끼는 감각으로 매운맛을 느낀다.
② 기후나 지리 등 자연환경은 그 지역의 음식 문화에 영향을 준다.
③ 부트졸로키아 고추는 2013년에 기네스북에서 인정한 세계에서 가장 매운 고추로 선정되었다.
④ 콜럼버스는 이탈리아의 탐험가로 인도를 찾아 항해를 떠나 쿠바, 아이티, 트리니다드 등을 발견했다.
⑤ 굴라시는 헝가리 전통 음식으로, 파프리카 고추로 진하게 양념하여 매콤한 맛이 특징인 헝가리식 쇠고기 스튜이다.

03 이 글을 〈보기〉와 같이 읽었을 때, 얻을 수 있는 장점으로 적절하지 않은 것은?

┤ 보기 ├

제목에서 왜 고추를 '신대륙의 숨은 보물'이라고 했는지 잘 모르겠어. '내용 이해'가 글을 읽는 목적이고, 제목에는 내용이 함축되어 있으니 다시 한번 글을 읽어 봐야겠어.

① 글의 내용을 정확하게 이해할 수 있다.
② 자기 주도적으로 글 읽기를 할 수 있다.
③ 글 읽기 목적을 효과적으로 달성할 수 있다.
④ 읽기 결과를 다른 사람과 공유하고 토의할 수 있다.
⑤ 글 읽기 과정에서 발생하는 문제를 해결할 수 있다.

04 ⊙과 ⓒ의 예로 바르게 짝 지어진 것은?

	⊙	ⓒ
①	고추장	타바스코
②	타바스코	칠리
③	칠리	부트졸로키아 고추
④	파프리카 가루	타바스코
⑤	부트졸로키아 고추	파프리카 가루

05 (가)를 참고하여, 글쓴이가 고추를 '또 다른 보물'이라고 비유한 이유를 〈조건〉에 맞게 서술하시오.

┤ 조건 ├

• '왜냐하면 ~ 때문이다.'라는 형식의 한 문장으로 쓸 것.

100점 특강

읽기 과정에서 발생할 수 있는 문제와 해결 방법

문제	해결
'향신료'의 정확한 의미는 무엇일까?	사전을 찾아보니, '음식에 맵거나 향기로운 맛을 더하는 조미료'란 뜻이구나.
고추를 '신대륙과 함께 발견한 또 다른 보물'이라고 한 이유는 무엇일까?	문맥을 보니, 신대륙을 발견할 때 함께 고추를 발견하게 되었고, 이후 고추가 전 세계로 전해져 많은 사람의 입맛을 사로잡았기 때문에 '보물'이라고 표현했구나.
소제목이 '우리가 알고 있는 고추'인데, 내가 알고 있는 고추의 맛은 무엇이고, 내가 알고 있는 맛 이외의 다른 맛도 있을까?	경험을 떠올려 보니, 고추장의 매운맛이 생각났어. 또 문맥을 통해, '파프리카'가 부드러운 고추의 맛이 있다는 것을 알게 되었어.

2 신대륙의 숨은 보물, 고추 이야기

한국을 대표하는 김치

어원	'침채' : 국물이 많은 절인 채소
변화	• 마늘, 산초, 생강, 파 등을 매운 맛을 내는 향신료로 사용함. • 소금으로 간을 하여 발효시킴. ↓ 1700년경부터 고추를 넣어 담금.

다 ㉠고추는 우리 식탁에서 빼놓을 수 없는 향신료이지만, 우리나라에 고추가 들어온 지는 400년밖에 되지 않는다고 합니다. 고추가 국내로 들어오게 된 시기를 놓고 의견이 분분한데, 임진왜란 즈음에 일본으로부터 들여온 것이라는 설이 일반적입니다.

중남미에서 유럽으로 건너온 고추는 포르투갈 무역선에 실려 1540년대 마카오와 중국 무역항에 도착합니다. 그리고 1543년 포르투갈 상인을 통해 일본 규슈까지 전해지게 됩니다. 그렇게 고추는 일본을 거쳐 지금의 부산인 동래 °왜관을 통해 들어와 본격적으로 재배되기 시작했습니다. 임진왜란 이전에 이미 고추 재배가 경상도 일대로 퍼져 나간 것입니다. 재배가 어렵지 않은 덕분에 그 뒤 고추는 남에서 북으로 점차 확산되었습니다.

한국을 대표하는 김치는 고추 맛을 가장 잘 보여 주는 음식입니다. 하지만 김치가 원래부터 매웠던 것은 아니라고 합니다. '국물이 많은 절인 채소'라는 의미의 '침채'가 김치의 어원인데, 여기에 고추를 넣어 담그게 된 것은 1700년경부터입니다. 그 전까지는 마늘이나 산초, 생강, 파 등을 매운맛을 내는 향신료로 사용하고, 소금으로 간을 하여 발효시켜 먹었습니다.

1614년 편찬된 『지봉유설』에서는 일본에서 전래되었다 해서 고추를 '㉡왜개자(일본에서 들어온 겨자)'라 불렀으며, 이익은 『성호사설』에서 '㉢왜초'라고 일컬었습니다. _{: 고추} 당시엔 고추를 일본인이 조선인을 독살할 목적으로 가져온 독초로 취급했다고 합니다. ★그래서 멀리해 오다 ㉣향신료 가격이 오르면서 점차 고추로 눈을 돌리게 되었습니다. _{마늘이나 산초 등 매운맛을 내는 것} 18세기 들어 김치나 젓갈의 맛이 변하는 것을 방지하고 냄새를 제거하는 용도로 사용되면서 비로소 매운맛의 재료로서 자리 잡게 된 것입니다. 그 뒤 고추를 ㉤고초라고 불렀는데 이는 후추같이 매운맛을 내는 식물이라 하여 붙인 이름입니다. _{'고초'라고 불린 이유} 이러한 과정을 거쳐 고추의 매운맛이 서민들 밥상에 정착하게 된 것은 불과 19세기 초반이었습니다. 한국 요리가 맵다는 고정관념도 실제로는 2백 년 남짓밖에 되지 않았다는 이야기입니다.

▶ 우리나라에 고추가 (　　　)되어 (　　　)하는 과정

라 고추는 단순한 양념에서 더 나아가 고유한 민속주도 낳았습니다. 고추°감주라 하여 고춧 _{고추의 쓰임 ①} 가루를 탄 감주는 감기를 낫게 하는 약으로 먹는 민속주입니다. _{고추의 쓰임 ②} 또 고추는 민속 약으로도 쓰이 기도 했습니다. _{고추의 쓰임 ③} 신경통, 동상, °이질, 담 등의 민간요법에 쓰였습니다. 우리나라 사람들은 이질 등 세균이 침입해 염증을 일으키는 소화기 질환에 비교적 강한 반면, 매운 걸 잘 먹지 못하는 일본인들이 이질에 매우 약한 걸 보면 고추는 확실히 소화 기관을 강하게 만드는 것 같습니다.

▶ 고추의 다양한 (　　　)

마 우리에게 너무나도 친숙한 고추는 많은 매력을 지닌 채소로, Ⓐ우리 민족과는 떼려야 뗄 수 없는 찰떡궁합의 향신료입니다. 보건 복지부의 조사에 따르면 우리나라는 1인당 하루 고추 섭취량이 7.2그램으로, 세계 최고 수준이라고 합니다. 심지어 매운 고추를 고추장에 찍어 먹는 유일한 나라입니다. °명실상부한 매운맛 대국입니다. 이제 고추의 알싸한 매운맛은 세계인들이 자꾸 찾는 맛이 되어 가고 있습니다.

▶ 고추의 (　　　)

구절 풀이

★그래서 ～ 되었습니다.: 마늘이나 산초, 생강, 파 등 매운맛을 내는 향신료의 가격이 올랐기 때문에 매운맛을 내면서도 상대적으로 가격이 오르지 않은 고추를 사용하게 되었다는 의미이다.

낱말 풀이

• **왜관**: 조선 시대에, 입국한 왜인(倭人)들이 머물면서 외교적인 업무나 무역을 행하던 관사.
• **감주**: 엿기름을 우린 물에 밥알을 넣어 식혜처럼 삭혀서 끓인 음식.
• **이질**: 변에 곱이 섞여 나오며 뒤가 잦은 증상을 보이는 법정 전염병.
• **명실상부한**: 이름과 실상이 서로 꼭 맞는 데가 있는.

06 이 글에 쓰인 설명 방법과 거리가 먼 것은?

① 예시를 사용하여 고추가 민간요법에 쓰였음을 설명하고 있다.

② 고추의 성분을 분석하여 고추의 다양한 용도를 설명하고 있다.

③ 우리나라 사람과 일본인을 대조하여 민속 약으로 쓰이는 고추를 설명하고 있다.

④ 고추가 우리나라에 유입된 후부터 서민들의 밥상에 정착하기까지의 과정을 설명하고 있다.

⑤ 보건 복지부의 조사를 인용하여 우리 민족과 고추가 떼려야 뗄 수 없는 관계임을 설명하고 있다.

중요
07 이 글을 읽고 정리한 내용으로 적절하지 <u>않은</u> 것은?

• 전파 과정: ㉮ 임진왜란 즈음 왜관을 통해 일본으로부터 들어옴. → 18세기에 매운맛의 재료로서 자리 잡게 됨. → ㉯ 19세기 초반에 서민들 밥상에 정착하게 됨.

• 쓰임: ㉰ 매운맛을 내는 양념뿐만 아니라 민속주의 재료나 민속 약으로 쓰임.

• 위상: ㉱ 우리 민족에게 친숙하며 떼려야 뗄 수 없는 향신료임.
㉲ 세계인들이 쉽게 찾지 못하는 알싸한 맛으로 민족성을 드러냄.

① ㉮   ② ㉯   ③ ㉰   ④ ㉱   ⑤ ㉲

중요
08 이 글을 읽는 과정에서 발생한 〈보기〉의 문제를 해결하기 위한 방법으로 적절하지 <u>않은</u> 것은?

┤ 보기 ├

ⓐ '왜관'은 무엇을 의미하지?

ⓑ 이 글의 중심 생각은 무엇일까?

ⓒ 우리나라를 '명실상부한 매운맛 대국'이라고 했는데 타당한 평가일까?

① ⓐ: 사전을 찾아 단어의 뜻을 확인한다.

② ⓐ: 앞뒤 문장을 읽고, 문맥적 의미를 파악한다.

③ ⓑ: 글의 내용과 맥락을 바탕으로 중심 생각을 추론한다.

④ ⓑ: 배경지식을 활용하여 동의할 수 있는 부분을 찾는다.

⑤ ⓒ: 자료를 찾아 주장의 타당성을 평가한다.

09 ㉠~㉢ 중, 가리키는 것이 나머지와 다른 하나는?

① ㉠   ② ㉡   ③ ㉢   ④ ㉣   ⑤ ㉤

서술형
10 Ⓐ라고 생각한 근거를 이 글에서 찾아 〈조건〉에 맞게 서술하시오.

┤ 조건 ├

• '~ 때문이다.'라는 형식의 한 문장으로 쓸 것.

100점 특강

▶ **고추의 한국 유입과 정착 과정**

정착 과정	• 임진왜란 즈음: 왜관을 통해 일본으로부터 들어옴. • 18세기: 매운맛의 재료로서 자리 잡게 됨. • 19세기 초반: 서민들 밥상에 정착하게 됨.
명칭	왜개자(일본에서 들어온 겨자), 왜초, 고초(후추같이 매운맛을 내는 식물)
쓰임	• 일본인이 조선인을 독살할 목적으로 가져온 독초(17세기)로 취급함. • 김치나 젓갈의 맛이 변하는 것을 방지하고 냄새를 제거하는 용도(18세기)로 쓰임. • 매운맛을 내는 양념(19세기 초반)으로 쓰임. • 민속주의 재료: 감주에 고춧가루를 타서 감기를 낫게 하는 약으로 먹는 민속주를 만듦. • 민속 약: 신경통, 동상, 이질, 담 등의 민간요법에 쓰임.
위상	우리 민족과 떼려야 뗄 수 없는 찰떡궁합인 향신료

논증 방법 파악하기

❶ 논증

주장과 근거 간의 관계 또는 하나 이상의 명제를 근거로 들어서 주장을 펼치는 방식으로 주로 설득을 목적으로 하는 글에서 사용된다.

❷ 논증의 요소

• 주장: 상대를 설득하려는 목적으로 내세우는 자신의 의견이다.
• 근거: 주장이 타당하고 설득력 있도록 뒷받침하는 말이나 자료이다.

❸ 논증 방법

	귀납	연역
개념	충분한 양의 구체적인 사례들을 검토한 뒤 그 결론으로 일반적인 사실이나 진리를 이끌어 내는 방법	일반적인 원리나 진리를 전제로 하여 구체적 사실을 결론으로 이끌어 내는 방법
특징	• 모든 사례를 확인할 수 없기 때문에 결론이 완전 참이라고 보기 어려움. • 사례가 풍부할수록 논증의 타당성이 높아짐.	• 새로운 원리나 사실을 밝혀내기보다 개별적이고 구체적 사실을 증명하는 데 주로 쓰임. • 근거로 제시한 일반적인 원리가 참이면 결론은 언제나 참임.

예로 개념 확인

가 ❶농작물도 인공 불빛의 피해를 입는다. 벼는 낮이 길 때 광합성 작용을 활발히 해서 영양분을 최대한 저장했다가 낮이 짧아지는 시기에 이삭을 만든다. 그런데 밤에도 계속 빛을 쬐면 이삭이 제대로 여물지 못한다. ❷인공 불빛의 피해는 사람에게도 이어진다. 우리나라의 도시에 사는 아이들은 시골 아이들보다 안과를 자주 찾는다. 불빛 아래에서 잠이 드는 데 걸리는 시간인 수면 잠복기가 길어지고 뇌파도 불안정해지기 때문이다. ❸인공 불빛의 빛 공해로 많은 생물체가 피해를 입고 있다. 생물체가 건강하게 살아가려면 햇빛 못지않게 어둠과 고요의 시간도 반드시 필요하다.
– 박경화, 「도시의 밤은 너무 눈부시다」

나 생물은 살아 있는 것을 의미한다. 살아 있어 숨을 쉬고, 영양분을 섭취하며, 자손을 퍼뜨릴 수 있다. ❶생물의 또 다른 특징은 외부 환경이 변해도 자신을 조절하여 몸 안의 상태를 일정하게 유지한다는 것이다. ❷사람은 지구에서 살아가는 생물의 대표적인 예이다. ❸그러므로 사람 역시 몸 안의 상태를 일정하게 유지하기 위해 자신을 조절한다. 예를 들어 음식을 유난히 짜게 먹은 다음 날 물을 더 많이 마시게 되는데, 이는 체액(몸속에 있는 피나 침 등의 액체)의 농도를 일정하게 유지하기 위해서이다. 물을 마셔서 체액의 농도가 지나치게 진해지는 것을 막은 것이다.

학습 목표 • 글에 사용된 다양한 논증 방법을 파악할 수 있다.
• 논증 방법을 중심으로 글의 구조나 전개 방식을 이해할 수 있다.

❹ 논증 과정

방법		과정
연역	전제 1(일반적 원리)	모든 인간은 죽는다.
	전제 2	소크라테스는 인간이다.
	결론(구체적 사실)	그러므로 소크라테스는 죽는다.
귀납	전제 1(구체적 사례)	포유류인 호랑이는 새끼를 낳는다.
	전제 2(구체적 사례)	포유류인 고래는 새끼를 낳는다.
	결론(일반적 원리)	그러므로 포유류는 새끼를 낳는다.
유추	대상이나 현상	묘목은 정성껏 가꾸어야 잘 자란다.
	공통점(근거)	아이는 어리고 약하다는 점이 묘목과 비슷하다.
	결론	묘목은 정성껏 가꾸어야 잘 자라듯이 아이도 부모의 보살핌을 받아야 잘 자랄 것이다.
문제 해결	문제점	플라스틱 쓰레기가 인간과 동물에게 피해를 준다.
	해결 방안 1	개인은 플라스틱 사용을 줄여야 한다.
	해결 방안 2	정부는 플라스틱 사용 규제 정책을 만들어야 한다.

더 **알아 두기**

◆ 논증 과정의 대표적인 오류

■ 성급한 일반화의 오류
 예 작년에 더웠으니 올해도 더울 것이다.

■ 흑백 사고의 오류
 예 나를 좋아하지 않으니 나를 싫어하는구나.

■ 연민에 호소하는 오류
 예 좋은 점수를 받지 못하면 저희 식구가 모두 속상해할 거예요.

■ 인신공격의 오류
 예 어린애가 뭘 안다고 그래?

---

❺ 논증 방법을 파악하며 읽기의 의의

• 글의 구조나 전개 방식을 파악하기 쉽다.
• 글을 체계적으로 이해할 수 있어 독해력을 키울 수 있다.
• 논증 과정에서 오류를 발견할 수 있어 주장의 타당성을 판단할 수 있다.

(가) 귀납 논증	(나) 연역 논증
❶ 농작물이 겪는 인공 불빛의 피해 ❷ 사람들이 겪는 인공 불빛의 피해 ❸ 인공 불빛의 빛 공해로 인해 많은 생물체가 피해를 입고 있다.	❶ 생물은 외부 환경이 변해도 자신을 조절하여 몸 안의 상태를 일정하게 유지한다. ❷ 사람은 생물이다. ❸ 그러므로 사람은 외부 환경이 변해도 자신을 조절하여 몸 안의 상태를 일정하게 유지한다.
➡ 구체적인 사례(❶, ❷)로부터 일반적인 원리(❸)를 이끌어 내고 있기 때문에 '귀납 논증'이다.	➡ 일반적인 원리(❶)로부터 구체적인 사실(❸)을 이끌어 내고 있기 때문에 '연역 논증'이다.

1

의심, 생명을 불어넣는 마법사의 물 | 남창훈

- **해제:** 이 글은 인용과 귀납 논증을 통해, 의심이 탐구의 시작이며 지식에 생명을 불어넣는 마법사의 물과 같다는 주장을 이끌어 내고 있는 글이다.
- **주제:** 탐구하는 것은 당연하다고 믿는 사실을 의심하는 것에서부터 시작한다.

🔍 내용 연구 ▶▶▶

글의 중심 내용과 전개 방식

(가)	영국 왕립 학회의 모토
(나)	파스퇴르: 미생물 발생 탐구 사례
(다)	의심의 의미
(라)	갈릴레이: 자유 낙하 탐구 사례
(마)	코페르니쿠스: 지동설 탐구 사례
(바)	탐구하는 것의 의미

➡ (다)와 (바)에서 밝히고 있는 '의심'과 '탐구'의 의미를 (가)의 인용과 (나), (라), (마)의 사례를 통해 뒷받침하고 있다.

가 영국 왕립 학회의 °모토는 '다른 사람의 얘기를 그대로 믿지 말라(Nullius in verba).'입니다. 탐구한다는 것은 사람들이 철석같이 믿고 있는 사실을 당연하게 받아들이지 않고 의심하는 일을 뜻합니다.
= 탐구한다는 것
▶ 영국 왕립 학회의 모토

나 파스퇴르가 살던 시대 사람들은 미생물이 저절로 발생한다고 믿었습니다. 권위 있는 학자들도 예외는 아니어서 이러한 믿음을 학설로 굳혀 놓기까지 했습니다. 하지만 파스퇴르는 권위에 따르지 않고 실험을 통해 반론을 폈습니다.
기존의 믿음

ⓒ파스퇴르는 °멸균시키지 않은 육즙은 발효가 되었지만, 멸균시킨 육즙에서는 발효가 일어나지 않고 원래의 맛과 모습을 계속 유지한다는 사실을 알아냈습니다. 생명이 없는 육즙이 변형되어 생명체인 미생물이 발생하는 것은 불가능하다는 사실을 보여 준 것이지요. 미생물이 무생물로부터 자연적으로 발생되는 것이 아니라 사람처럼 생명을 지닌 고유한 존재라는 사실을 입증했습니다.
기존의 믿음
새로운 학설
▶ (　　　)의 미생물 발생 탐구 사례

다 °의심은 ⓐ마법사의 물과 같습니다. 의심을 하는 순간 죽어 있던 진실이 생명을 얻고 살아나기 시작하니까요. 그렇다고 밑도 끝도 없이 의심만 해야 한다는 이야기는 아닙니다. 모두가 옳다고 주장하는 이야기라도 틀릴 수 있다는 사실을 잊지 말아야 한다는 것입니다.

우리 주위에는 당연한 상식이 되어 우리의 생각을 지배하고 있는 믿음들이 있습니다. 여러분은 텔레비전을 통하여, 교과서를 통하여, 어른들의 이야기를 통하여 하나둘씩 받아들입니다. 하지만 그 믿음이 모두 진실일까요?
▶ (　　　)와/과 같은 의심

라 "자유 낙하를 하는 두 물체 중 더 무거운 것이 더 빨리 땅에 떨어진다."
기존의 믿음
아리스토텔레스는 이렇게 주장하고, 대부분의 사람들은 이 주장을 별 의심 없이 받아들였습니다. 하지만 ⓒ갈릴레이는 이 주장에 의문을 품었습니다. 그리고 여러 번의 실험을 통해 모든 물체는 그 무게에 관계없이 똑같은 속도로 자유 낙하한다는 사실을 증명해 냈습니다.
새로운 학설
▶ (　　　)의 자유 낙하 탐구 사례

구절 풀이

★**의심 ~ 같습니다.:** 의심은 죽어 있던 진실이 생명을 얻어 살아나게 하기 때문에 '마법사의 물'이라고 비유한 것이다.

마 ⓒ코페르니쿠스 역시 누구나 믿고 따르던 프톨레마이오스의 생각, 즉 우주의 중심이 지구라는 생각에 의심을 품었습니다. 그리고 지동설을 통해 지구는 태양을 중심으로 도는 행성임을 밝혀냈습니다.
기존의 믿음
새로운 학설
▶ (　　　)의 지동설 탐구 사례

낱말 풀이

- **모토:** 살아 나가거나 일을 하는 데 있어서 표어나 신조 따위로 삼는 말.
- **멸균:** 세균 따위의 미생물을 죽임.

바 이처럼 탐구하는 것은 우리를 둘러싸고 있는 잘못된 믿음에 의심을 품고, 새로운 가설을 세우고 실험을 통해 입증하여 그 잘못을 바로잡는 일을 뜻합니다.
▶ '탐구하는 것'의 의미

01 이 글을 통해 알 수 있는 내용이 <u>아닌</u> 것은?

① 모두가 옳다고 주장하는 이야기를 잊지 않는다면 죽어 있던 진실이 살아날 수 있다.

② 멸균시킨 육즙에서 발효가 일어나지 않은 이유는 미생물이 발생하지 않았기 때문이다.

③ 자유 낙하에 대한 아리스토텔레스의 주장은 대부분의 사람들에게 별 의심 없이 받아들여졌다.

④ 새로운 가설을 세우고 실험을 통해 입증하여 잘못된 믿음을 바로잡으려면 의심을 품어야 한다.

⑤ 파스퇴르가 살던 시대의 권위 있는 학자들은 미생물이 저절로 발생한다는 믿음을 학설로 굳혀 놓았다.

중요
02 이 글에 쓰인 논증 방식에 대한 설명으로 적절한 것은?

① 삼단 논법이 대표적인 예이다.

② 일반적 원리가 참이면 결론이 언제나 참이다.

③ 일반적 원리로부터 구체적 사실을 이끌어 내고 있다.

④ 사례가 충분할수록 논증이 타당할 가능성이 높아진다.

⑤ 개별적이고 구체적인 사실을 증명하기 적절한 방법이다.

03 (가)에 대한 설명으로 적절한 것은?

① 주장을 뒷받침할 수 있는 구체적 사례를 제시한다.

② 글의 내용을 포괄할 수 있는 일반적 원리나 법칙을 설명한다.

③ 최신의 사회적 논쟁거리를 제시하여 독자의 호기심을 유발한다.

④ 글에 쓰이는 용어를 정의하여, 용어로부터 오는 혼란을 최소화한다.

⑤ 주장을 효과적으로 드러내기 위해 권위 있는 기관의 말을 인용한다.

04 ㉠~㉢의 공통점으로 적절하지 <u>않은</u> 것은?

① 잘못된 믿음을 바로잡는 데 공헌하였다.

② 새로운 가설을 세우고 실험으로 증명했다.

③ 의심을 품고 탐구하는 자세를 지니고 있었다.

④ 사회적으로 통용되는 상식을 그대로 받아들였다.

⑤ 모두가 옳다고 주장하는 이야기도 틀릴 수 있다고 생각했다.

서술형
05 글쓴이가 ⓐ와 같이 표현한 이유를 〈조건〉에 맞게 서술하시오.

┤ 조건 ├
• ⓐ의 비유하는 대상(원관념)을 밝혀 쓸 것.
• '~ 때문이다.'라는 형식의 한 문장으로 쓸 것.

100점 특강

● 글쓴이의 주장을 효과적으로 드러내는 방법

인용		영국 왕립 학회의 모토 '다른 사람의 얘기를 그대로 믿지 말라.'		

+

	사례	잘못된 믿음		새로운 사실
귀납 논증	❶ 파스퇴르	미생물은 무생물로부터 자연적으로 발생한다.	의심과 실험 ➡	미생물은 생명을 지닌 고유한 존재이다.
	❷ 갈릴레이	자유 낙하를 하는 두 물체 중 더 무거운 것이 더 빨리 땅에 떨어진다.		모든 물체는 그 무게에 관계없이 똑같은 속도로 자유 낙하한다.
	❸ 코페르니쿠스	우주의 중심은 지구이다.		지구는 태양을 중심으로 도는 행성이다.
	결론	탐구하는 것은 잘못된 믿음에 의심을 품고, 새로운 가설을 세워 실험을 통해 입증하여 그 잘못을 바로잡는 일이다.		

↓

글쓴이의 주장: 탐구는 당연하다고 믿는 사실을 의심하는 것에서 시작한다.

2 디지털 치매, 걱정할 일 아니다 | 이준기

■ **해제:** 이 글은 디지털 기술에 지나치게 의존하여 기억력과 계산 능력 등이 현저하게 떨어지는 현상을 '디지털 치매'와 같이 병으로 바라볼 것이 아니라, 보다 창조적인 능력을 향상시켜 주는 진화의 결과로 받아들일 것을 주장하고 있는 글이다.
■ **주제:** 디지털 기술 의존 현상은 인간 진화의 자연스러운 양상일 뿐이다.

내용 연구 ▶▶▶

디지털 치매의 사례

- 외우고 있는 전화번호가 매우 적음.
- 노래방 기기 없이 애창곡 하나 부를 수 없음.
- 계산기 없이 간단한 계산조차 하지 못함.
- 내비게이션 없이 자주 갔던 길도 찾지 못함.
- 가족의 생일과 같은 단순 정보도 기억 못함.

구절 풀이

★**하지만 이러한 현상은 ~ 성격의 것은 아니다.:** 디지털 치매 현상은 인류의 진화와 노동 환경의 변화와 밀접한 관련이 있는 복잡한 현상이다. 따라서 단순히 좋다, 나쁘다로 판단할 수 있는 현상이 아니다.

낱말 풀이

- **치매:** 뇌세포가 손상되어 지능, 의지, 기억 등이 사라지는 병.
- **건망증:** 경험한 일을 기억하지 못하거나 잘 잊어버리는 증상.
- **현저하다:** 아주 분명하게 드러나 있다.
- **호메로스:** 고대 그리스의 시인. 유럽 문학의 최고(最古) 서사시 「일리아드」와 「오디세이」의 작자로 알려져 있다.
- **휴먼 인터페이스:** 자판을 이용하여 글자를 입력하는 대신에, 말이나 글씨 또는 촉각을 사용하여 컴퓨터에 데이터를 입력할 수 있는 기술.
- **가속화하다:** 속도를 더욱 빨라지게 하다.

모든 전화번호가 휴대 전화에 저장돼 있으나 외우고 있는 전화번호는 <u>손가락으로 꼽을 정도</u>이고, 노래방 기기가 없이는 애창곡 하나 부를 수 없으며, 계산기가 없으면 암산은커녕 간단한 계산조차 하지 못한다. 내비게이션이 없으면 여러 번 갔던 길도 찾을 수 없고, 심지어는 가족의 생일과 같은 단순한 정보도 기억하지 못하는 경우가 있다. 이러한 현상을 '디지털 *치매', 또는 '아이티(IT) *건망증'이라 부른다.
▶ 디지털 치매의 (   )

이처럼 디지털 기술에 지나치게 의존한 나머지 기억력과 계산 능력 등이 *현저하게 떨어지는 <u>현상</u>에 관해 많은 사람들이 걱정을 한다. ★하지만 이러한 현상은 단지 좋다, 나쁘다고 쉽게 말할 성격의 것은 아니다. 왜냐하면 디지털 치매 현상은 인류의 진화, 우리 사회의 노동 환경의 변화와 연관된 복잡한 현상이기 때문이다. 여기서는 디지털 치매 현상에 관해 우리가 생각하지 못했던 측면들을 살펴보고자 한다.
▶ 디지털 치매 현상에 대한 새로운 관점

먼저 ㉠<u>프랑스의 철학자 미셸 세르의 저서 『호미네상스(Hominescence)』와 2005년 12월 '새로운 기술들은 우리에게 무엇을 가져다주는가'라는 제목의 강연 내용</u>을 살펴보면 인류의 진화 과정에 관한 흥미로운 내용을 볼 수 있다. 이를 요약하면 다음과 같다.

- 인류는 직립 원인으로 진화하는 과정에서 손을 도구로 사용하게 됨으로써 그 이전에 먹이나 물건을 무는 데 쓰였던 입의 기능이 퇴화했지만, 그 대신 입은 말하는 기능을 획득했다.
- 또 문자와 인쇄술이 발명되면서 인간은 *호메로스(Homeros)의 서사시를 암송할 수 준의 기억력을 상실했지만, 기억의 압박에서 해방되어 새로운 지식 생산과 같은 일에 능력을 활용하게 되었다. [A]
- 오늘날 *휴먼 인터페이스는 기억력, 계산력 등의 약화를 *가속화하지만 단순 기억이나 계산의 부담에서 벗어나 정보를 통제하고 관리하며, 지식을 창조하는 능력을 향상시킨다.
- 이러한 과정을 통해 인류는 기술 진보와 함께 진화해 왔고, 지금의 디지털 현상도 진화의 과정일 뿐이다.

이러한 관점으로 볼 때, 디지털 기술은 인간의 기억력, 계산력 등의 약화를 가져온 대신 그보다 창조적인 능력을 향상시킨 것이라 볼 수 있다. 그러므로 디지털 치매 현상은 인간 진화의 양상으로 볼 수 있지 않겠는가?
▶ 인간 (   )의 양상으로 볼 수 있는 디지털 치매

01 이 글의 전개 방식에 대한 설명으로 적절한 것은?

① 디지털 치매의 개념이 변화되어 온 과정을 기술하고 있다.

② 디지털 치매에 대한 상반된 견해를 대등하게 소개하고 있다.

③ 디지털 치매가 지닌 문제점의 원인을 다각도로 살펴보고 있다.

④ 디지털 치매에 대한 인식의 변화를 시간 순서에 따라 서술하고 있다.

⑤ 디지털 치매에 대한 일반적인 생각과는 다른 의견을 논리적으로 펼치고 있다.

02 이 글에서 다루고 있는 중심 화제로 적절한 것은?

① 디지털 치매는 치료할 수 있는 질병인가?

② 디지털 치매를 부정적인 것으로 보아야 하는가?

③ 디지털 치매와 일반적인 치매의 차이는 무엇인가?

④ 디지털 기술의 발달은 인간의 삶을 어떻게 변화시키는가?

⑤ 디지털 기술에 대한 의존에서 벗어나기 위한 방안은 무엇인가?

03 [A]의 내용을 이해한 것으로 적절하지 <u>않은</u> 것은?

① 인류가 손을 도구로 사용하면서 입의 기능이 더욱 확대되었다.

② 인쇄술의 발명으로 인간은 기억의 압박에서 해방될 수 있었다.

③ 휴먼 인터페이스는 기억력과 계산력을 더욱 빠르게 약화시킨다.

④ 휴먼 인터페이스는 정보를 통제하고 관리하는 능력을 향상시켜 준다.

⑤ 문자의 발명은 새로운 지식 생산과 같은 일에 능력을 활용할 수 있게 하였다.

04 글쓴이가 ㉠을 인용하여 말하고자 하는 중심 생각을 〈조건〉에 맞게 서술하시오.

┤ 조건 ├

• '디지털 치매 현상'에 대한 글쓴이의 관점이 드러나도록 쓸 것.

• 30자 내외의 한 문장으로 쓸 것.

100점 특강

▷ 디지털 치매 = 아이티(IT) 건망증

개념	디지털 기술에 지나치게 의존한 나머지 기억력과 계산 능력 등이 현저하게 떨어지는 현상	→	글쓴이의 관점	• 좋다, 나쁘다고 쉽게 말할 수 없음. • 인간 진화의 양상으로 볼 수 있음.

▷ 이 글에 쓰인 논증 방법

충분한 양의 특수한 사례들을 검토한 뒤 그 결론으로 일반적인 사실이나 진리를 이끌어 내는 논증 방법인 '귀납'이 쓰였다.

	기술 진보	잃은 것	얻은 것
〈근거 1〉	직립 → 손을 도구로 사용	무엇을 무는 데 쓰였던 입의 기능 퇴화	입은 말하는 기능 획득
〈근거 2〉	문자와 인쇄술 발명	상당한 수준의 기억력을 상실	새로운 지식 생산에 능력 활용
〈근거 3〉	휴먼 인터페이스	기억력, 계산력 등의 약화 가속화	정보 통제·관리, 지식 창조 능력 향상

↓

〈결론〉	인류는 기술 진보와 함께 진화해 왔고, 디지털 치매 현상도 진화의 과정일 뿐이다.

2 디지털 치매, 걱정할 일 아니다

내용 연구 ▶▶▶

• 정보에 대한 인식의 변화

기억하는 것 ➡ 찾는 것

• 뇌의 능력 변화

기억하는 뇌 ➡ 필요한 정보를 빨리 찾는 뇌

• 디지털 치매 현상에 대한 글쓴이의 태도

긍정적, 낙관적 태도

현대의 노동 환경을 생각해 보자. 우리는 과거와 완전히 다른 방식으로 일하고 있다. 세상은 훨씬 더 복잡해졌고 제공되는 정보의 양은 너무나 많다. 상대해야 하는 사람의 수도 훨씬 많아졌고, 무엇보다도 발달된 정보 통신 기술 때문에 이들을 실시간으로 상대해야 하는 환경에 처해 있다.
▶ 현대의 (　　) 환경의 특징

어느 여류 작가의 말처럼, *오늘날 우리는 '끊임없는 작은 집중'의 시대에 살고 있다. 이 일에서 저 일로 빨리빨리 주의를 옮겨 가야 할 때, ㉠아무리 집중을 하더라도 우리는 그 각각의 일에 관한 정보를 모두 갖고 있기가 힘들게 마련이다. 제공되는 정보의 양이 너무나 많기 때문 수많은 일을 처리해야 하는 이러한 근무 환경에서라면 많은 정보들을 다른 곳에 저장했다가 필요할 때마다 빨리 찾아내어 사용하는 것이 효율적인 방법인 동시에 *불가피한 선택이라 하겠다. 이제 정보는 '기억하는' 것이 아니고 '찾는' 것인 시대가 되고 있는 것이다.
▶ 정보가 '기억하는' 것이 아닌 '(　　)' 것인 시대가 된 현대 사회

일하는 환경이 이렇게 바뀜에 따라 우리 뇌의 능력은 점점 기억하는 뇌가 아닌 필요한 정보를 빨리 찾는 뇌로 바뀌어 가고 있다. 자신이 알고 있는 몇몇 정보보다는 다른 사람이 갖고 있는 모든 정보를 모아 놓은 것이 정보로서 훨씬 더 가치가 있으며, 자기 자신만의 정보를 잘 기억하는 능력보다는 여기저기 놓여 있는 정보를 효과적으로 잘 찾는 능력이 훨씬 중요하게 여겨지는 사회로 바뀌고 있는 것이다. 어떤 사람들은 지금과 같은 디지털 기술 의존 현상이 결국 기억 능력을 크게 떨어뜨려 인간을 *퇴보하게 할 것이라고 주장하지만, 보조 기억을 디지털 기기로 이동하는 것이 기억 능력의 퇴보는 아니라고 본다. 정보를 어디서 찾을 수 있는가에 대한 정보도 기억이 돼야 하며, 앞으로는 정보 자체의 기억보다는 이런 정보를 찾을 수 있는 원천이나 방법에 대한 기억이 더욱 중요해질 것이기 때문이다.
디지털 치매에 대한 비판적 견해
'어떤 사람들'의 주장에 대한 글쓴이의 반박
▶ 일하는 환경에 따른 (　　)의 능력 변화

요컨대 ㉡디지털 기술 의존 현상은 인간의 진화와 문명의 진전 과정에서 늘 존재해 왔던 기존의 기술 의존 현상과 다를 바 없는 것이요, *방대한 정보 처리와 효율적 업무 처리를 *요하는 현대 사회의 환경에 적응하기 위한 불가피한 선택일 뿐이며, 그로 인해 오히려 더욱 창조적인 새로운 능력을 인간에게 가져다준 것으로 보아야 한다. *그러니 굳이 디지털 치매라는 이상한 종류의 병에 걸렸다고 걱정하지 말고 인간 진화의 자연스러운 양상일 뿐이며 미래형 인간을 향한 진보의 결과로 마음 편하게 받아들이길 권할 따름이다.
디지털 기술 의존 현상의 필요성
디지털 기술 의존 현상의 긍정적 기능
▶ 디지털 치매 현상에 관한 긍정적 인식

구절 풀이

★**오늘날 우리는 ~ 살고 있다.**: 현대는 한 가지 일에 계속해서 집중하는 것이 아니라 수많은 일들을 그때그때 상황에 맞게 짧게 집중하여 일하는 시대이다.

★**그러니 굳이 ~ 권할 따름이다.**: 디지털 기술 의존 현상을 병이라고 여기며 걱정하지 말고, 인간 진화의 자연스러운 양상으로 받아들여야 한다는 글쓴이의 중심 생각이 드러나 있다.

낱말 풀이

• **불가피하다:** 피할 수 없다.
• **퇴보하다:** 어떤 정도나 수준 등이 지금보다 뒤떨어지거나 못하게 되다.
• **방대하다:** 규모나 양이 매우 크거나 많다.
• **요하다:** 필요로 하다.

05 이와 같은 글을 읽는 방법으로 적절하지 **않은** 것은?

① 글쓴이의 주장과 근거를 파악하며 읽는다.
② 글쓴이의 주장을 적극적으로 수용하며 읽는다.
③ 대상에 대한 글쓴이의 태도를 파악하며 읽는다.
④ 주장을 뒷받침하는 근거가 타당한지 판단하며 읽는다.
⑤ 글쓴이가 사용한 논증 방식의 적절성을 판단하며 읽는다.

06 이 글의 내용을 이해한 것으로 적절하지 **않은** 것은?

① 현대에는 일할 때 상대해야 하는 사람의 수가 과거에 비해 훨씬 많아졌다.
② 현대 근무 환경에서는 얼마나 많은 정보들을 기억하고 있는지가 능력의 척도이다.
③ 현대 사회에서는 여기저기 놓여 있는 정보를 효과적으로 잘 찾는 능력이 중요시되고 있다.
④ 노동 환경이 바뀜에 따라 우리 뇌의 능력도 점차 정보를 빨리 찾는 뇌로 바뀌어 가고 있다.
⑤ 정보 통신 기술의 발달로 많은 사람들을 실시간으로 상대해야 하는 노동 환경에 처하게 되었다.

07 ㉠의 원인을 〈조건〉에 맞게 서술하시오.

┤ 조건 ├

• 이 글에 제시된 현대의 노동 환경과 관련지어 쓸 것.
• 25자 내외의 한 문장으로 쓸 것.

08 ㉡에 대한 글쓴이의 관점으로 적절한 것은?

① 창조적인 새로운 활동을 가로막는 역할을 한다.
② 질병의 하나이기 때문에 하루빨리 치료해야 한다.
③ 기억 능력을 크게 떨어뜨려 인간을 퇴보하게 만들 것이다.
④ 현대 사회의 환경에 적응하기 위한 어쩔 수 없는 현상이다.
⑤ 지나치게 편리만 추구하도록 하여 인간의 많은 기능을 앗아 갈 수 있다.

100점 특강

) 현대의 노동 환경에 필요한 능력

현대의 노동 환경	필요한 능력
• 세상이 훨씬 더 복잡해지고 제공되는 정보의 양이 많음. • 발달된 정보 통신 기술로 인해 많은 사람들을 실시간으로 상대해야 함.	많은 정보들을 다른 곳에 저장했다가 필요할 때마다 빨리 찾아내어 사용하는 능력

) 현대 사회에서 중시하는 능력

자기 자신만의 정보를 잘 기억하는 능력	<	여기저기 놓여 있는 정보를 효과적으로 잘 찾는 능력

) 디지털 치매 현상에 대한 상반된 견해

어떤 사람들	글쓴이
디지털 기술 의존 현상이 결국 기억 능력을 크게 떨어뜨려 인간을 퇴보하게 할 것이다. [부정적, 비관적 태도]	• 방대한 정보 처리와 효율적 업무 처리를 요하는 현대 사회의 환경에 적응하기 위한 불가피한 선택일 뿐이다. • 오히려 더욱 창조적인 새로운 능력을 인간에게 가져다준 것으로 보아야 한다. [긍정적, 낙관적 태도]

) 글쓴이의 주장: 디지털 치매는 인간 진화의 자연스러운 양상일 뿐이며 미래형 인간을 향한 진보의 결과이다.

관점과 형식 비교하기

더 알아 두기

◈ 관점과 형식을 비교하며 읽는 방법
■ 동일한 화제의 여러 글을 선정하여 비교하며 읽기
■ 하나의 글을 읽으면서 그와 유사한 주제나 글감을 다룬 글을 더 찾아 읽기

◈ 관점과 형식의 차이가 드러나는 예
■ '채식을 하면 육류 섭취를 줄일 수 있으므로, 닭고기, 소고기, 돼지고기를 생산할 때 발생하는 온실가스 배출을 감소시켜 지구 온난화를 늦추는 데 기여할 수 있다.'
→ 채식에 대한 긍정적 관점. 환경을 중시하는 관점
■ '채식을 하면 붉은 고기를 통해 섭취해야 할 영양소인 비타민B_{12}, 아연 등을 섭취하지 못해 건강상 문제가 발생할 수 있다.'
→ 채식에 대한 부정적 관점. 건강을 중시하는 관점

❶ 글의 관점과 형식 비교하며 읽기

• 동일한 화제를 다룬 여러 편의 글을 비교하며 읽으면서 관점이나 형식의 차이를 파악하는 활동이다.
• 유사한 화제를 다룬 여러 글이 지니는 각각의 특성과 효과를 이해하고 창의적으로 감상하는 활동이다.

❷ 글의 관점 파악하며 읽기

(1) 글의 관점

• 글쓴이가 대상을 바라보는 시각이나 생각, 태도 등을 의미한다.
• 동일한 대상을 다룬 글이라도 글쓴이의 관점에 따라 내용과 주제가 달라질 수 있다.

(2) 글의 관점의 예

긍정적↔부정적	대상을 그렇다고 인정하는가, 반대하는가?
주관적↔객관적	대상을 개인적인 견해나 관점으로 대하는가, 제삼자의 견해나 관점으로 대하는가?
우호적↔비판적	대상에 대해 동정심이나 호의를 보이는가, 대상의 결점이나 잘못을 드러내는가?

(3) 글의 관점을 파악하는 방법

• 글을 통해 전하려는 중심 내용과 글쓴이의 의도를 파악한다.
• 글의 대상이나 주제에 대해 글쓴이가 어떤 태도를 지니고 있는지 파악한다.
• 글쓴이가 대상의 어떤 측면이나 분야에 관심을 집중하고 있는지 파악한다.

예로 개념 확인

가 ❶현대인의 건강을 해치는 중요한 요인 중의 하나는 소금의 과다 섭취이다. 소금을 많이 먹으면 왜 건강에 해로울까? 우리 몸이 건강하려면 우리 몸을 이루는 세포들이 건강해야 한다. 세포들이 건강하려면 수분을 충분히 머금고 있어야 하는데, 소금은 바로 그 수분을 빼앗아 가는 주범이다. 수분을 빼앗긴 세포는 말라 가게 되고, 이로 인해 여러 가지 건강상 문제가 발생하게 되는 것이다. 따라서 소금이 지나치게 많이 들어간 가공식품과 외식 위주의 잘못된 식생활을 개선하는 것은 시급한 문제이다.

나

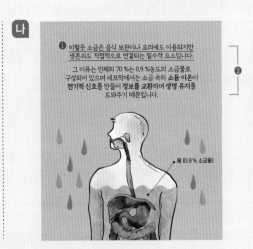

❶이렇듯 소금은 음식 보관이나 요리에도 이용되지만 생존과도 직접적으로 연결되는 필수적 요소입니다.

그 이유는 인체의 70 %는 0.9 %농도의 소금물로 구성되어 있으며 세포막에서는 소금 속의 소듐 이온이 전기적 신호를 만들어 정보를 교환하며 생명 유지를 도와주기 때문입니다.

물 (0.9 % 소금물)

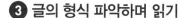

학습 목표 • 동일한 화제를 다룬 여러 글을 비교하며 읽으면서 관점과 형식의 차이를 파악할 수 있다.

❸ 글의 형식 파악하며 읽기

(1) 글의 형식

- 글의 유형이나 짜임, 내용을 표현하는 방식 등을 의미한다.
- 동일한 목적이나 주제를 지닌 글이라도 글의 형식이 다를 수 있다.
- 글쓴이의 관점이 비슷하더라도 그것을 표현하는 형식이 다를 수 있다.

(2) 글의 형식의 예

설명하는 글	설명문, 기사문, 보고문 등
주장하는 글	논설문, 칼럼, 건의문 등
문학적인 글	시, 소설, 수필, 노랫말, 일기, 편지글 등
다양한 매체를 활용한 글	카드 뉴스, 광고문, 만화 등

(3) 글의 형식을 파악하는 방법

- 글을 쓴 목적이나 의도에 따라 글의 유형을 파악한다.
- 글의 구조나 구성 방식에 따라 글의 종류를 파악한다.
- 글에 쓰인 매체 자료의 종류나 특징을 파악한다.

❹ 글의 관점과 형식 비교하며 읽기의 효과

- 객관적인 시각으로 대상을 판단할 수 있다.
- 자신의 관점을 명확히 세우는 데 도움이 될 수 있다.
- 대상의 다양한 측면을 이해함으로써 사고의 폭을 넓힐 수 있다.
- 관점이나 형식의 차이를 파악하여 글을 깊이 있게 이해할 수 있다.
- 다양한 관점을 접함으로써 대상에 대한 균형 잡힌 시각을 가질 수 있다.
- 자신이 몰랐던 것을 알게 되고, 깨닫지 못했던 것을 새롭게 발견할 수 있다.

더 알아 두기

◈ 관점과 형식을 비교하며 읽을 때 고려할 점

■ 어떤 관점이 더 타당한지 평가하면서 비판적으로 읽기

■ 관점을 드러내는 데 글의 형식이 타당하고 적절한지 판단하며 읽기

■ 자신이 읽은 글이 관점이나 형식 면에서 어떤 특성을 지니고 있으며 그 효과는 무엇인지 이해하면서 읽기

❶ 두 글의 공통된 화제와 관점의 차이 파악하기: (가)와 (나)의 공통된 화제는 소금으로, (가)는 소금의 과다 섭취의 문제점을, (나)는 소금의 역할과 필요성을 다루고 있다. 두 글의 화제는 같지만 소금을 대하는 글쓴이의 관점은 대조적이다. (가)의 글쓴이는 소금에 대한 부정적인 관점을 바탕으로 소금이 세포들의 수분을 빼앗아 감으로써 건강을 해친다는 점을 다루고 있다. 반면에 (나)의 글쓴이는 소금에 대한 긍정적인 관점을 바탕으로 소금이 음식 보관이나 요리에 이용되며, 생존과도 직접 연결되는 필수적 요소임을 강조하고 있다.

❷ 두 글의 형식의 차이 파악하기: (가)와 (나)는 관점뿐만 아니라 형식 면에서도 차이가 난다. (가)는 소금의 과다 섭취가 일으키는 문제점을 지적하며 소금이 많이 들어간 가공식품이나 외식 위주의 잘못된 식생활을 개선하자는 주장을 펼치고 있는 논설문이다. 구체적인 근거를 내세워 소금의 과다 섭취의 문제점을 설득력 있게 지적하기에 적절한 형식을 활용하고 있다. (나)는 간결한 문장과 이해하기 쉬운 그림을 활용하여 소금의 용도와 역할에 대한 정보를 간략하게 전달하는 카드 뉴스의 일부이다. 핵심적인 정보는 간결한 문장에 담아내고 생존과 직접 연결되는 소금의 중요성은 그림을 활용하여 시각적으로 보여 줌으로써 글쓴이의 관점을 드러내는 데 적절한 형식을 활용하고 있다.

1 밤도 대낮처럼 환하게, 인공 빛의 두 얼굴 | 문종환

- **해제:** 이 글은 빛 공해가 사람과 동식물에 미치는 악영향을 근거로 과도한 빛 사용을 줄이자고 주장하는 논설문이다.
- **주제:** 빛 공해를 줄이자.

⊙ 내용 연구 ▶▶▶

글의 구조

서론	(가)	야간 조명으로 인해 밤이 대낮같이 밝은 도시의 현실
본론	(나), (다), (라)	인공 불빛이 사람과 동식물에 미치는 악영향
결론	(마)	빛 공해를 줄이기 위한 노력 촉구

구절 풀이

★**수면 호르몬인 멜라토닌은 ~ 보여 준다고 할 것이다.:** 사람들이 인공 불빛의 피해를 입는다는 주장을 뒷받침하는 근거로 연구 결과를 제시하여 신뢰성을 높이고 있다.

★**농촌 진흥청 국립 식량 과학원 ~ 나타나기도 했다.:** 야간 조명이 농작물의 수확량에 미치는 부정적 영향을 구체적인 통계 수치를 제시하여 객관적으로 보여 주고 있다.

낱말 풀이

- **도심:** 도시의 중심부.
- **생체 리듬:** 사람의 생명 활동을 통하여 신체, 감성, 지성 따위에 나타나는 일정한 주기적인 변동.
- **항산화 작용:** 산화가 진행되는 것을 억제하거나 완화하는 작용.
- **적조:** 편모충류 등의 이상 번식으로 바닷물이 붉게 물들어 보이는 현상. 바닷물이 부패하기 때문에 어패류가 크게 해를 입는다.

가 빛과 어둠! 우리는 빛은 좋은 것으로, 어둠은 나쁜 것으로 인식하는 경향이 있다. 적어도 건강상의 문제에 있어서는, 빛도 중요하지만 그에 못지않게 어둠도 중요하다. 행복 호르몬으로 불리는 세로토닌은 빛에 의해서, 수면 호르몬으로 불리는 멜라토닌은 어둠에 의해서 생성되기 때문이다. <u>어둠이 중요한 까닭</u> 그런데 빛의 발달, 조명으로 인해서 밤과 낮의 구분이 없어진 지 오래고, *도심의 밤은 항상 밝은 빛으로 가득 차 있다. 과연 우리 건강에 지장이 없을까?
<u>문제 제기: 야간 조명이 사람의 건강에 미칠 나쁜 영향을 걱정함.</u>
▶ ( )의 발달로 지나치게 밝은 도시의 밤

나 과도한 인공 불빛 속에서 살아가고 있는 수많은 사람들은 빛 때문에 *생체 리듬이 깨지고,
<u>인공 불빛의 부정적 측면 ① – 사람의 건강에 악영향을 미침. → 글쓴이의 부정적 관점이 드러남.</u>
그로 인해 각종 증상에 시달리고 있다. 불면증, 우울증, 만성 피로, 식욕 부진 등은 생체 리듬과 밀접한 관계가 있다. *수면 호르몬인 멜라토닌은 불이 꺼진 상태에서만 발현되는데, 밤에 불을 켜고 자는 497명의 어린이 중 34%가 근시 현상을 보였다는 세계적인 과학 잡지 『네이처』의 보고서는 멜라토닌의 작용을 잘 보여 준다고 할 것이다. 이처럼 멜라토닌은 수면, 체온 조절 등을 통하여 생체 시계의 역할을 하며, 그 밖에도 *항산화 작용, 면역 기능 개선, 학습과 기억력 증진 등에 효과가 있는 것으로 알려져 있다. 따라서 멜라토닌을 원활히 생성하기 위해 밤 10시 이전에는 불을 끄고 잠자리에 들고, 밤에 인공 불빛에 과도하게 노출되지 말아야 한다.
▶ 인공 불빛이 사람들의 ( )에 미치는 악영향

다 빛 공해는 사람은 물론 짐승, 곤충 등의 행동에 영향을 끼치기도 한다. 호수 주변의 빛 공
<u>인공 불빛의 부정적 측면 ② – 동물의 생태와 행동에 악영향을 미침. → 글쓴이의 부정적 관점이 드러남.</u>
해가 물 위의 조류를 먹는 물고기의 포식 행위를 막아서 *적조 등의 해로운 조류가 증가하고, 이것이 물고기를 전멸시키는 원인이 되었다는 연구 결과가 있다. 또한 많은 곤충학자들은 야간 조명이 벌의 비행 능력을 방해하고 있다고 주장한다. 조류학자들은 새들에게도 악영향을 줄 수 있다고 한다.
▶ 인공 불빛이 ( )의 행동에 미치는 악영향

라 또한 식물에 24시간 빛을 쬐는 현상이 지속되면 씨를 맺지 못하는 현상이 발생하기도 한
<u>인공 불빛의 부정적 측면 ③ – 식물에 피해를 끼침. → 글쓴이의 부정적 관점이 드러남.</u>
다. 예를 들어, 빛에 특히 민감한 들깨는 꽃과 씨를 맺지 못하고 키만 쑥쑥 자란다. *농촌 진흥청 국립 식량 과학원 연구 결과 6~10럭스 밝기의 빛에 장기간 노출될 경우 농작물의 수확량이 벼는 16%, 보리는 20%, 들깨는 94%가 감소하는 것으로 나타나기도 했다. 이처럼 ㉠빛은 알게 모르게 자연계 전반에 악영향을 끼치며, 우리들의 삶에 직·간접적으로 관여하고 있다.
<u>(나), (다), (라)의 내용을 일반화함. → 과도한 인공 불빛이 사람과 동식물에 악영향을 끼침.</u>
▶ 인공 불빛이 ( )의 생식에 미치는 악영향

마 가장 지혜롭게 사는 것은 자연법칙, 즉 자연의 시계대로 살아가는 것이다. 그러기 위해서
<u>해가 뜨면 일어나고 해가 지면 자는 생활, 불필요한 야간 조명에 노출되지 않는 삶</u>
는 세상이 바뀌기를 기다리기 전에 나부터 바꾸는 것이 필요하지 않을까? 지금 당장 가능한 한
<u>글쓴이의 주장이 직접 드러남.</u>
불필요한 불을 끄자.
▶ 빛 공해를 줄이기 위한 노력 촉구

01 이와 같은 글의 목적으로 적절한 것은?

① 특정인에게 문제 해결을 건의한다.
② 절차와 결과가 드러나게 사실을 알린다.
③ 타당한 주장을 내세워 독자를 설득한다.
④ 정확하고 객관적인 정보를 독자에게 제공한다.
⑤ 육하원칙에 따라 주요 사건을 신속하게 보도한다.

02 이 글에서 궁극적으로 말하고자 하는 내용으로 적절한 것은?

① 인공 불빛은 사람의 건강을 해친다.
② 과도한 인공 불빛의 사용을 줄이자.
③ 자연법칙대로 살기 위해 일찍 잠자리에 들자.
④ 도시를 떠나 자연에서 사는 삶이 건강한 삶이다.
⑤ 인공 불빛을 효과적으로 사용할 방안을 마련하자.

03 (가)~(마) 중, 다음과 같은 내용 전개 방법이 사용된 문단을 골라 바르게 묶은 것은?

> 문제의 심각성을 알리고 근거의 신뢰성을 높이기 위해 구체적인 통계 수치를 제시한다.

① (가), (나) ② (가), (다)
③ (나), (라) ④ (다), (마)
⑤ (라), (마)

04 이 글에서 알 수 있는 ㉠의 예로 적절하지 않은 것은?

① 빛 공해가 벌의 비행 능력을 방해한다.
② 빛 공해가 물고기 죽음의 원인이 되기도 한다.
③ 빛 공해 때문에 새들의 번식 능력이 감퇴하였다.
④ 빛 공해로 인해 들깨의 수확량이 크게 감소하였다.
⑤ 빛 공해로 인해 불면증과 우울증에 시달릴 수 있다.

05 이 글과 〈보기〉에 드러난, 야간 조명에 대한 관점과 형식을 비교하여 서술하시오.

> **보기**
>
> 사랑하는 내 손녀, 윤희에게
> 우리 윤희 곁을 떠나 시골로 내려온 지 벌써 1년이 지났구나. 서울에 있을 때에는 보기 힘든 풍경이었는데, 이곳에서는 밤마다 할머니 눈으로 별빛이 쏟아져 들어온단다. 밤이 대낮같이 밝아서 별을 못 보는 우리 윤희와 함께 이 좋은 별빛들을 함께 나누면 좋으련만……
> 네 아버지는 요즘에도 밤잠을 설치는지 걱정되는구나. 깊은 잠을 못 자는 게 밤이 너무 밝은 탓은 아닌지……. 낮은 밝고 밤은 어두워야 하는 법인데, 도시에 살다 보면 자연의 이치를 거스르게 되는 것 같다.
> 윤희야, 방학하면 꼭 놀러 와라. 이 총총한 별빛을 우리 윤희에게 모두 비춰 주고 싶구나. 잘 지내라.
> 할머니가

100점 특강

야간 조명에 관한 글쓴이의 관점

화제	내용	글쓴이의 관점
야간 조명	• '야간 조명'이나 '인공 불빛' 이외에 '빛 공해'라는 말을 사용함. • 빛 공해의 부정적 측면에 주목하여 빛 공해를 줄이자고 주장함.	부정적, 비판적 관점

관점을 드러내기 위해 활용한 형식과 표현 방법

글의 유형	• 구체적인 근거를 들어 자신의 주장을 논리적으로 뒷받침하는 논설문의 형태로 씀. • '서론–본론–결론'의 짜임을 갖춰 논리적이고 체계적으로 주장을 펼침.
표현 방법	• 권위 있는 자료를 인용하고, 객관적인 통계 수치를 활용하여 주장을 뒷받침함. • 인공 불빛이 사람과 동식물에 미치는 악영향의 예를 구체적으로 제시하여 설득력을 높임. • 구체적 사실들로부터 일반적 법칙을 이끌어 내는 귀납의 논증 방법을 사용하여 주장을 논리적으로 펼침.

밤이 아름다운 도시 | 이진숙

■ **해제:** 이 글은 야경이 아름다운 도시들과 야간 경관 조명 정책이 성공한 도시를 구체적인 예로 제시하여 우리나라에서도 밤 풍경이 아름다운 도시를 만들자고 주장하는 논설문이다.

■ **주제:** 야간 조명을 활용하여 밤이 아름다운 도시를 만들자.

🔍 내용 연구 ▶▶▶

제목에 담긴 글쓴이의 의도

'밤이 아름다운 도시'들의 대표적 예로 '헝가리 부다페스트, 체코 프라하, 베트남 호이안'을 제시함.

↓

우리나라에서도 야간 조명을 활용하여 '밤이 아름다운 도시'를 만들기를 바람.

구절 풀이

★**낮 동안 보이던 ~ 다른 모습으로 변신한다.:** 야간 조명에 의해 아름다운 밤 풍경을 만들어 낼 수 있음을 보여 주는 부분으로, 야간 조명에 대한 글쓴이의 긍정적 관점이 드러난다.

★**세계에서 야경이 ~ 풍경을 만들어 낸다.:** 부다페스트가 밤이 아름다운 도시가 된 이유가 바로 야간 조명을 잘 활용했기 때문임을 알 수 있다.

낱말 풀이

• **디테일:** 어떤 전체적인 것의 세부. '부분'으로 순화.
• **매료하다:** 사람의 마음을 완전히 사로잡아 홀리게 하다.
• **풍치:** 훌륭하고 멋진 경치.
• **연등:** 연등놀이를 할 때에 밝히는 등불.
• **향연:** 특별히 융숭하게 손님을 대접하는 잔치.

가 밤이 길어졌다. 도시에 밤이 찾아오면 낮 동안의 분주함을 조용히 덮은 채로 낮과는 전혀 다른 새로운 풍경이 연출된다. ★낮 동안 보이던 도시의 모든 °디테일은 어둠 속에 가려지고 조명 빛을 비추는 부분만 드러나면서 마치 옷을 갈아입은 듯 전혀 다른 모습으로 변신한다. 여행지에서 만나는 아름다운 야경은 낮의 풍경과는 또 다른 감성으로 관광객들을 °매료한다.

<u>야간 조명의 긍정적 측면에 주목함. → 글쓴이의 긍정적 관점</u>

▶ 야간 조명으로 만들어 낸 도시의 아름다운 (   )

나 밤의 풍경으로 기억되는 도시들이 있다. 헝가리 부다페스트, 체코 프라하, 베트남 호이안은 아름다운 빛의 연출로 유명한 도시들이다. ★세계에서 야경이 가장 아름다운 도시로 알려진 부다페스트는 낮에는 다른 유럽 도시들에 비해 내세울 것이 없는 평범한 모습이다. 그러나 해가

<u>야경이 아름다운 도시의 예 ①</u>

저물면 도나우 강가에 자리한 국회 의사당, 부다 왕궁, 어부 요새 등이 은은한 주홍색 조명을 받아 일제히 빛을 발하고 그 빛을 다시 받은 도나우 강물은 황금빛으로 일렁인다. 여기에 빛으로 연출된 세체니 다리의 유려한 곡선이 더해져 말로 표현할 수 없는 환상적인 풍경을 만들어 낸다. 체코의 수도 프라하는 중세의 고풍스러운 건물들이 보전되어 있는 도시이다. 오래된 건물들

<u>야경이 아름다운 도시의 예 ②</u>

사이의 좁은 골목길을 따라 블타바강에 이르면 언덕 위에 우뚝 솟은 프라하성의 야경이 드러나는데 강에 비친 카를교와 프라하성이 함께 만들어 내는 °풍치는 인상적이고도 매력적이다. 또한 도시 곳곳의 빼어난 건물들에 부드러운 색조의 빛을 비추어 도시 전체에 품위 있는 밤 풍경을 연출하고 있다. 베트남 중부 지역에 위치한 호이안은 오래된 항구 도시로 노란색 건물들로 채워

<u>야경이 아름다운 도시의 예 ③</u>

진 옛 거리가 그대로 보존되어 있다. 어둠이 내리면 거리를 가득하게 장식한 °연등들이 일제히 켜지면서 형형색색 빛의 °향연이 시작된다. 이와 함께 바로 옆 투본 강가에서는 여행객들이 강위로 작은 촛불 연등을 띄워 보내며 소원을 빈다. 오래된 거리와 잘 어울리는 아름다운 등불들이 캄캄한 밤하늘과 강물 위에 수를 놓으며 신비하고 이국적인 분위기를 만들어 내고 있다. ㉠호이안은 낮보다 밤이 더 아름다운 도시로 알려지며 인기를 누리고 있다.

▶ 야경이 아름다운 (   )의 예

01 이와 같은 글에 담긴 글쓴이의 관점을 파악하는 방법으로 적절하지 **않은** 것은?

① 글에 담긴 글쓴이의 의도를 파악한다.
② 독자의 관점과 일치하는 내용을 찾아본다.
③ 글을 통해 전하려는 중심 내용을 파악한다.
④ 대상의 어떤 측면에 주목하고 있는지 살펴본다.
⑤ 대상을 대하는 태도가 긍정적인지 부정적인지 판단한다.

03 이 글에서 주장을 뒷받침하는 방법으로 적절한 것은?

① 구체적인 사례를 제시하였다.
② 서로 반대되는 의견을 나열하였다.
③ 권위 있는 책의 내용을 인용하였다.
④ 신뢰할 만한 기관의 통계 자료를 활용하였다.
⑤ 문제 상황에 대한 다양한 해결책을 제시하였다.

중요
02 이 글에 나타난 '야간 조명'에 관한 글쓴이의 생각으로 가장 적절한 것은?

① 번잡한 도시에서 벗어나 자연이 주는 아름다움을 만끽하게 해 준다.
② 낮과는 전혀 다른 새로운 풍경을 연출하여 사람들의 감성을 자극한다.
③ 어둠에 구애받지 않고 밤에도 낮처럼 자유롭게 생활할 수 있도록 만들어 준다.
④ 시간에 쫓기는 현대인에게 부족한 시간을 보충해 주는 마법 같은 역할을 한다.
⑤ 낮 동안의 분주함에서 벗어나 차분하게 자신의 하루를 돌아보게 하는 성찰의 기회를 제공한다.

04 (나)의 소제목으로 가장 적절한 것은?

① 밤 풍경이 아름다운 도시들
② 높은 관광 수익을 올리는 도시들
③ 신비하고 이국적인 분위기의 도시들
④ 자연환경이 빼어나게 아름다운 도시들
⑤ 낮과 밤, 각각의 매력을 뽐내는 도시들

서술형
05 (나)의 내용을 바탕으로 ㉠처럼 인식되는 까닭을 한 문장으로 서술하시오.

100점 특강

▶ 야간 조명에 관한 글쓴이의 관점

화제		내용		글쓴이의 관점
야간 조명	➡	• '아름다운 야경', '아름다운 빛', '밤이 아름다운 도시'라는 말을 사용함. • 야간 조명의 긍정적 측면에 주목함. • 아름다운 빛의 연출로 야경이 아름다운 도시의 예를 제시함.	➡	긍정적, 우호적 관점

▶ 야경이 아름다운 도시들의 공통점

		공통점		글쓴이의 의도
• 헝가리 부다페스트: 은은한 주홍색 조명을 활용하여 환상적인 풍경을 만들어 냄. • 체코 프라하: 고풍스러운 건물들에 부드러운 색조의 빛을 비추어 아름다운 야경을 연출함. • 베트남 호이안: 거리를 장식한 연등들이 오래된 거리와 잘 어울려 신비하고 이국적인 분위기를 만들어 냄.	➡	야간 조명을 활용하여 밤 풍경을 아름답게 바꾸어 매력적인 관광지가 됨.	➡	야간 조명의 긍정적 측면을 부각함.

2 밤이 아름다운 도시

야간 조명 계획을 세울 때 유의할 점

- 감성을 자극할 수 있어야 함.
- 강조할 곳, 연출이 필요한 부분에 조명 시설을 설치해야 함.
- 도시 전체적으로는 인공조명을 최소한으로 줄여야 함.

다 ★야간에는 조명된 부분으로만 시선이 집중되므로 주간에 비하여 효율적인 *경관 연출이 가능하다. 도시의 경관이 만들어지기까지 오랜 세월이 소요되는 것에 비해 <u>야간 경관은 조명을 통하여 짧은 기간 내에 상대적으로 적은 예산을 투자하여 원하는 모습을 만들 수 있다는 장점이 있다.</u> _{야간 경관 조명 정책의 장점} 따라서 야간 조명은 도시의 관광 정책에서도 중요한 전략 요소가 되고 있다. <u>경관 조명을 시의 정책으로 적극 추진하여 성공한 대표적인 사례가 프랑스 리옹이다.</u> _{야간 경관 조명을 도시 정책으로 추진하여 성공한 예} 리옹에서는 도시의 조명 계획이 선거 공약으로까지 내세워졌었다. 1989년 당선된 미셸 느와르 시장은 공약대로 5년간 매년 시 재정의 5%씩을 야간 경관 조성 사업에 투자하여 150개 건물과 *교량에 조명 기기를 설치하여 도시 전체를 커다란 조명 예술 작품으로 바꿔 놓았다. <u>이 계획은 컨벤션 산업과 연계되어 리옹시를 세계적인 관광 도시와 국제회의 도시로 *부상시키는 데 큰 역할을 하였고 리옹은</u> _{야간 경관 조명 정책의 성공적 결과 → 글쓴이의 긍정적 관점} '빛의 도시', '밤이 아름다운 도시'라는 명성을 갖게 되었다. ▶ **야간 경관 조명 정책의 성공적 (   )**

라 ★도시에 있어서 야간 조명은 단순히 어둠을 밝히기 위한 수단이 아니며 감성을 자극할 수 있어야 한다. 또한 조명을 무조건 밝고 화려하게 한다고 좋은 것은 아니다. 요란한 색채의 조명을 서로 경쟁하듯이 밝게만 한다면 마치 테마파크와 같은 장면이 연출될 것이며 깊이 없고 산만한 경관이 만들어질 것이다. 강조할 곳, 연출이 필요한 부분에는 과감하게 조명 시설을 설치하고, 도시 전체적으로는 인공조명을 최소한으로 줄이는 등 적극적이면서 동시에 절제된 조명 계획이 적용되어야 한다. <u>우리나라의 도시도 야간 조명을 통하여 도시 전체를 하나의 예술 작품으로 만들어 나가는 노력이 필요하다.</u> _{글쓴이의 주장이 드러난 부분} ▶ **적절한 (   ) 계획 수립의 필요성**

마 도시 브랜드 가치를 높이는 방법의 하나로 빛의 도입을 보다 적극적으로 검토할 필요가 있으며, 각 도시의 장소적 특성 등과 연계한 빛의 적용 전략에 대하여 구체적인 논의를 시작해야 한다. 우리나라의 도시도 멋진 야경으로 유명한 '밤이 아름다운 도시'로 불리는 날이 곧 오기를 기대해 본다. ▶ **야간 조명을 활용한 도시 정책 마련의 필요성 촉구**

【 구절 풀이 】

★**야간에는 조명된 ~ 경관 연출이 가능하다.:** 도시 경관을 꾸밀 때, 야간 경관은 조명을 위주로 연출이 가능하므로 주간 경관에 비해 예산이 덜 소요되고 시간도 덜 걸린다는 장점을 설명하고 있는 부분이다.

★**도시에 있어서 ~ 자극할 수 있어야 한다.:** 글쓴이는 야간 조명을 바라볼 때 실용적인 목적보다는 아름다움을 중시하는 관점에서 접근하고 있음을 보여 준다.

【 낱말 풀이 】

- **경관:** 산이나 들, 강, 바다 따위의 자연이나 지역의 풍경. '경치', '아름다운 경치'로 순화.
- **교량:** 시내나 강을 사람이나 차량이 건널 수 있게 만든 다리.
- **부상시키다:** 어떤 현상이 관심의 대상이 되게 하거나 어떤 사람이 훨씬 좋은 위치로 올라서게 하다.

06 이와 같은 글의 형식상 특징을 〈보기〉에서 모두 골라 바르게 묶은 것은?

┤ 보기 ├

ㄱ. 3단 구성에 따른 체계적인 짜임을 갖추고 있다.
ㄴ. 표제, 부제, 전문, 본문, 해설로 이루어져 있다.
ㄷ. 적절한 근거를 제시하여 주장의 타당성을 입증한다.
ㄹ. 경험을 보여 준 뒤 그로부터 얻은 깨달음을 서술한다.

① ㄱ, ㄴ   ② ㄱ, ㄷ   ③ ㄴ, ㄷ
④ ㄴ, ㄹ   ⑤ ㄷ, ㄹ

07 이 글을 읽고 이해한 내용으로 적절하지 않은 것은?

① 야간은 주간에 비하여 효율적으로 경관을 연출할 수 있다.
② 야간 조명은 사람들의 감성을 자극하는 역할을 해야 한다.
③ 야간 조명을 통해 도시를 하나의 예술 작품으로 가꿔 나가야 한다.
④ 프랑스의 리옹은 야간 경관 조명 정책의 결과로 세계적인 관광 도시로 유명해졌다.
⑤ 야간 조명 계획을 세울 때에는 인공조명을 최대한 늘려 도시를 밝고 화려하게 꾸미도록 해야 한다.

08 이 글과 〈보기〉에서 '야간 조명'을 대하는 관점의 차이를 드러내는 말을 적절하게 짝 지은 것은?

┤ 보기 ├

빛 공해는 사람은 물론 짐승, 곤충 등의 행동에 영향을 끼치기도 한다. 호수 주변의 빛 공해가 물 위의 조류를 먹는 물고기의 포식 행위를 막아서 적조 등의 해로운 조류가 증가하고, 이것이 물고기를 전멸시키는 원인이 되었다는 연구 결과가 있다. 또한 많은 곤충학자들은 야간 조명이 벌의 비행 능력을 방해하고 있다고 주장한다. 조류학자들은 새들에게도 악영향을 줄 수 있다고 한다.

	이 글	〈보기〉		이 글	〈보기〉
①	객관적	주관적	②	긍정적	부정적
③	비판적	우호적	④	직설적	우회적
⑤	현실적	이상적			

09 〈중요〉 서술형

이 글을 통해 글쓴이가 주장하는 바를 〈조건〉에 맞게 서술하시오.

┤ 조건 ├

• 청유문 형식의 한 문장으로 쓸 것.
• (라)의 내용을 바탕으로 쓸 것.

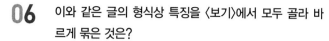

100점 특강

● 이 글에 드러난 글쓴이의 관점

글쓴이의 생각이 드러난 부분	글쓴이의 관점
• '우리나라의 도시도 야간 조명을 통하여 도시 전체를 하나의 예술 작품으로 만들어 나가는 노력이 필요하다.' • '도시 브랜드 가치를 높이는 방법의 하나로 빛의 도입을 보다 적극적으로 검토할 필요가 있으며' • '우리나라의 도시도 멋진 야경으로 유명한 '밤이 아름다운 도시'로 불리는 날이 곧 오기를 기대해 본다.'	• 야간 조명에 대한 긍정적 관점 • 도시 경관을 중시하는 관점

● 글쓴이의 주장과 글의 형식

		글의 형식
주장	'결론'에서 우리나라도 야간 조명을 적극적으로 활용하여 밤이 아름다운 도시를 만들자고 주장함.	'서론-본론-결론'의 체계적인 짜임을 갖추고, 객관적 근거를 제시하여 주장의 타당성을 높이는 '논설문'의 형식을 취함.
근거	'본론'에서 야간 조명을 활용하여 매력적인 관광지가 된 도시의 사례를 객관적 근거로 제시함.	

[01~03] 다음 글을 읽고 물음에 답하시오.

가 미국의 사진작가 크리스 조던은 2009년 북태평양 미드웨이 섬에서 촬영한 충격적인 사진을 인터넷에 공개했다. 사진 속에는 멸종 위기종 새인 알바트로스가 죽어 있고, 그 몸속에는 작은 플라스틱 조각들이 가득 차 있었다. 음료수 플라스틱 병뚜껑과 라이터, 작게 부서진 플라스틱 조각들이 죽은 알바트로스 사체의 배 속을 가득 채우고 있었다. 알바트로스는 바닷물에 떠다니는 플라스틱 조각을 먹이로 착각하여 삼켰다가 위장 장애를 겪고, 결국엔 영양실조로 서서히 죽어 갔을 것이다. 조던은 사진이 너무 충격적이라 플라스틱 조각을 모아서 찍은 사진 조작이 아닐까 하는 의혹에 대해 이렇게 말했다.

"이 비극을 명확하게 전달하기 위해 나는 플라스틱 한 조각에도 손대지 않았다."

나 플라스틱은 지구상에 없던 물질을 인간이 만들어 낸 것으로, 석유를 널리 사용하면서부터 개발되어 탄생한 지 이제 100년가량이 되었다. 그러나 플라스틱 분해 기간은 500년이거나 그 이상이라고 알려져 있고, 어떤 전문가들은 플라스틱 분해 기간을 정확히 알 수 없다고도 말한다. 다만 정확한 것은 지금까지 만들어 낸 플라스틱은 태우지 않는 한 자연 상태에 그대로 남아 있다는 것이다.

다 해양 쓰레기의 60~80%는 플라스틱이 차지하고 있고, 바다에 떠다니거나 풀숲 사이에 흉물스럽게 버려져 경관을 해치고 관광 산업에 피해를 준다. 잘게 부서진 플라스틱은 새와 물고기 같은 바다 생태계에 큰 영향을 미치고, 어업과 어장 같은 수산업에도 피해를 줄 뿐 아니라 배의 스크루에 감겨 선박의 안전도 위협하고 있다. 사람의 눈에 보이지 않을 정도로 작은 미세 플라스틱은 물고기의 내장뿐 아니라 싱싱한 굴 속에서도 발견되어 우리 건강까지 위협하고 있다.

손 닿는 곳 어디에나 있는 이 플라스틱 시대에 플라스틱을 전혀 사용하지 않을 순 없지만 줄일 수 있다면 줄여 보자. 특히 짧은 시간에 사용하고 버리는 일회용 플라스틱 제품은 선택하지 말자. 지질 시대에 만들어진 석유는 지구가 매우 오랜 기간에 걸쳐 만들어 낸 소중한 자원이다. 우리는 이 소중한 석유를 10분가량 쓰고 난 뒤 버려질 플라스틱으로 만들었다가 다시 수백 년 동안 분해되지 않는 쓰레기로 만들어 내고 있다. ㉠지금까지 사람들이 만들어 낸 모든 플라스틱은 썩지 않고 이 지구에 존재하고 있다. 길바닥에 나뒹구는 쓰레기로, 바다를 떠다니는 해양 쓰레기로, 매립장에 가득 쌓인 쓰레기로 다양한 모습으로 존재하고 있다. 나는 이 땅에서 죽어 사라져도 내가 사용한 플라스틱은 여전히 남아 있다. 그런데도 계속 이렇게 편하게 쓰고 쉽게 버려도 될까?

01 **(가)~(다)에 대한 설명으로 적절하지 않은 것은?**

① (가): 사례를 통해 플라스틱이 해양 생태계에 미치는 영향을 보여 주고 있다.

② (가): 플라스틱 오염의 심각성을 알린 사진작가의 행동을 통해 매체의 역할을 강조하고 있다.

③ (나): 플라스틱으로 인해 발생하는 문제가 플라스틱의 성질에 근거한 것임을 알 수 있다.

④ (다): 플라스틱이 동물과 인간에게 미칠 수 있는 악영향을 설명하고 있다.

⑤ (다): 실현 가능성을 생각하여 특히 일회용 플라스틱 제품의 사용을 줄이자는 제안을 하고 있다.

02 **(중요)** **이 글을 읽는 과정에서 독자가 보일 수 있는 반응으로 적절하지 않은 것은?**

① 알바트로스가 플라스틱 조각을 먹이로 착각할 수 있다는 것이 놀라웠어.

② 음식물을 통해 우리 몸으로 들어온 플라스틱이 어떤 영향을 주는지 관련 서적을 찾아봐야겠어.

③ 플라스틱 때문에 죽은 바다거북의 다큐멘터리를 본 적이 있어서 알바트로스 사례가 더 잘 와닿았어.

④ 과학 시간에 플라스틱을 만드는 원리에 대해 배웠지만 분해가 어렵다는 것은 새롭게 알게 되었어.

⑤ 플라스틱을 전혀 사용하지 않을 수 없다는 걸 보니 글쓴이는 환경 보호에 대한 의지가 약한 것 같아.

03 **이 글을 읽는 과정에서 〈보기〉와 같은 의문이 발생했을 때, 의문 해결을 위해 참고할 수 있는 문단과 의문에 대한 답을 서술하시오.**

┤ 보기 ├

㉠의 의미가 애매모호한 것 같아. 왜 지금까지 만든 모든 플라스틱이 썩지 않는다고 한 것일까?

[04~06] 다음 글을 읽고 물음에 답하시오.

가 중세 유럽의 향신료 탐험은 1492년 콜럼버스의 신대륙 발견으로 이어졌습니다. 자신이 밟은 땅을 인도라고 착각한 콜럼버스는 후추를 찾지 못했지만 대신 감자와 고추를 발견하였습니다. 그는 자신의 일기에 '후추보다 더 좋은 향신료'라고 고추를 평했습니다. / 이후 콜럼버스에 의해 유럽으로 전해진 고추는, 16세기 포르투갈과 네덜란드 상인을 통해 아시아, 아프리카까지 퍼져 나갔습니다. 그렇게 고추는 한 세기 만에 전 세계로 전해졌고, 많은 사람의 입맛을 사로잡게 되었습니다. 그만큼 고추는 신대륙과 함께 발견한 또 다른 보물이었던 셈입니다.

나 고추는 우리 식탁에서 빼놓을 수 없는 향신료이지만, 우리나라에 고추가 들어온 지는 400년밖에 되지 않는다고 합니다. 고추가 국내로 들어오게 된 시기를 놓고 의견이 분분한데, 임진왜란 즈음에 일본으로부터 들여온 것이라는 설이 일반적입니다.

중남미에서 유럽으로 건너온 고추는 포르투갈 무역선에 실려 1540년대 마카오와 중국 무역항에 도착합니다. 그리고 1543년 포르투갈 상인을 통해 일본 규슈까지 전해지게 됩니다. 그렇게 고추는 일본을 거쳐 지금의 부산인 동래 왜관을 통해 들어와 본격적으로 재배되기 시작했습니다. 임진왜란 이전에 이미 고추 재배가 경상도 일대로 퍼져 나간 것입니다. 재배가 어렵지 않은 덕분에 그 뒤 고추는 남에서 북으로 점차 확산되었습니다.

다 1614년 편찬된 『지봉유설』에서는 일본에서 전래되었다 해서 고추를 '왜개자(일본에서 들여온 겨자)'라 불렀으며, 이익은 『성호사설』에서 '왜초'라고 일컬었습니다. 당시엔 고추를 일본인이 조선인을 독살할 목적으로 가져온 독초로 취급했다고 합니다. 그래서 멀리해 오다 향신료 가격이 오르면서 점차 고추로 눈을 돌리게 되었습니다. 18세기 들어 김치나 젓갈의 맛이 변하는 것을 방지하고 냄새를 제거하는 용도로 사용되면서 비로소 매운맛의 재료로서 자리 잡게 된 거입니다. 그 뒤 고추를 고초라고 불렀는데 이는 후추같이 매운맛을 내는 식물이라 하여 붙인 이름입니다. 이러한 과정을 거쳐 고추의 매운맛이 서민들 밥상에 정착하게 된 것은 불과 19세기 초반이었습니다. 한국 요리가 맵다는 고정관념도 실제로는 2백 년 남짓밖에 되지 않았다는 이야기입니다.

라 우리에게 너무나도 친숙한 고추는 많은 매력을 지닌 채소로, 우리 민족과는 떼려야 뗄 수 없는 찰떡궁합의 향신료입니다.

보건 복지부의 조사에 따르면 우리나라는 1인당 하루 고추 섭취량이 7.2그램으로, 세계 최고 수준이라고 합니다. 심지어 매운 고추를 고추장에 찍어 먹는 유일한 나라입니다. 명실상부한 매운맛 대국입니다. 이제 고추의 알싸한 매운맛은 세계인들이 자꾸 찾는 맛이 되어 가고 있습니다.

04 이 글에 대한 설명으로 적절하지 않은 것은?
① 시간의 흐름에 따라 고추의 전파 과정을 설명하고 있다.
② 비유적 표현을 사용하여 고추의 가치를 드러내고 있다.
③ 고추의 명칭 변화와 명칭에 담긴 고추의 특징을 설명하고 있다.
④ 고추에 대한 전문가의 말을 인용하여 제시한 정보의 신뢰성을 높이고 있다.
⑤ 통계 자료를 활용하여 고추가 우리 민족과 떼려야 뗄 수 없는 관계라는 생각의 타당성을 높이고 있다.

05 이 글을 통해 얻을 수 있는 고추에 대한 정보가 아닌 것은?
① 콜럼버스는 고추를 후추보다 좋다고 평했다.
② 우리나라의 1인당 하루 고추 섭취량은 세계 최고 수준이다.
③ 고추는 한때 조선인 독살을 목적으로 가져온 독초로 취급받았다.
④ 고추가 우리나라에 도입된 후, 재배가 어렵지 않아 전국으로 확산되었다.
⑤ 고추는 다른 향신료보다 비쌌지만 맛 변화를 방지하고 냄새를 제거할 수 있었다.

06 서술형
이 글을 읽는 과정에서 독자가 〈보기〉와 같은 반응을 보였을 때, 사용하고 있는 읽기 전략을 서술하시오.

┤ 보기 ├
'우리나라에 전파된 고추'에 대한 보고서를 쓰기 위해 정보를 수집하는 것이 읽기 목적이므로 (나)를 다시 읽고, 관련 내용을 선별해서 정리해야겠어.

[07~10] 다음 글을 읽고 물음에 답하시오.

영국 왕립 학회의 모토는 '㉠다른 사람의 얘기를 그대로 믿지 말라(Nullius in verba).'입니다. 탐구한다는 것은 사람들이 철석같이 믿고 있는 사실을 당연하게 받아들이지 않고 의심하는 일을 뜻합니다.

파스퇴르가 살던 시대 사람들은 미생물이 저절로 발생한다고 믿었습니다. 권위 있는 학자들도 예외는 아니어서 이러한 믿음을 학설로 굳혀 놓기까지 했습니다. 하지만 파스퇴르는 권위에 따르지 않고 실험을 통해 반론을 폈습니다.

파스퇴르는 멸균시키지 않은 육즙은 발효가 되었지만, 멸균시킨 육즙에서는 발효가 일어나지 않고 원래의 맛과 모습을 계속 유지한다는 사실을 알아냈습니다. 생명이 없는 육즙이 변형되어 생명체인 미생물이 발생하는 것은 불가능하다는 사실을 보여 준 것이지요. ㉡미생물이 무생물로부터 자연적으로 발생되는 것이 아니라 사람처럼 생명을 지닌 고유한 존재라는 사실을 입증했습니다.

의심은 마법사의 물과 같습니다. 의심을 하는 순간 죽어 있던 진실이 생명을 얻고 살아나기 시작하니까요. 그렇다고 밑도 끝도 없이 의심만 해야 한다는 이야기는 아닙니다. 모두가 옳다고 주장하는 이야기라도 틀릴 수 있다는 사실을 잊지 말아야 한다는 것입니다.

우리 주위에는 ㉢당연한 상식이 되어 우리의 생각을 지배하고 있는 믿음들이 있습니다. 여러분은 텔레비전을 통하여, 교과서를 통하여, 어른들의 이야기를 통하여 하나둘씩 받아들입니다. 하지만 그 믿음이 모두 진실일까요?

"자유 낙하를 하는 두 물체 중 더 무거운 것이 더 빨리 땅에 떨어진다."

아리스토텔레스는 이렇게 주장하고, 대부분의 사람들은 이 주장을 별 의심 없이 받아들였습니다. 하지만 갈릴레이는 이 주장에 의문을 품었습니다. 그리고 여러 번의 실험을 통해 모든 물체는 그 무게에 관계없이 똑같은 속도로 자유 낙하한다는 사실을 증명해 냈습니다.

코페르니쿠스 역시 누구나 믿고 따르던 프톨레마이오스의 생각, 즉 우주의 중심이 지구라는 생각에 의심을 품었습니다. 그리고 ㉣지동설을 통해 지구는 태양을 중심으로 도는 행성임을 밝혀냈습니다.

이처럼 탐구하는 것은 ㉤우리를 둘러싸고 있는 잘못된 믿음에 의심을 품고, 새로운 가설을 세우고 실험을 통해 입증하여 그 잘못을 바로잡는 일을 뜻합니다.

07 이 글을 통해 알 수 있는 내용으로 적절하지 <u>않은</u> 것은?

① 파스퇴르는 권위 있는 학자들과 뜻을 같이 하였다.
② 우리가 교과서를 통해 받아들이는 믿음이 진실이 아닐 수 있다.
③ 갈릴레이는 실험을 통해 아리스토텔레스의 주장이 틀렸음을 증명했다.
④ 코페르니쿠스는 지구에 관한 프톨레마이오스의 생각에 의심을 품었다.
⑤ 탐구하는 것은 우리를 둘러싸고 있는 믿음의 잘못된 부분을 바로잡을 수 있다.

08 중요 글쓴이가 사용한 글쓰기 전략으로 적절하지 않은 것은?

① 비유적 표현을 통해 '의심'의 중요성을 강조해야지.
② '의심'과 관련한 영국 왕립 학회의 모토를 인용해야지.
③ 글의 마지막 부분에 사례를 통해 도출한 결론을 제시해야지.
④ 글의 중간 부분에 탐구와 관련된 유사한 사례들을 제시해야지.
⑤ 글의 앞부분에 사례들을 종합할 수 있는 대전제를 제시해야지.

09 ㉠~㉤ 중, 성격이 <u>다른</u> 하나는?

① ㉠   ② ㉡   ③ ㉢   ④ ㉣   ⑤ ㉤

10 서술형 ✏️ 이 글에서 사례로 제시한 '파스퇴르, 갈릴레오, 코페르니쿠스'의 공통점을 〈조건〉에 맞게 서술하시오.

┌ 조건 ┐
• '상식'과 '의심'을 반드시 포함하여 쓸 것.
• 30자 내외의 한 문장으로 쓸 것.

[11~14] 다음 글을 읽고 물음에 답하시오.

현대의 노동 환경을 생각해 보자. 우리는 과거와 완전히 다른 방식으로 일하고 있다. 세상은 훨씬 더 복잡해졌고 제공되는 정보의 양은 너무나 많다. 상대해야 하는 사람의 수도 훨씬 많아졌고, 무엇보다도 발달된 정보 통신 기술 때문에 이들을 실시간으로 상대해야 하는 환경에 처해 있다.

어느 여류 작가의 말처럼, 오늘날 우리는 '끊임없는 작은 집중'의 시대에 살고 있다. 이 일에서 저 일로 빨리빨리 주의를 옮겨 가야 할 때, 아무리 집중을 하더라도 우리는 그 각각의 일에 관한 정보를 모두 갖고 있기가 힘들게 마련이다. 수많은 일을 처리해야 하는 이러한 근무 환경에서라면 많은 정보들을 다른 곳에 저장했다가 필요할 때마다 빨리 찾아내어 사용하는 것이 효율적인 방법인 동시에 불가피한 선택이라 하겠다. 이제 ㉠정보는 '기억하는' 것이 아니고 '찾는' 것인 시대가 되고 있는 것이다.

일하는 환경이 이렇게 바뀜에 따라 우리 뇌의 능력은 점점 기억하는 뇌가 아닌 필요한 정보를 빨리 찾는 뇌로 바뀌어 가고 있다. 자신이 알고 있는 몇몇 정보보다는 다른 사람이 갖고 있는 모든 정보를 모아 놓은 것이 정보로서 훨씬 더 가치가 있으며, 자기 자신만의 정보를 잘 기억하는 능력보다는 여기저기 놓여 있는 정보를 효과적으로 잘 찾는 능력이 훨씬 중요하게 여겨지는 사회로 바뀌고 있는 것이다. 어떤 사람들은 지금과 같은 디지털 기술 의존 현상이 결국 기억 능력을 크게 떨어뜨려 인간을 퇴보하게 할 것이라고 주장하지만, 보조 기억을 디지털 기기로 이동하는 것이 기억 능력의 퇴보는 아니라고 본다. 정보를 어디서 찾을 수 있는가에 대한 정보도 기억이 돼야 하며, 앞으로는 정보 자체의 기억보다는 이런 정보를 찾을 수 있는 원천이나 방법에 대한 기억이 더욱 중요해질 것이기 때문이다.

요컨대 디지털 기술 의존 현상은 인간의 진화와 문명의 진전 과정에서 늘 존재해 왔던 기존의 기술 의존 현상과 다를 바 없는 것이요, 방대한 정보 처리와 효율적 업무 처리를 요하는 현대 사회의 환경에 적응하기 위한 불가피한 선택일 뿐이며, 그로 인해 오히려 더욱 창조적인 새로운 능력을 인간에게 가져다준 것으로 보아야 한다. 그러니 굳이 ㉡디지털 치매라는 이상한 종류의 병에 걸렸다고 걱정하지 말고 인간 진화의 자연스러운 양상일 뿐이며 미래형 인간을 향한 진보의 결과로 마음 편하게 받아들이길 권할 따름이다.

11 이 글에 대한 설명으로 적절한 것은?

① 전문가의 주장을 인용한 후 이에 대해 조목조목 반박하고 있다.
② 글쓴이의 주장과 관련하여 구체적인 실천 방안을 제시하고 있다.
③ 구체적인 통계 자료를 제시하여 글쓴이의 주장을 강화하고 있다.
④ 과거와 현대의 상황을 대조하며 중심 화제에 대한 새로운 인식을 제안하고 있다.
⑤ 다른 나라의 사례를 제시하여 우리나라에서도 유사한 문제가 발생할 수 있음을 경고하고 있다.

12 이 글을 읽고 답을 찾을 수 있는 질문에 해당하지 **않는** 것은?

① 디지털 기술 의존 현상을 병으로 보아야 하는가?
② 우리 뇌의 능력은 어떤 방향으로 변화되고 있는가?
③ 현대의 노동 환경은 과거에 비해 어떻게 달라졌는가?
④ 보다 많은 정보를 기억하기 위한 효과적인 방법은 무엇인가?
⑤ 정보와 관련하여 현대 사회에서 중요하게 여기는 능력은 무엇인가?

13 서술형

글쓴이가 ㉠과 같이 말한 까닭은 무엇인지 〈조건〉에 맞게 서술하시오.

┌─ 조건 ├─
• 현대의 노동 환경과 관련지어 쓸 것.
• 50자 내외의 한 문장으로 쓸 것.
└────────

14 ㉡의 사례로 들기에 적절하지 **않은** 것은?

① 계산기가 없으면 간단한 계산조차 하지 못한다.
② 휴대 전화가 없으면 친구들의 전화번호를 모른다.
③ 지도 없이는 처음 가는 곳을 제대로 찾아가지 못한다.
④ 스마트폰 앱이 없으면 기념일을 제대로 챙기지 못한다.
⑤ 노래방 기기 없이는 애창곡의 가사를 제대로 외워 부를 수 없다.

[15~20] 다음 글을 읽고 물음에 답하시오.

가 빛과 어둠! 우리는 빛은 좋은 것으로, 어둠은 나쁜 것으로 인식하는 경향이 있다. 적어도 건강상의 문제에 있어서는, 빛도 중요하지만 그에 못지않게 어둠도 중요하다. 행복 호르몬으로 불리는 세로토닌은 빛에 의해서, 수면 호르몬으로 불리는 멜라토닌은 어둠에 의해서 생성되기 때문이다. 그런데 빛의 발달, 조명으로 인해서 밤과 낮의 구분이 없어진 지 오래고, 도심의 밤은 항상 밝은 빛으로 가득 차 있다. 과연 우리 건강에 지장이 없을까? 〈중략〉

빛 공해는 사람은 물론 짐승, 곤충 등의 행동에 영향을 끼치기도 한다. 호수 주변의 빛 공해가 물 위의 조류를 먹는 물고기의 포식 행위를 막아서 적조 등의 해로운 조류가 증가하고, 이것이 물고기를 전멸시키는 원인이 되었다는 연구 결과가 있다. 또한 많은 곤충학자들은 야간 조명이 벌의 비행 능력을 방해하고 있다고 주장한다. 조류학자들은 새들에게도 악영향을 줄 수 있다고 한다.

또한 식물에 24시간 빛을 쬐는 현상이 지속되면 씨를 맺지 못하는 현상이 발생하기도 한다. 예를 들어, 빛에 특히 민감한 들깨는 꽃과 씨를 맺지 못하고 키만 쑥쑥 자란다. 농촌 진흥청 국립 식량 과학원 연구 결과 6~10럭스 밝기의 빛에 장기간 노출될 경우 노출될 경우 농작물의 수확량이 벼는 16%, 보리는 20%, 들깨는 94%가 감소하는 것으로 나타나기도 했다. 이처럼 빛은 알게 모르게 자연계 전반에 악영향을 끼치며, 우리들의 삶에 직·간접적으로 관여하고 있다.

ⓐ가장 지혜롭게 사는 것은 자연법칙, 즉 자연의 시계대로 살아가는 것이다. 그러기 위해서는 세상이 바뀌기를 기다리기 전에 나부터 바꾸는 것이 필요하지 않을까? 지금 당장 가능한 한 불필요한 불을 끄자.

나 밤이 길어졌다. 도시에 밤이 찾아오면 낮 동안의 분주함을 소용히 넓은 채로 낮과는 전혀 다른 새로운 풍경이 연출된다. 낮 동안 보이던 도시의 모든 디테일은 어둠 속에 가려지고 조명 빛을 비추는 부분만 드러나면서 마치 옷을 갈아입은 듯 전혀 다른 모습으로 변신한다. ㉠여행지에서 만나는 아름다운 야경은 낮의 풍경과는 또 다른 감성으로 관광객들을 매료한다. 〈중략〉

야간에는 조명된 부분으로만 시선이 집중되므로 주간에 비하여 효율적인 경관 연출이 가능하다. 도시의 경관이 만들어지기까지 오랜 세월이 소요되는 것에 비해 ㉡야간 경관은 조명을 통하여 짧은 기간 내에 상대적으로 적은 예산을 투자하여 원하는 모습을 만들 수 있다는 장점이 있다. 따라서 야간 조명은 도시의 관광 정책에서도 중요한 전략 요소가 되고 있다. 경관 조명을 시의 정책으로 적극 추진하여 성공한 대표적인 사례가 프랑스 리옹이다. 리옹에서는 도시의 조명 계획이 선거 공약으로까지 내세워졌었다. 1989년 당선된 미셸 느와르 시장은 공약대로 5년간 매년 시 재정의 5%씩을 야간 경관 조성 사업에 투자하여 150개 건물과 교량에 조명 기기를 설치하여 도시 전체를 커다란 조명 예술 작품으로 바꿔 놓았다. 이 계획은 컨벤션 산업과 연계되어 리옹 시를 세계적인 관광 도시와 국제회의 도시로 부상시키는 데 큰 역할을 하였고 리옹은 '빛의 도시', '밤이 아름다운 도시'라는 명성을 갖게 되었다.

ⓒ도시에 있어서 야간 조명은 단순히 어둠을 밝히기 위한 수단이 아니며 감성을 자극할 수 있어야 한다. 또한 조명을 무조건 밝고 화려하게 한다고 좋은 것은 아니다. 요란한 색채의 조명을 서로 경쟁하듯이 밝게만 한다면 마치 테마파크와 같은 장면이 연출될 것이며 깊이 없고 산만한 경관이 만들어질 것이다. 강조할 곳, 연출이 필요한 부분에는 과감하게 조명 시설을 설치하고, 도시 전체적으로는 인공조명을 최소한으로 줄이는 등 적극적이면서 동시에 절제된 조명 계획이 적용되어야 한다. ⓓ우리나라의 도시도 야간 조명을 통하여 도시 전체를 하나의 예술 작품으로 만들어 나가는 노력이 필요하다.

도시 브랜드 가치를 높이는 방법의 하나로 빛의 도입을 보다 적극적으로 검토할 필요가 있으며, 각 도시의 장소적 특성 등과 연계한 빛의 적용 전략에 대하여 구체적인 논의를 시작해야 한다. ⓔ우리나라의 도시도 멋진 야경으로 유명한 '밤이 아름다운 도시'로 불리는 날이 곧 오기를 기대해 본다.

15 (가)와 (나)의 형식상 공통점으로 적절한 것은?
① '서론 – 본론 – 결론'의 3단 구성을 취한다.
② '경험 – 깨달음'이라는 2단 구성을 취한다.
③ '기 – 승 – 전 – 결'의 4단 구성을 취하고 있다.
④ '표제 – 부제 – 전문 – 본문 – 해설'의 5단 구성을 취한다.
⑤ '문제 상황 분석 – 해결책 제시'의 2단 구성을 취한다.

16 (가)의 글쓴이와 (나)의 글쓴이가 대화한다고 가정할 때, 적절하지 **않은** 것은?

① (가): 과도한 인공 불빛 때문에 도심의 밤이 늘 대낮같이 밝은 현실이 과연 좋은 것인지 생각해 볼 필요가 있습니다.

② (나): 맞습니다. 하지만 인공 불빛이 선사하는 아름다움도 있습니다. 야간 조명 덕분에 낮과는 전혀 다른 밤 풍경이 우리의 감성을 자극하지요.

③ (가): 하지만 그 아름다움의 이면에는 여러 문제들이 숨어 있습니다. 예를 들어, 야간 조명 때문에 농작물의 수확량이 감소하여 농민들이 피해를 보고 있지요.

④ (나): 그렇지만 이익을 보는 경우도 있어요. 프랑스 리옹시는 인공조명을 줄인 친환경적 조명 정책으로 밤이 아름다운 도시를 만들어 관광 수익을 올렸지요.

⑤ (가): 그래도 야간 조명이 우리 삶에 미치는 부작용을 고려한다면 필요 이상의 빛 사용은 줄이기 위해 노력해야 한다고 생각합니다.

17 (가)의 주장을 뒷받침할 수 있는 근거를 추가로 수집하고자 할 때, 적절하지 **않은** 것은?

① 밤에 이동하는 철새들은 고층 빌딩들의 환한 불빛으로 길을 잃고 있다.

② 수면 중 미량의 불빛이라도 켜져 있으면 유방암 발병률이 40% 정도 증가한다.

③ 과도한 야간 조명은 성장 호르몬 분비를 방해하여 청소년의 성장을 더디게 할 수 있다.

④ 집 안으로 간접적으로 들어오는 빛인 간접광은 인간의 생체 리듬을 깨뜨려 건강을 해칠 수 있다.

⑤ ○○○ 패션 타운 관광 특구는 24시간 불을 밝히는 야간 조명 때문에 에너지가 심각하게 낭비되고 있다.

18 ㉠~㉤ 중, 야간 조명의 경제적 측면을 다룬 것으로 적절한 것은?

① ㉠   ② ㉡   ③ ㉢   ④ ㉣   ⑤ ㉤

19 (가), (나)와 〈보기〉의 관점과 형식을 비교한 내용으로 적절한 것은?

┤ 보기 ├

20○○년 ○월 ○○일

동아리 발표회가 코앞으로 다가와 방과 후에 학교에 남아 늦게까지 연습을 했다. 끝나고 집으로 돌아가는 길이 꽤 어두워 살짝 겁이 났다. 그래서 아버지께 전화를 드렸더니 고맙게도 마중을 나오셨다.

아버지께서는 곧 이곳에 '스마트 가로등'이라는 것이 생길 거라고 말씀하셨다. 스마트 가로등은 블랙박스와 가로등이 결합된 형태로, 범죄 예방 효과를 노리고 시청에서 설치하는 거라고 하셨다. 인터넷을 검색해 보니, 실제로 밤에 인적이 드문 지역에 가로등을 촘촘히 세운 후에 범죄 발생률이 줄어든 예가 있었다. 스마트 가로등이 생기면, 그래도 불안감이 조금은 사라질 것 같다. 밤길을 환하게 밝히는 똑똑한 가로등을 하루빨리 만나고 싶다.

① (가)와 〈보기〉는 야간 조명에 대해 긍정적인 관점을, (나)는 부정적인 관점을 취하고 있다.

② (가)와 (나)는 야간 조명에 대해 비판적인 태도로, 〈보기〉는 우호적인 태도로 접근하고 있다.

③ (가)와 (나)에는 글쓴이의 생각을 뒷받침하는 근거가 있지만, 〈보기〉에는 근거가 제시되어 있지 않다.

④ (가)에는 건강과 환경을 중시하는 입장이, (나)와 〈보기〉에는 안전과 실용을 중시하는 입장이 드러나 있다.

⑤ (가)와 (나)는 객관적 자료를 제시하여 글쓴이의 생각을 논리적으로 전개하지만, 〈보기〉는 글쓴이가 보고 들은 것을 바탕으로 생각을 자유롭게 표현하고 있다.

서술형

20 (가)를 바탕으로 하여 ⓐ의 구체적 내용을 〈조건〉에 맞게 서술하시오.

┤ 조건 ├

• (가)에 담긴 글쓴이의 의도가 드러나게 쓸 것.
• 일상생활에서 실천 가능한 방법을 쓸 것.

IV 쓰기

01 쓰기의 본질과 쓰기 윤리

더 알아 두기

◈ 글쓰기를 위해 자료를 수집할 때 유의할 점
- 자료의 신뢰성을 고려해야 함.
- 자료의 주제와의 연관성을 고려해야 함.

◈ 개요 작성할 때 유의할 점
- 주제문을 먼저 작성해야 함.
- 각 부분을 나누고 그 부분에 알맞은 내용을 배치해야 함.
- 글 전체의 흐름이 잘 드러나도록 작성해야 함.
- 불필요하거나 중복된 내용이 없도록 해야 함.

❶ 문제 해결 과정으로서의 글쓰기

글쓰기는 '계획하기, 내용 선정하기, 내용 조직하기, 표현하기, 고쳐쓰기'의 과정을 통해 이루어진다. 글쓴이는 글쓰기의 각 과정에서 부딪히는 여러 가지 문제를 해결하면서 글을 쓴다.

❷ 글쓰기 과정의 문제 해결하기

단계	문제	해결
계획하기	• 글을 시작하기 어려움.	• 글의 주제, 목적, 예상 독자, 매체 설정하기
내용 선정하기	• 배경지식이 부족함. • 내용을 선정하기 어려움.	• 다양한 매체를 활용하여 관련 내용 수집하기 • 주제와 글의 목적, 예상 독자를 고려하여 내용 선정하기
내용 조직하기	• 어떤 순서로 내용을 조직해야 할지 결정하기 어려움.	• 내용의 흐름이 자연스러운지 살펴보면서 개요 작성하기 • 추가할 내용이 있으면 추가하기
표현하기	• 적절한 제목을 짓기 어려움. • 독자의 관심을 유도할 방법을 찾기 어려움. • 글의 종류에 맞는 표현을 찾기 어려움.	• 글의 내용을 잘 드러낼 수 있는 제목 정하기 • 독자를 고려하여 글의 시작 부분 인상적으로 쓰기, 보조 자료 활용하기 • 문학적 글: 개성적·인상적 표현 비문학적 글: 간결하고 정확한 표현
고쳐쓰기	• 어떤 순서로 고쳐 써야 할지 혼란스러움.	• 글 전체 수준 → 문단 수준 → 문장 수준 → 단어 수준

예로 개념 확인

정민: 생각을 글로 표현하려니까 잘 되지 않네. 글쓰기는 참 어려운 것 같아.

민수: 맞아. ❶그러니까 글쓰기를 문제 해결 과정이라고 하는가 봐. 그나저나 이번에 모둠 과제는 어떻게 할까?

지호: 우선 우리나라의 세계 문화유산 중에서 무엇을 소개할지 정해야겠지.

정민: ❷우리나라에 있는 세계 문화유산이 무엇인지 잘 모르니까 막막하네.

민수: 세계 문화유산에 대한 정보가 많이 있을까? 또, 어떤 정보를 선택해야 하지?

지호: 정보는 인터넷에 많잖아? ❸아무 정보나 가져다가 적당히 잘 짜깁기 하면 되는 거 아냐?

민수: 무슨 소리야? ❹우리 나름대로 다양한 방법으로 정보를 수집하고 올바르게 정보를 이용하고 우리만의 방식으로 표현해야지.

정민: 자, 힘내서 열심히 해 보자. 백지장도 맞들면 낫다는데, 우리 모둠의 능력을 마음껏 발휘해 보자고.

❸ 쓰기 윤리의 뜻

글쓴이가 글을 쓰는 과정에서 지켜야 할 윤리적 규범을 의미한다.

❹ 쓰기 윤리의 범위

내용의 윤리	글의 내용이 사회적 규범과 기준을 해치지 않아야 함.
과정의 윤리	글을 쓸 때 표절이나 짜깁기 등을 하지 말고, 연구 결과와 과정을 왜곡하지 말아야 함.
표현의 윤리	자신의 견해, 의도, 감정 등을 진솔하게 표현하여 상대가 공감할 수 있도록 해야 함.

❺ 쓰기 윤리의 필요성

쓰기 윤리를 지키지 않은 글 ➡ • 진실이 아닌 그릇된 내용을 전달함. • 신뢰성이 떨어지는 내용을 전달함. • 무책임한 비방이 이루어짐. ➡ • 공동체의 의사 결정이나 정책 판단에 지장을 초래할 수 있음. • 상대방에게 큰 상처와 고통을 안겨 줌.

❻ 책임감 있는 글쓰기의 방법

바르게 인용하기
• 인용의 대상과 목적 분명히 밝히기
• 정보의 출처 밝히기

\+

사실에 근거한 글쓰기
• 특정 내용을 지나치게 과장하거나 왜곡하지 않기

\+

독창적인 글쓰기
• 자신의 생각을 담은 글쓰기
• 개성적 표현 활용하기

더 알아 두기

◈ 올바른 인용 방법
■ 인용의 목적이 상업적이지 않아야 한다.: 보도, 비평, 교육, 연구를 목적으로 하여 인용해야 함.
■ 정당한 범위 내의 인용이어야 한다.: 글쓴이가 쓰는 글이 중심이 되어야 하며, 인용되는 저작물은 부수적인 역할을 수행해야 함.
■ 공정한 관행에 합치되어야 한다.: 저작물 이용의 목적과 방법이 건전한 사회 통념에 비추어 판단할 때 공정한 관행에 합치되어야 하며, 출처를 표시해야 함.

---

❶ **글쓰기의 본질:** 글쓰기는 '계획하기 – 내용 선정하기 – 내용 조직하기 – 표현하기 – 고쳐쓰기'의 과정을 거쳐 이루어진다. 각 단계마다 글을 쓰는 사람은 여러 가지 어려움을 겪는다. 이러한 어려움을 극복하면서 글쓰기를 완성하기 때문에 글쓰기를 문제 해결 과정이라고 한다.

❷ **내용 선정하기 단계의 문제 해결하기:** 정민이와 민수는 글쓰기 과정에서의 부딪히는 문제에 대해 말하고 있다. 정민이는 주제와 관련한 배경지식이 너무 부족해서 어려움을 겪고 있고, 민수는 자료를 수집하여 내용을 선정하는 과정에서의 어려움을 호소하고 있다. 이와 같은 어려움을 극복하기 위해서는 주제와 관련하여 다양한 방식으로 정보를 수집하면서 배경지식을 확대해 나가고, 수집한 정보를 주제와 예상 독자를 고려하여 실제 글감으로 선정하는 문제 해결 과정이 필요하다.

❸ **쓰기 윤리 지키기:** 지호는 인터넷에 있는 정보를 무단으로 가져다가 적당히 짜깁기를 하겠다고 말하고 있다. 글쓰기에서 남의 글을 인용할 때에는 그 글을 쓴 사람의 허락을 받고 출처를 분명히 밝힌 후 인용해야 한다. 주제와 관련된 여러 사람의 글에서 마음에 드는 부분만 발췌하여 짜깁기를 하는 것은 글쓰기에서 지켜야 할 쓰기 윤리에서 벗어나는 행동이다.

❹ **올바른 글쓰기:** 올바른 글쓰기는 계획하기부터 고쳐쓰기까지 글쓰기의 전 과정에서 쓰기 윤리를 지키며 독창적으로 글을 쓰는 것을 말한다. 그 과정은 쉽지 않지만 각 단계에서 만나는 문제들을 해결해 가면서 글을 쓰는 사람의 생각하는 능력이 발전하고 그 생각을 표현하는 능력도 발전할 수 있다.

쓰기의 본질

- **해제:** 이 글은 문제 해결 과정으로서의 글쓰기를 이해하고 글쓰기의 과정을 짚어 가면서 글쓰기의 단계별로 문제 해결을 위해 해야 할 일을 설명하고 있는 글이다.
- **주제:** 문제 해결 과정으로서의 글쓰기 과정의 이해

내용 연구 ▶▶▶

문제 해결 과정으로서의 글쓰기

여행 계획 세우기

공통점	문제 해결 과정

여행지에 대한 안내문 작성하기

가 부모님이 여러분에게 이런 말씀을 하셨다고 가정해 보자.

"○○아, 이번 여행은 너희 계획대로 하기로 했어."

여러분은 문제 상황에 빠지게 되었다. '어디로 가지?', '기간은 얼마 정도로 하지?', '비용은 얼마나 들까?' 등등 생각해야 할 것들이 많아졌을 것이다. 여러분은 문제 해결의 과정에 들어간 셈이다. 이제 질문을 바꾸어 보자.
<small>여행 계획을 세워야 하는 상황</small>

"여러분, 소개하고 싶은 여행지에 대한 안내문을 작성하기로 하겠습니다."

여러분은 앞에서와 같이 문제 상황을 만나 비슷한 질문을 던지게 될 것이다. *이렇게 보면 글을 쓰는 과정이 여행을 계획하는 것과 같은 문제 해결 과정임을 알 수 있다. 이제 문제 해결 과정으로서의 글쓰기를 단계별로 알아보자. ▶ ( ) 해결 과정으로서의 글쓰기
<small>이 글의 중심 소재 : 화제 소개</small>

나 계획하기 단계에서는 예상 독자와 관련하여 '누가 읽을 글인가?'라는 질문을 던져 볼 수 있다. *독자에 따라 글의 수준이나 내용, 표현이 달라질 수 있기 때문이다. 글의 주제와 관련하여
<small>예상 독자 고려의 필요성</small>
'무엇을 쓸 것인가?'라는 질문을 던져 볼 수도 있다. 글의 주제는 독자의 수준에 맞아 관심을 끌 수 있어야 하며 글쓴이도 평소에 관심을 가지고 있던 분야라면 더 좋다. 또 글의 목적과 관련하여 '왜 이 글을 쓰는가?'라는 질문을 던질 수도 있다. 글의 목적에는 정보 전달, 설득, 감정 및 정서의 표현, *친교가 있는데 ㉠글의 목적에 따라 글의 종류가 결정된다. 또, '어떤 매체에 발표할 것인가?'라는 질문을 던질 수도 있다. 매체의 종류에 따라 글의 성격이나 표현이 달라질 수 있기 때문이다. ▶ 글쓰기의 과정 - ( )하기

다 계획하기 단계가 끝나면 내용 선정하기 단계로 넘어간다. 내용을 선정하기 위해서는 먼저 글에 쓸 다양한 내용을 마련해야 한다. 주제와 관련하여 자신이 알고 있는 지식을 정리하기 위해서 *브레인스토밍이나 *마인드맵을 활용하는 방법이 있다. 자신이 가진 생각이나 지식을 정리한 후 주제와 관련된 자료를 수집한다. 자료를 수집할 때는 인터넷 검색, 관련 서적, 신문, 잡지, 방송 매체 등을 활용하여 자료를 수집하는 간접적 방법과 현장 조사나 전문가와의 면담 등을 통한 직접적 방법을 활용할 수 있다. 그런데 여러 매체에서 자료를 수집할 때에는 그 자료가 믿을 만한 것인지 반드시 확인해 보아야 한다. *신빙성이 없는 자료를 이용할 경우 글 자체의
<small>자료의 요건 ①</small>
신뢰성이 떨어질 수 있기 때문이다.

일단 자료를 수집했으면 그중에서 주제와 밀접한 관련이 있고 글의 성격에 어울리며 독자의
<small>자료의 요건 ②</small>   <small>자료의 요건 ③</small>
수준에도 맞는 자료만 선정하여 다음 단계로 넘어간다. ▶ 글쓰기의 과정 - ( )하기
<small>자료의 요건 ④</small>

구절 풀이

★이렇게 보면 ~ 과정임을 알 수 있다.: 글쓰기는 일상생활에서 만나게 되는 문제 해결 과정과 같이 글을 쓰는 과정에서 부딪히는 문제를 해결해 나가는 과정임을 알 수 있다.

★독자에 따라 ~ 달라질 수 있기 때문이다.: 글을 쓸 때, 독자를 고려해야 하는 이유를 밝힌 부분이다. 독자를 고려하지 않고 글을 쓰면 글쓴이의 의도를 제대로 전달할 수 없다.

낱말 풀이

- **친교:** 친밀하게 사귐.
- **브레인스토밍:** 자유로운 토론으로 창조적인 아이디어를 끌어내는 일.
- **마인드맵:** 마음속에 지도를 그리듯이 줄거리를 이해하며 정리하는 방법.
- **신빙성:** 믿어서 근거나 증거로 삼을 수 있는 정도나 성질.

01 이 글을 통해 알 수 있는 글쓰기의 본질에 대한 설명으로 적절한 것은?

① 자신을 돌아보는 과정이다.
② 문제를 해결해 가는 과정이다.
③ 여행처럼 예측할 수 없는 과정이다.
④ 정신적 성숙을 이루어 가는 과정이다.
⑤ 현실에 대한 비판적 태도를 드러내는 과정이다.

02 (나)에서 설명하는 글쓰기 단계에서 해야 할 일로 적절하지 않은 것은?

① 글의 주제를 정한다.
② 예상 독자를 분석한다.
③ 글을 발표할 매체를 결정한다.
④ 글을 쓰는 목적을 생각해 본다.
⑤ 중심 내용의 배열 순서를 정한다.

03 '내용 선정하기'에 대한 설명으로 적절하지 않은 것은?

① 계획하기 단계 직후에 이루어진다.
② 인터넷 자료보다는 문헌 자료를 먼저 수집한다.
③ 다양한 매체를 활용해 적극적으로 자료를 수집한다.
④ 자신이 알고 있는 주제와 관련된 지식을 정리한다.
⑤ 전문가 면담, 현장 조사 등으로 활용해 자료를 수집할 수 있다.

04 (다)를 바탕으로 할 때, '내용 선정하기'에서 수집하는 자료가 갖추어야 할 조건으로 적절하지 않은 것은?

① 독자의 수준에 맞아야 한다.
② 글의 성격에 어울려야 한다.
③ 주제와 밀접한 관련이 있어야 한다.
④ 출처가 분명하여 신빙성이 있어야 한다.
⑤ 다른 글에 인용되었던 적이 있어야 한다.

05 ㉠의 예로 적절하지 않은 것은?

① 친교를 목적으로 하는 글: 일기
② 설득을 목적으로 하는 글: 논설문
③ 정서 표현을 목적으로 하는 글: 감상문
④ 정보 전달을 목적으로 하는 글: 설명문
⑤ 정보 전달을 목적으로 하는 글: 안내문

 06 (다)를 바탕으로 자료 수집 방법에 대해 〈조건〉에 맞게 서술하시오.

┤ 조건 ├
• 자료 수집 방법을 두 가지로 나누어 쓸 것.
• 구체적인 예를 한 가지 포함하여 쓸 것.

100점 특강

◗ 계획하기 단계에서 해야 할 일

예상 독자와 관련하여		글의 주제와 관련하여		글의 목적과 관련하여
누가 읽을 글인가?	+	무엇을 쓸 것인가?	+	왜 이 글을 쓰는가?
예상 독자의 관심사, 나이, 성별, 지식수준 고려하기		예상 독자의 수준에 맞는지, 자신이 잘 알고 있는지 고려하기		설득, 정보 전달, 감정 및 정서의 표현, 친교 중에서 선택하기

◗ 자료 찾기의 방법과 좋은 자료의 요건

직접적 방법	현장 조사, 전문가와의 면담 등	➡	간접적 방법	인터넷 검색, 관련 서적, 신문, 잡지, 방송 매체 등의 활용

↓

좋은 자료의 요건	• 출처가 분명해 신빙성이 있어야 함. • 글의 주제와 밀접한 관련이 있어야 함. • 글의 성격에 어울리고 독자의 수준에 맞아야 함.

내용 연구 ▸▸▸

내용 조직하기의 순서

주제 분명하게 하기

↓

글의 내용과 종류에 따라 개요 작성 방법 결정하기

↓

개요 작성하기

라 좋은 글을 쓰기 위해서는 내용을 적절하게 조직해야 한다. *내용을 조직하기 위해서는 먼저 글의 주제를 분명하게 하는 것이 좋다. 주제가 분명해야 주제와 어울리는 내용으로 °통일성 _{주제가 분명해야 하나의 주제로 통일됨.} 있게 글을 쓸 수 있다. 한 편의 글은 보통 '처음 – 중간 – 끝'의 구조로 이루어진다. 처음 부분은 독자의 관심을 유도하면서 화제를 제시하고, 중간 부분의 내용 전개 방식을 안내하는 구실을 한다. 중간 부분에서는 글의 중심 내용이 제시된다. 설명문의 경우에는 대상에 대한 구체적인 설명이, 논설문에서는 글쓴이의 주장과 근거가 제시된다. 끝부분은 내용을 요약하면서 글의 주제를 분명하게 한다. 내용 조직하기 단계에서는 글의 °개요를 작성하는 것이 바람직하다. 개요는 글의 설계도라고 할 수 있는데 글에 포함되는 중심 내용을 체계적으로 정리해 놓은 것이다. 개 _{글의 전체 내용이나 구조를 알 수 있음.} 요를 작성함으로써 글이 통일성을 갖추는 데 도움을 얻을 수 있다. *개요는 글의 내용과 종류에 따라 달라진다.

▸ 글쓰기의 과정 – (   )하기

마 개요를 작성한 후에는 개요에 맞추어 글을 쓰는 표현하기 단계로 넘어간다. 내용 선정하기 단계에서 선정한 자료를 개요에 따라 적절하게 활용하면서 글을 쓴다. 또 글을 쓸 때에는 적절한 단어를 선택하고 °어법에 맞게 표현하는 데 힘써야 한다. 문장도 글의 주제와 목적, 독자의 수준에 맞게 표현해야 한다. 예를 들어 <u>정보를 전달하는 글</u>은 독자가 정보를 잘 파악하고 이해 _{설명문, 안내문 등} 할 수 있도록 간결하고 명확한 단어와 문장을 사용하는 것이 좋다. <u>설득을 위한 글</u>은 글쓴이의 _{논설문, 칼럼 등} 주장이 분명하게 드러나고 근거가 타당성이 있게 제시되어야 한다. 표현의 효과를 높이기 위해 ㉠<u>시각 자료를 제시하는 것도 좋은 방법이다. 이때, 너무 많은 시각 자료를 제시하거나 주제와 _{시각 자료 활용시 유의할 점} 맞지 않는 시각 자료를 제시하면 독자들이 오히려 혼란스러우므로 유의해야 한다.</u> 좋은 글은 한 번에 완성되지 않는다. 그러므로 글을 쓸 때에는 처음부터 완벽한 글을 써야 한다는 부담감을 갖지 않는 것이 좋다. 완벽한 글을 쓰기보다는 '글을 완성한다'는 생각으로 쓰는 것이 더 쉽게 글을 써 내려갈 수 있다. 글을 쓰면서 순간적으로 떠오르는 생각이나 표현을 잘 정리해 두고 고쳐쓰기 단계에서 활용하는 것도 좋은 방법이다.

▸ 글쓰기의 과정 – (   )하기

바 *글은 고쳐쓰기 과정을 통해 마무리된다. 고쳐쓰기는 글이 글쓰기의 계획에 맞게 잘 이루 _{내용 선정 – 조직 – 표현} 어졌는지 점검하는 것이다. 고쳐쓰기는 추가·삭제·교체·재구성의 원리에 따라 이루어진다. 그 _{필요한 내용은 추가하고 불필요한 내용은 삭제하거나 다른 내용으로 교체, 재구성함.} 리고 '글 수준 – 문단 수준 – 문장 수준 – 단어 수준'으로 범위를 좁혀 가면서 하는 것이 일반적이다. 자세히 말하면 글 수준에서는 글의 주제, 목적, 예상 독자에 알맞은 글인지, 내용 전개의 순서가 적절한지, 글 전체의 통일성이 있는지를 살펴보고, 문단 수준에서는 각 문단이 문단 구성 원리에 맞는지, 각 문단의 연결이 자연스러운지, 각 문단이 글 전체에서 적절한 역할을 하는지를 살펴본다. 그리고 문장 수준에서는 각 문장이 문법적으로 맞는지, 앞뒤의 문장 연결이 자연스러운지, 문장의 맞춤법과 띄어쓰기, 문장 부호는 적절한지를 살펴보고, 단어 수준에서 문맥에 맞지 않는 부적절한 단어는 없는지, 불필요한 외국어, 은어, 속어, 유행어를 사용하지는 않았는지를 살펴본다.

▸ 글쓰기의 과정 – (   )

구절 풀이

★**내용을 조직하기 위해서는 ~ 분명하게 하는 것이 좋다.:** 개요는 주제에 맞게 내용을 적절하게 조직하는 것이므로 개요 작성 전에 먼저 주제를 분명하게 정해야 함을 말하고 있다.

★**개요는 글의 내용과 종류에 따라 달라진다.:** 개요는 정해진 형식이 있는 것이 아니라 글에 따라 달라진다는 것이다. 개요를 작성할 때에는 형식에 너무 얽매이지 말고 글의 내용과 종류에 맞게 작성하면 된다.

★**글은 고쳐쓰기 과정을 통해 마무리된다.:** 고쳐쓰기 단계의 중요성을 말해 주고 있다. 글은 표현하기에서 끝나는 것이 아니라 고쳐쓰기를 통해 완성되는 것이라는 점을 강조하고 있다.

낱말 풀이

• **통일성:** 글 전체나 하나의 문단이 하나의 주제로 긴밀하게 연결되어 있는 성질.
• **개요:** 여기에서는 글쓰기를 위해 짜임을 정리한 것을 의미함.
• **어법:** 말의 일정한 법칙(문법).

내용 조직, 표현, 고쳐쓰기

07 다음은 글쓰기 과정에서 겪는 어려움이다. 이 글을 통해 해결할 수 없는 것은?

① 정보를 전달하는 글에서는 어떤 표현을 써야 할까?
② 글쓰기를 위한 자료를 어떤 기준으로 선정해야 할지 모르겠어.
③ 고쳐쓰기를 할 때 어떤 순서로 고쳐쓰기를 해야 할지 잘 모르겠어.
④ 개요를 작성하면 좋을 것 같은데, 어떻게 개요를 작성해야 하지?
⑤ 글을 쓸 때 어떻게 단계를 나누어 써야 할지 막막한 경우가 있어.

08 (라)를 바탕으로 할 때, '내용 조직하기'에서 개요를 작성하는 이유를 추측한 것으로 적절한 것은?

① 글을 통일성 있게 전개하기 위해서
② 다양한 표현 방법을 사용하기 위해서
③ 글의 내용을 풍부하게 마련하기 위해서
④ 문장과 문장의 연결을 매끄럽게 하기 위해서
⑤ 글의 내용에 맞는 적절한 단어를 선택하기 위해서

서술형

09 (라)를 바탕으로 글의 '처음-중간-끝'에서 중심을 이루는 내용이 무엇인지 각각 한 문장으로 서술하시오.

10 (마)에서 설명하는 '표현하기'에 대한 설명과 일치하지 않는 것은?

① 적절한 단어를 선택하여 어법에 맞게 표현해야 한다.
② 처음부터 완벽한 글을 쓰겠다는 생각은 바람직하지 않다.
③ 독자를 고려하면서 글의 주제와 목적에 맞게 표현해야 한다.
④ 표현하기 과정에서 떠오른 생각을 잘 정리해 두는 것도 필요하다.
⑤ 간결하고 명확한 문장으로 개요에 얽매이지 않고 창의적으로 표현한다.

11 (바)를 바탕으로 '고쳐쓰기'를 할 때, 유의할 점으로 적절하지 않은 것은?

① 글 전체에 통일성이 있는지 살펴본다.
② 문장의 연결이 자연스러운지 살펴본다.
③ 유행어나 속어가 독자의 관심을 끄는지 살펴본다.
④ 추가·삭제·교체·재구성의 원리에 따라 고쳐 쓴다.
⑤ 맞춤법과 띄어쓰기가 잘못된 부분은 없는지 살펴본다.

서술형

12 ㉠을 활용할 때 유의할 점 두 가지를 서술하시오.

100점 특강

◗ 내용 조직 단계에서의 개요 작성

개요의 뜻	글의 설계도: 글쓰기를 위해 짜임을 정리한 것
개요 작성의 필요성	글을 통일성 있게 쓰기 위해
개요 작성 요령	일반적으로 '처음 - 중간 - 끝'의 구조에 따라 내용을 체계적으로 정리함.

◗ 표현하기와 고쳐쓰기 단계의 유의 사항

표현하기	고쳐쓰기
• 개요에 따라 작성해야 함. • 적절한 단어를 선택하고 어법에 맞게 표현해야 함. • 글의 주제와 목적, 독자의 수준에 맞게 표현해야 함. • 표현의 효과를 높이기 위해 시각 자료를 적절하게 제시해야 함. • 완벽한 글을 쓰기보다는 '글을 완성한다'는 생각으로 써야 함.	• 추가·삭제·교체·재구성의 원리에 따라 고쳐 써야 함. • 글 수준에서 문단 수준으로, 문장 수준으로 단어 수준으로 점점 범위를 좁혀 가며 고쳐 써야 함.

쓰기 윤리

■ **해제:** 이 글은 공동체 내에서의 글쓰기는 내용이나 쓰기 과정, 표현 등에서 지켜야 할 윤리가 있다는 점을 말하면서 글쓰기에서 책임감 있는 태도가 필요함을 강조하고 있다.

■ **주제:** 책임감 있고 윤리적인 글쓰기 태도의 중요성

🕐 내용 연구 ▶▶▶

쓰기의 의미

쓰기의 성격
공동체 안에서의 사회적 활동
=
글을 쓰는 사람의 생각이나 의도를 독자에게 전달하는 행위
+
공동체 구성원으로서의 책임감 쓰기 윤리

구절 풀이

★**쓰기는 공동체 안에서의 사회적 활동이다.:** 쓰기는 자신의 생각이나 자신이 가진 정보를 표현하는 활동이므로 공동체를 염두에 두고 이루어지는 사회적 활동이다.

★**쓰기는 단순히 ~ 의미하지는 않는다.:** 쓰기는 머릿속에 있는 생각을 단순히 글로만 옮기는 것이 아니라 쓰는 사람과 읽는 사람의 소통을 위한 표현 활동이라는 의미이다.

낱말 풀이

• **다원화:** 사물을 형성하는 근원이 많아짐.
• **표절:** 다른 사람의 저작물의 일부 또는 전부를 몰래 따다 쓰는 행위.
• **왜곡:** 사실과 다르게 해석하거나 그릇되게 함.

가 *쓰기는 공동체 안에서의 사회적 활동이다. 따라서 공동체가 규정하고 있는 윤리 규범을 따라야 한다. 이때 우리가 지켜야 하는 쓰기 윤리는 첫째, 글 내용의 윤리성, 둘째, 글쓰기 과정의 윤리성, 셋째, 표현의 윤리성으로 그 범위를 정할 수 있다.
_{쓰기의 공동체적 성격}
▶ 쓰기 윤리의 범위

나 첫째, 글 내용의 윤리성은 ㉠공동체가 추구하는 사회적 가치를 해치지 않는 범위 안에서 글을 써야 함을 말한다. 최근 사회의 *다원화로 인하여 보편적인 가치나 도덕규범을 정하기 어려워지고 있어 사회 윤리에 맞는 내용으로 글을 쓰기란 애매한 일일 수도 있다. 또한 특정한 가치만을 주장하는 행위를 바람직하지 않은 것으로 인식하기도 한다. 그러나 사회적인 질서와 안녕을 해치는 내용의 글은 사회 구성원의 혼란을 초래할 수 있으므로 주의해야 한다.
_{다원화 사회의 특징 ①}
_{다원화 사회의 특징 ②}
_{글 내용의 윤리성을 지키지 않을 때의 문제점}
▶ 글 ( )의 윤리성

다 둘째, 글쓰기 과정의 윤리성은 *표절이나 연구 결과에 대한 과장과 *왜곡에 대하여 반성해야 함을 말한다. 따라서 다른 사람의 글이나 저작물을 존중하면서 바르게 인용하려는 태도를 길러야 한다. 또한 글을 쓰는 과정에서 연구 결과를 과장하거나 왜곡하는 행위는 사라져야 한다. 신문이나 방송, 인터넷 등에서 제시한 기사나 각종 자료를 활용할 때에도 임의로 자료를 변경하는 행위는 자칫 그릇된 정보를 만들어 내어 큰 문제를 불러올 수 있다.
_{표절, 과장, 왜곡의 문제점}
▶ 글쓰기 ( )의 윤리성

라 셋째, 표현의 윤리성은 쓰는 사람의 체험이나 생각을 있는 그대로 드러내어 써야 함을 말한다. 자신의 의도나 욕구, 관심을 진지하게 생각하고 진실하게 표현하여 독자가 글쓴이에 대해 진솔하게 받아들이도록 해야 한다는 것이다. 그러기 위해서는 먼저 자신이 표현하고자 하는 생각이 무엇인지 분명히 알고, 이를 상대가 공감할 수 있도록 표현해야 한다. 이런 태도는 사회적 소통 과정으로서의 쓰기 활동에 임할 때 꼭 필요한 태도라 할 수 있다. 이를 통해 독자와의 의사 소통 과정을 원활하게 이끌고 생각을 공유하고 서로 공감하는 사회를 만들어 나갈 수 있다. 최근 인터넷 글쓰기가 보편화되면서 악성 댓글로 인한 피해 사례가 늘어나고 있다는 점도 표현의 윤리성에 대한 인식이 부족하기 때문이라 할 수 있다.
_{쓰기의 기본적 속성}
_{현대 사회의 특징}
▶ ( )의 윤리성

마 *쓰기는 단순히 생각을 문자화하는 일을 의미하지는 않는다. 쓰기는 자신의 내면을 드러내어 상대방과 적극적으로 소통하기 위한 행위라 할 수 있다. 이런 점에서 글쓰기에 대해 책임감을 가지고 윤리적인 태도로 임하는 것은 중요한 의미가 있다.
_{쓰기를 할 때 필요한 태도}
▶ ( ) 있고 윤리적인 글쓰기 태도의 중요성

---

01 이 글을 쓴 목적으로 적절한 것은?

① 개인적인 글쓰기 체험을 전달하기 위해
② 글쓰기의 중요성과 과정을 소개하기 위해
③ 우리 사회의 윤리 규범에 대해 설명하기 위해
④ 올바른 글쓰기 태도의 필요성을 주장하기 위해
⑤ 글쓰기 능력을 기르기 위한 정보를 제공하기 위해

02 이 글에서 쓰기를 사회적 활동으로 보는 이유로 가장 적절한 것은?

① 글쓰기를 효율적으로 하기 위해서
② 공동체의 윤리 규범을 지켜야 하기 때문에
③ 자신의 생각을 효과적으로 드러내기 위해서
④ 쓰기 윤리를 지키지 않은 사람이 많기 때문에
⑤ 쓰기의 결과에 대해 아무도 알 수 없기 때문에

03 (중요) (다)를 통해 글쓴이가 강조하고자 하는 바로 적절하지 않은 것은?

① 임의로 자료를 변경해서는 안 된다.
② 다른 사람의 저작물을 존중해야 한다.
③ 다양한 자료를 공평하게 활용해야 한다.
④ 연구 결과를 조작하거나 왜곡해서는 안 된다.
⑤ 다른 사람의 자료를 인용할 때에는 그릇된 정보를 만들지 않도록 유의한다.

04 (라)에서 설명하는 '표현의 윤리성'에 대한 설명으로 적절한 것은?

① 글쓰기의 모든 윤리 규범을 말한다.
② 인터넷 글쓰기에서는 불필요한 부분이다.
③ 연구 결과를 인용할 때 요구되는 사항이다.
④ 윤리적인 내용을 소재로 하는 것을 말한다.
⑤ 글쓰기에서의 진실하고 진지한 표현과 관련된다.

05 ㉠을 참고할 때 쓰기의 주제로 적절하지 않은 것은?

① 자신에게 해를 가하는 사람을 자신이 직접 처벌해야 한다.
② 자녀의 올바른 인성 함양을 위한 부모 교육이 필요하다.
③ 청소년들이 공부 외에도 다양한 체험을 하도록 해야 한다.
④ 사회 복지를 위해 부자들에게 더 많은 세금을 부과하는 것은 당연하다.
⑤ 고속도로에 쓰레기를 무단으로 버리는 운전자에게 높은 과태료를 부과해야 한다.

06 (중요) (서술형) (마)를 바탕으로 글쓴이가 생각하는 올바른 글쓰기의 태도가 무엇인지 한 문장으로 서술하시오.

100점 특강

◗ **쓰기 윤리의 범위**

글 내용의 윤리성		글쓰기 과정의 윤리성		표현의 윤리성
공동체가 추구하는 사회적 가치를 해치지 않는 범위 안에서 글을 써야 함.	+	표절이나 연구 결과에 대한 과장과 왜곡을 하지 않아야 함.	+	쓰는 사람의 체험이나 생각을 있는 그대로 드러내어 써야 함.

◗ **쓰기 윤리를 지키지 않았을 때 생기는 문제점**

• 사회적인 질서와 안녕을 해치는 내용의 글은 사회 구성원의 혼란을 초래할 수 있음.
• 임의로 자료를 변경하는 행위는 자칫 그릇된 정보를 만들어 내어 큰 문제를 불러올 수 있음.
• 진지하지 못하고 진솔하지 않은 글은 독자와의 의사소통 과정을 방해하고 독자들이 생각을 공유하고 사회 구성원들이 서로 공감하는 사회를 만들어 나가기 어렵게 함.

02 보고하는 글과 주장하는 글

더 알아 두기

◈ 보고하는 글의 유형

관찰 보고서	대상이나 상황을 관찰하고 분석하여 쓴 보고서 ⑩ 올챙이의 성장 과정 관찰 보고서
실험 보고서	실험의 과정과 결과를 기록하여 쓴 보고서 ⑩ 액체의 온도와 밀도에 따른 끓는점 차이 실험 보고서
조사 보고서	어떤 대상을 조사한 결과를 분석하여 쓴 보고서 ⑩ 중학생들의 휴대 전화 사용 실태 조사 보고서

◈ 보고서 작성 계획서의 구성(예시)

1. 탐구 목적과 필요성
2. 탐구 기간과 탐구 대상
3. 탐구 세부 일정
4. 준비물
5. 모둠원 역할 분담
6. 설문지 양식

① 보고하는 글 쓰기

(1) 보고하는 글의 개념

어떤 주제에 대하여 대상을 관찰, 조사하거나 실험하여 그 절차와 결과가 드러나게 쓴 글이다.

(2) 보고하는 글 쓰기의 과정

탐구 주제와 목적 정하기
↓
보고서 작성 계획 세우기
↓
탐구 활동하기(자료 수집하기)
↓
탐구 결과 분석하기
↓
보고서 쓰기

(3) 보고하는 글을 쓸 때 유의할 점

- 탐구의 절차와 결과가 잘 드러나게 써야 한다.
- 보고서의 구성에 따라 체계적으로 써야 하며, 내용은 객관적이고 정확해야 한다.
- 그림이나, 사진, 도표, 그래프 등의 매체 자료를 적절히 활용해야 한다.
- 탐구 결과를 과장, 축소하거나 변형, 왜곡하지 말고 사실만을 써야 한다.
- 다른 사람의 자료를 표절해서는 안 되고, 인용한 자료의 출처를 밝혀야 한다.

예로 개념 확인

〈보고하는 글〉

❶관찰 25일째(6월 20일)

❷올챙이가 알에서 부화한 지 ❸ 15일이 지나니 올챙이의 앞다리가 생겼다. 꽤 오랫동안 서서히 나오던 뒷다리와 달리 앞다리는 짧은 시간동안 갑자기 생겼다. 뒷다리와 앞다리가 모두 갖추어지니 꼬리만 있을 뿐 거의 개구리의 모습으로 보이기 시작했다.

〈주장하는 글〉

❹사람들의 우려만큼 청소년 범죄가 심각한 것은 아니다. ❺2018년에 법무부에서 발표한 범죄 백서에 따르면 ❻ 전체 소년범은 2008년 12만 6,213명에서 지속적으로 감소해 2017년에는 7만 2,759명을 기록했다. 이를 인구 10만 명당 범죄자 수로 다시 계산해 보면 소년 인구 10만 명당 소년 범죄자 수는 2008년 2,038.2명에서, 2017년 1,559.7명으로 감소했으며, 전체 범죄자 중에서 소년 범죄자가 차지하는 비율 또한 2008년 5.9%에서 2017년 3.9%로 감소했다. 흉악 범죄를 저지르는 일부 청소년이 있다고 해서 청소년 전체의 범죄가 심각하다고 볼 수 없는 것이다.

학습 목표 • 관찰, 조사, 실험의 절차와 결과가 드러나게 글을 쓸 수 있다.
• 주장하는 내용에 맞게 타당한 근거를 들어 글을 쓸 수 있다.

❷ 주장하는 글 쓰기

(1) 주장하는 글의 개념

글쓴이의 의견이나 주장을 논리적으로 드러내면서 독자의 신념이나 태도, 행동 등의 변화를 유도하는 글이다.

(2) 주장하는 글 쓰기의 과정

주장하는 내용 정하기	• 문제 상황에 대한 다양한 입장을 검토함. • 주장의 내용은 구체적이고 명확하며 실현 가능해야 함.
↓	
주장에 대한 근거 찾기	• 근거는 객관적이고 타당하며, 출처가 분명해야 함. • 수집한 근거 중 주장을 뒷받침할 수 있는 것을 선별함.
↓	
내용 조직하기	• '서론–본론–결론'의 3단 구성에 맞게 내용을 조직함.
↓	
주장하는 글 쓰기	• 주장하는 내용을 일관되게 유지함. • 글의 통일성과 응집성을 유지하며 글을 써야 함.
↓	
고쳐쓰기	• 고쳐쓰기의 원리와 과정을 고려하며 검토함.

(3) 주장하는 글을 쓸 때 유의할 점

• 주장이 분명하게 드러나도록 쓴다.
• 객관적이고 타당한 근거를 제시한다.
• 주장과 근거는 서로 논리적으로 연결되어야 한다.
• 주장과 근거는 사회·문화적 맥락 안에서 수용 가능한 것이어야 한다.

❶ 보고서의 유형: 이 글은 올챙이가 알에서 부화한 후 개구리로 자라는 과정을 관찰하여 쓴 보고서로, 보고서의 유형 중 관찰 보고서에 해당한다.

❷ 보고서 쓰기: 올챙이의 앞다리가 나오는 과정을 관찰하여 기록하였다. 이처럼 보고서는 탐구 과정과 결과를 객관적으로 기록해야 한다.

❸ 매체 자료 활용하기: 앞다리가 나온 올챙이 사진을 사용하여 관찰한 내용을 효과적으로 전달하고 있다. 이 외에도 보고서의 유형이나 탐구 내용에 따라 그림이나 도표, 그래프 등의 매체 자료를 활용할 수 있다.

❹ 주장 제시하기: 글쓴이는 청소년 범죄에 대해 '사람들의 우려만큼 청소년 범죄가 심각한 것은 아니다.'라는 입장을 갖고, 그 내용을 명확하게 제시하고 있다. 이처럼 주장하는 글을 쓸 때에는 주장을 분명하고 명확하게 제시해야 한다.

❺ 출처 밝히기: 다른 사람이나 기관의 자료를 인용할 때에는 출처를 밝혀야 한다. 다른 사람의 자료를 무단으로 사용하는 표절은 글쓰기 윤리에 어긋난다.

❻ 근거 제시하기: 청소년 범죄가 심각하지 않다는 주장을 뒷받침하는 근거로 법무부에서 발표한 통계 자료를 제시하였다. 출처가 분명하고 타당한 근거는 주장에 대한 신뢰성을 높여 주는 역할을 한다.

1 보고하는 글 쓰기

■ **해제:** 이 글은 보고서의 개념과 유형, 보고서를 쓰는 과정과 보고서의 구성 및 보고서를 쓸 때 유의할 점 등에 대한 정보를 전달하는 설명문이다.

■ **주제:** 보고서의 개념과 특징

🔍 내용 연구 ▶▶▶

보고서의 구성

처음	• 탐구 목적과 필요성 • 탐구 기간과 대상 • 탐구 방법
중간	• 탐구 결과 • 결과 분석
끝	• 느낀 점 및 당부 내용 • 참고 자료

구절 풀이

★**탐구가 가능하면서 ~ 바람직하다.:** 탐구 주제를 결정할 때에는 본인의 수준이나 여건 등을 고려해 수행할 수 있는지를 판단해야 한다. 또한 보고서 역시 독자들에게 읽히기 위한 글이므로 독자들이 관심을 가질 만한 주제를 선정해야 한다.

★**탐구 기간이나 ~ 기록해야 하며:** 동일한 탐구 주제라고 하더라도 조사, 관찰, 실험을 한 시기의 계절이나 시간적 특성, 또는 대상의 연령이나 특성 등에 따라 결과가 달라질 수 있으므로 그 내용을 정확히 기록해야 한다.

낱말 풀이

• **탐구:** 진리, 학문 따위를 파고들어 깊이 연구함. 이 글에서는 관찰, 조사, 실험을 통합하는 개념으로 사용함.
• **왜곡:** 사실과 다르게 해석하거나 그릇되게 함.
• **표절:** 다른 사람의 저작물의 일부 또는 전부를 몰래 따다 쓰는 행위.
• **인용:** 남의 말이나 글을 자신의 말이나 글 속에 끌어 씀.

가 「어떤 주제에 대하여 대상을 관찰, 조사하거나 실험을 한 후에 ★탐구 결과를 절차와 결과가 드러나게 쓴 글을 보고서라고 한다.」 보고서에는 탐구 방법이나 목적에 따라, 「대상이나 상황을 관찰하고 분석하여 쓴 ⊙관찰 보고서, 실험의 과정과 결과를 기록하여 쓴 실험 보고서, 어떤 대상을 조사한 후에 그 결과를 분석하여 쓴 조사 보고서」 등이 있다.
『보고서의 개념』 『탐구의 유형』 『보고서의 유형』
▶ 보고서의 (　　)와/과 유형

나 보고서를 쓰기 위해서는 먼저 탐구 주제와 목적을 정한다. 「주제는 자신과 예상 독자의 수준이나 흥미, 관심 분야 등을 고려하여 정하는데, ★탐구가 가능하면서 독자의 관심을 끌 수 있는 내용이 바람직하다.」 주제가 선정되면 구체적인 보고서 작성 계획을 세운다. 「계획서에는 탐구 일정과 방법, 준비물 및 모둠원의 역할 분담 등이 들어가며, 탐구 결과를 예측하여 제시한 후 관찰, 조사, 실험을 통해 얻은 실제 결과와 비교할 수도 있다.」
보고서 쓰기의 과정 ① 『탐구 주제 선정 시 고려할 사항』 보고서 쓰기의 과정 ② 『보고서 작성 계획서에 들어갈 내용』

다음으로 계획서에 따라 탐구를 진행하며 자료를 수집한 후, 그 내용을 정리한다. 자료를 정리할 때에는 탐구 과정을 통해 수집한 구체적인 내용을 객관적으로 기록해 두어야 한다. 마지막으로 탐구 결과를 분석한 후, 이를 바탕으로 보고서를 작성한다.
보고서 쓰기의 과정 ③ 관찰, 조사, 실험을 통해 얻은 내용 보고서 쓰기의 과정 ④ 보고서 쓰기의 과정 ⑤
▶ 보고서 쓰기의 (　　)

다 보고서는 크게 처음, 중간, 끝의 세 부분으로 구성한다. 처음 부분에서는 탐구의 목적과 필요성을 제시하고 탐구 기간, 탐구 대상, 탐구 방법 등을 기록한다. ★탐구 기간이나 대상은 결과에 영향을 미치는 중요한 요소이므로 정확하게 기록해야 하며, 탐구 과정에서 설문지를 사용하였으면 설문 내용도 함께 제시하는 것이 좋다. 중간 부분에서는 탐구 결과와 결과를 분석한 내용을 제시한다. 탐구 결과는 독자들이 이해하기 쉽게 잘 정리해 제시해야 하며, 결과 분석은 보고서의 목적을 고려하여 작성한다. 마지막으로 끝부분에서는 탐구를 하며 느낀 점이나 독자들에게 바라는 점 등을 쓰고, 참고한 자료를 제시한다.
정보를 전달하는 글의 일반적인 구성 단계 보고서의 처음 부분에 들어갈 내용 보고서의 중간 부분에 들어갈 내용 보고서의 목적과 관련하여 의미 있는 결과를 중심으로 분석함. 보고서의 끝부분에 들어갈 내용
▶ 보고서의 (　　)

라 보고서를 쓸 때에는 탐구의 절차와 결과가 잘 드러나도록 체계적이고 정확하게 써야 한다. 이때 그림이나, 사진, 도표, 그래프 등의 다양한 매체 자료를 활용하면 보고 효과를 높일 수 있다. 또한 탐구 결과는 과장, 축소하거나 변형, ★왜곡을 해서는 안 되며 편견을 담지 말고 객관적 사실만 기록해야 한다. 그리고 타인의 자료를 무단으로 ★표절해서는 안 되며, 필요에 의해 자료를 ★인용할 때에는 출처를 밝히는 등 쓰기 윤리를 준수하는 것이 중요하다.
정확한 정보를 전달해야 하는 글이기 때문 사실보다 지나치게 부풀림. 탐구 결과를 의도적으로 조작해서는 안 됨.
▶ 보고서를 쓸 때 유의할 점

01 이 글에서 알 수 있는 내용이 <u>아닌</u> 것은?

① 보고서의 개념
② 보고서의 유형
③ 보고서를 쓸 때 유의할 점
④ 보고서를 구성하는 내용 요소
⑤ 보고서에서 설문지를 사용하는 이유

03 ⓐ의 예로 가장 적절한 것은?

① 강낭콩의 발아 과정에 관한 보고서
② 우리 학교 학생들의 독서 습관 보고서
③ 대학 주변 간판에 쓰인 언어 실태 보고서
④ 금속 원소의 종류에 따른 불꽃 반응 보고서
⑤ 천연 염료의 종류에 따른 염색 효과 비교 보고서

02 (중요) 〈보기〉를 통해 이 글을 이해한 것으로 적절하지 <u>않은</u> 것은?

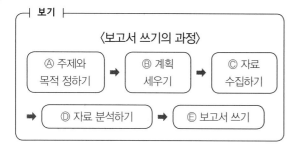

┤ 보기 ├

〈보고서 쓰기의 과정〉

ⓐ 주제와 목적 정하기 → ⓑ 계획 세우기 → ⓒ 자료 수집하기

→ ⓓ 자료 분석하기 → ⓔ 보고서 쓰기

① ⓐ에서는 자신의 탐구 역량이나 시간적 여건 등도 함께 고려한다.
② ⓑ에는 어떤 방법으로 언제 탐구를 진행할 것인가에 대한 내용도 포함된다.
③ ⓒ에서는 관찰, 조사, 연구 등의 탐구를 진행하면서 내용을 정리한다.
④ ⓓ의 과정에서는 ⓐ에서 제시한 탐구의 목적을 고려한다.
⑤ ⓔ에서는 탐구 결과에 주목하면서 과정에 대한 진술은 최소화한다.

04 (서술형) 이 글을 바탕으로 〈보기〉의 '갑'과 '을'의 태도에 나타난 문제점을 〈조건〉에 맞게 서술하시오.

┤ 보기 ├

갑: 보고서 준비는 잘 되어 가니?
을: 문제가 생겼어. 실험 결과가 우리가 예상했던 것과 다르게 나왔어.
갑: 그래? 큰일이네. 실험을 다시 해야 하나?
을: 시간이 부족해. 숫자만 조정하면 되니까 우리가 예상했던 것과 비슷하게 고쳐서 보고하자.
갑: 그래. 그리고 실험을 못한 다른 부분은 인터넷에서 따온 내용을 그대로 사용하자.

┤ 조건 ├

• (라)에서 '갑'과 '을'의 행동과 관련된 단어를 각각 찾아서 활용할 것.
• '갑'과 '을'의 태도의 문제점을 각각 한 문장으로 작성할 것.

100점 특강

▶ **보고서 쓰기의 과정**

탐구 주제와 목적 정하기	자신과 예상 독자의 수준이나 흥미, 관심 분야 등을 고려해야 함.
보고서 작성 계획 세우기	탐구 일정과 방법, 준비물, 모둠원의 역할 분담 등이 포함되어야 함. 탐구 결과를 예측하여 제시할 수 있음.
탐구 활동하며 자료 수집하기	조사, 연구, 실험 등의 탐구를 수행하며 자료를 수집함.
탐구 결과 정리하고 분석하기	탐구 결과를 정리할 때에는 내용을 왜곡하지 않고 정확하게 기록해야 함. 탐구 결과를 분석할 때에는 보고서의 목적을 고려해야 함.
보고서 쓰기	탐구의 절차와 결과가 잘 드러나도록 체계적이고 정확하게 보고서를 작성함. 자료를 인용할 때에는 출처를 밝혀야 함.

주장하는 글 쓰기

■ **해제:** 이 글은 주장하는 글을 쓰는 목적과 개념, 주장하는 글을 쓰는 과정과 유의점 등에 대한 정보를 전달하는 설명문이다.
■ **주제:** 주장하는 글의 개념과 특징

내용 연구 ▶▶▶

근거 마련을 위한 자료 수집의 방법

직접 수집	• 설문지를 만들어 조사함. • 전문가와 면담을 함. • 직접 관찰을 함.
간접 수집	• 인쇄 매체(책, 신문) 이용 • 영상 매체(동영상, 영화) 이용 • 디지털 매체(인터넷) 이용

구절 풀이

★**그리고 주장의 ~ 있어야 한다.:** 본인이 확신하지 못하는 주장으로는 다른 사람을 설득할 수 없으며, 주장하는 글은 독자에게 주장이 무엇인지를 분명히 전달해야 하기 때문에 주장은 구체적이고 명확해야 한다.

★**주장이 결정되면 ~ 마련해야 한다.:** 독자들은 근거를 보며 주장에 대한 입장을 결정한다. 그렇기 때문에 근거가 부족한 주장으로는 독자를 설득할 수 없으므로 근거를 마련하는 것이 중요하다.

낱말 풀이

• **나름:** 각자가 가지고 있는 고유의 방식. 또는 그 자체.
• **편견:** 공정하지 못하고 한쪽으로 치우친 생각.
• **선별:** 가려서 따로 나눔.
• **출처:** 사물이나 말 또는 글 따위가 생기거나 나온 근거.

가 사람들은 일상에서 만나는 다양한 문제 상황에 대해 자기 °나름의 기준으로 판단하고 입장을 정리한다. 하지만 사람마다 가치관이나 생각이 다르기 때문에 같은 상황에 대한 입장이 다를 수 있다. 이때 글을 통해 자신의 의견을 드러내면서 다른 사람의 생각이나 태도의 변화를 유도하기도 하는데, 이와 같은 글을 주장하는 글이라고 한다.
▶ 주장하는 글의 (　　　)와/과 필요성

나 주장하는 글을 쓰기 위해서는 먼저 「문제 상황에 대한 자신의 주장을 결정해야 한다.」 이를 위해서는 문제 상황을 바라보는 다양한 입장을 충분히 검토해야 한다. 한쪽 입장에 치우치면 °편견에 빠져 상황을 공정하게 바라보지 못할 수 있기 때문이다. ★그리고 주장의 내용은 구체적이고 명확해야 하며, 실현 가능성이 있어야 한다.
▶ 문제 상황에 대한 (　　　) 결정하기

다 ★「주장이 결정되면 이를 뒷받침할 객관적이고 타당한 근거를 마련해야 한다.」 근거 마련을 위한 자료는 면담이나 관찰, 설문 조사 등과 같은 직접적인 방법으로도 수집할 수 있지만, 인쇄 매체, 영상 매체, 디지털 매체 등을 통해서도 수집할 수 있다. 수집한 자료는 주장을 뒷받침할 수 있는 것들만으로 °선별하는 작업을 거쳐야 한다.
▶ 자료 수집하고 (　　　)하기

라 다음으로 「선별한 자료를 적절하게 배치하고 조직하는 과정」을 거쳐야 하는데, 일반적으로 주장하는 글은 '서론-본론-결론'의 3단계로 구성한다. 서론에서는 글을 쓰게 된 동기나 문제 상황을 드러내면서 화제를 제시하는데, 개념 정의나 경험, 사례 등을 이용할 수 있다. 본론에서는 구체적인 주장이 전개된다. 이때 앞에서 준비한 자료를 활용하는데, 각 문단의 소주제를 뒷받침할 수 있는 근거를 함께 제시한다. 그리고 결론에서는 본론에서 밝힌 주요 내용을 요약하거나 강조하면서 글을 마무리한다.
▶ 내용 조직하기

마 글을 쓸 때에는 「주장하는 내용을 일관되게 유지하는 것이 중요하다.」 이때 하나의 문단에는 하나의 주장만이 제시되어야 내용을 명료하게 전달할 수 있다. 또한 문장과 문장, 혹은 문단과 문단은 적절한 접속어나 지시어를 사용하여 긴밀하게 연결되도록 해야 한다. 글을 완성하고 난 뒤에는 「주장하는 내용이 잘 전달되는지, 글의 내용은 논리적으로 연결되는지, 문장이나 단어는 정확하게 썼는지 등을 검토하며 고쳐 쓰는 과정을 거친다.」
▶ 주장하는 글 쓰기와 (　　　)

바 주장하는 글은 독자에게 글쓴이의 주장이 분명하게 전달되어야 한다. 이를 위해서는 간결하고 명확한 문장을 사용하는 것이 좋다. 또한 구체적이고 타당하면서, °출처가 분명한 자료를 근거로 사용해야 한다. 그리고 주장과 근거가 사회·문화적 맥락 안에서 수용 가능한 것인지를 점검해 보아야 한다.
▶ 주장하는 글을 쓸 때 유의할 점

01 이 글에 대한 설명으로 가장 적절한 것은?

① 다른 목적의 글과 비교하면서 주장하는 글의 특징을 서술하고 있다.

② 주장하는 글을 쓰기 위해 알아 두어야 할 유용한 정보를 제공하고 있다.

③ 주장하는 글 쓰기와 관련된 다양한 의견을 제시한 후 합리적인 방법을 모색하고 있다.

④ 다양한 근거를 제시하면서 주장하는 글에 대한 본인의 입장을 논리적으로 진술하고 있다.

⑤ 본인의 경험을 근거로 제시하면서 주장하는 글 쓰기의 필요성에 대한 공감을 유도하고 있다.

02 (나)~(바) 중, 〈보기〉의 선생님의 설명과 가장 관계있는 문단은?

┤ 보기 ├

학생: 선생님, 저는 글을 쓰다 보면 항상 처음에 계획했던 내용과 달라져서 고민입니다. 들어가야 할 내용이 빠지기도 하고, 계획에 없던 내용이 들어가서 주제가 달라지기도 합니다. 좋은 방법이 없을까요?

선생님: 글을 쓸 때에는 개요를 작성하는 습관이 필요해요. 자신이 쓸 내용을 미리 체계적으로 정리해 봄으로써 내용의 일관성을 유지할 수도 있고, 글의 전체적인 짜임새도 좋게 할 수가 있거든요.

① (나)　　② (다)　　③ (라)

④ (마)　　⑤ (바)

03 이 글을 바탕으로 '주장'과 '근거'의 요건에 대해 정리한 것으로 적절하지 않은 것은?

주장	글쓴이의 입장이 명확히 드러나야 한다.	ⓐ
	현실에서 실현하는 것이 가능한 내용이어야 한다.	ⓑ
근거	주관적이고 논리적인 내용이어야 한다.	ⓒ
	출처가 분명하고 믿을 만한 내용이어야 한다.	ⓓ
	보편적으로 옳다고 인정할 수 있는 내용이어야 한다.	ⓔ

① ⓐ　　② ⓑ　　③ ⓒ

④ ⓓ　　⑤ ⓔ

서술형

04 (바)의 내용을 참고하여 〈보기〉의 글쓰기 계획에 나타난 문제점을 한 문장으로 서술하시오.

┤ 보기 ├

주제: 우리나라의 언어 중 존댓말을 없애야 한다.

근거 수집 계획

① 존댓말을 잘못 사용해서 곤란을 겪었던 경험을 이용한다.

② 친구들을 대상으로 설문 조사를 한다.

③ 인터넷에서 다른 나라의 언어 관습을 찾아본다.

④ 모든 자료는 출처를 기록해 둔다.

100점 특강

● 주장과 근거

주장	• 문제 상황에 대한 글쓴이의 주관적 판단과 입장이 담김. • 다양한 입장을 충분히 고려하여 결정해야 함. • 주장하는 내용은 구체적이고 명확해야 함. • 주장하는 내용은 현실에서 실현할 수 있는 것이어야 함.	주장과 근거는 사회·문화적 맥락 안에서 수용할 수 있는 것이어야 함.
근거	• 다양한 방법으로 수집한 후, 적절한 것을 선별하여 마련함. • 내용이 객관적이면서 타당해야 함. • 주장과 논리적으로 연결되며, 주장을 뒷받침할 수 있어야 함. • 출처가 분명해야 함.	

[01~04] 다음 글을 읽고 물음에 답하시오.

가 계획하기 단계에서는 예상 독자와 관련하여 '누가 읽을 글인 가?'라는 질문을 던져 볼 수 있다. 독자에 따라 글의 수준이나 내용, 표현이 달라질 수 있기 때문이다. 글의 주제와 관련하여 '무엇을 쓸 것인가?'라는 질문을 던져 볼 수도 있다. 글의 주제는 독자의 수준에 맞아 관심을 끌 수 있어야 하며 글쓴이도 평소에 관심을 가지고 있던 분야라면 더 좋다. 또 글의 목적과 관련하여 '왜 이 글을 쓰는가?'라는 질문을 던질 수도 있다. 글의 목적에는 정보 전달, 설득, 감정 및 정서의 표현, 친교가 있는데 글의 목적에 따라 글의 종류가 결정된다.

나 내용을 선정하기 위해서는 먼저 글에 쓸 다양한 내용을 마련해야 한다. 주제와 관련하여 자신이 알고 있는 지식을 정리하기 위해서 브레인스토밍이나 마인드맵을 활용하는 방법이 있다. 자신이 가진 생각이나 지식을 정리한 후 주제와 관련된 자료를 수집한다. 자료를 수집할 때는 인터넷 검색, 관련 서적, 신문, 잡지, 방송 매체 등을 활용하여 자료를 수집하는 간접적 방법과 현장 조사나 전문가와의 면담 등을 통한 직접적 방법을 활용할 수 있다.

다 좋은 글을 쓰기 위해서는 내용을 적절하게 조직해야 한다. 내용을 조직하기 위해서는 먼저 글의 주제를 분명하게 하는 것이 좋다. 주제가 분명해야 주제와 어울리는 내용으로 통일성 있게 글을 쓸 수 있다. 한 편의 글은 보통 '처음 – 중간 – 끝'의 구조로 이루어진다.

라 표현의 효과를 높이기 위해 시각 자료를 제시하는 것도 좋은 방법이다. 이때, 너무 많은 시각 자료를 제시하거나 주제와 맞지 않는 시각 자료를 제시하면 독자들이 오히려 혼란스러우므로 유의해야 한다. 좋은 글은 한 번에 완성되지 않는다. 그러므로 글을 쓸 때에는 처음부터 완벽한 글을 써야 한다는 부담감을 갖지 않는 것이 좋다. 완벽한 글을 쓰기보다는 '글을 완성한다'는 생각으로 쓰는 것이 더 쉽게 글을 써 내려갈 수 있다.

마 글은 고쳐쓰기 과정을 통해 마무리된다. 고쳐쓰기는 글이 글쓰기의 계획에 맞게 잘 이루어졌는지 점검하는 것이다. 고쳐쓰기는 추가·삭제·교체·재구성의 원리에 따라 이루어진다. 그리고 '글 수준 – 문단 수준 – 문장 수준 – 단어 수준'으로 범위를 좁혀 가면서 하는 것이 일반적이다.

중요
01 (가)~(마) 중, 〈보기〉의 내용과 관련 깊은 것은?

| 보기 |

개요는 글의 설계도라고 할 수 있는데 글에 포함되는 중심 내용을 체계적으로 정리해 놓은 것이다. 개요를 작성함으로써 글이 통일성을 갖추는 데 도움을 얻을 수 있다. 개요는 글의 내용과 종류에 따라 달라진다.

① (가)　　② (나)　　③ (다)
④ (라)　　⑤ (마)

02 (가), (나) 단계에서 던질 수 있는 질문으로 적절하지 <u>않은</u> 것은?
① 이 글을 쓰는 목적이 무엇이지?
② 이 자료는 믿을 만한 출처에서 나온 자료일까?
③ 이 자료들 중에서 주제와 거리가 먼 자료는 무엇이지?
④ 이 글을 읽을 예상 독자의 지식수준은 어느 정도일까?
⑤ 예상 독자들의 관심을 끌기 위해서는 어떤 표현 방법을 사용할까?

03 (다)와 (라)에 드러나는 글쓰기 과정에서 글쓴이가 고려해야 할 사항으로 적절하지 <u>않은</u> 것은?
① (다): 주제를 분명하게 한다.
② (다): 글의 구조에 따라 내용을 조직한다.
③ (라): 적절한 시각 자료를 제시한다.
④ (라): 부담감을 갖지 않고 글을 완성하는 데 노력한다.
⑤ (라): 표현의 효과를 높이기 위해 부족하거나 빠뜨린 내용을 덧붙인다.

서술형
04 (마)를 바탕으로 고쳐쓰기의 원리와 순서를 〈조건〉에 맞게 서술하시오.

| 조건 |
• 원리와 순서를 각각 한 문장으로 쓸 것.

[05~08] 다음 글을 읽고 물음에 답하시오.

가 쓰기는 공동체 안에서의 사회적 활동이다. 따라서 공동체가 규정하고 있는 윤리 규범을 따라야 한다. 이때 우리가 지켜야 하는 쓰기 윤리는 첫째, 글 내용의 윤리성, 둘째, 글쓰기 과정의 윤리성, 셋째, 표현의 윤리성으로 그 범위를 정할 수 있다.

나 첫째, 글 내용의 윤리성은 공동체가 추구하는 사회적 가치를 해치지 않는 범위 안에서 글을 써야 함을 말한다. 최근 사회의 다원화로 인하여 보편적인 가치나 도덕규범을 정하기 어려워지고 있어 사회 윤리에 맞는 내용으로 글을 쓰기란 애매한 일일 수도 있다. 또한 특정한 가치만을 주장하는 행위를 바람직하지 않은 것으로 인식하기도 한다. 그러나 사회적인 질서와 안녕을 해치는 내용의 글은 사회 구성원의 혼란을 초래할 수 있으므로 주의해야 한다.

다 둘째, 글쓰기 과정의 윤리성은 표절이나 연구 결과에 대한 과장과 왜곡에 대하여 반성해야 함을 말한다. 따라서 다른 사람의 글이나 저작물을 존중하면서 바르게 인용하려는 태도를 길러야 한다. 또한 글을 쓰는 과정에서 연구 결과를 과장하거나 왜곡하는 행위는 사라져야 한다. 신문이나 방송, 인터넷 등에서 제시한 기사나 각종 자료를 활용할 때에도 임의로 자료를 변경하는 행위는 자칫 그릇된 정보를 만들어 내어 큰 문제를 불러올 수 있다.

라 셋째, 표현의 윤리성은 쓰는 사람의 체험이나 생각을 있는 그대로 드러내어 써야 함을 말한다. 자신의 의도나 욕구, 관심을 진지하게 생각하고 진실하게 표현하여 독자가 글쓴이에 대해 진솔하게 받아들이도록 해야 한다는 것이다. 그러기 위해서는 먼저 자신이 표현하고자 하는 생각이 무엇인지 분명히 알고, 이를 상대가 공감할 수 있도록 표현해야 한다. 이런 태도는 사회적 소통 과정으로서의 쓰기 활동에 임할 때 꼭 필요한 태도라 할 수 있다. 이를 통해 독자와의 의사소통 과정을 원활하게 이끌고 생각을 공유하고 서로 공감하는 사회를 만들어 나갈 수 있다.

05 이 글의 제목으로 적절한 것은?
① 쓰기 윤리의 의미
② 글쓰기 과정의 어려움
③ 시대에 따른 쓰기 윤리의 변화
④ 다원화 사회에 필요한 다양한 윤리
⑤ 쓰기 윤리와 다른 윤리와의 차이점

06 (가)에 대한 설명으로 적절한 것은?
① 중심 내용을 소개한다.
② 글의 내용 전개 방식을 설명한다.
③ 현실의 문제점을 구체적으로 제시한다.
④ 글쓴이의 경험을 제시해 관심을 유도한다.
⑤ 질문의 형식으로 독자의 호기심을 유발한다.

07 (나)~(라)의 내용과 일치하지 <u>않는</u> 것은?
① 글을 쓰는 사람은 자신의 체험이나 생각을 있는 그대로 써야 한다.
② 다원화된 사회에서는 보편적인 가치나 도덕규범을 정하기 어렵다.
③ 다른 사람이 공감하는 내용이라면 임의로 자료를 변경하여 활용할 수 있다.
④ 다원화된 사회에서도 사회적 질서와 안녕을 해치는 내용의 글은 적절하지 않다.
⑤ 다른 사람의 글을 표절하거나 자신의 연구 결과를 과장, 왜곡하는 것은 쓰기 윤리에 어긋난다.

중요 서술형

08 〈보기〉에서 ○○이 가진 문제점을 〈조건〉에 맞게 서술하시오.

┤ 보기 ├

○○은 수행 평가로 '이성 교제의 좋은 점'이라는 글을 쓰게 되었다. 자료를 찾기 위해 인터넷을 검색하던 중 비슷한 내용의 글을 발견하고 내용을 조금 고쳐 그대로 제출하였다.

┤ 조건 ├

• (나)~(다)에 제시된 쓰기 윤리의 범주 중 하나를 포함하여 쓸 것.

[09~12] 다음 글을 읽고 물음에 답하시오.

가 어떤 주제에 대하여 대상을 관찰, 조사하거나 실험을 한 후에 탐구 결과를 절차와 결과가 드러나게 쓴 글을 보고서라고 한다. 보고서에는 탐구 방법이나 목적에 따라, 대상이나 상황을 관찰하고 분석하여 쓴 관찰 보고서, 실험의 과정과 결과를 기록하여 쓴 실험 보고서, 어떤 대상을 조사한 후에 그 결과를 분석하여 쓴 조사 보고서 등이 있다.

나 보고서를 쓰기 위해서는 먼저 탐구 주제와 목적을 정한다. 주제는 자신과 예상 독자의 수준이나 흥미, 관심 분야 등을 고려하여 정하는데, 탐구가 가능하면서 독자의 관심을 끌 수 있는 내용이 바람직하다. 주제가 선정되면 구체적인 보고서 작성 계획을 세운다. 계획서에는 탐구 일정과 방법, 준비물 및 모둠원의 역할 분담 등이 들어가며, 탐구 결과를 예측하여 제시한 후 관찰, 조사, 실험을 통해 얻은 실제 결과와 비교할 수도 있다.

다음으로 계획서에 따라 탐구를 진행하며 자료를 수집한 후, 그 내용을 정리한다. 자료를 정리할 때에는 탐구 과정을 통해 수집한 구체적인 내용을 객관적으로 기록해 두어야 한다. 마지막으로 탐구 결과를 분석한 후, 이를 바탕으로 보고서를 작성한다.

다 처음 부분에서는 탐구의 목적과 필요성을 제시하고 탐구 기간, 탐구 대상, 탐구 방법 등을 기록한다. 탐구 기간이나 대상은 결과에 영향을 미치는 중요한 요소이므로 정확하게 기록해야 하며, 탐구 과정에서 설문지를 사용하였으면 설문 내용도 함께 제시하는 것이 좋다. 중간 부분에서는 탐구 결과와 결과를 분석한 내용을 제시한다. 탐구 결과는 독자들이 이해하기 쉽게 잘 정리해 제시해야 하며, 결과 분석은 보고서의 목적을 고려하여 작성한다. 마지막으로 끝부분에서는 탐구를 하며 느낀 점이나 독자들에게 바라는 점 등을 쓰고, ㉠참고한 자료를 제시한다.

라 보고서를 쓸 때에는 탐구의 절차와 결과가 잘 드러나도록 체계적이고 정확하게 써야 한다. 이때 그림이나, 사진, 도표, 그래프 등의 다양한 매체 자료를 활용하면 보고 효과를 높일 수 있다. 또한 탐구 결과는 과장, 축소하거나 변형, 왜곡을 해서는 안 되며 편견을 담지 말고 객관적 사실만 기록해야 한다. 그리고 타인의 자료를 무단으로 표절해서는 안 되며, 필요에 의해 자료를 인용할 때에는 출처를 밝히는 등 쓰기 윤리를 준수하는 것이 중요하다.

09 이 글에 사용한 설명 방법이 **아닌** 것은?

① 구체적인 예를 들면서 설명을 보충하고 있다.
② 일이 진행되는 과정을 순서대로 설명하고 있다.
③ 여러 대상이 지닌 공통점을 견주어 설명하고 있다.
④ 설명하고자 하는 대상의 뜻을 풀어서 밝히고 있다.
⑤ 대상을 일정한 기준에 따라 나누어 설명하고 있다.

10 〈보기〉는 보고서를 쓰면서 생각한 내용을 순서 없이 나열한 것이다. 보고서 쓰기 절차에 따라 바르게 배열하시오.

┤ 보기 ├
㉮ 내가 지금 쓰고 있는 보고서에 조사 절차와 결과가 잘 드러나고 있는 건가?
㉯ 보고서 주제로 '청소년들의 여가 활용 방법'이라는 주제가 좋겠군.
㉰ 인터넷에 10년 전 조사 자료가 있네. 출처와 함께 기록해 두어야지.
㉱ 설문 조사를 분석해 보니, 친구들은 시설 부족을 가장 큰 문제로 생각하고 있구나.
㉲ 친구들을 대상으로 설문 조사를 하고, 인터넷에서 관련된 내용을 조사해 봐야지.

11 〈보기〉의 밑줄 친 내용과 관련하여, 보고서를 쓸 때 유의할 점으로 적절한 것은?

┤ 보기 ├
명호의 동아리에서는 ○○ 식물의 성장 과정을 기록하여 보고서를 쓰려고 한다. 그런데 <u>○○의 성장은 일조량의 영향을 많이 받아서 언제 탐구를 진행하느냐에 따라 결과가 다르게 나올 수 있다는 이야기</u>를 듣고 보고서 작성에 참고하려 한다.

① 탐구 기간을 정확하게 밝힌다.
② 탐구 목적을 구체적으로 제시한다.
③ 탐구 과정을 순서에 따라 제시한다.
④ 탐구를 하며 느낀 점을 자세히 적는다.
⑤ 탐구 내용을 그래프로 정리해 시각적으로 보여 준다.

서술형

12 (라)를 고려하여 ㉠의 이유를 서술하시오.

[13~15] 다음 글을 읽고 물음에 답하시오.

가 주장하는 글을 쓰기 위해서는 먼저 문제 상황에 대한 자신의 주장을 결정해야 한다. 이를 위해서는 문제 상황을 바라보는 다양한 입장을 충분히 검토해야 한다. 한쪽 입장에 치우치면 편견에 빠져 상황을 공정하게 바라보지 못할 수 있기 때문이다. 그리고 주장의 내용은 구체적이고 명확해야 하며, 실현 가능성이 있어야 한다.

나 주장이 결정되면 이를 뒷받침할 객관적이고 타당한 근거를 마련해야 한다. 근거 마련을 위한 자료는 면담이나 관찰, 설문 조사 등과 같은 직접적인 방법으로도 수집할 수 있지만, 인쇄 매체, 영상 매체, 디지털 매체 등을 통해서도 수집할 수 있다. 수집한 자료는 주장을 뒷받침할 수 있는 것들만으로 선별하는 작업을 거쳐야 한다.

다 다음으로 선별한 자료를 적절하게 배치하고 조직하는 과정을 거쳐야 하는데, 일반적으로 주장하는 글은 '서론－본론－결론'의 3단계로 구성한다. 서론에서는 글을 쓰게 된 동기나 문제 상황을 드러내면서 화제를 제시하는데, 개념 정의나 경험, 사례 등을 이용할 수 있다. 본론에서는 구체적인 주장이 전개된다. 이때 앞에서 준비한 자료를 활용하는데, 각 문단의 소주제를 뒷받침할 수 있는 근거를 함께 제시한다. 그리고 결론에서는 본론에서 밝힌 주요 내용을 요약하거나 강조하면서 글을 마무리한다.

라 글을 쓸 때에는 주장하는 내용을 일관되게 유지하는 것이 중요하다. 이때 하나의 문단에는 하나의 주장만이 제시되어야 내용을 명료하게 전달할 수 있다. 또한 문장과 문장, 혹은 문단과 문단은 적절한 접속어나 지시어를 사용하여 긴밀하게 연결되도록 해야 한다. 글을 완성하고 난 뒤에는 주장하는 내용이 잘 전달되는지, 글의 내용은 논리적으로 연결되는지, 문장이나 단어는 정확하게 썼는지 등을 검토하며 고쳐 쓰는 과정을 거친다.

마 주장하는 글은 독자에게 글쓴이의 주장이 분명하게 전달되어야 한다. 이를 위해서는 간결하고 명확한 문장을 사용하는 것이 좋다. 또한 구체적이고 타당하면서, 출처가 분명한 자료를 근거로 사용해야 한다. 그리고 주장과 근거가 사회·문화적 맥락 안에서 수용 가능한 것인지를 점검해 보아야 한다.

13 이 글을 통해 해결할 수 있는 질문이 <u>아닌</u> 것은?

① 주장하는 글을 쓸 때 유의할 점은 무엇인가?
② 주장하는 글은 어떤 절차에 따라 써야 하는가?
③ 주장하는 글을 3단계로 구성하는 이유는 무엇인가?
④ 주장하는 글의 근거가 갖추어야 할 요건은 무엇인가?
⑤ 주장하는 글을 쓰기 위해 근거를 마련하는 방법에는 어떤 것이 있는가?

(중요)
14 이 글을 읽고, 주장하는 글의 특징을 정리한 것으로 적절하지 <u>않은</u> 것은?

① 다양성: 문제 상황에 대한 다양한 입장을 모두 제시해야 한다.
② 명료성: 주장하는 내용은 구체적이며 명확하게 제시해야 한다.
③ 일관성: 주장하는 의견은 처음부터 끝까지 변하지 않아야 한다.
④ 객관성: 주관적인 의견을 주장하더라도 근거는 객관적이어야 한다.
⑤ 신뢰성: 인용한 내용은 믿을 만한 것이어야 하며 출처가 구체적으로 드러나야 한다.

서술형
15 〈보기〉는 주장하는 글의 '서론－본론－결론' 중 어디에 해당하는지 쓰고, 그렇게 판단한 이유를 서술하시오.

┤ 보기 ├

지금까지 살펴본 바와 같이 청소년의 인지 능력이나 다른 권리들과의 형평성, 그리고 다른 나라들의 사례 등을 고려할 때 선거 연령을 낮추는 것은 위험한 모험이 아니다. 따라서 선거 연령을 18세 이하로 낮추는 것으로 선거법을 바꾸어야 한다.

단계	
판단 이유	

V 듣기·말하기

V. 듣기 · 말하기

효과적으로 토론하고 발표하기

더 알아 두기

◆ 토론과 토의

	토론	토의
공통점	• 공동의 문제를 해결하기 위한 집단적 소통 과정임. • 논리적인 근거를 들어 의견을 말함.	
차이점	찬반 대립의 상황에서 참가자들이 자신의 주장이 옳음을 입증하려 함.	최선의 해결 방안을 찾기 위하여 참가자들이 협동적으로 의견을 나눔.

◆ 근거의 적절성 판단 기준

신뢰성	자료의 출처가 명확하고, 내용이 믿을 만한지에 관하여 판단함.
타당성	주장과 근거가 긴밀하게 연관되어 있는지, 결론을 이끌어 낸 방식이 합리적인지에 관하여 판단함.
공정성	근거가 어느 한쪽의 이념이나 가치관에 편향되지 않았는지, 공동체의 보편적 가치에 맞는지에 관하여 판단함.

❶ 토론의 뜻

어떤 문제에 대해 찬성과 반대 의견을 가진 사람들이 근거를 들어 자신의 주장이 옳음을 내세우고, 상대방의 주장이나 근거가 부당하다는 것을 명백하게 밝히는 말하기 방식이다.

❷ 토론의 과정

논제 제시	사회자가 논제를 제시하고 토론의 진행 절차를 안내함.
↓	
주장 제시(입론)	찬성 또는 반대 입장을 타당한 근거와 함께 제시함.
↓	
논박(반론)	상대측이 입론에서 내놓은 주장이나 근거의 문제점을 지적함.
↓	
최종 변론	토론한 내용을 바탕으로 하여 자기 측의 주장과 근거를 다시 한번 강조함.
↓	
배심원의 판정	배심원은 주장과 근거의 합리성과 논리성 등을 바탕으로 판정함.

❸ 논리적 반박(논박)

상대방의 주장과 근거를 비판적으로 분석하여 논리적 허점 및 오류에 대해 근거를 들어 비판하고, 자신의 주장이 옳다는 것을 부각하는 말하기이다.

토론의 성격	논박의 중요성
• 서로 다른 입장을 전제로 대립된 의견을 논의하는 과정임. • 자신의 주장은 물론 상대방의 주장 역시 완벽할 수 없음.	• 찬반 양측의 주장과 이에 대한 반박이 제기됨으로써 토론이 진행됨. • 토론의 전제 조건이자 본질에 해당함.

예 로 개념 확인

가 반대 측: ❶학년별 배식 순서를 없앨 경우 서로 먼저 배식을 받기 위해 학생들이 한꺼번에 급식실에 몰려들면서 자칫 안전사고가 발생할 수 있습니다. 이 문제에 대해서도 고려해 보셨나요?

찬성 측: 물론입니다. ❷초기에는 다소 혼란이 생길 수 있지만, 어느 정도 이 방식이 안착되면 학생들이 자신의 시간 활용에 맞게 식사 시간을 정하여 어느 정도 분산될 것이라고 생각합니다. 실제로 1, 2학년 학생 150명을 대상으로 설문 조사를 해 봤는데, 원하는 식사 시간대가 걱정과 달리 골고루 나오는 것을 확인할 수 있었습니다.

나 진영: 준기야, 발표 준비는 잘 돼 가니?

준기: ❸2학년 때 사회 시간에 발표를 한 적이 있는데, 친구들이 내 발표에 아무런 반응을 보이지 않아서 당황했던 적이 있어. 그때 이후로 발표하는 것에 대해 자신감도 없고, 친구들의 반응이 어떨까 그것부터 걱정하게 돼. 남들은 다 잘하는 것 같은데…….

진영: ❹누구나 여러 사람 앞에서 말하는 것은 부담스러워해. 친구들에게 이야기하는 것처럼 자연스럽게 말하면 불안감도 사라지고 친구들도 호응을 해 줄 거야.

❹ 토론 참여자의 역할과 태도

사회자	• 자유롭게 발언할 수 있는 분위기를 조성함. • 토론 순서와 토론 규칙을 사전에 알려 주고, 잘 수행되도록 안내함. • 중립적 입장에서 공정하게 토론을 진행함. • 토론자의 발언 내용을 상황에 맞게 요약하여 원만한 토론을 도움.
토론자	• 주어진 시간 동안 타당한 근거를 들어 주장을 명확하게 제시함. • 사회자의 진행에 따라 토론의 규칙과 발언 순서를 잘 지켜야 함. • 상대방의 발언을 경청하며 상대방을 존중하는 태도를 가져야 함.
배심원	• 토론의 과정과 결과를 객관적이고 합리적인 입장에서 평가함.

❺ 말하기 불안이 생기는 원인

- 말할 내용을 제대로 준비하지 않았을 경우
- 유창한 말하기에 대한 부담감이 있는 경우
- 자신의 말을 들어 줄 청중의 반응이 염려되는 경우
- 공식적인 상황에서 청중 앞에 선 경험이 많지 않은 경우
- 청중 혹은 말하기 과제에 대하여 과도한 부담을 느낄 경우
- 부정적인 자아 개념을 가지고 있거나 소극적인 성격인 경우

❻ 말하기 불안을 극복해야 하는 이유

청중의 주의를 집중시켜 발표 내용을 효과적으로 전달하기 위해서는 자신감 있는 태도가 필요하다.

자신감 없는 태도		자신감 있는 태도
어두운 표정, 부자연스러운 자세, 불안한 시선 처리, 어색한 손동작 등 → 청중도 덩달아 불안감을 느껴서 발표 내용에 집중을 못함.		밝은 표정, 자연스러운 자세, 고른 시선 처리, 적절한 손동작 등 → 발표에 활기를 주어 청중을 집중시키는 효과가 있음.

더 알아 두기

◈ 논박할 때의 유의점
- 새로운 근거는 들 수 있지만, 새로운 주장을 해서는 안 됨.
- 주어진 시간 안에 상대측 발언의 문제점을 침착하고 분명하게 지적함.
- 모든 쟁점을 다 논하려 하지 말고, 자신들에게 유리한 것을 바탕으로 배심원을 설득함.
- 입론에서 내세웠던 주장을 단순히 반복하지 말고, 타당한 근거를 제시함.

◈ 말하기 불안을 극복하는 방법
- 말하기 불안은 누구나 겪는 자연스러운 현상임을 인식함.
- 자신이 겪는 어려움이 무엇인지 점검함.
- 발표 준비를 철저히 하여 자신감을 가짐.
- 가벼운 몸풀기를 통해 불안감을 완화시킴.
- 말하기 상황을 긍정적으로 인식함.
- 과거의 말하기 실패 경험에 얽매이지 않음.
- 거울을 보거나 영상을 찍어 자연스러운 몸짓과 표정을 연습함.

---

❶ **논리적 반박**: 학년별 배식 순서를 없애야 한다는 찬성 측의 주장에 대하여, 실제로 그렇게 시행할 경우 예상되는 문제점을 제시하여 논리적으로 반박하고 있다.

❷ **반박에 대한 변론**: 반대 측이 예상되는 문제점으로 지적한 내용을 자신들도 인지하고 있음을 인정하면서, 그러한 문제 상황이 시행 초기에만 나타날 것으로 예상하고 있다. 또한 설문 조사 결과를 근거로 제시하여 반대 측이 우려하는 대로 많은 학생들이 한꺼번에 몰려드는 일은 벌어지지 않을 것이라고 주장하고 있다.

❸ **말하기 불안의 원인**: '준기'는 2학년 때 발표의 실패 경험을 지니고 있다. 이로 인해 또다시 실패할 것을 두려워하여 발표에 대한 불안을 느끼고 있다. 이처럼 청중의 반응이나 평가에 대해 과도한 부담을 느낄 경우 말하기 불안이 나타날 수 있다. 그리고 이러한 불안이 반복되면 부정적인 자아 개념을 형성하게 되어 여러 사람 앞에서 말하는 것을 꺼리게 될 수도 있다.

❹ **말하기 불안의 극복 방법**: '진영'은 여러 사람 앞에서 말하는 것에 대해 누구나 부담스러워한다고 말하며 '준기'가 말하기 불안을 자연스럽게 받아들이도록 하였다. 또한 평소 친구들과 대화하는 것처럼 편하게 발표하면 친구들의 호응을 이끌어 낼 수 있을 것이라고 조언하고 있다.

효과적으로 토론하기

- **해제:** 이 토론은 '교실 내에도 시시 티브이를 설치해야 한다.'라는 논제에 관한 토론으로, 토론자들은 찬성 측과 반대 측으로 나뉘어 자신의 주장을 말하고, 상대측의 주장에 대해 논박하고 있다.
- **주제:** 교실 내 시시 티브이 설치에 대한 찬성과 반대 토론

내용 연구 ▶▶▶

토론의 구성

논제	교실 내에도 시시 티브이를 설치해야 한다.
구성원	사회자, 찬성 측 토론자 두 명, 반대 측 토론자 두 명. [배심원]
절차	논제 및 규칙과 절차 안내 → 찬반 토론자 입론 → 반론(논박) [→ 최종 변론 → 배심원의 판정]

* [ ] 안의 내용은 이 글에 제시되지 않음.

구절 풀이

★**학교에서 일어나는 ~ 입론해 주십시오:** 사회자는 토론을 시작하면서 논제의 배경 설명, 논제 제시, 토론의 절차와 규칙 안내를 하고 있다.

★**지난달에 ~ 않았을 것입니다.:** 토론자가 직접 경험한 사례를 제시하며, 이를 시시 티브이 설치가 필요한 근거로 활용하고 있다.

낱말 풀이

- **논제:** 찬성과 반대의 입장으로 갈라질 수 있는 문제.
- **입론하다:** 논제에 대하여 근거를 내세워 주장을 말하다.
- **불미스럽다:** 보기에 옳지 못하거나 떳떳하지 못한 데가 있다.
- **침해하다:** 남의 땅이나 권리, 재산 등을 범하여 해를 끼치다.
- **프라이버시권:** 자신의 사생활을 남에게 공개당하지 않을 권리.

사회자: ★학교에서 일어나는 여러 가지 사건, 사고 예방을 위해 대부분의 학교에서 '시시 티브이'를 설치하여, 어느 정도 예방 효과를 보고 있습니다. _{시시 티브이가 사건, 사고 예방에 도움이 되고 있음.} 그런데 최근 교실 내에서 일어나는 폭력이나 교권 침해 등이 사회 문제로 불거지면서 교실 내에도 시시 티브이를 설치해야 한다는 주장이 나오고 있습니다. _{논제의 배경 소개} 이에 이번 시간에는 '교실 내에도 시시 티브이를 설치해야 한다.'라는 논제로 토론을 하겠습니다. _{논제} 먼저 찬성 측과 반대 측의 입론을 듣겠습니다. 토론자는 각 2분씩 발언 가능합니다. _{토론의 절차 안내} 찬성 측부터 *입론해 주십시오.

▶ 사회자의 (　　) 소개 및 토론 절차 안내

호성: 「최근 ○○○ 교육청에서 발표한 '학교 폭력 실태 조사' 결과에 따르면, 학교 폭력은 학교 밖 _{♪ 근거 ① – 학교 폭력이 가장 많이 발생하는 곳은 교실임.} (31%)보다 학교 안(69%)에서 많이 발생하며, 학교 안에서는 교실 안(31.9%)이 가장 높았습니다. 우리 학교의 경우에도 생활부 선생님께 확인해 보니 지난해 일어난 학교 폭력 사안 대부분이 교실 안에서 일어났다고 하셨습니다.」 이런 현실을 감안한다면 사건, 사고 예방을 위한 시시 티브이가 가장 필요한 장소는 교실 안이라고 할 수 있습니다. 「*지난달에 저희 학급 안에서 한 친구가 돈을 잃어버린 *불미스러운 일이 일어났습니다. 이 사건을 해결하는 과정에서 학급 친구들 모두 잠재적인 범인으로 의심받아야 했는데, 시시 티브이가 있었다면 굳이 그런 불쾌한 경험을 하지 않아도 되고, 도난 사고 자체도 아예 일어나지 않았을 것입니다.」 이런 점 _{♪ 근거 ② – 도난 사고가 일어났을 때 시시 티브이가 없어 모두 잠재적 범인으로 의심받음.} 에서 저희는 교실 내에도 시시 티브이를 설치해야 한다고 생각합니다. _{주장: 교실 내에도 시시 티브이를 설치해야 함.}

▶ 교실 내 시시 티브이 설치에 대한 찬성 측 (　　)

사회자: 예, 잘 들었습니다. 다음 반대 측 입론하겠습니다.

승현: 학교 폭력 예방의 필요성에 대해서는 저희도 공감합니다. 하지만 그 방식이 교실 안에까지 시시 티브이를 설치해야 한다는 것에는 동의하기 어렵습니다. 「교실 안에 시시 티브이를 설치 _{♪ 근거 ① – 학생들과 선생님들의 사생활을 침해할 수 있음.} 하면 개인의 동의 없이 모든 모습이 녹화되는데, 범죄 예방을 한다는 목적으로 학생들과 선생님들의 사생활을 *침해하는 것은 옳지 않다고 봅니다.」 「국가 인권위에서 이미 지난 2012년에 _{♪ 근거 ② – 국가 인권위에서 교실 내 시시 티브이 설치가 인권 침해의 소지가 있다고 하였음.} 교실 내 시시 티브이 설치가 인권 침해의 소지가 있다는 의견을 밝힌 바 있습니다. 시시 티브이로 인해 교실 내에서 생활하는 모든 학생과 교사들의 행동이 촬영되고, 지속적 감시에 의해 개인의 초상권과 *프라이버시권, 학생들의 행동 자유권, 표현의 자유 등 개인의 기본권이 제한될 수 있다는 이유 때문이었습니다.」 저희도 이와 같은 이유로 교실 내에 시시 티브이를 설치하는 것에 반대합니다. _{주장: 교실 내에 시시 티브이를 설치하는 것에 반대함.}

▶ 교실 내 시시 티브이 설치에 대한 반대 측 (　　)

01 이 토론의 입론에 대한 이해로 가장 적절한 것은?

① '호성'은 용어의 개념을 정의함으로써 논의의 범위를 한정하고 있다.

② '호성'은 현재의 방식이 유지될 때 발생하는 기대 효과를 언급하며 주장을 펴고 있다.

③ '승현'은 논제와 관련된 문제를 시급하게 해결해야 함을 강조하고 있다.

④ '승현'은 현재의 방식의 긍정적 측면을 근거로 삼아 논제에 대해 반대하고 있다.

⑤ '승현'은 논제대로 실행될 경우 발생할 수 있는 부정적 측면에 대하여 언급하고 있다.

02 토론을 준비하는 과정에서 해야 할 일로 적절하지 <u>않은</u> 것은?

① 논제와 관련된 자료들을 수집한 후 쟁점이 될 만한 것을 뽑아낸다.

② 쟁점이 되는 사안별로 자료를 수집하여 타당한 근거를 마련한다.

③ 우리 측의 주장을 뒷받침해 줄 근거를 정리하여 입론을 준비한다.

④ 상대측의 주장과 근거를 예측해 보고 이에 대한 반론 계획을 세운다.

⑤ 토론이 격렬해질 것을 대비하여 상대측에게 양보할 수 있는 사인을 모색한다.

03 논제에 대한 배심원들의 생각 중, '호성'과 같은 입장이라고 볼 수 있는 것은?

① 누가 잘못된 행위를 했는지 분명히 알게 되어 선의의 피해자가 생기는 것을 막아 줄 수 있어.

② 학생들 입장에서는 수업 시간이든 쉬는 시간이든 누군가에게 감시를 받는 느낌이 들 수 있어.

③ 교장이나 학부모가 교사들의 수업 모습을 감시하고 평가하는 도구로 악용할 수 있지 않을까?

④ 학교 예산이 넉넉하지 않은 상황에서 교육 기자재를 구입하는 데 예산을 쓰는 편이 더 낫지 않을까?

⑤ 교실이 배움의 공간이 아니라 언제든 범죄가 일어날 수 있는 장소처럼 인식될 수 있다는 점에서 비교육적이야.

서술형

04 이 토론에 나타난 '사회자'의 역할을 〈조건〉에 맞게 서술하시오.

┤ 조건 ├

• 두 가지를 쓸 것.
• 30자 내외의 한 문장으로 쓸 것.

100점 특강

▶ 이 글에 나타난 토론의 요건

• **논제:** 이 토론의 논제는 '교실 내에도 시시 티브이를 설치해야 한다.'로, 이는 해결 방안이나 구체적인 실행 방안에 대해 생각해 보는 정책 논제에 해당한다. (정책 논제는 '~해야 한다.'와 같은 형식을 띤다.)

• **사회자, 토론자:** 사회자는 토론을 시작하면서 논제를 둘러싼 배경을 소개하고, 토론의 규칙과 절차를 알린 후 토론을 진행한다. 토론자는 찬성과 반대로 나뉘어 타당한 근거를 들어 주장을 펼치며, 상대측의 주장에 대해 반론을 제기하기도 한다.

• **토론의 규칙과 절차:** 원만한 토론 진행을 위해 토론 참가자들은 토론의 규칙과 절차를 따라야 한다.

```
        논제          규칙과 절차
              토론의 요건
        사회자        찬반 토론자
```

▶ 찬성 측과 반대 측 토론자들의 주장과 근거

	찬성 측	반대 측
주장	교실 내에도 시시 티브이를 설치해야 한다.	교실 내에 시시 티브이를 설치하는 것에 반대한다.
근거	• 학교 폭력이 주로 교실 안에서 일어난다. • 도난 사고가 발생했을 때 학급 친구들 모두 의심받은 경험이 있다.	• 학생들과 선생님들의 사생활을 침해할 수 있다. • 국가 인권위에서 인권 침해의 소지가 있다고 밝힌 적이 있다.

내용 연구 ▶▶▶

토론의 진행 과정

사회자의 논제 제시, 절차 안내

↓

찬성 측 입론 (호성)

↓

반대 측 입론 (승현)

↓

반대 측 반론 (지은)

↓

찬성 측 답변 (찬미)

↓

찬성 측 반론 (호성)

구절 풀이

★**저희가 조사한 ~ 않고 있습니다.:** 상대측의 주장을 반박하기 위해 추가로 제시한 근거에 해당한다. 이 근거를 통해서 시시 티브이가 처음에는 폭력 예방 효과가 있었는지 모르겠지만 시간이 지나면서 그 효과가 사라질 수도 있다는 점을 지적하고 있다.

★**이러한 인권 침해들이 ~ 아닐까요?:** 연속해서 상대방에게 물음을 던지면서 시시 티브이가 인권을 침해하는 것이 아니라 인권 침해를 방지해 주는 역할을 할 수 있다는 자신들의 주장을 강조하고 있다.

낱말 풀이

• **만병통치약:** 여러 가지 경우에 두루 효력을 나타내는 어떤 대책을 비유적으로 이르는 말.
• **무용지물:** 쓸모없는 사람이나 물건.
• **유포되다:** 세상에 널리 퍼지다.
• **열람:** 책이나 문서, 기록 등을 죽 훑어보거나 조사하면서 봄.
• **운운하다:** 이렇다 저렇다 말하다.

사회자: 양측의 입론을 잘 들었습니다. 이제 양측의 반론을 듣겠습니다. 먼저 반대 측에서 2분 이내로 찬성 측 주장에 대해 반론을 해 주시기 바랍니다.

지은: 시시 티브이가 학교 폭력을 방지하는 *만병통치약인 듯이 말씀하셨는데, ★저희가 조사한
〔새로운 근거 제시〕
자료에 의하면 어린이집 같은 경우에는 2015년 9월부터 실내에 시시 티브이 설치가 의무화됐는데도, 며칠 전 뉴스에서 보도된 것처럼 아동 학대 사건이 끊이질 않고 있습니다. 처음에 시시 티브이가 설치됐을 때는 신경이 쓰여 예방 효과가 있었는지 모르겠지만 시간이 지나면 이것 역시 *무용지물이 되지 않을까요? 그리고 교실 내에 시시 티브이가 있으면 범죄와 무관하게 학생들의 사생활이 심각하게 침해받을 수 있습니다. ㉠단적인 예로 체육을 준비하며 옷을 갈아입는 모습이 촬영되고, 이것이 자칫 인터넷에 *유포될 가능성도 있지 않을까요?
〔시시 티브이가 설치될 경우 예상되는 문제 상황 제시〕
▶ 반대 측의 (   ) 제시

찬미: 저희는 시시 티브이가 모든 학교 폭력을 방지해 준다고 말하지 않았습니다. 이 점을 바로
〔발언하지 않은 내용에 대해 반론한 것을 지적함.〕
잡고 싶습니다. 모든 범죄를 예방할 수만 있다면 그것이 시시 티브이가 되었든 무엇이 되었든 도입을 주저할 필요는 없다고 생각합니다. 시시 티브이가 범죄를 100% 예방해 주지 못한다 하더라도, 사건이 일어났을 때 그 사건의 진상을 확인하여 문제를 해결하는 데 큰 도움이 될
〔시시 티브이를 설치할 경우 기대되는 효과 ①〕
것이고, 이러한 일이 반복된다면 시시 티브이를 의식하지 않을 수 없어서 범죄 예방에 의미
〔시시 티브이를 설치할 경우 기대되는 효과 ②〕
있는 도움이 될 것이라고 생각합니다. 다음 사생활 침해와 관련해서 말씀드리겠습니다. 현재 시시 티브이에 녹화된 영상은 학교장이 학교 안전에 의심이 갈 행위가 있었을 경우 재생해 볼
〔사생활 침해 가능성에 대한 반박〕
수 있으며, 학부모와 학생도 적법한 절차와 요청에 따라 *열람이 가능합니다. 이렇게 엄격하게 관리한다면 사생활 침해 부분은 크게 걱정하지 않아도 된다고 생각합니다. 그리고 체육복 갈아입는 문제는 탈의실을 따로 만들어 해결하면 좋을 것 같습니다.   ▶ 찬성 측의 답변(추가 의견)

사회자: 그럼 이어서 찬성 측에서 2분 이내로 반대 측 주장에 대해 반론을 해 주시기 바랍니다.

호성: 반대 측에서는 시시 티브이 설치가 사생활 침해와 인권 침해의 소지가 있다고 주장하셨는데, 먼저 묻고 싶습니다. 「교실은 사적인 공간입니까, 공적인 공간입니까? 저희는 교실이 공적
〔「 」교실에 설치된 시시 티브이가 사생활을 침해한다는 주장에 대한 반박〕
인 공간이라고 생각합니다. 공적인 공간에서 일어나는 일에 대해 사생활 침해 *운운하는 것은 적절하지 않다고 생각합니다.」 그리고 「인권 침해를 말씀하셨는데, 교실에서 일어나는 폭력
〔「 」교실에 설치된 시시 티브이가 인권을 침해한다는 주장에 대한 반박〕
이나 도난 사건으로 피해를 입는 학생들의 인권 역시 보호받아야 합니다. 또한 이런 불미스러운 일이 일어날 때마다 의심을 받아야 하는 많은 학생들의 인권은 또 어떻고요? 그리고 가끔 뉴스를 통해 접하게 되는 선생님들의 인권 침해 또한 가볍지 않습니다. ★이러한 인권 침해들이 시시 티브이 때문에 일어난 겁니까? 오히려 시시 티브이가 없기 때문에 인권 침해를 당하는 것은 아닐까요? 저희는 시시 티브이가 부당한 인권 침해를 방지해 주는 역할을 해 줄 것이라고 생각합니다.」
▶ 찬성 측의 (   ) 제시

05 이 글을 통해 알 수 있는 토론의 의의로 적절하지 <u>않은</u> 것은?

① 상대방의 의견을 들으면서 사고의 유연성을 기를 수 있다.

② 상대방을 설득하면서 자신이 우월하다는 점을 깨달을 수 있다.

③ 토론을 준비하면서 정보를 수집하고 분석, 정리하는 능력을 기를 수 있다.

④ 적극적이고 능동적인 자세를 지니고 문제에 대해 다양한 시각으로 접근할 수 있다.

⑤ 상대방의 주장에 담긴 논리적 허점과 오류를 찾는 과정을 통해 비판적인 안목을 기를 수 있다.

06 반론의 과정을 평가하기 위한 항목으로 적절하지 <u>않은</u> 것은?

① 상대방의 지적에 대해 논리적으로 대응하였는가?

② 상대방의 입론에 드러난 허점을 잘 파악하였는가?

③ 상대방이 발언한 내용 안에서만 반론을 제기하였는가?

④ 상대방이 제시한 근거보다 더 많은 근거를 제시하였는가?

⑤ 제한된 시간 안에 상대방 발언의 문제점을 분명하게 지적하였는가?

07 토론의 맥락을 고려할 때, ㉠에 대한 이해로 가장 적절한 것은?

① 자신이 사용한 용어의 적절성에 대해 상대방의 의견을 묻고 있다.

② 물음의 형식을 통해 상대방의 주장이 지닌 문제점을 지적하고 있다.

③ 상대방에게 질문을 던져 자신의 주장을 이해하고 있는지 확인하고 있다.

④ 실제 발생한 사건을 근거로 들어 자신의 주장이 정당함을 입증하고 있다.

⑤ 질문하는 방식을 통해 상대방의 견해에 일부 동의하고 있음을 드러내고 있다.

 08 '호성'의 반론에 대해 반대 측의 입장에서 답변하는 내용을 〈조건〉에 맞게 서술하시오.

┤ 조건 ├

• 반론 내용의 범위 안에서 한 가지만 쓸 것.
• 50자 내외로 쓸 것.

100점 특강

◗ 반대 측과 찬성 측의 반론

반대 측 반론	찬성 측 반론
• 시시 티브이는 시간이 지남에 따라 예방 효과가 떨어진다.	• 시시 티브이는 문제 해결에 큰 도움이 되며, 이는 범죄 예방에도 긍정적인 영향을 준다.
	• 녹화 영상을 열람하는 것은 엄격한 절차에 따라 이루어진다.
• 시시 티브이는 학생들의 사생활을 심각하게 침해한다.	• 교실은 공적인 공간으로 사생활이 없으며, 시시 티브이는 오히려 학생들과 선생님들의 인권을 보호해 준다.

◗ 반론할 때의 유의점

• 상대측 발언을 들으며 주요 내용을 정리해 두어야 함.
• 새로운 근거는 들 수 있지만, 새로운 주장을 해서는 안 됨.
• 주어진 시간 안에 상대측 발언의 문제점을 침착하고 분명하게 지적해야 함.
• 입론에서 내세웠던 주장을 단순히 반복하지 말고, 타당한 근거를 제시해야 함.
• 모든 쟁점을 다 논하려 하지 말고, 자신들에게 유리한 것을 바탕으로 배심원을 설득해야 함.

효과적으로 발표하기

- **해제:** (가)에서는 두 학생의 대화를 통해 여러 사람 앞에서 말을 할 때 나타나는 말하기 불안의 원인과 이를 극복하기 위한 방안을 제시하고 있다. (나)에서는 발표 내용의 앞부분을 통해 말하기 불안을 어떻게 극복하고 있는지를 제시하고 있다.
- **주제:** (가) 발표를 앞둔 수민의 말하기 불안과 이를 극복하기 위한 방안, (나) 우리나라 청소년들의 지나친 당 섭취 문제

🔍 내용 연구 ▶▶▶

(가) '수민'과 '종호'의 대화

수민	종호
발표를 앞두고 불안해하고 있음.	불안을 극복할 방안을 알려 줌.

(나) '수민'의 발표

말하기 불안을 극복하기 위한 다양한 방법을 활용하여 발표를 진행하고 있음.

구절 풀이

★**사실 여러 ~ 긴장되고 떨려.:** 수민이는 공적인 상황에서 말을 해 본 경험이 적어서 말하기 불안을 느끼고 있다.

★**최근 보건 복지부와 ~ 높다고 합니다.:** 권위 있는 기관의 발표 자료를 근거로 제시하여 발표 내용에 대한 신뢰도를 높이고 있다. 구체적인 수치를 모두 외워서 발표하는 것은 심리적 부담이 될 수 있기 때문에 발표 요약 카드를 활용하여 말하기 불안을 해소하고 있다.

낱말 풀이

- **섭취:** 생물체가 양분 따위를 몸속에 빨아들이는 일.
- **청량음료:** 사이다나 콜라와 같이 이산화 탄소가 들어 있어 맛이 산뜻하고 시원한 음료.
- **심혈관 질환:** 심장의 혈관 이상으로 생기는 병.

가 종호: 수민아, 내일 국어 시간에 발표할 사람은 너지? 준비는 다 했어?

수민: 응, <u>우리나라 청소년들의 지나친 당 섭취 문제</u>에 대해 발표하려고 해.
　　　　　　　　　　발표 주제

종호: 흥미로운 주제네. 기대된다.

수민: 그런데……, <u>잘할 수 있을지 걱정이야.</u> / 종호: 왜? 자료 준비가 잘 안 돼?
　　　　　　　　말하기 불안을 느끼고 있음.

수민: 그건 아니야. <u>자료 준비는 충분히 했어. 발표 자료도 잘 만들었고.</u>
　　　　　　　　　　준비를 제대로 하지 않아서 생긴 불안이 아님.

종호: 그런데 뭐가 걱정이야?

수민: ★<u>사실 여러 사람들 앞에서 발표해 본 경험이 별로 없어서,</u> 벌써부터 긴장되고 떨려.
　　　　　　　　　수민이가 말하기 불안을 느끼는 원인 ①

종호: 그렇구나. 많은 사람들 앞에서 발표하는 것이 쉬운 일은 아니지. 하지만 <u>넌 평소에 친구들과 즐겁게 대화를 잘하니까, 친구들 앞에서 말한다 생각하고 편하게 생각해.</u>
　　　　　　　　　　　　　　　　　　수민이의 불안을 해소해 주려 조언함.

수민: 나도 그렇게 생각하고 싶은데…… 사실, <u>작년에 수업 시간에 발표하다 실수한 것</u>이 자꾸 생각나서 또 실수할까 봐 두렵기도 해.
　　　　　　　　　수민이가 말하기 불안을 느끼는 원인 ②

종호: 많이 걱정하고 있구나. 그럼 이렇게 해 보는 게 어떨까? 우선, 발표 전에 심호흡을 하면서 호흡을 가다듬고 가벼운 몸풀기로 긴장을 풀어 봐. 그리고 발표 내용을 요약한 카드를 만들어서 발표하는 중간에 참고하는 것도 좋아.

수민: 들어 보니 그렇게 어려운 것은 아니네. 한번 해 볼게. 고마워.

▶ (　　)을/를 앞둔 수민의 불안과 종호의 조언

나 (자연스럽게 미소를 띠며 인사를 한다.) 안녕하세요. 이번 시간 발표를 맡은 김수민입니다. (<u>잠시 심호흡을 한 후 발표를 시작한다.</u>) 요즘 날씨가 무척 더워졌죠? ㉠이런 날씨에 밖에서 운동
　　　　긴장을 풀기 위한 행동
하다 집에 돌아와 냉장고 문을 열고 가장 먼저 찾게 되는 게 뭘까요? (청중의 대답을 들은 후) 맞습니다. 저도 여러분과 같이 *청량음료를 먼저 찾아 마실 거예요. ㉡잠깐 이것 좀 보실까요? (<u>상당량의 설탕을 담은 투명 용기를 들고</u>) ㉢이게 뭘까요? (대답을 들으며 호흡을 가다듬는다.) 네,
　　실물을 제시하여 청중의 호기심 유발　　　　　　　　　　　　　　　　　말하기 불안을 극복하기 위한 방법
설탕입니다. 제가 오늘 발표할 내용이 바로 이것과 관련된 것입니다. ㉣혹시 여러분 중에 여기 있는 설탕을 한꺼번에 먹으라면 먹을 수 있는 사람이 있을까요? (청중을 전체적으로 둘러보며 눈을 맞춘다.) 용감하게 도전하겠다는 사람도 있는데, 대부분은 싫은 표정을 짓고 있군요. (<u>심각한 표정을 지으며</u>) 그런데 우리는 매일 이 정도의 당을 먹고 있다고 합니다. *<u>최근 보건 복지부와</u>
　비언어적 표현으로 문제의 심각성 강조　　　　　　　　　　　　　　　　　　근거 자료의 출처 - 신뢰성을 부여함.
<u>한국 건강 증진 개발원에서 발표한 자료</u>를 보니 국내 청소년의 일평균 당 섭취량이 80g이나 된다고 합니다. (<u>발표 요약 카드를 잠깐 확인하며</u>) 이는 전 연령 평균에 비해 1.2배, 세계 보건 기구
　　　　　　　　　　　말하기 불안을 극복하기 위한 방법
가 당 섭취량 기준으로 정한 약 50g보다 1.6배 정도 높다고 합니다. 이것이 왜 문제가 되는지 잠시 준비한 화면을 보겠습니다. (뉴스 보도 동영상을 함께 시청한 후) ㉤이 뉴스를 보니 우리 청소년들의 당 섭취량이 얼마나 심각한 수준인지 알 수 있죠? 특히 의사 선생님의 인터뷰 내용 중 지나친 당 섭취가 비만과 *심혈관 질환의 위험을 높여 우리 건강을 위협할 수 있다는 내용이 무섭게 다가옵니다.

▶ 청소년들의 지나친 (　　) 섭취에 관한 발표

01 (가)의 내용에 대한 이해로 적절하지 <u>않은</u> 것은?

① '수민'은 발표 준비를 제대로 못하여 불안해하고 있다.
② '수민'은 공적인 상황에서 발표해 본 경험이 많지 않다.
③ '수민'은 과거의 실패 경험이 반복될 것을 염려하고 있다.
④ '종호'는 '수민'의 발표 주제에 대해 긍정적으로 반응하고 있다.
⑤ '종호'는 '수민'이 겪는 문제를 해결하기 위한 방법을 조언하고 있다.

02 (나)에 나타난 '수민'의 발표 계획으로 적절한 것만을 〈보기〉에서 있는 대로 고른 것은?

┤ 보기 ├

ㄱ. 비언어적 표현을 활용하여 내용을 효과적으로 전달해야겠어.
ㄴ. 발표의 중심 내용을 중간에 요약해 주어 청중의 이해를 도와야겠어.
ㄷ. 구체적인 수치와 출처를 제시하여 발표 내용의 신뢰성을 높여야겠어.
ㄹ. 발표 주제와 관련된 용어의 개념을 설명하여 발표 내용을 명료하게 전달해야겠어.

① ㄱ, ㄴ　　　② ㄱ, ㄷ　　　③ ㄴ, ㄹ
④ ㄱ, ㄴ, ㄷ　　⑤ ㄴ, ㄷ, ㄹ

03 (나)에서 '수민'이 말하기 불안을 해소하기 위해 사용한 방법으로 적절하지 <u>않은</u> 것은?

① 간단한 심호흡을 통해 긴장을 풀었다.
② 청중이 대답하는 동안 호흡을 가다듬었다.
③ 발표 요약 카드를 참고하며 내용을 이어 갔다.
④ 부담스럽지 않은 가벼운 화제로 발표를 시작하였다.
⑤ 자신이 느끼는 불안을 밝히고 청중의 양해를 구했다.

04 ㉠~㉤에 담긴 화자의 의도를 추측한 것으로 적절하지 <u>않은</u> 것은?

① ㉠: 청중이 자신의 경험을 떠올리도록 하여 발표 내용과 자연스럽게 연결시키자.
② ㉡: 청중이 내가 준비한 설탕을 바라볼 수 있도록 하자.
③ ㉢: 쉽게 대답할 수 있는 질문을 던져 청중의 호기심을 자극하자.
④ ㉣: 발표 주제와 관련지어 대답하기 까다로운 질문을 하여 문제의 심각성을 부각하자.
⑤ ㉤: 영상의 내용 중에서 핵심이 되는 내용을 짚어 주며 공감을 유도하자.

100점 특강

◗ (가)에 나타난 '수민'의 말하기 불안의 원인과 '종호'의 조언

수민이가 말하기 불안을 느끼는 원인	종호가 조언한 방법
• 청중 앞에서 발표해 본 경험이 별로 없음. • 작년 수업 시간에 발표하다 실수한 적이 있음.	• 발표 전에 심호흡과 가벼운 몸풀기로 긴장을 푼다. • 발표 내용 요약 카드를 만들어 발표 때 참고한다.

◗ (나)에서 '수민'이가 말하기 불안을 극복하기 위해 활용한 방법

• 발표를 시작하기 전에 잠시 심호흡을 함.
• 비교적 가벼운 화제인 날씨와 관련하여 발표를 시작함.
• 청중의 대답을 들으며 호흡을 가다듬고 여유를 되찾음.
• 발표 요약 카드를 만들어 발표 중간에 참고함.

02 청중을 고려하여 말하고 설득 전략을 분석하며 듣기

더 알아 두기

◈ 연설의 유형

정보 전달 연설	청중에게 지식이나 정보를 전달하기 위한 것으로 강의나 강연, 보고 연설회, 묘사 연설, 설명 연설, 시범 연설 등이 있음.
설득 연설	청중의 신념이나 태도, 행동을 변화시키기 위한 것으로 정치가의 대중 연설, 선거 연설 등이 있음.
환담 연설	즐거운 분위기를 조성하고 청중을 유쾌하게 하기 위한 연설로 밝고 즐거운 화제가 주로 선정됨.

◈ 연설의 짜임

처음	청중의 관심을 불러일으킬 수 있는 내용 제시
중간	전달하고자 하는 내용을 분명히 표현
끝	내용을 요약하고 강조

❶ 연설

개념	• 다수의 청중을 대상으로 정보 전달이나 설득을 목적으로 하는 공식적 말하기의 한 형태 • 격식을 갖춰 말하는 공적인 화법
특징	• 화자와 청중이 일대다의 형식으로 소통하고, 화자 중심으로 진행됨. • 연설에서의 '설득'이란 특정 주제에 대한 화자의 주장이나 의견을 호소력 있게 표현함으로써 다른 사람들의 생각이나 행동, 태도 등에 영향을 미치는 것을 말함. • 화자의 전인격적인 됨됨이와 그 내용의 진실성을 바탕으로 청중에게 감동을 주고 변화를 불러일으키는 힘이 있음.

❷ 설득 전략

이성적 설득 전략	• 논리적인 근거를 들어 화자의 주장을 뒷받침하는 전략 • 연역이나 귀납 등의 논증 방법, 통계 자료, 자신의 경험이나 전문가의 의견, 역사적 사실 등을 근거로 제시함.
감성적 설득 전략	• 청중의 감정에 호소하여 듣는 이의 마음을 사로잡는 전략 • 공감할 수 있는 사례나 청중이 처한 구체적인 상황 등을 제시함. • 유머를 사용하여 즐거움을 주거나, 공포심을 자극하여 문제점을 강조하거나, 청중의 욕망이나 동정심 같은 감정을 불러일으켜 설득력을 높임.
인성적 설득 전략	• 화자의 됨됨이를 바탕으로 하여 전하는 말에 신뢰를 주는 전략 • 화자의 전문성, 도덕성, 사회성 등을 바탕으로 하여 믿을 만한 사람이라는 것을 알게 함.

예로 개념 확인

안녕하세요. 저는 세번 컬리즈 스즈키입니다. 저는 에코(E.C.O., 환경을 지키는 어린이 조직)의 대표로 여기에 왔습니다. 에코는 열두 살에서 열세 살 사이의 캐나다 아이들이 무언가 변화에 기여하고자 만든 모임으로, 여러분께 살아가는 방식을 바꾸지 않으면 안 될 거라는 말씀을 드리기 위해 6천 마일을 여행하는 데 필요한 경비를 스스로 모금했답니다. ❶

사람들은 너무 많은 쓰레기를 만들어 냅니다. 우리는 사고 버리고, 또 사고 버립니다. 그러면서도 가난한 사람들과 나누려 하지 않습니다. 우리는 필요한 것 이상으로 가지고 있을 때에도 조금이라도 잃고 싶어 하지 않고, 나누어 갖기를 두려워합니다. ❷

이틀 전 여기 브라질에서 큰 충격을 받았습니다. 저희는 길거리에서 살고 있는 몇몇 아이들과 얼마 동안 시간을 보냈습니다. 그중 한 아이가 저희에게 이렇게 말하더군요.

"내가 부자가 되었으면 좋겠어. 만약 내가 부자라면 나는 모든 거리의 아이들에게 음식과 옷과 약과 집, 그리고 사랑과 애정을 줄 거야." ❸

아무것도 가진 게 없는 거리의 아이가 기꺼이 나누겠다고 하는데, 모든 것을 다 가지고 있는 우리는 어째서 그토록 인색할까요? 저는 그 아이들이 제 또래라는 사실을 자꾸 생각하게 됩니다.

– 세번 컬리즈 스즈키, 「세상의 모든 어른들께」 중에서

학습 목표 • 설득 전략을 비판적으로 분석하며 들을 수 있다.
　　　　　 • 청중의 관심과 요구를 고려하여 말할 수 있다.

❸ 연설의 설득력을 높이는 요소

화자의 공신력	• 화자에 대한 공적인 신뢰를 말하며 화자의 성품, 평판, 경험, 전문성 등에 따라 달라짐. • 화자는 연설하는 주제에 대한 충분한 경험과 전문성을 갖추어야 하며, 성실하면서도 진지한 태도로 말해야 함.
적절한 준언어적· 비언어적 표현 사용	• 말의 내용과 상황에 어울리는 어조, 분명하면서도 당당한 말투가 신뢰감과 안정감을 줌. • 화자 본인의 목소리를 사용하되 가다듬어 편안한 상태에서 발화함. • 자연스러운 시선 처리, 듣는 이와 골고루 눈을 맞추어 신뢰감을 줌. • 바른 자세나 말의 내용에 어울리는 손짓, 몸짓 등을 사용함.
기타	연설 상황이나 청중에 대한 분석, 적절한 시각 자료 및 매체를 사용함.

❹ 말하는 이가 고려해야 할 요소

청중	연령대와 관심사, 주제에 관한 태도와 지식수준, 기대와 요구, 성향, 규모 등
연설 상황	연설 시간이나 장소, 연설 목적과 성격, 청중의 자리 배치 등
기타	연설에 사용할 시각 자료 및 매체 등

❺ 비판적으로 분석하며 듣기

• 화자가 어떤 목적을 가지고 말하는지, 목적을 이루기 위해 어떤 전략을 사용하는지 등을 비판적으로 이해하며 들음.
• 의사소통에 사용한 설득 전략을 이해하고 그 타당성을 판단하며 들음.

---

❿ 알아 두기

◈ **준언어적 표현**

성량	목소리 크기
속도	말하기의 빠르기 정도
억양	소리의 높낮이의 이어짐
강세	음절, 단어, 어절에 얹히는 고저
어조	목소리의 높낮이

→ 연설 상황과 내용에 따라 조절

◈ **비언어적 표현**

표정, 시선, 손짓, 몸짓 등

↓

• 화자의 감정이나 의도를 청자에게 효과적으로 전달함.
• 언어적으로 표현하는 내용을 보충함.

◈ **연설 내용의 비판적 듣기**

• **신뢰성 판단**: 인용한 자료의 출처가 정확하고 믿을 만한지 판단함.
• **타당성 판단**: 연사의 주장이 타당한지, 주장에 대한 근거가 적절한지 판단함.
• **공정성 판단**: 연설의 내용과 다른 관점에 대해서도 형평성을 유지하는지 판단함.

---

❶ 연설자 '세번 컬리즈 스즈키'가 자신을 소개하는 부분으로, '에코(E.C.O.)'라는 환경을 지키는 어린이 조직의 회원이라는 말에 환경 분야의 전문성을 인정하고, 이 연설을 위한 여행 경비를 직접 모금할 만큼 열정이 있음을 알게 되어 화자에 대한 신뢰도가 높아졌으므로 '인성적 설득 전략'에 해당한다.

❷ '세계의 빈곤 문제 해결을 위해 노력하자.'는 주장에 대해 사람들이 필요 이상으로 많은 것을 가지고 있는데도 가난한 이들과 나누는 것을 두려워한다는 점을 근거로 들고 있으므로 '이성적 설득 전략'에 해당한다.

❸ 화자 자신의 직접 경험을 사례로 들어 가난으로 고통받고 있는 전 세계 아이들에 대한 관심, 가진 것을 그들과 나누고 싶다는 욕망, 이제까지 나눔을 실천하지 못했던 것에 대한 부끄러움 등의 감정을 유발하고 있으므로 '감정적 설득 전략'에 해당한다.

💬 설득력 있는 연설을 위해 화자는 공신력(화자의 성품, 평판, 경험, 전문성)을 갖추어야 하며 이성적 설득 전략과 감성적 설득 전략을 효과적으로 사용해야 한다. 이 외에도 화자는 연설 상황과 청중에 대해 분석해야 하고, 연설할 때에는 준언어적·비언어적 표현을 자연스럽게 사용해야 한다.

1 힘들 때 힘을 빼면 힘이 생긴다 | 김하나

■ **해제:** 이 글은 〈세상을 바꾸는 시간, 15분〉이란 텔레비전 프로그램에서 2017년에 방송된 강연이다. 인생을 살면서 원하지 않는 것에서 힘을 빼고 원하는 것에 힘을 주어야 한다는 삶의 태도를 갖도록 설득하고 있다.

■ **주제:** 인생에서 힘을 뺄 때 빼고 줄 때 주는 것의 중요성

내용 연구 ▶▶▶

양의지 포수의 말
① 중요한 순간에 대처하는 보통 사람들의 말과 다름.
② 이현승 투수를 웃게 하여 긴장을 풀어 줌.
③ 농담 같지만 힘을 빼게 하여 경기를 승리로 이끎.

가 「야구 좋아하시는 분들 계세요? 손 한번 들어 볼까요? 오, 정말 많이 계시네요.」 저도 야구
└ ♪ 질문을 던지고 손을 들게 하는 방법으로 반응할 기회를 줌. → 청중이 강연에 집중하고 적극 참여하게 함.
중계를 곧잘 보는 편인데요. 재작년쯤이었던 것 같아요. 야구 중계를 우연히 보고 있는데, 베어
연사와 청중의 공통점 → 거리감을 좁힘.
스 팀의 경기였어요. 그 당시에 투수는 이현승 선수였고, 포수는 양의지 선수였어요. 베어스 팀
이 위기 상황이 됐어요. 근데 그때 양의지 포수가 *타임을 요청하더니, 이현승 투수한테로 다가
타임아웃=작전 시간
갔어요. 보통 그럴 때 작전도 얘기하고 이런저런 의견을 교환하고 그러잖아요. 「그런데 ㉠양의지
위기 상황에서 작전을 요청했을 때
선수가 뭐라고 얘기했더니 이현승 투수가 글러브로 이렇게 약간 쥐어박는 시늉을 하더니 피식
웃고는 서로 각자의 자리로 돌아갔어요.」 ▶ 화자가 본 (　　) 경기의 한 장면 이야기로 강연을 시작함.
└『 ♪ 투수의 동작과 표정을 실감 나게 흉내 냈던 부분 – 비언어적 표현 사용

나 「베어스 팀은 위기 상황을 잘 넘겼어요. 이현승 투수가 공을 잘 던졌던 거겠죠. 승리 투수가
『 ♪ 좋은 결과를 얻음.
이현승 투수 선수가 됐고요.」 끝나고 나서 어떤 기자가 이현승 투수를 인터뷰하면서 물어봤어요.
아까 8회에 양의지 포수가 다가와서 뭐라고 하던가요? 그랬더니 이현승 투수가 뭐라고 대답했
느냐면, 여러분 여기 보시면 이 까만 거 있죠? 이걸 언더셔츠라고 하는데 이거를 이현승 투수가
보조 자료로 활용한 사진
두 겹을 입고 있었대요. 양의지 포수가 그 *절체절명의 위기 순간에 다가와서 했던 말이
투수가 공을 한 개라도 잘못 던지면 패할 수 있는 상황
"㉡형, 이거 두 개 껴입었어? 추워? 나이 들었네." 이랬다는 거예요. 그러니까 이현승 투수는
위기 상황에서 타임까지 요청하고 꼭 해야 할 얘기가 아님.
'무슨 실없는 소리야.' 싶으니까 "야, 들어가." 이렇게 돼서 그렇게 헤어진 거죠. 양의지 포수가
말이나 하는 짓이 참되고 미더운 데가 없는
하려고 했던 말이 무엇이었을까요? "형, 긴장 풀어. 힘 빼." 이 얘기를 하고 싶었던 거죠.
진짜 하고 싶은 이야기, 포수가 타임을 요청한 진짜 이유
▶ 포수가 투수에게 건넨 (　　)와/과 진짜 의미

다 「저는 오늘 이 자리에 여러분에게 힘을 뺄 수 있는 *주문 한 마디를 알려 드리려고 나왔습니
『 ♪ 강연의 목적, 앞으로 진행될 강연 내용 소개
다.」 경상도 출신인 분들은 잘 아시는 '만다꼬'입니다. 이 말은 '뭐 하러, 뭐 한다고, 뭘 하려고.'
'뭐 하려고'의 경상도 사투리
등에 해당하는 말로서 영어로 치면 'What for?' 이렇게 번역될 수 있습니다. 의문사이기 때문에
항상 뒤에는 물음표가 뒤따르고요. 용례를 살펴보자면 다음과 같습니다.
쓰고 있는 예. 또는 용법의 보기
"만다꼬 그래 쎄빠지게 해쌌노?" / 번역하자면 '뭐 하러 그렇게 열심히 하는 거니?'
'힘들게'의 방언(전라)
"만다꼬 그 돈 주고 샀노?" / '뭐 하러 그만한 돈을 들여 샀어?' / 이런 식으로 쓰입니다. 대답
으로 쓰일 때도 있어요. / "난 꼭 그 자리에 오르고 말 거야." / "만다꼬?"
"우리 회사를 세계 1위 회사로 만듭시다." / "만다꼬?"
살짝 핀잔주는 *뉘앙스로 말하는, 이 '만다꼬'라는 말을 사실 저는 어렸을 때는 그렇게 좋아하
쓸데없이(아무런 쓸모나 득이 될 것이 없이)의 뜻이므로
지 않았어요. *'만다꼬'라는 말은 허무주의와 무기력으로 이끄는 주문이 될 위험이 있어요.
'해 봐야 소용없다, 쓸데없다.'는 느낌을 주기 때문에
하지만 제가 세월이 흘러서 좀 자라고 난 뒤에 어른이 되어서 생각해 보니까, 이 '만다꼬'라는
말은 아주 중요한 질문이었어요. *사는 게 힘에 부칠 때나 선택의 기로에 놓였을 때 제 안에 내
의문사이기 때문에   갈림길, 어느 한쪽을 선택해야 할 상황을 비유적으로 이르는 말
재되어 있는 이 '만다꼬'라는 말을 되새기면서 저는 그 질문에 대한 답을 찾을 수 있었어요. '만
다꼬 이것을 해야 하지? 만다꼬 이렇게 살고 있지? 내가 정말로 이것을 원하나? 아니면 다른 사
람들이 다 그렇게 사니까 나도 그렇게 살아야 한다고 떠밀려서 생각하는 건가?' 저는 '만다꼬'라
는 질문을 찾으면서 제가 불필요하게 힘을 들이고 있던 곳에서 힘을 거두어들일 수 있었어요.
진정한 삶의 의미, 자신이 진짜 원하는 것 등에 대한 대답
▶ '만다꼬'의 의미와 그것에 담긴 삶의 (　　)

구절 풀이

★**'만다꼬'라는 말은 허무주의와 ~ 위험이 있어요.:** '해 봐야 소용없다, 쓸데없다'는 느낌을 주는 '만다꼬'는 어떤 일을 열심히 하려는 의욕을 꺾을 수 있다.

★**사는 게 힘에 부칠 때나 ~ 답을 찾을 수 있었어요.:** 위기 상황이나 선택의 기로에서 '만다꼬'를 떠올리며 결정을 했다.

낱말 풀이

• **타임:** 농구·배구 경기 따위에서, 선수의 교체·휴식·작전의 지시 따위를 위하여 심판의 허락을 얻어 경기 진행을 잠시 멈추는 일.

• **절체절명:** 몸도 목숨도 다 되었다는 뜻으로, 어찌할 수 없는 절박한 경우.

• **주문:** 음양가나 점술에 정통한 사람이 술법을 부리거나 귀신을 쫓을 때 외는 글귀.

• **뉘앙스:** 음색, 명도, 채도, 색상, 어감 따위의 미묘한 차이. 또는 그런 차이에서 오는 느낌이나 인상. '느낌', '말맛', '어감'으로 순화.

01 (가)~(다)에 대한 설명으로 적절하지 <u>않은</u> 것은?

① 화자가 경험한 내용을 활용하여 설득력을 높였다.

② 화자와 청중 간의 공통점을 찾아 거리감을 좁혔다.

③ 앞으로 이야기할 내용을 소개하여 강연에 집중하게 하였다.

④ 화자는 고향을 밝힘으로써 청중이 동질감을 느끼게 하였다.

⑤ 질문을 던지며 이야기를 시작하여 청중이 강연에 능동적으로 참여하게 하였다.

02 화자가 사용한 설득 방법 중, 〈보기〉에 해당하는 것은?

┤ 보기 ├

'만다꼬'의 의미와 그것이 쓰인 사례를 실감 나게 말해 재미와 웃음을 주고 있다.

① 이성적 설득 전략   ② 감성적 설득 전략

③ 인격적 설득 전략   ④ 인성적 설득 전략

⑤ 해설적 설득 전략

03 화자가 ㉠을 말하면서 사용했을 비언어적 표현의 효과로 적절하지 <u>않은</u> 것은?

① 강연에 집중하게 하였다.

② 청중에게 즐거움을 주었다.

③ 상황을 생생하게 재현하였다.

④ 청중의 배경지식을 활성화하였다.

⑤ 강연의 분위기를 부드럽고 밝게 만들었다.

04 ㉡에 대한 설명으로 적절하지 <u>않은</u> 것은?

① 실제적 의도는 '격려'라고 할 수 있다.

② 반응으로 보아 투수는 속뜻을 이해하지 못했다.

③ 상대 팀은 알아듣지 못하도록 작전 내용을 담은 암호이다.

④ 덕분에 투수는 긴장을 풀고 침착하게 경기에 임할 수 있었다.

⑤ 표면적으로는 경기 도중, 타임을 요청하고 할 만큼 중요한 말이 아니다.

05 서술형 ✎

〈보기〉를 (나) 뒤에 넣었을 때, 빈칸 Ⓐ에 들어갈 말을 〈조건〉에 맞게 서술하시오.

┤ 보기 ├

보통의 사람들이면 이럴 경우에 투수에게 다가가서 뭐라고 할까요? "(Ⓐ)"라고 얘기를 하죠. 그러면 어떻게 될까요? 더 긴장하게 되겠죠. 어깨에 힘이 빡 들어가고. 그러면 공을 제대로 던지기가 더 힘들어질 거예요. 양의지 포수는 그 절체절명의 위기 순간에 이현승 투수가 힘을 뺄 수 있도록 도와준 거죠.

┤ 조건 ├

• '이유 + 행동'으로 구성할 것.

• 한 문장으로 쓸 것.

100점 특강

▶ **강연의 '처음'에서 청중을 고려한 방법과 효과**

• 이야기를 바로 시작하지 않고 질문을 던져 청중이 손을 들어 답하게 함.	➡ 듣는 이와의 소통을 시도하여 듣는 이가 강연에 능동적으로 참여하고 내용에 집중하게 함.
• 야구를 좋아한다는 공통점을 찾음.	➡ 말하는 이와 듣는 이의 거리를 좁히고 내용에 집중하게 함.
• 야구의 한 장면에서 투수와 포수의 말투, 표정과 동작을 실감 나게 흉내 냄.	➡ 상황을 생생하게 재현하고 듣는 이에게 웃음을 주어 강연의 분위기를 부드럽고 밝게 만듦.
• 사투리를 활용함.	➡ 주제를 효과적으로 전달함.

내용 연구 ▶▶▶

유추

두 대상이 여러 면에서 비슷하다는 것을 근거로 다른 속성도 유사할 것이라고 추측하는 논증 방법

음악 : 인생

↓

강박, 음표 : 힘을 줄 때
약박, 쉼표 : 힘을 뺄 때

라 제가 '강연 프로그램에 출연하게 됐다.'고 생각을 하니까 걱정이 되는 거예요. '아, 이거 잘
_{일정한 주제에 대하여 청중 앞에서 강의 형식으로 말함.}
해야 할 텐데, 실수하면 어떡하지?' 그런 생각이 들었어요. 그러다가 문득 스스로에게 질문을 해
봤어요. '만다꼬? 만다꼬 내가 긴장을 하지? 만다꼬 내가 강연 프로그램에 나오면 더 잘해야 한
다고 생각을 하지? 왜냐하면 나는 평소에 잘하는데…….' 저는 수많은 사람 앞에서 <u>한 시간씩 두
시간씩 강연을 해 본 적도 있기 때문에</u> 15분 정도의 강연은 사실 부담이 덜하잖아요. 근데 '만다
_{더 힘든 강연도 해 본 경험이 많음.}
꼬 내가 긴장을 하는가.' 곰곰이 생각을 해 봤더니 저것 때문이었어요. 카메라. 저 뒤에도 있네
요. ⓐ<u>카메라.</u> 자, 이 강연이 다른 강연과 다른 점은 녹화가 되고 있다는 거죠. '저 카메라를 통
_{긴장하는 이유: 카메라}
해서 수많은 사람이 나를 보게 될 수도 있어.' 하고 생각하니까 긴장이 되는 거였어요.
_{다른 사람의 눈, 시선을 의미}
　　　　　　　　　　　　　　　　　　　▶ 강연 프로그램에 나오게 되었을 때 (　　)이/가 됨.

마 어떤 회사의 사택(社宅)에 사는 사람의 이야기였는데요. 그 사택은 회사에서 보너스가 나
_{회사가 사원의 살림집으로 쓰기 위하여 마련한 주택}
오면 그 사택 앞에 놓여 있는 차가 착착 바뀐대요. <u>소형에서 중형으로, 중형 몰던 사람은 대형으
로, 이렇게.</u> 누가 한 사람 차를 바꾸면 그 회사에 같이 다니고 있는 직급이 비슷한 사람이 봤을
_{더 크고 좋은 것, 비싼 것을 구입함.}　　　　　　　　　　　　　　_{직무의 등급}
때 '저 사람이 차를 바꿨어? 내가 차를 바꿀 때가 됐나? 「내가 같은 직급인데 저 녀석보다 뒤떨어
져 보이면 안 되겠다. 뒤처져 보이면 안 되겠다.」 그럼 나도 차를 바꾸어야지.' 이런 식의 ˚연쇄
_{「」 다른 사람들의 시선을 의식함.}
반응이 일어난다는 거죠. 그런데 그 욕망이라고 하는 게, 차를 바꾸어야겠다는 그 욕망이라는
게 꼭 본인 스스로의 것만은 아닌 것 같죠. 그것은 남의 눈이라는 카메라를 의식한 욕망일 수 있
_{본인이 정말 무엇이 필요하다고 느낌.}
어요. 이럴 때 ★' ⓑ ?'라고 질문을 해 봐야 합니다. ' ⓑ 내가 차를 바꿔야겠다고 생각을
하지? 지금 차도 멀쩡히 잘 쓰고 있는데……. 차를 바꿀 게 아니라 내가 오래전부터 하고 싶었
던 ⓒ<u>뭔가를 해 봐야겠다.</u>' 이렇게 생각을 할 수도 있는 거고.
_{정말 필요하거나 하고 싶었던 것}　　　　　▶ 남의 눈을 의식하기보다 정말 자신이 원하는 (　　)을/를 살아야 함.

바 저는 ˚카피라이터 ˚출신이기 때문에 ★사람들에게 스스로의 욕망이 아닌 욕망을 주입하는
_{연사의 직업적 전문성 → 인성적 설득 전략}　　　　　　　　　　　　　_{흘러들어가도록 부어 넣음.}
기술을 갖고 있어요. '이런 차를 몰아라, 이런 코트를 입어라, 이런 집에서 살아라.' 사람들이 어
떤 것을 굉장히 강렬하게 원하게 될 때는 그게 스스로만의 욕망이 아닐 수가 있어요. 저는 ⓓ<u>그
런 기술을 갖고 있기 때문에</u> 여러분께 이 '만다꼬'를 되새겨 보기를 권합니다. 뭔가를 굉장히 갖
_{소비를 부추기는 기술}
고 싶어질 때 '만다꼬?'라고 스스로에게 질문을 해 보면 이게 정말로 내가 그것을 원하는 것인
지, 아니면 어떤 기술에 휘둘려서 잠시 그렇다고 착각하는 건지 그것에 대해서 생각할 시간을
벌 수도 있죠.　　　　　　　　　　▶ 주변 사람들에게 휘둘리지 말고 자신의 (　　)을/를 성찰해야 함.

사 제가 생각하는 인생의 성공은요, ⓔ<u>남들이 생각하는 성공이 아니라 인생을 선물로 받아들
_{연사의 인생관, 가치관을 말하려고 함.}　　　　　_{돈, 명예, 권력을 갖게 되는 일반적 의미의 성공}
일 수 있고</u>, 인생에 대해서 고마움을 잊지 않을 정도의 ˚조율을 해 나가는 데 있다고 생각해요.
여러분이 정말로 원하지 않는 것에 힘을 뺄 수 있어야 정말로 힘을 줘야 할 때 힘을 줄 수가 있
습니다. 힘을 줄 때 주고 뺄 때 빼고, 그래야 리듬이 생기죠. 「음악에서도 강박 강박만 있으면 리
_{「」 인생과 음악의 유사성 → 삶의 태도를 다룸. – 유추}
듬이 생겨나지 않죠. 강박이 있으면 약박이 있고, 음표가 있으면 쉼표가 있고, 그래야 리듬이 생
_{센박(한 마디 안에서 세게 연주하는 박자)}
겨나고 그걸로 아름다운 음악을 만들 수가 있어요.」

　　저는 오늘 여러분께 여러분 각자의 음악을 만들어 갈 때 쉼표의 주문을 말씀드리고 싶었습니
다. <u>여러분이 힘을 빼고 싶을 때 기억해야 할 세 글자의 단어가 뭐라고요?</u> (청중: 만다꼬) '만다
_{청중에게 질문함으로써 내용을 다시 한번 강조}
꼬'를 기억하십시오. 고맙습니다.　　　　　　▶ '(　　)'을/를 기억하며 힘을 줄 때 주고 뺄 때 빼는 것이 중요함.

구절 풀이

★**'만다꼬?'라고 질문을 해 봐야 합니다.:** 진짜 무엇을 위한 일인지 생각해 보아야 한다.

★**사람들에게 스스로의 ～ 기술을 갖고 있어요.:** 사람들이 자신에게 꼭 필요한 것이 아닌 제품을 필요하다고 생각하게 만들 수 있다.

낱말 풀이

● **연쇄 반응:** 생성 물질의 하나가 다시 반응 물로 작용하여 생성, 소멸을 계속하는 반응.
● **카피라이터:** 광고의 글귀를 만드는 사람. '광고 문안가'로 순화.
● **출신:** 어떤 지방이나 파벌, 학교, 직업 따위에서 규정되는 사회적인 신분이나 이력 관계.
● **조율:** 문제를 어떤 대상에 알맞거나 마땅하도록 조절함.

06 이 강연을 비판적으로 들은 청중의 반응으로 가장 적절한 것은?

① 과장된 손짓과 몸짓을 사용하여 강연이 산만하게 느껴졌어.
② 경상도에서 쓰는 '만다꼬'를 비판하는 내용이니 지역 편파적이지 않아?
③ 화자가 상품의 소비를 부추겼던 카피라이터 출신이라서 이야기에 믿음이 안 가는군.
④ 사택에 사는 사람들이 남의 눈을 의식해 차를 바꾼다는 것은 일반적 사례로 볼 수 없어.
⑤ 마지막까지 청중에게 강연의 핵심을 질문하고 답하게 하니 화자의 생각을 강요하는 것 같더라.

07 (마)에서 경계하는 삶의 태도와 거리가 <u>먼</u> 속담은?

① 송충이는 솔잎을 먹어야 한다
② 숭어가 뛰니까 망둥이도 뛴다
③ 평안 감사도 저 싫으면 그만이다
④ 잉어, 숭어가 오니 물고기라고 송사리도 온다
⑤ 뱁새가 황새걸음을 걸으면 가랑이가 찢어진다

08 ⓐ~ⓔ에 대한 설명으로 적절하지 <u>않은</u> 것은?

① ⓐ: '남의 눈, 다른 이들의 시선'으로 볼 수 있음.
② ⓑ: '만다꼬'가 들어가야 함.
③ ⓒ: '남보다 앞설 수 있는 무언가'를 가리킴.
④ ⓓ: 정말 원하는 것이 아님에도 꼭 필요하다고 느끼게 만드는 능력
⑤ ⓔ: 돈, 명예, 권력, 지위 등을 얻게 되는 것

09 이 강연에서 화자가 사용한 인성적 설득 전략에 해당하는 것을 〈보기〉에서 고른 것은?

| 보기 |

ㄱ. 화자의 건강한 인생관을 솔직하게 말하여 신뢰를 얻음.
ㄴ. 강연 프로그램에 출연한 자신의 경험을 근거로 활용함.
ㄷ. 카피라이터 출신이라는 전문성을 내세워 욕망을 성찰하기를 제안함.
ㄹ. 유추의 방법으로 인생과 음악이 지닌 유사성을 들어 주장을 뒷받침함.
ㅁ. 남의 눈에 얽매여 살고 있는 사람들을 사례로 제시하여 바람직한 삶을 살고자 하는 욕망을 자극함.

① ㄱ, ㄷ   ② ㄱ, ㄹ   ③ ㄴ, ㄹ
④ ㄴ, ㅁ   ⑤ ㄷ, ㅁ

서술형

10 〈보기〉를 참고하여 이 글을 통해 화자가 청중을 설득하려는 바를, 청유형의 한 문장으로 서술하시오.

| 보기 |

설득이란 화자가 듣는 사람의 생각이나 느낌, 행동 등을 의식적인 의도를 가지고 변화시키려고 하는 언어 행동이다.

100점 특강

▶ 귀납 논증을 활용한 이성적 설득 전략

❶ 포수의 농담으로 투수가 힘을 빼고 경기를 잘 치르게 됨. ┐
❷ 강연 프로그램 출연이 걱정되었지만 '만다꼬'를 떠올리며 긴장을 풂. ┘······ [화자의 직·간접 경험]
❸ 강박과 약박, 음표와 쉼표가 리듬을 만들고 아름다운 음악을 만듦. ········ [논증 방법 중 유추]

귀납 논증	❶, ❷, ❸과 같은 여러 가지 구체적인 사실에서 '힘을 뺄 때는 빼야 한다.'라는 주장을 이끌어 냄.

↓

이성적 설득 전략	귀납 논증 방법과 자신의 경험을 활용하여 설득력을 높임.

세상을 바꾸는 실패와 상상력 | 조앤 K. 롤링

■ **해제:** 이 제재는 『해리포터』 시리즈로 세계적인 명성을 얻은 작가 '조앤 K. 롤링'이 하버드 대학의 졸업식에서 한 축사로, 실패 경험에서 얻은 깨달음과 상상력을 통해 타인의 삶을 생각하는 태도의 중요성에 대해 말하고 있다.

■ **주제:** 실패를 통해 배우는 긍정적인 삶의 자세와, 상상력을 통해 타인을 헤아리는 마음의 중요성

내용 연구 ▶▶▶

연설 상황

연설자	조앤 K. 롤링
종류	졸업식 축사
청중	대학을 졸업하는 학생들
목적	대학교 졸업을 축하하는 동시에 연설자가 지금까지 살아오면서 얻은 교훈을 졸업생들에게 전달하는 것

우선 제게 이런 특별한 시간을 주신 대학교 측에 <u>감사하다는 말씀을 드리고 싶습니다.</u> 오늘
_{졸업식 축사를 할 수 있는 기회}   _{감사 인사}
졸업생 여러분 앞에서 <u>무슨 이야기를 해야 할지</u> 고민을 많이 했습니다. ★그래서 대학교를 졸업
_{청중}   _{청중의 관심과 요구를 고려하여 연설 내용을 정함.}
하던 당시에 제가 느꼈던 감정은 무엇인지, 졸업 이후 지금에 이르기까지 제가 얻은 교훈은 무
엇인지 곰곰이 생각해 보았습니다. 그리고 ⓐ<u>두 가지 답</u>을 얻었습니다. 저는 더 큰 세상으로 나
_{사회}
아가는 출발점에 서 있는 여러분에게 '<u>실패가 주는 혜택</u>'과 '<u>상상력의 중요성</u>'을 말씀드리고 싶습
_{청중의 상황 - 대학 졸업}   _{앞으로 이야기할 내용 소개}
니다.
▶ ( ) 및 연설할 내용 소개

「제가 여러분 나이 때 가장 두려워했던 것은 실패였습니다. 그런데 대학을 졸업한 후 7년 동
_{『 ♪ 화자의 진솔한 경험담 → 공감 유발. 청중과의 감정의 거리를 좁힘. → 감성적 설득 전략}
안, 저는 계속 실패만 했습니다. 결혼 생활이 짧게 끝났고, 번듯한 직장을 다닌 것도 아니어서
경제적으로 매우 어려웠습니다. ⓑ<u>어떤 기준으로 보더라도 실패한 사람이었지요.</u> ★당시에는 이
_{결혼 생활 면이나 경제적인 면으로}
러한 ⓒ<u>암흑과도 같은 터널</u>을 얼마나 오랫동안 가야 끝이 날지 전혀 알 수 없었습니다. 터널 끝
_{희망이 보이지 않는 시간을 비유}
에 한 줄기 빛이 들기를 바랄 뿐이었지만, 현실은 *<u>녹록지 않았습니다.</u>
▶ 졸업 후 겪은 화자의 ( ) 경험

그런데도 저는 왜 '실패가 주는 혜택'을 말하려고 할까요? ★그것은 이러한 실패를 경험하면서
_{질문으로 청중의 호기심 유발, 관심 집중 유도}
ⓓ<u>삶의 군더더기</u>를 없앨 수 있었기 때문입니다. 연이은 실패로 제게 남은 것은 많지 않았지만
_{쓸데없이 덧붙은 것}
사랑하는 딸과 낡은 타자기, 그리고 어떤 아이디어가 있었습니다. 저는 실패한 제 자신을 있는
그대로 받아들이고, 「저에게 가장 중요한 <u>단 한 가지 일</u>에 에너지를 모두 쏟기 시작했습니다.」 그
_{『 ♪ 실패가 준 혜택 ①}   _{글쓰기, 소설 집필}
렇게 저는 실패를 *<u>주춧돌</u> 삼아, 그 위에 <u>제 삶을 다시 튼튼하게 지을 수 있었습니다.</u>
_{바탕으로, 밑거름으로}   _{성공할 수 있었음.}
▶ 실패가 주는 혜택 ① - 자신에게 가장 중요한 일에 ( )을/를 쏟게 됨.

실패는 또한「다른 곳에서 배울 수 없었던 제 자신을 알게 해 주었습니다.」 실패를 딛고 일어나
_{『 ♪ 실패가 준 혜택 ②}
는 과정에서「제가 생각보다 <u>성실하고 의지가 강하며</u>, 제 주변에 <u>보석보다 훨씬 더 값진 사람들</u>
_{화자의 장점}   _{소중한}
이 있다는 것을 알게 되었습니다.」
_{『 ♪ 실패를 극복하는 과정에서 알게 된 점}
▶ 실패가 주는 혜택 ② - 다른 곳에서 배울 수 없는 ( )을/를 알게 됨.

또한 실패를 극복하며 <u>강인하고 현명해지면</u>,「어떤 일이 있어도 헤쳐 나갈 수 있다는 자신감이
_{억세고 질기고}   _{『 ♪ 실패가 준 혜택 ③}
생깁니다.」 시련을 겪지 않으면 스스로가 얼마나 강한지, 가까이에 있는 사람이 얼마나 소중한지
알 수 없습니다. 저는 ㉠<u>이 깨달음</u>을 얻기까지 ㉡*<u>혹독한 대가</u>를 치렀지만, 이것은 매우 가치
있는 일이었습니다.

「만약 타임머신을 타고 ⓔ<u>스물한 살이던 때</u>로 돌아간다면 제 자신에게 이렇게 말해 주고 싶습
_{『 ♪ 청중과 비슷한 나이의 자신에게 말하고 싶은 말을 우회적으로 전함.}
니다.」 뭔가를 얻고 성취하는 것이 삶의 전부가 아님을 깨달아야 비로소 행복할 수 있다고 말입
_{성공이 인생의 목표가 되어서는 안 됨 → 통념에 대한 이견}
니다. 삶은 때로는 우리 뜻대로 되지 않습니다. 그리고 아무것도 실패하지 않고 사는 것은 불가
능합니다. 이 사실을 *<u>겸허히</u> 받아들이면 그 어떤 고난도 이겨 낼 수 있습니다.
▶ 실패가 주는 혜택 ③ - 앞으로 어떤 일이 있어도 헤쳐 나갈 수 있다는 ( )을/를 갖게 해 줌.

구절 풀이

★**그래서 대학교를 ~ 생각해 보았습니다.:** 화자가 청중을 고려하여 연설 주제를 선정했음을 알 수 있다.

★**당시에는 ~ 알 수 없었습니다.:** 계속되는 실패로 매우 절망스러웠던 당시 상황을 '암흑과도 같은 터널'에 비유하였다.

★**그것은 이러한 ~ 있었기 때문입니다.:** 실패를 경험하면서 가장 중요한 일에 온 힘을 쏟게 되었다.

낱말 풀이

• **녹록하다:** 만만하고 상대하기 쉽다.

• **주춧돌:** 기둥 밑에 기초로 받쳐 놓은 돌.

• **혹독한:** 성질이나 하는 짓이 몹시 모질고 악한.

• **겸허히:** 스스로 자신을 낮추고 비우는 태도로.

[중요]
01 이 연설에 대한 설명으로 적절하지 않은 것은?

① 대학교 졸업식에서 한 축사이다.
② 청중의 나이는 대부분 20대 초반에서 후반이다.
③ 앞으로 사회생활에 필요한 지식과 정보 전달이 목적이다.
④ 자신의 경험을 솔직히 고백하며 청중의 공감을 이끌어 내고 있다.
⑤ 청중은 공통적으로 앞으로 어떻게 살아갈 것인지에 관심이 있을 것이다.

02 이 연설을 듣고 화자에 대해 알 수 있는 내용이 <u>아닌</u> 것은?

① 성실하고 의지가 강한 편이다.
② 이혼하고 자신이 딸아이를 키우고 있다.
③ 대학 졸업 무렵 실패하게 될까 봐 두려웠다.
④ 거듭된 실패로 인생의 소중한 것을 모두 잃었다.
⑤ 실패를 통해 얻은 것을 바탕으로 성공할 수 있었다.

[중요]
03 이 연설의 주제와 관련된 깨달음으로 적절하지 <u>않은</u> 것은?

① 사람은 누구나 실패할 수 있어.
② 시련을 통해 성장할 수도 있구나.
③ 실패를 극복하면 부와 명예를 얻을 수 있어.
④ 살면서 겪을 수 있는 실패를 두려워 말아야지.
⑤ 어려움에 처했을 때 나에게 소중한 것이 무엇인지 알 수 있군.

04 ⓐ~ⓔ에 대한 설명으로 적절하지 <u>않은</u> 것은?

① ⓐ: '실패가 주는 혜택'과 '상상력의 중요성'이다.
② ⓑ: '사회적으로나 경제적으로나'로 바꿀 수 있다.
③ ⓒ: 연이은 실패로 당시 상황이 매우 절망스러웠음을 알 수 있다.
④ ⓓ: '불필요하게 힘과 신경을 쏟고 있었던 일'을 가리킨다.
⑤ ⓔ: 과거, 자신의 실패를 후회하고 아쉬워하고 있음을 알 수 있다.

[서술형]
05 ㉠과 ㉡의 구체적인 내용을 〈조건〉에 맞게 서술하시오.

┌ **조건** ┐
• ㉠은 연설에서 사용한 표현을 가져다 쓸 것.
• ㉡은 '~함, ~(으)ㅁ.' 등 명사형으로 종결할 것.
└───────────┘

[100점 특강]

▶ 실패를 통해 얻은 깨달음

실패가 준 혜택 ❶	실패가 준 혜택 ❷	실패가 준 혜택 ❸
삶의 군더더기를 없애 줌. ↓ 자신이 진짜 하고 싶었던 일에 열정을 쏟게 됨.	자기 자신에 대해 미처 몰랐던 것을 알려 줌. ↓ 자신의 장점을 발견하고 주변에 소중한 사람들이 있음을 알게 됨.	앞으로 어떤 일이 있어도 헤쳐 나갈 수 있다는 자신감을 갖게 함. ↓ 인생의 다양한 어려움에 대처할 수 있는 용기와 힘을 얻음.

깨달음 ↓ 화자가 하려는 말	• 살면서 겪을 수 있는 실패를 두려워하지 말 것 • 실패를 겸허히 받아들이면 인생에서 부딪히는 크고 작은 고난을 이겨 낼 수 있음.

'상상력'의 가치

사전적 개념	실제 경험하지 않은 현상이나 사물에 대하여 마음속으로 그려 보는 힘
화자가 말하는 상상력	직접 경험하지 않은 타인의 아픔과 어려움에 대한 공감

↓

가치	세상을 더 나은 곳으로 바꿈.

오늘 제가 하려는 두 번째 이야기로 '상상력의 중요성'을 꼽은 이유는 무엇일까요? ㉠제가 삶
을 다시 추스르는 데 상상력이 큰 역할을 했기 때문일 거라고 여러분은 생각하실 겁니다. 그러
나 그것이 다는 아닙니다. 제가 경험한 상상력의 가치는 더욱 넓은 의미의 가치입니다.
<small>자문자답</small>
<small>『해리포터』 시리즈의 성공 → 화자가 예상한 청중의 생각</small>
<small>청중의 생각에 반박 / 앞으로 전개될 이야기에 호기심을 불러일으킴.</small>

대학을 졸업하고 얼마 안 되어 저는 런던에 있는 국제 사면 위원회 본부의 연구 부서에서 일
하면서 생활비를 벌고, 점심시간에는 °짬을 내어 소설을 썼습니다. 이곳에서 일하는 수천 명의
<small>국제적으로 인권 옹호 활동을 펴는 비정부 인권 기구</small>
직원들은 『위기에 처한 생명을 구하고 °속박당한 사람들에게 자유를 되찾아 주는 일을 하고 있었
<small>화자의 경험</small>
습니다. 그들은 편안하고 안정된 삶이 보장되어 있는데도, 자신들이 알지도 못하고 평생 만날
<small>『 』 인권을 침해받는 사람들 편에서 정의를 요구하고, 행동함.</small>
일도 없을 사람들을 구하려고 애를 썼습니다. 저는 여기에서 일하는 동안 우리가 ★직접 경험하지
않은 ★타인의 아픔에 공감하게 하는 상상력의 힘을 느낄 수 있었습니다.
<small>『 』 화자가 말하는 넓은 의미의 '상상력'</small>
▶ 상상력의 중요성 - 직접 경험하지 않은 타인의 아픔에 (　　)하게 함.

우리는 누구나 자신뿐만이 아니라 타인의 삶에 영향을 줄 수 있습니다. 졸업생 여러분은 훌륭
한 교육을 받았기 때문에 짊어진 책임도 남다르다고 봅니다. 여러분은 ㉡힘없는 사람들을 자신
<small>청중의 자긍심을 자극 → 감성적 설득 전략</small>
<small>사회적 약자</small>
과 같이 여기고, 어려움에 처해 있는 사람들의 삶을 상상하는 힘을 가지세요. 그리고 여러분의
<small>그들의 아픔과 상황에 공감하는 마음 → 청중의 동정심을 불러일으킴</small>
힘과 영향력을 그들을 위해 사용해 주십시오. ★세상을 바꾸는 데 마법은 필요 없습니다. 우리의
<small>역설적 표현 → 강조의 효과</small>
마음속에는 이미 세상을 바꿀 힘이 있습니다. 우리는 더 나은 세상을 상상하고 만들 수 있는 힘
<small>'더 나은 세상을 만들고 싶다.'는 욕망을 자극 → 감성적 설득 전략</small>
이 있습니다.
▶ 상상력의 중요성 - (　　)을/를 더 나은 곳으로 바꿀 수 있음.

내일이 오고, 여러분이 오늘 저의 말을 단 한 마디도 기억하지 못하더라도 고대 로마의 °현인
이었던 세네카의 말만큼은 꼭 기억하길 바랍니다.

『"이야기에서는 이야기의 길이가 긴 것이 중요한 게 아니라 내용이 얼마나 훌륭한 것인지가 중
<small>『 』 명언 인용 → 연설의 신뢰도를 높임. 여운을 남김. 인상적이고 감동적인 마무리</small>
요하다. ★우리의 인생도 마찬가지다."』

여러분은 내면이 충만한 삶을 살기를 기원합니다. 감사합니다.
<small>한껏 차서 가득한</small>
▶ 청중에게 하는 마지막 (　　) - 내면이 충만한 삶을 살자.

구절 풀이

★타인의 아픔에 공감하게 하는 상상력의 힘을 느낄 수 있었습니다.: 타인의 어려움을 헤아리고 이를 위해 행동하는 일의 중요성을 깨달았다.

★세상을 바꾸는 데 마법은 필요 없습니다.: 세상을 바꾸는 것은 황당한 공상의 힘이 아니라 타인의 아픔에 대한 공감과 작은 실천에서 비롯된다.

★우리의 인생도 마찬가지다.: 사람도 얼마나 오래 사느냐보다 어떻게 가치 있게 사느냐가 더 중요하다.

낱말 풀이

• 짬: 어떤 일에서 손을 떼거나 다른 일에 손을 댈 수 있는 겨를.
• 속박: 어떤 행위나 권리의 행사를 자유로이 하지 못하도록 강압적으로 얽어매거나 제한함.
• 현인: 어질고 총명하여 성인에 다음가는 사람.

06 이 연설의 특징으로 가장 적절한 것은?

① 질문으로 마무리하여 여운을 남기고 있다.

② 같은 문장을 반복하여 내용을 강조하고 있다.

③ 청중과의 질의응답을 중심으로 진행하고 있다.

④ 비유적 표현을 활용하여 청중에게 강한 인상을 남기고 있다.

⑤ 자문자답 방법으로 앞으로 전개될 이야기에 호기심을 유발하고 있다.

07 이 연설을 들은 청중의 반응으로 적절하지 <u>않은</u> 것은?

① 화자가 바라는 더 나은 세상을 구체적으로 제시한 점이 감동적이었어.

② 상상력이 중요한 까닭을 자기 경험을 바탕으로 제시하니까 설득력이 있어.

③ 국제 사면 위원회 본부에서 일했던 이력 덕분에 화자의 말을 더 신뢰할 수 있었어.

④ "우리의 마음속에는 이미 세상을 바꿀 힘이 있습니다."라는 말에 자긍심이 느껴졌어.

⑤ 마법사의 이야기를 다룬 『해리포터』 작가가 "세상을 바꾸는 데 마법은 필요 없습니다."라고 하니까 더 인상적이야.

서술형

08 청중이 ㉠과 같이 생각할 것이라고 예상한 이유를 〈조건〉에 맞게 서술하시오.

┤ 조건 ├

• 화자의 직업이 소설가인 점을 참고할 것.

• '때문이다.'로 끝나는 한 문장으로 쓸 것.

09 〈보기〉와 같은 기사가 이 연설에 미치는 영향으로 가장 적절한 것은?

┤ 보기 ├

『해리포터』 시리즈의 작가 조앤 K. 롤링이 모친이 투병했던 불치병 '다발성 경화증' 연구를 위해 에든버러 대학에 1,000만 파운드(약 185억 원)를 기부했다. 롤링은 2006년부터 다발성 경화증 연구를 위해 관련 재단에 거금을 기부해 왔는데 이는 다발성 경화증을 비롯해 알츠하이머, 파킨슨 등 신경 분야와 연관된 불치병을 연구하는 데 활용되었다.

또한 롤링은 사회에서 소외된 젊은 여성들을 돕기 위해 모친의 처녀 때 이름을 딴 재단을 운영하고 있으며 노동당에 100만 파운드를 기부하는 등 활발한 활동을 벌이고 있다.

① 화자의 공신력을 높여 준다.

② 연설의 목적을 선정해 준다.

③ 더 많은 청중이 모여들게 한다.

④ 주장의 논리성을 의심하게 한다.

⑤ 주장의 실효성을 비판하게 한다.

10 화자가 ㉡을 통해 자극하려 한 청중의 감정으로 적절한 것은?

① 그리움   ② 동정심   ③ 자신감

④ 동질감   ⑤ 부끄러움

100점 특강

▷ 이 연설에 드러나는 설득 전략

이성적 설득 전략	화자가 국제 사면 위원회에서 일했던 자신의 경험을 바탕으로 상상력이 중요한 까닭을 논리적으로 제시함.
감성적 설득 전략	"여러분은 훌륭한 교육을 받았기 때문에 짊어진 책임도 남다르다고 봅니다." "어려움에 처해 있는 사람들의 삶을 상상하는 힘을 가지세요." "우리의 마음속에는 이미 세상을 바꿀 힘이 있습니다." → 청중의 감정에 호소하여 청중의 마음을 움직이게 함.
인성적 설득 전략	세계적인 명성을 지닌 작가이자 국제 사면 위원회에서 일했던 경험이 있는 화자의 전문성과 됨됨이를 바탕으로 연설의 신뢰도를 높임.

대단원 평가

[01~03] 다음 글을 읽고 물음에 답하시오.

> 사회자: 학교에서 일어나는 여러 가지 사건, 사고 예방을 위해 대부분의 학교에서 '시시 티브이'를 설치하여, 어느 정도 예방 효과를 보고 있습니다. 그런데 최근 교실 내에서 일어나는 폭력이나 교권 침해 등이 사회 문제로 불거지면서 교실 내에도 시시 티브이를 설치해야 한다는 주장이 나오고 있습니다. 이에 이번 시간에는 '교실 내에도 시시 티브이를 설치해야 한다.'라는 논제로 토론을 하겠습니다. 먼저 찬성 측과 반대 측의 입론을 듣겠습니다. 토론자는 각 2분씩 발언 가능합니다. 찬성 측부터 입론해 주십시오.
>
> 호성: 최근 ○○○ 교육청에서 발표한 '학교 폭력 실태 조사' 결과에 따르면, 학교 폭력은 학교 밖(31%)보다 학교 안(69%)에서 많이 발생하며, 학교 안에서는 교실 안(31.9%)이 가장 높았습니다. 우리 학교의 경우에도 생활부 선생님께 확인해 보니 지난해 일어난 학교 폭력 사안 대부분이 교실 안에서 일어났다고 하셨습니다. 이런 현실을 감안한다면 사건, 사고 예방을 위한 시시 티브이가 가장 필요한 장소는 교실 안이라고 할 수 있습니다. 지난달에 저희 학급 안에서 한 친구가 돈을 잃어버린 불미스러운 일이 일어났습니다. 이 사건을 해결하는 과정에서 학급 친구들 모두 잠재적인 범인으로 의심받아야 했는데, 시시 티브이가 있었다면 굳이 그런 불쾌한 경험을 하지 않아도 되고, 도난 사고 자체도 아예 일어나지 않았을 것입니다. 이런 점에서 저희는 교실 내에도 시시 티브이를 설치해야 한다고 생각합니다.
>
> 사회자: 예, 잘 들었습니다. 다음 반대 측 입론하겠습니다.
>
> 승현: 학교 폭력 예방의 필요성에 대해서는 저희도 공감합니다. 하지만 그 방식이 교실 안에까지 시시 티브이를 설치해야 한다는 것에는 동의하기 어렵습니다. 교실 안에 시시 티브이를 설치하면 개인의 동의 없이 모든 모습이 녹화되는데, 범죄 예방을 한다는 목적으로 학생들과 선생님들의 사생활을 침해하는 것은 옳지 않다고 봅니다. 국가 인권위에서 이미 지난 2012년에 교실 내 시시 티브이 설치가 인권 침해의 소지가 있다는 의견을 밝힌 바 있습니다. 시시 티브이로 인해 교실 내에서 생활하는 모든 학생과 교사들의 행동이 촬영되고, 지속적 감시에 의해 개인의 초상권과 프라이버시권, 학생들의 행동 자유권, 표현의 자유 등 개인의 기본권이 제한될 수 있다는 이유 때문이었습니다. 저희도 이와 같은 이유로 교실 내에 시시 티브이를 설치하는 것에 반대합니다.

01 이와 같은 말하기에 대한 설명으로 가장 적절한 것은?

① 상대방의 의견과 입장을 수용하고자 하는 태도가 중요하다.
② 생활의 크고 작은 문제를 해결하기 위한 의사소통 과정이다.
③ 공동체 구성원 모두에게 이득이 되는 결론을 도출해야 한다.
④ 공동체의 문제를 협력적으로 해결하기 위한 집단적 소통 방식의 하나이다.
⑤ 타당한 근거를 제시하여 자신의 의견을 설득력 있게 제시할 수 있어야 한다.

02 토론자들이 사용한 말하기 전략을 평가한 것으로 적절한 것은?

① '호성'은 비유적인 표현을 활용하여 배심원의 이해를 돕고 있다.
② '호성'은 근거 자료의 출처를 제시하여 내용의 신뢰성을 높이고 있다.
③ '호성'은 시시 티브이의 장단점을 제시하여 균형 있는 태도를 보이고 있다.
④ '승현'은 개인적인 경험을 사례로 제시하여 주장을 뒷받침하고 있다.
⑤ '승현'은 질문을 던지는 방식을 사용하여 상대측의 주장을 반박하고 있다.

03 이 토론의 입론에서 찬성 측과 반대 측이 각각 내세운 주장과 근거를 다음과 같이 정리할 때, ㉮와 ㉯에 들어갈 내용을 각각 서술하시오.

	찬성 측	반대 측
주장	㉮	교실 내에 시시 티브이를 설치하는 것에 반대한다.
근거	• 학교 폭력이 가장 많이 일어난 곳은 교실이다. • 도난 사고가 발생했을 때, 모두 의심받은 경험이 있다.	• 학생들과 선생님들의 사생활을 침해할 수 있다. • (㉯)

[04~06] 다음 글을 읽고 물음에 답하시오.

가 종호: 수민아, 내일 국어 시간에 발표할 사람은 너지? 준비는 다 했어?

수민: 응, 우리나라 청소년들의 지나친 당 섭취 문제에 대해 발표하려고 해.

종호: 흥미로운 주제네. 기대된다.

수민: 그런데……, 잘할 수 있을지 걱정이야.

종호: 왜? 자료 준비가 잘 안 돼?

수민: 그건 아니야. 자료 준비는 충분히 했어. 발표 자료도 잘 만들었고. / 종호: 그런데 뭐가 걱정이야?

수민: 사실 여러 사람들 앞에서 발표해 본 경험이 별로 없어서, 벌써부터 긴장되고 떨려.

종호: 그렇구나. 많은 사람들 앞에서 발표하는 것이 쉬운 일은 아니지. 하지만 넌 평소에 친구들과 즐겁게 대화를 잘하니까, 친구들 앞에서 말한다 생각하고 편하게 생각해.

수민: 나도 그렇게 생각하고 싶은데…… 사실, 작년에 수업 시간에 발표하다 실수한 것이 자꾸 생각나서 또 실수할까 봐 두렵기도 해.

나 (자연스럽게 미소를 띠며 인사를 한다.) 안녕하세요. 이번 시간 발표를 맡은 김수민입니다. (잠시 심호흡을 한 후 발표를 시작한다.) 요즘 날씨가 무척 더워졌죠? 이런 날씨에 밖에서 운동하다 집에 돌아와 냉장고 문을 열고 가장 먼저 찾게 되는 게 뭘까요? (청중의 대답을 들은 후) 맞습니다. 저도 여러분과 같이 청량음료를 먼저 찾아 마실 거예요. 잠깐 이것 좀 보실까요? (상당량의 설탕을 담은 투명 용기를 들고) 이게 뭘까요? (대답을 들으며 호흡을 가다듬는다.) 네, 설탕입니다. 제가 오늘 발표할 내용이 바로 이것과 관련된 것입니다. 혹시 여러분 중에 여기 있는 설탕을 한꺼번에 먹으라면 먹을 수 있는 사람이 있을까요? (청중을 전체적으로 둘러보며 눈을 맞춘다.) 용감하게 도전하겠다는 사람도 있는데, 대부분은 싫은 표정을 짓고 있군요. (심각한 표정을 지으며) 그런데 우리는 매일 이 정도의 당을 먹고 있다고 합니다. 최근 보건 복지부와 한국 건강 증진 개발원에서 발표한 자료를 보니 국내 청소년의 일평균 당 섭취량이 80g이나 된다고 합니다. (㉠발표 요약 카드를 잠깐 확인하며) 이는 전 연령 평균에 비해 1.2배, 세계 보건 기구가 당 섭취량 기준으로 정한 약 50g보다 1.6배 정도 높다고 합니다.

04 (가)에서 '수민'에게 조언을 해 준다고 할 때, 〈보기〉의 ⓐ에 해당하는 것으로 가장 적절한 것은?

┤ 보기 ├

말하기 불안에 대처하는 방법에는 체계적 둔감화와 인식 전환이 있다. 체계적 둔감화는 긴장감이 느껴지는 말하기 상황을 떠올리며 긴장된 근육을 이완시키는 연습을 통해 긴장감에 대한 신체의 반응을 둔화시키는 것이다. ⓐ인식 전환은 말하기 상황에 대한 부정적 인식을 긍정적으로 바꾸는 것이다.

① 과거의 실수를 잊어선 안 돼. 한시라도 과거의 경험을 잊지 말고 실수를 반복하지 않도록 노력하자.

② 심호흡을 천천히 반복한 다음 목과 손목을 가볍게 돌려 봐. 그러면 긴장이 풀리면서 마음이 안정될 거야.

③ 너무 즉흥적으로 발표하려고 하면 안 돼. 충분하게 연습하고 준비해서 발표 내용을 거의 외우다시피 해 봐.

④ 예전에 발표를 잘하지 못했더라도 성공적으로 발표를 해낸 자신의 모습을 상상해 봐. 그럼 자신감이 생길 거야.

⑤ 불안한 마음이 실수를 불러오는 거야. 이번에도 실수하면 다시는 많은 사람들 앞에서 발표를 잘할 수 없게 될 거야.

05 (나)의 발표에 대한 평가로 적절하지 <u>않은</u> 것은?

① 실물 자료를 제시하여 청중의 호기심을 유발하였군.

② 질문을 활용하여 청중과 자연스럽게 소통하려 하는군.

③ 청중을 둘러보는 모습에서 여유와 자신감이 느껴지는군.

④ 가정적인 상황을 제시하여 청중과 공감대를 형성하려 하는군.

⑤ 갑자기 심각한 표정을 짓는 것을 보니 불안감을 완전히 해소하지 못했군.

서술형 🖊

06 발표하기 전에 ㉠을 미리 준비했을 때의 효과를 두 가지만 서술하시오.

[07~10] 다음 글을 읽고 물음에 답하시오.

가 야구 좋아하시는 분들 계세요? 손 한번 들어 볼까요? 오, 정말 많이 계시네요. 저도 야구 중계를 곧잘 보는 편인데요. 재작년 쯤이었던 것 같아요. 야구 중계를 우연히 보고 있는데, 베어스 팀의 경기였어요. 그 당시에 투수는 이현승 선수였고, 포수는 양의지 선수였어요. 베어스 팀이 위기 상황이 됐어요. 근데 그때 양의지 포수가 타임을 요청하더니, 이현승 투수한테로 다가갔어요. 보통 그럴 때 작전도 얘기하고 이런저런 의견을 교환하고 그러잖아요. 그런데 양의지 선수가 뭐라고 얘기했더니 이현승 투수가 글러브로 이렇게 약간 쥐어박는 시늉을 하더니 피식 웃고는 서로 각자의 자리로 돌아갔어요.

나 끝나고 나서 어떤 기자가 이현승 투수를 인터뷰하면서 물어봤어요. 아까 8회에 양의지 포수가 다가와서 뭐라고 하던가요? 그랬더니 이현승 투수가 뭐라고 대답했느냐면, 여러분 여기 보시면 이 까만 거 있죠? 이걸 언더셔츠라고 하는데 이거를 이현승 투수가 두 겹을 입고 있었대요. 양의지 포수가 그 절체절명의 위기 순간에 다가와서 했다는 말이 "형, 이거 두 개 껴입었어? 추워? 나이 들었네." 이랬다는 거예요. 그러니까 이현승 투수는 '무슨 실없는 소리야.' 싶으니까 "야, 들어가." 이렇게 돼서 그렇게 헤어진 거죠.

다 인생을 마라톤에 비유하는 사람들은 @죽을 때까지 달리고 또 달리라고 얘기합니다. 저는 그런 분들에게 물어보고 싶어요. 그럼 음료는 어디 있나요? 저는 '최선을 다해서 인생을 살라.'라고 하는 말에 반대하지 않습니다. 저 또한 최선을 다해서 살고 있어요. 근데 그 ⓑ최선은 달리고 또 달리고 쉴 새 없이 달리는 게 아니에요. 저의 최선은, 최선을 다해서 쫓기는 마음 없이 쉴 때도 있고요. 최선을 다해서 게으름을 부리면서 힘을 비축할 때도 있고요. 최선을 다해서 ⓒ남의 것이 아닌 내 인생을 살려고 질문을 던질 때도 있고요. 물론 최선을 다해서 달릴 때도 있지만, 최선을 다해서 음료를 마실 때도 있습니다.

라 여러분이 ⓓ정말로 원하지 않는 것에 힘을 뺄 수 있어야 정말로 힘을 줘야 할 때 힘을 줄 수가 있습니다. 힘을 줄 때 주고 뺄 때 빼고, 그래야 리듬이 생기죠. 음악에서도 강박 강박만 있으면 리듬이 생겨나지 않죠. 강박이 있으면 약박이 있고, ⓔ음표가 있으면 쉼표가 있고, 그래야 리듬이 생겨나고 그걸로 아름다운 음악을 만들 수가 있어요. 저는 오늘 여러분께 여러분 각자의 음악을 만들어 갈 때 쉼표의 주문을 말씀드리고 싶었습니다.

---

07 이 강연의 표현상 특징으로 적절하지 **않은** 것은?

① 매체 자료를 제시하여 청중의 주의를 끌고 있다.
② 비유적 표현을 적절하게 사용하여 청중의 이해를 돕고 있다.
③ 질문을 통해 청중과 소통하며 청중의 참여를 유도하고 있다.
④ 사건의 원인과 결과를 순서대로 제시하여 주장을 뒷받침하고 있다.
⑤ 준언어적, 비언어적 표현을 효과적으로 사용하여 상황을 생생하게 재현하고 있다.

08 이 강연과 목적이 같은 것을 〈보기〉에서 모두 골라 바르게 묶은 것은?

| 보기 |
ㄱ. 관계자 외 출입 금지
ㄴ. '책을 펴자. 미래를 열자.'
ㄷ. "쓰레기 분리수거에 동참해 주세요."
ㄹ. "약속 시간에 너무 늦었지. 미안해."
ㅁ. "너 오늘 저녁에 집에서 뭐 할 거야?"

① ㄱ, ㄹ   ② ㄱ, ㅁ   ③ ㄴ, ㄷ
④ ㄴ, ㄹ   ⑤ ㄴ, ㄷ, ㅁ

09 (가)~(라) 중, 〈보기〉에서 설명하는 설득 전략을 사용한 것으로 적절한 것은?

| 보기 |
• 논리적이고 이성적인 방법으로 주장을 뒷받침함.
• 논증 방법 가운데 유추를 사용해 주장을 뒷받침함.

① (가)   ② (나)   ③ (다)
④ (라)   ⑤ (다), (라)

10 @~ⓔ 중, 화자가 추구하는 삶의 태도와 일치하지 **않는** 것은?

① @   ② ⓑ   ③ ⓒ   ④ ⓓ   ⑤ ⓔ

[11~14] 다음을 읽고 물음에 답하시오.

가 우선 제게 이런 특별한 시간을 주신 대학교 측에 감사하다는 말씀을 드리고 싶습니다. 오늘 졸업생 여러분 앞에서 무슨 이야기를 해야 할지 고민을 많이 했습니다. 그래서 대학교를 졸업하던 당시에 제가 느꼈던 감정은 무엇인지, ㉠졸업 이후 지금에 이르기까지 제가 얻은 교훈은 무엇인지 곰곰이 생각해 보았습니다. 그리고 두 가지 답을 얻었습니다. 저는 더 큰 세상으로 나아가는 출발점에 서 있는 여러분에게 '실패가 주는 혜택'과 '상상력의 중요성'을 말씀드리고 싶습니다.

나 저는 왜 '실패가 주는 혜택'을 말하려고 할까요? 그것은 이러한 실패를 경험하면서 삶의 ⓐ군더더기를 없앨 수 있었기 때문입니다. 저는 실패한 제 자신을 있는 그대로 받아들이고, 저에게 가장 중요한 단 한 가지 일에 ⓑ에너지를 모두 쏟기 시작했습니다. 그렇게 저는 실패를 ⓒ주춧돌 삼아, 그 위에 제 삶을 다시 튼튼하게 지을 수 있었습니다.

실패는 또한 다른 곳에서 배울 수 없었던 제 자신을 알게 해 주었습니다. 실패를 딛고 일어나는 과정에서 제가 생각보다 성실하고 의지가 강하며, 제 주변에 보석보다 훨씬 더 값진 사람들이 있다는 것을 알게 되었습니다. / 또한 실패를 극복하며 강인하고 현명해지면, 어떤 일이 있어도 헤쳐 나갈 수 있다는 자신감이 생깁니다. 시련을 겪지 않으면 스스로가 얼마나 강한지, 가까이에 있는 사람이 얼마나 소중한지 알 수 없습니다.

다 대학을 졸업하고 얼마 안 되어 저는 런던에 있는 국제 사면 위원회 본부의 연구 부서에서 일하면서 생활비를 벌고, 점심시간에는 ⓓ짬을 내어 소설을 썼습니다. 이곳에서 일하는 수천 명의 직원들은 위기에 처한 생명을 구하고 ⓔ속박당한 사람들에게 자유를 되찾아 주는 일을 하고 있었습니다. 그들은 편안하고 안정된 삶이 보장되어 있는데도, 자신들이 알지도 못하고 평생 만날 일도 없을 사람들을 구하려고 애를 썼습니다. 저는 여기에서 일하는 동안 우리가 직접 경험하지 않은 타인의 아픔에 공감하게 하는 상상력의 힘을 느낄 수 있었습니다. / 우리는 누구나 자신뿐만이 아니라 타인의 삶에 영향을 줄 수 있습니다. 졸업생 여러분은 훌륭한 교육을 받았기 때문에 짊어진 책임도 남다르다고 봅니다. 여러분은 힘없는 사람들을 자신과 같이 여기고, 어려움에 처해 있는 사람들의 삶을 상상하는 힘을 가지세요. 그리고 여러분의 힘과 영향력을 그들을 위해 사용해 주십시오.

– 조앤 K. 롤링, 「세상을 바꾸는 실패와 상상력」 중에서

11 이 연설의 상황을 다음과 같이 정리했을 때, 적절하지 않은 것은?

① 연설자	조앤 K. 롤링
② 장소	대학교 졸업식장
③ 청중	사회에 첫발을 내딛는 대학 졸업생들
④ 청중의 관심사	앞으로 어떻게 살 것인가
⑤ 목적	순탄하지 못했던 인생사와 실패의 경험 고백

12 '실패'에 대한 화자의 생각과 일치하지 않는 것은?
① 불필요한 것들에 쏟는 힘을 내려놓게 한다.
② 실패를 극복하는 과정에서 강하고 현명해진다.
③ 실패를 경험하지 않고서는 알 수 없는 것들이 있다.
④ 실패를 한 번 겪고 나면 실패에 대한 두려움을 떨쳐 버릴 수 있다.
⑤ 실패는 자신에 대해 잘 알게 하고 주변 사람들의 소중함을 깨닫게 한다.

13 화자가 청중에게 들려주고 싶은 ㉠은 무엇인지 〈조건〉에 맞게 서술하시오.

> ┤ 조건 ├
> • (다)를 참고하여 한 가지만 쓸 것.
> • 한 문장으로 쓸 것.

14 ⓐ~ⓔ와 바꾸어 쓰기에 적절하지 않은 것은?
① ⓐ: 허드렛일   ② ⓑ: 노력
③ ⓒ: 밑거름   ④ ⓓ: 자투리 시간
⑤ ⓔ: 인권을 침해받는

교재 쪽수	제재명	저자	출전
8	상처가 더 꽃이다	유안진	『알고』(천년의시작, 2009)
10	제망매가	월명사	김완진 옮김, 『향가 해독법 연구』(서울대학교출판부, 1980)
12	꽃	김춘수	『꽃』(지식을만드는지식, 2014)
14	실수	나희덕	『반 통의 물』(창비, 2018)
18	가난한 사랑 노래	신경림	『가난한 사랑 노래』(실천문학사, 1988)
20	천만리 머나먼 길에	왕방연	『고시조대전』(고대민족문화연구, 2012)
20	까마귀 눈비 맞아	박팽년	『한국 고전 문학 전집 1 – 시조 1』(고대민족문화연구, 1993)
22	우리 동네 구자명 씨	고정희	『지리산의 봄』(문학과지성사, 2018)
24	꺼삐딴 리	전광용	『꺼삐딴 리』(문학과지성사, 2009)
30	노새 두 마리	최일남	『한국 단편소설 베스트 39』(혜문서관, 2014)
36	허생전	박지원	『우리 고전 다시 읽기 26 허생전』(신원문화사, 2008)
42	나비의 '허리'를 보다	정끝별	『시심전심』(문학동네, 2015)
44	청포도	이육사	『청포도, 광야』(창작시대사, 2015)
44	청포도 비평문	이숭원	『교과서 시 정본 해설』(휴먼앤북스, 2008)
48	봄은	신동엽	『누가 하늘을 보았다 하는가』(창비, 2017)
48	봄은 비평문	김흥규	『한국 현대시를 찾아서』(푸른나무, 2005)
70	우리 삶의 주로	김경일	『겨레말 통권 13호』(남북공동편찬사업회, 2015)
72	남북의 언어 차이가 있나요?	권순희	겨레말큰사전남북공동편찬사업회 누리집
84, 86	플라스틱은 전혀 분해되지 않았다	박경화	『지구인의 도시 사용법』(휴, 2015)
90	신대륙의 숨은 보물, 고추 이야기	홍익희	『세상을 바꾼 음식 이야기』(세종서적, 2017)
94	도시의 밤은 너무 눈부시다	박경화	『고릴라는 핸드폰을 미워해』(북센스, 2011)
96	의심, 생명을 불어넣는 마법사의 물	남창훈	『탐구한다는 것』(너머학교, 2010)
98	디지털 치매, 걱정할 일 아니다	이준기	『지식의 이중주』(북하우스, 2009)
102	소금의 과학	한국표준과학 연구원	한국표준과학연구원 누리집
104	밤도 대낮처럼 환하게, 인공 빛의 두 얼굴	문종환	『건강다이제스트』(2014. 7. 숲속 호)
106	밤이 아름다운 도시	이진숙	『대전일보』(2017. 11. 17 기사)
146	세상의 모든 어른들께	세번 컬리즈 스즈키	김슬옹, 송재희 옮김, 『대중매체 읽고 쓰고 생각하기』(세종서적, 1999)
148	힘들 때 힘을 빼면 힘이 생긴다	김하나	(주) 세상을 바꾸는 시간 15분 (2017. 10. 24 방송)
152	세상을 바꾸는 실패와 상상력	조앤 K. 롤링	제재형 외 11인 엮음, 『세계를 주름잡은 리더들의 명연설 2』(청미디어, 2016)

EBS 중학

뉴런

| 국어 3 |

실전책

Structure 이 책의 구성과 특징

실전책

개념 다지기

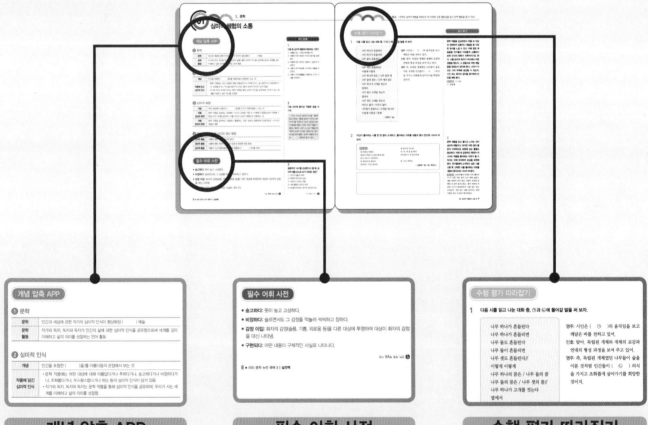

개념 압축 APP

중요 개념을 요약·정리하여 시험 직
전이나 복습할 때 자기 점검을 할 수
있습니다.

필수 어휘 사전

주요 개념과 어휘, 용어 등을 선별하여
정리하였습니다.

수행 평가 따라집기

수행 평가 및 교과서의 학습 활동 응
용 문제에 대비하여 다양한 활동을 구
성하였습니다.

소단원 내신 대비

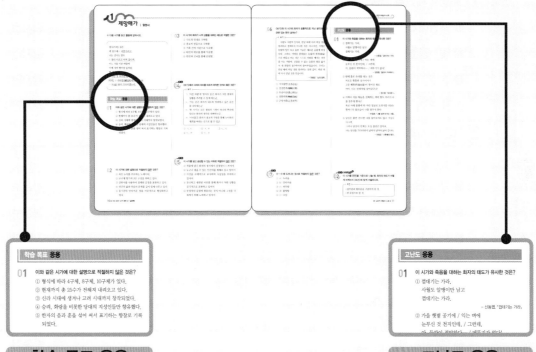

학습 목표 응용

01 이와 같은 시가에 대한 설명으로 적절하지 않은 것은?
① 형식에 따라 4구체, 8구체, 10구체가 있다.
② 현재까지 총 25수가 전해져 내려오고 있다.
③ 신라 시대에 생겨나 고려 시대까지 창작되었다.
④ 승려, 화랑을 비롯한 당대의 지성인들만 향유했다.
⑤ 한자의 음과 훈을 섞어 써서 표기하는 향찰로 기록되었다.

학습 목표 응용

학습 목표를 중심으로 시험에 꼭 나오는 필수 문항을 점검할 수 있습니다.

고난도 응용

01 이 시가와 죽음을 대하는 화자의 태도가 유사한 것은?
① 껍데기는 가라.
사월도 알맹이만 남고
껍데기는 가라.
　　　　　　　　 - 신동엽, 「껍데기는 가라」
② 가을 햇볕 공기에 / 익는 벼에
눈부신 것 천지인데, / 그런데,

고난도 응용

고난도 문제를 통해 사고력을 높이고 고득점 실전 감각을 익힐 수 있습니다.

단원 평가 및 성취도 평가

단원 평가

다양한 유형과 난이도의 문제를 통해 단원별 학습을 마무리합니다.

성취도 평가

최종 마무리! 실전 감각을 익히고 실력을 업그레이드합니다.

Contents 이 책의 차례

I

문학

01 심미적 체험의 소통

개념 압축 APP

1 문학

문학	인간과 세상에 관한 작가의 심미적 인식이 형상화된 ( ) 예술
문학 활동	작가와 독자, 독자와 독자가 인간의 삶에 대한 심미적 인식을 공유함으로써 세계를 깊이 이해하고 삶의 의미를 성찰하는 언어 활동

2 심미적 인식

개념	인간을 포함한 ( )을/를 아름다움의 관점에서 보는 것
작품에 담긴 심미적 인식	• 문학 작품에는 어떤 대상에 대해 아름답다거나 추하다거나, 숭고하다거나 비장하다거나, 조화롭다거나, 우스꽝스럽다거나 하는 등의 심미적 인식이 담겨 있음. • 작가와 독자, 독자와 독자는 문학 작품을 통해 심미적 인식을 공유하며, 우리가 사는 세계를 이해하고 삶의 의미를 성찰함.

3 심미적 체험

개념	어떤 대상에서 감동이나 ( )을/를 얻거나 아름다움을 느끼는 것
작품 감상의 측면	문학 작품을 감상하는 과정에서 자신의 감정을 작품 속 주체에 이입함으로써 작품에 구현된 미적 가치를 공유하고 이를 자신의 심미적 체험으로 전환하는 것
작품 창작의 측면	문학 작품을 창작하는 과정에서 활용하는, 어떤 대상과 관련하여 인상적으로 느끼거나 깨달은 체험

4 언어를 매개로 한 인간의 정신 활동

인지적 활동	사물에 대한 새로운 인식과 발견
정의적 활동	사물에 대한 개인의 규범이나 실천과 연관한 반응 표출
심미적 활동	사물이 지닌 아름다움과 추함을 판별해서 ( ) 가치를 부여

필수 어휘 사전

• **숭고하다:** 뜻이 높고 고상하다.

• **비장하다:** 슬프면서도 그 감정을 억눌러 씩씩하고 장하다.

• **감정 이입:** 화자의 감정(슬픔, 기쁨, 외로움 등)을 다른 대상에 투영하여 대상이 화자의 감정을 대신 나타냄.

• **구현되다:** 어떤 내용이 구체적인 사실로 나타나다.

확인 문제

1

다음 중 심미적 활동에 해당하는 것은?

① 사물을 있는 그대로 받아들인다.

② 사물에 대한 새로운 인식과 발견을 표현한다.

③ 사물에 대한 개인의 규범이나 실천과 연관된다.

④ 사물의 외적 특성에 근거하여 사물을 판단한다.

⑤ 사물의 미추(美醜)를 판별하여 미적 가치를 부여한다.

2

다음 빈칸에 들어갈 적절한 말을 쓰시오.

> 작가는 자신의 심미적 인식을 작품에 담고, 독자는 작품을 읽으며 작가의 심미적 인식을 파악하고 자신의 정서적·심미적 경험을 확장해 나간다. 또한 작품을 수용하는 데에서 나아가 <u>스스로</u> 작품을 창작하며 심미적 인식을 구현하기도 한다. 이처럼 문학 활동은 심미적 체험과 인식의 ( ) 과정이라 할 수 있다.

3

윤동주의 '서시'를 감상한다고 할 때, 심미적 체험 요소로 보기 어려운 것은?

① 시인의 성품과 이력

② 다양한 이미지와 심상

③ 시에서 느껴지는 운율

④ 시에 활용한 상징과 비유

⑤ 대상을 바라보는 화자의 정서와 태도

수행 평가 따라잡기

1 다음 시를 읽고 나눈 대화 중, ㉠과 ㉡에 들어갈 말을 써 보자.

나무 하나가 흔들린다
나무 하나가 흔들리면
나무 둘도 흔들린다
나무 둘이 흔들리면
나무 셋도 흔들린다 //
이렇게 이렇게
나무 하나의 꿈은 / 나무 둘의 꿈
나무 둘의 꿈은 / 나무 셋의 꿈 //
나무 하나가 고개를 젓는다
옆에서
나무 둘도 고개를 젓는다
옆에서
나무 셋도 고개를 젓는다
아무도 없다 / 아무도 없이
나무들이 흔들리고 / 고개를 젓는다 //
이렇게 이렇게 / 함께

─ 강은교, 「숲」

영주: 시인은 (㉠)의 움직임을 보고 깨달은 바를 전하고 있어.

민호: 맞아. 독립된 개체와 개체의 교감과 연대의 형성 과정을 보여 주고 있어.

영주: 즉, 독립된 개체였던 나무들이 숲을 이룬 것처럼 인간들이 (㉡) 의식을 가지고 조화롭게 살아가기를 희망한 것이지.

2 자신이 좋아하는 시를 한 편 골라 소개하고, 좋아하는 이유를 내용과 형식 면으로 나누어 써 보자.

예시 답안

콩 타작을 하였다
콩들이 마당으로 콩콩 뛰어나와
또르르또르르 굴러간다
콩 잡아라 콩 잡아라
굴러가는 저 콩 잡아라

콩 잡으러 가는데
어, 어, 저 콩 좀 봐라
쥐구멍으로 쏙 들어가네

콩, 너는 죽었다.

─ 김용택, 「콩, 너는 죽었다」

1

문학 작품을 감상하면서 작품 속 대상과 관련하여 감동이나 깨달음 등 다양한 정서를 느낄 수 있다. 이때 얻은 깨달음을 친구들과 자유롭게 소통하다 보면 인식의 변화가 이루어지기도 한다. 시를 읽으며 화자가 어디에서 어떤 경험을 했는지, 그 경험으로 어떤 깨달음을 얻었는지 생각해 본다. 나아가 자신도 시의 주제에 공감할 수 있는지, 시인 또는 화자의 생각을 평가하며 빈칸을 채워 본다.

예시 답안 ㉠: 나무
㉡: 공동체

2

문학 작품을 읽고 좋다고 느끼는 것이 심미적 체험이다. 하지만 어떤 점이 좋은지 구체적으로 표현해 보는 활동도 중요하다. 이때 꼭 긍정적인 측면이 아니어도 작품을 좋아하는 이유가 될 수 있다는 것에 유의하여 감상을 표현해 본다. 친구들에게 소개하고 싶은 시를 고른 후, 선택한 시를 좋아하는 이유를 내용과 형식으로 나누어 써 본다.

예시 답안 교과서에서 어려운 시만 배우다가 이 시를 처음 읽어 보고 깜짝 놀랐다. 내용 면에서 마치 콩을 사람인 것처럼 표현한 것 같아 흥미로웠고, 형식 면에서 비슷한 시구가 반복되면서 시를 읽는 맛도 우러났다. 시를 읽는 내내 굴러가는 콩과 시합을 하는 것 같아 재미있었다.

제망매가 | 월명사

⊙ 다음 시가를 읽고 물음에 답하시오.

생사(生死) 길은
예 있으매 ⓐ머뭇거리고,
나는 간다는 말도
ⓑ못다 이르고 어찌 갑니까.
어느 가을 이른 바람에
이에 저에 떨어질 잎처럼,
한 가지에 나고
ⓒ가는 곳 모르온저.
아아, ⓓ미타찰(彌陀刹)에서 만날 나
ⓔ도(道) 닦아 기다리겠노라.

학습 목표 응용

01 이와 같은 시가에 대한 설명으로 적절하지 <u>않은</u> 것은?
① 형식에 따라 4구체, 8구체, 10구체가 있다.
② 현재까지 총 25수가 전해져 내려오고 있다.
③ 신라 시대에 생겨나 고려 시대까지 창작되었다.
④ 승려, 화랑을 비롯한 당대의 지성인들만 향유했다.
⑤ 한자의 음과 훈을 섞어 써서 표기하는 향찰로 기록
되었다.

02 이 시가에 대한 설명으로 적절하지 <u>않은</u> 것은?
① 죽은 누이를 추모하는 노래이다.
② 10구체 향가의 3단 구성을 취하고 있다.
③ 감탄사를 사용하여 절제된 감정을 표현하고 있다.
④ 인간의 삶과 죽음의 문제를 깊이 있게 다루고 있다.
⑤ 동기간의 안타까운 정을 비유적으로 형상화하고
있다.

03 이 시가의 화자가 시적 상황을 대하는 태도로 적절한 것은?
① 극도의 인내로 극복함.
② 종교적 믿음으로 극복함.
③ 가족 간의 사랑으로 치유함.
④ 타인의 위로를 통해 치유함.
⑤ 번민과 고뇌를 통해 단념함.

04 〈보기〉에서 시어의 의미를 바르게 파악한 것끼리 묶은 것은?

┤ 보기 ├
ㄱ. '이른 바람'에 '떨어질 잎'은 화자가 처한 현재의
상황을 추측할 수 있게 하는군.
ㄴ. '가는 곳'은 화자가 되도록 멀리하고 싶은 공간
을 나타내는군.
ㄷ. '한 가지'는 모든 생명의 기원이 하나의 뿌리에
있다는 화자의 생각을 대변하는군.
ㄹ. '미타찰'은 화자가 종교적 구원을 통해 누이와의
재회를 바라는 곳으로 볼 수 있군.

① ㄱ, ㄴ   ② ㄱ, ㄹ   ③ ㄴ, ㄷ
④ ㄴ, ㄹ   ⑤ ㄷ, ㄹ

05 이 시가를 읽고 공감할 수 있는 이유로 적절하지 <u>않은</u> 것은?
① 작품에 담긴 화자의 정서에서 진정성이 느껴져서
② 누구나 겪을 수 있는 인간사를 제재로 삼고 있어서
③ 사건을 구체적으로 묘사하여 사실성을 부여하고
있어서
④ 참신하고 세련된 비유를 통해 화자가 처한 상황을
감각적으로 표현하고 있어서
⑤ 부정적인 감정에 휘둘리는 것이 아니라 그것을 극
복하기 위해 노력하고 있어서

06 〈보기〉와 이 시가의 화자가 공통적으로 지닌 생각과 가장 관련 있는 한자 성어는?

┤ 보기 ├

　사랑도 사람의 일이라, 만날 때에 미리 떠날 것을 염려하고 경계하지 아니한 것은 아니지만, 이별은 뜻밖의 일이 되고 놀란 가슴은 새로운 슬픔에 터집니다. 그러나, 이별을 쓸데없는 눈물의 원천(源泉)으로 만들고 마는 것은 스스로 사랑을 깨치는 것인 줄 아는 까닭에, 걷잡을 수 없는 슬픔의 힘을 옮겨서 새 희망의 정수박이에 들어부었습니다. 우리는 만날 때에 떠날 것을 염려하는 것과 같이, 떠날 때에 다시 만날 것을 믿습니다.

– 한용운, 「님의 침묵」

① 거자필반(去者必返)
② 전전반측(輾轉反側)
③ 우공이산(愚公移山)
④ 전화위복(轉禍爲福)
⑤ 근묵자흑(近墨者黑)

07 ⓐ~ⓔ에 드러나는 정서로 적절하지 않은 것은?
① ⓐ: 두려움
② ⓑ: 안타까움
③ ⓒ: 허무함
④ ⓓ: 불쌍함
⑤ ⓔ: 다짐

고난도 응용

01 이 시가와 죽음을 대하는 화자의 태도가 유사한 것은?

① 껍데기는 가라,
　사월도 알맹이만 남고
　껍데기는 가라.
　　　　　– 신동엽, 「껍데기는 가라」

② 가을 햇볕 공기에 / 익는 벼에
　눈부신 것 천지인데, / 그런데,
　아, 들판이 적막하다— / 메뚜기가 없다!
　　　　　– 정현종, 「들판이 적막하다」

③ 밤에 홀로 유리를 닦는 것은
　외로운 황홀한 심사이어니
　고운 폐혈관(肺血管)이 찢어진 채로
　아아, 너는 산새처럼 날아갔구나!
　　　　　– 정지용, 「유리창 1」

④ 어쩌다 서울 하늘을 선회하는 제비 한두 마리가 나를 멈추게 한다//
　육교 아래 봄볕에 탄 까만 얼굴로 도라지를 다듬는 할머니의 옆모습이 나를 멈추게 한다
　　　　　– 반칠환, 「나를 멈추게 하는 것들」

⑤ 당신은 물만 건너면 나를 돌아보지도 않고 가십니다그려.
　그러나 당신이 언제든 오실 줄만은 알아요.
　나는 당신을 기다리면서 날마다 날마다 낡아 갑니다.
　　　　　– 한용운, 「나룻배와 행인」

02 이 시가를 아아 를 기준으로 나눌 때, 화자의 태도가 어떻게 바뀌는지 〈조건〉에 맞게 서술하시오.

┤ 조건 ├
• 앞부분과 뒷부분을 구분하여 쓸 것.
• 한 문장으로 쓸 것.

2 꽃 | 김춘수

⊙ 다음 시를 읽고 물음에 답하시오.

내가 그의 이름을 불러 주기 전에는
그는 다만
하나의 ⓐ몸짓에 지나지 않았다.

                                    [A]

내가 그의 이름을 불러 주었을 때
그는 나에게로 와서
ⓑ꽃이 되었다.

내가 그의 ㉠이름을 불러 준 것처럼
나의 이 ⓒ빛깔과 향기에 알맞는
누가 나의 이름을 불러 다오.   [B]
그에게로 가서 나도
그의 꽃이 되고 싶다.

우리들은 모두
ⓓ무엇이 되고 싶다.
너는 나에게 나는 너에게   [C]
잊혀지지 않는 하나의 ⓔ눈짓이 되고 싶다.

학습 목표 응용

01 이 시에 대한 감상문을 쓰기 전, 떠올릴 수 있는 질문으로 적절하지 <u>않은</u> 것은?
① 마음에 드는 시구는 무엇인가요?
② 시가 창작될 당시의 사회 모습을 알고 있나요?
③ 시의 내용과 관련지을 수 있는 경험이 있나요?
④ 이 시는 언제, 어떤 상황에서 읽으면 좋을까요?
⑤ 시를 읽으며 표현이 아름답다고 느낀 부분은 어디인가요?

02 이 시의 어조에 대한 설명으로 적절한 것은?
① 현실을 직설적 어조로 비판하고 있다.
② 화자의 생각을 체념적 어조로 표현하고 있다.
③ 화자의 소망을 염원하는 어조로 강조하고 있다.
④ 기도조의 어조로 경건한 분위기를 자아내고 있다.
⑤ 감정을 드러내지 않고 지적인 어조로 시적 대상을 묘사하고 있다.

03 [A]~[C]에 대한 설명으로 적절하지 <u>않은</u> 것은?
① [A]에는 이름을 부르는 행위의 의미가 담겨 있다.
② [B], [C]에는 화자의 소망이 구체적으로 드러난다.
③ [A]는 과거, [B]는 현재, [C]는 미래에 화자가 바라는 바가 나타난다.
④ [A]~[C]는 존재와 존재가 서로를 인식하고 관계 맺는 과정을 노래하고 있다.
⑤ [A]에서 [C]로 가면서 화자의 개인적 소망이 많은 이들의 보편적 소망으로 확대되고 있다.

04 그와 나에 대한 설명으로 적절한 것은?
① '그'와 '나'는 예전부터 잘 알고 지내던 사이다.
② '나'는 '그'에 대한 애정을 '꽃'으로 표현하고 있다.
③ '그'는 이미 '나'에게 특별한 의미가 있는 대상이다.
④ '그'와 '나'는 서로 지향하는 바가 대립해 갈등하고 있다.
⑤ '나'는 '그'가 느끼는 아픔과 고통을 함께 나누고 싶어 한다.

05 ⓐ~ⓔ 중, 상징적 의미가 <u>다른</u> 하나는?
① ⓐ   ② ⓑ   ③ ⓒ
④ ⓓ   ⑤ ⓔ

06 이 시를 읽은 후의 반응으로 적절하지 <u>않은</u> 것은?

① 사람과 사람 사이의 진정한 관계를 바라고 있는 것 같아.

② 시인은 고립되어 살아가는 현대인을 안타까워할 것 같아.

③ 자신의 참모습을 알아봐 주는 사람이 없다면 외로울 것 같아.

④ 자신을 알아주지 않는 누군가에 대한 원망을 노래하고 있는 것 같아.

⑤ 과거의 일을 탓하기보다는 앞으로의 삶에 대한 소망을 담고 있는 것 같아.

07 〈보기〉를 바탕으로 ㉮, ㉯에 들어갈 적절한 시어를 쓰시오.

┤ 보기 ├

　이 시는 의미의 전개 과정이 논리적이면서도 점층적으로 심화·확대되고 있다.

(1) ┌ 몸짓 ┐ → ┌ 꽃 ┐ → ┌ ㉮ ┐

(2) ┌ 나 ┐ → ┌ 너 ┐ → ┌ ㉯ ┐

 08 ㉠에 대한 설명으로 적절한 것을 〈보기〉에서 모두 골라 묶은 것은?

┤ 보기 ├

ㄱ. 상대방에 대한 친근함의 표현이다.

ㄴ. 관계에 발전을 가져올 수 있는 행동이다.

ㄷ. 대상의 본질을 파악하고 인식한 후에 일어난다.

ㄹ. 대상에게 의미를 부여하는 능동적이고 적극적인 행위이다.

① ㄱ, ㄷ　　② ㄱ, ㄹ　　③ ㄴ, ㄷ

④ ㄴ, ㄹ　　⑤ ㄷ, ㄹ

고난도 응용

01 이 시를 바탕으로 〈보기〉를 읽을 때 찾을 수 있는 주제로 적절한 것은?

┤ 보기 ├

　가만히 생각해 보면 우리는 그 이름 이외에는 아무것도 모르는 얼마나 많은 것을 가지고 있는지 알 수가 없다. 모든 것의 내용은 물론 그 이름을 통하여 비로소 이해될 수가 있는 것이지만, 그러나 그 이름이 그 이름으로서만 그치고 만다는 것은 너무나 애달픈 일이다. 그러나 우리에게 만일 그 이름조차 알 바가 없다면 그것은 더욱 애달픈 일이다.

　가령 사람이 병상에 엎드려 알 수 없는 열 속에 신음할 때 그의 최대의 불안은 그 병이 과연 무슨 병이냐 하는 것에 있다. 의사의 진단에 의하여 그 병명이 지적될 때에 그 병의 반은 치료된 것이라 할 수 있다.

— 김진섭, 「명명(命名) 철학」

① 이름과 사물의 관계

② 이름이 지닌 힘과 중요성

③ 이름의 기호적 특성과 의미

④ 이름을 꼭 기억해야 하는 이유

⑤ 이름이 인간의 사고에 미치는 영향

서술형 ✏

02 이 시를 다음과 같이 구조화했을 때, Ⓐ에 들어갈 알맞은 내용을 〈조건〉에 맞게 서술하시오.

┌ 상대방의 존재를 인식함. ┐ → ┌ 상대의 본래 모습을 알게 됨. ┐ → ┌ (Ⓐ) ┐

┤ 조건 ├

• '의미', '관계'라는 단어를 넣을 것.

• 30자 이내로 쓸 것.

3
실수 | 나희덕

⊙ **다음 글을 읽고 물음에 답하시오.**

가 실수라면 나 역시 일가견이 있는 사람이다. 언젠가 비구니들이 사는 암자에서 하룻밤을 묵은 적이 있다. 다음 날 아침 부스스해진 머리를 정돈하려고 하는데, 빗이 마땅히 눈에 띄지 않았다. 원래 여행할 때 빗이나 화장품을 찬찬히 챙겨 가지고 다니는 성격이 아닌 데다 그날은 아예 가방조차 가지고 있지 않았다. 그러던 중에 마침 노스님 한 분이 나오시기에 나는 아무 생각도 없이 이렇게 여쭈었다.

"스님, 빗 좀 빌릴 수 있을까요?"

스님은 갑자기 당황한 얼굴로 나를 바라보셨다. ㉠그제야 파르라니 깎은 스님의 머리가 유난히 빛을 내며 내 눈에 들어왔다. 나는 거기가 비구니들만 사는 곳이라는 사실을 깜박 잊고 엉뚱한 주문을 한 것이었다. 본의 아니게 노스님을 놀린 것처럼 되어 버려서 어쩔 줄 모르고 서 있는 나에게, 스님은 웃으시면서 저쪽 구석에 가방이 하나 있을 텐데 그 속에 빗이 있을지 모른다고 하셨다.

나 나는 그 빗으로 머리를 빗으면서 자꾸만 웃음이 나오는 걸 참을 수가 없었다. 절에서 빗을 찾은 나의 엉뚱함도 우물가에서 숭늉 찾는 격이려니와, 빗이라는 말 한마디에 그토록 당황하고 어리둥절해하던 노스님의 표정이 자꾸 생각나서였다. 그러나 그 순간 나는 보았다. 시간을 거슬러 올라가 검은 머리칼이 있던, 빗을 썼던 그 까마득한 시절을 더듬고 있는 그분의 눈빛을. 이십 년 또는 삼십 년, 마치 물길을 거슬러 올라가는 연어 떼처럼 참으로 오랜 시간이 그 눈빛 위로 스쳐 지나가는 듯했다. ㉡그 순식간에 이루어진 회상의 끄트머리에는 그리움인지 무상함인지 모를 묘한 미소가 반짝하고 빛났다. 나의 실수 한마디가 산사의 생활에 익숙해져 있던 그분의 잠든 시간을 흔들어 깨운 셈이니, 그걸로 작은 보시는 한 셈이라고 오히려 스스로를 위로해 보기까지 했다.

다 이처럼 악의가 섞이지 않은 실수는 봐줄 만한 구석이 있다. 그래서인지 내가 번번이 저지르는 실수는 나를 곤경에 빠뜨리거나 어떤 관계를 불화로 이끌기보다는 의외의 수확이나 즐거움을 가져다줄 때가 많았다. 겉으로는 비교적 차분하고 꼼꼼해 보이는 인상이어서 나에게 긴장을 하던 상대방도 이내 나의 모자란 구석을 발견하고는 긴장을 푸는 때가 많았다. 또 실수로 인해 웃음을 터뜨리다 보면 어색한 분위기가 가시고 초면에 쉽게 마음을 트게 되기도 했다. 그렇다고 이런 효과 때문에 상습적으로 실수를 반

복하는 것은 아니지만, 한번 어디에 정신을 집중하면 나머지 일에 대해서 거의 백지상태가 되는 버릇은 쉽사리 고쳐지지 않는다. ㉢특히 풀리지 않는 글을 붙잡고 있거나 어떤 생각거리에 매달려 있는 동안 내가 생활에서 저지르는 사소한 실수들은 내 스스로도 어처구니가 없을 지경이다.

라 ㉮결국 실수는 삶과 정신의 여백에 해당한다. 그 여백마저 없다면 이 각박한 세상에서 어떻게 숨을 돌리며 살 수 있겠는가. 그리고 발 빠르게 돌아가는 세상에 어떻게 휩쓸려 가지 않고 남아 있을 수 있겠는가. 어쩌면 사람을 키우는 것은 능력이 아니라 실수의 힘일지도 모른다.

그러나 날이 갈수록 실수가 용납되는 땅은 점점 좁아지고 있다. 사소한 실수조차 짜증과 비난의 대상이 되기가 십상이다. ㉣남의 실수를 웃으면서 눈감아 주거나 그 실수가 나오는 내면의 풍경을 헤아려 주는 사람을 만나기도 어려워져 간다. 나 역시 스스로는 수많은 실수를 저지르고 살면서도 다른 사람의 실수에 대해서는 조급하게 굴거나 너그럽게 받아 주지 못한 때가 적지 않았던 것 같다.

㉤도대체 정신을 어디에 두고 사느냐는 말을 들을 때면 그 말에 무안해져 눈물이 핑 돌기도 하지만, 내 속의 어처구니는 머리를 디밀고 이렇게 소리치는 것이다. 정신과 마음은 내려놓고 살아야 한다고. 어디로 가는 줄도 모르고 뛰어가는 자신을 하루에도 몇 번씩 세워 두고 '우두커니' 있는 시간, 그 '우두커니' 속에 사는 '어처구니'를 많이 만들어 내면서 살아야 한다고.

학습 목표 응용

01 이 글에 대한 설명으로 적절하지 <u>않은</u> 것은?

① 일화를 활용하여 글의 내용에 흥미를 더하고 있다.

② 적절한 예를 들어 글쓴이의 생각에 설득력을 높이고 있다.

③ 사소하고 일상적인 것을 소재로 하여 이야기를 전개하고 있다.

④ 대상에 대한 일반적인 통념을 뒤집고 새로운 견해를 드러내고 있다.

⑤ 글쓴이가 자신의 경험을 바탕으로 허구적인 이야기를 구성하고 있다.

02 글쓴이에 대한 설명으로 가장 적절한 것은?

① 매사 꼼꼼하고 정확하며 빈틈이 없다.
② 소외된 사회적 약자를 배려할 줄 안다.
③ 일을 할 때 공과 사를 구분하지 않는다.
④ 자신의 잘못을 인정하고 고치기 위해 노력한다.
⑤ 잡다한 것을 늘어놓는 습관 때문에 주변이 항상 복잡하고 어지럽다.

03 (중요) 글쓴이의 깨달음과 일치하는 입장을 〈보기〉에서 모두 골라 묶은 것은?

┤ 보기 ├

ㄱ. 세상에 악의 없는 실수는 없다.
ㄴ. 바쁠수록 삶의 여유를 가지는 것이 좋다.
ㄷ. 때로는 실수가 긍정적인 결과를 낳기도 한다.
ㄹ. 요즘처럼 복잡하고 바쁜 시대에 실수는 용납되지 않는다.
ㅁ. 자신에게는 엄격하더라도 타인의 실수는 너그럽게 받아들여야 한다.

① ㄱ, ㄹ
② ㄴ, ㄷ
③ ㄱ, ㄴ, ㄹ
④ ㄴ, ㄷ, ㅁ
⑤ ㄷ, ㄹ, ㅁ

04 (중요) ㄱ~ㅁ에 나타난 글쓴이의 태도로 적절하지 않은 것은?

① ㉠: 비로소 자신의 실수를 깨닫고 있다.
② ㉡: 상대의 감정을 미루어 짐작하고 있다.
③ ㉢: 자신의 단점을 솔직하게 고백하고 있다.
④ ㉣: 오늘날의 현실에 씁쓸함을 느끼고 있다.
⑤ ㉤: 대상에게서 깨달음과 위안을 얻고 있다.

05 (중요) 이 글을 읽은 후의 반응으로 적절하지 않은 것은?

① 모든 실수가 삶에 여유를 준다고 볼 수는 없어.
② 실수를 통해 성장할 수도 있다는 말에 위로를 받았어.
③ 적절하게 인용된 속담 덕분에 내용을 더 쉽게 이해할 수 있었어.
④ 돌이킬 수 없는 결과를 낳은 실수도 성장의 밑거름이 된다면 용서해 줘야지.
⑤ 실수가 뜻밖의 좋은 결과를 가져온 경험이 있어서 글쓴이의 주장에 공감할 수 있었어.

고난도 응용

01 글쓴이의 생각을 반박할 때 활용할 수 있는 속담으로 적절한 것은?

① 소문난 잔치에 먹을 것 없다.
② 세 살 적 버릇이 여든까지 간다.
③ 양지가 음지 되고 음지가 양지 된다.
④ 집에서 새는 바가지는 들에 가도 샌다.
⑤ 콩 심은 데 콩 나고 팥 심은 데 팥 난다.

02 서술형 글쓴이가 Ⓐ와 같이 생각하는 이유를 〈조건〉에 맞게 서술하시오.

┤ 조건 ├

• 글쓴이가 지적한 오늘날의 세태를 밝힐 것.
• '실수는 ~ 때문이다.'와 같은 형식으로 쓸 것.

[01~09] 다음 시를 읽고 물음에 답하시오.

가 생사(生死) 길은
예 있으매 머뭇거리고,
㉠나는 간다는 말도
못다 이르고 어찌 갑니까. [A]
어느 가을 Ⓐ이른 바람에
이에 저에 떨어질 잎처럼,
한 가지에 나고 [B]
가는 곳 모르온저.
아아, 미타찰(彌陀刹)에서 만날 ㉡나
도(道) 닦아 기다리겠노라. [C]

– 월명사, 「제망매가」

나 내가 그의 이름을 불러 주기 전에는
그는 다만
하나의 몸짓에 지나지 않았다.

내가 그의 이름을 불러 주었을 때
그는 나에게로 와서
꽃이 되었다.

내가 그의 이름을 불러 준 것처럼
나의 이 빛깔과 향기에 알맞는
누가 나의 이름을 불러 다오.
그에게로 가서 나도
㉢그의 꽃이 되고 싶다.

우리들은 모두
무엇이 되고 싶다.
너는 나에게 나는 너에게
잊혀지지 않는 하나의 눈짓이 되고 싶다.

– 김춘수, 「꽃」

01 (가), (나)의 공통점으로 가장 적절한 것은?
① 어조의 변화가 나타나 있다.
② 인간 존재의 가치를 탐구하고 있다.
③ 의미가 대립되는 시어를 통해 의미를 강조하고 있다.
④ 하강의 이미지를 통해 화자의 상황을 드러내고 있다.
⑤ 변형된 수미상관 구조를 통해 주제를 부각하고 있다.

중요
02 (가)를 읽은 후의 반응으로 적절하지 <u>않은</u> 것은?
① 종교적 믿음으로 개인적인 슬픔을 극복하고 있어.
② 감탄 어법을 통해 죽음에 대한 고뇌를 표현하고 있어.
③ 과장된 표현을 활용하여 정감의 깊이를 강조하고 있어.
④ 혈육 간의 이별을 자연 현상에 비유하여 표현한 것이 인상적이야.
⑤ 화자는 누이의 때 이른 죽음으로 인생이 허무하다는 것을 깨달았어.

중요
03 〈보기〉는 (가)의 구조를 정리한 것이다. 이를 참고하여 [A]~[C]를 설명한 내용으로 적절하지 <u>않은</u> 것은?

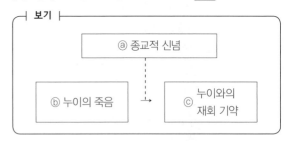

보기
ⓐ 종교적 신념
ⓑ 누이의 죽음   ⓒ 누이와의 재회 기약

① [A]에는 ⓑ에 직면한 화자의 안타까움이 드러나 있다.
② [B]에서 화자는 ⓑ에 대해 느끼는 감정을 직설적으로 드러내고 있다.
③ [B]에서는 속세의 인연인 남매라는 혈연관계를 '한 가지에 나고'로 표현하고 있다.
④ [C]를 통해 화자가 ⓐ를 지닌 승려임을 알 수 있다.
⑤ [C]에는 ⓒ를 실현하려는 화자의 의지와 구체적인 방법이 나타나 있다.

04 ㉠과 ㉡에 대한 설명으로 적절한 것은?

① ㉠과 ㉡은 모두 시적 화자를 가리킨다.
② ㉠과 ㉡은 모두 죽은 누이를 가리킨다.
③ ㉠에서 ㉡으로 시적 화자가 전환되고 있다.
④ ㉠은 시적 화자를, ㉡은 죽은 누이를 가리킨다.
⑤ ㉠은 죽은 누이를, ㉡은 시적 화자를 가리킨다.

05 〈보기〉에서 (나)에 대한 설명으로 적절한 것끼리 묶은 것은?

| 보기 |

ㄱ. 시적 상황이 부정적이다.
ㄴ. 시구를 반복하여 화자의 소망을 강조하고 있다.
ㄷ. '꽃'을 묘사하기 위해 시각적 심상을 사용하고 있다.
ㄹ. 상징적 소재를 통해 화자의 소망을 그려 내고 있다.

① ㄱ, ㄴ   ② ㄱ, ㄹ   ③ ㄴ, ㄷ
④ ㄴ, ㄹ   ⑤ ㄷ, ㄹ

06 (나)의 화자에 대해 짐작할 수 있는 내용으로 적절하지 않은 것은?

① '그'의 존재와 본질을 인식하고 있다.
② 존재 고유의 모습과 가치를 중시한다.
③ 밝혀지지 않은 상대의 본질에 호기심을 느낀다.
④ 아무 이름으로나 불리는 것은 의미가 없다고 생각한다.
⑤ 대상의 존재와 본질을 인식하기 전과 후의 차이를 이해하고 있다.

07 ㉢을 일상 언어로 바꾸었을 때 가장 적절한 것은?

① 꽃처럼 아름다운 존재가 되고 싶다.
② 상대와 의미 있는 관계를 맺고 싶다.
③ 사람들에게 주목받는 존재가 되고 싶다.
④ 상대가 주는 사랑에 고마움을 전하고 싶다.
⑤ 도시에서 벗어나 자연 친화적인 삶을 살고 싶다.

08 (나)를 읽고 나서 이루어진 대화 내용으로 적절하지 않은 것은?

① '나'를 진정으로 이해하는 누군가가 있다면 좋을 것 같아.
② '나'도 그 누군가의 본모습을 알고 이해한다면 더 좋겠지.
③ 그렇게 서로의 참모습을 알게 되면 이름 부를 자격이 주어지는 거야.
④ 그런 관계를 맺기 쉽지 않으니까 화자의 바람이 더 간절하게 느껴지네.
⑤ 나도 사람과 사람 사이의 진정한 관계에 대해 깊이 생각해 보게 되었어.

서술형 ✎

09 누이(동생)의 죽음에 대한 인식을 바탕으로 〈보기〉와 (가)의 화자가 느끼는 감정의 차이를 서술하시오.

| 보기 |

흰나비처럼 여읜 모습 아울러 어느 무형(無形)한 공중에 그 체온이 꺼져 버린 후 밤낮으로 찾아 주는 건 비인 묘지의 물소리와 바람 소리뿐. 동생의 가슴 우엔 비가 나리고 눈이 쌓이고 적막한 황혼이면 별들은 이마 우에서 무엇을 속삭였는지. 한 줌 흙을 헤치고 나즉——히 부르면 함박꽃처럼 눈뜰 것만 같애 서러운 생각이 옷소매에 스몄다.

– 김광균, 「˙수철리(水鐵里)」

• 수철리(水鐵里): 공동묘지가 있던 서울의 한 마을

[10~16] 다음 글을 읽고 물음에 답하시오.

가 옛날 중국의 곽휘원(郭暉遠)이란 사람이 떨어져 살고 있는 아내에게 편지를 보냈는데, 그 편지를 받은 아내의 답 시는 이러했다.

> 벽사창에 기대어 당신의 글월을 받으니
> 처음부터 끝까지 흰 종이뿐이옵니다.
> 아마도 당신께서 이 몸을 그리워하심이
> 차라리 말 아니 하려는 뜻임을 전하고자 하신 듯하여이다.

이 답 시를 받고 어리둥절해진 곽휘원이 그제야 주위를 둘러보니, 아내에게 쓴 ⓐ의례적인 문안 편지는 책상 위에 그대로 있는 게 아닌가. 아마도 그 옆에 있던 흰 종이를 편지인 줄 알고 잘못 넣어 보낸 것인 듯했다. ㉠백지로 된 편지를 전해 받은 아내는 처음엔 무슨 영문인가 싶었지만, 꿈보다 해몽이 좋다고 자신에 대한 그리움이 말로 다할 수 없음에 대한 고백으로 그 여백을 읽어 내었다. 남편의 실수가 오히려 아내에게 깊고 그윽한 기쁨을 안겨 준 것이다. 이렇게 실수는 (Ⓐ   )

나 실수라면 나 역시 ⓑ일가견이 있는 사람이다. 언젠가 비구니들이 사는 암자에서 하룻밤을 묵은 적이 있다. 다음 날 아침 부스스해진 머리를 정돈하려고 하는데, 빗이 마땅히 눈에 띄지 않았다. 원래 여행할 때 빗이나 화장품을 찬찬히 챙겨 가지고 다니는 성격이 아닌 데다 그날은 아예 가방조차 가지고 있지 않았다. 그러던 중에 마침 노스님 한 분이 나오시기에 나는 아무 생각도 없이 이렇게 여쭈었다.

"㉡스님, 빗 좀 빌릴 수 있을까요?"

스님은 갑자기 당황한 얼굴로 나를 바라보셨다. 그제야 파르라니 깎은 스님의 머리가 유난히 빛을 내며 내 눈에 들어왔다. 나는 거기가 비구니들만 사는 곳이라는 사실을 깜박 잊고 엉뚱한 주문을 한 것이었다. 본의 아니게 노스님을 놀린 것처럼 되어 버려서 어쩔 줄 모르고 서 있는 나에게, 스님은 웃으시면서 저쪽 구석에 가방이 하나 있을 텐데 그 속에 빗이 있을지 모른다고 하셨다.

다 나는 그 빗으로 머리를 빗으면서 자꾸만 웃음이 나오는 걸 참을 수가 없었다. 절에서 빗을 찾은 나의 엉뚱함도 우물가에서 숭늉 찾는 격이려니와, 빗이라는 말 한마디에 그토록 당황하고 어리둥절하던 노스님의 표정이 자꾸 생각나서였다. 그러나 그

순간 나는 보았다. 시간을 거슬러 올라가 검은 머리칼이 있던, 빗을 썼던 그 까마득한 시절을 더듬고 있는 그분의 눈빛을. 이십 년 또는 삼십 년, 마치 물길을 거슬러 올라가는 연어 떼처럼 참으로 오랜 시간이 그 눈빛 위로 스쳐 지나가는 듯했다. 그 순식간에 이루어진 회상의 끄트머리에는 그리움인지 무상함인지 모를 묘한 미소가 반짝하고 빛났다. 나의 실수 한마디가 산사의 생활에 익숙해져 있던 그분의 잠든 시간을 흔들어 깨운 셈이니, 그걸로 작은 보시는 한 셈이라고 오히려 스스로를 위로해 보기까지 했다.

라 이처럼 악의가 섞이지 않은 실수는 봐줄 만한 구석이 있다. 그래서인지 내가 번번이 저지르는 실수는 나를 ⓒ곤경에 빠뜨리거나 어떤 관계를 불화로 이끌기보다는 의외의 수확이나 즐거움을 가져다줄 때가 많았다. 겉으로는 비교적 차분하고 꼼꼼해 보이는 인상이어서 나에게 긴장을 하던 상대방도 이내 나의 모자란 구석을 발견하고는 긴장을 푸는 때가 많았다. 또 실수로 인해 웃음을 터뜨리다 보면 어색한 분위기가 가시고 초면에 쉽게 마음을 트게 되기도 했다.

마 결국 실수는 삶과 정신의 여백에 해당한다. 그 여백마저 없다면 이 ⓓ각박한 세상에서 어떻게 숨을 돌리며 살 수 있겠는가. 그리고 발 빠르게 돌아가는 세상에 어떻게 휩쓸려 가지 않고 남아 있을 수 있겠는가. 어쩌면 사람을 키우는 것은 능력이 아니라 실수의 힘일지도 모른다.

그러나 날이 갈수록 실수가 ⓔ용납되는 땅은 점점 좁아지고 있다. 사소한 실수조차 짜증과 비난의 대상이 되기 십상이다. 남의 실수를 웃으면서 눈감아 주거나 그 실수가 나오는 내면의 풍경을 헤아려 주는 사람을 만나기도 어려워져 간다. 나 역시 스스로는 수많은 실수를 저지르고 살면서도 다른 사람의 실수에 대해서는 조급하게 굴거나 너그럽게 받아 주지 못한 때가 적지 않았던 것 같다.

– 나희덕, 「실수」

10 이와 같은 글의 특징으로 적절하지 <u>않은</u> 것은?
① 글쓴이의 개성이 나타난다.
② 글쓴이의 정서를 진솔하게 담아낸다.
③ 형식적 제약 없이 자유롭게 써 내려간다.
④ 글쓴이가 상상한 허구적 세계를 그려 낸다.
⑤ 글쓴이의 인생관이 담긴 목소리가 느껴진다.

11 이 글을 읽으며 독자가 얻을 수 있는 심미적 체험으로 보기 어려운 것은?

① 지난날의 어이없는 실수들에 대한 후회와 반성
② 실수와 관련된 두 가지 일화가 주는 재미와 감동
③ 앞으로는 마음의 여유를 갖고 살아야겠다는 다짐
④ 다른 사람의 실수를 대했던 자신의 태도에 대한 성찰
⑤ 실수는 나쁜 것이라는 고정 관념에서 벗어난 새로운 시각

12 ㉠에 대한 설명으로 적절한 것은?

① 당시 사이좋은 내외간에 주고받던 것이다.
② 아내는 자신을 향한 남편의 애정으로 받아들였다.
③ 곽휘원이 아내의 반응이 궁금하여 일부러 보낸 것이다.
④ 나중에 사연을 알게 된 아내의 짜증과 비난의 원인이 되었다.
⑤ 곽휘원이 아내에 대한 그리움을 표현하기 쑥스러워 보낸 것이다.

13 Ⓐ에 들어갈 내용으로 가장 적절한 것은?

① 황당한 결과를 낳기도 한다.
② 삶에 뜻밖의 행복을 가져다준다.
③ 한 번 하고 나면 돌이킬 수 없다.
④ 문제 해결의 지름길이 되어 주기도 한다.
⑤ 누구나 살면서 한 번쯤 해볼 만한 경험이다.

14 ⓐ~ⓔ의 사전적 의미로 적절하지 않은 것은?

① ⓐ: 형식이나 격식만을 갖춘
② ⓑ: 어떤 문제에 대하여 독자적인 경지나 체계를 이룬 견해
③ ⓒ: 깔보고 욕되게 하는 것
④ ⓓ: 인정이 없고 삭막한
⑤ ⓔ: 말이나 행동이 너그러운 마음으로 받아들여지는

15 이 글과 〈보기〉의 공통점이 아닌 것은?

┤ 보기 ├

　그렇다. 그 흉터와, 흉터 많은 손꼴은 내 어려웠던 어린 시절의 모습이요. 그것을 힘들게 참고 이겨 낸 떳떳하고 자랑스런 내 삶의 한 기록일 수 있었다. 그 나이 든 선배님의 경우처럼, 우리 누구나가 눈에 보이게든 안 보이게든 삶의 쓰라린 상처들을 겪어 가며 그 흉터를 지니고 살아가게 마련이요, 어떤 뜻에선 그 상처의 흔적이야말로 우리 삶의 매우 단단한 마디요 숨은 값이라 할 수도 있을 것이기 때문이다.

　그렇다면, 그것은 오직 나만의 자랑이나 내세움거리로 삼을 수는 없으리라. 그것은 오히려 우리 누구나가 자신의 삶을 늘 겸손하게 되돌아보고, 참삶의 뜻과 값이 무엇인가를 새롭게 비춰 보는 거울로 삼음이 더 뜻있는 일일 것이다.

　이런 생각 속에서도 때로 아쉽게 여겨지는 일은 요즘 사람들 가운데엔 작은 상처나 흉터 하나 지니지 않으려 함은 물론, 남의 아픈 상처 또한 거기 숨은 뜻이나 값을 한 대목도 읽어 주지 못하는 이들이 흔해 빠진 현상이다.

　아무쪼록 자기 흉터엔 겸손한 긍지를, 남의 흉터엔 위로와 경의를, 그리고 흉터 많은 우리 삶엔 사랑의 찬가를 함께할 수 있기를!

– 이청준, 「아름다운 흉터」

① 은은한 감동과 교훈을 준다.
② 오늘날의 부정적인 세태를 비판하고 있다.
③ 대상에 대한 통념을 깨고 새로운 인식을 보여 준다.
④ 대상에 대한 글쓴이의 관점을 바꾸며 삶에 대한 깨달음을 전하고 있다.
⑤ 글쓴이가 생각하는 자신과 타인을 대하는 올바른 삶의 자세가 드러난다.

서술형

16 ㉡이 '실수'가 된 이유와 그 말이 가져온 결과를 각각 한 문장으로 쓰시오.

(1) 이유:

(2) 결과:

02 작품의 사회·문화적 배경과 현재적 의미

개념 압축 APP

① 문학 작품의 사회·문화적 배경과 작가, 작품, 독자의 관계

작가와의 관계	작가는 자신의 다양한 사회·문화적 ( )을/를 바탕으로 작품을 창작한다.
작품과의 관계	작품 속의 사건이나 상황은 구체적인 사회·문화적 배경 속에 전개되며, 이를 통해 배경이 되는 사회의 문제점을 드러낸다.
독자와의 관계	작품을 감상하며 파악한 사회·문화적 배경과 자신을 둘러싼 사회·문화적 배경을 관련지어 이해하며, 이를 바탕으로 삶을 성찰한다.

② 사회·문화적 배경을 고려하여 작가의 창작 의도 파악하기

(1) 사회·문화적 배경이 작품에 드러나는 경우

① 사회·문화적 배경 파악하기: 소재나 시어, 인물들의 말과 행동, 구체적인 사건과 상황 등을 통해 사회·문화적 배경을 파악한다.

② 사회·문화적 배경에 대한 인물의 반응 파악하기: 사회·문화적 배경에 대해 시적 화자나 작품 속 인물들이 어떤 태도나 반응을 보이는지 파악한다.

③ 작가의 창작 의도 파악하기: 사회·문화적 배경과 관련하여 작가가 말하고자 하는 바를 파악한다.

(2) 사회·문화적 배경이 작품에 드러나지 않는 경우

① (   ) 쌓기: 작품의 배경이 되는 사회·문화적 상황에 대해 조사한다.

② 사회·문화적 상황을 고려하여 작품 읽기: 사회·문화적 배경을 고려하면서 작품의 내용을 이해한다.

③ 작가의 창작 의도 파악하기: 사회·문화적 배경과 관련하여 작가가 말하고자 하는 바를 파악한다.

③ 문학 작품 속 가치를 현재의 가치와 비교하기

• 오늘날과 비교하여 달라지지 않은 가치를 통해서 가치의 보편성을 이해한다.

• 오늘날과 비교하여 달라진 가치를 통해서 가치의 특수성을 이해한다.

필수 어휘 사전

● **보편성:** 모든 것에 두루 미치거나 통하는 성질.

● **특수성:** 일반적이고 보편적인 것과 다른 성질.

확인 문제

1

문학 작품의 사회·문화적 배경에 대한 설명으로 적절하지 않은 것은?

① 작품 속 인물들의 행동이나 갈등에 영향을 준다.

② 작가가 표현하려는 주제와 밀접한 관련이 있다.

③ 작품 속의 인물들이 구체적으로 활동하는 배경이다.

④ 작품을 읽는 독자가 생활하고 있는 현실과 일치한다.

⑤ 작가의 사회·문화적 경험을 바탕으로 만들어진 것이다.

2

다음 글을 읽고, 물음에 답하시오.

> 비록 천비의 몸을 빌려 난 자식이기는 하지만, 길동의 재주를 눈여겨본 대감 역시 길동을 무척 아끼고 사랑하였다. 〈중략〉
> "소인이 대감의 정기를 받고 당당한 남자로 태어났으니 이만한 즐거움도 없습니다. 그러나 늘 서러운 것은 아버지를 아버지라 부르지 못하고 형을 형이라 부르지 못하는 신세이옵니다."
> – 허균, 「홍길동전」

(1) 이 글의 사회·문화적 배경을 짐작하게 하는 단어 세 개를 찾아 쓰시오.

(2) 이 글에서 알 수 있는 사회·문화적 배경을 모두 쓰시오.

정답 ▶ 해설 p.○○

수행 평가 따라잡기

1 다음 글을 읽고, 작품의 사회·문화적 배경을 파악해 보자.

> **가** 징용에 끌려 나가는 사람들이었다. 그러니까 지금으로부터 십이삼 년 옛날의 이야기인 것이다.
>
> 북해도 탄광으로 갈 것이라는 사람도 있었고, 틀림없이 남양 군도로 간다는 사람도 있었다. 더러는 만주로 가면 좋겠다고 하는 것이었다. 만도는 북해도가 아니면 남양 군도일 것이고, 거기도 아니면 만주겠지 설마 저희들이 하늘 밖으로사 끌고 갈까 보냐고 아무렇지도 않은 듯이 그 들창코로 담배 연기를 푹푹 내뿜고 있었다. 〈중략〉
>
> 만도가 어렴풋이 눈을 떠 보니 바로 거기 눈앞에 누구의 것인지 모를 팔뚝이 하나 놓여 있었다. 손가락이 시퍼렇게 굳어져서 마치 이끼 낀 나무토막처럼 보이는 것이었다. 만도는 그것이 자기의 어깨에 붙어 있던 것인 줄을 알자 그만 "으악!" 하고 정신을 잃어버렸다.
>
> **나** 만도는 깜짝 놀라며 얼른 뒤를 돌아보았다. 그 순간 만도의 두 눈은 무섭도록 크게 떠지고, 입은 딱 벌어졌다. 틀림없는 아들이었으나 옛날과 같은 진수는 아니었다. 양쪽 겨드랑이에 지팡이를 끼고 서 있는데, 스쳐 가는 바람결에 한쪽 바짓가랭이가 펄럭거리는 것이 아닌가. 〈중략〉
>
> "니 우야다가 그래 됐노?"
>
> "전쟁하다가 이리 안 됐심니꼬. 수류탄 쪼가리에 맞았심더."
>
> **다** 만도는 아직 술기가 약간 있었으나 용케 몸을 가누며 아들을 업고 외나무다리를 무사히 건너가는 것이었다. 눈앞에 우뚝 솟은 용머릿재가 이 광경을 가만히 내려다보고 있었다.
>
> − 하근찬, 「수난 이대」

(1) (가), (나)에 나타난 소재나 인물들이 처한 상황 등을 바탕으로 작품의 사회·문화적 배경을 파악해 보자.

(2) (다)를 바탕으로 작가의 창작 의도를 이야기해 보자.

2 작품을 오늘날의 삶과 관련지어 평가해 보자.

(1) 작품의 사회·문화적 배경을 고려하면서 (가)와 (나)의 인물이 처한 상황에 대한 자신의 생각을 말해 보자.

(2) (다)에 나타난 작가의 창작 의도가 오늘날의 우리에게 어떤 의미가 있는지 써 보자.

끌어 주기

1

(1) 문학 작품에서 사회·문화적 배경은 소재나 인물의 대화. 혹은 인물이 처한 상황 등을 통해 파악할 수 있다. (가)와 (나)의 내용을 바탕으로 소설의 사회·문화적 배경을 파악해 보자. 이때 단순히 시간적 배경만을 파악하는 데 그치지 말고, 그 시대를 살아가는 사람들의 삶까지 함께 파악해 본다.

예시 답안 • (가): '징용', '북해도', '남양 군도', '만주' 등의 내용으로 보아, 사람들이 강제로 징용에 끌려가 많은 고생을 하였던 일제 강점기를 배경으로 하고 있음을 알 수 있다.
• (나): '전쟁', '수류탄' 등의 내용으로 보아, 전쟁에 참전한 많은 사람들이 전사하거나 불구가 되었던 한국 전쟁을 배경으로 하고 있음을 알 수 있다.

(2) 한쪽 팔을 잃은 만도가 한쪽 다리를 잃은 진수를 업고 위태로운 외나무다리를 건너는 모습을 통해 작가가 말하고자 하는 것이 무엇인지 생각해 본다.

예시 답안 한국 근현대사에서 큰 상처를 입은 부자지만 힘을 합쳐 어려움을 이겨나갈 것이라는 희망을 이야기하고 있다.

2

(1) 만도와 진수 부자의 불행한 삶의 원인을 사회·문화적 배경을 바탕으로 생각해 본 후, 이에 대한 자신의 생각을 말해 본다.

예시 답안 일제 강점기와 한국 전쟁이라는 우리나라의 근현대사의 흐름 속에서 아무 잘못도 없는 만도 부자에게 닥친 불행에 대해 안타깝게 생각한다.

(2) 이 소설에서 작가가 중요하게 생각한 가치를 오늘날의 기준으로 평가해 본다.

예시 답안 다시는 이런 비극이 없도록 힘있는 나라를 만들어야겠다. 또한 만도 부자처럼 우리 사회 구성원도 힘을 모으면 어떤 어려움도 이겨 나갈 수 있으리라는 희망을 갖게 되었다.

1 천만리 머나먼 길에 |왕방연 / 까마귀 눈비 맞아 |박팽년

⊙ 다음을 읽고 물음에 답하시오.

가 단종은 아버지인 문종이 죽은 1452년에 12세의 어린 나이로 왕위에 올랐다. 그러나 이듬해인 1453년에 숙부인 수양 대군이 일으킨 계유정난으로 인해 권력을 빼앗기고, 2년 후인 1457년에 기어이 수양 대군에게 강제로 왕위를 물려주게 되었다. 이후 성삼문, 박팽년 등이 단종 복위를 도모하다가 발각되어 처형되었으며, 단종은 노산군으로 강봉되어 강원도 영월에 유배되었다. 이때 유배지까지 단종을 호송하는 임무는 금부도사였던 왕방연이 맡아야 했다. 호송 임무를 마친 왕방연은 한양으로 돌아오면서 자신의 마음을 담은 시조 한 수를 지었다.

나 천만리 머나먼 길에 고운 님 여의옵고
　　내 마음 둘 데 없어 냇가에 앉았으니
　　저 ㉠물도 내 안 같아서 울어 밤길 예놋다

　　　　　　　　　　　　　　　　　－ 왕방연

다 Ⓐ까마귀 눈비 맞아 희는 듯 검노매라
　　야광명월(夜光明月)이 밤인들 어두우랴
　　님 향한 일편단심(一片丹心)이야 변할 줄이 있으랴

　　　　　　　　　　　　　　　　　－ 박팽년

라 〈제4수〉
　　어버이 살아신 제 섬길 일란 다하여라
　　지나간 후이면 애달다 어찌하리
　　평생에 고쳐 못할 일이 이뿐인가 하노라

　　〈제13수〉
　　오늘도 다 새거나 호미 메고 가자스라
　　내 논 다 매거든 너의 논도 좀 매어 주마
　　올 길에 뽕 따다가 누에 먹여 보자스라

　　〈제16수〉
　　이고 진 저 늙은이 짐 풀어 나를 주오
　　나는 젊었거니 돌이라 무거울까
　　늙기도 설워라커든 짐을조차 지실까

　　　　　　　　　　　　　　　　　－ 정철, 「훈민가」

학습 목표 응용

01 (나)~(라)와 같은 갈래에 대한 설명으로 적절하지 않은 것은?
① 마지막 장의 첫 음보는 세 글자로 고정되어 있다.
② 4음보가 규칙적으로 반복되며 음악적 효과를 준다.
③ 고려 시대에 발생하여 현재까지 꾸준히 창작되고 있다.
④ 연의 구분이 되어 있으며, 각 연은 유사한 구조로 반복된다.
⑤ 3장으로 구성되어 있으며, 각 장은 다시 2개의 구로 나뉜다.

02 (가)를 바탕으로 (나)와 (다)를 이해한 것으로 적절하지 않은 것은?
① (나)와 (다)의 '님'은 모두 왕위를 빼앗긴 단종으로 이해할 수 있다.
② (나)의 화자는 자신의 처지를 한탄하면서 수양 대군을 원망하고 있다.
③ (나)의 화자는 다시 단종을 모실 수 없다는 심리적 아픔을 '천만리'라는 거리감으로 표현하고 있다.
④ (다)의 화자는 자신과 성삼문 등을 '야광명월' 같은 사람으로 표현하고 있다.
⑤ (다)의 화자는 단종의 복위를 바라면서 단종에 대한 변함없는 충성을 다짐하고 있다.

03 (나)~(라)를 비교하여 감상한 것으로 가장 적절한 것은?
① (나)~(라)는 모두 화자의 정서를 표현하는 데 초점을 맞추고 있다.
② (나)~(라)는 모두 화자가 상대에게 말을 건네는 방식으로 시상을 전개하고 있다.
③ (나)는 (라)와 달리 교훈적 목적을 가지고 창작되었다.
④ (다)는 (나)와 달리 부정적 상황을 극복하겠다는 의지를 드러내고 있다.
⑤ (라)는 (나)와 달리 시적 화자가 작품 표면에 직접 드러난다.

04 〈보기〉에서 (다)와 (라)에 공통적으로 사용된 표현 방법을 모두 고른 것은?

┤ 보기 ├

ㄱ. 당연한 내용을 의문형으로 표현하였다.
ㄴ. 대조의 방법으로 대상의 특성을 강조하였다.
ㄷ. 색채어를 사용하여 대상의 특성을 구체화하였다.
ㄹ. 청유형 종결을 사용하여 청자에게 특정 행동을 권유하였다.

① ㄱ, ㄴ   ② ㄴ, ㄷ   ③ ㄷ, ㄹ
④ ㄱ, ㄴ, ㄷ   ⑤ ㄴ, ㄷ, ㄹ

05 〈보기〉는 유교의 도덕에서 반드시 지켜야 할 다섯 가지 덕목이다. (라)의 〈제4수〉와 〈제16수〉에 해당하는 덕목을 각각 찾아 쓰시오.

┤ 보기 ├

• 군신유의(君臣有義): 임금과 신하 사이에는 의로움이 있어야 한다.
• 부자유친(父子有親): 어버이와 자식 사이에는 친함이 있어야 한다.
• 부부유별(夫婦有別): 부부 사이에는 구별이 있어야 한다.
• 장유유서(長幼有序): 어른과 아이 사이에는 차례와 질서가 있어야 한다.
• 붕우유신(朋友有信): 친구 사이에는 믿음이 있어야 한다.

(1) 〈제4수〉:

(2) 〈제16수〉:

06 ㉠에 대한 설명으로 적절한 것은?
① 화자의 심정을 대신 드러낸다.
② 화자와 대조적 입장에 처해 있다.
③ '님'의 처지를 상징적으로 보여 준다.
④ 작품의 서정성을 드러내는 배경이다.
⑤ 화자가 궁극적으로 추구하는 대상이다.

고난도 응용

01 (라)를 〈보기〉와 관련지어 감상한 것으로 적절하지 않은 것은?

┤ 보기 ├

• 과거의 문학 작품을 오늘날의 삶에 비추어 감상하기
• 문학 작품을 감상하며 자신의 삶을 성찰하기

① 학교 기숙사에 나와 있느라고 부모님을 자주 뵙지 못하는데, 이제부터 전화라도 자주 드려야겠어.
② 요즘 사회는 개인주의가 너무 심해진 것 같아. 나부터라도 친구들과 상부상조하면 모두에게 도움이 될 거야.
③ 지난 주말에 몇 시에 일어났지? 3학년이 되어 생활이 너무 나태해진 것 같아. 조금 더 부지런히 생활해야겠어.
④ 어제 피곤하다고 지하철의 교통 약자석에 앉았던 것이 부끄러워. 앞에 서 계셨던 할아버지는 많이 힘드셨을 텐데.
⑤ 어제 사소한 일로 친구와 싸웠던 게 후회가 돼. 사소한 말 한마디가 친구에게는 상처가 될 수 있다는 걸 명심해야겠어.

02 서술형 Ⓐ와 〈보기〉의 밑줄 친 '까마귀'의 공통점과 차이점을 〈조건〉에 맞게 서술하시오.

┤ 보기 ├

까마귀 검다 하고 백로야 웃지 마라
겉이 검은들 속조차 검을쏘냐
겉 희고 속 검은 이는 너뿐인가 하노라
                                    – 이직

┤ 조건 ├

• (가)의 내용을 고려하지 말 것.
• '공통점'은 대상의 외적 특징에 초점을 맞출 것.
• '차이점'은 '긍정적', '부정적'이라는 말을 넣어 구체적으로 쓸 것.

(1) 공통점:

(2) 차이점:

2 우리 동네 구자명 씨 | 고정희

⊙ 다음을 읽고 물음에 답하시오.

가

[A]
맞벌이 부부 우리 동네 구자명 씨
일곱 달 된 아기 엄마 구자명 씨는
출근 버스에 오르기가 무섭게
아침 햇살 속에서 졸기 시작한다
경기도 안산에서 서울 여의도까지
경적 소리에도 아랑곳없이
옆으로 앞으로 꾸벅꾸벅 존다
차창 밖으론 사계절이 흐르고
진달래 피고 밤꽃 흐드러져도 꼭
부처님처럼 졸고 있는 구자명 씨,

[B]
그래 저 십 분은
간밤 아기에게 젖 물린 시간이고
또 저 십 분은
간밤 시어머니 약시중 든 시간이고
그래그래 저 십 분은
새벽녘 만취해서 돌아온 남편을 위하여 버린 시간일 거야

[C]
고단한 하루의 시작과 끝에서
잠 속에 흔들리는 팬지꽃 아픔
식탁에 놓인 안개꽃 멍에
그러나 부엌문이 여닫히는 지붕마다
여자가 받쳐 든 한 식구의 안식이
아무도 모르게 / 죽음의 잠을 향하여
거부의 화살을 당기고 있다

나
형님 온다 형님 온다 *보고저즌 형님 온다.
형님 마중 누가 갈까 형님 동생 내가 가지.
형님 형님 사촌 형님 시집살이 어떱데까?
이 애 이 애 그 말 마라 시집살이 개집살이.
ⓐ앞밭에는 *당추 심고 뒷밭에는 고추 심어,
고추 당추 맵다 해도 시집살이 더 맵더라.
둥글둥글 수박 식기(食器) 밥 담기도 어렵더라.
도리도리 도리 *소반(小盤) 수저 놓기 더 어렵더라.
오 리(五里) 물을 길어다가 십 리(十里) 방아 찧어다가,
아홉 솥에 불을 때고 열두 방에 자리 걷고,
외나무다리 어렵대야 시아버님같이 어려우랴?
ⓑ나뭇잎이 푸르대야 시어머니보다 더 푸르랴?
ⓒ시아버님 호랑새요 시어머니 꾸중새요,

동세 하나 할림새요 시누 하나 뾰족새요,
시아지비 뾰중새요 남편 하나 미련새요,
자식 하난 우는 새요 나 하나만 썩는 샐세.
귀먹어서 삼 년이요 눈 어두워 삼 년이요,
말 못 하여 삼 년이요 석삼년을 살고 나니,
ⓓ배꽃 같던 요 내 얼굴 호박꽃이 다 되었네.
삼단 같던 요 내 머리 *비사리춤이 다 되었네.
백옥 같던 요 내 손길 오리발이 다 되었네.
*열새 무명 반물 치마 눈물 씻기 다 젖었네.
두 폭 붙이 행주치마 콧물 받기 다 젖었네.
ⓔ울었던가 말았던가 베개 머리 *소(沼) 이겼네.
그것도 소이라고 거위 한 쌍 오리 한 쌍
쌍쌍이 때 들어오네.

– 작자 미상, 「시집살이 노래」

- 보고저즌: 보고 싶은
- 비사리: 벗겨 놓은 싸리의 껍질
- 당추: '고추'의 방언
- 열새: 고운 베
- 소반: 자그마한 밥상
- 소: 연못

학습 목표 응용

01 중요
(가), (나)에 공통적으로 해당하는 설명으로 적절한 것은?
① 미래에 대한 낙관적인 전망을 드러내고 있다.
② 불합리한 사회 구조의 단면을 보여 주고 있다.
③ 이상적인 사회의 모습을 구체적으로 보여 주고 있다.
④ 부정적인 현실을 극복하고자 하는 의지를 표현하고 있다.
⑤ 과거와 비교하며 현재의 삶에 대한 비판 의식을 보여 주고 있다.

02
(가)의 표현 방법에 대한 설명으로 적절한 것은?
① 시의 처음과 끝을 반복하면서 안정감을 주었다.
② 표면적으로는 모순된 표현 속에 진실을 담아내었다.
③ 유사한 문장 구조를 반복하면서 의미를 강조하였다.
④ 당연한 내용을 의문형으로 표현하면서 의미를 강조하였다.
⑤ 말하고자 하는 내용과 반대로 표현하면서 주제를 강조하였다.

03 (나)를 감상한 내용으로 적절하지 <u>않은</u> 것은?

① 언어유희를 사용하여 읽는 재미를 더해 주고 있어.

② 두 사람의 대화 형식으로 구성한 것이 인상적이야.

③ 4음보의 반복으로 음악적 효과가 두드러지게 느껴져.

④ 한자어를 주로 사용해서 표현하고자 하는 내용을 간결하게 전달하고 있어.

⑤ 비유적인 표현을 적절하게 사용해서 내용을 효과적으로 전달하는 것 같아.

04 [A]~[C]에 대한 설명으로 적절하지 <u>않은</u> 것은?

① [A]에서 화자는 특정 인물에 대해 관찰한 내용을 서술하고 있다.

② [B]에서 화자는 [A]의 관찰을 바탕으로 과거를 추측하고 있다.

③ [B]에 나타난 인물의 행동은 [A]의 상황이 원인이 되어 발생하였다.

④ [C]에서 화자는 [A], [B]의 내용을 바탕으로 현실을 비판하고 있다.

⑤ [A]와 [B]에서는 구체적인 인물이었던 시적 대상이 [C]에서는 보편적인 인물들로 확장된다.

05 (가)에서 다음 ㉠~㉢에 해당하는 시어를 각각 찾아 쓰시오.

> (가)에서는 다양한 보조 관념을 사용하여 구자명 씨에 대해 표현하고 있다. 즉, 죽은 듯이 꿈쩍 않고 자는 모습을 (㉠)에, 연약한 몸으로 희생하는 모습을 (㉡)에, 가정을 위해 희생은 하지만 주변에만 머무는 모습을 (㉢)에 각각 비유하고 있는 것이다.

06 ⓐ~ⓔ에 대한 설명으로 적절하지 <u>않은</u> 것은?

① ⓐ: 사투리를 사용하여 동어 반복을 피하였다.

② ⓑ: 색채어를 사용하여 시어머니에 대한 두려움을 표현하였다.

③ ⓒ: 사람들을 새로 표현하면서 해학성을 살렸다.

④ ⓓ: 결혼 전과 후를 대조하면서 시집살이의 어려움을 표현하였다.

⑤ ⓔ: 사실적인 표현으로 현실감을 드러내었다.

 고난도 응용

01 <보기>의 화자가 (가)의 구자명 씨와 (나)의 형님에게 해 줄 수 있는 말로 적절한 것은?

> ┤ 보기 ├
>
> 이불 홑청을 꿰매면서
> 속옷 빨래를 하면서
> 나는 부끄러움의 가슴을 친다
>
> 똑같이 공장에서 돌아와 자정이 넘도록
> 설거지에 방 청소에 고추장 단지 뚜껑까지
> 마무리하는 아내에게
> 나는 그저 밥 달라 물 달라 옷 달라 시켰었다
>
> ─ 박노해, 「이불을 꿰매면서」

① 구자명 씨에게: 남편에게 의존하지 말고 직장을 다니며 경제 활동을 하세요.

② 구자명 씨에게: 아기를 돌보는 것은 엄마의 도리입니다. 피곤해도 감수해야 할 일이죠.

③ 구자명 씨에게: 새벽까지 식구를 위해 고생하는 모습이 안타깝네요. 남편에게 함께하자고 해 보세요.

④ 형님에게: 남편을 미련새라고 하다니요? 늘 남편에게 부끄러운 마음을 갖고 살기 바랍니다.

⑤ 형님에게: 남편의 역할과 아내의 역할은 다릅니다. 물을 길어다가 밥을 하는 일은 아내의 역할이죠.

 서술형

02 (가)를 다음과 같이 정리할 때, ㄱ~ㄹ에 들어갈 적절한 내용을 쓰시오.

구자명 씨의 삶	
직장인	여의도에서 안산까지 출퇴근함.
어머니	(ㄱ)
아내	(ㄴ)
(ㄷ)	간밤에 시어머니의 약시중을 듦.

↓

> **작가의 의도:** 여성에게 일방적인 (ㄹ)을/를 강요하는 현대 사회의 모습을 비판함.

3

꺼삐딴 리 | 전광용

⊙ 다음 글을 읽고 물음에 답하시오.

가 "여보, 저걸 좀 꾸려요."

이인국 박사의 말씨는 점잖게 가라앉았다. / "뭐 말이에요?"

아내는 젖꼭지를 물린 채 고개만을 돌려 되묻는다.

"저, 병 말이오." / 그는 화장대 위에 놓은 골동품을 가리켰다.

"어디 가져가셔요?"

"㉠저 미 대사관 브라운 씨 말이야. 늘 신세만 졌는데……."

아내가 꼼꼼히 싸 놓은 포장물을 들고 이인국 박사는 천천히 현관을 나섰다.

벌써 석간신문이 배달되었다.

아무리 생각하여도 그것은 분명 기적임에 틀림없는 일이었다. 간헐적으로 반복되어 공포와 감격을 함께 휘몰아치는 착잡한 추억. 늘 어제 일처럼 생생하기만 하다.

나 ㉡환자의 몰골이나 업고 온 사람의 옷매무새로 보아 경제 정도는 뻔한 일이라 생각되었다.

그러나 그것보다도 더 마음에 켕기는 것이 있었다. 일본인 간부급들이 자기 집처럼 들락날락하는 이 병원에 이런 사상범을 입원시킨다는 것은 관선 시 의원이라는 체면에서도 떳떳지 못할뿐더러, 자타가 공인하는 모범적인 황국 신민의 공든 탑이 하루아침에 무너지는 결과를 가져오는 것이라는 생각이 들었다.

순간 그는 이런 경우의 가부 결정에 일도양단하는 자기 식으로 찰나적인 단안을 내렸다.

㉢그는 응급 치료만 하여 주고 입원실이 없다는 가장 떳떳하고도 정당한 구실로 애걸하는 환자를 돌려보냈다.

다 고함 소리에 놀라 이인국 박사는 흠칫 머리를 들었다.

때도 묻지 않은 일본 병사 군복에 완장을 찬 젊은이가 쏘아보고 있다. 춘석이다.

이인국 박사는 다시 쳐다볼 힘도 없었다. 모든 사태는 짐작되었다. / '이제는 죽는구나.' 그는 입속으로 뇌까렸다.

"왜놈의 밑바시, 이 개새끼야."

일본 군용화가 그의 옆구리를 들이찬다.

"이 새끼, 어디 죽어 봐라."

구둣발은 앞뒤를 가리지 않고 전신을 내지른다.

등골 척수에 다급한 충격을 받자 이인국 박사는 비명을 지르고 꼬꾸라졌다. / 그는 현기증을 일으켰다. 어깻죽지를 끌어 바로 앉

혀도 몸을 가누지 못하고 한쪽으로 쓰러졌다.

"민족과 조국을 팔아먹은 이 개돼지 같은 놈아, 너는 총살이야, 총살……."

라 ㉣그는 환자의 치료를 하면서도 늘 스텐코프의 왼쪽 뺨에 붙은 오리알만 한 혹을 생각하고 있었다.

불구라면 불구로 볼 수 있는 그 혹을 가지고 고급 장교에까지 승진했다는 것은, 소위 말하는 당성(黨性)이 강하거나 그렇지 않으면 전공(戰功)이 특별했음에 틀림없다는 생각이 들었다. 〈중략〉

완치되어 퇴원하는 날, 스텐코프는 이인국 박사의 손을 부서져라 쥐면서 외쳤다. / "꺼삐딴 리, 스바씨보."

이인국 박사는 입을 헤벌리고 웃기만 했다. 마음의 감옥에서 해방된 것만 같았다. / "아진, 아진…… 오첸 하라쇼."

스텐코프는 엄지손가락을 높이 들면서 '네가 첫째'라는 듯이 이인국 박사의 어깨를 치며 찬양하였다.

마 "그거, 국무성에서 통지 왔습니다."

이인국 박사는 뛸 듯이 기뻤으나 솟구치는 흥분을 억제하면서 천천히 손을 내밀어 악수를 청하였다. / "생큐, 생큐."

㉤어쩌면 이것은 수술 후의 스텐코프가 자기에게 하던 방식 그대로인지도 모른다는 생각이 들었다.

이인국 박사는 지성이면 감천이라고, '나의 처세법은 유에스에이에도 통하는구나.' 하는 기고만장한 기분이었다.

청자병을 몇 번이고 쓰다듬으면서 술잔을 거듭하는 브라운 씨도 몹시 즐거운 기분이었다.

학습 목표 응용

01 이 글에 대한 설명으로 적절하지 않은 것은?

① 인물의 행동을 풍자하면서 주제를 드러내고 있다.

② 관용어를 사용하여 상황이나 내용을 효과적으로 전달하고 있다.

③ 비속어를 사용하여 작품 속 인물의 심리와 성격을 드러내고 있다.

④ 시간 순서를 따르지 않고 과거와 현재를 오가며 내용을 전개하고 있다.

⑤ 작품 속 서술자가 모든 인물의 행동과 심리를 추측하여 서술하고 있다.

02 이 글의 등장인물에 대한 설명으로 적절한 것은?

① 이인국 박사는 환자의 신분이나 경제력에 차별을 두지 않았다.
② 춘석은 일본군 병사 출신으로, 이인국 박사에 대해 개인적인 원한이 있다.
③ 스텐코프는 자신의 신체적인 약점을 이용하여 고급 장교까지 승진하였다.
④ 아내는 우리나라의 골동품이 외국으로 반출되는 것에 대해 불안해하고 있다.
⑤ 브라운 씨는 이인국 박사의 선물을 자신이 도와준 대가로 생각하면서 만족하고 있다.

03 〔중요〕 다음을 참고하여 이 글을 이해한 내용으로 적절하지 <u>않은</u> 것은?

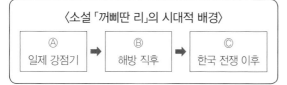

〈소설 「꺼삐딴 리」의 시대적 배경〉

| Ⓐ 일제 강점기 | → | Ⓑ 해방 직후 | → | Ⓒ 한국 전쟁 이후 |

① Ⓐ, Ⓑ, Ⓒ의 각 시기는 '황국 신민', '당성', '국무성'이라는 말을 통해 알 수 있다.
② Ⓐ에서 Ⓒ로 진행되면서 이인국 박사가 느끼는 죄책감은 점점 더 커지고 있다.
③ Ⓐ에서 이인국 박사는 일본인 간부들과 교류를 하면서 그들의 신임을 얻으려 노력하였다.
④ Ⓑ에서 이인국 박사는 Ⓐ에서의 행적 때문에 위기를 맞게 되지만, 스텐코프를 만나 위기를 벗어나게 된다.
⑤ Ⓒ에서 이인국 박사는 자신의 처세술에 대해 자부심을 느끼고 있다.

04 ㉠~㉤에 대한 설명으로 적절하지 <u>않은</u> 것은?

① ㉠: '국무성'에서 보내온 '통지'와 관련이 있다.
② ㉡: 일제 강점기 때 독립운동을 한 사람들의 처지를 짐작할 수 있다.
③ ㉢: 반어적인 표현으로 이인국 박사의 옳지 못한 결정을 우회적으로 비판하고 있다.
④ ㉣: 이인국 박사가 의사로서 직업적 책임감이 있음을 알 수 있다.
⑤ ㉤: 이인국 박사는 '꺼삐딴 리, 스바씨보.'라는 스텐코프의 말을 생각하고 있다.

고난도 응용

01 다음 중 이인국 박사에게 깨달음을 줄 수 있는 시조로 가장 적절한 것은?

① 동짓달 기나긴 밤을 한 허리를 베어 내어
　춘풍 이불 아래 서리서리 넣었다가
　어론 님 오신 날 밤에 굽이굽이 펴리라　　－ 황진이
② 십 년을 경영하여 초려 삼간 지어 내어
　나 한 간 달 한 간에 청풍 한 간 맡겨 두고
　강산은 들일 데 없으니 둘러 두고 보리라　　－ 송순
③ 수양산 바라보며 이제를 한하노라
　주려 죽을진들 고사리를 뜯어 먹었느냐
　아무리 푸새엣 것인들 그 뉘 땅에 났더니　　－ 성삼문
④ 강호에 가을이 드니 고기마다 살져 있다
　소정에 그물 실어 흘러 띄워 던져 두고
　이 몸이 소일하옴도 역군은(亦君恩)이샷다　　－ 맹사성
⑤ 아버님 날 낳으시고 어머님 날 기르시니
　두 분 곧 아니면 이 몸이 살았으랴
　하늘 같은 은덕은 어디다가 갚사오리　　－ 정철

02 〔서술형〕 〈보기〉는 이 글을 읽고 쓴 감상문의 일부이다. 잘못된 부분을 찾고, 그 이유를 서술하시오.

┤ 보기 ├

「꺼삐딴 리」는 급변해 온 우리나라 근현대사에서 탁월한 처세술로 부와 권력을 유지해 온 이인국 박사의 모습을 그리고 있다. 숱한 난관 앞에서도 지조와 절개를 중시한 이인국 박사의 자세는 현대를 사는 우리에게 필요한 덕목일 수도 있다. 하지만 좀 더 자세히 들여다보면 상황은 달라진다. 개인의 이익을 위해 환자인 '사상범'을 내치는 것이나, 골동품을 죄의식 없이 해외로 반출하는 것 등에서 민족보다는 개인을 먼저 생각하는 이기적인 면모를 발견할 수 있다. 또한 잘못된 역사의식을 가지고 있더라도 요령만 있으면 생존할 수 있다는 그릇된 가치관을 심어 줄 우려도 있다는 점에서 그의 행위는 비판적으로 보아야 한다.

(1) 잘못된 부분:

(2) 그 이유:

노새 두 마리 | 최일남

⊙ 다음 글을 읽고 물음에 답하시오.

가 우리 동네는 변두리였으므로 얼마 전까지도 모두 그날그날 벌어먹고 사는 사람들이 많아 ⓐ연탄 배달도 일거리가 그리 많지 않았다. 기껏해야 구멍가게에서 두서너 장을 사서는 새끼줄에 대롱대롱 매달고 가는 게 고작이었다. 그랬는데 이삼 년 전부터 아직도 많은 빈터에 집터가 다져지고, 하나둘 ⓑ문화 주택이 들어서더니 이제는 제법 그럴듯한 동네 꼴이 잡혀 갔다. 원래부터 있던 허름한 집들과 새로 생긴 집들과는 골목 하나를 경계로 하여 금을 긋듯 나누어져 있었는데, 먼 데서 보면 제법 그럴싸한 동네로 보였다. 일단 들어와 보면 지저분한 헌 동네가 이웃에 널려 있지만, 그냥 먼발치로만 보면 2층 ⓒ슬래브 집들에 가려 닥지닥지 붙인 판잣집 등속이 보이지 않았으므로 서울의 변두리에 흔한 여느 신흥 부락으로만 보였다.

나 ⓓ노새는 이미 큰길로 나가고 있었다. 드디어 아버지는 큰길을 나오자 덜컥 그 자리에 주저앉고 말았다. 노새는 이제 보이지 않았지만 나는 노새보다도 아버지의 일이 더 큰일일 것 같아서, 뛰던 것을 멈추고 아버지의 손을 잡고 끌어 일으키려고 했다. 한데 아버지는 쉽게 일어나지를 못했다. 아버지의 눈은 더할 수 없는 실망과 깊은 낭패로 가득 차, 나는 제대로 쳐다보지도 못하고 슬며시 고개를 돌리다가 이내 축 처지고 말았다. 얼굴 근육이 실룩거리는 것이 옆얼굴에도 보였다. 불현듯 슬픔이 복받쳐 내 눈도 씀벅거렸으나 나는 그것을 억지로 참고, 계속해서 아버지의 팔목을 이끌었다.

"아버지, 여기서 이렇게 앉아 있으면 어떻게 해요. 노새를 찾아야지요." / 지나가는 사람들이 우리 부자의 이런 모습을 구경거리나 되는 듯이 잠깐잠깐 쳐다보았다.

다 아버지가 잠시 발을 멈춘 곳은 얼룩말이 있는 우리 앞이었다. 얼룩말은 두 마리였다. 아버지는 그러나 그 앞에서도 멍하니 서 있기만 하지 이렇다 할 감정의 표시를 하지 않았다. 나는 그런 아버지를 한 번 쳐다보고, 얼룩말을 한 번 쳐다보고 하였다. 그러다가 아버지의 얼굴이 어쩌면 그렇게 말이나 노새와 닮았는지 모르겠다고 생각하였다. 그렇게 생각하고 보니 꼭 그랬다. 길게 째진, 감정이 없는 눈이며 노상 벌름벌름한 코, 하마 같은 입, 그리고 덜렁하니 큰 귀가 그랬다. 아버지가 너무 오래 말이나 노새를 다뤄 와서 그런 건지, 애당초 말이나 노새 같은 사람이어서 그런 짐승과 평생을 같이해 온 것인지는 알 수 없으나, 막상 얼룩말 앞에 세워 놓은 아버지는 영락없는 말의 형상이었다.

라 ㉠"이제부터 내가 노새다. 이제부터 내가 노새가 되어야지 별수 있니? 그놈이 도망쳤으니까 이제 내가 노새가 되는 거지."

기분 좋게 취한 듯한 아버지는 놀라는 나를 보고 히힝 한 번 웃었다. 나는 어쩐지 그런 아버지가 무섭지만은 않았다. 그러면 형들이나 나는 노새 새끼고, 어머니는 암노새고, 할머니는 어미 노새가 되는 것일까? 나도 아버지를 따라 히히힝 웃었다. 어른들은 이래서 술집에 오는 모양이었다. 나는 안주만 집어 먹었는데도 술 취한 사람마냥 턱없이 즐거웠다. 노새 가족…… 노새 가족은 우리 말고는 이 세상에 또 없을 것이다.

마 아버지는 술이 확 깨는 듯 그 자리에 선 채 한동안 눈만 데룩데룩 굴리고 서 있더니 힝 하고 코를 풀었다. 그러고는 아무 말 없이 스적스적 문밖으로 걸어 나갔다. 나는 "아버지." 하고 따랐으나 아버지는 돌아보지도 않고 어두운 ⓔ골목길을 나가고 있었다. 나는 그 순간 또 한 마리의 노새가 집을 나가는 것 같은 착각을 일으켰다. 그러고는 무엇인가가 뒤통수를 때리는 것을 느꼈다. 아, 우리 같은 노새는 어차피 이렇게 비행기가 붕붕거리고, 헬리콥터가 앵앵거리고, 자동차가 빵빵거리고, 자전거가 쌩쌩거리는 대처에서는 발붙이기 어려운 것인가 하는 생각이 들었다. 언젠가 남편이 택시 운전사인 칠수 어머니가 하던 말, "최소한도 자동차는 굴려야지 지금이 어느 땐데 노새를 부려." 했다는 말이 생각났다. 그러나 그것은 잠깐 동안이고 나는 금방 아버지를 쫓았다. 또 한 마리의 노새를 찾아 캄캄한 골목길을 마구 뛰었다.

학습 목표 응용

01 이 글의 등장인물에 대한 설명으로 적절하지 않은 것은?

① 노새를 잃어버린 아버지는 실망감과 낭패감을 느꼈다.

② 지나가는 사람들은 '나'와 아버지에게 관심을 보이지 않았다.

③ '나'는 술에 취한 아버지와 술집에서 서로 웃으며 즐거워했다.

④ '나'는 노새를 잡지 못한 아버지가 원망스러워 슬픔이 복받쳤다.

⑤ 칠수 어머니는 시대의 변화를 따라가지 못하는 아버지를 부정적으로 보고 있다.

02 ⓐ~ⓔ 중, 〈보기〉의 밑줄 친 부분과 관련이 <u>없는</u> 것은?

┤ 보기 ├

　문학 작품은 당대의 사회상을 반영하여 창작된다. 따라서 작품을 이해한다는 것은 <u>다양한 소재들</u>을 통해 당대의 사회상을 짐작하고, 이를 통해 작가가 독자에게 전하고자 하는 바를 파악하는 것이다.

① ⓐ　　　　② ⓑ　　　　③ ⓒ
④ ⓓ　　　　⑤ ⓔ

03 아버지가 ㉠과 같이 말한 이유로 가장 적절한 것은?

① 도망간 노새를 대신할 수 있는 방법이 없다고 생각해서
② 노새로 연탄 배달 마차를 끄는 것은 비효율적이라고 생각해서
③ 노새를 잃어버려 실망한 '나'에게 희망을 주고 싶다고 생각해서
④ 가장으로서 책임을 다하기 위해 노새의 역할까지 자신이 맡아야 한다고 생각해서
⑤ 자신과 닮은 노새에 대해 동병상련을 느끼면서 자신도 노새처럼 도망가고 싶다고 생각해서

서술형 ✎

04 〈보기〉를 참고하여 이 글의 서술상 특징을 〈조건〉에 맞게 서술하시오.

┤ 보기 ├

　서술자는 소설에서 독자에게 이야기를 전달하는 존재로, 같은 사건이라도 누가 어떤 위치와 시각에서 서술하느냐에 따라 작품의 분위기와 의미가 달라진다.

┤ 조건 ├

• 서술자와 서술자의 특징을 제시할 것.
• 제시한 서술자를 설정하여 얻을 수 있는 효과를 쓸 것.

고난도 응용

01 이 글과 〈보기〉를 비교한 내용으로 가장 적절한 것은?

┤ 보기 ├

　어느 마을이나 다 사정이 비슷했지만, 특히 우리 마을로 유난히 피란민들이 많이 몰리는 것은 만경강 다리 때문이었다. 북쪽에서 다리를 건너 남쪽으로 내려오다 보면 자연 우리 마을을 통과하도록 되어 있었다. 우리가 알기로는 세상에서 제일 긴 그 다리가 폭격으로 아깝게 끊어진 뒤에도 피란민들은 거룻배를 이용하여 계속 내려왔다. 인민군한테 앞지름을 당할 때까지 피란민들의 발길은 그치지 않고 있었다.

－ 윤흥길, 「기억 속의 들꽃」

① 〈보기〉와 달리, 이 글의 서술자는 어린아이이다.
② 〈보기〉와 달리, 이 글은 독자에게 교훈을 주기 위해 쓴 글이다.
③ 이 글과 〈보기〉는 모두 역사적 사실을 전달하기 위해 쓴 글이다.
④ 이 글과 〈보기〉는 모두 서술자가 작품 밖에서 사건을 관찰하고 있다.
⑤ 이 글과 〈보기〉는 모두 작품을 통해 당시의 사회·문화적 배경을 알 수 있다.

서술형 ✎

02 이 글의 아버지와 〈보기〉의 큰오빠의 공통점을 서술하시오.

┤ 보기 ├

　아무래도 주택가 자리는 아니었다. 예전에는 비록 정다운 이웃으로 둘러싸인 채 오순도순 살아왔다 하더라도 지금은 아니었다. 은성장 여관, 미림 여관, 거부장 호텔 등이 이웃이 될 수는 없었다. 게다가 한창 크는 아이들이 있었다. 울 형제들은 물론, 조카들까지 제 아버지에게 이사를 하자고 졸랐었다. 하지만 <u>큰오빠</u>는 좀체 집을 팔 생각을 굳히지 못하였다. 집을 팔라는 성화가 거세면 거셀수록 그는 오히려 집수리에 돈을 들이곤 하였다.

－ 양귀자, 「한계령」

⊙ 다음 글을 읽고 물음에 답하시오.

가 허생은 묵적골에 살았다. 남산 밑으로 곧장 닿으면, 우물 위에 오래된 은행나무가 서 있고, 은행나무를 향하여 사립문이 열렸는데, ㉠두어 칸 초가는 비바람을 막지 못할 정도였다.

그러나 허생은 비바람이 새는 것은 아랑곳하지 않고 언제나 글 읽기만을 좋아하였으므로 ㉡그 아내가 삯바느질을 해서 겨우 입에 풀칠을 하였다. / 어느 날 허생의 아내가 배고픈 것을 참다못해 울면서 말하는 것이었다.

"당신은 한평생 과거도 보러 가지 않으니, 글만 읽어 무엇 합니까?" / 그러자 허생이 웃으며 대답하였다.

"내 아직 글 읽는 것이 익숙하지 못하오." / "그렇다면 장인바치 노릇도 못 하시나요?" / "장인바치 일은 평소에 배우지 못하였으니 어쩌오?" / "그렇다면 하다못해 장사라도 해야지요."

"장사를 할래도 밑천이 없으니 어떻게 하오?"

아내는 성을 내며 꾸짖었다. / "당신은 밤낮 없이 글을 읽더니, 그래 '어쩌오' 소리만 배웠소? 장인바치도 못 한다, 장사도 못 한다, 그럼, 도둑질이라도 못 하겠소?"

나 만금을 손쉽게 얻은 허생은 집에는 가지 않고, '안성은 경기와 호남의 갈림길이고 삼남의 요충이렷다.' 하면서 그길로 내려가 안성에 거처를 마련하였다.

다음 날부터 그는 시장에 나가서 ㉢대추·밤·감·배·석류·귤·유자 따위의 과일을 모두 거두어 샀다. 파는 사람이 부르는 대로 값을 다 주고 혹은 시세의 배를 주고 샀다. 그리고 사는 대로 한정 없이 곳간에 저장해 두었다. / 이렇게 되자 오래지 않아서 나라 안의 과일이란 과일이 모두 바닥이 났다. 대신들의 집에서 잔치나 제사를 지내려고 해도 과일을 구경하지 못해 제사상도 제대로 갖추지 못할 형편이었다. 허생에게 두 배를 받고 판 과일 장수들이 이번에는 그에게 달려와서 열 배를 주고 다시 사 가는 것이었다. 허생이 한숨을 쉬고 탄식하면서 말했다.

"겨우 만 냥으로 나라를 기울게 할 수 있다니, 나라의 심천(深淺)을 알 만하도다!"

다 이때 변산 지방에 수천 명의 도둑 떼가 나타나 노략질을 하고 있었다. 여러 고을에서는 나졸들까지 풀어서 도둑을 잡으려 하였으나 도둑의 무리를 쉽사리 소탕하지 못하였다. 그러나 도둑의 무리 역시 각 고을에서 대대적으로 막고 나서니 쉽게 나아가 도둑질하기가 어려워져서, 마침내 깊은 곳에 몸을 숨기고 급기야는 굶어 죽을 판국에 이르렀다.

라 "100냥도 들지 못하는 주제에 너희들이 무슨 도둑질을 한단 말이냐? 그렇다고 이제 평민으로 돌아가려고 해도 너희들의 이름이 도둑의 명부에 올라 있으니 그것도 안 되고, 그렇다면 갈 곳도 없겠구나. 그럼, 잘되었다. 내 여기서 기다리고 있을 터이니 이제부터 너희들은 한 사람이 100냥씩을 가지고 가서 계집 한 사람과 소 한 마리씩을 각기 구해 오너라."

도둑들은 대답을 하고 저마다 돈 자루를 걸머지고 뿔뿔이 흩어졌다. 허생은 2천 명의 식구가 1년 동안 먹을 양식을 장만해 가지고 도둑들이 오기를 기다리고 있었다. 기일이 되자 도둑들이 모두 모여들었다. 허생이 그들과 부인들을 모두 배에 실었다. ㉣허생이 도둑들을 도거리로 몰아가니 이때부터 나라 안도 잠잠해졌다.

마 이 말을 듣고 이완은 멍하니 있다가 겨우 입을 열었다.

"사대부들이 몸을 삼가고 예법을 지키고 있으니, 누가 그들의 자제를 머리 깎게 하고 호복을 입게 하겠습니까?"

이 말에 허생은 버럭 화를 내며 말했다.

"소위 사대부란 대체 어떤 놈들이냐? 이맥(彝貊)의 땅에 태어나서 자칭 사대부라 하니 어찌하는 말인가? 바지저고리를 온통 희게만 해 입으니 이건 장사를 지내는 사람의 옷차림이요, 머리를 한데 묶어서 송곳처럼 상투를 트니 이건 남만(南蠻)의 방망이 상투가 아니냐. 그러고는 어찌 예법을 안다고 하겠는가? 옛날 번어기(樊於期)는 사사로운 원한을 갚고자 머리를 자르는 것을 아까워하지 않았고, 무령왕(武寧王)은 나라를 부강하게 만들고자 호복 입는 것을 수치로 여기지 않았다. 지금 명나라의 원수를 갚겠다고 하면서 그까짓 상투 하나를 아낀단 말이냐? 뿐만이 아니다. 장차 말타기·칼 치기·창 찌르기·활 당기기·돌팔매질을 익혀야 하거늘, 그 넓은 소매를 고칠 생각은 하지 않고 ㉤예법만 찾느냐. 내 처음 세 가지를 말하였으나 너는 그중 한 가지도 하지 못한다 하면서 그래도 신임받는 신하 노릇을 한단 말이냐? 그래도 굳이 신임받는 신하라고 하겠느냐?"

학습 목표 **응용**

01 (가)~(마)의 중심 내용으로 적절하지 않은 것은?

① (가): 허생과 허생 아내의 갈등
② (나): 만금으로 사재기를 한 허생
③ (다): 도둑의 무리를 소탕하지 못한 이유
④ (라): 도둑의 무리를 이끌고 떠나는 허생
⑤ (마): 허생과 이완의 갈등

02 이 글에서 허생이 한 일로 적절하지 <u>않은</u> 것은?

① 나라의 과일을 모두 사서 더 비싼 돈을 주고 되팔았다.

② 신임받는 신하에게 나라를 위한 세 가지 방법을 말해 주었다.

③ 쉽사리 소탕하지 못하는 도둑들을 한 번에 몰아 나라를 떠나게 하였다.

④ 도둑들에게 100냥을 나누어 주고 계집 한 사람과 소 한 마리를 구해 오라고 시켰다.

⑤ 대신들의 집에서조차 예법을 잊고 제사상을 제대로 갖추지 못하는 현실에 대해 탄식하였다.

03 (가)의 아내에 대한 설명으로 적절한 것은?

① 남편의 약점을 자극하면서 남편의 능력을 시험해 본다.

② 남편에게 질문을 하면서 남편이 원하는 바를 스스로 깨닫게 한다.

③ 생활의 토대가 되는 물질적 조건보다는 정신적 풍요로움을 중요시한다.

④ 실용성이 없는 글 읽기는 장인바치 노릇이나 장사보다 못하다고 생각한다.

⑤ 남편의 무능력함을 비판하지만 자신이 대신해서 생계를 꾸려 나가지도 않는다.

04 ㉠~㉤의 상황에 대한 표현으로 적절하지 <u>않은</u> 것은?

① ㉠: 불폐풍우(不蔽風雨)

② ㉡: 호구지책(糊口之策)

③ ㉢: 매점매석(買占賣惜)

④ ㉣: 쾌도난마(快刀亂麻)

⑤ ㉤: 실사구시(實事求是)

고난도 응용

01 〈보기〉에서 이 글이 창작된 당시의 사회·문화적 배경을 모두 고른 것은?

┤ 보기 ├
ⓐ 나라의 경제 규모가 작고 취약했다.
ⓑ 지배층의 강력한 통치로 민생이 안정되었다.
ⓒ 많은 양반이 예법에 치중해서 현실 문제에 관심이 없었다.
ⓓ 재야에 묻힌 인재들의 제안이나 정책이 나라 운영에 반영되었다.

① ⓐ, ⓑ　　② ⓐ, ⓒ　　③ ⓑ, ⓒ
④ ⓑ, ⓓ　　⑤ ⓒ, ⓓ

02 〈보기〉는 이완이 거절한 허생의 세 가지 계략이다. 이를 통해 작가가 비판하고자 하는 바를 〈조건〉에 맞게 서술하시오.

┤ 보기 ├
ㄱ. 임금이 직접 인재를 영입하기 위해 삼고초려하도록 설득하라.
ㄴ. 망명한 명나라의 자손들과 종실의 딸을 결혼시키고, 권력자들의 재산을 나누어 주라.
ㄷ. 자제들을 뽑아 청나라 복장을 하게 하고 상인과 함께 염탐을 하도록 해라.

┤ 조건 ├
• 비판하고자 하는 바를 세 가지 계략에 따라 구체적으로 쓸 것.

[01~04] 다음 시를 읽고 물음에 답하시오.

가 ㉠천만리 머나먼 길에 고운 님 ㉡여의옵고
내 마음 둘 데 없어 냇가에 앉았으니
저 물도 내 안 같아서 울어 밤길 예놋다

– 왕방연

나 ㉢까마귀 눈비 맞아 희는 듯 검노매라
㉣야광명월(夜光明月)이 밤인들 어두우랴
㉤님 향한 일편단심(一片丹心)이야 변할 줄이 있으랴

– 박팽년

다 맞벌이 부부 우리 동네 구자명 씨
일곱 달 된 아기 엄마 구자명 씨는
출근 버스에 오르기가 무섭게
아침 햇살 속에서 졸기 시작한다
경기도 안산에서 서울 여의도까지
경적 소리에도 아랑곳없이
옆으로 앞으로 꾸벅꾸벅 존다
차창 밖으론 사계절이 흐르고
진달래 피고 밤꽃 흐드러져도 꼭
부처님처럼 졸고 있는 구자명 씨,
그래 저 십 분은
간밤 아기에게 젖 물린 시간이고
또 저 십 분은
간밤 시어머니 약시중 든 시간이고
그래그래 저 십 분은
새벽녘 만취해서 돌아온 남편을 위하여 버린 시간일 거야
고단한 하루의 시작과 끝에서
잠 속에 흔들리는 ⓐ팬지꽃 아픔
식탁에 놓인 ⓑ안개꽃 멍에
그러나 부엌문이 여닫히는 지붕마다
여자가 받쳐 든 한 식구의 안식이
아무도 모르게
죽음의 잠을 향하여
거부의 화살을 당기고 있다

– 고정희, 「우리 동네 구자명 씨」

01 (가)와 (나)를 비교한 내용으로 적절한 것은?

① (가)는 미래의 의지를, (나)는 과거의 후회를 담고 있다.
② (가)는 직접적으로, (나)는 간접적으로 감정을 드러 낸다.
③ (가)는 현실을 긍정적으로, (나)는 부정적으로 인식 한다.
④ (가)는 감정 이입을, (나)는 대조적인 소재를 활용 하여 정서를 표현한다.
⑤ (가)는 일정한 음절 수를, (나)는 유사한 문장 구조 를 반복하여 운율을 형성한다.

02 〈보기〉를 바탕으로 ㉠~㉤을 이해한 내용으로 적절하지 않은 것은?

┤ 보기 ├

수양 대군은 나이 어린 단종을 몰아내고 왕(세조) 이 된다. 이에 박팽년 등은 단종의 복위를 위해 노 력하다 죽음을 맞이한다. 이를 계기로 수양 대군은 단종을 유배 보내는데, 왕방연은 그때 단종을 영월 까지 호위한다.

① ㉠: 유배당한 단종과 느껴지는 거리감
② ㉡: 단종의 복위를 위해 노력하다 죽는 상황
③ ㉢: 세조를 따르는 신하들
④ ㉣: 단종을 따르는 신하들
⑤ ㉤: 단종

03 (다)를 통해 작가가 비판하고자 하는 사회적 상황으로 적 절한 것은?

① 타인에 대한 무관심이 팽배한 사회
② 가족 간의 공동체 의식이 약화되는 사회
③ 여성에게 일방적인 희생을 강요하는 사회
④ 여성의 사회적 역할이 점차 축소되는 사회
⑤ 여성에 대한 고정 관념이 지나치게 많은 사회

서술형

04 ⓐ와 ⓑ가 비유하는 것을 〈조건〉에 맞게 서술하시오.

┤ 조건 ├

• 'ⓐ와 ⓑ는 모두 ~ 비유한다.'와 같은 형식으로 쓸 것.

[05~07] 다음 글을 읽고 물음에 답하시오.

가 환자의 몰골이나 업고 온 사람의 옷매무새로 보아 경제 정도는 뻔한 일이라 생각되었다. / 그러나 그것보다도 더 마음에 켕기는 것이 있었다. 일본인 간부급들이 자기 집처럼 들락날락하는 이 병원에 이런 사상범을 입원시킨다는 것은 관선 시 의원이라는 체면에서도 떳떳지 못할뿐더러, 자타가 공인하는 모범적인 황국 신민의 공든 탑이 하루아침에 무너지는 결과를 가져오는 것이라는 생각이 들었다. / 순간 그는 이런 경우의 가부 결정에 일도양단하는 자기 식으로 찰나적인 단안을 내렸다.

그는 응급 치료만 하여 주고 입원실이 없다는 가장 떳떳하고도 정당한 구실로 애걸하는 환자를 돌려보냈다.

나 '국어(國語) 상용(常用)의 가(家)'

해방되던 날 떼어서 집어넣어 둔 것을 그동안 깜박 잊고 있었다.

그는 액자 틀 뒤를 열어 음식점 면허장 같은 두터운 모조지를 빼내어 글자 한 자도 제대로 남지 않게 손끝에 힘을 주어 꼼꼼히 찢었다. / 이 종잇장 하나만 해도 일본인과의 교제에 있어서 얼마나 떳떳한 구실을 할 수 있었던 것인가. 야릇한 미련 같은 것이 섬광처럼 머릿속을 스쳐 간다.

다 수일 전 소군 장교 한 사람이 급성 맹장염이 터져 복막염으로 번졌다. / 그 환자의 실을 뽑는 옆에 온 스텐코프에게 이인국 박사는 말 절반 손짓 절반으로 혹을 수술하겠다는 의사를 표명했다. / 스텐코프는 '하라쇼'를 연발했다. 〈중략〉

완치되어 퇴원하는 날, 스텐코프는 이인국 박사의 손을 부서져라 쥐면서 외쳤다. / "꺼삐딴 리, 스바씨보."

이인국 박사는 입을 헤벌리고 웃기만 했다. 마음의 감옥에서 해방된 것만 같았다. / "아진, 아진…… 오첸 하라쇼."

스텐코프는 엄지손가락을 높이 들면서 '네가 첫째'라는 듯이 이인국 박사의 어깨를 치며 찬양하였다.

라 "그거, 국무성에서 통지 왔습니다."

이인국 박사는 뛸 듯이 기뻤으나 솟구치는 흥분을 억제하면서 천천히 손을 내밀어 악수를 청하였다. / "생큐, 생큐."

어쩌면 이것은 수술 후의 스텐코프가 자기에게 하던 방식 그대로인지도 모른다는 생각이 들었다.

이인국 박사는 지성이면 감천이라고, '㉠나의 처세법은 유에스에이에도 통하는구나.' 하는 기고만장한 기분이었다.

청자병을 몇 번이고 쓰다듬으면서 술잔을 거듭하는 브라운 씨도 몹시 즐거운 기분이었다.

마 문득 딸 나미와 아들 원식의 얼굴이 한꺼번에 망막으로 휘몰아 왔다. 그는 두 주먹을 불끈 쥐며 얼굴에 경련을 일으키듯이 긴장을 띠다가 어색한 미소를 흘려 보냈다.

'흥, 그 사마귀 같은 일본 놈들 틈에서도 살았고, 닥싸귀 같은 로스케 속에서 살아났는데, 양키라고 다를까……. 혁명이 일겠으면 일구, 나라가 바뀌겠으면 바뀌구, 아직 이 이인국의 살 구멍은 막히지 않았다. 나보다 얼마든지 날뛰던 놈들도 있는데, 나쯤이야…….'

                – 전광용, 「꺼삐딴 리」

05 이 글의 내용과 일치하지 **않는** 것은?

① 브라운 씨는 이인국 박사의 선물에 매우 만족하고 있다.

② 이인국 박사는 세태에 적응하기 위한 수단으로 언어를 배웠다.

③ 이인국 박사는 경제적인 문제로 사상범의 입원을 꺼리고 있다.

④ 이인국 박사는 자신의 친일 행위를 숨기기 위해 노력하고 있다.

⑤ 이인국 박사는 스텐코프가 완치되어 퇴원하기 전에 마음이 불안하고 초조했다.

06 이 글에 나타난 사회·문화적 상황을 탐구한 내용으로 적절하지 **않은** 것은?

① '황국 신민'이라는 표현으로 보아, 일제 강점기임을 알 수 있어.

② 일본어를 상용했다는 증명서를 찢는 걸 보니, 해방이 되었음을 알 수 있어.

③ '양키'라는 표현으로 보아, 반일 감정보다 반미 감정이 고조되던 시기임을 알 수 있어.

④ 스텐코프에게 러시아어로 말하는 것을 보니, 러시아의 신탁 통치를 받는 시기임을 알 수 있어.

⑤ 국무성에서 통지를 받는 모습을 보니, 한국 전쟁 이후 미국의 영향을 받는 시기임을 알 수 있어.

서술형

07 (마)를 참고하여 ㉠의 구체적인 내용을 서술하시오.

[08~11] 다음 글을 읽고 물음에 답하시오.

가 원래부터 있던 허름한 집들과 새로 생긴 집들과는 골목 하나를 경계로 하여 금을 긋듯 나누어져 있었는데, 먼 데서 보면 제법 그럴싸한 동네로 보였다. 일단 들어와 보면 지저분한 헌 동네가 이웃에 널려 있지만, 그냥 먼발치로만 보면 2층 ⓐ슬래브 집들에 가려 닥지닥지 붙인 ⓑ판잣집 등속이 보이지 않았으므로 서울의 변두리에 흔한 여느 신흥 부락으로만 보였다. 〈중략〉

그러나 동네의 모습이 이처럼 달라지기는 했어도 구동네와 새 동네 사람들이 서로 어울리는 법이 없었다. 너는 너, 나는 나 하는 식으로 새 동네 사람들은 문을 꼭꼭 걸어 잠그고 누가 다가오는 것을 거절하고 있었다.

나 ⓒ노새가 발에서 잠깐 힘을 빼는가 싶더니 마차가 아래쪽으로 와르르 흘러내렸다. 뒤미처 노새가 고꾸라지고 ⓓ연탄 더미가 대그르르 무너졌다. 아버지는 밀려 내려가는 마차를 따라 몇 발짝 뒷걸음질을 치다가 홀랑 물구나무서는 꼴로 나자빠졌다. 나는 얼른 한옆으로 비켜섰기 때문에 아무 일도 없었다. 그러나 정작 일은 그다음에 벌어지고 말았다. 허우적거리며 마차에 질질 끌려가던 노새가 마차가 내박질러진 자리에서 벌떡 일어서더니 뒤도 안 돌아보고 냅다 뛰기 시작한 것이다.

다 막상 들어온 아버지는 그런 동물들을 별로 눈여겨보지 않았다. 동물들의 우리를 보다가 하늘을 보다가 할 뿐, 눈에 초점이 없었다. 칠면조도 사자도 호랑이도 원숭이도 사슴도 그런 눈으로 건성건성 보고 지나갈 뿐이었다. 그러던 아버지가 잠시 발을 멈춘 곳은 얼룩말이 있는 우리 앞이었다. 얼룩말은 두 마리였다. 아버지는 그러나 그 앞에서도 멍하니 서 있기만 하지 이렇다 할 감정의 표시를 하지 않았다. 나는 그런 아버지를 한 번 쳐다보고, 얼룩말을 한 번 쳐다보고 하였다. 그러다가 아버지의 얼굴이 어쩌면 그렇게 말이나 노새와 닮았는지 모르겠다고 생각하였다. 그렇게 생각하고 보니 꼭 그랬다. 길게 째진, 감정이 없는 눈이며 노상 벌름벌름한 코, 하마 같은 입, 그리고 덜렁하니 큰 귀가 그랬다.

라 나는 "아버지." 하고 따랐으나 아버지는 돌아보지도 않고 어두운 골목길을 나가고 있었다. 나는 그 순간 또 한 마리의 노새가 집을 나가는 것 같은 착각을 일으켰다. 그러고는 무엇인가가 뒤통수를 때리는 것을 느꼈다. 아, 우리 같은 노새는 어차피 이렇게 비행기가 붕붕거리고, 헬리콥터가 앵앵거리고, 자동차가 빵빵거리고, 자전거가 쌩쌩거리는 대처에서는 발붙이기 어려운 것인가 하는 생각이 들었다. 언젠가 남편이 택시 운전사인 칠수 어머니가 하던 말, "최소한도 ⓔ자동차는 굴려야지 지금이 어느 땐데 노새를 부려." 했다는 말이 생각났다. 그러나 그것은 잠깐 동안이고 나는 금방 아버지를 쫓았다. 또 한 마리의 노새를 찾아 캄캄한 골목길을 마구 뛰었다.

– 최일남, 「노새 두 마리」

08 이 글을 통해 알 수 있는 당시의 사회·문화적 상황으로 적절한 것은?

① 아버지와 아들 사이가 서먹서먹할 정도로 가족 간의 유대감이 약화되었다.
② 판잣집을 부순 자리에 슬래브 집들이 들어서면서 동네가 재정비되고 있다.
③ 노새를 부리는 것이 시대에 뒤떨어진다고 생각될 만큼 산업화가 이루어졌다.
④ 이전에 있던 동네 사람들과 새로 형성된 동네 사람들 사이에 교류가 활발하였다.
⑤ 산업화와 도시화로 나타나는 변화를 거부하는 사람들이 많아 사회 갈등이 증폭되었다.

09 이 글에 나타난 노새에 대한 설명으로 옳지 **않은** 것은?

① 노새의 도망이 이 글의 중심 사건이다.
② '나'와 아버지 사이에서 갈등을 유발하고 있다.
③ 시대의 변화에 적응하지 못하고 뒤처진 존재이다.
④ 외모와 역할이 아버지와 비슷해 동일시되고 있다.
⑤ 연탄을 나르면서 가족의 생계를 위해 희생하고 있다.

10 ⓐ~ⓔ에 대한 설명으로 적절한 것은?

① ⓐ, ⓑ를 통해 사회·문화적 상황을 예측할 수 있다.
② ⓐ, ⓒ는 시대의 변화에 따라 새롭게 나타났다.
③ ⓑ, ⓒ는 갈등을 증폭하는 역할을 한다.
④ ⓑ, ⓔ는 시대 변화 이전의 산물이다.
⑤ ⓒ, ⓓ를 통해 사건의 결말을 추측할 수 있다.

서술형

11 〈보기〉의 빈칸에 들어갈 적절한 말을 쓰시오.

┌ 보기 ┐

이 글의 제목을 '노새 두 마리'로 지어야겠어. 노새 두 마리는 '아버지'와 도망간 '노새'인 거지. 그 둘은 (   )(이)라는 공통점이 있어.

[12~14] 다음 글을 읽고 물음에 답하시오.

가 허생은 비바람이 새는 것은 아랑곳하지 않고 언제나 글 읽기만을 좋아하였으므로 그 아내가 삯바느질을 해서 겨우 입에 풀칠을 하였다. / 어느 날 허생의 아내가 배고픈 것을 참다못해 울면서 말하는 것이었다.

"당신은 한평생 과거도 보러 가지 않으니, 글만 읽어 무엇 합니까?" / 그러자 허생이 웃으며 대답하였다.

"내 아직 글 읽는 것이 익숙하지 못하오."

나 다음 날부터 그는 시장에 나가서 대추·밤·감·배·석류·귤·유자 따위의 과일을 모두 거두어 샀다. 파는 사람이 부르는 대로 값을 다 주고 혹은 시세의 배를 주고 샀다. 그리고 사는 대로 한정 없이 곳간에 저장해 두었다.

이렇게 되자 오래지 않아서 나라 안의 과일이란 과일이 모두 바닥이 났다. 〈중략〉 허생에게 두 배를 받고 판 과일 장수들이 이번에는 그에게 달려와서 열 배를 주고 다시 사 가는 것이었다. 허생이 한숨을 쉬고 탄식하면서 말했다. / "겨우 만 냥으로 나라를 기울게 할 수 있다니, 나라의 심천(深淺)을 알 만하도다!"

다 "100냥도 들지 못하는 주제에 너희들이 무슨 도둑질을 한단 말이냐? 그렇다고 이제 평민으로 돌아가려고 해도 너희들의 이름이 도둑의 명부에 올라 있으니 그것도 안 되고, 그렇다면 갈 곳도 없겠구나. 그럼, 잘 되었다. 내 여기서 기다리고 있을 터이니 이제부터 너희들은 한 사람이 100냥씩을 가지고 가서 계집 한 사람과 소 한 마리씩을 각기 구해 오너라."

라 허생은 실로 오랜만에 변씨를 찾아가 말하였다.

"그대는 나를 기억하겠소?" / 변씨는 놀라며 말문을 열었다.

"그대의 얼굴빛이 조금도 나아지지 않은 걸 보니 만금을 몽땅 털린 모양이군." / 허생이 웃으며 말했다.

"재물로 인해서 얼굴이 좋아지는 것은 그대들에게나 있는 일이요. 만금이 어찌 도(道)를 살찌게 한단 말이오."

허생이 10만 냥의 어음을 변씨에게 주면서 말하였다.

"내 하루아침의 주림을 견디지 못하고 공부를 끝내지 못하였으니 그대의 만금이 부끄러울 따름이오."

변씨는 크게 놀라 일어나 절을 하였다. 그리고 10만 냥을 사양하고 옛날 빌려준 돈에다 이자만 계산해서 받으려 하였다. 그러자 허생이 크게 화를 내며, / "그대가 어찌 나를 장사꾼으로 본단 말이오." / 하고는 소매를 획 뿌리치고 일어나 가 버렸다.

마 "사대부들이 몸을 삼가고 예법을 지키고 있으니, 누가 그들의 자제를 머리 깎게 하고 호복을 입게 하겠습니까?"

이 말에 허생은 버럭 화를 내며 말했다.

"소위 사대부란 대체 어떤 놈들이냐? 〈중략〉 지금 명나라의 원수를 갚겠다고 하면서 그까짓 상투 하나를 아낀단 말이냐? 뿐만 아니다. 장차 말타기·칼 치기·창 찌르기·활 당기기·돌팔매질을 익혀야 하거늘, 그 넓은 소매를 고칠 생각은 하지 않고 예법만 찾느냐. 내 처음 세 가지를 말하였으나 너는 그중 한 가지도 하지 못한다 하면서 그래도 신임받는 신하 노릇을 한단 말이냐? 그래도 굳이 신임받는 신하라고 하겠느냐?"

— 박지원, 「허생전」

12 이 글을 읽고 알 수 있는 내용으로 적절하지 **않은** 것은?

① 글 읽기에 대한 허생과 아내의 생각은 다르다.

② 허생은 나라의 경제 구조를 부정적으로 평가한다.

③ 당시 도둑들은 대부분 조선의 신분제에 저항하는 사람들이었다.

④ 변씨는 허생이 준 돈을 사양하고 양심적으로 이자를 계산하여 돈을 받으려 한다.

⑤ 허생은 명나라의 원수를 갚겠다면서 실질적으로 아무것도 하지 않는 사대부를 비판하고 있다.

13 이 글을 〈보기〉와 같이 감상했을 때, 고려한 점으로 적절한 것은?

┤ 보기 ├

이 글을 읽고 나니 생계에 관심이 없는 허생이나 그의 제안을 받아들이지 못하는 신하가 부정적으로 생각돼. 아마 이들은 조선 후기에 무능하고 허위의식에 가득 찬 사대부를 대표하는 인물이 아닐까?

① 글의 구조   ② 작가의 생애

③ 독자의 경험   ④ 글에 쓰인 표현 방법

⑤ 글의 사회·문화적 배경

서술형

14 〈보기〉의 밑줄 친 부분이 나타난 허생의 말을 (라)에서 찾아 모두 쓰시오.

┤ 보기 ├

허생은 백성의 생활에 관심을 갖고, 허위의식에 가득 찬 기득권층을 비판하지만 상인보다 선비가 우위에 있다는 계급 의식을 드러내기도 한다.

03 작품 해석의 다양성

개념 압축 APP

① 문학 작품의 해석이 다양한 이유

독자에 따라	• 작품의 내용과 관련된 독자의 경험이 다르기 때문에 • 작품의 내용과 관련된 독자의 배경지식이 다르기 때문에 • 독자의 가치관, 세계관이 다르기 때문에

작품을 보는 관점에 따라	• 독자마다 어떤 요소에 중점을 두고 해석하는지가 다르기 때문에
	  – 작품의 내용과 형식을 중심으로 해석하는 방법(존재론적 관점)
	  – 작품이 ( )에게 주는 의미를 중심으로 해석하는 방법(효용론적 관점)
	  – 작가의 삶이나 작품 경향을 중심으로 해석하는 방법(표현론적 관점)
	  – 작품 창작의 배경이 된 현실이나 사회·문화적 배경을 중심으로 해석하는 방법(반영론적 관점)

② 다양한 해석을 비교하며 문학 작품을 읽으면 좋은 점

• 문학 작품을 깊이 있게 이해할 수 있다.
• 작품을 바라보는 다양한 시각을 가질 수 있다.
• 나만의 해석에 얽매이지 않고, 다른 사람의 해석도 존중하는 태도를 가질 수 있다.

③ 문학 비평문의 특징과 읽기 방법

문학 비평문의 특징

• 문학 작품의 해석과 평가를 목적으로 한다.
• 작품에 대한 글쓴이의 관점이 잘 드러나 있다.
• 타당한 (   )를 바탕으로 한 해석이 담겨 있다.
• 작품과 관련된 글쓴이의 생각이 드러나 있다.

↓

문학 비평문을 읽는 방법	• 글쓴이가 어떤 ( )에서 작품을 바라보고 있는지 파악한다. • 글쓴이의 해석이 무엇인지 정확하게 파악한다. • 글쓴이의 해석을 이끌어 온 근거가 타당한지 생각해 본다. • 작품에 대한 다른 사람의 비평과 견주어 가며 읽는다.

필수 어휘 사전

● **세계관**: 자연적 세계 및 인간 세계를 이루는 인생의 의의나 가치에 관한 통일적인 견해.
● **관점**: 사물이나 현상을 관찰할 때, 그 사람이 보고 생각하는 태도나 방향 또는 처지.

확인 문제

1
문학 작품의 해석이 다양한 이유로 적절하지 않은 것은?
① 독자의 가치관이 다르기 때문이다.
② 독자마다 작품을 보는 관점이 다르기 때문이다.
③ 작품 내용에 대한 독자의 경험이 다르기 때문이다.
④ 작품 내용에 대한 독자의 배경지식이 다르기 때문이다.
⑤ 작품의 갈래에 따라 표현하는 방식이 다르기 때문이다.

2
다음에서 설명하는 작품을 보는 관점이 무엇인지 쓰시오.

> 작품의 외적인 요소보다는 작품 자체를 중시하는 관점이다.

3
문학 비평문의 특징으로 보기 어려운 것은?
① 글쓴이의 관점이 드러난다.
② 논리적으로 근거를 제시한다.
③ 주관적인 성격을 가지고 있다.
④ 교훈적인 내용이 중심이 된다.
⑤ 작품에 대한 해석과 평가가 담겨 있다.

수행 평가 따라잡기

1 다음 시를 읽고, 아래 활동을 해 보자.

> 나는 나룻배 / 당신은 행인.
>
> 당신은 흙발로 나를 짓밟습니다.
> 나는 당신을 안고 물을 건너갑니다.
> 나는 당신을 안으면 깊으나 옅으나 급한 여울이나 건너갑니다.
>
> 만일 당신이 아니 오시면 나는 바람을 쐬고 눈비를 맞으며 밤에서 낮까지 당신을 기다리고 있습니다.
> 당신은 물만 건너면 나를 돌아보지도 않고 가십니다그려.
> 그러나 당신이 언제든지 오실 줄만은 알아요.
> 나는 당신을 기다리면서 날마다 날마다 낡아 갑니다.
>
> 나는 나룻배 / 당신은 행인.
>
> — 한용운, 「나룻배와 행인」

(1) 〈보기〉는 이 시에 대한 해석이다. 이 해석에서 작품을 바라보는 관점이 어떠한지 말해 보자.

┤ 보기 ├

　이 시에서 '나'와 '당신'의 관계는 '나룻배'와 '행인'의 관계이다. 즉, '나'가 '당신'을 태워 물을 건너는 관계이다. '나'는 물이 깊든지 얕든지 급한 여울이든지 당신을 안고 물을 건넌다. 그리고 당신이 돌아올 때까지 어떤 어려움 속에서도 당신을 기다리겠다고 다짐하고 있다. 이에 비해 당신은 '나'의 마음에는 아랑곳없이 무관심할 뿐이다. '나'를 흙발로 짓밟고 물을 건넌 후에는 돌아보지도 않고 떠나 버린다.

　'나'는 '당신'에게 희생적이고 헌신적인 사랑을 보여 주고 있지만 '당신'은 '나'의 사랑에 관심이 없다. '나'의 사랑은 슬픈 짝사랑으로 끝나게 될까? 하지만 '나'는 '당신'이 반드시 돌아올 것을 믿는다고 했으니 아직 그의 사랑은 끝나지 않았다고 보아야 한다.

(2) 다음은 이 시의 작가 한용운의 삶을 정리한 것이다. 이를 바탕으로 '당신'의 의미를 해석해 보자.

> • 1896년에 설악산 오세암에서 출가하여 승려가 된 후 한국 불교 발전을 위해 공헌함.
> • 1919년 3·1운동, 1920년 6·10 만세 운동을 주도하고 항일 단체인 신간회를 결성하는 등 독립운동에서 중요한 역할을 함.

끌어 주기

1

(1) 시를 해석하는 관점에는 작품 자체를 중시하는 작품 중심 관점, 시인의 삶에 비추어 작품을 해석하는 작가 중심 관점, 시대적 상황을 고려하여 해석하는 현실 중심 관점, 독자에게 미치는 영향을 중시하는 독자 중심 관점이 있다. 〈보기〉를 살펴보면서 어떤 관점이 활용되었는지 살펴본다.

예시 답안 작품 중심 관점

(2) 제시된 작가의 삶을 바탕으로 '당신'이 가지고 있는 의미를 해석해 본다. 한용운은 승려이자 독립운동가였음을 알 수 있다.

예시 답안
• 한용운이 승려였다는 것을 고려하면 이 시에서 '당신'은 '중생' 또는 '부처'를 의미한다.
• 한용운이 독립운동가였다는 것을 고려하면 당신은 '조국의 독립'이라고 할 수 있다.

「청포도」 해석 | 이숭원

⊙ 다음 글을 읽고 물음에 답하시오.

가

청포도

이육사

내 고장 칠월은
청포도가 익어 가는 시절 //
이 마을 전설이 주저리주저리 열리고
먼 데 하늘이 꿈꾸려 알알이 들어와 박혀 //
하늘 밑 푸른 바다가 가슴을 열고
흰 돛단배가 곱게 밀려서 오면 //
내가 바라는 손님은 고달픈 몸으로
청포를 입고 찾아온다고 했으니 //
내 그를 맞아 이 포도를 따 먹으면
두 손은 함뿍 적셔도 좋으련 //
아이야 우리 식탁엔 은쟁반에
하이얀 모시 수건을 마련해 두렴

나 대부분의 이육사의 시가 그러한 것처럼, 이 시는 각 연이 두 개의 시행으로 구성되어 있고 전체의 구조는 내용 전개상 네 단락으로 나눌 수 있어서 형식적인 안정감을 준다. 시상의 전개 과정도 순차적인 시간의 흐름을 따르고 있고 마지막 6연에서도 시상의 종결이 맺어지는 것을 분명히 하기 위해 시조 종장 첫 구에 쓰이던 '아이야'라는 관습적 시어까지 사용하고 있다.

다 1연은 겉으로만 보면 7월에 청포도가 익어 간다는 단순한 사실의 제시이다. 단순한 사실의 제시처럼 보이던 1연의 내용은 2연의 도입으로 새로운 의미를 갖게 된다. 즉, 청포도에는 마을의 전설이 담길 뿐만 아니라 먼 하늘까지도 포함하는 상징적 사물로 상승한다. 전설은 삶의 다양한 시간적 과정을 암시하고 하늘은 공간적 희망이나 이상을 떠오르게 하는 역할을 하기 때문이다.

라 청포도가 마을 사람들의 애환과 소망을 담아 제대로 익게 되면 그들이 기다리는 손님이 올 수 있는 상황이 저절로 마련된다. 3연은 손님이 등장하게 되는 배경을 나타낸 대목이다. 이 배경은 상당히 아름답고 풍요로운 정경으로 꾸며져 있어서 신비감을 갖게 한다. 청포도의 푸른빛과 바다의 푸른빛이 호응을 이루고 한편으로는 돛단배의 흰빛과 대조를 이룸으로써 색채의 미감을 전달한다. 하늘과 바다가 스스로 가슴을 열어 손님의 방문을 맞이하고 흰 돛단배가 제 길을 찾아 자연스럽게 밀려오는 평화로운 분위기를 조성한다.

마 4연에서 그 손님은 청포를 입었으나 고달픈 몸으로 찾아왔다고 했다. 이 작품을 조국 광복의 그날을 소망한 것으로 해석한 사람들은 내가 바라는 손님이 고달픈 몸으로 찾아온다는 바로 이 대목에서 난관에 부딪혔다. 조국 광복의 환희를 가져다줄 그 손님이 어째서 고달픈 몸으로 찾아오는가를 해명하기가 어려웠던 것이다. 여기서 청포는 깨끗함, 예의 바름, 신선함 등을 암시하는 것으로 이해된다. 그렇다면 그렇게 정갈하고 단정한 옷차림까지 갖춘 손님이 고달픈 몸으로 왔다고 하는 이유는 무엇일까?

바 그다음 5연에서 포도를 함께 나누는 축제와 향연의 심상이 제시된 것은 그런 점에서 당연한 일이다. 포도에는 마을 사람들의 역사적인 삶의 과정과 희망과 꿈이 얽혀 있다. 손님과 나는 시간의 흐름과 공간의 넓이가 집약된 민족의 축도를 앞에 놓고 희망의 미래를 설계해야 하는 것이다. 그러나 그 축제의 시간은 현재가 아닌 미래에 속한다. 그래서 화자는 "두 손은 함뿍 적셔도 좋으련"이라고 앞날에 대한 소망을 이야기하는 데서 멈추었다.

학습 목표 응용

01 (나)~(바)에 대한 설명으로 적절하지 않은 것은?

① (나): 이육사의 시가 가진 일반적인 특징을 '청포도'에 적용하여 해석하고 있다.
② (다): 중심 소재가 가진 의미와 가치에 대해 설명하고 있다.
③ (라): 손님에 대한 화자의 태도와 심정이 직접적으로 드러남을 설명하고 있다.
④ (마): 손님의 모습을 구체화하여 손님의 의미를 더 분명하게 밝히고 있다.
⑤ (바): 화자가 손님과의 만남을 축제로 여기고 있음을 말하고 있다.

02 (가)의 화자에 대한 설명으로 적절하지 않은 것은?

① 손님이 오기를 간절히 기다린다.
② 청포도가 익어 가는 고장에서 산다.
③ 자신의 삶을 돌아보며 사색하고 있다.
④ 청포도에 대해서 특별한 의미를 부여한다.
⑤ 희생적이고 헌신적인 태도를 가지고 있다.

03 (나)를 통해 알 수 있는 이 시의 특징으로 적절하지 <u>않은</u> 것은?

① 관습적인 시어가 사용되었다.
② 각 연은 두 행으로 되어 있다.
③ 시간의 흐름에 따라 시상이 전개된다.
④ 내용 전개 상 4단락으로 나눌 수 있다.
⑤ 시의 처음과 끝에 유사한 구절을 반복하였다.

04 〈보기〉는 청포도의 의미를 정리한 것이다. 빈칸에 들어가기에 적절한 내용을 (다)에서 찾아 서술하시오.

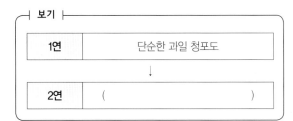

┤ 보기 ├

1연	단순한 과일 청포도

↓

2연	( )

05 (라)를 바탕으로 〈보기〉의 소재들이 조성하는 분위기를 설명한 것으로 적절한 것은?

┤ 보기 ├

하늘, 푸른 바다, 흰 돛단배

① 즐겁고 어수선한 분위기
② 깨끗하고 엄숙한 분위기
③ 여유롭고 안정적인 분위기
④ 평화롭고 풍요로운 분위기
⑤ 고즈넉하고 서글픈 분위기

06 (바)를 참고할 때 손님과 화자의 만남이 의미하는 바로 적절한 것은?

① 미래를 바라보는 축제
② 과거를 돌아보는 향연
③ 현재를 반성하는 축제
④ 과거와 미래를 연결하는 향연
⑤ 비현실적인 꿈을 설계하는 축제

고난도 응용

서술형

01 〈보기〉와 (가)의 공통점에 대해 심상을 중심으로 서술하시오.

┤ 보기 ├

거룩한 분노는
종교보다도 깊고
불붙는 정열은
사랑보다도 강하다
아! 강낭콩꽃보다도 더 푸른
그 물결 위에
양귀비꽃보다도 더 붉은
그 마음 흘러라

― 변영로, 「논개」

02 〈보기〉를 바탕으로 (가)를 해석한 것으로 적절하지 <u>않은</u> 것은?

┤ 보기 ├

이육사는 1925년 독립운동 단체 의열단에 가입, 그 해 일본으로 건너갔다가 다시 의열단의 사명을 띠고 북경으로 갔다. 1926년 일시 귀국, 다시 북경으로 가서 북경사관학교에 입학, 이듬해 가을에 귀국했으나 장진홍(張鎭弘)의 조선은행 대구지점 폭파 사건에 연좌, 3년 형을 받고 투옥되었다. 이때 그의 수인(囚人) 번호가 264번이어서 호를 육사(陸史)로 택했다고 전한다.

① 이 시의 화자는 시인이라고 해석해도 되겠군.
② 이 시에서 손님은 '조국 광복'을 의미할 수 있어.
③ 이 시에서 '내 고장'은 '우리 조국'으로 볼 수도 있겠군.
④ 시인이 고향을 떠올린 건 자신의 삶이 독립운동에 지쳤기 때문이군.
⑤ 손님이 고달픈 몸으로 온다는 것은 '광복'이 결코 쉽지만은 않을 것이라는 뜻이군.

「봄은」 해석 | 김흥규

⊙ 다음 글을 읽고 물음에 답하시오.

가

봄은

신동엽

봄은
남해에서도 북녘에서도 / 오지 않는다. //
너그럽고 / 빛나는
봄의 그 눈짓은,
제주에서 두만까지
우리가 디딘 / 아름다운 논밭에서 움튼다. //
겨울은, 바다와 대륙 밖에서
그 매운 눈보라 몰고 왔지만
이제 올 / 너그러운 봄은, 삼천리 마을마다
우리들 가슴속에서 / 움트리라. //
움터서, / 강산을 덮은 그 미움의 쇠붙이들
눈 녹이듯 흐물흐물 / 녹여 버리겠지.

나 우리가 살고 있는 이 시대의 가장 큰 과제가 무엇인가를 묻는다면 아마도 한국인들 대다수가 '분단된 민족의 통일'이라고 답할 것이다. 그러나 이처럼 통일을 갈망하면서도 그것이 어떻게 가능하며 그것을 이루는 일이 어디에서부터 시작되어야 하겠느냐는 물음에는 시원한 답이 잘 나오지 않는 것도 사실이다. 이 작품에서 시인은 바로 그러한 문제를 '봄'에 관한 시적 언어를 통해 노래한다.

다 시인이 노래하는 '봄'이란 곧 통일, 또는 통일이 이루어진 시대를 의미한다. 그것은 '남해에서도 북녘에서도 / 오지 않는다.'라고 시인은 분명하게 끊어서 말한다. '남해'와 '북녘'은 모두 한반도를 둘러싼 외부의 힘을 말하는 것이다. 그러면 봄은 어디에서 오는가? 그것은 '제주에서 두만까지 / 우리가 디딘 / 아름다운 논밭에서' 움튼다. 즉, 우리 동포들이 살고 있는 바로 이 땅에서 그것은 이루어지는 것이다.

라 3연에서 시인은 그렇게 되지 않을 수 없는 까닭을 노래한다. 분단된 민족으로서 우리가 겪고 있는 괴로움을 '겨울'에 비긴다면 그것은 어디에서부터 온 것인가? 그는 '바다와 대륙 밖에서' 온 것이라고 생각한다. 민족과 국토의 분단은 우리가 원해서가 아니라 한반도를 둘러싼 국제 정치의 상황, 더 자세하게 말한다면 제2차 세계 대전이 끝나면서 한반도에 들어온 강대국 사이의 긴장과 대립에 따른 결과였다. 그러니 이제 우리가 기다리는 봄

을 그 밖으로부터 바란다는 것은 어리석은 일일 따름이다. 이제 올 봄은 '삼천리 마을마다 / 우리들 가슴속에서' 움터야 하고, 그럴 수밖에는 없다. 민족의 분단에 의한 고통은 바로 그 고통을 겪는 사람들 스스로의 힘에 의해서만 풀릴 수 있기 때문이다.

마 그리하여 찾아올 통일의 미래를 시인은 마지막 연에서 그려 본다. 오늘의 우리 강토를 덮고 있는 것은 '미움의 쇠붙이들', 즉 증오와 불신으로 가득 찬 군사적 대립·긴장이다. 우리 민족 모두의 마음속에서 싹트고 자라나는 훈훈한 봄은 마침내 이 '쇠붙이들'을 모두 녹여 버리고 새로운 세계를 열게 될 것이다. 그때 제주에서 두만강까지 펼쳐진 아름다운 논밭과 삼천리 마을은 얼마나 아름다울 것인가라는 간절한 꿈이 이 구절 뒤에 담겨 있다. 그런 뜻에서 이 작품은 한 편의 시이면서 오늘의 시대적 상황에 관한 예언적 진단이기도 하다.

학습 목표 응용

01 중요

이 글에 대한 독자의 반응으로 적절한 것은?

① 시대적 상황을 고려하여 문학 작품을 해석하고 있는 글이군.

② 작가의 삶을 고려하여 작품을 이해하기 쉽게 해석하고 있어.

③ 이 작품이 독자에게 어떤 영향을 미칠지 자세하게 언급하고 있군.

④ 작품 외적 요소를 고려하지 않고 작품 자체를 충실하게 해석하고 있어.

⑤ 작품이 가진 시대적 의미와 작품 자체의 본질적 의미를 적절하게 결합하여 해석하고 있어.

02 **(나)를 바탕으로 할 때 (가)에서 중점적으로 다루고 있는 소재로 가장 적절한 것은?**

① 통일이 왜 필요한가?

② 분단이 왜 일어났는가?

③ 통일을 통해 얻을 수 있는 이득은 무엇인가?

④ 통일 이후의 바람직한 나라의 모습을 어떠한가?

⑤ 통일을 위한 노력은 어디에서부터 시작되어야 하는가?

03 (다), (라)를 바탕으로 할 때, 〈보기〉의 소재들이 공통적으로 드러내고 있는 의미로 적절한 것은?

┤ 보기 ├

남해, 북녘, 바다, 대륙 밖

① 외부의 힘
② 통일의 시대
③ 아름다운 자연
④ 우리 민족의 역사
⑤ 우리 민족을 돕는 세력

04 (다)를 바탕으로 할 때, 이 시에서 '봄'에 대한 설명으로 적절하지 않은 것은?
① 남해나 북녘에서 오지 않는다.
② 통일을 상징적으로 표현하고 있다.
③ 너그럽고 빛나는 눈빛을 가지고 있다.
④ 겨울을 극복하려는 노력을 통해 이루어진다.
⑤ 우리의 노력과 국제적 협력으로 이루어진다.

05 (라)를 참고하여 통일이 내부에서 이루어져야 하는 이유가 무엇인지 〈조건〉에 맞게 서술하시오.

┤ 조건 ├

• '분단의 원인'을 포함하여 쓸 것.
• 하나의 문장으로 쓸 것.

06 (마)로 볼 때, 시의 화자가 꿈꾸는 세상으로 적절한 것은?
① 경제적 여유를 누리는 세계
② 미움과 대립이 사라진 세계
③ 서로 배려하고 협력하는 세계
④ 모든 종류의 차별이 없는 세계
⑤ 자연과 함께하며 여유롭게 사는 세계

고난도 응용

01 이 글을 읽은 후에 나눈 대화 내용으로 적절하지 않은 것은?
① 이 글은 「봄은」이라는 시를 주관적으로 해석한 글이야.
② 글쓴이는 현실 중심 관점으로 시를 해석하고 있어.
③ 글쓴이의 해석으로 볼 때, 시어 '봄'은 우리 민족 최대의 과제인 민주화와 통일을 나타내고 있어.
④ 그런 과제를 해결하기 위해서는 우리들의 노력이 가장 필요하다는 것을 시에서 강조하고 있다고 해석하고 있어.
⑤ 그리고 그 과제가 해결된 우리나라에 대해 긍정적으로 표현한 점에 주목했지.

02 (서술형) 〈보기〉는 이 시를 쓴 시인의 다른 작품이다. 이 글에서 드러나는 해석의 관점에서 볼 때, '껍데기'가 의미하는 바가 무엇인지 서술하시오.

┤ 보기 ├

껍데기는 가라.
사월도 알맹이만 남고
껍데기는 가라.

껍데기는 가라.
동학년 곰나루의, 그 아우성만 살고
껍데기는 가라.

〈중략〉

껍데기는 가라.
한라에서 백두까지
향그러운 흙 가슴만 남고
그, 모오든 쇠붙이는 가라.

– 신동엽, 「껍데기는 가라」

[01~04] 다음 글을 읽고 물음에 답하시오.

가 대부분의 이육사의 시가 그러한 것처럼, 이 시는 각 연이 두 개의 시행으로 구성되어 있고 전체의 구조는 내용 전개상 네 단락으로 나눌 수 있어서 형식적인 안정감을 준다. 시상의 전개 과정도 순차적인 시간의 흐름을 따르고 있고 마지막 6연에서도 시상의 종결이 맺어지는 것을 분명히 하기 위해 시조 종장 첫 구에 쓰이던 '아이야'라는 ⊙관습적 시어까지 사용하고 있다.

나 1연은 겉으로만 보면 7월에 청포도가 익어 간다는 단순한 사실의 제시이다. 단순한 사실의 제시처럼 보이던 1연의 내용은 2연의 도입으로 새로운 의미를 갖게 된다. 즉, 청포도에는 마을의 전설이 담길 뿐만 아니라 먼 하늘까지도 포함하는 상징적 사물로 상승한다. 전설은 삶의 다양한 시간적 과정을 암시하고 하늘은 공간적 희망이나 이상을 떠오르게 하는 역할을 하기 때문이다.

다 청포도가 마을 사람들의 애환과 소망을 담아 제대로 익게 되면 그들이 기다리는 손님이 올 수 있는 상황이 저절로 마련된다. 3연은 손님이 등장하게 되는 배경을 나타낸 대목이다. 이 배경은 상당히 아름답고 풍요로운 정경으로 꾸며져 있어서 신비감을 갖게 한다. 청포도의 푸른빛과 바다의 푸른빛이 호응을 이루고 한편으로는 돛단배의 흰빛과 대조를 이룸으로써 색채의 미감을 전달한다.

라 이육사는 우리가 바라는 이상적인 세계가 막연한 기다림만으로 오는 것이 아니라는 사실을 인식하고 있었을 것이다. 많은 사람의 헌신과 희생을 거쳐야 비로소 우리가 바라는 이상 세계가 오리라는 믿음을 그는 견지한 것이다. 이 믿음이 십여 차례의 반복된 옥고와 모진 고문 속에서 그의 육체와 정신을 지켜 준 동력일지 모른다.

마 현재 우리가 할 일은 그 성스러운 시간의 도래를 예비하는 일이다. 그러기에 이 시의 마지막 6연은 정갈하고 고결한 마음가짐으로 그 축복의 시간을 예비하여야 함을 말하고 있다. '은쟁반'과 '하이얀 모시 수건'은 우리가 지켜 가야 할 마음의 자세를 상징한다. 한 점 잡티 없고 부끄러움 없는 자세로 일제 말의 가혹한 시대를 견디어 간다는 것은 보통 어려운 일이 아니다. 그러나 이육사는 아주 당연한 일을 주문하듯이 그런 자세로 앞날을 예비하라고 말하며 시를 끝맺는다. 평범한 말 속에 담겨 있는 강인한 의지를 엿볼 수 있게 하는 대목이다.

– 이숭원, 「청포도」 해석

---

01 이와 같은 글의 특징으로 적절하지 **않은** 것은?

① 주관적인 성격을 강하게 가지고 있다.
② 근거를 바탕으로 한 주장이 담겨 있다.
③ 대상에 대한 글쓴이의 관점이 중시된다.
④ 작가만의 개성적인 표현이 강조되고 있다.
⑤ 문학 작품의 해석과 평가를 중심 내용으로 한다.

02 (나)~(다)를 바탕으로 '청포도'의 의미를 설명한 것으로 적절하지 **않은** 것은?

① 희망이나 이상을 떠오르게 한다.
② 마을 사람들의 삶의 역사가 담겨 있다.
③ 자연의 아름다움과 소중함을 드러낸다.
④ 단순한 과일이 아니라 상징적 사물이다.
⑤ 마을 사람들의 애환과 소망이 담겨 있다.

서술형

03 〈보기〉와 같은 해석의 근거가 되는 이육사의 삶의 모습을 (라)에서 찾아 한 문장으로 서술하시오.

┤ 보기 ├

  일제 강점기의 작품인 시 「청포도」에서 화자가 간절히 기다리는 대상인 손님은 '조국의 독립'이다.

04 〈보기〉에서 ⊙에 해당하는 시어로 적절한 것은?

┤ 보기 ├

  ㉮오백 년 도읍지를 필마로 돌아드니
  ㉯산천은 의구하되 인걸은 간 데 없다.
  ㉰어즈버, ㉱태평연월이 꿈이런가 ㉲하노라.

① ㉮   ② ㉯   ③ ㉰
④ ㉱   ⑤ ㉲

[05~08] 다음 글을 읽고 물음에 답하시오.

가 우리가 살고 있는 이 시대의 가장 큰 과제가 무엇인가를 묻는다면 아마도 한국인들 대다수가 '분단된 민족의 통일'이라고 답할 것이다. 그러나 이처럼 통일을 갈망하면서도 그것이 어떻게 가능하며 그것을 이루는 일이 어디에서부터 시작되어야 하겠느냐는 물음에는 시원한 답이 잘 나오지 않는 것도 사실이다. 이 작품에서 시인은 바로 그러한 문제를 '봄'에 관한 시적 언어를 통해 노래한다.

나 시인이 노래하는 '봄'이란 곧 통일, 또는 통일이 이루어진 시대를 의미한다. 그것은 '남해에서도 북녘에서도 / 오지 않는다.'라고 시인은 분명하게 끊어서 말한다. '남해'와 '북녘'은 모두 한반도를 둘러싼 외부의 힘을 말하는 것이다. 그러면 봄은 어디에서 오는가? 그것은 '제주에서 두만까지 / 우리가 디딘 / 아름다운 논밭에서' 움튼다. 즉, 우리 동포들이 살고 있는 바로 이 땅에서 그것은 이루어지는 것이다.

다 3연에서 시인은 그렇게 되지 않을 수 없는 까닭을 노래한다. 분단된 민족으로서 우리가 겪고 있는 괴로움을 '겨울'에 비긴다면 그것은 어디에서부터 온 것인가? 그는 '바다와 대륙 밖에서' 온 것이라고 생각한다. 민족과 국토의 분단은 우리가 원해서가 아니라 한반도를 둘러싼 국제 정치의 상황, 더 자세하게 말한다면 제2차 세계 대전이 끝나면서 한반도에 들어온 강대국 사이의 긴장과 대립에 따른 결과였다. 그러니 이제 우리가 기다리는 봄을 그 밖으로부터 바란다는 것은 어리석은 일일 따름이다. ㉠이제 올 봄은 '삼천리 마을마다 / 우리들 가슴속에서' 움터야 하고, 그럴 수밖에는 없다. 민족의 분단에 의한 고통은 바로 그 고통을 겪는 사람들 스스로의 힘에 의해서만 풀릴 수 있기 때문이다.

라 그리하여 찾아올 통일의 미래를 시인은 마지막 연에서 그려 본다. 오늘의 우리 강토를 덮고 있는 것은 '미움의 쇠붙이들', 즉 증오와 불신으로 가득 찬 군사적 대립·긴장이다. 우리 민족 모두의 마음속에서 싹트고 자라나는 훈훈한 봄은 마침내 이 '쇠붙이들'을 모두 녹여 버리고 새로운 세계를 열게 될 것이다. 그때 제주에서 두만강까지 펼쳐진 아름다운 논밭과 삼천리 마을은 얼마나 아름다울 것인가라는 간절한 꿈이 이 구절 뒤에 담겨 있다. 그런 뜻에서 이 작품은 한 편의 시이면서 오늘의 시대적 상황에 관한 예언적 진단이기도 하다.

– 김흥규, 「봄은」 해석

05 이 글을 바탕으로 「봄은」이라는 시를 소개하는 글의 제목으로 적절한 것은?

① 시대의 과제를 노래한 시 「봄은」
② 시인의 삶이 녹아 있는 시 「봄은」
③ 새로운 형식을 실험했던 시 「봄은」
④ 그 자체로 시의 아름다움을 보여 준 시 「봄은」
⑤ 일상적 이야기로 독자들에게 감명을 준 시 「봄은」

06 (가), (나)를 바탕으로 할 때, 「봄은」의 시어들이 가진 함축적 의미로 적절하지 <u>않은</u> 것은?

① '봄'는 '통일된 시대'를 의미하고 있다.
② '겨울'은 '분단의 현실'을 나타내고 있다.
③ '북녘'은 외부 세력을 상징하는 시어이다.
④ '남해'는 통일을 방해하는 세력을 의미하고 있다.
⑤ '아름다운 논밭'은 우리 자연의 아름다움을 강조한 것이다.

07 (라)를 통해 알 수 있는 글쓴이의 「봄은」에 대한 평가로 적절한 것은?

① 민족의 미래에 대한 예언이다.
② 민족의 과거에 대한 기록이다.
③ 봄의 아름다움에 대한 기록이다.
④ 민족의 과거와 현재, 미래의 역사이다.
⑤ 겨울을 지나고 맞이한 봄에 대한 찬가이다.

08 (다)를 바탕으로 할 때 ㉠과 같이 해석할 수 있는 근거로 적절한 것은?

① 분단은 극복하기 어려운 민족의 과제이기 때문이다.
② 분단은 우리의 뜻과는 관계없이 이루어진 것이기 때문이다.
③ 우리 민족은 역사적으로 어려움을 잘 극복해 왔기 때문이다.
④ 국제 정세가 시시때때로 변화하여 예측이 불가능하기 때문이다.
⑤ 우리 민족이 얼마든지 분단을 극복할 힘을 이미 갖추고 있기 때문이다.

[09~13] 다음 글을 읽고 물음에 답하시오.

가 진달래꽃

김소월

나 보기가 역겨워 / 가실 때에는
말없이 고이 보내 드리오리다

㉠영변에 약산 / 진달래꽃
아름 따다 가실 길에 뿌리오리다

가시는 걸음걸음 / 놓인 그 꽃을
사뿐히 즈려밟고 가시옵소서

나 보기가 역겨워 / 가실 때에는
죽어도 아니 눈물 흘리오리다

나 대한민국 사람으로 이 시를 모르는 사람은 거의 없을 것이다. 이 시가 이처럼 국민 애송시가 된 이유는 무엇일까? 이 시는 우선 이해하기 쉽고, 구조가 단순해서 외우기도 쉽고, 그 안에 담긴 생각이 애틋해서 감정의 여운이 길게 남을 뿐더러 아어형 시어의 반복을 통해 낭독의 아름다움도 안겨 주기 때문이다.

다 이 시를 제대로 이해하기 위해서는 1920년대 평북 정주에서 생활한 김소월의 감각으로 되돌아갈 필요가 있다. 영변 약산에 피어나던 진달래꽃의 의미와 '가실 때에는'에 담긴 가정 어법의 의미를 제대로 파악해야 이 시의 참다운 정취를 음미할 수 있게 된다.

이 시의 화자는, 님이 자기가 싫다고 떠나는 날이 오면 말없이 고이 보내 주는 것은 물론이요 님의 앞길에 진달래꽃까지 한 아름 따다가 뿌려 줄 것이라고 말한다. 이 시에 등장하는 영변의 약산 진달래는 평범한 지명과 소재가 아니다. 영변은 김소월의 고향인 정주에서 가까운 곳이며 약산은 영변의 명승지이다. 봄이 되어 약산에 진달래꽃이 만발하면 그것을 구경하기 위해 사람들이 몰려들던 이름난 곳이다. 우리가 봄이 되면 진해 벚꽃이나 지리산 철쭉을 보러 가자고 하듯이 그곳 사람들 사이에서는 약산 진달래 구경 가자는 말이 관용어처럼 쓰였다. 봄날의 약산 진달래는 그 시대 그 지방 사람들이 생각할 수 있었던 가장 아름다운 공간이다. 요컨대 이 시의 화자는 자기 곁을 떠나는 님에게 자기가 생각할 수 있는 아름다움을 안겨 주고자 한 것이다. 평안도에서 아름답기로 소문난 약산 진달래를 두 팔로 한 아름 따다가 님이 가는 길을 아름답게 꾸며 축복하겠다는 뜻이다.

— 이숭원, 「진달래꽃」 해석

중요
09 이 글에 드러나는 작품을 보는 관점으로 적절한 것은?
① 작가의 삶을 중심으로 하는 관점
② 작품 그 자체만을 중심으로 하는 관점
③ 독자에게 미친 영향을 중심으로 하는 관점
④ 시대적 배경 등 현실을 중심으로 하는 관점
⑤ 작품의 문학사적 가치를 중심으로 하는 관점

10 (가)의 화자에 대한 설명으로 적절한 것은?
① 사랑하는 사람과의 이별을 가정하고 있다.
② 조국 독립에 대한 강한 열망을 가지고 있다.
③ 사랑하는 사람에 대한 원망의 마음을 가지고 있다.
④ 어려움을 극복함으로써 정신적 성숙을 이루려고 한다.
⑤ 이별의 상황에 대해 담담히 받아들이는 여유를 보인다.

11 (나)의 내용으로 보아, (가)가 국민 애송시가 된 이유로 적절하지 않은 것은?
① 이해하기가 쉽다.
② 구조가 단순해 외우기 쉽다.
③ 시 안에 담긴 생각이 애틋하다.
④ 시어의 반복을 통해 낭독의 즐거움을 준다.
⑤ 표현이 독특하고 낭만적이어서 인상적이다.

서술형
12 (다)에서 화자가 떠나는 임을 위해 꽃을 뿌리는 이유가 무엇인지 한 문장으로 서술하시오.

13 (다)를 바탕으로 할 때, ㉠의 의미로 적절한 것은?
① 그리운 고향
② 가장 아름다운 존재
③ 미래에 '님'과 함께 살아갈 공간
④ '님'을 상징적으로 드러내는 존재
⑤ '님'이 가장 좋아하고 아끼는 존재

[14~17] 다음 글을 읽고 물음에 답하시오.

가

바다와 나비

김기림

아무도 그에게 수심을 일러 준 일이 없기에
흰나비는 도무지 바다가 무섭지 않다.

청무우밭인가 해서 내려갔다가는
어린 날개가 물결에 절어서
공주처럼 지쳐서 돌아온다.

삼월달 바다가 꽃이 피지 않아서 서글픈
나비 허리에 새파란 초생달이 시리다.

나 사실 흰나비는 청산이라면 몰라도 바다와는 어울리지 않는다. 한데 이 시에서 흰나비는 수심조차 알 수 없는 바다와 대면하고 있다. 이 시의 새로움은 여기에서부터 발생한다. 끝 모를 바다에 비해 흰나비는 얼마나 작고 여리고 가냘픈가. 이 나비는 바다를 본 적이 없다. 수심이라든가 물살에 대해 들은 적도 없다. 그런 나비에게 푸르게 펼쳐진 것이란 모두 '청무우밭'이고, 그렇게 푸른 것들은 무꽃을 피워야 마땅할 것이다. 이는 흰나비가 삼월의 푸른 바다를 '청무우밭'인 줄 아는 까닭이고, 그 바다에서 무꽃을 꿈꾸는 까닭이다.

다 그러나 바다는 '청무우밭'이 아니고 파도의 포말은 무꽃이 아니라서, 새파란 바다에 내려앉은 흰나비는 날개만 '절' 뿐이다. 그리고 나비는 공주처럼 지쳐 돌아온다. 삼월의 바다가 푸르긴 해도 바다는 꽃을 피우지 않는다는 걸, 그러니까 바다가 '청무우밭'이 아니고 푸른 게 모두 '청무우밭'이 아니라는 걸 깨달은 나비! 그 흰나비의 허리에 새파란 초승달이 걸려 있다. 이는 희망의 메시지일까 절망의 메시지일까?

라 그러면 왜 '공주처럼' 지친다고 했을까? 험난한 세상의 물정을 모르기로는 공주가 제격이다. 또한 흰나비의 우아한 날개는 공주가 입은 흰 드레스를 연상시킨다. 나비의 아름다운 비상을 공주의 우아한 춤으로 은유하고 싶었을까. 나비를 나비이게 하는 우아한 날개가 절게 될 때 나비는 존재 이유를 잃는다. 공주를 공주이게 하는 그 아름다운 드레스를 잃은 공주처럼, 그러니 '지쳐서 돌아올' 수밖에 없지 않을까?

마 이제 이 시의 아름다움이 집약된 "나비 허리에 새파란 초생달이 시리다."라는 구절을 살펴보자. 허공을 나는 것들에게는 날개가 중요하고, 땅을 걷는 것들에게는 허리가 중요하다. 〈중략〉

이제 흰나비는 무꽃 그늘을 노니는 그런 나비가 아니다. 짜디짠 바다의 깊이와 파도의 흔들림을 맛보았다면, 나비의 '허리'가 더욱 실해질 수도 있지 않을까?

– 정끝별, 「나비의 '허리'를 보다」

14 이 글에서 시를 해석하는 중심이 되는 것은?

① 시의 표현
② 시의 형식
③ 시를 쓴 작가
④ 시의 창작 배경
⑤ 시를 감상하는 독자

15 (나)를 바탕으로 할 때, (가)가 새로운 느낌을 주는 이유로 적절한 것은?

① 끝 모를 바다가 펼쳐져 있기 때문이다.
② '흰나비'가 바다 위를 날아가기 때문이다.
③ '흰나비'가 '청무우밭'을 동경하기 때문이다.
④ '흰나비'가 작고 여리고 가냘프기 때문이다.
⑤ 바다의 수심에 대한 설명이 없기 때문이다.

16 (다), (라)의 내용과 일치하지 않는 것은?

① 나비는 날개가 절어 지쳐 돌아올 수밖에 없는 상황이다.
② 나비는 세상 물정을 몰라서 공주에 비유되기에 적합하다.
③ 나비의 우아한 날개는 공주의 흰 드레스를 연상하게 한다.
④ 나비의 아름다운 비상은 공주의 한계를 극복하려는 노력이다.
⑤ 나비는 푸른 게 모두 '청무우밭'이 아니라는 걸 깨달았다고 할 수 있다.

서술형

17 (마)를 바탕으로 다음 질문에 대한 답변을 한 문장으로 서술하시오.

> '나비 허리에 새파란 초생달이 시리다.'라는 시구의 의미는 무엇일까?

II 문법

1 음운의 체계와 특성

2 문장의 짜임

3 통일 시대의 국어
  ❶ 남북의 언어 차이가 있나요?
  ❷ 남북한 언어 차이의 양상

01 음운의 체계와 특성

개념 압축 APP

❶ 음운의 뜻과 종류

음운	말의 뜻을 구별해 주는 소리의 가장 작은 단위
모음	발음할 때 공기의 흐름이 발음 기관의 방해를 받지 않고 순조롭게 나오는 소리
(　　)	발음할 때 공기의 흐름이 발음 기관의 방해를 받고 나오는 소리

❷ 모음 체계

(1) 모음의 분류

단모음	발음할 때 입술 모양이나 혀의 위치가 고정되어 도중에 바뀌지 않는 모음
이중 모음	발음할 때 입술 모양이나 혀의 위치가 도중에 바뀌는 모음

(2) 단모음의 분류

혀의 최고점의 위치 / 혀의 높이 / 입술 모양	전설 모음		(　　)	
	평순 모음	원순 모음	평순 모음	원순 모음
고모음	ㅣ	ㅟ	ㅡ	ㅜ
중모음	ㅔ	ㅚ	ㅓ	ㅗ
저모음	ㅐ		ㅏ	

❸ 자음 체계

소리 나는 위치 / 소리 내는 방법		(　　)	잇몸소리	센입천장소리	여린입천장 소리	목청소리
파열음	예사소리	ㅂ	ㄷ		ㄱ	
	된소리	ㅃ	ㄸ		ㄲ	
	거센소리	ㅍ	ㅌ		ㅋ	
파찰음	예사소리			ㅈ		
	된소리			ㅉ		
	거센소리			ㅊ		
마찰음	예사소리		ㅅ			(　　)
	된소리		ㅆ			
비음		ㅁ	ㄴ		ㅇ	
유음			ㄹ			

필수 어휘 사전

- **단-(單):** '하나로 된' 또는 '혼자인'의 뜻을 더하는 접두사.
- **예사소리:** 구강 내부의 기압 및 발음 기관의 긴장도가 낮아 약하게 파열되는 자음.

답 자음, 후설 모음, 입술소리, ㅎ

확인 문제

1

다음에서 설명하는 개념을 한 단어로 쓰시오.

> 말의 뜻을 구별해 주는 소리의 최소 단위로 자음과 모음 등이 있다.

2

다음 설명이 맞으면 ○표, 틀리면 ×표를 하시오.

(1) 단모음과 이중 모음의 분류 기준은 입술 모양이나 혀의 위치의 변화이다. (　　)

(2) 'ㅔ', 'ㅐ', 'ㅟ', 'ㅚ'는 이중 모음이다. (　　)

(3) 'ㅓ'는 평순 모음, 전설 모음, 고모음에 해당한다. (　　)

(4) 'ㅏ'는 발음할 때 'ㅡ'보다 혀의 높이가 낮다. (　　)

3

다음은 'ㅌ'을 자음 체계에 따라 분류한 설명이다. ㉠~㉢에 들어갈 적절한 말을 쓰시오.

> 'ㅌ'은 소리 나는 위치가 혀끝과 윗잇몸 사이이므로 (　㉠　)이고, 소리 내는 방법은 공기의 흐름을 막았다가 한꺼번에 터뜨리며 내는 것이므로 (　㉡　)이고, 소리의 세기에 따르면 거칠고 거센 느낌을 주는 (　㉢　)이다.

답 1. 음운 2. (1) ○ (2) × (3) × (4) ○ 3. ㉠ 잇몸소리 ㉡ 파열음 ㉢ 거센소리

수행 평가 따라잡기

1 다음 모음 사각도를 바탕으로 아래 활동을 해 보자.

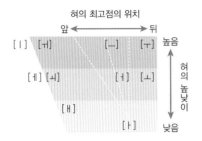

혀의 최고점의 위치
앞 ← → 뒤
[ㅣ] [ㅟ]   [ㅡ] [ㅜ]   높음
[ㅔ] [ㅚ]   [ㅓ] [ㅗ]   혀의 높낮이
[ㅐ]
[ㅏ]   낮음

(1) 이 모음 사각도를 바탕으로 두 가지 분류 기준에 따라 다음 모음들을 분류하여 설명해 보자.

ㅏ, ㅐ, ㅓ, ㅔ, ㅗ, ㅚ, ㅜ, ㅟ, ㅡ, ㅣ

(2) 이 모음 사각도를 참고하여 다음 문제 상황을 해결할 수 있는 방안을 써 보자.

다인: 이것은 내가 먹고 저것은 네가 먹으면 되겠다.

주형: 잠깐, 뭘 누가 먹는다고? 어떤 게 네 것이고 어떤 게 내 것인지 구분이 안 돼.

다인: 맞아. '내'와 '네'는 발음이 비슷해서 항상 헷갈려. 'ㅐ'와 'ㅔ'를 구분할 수 있는 방법은 없을까?

2 다음은 자음 체계표의 일부이다. 이를 바탕으로 아래 활동을 해 보자.

소리 나는 위치 소리 내는 방법		입술소리	잇몸소리
파열음	예사소리	ㅂ	ㄷ
	된소리	ㅃ	ㄸ
	거센소리	ㅍ	ㅌ
마찰음	예사소리		ㅅ
	된소리		ㅆ
비음		ㅁ	ㄴ
유음			ㄹ

(1) 이 자음 체계표를 바탕으로 'ㅂ-ㅃ-ㅍ'을 나누는 기준에 관해 설명하고, 그 기준에 따라 분류할 수 있는 자음의 예를 세 가지만 제시하시오.

(2) 〈보기〉는 이 자음 체계표를 참고하여 'ㄷ'과 'ㅅ'의 관계에 대해 설명한 것이다. 〈보기〉와 같은 방식으로 'ㅁ'과 'ㄴ'의 공통점과 차이점을 설명해 보자.

┤ 보기 ├

'ㄷ'과 'ㅅ'은 모두 혀끝이 윗잇몸에 닿아 소리가 난다는 점에서 소리 나는 위치가 같다. 하지만 소리 내는 방법에서는 차이가 난다. 'ㄷ'은 발음할 때 입안의 어딘가에서 공기의 흐름을 막았다가 그 자리를 터뜨리면서 소리를 내는 반면 'ㅅ'은 입안 사이의 통로를 좁혀 그 틈 사이로 공기를 내보내며 마찰을 일으키면서 소리를 낸다는 점에서 차이가 있다.

끌어 주기

1

(1) 모음 사각도에 제시된 분류 기준 두 가지를 찾아보고, 그 기준에 따라 제시된 10개의 단모음을 둘 또는 셋으로 분류해 본다.

예시 답안 혀의 최고점의 위치가 앞쪽이냐 뒤쪽이냐를 기준으로 'ㅣ, ㅔ, ㅐ, ㅟ, ㅚ'는 전설 모음, 'ㅡ, ㅓ, ㅏ, ㅜ, ㅗ'는 후설 모음으로 분류할 수 있다. 혀의 높낮이를 기준으로 'ㅣ, ㅟ, ㅡ, ㅜ'는 고모음, 'ㅔ, ㅚ, ㅓ, ㅗ'는 중모음, 'ㅐ, ㅏ'는 저모음으로 분류할 수 있다.

(2) 모음 사각도에 나타난 'ㅐ'와 'ㅔ'의 차이를 파악하고, 그 차이점에 따른 올바른 발음 방법을 생각해 본다.

예시 답안 발음할 때 'ㅐ'는 'ㅔ'보다 입을 더 크게 벌리고 혀를 더 낮춘다.

2

(1) 예사소리, 된소리, 거센소리의 뜻을 생각해 보고 이 셋을 나누는 기준을 파악한다. 그리고 이런 삼중 체계를 보이는 자음들을 찾아본다.

예시 답안 'ㅂ', 'ㅃ', 'ㅍ'은 소리의 세기를 기준으로 나눈 것이다. 'ㄷ-ㄸ-ㅌ', 'ㅈ-ㅉ-ㅊ', 'ㄱ-ㄲ-ㅋ'도 같은 기준에 따라 분류한 예이다.

(2) 소리 나는 위치와 소리 내는 방법을 기준으로 'ㅁ'과 'ㄴ'의 공통점과 차이점을 찾아 분석해 본다.

예시 답안 'ㅁ'과 'ㄴ'은 소리를 낼 때 모두 입안의 통로를 막고 코로 공기를 내보낸다는 점에서 소리 내는 방법이 같다. 하지만 소리 나는 위치는 다르다. 'ㅁ'은 두 입술 사이에서 소리가 나지만, 'ㄴ'은 혀끝과 윗잇몸 사이에서 소리가 나기 때문이다.

 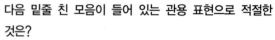

01 국어의 음운에 대한 설명으로 적절하지 <u>않은</u> 것은?

① 말의 뜻을 구별해 주는 기능을 한다.

② 자음에는 예사소리, 된소리, 거센소리의 삼중 체계가 있다.

③ 현대 표준어에서는 소리의 길이와 강약도 음운의 역할을 한다.

④ 자음은 소리 나는 위치와 소리 내는 방법에 따라 분류할 수 있다.

⑤ 모음은 허파에서 공기가 나올 때 방해를 받지 않고 순조롭게 나오는 음운이다.

02 다음 설명을 읽고 음절을 구성하고 있는 음운을 분석한 내용으로 적절한 것은?

> 음절은 한 번에 소리 낼 수 있는 소리의 마디로, 독립하여 발음할 수 있는 최소의 소리 단위이다. 국어의 음절은 모음, 자음＋모음, 모음＋자음, 자음＋모음＋자음으로 이루어진다.

① 이: 자음＋모음

② 창: 자음＋모음

③ 혀: 모음＋자음

④ 별: 자음＋모음＋자음

⑤ 원: 자음＋모음＋자음

03 다음에서 설명하는 개념의 예로 적절한 것은?

> 최소 대립쌍: 음절을 이루는 부분 중 하나만 다르고 나머지는 같은 경우의 짝으로, 최소 대립쌍에서 구분되는 두 소리는 별개의 음운이 된다.

① 길 – 줄

② 통 – 탑

③ 모두 – 모든

④ 사랑 – 사람

⑤ 행복 – 행운

04 다음 밑줄 친 모음이 들어 있는 관용 표현으로 적절한 것은?

> 국어의 모음은 입술 모양이나 혀의 위치의 변화에 따라 단모음과 이중 모음으로 나눌 수 있다. 단모음은 발음할 때 입술 모양이나 혀의 위치가 고정되어 도중에 바뀌지 않는 모음이고, <u>이중 모음은 발음할 때 입술 모양이나 혀의 위치가 도중에 바뀌는 모음이다.</u>

① 새 발의 피

② 꿈보다 해몽

③ 우물 안 개구리

④ 땅 짚고 헤엄치기

⑤ 쥐도 새도 모르게

05 다음 단어의 모음을 발음할 때 혀의 높이와 입술 모양의 변화에 대한 설명으로 적절한 것은?

① 나무: 혀의 높이는 낮았다가 높아지고, 입술 모양은 평평하다.

② 케첩: 혀의 높이는 높았다가 낮아지고, 입술 모양은 동그랗다.

③ 키위: 혀의 높이는 높고, 입술 모양은 평평했다가 동그래진다.

④ 오리: 혀의 높이는 낮고, 입술 모양은 동그랬다가 평평해진다.

⑤ 드럼: 혀의 높이는 낮았다가 높아지고, 입술 모양은 평평했다가 동그래진다.

06 다음은 '모음의 분류 기준'에 관한 학습 활동지의 일부이다. 학습 활동의 답을 한 문장으로 쓰시오.

> (1) ㅣ, ㅔ, ㅐ, ㅟ, ㅚ
>
> (2) ㅡ, ㅓ, ㅏ, ㅜ, ㅗ

[학습 활동] (1)과 (2)를 나눈 분류 기준을 생각해 보고, 그 기준에 따른 (1)과 (2)의 발음 차이를 설명해 보자.

07 다음 빈칸에 들어갈 모음끼리 바르게 묶은 것은?

> **표준 발음법 제4항**
> 'ㅏ, ㅐ, ㅓ, ㅔ, ㅗ, ㅚ, ㅜ, ㅟ, ㅡ, ㅣ'는 단모음(單母音)으로 발음한다.
> [붙임] '(   )'는 이중 모음으로 발음할 수 있다.

① ㅏ, ㅓ   ② ㅐ, ㅔ   ③ ㅗ, ㅜ
④ ㅚ, ㅟ   ⑤ ㅡ, ㅣ

08 다음과 같은 음운을 발음할 때 나타나는 공통점에 대해 발표한 내용으로 적절하지 <u>않은</u> 것은?

> ㅡ, ㅓ, ㅏ

① 혀의 높이가 가장 높아졌을 때 나는 소리입니다.
② 입술 모양이나 혀의 위치가 중간에 변하지 않는 소리입니다.
③ 입술을 둥글게 오므리지 않고 평평하게 하여 소리를 냅니다.
④ 공기의 흐름이 발음 기관의 방해를 받지 않고 나는 소리입니다.
⑤ 혀의 최고점의 위치가 치아가 있는 앞쪽이 아니라 목청이 있는 뒤쪽에 있습니다.

09 〔중요〕 다음은 모음 체계표의 일부이다. ㉠과 ㉡에 들어갈 말을 각각 쓰시오.

| 혀의 최고점의 위치 | | 전설 모음 | |
혀의 높이 \ 입술 모양		㉠	㉡
고모음		ㅣ	ㅟ
중모음		ㅔ	ㅚ
저모음		ㅐ	

10 다음 모음 사각도를 참고하여 〈보기〉의 ⓐ~ⓔ에 쓰인 모음을 분석한 내용으로 적절하지 <u>않은</u> 것은?

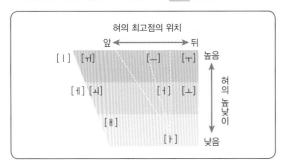

> ┤ 보기 ├
> 사람들이 없으면 틈틈이 제 집 수탉을 몰고 와서
>   ⓐ   ⓑ ⓒ
> 우리 수탉과 싸움을 붙여 놓는다.
>   ⓓ   ⓔ

① ⓐ의 모음은 ⓓ의 모음에 비해 발음할 때 혀의 높이가 더 높다.
② ⓐ와 ⓒ의 모음은 둘 다 발음할 때 혀가 가장 높이 올라간다.
③ ⓐ, ⓓ, ⓔ의 모음은 모두 혀의 최고점의 위치가 입안의 뒤쪽에 있다.
④ ⓑ와 ⓔ는 발음할 때 혀의 높이는 같지만 혀의 최고점의 위치는 다르다.
⑤ 발음할 때 혀의 높이는 'ⓓ → ⓑ → ⓒ'의 순서대로 점차 낮아진다.

11 〔서술형〕 다음 자음들을 발음할 때의 공통점을 〈조건〉에 맞게 서술하시오.

> ㅁ, ㅂ, ㅃ, ㅍ

> ┤ 조건 ├
> • 자음의 분류 기준이 드러나게 쓸 것.
> • 한 문장으로 쓸 것.

12 다음은 발음 기관의 단면도이다. 소리 나는 위치에 따라 자음을 분류한 내용으로 적절한 것은?

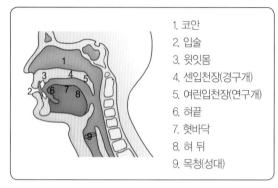

1. 코안
2. 입술
3. 윗잇몸
4. 센입천장(경구개)
5. 여린입천장(연구개)
6. 혀끝
7. 혓바닥
8. 혀 뒤
9. 목청(성대)

① 2번 – ㅈ, ㅉ, ㅊ

② 3, 6번 – ㄷ, ㄸ, ㅌ

③ 4, 7번 – ㅂ, ㅃ, ㅍ

④ 5, 8번 – ㅅ, ㅆ, ㅎ

⑤ 9번 – ㄱ, ㄲ, ㅋ

13 자음을 소리 내는 방법에 대한 설명으로 적절한 것은?

① 'ㄱ'은 공기의 흐름을 완전히 막지 않고 입안이나 목청 사이의 통로를 좁혀 공기를 내보내어 마찰을 일으키며 소리를 낸다.

② 'ㅆ'은 공기의 흐름을 막았다가 서서히 터뜨리면서 마찰을 일으켜 소리를 낸다.

③ 'ㅈ'은 입안의 통로를 막고 코로 공기를 내보내면서 소리를 낸다.

④ 'ㅎ'은 혀끝을 잇몸에 대었다 떼거나, 잇몸에 댄 채 공기를 그 양옆으로 흘려 보내면서 내는 소리이다.

⑤ 'ㅌ'은 공기의 흐름을 완전히 막았다가 한꺼번에 터뜨리며 소리를 낸다.

14 다음에서 설명하는 자음에 해당하는 것은?

- 혀의 뒷부분이 여린입천장에 닿아서 나는 소리
- 코로 공기를 내보내면서 내는 소리

① ㄱ   ② ㄴ   ③ ㄹ

④ ㅁ   ⑤ ㅇ

15 〈보기〉의 ㉠~㉤ 중, 거칠고 거센 느낌을 주는 자음이 포함된 단어로 적절한 것은?

| 보기 |

- 그곳은 시냇물이 ㉠졸졸졸 흐르고 ㉡새소리가 들리는 아름다운 곳이었다.
- 어둠이 ㉢캄캄하게 내려 덮어 코앞의 사람도 분간할 수가 없었다.
- 강아지가 ㉣쫄랑쫄랑 내 뒤를 ㉤자꾸만 따라왔다.

① ㉠   ② ㉡   ③ ㉢

④ ㉣   ⑤ ㉤

16 다음 자음 체계표의 ⓐ~ⓒ에 들어갈 자음을 바르게 연결한 것은?

소리 내는 방법	소리 나는 위치	입술소리
파열음	예사소리	ⓐ
	된소리	ⓑ
	거센소리	ⓒ

	ⓐ	ⓑ	ⓒ		ⓐ	ⓑ	ⓒ
①	ㄱ	ㄲ	ㅋ	②	ㄷ	ㄸ	ㅌ
③	ㅂ	ㅃ	ㅍ	④	ㅈ	ㅉ	ㅊ
⑤	ㅅ	ㅆ	ㅎ				

서술형

17 다음 밑줄 친 부분에 자주 쓰인 자음의 공통점과, 그 자음이 만들어 내는 느낌을 〈조건〉에 맞게 서술하시오.

살어리 살어리랏다. 청산에 살어리랏다.
머루랑 다래랑 먹고 청산에 살어리랏다.
얄리얄리 얄랑셩 얄라리 얄라

– 작자 미상, 「청산별곡」

| 조건 |

- 두 개의 자음을 찾아 쓸 것.
- 소리 내는 방식과 관련지어 공통점을 쓸 것.

18 밑줄 친 말 중, 다음과 같은 구조로 이루어진 음절은?

> 목청소리＋저모음＋콧소리

① 사과 한 개 더 줄게.
② 소문은 즉시 동네에 퍼졌어.
③ 봄바람이 살랑살랑 불어온다.
④ 산 너머 남쪽에는 누가 살까?
⑤ 저 길로 가면 우리 학교가 나와.

19 다음에서 설명하는 음운들로 만들어진 단어는?

> • 혓바닥이 딱딱한 입천장에 닿아서 나는 자음
> • 입술 모양을 둥글게 하여 소리 내는 모음

① 주최　　　② 노래　　　③ 가위
④ 악기　　　⑤ 행사

20 다음 대화에 나타난 우리말 음운 체계의 특성으로 적절한 것은?

> 한국인: 음악 소리가 너무 큰 것 같아. 줄여 줄래?
> 외국인 친구: 소리 클게.
> 한국인: 뭐라고? 더 크게 한다고?
> 외국인 친구: 아니, 소리 안 나게 할게.
> 한국인: 아, 소리 끈다고 말한 거구나.

① 된소리보다 거센소리가 더 많이 쓰인다.
② 된소리와 거센소리가 서로 다른 소리로 인식된다.
③ 된소리와 거센소리를 정확하게 발음하기가 어렵다.
④ 된소리와 거센소리는 의미 차이는 없으나 느낌의 차이가 있다.
⑤ 된소리와 거센소리는 예사소리와 달리 음운의 역할을 하지 못한다.

21 다음 빈칸에 공통으로 들어갈 말로 적절한 것은?

> '눈'을 길게 발음하면 하늘에서 내리는 눈〔雪〕을 뜻하고, 짧게 발음하면 사람의 신체 일부인 눈〔目〕을 뜻한다. 마찬가지로 '말'을 길게 발음하면 사람이 하는 말〔言〕을 가리키고, 짧게 발음하면 동물인 말〔馬〕을 가리킨다. 이처럼 같은 말이라도 (　　　)에 따라 그 의미가 달라진다. 따라서 (　　　)은/는 말의 뜻을 구별해 줄 수 있다.

① 혀의 높이　　　　② 소리의 세기
③ 소리의 길이　　　④ 소리의 높낮이
⑤ 소리 나는 위치

22 〈보기〉의 ㉠과 ㉡의 예를 잘못 짝지은 것은?

> ┤ 보기 ├
> 우리말에서는 모음 하나만 바꾸어도 단어가 주는 느낌이 달라질 수 있다. 일반적으로 '아'나 '오'가 들어간 말들은 ㉠작고 밝고 가벼운 느낌을 주고, '어'나 '우'가 들어간 말들은 ㉡크고 어둡고 무거운 느낌을 준다.

	㉠	㉡		㉠	㉡
①	졸졸	줄줄	②	통통	퉁퉁
③	풀쩍	폴짝	④	반짝반짝	번쩍번쩍
⑤	아장아장	어정어정			

서술형

23 다음 대화에서 발생한 오해를 막기 위해 종민이 발음할 때 유의할 점을 〈조건〉에 맞게 서술하시오.

> 접수처 직원: 성함을 말씀해 주세요.
> 종민: 김종민입니다.
> 접수처 직원: 김정민 님, 잠시만 기다려 주세요.
> 종민: 아니요. 제 이름은 김종민입니다.

> ┤ 조건 ├
> • 오해를 유발한 음운을 정확히 찾아 쓸 것.
> • 음운의 분류 기준을 근거로 발음할 때 유의할 점을 쓸 것.

02 문장의 짜임

개념 압축 APP

1 문장 성분

주성분	문장을 이루는 데 꼭 필요한 성분. 주어, ( ), 목적어, 보어
부속 성분	주로 주성분을 꾸며 주어 뜻을 더해 주는 성분. 관형어, ( )
독립 성분	문장의 다른 성분과 직접적 관계를 맺지 않고 독립적으로 쓰이는 성분. 독립어

2 문장의 짜임

(1) 홑문장: 주어와 서술어의 관계가 한 번만 나타나는 문장

(2) 겹문장: 주어와 서술어의 관계가 (   ) 번 이상 나타나는 문장

이어진 문장	대등하게 이어진 문장	앞 절과 뒤 절의 의미 관계가 ( )한 관계에 있는 문장
	종속적으로 이어진 문장	앞 절과 뒤 절의 의미 관계가 독립적이지 못하고 종속적인 관계에 있는 문장
안은 문장	( )을 안은 문장	주어, 목적어, 부사어 등의 기능을 하는 명사화된 절을 안은 문장
	관형절을 안은 문장	체언을 꾸미는 관형어의 기능을 하는 절을 안은 문장
	부사절을 안은 문장	주로 용언을 꾸미는 부사어의 기능을 하는 절을 안은 문장
	서술절을 안은 문장	서술어의 기능을 하는 절을 안은 문장
	인용절을 안은 문장	다른 사람의 말이나 생각을 인용한 것을 절의 형식으로 안은 문장

3 문장의 짜임에 따른 표현 효과

홑문장	• 내용을 간결하고 명료하게 전달함. • 사건이 속도감 있게 진행되는 느낌을 줄 수 있음.
겹문장	• 사건의 논리적 관계를 잘 드러내어 문장 간의 관계가 긴밀해짐. • 내용을 집약하여 전달할 수 있음.

필수 어휘 사전

• **부속**: 주된 사물이나 기관에 딸려서 붙음. 또는 그렇게 딸려 붙은 사물.

• **종속적**: 어떤 것에 딸려 붙어 있는. 또는 그런 것.

1

다음 빈칸에 공통으로 들어갈 적절한 말을 쓰시오.

> (   )은/는 문장 안에서 일정한 문법적 기능을 하는 부분을 뜻하며, 국어의 (   )에는 주어, 서술어, 목적어, 보어, 관형어, 부사어, 독립어의 총 7개가 있다.

2

다음 중 홑문장은 '홑'으로, 겹문장은 '겹'으로 쓰시오.

(1) 피부가 까맣다.　　　　(   )
(2) 네가 웃으니 내가 행복해진다.
　　　　　　　　　　　　(   )
(3) 이번 겨울에는 눈이 엄청 내렸다.
　　　　　　　　　　　　(   )
(4) 민수는 수지가 오기를 기다렸다.
　　　　　　　　　　　　(   )

3

〈보기〉에서 홑문장의 표현 효과를 골라 해당 기호를 모두 쓰시오.

> ┤ 보기 ├
> ㄱ. 긴박감과 속도감이 잘 느껴질 수 있다.
> ㄴ. 사건의 순서를 조리 있게 전달할 수 있다.
> ㄷ. 내용을 간결하고 명확하게 전달할 수 있다.
> ㄹ. 사건이나 사실의 인과 관계가 잘 드러난다.

수행 평가 따라잡기

1 다음 속담의 문장의 짜임을 분석해 보자.

> ㄱ. 꿈보다 해몽이 좋다.
> ㄴ. 흐르는 물은 썩지 않는다.
> ㄷ. 사공이 많으면 배가 산으로 간다.

(1) ㄱ~ㄷ을 홑문장과 겹문장으로 나누고, 그렇게 나눈 이유를 설명해 보자.

(2) ㄱ~ㄷ 중 이어진문장을 찾아 문장의 짜임을 분석하고 문장의 종류를 설명해 보자.
- 이어진문장:
- 문장의 짜임:
- 문장의 종류:

(3) ㄱ~ㄷ 중 안은문장을 찾아 문장의 짜임을 분석하고 문장의 종류를 설명해 보자.
- 안은문장:
- 문장의 짜임:
- 문장의 종류:

2 다음 공익 광고를 바탕으로 아래 활동을 해 보자.

경기도 용인시에 사는 최환기 씨!
지난해 교통사고로 급히 병원에 실려 간 그는 혈액을 무상으로 수혈받아 무사히 수술을 마칠 수 있었습니다. 그는 20년간 꾸준한 헌혈을 통해 사랑을 실천해 온 헌혈 기증자였습니다.

(1) 〈보기〉는 이 광고 문구를 홑문장으로 바꾸어 쓴 것이다. 이어지는 빈칸의 내용을 완성해 보자.

> **보기**
> 최환기 씨는 경기도 용인시에 삽니다. 지난해 교통사고로 급히 병원에 실려 갔습니다.
> _____
> _____

(2) (1)의 〈보기〉를 원래의 표현과 비교하여 느낌이나 효과 면에서 달라진 점을 말해 보고, 광고 제작자의 의도를 전달하기에 더 적절한 표현이 어느 쪽인지 이야기해 보자.

끌어 주기

1

(1) 홑문장과 겹문장을 나누는 기준을 생각해 보고 그 기준에 따라 분류해 본다.

예시 답안 ㄱ은 주어와 서술어의 관계가 한 번만 나타나므로 홑문장이고, ㄴ, ㄷ은 주어와 서술어의 관계가 두 번 나타나므로 겹문장이다.

(2) 두 홑문장이 나란히 이어져 이루어진 문장을 찾고 두 문장의 의미 관계가 대등한지 종속적인지 분석해 본다.

예시 답안 • 이어진문장: ㄷ
• 문장의 짜임: 사공이 많다. + 배가 산으로 간다.
• 문장의 종류: 종속적으로 이어진 문장

(3) 한 홑문장이 다른 홑문장을 문장 성분처럼 안고 있는 문장을 찾고 안긴문장(절)의 종류를 분석해 본다.

예시 답안 • 안은문장: ㄴ
• 문장의 짜임: 물이 흐른다. + 물은 썩지 않는다.
• 문장의 종류: 관형절을 안은 문장

2

(1) 홑문장은 주어와 서술어의 관계가 한 번만 나타나는 문장이므로, 이 점에 유의하여 홑문장으로 바꾸어 써 본다.

예시 답안 그는 혈액을 무상으로 수혈받았습니다. 그래서 무사히 수술을 마칠 수 있었습니다. 그는 20년간 헌혈을 꾸준히 해 왔습니다. 그 헌혈을 통했습니다. 그래서 사랑을 실천해 왔습니다. 그는 헌혈 기증자였습니다.

(2) 어떤 짜임의 문장을 활용하느냐에 따라 그 표현 효과는 달라질 수 있다. 원래의 문구와 바꾼 문구를 비교하여 전달하려는 바를 더 효과적으로 전달할 수 있는 문장이 어느 쪽인지 생각해 본다.

예시 답안 (1)의 〈보기〉는 원래의 표현에 비해 의미가 집약적으로 드러나지 못하고 다소 산만한 느낌을 준다. 헌혈 기증자의 무상 수혈을 강조하여 헌혈을 유도하려는 의도를 전달하기에는 원래의 표현이 더 적절하다.

01 밑줄 친 말 중 ㉠의 예로 적절하지 <u>않은</u> 것은?

> 문장 성분에는 주성분, 부속 성분, 독립 성분이 있다. 주성분은 문장을 이루는 데 꼭 필요한 성분으로 주성분에는 주어, 서술어, 목적어, 보어가 있다. 부속 성분은 ㉠주로 주성분의 내용을 자세하게 꾸며 주는 기능을 하며, 부속 성분에는 부사어, 관형어가 있다. 독립 성분은 문장의 다른 성분과 직접적 관계를 맺지 않고 독립적으로 쓰이는 성분으로 독립어가 이에 해당한다.

① 학교에는 <u>즐거운</u> 일이 많이 있다.
② <u>보름달보다</u> 엄마 얼굴이 더 빛난다.
③ 소나기가 <u>갑자기</u> 세차게 쏟아졌다.
④ <u>민들레꽃과</u> 제비꽃이 활짝 피어 있다.
⑤ 동생은 언제나 청소를 참 <u>열심히</u> 한다.

02 문장을 구성하는 성분이 〈보기〉와 같은 것은?

> ┤ 보기 ├
>
> 아버지, 우리도 집으로 들어가요.

① 하늘이 점점 맑아졌다.
② 그 강아지를 또 만났다.
③ 와, 그가 결국 이겼군요.
④ 어머나, 고양이가 이것도 먹었어.
⑤ 싱그러운 바람에 기분이 상쾌해졌다.

03 (중요) 다음에서 설명하는 문장 성분으로만 이루어진 문장은?

> • 주어: 동작이나 작용, 상태나 성질의 주체가 됨.
> • 목적어: 서술어가 나타내는 동작의 대상이 됨.
> • 서술어: 주체의 동작이나 작용, 상태나 성질을 풀이함.

① 나는 온종일 달렸다.
② 선생님께서 활짝 웃으셨다.
③ 강아지가 아침부터 짖어 댄다.
④ 관광객이 돌다리를 구경하고 있다.
⑤ 영희보다 수연이가 운동을 좋아한다.

04 (서술형) 다음 빈칸에 공통으로 들어갈 문장 성분이 무엇인지 쓰고, 그 기능을 한 문장으로 서술하시오.

> • 그는 결국 (   ) 되었다.
> • 그는 절대로 (   ) 아니다.
> • 그는 언젠가 (   ) 되겠지.

05 다음 문장의 문장 구조와 문장 성분을 분석한 내용으로 적절한 것은?

> 우리 모두의 꿈은 반드시 이루어진다.

① 문장의 기본 구조는 '무엇이 어떠하다'이다.
② 두 개의 홑문장이 결합하여 이루어진 겹문장이다.
③ 주성분으로는 주어, 서술어, 목적어가 사용되었다.
④ 문장 전체의 주어와 서술어는 각각 '우리'와 '이루어진다.'이다.
⑤ 부속 성분으로는 관형어가 두 개, 부사어가 한 개 사용되었다.

06 (중요) 밑줄 친 부분의 예로 적절하지 <u>않은</u> 것은?

> 선생님: 문장은 크게 홑문장과 겹문장으로 나눌 수 있습니다. 홑문장은 주어와 서술어의 관계가 한 번만 나타나는 문장이고, 겹문장은 주어와 서술어의 관계가 두 번 이상 나타나는 문장이지요. 우리 속담에서 그 예를 찾아볼까요? 먼저, <u>홑문장으로 이루어진 속담</u>을 찾아봅시다.

① 말이 씨가 된다.
② 등잔 밑이 어둡다.
③ 꿈보다 해몽이 좋다.
④ 굳은 땅에 물이 고인다.
⑤ 참새가 방앗간을 그저 지나랴.

07

다음 문장에 사용된 홑문장을 모두 찾아 〈조건〉에 맞게 서술하시오.

> 날마다 너를 기다린 단 한 사람이 저기 있는데, 그 사람은 너의 어머니이다.

┤ 조건 ├

• 생략된 주어를 밝혀 쓸 것.
• '–다'로 끝나는 문장 형태로 나열하여 쓸 것.

08 중요

〈보기〉는 겹문장의 종류에 대해 설명한 학습 자료이다. ⓐ~ⓔ 중, 적절하지 않은 것은?

┤ 보기 ├

• 겹문장의 뜻: ⓐ주어와 서술어의 관계가 두 번 이상 이루어지는 문장
• 겹문장의 종류
  ┌ 이어진문장: ⓑ둘 이상의 홑문장들이 대등하거나 종속적으로 나란히 연결된 겹문장
  └ 안은문장: ⓒ어떤 문장이 다른 문장 속의 한 문장 성분이 되는 겹문장
• 겹문장의 예
  ┌ 이어진문장: ⓓ코끼리는 코가 정말 길다.
  └ 안은문장: ⓔ동물원에서 본 코끼리는 정말 컸다.

① ⓐ   ② ⓑ   ③ ⓒ
④ ⓓ   ⑤ ⓔ

09 〈보기〉에서 홑문장 두 개를 연결하여 겹문장을 만들고자 한다. 의미가 자연스러워지도록 빈칸에 들어갈 적절한 말을 쓰시오.

┤ 보기 ├

눈이 쌓이다. + 길이 미끄럽다.
→ 이어진문장: 눈이 (   ) 길이 미끄럽다.
→ 안은문장: 눈이 쌓인 길이 미끄럽다.

10 중요

〈보기〉에서 설명하는 ㉠과 ㉡의 예로 적절한 것은?

┤ 보기 ├

이어진문장은 두 개 이상의 홑문장이 연결 어미에 의해 결합된 문장이다. 앞 절과 뒤 절이 '나열, 대조, 선택' 등의 의미 관계로 대등하게 연결되면 ㉠대등하게 이어진 문장이라고 한다. 앞 절과 뒤 절의 의미가 독립적이지 못하고 '원인, 조건, 의도, 배경, 양보' 등의 의미 관계를 지니며 종속적인 관계에 있을 때에는 ㉡종속적으로 이어진 문장이라고 한다.

① ┌ ㉠: 꽃이 피자 나비가 날아든다.
   └ ㉡: 꽃이 피고 나비가 날아다닌다.
② ┌ ㉠: 가을이 깊어지니 단풍이 들었다.
   └ ㉡: 가을은 독서와 사색의 계절이다.
③ ┌ ㉠: 내가 집에 가는데 친구가 나를 불렀다.
   └ ㉡: 나는 집에 갔지만 친구는 도서관에 갔다.
④ ┌ ㉠: 산속이나 바닷가에서 살고 싶다.
   └ ㉡: 바닷가에서 살면 산속이 그리워질 것이다.
⑤ ┌ ㉠: 숲에 나무가 없으면 산사태가 쉽게 일어난다.
   └ ㉡: 숲에 나무는 많으나 새들이 거의 없다.

11 다음 문장의 짜임을 분석한 내용으로 적절하지 않은 것은?

> 너를 볼수록 즐거워지고, 너를 알수록 행복해진다.
> ⓐ   ⓑ   ⓒ   ⓓ

① ⓐ와 ⓒ의 '너를'은 모두 목적어이다.
② ⓐ와 ⓑ, ⓒ와 ⓓ는 각각 종속적으로 이어져 있다.
③ ⓐ와 ⓒ에는 주어가, ⓑ와 ⓓ에는 목적어가 생략되어 있다.
④ 'ⓐ+ⓑ'와 'ⓒ+ⓓ'는 나열의 의미 관계로 대등하게 이어져 있다.
⑤ 'ⓐ+ⓑ+ⓒ+ⓓ'는 총 네 개의 홑문장이 결합하여 이루어진 겹문장이다.

12 안긴문장의 원래 형태를 분석한 것으로 적절한 것은?

① 내가 태어난 집은 지리산 산골짜기에 있다.
→ 내가 지리산에서 태어나다.

② 한라산은 겨울 풍경이 무척 아름답다.
→ 한라산은 아름답다.

③ 내장산 단풍 소식을 귀가 따갑도록 들었다.
→ 귀가 따갑도록 들었다.

④ 내 친구는 백두산 천지에 가기를 바란다.
→ 내 친구가 백두산 천지에 가다.

⑤ 그는 설악산에 다녀왔다고 나에게 말했다.
→ 그가 나에게 말했다.

13 다음 설명을 참고하여, 〈보기〉의 ㄱ~ㄷ에 쓰인 명사절의 역할을 바르게 연결한 것은?

> 명사절은 주어와 서술어를 갖춘 문장이 명사화되어 다른 문장 속에 안긴 문장이다. 명사절을 만드는 명사형 어미에는 '-(으)ㅁ', '-기' 등이 있다. 명사절은 문장에서 주어, 목적어, 부사어 등의 기능을 한다. 주어로 쓰일 때에는 주격 조사 '이/가'가, 목적어로 쓰일 때에는 목적격 조사 '을/를'이, 부사어로 쓰일 때에는 부사격 조사 '에', '에서' 등이 명사절 뒤에 붙는다.

> **보기**
>
> ㄱ 우리 집 앞의 공터는 친구들과 뛰어놀기에 최적의 장소이다.
> ㄴ 그가 거짓말을 하지 않았음을 사람들은 모두 알고 있었다.
> ㄷ 요즈음 너무 바쁘게 살다 보니 취미 생활을 하기가 어렵다.

	ㄱ	ㄴ	ㄷ
①	주어	목적어	부사어
②	주어	부사어	목적어
③	목적어	주어	부사어
④	부사어	주어	목적어
⑤	부사어	목적어	주어

14 서술절이 쓰인 문장이 아닌 것은?

① 옆집 토끼는 눈이 빨갛다.
② 우리 형은 다리가 무척 길다.
③ 내 친구 욱이는 성격이 참 좋다.
④ 할아버지께서는 귀가 어두우시다.
⑤ 등굣길에 피어 있는 무궁화가 예쁘다.

15 〈보기〉의 ⓑ에 쓰인 관형절과 같은 종류의 관형절이 쓰인 문장은?

> **보기**
>
> ⓐ 밤새 수학 문제를 푼 동생이 늦잠을 잤다.
> ⓑ 나는 석준이가 나를 좋아한다는 사실을 몰랐다.
>
> ⓐ의 밑줄 친 부분의 원래 문장은 '동생이 밤새 수학 문제를 풀었다.'이지만, 관형절로 안기면서 '동생이'라는 문장 성분이 생략되었다. 바로 뒤에 동일한 문장 성분인 '동생이'가 반복되어 나타나기 때문이다. 이처럼 수식하는 체언과 동일한 문장 성분을 포함하고 있어 그 문장 성분이 생략되는 관형절을 관계 관형절이라고 한다. 반면에 ⓑ의 밑줄 친 부분의 원래 문장은 '석준이가 나를 좋아한다.'로, 관형절로 안길 때 생략된 문장 성분이 없다. 이처럼 수식하는 체언과 의미상 동격 관계에 있어 문장 성분의 생략이 없는 관형절을 동격 관형절이라고 한다.

① 그녀가 한 일을 그는 모르고 있었다.
② 그녀가 살고 있는 동네는 참 아름답다.
③ 이것은 그가 처음 타 보는 자전거이다.
④ 그에게 꽃다발을 준 그녀는 활짝 웃고 있었다.
⑤ 그는 그녀가 사업에 성공했다는 소문을 들었다.

서술형

16 〈보기〉의 문장이 부사절을 안은 문장이 되도록 다음 문장을 빈칸에 들어갈 적절한 말로 바꾸어 쓰시오.

> 소리도 없다.

> **보기**
>
> 밤새 눈이 (   ) 내렸다.

17 다음 설명을 참고할 때, 인용절의 쓰임이 적절한 문장은?

> • 직접 인용절: 주어진 문장을 그대로 인용한 것, 인용격 조사 '라고'를 주로 사용함.
> • 간접 인용절: 말하는 사람의 관점으로 바꾸어서 인용한 것, 인용격 조사 '고'를 주로 사용함.

① 소녀는 상관없다라고 말했다.
② 소녀는 "하나도 버리지 마라."고 말했다.
③ 소녀는 단풍잎이 눈에 따갑다라고 외쳤다.
④ 소녀는 "이 바보."라고 말하며 조약돌을 던졌다.
⑤ 소녀는 "도라지꽃이 이렇게 예쁜 줄 몰랐다."고 속삭였다.

18 다음은 문장의 종류를 분석한 내용이다. ⊙과 ⓒ에 들어갈 단어로 적절한 것은?

> 군말이 많으면 쓸 말이 적다.
> → '군말이 많다.'와 '쓸 말이 적다.'라는 두 문장이 (⊙) 이어진 문장이다. '군말이 많다.'는 홑문장이지만, '쓸 말이 적다.'는 '쓸'을 (ⓒ)로 안은 문장이므로 겹문장이다.

	⊙	ⓒ		⊙	ⓒ
①	대등하게	부사절	②	종속적으로	관형절
③	대등하게	명사절	④	종속적으로	서술절
⑤	대등하게	인용절			

중요

(19) 다음 문장의 구조에 대한 설명으로 적절하지 <u>않은</u> 것은?

> 우리는 어느 날 문득 행복은 각자가 마음먹기에 달려 있다는 깨달음을 얻었다.

① 주어와 서술어의 관계가 세 번 나타나 있다.
② '각자가 마음먹기'는 명사절로, 부사어의 역할을 한다.
③ 문장 전체의 주어는 '우리는'이고, 서술어는 '얻었다.'이다.
④ 이 문장에서 안긴문장들은 모두 주어가 생략된 형태로 나타나 있다.
⑤ '깨달음'을 꾸며 주는 문장은 겹문장으로 관형어의 역할을 하고 있다.

서술형 ✏

20 〈보기〉에서 문장의 결합 방식에 따라 ⓐ와 ⓑ의 의미가 어떻게 달라지는지 쓰시오.

> **보기**
> 오빠가 책을 읽는다. + 오빠가 그림을 본다.
> → ⓐ오빠가 책을 읽으면서 그림을 본다.
> → ⓑ오빠가 책을 읽으려고 그림을 본다.

21 〈보기〉의 ⊙~ⓒ의 문제점과 개선 방안을 문장의 짜임과 관련지어 충고한 말로 가장 적절한 것은?

> **보기**
> ⊙ 아침부터 비와 바람이 분다.
> ⓒ 요즘은 장마철이지만 습도가 높다.
> ⓒ 나의 소원은 우리 가족이 함께 산다.

① ⊙: 꼭 필요한 주어를 생략해서 표현이 어색하니까 주어를 추가해야 해.
② ⊙: 두 문장을 대등하게 연결해 의미가 부자연스러우니까 '비와'를 '비나'로 바꿔야 해.
③ ⓒ: 두 문장의 의미를 자연스럽게 연결하려면 종속적으로 이어진 문장으로 바꿔야 해.
④ ⓒ: 앞 절과 뒤 절이 '나열'의 의미 관계를 지니니까 '장마철이지만'을 '장마철이고'로 고쳐야 해.
⑤ ⓒ: 주어와 서술어의 호응이 부자연스러우니까 주어인 '나의 소원은'을 '나는'으로 고쳐야 해.

서술형 ✏

22 〈보기〉와 같은 일기를 쓴 학생에게 선생님이 해 줄 수 있는 조언을 〈조건〉에 맞게 서술하시오.

> **보기**
> 집에 오는 길에 전깃줄에 앉아 있는 새를 보았는데 마침 소희가 지나가서 소희랑 같이 새를 보다가 국어 숙제가 있었는지 물어보고는 없다고 해서 좋아하다가 새가 날아가서 소희랑 헤어졌다.

> **조건**
> • 〈보기〉의 문제점을 언급할 것.
> • 문장의 짜임에 관해 조언할 것.

03 통일 시대의 국어

개념 압축 APP

❶ 통일 시대의 국어에 관심을 가져야 하는 이유
- 남북의 언어 차이로 인해 남북 교류와 화합에 걸림돌이 될 수 있다.
- 상대편의 말을 오해하여 갈등과 불신이 쌓일 수 있다.
- 통일 이후 남북 주민 간에 (   )이/가 생겨 국민 통합이 어려울 수 있다.

❷ 남북 언어의 차이

구분	남한(표준어)	북한(문화어)
발음	두음 법칙을 인정함. 예 연락, 노동	두음 법칙을 인정하지 않음. 예 련락, 로동
억양 어조	• 대체로 낮은 억양으로 말함. • 부드럽게 흘러가는 자연스러운 느낌을 줌.	• 부정어를 높게 발음함. • 명확하고 또박또박하면서 강한 느낌을 줌.
어휘	• 한자어를 많이 사용함. 예 인물화, 한복 • 외래어를 그대로 사용하는 경우가 많음. 　예 터널, 주스	• ( )을/를 많이 사용함. 　예 사람그림, 조선옷 • 외래어를 고유어로 바꾸어 사용하는 편임. 　예 차굴, 과일단물
표기	• 합성어를 표기할 때, 사이시옷을 적음. 　예 수릿날, 나룻배 • 의존 명사를 앞말과 띄어 씀. 　예 할 수가, 먹을 만큼	• 합성어를 표기할 때, 사이시옷을 적지 않음. 예 수리날, 나루배 • 의존 명사를 앞말과 붙여 씀. 　예 할수가, 먹을만큼
화용적 측면	관계 형성을 위해 완곡한 표현을 사용하기도 함. 예 언제 밥 한번 같이 먹어요. → 남한에서는 간접 화법으로 이해	발화의 ( ) 의미로 해석하려는 경향이 있음. 예 언제 밥 한번 같이 먹어요. → 북한에서는 실제 식사 약속으로 이해

❸ 남북 언어의 차이를 극복하기 위한 노력
- 남북의 어문 규정을 조화시킨 통일안을 만든다.
- 『겨레말큰사전』을 완성하여 널리 보급한다.
- 남북이 서로의 언어를 긍정적으로 바라볼 수 있도록 의식을 개선한다.
- 국어학자들 사이의 학문적 교류가 활성화될 수 있도록 지원한다.
- 다양한 분야에서 일반인의 교류를 활성화하여 언어 차이의 간극을 좁힌다.
- 남북한이 함께 사용하는 국어 교과서를 만들어 통일된 언어를 가르친다.

필수 어휘 사전

- **문화어:** 북한에서, 언어생활의 기준으로 삼기 위해 규범화한 언어. 평양말을 중심으로 제정함.
- **두음 법칙:** 일부 소리가 단어의 첫머리에 발음되는 것을 꺼려 나타나지 않거나 다른 소리로 발음되는 일.

확인 문제

1

다음 ㉠과 ㉡에 들어갈 적절한 말을 쓰시오.

> 남한에서는 서울말을 공통어로 정하고, 이를 (㉠)라고 부르고 있으며, 북한에서는 평양말을 공통어로 정하고, 이를 (㉡)라고 부르고 있다.

2

북한어의 특징으로 적절하지 <u>않은</u> 것은?
① 두음 법칙을 인정하지 않는다.
② 합성어에서 사이시옷을 적지 않는다.
③ 부정어를 상대적으로 높게 발음한다.
④ 남한어에 비해 띄어쓰기를 많이 한다.
⑤ 강하고 드센 느낌의 어조를 사용한다.

3

남북 언어의 차이를 극복하기 위한 방안으로 적절하지 <u>않은</u> 것은?
① 남북한 언어 규정을 통일한다.
② 남북의 공통어를 제정하여 보급한다.
③ 국어 관련 학술 교류를 자주 개최한다.
④ 남북한의 어휘를 담은 통합 사전을 편찬한다.
⑤ 민간 교류보다 정부 차원의 교류를 활성화한다.

수행 평가 따라잡기

1 다음 글을 읽고, 아래 활동을 해 보자.

> ㉠남북의 언어에는 형태나 발음이 같은 단어라도 의미가 다른 사례가 존재한다. 예를 들면, '수갑', '-질', '소행'이라는 단어의 의미는 남한과 북한이 다르다. 남한에서는 '수갑'이 '죄인의 손에 끼우는 고리'를 뜻하지만 북한에서는 '손에 끼는 장갑'을 의미한다. 남한에서는 '-질'이 '직업이나 직책에 비하하는 뜻을 더하는 접미사'를 뜻하지만 북한에서는 비하하는 뜻이 없는 긍정적인 의미로 사용된다. '소행' 역시 남한에서는 부정적인 의미로 사용되는 데 비해 북한에서는 긍정적인 의미로 사용된다. 남한에서 '이게 누구 소행이지?'라고 하면 상대방을 꾸짖는 표현이 된다. 그러나 북한에서는 '착한 소행이다', '소행상을 타다', '소행이 얌전하다'처럼 표현하여 '소행'을 긍정적인 의미로 사용한다.

(1) 통일이 되어 남북한 주민 사이의 교류가 활성화되었다고 가정할 때, ㉠으로 인해 생길 수 있는 문제점을 예상하여 말해 보자.

(2) (1)에서 예상한 문제점을 해결하기 위한 방안을 말해 보자.

2 다음 글을 읽고, 아래 활동을 해 보자.

> "곱침에 이은 호쾌한 꽂아넣기." 아마 아나운서가 이런 식으로 중계방송을 한다면, 무슨 말인지 모르는 사람들이 많을 것이다. '곱침'은 북한에서 '드리블'을 가리키는 농구 용어이고, '꽂아넣기'는 '덩크 슛'을 이르는 말이다.
> 농구 용어를 살펴보자. '자유투'는 '벌넣기'라고 하고, '골밑 슛'은 '륜밑넣기', '워킹 반칙'은 '걸음어김'이라고 한다. 야구 용어도 알아듣기 힘들다. '투수'는 '넣는 사람'이라 하고, '내야수'는 '안마당지기', '타자'는 '치기수'라고 한다.
> 배구의 '살짝공(페인트)', '그물다치기(네트 터치)', 수영의 '나비헤엄(접영)', '짝배기(배영)', 체조의 '댕기운동(리본 체조)', '조마(뜀틀)', 그 밖에 '산들판달리기(크로스컨트리)', '밟아달리기(도움닫기)' 등도 우리에게 생소한 말들이다.

(1) 이 글에 두드러지게 나타난 남북의 언어 차이에 대해 설명해 보자.

(2) 이 글을 통해 알 수 있는 북한의 외래어 수용 정책의 장점과 단점을 각각 하나씩 말해 보자.

장점	
단점	

1
(1) 형태나 발음이 같은 단어인데 의미가 다를 경우 의사소통에서 어떤 문제 상황이 발생할 수 있을지 상상해 본다.
예시 답안 말하는 사람의 의도가 본심과 다르게 전해져 오해를 불러올 수 있고, 원만한 관계 형성을 방해할 수 있다.

(2) 통일 시대의 국어에 관심을 가져야 하는 이유는 무엇인지 생각해 본다.
예시 답안 평소에 상대측의 말에 대해서 관심을 갖고 어떤 차이점이 있는지 이해하기 위해 노력해야 한다.

2
(1) 글에서 남한 말에 대응하는 북한 말에 공통으로 나타난 특징이 어떠한지 살펴본다.
예시 답안 운동 경기에 쓰이는 용어의 경우, 남한에서는 외래어를 그대로 쓰는 경우가 많지만 북한에서는 가급적 우리말로 고쳐서 쓰고 있다.

(2) 운동 경기 중계 상황을 가정해 보고, 남한 말로 했을 때와 북한 말로 했을 때 어떤 차이점이 있을지 생각해 본다.
예시 답안
• 장점: 새로운 우리말이 많이 만들어져 우리말의 어휘가 풍성해진다. / 외국어를 잘 모르는 사람도 의미를 쉽게 이해할 수 있다.
• 단점: 국제화 시대에 다른 나라 사람들과의 소통이 불편해질 수 있다. / 억지스러운 느낌이 들어 거부감이 들 수도 있다.

남북의 언어 차이가 있나요? | 권순희

⊙ 다음 글을 읽고 물음에 답하시오.

가 문법적 구조 측면에서 볼 때 남한과 북한의 한국어의 구조는 대체적으로 동일하다. 예를 들면, 주어+목적어+서술어 어순이나 조사나 어미를 사용하는 형태 등은 동일하다. 그러나 문법이 모두 같은 것만은 아니다. 문법에서 차이가 나는 경우도 있다. 예를 들면, 남한에서는 '못 알아듣고'라고 표현하는데, 북한에서는 '알아 못 듣고'라고 표현한다. 부정어의 위치가 다르다.

나 발음에서 보면, 남한에서는 '노동', '염원'이라 발음하는 것을 북한에서는 '로동', '념원'으로 발음한다. 이처럼 남한에서는 두음 법칙을 인정하는 반면, 북한에서는 이를 인정하지 않는다.

다 억양에서 보면, 남한에서는 부정문에서 부정을 나타내는 '안'이라는 어휘를 낮은 억양으로 발음하는 데 비해 북한에서는 '안'이라는 어휘를 높은 억양으로 발음한다. 예를 들면, 남한 사람들은 '안 먹겠습니다'라는 말을 할 때, '안'보다는 '먹' 부분을 더 높게 발음하는데, 북한 사람들은 '먹'보다는 '안' 부분을 더 높게 발음한다. 그 결과 '안'이 들어간 부정어를 북한 이탈 주민이 말했을 때, 남한 사람들은 북한 이탈 주민이 불친절하고 무뚝뚝하다고 오해를 한다. '안'을 높여 발음하면 '먹지 않겠다'는 거절의 의미보다 '먹기에 적절하지 않아 먹지 않는다'는 거부의 의미로 이해되기 때문이다.

라 화용적 측면에서 보면, 남한에서는 명함을 주고받으면서 "언제 한번 식사라도 해요."라고 인사말을 전한다. 이때 이 표현은 정말 식사를 하자는 의미라기보다는 식사할 기회가 있기를 바란다는 의미로 해석해야 한다. 만약 식사를 정말 하려는 의도로 말하려면 약속 날짜를 잡으면서 식사를 하자고 할 것이다. 그런데 북한 이탈 주민은 이 표현을 관계를 유지하기 위한 인사말로 받아들이지 않고, 표면적 의미로 해석하여 식사를 하자고 말했다고 해석한다. 즉 명함을 주고받은 사람이 "식사를 하자."라고 말해 놓고 전혀 이를 실천하지 않는다고 오해를 하는 것이다.

마 이러한 차이는 분단 후 긴 세월 동안 교류가 없었기 때문에 벌어진 일이다. 남과 북은 지난 70년 동안 문화적, 인적, 통신적 교류가 없이 분단되어 살아왔다. 40여 년 동안 분단 국가였던 독일보다 더 오랜 세월 교류 없이 남북이 서로 다른 체제를 유지하고 살았기 때문에 언어적 차이가 독일의 경우보다 더 심하다고 할 수 있다.

바 한자어에서 차이가 난다. 북한에서는 언어 정책상 한자어를 고유어로 대체하여 사용하도록 하였으며 고유어로 문화어를 지정하였다. 그 결과 많은 한자어가 언어 사용에서 사라지게 되었다. 그러나 상대적으로 남한에서는 여전히 한자어가 많이 존재하며 한자어를 많이 사용하고 있다. 게다가 남한과 북한에서 한자어의 어순이 다르게 사용되는 사례가 꽤 있다. 예를 들면, 남한에서 사용하는 '왕래'라는 어휘를 북한에서는 '래왕'으로, 남한는 '창제'를 북한에서는 '제창'으로, 남한에서의 '상호'를 북한에서는 '호상'으로 표현한다.

사 이밖에도 남북의 언어에는 형태나 발음이 같은 단어라도 의미가 다른 사례가 존재한다. 예를 들면, '수갑', '-질', '소행'이라는 단어의 의미는 남한과 북한이 다르다. 남한에서는 '수갑'이 '죄인의 손에 끼우는 고리'를 뜻하지만 북한에서는 '손에 끼는 장갑'을 의미한다. 남한에서는 '-질'이 '직업이나 직책에 비하하는 뜻을 더하는 접미사'를 뜻하지만 북한에서는 비하하는 뜻이 없는 긍정적인 의미로 사용된다. '소행' 역시 남한에서는 부정적인 의미로 사용되는 데 비해 북한에서는 긍정적인 의미로 사용된다. 남한에서 '이게 누구 소행이지?'라고 하면 상대방을 꾸짖는 표현이 된다. 그러나 북한에서는 '착한 소행이다', '소행상을 타다', '소행이 얌전하다'처럼 표현하여 '소행'을 긍정적인 의미로 사용한다.

학습 목표 응용

01 이 글의 중심 내용으로 가장 적절한 것은?
① 남북의 언어 차이의 실태
② 두음 법칙이 일어나는 이유
③ 억양에 따른 문장의 의미 차이
④ 남북의 언어 이질화 극복 방안
⑤ 무분별한 외래어 사용의 부작용

02 이 글의 내용을 이해한 것으로 적절하지 <u>않은</u> 것은?

① 남한과 달리 북한에서는 발음에서 두음 법칙을 인정한다.
② 문장에서 어순이나 어미를 사용하는 형태는 남북이 서로 같다.
③ 남한과 달리 북한에서는 부정어를 다른 부분보다 더 높게 발음한다.
④ 남북의 언어에는 같은 단어라도 서로 다른 의미로 쓰이는 단어가 있다.
⑤ 남한과 달리 북한에서는 발화를 표면적 의미로 받아들이는 경향이 있다.

03 글쓴이의 의도를 추측한 것으로 가장 적절한 것은?

① 국어의 동질성 회복을 위한 관심과 노력을 유도하기 위해서
② 북한 주민들의 실상을 자세하게 파악할 수 있도록 하기 위해서
③ 북한의 정치, 경제, 문화 상황에 대해 정확한 정보를 전달하기 위해서
④ 북한 이탈 주민이 남한 사회에 원활하게 정착할 수 있도록 하기 위해서
⑤ 북한의 언어에 비해 남한의 언어가 지닌 상대적인 우수성을 확인하기 위해서

 04 남북의 언어 차이를 극복하기 위한 방안으로 보기 <u>어려운</u> 것은?

① 남북의 어휘를 다듬어 통합한 겨레말 사전을 편찬한다.
② 남북 언어의 통일이 필요한 이유를 적극적으로 홍보한다.
③ 남북 언어의 동질성 회복을 전제로 말다듬기 사업을 진행한다.
④ 제삼국의 언어를 외래어로 적극 도입하여 공동으로 사용한다.
⑤ 남한과 북한의 언어를 묶을 수 있는 새로운 표준어를 제정한다.

고난도 응용

01 다음은 북한 이탈 주민이 남한에서 겪은 일을 소재로 한 만화이다. 이와 같은 문제 상황이 벌어진 이유로 가장 적절한 것은?

① 남한 사람은 자신이 한 말을 행동으로 잘 옮기지 않기 때문이다.
② 남북한의 억양이 서로 달라 말의 의미가 다르게 전달되기 때문이다.
③ 남한과 북한에서 '연락'이라는 단어의 의미가 서로 다르게 쓰이기 때문이다.
④ 북한 사람은 상대방의 말을 표면적 의미로 해석하는 경향이 있기 때문이다.
⑤ 남한 사람과 북한 사람 사이에 아직 신뢰 관계가 형성되지 않았기 때문이다.

서술형 **02** 〈보기〉의 자료에 나타난 남북 언어의 차이점을 〈조건〉에 맞게 서술하시오.

┤ 보기 ├

바쁘다[바쁘다]
바쁘다01 「형용사」 일이 많거나 또는 서둘러서 해야 할 일로 인하여 딴 겨를이 없다.
바쁘다05 「형용사」「북한어」 힘에 부치거나 참기가 어렵다.

┤ 조건 ├

• '발음, 억양, 어휘, 표기' 중 어느 차원에서 차이가 발생했는지 밝혀 쓸 것.
• 30자 내외의 온전한 문장으로 쓸 것.

2 남북한 언어 차이의 양상

⊙ 다음 글을 읽고 물음에 답하시오.,

가 북측이 내놓은 합의문 초안에는 '지뢰해제'라는 용어가 등장한다. '지뢰해제'는 우리 용어로 '지뢰 제거'를 뜻한다. 우리 용어로 '장비'는 북한 용어로 '기재', '현황'은 '정형'이다. 예컨대 '지뢰 제거용 장비 현황'을 북한 용어로 바꾸면 '(　　㉠　　)'이 된다. 또, '정상 회담'은 북한 용어로 '수뇌회담'이며, 외래어인 '팩스'는 북한 용어로 '팍스'다.

북측 대표단은 '기본상', '근원상'이라는 용어를 자주 써 우리 대표단을 곤혹스럽게 했다. '기본적으로', '근원적으로'라는 용어를 쓰는 우리 대표단에게 북측 역시 귀를 쫑긋 세워야 했다. 남측이 내놓은 "쌍방은 경계 초소를 250m 이격한다."라는 문구는 북한 대표단에 의해 "쌍방은 경계초소는 250m 이격한다."로 바뀌었다. 이러한 사례는 수없이 많았다.

양측 수행원들이 용어에 대한 토론을 하느라 오전 10시에 시작한 회담은 오후 5시가 지나서야 끝났다. 양측은 회담 합의문 작성 때 명사의 경우 '지뢰 제거(해제)'와 같이 괄호를 달고, 접미사와 조사 등은 각자의 어법대로 쓰기로 원칙을 정했다.

문구 하나하나에 세심한 신경이 쓰이는 군사 회담 합의문 작성 과정에 용어 풀이는 그야말로 어려운 수수께끼를 푸는 것만큼이나 힘든 일이었다는 게 대표단의 뒷이야기이다. 이번 회담에 참가한 한 수행 요원은 "군사 부분의 신뢰 회복은 ㉡언어의 이질감을 해소하는 데에서부터 출발해야 할 것 같다."라고 말했다.

나 "곱침에 이은 호쾌한 꽂아넣기." 아마 아나운서가 이런 식으로 중계방송을 한다면, 무슨 말인지 모르는 사람들이 많을 것이다. ㉢'곱침'은 북한에서 '드리블'을 가리키는 농구 용어이고, '꽂아넣기'는 '덩크 슛'을 이르는 말이다.

농구 용어를 살펴보자. '자유투'는 '벌넣기'라고 하고, '골밑 슛'은 '륜밑넣기', '워킹 반칙'은 '걸음어김'이라고 한다. 야구 용어도 알아듣기 힘들다. '투수'는 '넣는 사람'이라 하고, '내야수'는 '안마당지기', '타자'는 '치기수'라고 한다.

배구의 '살짝공(페인트)', '그물다치기(네트 터치)', 수영의 '나비헤엄(접영)', '짝배기(배영)', 체조의 '댕기운동(리본 체조)', '조마(뜀틀)', 그 밖에 '산들판달리기(크로스컨트리)', '밟아달리기(도움닫기)' 등도 우리에게 생소한 말들이다.

---

01 (가), (나)를 바탕으로 남북의 언어 차이에 대해 이해한 내용으로 적절하지 **않은** 것은?

① 남한은 북한에 비해 띄어쓰기를 많이 하는 편이다.
② 남한과 북한 사이에 조사의 쓰임이 다른 경우도 있다.
③ 같은 대상을 지칭하는 어휘 자체가 다른 경우도 있다.
④ 북한에서는 외래어를 모두 고유어로 바꾸어 사용한다.
⑤ 남한과 북한에서는 서로 다른 접미사를 사용하기도 한다.

02 (가)의 글쓴이가 염려하고 있는 문제 상황으로 가장 적절한 것은?

① 북한 측이 합의한 내용을 실행하지 않을 수 있다.
② 남북이 합의한 내용을 문서로 작성하는 것이 불가능하다.
③ 북한 측 대표단의 말을 이해하는 데 시간이 많이 걸린다.
④ 남북의 언어 차이로 인한 오해로 무력 충돌이 발생할 수 있다.
⑤ 남북의 언어 차이를 이유로 북한 측에서 군사 회담 합의에 소극적일 수 있다.

03 ㉠에 들어갈 북한말을 〈조건〉에 맞게 서술하시오.

┌ 조건 ┐
• 이 글에 나오는 어휘만을 사용하여 쓸 것.
• 2어절로 쓸 것.

04 (가), (나)에 제시된 북한어 중 ⓒ의 예로 제시하기에 적절하지 <u>않은</u> 것은?

① 근원상
② 수뇌회담
③ 이격한다
④ 륜밑넣기
⑤ 그물다치기

05 ⓒ에 적용된 북한의 말다듬기 정책에 대해 대화한 내용 중, 적절하지 <u>않은</u> 것은?

① 국제적인 의사소통에서는 많은 불편이 따를 것 같아.
② 조금 억지스러운 점도 있지만 우리말이라 친근한 느낌도 들어.
③ 새로운 우리말을 많이 만들어 낼 수 있다는 점에서 긍정적이라고 봐.
④ 농구 용어를 잘 모르는 남한 사람들은 외래어보다 더 이해하기 어려워할 것 같아.
⑤ 외래어를 그대로 수용하기보다는 우리말로 고치려는 점에서 주체성이 있는 것 같아.

06 통일 시대의 국어를 위해 가져야 할 태도로 적절하지 <u>않</u>은 것은?

① 남북의 언어 차이를 인정하고 포용하며 수용하는 태도를 지닌다.
② 남북의 언어 차이를 극복할 수 있는 방안에 관심을 두고 실천한다.
③ 남북이 다양한 분야에서 활발히 교류하고 소통하는 것이 필요함을 인식한다.
④ 남북이 서로 다르게 사용하는 어휘를 알아보고 그 뜻을 이해하려고 노력한다.
⑤ 남한의 표준어를 북한에 보급하여 북한에서도 표준어를 사용할 수 있도록 유도한다.

고난도 응용

01 (가)의 글쓴이가 회담 과정에서 가졌을 생각을 추측한 것으로 적절하지 <u>않은</u> 것은?

① 접미사와 조사의 쓰임이 남한과 달라 낯선 느낌을 받았을 것이다.
② 띄어쓰기가 남한과 달라 글의 의미를 파악하기 쉽지 않았을 것이다.
③ 같은 한국어를 사용하기 때문에 의사소통에 결정적인 어려움은 없었을 것이다.
④ 일부 어휘의 차이로 인해 상대측의 의도를 파악하는 데 어려움을 겪었을 것이다.
⑤ 군사 문제와 관련된 회담이었기 때문에 문구 하나하나에 신경이 많이 쓰였을 것이다.

02 다음 인터뷰 내용과 밀접한 연관이 있는 북한어의 특징으로 적절한 것은?

> 기자: 얼마 전에 끝난 세계 탁구 대회에 남북 단일팀 선수로 참가한 바 있는데요, 북한 선수와 한 팀이 되어 훈련하고 시합하면서 어려운 점은 없었나요?
> 김○○: 처음 연습할 때에는 용어가 조금 달라 소통에 어려움을 겪기도 했습니다. 예를 들어 제가 서브를 하라고 하면 북한 선수가 '서브가 뭐냐'라고 물어요. 북한에서는 '서브'란 말을 쓰지 않고, '쳐넣기'라고 한다더군요. '리시브'를 '받아치기'라고 하는 것도 인상적이었습니다.

① 같은 낱말을 다른 의미로 쓰는 경우가 있다.
② 한자어를 남한과 다른 뜻으로 사용하기도 한다.
③ 정치적 이념에 따라 새롭게 만든 단어들이 있다.
④ 남한에서는 더 이상 쓰이지 않는 단어가 쓰이고 있다.
⑤ 외래어를 고유어로 바꾸어 그것을 문화어로 지정하기도 한다.

03 ⓒ을 극복하기 위해 중학생이 할 수 있는 일 한 가지를 30자 내외의 한 문장으로 서술하시오.

[01~07] 다음 글을 읽고, 물음에 답하시오.

가 남한과 북한에서 발음 및 억양, 어휘, 화용적 차이가 존재한다. 남한과 북한 언어 차이의 대표적인 사례를 들면 다음과 같다.

발음에서 보면, 남한에서는 '노동', '염원'이라 발음하는 것을 북한에서는 ⓐ'로동', '념원'으로 발음한다. 이처럼 남한에서는 두음 법칙을 인정하는 반면, 북한에서는 이를 인정하지 않는다.

억양에서 보면, 남한에서는 부정문에서 부정을 나타내는 '안'이라는 어휘를 낮은 억양으로 발음하는 데 비해 북한에서는 '안'이라는 어휘를 높은 억양으로 발음한다. 예를 들면, 남한 사람들은 '안 먹겠습니다'라는 말을 할 때, '안'보다는 '먹' 부분을 더 높게 발음하는데, 북한 사람들은 '먹'보다는 '안' 부분을 더 높게 발음한다. 그 결과 '안'이 들어간 부정어를 북한 이탈 주민이 말했을 때, 남한 사람들은 북한 이탈 주민이 불친절하고 무뚝뚝하다고 오해를 한다. '안'을 높여 발음하면 '먹지 않겠다'는 거절의 의미보다 '먹기에 적절하지 않아 먹지 않는다'는 거부의 의미로 이해되기 때문이다.

어휘에서 보면, 남한에서는 ⓑ'소시지'라고 표현하는 것을 북한에서는 '칼파스' 또는 '고기순대'라고 표현한다. 남한에서는 '오징어'라고 부르는 것을 북한에서 '낙지'라고 부르고, 남한에서 '낙지'라고 부르는 것을 북한에서는 '오징어'라고 부른다.

나 둘째, 새로운 제도, 생활 문화의 창조, 새로운 기술 등으로 발생하게 되는 신조어의 차이가 존재한다. 예를 들면, 남한에서는 초등학생의 학교 등교 시간에 어머니들이 나와서 아이들의 안전을 위해 횡단보도 건너기를 지도한다. 이때 안전하게 횡단보도를 건너도록 지도하는 어머니를 '녹색어머니'라고 부른다. ⓒ'녹색어머니'는 '녹색'과 '어머니' 각각의 뜻을 안다고 이해할 수 있는 어휘가 아니다. 생활 문화 내에서 새롭게 만들어진 어휘이기 때문이다.

셋째, 한자어에서 차이가 난다. 북한에서는 언어 정책상 한자어를 고유어로 대체하여 사용하도록 하였으며 고유어로 문화어를 지정하였다. 그 결과 많은 한자어가 언어 사용에서 사라지게 되었다. 그러나 상대적으로 남한에서는 여전히 한자어가 많이 존재하며 한자어를 많이 사용하고 있다. 게다가 남한과 북한에서 한자어의 어순이 다르게 사용되는 사례가 꽤 있다. 예를 들면, 남한에서 사용하는 '왕래'라는 어휘를 북한에서는 '래왕'으로, 남한에서는 '창제'를 북한에서는 ⓓ'제창'으로, 남한에서의 '상호'를 북

한에서는 '호상'으로 표현한다.

넷째, 전문어의 차이가 존재한다. 예를 들면, 학생들이 사용하는 교과서가 다르고 학문적 풍토가 다르기 때문에 발생하게 되는 학습어의 차이가 있다. 남한에서는 '가감법'이라는 용어를 사용하지만 북한에서는 ⓔ'더덜기법'이라는 용어를 사용한다.

이밖에도 ㉠남북의 언어에는 형태나 발음이 같은 단어라도 의미가 다른 사례가 존재한다. 예를 들면, '수갑', '-질', '소행'이라는 단어의 의미는 남한과 북한이 다르다. 남한에서는 '수갑'이 '죄인의 손에 끼우는 고리'를 뜻하지만 북한에서는 '손에 끼는 장갑'을 의미한다. 남한에서는 '-질'이 '직업이나 직책에 비하하는 뜻을 더하는 접미사'를 뜻하지만 북한에서는 비하하는 뜻이 없는 긍정적인 의미로 사용된다. '소행' 역시 남한에서는 부정적인 의미로 사용되는 데 비해 북한에서는 긍정적인 의미로 사용된다. 남한에서 '이게 누구 소행이지?'라고 하면 상대방을 꾸짖는 표현이 된다. 그러나 북한에서는 '착한 소행이다', '소행상을 타다', '소행이 얌전하다'처럼 표현하여 '소행'을 긍정적인 의미로 사용한다.

01 이 글을 바탕으로 설득하는 글을 쓸 때, 주장할 수 있는 내용으로 가장 적절한 것은?

① 남한과 북한의 문화 수준의 격차를 좁혀야 한다.

② 남한도 북한과 마찬가지로 고유어를 중시해야 한다.

③ 남한과 북한 모두 상대의 언어에 관심을 가져야 한다.

④ 북한도 남한의 어문 규정에 따라 말다듬기를 해야 한다.

⑤ 북한어도 방언과 같이 소중한 국어 자료인 만큼 잘 보존해야 한다.

02 (가), (나)에 제시된 사례처럼 남북의 언어 이질화가 발생한 근본적인 원인에 해당하는 것은?

① 남북의 정치 체제의 차이

② 남북의 지역적 특색의 차이

③ 남북 주민들의 가치관 차이

④ 남북 분단으로 인한 교류의 단절

⑤ 남북의 언어에 대한 주변국의 간섭

03 이 글의 내용을 고려할 때, 북한 사람끼리의 대화에 해당하는 것은?

① A: 언제 한번 만나서 식사라도 같이 합시다.
　 B: 그래요. 조만간 다시 만나요.
② A: 지난번에 오징어 선물 고마웠어요.
　 B: 다행이에요. 우리 서로 자주 왕래하며 지내요.
③ A: 그렇게 나쁜 짓을 많이 하니 수갑을 차는 게 당연하지.
　 B: 나쁜 짓을 했는데 왜 수갑을 차는 거죠?
④ A: 오늘 저녁에는 칼파스를 준비할 건데, 일없습네까?
　 B: 아, 고기순대 좋지요.
⑤ A: 그 정책은 로동자들에게 결코 리롭지 않습네다.
　 B: 노동자들에게 이롭지 않은 정책이라고 보시는군요.

04 다음 문장을 남북의 사람이 각각 말했다고 할 때, 말하는 사람의 의도가 어떻게 다른지 〈조건〉에 맞게 서술하시오.

> 준호야, 이번 일은 너의 소행 맞지?

┤ 조건 ├
• "남은 ~ 의도로 말하였지만, 북은 ~ 의도로 말하였다."와 같은 방식으로 쓸 것.
• 40자 내외의 한 문장으로 쓸 것.

05 남북의 언어 차이로 인해 발생할 수 있는 문제 상황으로 보기 어려운 것은?

① 남북한 사람들이 상대방에 대해 이질감을 느낄 수 있다.
② 서로 다른 억양을 사용하여 말뜻을 전혀 이해하지 못할 수 있다.
③ 상대방이 한 말의 뜻을 잘못 이해하여 갈등이나 분쟁이 일어날 수 있다.
④ 상대방이 한 말의 내용을 정확히 이해하지 못해 어떤 작업을 함께하기 어려울 수 있다.
⑤ 뜻이 통하지 않아 자세히 설명해야 하는 경우가 생길 경우 대화 시간이 많이 걸릴 수 있다.

06 ㉠의 사례로 들기에 적절하지 않은 것은?

① 남한에서는 '어묵'이라고 하는 것을 북한에서는 '고기떡'이라고 한다.
② 남한과 북한에서는 '오징어'와 '낙지'가 가리키는 대상이 서로 뒤바뀌어 있다.
③ 남한에서 '몹시 급하다'를 뜻하는 '바쁘다'가 북한에서는 '매우 딱하다'를 뜻한다.
④ 북한에서는 '궁전'을 정치 문화 교양 사업을 하는 크고 훌륭한 건물을 뜻하는 말로 사용한다.
⑤ '새침데기'가 남한에서는 새침한 성격을 지닌 사람을 뜻하지만, 북한에서는 예쁘고 애교가 많은 사람을 뜻한다.

07 ⓐ~ⓔ 중, 다음 설명의 밑줄 친 단어와 유사한 성격을 지닌 것은?

> 1984년 8월 3일 김정일은 평양에서 열린 '전국경공업제품전시장'을 시찰하면서 각지의 공장 기업소 내에 설치된 가내작업반을 확대 조직하여 부산품과 폐산물을 이용하여 생활필수품을 생산하여 주민들에게 공급하라고 지시하였다. 이러한 지시에 따라 공장의 생산 공정에서 나오는 폐기물과 부산물, 유휴자재를 이용해 만든 생활용품을 가리키는 말로 '8·3인민소비품'이라는 단어가 새로 만들어졌다.

① ⓐ　　　② ⓑ　　　③ ⓒ
④ ⓓ　　　⑤ ⓔ

08 다음 언어 자료에 나타난 북한 언어의 특징만을 〈보기〉에서 모두 고른 것은?

남한	시냇물의 유속이 빨라 건널 수 없다.
북한	시내물의 류속이 빨라 건널수 없다.

┤ 보기 ├
ㄱ. 사이시옷을 적지 않는다.
ㄴ. 된소리 발음을 많이 한다.
ㄷ. 거센소리 발음을 많이 한다.
ㄹ. 두음 법칙을 인정하지 않는다.
ㅁ. 의존 명사를 앞말과 붙여 쓴다.

① ㄱ, ㄴ, ㄷ
② ㄱ, ㄷ, ㅁ
③ ㄱ, ㄹ, ㅁ
④ ㄴ, ㄷ, ㅁ
⑤ ㄱ, ㄷ, ㄹ, ㅁ

09 다음 설명의 사례로 들기에 적절하지 <u>않은</u> 것은?

남한에서는 외래어를 그대로 사용하거나 한자어를 사용하는 경우가 많은 반면, 북한에서는 대체로 이를 우리말로 바꾸어 쓰려고 한다.

	남	북		남	북
①	훈제	내굴찜	②	호우	무더기비
③	코너킥	모서리공	④	적혈구	붉은피알
⑤	양동이	물바께쯔			

10 〈보기〉를 활용하여 북한어의 특징을 설명한 것으로 적절한 것은?

┤ 보기 ├
• 남한: 드리블에 이은 호쾌한 덩크 슛
• 북한: 곱침에 이은 호쾌한 꽂아넣기

① 발음할 때 두음 법칙을 인정하지 않는다.
② 외래어를 고유어로 바꾸기 위해 노력한다.
③ 높은 데서 낮은 데로 떨어지는 억양을 갖고 있다.
④ 문장의 표면적 의미를 그대로 해석하는 경향이 있다.
⑤ 형태와 발음은 같지만 의미가 다른 단어가 존재한다.

11 다음 사례를 바탕으로 남북의 언어 차이를 설명한 것으로 가장 적절한 것은?

우리말인 '동무'는 '늘 친하게 어울리는 사람'이나 '어떤 일을 짝이 되어 함께하는 사람'을 뜻하는 단어로 오래 전부터 쓰인 단어이다. 하지만 이 말이 북한에서 '혁명을 위하여 함께 싸우는 사람'을 친근하게 이르는 말로 널리 쓰이면서 남한에서는 '동무'라는 단어를 사용하는 것이 금기시되었고, 한자어인 '친구'라는 말이 그 자리를 대체하였다.

① 지역에 따라 그 지방색을 반영한 방언들이 각기 존재한다.
② 시간이 지나면서 자연스럽게 사라졌던 말을 다시 살려 쓰기도 한다.
③ 남북이 주로 교역하고 있는 나라가 서로 달라 유입된 언어에도 차이가 생긴다.
④ 서로 다른 정치 체제와 이념이 단어의 의미 변화와 사용에 영향을 미치기도 한다.
⑤ 각기 다른 어문 규정에 따라 한자어와 고유어 중에서 어느 것을 선택할지 결정된다.

12 〈보기〉의 설명 중, ㉠의 사례로 들기에 적절한 것은?

┤ 보기 ├
남북한의 국어학자들이 언어 통일을 위해 공동으로 집필 중인 『겨레말큰사전』에서 외래어 표기는 다음 방법 중 하나를 택하여 단일안을 마련하였다.
• 남한에서 쓰는 외래어로 단일화한다.
• 북한에서 쓰는 외래어로 단일화한다.
• ㉠제3의 안으로 단일화한다.
• 남북한의 외래어를 인정하여 복수로 한다.

	남한	북한	단일안
①	로봇	로보트	로보트
②	메시지	메쎄지	메세지
③	게임	껨	게임
④	테이블	테블	테이블/테블
⑤	하마터면	하마트면	하마트면

[13~14] 다음 글을 읽고 물음에 답하시오.

북한 사람들은 남한의 언어 중 단어가 어렵다는 평가를 많이 한다. 이는 어휘 면에서 남북한의 차이가 두드러진다는 의미로, 한자어와 외래어가 많은 우리의 말을 북한 사람들로서는 이해하기가 힘들다는 뜻이다. 이와는 달리 우리의 경우 외래어를 순우리말로 바꿔 사용하는 북한의 어휘를 이해하는 데는 큰 어려움을 느끼지 않는다. 다만, ⓐ그들의 발음과 억양이 우리의 것과는 달라 낯설고 긴장하게 되는 경향이 있다. 오랜 남북의 분단 상황에서 이질적으로 발전한 두 언어가 남북 간의 동질성을 회복하는 데 걸림돌이 되지 않도록 서로가 노력해야 할 것이다.

13 이 글을 읽고 이해한 내용으로 적절하지 <u>않은</u> 것은?

① 북한 사람들은 남한어 중에서 어휘를 가장 어려워한다.

② 남한 사람들은 북한 사람들의 억양을 어색하게 느낀다.

③ 북한보다 남한에서 한자어와 외래어를 더 많이 사용한다.

④ 이질화된 언어가 자칫 민족의 동질성 회복을 더디게 할 수 있다.

⑤ 남한 사람들은 북한이 외래어를 순화한 말을 잘 이해하지 못한다.

14 ⓐ를 구체적으로 설명한 것으로 적절하지 <u>않은</u> 것은?

① 남한에서는 대체로 부드럽게 흘러가듯이 말하는 경향이 있다.

② 남한과 달리 북한의 말은 명확하면서 강하고 드센 인상을 준다.

③ 부정문에서 높게 발음하는 부분이 서로 달라 오해가 생길 수 있다.

④ 억양의 차이로 남한 사람들은 북한 사람들을 무뚝뚝하다고 오해할 수도 있다.

⑤ 남한 사람들은 북한 사람에 비해 단어나 어절을 끊어서 말하는 경향이 있다.

15 남북한의 언어 차이를 극복하기 위한 노력으로 적절하지 <u>않은</u> 것은?

① 활발한 민간 교류를 통해 언어의 이질감을 해소한다.

② 서로의 이념이나 제도에 대해 이해하려는 태도를 갖는다.

③ 남북한 언어 차이의 실태와 극복 방안의 필요성을 널리 알린다.

④ 표준어와 문화어 중 보다 많은 사람이 사용하는 언어로 통일한다.

⑤ 남북한 국어학자들의 공동 연구를 활성화하여 차이를 좁혀 나간다.

16 다음은 북한의 〈문화어발음법〉의 일부이다. 예를 든 것으로 적절하지 <u>않은</u> 것은?

제5항. 《ㄹ》은 모든 모음앞에서 [ㄹ]로 발음하는것을 원칙으로 한다. 그러나 한자말에서 《렬, 률》은 편의상 모음뒤에서는 [열]과 [율]로, 《ㄹ》을 제외한 자음뒤에서는 [녈], [뉼]로 발음한다.

① 론문[론문]   ② 리론[리론]   ③ 대렬[대녈]
④ 정렬[정녈]   ⑤ 선렬[선녈]

서술형

17 통일 시대의 국어를 준비하는 방안 중, 다음 글이 시사하는 바를 〈조건〉에 맞게 서술하시오.

독일은 분단 40년 만인 1990년 통일되면서 바로 두덴출판사를 중심으로 통일 독일어 사전 편찬에 들어갔는데 독일어에서 어문 규범이 따로 없고, 또 통일 전에 교류가 활발하여 독일어는 처음부터 하나였다. 그리하여 별다른 무리 없이 동독에서만 쓰던 약 6,000개의 언어를 서독의 사전에 편입하여 11만 5천 단어를 실은 통일 독일어 사전을 완성함으로써 독일어가 완성되었다.

┤ 조건 ├

• 제시된 글의 중심 내용과 관련지어 쓸 것.
• 30자 내외의 온전한 문장으로 쓸 것.

Ⅲ 읽기

01 문제를 해결하며 읽기

개념 압축 APP

❶ 문제 해결 과정으로서의 읽기

글을 읽는 과정에서 발생하는 여러 가지 인지적인 문제들을 해결하며 글의 내용을 이해하는 것

❷ 읽기 과정에서 발생할 수 있는 문제와 해결 방법

읽기 과정에서 발생할 수 있는 문제들은 주로 내용 이해와 관련되며, 이를 해결하기 위해 글에 나타난 (   )들을 단서로 하고, 독자가 가지고 있는 (   )을/를 활용해야 함.

문제	해결 방법
글에 쓰인 단어의 의미를 모름.	사전을 찾아 의미를 확인함.
글에 쓰인 문장의 의미가 애매하거나 모호함.	앞뒤 문맥을 고려하여 문맥의 의미를 파악함.
주제나 중심 생각이 직접 드러나 있지 않음.	글을 구성 단계별로 나누고, 중심 생각을 정리하여 주제를 파악함.
글쓴이의 주장이 합리적이고 타당한지 고민됨.	글쓴이의 주장과 관련되는 다른 정보를 찾아 주장의 합리성과 타당성을 판단함.

❸ 읽기 과정의 점검과 조정

- 읽기 과정에서 자신이 글의 내용을 잘 이해했는지 (   )함.
- 읽기 목적과 상황에 맞게 읽기 방법을 효과적으로 (   )함.
- 자신의 인지 상태 점검, 문제 상황 인식, 문제 해결을 위한 노력 등을 통해 능동적인 독서 태도를 기를 수 있음.

필수 어휘 사전

- **배경지식:** 어떤 글을 읽고 이해하는 데 바탕이 되는 경험과 지식.

확인 문제

1

문제 해결 과정으로서의 읽기에 대한 설명으로 적절하지 않은 것은?

① 능동적으로 글을 읽는 태도를 기를 수 있다.
② 글의 내용을 이해하는 과정에서 문제들이 발생한다.
③ 독자가 가지고 있는 배경지식이 문제 해결에 도움을 준다.
④ 읽기 과정에서 발생하는 문제들을 해결하며 글을 읽는다.
⑤ 적극적으로 문제를 해결하기 위해 글에 나타난 정보들은 활용하지 않는다.

2

읽기 과정에서 다음과 같은 문제가 발생했을 때, 해결 방법을 쓰시오.

> 글을 읽는 데 뜻을 모르는 단어가 나와서 문장이 이해되지 않았다.

3

다음 빈칸에 들어갈 말을 쓰시오.

> 효과적으로 글을 읽기 위해서는 읽기 (   )와/과 (   )에 맞게 읽기 방법을 효과적으로 조정하며 읽어야 한다.

수행 평가 따라잡기

1 다음 글을 읽는 과정에서 친구들이 느끼는 어려움을 해결할 수 있도록 구체적인 방법을 제시하며 조언의 글을 써 보자.

> 붉은바다거북은 국제 자연 보호 연맹이 지정한 멸종 위기종인데, 이들의 생존을 위협하는 원인은 여러 가지가 있다. 세계 곳곳에는 바다거북의 산란지가 있는데 붉은바다거북은 밤에 모래사장으로 올라와 알을 낳는다. 이때 빌딩의 불빛이나 네온사인, 가로등 같은 인공 불빛이 산란을 방해한다. 알에서 깨어난 새끼 거북은 달이나 별빛을 따라 방향을 잡고 바다로 기어가는데, 화려한 인공조명 때문에 방향을 잘못 잡고 육지 쪽으로 기어가다가 죽거나, 밤새 헤매다가 날이 밝으면 갈매기나 뱀, 여우, 너구리 같은 천적에게 잡아먹히고 만다.
>
> 부드러운 모래가 펼쳐진 바닷가가 휴양지로 개발되고 건물이 들어서면서 바다거북이 알을 낳을 장소와 서식지를 잃어 가는 것도 큰 문제다. 또 물고기를 잡기 위해 설치한 어획 도구에 걸려서 다치거나 질식해서 죽기도 한다. 또 다른 원인은 플라스틱이다. 바람과 강물을 타고 떠내려간 쓰레기는 바다를 떠돌면서 매우 작은 크기로 부서진다. 이런 플라스틱 조각과 비닐, 풍선 같은 쓰레기를 해파리 같은 먹이로 착각해서 삼키고 만다. 결국 바다거북은 소화되지 않는 이런 쓰레기 때문에 영양분을 흡수하지 못하고, 화학 물질만 몸속에 쌓여 조직 손상을 입거나 이상 행동을 하고 껍질이 약한 알을 낳기도 한다.
>
> – 박경화, 「플라스틱은 전혀 분해되지 않았다」

> (1) 봄이: '산란'이나 '천적' 같은 단어의 뜻을 모르겠어.
> (2) 여름이: 붉은바다거북의 생존을 위협하는 원인이 여러 가지가 있다는데, 문장의 구체적 의미가 뭔지 모르겠어. 왜 여러 가지가 있다고 말하는 것일까?
> (3) 가을이: 해양 생태계에게 미치는 플라스틱의 영향에 대한 정보를 수집하려고 글을 읽는데, 글에 담긴 정보가 너무 많아서 당황스러워.

(1) 봄아, _____

_____

(2) 여름아, _____

_____

(3) 가을아, _____

_____

끌어 주기

1

글을 읽는 과정에서 어려움을 겪었던 자신의 경험을 떠올려 보고, 이를 해결하기 위해 할 수 있는 일들을 생각해 본다.

(1) 봄이는 글에 나타난 단어의 의미를 이해하지 못하는 어려움을 겪고 있다. 단어의 뜻을 모른다면 글의 의미 파악조차 되지 않기 때문에 정확한 단어 뜻을 알 수 있는 방법을 생각해 본다.

예시 답안 사전을 찾아본다면 모르는 단어의 뜻을 확인할 수 있을 거야.

(2) 여름이는 문장의 내용을 이해하지 못하는 어려움을 겪고 있다. 문장을 구성하는 단어의 의미를 다 안다고 하더라도 문장의 내용을 이해하지 못할 수 있기 때문에 문장이 어떤 맥락에서 쓰였는지 확인할 수 있는 방법을 생각해 본다.

예시 답안 붉은바다거북의 생존을 위협하는 원인에는 여러 가지가 있다고 첫 문장에 나오니까 뒤에 관련된 부연 설명이 있는지 확인해 봐. 뒤에 나오는 문맥의 의미를 파악한다면 문장의 구체적 의미를 파악할 수 있을 거야.

(3) 가을이는 글에 담긴 정보가 너무 많아 어떤 방법으로 글을 읽고, 어떤 정보를 수집해야 하는지 모르는 어려움을 겪고 있기 때문에 읽기 목적에 따라 읽기 과정을 점검하고 조정할 수 있는 방법을 생각해 본다.

예시 답안 글에 담긴 정보는 많지만 너의 읽기 목적이 해양 생태계에 미치는 플라스틱 영향에 관한 정보 수집이니까 그에 맞게 읽기 방법을 조정한다면 선택해야 할 정보를 알 수 있을 거야.

1 플라스틱은 전혀 분해되지 않았다 | 박경화

⊙ 다음 글을 읽고 물음에 답하시오.

가 '이럴 수가….'

한 장의 사진을 보고 멈칫했다. 미국의 어느 환경 운동가가 올린 사진에서 한동안 눈을 뗄 수가 없었다. 바다거북의 등껍질 가운데에 플라스틱 끈이 걸려 있고, 거북의 단단한 등딱지는 허리가 잘록한 땅콩 모양으로 자라 있었다. 플라스틱 끈은 상자에 담긴 여섯 개들이 맥주병을 고정시킬 때 사용하는 이음매이다. 이 플라스틱은 꽤 오래전부터 거북의 몸에 걸려 있었던 모양이고, 딱딱한 거북의 등껍질을 기형으로 자라게 할 정도로 단단하고 강했다. ⓐ<u>등껍질만 기형이 아니라 거북이 자라는 동안 몸과 내장 모두가 기형으로 성장했을 것이다.</u> 그 고통이 얼마나 심했을지 나는 가늠하기조차 어렵다. 이렇듯 플라스틱은 생존율이 5,000분의 1에 지나지 않는 귀한 바다거북의 생명마저 위협하고 있다.

나 ⓑ<u>플라스틱은 석유에서 추출되는 원료를 결합시켜 만든 고분자 화합물의 일종이다.</u> 이 고분자 물질의 대부분은 합성수지인데, 합성수지를 열 가공하거나 경화제, 촉매, 중합체 등을 사용하여 일정한 형상으로 성형한 것 또는 그 원료인 고분자 재료를 플라스틱이라고 한다.

다 ⓒ<u>플라스틱은 지구상에 없던 물질을 인간이 만들어 낸 것으로, 석유를 널리 사용하면서부터 개발되어 탄생한 지 이제 100년 가량이 되었다.</u> 그러나 플라스틱 분해 기간은 500년이거나 그 이상이라고 알려져 있고, 어떤 전문가들은 플라스틱 분해 기간을 정확히 알 수 없다고도 말한다. 다만 정확한 것은 지금까지 만들어 낸 플라스틱은 태우지 않는 한 자연 상태에 그대로 남아 있다는 것이다.

라 대개 사람들은 플라스틱을 재활용할 수 있다는 생각에 편하게 쓰고 쉽게 버린다. 하지만 ⓓ<u>플라스틱 종류가 너무 많아서 재활용되는 양은 그리 많지 않다.</u>

플라스틱 중에는 페트병 재활용이 70%가량으로 가장 높고, 비료포대나 석유통으로 쓰이는 폴리에틸렌, 욕조나 유아 용품으로 쓰는 폴리프로필렌, 요구르트 병 같은 폴리스티렌, 레고나 차 범퍼로 쓰는 아크릴로니트릴, 파이프나 호스, 비닐봉투로 쓰는 폴리염화비닐, 스티로폼인 발포폴리스티렌 등이 수거와 재활용이 잘되는 편이다. 하지만 이외에는 재질별로 선별하기가 쉽지 않다. 더구나 플라스틱 용기류에는 이물질이 많이 묻어 있거나 섞여 있고, 세척이 안 된 채 배출되어 주로 플라스틱 함지나 정화조처럼 품질이 떨어지는 제품으로 재활용한다. 재활용률이 높은 페트병도 다시 페트병으로 만들지 않고, 화학솜이나 노끈을 만들고 일부는 실을 뽑아내 운동복을 만들기도 한다. 그 외에는 태우거나 쓰레기 매립장에 묻는데, 수거되지 않은 나머지 플라스틱은 땅에 묻혀 있거나 어딘가를 떠돌아다닌다.

마 ⓔ<u>지질 시대에 만들어진 석유는 지구가 매우 오랜 기간에 걸쳐 만들어 낸 소중한 자원이다.</u> 우리는 이 소중한 석유를 10분가량 쓰고 난 뒤 버려질 플라스틱으로 만들었다가 다시 수백 년 동안 분해되지 않는 쓰레기로 만들어 내고 있다. 지금까지 사람들이 만들어 낸 모든 플라스틱은 썩지 않고 이 지구에 존재하고 있다. 길바닥에 나뒹구는 쓰레기로, 바다를 떠다니는 해양 쓰레기로, 매립장에 가득 쌓인 쓰레기로 다양한 모습으로 존재하고 있다. 나는 이 땅에서 죽어 사라져도 내가 사용한 플라스틱은 여전히 남아 있다. 그런데도 계속 이렇게 편하게 쓰고 쉽게 버려도 될까?

학습 목표 응용

01 (가)~(마)의 중심 내용으로 적절하지 <u>않은</u> 것은?
① (가): 바다거북의 생명을 위협하는 플라스틱
② (나): 플라스틱의 개념
③ (다): 분해 기간이 긴 플라스틱
④ (라): 플라스틱 재활용의 어려움
⑤ (마): 플라스틱 사용을 줄일 수 있는 방법

📝 서술형
02 이 글을 통해 글쓴이가 독자에게 당부하고자 하는 바를 〈조건〉에 맞게 서술하시오.

┌─ 조건 ─
• '청유문' 형식의 한 문장으로 쓸 것.

03 (가)~(마)를 읽는 과정에서 발생할 수 있는 문제로 적절하지 <u>않은</u> 것은?

① (가): 글쓴이는 왜 거북의 등껍질뿐 아니라 몸과 내장 모두가 기형으로 성장했을 것이라고 하는 거지?

② (나): 합성수지, 경화제, 중합체 등 일상에서 잘 쓰지 않는 단어가 너무 많아 글을 이해하기가 어렵네.

③ (다): 오늘날 같이 과학 기술이 발전한 시기에 플라스틱의 분해 기간을 정확히 알 수 없다는 글쓴이의 의견은 과연 타당할까?

④ (라): 재활용률이 높은 페트병도 다시 페트병으로 만들지 않고, 화학솜이나 노끈으로 만드는 이유가 제시되어 있지 않네.

⑤ (마): 일회용 플라스틱 제품을 사용하는 것은 소중한 자원을 낭비하는 동시에 환경오염을 유발한다는 글쓴이의 의견은 합리적인가?

04 ⓐ~ⓔ를 이해할 때, 〈보기〉에 제시된 배경지식을 활용할 수 있는 것은?

┤ 보기 ├

인간은 1950년부터 2015년까지 65년간 총 83억 톤의 플라스틱을 생산하였고, 그중 90.5%의 플라스틱은 재활용되지 않은 채 소각되거나 그대로 지구 어딘가에 방치된 상태입니다.

① ⓐ ② ⓑ ③ ⓒ ④ ⓓ ⑤ ⓔ

05 〈보기〉의 문제를 해결하기 위한 방법으로 적절한 것은?

┤ 보기 ├

(가)의 바다거북 사례만으로 플라스틱이 동물에게 해를 끼쳤다고 할 수 있을까?

① 바다거북의 신체적 특징을 알아보기 위해 백과사전을 찾아본다.

② 뒤에 나오는 (나)와 (다)를 참고하여 플라스틱의 특징을 알아본다.

③ (가)에 나오는 이음매, 기형 등 어려운 단어를 찾아 의미를 파악한다.

④ (가)의 맥락을 바탕으로 플라스틱이 바다거북의 생명을 위협한다는 중심 생각을 추론한다.

⑤ 비닐과 끈 뭉치를 먹어 영양실조로 죽은 뱀머리돌고래에 관한 영상을 본 경험을 떠올린다.

고난도 응용

01 이 글을 통해 쌓을 수 있는 배경지식으로 적절하지 <u>않은</u> 것은?

① 플라스틱은 분해 기간이 매우 길기 때문에 재활용하거나 태우지 않는 한 쓰레기로 자연 상태에 남아 있게 된다.

② 바다거북의 생존율은 5,000분의 1에 지나지 않으며, 플라스틱은 이런 바다거북의 생존을 위협하는 원인 중 하나이다.

③ 플라스틱 용기류에 이물질이 많이 묻어 있거나 섞여 있고, 세척이 안 된 채 배출되면 품질이 떨어지는 제품으로 재활용된다.

④ 플라스틱은 석유에서 추출되는 원료를 결합시켜 만든 고분자 화합물의 일종으로 이 고분자 물질의 대부분은 합성수지이다.

⑤ 플라스틱은 쇠처럼 녹슬거나 종이처럼 분해되지 않기 때문에 잘게 쪼개지거나 광분해 되어 미세 플라스틱으로 변하게 된다.

서술형

02 〈보기〉를 근거로 글쓴이의 주장에 대해 타당성을 판단할 때, 그 결과를 〈조건〉에 맞게 서술하시오.

┤ 보기 ├

• 플라스틱으로 만들어진 물건이 많아 사용량을 줄이기가 힘들다.

• 장점이 많은 플라스틱을 대체할 수 있는 물질을 개발하기 어렵다.

┤ 조건 ├

• '~(이)라는 글쓴이의 주장은 ~ 하다.'의 형식으로 쓸 것.

2 신대륙의 숨은 보물, 고추 이야기 | 홍익희

◉ 다음 글을 읽고 물음에 답하시오.

가 중세 유럽의 향신료 탐험은 1492년 콜럼버스의 신대륙 발견으로 이어졌습니다. 자신이 밟은 땅을 인도라고 착각한 콜럼버스는 후추를 찾지 못했지만 대신 감자와 고추를 발견하였습니다. 그는 자신의 일기에 'ⓐ후추보다 더 좋은 향신료'라고 고추를 평했습니다.

이후 콜럼버스에 의해 유럽으로 전해진 고추는, 16세기 포르투갈과 네덜란드 상인을 통해 아시아, 아프리카까지 퍼져 나갔습니다. 그렇게 고추는 한 세기 만에 전 세계로 전해졌고, 많은 사람의 입맛을 사로잡게 되었습니다. 그만큼 고추는 ⓑ신대륙과 함께 발견한 또 다른 보물이었던 셈입니다.

나 현재 세계 곳곳에서 고추의 매운맛을 즐기고 있습니다. 우리가 고추장을 즐겨 먹듯 고추의 원산지인 멕시코를 중심으로 살사, 타바스코, 칠리 등 매운 소스가 발전했습니다. [A] 동남아에서도 덥고 습한 날씨 때문에 음식에 곁들이는 양념이 발달해 인도네시아의 삼발, 태국의 남프릭 등 매운 소스가 개발되었습니다. 또 인도에선 매운 품종의 고추가 많이 생산되고 있는데, 특히 아삼 지역은 엄청난 매운맛을 자랑하는 부트졸로키아 고추가 재배되었습니다.

한편, 우리가 잘 알고 있는 '달콤한' 고추, 파프리카는 부드러운 고추의 변종으로 미국의 열대 지역에 뿌리를 두고 있습니다. 터키를 대표하는 향신료인 파프리카는 오스만 제국 당시엔 헝가리로 전파되었습니다. 파프리카는 단맛부터 매운맛까지 다양한데, 이 중 순한 맛의 파프리카 가루는 헝가리를 대표하는 향신료가 되었습니다. 헝가리식 쇠고기 스튜 '굴라시'는 파프리카를 활용한 가장 대표적인 음식입니다. 이렇게 고추는 매운맛, 순한 맛 가릴 것 없이 ⓒ전 세계인의 입맛을 사로잡은 것입니다.

다 한국을 대표하는 김치는 고추 맛을 가장 잘 보여 주는 음식입니다. 하지만 김치가 원래부터 매웠던 것은 아니라고 합니다. '국물이 많은 절인 채소'라는 의미의 '침채'가 김치의 어원인데, 여기에 고추를 넣어 담그게 된 것은 1700년경부터입니다. 그 전까지는 마늘이나 산초, 생강, 파 등을 매운맛을 내는 향신료로 사용하고, 소금으로 간을 하여 발효시켜 먹었습니다.

1614년 편찬된 『지봉유설』에서는 일본에서 전래되었다 해서 고추를 '왜개자(일본에서 들여온 겨자)'라 불렀으며, 이익은 『성호사설』에서 '왜초'라고 일컬었습니다. 당시엔 고추를 일본인이 조선인을 독살할 목적으로 가져온 독초로 취급했다고 합니다. ㉠그래

서 멀리해 오다 향신료 가격이 오르면서 점차 고추로 눈을 돌리게 되었습니다. 18세기 들어 김치나 젓갈의 맛이 변하는 것을 방지하고 냄새를 제거하는 용도로 사용되면서 비로소 매운맛의 재료로서 자리 잡게 된 것입니다. 그 뒤 고추를 고초라고 불렀는데 이는 후추같이 매운맛을 내는 식물이라 하여 붙인 이름입니다. 이러한 과정을 거쳐 고추의 매운맛이 서민들 밥상에 정착하게 된 것은 불과 19세기 초반이었습니다. 한국 요리가 맵다는 고정관념도 실제로는 2백 년 남짓밖에 되지 않았다는 이야기입니다.

라 고추는 단순한 양념에서 더 나아가 고유한 민속주도 낳았습니다. 고추감주라 하여 고춧가루를 탄 감주는 ⓓ감기를 낫게 하는 약으로 먹는 민속주입니다. 또 고추는 민속 약으로도 쓰이기도 했습니다. 신경통, 동상, 이질, 담 등의 민간요법에 쓰였습니다. 우리나라 사람들은 이질 등 세균이 침입해 염증을 일으키는 소화기 질환에 비교적 강한 반면, 매운 걸 잘 먹지 못하는 일본인들이 이질에 매우 약한 걸 보면 고추는 확실히 소화 기관을 강하게 만드는 것 같습니다.

마 우리에게 너무나도 친숙한 고추는 많은 매력을 지닌 채소로, ⓔ우리 민족과는 떼려야 뗄 수 없는 찰떡궁합의 향신료입니다. 보건 복지부의 조사에 따르면 우리나라는 1인당 하루 고추 섭취량이 7.2그램으로, 세계 최고 수준이라고 합니다. 심지어 매운 고추를 고추장에 찍어 먹는 유일한 나라입니다. 명실상부한 매운맛 대국입니다. 이제 고추의 알싸한 매운맛은 세계인들이 자꾸 찾는 맛이 되어 가고 있습니다.

학습 목표 응용

01 **이와 같은 글을 읽는 방법으로 적절한 것은?**
① 글쓴이가 경험을 통해 얻은 교훈을 받아들이며 읽는다.
② 글쓴이가 설명하고자 하는 대상에 대해 알지 못했던 정보를 정리하며 읽는다.
③ 글쓴이의 주장과 이를 뒷받침하는 근거 사이의 인과 관계를 파악하며 읽는다.
④ 글쓴이가 제기한 문제의 심각성에 공감하며 해결 방안의 현실 가능성을 판단하며 읽는다.
⑤ 글쓴이가 글에 담고자 한 사회적 상황이 문학적으로 형상화된 방법에 관심을 가지며 읽는다.

02 배경지식을 활용하여 이 글을 읽을 때, 얻을 수 있는 효과로 적절하지 <u>않은</u> 것은?

① 잘못된 배경지식을 바로잡을 수 있다.

② 능동적으로 글을 읽는 태도를 기를 수 있다.

③ 새로운 정보로 자신의 배경지식을 확장할 수 있다.

④ 글을 읽으며 발생하는 문제를 효과적으로 해결할 수 있다.

⑤ 편견이나 선입견 없이 글쓴이의 생각을 객관적으로 받아들일 수 있다.

03 이 글을 통해 얻을 수 있는 정보로 적절하지 <u>않은</u> 것은?

① 고추의 다양한 쓰임새

② 고추의 영양소와 효능

③ 고추를 발견하게 된 계기

④ 우리나라에 고추가 정착되는 과정

⑤ 세계 곳곳에서 고추를 즐기는 방법

04 〈보기〉의 방법을 활용하여 ㉠의 의미를 파악한 것으로 적절한 것은?

┤ 보기 ├

　문장의 의미가 애매하거나 모호할 경우에는 앞뒤 문맥을 살펴 정확한 의미를 파악하며 읽는다.

① 마늘이나 생강 등의 매운맛을 내는 향신료 가격이 오르면서 김치를 담지 못하고 대신 고추를 먹었다.

② 마늘이나 생강 등의 매운맛을 내는 향신료 가격이 오르면서 이를 대신하여 김치에 고추를 넣기 시작했다.

③ 마늘이나 생각 등의 매운맛을 내는 향신료 가격이 오르면서 매운맛도 내면서 동시에 냄새를 제거할 수 있는 고추를 사용하게 되었다.

④ 마늘이나 생강 등이 내는 매운맛보다 고추가 내는 매운맛이 강해 향신료 가격 상승에 크게 영향을 받지 않는 고추를 김치에 넣기 시작했다.

⑤ 고추가 일본인을 독살할 목적으로 가져온 독초가 아니라는 사실이 밝혀지자 마늘이나 생강 등 매운맛을 내는 향신료를 대체할 수 있게 되었다.

05 ⓐ~ⓔ 중, 가리키는 것이 <u>다른</u> 하나는?

① ⓐ　　② ⓑ　　③ ⓒ　　④ ⓓ　　⑤ ⓔ

고난도 응용

01 [A]를 이해하기 위해 활용할 수 있는 배경지식으로 적절한 것은?

① 고추는 열대성 식물로, 늦봄부터 여름에 걸쳐 재배하며 주로 항산화 작용, 항암 효과, 감기나 두통, 치통 완화 작용을 한다.

② 양념은 음식을 만들 때, 풍미를 더하거나 맛을 보완하기 위해 사용한다. 우리나라에서 많이 쓰는 양념으로는 간장, 소금, 된장, 설탕 등이 있다.

③ 동남아시아는 기온이 높고 강수량이 많기 때문에 일 년에 두세 번씩 벼농사를 할 수 있어 세계적인 쌀 생산 지역이며, 이와 관련한 음식 문화도 발달하였다.

④ 동남아시아처럼 열대 기후 지역은 온도와 습도가 매우 높기 때문에 음식이 쉽게 상하게 된다. 이를 방지하기 위해 고추를 비롯한 강한 향신료와 소스가 발달했다.

⑤ 매운 음식을 먹으면 혈액 순환과 에너지 대사가 잘 되어 지방 분해가 촉진될 수 있다. 하지만 과도로 매운 음식은 위를 자극하여 위장 질환이 발생할 가능성이 있다.

02 〈보기〉에 제시된 목적으로 (라)를 읽었을 때, 얻을 수 있는 정보를 〈조건〉에 맞게 서술하시오.

┤ 보기 ├

• 읽기 목적: '고추의 여러 가지 쓰임'을 주제로 보고서를 쓰기 위한 정보 수집

┤ 조건 ├

• 고추의 세 가지 쓰임을 열거할 것.

• '고추는 ~로 쓰인다.' 형식의 한 문장으로 쓸 것.

[01~04] 다음 글을 읽고 물음에 답하시오.

가 '이럴 수가….'

한 장의 사진을 보고 멈칫했다. 미국의 어느 환경 운동가가 올린 사진에서 한동안 눈을 뗄 수가 없었다. 바다거북의 등껍질 가운데에 플라스틱 끈이 걸려 있고, 거북의 단단한 등딱지는 허리가 잘록한 땅콩 모양으로 자라 있었다. 플라스틱 끈은 상자에 담긴 여섯 개들이 맥주병을 고정시킬 때 사용하는 이음매이다. 이 플라스틱은 꽤 오래전부터 거북의 몸에 걸려 있었던 모양이고, 딱딱한 거북의 등껍질을 기형으로 자라게 할 정도로 단단하고 강했다. 등껍질만 기형이 아니라 거북이 자라는 동안 몸과 내장 모두가 기형으로 성장했을 것이다. 그 고통이 얼마나 심했을지 나는 가늠하기조차 어렵다. 이렇듯 플라스틱은 생존율이 5,000분의 1에 지나지 않는 귀한 바다거북의 생명마저 위협하고 있다.

나 플라스틱은 석유에서 추출되는 원료를 결합시켜 만든 고분자 화합물의 일종이다. 이 고분자 물질의 대부분은 합성수지인데, 합성수지를 열 가공하거나 경화제, 촉매, 중합체 등을 사용하여 일정한 형상으로 성형한 것 또는 그 원료인 고분자 재료를 플라스틱이라고 한다. / 플라스틱은 매우 가볍고 다양한 모양으로 만들 수 있고, 투명한 색부터 화려한 색깔까지 다양한 빛깔로도 만들 수 있다. 그뿐인가. 전기가 통하지 않는 절연성도 뛰어나다. 그러나 고온에 잘 녹으며 표현이 부드러워 흠집이 생기기 쉽고, 정전기를 띠기 때문에 표면에 먼지가 잘 붙는 단점도 있다.

플라스틱은 지구상에 없던 물질을 인간이 만들어 낸 것으로, 석유를 널리 사용하면서부터 개발되어 탄생한 지 이제 100년가량이 되었다. 그러나 플라스틱 분해 기간은 500년이거나 그 이상이라고 알려져 있고, 어떤 전문가들은 플라스틱 분해 기간을 정확히 알 수 없다고도 말한다. 다만 정확한 것은 지금까지 만들어 낸 플라스틱은 태우지 않는 한 자연 상태에 그대로 남아 있다는 것이다.

다 미국의 사진작가 크리스 조던은 2009년 북태평양 미드웨이섬에서 촬영한 충격적인 사진을 인터넷에 공개했다. 사진 속에는 멸종 위기종 새인 알바트로스가 죽어 있고, 그 몸속에는 작은 플라스틱 조각들이 가득 차 있었다. 음료수 플라스틱 병뚜껑과 라이터, 작게 부서진 플라스틱 조각들이 죽은 알바트로스 사체의 배 속을 가득 채우고 있었다. 알바트로스는 바닷물에 떠다니는 플라스틱 조각을 먹이로 착각하여 삼켰다가 위장 장애를 겪고, 결국엔 영양실조로 서서히 죽어 갔을 것이다.

01 〈보기〉에서 알 수 있는 읽기의 특성으로 적절한 것은?

┤ 보기 ├

이 글을 읽는 과정에서 '이음새, 경화제, 중합체' 등 모르는 단어가 나와 앞뒤 문맥을 고려하여 의미를 파악했어. 그래도 모르는 단어는 사전을 찾아봤어.

① 읽기는 비판적 사고 과정이다.
② 읽기는 문제를 해결하는 과정이다.
③ 읽기는 자기 점검과 반성의 과정이다.
④ 읽기는 사회적 상호 작용의 과정이다.
⑤ 읽기는 순차적으로 단계를 밟아 가는 과정이다.

02 이 글을 읽고 독자가 가졌을 의문으로 적절하지 않은 것은?

① 글쓴이는 바다거북의 고통에 왜 공감하지 못하나?
② 바다거북은 왜 생존율이 5,000분의 1밖에 안 될까?
③ 글쓴이가 사진에서 한동안 눈을 뗄 수 없었던 이유는 무엇일까?
④ 플라스틱이 바다거북의 생명을 위협한다고 말한 까닭은 무엇일까?
⑤ 어떤 전문가들은 왜 플라스틱 분해 기간을 정확히 알 수 없다고 말할까?

03 (나)에 드러난 정보를 활용하여 답을 찾을 수 없는 질문은?

① 플라스틱이란 무엇인가?
② 플라스틱이 가지는 장점은?
③ 플라스틱의 단점을 극복하는 방법은?
④ 플라스틱이 만들어지기 시작한 때는?
⑤ 플라스틱의 분해 기간에 대한 전문가들의 의견은?

서술형

04 (다)를 통해 글쓴이가 말하고자 하는 바를 〈조건〉에 맞게 서술하시오.

┤ 조건 ├

• '플라스틱'과 '동물'을 포함하여 한 문장으로 쓸 것.

[05~07] 다음 글을 읽고 물음에 답하시오.

가 그런데 얼마 지나지 않아 돌고래는 다시 바닷가로 밀려왔다. 사람들은 제주도의 돌고래 사육장으로 옮겨 열심히 치료했지만 구조된 지 5일 만에 그만 죽어 버렸다.

이 돌고래가 죽은 원인을 밝히기 위해 울산 고래 연구소로 옮겨 부검했다. 부검 결과 돌고래는 매우 야위어서 근육량과 지방층이 부족했고, 위에는 비닐과 엉킨 끈 뭉치가 들어 있어 위가 팽창되어 있었다. 결국 위 속에 들어 있는 이물질 때문에 먹이를 제대로 먹지 못하다가 영양 결핍에 걸려서 죽은 것이다. 국립 수산 과학원은 해양 쓰레기 때문에 바다거북이 죽은 사례는 가끔 확인했지만 고래가 해양 쓰레기 때문에 폐사한 것을 직접 확인한 것은 국내 최초라고 밝혔다.

나 플라스틱 중에는 페트병 재활용이 70%가량으로 가장 높고, 비료 포대나 석유통으로 쓰이는 폴리에틸렌, 욕조나 유아 용품으로 쓰는 폴리프로필렌, 요구르트 병 같은 폴리스티렌, 레고나 차 범퍼로 쓰는 아크릴로니트릴, 파이프나 호스, 비닐봉투로 쓰는 폴리염화비닐, 스티로폼인 발포폴리스티렌 등이 수거와 재활용이 잘되는 편이다. 하지만 이외에는 재질별로 선별하기가 쉽지 않다. 더구나 플라스틱 용기류에는 이물질이 많이 묻어 있거나 섞여 있고, 세척이 안 된 채 배출되어 주로 플라스틱 함지나 정화조처럼 품질이 떨어지는 제품으로 재활용한다. 재활용률이 높은 페트병도 다시 페트병으로 만들지 않고, 화학솜이나 노끈을 만들고 일부는 실을 뽑아내 운동복을 만들기도 한다. 그 외에는 태우거나 쓰레기 매립장에 묻는데, 수거되지 않은 나머지 플라스틱은 땅에 묻혀 있거나 어딘가를 떠돌아다닌다.

다 해양 쓰레기의 60~80%는 플라스틱이 차지하고 있고, 바다에 떠다니거나 풀숲 사이에 흉물스럽게 버려져 경관을 해치고 관광 산업에 피해를 준다. 잘게 부서진 플라스틱은 새와 물고기 같은 바다 생태계에 큰 영향을 미치고, 어업과 어장 같은 수산업에도 피해를 줄 뿐 아니라 배의 스크루에 감겨 선박의 안전도 위협하고 있다. 사람의 눈에 보이지 않을 정도로 작은 미세 플라스틱은 물고기의 내장뿐 아니라 싱싱한 굴 속에서도 발견되어 우리 건강까지 위협하고 있다.

라 손 닿는 곳 어디에나 있는 이 플라스틱 시대에 플라스틱을 전혀 사용하지 않을 순 없지만 줄일 수 있다면 줄여 보자. 특히 짧은 시간에 사용하고 버리는 일회용 플라스틱 제품은 선택하지 말자. 지질 시대에 만들어진 석유는 지구가 매우 오랜 기간에 걸쳐 만들어 낸 소중한 자원이다. 우리는 이 소중한 석유를 10분가량 쓰고 난 뒤 버려질 플라스틱으로 만들었다가 다시 수백 년 동안 분해되지 않는 쓰레기로 만들어 내고 있다. 지금까지 사람들이 만들어 낸 모든 플라스틱은 썩지 않고 이 지구에 존재하고 있다. 길바닥에 나뒹구는 쓰레기로, 바다를 떠다니는 해양 쓰레기로, 매립장에 가득 쌓인 쓰레기로 다양한 모습으로 존재하고 있다. 나는 이 땅에서 죽어 사라져도 내가 사용한 플라스틱은 여전히 남아 있다. 그런데도 계속 이렇게 편하게 쓰고 쉽게 버려도 될까?

05 **(가)~(라)에 대한 설명으로 적절한 것은?**

① (가)는 (나)의 내용을 보충하는 구체적인 사례이다.
② (나)는 (라)의 주장을 뒷받침하는 근거가 된다.
③ (나)와 (다)는 같은 현상을 상반되게 보고 있다.
④ (다)는 (가)와 (나)를 통해 이끌어 낸 결론이다.
⑤ (다)는 (나)의 문제 상황에 대한 해결 방법이다.

06 **〈보기〉에서 이 글을 읽을 때 활용할 수 있는 배경지식으로만 묶은 것은?**

┤ 보기 ├

㉠ 뱀머리돌고래의 주요 분포지
㉡ 플라스틱이 사람에게 끼치는 피해
㉢ 쓰임이 다한 플라스틱의 처리 실태
㉣ 플라스틱이 다양한 제품에 사용되는 까닭

① ㉠, ㉡   ② ㉠, ㉢   ③ ㉡, ㉢
④ ㉡, ㉣   ⑤ ㉢, ㉣

07 **글쓴이의 의도를 고려할 때, 이 글을 읽은 독자의 반응으로 가장 적절한 것은?**

① 석유를 대체할 수 있는 자원 개발에 힘써야겠어.
② 플라스틱 사용으로 인한 편의를 널리 알려야겠어.
③ 멸종 위기에 있는 동물들에 대해 관심을 가져야겠어.
④ 미세 플라스틱이 축적될 가능성이 있는 수산물을 먹지 말아야겠어.
⑤ 일회용 플라스틱은 선택하지 말고, 다른 플라스틱도 사용을 줄여야겠어.

[08~11] 다음 글을 읽고 물음에 답하시오.

가 중세 유럽의 향신료 탐험은 1492년 콜럼버스의 신대륙 발견으로 이어졌습니다. 자신이 밟은 땅을 인도라고 착각한 콜럼버스는 후추를 찾지 못했지만 대신 감자와 고추를 발견하였습니다. 그는 자신의 일기에 '후추보다 더 좋은 향신료'라고 고추를 평했습니다.

이후 콜럼버스에 의해 유럽으로 전해진 고추는, 16세기 포르투갈과 네덜란드 상인을 통해 아시아, 아프리카까지 퍼져 나갔습니다. 그렇게 고추는 한 세기 만에 전 세계로 전해졌고, 많은 사람의 입맛을 사로잡게 되었습니다. 그만큼 고추는 신대륙과 함께 발견한 또 다른 보물이었던 셈입니다.

나 현재 세계 곳곳에서 고추의 매운맛을 즐기고 있습니다. 우리가 고추장을 즐겨 먹듯 고추의 원산지인 멕시코를 중심으로 살사, 타바스코, 칠리 등 매운 소스가 발전했습니다. 동남아에서도 덥고 습한 날씨 때문에 음식에 곁들이는 양념이 발달해 인도네시아의 삼발, 태국의 남프릭 등 매운 소스가 개발되었습니다. 또 인도에선 매운 품종의 고추가 많이 생산되고 있는데, 특히 아삼 지역은 엄청난 매운맛을 자랑하는 부트졸로키아 고추가 재배되었습니다.

한편, 우리가 잘 알고 있는 '달콤한' 고추, 파프리카는 부드러운 고추의 변종으로 미국의 열대 지역에 뿌리를 두고 있습니다. 터키를 대표하는 향신료인 파프리카는 오스만 제국 당시엔 헝가리로 전파되었습니다. 파프리카는 단맛부터 매운맛까지 다양한데, 이 중 순한 맛의 파프리카 가루는 헝가리를 대표하는 향신료가 되었습니다. 헝가리식 쇠고기 스튜 '굴라시'는 파프리카를 활용한 가장 대표적인 음식입니다. 이렇게 고추는 매운맛, 순한 맛 가릴 것 없이 전 세계인의 입맛을 사로잡은 것입니다.

다 고추는 우리 식탁에서 빼놓을 수 없는 향신료이지만, 우리나라에 고추가 들어온 지는 400년밖에 되지 않는다고 합니다. 고추가 국내로 들어오게 된 시기를 놓고 의견이 분분한데, 임진왜란 즈음에 일본으로부터 들여온 것이라는 설이 일반적입니다.

중남미에서 유럽으로 건너온 고추는 포르투갈 무역선에 실려 1540년대 마카오와 중국 무역항에 도착합니다. 그리고 1543년 포르투갈 상인을 통해 일본 규슈까지 전해지게 됩니다. 그렇게 고추는 일본을 거쳐 지금의 부산인 동래 왜관을 통해 들어와 본격적으로 재배되기 시작했습니다. 임진왜란 이전에 이미 고추 재배가 경상도 일대로 퍼져 나간 것입니다. 재배가 어렵지 않은 덕분에 그 뒤 고추는 남에서 북으로 점차 확산되었습니다.

08 〈보기〉에서 문제 해결 과정으로서의 읽기를 실천한 독자의 행동으로만 골라 바르게 묶은 것은?

┤ 보기 ├

ㄱ. '향신료'의 뜻을 몰라 사전을 찾아 뜻을 확인하였다.

ㄴ. 글을 읽고 음식 블로그에 고추의 맛에 대한 자신의 생각을 올렸다.

ㄷ. 고추가 전 세계인에게 인기가 많다는 내용의 기사를 떠올리며 '또 다른 보물'의 의미를 파악하였다.

① ㄱ   ② ㄱ, ㄴ   ③ ㄱ, ㄷ
④ ㄴ, ㄷ   ⑤ ㄱ, ㄴ, ㄷ

09 이 글을 통해 알 수 있는 사실이 아닌 것은?

① 우리나라에서 고추는 재배가 어렵지 않다.

② 콜럼버스는 신대륙 발견과 함께 새로운 향신료를 발견하였다.

③ 고추가 국내로 들어오게 된 시기에 대한 의견은 대체적으로 일치한다.

④ 파프리카는 부드러운 고추의 변종으로 단맛부터 매운맛까지 다양하다.

⑤ 유럽으로 전해진 고추는 상인들에 의해 아시아와 아프리카로 퍼져 나갔다.

10 (나)에 대한 설명으로 적절하지 않은 것은?

① 고추의 상반된 두 가지 맛에 대해 설명하고 있다.

② 동남아에서 매운 소스가 개발된 원인을 밝히고 있다.

③ 멕시코에서 발전한 매운 소스의 종류를 나열하고 있다.

④ 파프리카를 활용한 대표적인 음식을 구체적으로 밝히고 있다.

⑤ 시간의 흐름에 따라 사람들이 선호하는 고추 맛이 변화해 온 과정에 대해 설명하고 있다.

 서술형

11 우리나라에 들어온 고추가 남에서 북으로 점차 확산될 수 있었던 이유를 서술하시오.

[12~14] 다음 글을 읽고 물음에 답하시오.

가 한국을 대표하는 김치는 고추 맛을 가장 잘 보여 주는 음식입니다. 하지만 김치가 원래부터 매웠던 것은 아니라고 합니다. '국물이 많은 절인 채소'라는 의미의 '침채'가 김치의 어원인데, 여기에 고추를 넣어 담그게 된 것은 1700년경부터입니다. 그 전까지는 마늘이나 산초, 생강, 파 등을 매운맛을 내는 향신료로 사용하고, 소금으로 간을 하여 발효시켜 먹었습니다.

나 1614년 편찬된 『지봉유설』에서는 일본에서 전래되었다 해서 고추를 '왜개자(일본에서 들여온 겨자)'라 불렀으며, 이익은 『성호사설』에서 '왜초'라고 일컬었습니다. 당시엔 고추를 일본인이 조선인을 독살할 목적으로 가져온 독초로 취급했다고 합니다. 그래서 멀리해 오다 향신료 가격이 오르면서 점차 고추로 눈을 돌리게 되었습니다. 18세기 들어 김치나 젓갈의 맛이 변하는 것을 방지하고 냄새를 제거하는 용도로 사용되면서 비로소 매운맛의 재료로서 자리 잡게 된 거입니다. 그 뒤 고추를 고초라고 불렀는데 이는 후추같이 매운맛을 내는 식물이라 하여 붙인 이름입니다. 이러한 과정을 거쳐 고추의 매운맛이 서민들 밥상에 정착하게 된 것은 불과 19세기 초반이었습니다. 한국 요리가 맵다는 고정관념도 실제로는 2백 년 남짓밖에 되지 않았다는 이야기입니다.

다 고추는 단순한 양념에서 더 나아가 고유한 민속주도 낳았습니다. 고추감주라 하여 고춧가루를 탄 감주는 감기를 낫게 하는 약으로 먹는 민속주입니다. 또 고추는 민속 약으로도 쓰이기도 했습니다. 신경통, 동상, 이질, 담 등의 민간요법에 쓰였습니다. 우리나라 사람들은 이질 등 세균이 침입해 염증을 일으키는 소화기 질환에 비교적 강한 반면, 매운 걸 잘 먹지 못하는 일본인들이 이질에 매우 약한 걸 보면 고추는 확실히 소화 기관을 강하게 만드는 것 같습니다.

라 우리에게 너무나도 친숙한 고추는 많은 매력을 지닌 채소로, 우리 민족과는 떼려야 뗄 수 없는 찰떡궁합의 향신료입니다. 보건 복지부의 조사에 따르면 우리나라는 1인당 하루 고추 섭취량이 7.2그램으로, 세계 최고 수준이라고 합니다. 심지어 매운 고추를 고추장에 찍어 먹는 유일한 나라입니다. 명실상부한 매운맛 대국입니다. 이제 고추의 알싸한 매운맛은 세계인들이 자꾸 찾는 맛이 되어 가고 있습니다.

12 이 글을 읽고 내용을 바로잡을 수 있는 배경지식을 〈보기〉에서 골라 바르게 묶은 것은?

┤ 보기 ├

㉠ 고추 맛이 자극적이라 소화 기관에 좋지 않을 것이라고 생각함.
㉡ 김치가 고추 맛을 대표하기 때문에 처음부터 매웠을 것이라 생각함.
㉢ 마늘이나 생강도 고추와 같이 매운맛을 내는 향신료 중 하나라고 알고 있었음.
㉣ 우리나라는 고추를 재료로 삼거나 양념으로 쓰는 음식이 많아 고추 섭취량이 많을 것이라 예상함.

① ㉠, ㉡   ② ㉠, ㉢   ③ ㉡, ㉢
④ ㉡, ㉣   ⑤ ㉢, ㉣

13 이 글을 읽은 독자의 반응으로 적절하지 **않은** 것은?

① 고추와 후추는 둘 다 매운맛을 낸다는 공통점이 있구나.
② 우리나라 사람들은 일본인보다 소화기 질환에 비교적 강하구나.
③ 고추는 김치나 젓갈의 맛이 변하는 것을 방지하는 용도로 쓰이기도 하구나.
④ 고추가 일본에서 전해졌다는 사실이 고추의 명칭에 드러난 때가 있었구나.
⑤ 고추는 단순한 양념으로도 하루 섭취량이 최고 수준이기 때문에 그 외의 용도로 쓰이지 않는구나.

14 이 글을 〈보기〉와 같이 읽었을 때, 얻을 수 있는 장점을 한 가지만 서술하시오.

┤ 보기 ├

(나)를 읽다가 내용이 이해되지 않아, 앞 문단인 (가)부터 다시 읽었다. 특히 (나)를 읽을 때에는 중요한 단어에 밑줄을 치면서 읽었다.

02 논증 방법 파악하기

개념 압축 APP

① 논증

( )와/과 ( ) 간의 관계 또는 하나 이상의 명제를 근거로 들어서 주장을 펼치는 방식으로, 주로 ( )을/를 목적으로 하는 글에서 사용함.

② 논증 방법

( )	개념	일반적인 원리나 진리를 전제로 하여 구체적 사실을 결론으로 이끌어 내는 방법
	예	모든 인간은 죽는다.(일반적 원리) ➡ 소크라테스는 인간이다. ➡ 그러므로 소크라테스는 죽는다.(구체적 사실)
( )	개념	충분한 양의 구체적인 사례들을 검토한 뒤 그 결론으로 일반적인 사실이나 진리를 이끌어 내는 방법
	예	포유류인 호랑이는 새끼를 낳는다.(구체적 사례 1) + 포유류인 고래는 새끼를 낳는다.(구체적 사례 2) ➡ 그러므로 포유류는 새끼를 낳는다.(일반적 원리)
유추	개념	둘 이상의 대상이나 현상이 비슷하다는 점을 근거로 들어 결론을 이끌어 내는 방법
	예	묘목은 정성껏 가꾸어야 잘 자란다.(현상) ➡ 아이는 어리고 약하다는 점이 묘목과 비슷하다.(근거) ➡ 묘목은 정성껏 가꾸어야 잘 자라듯이 아이도 부모의 보살핌을 받아야 잘 자랄 것이다.(결론)
문제 해결	개념	문제점을 제시하고 그 해결 방법을 모색하는 방법
	예	플라스틱 쓰레기가 인간과 동물에게 피해를 준다.(문제점) ➡ 개인은 플라스틱 사용을 줄여야 한다.(해결 방안 1) + 정부는 플라스틱 사용 규제 정책을 만들어야 한다.(해결 방안 2)

필수 어휘 사전

● **주장**: 상대를 설득하려는 목적으로 내세우는 자신의 의견.

● **근거**: 주장이 타당하고 설득력 있도록 뒷받침하는 말이나 자료.

확인 문제

1

논증에 대한 설명으로 적절하지 않은 것은?

① 연역 방식은 전제가 참이면 결론도 참이다.

② 귀납 방식은 예외가 있으면 결론이 부정된다는 단점이 있다.

③ 귀납 방식은 구체적인 사실에서 새로운 일반적인 법칙을 이끌어 낸다.

④ 연역 방식은 둘 이상의 대상이나 현상이 비슷하다는 점을 근거로 한다.

⑤ 근거를 들어 자신의 주장이 타당하다는 것을 논리적으로 증명하는 방식이다.

2

다음에서 설명하는 논증 방법을 쓰시오.

문제점을 제시하고 그 해결 방법을 모색하는 방법

3

다음 논증 과정에 따라 결론을 도출하여 쓰시오.

• 사례 1: 포유류인 호랑이는 새끼를 낳는다.

• 사례 2: 포유류인 고래는 새끼를 낳는다.

• 결론: _____

수행 평가 따라잡기

1 다음 단계별 과제를 수행하여 글에 나타난 논증 방법을 알아보자.

> **가** 인공 불빛 때문에 곤란을 겪는 건 청정한 지역에 사는 반딧불이도 마찬가지이다. 가뜩이나 공기가 탁해지고 물이 오염되어 반딧불이 서식지가 줄어들고 있는데, 이제는 환한 불빛 때문에 암수가 서로의 위치를 찾기 어려운 지경이 되었다. 인공 불빛이 짝짓기를 방해하는 바람에 여름밤 풀숲에서 꽁무니에 신비로운 불빛을 매단 채 날아다니는 반딧불이를 점점 만나기 어려워지고 있다.
>
> **나** 곤충들만 인공 불빛의 피해를 입는 것은 아니다. 벼는 낮이 길 때 광합성 작용을 활발히 해서 영양분을 최대한 저장했다가 낮이 짧아지는 시기에 이삭을 만든다. 그런데 밤에도 계속 빛을 쬐면 이삭이 제대로 여물지 못한다. 들깨는 꽃을 피우지 못해 열매가 맺어지지 않고 계속 자라기만 한다.
>
> **다** 인공 불빛의 피해는 사람에게도 이어진다. 우리나라의 도시에 사는 아이들은 시골 아이들보다 안과를 자주 찾는다. 세계적인 과학 잡지인 『네이처』에는 밤에 항상 불을 켜 놓고 자는 아이의 34%가 근시라는 연구 결과가 실렸다. 불빛 아래에서 잠이 드는 데 걸리는 시간인 수면 잠복기가 길어지고 뇌파도 불안정해지기 때문이다.
>
> **라** 인공 불빛의 빛 공해로 많은 생물체가 피해를 입고 있다. 생물체가 건강하게 살아가려면 햇빛 못지않게 어둠과 고요의 시간도 반드시 필요하다. 어둠 속에서 편히 쉬어야 다시 생기를 얻을 수 있다. 어둠의 시간이 있어야 박꽃이 뽀얗게 피어나고 달맞이꽃이 노란 꽃잎을 연다. 밤을 보낸 곤충은 아침에 이슬을 털고 힘차게 날아오르고, 사람도 깊은 잠을 자야 다시 일어설 수 있다.
>
> – 박경화, 「도시의 밤은 너무 눈부시다」

〈1단계〉 각 문단의 중심 내용을 정리해 보자.

(가)	
(나)	
(다)	
(라)	

〈2단계〉 각 문단의 성격을 파악해 보자.

(가)	
(나)	
(다)	
(라)	

〈3단계〉 각 문단의 성격과 문단 간의 관계를 고려하여 글에 쓰인 논증 방법을 알아보자.

끌어 주기

1
각 문단의 중심 내용을 요약한 후, 문단 간의 관계를 파악하도록 한다. 문단 간의 논리적 관계에 따라 논증 방식이 정해지기 때문이다.

〈1단계〉 각 문단의 중심 내용을 정리할 때에는 구체적인 사례를 삭제하고, 일반화하여 서술해 본다.

예시 답안
(가): 인공 불빛으로 인한 곤충들의 피해
(나): 인공 불빛으로 인한 농작물의 피해
(다): 인공 불빛으로 인한 사람들의 피해
(라): 인공 불빛으로 인한 많은 생물체들의 피해

〈2단계〉 각 문단의 중심 내용을 고려하여 각 문단의 성격을 서술해 본다. 문단의 성격에는 '주장, 사례, 문제, 해결 방법' 등이 있다.

예시 답안
(가): 구체적인 사례
(나): 구체적인 사례
(다): 구체적인 사례
(라): 일반적인 원리, 결론

〈3단계〉 각 문단의 성격을 고려하여 문단 간의 관계를 파악해 본다. 문단 간의 관계를 파악할 때는 공통적인 성격을 가진 문단끼리 묶도록 한다. 그리고 이때의 결과를 바탕으로 사용된 논증 방법을 생각해 본다.

예시 답안 (가)~(다)는 구체적인 사례이고, (라)는 사례로부터 도출한 일반적인 원리, 즉 결론이므로 귀납 방식이 사용되었다.

의심, 생명을 불어넣는 마법사의 물 | 남창훈

⊙ 다음 글을 읽고 물음에 답하시오.

⊙영국 왕립 학회의 모토는 '다른 사람의 얘기를 그대로 믿지 말라(Nullius in verba).'입니다. 탐구한다는 것은 사람들이 철석같이 믿고 있는 사실을 당연하게 받아들이지 않고 의심하는 일을 뜻합니다.

파스퇴르가 살던 시대 사람들은 @미생물이 저절로 발생한다고 믿었습니다. 권위 있는 학자들도 예외는 아니어서 이러한 믿음을 학설로 굳혀 놓기까지 했습니다. 하지만 파스퇴르는 권위에 따르지 않고 실험을 통해 반론을 폈습니다.

파스퇴르는 멸균시키지 않은 육즙은 발효가 되었지만, 멸균시킨 육즙에서는 발효가 일어나지 않고 원래의 맛과 모습을 계속 유지한다는 사실을 알아냈습니다. 생명이 없는 육즙이 변형되어 생명체인 미생물이 발생하는 것은 불가능하다는 사실을 보여 준 것이지요. 미생물이 무생물로부터 자연적으로 발생되는 것이 아니라 사람처럼 생명을 지닌 고유한 존재라는 사실을 입증했습니다.

의심은 마법사의 물과 같습니다. 의심을 하는 순간 ⓑ죽어 있던 진실이 생명을 얻고 살아나기 시작하니까요. 그렇다고 밑도 끝도 없이 의심만 해야 한다는 이야기는 아닙니다. 모두가 옳다고 주장하는 이야기라도 틀릴 수 있다는 사실을 잊지 말아야 한다는 것입니다.

우리 주위에는 ⓒ당연한 상식이 되어 우리의 생각을 지배하고 있는 믿음들이 있습니다. 여러분은 텔레비전을 통하여, 교과서를 통하여, 어른들의 이야기를 통하여 하나둘씩 받아들입니다. 하지만 그 믿음이 모두 진실일까요?

"자유 낙하를 하는 두 물체 중 더 무거운 것이 더 빨리 땅에 떨어진다."

아리스토텔레스는 이렇게 주장하고, 대부분의 사람들은 이 주장을 별 의심 없이 받아들였습니다. 하지만 갈릴레이는 이 주장에 의문을 품었습니다. 그리고 여러 번의 실험을 통해 ⓓ모든 물체는 그 무게에 관계없이 똑같은 속도로 자유 낙하한다는 사실을 증명해 냈습니다.

코페르니쿠스 역시 누구나 믿고 따르던 프톨레마이오스의 생각, 즉 우주의 중심이 지구라는 생각에 의심을 품었습니다. 그리고 ⓔ지동설을 통해 지구는 태양을 중심으로 도는 행성임을 밝혀냈습니다.

이처럼 탐구하는 것은 우리를 둘러싸고 있는 잘못된 믿음에 의

심을 품고, 새로운 가설을 세우고 실험을 통해 입증하여 그 잘못을 바로잡는 일을 뜻합니다.

학습 목표 응용

01 이 글의 내용과 일치하지 않은 것은?
① 영국 왕립 학회는 의심하는 태도를 모토로 삼고 있다.
② 파스퇴르는 실험을 통해 권위 있는 믿음에 대해 반론을 펼쳤다.
③ 탐구를 통해 우리를 둘러싸고 있는 잘못된 믿음을 바로잡을 수 있다.
④ 코페르니쿠스와 프톨레마이오스는 지구에 대해 같은 생각은 가지고 있었다.
⑤ 우리 주위에는 당연한 상식이 되어 우리의 생각을 지배하고 있는 믿음들이 있다.

02 이 글에 나타난 글쓴이의 주장을 뒷받침하기 위한 근거로 적절한 것은?
① 의심을 품고 탐구하여 새로운 발명이나 발견을 한 과학자의 사례
② 모든 현상을 실험으로 증명해 보려는 태도를 지닌 수학자의 사례
③ 많은 사람들에게 도움을 줄 수 있는 기술을 개발하는 공학자의 사례
④ 다른 사람들의 조언보다 자신의 신념을 믿고 연구하는 철학자의 사례
⑤ 누구에게나 인정받는 권위 있는 이론을 만들기 위해 노력하는 교육자의 사례

03 ⊙을 통해 얻을 수 있는 효과로 적절한 것은?

① 독자에게 질문을 던져 글에 대한 호기심을 유발한다.

② 제목의 의미를 설명하여 주제를 함축적으로 표현한다.

③ 통계 자료를 구체적으로 제시하여 근거의 타당성을 높인다.

④ 영국 왕립 학회의 권위를 빌려 제재에 대한 독자의 호기심을 자극한다.

⑤ 글의 전개 방식에 대한 정보를 제공하여 앞으로 나올 내용을 미리 예고한다.

04 마법사의 물 에 대한 설명으로 적절한 것을 〈보기〉에서 골라 바르게 묶은 것은?

┤ 보기 ├

ㄱ. 의심을 비유한 표현

ㄴ. 사람들이 경계해야 하는 것

ㄷ. 모두가 옳다고 주장하는 이야기

ㄹ. 죽어 있는 것에 생명을 부여하는 역할

① ㄱ, ㄴ   ② ㄱ, ㄹ   ③ ㄴ, ㄷ

④ ㄴ, ㄹ   ⑤ ㄷ, ㄹ

05 서술형 ✏

〈보기〉를 참고하여, ⓐ~ⓔ를 분류하고 그 의미를 서술하시오.

┤ 보기 ├

이 글은 상반된 성격을 가진 두 종류의 사실(믿음)을 제시하여 '탐구하는 것'의 의미를 밝히고 있다.

고난도 응용

01 이 글에 쓰인 논증 방식과 가장 유사한 것은?

① 모든 인간은 죽는다. 소크라테스는 인간이다. 그러므로 소크라테스는 죽는다.

② 묘목은 정성껏 가꾸어야 잘 자라듯이 아이도 부모의 보살핌을 받아야 잘 자랄 것이다.

③ 포유류는 새끼에게 젖을 먹인다. 원숭이는 포유류이다. 그러므로 원숭이는 새끼에게 젖을 먹인다.

④ 포유류인 호랑이는 새끼를 낳는다. 포유류인 고래는 새끼를 낳는다. 따라서 포유류는 새끼를 낳는다.

⑤ 플라스틱 쓰레기가 인간과 동물에게 피해를 준다. 이를 해결하기 위해 개인은 플라스틱 사용을 줄여야 하며, 정부는 플라스틱 사용 규제 정책을 만들어야 한다.

02 서술형 ✏

이 글과 〈보기〉의 데카르트가 공통적으로 강조하는 삶의 태도를 〈조건〉에 맞게 서술하시오.

┤ 보기 ├

데카르트는 경험을 통해 얻은 지식은 정확한 것이 아니라고 생각했다. 경험을 통해 얻은 지식은 주관적이고 단편적이기 때문이다.

데카르트는 철저하게 모든 것을 의심하기 시작했고, 결국 모든 것을 의심한다 해도 더 이상 의심할 수 없는 단 하나의 사실은 '내가 의심하고 있다는 사실'이라는 것을 알게 되었다.

┤ 조건 ├

• '사실', '의심'을 반드시 포함하여 쓸 것.

디지털 치매, 걱정할 일 아니다 | 이준기

⊙ 다음 글을 읽고 물음에 답하시오.

가 모든 전화번호가 휴대 전화에 저장돼 있으나 외우고 있는 전화번호는 손가락으로 꼽을 정도이고, 노래방 기기가 없이는 애창곡 하나 부를 수 없으며, 계산기가 없으면 암산은커녕 간단한 계산조차 하지 못한다. 내비게이션이 없으면 여러 번 갔던 길도 찾을 수 없고, 심지어는 가족의 생일과 같은 단순한 정보도 기억하지 못하는 경우가 있다. 이러한 현상을 '디지털 치매', 또는 '아이티(IT) 건망증'이라 부른다.

나 이처럼 디지털 기술에 지나치게 의존한 나머지 기억력과 계산 능력 등이 현저하게 떨어지는 현상에 관해 많은 사람들이 걱정을 한다. 하지만 이러한 현상은 단지 좋다, 나쁘다고 쉽게 말할 성격의 것은 아니다. 왜냐하면 디지털 치매 현상은 인류의 진화, 우리 사회의 노동 환경의 변화와 연관된 복잡한 현상이기 때문이다. 여기서는 디지털 치매 현상에 관해 우리가 생각하지 못했던 측면들을 살펴보고자 한다.

다 먼저 ㉠프랑스의 철학자 미셸 세르의 저서 『호미네상스(Hominescence)』와 2005년 12월 '새로운 기술들은 우리에게 무엇을 가져다주는가'라는 제목의 강연 내용을 살펴보면 인류의 진화 과정에 관한 흥미로운 내용을 볼 수 있다. 이를 요약하면 다음과 같다.

- 인류는 직립 원인으로 진화하는 과정에서 손을 도구로 사용하게 됨으로써 그 이전에 먹이나 물건을 무는 데 쓰였던 입의 기능이 퇴화했지만, 그 대신 입은 말하는 기능을 획득했다.
- 또 문자와 인쇄술이 발명되면서 인간은 호메로스(Homeros)의 서사시를 암송할 수준의 기억력을 상실했지만, 기억의 압박에서 해방되어 새로운 지식 생산과 같은 일에 능력을 활용하게 되었다.
- 오늘날 휴먼 인터페이스는 기억력, 계산력 등의 약화를 가속화하지만 단순 기억이나 계산의 부담에서 벗어나 정보를 통제하고 관리하며, 지식을 창조하는 능력을 향상시킨다.
- 이러한 과정을 통해 인류는 기술 진보와 함께 진화해 왔고, 지금의 디지털 현상도 진화의 과정일 뿐이다.

라 ㉡현대의 노동 환경을 생각해 보자. 우리는 과거와 완전히 다른 방식으로 일하고 있다. 세상은 훨씬 더 복잡해졌고 제공되는 정보의 양은 너무나 많다. 상대해야 하는 사람의 수도 훨씬 많

아졌고, 무엇보다도 발달된 정보 통신 기술 때문에 이들을 실시간으로 상대해야 하는 환경에 처해 있다.

어느 여류 작가의 말처럼, 오늘날 우리는 '끊임없는 작은 집중'의 시대에 살고 있다. 이 일에서 저 일로 빨리빨리 주의를 옮겨가야 할 때, 아무리 집중을 하더라도 우리는 그 각각의 일에 관한 정보를 모두 갖고 있기가 힘들게 마련이다. 수많은 일을 처리해야 하는 이러한 근무 환경에서라면 많은 정보들을 다른 곳에 저장했다가 필요할 때마다 빨리 찾아내어 사용하는 것이 효율적인 방법인 동시에 불가피한 선택이라 하겠다. 이제 정보는 '기억하는' 것이 아니고 '찾는' 것인 시대가 되고 있는 것이다.

마 일하는 환경이 이렇게 바뀜에 따라 우리 뇌의 능력은 점점 기억하는 뇌가 아닌 필요한 정보를 빨리 찾는 뇌로 바뀌어 가고 있다. 자신이 알고 있는 몇몇 정보보다는 다른 사람이 갖고 있는 모든 정보를 모아 놓은 것이 정보로서 훨씬 더 가치가 있으며, 자기 자신만의 정보를 잘 기억하는 능력보다는 여기저기 놓여 있는 정보를 효과적으로 잘 찾는 능력이 훨씬 중요하게 여겨지는 사회로 바뀌고 있는 것이다. 어떤 사람들은 지금과 같은 디지털 기술 의존 현상이 결국 기억 능력을 크게 떨어뜨려 인간을 퇴보하게 할 것이라고 주장하지만, 보조 기억을 디지털 기기로 이동하는 것이 기억 능력의 퇴보는 아니라고 본다. 정보를 어디서 찾을 수 있는가에 대한 정보도 기억이 돼야 하며, 앞으로는 정보 자체의 기억보다는 이런 정보를 찾을 수 있는 원천이나 방법에 대한 기억이 더욱 중요해질 것이기 때문이다.

학습 목표 응용

01 이 글에 대한 설명으로 적절하지 <u>않은</u> 것은?
① 디지털 치매 현상의 개념을 정의하고 있다.
② 디지털 치매 현상의 다양한 사례를 제시하고 있다.
③ 전문가의 견해를 인용하여 주장을 뒷받침하고 있다.
④ 인류의 기술이 진보해 온 대표적인 과정을 순서대로 제시하고 있다.
⑤ 디지털 치매에 대한 상반된 의견을 절충한 뒤 새로운 의견을 내세우고 있다.

02 (다)의 중심 내용을 다음과 같이 구조화할 때, @~@에 들어갈 수 있는 내용으로 적절하지 <u>않은</u> 것은?

근거	기술의 진보	잃은 것	얻은 것
	@	ⓑ	ⓒ

↓

결론	@

① @: 문자와 인쇄술의 발명
② ⓑ: 먹이나 물건을 무는 데 쓰였던 입의 기능 퇴화
③ ⓒ: 기억하고 계산하는 능력
④ ⓒ: 정보를 통제하고 관리하는 능력
⑤ @: 인류는 기술 진보와 함께 진화해 왔다.

03 글쓴이가 ㉠을 제시한 의도로 적절한 것은?
① 인류가 기술 개발을 위하여 어떤 노력을 기울였는 지를 설명하기 위해서
② 인류의 기술 진보가 끊임없이 지속되고 있다는 사실을 부각하기 위해서
③ 디지털 기술의 발달이 인간의 삶을 풍요롭게 해 주었다는 사실을 증명하기 위해서
④ 디지털 기술에 의존하는 현상을 부정적으로 바라볼 필요가 없음을 강조하기 위해서
⑤ 디지털 기술로 인해 인간이 많은 능력을 상실하고 있는 상황의 심각성을 강조하기 위해서

04 글쓴이의 관점에서 볼 때, ㉡에서 가장 필요한 능력에 해당하는 것은?
① 보다 많은 사람들을 상대하는 능력
② 자기 자신만의 정보를 잘 기억하는 능력
③ 다양한 분야의 정보를 많이 생산하는 능력
④ 더욱 발달된 정보 통신 기술을 개발하는 능력
⑤ 방대한 정보를 효율적으로 찾아 활용하는 능력

01 (다)에 주로 나타난 논증 방식이 쓰인 것으로 가장 적절한 것은?
① 모든 포유류는 심장이 있다. 고래는 포유류다. 그러므로 고래는 심장이 있다.
② 새로 개발한 간암 치료제가 동물 실험에서 큰 효과가 있음이 밝혀졌다. 간암 환자들에게도 효과가 있을 것으로 기대된다.
③ 범죄를 저지른 사람은 그에 합당한 처벌을 받아야 한다. 법조인이라 하더라도 범죄를 저질렀다면 당연히 처벌을 받아야 한다.
④ 우리 사회는 쓰레기로 인한 경제적 손실이 매우 크다. 이를 해결하기 위해서는 쓰레기 발생을 줄이기 위해 노력하는 한편, 분리수거를 철저히 하여 재활용하도록 노력해야 한다.
⑤ 다섯 명의 학생이 식중독에 걸렸다. 어제 먹은 것을 조사해 보니 모두 같은 가게에서 어묵을 먹은 것으로 밝혀졌다. 결국 가게의 어묵이 식중독을 일으킨 것으로 볼 수 있다.

02 〈보기〉의 관점에서 이 글의 글쓴이의 주장을 비판하는 내용을 〈조건〉에 맞게 서술하시오.

┤ 보기 ├

　디지털 치매는 기억력이나 계산력 등의 일시적 감퇴가 아니다. 기술의 발전과 그것에 따른 인간의 기기 의존이 인류 고유의 능력들을 퇴화하게 할 수 있다. 즉, 비판적 사고 능력과 같은 이성의 핵심 기능까지 상실하게 할 수 있다. 컴퓨터에 의존하여 데이터를 수집, 가공, 해석하는 과학자들의 모습이나, 스스로 생각하지 않고 단순히 정보를 편집하여 과제를 수행하는 학생들의 모습 등이 이를 잘 보여 준다.

┤ 조건 ├

• 두 견해 사이의 쟁점이 드러나도록 쓸 것.
• 50자 내외의 한 문장으로 쓸 것.

[01~04] 다음 글을 읽고 물음에 답하시오.

영국 왕립 학회의 모토는 '다른 사람의 얘기를 그대로 믿지 말라(Nullius in verba).'입니다. ㉠탐구한다는 것은 사람들이 철석같이 믿고 있는 사실을 당연하게 받아들이지 않고 의심하는 일을 뜻합니다.

파스퇴르가 살던 시대 사람들은 미생물이 저절로 발생한다고 믿었습니다. 권위 있는 학자들도 예외는 아니어서 이러한 믿음을 학설로 굳혀 놓기까지 했습니다. 하지만 파스퇴르는 권위에 따르지 않고 실험을 통해 반론을 폈습니다. / 파스퇴르는 멸균시키지 않은 육즙은 발효가 되었지만, 멸균시킨 육즙에서는 발효가 일어나지 않고 원래의 맛과 모습을 계속 유지한다는 사실을 알아냈습니다. 생명이 없는 육즙이 변형되어 생명체인 미생물이 발생하는 것은 불가능하다는 사실을 보여 준 것이지요. 미생물이 무생물로부터 자연적으로 발생되는 것이 아니라 사람처럼 생명을 지닌 고유한 존재라는 사실을 입증했습니다.

의심은 마법사의 물과 같습니다. 의심을 하는 순간 죽어 있던 진실이 생명을 얻고 살아나기 시작하니까요. 그렇다고 밑도 끝도 없이 의심만 해야 한다는 이야기는 아닙니다. 모두가 옳다고 주장하는 이야기라도 틀릴 수 있다는 사실을 잊지 말아야 한다는 것입니다. / 우리 주위에는 당연한 상식이 되어 우리의 생각을 지배하고 있는 믿음들이 있습니다. 여러분은 텔레비전을 통하여, 교과서를 통하여, 어른들의 이야기를 통하여 하나둘씩 받아들입니다. 하지만 그 믿음이 모두 진실일까요?

"자유 낙하를 하는 두 물체 중 더 무거운 것이 더 빨리 땅에 떨어진다."

아리스토텔레스는 이렇게 주장하고, 대부분의 사람들은 이 주장을 별 의심 없이 받아들였습니다. 하지만 갈릴레이는 이 주장에 의문을 품었습니다. 그리고 여러 번의 실험을 통해 모든 물체는 그 무게에 관계없이 똑같은 속도로 자유 낙하한다는 사실을 증명해 냈습니다. / 코페르니쿠스 역시 누구나 믿고 따르던 프톨레마이오스의 생각, 즉 우주의 중심이 지구라는 생각에 의심을 품었습니다. 그리고 지동설을 통해 지구는 태양을 중심으로 도는 행성임을 밝혀냈습니다.

이처럼 탐구하는 것은 우리를 둘러싸고 있는 잘못된 믿음에 의심을 품고, 새로운 가설을 세우고 실험을 통해 입증하여 그 잘못을 바로잡는 일을 뜻합니다.

01 ㉠에 대한 설명으로 적절하지 않은 것은?
① 믿고 있는 사실을 당연히 받아들이지 않는 것이다.
② 권위 있는 학자들의 생각과 믿음을 따라가는 것이다.
③ 옳다고 생각하는 주장도 틀릴 수 있다고 생각하는 것이다.
④ 새로운 가설을 세우고 실험을 통해 입증하는 과정이 필요하다.
⑤ 대부분의 사람들이 의심 없이 받아들이는 것에 의문을 품는 것이다.

[02~03] 〈보기〉는 이 글을 정리한 것이다. 다음 물음에 답하시오.

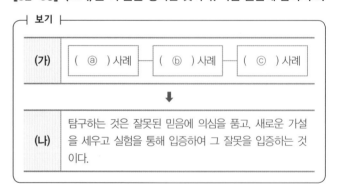

보기

(가)	(ⓐ) 사례 → (ⓑ) 사례 → (ⓒ) 사례
(나)	탐구하는 것은 잘못된 믿음에 의심을 품고, 새로운 가설을 세우고 실험을 통해 입증하여 그 잘못을 입증하는 것이다.

02 ⓐ~ⓒ에 들어갈 말로 바르게 짝 지어진 것은?

	ⓐ	ⓑ	ⓒ
①	영국 왕립 학회	마법사	코페르니쿠스
②	영국 왕립 학회	아리스토텔레스	프톨레마이오스
③	파스퇴르	갈릴레이	코페르니쿠스
④	파스퇴르	갈릴레이	프톨레마이오스
⑤	파스퇴르	마법사	아리스토텔레스

03 (가)와 (나)의 관계에 대한 설명으로 적절한 것은?
① (가)는 (나)를 뒷받침하는 근거이다.
② (가)는 (나)를 이끌어 내기 위한 대전제이다.
③ (가)와 (나)는 서로 상반된 입장을 보여 준다.
④ (가)와 (나)는 서로 비슷한 속성을 가지고 있다.
⑤ (가)는 (나)를 포괄할 수 있는 일반적 원리이다.

04 이 글과 〈보기〉에 쓰인 논증 방법의 차이점을 〈조건〉에 맞게 서술하시오.

┤ 보기 ├

모든 인간은 죽는다. 소크라테스는 인간이다. 그러므로 소크라테스는 죽는다.

┤ 조건 ├

• '구체적 사실'과 '일반적 원리'를 활용할 것.
• 결론을 이끌어 내는 방법의 차이를 쓸 것.

[05~07] 다음 글을 읽고 물음에 답하시오.

가 모든 전화번호가 휴대 전화에 저장돼 있으나 외우고 있는 전화번호는 손가락으로 꼽을 정도이고, 노래방 기기가 없이는 애창곡 하나 부를 수 없으며, 계산기가 없으면 암산은커녕 간단한 계산조차 하지 못한다. 내비게이션이 없으면 여러 번 갔던 길도 찾을 수 없고, 심지어는 가족의 생일과 같은 단순한 정보도 기억하지 못하는 경우가 있다. 이러한 현상을 '디지털 치매', 또는 '아이티(IT) 건망증'이라 부른다.

나 이처럼 디지털 기술에 지나치게 의존한 나머지 기억력과 계산 능력 등이 현저하게 떨어지는 현상에 관해 많은 사람들이 걱정을 한다. 하지만 이러한 현상은 단지 좋다, 나쁘다고 쉽게 말할 성격의 것은 아니다. 왜냐하면 디지털 치매 현상은 인류의 진화, 우리 사회의 노동 환경의 변화와 연관된 복잡한 현상이기 때문이다. 여기서는 디지털 치매 현상에 관해 우리가 생각하지 못했던 측면들을 살펴보고자 한다.

다 일하는 환경이 이렇게 바뀜에 따라 우리 뇌의 능력은 점점 기억하는 뇌가 아닌 필요한 정보를 빨리 찾는 뇌로 바뀌어 가고 있다. 자신이 알고 있는 몇몇 정보보다는 다른 사람이 갖고 있는 모든 정보를 모아 놓은 것이 정보로서 훨씬 더 가치가 있으며, 자기 자신만의 정보를 잘 ___㉠___ 능력보다는 여기저기 놓여 있는 정보를 효과적으로 잘 ___㉡___ 능력이 훨씬 중요하게 여겨지는 사회로 바뀌고 있는 것이다. 어떤 사람들은 지금과 같은 디지털 기술 의존 현상이 결국 기억 능력을 크게 떨어뜨려 인간을 퇴보하게 할 것이라고 주장하지만, 보조 기억을 디지털 기기로 이동하는 것이 기억 능력의 퇴보는 아니라고 본다.

라 요컨대 디지털 기술 의존 현상은 인간의 진화와 문명의 진전 과정에서 늘 존재해 왔던 기존의 기술 의존 현상과 다를 바 없는 것이요, 방대한 정보 처리와 효율적 업무 처리를 요하는 현대 사회의 환경에 적응하기 위한 불가피한 선택일 뿐이며, 그로 인해 오히려 더욱 창조적인 새로운 능력을 인간에게 가져다준 것으로 보아야 한다. 그러니 굳이 디지털 치매라는 이상한 종류의 병에 걸렸다고 걱정하지 말고 인간 진화의 자연스러운 양상일 뿐이며 미래형 인간을 향한 진보의 결과로 마음 편하게 받아들이길 권할 따름이다.

05 이 글에서 알 수 있는 내용이 아닌 것은?
① 디지털 치매의 뜻
② 디지털 치매의 사례
③ 디지털 치매의 원인
④ 디지털 치매 예방법
⑤ 뇌의 능력 변화 양상

06 (가)~(라)의 중심 내용으로 가장 적절한 것은?
① 디지털 기술에 지나치게 의존하면 기억력을 상실할 수 있다.
② 디지털 기술의 발전은 인간의 생활을 좀 더 편리하게 바꾸어 놓았다.
③ 우리 사회의 노동 환경 변화에 따라 중요시되는 뇌의 능력도 변해 왔다.
④ 뇌의 능력 개발에 도움이 되는 방향으로 디지털 기술을 발전시켜 나가야 한다.
⑤ 디지털 기술 의존 현상은 인간 진화의 자연스러운 양상이므로 염려할 필요가 없다.

07 글쓴이의 주장을 고려할 때, ㉠과 ㉡에 들어갈 말로 가장 적절한 것은?

	㉠	㉡
①	생산하는	조직하는
②	생산하는	검색하는
③	기억하는	검색하는
④	기억하는	조직하는
⑤	저장하는	생산하는

[08~15] 다음 글을 읽고 물음에 답하시오.

가 모든 전화번호가 휴대 전화에 저장돼 있으나 외우고 있는 전화번호는 손가락으로 꼽을 정도이고, 노래방 기기가 없으면 애창곡 하나 부를 수 없으며, 계산기가 없으면 암산은커녕 간단한 계산조차 하지 못한다. 내비게이션이 없으면 여러 번 갔던 길도 찾을 수 없고, 심지어는 가족의 생일과 같은 단순한 정보도 기억하지 못하는 경우가 있다. 이러한 현상을 '디지털 치매', 또는 '아이티(IT) 건망증'이라 부른다.

나 이처럼 디지털 기술에 지나치게 의존한 나머지 기억력과 계산 능력 등이 현저하게 떨어지는 현상에 관해 많은 사람들이 걱정을 한다. 하지만 이러한 현상은 단지 좋다, 나쁘다고 쉽게 말할 성격의 것은 아니다. 왜냐하면 ㉠디지털 치매 현상은 인류의 진화, 우리 사회의 노동 환경의 변화와 연관된 복잡한 현상이기 때문이다. 여기서는 디지털 치매 현상에 관해 우리가 생각하지 못했던 측면들을 살펴보고자 한다.

다 먼저 프랑스의 철학자 미셸 세르의 저서 『호미네상스(Hominescence)』와 2005년 12월 '새로운 기술들은 우리에게 무엇을 가져다주는가'라는 제목의 강연 내용을 살펴보면 인류의 진화 과정에 관한 흥미로운 내용을 볼 수 있다. 이를 요약하면 다음과 같다.

- 인류는 직립 원인으로 진화하는 과정에서 손을 도구로 사용하게 됨으로써 그 이전에 먹이나 물건을 무는 데 쓰였던 입의 기능이 퇴화했지만, 그 대신 입은 말하는 기능을 획득했다.
- 또 문자와 인쇄술이 발명되면서 인간은 호메로스(Homeros)의 서사시를 암송할 수준의 기억력을 상실했지만, 기억의 압박에서 해방되어 새로운 지식 생산과 같은 일에 능력을 활용하게 되었다. 　　　　[A]
- 오늘날 휴먼 인터페이스는 기억력, 계산력 등의 약화를 가속화하지만 단순 기억이나 계산의 부담에서 벗어나 정보를 통제하고 관리하며, 지식을 창조하는 능력을 향상시킨다.
- 이러한 과정을 통해 인류는 기술 진보와 함께 진화해 왔고, 지금의 디지털 현상도 진화의 과정일 뿐이다.

라 일하는 환경이 이렇게 바뀜에 따라 우리 뇌의 능력은 점점 기억하는 뇌가 아닌 필요한 정보를 빨리 찾는 뇌로 바뀌어 가고 있다. 자신이 알고 있는 몇몇 정보보다는 다른 사람이 갖고 있는 모든 정보를 모아 놓은 것이 정보로서 훨씬 더 가치가 있으며, 자기 자신만의 정보를 잘 기억하는 능력보다는 여기저기 놓여 있는 정보를 효과적으로 잘 찾는 능력이 훨씬 중요하게 여겨지는 사회로 바뀌고 있는 것이다. 어떤 사람들은 지금과 같은 디지털 기술 의존 현상이 결국 기억 능력을 크게 ㉡떨어뜨려 인간을 퇴보하게 할 것이라고 주장하지만, 보조 기억을 디지털 기기로 이동하는 것이 기억 능력의 퇴보는 아니라고 본다. 정보를 어디서 찾을 수 있는가에 대한 정보도 기억이 돼야 하며, 앞으로는 정보 자체의 기억보다는 이런 정보를 찾을 수 있는 원천이나 방법에 대한 기억이 더욱 중요해질 것이기 때문이다.

마 요컨대 ⓐ디지털 기술 의존 현상은 인간의 진화와 문명의 진전 과정에서 늘 존재해 왔던 기존의 기술 의존 현상과 다를 바 없는 것이요, 방대한 정보 처리와 효율적 업무 처리를 요하는 현대 사회의 환경에 적응하기 위한 불가피한 선택일 뿐이며, 그로 인해 오히려 더욱 창조적인 새로운 능력을 인간에게 가져다준 것으로 보아야 한다. 그러니 굳이 ⓑ디지털 치매라는 이상한 종류의 병에 걸렸다고 걱정하지 말고 인간 진화의 자연스러운 양상일 뿐이며 미래형 인간을 향한 진보의 결과로 마음 편하게 받아들이길 권할 따름이다.

중요
08 이 글의 내용 전개 방식으로 가장 적절한 것은?
① 중심 화제에 대해 여러 학자들이 합의한 결과를 제시하고 있다.
② 중심 화제에 대해 상반된 견해를 제시한 후 두 견해를 절충하고 있다.
③ 중심 화제의 특성과 발생 배경을 제시한 후 인식의 전환을 제안하고 있다.
④ 중심 화제의 특성에 대한 다양한 의견들의 의의와 한계를 평가하고 있다.
⑤ 중심 화제에 대한 다양한 사례들을 제시한 후 이를 유형별로 분류하고 있다.

09 (가)~(마)에 대한 설명으로 적절하지 <u>않은</u> 것은?

① (가): 디지털 치매 현상의 다양한 사례를 나열하고 있다.
② (나): 디지털 치매 현상에 대한 새로운 접근 방식을 시도하고 있다.
③ (다): 권위 있는 사람의 글을 인용하여 주장을 뒷받침하고 있다.
④ (라): 일하는 환경에 따른 뇌의 변화 방향을 제시하고 있다.
⑤ (마): 디지털 치매 현상의 문제점을 제시한 후 해결 방안 마련을 당부하고 있다.

10 이 글에서 (가)의 역할로 가장 적절한 것은?

① 글쓴이의 주장을 요약적으로 제시한다.
② 중심 화제를 소개하고 흥미를 유발한다.
③ 앞으로의 전망과 해결 과제를 제시한다.
④ 구체적인 근거를 들어 주장을 뒷받침한다.
⑤ 글에서 사용할 논증 방식을 미리 안내한다.

11 [A]에 나타난 논증 방식에 대한 설명으로 적절한 것은?

① 문제 상황에 대한 합리적인 해결 방안을 다양하게 제시하고 있다.
② 일반적인 원리와 사실에서 특수하고 구체적인 사실들을 이끌어 내고 있다.
③ 여러 사례에 공통적으로 나타난 특징을 바탕으로 결론을 이끌어 내고 있다.
④ 서로 다른 특성을 지닌 대상의 장단점을 분석한 후 문제 해결을 촉구하고 있다.
⑤ 독자들이 일상생활에서 경험할 수 있는 구체적인 사례를 제시하여 결론을 강조하고 있다.

12 ㉠에 대한 글쓴이의 태도로 가장 적절한 것은?

① 낙관적 ② 비관적 ③ 부정적
④ 중립적 ⑤ 방관적

13 이 글을 비판적으로 읽는 과정에서 떠올린 생각으로 적절하지 <u>않은</u> 것은?

① 디지털 치매 현상에 대해 지나치게 긍정적인 면만 부각하고 있는 것은 아닌가?
② 디지털 기술에 의존하는 것을 마치 병에 걸린 것처럼 심각하게 바라볼 필요가 있을까?
③ 많은 정보를 기억하는 것도 정보를 찾는 능력 못지않게 중요한 능력이라고 볼 수 있지 않나?
④ 몇 가지의 사례를 근거로 제시하여 결론을 성급하게 이끌어 낸 것은 아닌지 검토해 볼 필요가 있어.
⑤ 디지털 기술 의존 현상은 그러한 기술을 사용할 수 없는 환경에서는 심각한 문제 상황을 일으킬 수 있어.

14 문맥상 ㉡과 가장 가까운 의미로 쓰인 것은?

① 준호는 숟가락을 바닥에 <u>떨어뜨렸다.</u>
② 지갑을 어디에다 <u>떨어뜨렸는지</u> 보이지를 않는다.
③ 가습기와 컴퓨터는 서로 멀리 <u>떨어뜨려</u> 놓아야 한다.
④ 스트레스는 면역력을 <u>떨어뜨리니까</u> 마음 편히 지내세요.
⑤ 우리나라가 준결승에서 일본을 <u>떨어뜨리고</u> 결승에 올랐다.

15 ⓐ와 ⓑ에 대한 설명 중, 글쓴이의 생각과 가장 가까운 것은?

① ⓐ가 심화될수록 ⓑ와 같은 심각한 상황에 처하게 된다.
② ⓐ는 자연스러운 현상으로 ⓑ와 같이 받아들일 필요가 없다.
③ ⓐ와 ⓑ는 모두 정보 통신 기술의 발달로 인해 생겨난 질병이다.
④ ⓐ와 ⓑ는 모두 기억 능력을 크게 떨어뜨려 인간을 퇴보하게 한다.
⑤ ⓐ와 달리 ⓑ는 인간 문명의 진전을 위해 고쳐야 할 과제에 해당한다.

03 관점과 형식 비교하기

개념 압축 APP

❶ 글의 관점과 형식 비교하며 읽기

동일한 화제를 다룬 여러 편의 글을 비교하며 읽으면서 관점이나 형식의 차이를 파악하고, 유사한 화제를 다룬 여러 글이 지니는 각각의 특성과 효과를 이해하며 창의적으로 감상하는 활동

❷ 글의 관점 파악하며 읽기

관점의 뜻	글쓴이가 대상을 바라보는 시각이나 생각, 태도 등
관점의 예	긍정적 ↔ ( ), 주관적 ↔ 객관적, 우호적 ↔ 비판적, 현실적 ↔ 이상적 등
관점 파악 방법	• 글의 중심 내용과 글쓴이의 의도 파악하기 • 대상에 대한 글쓴이의 ( ) 파악하기 • 글쓴이가 대상의 어떤 측면이나 분야에 주목하는지 파악하기

❸ 글의 형식 파악하며 읽기

형식의 뜻	글의 유형이나 짜임, 내용을 표현하는 방식 등
형식의 예	설명하는 글(설명문, 기사문, 보고문 등), 주장하는 글(논설문, 칼럼, 건의문 등), 문학적인 글(시, 소설, 수필, 노랫말, 일기, 편지글 등), 카드 뉴스, 광고문, 만화 등
형식 파악 방법	• 글의 목적이나 의도에 따른 글의 유형 파악하기 • 글의 ( )(이)나 구성 방식에 따른 글의 종류 파악하기 • 글에 쓰인 매체 자료의 종류나 특징 파악하기

❹ 글의 관점과 형식 비교하며 읽기의 효과

• 글을 깊이 있게 이해할 수 있음.
• 객관적인 시각으로 대상을 판단할 수 있음.
• 대상에 대한 (   ) 잡힌 시각을 가질 수 있음.
• 자신의 관점을 명확히 세우는 데 도움이 될 수 있음.
• 대상의 다양한 측면을 이해함으로써 사고의 폭을 넓힐 수 있음.

필수 어휘 사전

● **화제:** 이야깃거리(이야기할 만한 재료나 소재).

● **관점:** 사물이나 현상을 관찰할 때, 그 사람이 보고 생각하는 태도나 방향 또는 처지.

● **형식:** 1. 사물이 외부로 나타나 보이는 모양. 2. 일을 할 때의 일정한 절차나 양식 또는 한 무리의 사물을 특징짓는 데에 공통적으로 갖춘 모양.

● **비교:** 둘 이상의 사물을 견주어 서로 간의 유사점, 차이점, 일반 법칙 따위를 고찰하는 일.

확인 문제

1
글의 관점을 파악하며 읽는 방법으로 적절하지 않은 것은?
① 글의 중심 내용을 파악한다.
② 글에 담긴 글쓴이의 의도를 파악한다.
③ 대상에 대한 글쓴이의 태도를 파악한다.
④ 대상의 어떤 측면에 주목하는지 파악한다.
⑤ 글이 어떤 짜임으로 이루어져 있는지 파악한다.

2
다음과 같은 효과를 기대할 수 있는 글의 형식으로 적절한 것은?

> 상세하고 체계적인 설명보다는 짧은 문구와 그림이나 사진 같은 시각 자료를 사용하여 핵심 내용만 인상적으로 전달하고 싶어.

① 시   ② 광고문
③ 보고서   ④ 편지글
⑤ 신문 기사

3
빈칸에 들어가기에 적절한 단어를 3음절로 쓰시오.

> 글의 관점과 형식을 비교하며 읽으면, 대상의 다양한 측면을 접하게 되어 폭넓은 사고와 깊이 있는 이해가 가능해진다. 또한 대상에 대한 (   )이고 균형 잡힌 시각을 가질 수 있다. 나아가 자신의 관점을 명확히 세우는 데 도움을 받을 수 있다.

수행 평가 따라잡기

1 다음 두 글의 관점과 형식을 비교하며 읽고 (1)~(3)의 활동을 해 보자.

> **가** 이제 인류의 활동으로 발생한 온실가스가 지구 온난화의 주범이라는 주장에 반박하는 목소리는 거의 들리지 않는다. 대신 온실가스 배출을 줄이는 것만으로는 부족하며, 대기 중의 온실가스를 적극적으로 포집해야 한다는 주장이 힘을 얻고 있다.
>
> 이런 와중에 식물이 구원 투수로 나설 수 있다고 주장하는 과학자들이 늘고 있다. 오늘날 이미 엄청난 식물이 존재하지만 지구는 그 두 배에 이르는 식물을 감당할 수 있는 여력이 있다는 것이다.
>
> 결국 돌고 돌아 찾은 해결책은 지구에서 수십억 년 전부터 해 오던 일, 즉 광합성이다. 특히 5억 년 전 등장해 오늘날 지구 생물량의 80%인 4,500억 톤을 차지하고 있는 식물이야말로 이산화 탄소 포집과 저장의 일등공신이다.
>
> – 강석기, 「숲을 늘려야 지구 온난화 속도 늦춘다」

> **나**
>
>
>
> **자연을 살리는 발견**
>
> 자동차 배기가스는
> 지구 온난화의 원인이 됩니다
> 가까운 거리는 걷거나,
> 자전거를 이용해 보세요!
> 자연을 지키고,
> 지구의 건강도 지킬 수 있습니다
> 당신의 작은 실천으로
> 지구 온난화를 막을 수 있습니다

(1) (가)와 (나)에서 공통으로 다루고 있는 화제가 무엇인지 써 보자.

(2) (가)와 (나)에서 화제에 대한 글쓴이의 관점이 어떤 점에서 같고 다른지 비교해 보자.

(3) (가)와 (나)의 형식의 차이를 쓰고, 각각의 특징과 효과를 설명해 보자.

끌어 주기

1

(1) (가)와 (나)에 공통으로 등장하는 말을 찾아보면서 무엇에 대해 이야기하고 있는지 생각해 본다.

예시 답안 지구 온난화 / 지구 온난화를 막는(늦추는) 방법

(2) (가)와 (나)의 글쓴이가 지구 온난화를 바라보는 관점의 공통점과 차이점을 찾아본다. 또 지구 온난화의 원인과 지구 온난화를 막는 방법에 대해 각각 어떤 이야기를 하고 있는지 비교해 본다.

예시 답안 (가)와 (나)의 글쓴이는 모두 지구 온난화의 원인이 인간의 활동으로 발생한 온실가스라고 보고 있다. 하지만 그 해결책에 대해서는 다른 관점을 취하고 있다. (나)는 온실가스 배출을 줄이는 데 초점을 맞추고 있지만, (가)는 그것만으로는 부족하기 때문에 숲을 늘려 이산화 탄소를 적극적으로 포집해야 한다는 관점을 보이고 있다.

(3) (가)와 (나)에 담긴 글쓴이의 의도와 목적을 고려하여 글의 종류를 파악하고, 글의 목적을 달성하는 데 형식이 어떤 역할을 하는지 생각해 본다.

예시 답안 (가)는 시사, 사회 문제 등에 관해 짧게 평을 한 칼럼이고, (나)는 광고문이다. (가)는 근거를 들어 주장을 설득력 있게 제시하는 반면, (나)는 짧은 문구와 그림을 사용하여 말하고자 하는 바를 한눈에 파악할 수 있게 한다.

1 밤도 대낮처럼 환하게, 인공 빛의 두 얼굴 | 문종환

⊙ 다음 글을 읽고 물음에 답하시오.

가 빛과 어둠! 우리는 빛은 좋은 것으로, 어둠은 나쁜 것으로 인식하는 경향이 있다. 적어도 건강상의 문제에 있어서는, 빛도 중요하지만 그에 못지않게 어둠도 중요하다. 행복 호르몬으로 불리는 세로토닌은 빛에 의해서, 수면 호르몬으로 불리는 멜라토닌은 어둠에 의해서 생성되기 때문이다. 그런데 빛의 발달, 조명으로 인해서 밤과 낮의 구분이 없어진 지 오래고, 도심의 밤은 항상 밝은 빛으로 가득 차 있다. ㉠과연 우리 건강에 지장이 없을까?

나 과도한 인공 불빛 속에서 살아가고 있는 수많은 사람들은 빛 때문에 생체 리듬이 깨지고, 그로 인해 각종 증상에 시달리고 있다. 불면증, 우울증, 만성 피로, 식욕 부진 등은 생체 리듬과 밀접한 관계가 있다. 수면 호르몬인 멜라토닌은 불이 꺼진 상태에서만 발현되는데, 밤에 불을 켜고 자는 497명의 어린이 중 34%가 근시 현상을 보였다는 세계적인 과학 잡지 『네이처』의 보고서는 멜라토닌의 작용을 잘 보여 준다고 할 것이다. 이처럼 멜라토닌은 수면, 체온 조절 등을 통하여 생체 시계의 역할을 하며, 그 밖에도 항산화 작용, 면역 기능 개선, 학습과 기억력 증진 등에 효과가 있는 것으로 알려져 있다. 따라서 멜라토닌을 원활히 생성하기 위해 밤 10시 이전에는 불을 끄고 잠자리에 들고, 밤에 인공 불빛에 과도하게 노출되지 말아야 한다.

다 빛 공해는 사람은 물론 짐승, 곤충 등의 행동에 영향을 끼치기도 한다. 호수 주변의 빛 공해가 물 위의 조류를 먹는 물고기의 포식 행위를 막아서 적조 등의 해로운 조류가 증가하고, 이것이 물고기를 전멸시키는 원인이 되었다는 연구 결과가 있다. 또한 많은 곤충학자들은 야간 조명이 벌의 비행 능력을 방해하고 있다고 주장한다. 조류학자들은 새들에게도 악영향을 줄 수 있다고 한다.

라 또한 식물에 24시간 빛을 쬐는 현상이 지속되면 씨를 맺지 못하는 현상이 발생하기도 한다. 예를 들어, 빛에 특히 민감한 들깨는 꽃과 씨를 맺지 못하고 키만 쑥쑥 자란다. 농촌 진흥청 국립 식량 과학원 연구 결과 6~10럭스 밝기의 빛에 장기간 노출될 경우 농작물의 수확량이 벼는 16%, 보리는 20%, 들깨는 94%가 감소하는 것으로 나타나기도 했다. 이처럼 빛은 알게 모르게 자연계 전반에 악영향을 끼치며, 우리들의 삶에 직·간접적으로 관여하고 있다.

마 가장 지혜롭게 사는 것은 자연법칙, 즉 자연의 시계대로 살아가는 것이다. 그러기 위해서는 세상이 바뀌기를 기다리기 전에 나부터 바꾸는 것이 필요하지 않을까? 지금 당장 가능한 한 불필요한 불을 끄자.

학습 목표 응용

01 이와 같은 글을 읽는 방법으로 적절하지 않은 것은?
① 글의 내용을 사실과 의견으로 구분한다.
② 글쓴이가 글을 쓴 의도와 목적을 파악한다.
③ 중심 내용과 함께 세부 내용까지 빠짐없이 메모한다.
④ 대상을 바라보는 글쓴이의 시각이나 태도를 파악한다.
⑤ 글의 구조나 구성 방식을 고려하여 글의 종류를 판단한다.

02 (가)~(마)의 중심 화제로 적절한 것은?
① (가): 도시의 인공 불빛이 사라져 가는 현실
② (나): 빛 공해가 발생하는 원인
③ (다): 빛 공해가 동물의 행동에 미치는 악영향
④ (라): 빛 공해와 우리 삶의 상관관계
⑤ (마): 도시의 인공 불빛을 되찾기 위한 방법

03 이 글의 서술상 특징과 효과로 적절한 것을 〈보기〉에서 골라 바르게 묶은 것은?

┤ 보기 ├
ㄱ. 최신 유행어로 글을 시작하여 독자의 흥미를 유발하고 있다.
ㄴ. 통계 수치를 구체적으로 제시하여 내용의 신뢰성을 높이고 있다.
ㄷ. 권위 있는 학술지의 자료를 인용하여 근거의 객관성을 높이고 있다.
ㄹ. 다른 사람의 의견을 조목조목 반박하여 내용의 타당성을 강화하고 있다.

① ㄱ, ㄴ   ② ㄱ, ㄷ   ③ ㄴ, ㄷ
④ ㄴ, ㄹ   ⑤ ㄷ, ㄹ

04 이 글에 나타난 글쓴이의 생각으로 가장 적절한 것은?

① 현재 우리나라의 인공조명은 필요에 비해 다소 부족한 편이다.

② 건강상의 문제에 있어서는 빛보다 어둠이 더 중요한 역할을 한다.

③ 인공 불빛이 인간과 동식물에 피해를 주지 않도록 불필요한 빛 사용을 줄여야 한다.

④ 자연의 시계대로 살아가려면 편리한 도시를 떠나 원시적인 삶의 방식을 따라야 한다.

⑤ 빛 공해를 줄이려면 심야 시간대 야간 조명 사용을 전면 금지하는 제도를 마련해야 한다.

05 이 글의 내용 전개 방식으로 적절한 것은?

① 문제의 원인을 분석한 후 자신의 견해를 제시하고 있다.

② 화제에 대한 인식의 변화를 시간 순서에 따라 서술하고 있다.

③ 두 견해를 제시한 후 공통점을 바탕으로 결론을 이끌어 내고 있다.

④ 대상을 바라보는 상반된 관점을 제시하여 두 관점을 대조하고 있다.

⑤ 어떤 현상이 미친 영향을 따져 보면서 문제의 심각성을 강조하고 있다.

 06 〈보기〉는 야간 조명을 다룬 기사문의 표제들이다. 이 글과 유사한 관점을 지닌 표제를 〈보기〉에서 골라 바르게 묶은 것은?

┤ 보기 ├

ㄱ. ○○ 축제, 야간 조명으로 볼거리 풍부

ㄴ. 대낮같이 밝은 밤, 암 발병률과 비만 위험 높여

ㄷ. 빛 공해가 웬 말? 별빛 축제로 우주 감성 여행을 떠나요!

ㄹ. 아름다운 야경으로 되살아난 ○○시, 관광 수익 창출에 성공

① ㄱ, ㄷ   ② ㄱ, ㄹ   ③ ㄴ, ㄷ
④ ㄴ, ㄹ   ⑤ ㄷ, ㄹ

고난도 응용

01 이 글과 〈보기〉의 차이를 분석한 내용으로 적절한 것은?

┤ 보기 ├

야간에는 조명된 부분으로만 시선이 집중되므로 주간에 비하여 효율적인 경관 연출이 가능하다. 도시의 경관이 만들어지기까지 오랜 세월이 소요되는 것에 비해 야간 경관은 조명을 통하여 짧은 기간 내에 상대적으로 적은 예산을 투자하여 원하는 모습을 만들 수 있다는 장점이 있다. 따라서 야간 조명은 도시의 관광 정책에서도 중요한 전략 요소가 되고 있다.

① 이 글은 야간 조명에 대해 부정적이지만, 〈보기〉는 중립적인 관점을 취하고 있다.

② 이 글은 야간 조명에 대해 우호적이지만, 〈보기〉는 비판적인 관점을 취하고 있다.

③ 이 글은 야간 조명을 건강과 관련시키고 있지만, 〈보기〉는 환경 문제와 관련시키고 있다.

④ 이 글은 야간 조명에 대해 감성적으로 접근하고 있지만, 〈보기〉는 이성적으로 접근하고 있다.

⑤ 이 글은 야간 조명의 단점을 주로 지적하고 있지만, 〈보기〉는 야간 조명의 장점을 주로 언급하고 있다.

서술형

02 ㉠에 대한 적절한 답을 〈조건〉에 맞게 서술하시오.

┤ 조건 ├

• 이 글의 내용을 바탕으로 하여 글쓴이가 기대하는 답을 쓸 것.

• 구체적인 근거를 들어 쓸 것.

2 밤이 아름다운 도시 | 이진숙

⊙ 다음 글을 읽고 물음에 답하시오.

가 밤이 길어졌다. 도시에 밤이 찾아오면 낮 동안의 분주함을 조용히 덮은 채로 낮과는 전혀 다른 새로운 풍경이 연출된다. 낮 동안 보이던 도시의 모든 디테일은 어둠 속에 가려지고 조명 빛을 비추는 부분만 드러나면서 마치 옷을 갈아입은 듯 전혀 다른 모습으로 변신한다. 여행지에서 만나는 아름다운 야경은 낮의 풍경과는 또 다른 감성으로 관광객들을 매료한다.

나 세계에서 야경이 가장 아름다운 도시로 알려진 ㉠부다페스트는 낮에는 다른 유럽 도시들에 비해 내세울 것이 없는 평범한 모습이다. 그러나 해가 저물면 도나우 강가에 자리한 국회 의사당, 부다 왕궁, 어부 요새 등이 은은한 주홍색 조명을 받아 일제히 빛을 발하고 그 빛을 다시 받은 도나우 강물은 황금빛으로 일렁인다. 여기에 빛으로 연출된 세체니 다리의 유려한 곡선이 더해져 말로 표현할 수 없는 환상적인 풍경을 만들어 낸다. ㉡체코의 수도 프라하는 중세의 고풍스러운 건물들이 보전되어 있는 도시이다. 오래된 건물들 사이의 좁은 골목길을 따라 블타바강에 이르면 언덕 위에 우뚝 솟은 프라하성의 야경이 드러나는데 강에 비친 카를교와 프라하성이 함께 만들어 내는 풍치는 인상적이고도 매력적이다. 또한 도시 곳곳의 빼어난 건물들에 부드러운 색조의 빛을 비추어 도시 전체에 품위 있는 밤 풍경을 연출하고 있다. ㉢베트남 중부 지역에 위치한 호이안은 오래된 항구 도시로 노란색 건물들로 채워진 옛 거리가 그대로 보존되어 있다. 어둠이 내리면 거리를 가득하게 장식한 연등들이 일제히 켜지면서 형형색색 빛의 향연이 시작된다. 이와 함께 바로 옆 투본 강가에서는 여행객들이 강 위로 작은 촛불 연등을 띄워 보내며 소원을 빈다. 오래된 거리와 잘 어울리는 아름다운 등불들이 캄캄한 밤하늘과 강물 위에 수를 놓으며 신비하고 이국적인 분위기를 만들어 내고 있다.

다 야간에는 조명된 부분으로만 시선이 집중되므로 주간에 비하여 효율적인 경관 연출이 가능하다. 도시의 경관이 만들어지기까지 오랜 세월이 소요되는 것에 비해 야간 경관은 조명을 통하여 짧은 기간 내에 상대적으로 적은 예산을 투자하여 원하는 모습을 만들 수 있다는 장점이 있다. 따라서 야간 조명은 도시의 관광 정책에서도 중요한 전략 요소가 되고 있다. 경관 조명을 시의 정책으로 적극 추진하여 성공한 대표적인 사례가 ㉣프랑스 리옹이다. 리옹에서는 도시의 조명 계획이 선거 공약으로까지 내세워졌다. 1989년 당선된 미셸 느와르 시장은 공약대로 5년간 매년 시 재정의 5%씩을 야간 경관 조성 사업에 투자하여 150개 건물과 교량에 조명 기기를 설치하여 도시 전체를 커다란 조명 예술 작품으로 바꿔 놓았다. 이 계획은 컨벤션 산업과 연계되어 리옹시를 세계적인 관광 도시와 국제회의 도시로 부상시키는 데 큰 역할을 하였고 리옹은 '빛의 도시', '밤이 아름다운 도시'라는 명성을 갖게 되었다.

라 ⓐ도시에 있어서 야간 조명은 단순히 어둠을 밝히기 위한 수단이 아니며 감성을 자극할 수 있어야 한다. 또한 조명을 무조건 밝고 화려하게 한다고 좋은 것은 아니다. 요란한 색채의 조명을 서로 경쟁하듯이 밝게만 한다면 마치 테마파크와 같은 장면이 연출될 것이며 깊이 없고 산만한 경관이 만들어질 것이다. 강조할 곳, 연출이 필요한 부분에는 과감하게 조명 시설을 설치하고, 도시 전체적으로는 인공조명을 최소한으로 줄이는 등 적극적이면서 동시에 절제된 조명 계획이 적용되어야 한다. 우리나라의 도시도 야간 조명을 통하여 도시 전체를 하나의 예술 작품으로 만들어 나가는 노력이 필요하다.

마 도시 브랜드 가치를 높이는 방법의 하나로 빛의 도입을 보다 적극적으로 검토할 필요가 있으며, 각 도시의 장소적 특성 등과 연계한 빛의 적용 전략에 대하여 구체적인 논의를 시작해야 한다. 우리나라의 도시도 멋진 야경으로 유명한 '(Ⓐ)'(으)로 불리는 날이 곧 오기를 기대해 본다.

학습 목표 응용

01 **이 글에 나타난 글쓴이의 태도로 가장 적절한 것은?**

① 인공조명보다는 자연조명에 관심을 가지고 있다.
② 아름다움의 측면에서 야간 조명의 가치를 다루고 있다.
③ 야간 조명에 대해 부정적 입장을 지닌 정부를 비판하고 있다.
④ 사람들의 건강과 관련하여 인공조명의 폐해를 인정하고 있다.
⑤ 편리성과 실용성의 관점에서 야간 조명의 장점을 언급하고 있다.

02 〈보기〉를 참고하여 이 글의 형식을 이해한 내용으로 적절한 것은?

┤ 보기 ├

주장하는 글은 일반적으로 '서론-본론-결론'의 체계적인 3단 구성을 취한다. 서론에서는 문제를 제기하고 글에서 논의할 화제를 제시한다. 본론에서는 근거를 들어 본격적으로 주장을 펼친다. 결론에서는 주장을 요약하고 강조하며 글을 마무리 짓는다.

① (가)는 서론 부분으로 문제 상황이 구체적으로 제시되어 있다.
② (나)는 본론 부분으로 글쓴이의 주장이 직접적으로 드러나 있다.
③ (다)는 본론 부분으로 주장을 뒷받침할 수 있는 객관적인 근거가 제시되어 있다.
④ (라)는 결론 부분으로 본론의 내용을 요약하고 정리하고 있다.
⑤ (마)는 결론 부분으로 문제의 심각성을 강조하며 글을 마무리하고 있다.

03 이 글의 내용과 일치하는 것은?
① 부다페스트는 인공 불빛을 활용하여 환상적인 밤 풍경을 연출한다.
② 호이안은 인간의 손이 닿지 않은 자연조명을 활용하여 관광 명소가 되었다.
③ 인공조명의 발달로 낮 동안 볼 수 있던 도시 풍경을 밤에도 감상할 수 있다.
④ 테마파크를 조성하기 위해서는 인공조명을 적절하게 활용하는 절제된 조명 계획이 필요하다.
⑤ 야간 경관 조명 정책을 실시하면 초기에는 비용이 많이 들지만 엄청난 관광 수익을 올릴 수 있다.

04 Ⓐ에 들어갈 말로 가장 적절한 것은?
① 꿈과 이상의 도시
② 밤이 아름다운 도시
③ 별빛이 가득한 도시
④ 자연과 함께하는 도시
⑤ 신비로운 마법의 도시

고난도 응용

01 〈보기〉는 '야간 조명'에 대한 학생들의 생각이다. ⓐ와 유사한 관점을 드러낸 학생끼리 바르게 묶은 것은?

┤ 보기 ├

수진: 우리 동네에 가로등이 더 많이 설치되었어. 조금 늦게 집에 오더라도 밤거리를 안전하게 다닐 수 있어서 참 다행이야.
다영: 우리 집 옥상에 올라가 각양각색의 불빛으로 장식된 밤거리를 내려다보고 있으면, 현실에서 벗어나 낭만적인 생각에 사로잡히곤 해.
성민: 나는 부모님과 늦은 저녁에 천변을 걷곤 하는데, 밤이 되면 천변 주변의 공원에 각종 조명 시설을 갖추어 놓아서 그런지 풍경이 참 멋져. 그래서 종종 걸음을 멈추게 돼.
우철: 요즘처럼 더울 때에는 밤에도 집에 있을 수가 없어. 우리 가족은 종종 강변으로 나가는데, 불을 환하게 밝혀 놓아서 밤인데도 생활하는 데 큰 불편이 없어.

① 수진, 성민 　　 ② 수진, 우철
③ 다영, 성민 　　 ④ 다영, 우철
⑤ 성민, 우철

02 ㉠~㉣을 통해 글쓴이가 독자에게 전하고자 한 내용을 〈조건〉에 맞게 서술하시오.

┤ 조건 ├

• ㉠~㉣의 공통점을 쓸 것.
• 글쓴이의 의도가 드러나게 쓸 것.

[01~08] 다음 글을 읽고 물음에 답하시오.

가 과도한 인공 불빛 속에서 살아가고 있는 수많은 사람들은 빛 때문에 생체 리듬이 깨지고, 그로 인해 각종 증상에 시달리고 있다. 불면증, 우울증, 만성 피로, 식욕 부진 등은 생체 리듬과 밀접한 관계가 있다. 수면 호르몬인 멜라토닌은 불이 꺼진 상태에서만 발현되는데, 밤에 불을 켜고 자는 497명의 어린이 중 34%가 근시 현상을 보였다는 세계적인 과학 잡지 『네이처』의 보고서는 멜라토닌의 작용을 잘 보여 준다고 할 것이다. 이처럼 멜라토닌은 수면, 체온 조절 등을 통하여 생체 시계의 역할을 하며, 그 밖에도 항산화 작용, 면역 기능 개선, 학습과 기억력 증진 등에 효과가 있는 것으로 알려져 있다. 따라서 멜라토닌을 원활히 생성하기 위해 밤 10시 이전에는 불을 끄고 잠자리에 들고, 밤에 인공 불빛에 과도하게 노출되지 말아야 한다. 〈중략〉

또한 식물에 24시간 빛을 쬐는 현상이 지속되면 씨를 맺지 못하는 현상이 발생하기도 한다. 예를 들어, 빛에 특히 민감한 들깨는 꽃과 씨를 맺지 못하고 키만 쑥쑥 자란다. 농촌 진흥청 국립 식량 과학원 연구 결과 6~10럭스 밝기의 빛에 장기간 노출될 경우 농작물의 수확량이 벼는 16%, 보리는 20%, 들깨는 94%가 감소하는 것으로 나타나기도 했다. 이처럼 빛은 알게 모르게 자연계 전반에 악영향을 끼치며, 우리들의 삶에 직·간접적으로 관여하고 있다.

나 밤이 길어졌다. 도시에 밤이 찾아오면 낮 동안의 분주함을 조용히 덮은 채로 낮과는 전혀 다른 새로운 풍경이 연출된다. 낮 동안 보이던 도시의 모든 디테일은 어둠 속에 가려지고 조명 빛을 비추는 부분만 드러나면서 마치 옷을 갈아입은 듯 전혀 다른 모습으로 변신한다. 여행지에서 만나는 아름다운 야경은 낮의 풍경과는 또 다른 감성으로 관광객들을 매료한다.

[A] 밤의 풍경으로 기억되는 도시들이 있다. 헝가리 부다페스트, 체코 프라하, 베트남 호이안은 아름다운 빛의 연출로 유명한 도시들이다. 세계에서 야경이 가장 아름다운 도시로 알려진 부다페스트는 낮에는 다른 유럽 도시들에 비해 내세울 것이 없는 평범한 모습이다. 그러나 해가 저물면 도나우 강가에 자리한 국회 의사당, 부다 왕궁, 어부 요새 등이 은은한 주홍색 조명을 받아 일제히 빛을 발하고 그 빛을 다시 받은 도나우 강물은 황금빛으로 일렁인다. 여기에 빛으로 연출된 세체니 다리의 유려한 곡선이 더해져 말로 표현할 수 없는 환상적인 풍경을 만들어 낸다. 〈중략〉

도시에 있어서 야간 조명은 단순히 어둠을 밝히기 위한 수단이 아니며 감성을 자극할 수 있어야 한다. 또한 조명을 무조건 밝고 화려하게 한다고 좋은 것은 아니다. 요란한 색채의 조명을 서로 경쟁하듯이 밝게만 한다면 마치 테마파크와 같은 장면이 연출될 것이며 깊이 없고 산만한 경관이 만들어질 것이다. 강조할 곳, 연출이 필요한 부분에는 과감하게 조명 시설을 설치하고, 도시 전체적으로는 인공조명을 최소한으로 줄이는 등 적극적이면서 동시에 절제된 조명 계획이 적용되어야 한다. 우리나라의 도시도 야간 조명을 통하여 도시 전체를 하나의 예술 작품으로 만들어 나가는 노력이 필요하다.

01 (가)와 (나)에서 공통으로 다룬 화제로 적절한 것은?
① 야간 조명
② 밤하늘의 별
③ 도시의 야경
④ 도시의 아름다움
⑤ 인공조명과 자연조명

02 〈보기〉는 (가)와 (나)에 관한 수업의 일부이다. 선생님의 질문에 대한 학생의 답변으로 적절하지 **않은** 것은?

┤ 보기 ├

선생님: 오늘은 두 편의 글을 비교하며 읽는 활동을 할 겁니다. 우리가 읽을 두 글은 화제는 같지만, 그 화제를 바라보는 관점은 서로 다릅니다. 이렇게 동일한 화제를 다룬 여러 편의 글을 비교하며 읽으면 어떤 점이 좋을까요? 지난 시간에 배운 내용을 떠올리면서 대답해 봅시다.

① 글을 더 깊이 있게 효과적으로 이해할 수 있습니다.
② 대상에 대한 자신의 관점을 세울 때 도움을 받을 수 있습니다.
③ 글의 주요 내용뿐만 아니라 세부 내용까지 빠짐없이 기억할 수 있습니다.
④ 다양한 관점을 접하니까 대상에 대해 균형 잡힌 시각을 가질 수 있습니다.
⑤ 대상을 다양한 시각에서 바라보게 되니까 사고의 폭을 넓힐 수 있습니다.

03 (가)와 (나)에 나타난 글쓴이의 태도를 비교한 것으로 적절한 것은?

① (가)와 (나)는 모두 도시 경제의 발전을 중요시한다.

② (가)와 (나)는 모두 인공조명보다 자연 조명에 더 가치를 둔다.

③ (가)는 환경과 건강을 중요시하지만, (나)는 도시 미관을 중요시한다.

④ (가)는 자연보다 인간을 더 중요시하지만, (나)는 인간보다 자연을 더 우위에 두고 있다.

⑤ (가)는 도시의 안전성을 최우선으로 여기지만, (나)는 도시의 편의성을 최우선으로 여긴다.

04 〈보기〉의 ㉠, ㉡과 유사한 관점이 드러나지 않은 것은?

| 보기 |

동일한 대상에 대해 (가)는 ㉠부정적 관점을, (나)는 ㉡긍정적 관점을 취하고 있다.

① ㉠: 지나치게 밝은 전조등이 안전사고를 유발하고 있다.

② ㉠: 가로등 빛으로 인한 수면 방해가 피해 배상 소송의 대상이 되고 있다.

③ ㉠: 도시의 야경을 연출하는 빛이 과도하게 쓰여 에너지 낭비를 초래하고 있다.

④ ㉡: 온갖 조명과 네온사인 불빛 때문에 밤하늘이 밝아져 별들을 보기가 어려워졌다.

⑤ ㉡: 자연광에 가까운 인공조명의 개발로 특정 식물을 연중 재배하여 농작물 생산성을 높이고 있다.

05 (가)를 읽고 빛 공해가 일으키는 부작용을 추론한 내용으로 적절하지 않은 것은?

① 학습 부진이 발생할 수 있다.

② 면역 기능이 떨어질 수 있다.

③ 눈에 나쁜 영향을 끼칠 수 있다.

④ 식물의 생식 능력을 감퇴시킬 수 있다.

⑤ 이웃 주민 간의 갈등을 유발할 수 있다.

06 (가)에 드러난 주장의 타당성을 판단하기 위해 제기한 질문으로 적절하지 않은 것은?

① 인공 불빛으로 이익을 받는 생물체의 사례는 없는지 조사해 봐야 하지 않을까?

② 도시에서 빛 공해를 줄이자는 주장이 현실적으로 가능한 주장인지 판단해 봐야 해.

③ 세계적인 과학 잡지 『네이처』에는 주로 어떤 연구 결과들이 소개되고 있는지 확인해 봐야겠어.

④ 인공 불빛으로 인한 피해 사례 몇 가지를 근거로 결론을 성급하게 이끌어 낸 것은 아닌지 검토해 볼 필요가 있어.

⑤ 농촌 진흥청 국립 식량 과학원 연구 결과가 어떻게 도출되었는지 확인해 보고 그 결과가 신뢰할 만한지 생각해 봐야겠어.

07 (나)를 쓴 글쓴이의 목적을 분석한 내용으로 가장 적절한 것은?

① 여행자들에게 야경이 아름다운 도시에 대한 정보를 제공한다.

② 지역 주민들에게 자신이 살고 있는 고장에 대한 자부심을 고취한다.

③ 도시인들에게 도시에서 살아가는 삶의 장단점에 대해 생각해 보게 한다.

④ 청소년들에게 자신이 속한 사회가 나아갈 바람직한 방향에 대해 성찰하게 한다.

⑤ 일반인에게 야간 조명을 활용하여 도시의 가치를 높이기 위한 노력이 필요함을 설득한다.

서술형

08 (나)의 주장을 뒷받침하기 위해 [A]에 사용된 논지 전개 방법을 〈조건〉에 맞게 서술하시오.

| 조건 |

• [A]의 중심 내용이 드러나게 쓸 것.

[09~15] 다음 글을 읽고 물음에 답하시오.

가 빛과 어둠! 우리는 빛은 좋은 것으로, 어둠은 나쁜 것으로 인식하는 경향이 있다. 적어도 건강상의 문제에 있어서는, 빛도 중요하지만 그에 못지않게 어둠도 중요하다. 행복 호르몬으로 불리는 세로토닌은 빛에 의해서, 수면 호르몬으로 불리는 멜라토닌은 어둠에 의해서 생성되기 때문이다. 그런데 빛의 발달, 조명으로 인해서 밤과 낮의 구분이 없어진 지 오래고, 도심의 밤은 항상 밝은 빛으로 가득 차 있다. 과연 우리 건강에 지장이 없을까?

과도한 인공 불빛 속에서 살아가고 있는 수많은 사람들은 빛 때문에 생체 리듬이 깨지고, 그로 인해 각종 증상에 시달리고 있다. 불면증, 우울증, 만성 피로, 식욕 부진 등은 생체 리듬과 밀접한 관계가 있다. 수면 호르몬인 멜라토닌은 불이 꺼진 상태에서만 발현되는데, 밤에 불을 켜고 자는 497명의 어린이 중 34%가 근시 현상을 보였다는 세계적인 과학 잡지 『네이처』의 보고서는 멜라토닌의 작용을 잘 보여 준다고 할 것이다. 이처럼 멜라토닌은 수면, 체온 조절 등을 통하여 생체 시계의 역할을 하며, 그 밖에도 항산화 작용, 면역 기능 개선, 학습과 기억력 증진 등에 효과가 있는 것으로 알려져 있다. 따라서 멜라토닌을 원활히 생성하기 위해 밤 10시 이전에는 불을 끄고 잠자리에 들고, 밤에 인공 불빛에 과도하게 노출되지 말아야 한다.

빛 공해는 사람은 물론 짐승, 곤충 등의 행동에 영향을 끼치기도 한다. 호수 주변의 빛 공해가 물 위의 조류를 먹는 물고기의 포식 행위를 막아서 적조 등의 해로운 조류가 증가하고, 이것이 물고기를 전멸시키는 원인이 되었다는 연구 결과가 있다. 또한 많은 곤충학자들은 야간 조명이 벌의 비행 능력을 방해하고 있다고 주장한다. 〈중략〉

가장 지혜롭게 사는 것은 자연법칙, 즉 자연의 시계대로 살아가는 것이다. 그러기 위해서는 세상이 바뀌기를 기다리기 전에 나부터 바꾸는 것이 필요하지 않을까? 지금 당장 가능한 한 불필요한 불을 끄자.

나 야간에는 조명된 부분으로만 시선이 집중되므로 주간에 비하여 효율적인 경관 연출이 가능하다. 도시의 경관이 만들어지기까지 오랜 세월이 소요되는 것에 비해 야간 경관은 조명을 통하여 짧은 기간 내에 상대적으로 적은 예산을 투자하여 원하는 모습을 만들 수 있다는 장점이 있다. 따라서 야간 조명은 도시의 관광 정책에서도 중요한 전략 요소가 되고 있다. 경관 조명을 시의 정책으로 적극 추진하여 성공한 대표적인 사례가 프랑스 리옹이

다. 리옹에서는 도시의 조명 계획이 선거 공약으로까지 내세워졌었다. 1989년 당선된 미셸 느와르 시장은 공약대로 5년간 매년 시 재정의 5%씩을 야간 경관 조성 사업에 투자하여 150개 건물과 교량에 조명 기기를 설치하여 도시 전체를 커다란 조명 예술 작품으로 바꿔 놓았다. 이 계획은 컨벤션 산업과 연계되어 리옹 시를 세계적인 관광 도시와 국제회의 도시로 부상시키는 데 큰 역할을 하였고 리옹은 '빛의 도시', '밤이 아름다운 도시'라는 명성을 갖게 되었다.

도시에 있어서 야간 조명은 단순히 어둠을 밝히기 위한 수단이 아니며 감성을 자극할 수 있어야 한다. 또한 조명을 무조건 밝고 화려하게 한다고 좋은 것은 아니다. 요란한 색채의 조명을 서로 경쟁하듯이 밝게만 한다면 마치 테마파크와 같은 장면이 연출될 것이며 깊이 없고 산만한 경관이 만들어질 것이다. 강조할 곳, 연출이 필요한 부분에는 과감하게 조명 시설을 설치하고, 도시 전체적으로는 인공조명을 최소한으로 줄이는 등 적극적이면서 동시에 절제된 조명 계획이 적용되어야 한다. 우리나라의 도시도 야간 조명을 통하여 도시 전체를 하나의 예술 작품으로 만들어 나가는 노력이 필요하다.

도시 브랜드 가치를 높이는 방법의 하나로 빛의 도입을 보다 적극적으로 검토할 필요가 있으며, 각 도시의 장소적 특성 등과 연계한 빛의 적용 전략에 대하여 구체적인 논의를 시작해야 한다. 우리나라의 도시도 멋진 야경으로 유명한 '밤이 아름다운 도시'로 불리는 날이 곧 오기를 기대해 본다.

09 다음은 (가)와 (나)의 형식을 비교하며 읽는 과정에서 한 학생이 떠올린 생각이다. 빈칸에 들어갈 내용으로 적절하지 **않은** 것은?

> (가)와 (나)는 모두 주장하는 글인 논설문에 해당해. 논설문답게 두 글 모두 객관적인 근거를 제시하면서 주장의 타당성을 입증하는 형식을 취하고 있어. 이런 형식을 취하면 (   )

① 독자를 논리적으로 설득할 수 있어.
② 글쓴이의 생각을 자세하게 풀어낼 수 있어.
③ 주제를 창의적으로 참신하게 표현할 수 있어.
④ 글쓴이의 의도를 직접적으로 드러낼 수 있어.
⑤ 말하고자 하는 바를 체계적으로 전달할 수 있어.

10 (가)와 (나)를 읽고 야간 조명에 대해 토의한 내용으로 적절하지 **않은** 것은?

① 학생 1: 야간 불빛의 두 얼굴! 아름다운 밤 풍경을 보면서 참 멋지다는 생각만 했었는데, 그 이면에 문제점이 있다는 것을 처음 알게 되었어.

② 학생 2: 그래, 맞아. 우리 집 바로 앞에 가로등이 밤새 불을 밝히고 있는데, 우리 할머니가 밤에 잠을 잘 못 주무시는 게 어쩌면 그 불빛 때문일지도 모르겠다는 생각을 했어.

③ 학생 3: 그런 부작용을 막기 위해 옥외 조명을 차단하는 암막 커튼을 설치하는 건 어떨까? 생활의 불편을 주지 않는 선에서 야간 조명을 적절하게 활용한다면 도시를 더 아름답게 가꿀 수 있을 거야.

④ 학생 4: 그러니까 야간 조명이 빛 공해가 되지 않도록 하자는 거지? 인공조명은 최소한으로 줄이면서 꼭 필요한 곳에만 빛을 활용하면 도시의 브랜드 가치도 높일 수 있으니 좋을 것 같아.

⑤ 학생 5: 그렇지만 모든 인공조명을 차단해야만 빛 공해의 문제들을 해결할 수 있으니, 이 점이 참 고민거리야. 우리의 생활을 편리하게 만들어 준 야간 조명이 사라져야 건강한 삶을 되찾을 수 있을 테니까.

11 (가)와 (나)에서 알 수 있는 내용으로 적절하지 **않은** 것은?

① 인간이 살아가는 데 있어서 빛과 어둠은 모두 중요한 역할을 한다.

② 도시의 야간 경관을 조성하는 데 드는 비용은 주간에 비해 상대적으로 적다.

③ 야간 조명의 적절한 활용은 도시의 가치를 높이는 방법의 하나가 될 수 있다.

④ 야간 조명의 과도한 사용으로 인해 건강 문제, 생태계 교란 문제 등이 발생하고 있다.

⑤ 야간 경관 조명 계획을 세울 때에는 어둠을 밝히는 수단으로서 빛의 역할을 중시해야 한다.

12 (가)의 구조를 다음과 같이 정리할 때 빈칸에 들어갈 말을 쓰시오.

문제 제기 → (   ) 분석 → 문제의 해결책 제시

13 (나)에 활용된 글쓰기 전략으로 적절한 것은?

① 대상의 형성과 발달 과정을 중심으로 내용을 전개한다.

② 통계 자료를 활용하여 대상에 대한 비판적 시각을 드러낸다.

③ 권위 있는 전문가의 말을 인용하여 내용의 신뢰성을 높인다.

④ 대상의 구체적 사례와 실천 방법을 제시하여 내용의 타당성을 강화한다.

⑤ 대상에 대한 여러 가지 관점을 나열한 후 그중 가장 타당한 관점을 중심으로 내용을 서술한다.

14 다음 기사 중, (나)와 관점이 가장 유사한 것은?

① 상가가 밀집된 지역의 경우, 야간 간판 조명으로 인해 에너지가 낭비되고 있는 것으로 나타났다.

② 태양광을 활용한 야간 조명으로 심야 시간대에 전력 걱정 없이 안전한 밤거리를 누릴 수 있게 되었다.

③ 지나친 야간 조명은 인간의 자연스러운 생체 리듬을 깨뜨려 각종 질병을 유발할 수 있다는 연구 결과가 나왔다.

④ 열대야가 계속되는 요즘, 무더위를 식히기 위해 밤에도 강변을 찾는 시민들이 늘어 강변마다 불야성을 이루고 있다.

⑤ 야간 조명을 받은 꽃들이 펼치는 이색 빛 잔치 덕분에 한동안 침체기를 맞았던 소도시가 관광객들로 활기를 되찾고 있다.

15 (가)와 (나)의 글쓴이가 각각 주장하는 내용을 〈조건〉에 맞게 서술하시오.

┤ 조건 ├

• 관점의 차이가 드러나게 쓸 것.

• 대조의 방법을 사용하여 한 문장으로 쓸 것.

IV

쓰기

01 쓰기의 본질과 쓰기 윤리

개념 압축 APP

① 문제 해결 과정으로서의 글쓰기

글쓰기의 과정
'계획하기 → 내용 선정하기 → 내용 조직하기 → 표현하기 → 고쳐쓰기'의 과정을 거치면서 다양한 문제를 해결하면서 이루어짐.

↓

글쓰기 과정 = (　　　) 과정

② 글쓰기의 과정에서 해야 할 일

(　　)	• 글의 주제를 정한다. • 예상 독자와 글의 목적을 결정한다. • 예상 독자와 글의 목적, 매체를 고려하여 글의 종류를 정한다.
내용 선정하기	• 다양한 매체를 활용하여 자료를 수집한다. • 자료의 신빙성, 주제와의 연관성, 독자의 수준을 고려하여 자료를 선정한다.
내용 조직하기	• 글의 흐름이 자연스럽게 전개될 수 있도록 개요를 작성한다.
표현하기	• 글의 목적과 갈래에 맞게 표현한다. • 독자의 수준에 맞는 단어와 표현을 선택한다. • 글의 내용이 잘 드러나도록 제목을 정한다.
고쳐쓰기	• '글 → 문단 → 문장 → 단어' 수준의 순서로 고쳐 쓴다. • 추가·삭제·교체·재구성의 원리로 고쳐 쓴다.

③ 쓰기 윤리의 뜻

글을 쓸 때 지켜야 하는 윤리적 규범을 의미함.

④ 지켜야 할 쓰기 윤리

• 연구 결과와 과정을 (　　　)하지 말아야 함.
• 글을 쓸 때 표절이나 짜깁기 등을 하지 않아야 함.
• 자신의 견해, 의도, 감정 등을 진솔하게 표현해야 함.
• 글의 내용이 사회적 규범과 기준을 해치지 않아야 함.

⑤ 쓰기 윤리를 지키지 않았을 때의 문제점

• 공동체의 의사 결정이나 정책 판단에 지장을 줄 수 있음.
• 상대방에게 큰 상처와 고통을 안겨 줄 수 있음.
• 저작권자의 권리를 침해할 수 있음.

확인 문제

1
계획하기 단계에서 해야 할 일이 **아닌** 것은?
① 글의 주제를 정한다.
② 글의 종류를 정한다.
③ 글의 목적을 결정한다.
④ 예상 독자를 결정한다.
⑤ 글의 개요를 작성한다.

2
다음 설명에 해당하는 글쓰기 과정을 쓰시오.

> 다양한 자료에서 주제와 연관된 자료만 고른다.

3
다음 중 쓰기 윤리에 어긋나지 **않는** 것은?
① 다른 사람에 대해 근거 없이 비방하였다.
② 연구 내용을 선의의 목적으로 수정하였다.
③ 사회적 규범에 어긋나는 창의적 글을 작성하였다.
④ 원작자의 허락을 받고 출처를 밝힌 후 내용을 인용하였다.
⑤ 글의 내용을 좋게 하기 위해 훌륭한 글들을 부분 부분 인용하였다.

정답 1. ⑤ 2. 내용 선정하기 3. ④

정답 계획하기, 계획하기, 왜곡

수행 평가 따라잡기

1 〈보기〉의 화제 중에서 하나를 골라 내용 선정을 위한 마인드맵을 완성해 보자.

┤ 보기 ├

동아리 소개	좋아하는 운동	인공 지능	가상 현실
좋아하는 게임	전통 놀이	최근에 읽은 책	최근에 본 영화

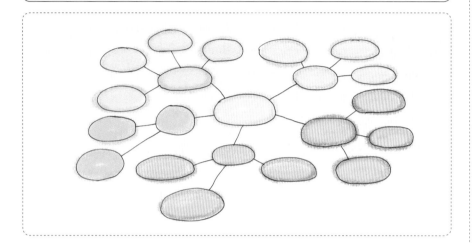

2 (가)~(다)의 각 상황에서 쓰기 윤리가 잘 지켜지고 있는지 말해 보자.

> **가** "우리 모둠에서는 우리 고장의 문화재를 조사하기로 했어."
> "역할을 나누어서 조사하면 좋을 것 같아."
> "그런데 미안해서 어쩌지? 나는 시간이 없어서. 나는 보고서에 이름만 올려 주면 안 될까?"
>
> **나** "이를 어쩌지? 실험 결과가 제대로 나오지 않는데……."
> "보고서를 낼 날짜는 다가오고 시간이 없고. 결과를 적당히 고쳐서 제출하는 것은 어떨까?"
> "모둠별로 다 같은 실험을 했으니까 다른 모둠 결과를 베껴서 제출하자."
>
> **다** "이번에 조사 보고서를 쓰기 위해 학생들의 장래 희망을 조사했는데, 학생들이 설문에 답한 구체적인 내용을 보고서에 넣어 주는 것은 어떨까?"
> "나는 찬성. 누가 어떤 직업을 선택했는지 밝혀 주면 더 재미있겠지?"

(가)

(나)

(다)

끌어 주기

1
〈보기〉에서 관심이 있는 화제를 골라 생각을 펼쳐 나가 본다. 중심 화제를 가운데 적고 밖으로 나갈수록 범위를 좁혀 가 보자.

예시 답안 • 축구
– 유명 선수 / 준비물 / 역사 / 동아리
– 유명 선수
　손흥민 / 박지성 / 이동국 / 이영표
– 준비물
　축구공 / 축구화 / 운동복
– 역사
　유래 / 한국에 전해진 시기 / 주요 전적
– 동아리
　부원 / 수상 / 목적

2
〈보기〉에 제시된 대화를 살펴보고 쓰기 윤리가 잘 지켜질지 생각해 본다. 쓰기 윤리는 공동체 안에서 글쓰기를 할 때 상대방의 권리를 보호하기 위해 지켜야 하는 윤리이다.

예시 답안
(가) 조사 활동을 할 때에는 모둠원 전체가 자신의 역할을 수행하고 그 결과를 있는 그대로 보고해야 한다. 친구라는 이유로 제대로 참여하지 않은 학생의 이름을 참여한 것처럼 보고하는 것은 쓰기 윤리를 어긴 것이다.
(나) 실험을 하고 결과가 만족스럽지 않더라도 그 결과를 사실대로 기록해야 하며 실험을 제대로 시행하지 않고 다른 실험 결과를 임의로 가져와서는 안 된다. 실험 결과는 과장하거나 왜곡해서는 안 되며 다른 모둠의 결과를 표절해서도 안 되므로 쓰기 윤리를 어긴 것이다.
(다) 글을 쓸 때, 연구나 조사에 응해 준 사람의 개인 정보를 보호하는 것이 기본적인 쓰기 윤리이다. 허락을 받지 않고 이를 공개해서는 안 되므로 쓰기 윤리를 어긴 것이다.

⊙ 다음 글을 읽고 물음에 답하시오.

가 계획하기 단계에서는 예상 독자와 관련하여 '누가 읽을 글인가?'라는 질문을 던져 볼 수 있다. 독자에 따라 글의 수준이나 내용, 표현이 달라질 수 있기 때문이다. 글의 주제와 관련하여 '무엇을 쓸 것인가?'라는 질문을 던져 볼 수도 있다. 글의 주제는 독자의 수준에 맞아 관심을 끌 수 있어야 하며 글쓴이도 평소에 관심을 가지고 있던 분야라면 더 좋다. 또 글의 목적과 관련하여 '왜 이 글을 쓰는가?'라는 질문을 던질 수도 있다. 글의 목적에는 정보 전달, 설득, 감정 및 정서의 표현, 친교가 있는데 글의 목적에 따라 글의 종류가 결정된다.

나 좋은 글을 쓰기 위해서는 내용을 적절하게 조직해야 한다. 내용을 조직하기 위해서는 먼저 글의 주제를 분명하게 하는 것이 좋다. 주제가 분명해야 주제와 어울리는 내용으로 통일성 있게 글을 쓸 수 있다. 한 편의 글은 보통 '처음-중간-끝'의 구조로 이루어진다. 처음 부분은 독자의 관심을 유도하면서 화제를 제시하고 중간 부분의 내용 전개 방식을 안내하는 구실을 한다. 중간 부분에서는 글의 중심 내용이 제시된다. 설명문의 경우에는 대상에 대한 구체적인 설명이, 논설문에서는 글쓴이의 주장과 근거가 제시된다. 끝부분은 내용을 요약하면서 글의 주제를 분명하게 한다. 내용 조직하기 단계에서는 글의 개요를 작성하는 것이 바람직하다. 개요는 글의 설계도라고 할 수 있는데 글에 포함되는 중심 내용을 체계적으로 정리해 놓은 것이다. 개요를 작성함으로써 글이 통일성을 갖추는 데 도움을 얻을 수 있다. 개요는 글의 내용과 종류에 따라 달라진다.

다 내용을 선정하기 위해서는 먼저 글에 쓸 다양한 내용을 마련해야 한다. 주제와 관련하여 자신이 알고 있는 지식을 정리하기 위해서 브레인스토밍이나 마인드맵을 활용하는 방법이 있다. 자신이 가진 생각이나 지식을 정리한 후 주제와 관련된 자료를 수집한다. 자료를 수집할 때는 인터넷 검색, 관련 서적, 신문, 잡지, 방송 매체 등을 활용하여 자료를 수집하는 간접적 방법과 현장 조사나 전문가와의 면담 등을 통한 직접적 방법을 활용할 수 있다. 그런데 여러 매체에서 자료를 수집할 때에는 그 자료가 믿을 만한 것인지 반드시 확인해 보아야 한다. 신빙성이 없는 자료를 이용할 경우 글 자체의 신뢰성이 떨어질 수 있기 때문이다.

일단 자료를 수집했으면 그중에서 주제와 밀접한 관련이 있고 글의 성격에 어울리며 독자의 수준에도 맞는 자료만 선정하여 다음 단계로 넘어 간다.

라 고쳐쓰기는 글이 글쓰기의 계획에 맞게 잘 이루어졌는지 점검하는 것이다. 고쳐쓰기는 추가·삭제·교체·재구성의 원리에 따라 이루어진다. 그리고 'ㄱ글 수준-문단 수준-문장 수준-단어 수준'으로 범위를 좁혀 가면서 하는 것이 일반적이다.

마 개요를 작성한 후에는 개요에 맞추어 글을 쓰는 표현하기 단계로 넘어간다. 내용 선정하기 단계에서 선정한 자료를 개요에 따라 적절하게 활용하면서 글을 쓴다. 또 글을 쓸 때에는 적절한 단어를 선택하고 어법에 맞게 표현하는 데 힘써야 한다. 문장도 글의 주제와 목적, 독자의 수준에 맞게 표현해야 한다. 예를 들어 정보를 전달하는 글은 독자가 정보를 잘 파악하고 이해할 수 있도록 간결하고 명확한 단어와 문장을 사용하는 것이 좋다. 설득을 위한 글은 글쓴이의 주장이 분명하게 드러나고 근거가 타당성이 있게 제시되어야 한다. 표현의 효과를 높이기 위해 시각 자료를 제시하는 것도 좋은 방법이다. 이때, 너무 많은 시각 자료를 제시하거나 주제와 맞지 않는 시각 자료를 제시하면 독자들이 오히려 혼란스러우므로 유의해야 한다.

학습 목표 응용

01 (가)~(마)를 글쓰기의 과정에 맞게 배열한 것은?

① (가)-(나)-(다)-(라)-(마)
② (가)-(나)-(라)-(다)-(마)
③ (가)-(다)-(나)-(마)-(라)
④ (가)-(마)-(라)-(다)-(나)
⑤ (나)-(가)-(다)-(라)-(마)

02 (가)로 볼 때, 글쓰기의 '계획하기' 단계에 임하는 학생들의 생각으로 적절하지 <u>않은</u> 것은?

① 영호: 글의 목적부터 정해야지.
② 수민: 예상 독자가 누구인지 먼저 정해야지.
③ 재호: 무엇에 대하여 쓸 것인지를 정해야지.
④ 지민: 독자의 관심을 끌 수 있는 방법을 정해야지.
⑤ 영철: 글을 쓰는 목적에 따라 글의 종류를 정해야지.

03 **(나)의 단계에서 유의할 점으로 적절하지 않은 것은?**

① 글의 주제가 분명하게 드러나도록 한다.

② 글의 흐름을 고려하여 내용을 조직한다.

③ 글이 통일성을 갖출 수 있도록 내용을 배열한다.

④ 글의 종류가 달라도 개요의 형식은 일정하게 유지한다.

⑤ '처음-중간-끝' 등의 단계를 나누어 내용을 배열한다.

04 **(다)를 바탕으로 자료 수집 방법을 정리한 것으로 적절하지 않은 것은?**

① 간접적 자료 수집 방법: 인터넷 검색

② 자신이 가진 정보 떠올리기: 마인드맵

③ 직접적 자료 수집 방법: 브레인스토밍

④ 직접적 자료 수집 방법: 전문가와의 면담

⑤ 간접적 자료 수집 방법: 도서관에서 도서 검색

05 **(마)를 바탕으로 주장하는 글을 쓸 때, 유의할 점을 〈조건〉에 맞게 서술하시오.**

┌ 조건 ├
- 유의할 점 두 가지를 두 문장으로 쓸 것.
- 글쓰기의 일반적 유의 사항을 포함하여 쓸 것.

06 **㉠에서 할 수 있는 활동으로 적절한 것은?**

① 문단이 통일성이 있는지 살펴본다.

② 내용 전개 순서가 적절한지 살펴본다.

③ 각 문장이 문법적으로 맞는지 점검한다.

④ 맞춤법에 어긋나는 단어가 없는지 살펴본다.

⑤ 불필요한 외국어나 은어, 속어, 유행어가 없는지 점검한다.

고난도 응용

01 **〈보기〉는 '적정 기술'에 관한 글쓰기 계획과 개요이다. 이 개요의 문제점을 한 문장으로 서술하시오.**

┌ 보기 ├

- 글쓰기 계획

┌───────────────────────────┐
│ 글의 목적: 적정 기술에 대한 정보 전달 │
│   │
│ 예상 독자: 중3 학생들   │
└───────────────────────────┘

- 개요

┌───────────────────────────┐
│ 주제: 과학적 원리가 담긴 다양한 적정 기술에 대 │
│   한 소개   │
│   │
│ 처음: 적정 기술을 활용한 실제 사례   │
│   │
│ 중간: 적정 기술의 뜻   │
│   최근에 발표된 발명품의 사례   │
│   세계 곳곳에서 활용되어 온 적정 기술 │
│   │
│ 끝: 적정 기술이 삶을 풍요롭게 만들어 준다. │
└───────────────────────────┘

02 **'독서를 하자.'라는 주제로 글을 쓰면서 부딪힌 문제들을 해결한 과정이다. 적절하지 않은 것은?**

① 적절한 제목을 짓기 어려웠다.: 글의 소재를 모두 나열해 제목을 만들었다.

② 어떤 순서로 고쳐 써야 할지 혼란스러웠다.: '글-문단-문장-단어' 순서로 고쳐 썼다.

③ 주제를 구체화시키기 어려웠다.: 예상 독자와 글의 목적을 떠올리면서 주제를 구체화하였다.

④ 독자의 관심을 유도할 방법을 찾기 어려웠다.: 시각적인 보조 자료를 적절하게 삽입하기로 했다.

⑤ '독서'와 관련된 배경지식이 부족해 내용을 마련하기 어려웠다.: 다양한 매체를 활용해서 관련 내용을 수집하였다.

2 쓰기 윤리

⊙ 다음 글을 읽고 물음에 답하시오.

가 쓰기는 공동체 안에서의 사회적 활동이다. 따라서 공동체가 규정하고 있는 윤리 규범을 따라야 한다. 이때 우리가 지켜야 하는 쓰기 윤리는 첫째, 글 내용의 윤리성, 둘째, 글쓰기 과정의 윤리성, 셋째, 표현의 윤리성으로 그 범위를 정할 수 있다.

나 첫째, 글 내용의 윤리성은 공동체가 추구하는 사회적 가치를 해치지 않는 범위 안에서 글을 써야 함을 말한다. 최근 사회의 다원화로 인하여 보편적인 가치나 도덕규범을 정하기 어려워지고 있어 사회 윤리에 맞는 내용으로 글을 쓰기란 애매한 일일 수도 있다. 또한 특정한 가치만을 주장하는 행위를 바람직하지 않은 것으로 인식하기도 한다. 그러나 사회적인 질서와 안녕을 해치는 내용의 글은 사회 구성원의 혼란을 초래할 수 있으므로 주의해야 한다.

다 둘째, 글쓰기 과정의 윤리성은 표절이나 연구 결과에 대한 과장과 왜곡에 대하여 반성해야 함을 말한다. 따라서 다른 사람의 글이나 저작물을 존중하면서 바르게 인용하려는 태도를 길러야 한다. 또한 글을 쓰는 과정에서 연구 결과를 과장하거나 왜곡하는 행위는 사라져야 한다. 신문이나 방송, 인터넷 등에서 제시한 기사나 각종 자료를 활용할 때에도 임의로 자료를 변경하는 행위는 자칫 그릇된 정보를 만들어 내어 큰 문제를 불러올 수 있다.

라 셋째, 표현의 윤리성은 쓰는 사람의 체험이나 생각을 있는 그대로 드러내어 써야 함을 말한다. 자신의 의도나 욕구, 관심을 진지하게 생각하고 진실하게 표현하여 독자가 글쓴이에 대해 진솔하게 받아들이도록 해야 한다는 것이다. 그러기 위해서는 먼저 자신이 표현하고자 하는 생각이 무엇인지 분명히 알고, 이를 상대가 공감할 수 있도록 표현해야 한다. 이런 태도는 사회적 소통 과정으로서의 쓰기 활동에 임할 때 꼭 필요한 태도라 할 수 있다. 이를 통해 독자와의 의사소통 과정을 원활하게 이끌고 생각을 공유하고 서로 공감하는 사회를 만들어 나갈 수 있다. 최근 인터넷 글쓰기가 보편화되면서 악성 댓글로 인한 피해 사례가 늘어나고 있다는 점도 표현의 윤리성에 대한 인식이 부족하기 때문이라 할 수 있다.

마 쓰기는 단순히 생각을 문자화하는 일을 의미하지는 않는다. 쓰기는 자신의 내면을 드러내어 상대방과 적극적으로 소통하기 위한 행위라 할 수 있다. 이런 점에서 글쓰기에 대해 책임감을 가지고 윤리적인 태도로 임하는 것은 중요한 의미가 있다.

---

01 이 글에 대한 설명으로 적절한 것은?
① 쓰기의 절차에 대해 안내하고 있다.
② 쓰기와 읽기의 관계를 서술하고 있다.
③ 쓰기 활동의 변화에 대해 설명하고 있다.
④ 쓰기의 윤리적 규범에 대해 언급하고 있다.
⑤ 사회적 상호 작용으로서의 글쓰기에 대해 밝히고 있다.

중요 서술형
02 〈보기〉와 이 글의 공통적인 화제가 무엇인지 〈조건〉에 맞게 서술하시오.

┤ 보기 ├

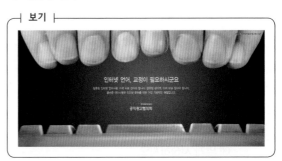

┤ 조건 ├
• '〈보기〉와 이 글의 공통적인 화제는 ~이다.'의 형식으로 쓸 것.

03 (가)를 통해 알 수 있는 쓰기의 성격으로 적절한 것은?
① 누구나 할 수 있다.
② 창의적인 과정이다.
③ 특별한 기술이 필요하다.
④ 공동체의 규범을 따라야 한다.
⑤ 사회적으로 규제를 받지 않는다.

04 (나)의 내용을 이해한 것으로 가장 적절한 것은?

① 글을 읽는 사람들이 이해하기 쉽게 써야 한다.

② 글의 내용이 교훈적인 내용을 포함하고 있어야 한다.

③ 글을 쓰는 과정에서 윤리적, 도덕적으로 문제가 없어야 한다.

④ 글을 쓰는 사람이 윤리적으로 볼 때 사회적으로 인정을 받아야 한다.

⑤ 글의 내용이 사회적으로 볼 때 건전한 사고방식으로 이해 가능해야 한다.

중요

05 (다)에서 경계하고 있는 쓰기 행위의 예로 적절하지 <u>않은</u> 것은?

① 친구의 독후감을 빌려서 문장만 살짝 바꾸어 제출하였다.

② 조사 보고서를 작성하면서 결과를 과장하여 제출하였다.

③ 인터넷에 있는 자료에 대한 자신의 반론을 보고서에 제시하였다.

④ 수행 평가에 전혀 참여하지 않은 학생의 이름을 보고서에 올렸다.

⑤ 모둠에서 과학 실험을 하면서 제대로 실험하지 않고 결과를 대충 적어 보고서를 제출하였다.

06 (라)의 내용과 일치하지 않는 것은?

① 표현의 윤리성은 사회적 소통 과정에서 꼭 필요한 태도이다.

② 표현의 윤리성은 서로 공감하는 사회로 나아가기 위해 필요하다.

③ 표현의 윤리성에 대한 인식 부족으로 악성 댓글로 인한 피해 사례가 늘어난다.

④ 쓰는 사람의 체험이나 생각을 진솔하게 표현해야 표현의 윤리성을 지킬 수 있다.

⑤ 표현의 윤리성을 지키기 위해서는 먼저 상대방의 생각을 분명하게 알아야 한다.

고난도 응용

01 다음은 이 글을 요약한 것이다. 적절하지 <u>않은</u> 내용은?

> ㉠쓰기는 공동체 안에서 이루어지는 사회적 행위이다. ㉡그러므로 그 공동체에서 요구하는 도덕적 규범, 쓰기 윤리를 지켜야 한다. ㉢쓰기 윤리는 글의 내용, 글쓰기 과정, 표현 면에서 살펴볼 수 있다. ㉣글의 내용은 사회적 가치를 해치지 않아야 하며, 글쓰기 과정에서는 표절이나 과장, 왜곡을 하지 않아야 한다. ㉤그리고 표현은 도덕적이고 교훈적이어야 한다.

① ㉠   ② ㉡   ③ ㉢

④ ㉣   ⑤ ㉤

서술형 ✎

02 〈보기〉의 밑줄 친 부분이 가진 쓰기 윤리 문제를 〈조건〉에 맞게 서술하시오.

┤ 보기 ├

가짜 뉴스

'가짜 뉴스(Fake News)'란 특정한 목적을 가지고 거짓 정보를 사실인 것처럼 보도하거나 아예 일어나지 않았던 일을 기사처럼 만들어 유포하는 것이다. 인터넷의 발달로 정보들이 급속히 확산되면서, 언론사가 아닌 개인들이 거짓된 내용을 마치 뉴스처럼 퍼뜨리는 일이 많이 발생하고 있다. 특히 가짜 뉴스의 지나친 확산은 여론을 그릇되게 선동하거나 선거에 영향을 준다는 주장이 제기되면서, 많은 사람들이 가짜 뉴스를 몰아내려 하고 있다.

┤ 조건 ├

• (다)와 관련하여 쓸 것.

• 30자 내외의 한 문장으로 쓸 것.

[01~04] 다음 글을 읽고 물음에 답하시오.

가 부모님이 여러분에게 이런 말씀을 하셨다고 가정해 보자.

"○○아, 이번 여행은 너희 계획대로 하기로 했어."

여러분은 문제 상황에 빠지게 되었다. '어디로 가지?', '기간은 얼마 정도로 하지?', '비용은 얼마나 들까?' 등등 생각해야 할 것들이 많아졌을 것이다. 여러분은 문제 해결의 과정에 들어간 셈이다. 이제 질문을 바꾸어 보자.

"여러분, 소개하고 싶은 여행지에 대한 안내문을 작성하기로 하겠습니다."

여러분은 앞에서와 같이 문제 상황을 만나 비슷한 질문을 던지게 될 것이다. 이렇게 보면 글을 쓰는 과정이 여행을 계획하는 것과 같은 문제 해결 과정임을 알 수 있다. 이제 문제 해결 과정으로서의 글쓰기를 단계별로 알아보자.

나 ⊙계획하기 단계에서는 예상 독자와 관련하여 '누가 읽을 글인가?'라는 질문을 던져 볼 수 있다. 독자에 따라 글의 수준이나 내용, 표현이 달라질 수 있기 때문이다. 글의 주제와 관련하여 '무엇을 쓸 것인가?'라는 질문을 던져 볼 수도 있다. 글의 주제는 독자의 수준에 맞아 관심을 끌 수 있어야 하며 글쓴이도 평소에 관심을 가지고 있던 분야라면 더 좋다. 또 글의 목적과 관련하여 '왜 이 글을 쓰는가?'라는 질문을 던질 수도 있다. 글의 목적에는 정보 전달, 설득, 감정 및 정서의 표현, 친교가 있는데 글의 목적에 따라 글의 종류가 결정된다.

다 계획하기 단계가 끝나면 ⓒ내용 선정하기 단계로 넘어간다. 내용을 선정하기 위해서는 먼저 글에 쓸 다양한 내용을 마련해야 한다. 주제와 관련하여 자신이 알고 있는 지식을 정리하기 위해서 브레인스토밍이나 마인드맵을 활용하는 방법이 있다. 자신이 가진 생각이나 지식을 정리한 후 주제와 관련된 자료를 수집한다. 자료를 수집할 때는 인터넷 검색, 관련 서적, 신문, 잡지, 방송 매체 등을 활용하여 자료를 수집하는 간접적 방법과 현장 조사나 전문가와의 면담 등을 통한 직접적 방법을 활용할 수 있다. 그런데 여러 매체에서 자료를 수집할 때에는 그 자료가 믿을 만한 것인지 반드시 확인해 보아야 한다. 신빙성이 없는 자료를 이용할 경우 글 자체의 신뢰성이 떨어질 수 있기 때문이다.

일단 자료를 수집했으면 그중에서 주제와 밀접한 관련이 있고 글의 성격에 어울리며 독자의 수준에도 맞는 자료만 선정하여 다음 단계로 넘어 간다.

01 이 글에 대한 설명으로 적절한 것은?

① 글쓰기 절차에 대한 정보를 전달하고 있다.
② 글쓰기에 대한 구체적 경험을 전달하고 있다.
③ 글쓰기와 다른 언어 활동의 관계를 밝히고 있다.
④ 글쓰기를 소재로 교훈적인 의미를 전달하고 있다.
⑤ 글쓰기를 통해 얻을 수 있는 긍정적 효과를 설명하고 있다.

02 〈보기〉는 (가)를 바탕으로 글쓰기의 성격을 설명한 문장이다. (   )에 들어갈 단어를 순서대로 쓰시오.

┤ 보기 ├

글쓰기는 글쓰기의 과정에서 만나는 (   )을/를 (   )해 가는 의사소통 행위이다.

03 ⊙에 대한 설명으로 적절하지 않은 것은?

① 글쓰기의 첫 단계이다.
② 예상 독자를 결정하는 단계이다.
③ 글의 전체에 대해 구상하는 단계이다.
④ 글의 목적과 종류를 결정하는 단계이다.
⑤ 글쓴이가 독자를 고려하여 표현하는 단계이다.

중요
04 〈보기〉는 ⓒ에서 유의할 점을 정리한 것이다. 적절한 내용을 모두 골라 묶은 것은?

┤ 보기 ├

㉮ 주제에 맞는 자료를 선정한다.
㉯ 믿을 만한 기관에서 나온 자료를 선택한다.
㉰ 다양한 매체를 활용하여 자료를 수집한다.
㉱ 주제와 관련하여 자신이 가진 배경지식을 잘 정리한다.

① ㉮, ㉯   ② ㉮, ㉰
③ ㉮, ㉰, ㉱   ④ ㉯, ㉰, ㉱
⑤ ㉮, ㉯, ㉰, ㉱

[05~08] 다음 글을 읽고 물음에 답하시오.

가 좋은 글을 쓰기 위해서는 내용을 적절하게 조직해야 한다. 내용을 조직하기 위해서는 먼저 글의 주제를 분명하게 하는 것이 좋다. 주제가 분명해야 주제와 어울리는 내용으로 통일성 있게 글을 쓸 수 있다. 한 편의 글은 보통 '처음 - 중간 - 끝'의 구조로 이루어진다. 처음 부분은 독자의 관심을 유도하면서 화제를 제시하고 중간 부분의 내용 전개 방식을 안내하는 구실을 한다. 중간 부분에서는 글의 중심 내용이 제시된다. 설명문의 경우에는 대상에 대한 구체적인 설명이, 논설문에서는 글쓴이의 주장과 근거가 제시된다. 끝부분은 내용을 요약하면서 글의 주제를 분명하게 한다. 내용 조직하기 단계에서는 글의 개요를 작성하는 것이 바람직하다. 개요는 글의 설계도라고 할 수 있는데 글에 포함되는 중심 내용을 체계적으로 정리해 놓은 것이다. 개요를 작성함으로써 글이 통일성을 갖추는 데 도움을 얻을 수 있다. 개요는 글의 내용과 종류에 따라 달라진다.

나 개요를 작성한 후에는 개요에 맞추어 글을 쓰는 ㉠표현하기 단계로 넘어간다. 내용 선정하기 단계에서 선정한 자료를 개요에 따라 적절하게 활용하면서 글을 쓴다. 또 글을 쓸 때에는 적절한 단어를 선택하고 어법에 맞게 표현하는 데 힘써야 한다. 문장도 글의 주제와 목적, 독자의 수준에 맞게 표현해야 한다. 예를 들어 정보를 전달하는 글은 독자가 정보를 잘 파악하고 이해할 수 있도록 간결하고 명확한 단어와 문장을 사용하는 것이 좋다. 설득을 위한 글은 글쓴이의 주장이 분명하게 드러나고 근거가 타당성이 있게 제시되어야 한다. 표현의 효과를 높이기 위해 시각 자료를 제시하는 것도 좋은 방법이다. 이때, 너무 많은 시각 자료를 제시하거나 주제와 맞지 않는 시각 자료를 제시하면 독자들이 오히려 혼란스러우므로 유의해야 한다. 좋은 글은 한 번에 완성되지 않는다. 그러므로 글을 쓸 때에는 처음부터 완벽한 글을 써야 한다는 부담감을 갖지 않는 것이 좋다. 완벽한 글을 쓰기보다는 '글을 완성한다'는 생각으로 쓰는 것이 더 쉽게 글을 써 내려갈 수 있다. 글을 쓰면서 순간적으로 떠오르는 생각이나 표현을 잘 정리해 두고 고쳐쓰기 단계에서 활용하는 것도 좋은 방법이다.

다 글은 고쳐쓰기 과정을 통해 마무리된다. 고쳐쓰기는 글이 글쓰기의 계획에 맞게 잘 이루어졌는지 점검하는 것이다. 고쳐쓰기는 추가·삭제·교체·재구성의 원리에 따라 이루어진다. 그리고 는 '글 수준 - 문단 수준 - 문장 수준 - 단어 수준'으로 범위를 좁혀 가면서 하는 것이 일반적이다.

05 (가)~(다)의 내용으로 적절한 것은?
① (가): 좋은 글을 써야 하는 이유
② (가): 글의 내용을 조직하는 방법
③ (나): 글의 개요 작성 시 유의할 점
④ (나): 고쳐쓰기와 표현하기의 상관관계
⑤ (다): 고쳐쓰기의 수준 및 범위 설정의 문제

06 (가)와 같은 글쓰기 과정에서 해야 할 일로 적절하지 않은 것은?
① 주제 분명히 하기
② 글의 개요 작성하기
③ 글의 구조에 따라 내용을 정리하기
④ 글의 목적에 따라 글의 종류 정하기
⑤ 글의 중심 내용 체계적으로 정리하기

07 (나)를 읽고 세운 ㉠의 계획으로 적절하지 않은 것은?
① 글과 함께 시각 자료를 제시할 거야.
② 처음부터 완벽한 글을 쓰려고 하지 않을 거야.
③ 개요를 잘 살피면서 개요에 맞춰 글을 쓸 거야.
④ 글의 통일성을 고려하면서 중심 내용의 순서를 배열할 거야.
⑤ 주제를 표현하기에 적절한 단어를 선택하고 어법에 맞게 표현할 거야.

08 (다)를 바탕으로 할 때, 〈보기〉를 고쳐쓰기의 순서대로 배열한 것으로 적절한 것은?

│ 보기 │
㉮ 불필요한 외국어나 은어, 속어, 유행어가 들어 있지 않은지 살펴본다.
㉯ 문단이 통일성이 있는지 점검한다.
㉰ 문장의 표현이 자연스러운지 살펴본다.
㉱ 글이 예상 독자의 수준에 맞는지 살펴본다.

① ㉯-㉱-㉰-㉮
② ㉱-㉮-㉰-㉯
③ ㉱-㉯-㉮-㉰
④ ㉱-㉯-㉰-㉮
⑤ ㉱-㉰-㉯-㉮

[09~12] 다음 글을 읽고 물음에 답하시오.

가 쓰기는 공동체 안에서의 사회적 활동이다. 따라서 공동체가 규정하고 있는 윤리 규범을 따라야 한다. 이때 우리가 지켜야 하는 쓰기 윤리는 첫째, 글 내용의 윤리성, 둘째, 글쓰기 과정의 윤리성, 셋째, 표현의 윤리성으로 그 범위를 정할 수 있다.

나 첫째, 글 내용의 윤리성은 공동체가 추구하는 사회적 가치를 해치지 않는 범위 안에서 글을 써야 함을 말한다. 최근 사회의 다원화로 인하여 보편적인 가치나 도덕규범을 정하기 어려워지고 있어 사회 윤리에 맞는 내용으로 글을 쓰기란 애매한 일일 수도 있다. 또한 특정한 가치만을 주장하는 행위를 바람직하지 않은 것으로 인식하기도 한다. 그러나 사회적인 질서와 안녕을 해치는 내용의 글은 사회 구성원의 혼란을 초래할 수 있으므로 주의해야 한다.

다 둘째, 글쓰기 과정의 윤리성은 표절이나 연구 결과에 대한 과장과 왜곡에 대하여 반성해야 함을 말한다. 따라서 다른 사람의 글이나 저작물을 존중하면서 바르게 인용하려는 태도를 길러야 한다. 또한 글을 쓰는 과정에서 연구 결과를 과장하거나 왜곡하는 행위는 사라져야 한다. 신문이나 방송, 인터넷 등에서 제시한 기사나 각종 자료를 활용할 때에도 임의로 자료를 변경하는 행위는 자칫 그릇된 정보를 만들어 내어 큰 문제를 불러올 수 있다.

라 셋째, 표현의 윤리성은 쓰는 사람의 체험이나 생각을 있는 그대로 드러내어 써야 함을 말한다. 자신의 의도나 욕구, 관심을 진지하게 생각하고 진실하게 표현하여 독자가 글쓴이에 대해 진솔하게 받아들이도록 해야 한다는 것이다. 그러기 위해서는 먼저 자신이 표현하고자 하는 생각이 무엇인지 분명히 알고, 이를 상대가 공감할 수 있도록 표현해야 한다. 이런 태도는 사회적 소통 과정으로서의 쓰기 활동에 임할 때 꼭 필요한 태도라 할 수 있다. 이를 통해 독자와의 의사소통 과정을 원활하게 이끌고 생각을 공유하고 서로 공감하는 사회를 만들어 나갈 수 있다. 최근 인터넷 글쓰기가 보편화되면서 악성 댓글로 인한 피해 사례가 늘어나고 있다는 점도 표현의 윤리성에 대한 인식이 부족하기 때문이라 할 수 있다.

마 쓰기는 단순히 생각을 문자화하는 일을 의미하지는 않는다. 쓰기는 자신의 내면을 드러내어 상대방과 적극적으로 소통하기 위한 행위라 할 수 있다. 이런 점에서 글쓰기에 대해 책임감을 가지고 윤리적인 태도로 임하는 것은 중요한 의미가 있다.

09 이 글의 내용을 이끌어 오기에 적절한 질문은?

① 글을 쓰면 좋은 점은 무엇인가요?
② 글을 쉽게 쓸 수 있는 방법은 무엇인가요?
③ 글을 쓸 때 지켜야 할 바람직한 태도는 무엇인가요?
④ 글을 쓸 때 자신의 생각을 담는 방법은 무엇인가요?
⑤ 글로 담아내기에 적절한 도덕적 규범은 무엇인가요?

10 (나)의 내용과 일치하지 않는 것은?

① 특정한 가치만을 주장하는 행위는 바람직하지 않다.
② 사회의 다원화로 인해 보편적인 가치를 정하기 어려워졌다.
③ 글 내용의 윤리성은 사회 다원화로 인해 대두된 쓰기 윤리이다.
④ 사회적인 질서와 안녕을 해치는 내용의 글은 쓰지 않는 것이 좋다.
⑤ 공동체가 추구하는 사회적 가치를 해치지 않는 범위에서 글을 써야 한다.

11 (다), (라)를 바탕으로 할 때, 쓰기 윤리를 위반한 경우라고 보기 어려운 것은?

① 자신의 생각을 과장되게 표현하여 관심을 유도하였다.
② 다른 사람의 논문을 인용하면서 출처를 밝히지 않았다.
③ 자신이 체험한 일에 허구를 덧붙여 소설로 써서 흥미를 유발하였다.
④ 유명인과 관련된 기사에 유명인을 근거 없이 비방하는 댓글을 달았다.
⑤ 연구 보고서를 쓰면서 연구 과정을 조작하여 기업에 유리한 결과를 도출하였다.

중요 서술형

12 (마)의 내용을 아래와 같이 정리할 때, 빈칸에 알맞은 말을 서술하시오.

쓰기의 진정한 의미	
올바른 쓰기의 전제 조건	

[13~16] 다음 글을 읽고 물음에 답하시오.

가

- 글의 (㉠): 정보 전달과 설득
- 글의 (㉡): 하회 마을에 대한 안내
- (㉢): 우리 반 친구들
- 글의 (㉣): 여행 안내문
- 글의 제목: '하회 마을로 놀러 오세요'

나

주변 관광지
↑
자연환경 ← 하회 마을 → 알맞은 일정
↓
하회 마을을 권하는 이유

다

주제	자연환경과 문화유산을 함께 볼 수 있는 하회 마을은 가족 여행지로 적합하다.
처음	• 가족 여행에 대한 권유
중간	• 하회 마을 주요 관광지 　– 하회 별신굿 탈놀이에 대한 안내 　– 하회 마을의 전통 가옥 　– 하회 마을의 명소 부용대 • 하회 마을 주변 관광지
끝	• 관광 일정 추천, 하회 마을 여행에 대한 권유

라 누구나 여행이라는 말을 들으면 기분이 좋아진다. 특히 사랑하는 가족들과 떠나는 여행은 행복감을 더해 준다. 이번 주말에 가족들과 함께 여행을 떠나 보는 건 어떨까?

특별히 염두에 두었던 여행지가 없는 이들에게는 안동의 하회 마을을 권하고 싶다. 하회 마을에서는 아름다운 자연과 우리의 문화유산을 함께 맛볼 수 있다. 온 가족이 즐길 수 있는 문화 관광지이기 때문에 가족들과 함께 여행하면 더욱 좋다.

마 하회 마을 뿐만 아니라 일정에 여유가 있으면, 주변 관광지까지 둘러보면 더욱 좋다. 수도권에서 하회 마을에 다녀가려면 최소한 1박 2일의 일정을 잡는 것이 좋다. 그리고 안동 찜닭은 꼭 먹어 보아야 한다.

안동의 대표적인 관광지로는 민속 박물관과 도산 서원이 있다.

13 (가)~(라)에 대한 설명으로 적절하지 <u>않은</u> 것은?

① (가): 글쓰기의 설계도를 그리는 단계이다.
② (나): 글을 쓰기 위해 자료를 모으는 단계이다.
③ (다): 글을 자연스러운 흐름에 따라 배열하는 단계이다.
④ (라): 개요에 따라 글로 직접 표현하는 단계이다.
⑤ (마): 완성된 글을 추가·삭제·교체·재구성의 원리에 따라 고쳐 쓰는 단계이다.

14 (마)의 단계에서 하는 활동으로 적절하지 <u>않은</u> 것은?

① 글 전체가 통일성이 있는지 살펴본다.
② 각 문장이 문법적으로 맞는지 살펴본다.
③ 각 문단의 연결이 자연스러운지 점검한다.
④ 전체의 내용을 참고하여 주제를 다시 설정한다.
⑤ 문맥에 맞지 않는 부적절한 단어가 없는지 점검한다.

15 ㉠~㉣에 들어갈 내용으로 적절한 것은?

	㉠	㉡	㉢	㉣
①	목적	주제	예상 독자	갈래
②	동기	목적	글쓴이	내용
③	목적	주제	예상 독자	내용
④	동기	목적	예상 독자	갈래
⑤	동기	주제	글쓴이	내용

서술형

16 (라)를 바탕으로 할 때, (다)에서 보충해야 할 내용을 〈조건〉에 맞게 서술하시오.

┤ 조건 ├
• 보충할 위치를 분명하게 제시할 것.

02 보고하는 글과 주장하는 글

개념 압축 APP

1 보고하는 글 쓰기

(1) **뜻:** 어떤 주제에 대하여 탐구를 수행한 후에 절차와 결과가 드러나게 쓴 글

(2) **유형**
- 관찰 보고서: 대상이나 상황을 관찰하고 분석하여 쓴 보고서
- 실험 보고서: 실험의 과정과 결과를 기록하여 쓴 보고서
- 조사 보고서: 대상을 조사한 후 조사 과정과 결과를 분석하여 쓴 보고서

(3) **과정**

주제와 목적 정하기 ➡ 보고서 작성 계획 세우기 ➡ 탐구하기 ➡ 결과 정리, 분석하기 ➡ 보고서 쓰기

(4) **유의할 점**
- 탐구의 (　　　)와/과 결과가 잘 드러나도록 씀.
- 탐구 내용은 객관적으로 정확하게 정리함.
- 그림, 사진, 도표, 그래프 등의 매체 자료를 적절히 활용함.
- 탐구 결과를 과장, 축소하거나 변형, 왜곡해서는 안 됨.
- 타인의 자료를 표절해서는 안 되고, 인용할 경우 출처를 적음.

2 주장하는 글 쓰기

(1) **뜻:** 글쓴이의 의견이나 주장을 논리적으로 드러내는 글

(2) **목적:** 독자를 설득하여 신념이나, 태도, 행동 등의 변화를 유도함.

(3) **과정**

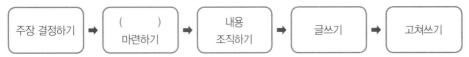

주장 결정하기 ➡ (　　　) 마련하기 ➡ 내용 조직하기 ➡ 글쓰기 ➡ 고쳐쓰기

(4) **유의할 점**
- 주장은 구체적이면서 분명하게 드러나야 함.
- 근거는 (　　　)이고 타당하며, 주장을 뒷받침할 수 있어야 함.
- 주장과 근거는 사회·문화적 맥락에서 수용 가능한 것이어야 함.
- 글은 논리적으로 쓰며, 통일성과 응집성을 고려해야 함.

필수 어휘 사전

- **주장:** 자신의 의견이나 주의를 굳게 내세움. 또는 그런 의견이나 주의.
- **근거:** 어떤 일이나 의논, 의견의 근본이 됨. 또는 까닭.

확인 문제

1
다음과 같은 상황에 적합한 글의 유형은?

> 영수는 친구들의 독서 상황에 대해 알아보고, 그 결과를 친구들에게 알려 주는 글을 쓰고자 한다.

① 주장하는 글
② 관찰 보고서
③ 실험 보고서
④ 조사 보고서
⑤ 정서를 표현하는 글

2
〈보기〉의 ㉮~㉺를 주장하는 글을 쓰는 과정에 따라 배열하시오.

> **보기**
> ㉮ 글쓰기
> ㉯ 고쳐쓰기
> ㉰ 근거 마련하기
> ㉱ 내용 조직하기
> ㉲ 주장 결정하기

3
〈보기〉에 대한 평가로 적절한 것은?

> **보기**
> · 주장: 동물원을 폐쇄해야 한다.
> · 근거: 우리나라에는 많은 동물원이 있다.
> － 자료 출처: 20○○년 통계청

① 주장이 구체적이지 않다.
② 근거가 객관적이지 않다.
③ 주장의 실현 가능성이 없다.
④ 근거의 출처를 밝히지 않았다.
⑤ 주장과 근거가 연관성이 없다.

수행 평가 따라잡기

1 통계 자료를 보고 아래 활동을 해 보자.

가. 중학생들이 주말이나 휴일에 하고 싶은 여가 활동 (2017년, 복수 응답)

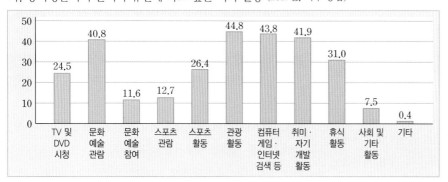

나. 중학생들이 주말이나 휴일에 주로 하는 여가 활동 (2017년, 복수 응답)

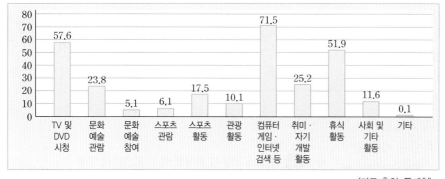

〈자료 출처: 통계청〉

(1) 통계 자료의 내용을 분석해서 중학생들이 하고 싶은 여가 활동과 실제로 하고 있는 여가 활동을 비교하여 서술해 보자.

(2) 위에서 분석한 내용을 바탕으로 '중학생의 여가 활동'의 문제점이 무엇인지 서술해 보자.

(3) 위에서 파악한 문제점을 해결할 수 있는 주장을 한 문장으로 써 보자.

(4) 자신의 경험을 활용해서 주장하는 글의 서론 부분을 작성해 보자.

끌어 주기

1

⑴ 그래프를 보고, 다수가 선택한 항목을 바탕으로 중학생들이 하고 싶은 여가 활동과 하고 있는 여가 활동을 비교해 보면서 그 차이를 정리해 보자.

예시 답안 중학생들이 주로 하고 싶은 여가 활동은 관광 활동, 컴퓨터 게임, 취미 활동, 문화 예술 관람 등이었다. 하지만 실제로 하고 있는 활동은 컴퓨터 게임, TV 시청, 휴식 활동 순으로 나타났고, 하고 싶다고 답했던 관광 활동, 취미 활동, 문화 예술 활동을 하고 있다는 학생 수는 상대적으로 적었다.

⑵ 하고 싶은 여가 활동과 하고 있는 여가 활동에 차이가 있는 이유를 생각하고, 그에 나타난 문제점을 파악해 보자.

예시 답안 하고 싶었던 활동 중 실제 하고 있다는 응답이 많은 컴퓨터 게임은 학생들이 쉽게 접할 수 있는 활동이다. 반면에 관광 활동이나 취미 활동, 문화 예술 활동은 시간적·경제적·시설적 여건이 필요한 활동들이다. 이로 보아 학생들이 여가 활동을 즐길 수 있는 여건이 부족하다는 것을 알 수 있다.

⑶ 통계 자료를 통해 파악할 수 있는 문제점을 개선할 방안을 생각해 보자. 그리고 그중에 하나를 선택해 주장을 한 문장으로 써 보자.

예시 답안 중학생들이 주말을 이용해 간단히 즐길 수 있는 관광 상품을 개발해야 한다.
학생들의 취미 활동을 지원해 줄 수 있는 프로그램을 확대해야 한다.
학생들이 부담 없이 이용할 수 있는 공연장이나 전시관을 많이 만들어야 한다.

⑷ 하고 싶었던 여가 활동을 하지 못해 안타까웠던 경험을 살려 주장하는 글의 서론 부분을 완성해 보자.

예시 답안 생략

보고하는 글 쓰기

⊙ 다음 글을 읽고 물음에 답하시오.

가 어떤 주제에 대하여 대상을 관찰, 조사하거나 실험을 한 후에 탐구 결과를 절차와 결과가 드러나게 쓴 글을 보고서라고 한다. 보고서에는 탐구 방법이나 목적에 따라, 대상이나 상황을 관찰하고 분석하여 쓴 관찰 보고서, 실험의 과정과 결과를 기록하여 쓴 실험 보고서, 어떤 대상을 조사한 후에 그 결과를 분석하여 쓴 조사 보고서 등이 있다.

보고서를 쓰기 위해서는 먼저 탐구 주제와 목적을 정한다. 주제는 자신과 예상 독자의 수준이나 흥미, 관심 분야 등을 고려하여 정하는데, 탐구가 가능하면서 독자의 관심을 끌 수 있는 내용이 바람직하다. 주제가 선정되면 구체적인 보고서 작성 계획을 세운다. 계획서에는 탐구 일정과 방법, 준비물 및 모둠원의 역할 분담 등이 들어가며, 탐구 결과를 예측하여 제시한 후 관찰, 조사, 실험을 통해 얻은 실제 결과와 비교할 수도 있다.

다음으로 계획서에 따라 탐구를 진행하며 자료를 수집한 후, 그 내용을 정리한다. 자료를 정리할 때에는 탐구 과정을 통해 수집한 구체적인 내용을 객관적으로 기록해 두어야 한다. 마지막으로 탐구 결과를 분석한 후, 이를 바탕으로 보고서를 작성한다.

보고서는 크게 처음, 중간, 끝의 세 부분으로 구성한다. 처음 부분에서는 탐구의 목적과 필요성을 제시하고 탐구 기간, 탐구 대상, 탐구 방법 등을 기록한다. 탐구 기간이나 대상은 결과에 영향을 미치는 중요한 요소이므로 정확하게 기록해야 하며, 탐구 과정에서 설문지를 사용하였으면 설문 내용도 함께 제시하는 것이 좋다. 중간 부분에서는 탐구 결과와 결과를 분석한 내용을 제시한다. 탐구 결과는 독자들이 이해하기 쉽게 잘 정리하여 제시해야 하며, 결과 분석은 보고서의 목적을 고려하여 작성한다. 마지막으로 끝부분에서는 탐구를 하며 느낀 점이나 독자들에게 바라는 점 등을 쓰고, 참고한 자료를 제시한다.

보고서를 쓸 때에는 탐구의 절차와 결과가 잘 드러나도록 체계적이고 정확하게 써야 한다. 이때 그림이나, 사진, 도표, 그래프 등의 다양한 매체 자료를 활용하면 보고 효과를 높일 수 있다. 또한 탐구 결과는 과장, 축소하거나 변형, 왜곡을 해서는 안 되며 편견을 담지 말고 객관적 사실만 기록해야 한다. 그리고 타인의 자료를 무단으로 표절해서는 안 되며, 필요에 의해 자료를 인용할 때에는 출처를 밝히는 등 쓰기 윤리를 준수하는 것이 중요하다.

나 민호: 주제가 결정되었으니 탐구 계획서를 작성해 보자. 각자 의견이 있으면 말해 봐.

수진: 보고서를 11월 말까지는 작성해야 하니 탐구 일정은 다음 주부터 11월 15일까지로 하자.

윤수: 10월 중으로 3학년 학생들을 대상으로 한 설문 조사를 하고, 인터넷으로 자료를 찾아보자. 청소년 상담소 방문 일정도 미리 잡아야지?

문태: 그렇다면 중학교 3학년 학생들이 흥미를 가질 수 있는 주제가 필요하겠네? 그리고 우리가 수행할 수 있는 탐구 주제인지도 확인해 봐야지.

민호: 계획대로라면 설문지가 필요하겠다. 그리고 청소년 상담소에 방문할 때에는 녹음기를 잊지 말고.

인선: 설문지는 내가 만들게. 인터넷 검색은 수진이와 문태가 잘하지? 면담 준비는 민호가 해 줘. 윤수는 수집한 자료를 정리하면 되겠다.

민호: 인선이가 정리를 잘했네. 계획서에는 우리가 ⓐ예측한 탐구 결과도 넣자. 지난 회의 때 예상한 내용은 윤수가 정리했지?

윤수: 응. 여기에 있어.

다 **민호네 모둠이 작성한 탐구 보고서의 일부**

여가 활용 방법에서는 여학생과 남학생의 차이가 두드러졌다. 여학생의 경우에는 여가에 '스마트폰(42.5%)'을 한다는 응답이 가장 많았다. 그리고 '수면(18.2%)', '문화 활동(16.7%)', '컴퓨터 게임(10.8%)', '운동(8.4%)'의 순서로 선택을 하였다. 반면에 남학생은 '컴퓨터 게임(30.4%)'을 선택한 학생이 가장 많았으며, '운동(21.6%)', '스마트폰(19.8%)', '수면(13.5%)', '문화 활동(12.3%)'이 그 뒤를 이었다. 그리고 기타 응답(여학생 3.4%, 남학생 2.4%)으로 소수의 학생들이 '여행'이나 '독서', '쇼핑' 등을 적었다.

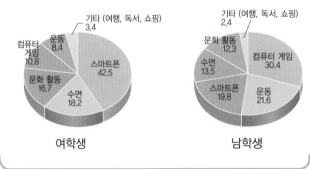

학습 목표 응용

01 '보고서'에 대한 설명으로 적절하지 <u>않은</u> 것은?

① 쓰기 윤리를 준수하며 써야 하는 글이다.
② 단계에 맞추어 체계적으로 써야 하는 글이다.
③ 탐구 결과와 절차가 드러나도록 쓰는 글이다.
④ 객관적이고 구체적인 정보를 제공하는 글이다.
⑤ 가치관에 따라 다양하게 해석할 수 있는 글이다.

02 (가)와 (나)를 참고하여 (다)를 이해한 것으로 적절한 것은?

① 학생들은 (다)의 자료를 얻기 위해 인터넷 검색의 방법을 사용하였다.
② 학생들이 작성한 보고서는 보고서의 유형 중 관찰 보고서에 해당한다.
③ 학생들은 그래프를 사용하여 탐구 결과의 보고 효과를 높이려 하였다.
④ 학생들은 '학년에 따른 여가 활용 방법의 차이'를 알아보기 위해 탐구 활동을 하였다.
⑤ 학생들은 (다)의 자료를 얻기 위해 여학생용과 남학생용으로 서로 다른 설문지를 제작하였다.

03 〈보기〉는 학생들이 쓴 보고서의 일부이다. 이에 대한 선생님의 평가로 가장 적절한 것은?

┤ 보기 ├

③ 탐구 결과

1. 다른 나라의 사례

다른 나라 청소년들은 여가를 어떻게 활용하는지 알아보기 위해 인터넷을 찾아보았다. 미국이나 유럽의 청소년들이 가장 선호하는 여가 활동은 운동이었으며, 여행이나 영화 관람 등의 비율도 꽤 높은 편이었다. 그리고 일본의 경우는 쇼핑을 즐기거나 만화책을 본다는 학생이 많았다.

① 자료를 인용할 때에는 출처를 분명히 밝혀야 해.
② 통계 자료는 직접 조사한 것이 아니면 의미가 없어.
③ 주제와 관계없는 불필요한 내용은 삭제하는 게 좋아.
④ 보고서를 쓸 때에 주관적인 의견은 자주 드러내지 않는 게 좋아.
⑤ 보고서의 구성 단계를 고려할 때 내용이 적절한 위치에 들어갔는지 확인해 봐.

고난도 응용

01 (가)를 읽은 학생이 심화 학습을 하기 위해 만든 질문으로 적절하지 않은 것은?

① 설문지를 만들 때 유의할 점은 무엇인가?
② 참고 자료는 어떤 형식으로 제시해야 하는가?
③ 쓰기 윤리를 준수하지 않는 행위에는 어떤 것이 있는가?
④ 탐구 기간이나 탐구 대상은 탐구 결과에 어떤 영향을 미치는가?
⑤ 관찰 보고서, 실험 보고서, 조사 보고서 외에 다른 종류의 보고서는 없는가?

02 〈보기〉는 Ⓐ의 내용이다. 보고서를 쓰는 과정에서 Ⓐ의 활용 방안에 대해 논의한 것 중에서 가장 적절한 것은?

┤ 보기 ├

우리나라 청소년들이 가장 선호하는 여가 활동은 영화 관람이나 음악 감상과 같은 문화 활동일 것이다. 그리고 여학생과 남학생 사이의 여가 활용의 내용에는 큰 차이가 없을 것으로 예상된다.

① 민호: (다)의 결과가 Ⓐ에 가까워질 때까지 탐구를 반복해야 해.
② 수진: (다)의 결과를 설명하기 위한 근거 자료로 Ⓐ를 활용할 수 있어.
③ 윤수: (다)의 결과가 Ⓐ와 큰 차이가 나는 이유를 분석해서 제시해 보자.
④ 인선: (다)의 결과와 Ⓐ는 아무런 관계가 없으므로 연결하여 생각하지 말자.
⑤ 문태: (다)의 결과를 정리하는 과정에서 Ⓐ를 포함하여 통계를 내면 더 정확한 결과가 나오겠지.

03 (가)의 '보고서 작성의 절차'를 참고하여, (나)에서 상황에 맞지 <u>않은</u> 발언을 한 학생을 찾아 쓰고, 그렇게 판단한 이유를 서술하시오.

학생	
이유	

2 주장하는 글 쓰기

⊙ 다음 글을 읽고 물음에 답하시오.

가 사람들은 일상에서 만나는 다양한 문제 상황에 대해 자기 나름의 기준으로 판단하고 입장을 정리한다. 하지만 사람마다 가치관이나 생각이 다르기 때문에 같은 상황에 대한 입장이 다를 수 있다. 이때 글을 통해 자신의 의견을 드러내면서 다른 사람의 생각이나 태도의 변화를 유도하기도 하는데, 이와 같은 글을 주장하는 글이라고 한다.

주장하는 글을 쓰기 위해서는 먼저 문제 상황에 대한 자신의 주장을 결정해야 한다. 이를 위해서는 문제 상황을 바라보는 다양한 입장을 충분히 검토해야 한다. 한쪽 입장에 치우치면 편견에 빠져 상황을 공정하게 바라보지 못할 수 있기 때문이다. 그리고 주장의 내용은 구체적이고 명확해야 하며, 실현 가능성이 있어야 한다.

주장이 결정되면 이를 뒷받침할 객관적이고 타당한 근거를 마련해야 한다. 근거 마련을 위한 자료는 면담이나 관찰, 설문 조사 등과 같은 직접적인 방법으로도 수집할 수 있지만, 인쇄 매체, 영상 매체, 디지털 매체 등을 통해서도 수집할 수 있다. 수집한 자료는 주장을 뒷받침할 수 있는 것들만으로 선별하는 작업을 거쳐야 한다.

다음으로 선별한 자료를 적절하게 배치하고 조직하는 과정을 거쳐야 하는데, 일반적으로 주장하는 글은 '서론 – 본론 – 결론'의 3단계로 구성한다. 서론에서는 글을 쓰게 된 동기나 문제 상황을 드러내면서 화제를 제시하는데, 개념 정의나 경험, 사례 등을 이용할 수 있다. 본론에서는 구체적인 주장이 전개된다. 이때 앞에서 준비한 자료를 활용하는데, 각 문단의 소주제를 뒷받침할 수 있는 근거를 함께 제시한다. 그리고 결론에서는 본론에서 밝힌 주요 내용을 요약하거나 강조하면서 글을 마무리한다.

글을 쓸 때에는 주장하는 내용을 일관되게 유지하는 것이 중요하다. 이때 하나의 문단에는 하나의 주장만이 제시되어야 내용을 명료하게 전달할 수 있다. 또한 문장과 문장, 혹은 문단과 문단은 적절한 접속어나 지시어를 사용하여 긴밀하게 연결되도록 해야 한다. 글을 완성하고 난 뒤에는 주장하는 내용이 잘 전달되는지, 글의 내용은 논리적으로 연결되는지, 문장이나 단어는 정확하게 썼는지 등을 검토하며 고쳐 쓰는 과정을 거친다.

주장하는 글은 독자에게 글쓴이의 주장이 분명하게 전달되어야 한다. 이를 위해서는 간결하고 명확한 문장을 사용하는 것이 좋다. 또한 구체적이고 타당하면서, 출처가 분명한 자료를 근거로 사용해야 한다. 그리고 주장과 근거가 사회 문화적 맥락 안에서 수용 가능한 것인지를 점검해 보아야 한다.

나

제목: 비둘기에게 먹이를 주지 말자.
 Ⅰ. 서론
  – 비둘기에게 먹이를 주지 말자는 내용의 현수막을 본 경험
 Ⅱ. 본론
  1. 비둘기는 유해한 동물이다.
   | Ⓐ |
  2. 먹이 주기는 비둘기에게도 해롭다.
   (1) 과자류 등에 포함된 유해한 성분
   (2) 비둘기의 야생 적응력 상실
  3. 다수의 사람들이 동의하는 내용이다.
   (1) 우리 학급 친구들의 의견
   (2) 외국의 사례
 Ⅲ. 결론
  – 비둘기 개체 수를 줄이기 위해서 먹이를 주지 말자.

학습 목표 응용

중요
01 (가)에서 알 수 있는 '주장하는 글'에 대한 설명으로 적절하지 않은 것은?
 ① 체계적인 구성을 갖춘 글이다.
 ② 다른 사람을 설득하기 위한 글이다.
 ③ 글쓴이의 주관적 입장이 드러난 글이다.
 ④ 주장이 구체적이고 명확하게 드러나는 글이다.
 ⑤ 문제 상황에 대한 다양한 입장을 드러내는 글이다.

02 (가)에서 알 수 있는 정보가 아닌 것은?
 ① 주장하는 글의 종류
 ② 주장하는 글의 필요성
 ③ 주장하는 글을 쓰는 과정
 ④ 주장하는 글을 쓸 때 유의할 점
 ⑤ 주장과 근거가 갖추어야 할 요건

03 '주장하는 글 쓰기의 과정'과 관련하여 (나)를 이해한 것으로 가장 적절한 것은?

① 문제 상황에 대한 입장을 결정하는 과정이다.
② 주장을 뒷받침할 수 있는 근거를 마련하는 과정이다.
③ 주장하는 내용이 잘 전달되었는지 검토하는 과정이다.
④ 자료를 배치하면서 글을 짜임새 있게 조직하는 과정이다.
⑤ 적절한 표현 방법을 사용하여 주장을 글로 구체화하는 과정이다.

04 (가)를 참고했을 때, (나)를 작성하기까지 고려했음 직한 내용으로 적절하지 <u>않은</u> 것은?

① 일상에서 경험했던 일을 제시하면서 글을 쓰게 된 동기를 밝혀야겠어.
② 자료는 직접적인 조사 방법과 매체를 활용하는 방법을 모두 사용해야지.
③ 마지막 부분에서는 나의 주장을 강조하면서 글을 마무리하는 것이 좋겠군.
④ 비둘기에게 먹이를 주지 말자는 주장은 현실에서 충분히 실현 가능하다고 봐.
⑤ 주된 독자는 비둘기 먹이 주기를 반대하는 사람들로 예상하고 준비를 해야겠어.

05 (나)를 바탕으로 주장하는 글을 쓸 때, Ⓐ 부분에 들어갈 내용으로 적절하지 <u>않은</u> 것은?

① 먹이가 풍부해진 비둘기의 개체 수가 늘면서 이로 인한 농작물 피해 또한 늘어났다.
② 환경부는 2009년 6월에 비둘기를 유해 야생 동물로 지정하고 공공장소에서 먹이를 주는 것을 금지하였다.
③ 비둘기의 배설물에 있는 크립토코쿠스 네오포르만스 곰팡이균은 공기를 통해 호흡기로 사람들에게 전파될 수 있다.
④ 부산의 용두산 공원에서 먹이 통제 실험을 진행한 결과 비둘기가 직접 먹이를 찾기 위해 움직이는 먹이 활동 지수가 높아졌다.
⑤ 서울 탑골 공원의 원각사지 십층 석탑은 산성비와 매연, 그리고 비둘기 등으로 인한 훼손을 방지하기 위해 유리막으로 보호하고 있다.

고난도 응용

01 〈보기〉를 활용하여 (나)의 주장을 반박하는 내용의 글을 쓰려 할 때, 글쓰기 계획으로 적절한 것은?

┤ 보기 ├

① ○○ 중학교 학생들이 발표한 과학 보고서에 따르면 비둘기 배설물의 산성도가 건물 부식에 영향을 준다고 하였다. 즉, 비둘기 배설물의 산성도가 높을수록 건물 부식에 영향을 미친다는 내용이었다. 비둘기 배설물의 산성도는 흰쌀을 먹였을 때 pH 5.3으로 높았지만, 잡곡을 먹였을 때 pH 7.7~7.2로 염기성을 띄었다.

② 미국이나 스페인 등에서는 비둘기 배설물에 있는 균이 질병을 유발한다는 이유로, 비둘기의 개체 수를 억제하기 위한 방안을 시도하고 있다. 비둘기 사료에 피임약을 섞어 주거나 비둘기를 대상으로 불임 시술을 시행하고 있다. 해당 지역 관계자는 "먹이 제한을 통한 개체 수 조절은 한계가 따를뿐더러, 오히려 공격성을 높여 인명 피해로 이어질 수 있다."라고 말했다.

① ①과 ②를 이용해 비둘기가 유해하지 않다는 것을 주장한다.
② ①을 이용해 과자류 대신 쌀을 먹이로 제공할 것을 주장한다.
③ ①을 이용해 먹이 주기가 비둘기에게 미치는 긍정적 영향을 강조한다.
④ ②를 이용해 비둘기 개체 수 줄이기의 비윤리성을 지적한다.
⑤ ②를 이용해 먹이를 주면서 개체 수를 조절하는 다른 방법을 제안한다.

서술형

02 (가)를 참고하여 〈보기〉에서 찾을 수 있는 문제점 두 가지를 각각 한 문장으로 서술하시오.

┤ 보기 ├

영국은 비둘기에게 먹이를 주는 사람에게 벌금을 부과한다고 한다. 비둘기 먹이 주기의 문제점을 다른 나라에서도 인식하고 있다.

[01~06] 다음 글을 읽고 물음에 답하시오.

가 어떤 주제에 대하여 대상을 관찰, 조사하거나 실험을 한 후에 탐구 결과를 절차와 결과가 드러나게 쓴 글을 보고서라고 한다. 보고서에는 탐구 방법이나 목적에 따라, 대상이나 상황을 관찰하고 분석하여 쓴 ㉠관찰 보고서, 실험의 과정과 결과를 기록하여 쓴 ㉡실험 보고서, 어떤 대상을 조사한 후에 그 결과를 분석하여 쓴 ㉢조사 보고서 등이 있다.

보고서를 쓰기 위해서는 먼저 탐구 주제와 목적을 정한다. 주제는 자신과 예상 독자의 수준이나 흥미, 관심 분야 등을 고려하여 정하는데, 탐구가 가능하면서 독자의 관심을 끌 수 있는 내용이 바람직하다. 주제가 선정되면 구체적인 보고서 작성 계획을 세운다. 계획서에는 탐구 일정과 방법, 준비물 및 모둠원의 역할 분담 등이 들어가며, 탐구 결과를 예측하여 제시한 후 관찰, 조사, 실험을 통해 얻은 실제 결과와 비교할 수도 있다.

다음으로 계획서에 따라 탐구를 진행하며 자료를 수집한 후, 그 내용을 정리한다. 자료를 정리할 때에는 탐구 과정을 통해 수집한 구체적인 내용을 객관적으로 기록해 두어야 한다. 마지막으로 탐구 결과를 분석한 후, 이를 바탕으로 보고서를 작성한다.

보고서는 크게 처음, 중간, 끝의 세 부분으로 구성한다. 처음 부분에서는 탐구의 목적과 필요성을 제시하고 탐구 기간, 탐구 대상, 탐구 방법 등을 기록한다. 탐구 기간이나 대상은 결과에 영향을 미치는 중요한 요소이므로 정확하게 기록해야 하며, 탐구 과정에서 설문지를 사용하였으면 설문 내용도 함께 제시하는 것이 좋다. 중간 부분에서는 탐구 결과와 결과를 분석한 내용을 제시한다. 탐구 결과는 독자들이 이해하기 쉽게 잘 정리해 제시해야 하며, 결과 분석은 보고서의 목적을 고려하여 작성한다. 마지막으로 끝부분에서는 탐구를 하며 느낀 점이나 독자들에게 바라는 점 등을 쓰고, 참고한 자료를 제시한다.

보고서를 쓸 때에는 탐구의 절차와 결과가 잘 드러나도록 체계적이고 정확하게 써야 한다. 이때 그림이나, 사진, 도표, 그래프 등의 다양한 매체 자료를 활용하면 보고 효과를 높일 수 있다. 또한 탐구 결과는 과장, 축소하거나 변형, 왜곡을 해서는 안 되며 편견을 담지 말고 객관적 사실만 기록해야 한다. 그리고 타인의 자료를 무단으로 표절해서는 안 되며, 필요에 의해 자료를 인용할 때에는 출처를 밝히는 등 쓰기 윤리를 준수하는 것이 중요하다.

나 글을 통해 자신의 의견을 드러내면서 다른 사람의 생각이나 태도의 변화를 유도하기도 하는데, 이와 같은 글을 주장하는 글이라고 한다.

주장하는 글을 쓰기 위해서는 먼저 문제 상황에 대한 자신의 주장을 결정해야 한다. 이를 위해서는 문제 상황을 바라보는 다양한 입장을 충분히 검토해야 한다. 한쪽 입장에 치우치면 편견에 빠져 상황을 공정하게 바라보지 못할 수 있기 때문이다. 그리고 주장의 내용은 구체적이고 명확해야 하며, 실현 가능성이 있어야 한다.(ⓐ)

주장이 결정되면 이를 뒷받침할 객관적이고 타당한 근거를 마련해야 한다.(ⓑ) 근거 마련을 위한 자료는 면담이나 관찰, 설문 조사 등과 같은 직접적인 방법으로도 수집할 수 있지만, 인쇄 매체, 영상 매체, 디지털 매체 등을 통해서도 수집할 수 있다. 수집한 자료는 주장을 뒷받침할 수 있는 것들만으로 선별하는 작업을 거쳐야 한다.

다음으로 선별한 자료를 적절하게 배치하고 조직하는 과정을 거쳐야 하는데, 일반적으로 주장하는 글은 '서론 – 본론 – 결론'의 3단계로 구성한다. 서론에서는 글을 쓰게 된 동기나 문제 상황을 드러내면서 화제를 제시하는데, 개념 정의나 경험, 사례 등을 이용할 수 있다.(ⓒ) 본론에서는 구체적인 주장이 전개된다. 이때 앞에서 준비한 자료를 활용하는데, 각 문단의 소주제를 뒷받침할 수 있는 근거를 함께 제시한다. 그리고 결론에서는 본론에서 밝힌 주요 내용을 요약하거나 강조하면서 글을 마무리한다.

글을 쓸 때에는 주장하는 내용을 일관되게 유지하는 것이 중요하다.(ⓓ) 이때 하나의 문단에는 하나의 주장만이 제시되어야 내용을 명료하게 전달할 수 있다. 또한 문장과 문장, 혹은 문단과 문단은 적절한 접속어나 지시어를 사용하여 긴밀하게 연결되도록 해야 한다. 글을 완성하고 난 뒤에는 주장하는 내용이 잘 전달되는지, 글의 내용은 논리적으로 연결되는지, 문장이나 단어는 정확하게 썼는지 등을 검토하며 고쳐 쓰는 과정을 거친다.

주장하는 글은 독자에게 글쓴이의 주장이 분명하게 전달되어야 한다. 이를 위해서는 간결하고 명확한 문장을 사용하는 것이 좋다.(ⓔ) 또한 구체적이고 타당하면서, 출처가 분명한 자료를 근거로 사용해야 한다. 그리고 주장과 근거가 사회 문화적 맥락 안에서 수용 가능한 것인지를 점검해 보아야 한다.

01 (가)와 (나)를 참고하여 〈보기〉의 ㄱ~ㄷ에 들어갈 내용을 연결한 것으로 적절하지 <u>않은</u> 것은?

| 보기 |

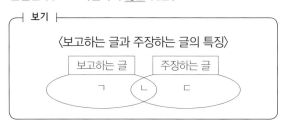

〈보고하는 글과 주장하는 글의 특징〉

① ㄱ: 탐구의 과정과 결과가 드러나는 글이다.
② ㄱ: 객관적인 자료를 제시해야 한다.
③ ㄴ: 일반적으로 3단계로 내용을 구성한다.
④ ㄷ: 독자를 설득하는 것을 목적으로 한다.
⑤ ㄷ: 글쓴이의 주장을 일관되게 유지해야 한다.

02 〈보기〉의 선생님의 조언으로 적절하지 <u>않은</u> 것은?

| 보기 |

학생: 선생님, '고양이와 강아지의 행동 비교'라는 주제로 보고서를 쓸 때 어떤 점에 주의해야 할까요?
선생님: _____

① 관찰 내용을 기록할 때에는 네 의견이 들어가지 않도록 주의해야 해.
② 고양이와 강아지의 행동을 사진으로 찍어서 보고서에 첨부하도록 해.
③ 보고서를 읽을 예상 독자들이 그 주제에 관심을 가질 것인지를 생각해 봐.
④ 네가 지금 기대하는 행동을 유도하기 위해 어떤 환경을 조성해야 하는지 연구해 봐.
⑤ 관찰 대상이 되는 고양이와 강아지가 어떤 종이고, 몇 살이며, 어떤 특징이 있는지도 쓰는 게 좋겠어.

03 〈서술형〉 (가)를 참고하여, 쓰기 윤리와 관련해 〈보기〉의 '을'에게 해 줄 수 있는 조언을 서술하시오.

| 보기 |

갑: 인터넷으로 뭘 그렇게 열심히 보고 있니?
을: 경복궁을 소개하는 블로그인데, 이 사진 정말 멋있게 나오지 않았니? 마침 경복궁에 대한 보고서를 쓰려고 하는데, 이 사진을 이용해야겠어.

04 (나)를 읽고 〈보기〉에 대해 설명한 것으로 적절하지 <u>않은</u> 것은?

| 보기 |

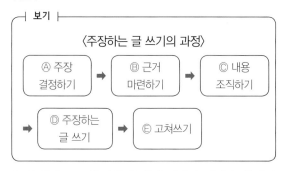

〈주장하는 글 쓰기의 과정〉

① ⒜에서는 문제 상황에 대한 다양한 입장을 충분히 검토해야 한다.
② ⒝에서는 수집한 자료의 출처를 기록해 두어야 한다.
③ ⒞에서는 글의 구성 단계를 고려하면서 자료를 적절히 배치해야 한다.
④ ⒟에서는 주장하는 내용에 맞는 타당한 근거를 선별해야 한다.
⑤ ⒠에서는 글을 쓰기 전에 생각했던 주제와 목적을 고려해야 한다.

05 ㉠~㉢의 예가 바르게 연결된 것은?
① ㉠: 우리 고장 문화유산의 위치와 보존 상태
② ㉠: 액체의 종류에 따른 얼음의 녹는점 차이
③ ㉡: 날씨의 변화에 따른 수업 분위기의 차이
④ ㉢: 우리 학교 학생들의 도서관 이용 현황
⑤ ㉢: 아파트 옥상에서의 방울토마토 성장 일기

06 글의 흐름을 고려할 때, 〈보기〉가 들어가기에 가장 적절한 위치는?

| 보기 |

근거가 부족한 주장으로는 독자들의 공감을 얻을 수 없기 때문이다.

① ⓐ　　② ⓑ　　③ ⓒ　　④ ⓓ　　⑤ ⓔ

[07~10] 다음은 학생들이 보고서를 준비하며 나눈 대화이다. 보고서 작성 과정을 생각하며 물음에 답하시오.

영철: 중학교 생활을 의미 있게 마무리하기 위해 교내 탐구 보고 대회에 나가려고 하는데 너희 생각은 어때?

희선: 좋지. 그런데 탐구 주제는 뭐로 하지?

진수: '프로 게이머의 세계'는 어떨까? 내가 e−스포츠에 관심이 많거든.

준선: 그런데 e−스포츠에 관심이 없는 친구들도 많지 않나?

희선: '학생들에게 추천하고 싶은 전국의 문화유산'은 어때? 친구들이 중학교 마지막 방학을 맞아 여행을 많이 갈 텐데.

경태: 좋긴 한데. 우리가 직접 가 보지 않고 소개하는 건 의미가 없지 않나?

영철: 그래. 그렇다고 우리가 모두 다녀 볼 수도 없고.

문영: 음. 주제를 선정할 때 고려할 점이 많구나. '우리 학교 학생들의 식습관'은 어떨까? 친구들의 식습관을 알아보고, 다른 나라 청소년들과 비교를 하는 거야. 전문가인 보건 선생님의 의견을 덧붙이면 학생들에게 자신의 식습관의 문제점과 개선 방안을 생각해 보게 하는 효과도 있을 거야.

영철: 음. 문영이 의견이 좋은 것 같다. 다른 의견 없으면 이거로 하자.

친구들: 좋아.

---

07 '탐구 주제 선정하기'와 관련하여 위의 대화를 평가한 것으로 적절하지 <u>않은</u> 것은?

① 진수는 예상 독자보다는 자신을 우선적으로 생각하는 잘못을 범하고 있다.

② 준선이는 예상 독자의 흥미와 관심사를 주제 선정 기준으로 삼고 있다.

③ 희선이는 주제에 대한 의견을 제시하면서 주제 선정의 이유까지 함께 이야기하고 있다.

④ 경태는 예상 독자의 수준을 근거로 희선이가 제시한 주제의 문제점을 지적하고 있다.

⑤ 영철이는 자신들이 탐구할 수 있는 내용인지를 바탕으로 주제를 고민하고 있다.

08 〈보기〉를 참고하여 문영이가 제안한 보고서의 유형을 쓰시오.

┤ 보기 ├

보고서에는 대상이나 상황을 관찰하고 분석하여 쓴 관찰 보고서, 실험의 과정과 결과를 기록하여 쓴 실험 보고서, 어떤 대상을 조사한 후에 그 결과를 분석하여 쓴 조사 보고서 등이 있다.

09 문영이의 의견대로 탐구를 진행하기 위해 설문지를 만들 때, 설문 내용으로 적절하지 <u>않은</u> 것은?

① 일주일에 아침 식사는 몇 번이나 하는가?

② 평소에 가장 즐겨 먹는 간식은 무엇인가?

③ 가장 좋아하는 음식 종류를 세 가지만 표시해 보자.

④ 건강한 식습관을 기르기 위해 유의할 점은 무엇인가?

⑤ 가장 짠 음식을 5라고 했을 때, 자신이 좋아하는 음식의 짠맛 정도를 표시해 보자.

10 〈보기〉는 탐구 조사를 위한 역할 분담표이다. 각각의 역할에 대한 설명으로 적절하지 <u>않은</u> 것은?

┤ 보기 ├

〈역할 분담표〉	
희선	설문지 제작 및 설문 조사
진수, 준선	인터뷰 준비 및 진행
경태	인터넷 자료 조사 및 수집
문영, 영철	조사 결과 정리 및 분석

① 희선이는 학생들의 학년이나 성별, 체격 등이 고르게 분포되도록 유의하며 대상자를 선정한다.

② 진수와 준선이는 인터뷰 결과를 기록할 때 녹음기 등을 이용할 수 있다.

③ 경태는 자료를 수집하면서 자료의 출처를 정확히 기록해 둔다.

④ 문영이와 영철이는 조사 결과를 정리할 때 도표 등을 활용한다.

⑤ 문영이와 영철이는 자신들의 가치관을 반영하여 자료를 정리하고 분석한다.

[11~13] 지성이가 다음 방송을 보고 주장하는 글을 쓰려고 한다. 물음에 답하시오.

기자: 날씬한 어린 가수들이 몸매가 강조된 교복을 입고 등장합니다. 선정성 논란을 빚은 한 교복 업체의 광고 포스터입니다. 비판이 이어지면서 업체는 포스터를 모두 수거했지만 온라인에서는 아직까지 이 문제에 대한 논란이 한창입니다. 처음에는 낯 뜨거운 교복에 대한 의견이 주를 이루더니 이제는 아예 교복 찬반 논쟁으로까지 논란이 확대되고 있습니다. 학생들은 교복이 개성의 표현을 막는다고 생각합니다.

학생: 교복이 마음에 안 들면 줄여서 입어요. 그래야 연예인처럼 예뻐 보이잖아요. 다른 옷도 제 마음에 들게 고쳐서 입는데 왜 교복은 안 되는 건가요?

기자: 시민들의 의견도 들어 보았습니다.

시민 1: 교복값이 너무 비싸요. 그렇다고 품질이 좋은 것도 아니고. 꼭 입어야 한다니까 어쩔 수 없이 사 입히는 거죠.

기자: 하지만 여전히 교복을 선호하는 쪽도 있습니다.

시민 2: 야외 학습을 하는 날에는 아이와 신경전을 벌여요. 옷을 잔뜩 꺼내 놓고 옷을 찾다가 마음에 드는 옷이 없다며 짜증을 내거든요. 그런 전쟁을 매일 할 수는 없잖아요.

기자: 이제 교복 착용에 대한 사회적 합의가 필요해 보입니다. EBS ○○○입니다.

11 글을 쓰기 위해 주장을 정하려는 지성이에게 해 줄 수 있는 조언으로 적절하지 <u>않은</u> 것은?

① 주장이 실현 가능성이 있는지 검토해야 해.
② 네가 확신을 가지고 있는 의견이 주장이 되어야 해.
③ 주장을 드러낼 때에는 구체적이고 명확한 언어를 사용해야 해.
④ 찬성과 반대 의견을 고르게 검토한 후 주장을 정하는 게 좋아.
⑤ 설득력을 높여야 하니까 많은 사람이 동의하는 방향으로 정하는 게 좋아.

12 〈보기〉는 지성이가 글을 쓰기 위해 작성한 개요의 기본 틀이다. 이에 대한 설명으로 적절하지 <u>않은</u> 것은?

┤ 보기 ├

제목: 교복을 폐지해야 한다.
Ⅰ. 서론 ·························· ㉠
Ⅱ. 본론
　1. 교복은 경제적으로 부담이 된다. ·········· ㉡
　2. 교복은 학습 능력을 떨어뜨린다. ········· ㉢
　3. 교복은 개성 표현을 막는다. ·············· ㉣
Ⅲ. 결론 ·························· ㉤

① ㉠에서는 방송을 본 이야기를 하면서 주제에 대한 독자들의 관심을 유도한다.
② ㉡에서는 최근 몇 년간의 교복값 인상 현황을 보여 주는 통계 자료를 제시한다.
③ ㉢에서는 초등학교에서도 일부 사립 학교에서만 교복을 입는다는 점을 지적한다.
④ ㉣에서는 복장 선택이 개성을 살리는 대표적인 방법이라는 유명 디자이너의 말을 인용한다.
⑤ ㉤에서는 앞의 내용을 정리하면서 교복 폐지 주장을 강조한다.

13 〈보기〉는 지성이가 쓴 글의 일부이다. 이에 대한 선생님의 평가가 완성되도록 빈칸을 채우시오.

┤ 보기 ├

　여름철에는 옷을 자주 세탁해야 해서 여러 벌의 교복이 있어야 하는데, 일부 사람들은 교복 한 벌의 값만 생각하고 교복이 저렴하다고 말을 하지만 각종 교복을 여러 벌 마련하려면 부모님들의 경제적 부담이 클 수밖에 없다.

선생님: 주장하는 글은 내용을 분명하게 전달해야 해. 이를 위해서는 (　　　　　　　)

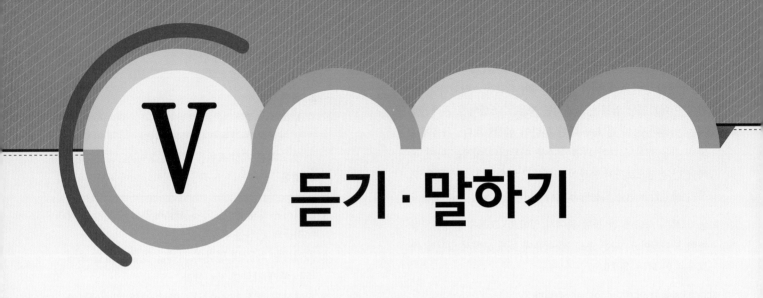

V 듣기·말하기

01 효과적으로 토론하고 발표하기

개념 압축 APP

1 토론: 어떤 문제에 대해 찬성과 반대 의견을 가진 사람들이 (   )을/를 들어 자신의 주장이 옳음을 내세우고, 상대방의 주장이나 근거가 부당하다는 것을 명백하게 밝히는 말하기 방식

2 토론의 과정

논제 제시 → 주장 제시 (입론) → 논박(반론) → 최종 변론 → 청중(배심원)의 판정

3 논리적 반박(논박)

토론의 성격	논박의 중요성
• 서로 다른 입장을 전제로 대립된 의견을 논의하는 과정임. • 자신의 주장은 물론 상대방의 주장 역시 완벽할 수 없음.	• 찬반 양측의 주장과 이에 대한 ( )이/가 제기됨으로써 토론이 진행됨. • 토론의 전제 조건이자 본질에 해당함.

4 말하기 불안의 원인과 극복 방법

원인	극복 방법
• 말할 내용을 제대로 준비하지 않았을 경우 • 공식적인 상황에 익숙하지 않은 경우 • 말하기 과제에 대하여 과도한 부담을 느낄 경우	• 자신이 겪는 어려움이 무엇인지 점검한다. • 유창하게 말을 해야 한다는 집착에서 벗어난다. • 불안감을 완화할 수 있는 동작을 익혀 사용한다.

5 말하기 불안 극복의 필요성

(   ) 말하기 상황에서 느끼는 불편함 완화 ➡ 자신의 의견을 분명하고 자신감 있게 말할 수 있음.

필수 어휘 사전

● **논제:** 토론의 주제. 찬성과 반대의 입장으로 갈라질 수 있는 문제.

● **논박:** 어떤 주장이나 의견에 대하여 그 잘못된 점을 조리 있게 공격하여 말함.

● **말하기 불안:** 여러 사람 앞에서 말을 하기 전이나 말을 하는 과정에서 경험하는 불안 증상.

확인 문제

1
다음 토론에 관한 설명 중, 옳은 것에는 ○표, 틀린 것에는 ✕표를 하시오.

(1) 토론은 찬성 측과 반대 측이 자신의 주장을 논리적으로 전개하는 말하기이다.
.... (   )

(2) 토론이 효과적으로 진행되기 위해서는 논박이 활발하게 이루어져야 한다.
.... (   )

(3) 토론은 특정한 결과를 선택하기보다는 최선의 해결 방안을 도출하는 데 의의가 있다. .... (   )

2
다음 빈칸에 들어갈 적절한 말을 쓰시오.

> 토론에서 상대측의 주장과 근거를 들을 때에는 신뢰성, 타당성, (   ) 등을 비판적으로 따져야 한다.

3
말하기 불안에 대한 설명으로 적절하지 <u>않은</u> 것은?

① 발표를 하는 도중에도 말하기 불안이 나타날 수 있다.
② 말하기 준비를 제대로 하지 않았을 때 나타날 수 있다.
③ 말하기 불안을 느끼면 자신의 의견을 분명하게 말하기 어려워진다.
④ 청중은 말하기 불안을 느끼는 화자의 발표 내용에 집중하기 어렵다.
⑤ 불안을 떨치고 유창하게 말을 하기 위해 말할 내용을 전부 외우는 것이 좋다.

수행 평가 따라잡기

1 다음은 독서 토론의 일부이다. 내용을 읽고 아래 활동을 해 보자.

> **사회자:** 지금부터 함께 읽은 책 『홍길동전』을 바탕으로 하여 '홍길동의 행동은 정당하다.'라는 논제로 독서 토론을 시작하겠습니다. 찬성 측부터 입론해 주시기 바랍니다.
>
> **정우:** 저는 홍길동의 행동이 정의로운 것이었다고 생각합니다. 백성들을 수탈하고 괴롭히는 탐관오리들을 혼내 주고, 그들이 부당하게 모은 재산을 빼앗아 어려운 백성들에게 나눠 준 것은 사필귀정(事必歸正)의 결과라고 생각합니다.
>
> **현석:** 당시 백성들의 입장에서 보면 홍길동의 행동이 정의로운 것일 수 있습니다. 그러나 결과만이 아니라 과정을 생각해 본다면 홍길동의 행동은 남의 물건을 빼앗은, 법을 어긴 도둑질 아니겠습니까? 도둑질은 어떤 이유에서든 정당화될 수 없는 행위입니다.
>
> **시은:** 도둑질이 아니라 원래 주인을 찾아 준 거라고 본다면 평가가 달라지지 않을까요? 홍길동이 도둑질의 대상으로 삼은 탐관오리들의 재산은 백성들의 것을 착취하여 모은 것이니까요. 홍길동의 행동은 자신의 이익을 위해 그들의 재물을 빼앗은 것이 아니라 잘못된 것을 바로잡기 위한 것이었기 때문에 정당하다고 보아야 합니다. 홍길동의 행동을 도둑질이라는 단순한 잣대로 평가할 수는 없다고 생각합니다.

(1) '현석'이 '정우'의 주장을 반박하기 위해 내세운 근거는 무엇인지 말해 보자.

(2) '시은'의 주장에 대해 2분 이내로 반론을 해 보자.

2 다음 대화를 읽고 '준호'가 말하기 불안을 극복할 수 있도록 '준호'에게 조언하는 쪽지 글을 써 보자.

> **수현:** 무슨 걱정이라도 있니? 표정이 안 좋아 보여.
>
> **준호:** 말도 마. 내일 국어 시간에 발표가 있는데, 벌써부터 긴장되고 떨린다.
>
> **수현:** 지난 주 발표하기 전에 나도 그랬어. 발표를 앞두고 있으면 누구나 그런가 봐.
>
> **준호:** 그래? 그래도 난 조금 심해. 준비를 철저히 하고 연습을 아무리 해도 막상 발표를 할 때가 되면 긴장돼서 말이 빨라지고, 목소리도 떨리고 그래. 숨 쉬는 것 자체가 힘들 정도로 호흡도 불규칙해져.
>
> **수현:** 그렇구나. 불안할수록 말이 빨라지고 목소리도 떨리기 마련이지.
>
> **준호:** 뭔가 좋은 방법 없을까?

1

(1) 논제에 대한 찬성 측과 반대 측의 주장과 근거를 파악한다.

예시 답안 결과보다는 과정이 중요하다. 도둑질은 법을 어긴 것으로 정당화될 수 없는 행위이다.

(2) '시은'의 말 속에 담긴 주장과 근거에서 논리적 허점이나 오류를 찾아본 후 자신의 생각을 정리해 본다.

예시 답안 자신의 이익을 위해서 훔친 것이 아니라 하더라도 도둑질이 정당화될 수는 없습니다. 도둑질 자체는 엄연한 불법 행위입니다. 의도가 좋았으니 도둑질도 정당하다는 논리라면 법이 왜 필요합니까? 또 범법 행위를 한 사람들이 모두 자신의 선한 의도를 강조한다면 어디까지 진심으로 받아들일 수 있을까요? 아무리 좋은 의도라 하더라도 법을 어기는 행동을 하는 것은 사회 질서를 위해 바람직하지 않다고 생각합니다.

2

'준호'가 말하기 불안을 느끼는 원인이 무엇인지 파악한다. 그리고 그 원인을 바탕으로 말하기 불안을 극복하고 분명하고 자신감 있게 자신의 의견을 말할 수 있도록 하는 방법을 생각해 본다.

예시 답안

준호야. 긴장이 될 때에는 발표 전에 심호흡을 천천히 여러 차례 반복하며 호흡을 가다듬는 것이 좋아. 그리고 고개를 좌우로, 위아래로 돌리며 목 근육을 풀어 준다거나 손과 손목의 힘을 빼고 손깍지를 끼고 손목을 돌리는 가벼운 운동을 하면 긴장이 풀린다고 해. 준비를 철저히 했으니, 준비한 내용을 친구들에게 이야기해 준다고 생각하고 편안하게 말해.

효과적으로 토론하기

⊙ 다음 글을 읽고 물음에 답하시오.

호성: 최근 ○○○ 교육청에서 발표한 '학교 폭력 실태 조사' 결과에 따르면, 학교 폭력은 학교 밖(31%)보다 학교 안(69%)에서 많이 발생하며, 학교 안에서는 교실 안(31.9%)이 가장 높았습니다. 우리 학교의 경우에도 생활부 선생님께 확인해 보니 지난해 일어난 학교 폭력 사안 대부분이 교실 안에서 일어났다고 하셨습니다. 이런 현실을 감안한다면 사건, 사고 예방을 위한 시시 티브이가 가장 필요한 장소는 교실 안이라고 할 수 있습니다. 지난달에 저희 학급 안에서 한 친구가 돈을 잃어버린 불미스러운 일이 일어났습니다. 이 사건을 해결하는 과정에서 학급 친구들 모두 잠재적인 범인으로 의심받아야 했는데, 시시 티브이가 있었다면 굳이 그런 불쾌한 경험을 하지 않아도 되고, 도난 사고 자체도 아예 일어나지 않았을 것입니다. 이런 점에서 저희는 교실 내에도 시시 티브이를 설치해야 한다고 생각합니다.

사회자: 예, 잘 들었습니다. 다음 반대 측 입론하겠습니다.

승현: 학교 폭력 예방의 필요성에 대해서는 저희도 공감합니다. 하지만 그 방식이 교실 안에까지 시시 티브이를 설치해야 한다는 것에는 동의하기 어렵습니다. 교실 안에 시시 티브이를 설치하면 개인의 동의 없이 모든 모습이 녹화되는데, 범죄 예방을 한다는 목적으로 학생들과 선생님들의 사생활을 침해하는 것은 옳지 않다고 봅니다. 국가 인권위에서 이미 지난 2012년에 교실 내 시시 티브이 설치가 인권 침해의 소지가 있다는 의견을 밝힌 바 있습니다. 시시 티브이로 인해 교실 내에서 생활하는 모든 학생과 교사들의 행동이 촬영되고, 지속적 감시에 의해 개인의 초상권과 프라이버시권, 학생들의 행동 자유권, 표현의 자유 등 개인의 기본권이 제한될 수 있다는 이유 때문이었습니다. 저희도 이와 같은 이유로 교실 내에 시시 티브이를 설치하는 것에 반대합니다.

사회자: 양측의 입론을 잘 들었습니다. ㉠이제 양측의 반론을 듣겠습니다. 먼저 반대 측에서 2분 이내로 찬성 측 주장에 대해 반론을 해 주시기 바랍니다.

지은: 시시 티브이가 학교 폭력을 방지하는 만병통치약인 듯이 말씀하셨는데, 저희가 조사한 자료에 의하면 어린이집 같은 경우에는 2015년 9월부터 실내에 시시 티브이 설치가 의무화됐는데도, 며칠 전 뉴스에서 보도된 것처럼 아동 학대 사건이 끊이질 않고 있습니다. 처음에 시시 티브이가 설치됐을 때는 신경이 쓰여 예방 효과가 있었는지 모르겠지만 시간이 지나면 이것 역시 무용지물이 되지 않을까요? 그리고 교실 내에 시시 티브이가 있으면 범죄와 무관하게 학생들의 사생활이 심각하게 침

해받을 수 있습니다. 단적인 예로 체육을 준비하며 옷을 갈아입는 모습이 촬영되고, 이것이 자칫 인터넷에 유포될 가능성도 있지 않을까요?

찬미: 저희는 시시 티브이가 모든 학교 폭력을 방지해 준다고 말하지 않았습니다. 이 점을 바로잡고 싶습니다. 모든 범죄를 예방할 수만 있다면 그것이 시시 티브이가 되었든 무엇이 되었든 도입을 주저할 필요는 없다고 생각합니다. 시시 티브이가 범죄를 100% 예방해 주지 못한다 하더라도, 사건이 일어났을 때 그 사건의 진상을 확인하여 문제를 해결하는 데 큰 도움이 될 것이고, 이러한 일이 반복된다면 시시 티브이를 의식하지 않을 수 없어서 범죄 예방에 의미 있는 도움이 될 것이라고 생각합니다. 다음 사생활 침해와 관련해서 말씀 드리겠습니다. 현재 시시 티브이에 녹화된 영상은 학교장이 학교 안전에 의심이 갈 행위가 있었을 경우 재생해 볼 수 있으며, 학부모와 학생도 적법한 절차와 요청에 따라 열람이 가능합니다. 이렇게 엄격하게 관리한다면 사생활 침해 부분은 크게 걱정하지 않아도 된다고 생각합니다. 그리고 체육복 갈아입는 문제는 탈의실을 따로 만들어 해결하면 좋을 것 같습니다.

학습 목표 응용

01 토론의 논제로 삼기에 가장 적절한 것은?
① 학교 폭력 문제를 어떻게 해결할 것인가?
② 건강을 위해서는 지나친 흡연을 삼가야 한다.
③ 물은 수소 분자와 산소 분자로 이루어져 있다.
④ 점심시간에 학생들에게 체육관을 개방해야 한다.
⑤ 경찰서나 소방서에 장난 전화를 해서는 안 된다.

02 토론의 준비 과정에서 해야 할 일로 적절하지 않은 것은?
① 입론뿐만 아니라 반론할 내용까지 미리 준비한다.
② 설문 조사나 통계 등은 별도의 시각 자료로 만들어 둔다.
③ 논제와 관련된 다양한 자료를 수집한 후 쟁점을 설정한다.
④ 원활한 토론 진행을 위해 상대측과 주장과 근거를 공유한다.
⑤ 토론에 활용할 근거 자료들은 쉽게 찾아볼 수 있도록 정리해 둔다.

03 '호성'이 입론에서 제시한 핵심 근거로 가장 적절한 것은?

① 교실 내에서 일어나는 폭력 사고와 도난 사고는 밀접한 연관이 있다.
② 시시 티브이가 있으면 교실 내 폭력이나 도난 사고를 예방할 수 있다.
③ 학교 폭력이 학교 안에서뿐만 아니라 밖에서도 광범위하게 일어나고 있다.
④ 도난 사고가 발생하였을 때, 모든 학생들을 의심하는 것은 바람직하지 않다.
⑤ 학교 폭력 문제를 해결할 수 있는 유일한 방안은 시시 티브이를 설치하는 것이다.

04 ㉠의 과정에 임하는 말하기 전략으로 적절하지 <u>않은</u> 것은?

① 상대측의 주장을 경청하면서 논리적 오류나 허점을 찾아낸다.
② 상대측을 공격하면서 우리 측의 입장을 부각할 수 있도록 한다.
③ 자신의 논리 중에서 부족한 부분을 추스를 수 있는 방안도 준비한다.
④ 상대측이 내세운 모든 근거에 대하여 반박할 수 있는 근거를 찾는다.
⑤ 합리적인 근거를 제시하면서 상대측 주장이 지닌 문제점을 지적한다.

05 토론 과정을 평가할 때, 고려할 사항으로 적절하지 <u>않은</u> 것은?

① 토론의 절차와 규칙을 준수하며 발언하였는가?
② 상대방의 의견을 적극적으로 수용하려고 노력하였는가?
③ 논제에 사용되는 주요 개념들을 올바르게 이해하였는가?
④ 객관적인 근거를 제시하며 자신의 주장을 뒷받침하고 있는가?
⑤ 상대방의 주장에 드러난 허점과 오류를 적절하게 지적하였는가?

고난도 응용

01 다음 자료를 토론에 활용하기 위한 방안으로 가장 적절한 것은?

> 헌법 재판소는 어린이집에 시시 티브이를 의무적으로 설치하도록 규정한 영유아 보육법이 사생활 비밀의 자유를 침해한다며 어린이집 대표 등이 낸 헌법 소원 사건에서 전원일치 의견으로 합헌 결정했습니다.
> 헌재는 "시시 티브이 의무 설치는 안전사고 예방이나 아동 학대 방지 효과가 있어 입법 목적이 정당하다."고 판단했습니다. 또 "아동 학대가 의심되는 경우 보호자의 시시 티브이 열람을 허용하는 것도 당연하다."고 강조했습니다.

① 지은: 시시 티브이를 설치하면 사생활 비밀의 자유를 침해할 수 있다는 근거로 활용한다.
② 호성: 학교 폭력 못지않게 아동 학대 문제도 심각하다는 새로운 주장의 근거로 활용한다.
③ 지은: 어린이집에 설치된 시시 티브이가 입법 목적에 어긋나게 사용되고 있다는 근거로 활용한다.
④ 승현: 시시 티브이가 사고 예방보다는 학부모가 수업을 감시하는 용도로 활용될 수 있다는 근거로 활용한다.
⑤ 찬미: 시시 티브이가 사생활 침해보다는 학생들의 안전한 학교생활에 도움이 될 수 있다는 근거로 활용한다.

02 토론 참석자들의 말하기 방식에 대한 설명으로 적절하지 <u>않은</u> 것은?

① '사회자'는 토론 절차에 따라 다음 발언 순서를 지정하고 있다.
② '호성'은 문제 상황의 해결 필요성을 내세우며 논제에 찬성하고 있다.
③ '승현'은 권위 있는 기관의 견해를 인용하며 자신의 주장을 뒷받침하고 있다.
④ '지은'은 찬성 측의 해결 방안이 지닌 한계와 문제점을 언급하며 반대하고 있다.
⑤ '찬미'는 해결 방안의 장단점을 언급한 후 단점을 보완할 수 있는 방법을 제시하고 있다.

2 효과적으로 발표하기

⊙ 다음 글을 읽고 물음에 답하시오.

가 종호: 수민아, 내일 국어 시간에 발표할 사람은 너지? 준비는 다 했어?

수민: 응, 우리나라 청소년들의 지나친 당 섭취 문제에 대해 발표하려고 해.

종호: 흥미로운 주제네. 기대된다.

수민: 그런데……, 잘할 수 있을지 걱정이야.

종호: 왜? 자료 준비가 잘 안 돼?

수민: 그건 아니야. 자료 준비는 충분히 했어. 발표 자료도 잘 만들었고.

종호: 그런데 뭐가 걱정이야?

수민: 사실 여러 사람들 앞에서 발표해 본 경험이 별로 없어서, 벌써부터 긴장되고 떨려.

종호: 그렇구나. 많은 사람들 앞에서 발표하는 것이 쉬운 일은 아니지. 하지만 넌 평소에 친구들과 즐겁게 대화를 잘하니까, 친구들 앞에서 말한다 생각하고 편하게 생각해.

수민: 나도 그렇게 생각하고 싶은데…… 사실, 작년에 수업 시간에 발표하다 실수한 것이 자꾸 생각나서 또 실수할까 봐 두렵기도 해.

종호: 많이 걱정하고 있구나. 그럼 이렇게 해 보는 게 어떨까? 우선, 발표 전에 심호흡을 하면서 호흡을 가다듬고 가벼운 몸풀기로 긴장을 풀어 봐. 그리고 발표 내용을 요약한 카드를 만들어서 발표하는 중간에 참고하는 것도 좋아.

수민: 들어 보니 그렇게 어려운 것은 아니네. 한번 해 볼게. 고마워.

나 (자연스럽게 미소를 띠며 인사를 한다.) 안녕하세요. 이번 시간 발표를 맡은 김수민입니다. (잠시 심호흡을 한 후 발표를 시작한다.) 요즘 날씨가 무척 더워졌죠? 이런 날씨에 밖에서 운동하다 집에 돌아와 냉장고 문을 열고 가장 먼저 찾게 되는 게 뭘까요? (청중의 대답을 들은 후) 맞습니다. 저도 여러분과 같이 청량음료를 먼저 찾아 마실 거예요. 잠깐 이것 좀 보실까요? (상당량의 설탕을 담은 투명 용기를 들고) 이게 뭘까요? (대답을 들으며 호흡을 가다듬는다.) 네, 설탕입니다. 제가 오늘 발표할 내용이 바로 이것과 관련된 것입니다. 혹시 여러분 중에 여기 있는 설탕을 한꺼번에 먹으라면 먹을 수 있는 사람이 있을까요? (청중을 전체적으로 둘러보며 눈을 맞춘다.) 용감하게 도전하겠다는 사람도 있는데, 대부분은 싫은 표정을 짓고 있군요. (심각한 표정을 지으며) 그런데

우리는 매일 이 정도의 당을 먹고 있다고 합니다. 최근 보건 복지부와 한국 건강 증진 개발원에서 발표한 자료를 보니 국내 청소년의 일평균 당 섭취량이 80g이나 된다고 합니다. (발표 요약 카드를 잠깐 확인하며) 이는 전 연령 평균에 비해 1.2배, 세계 보건 기구가 당 섭취량 기준으로 정한 약 50g보다 1.6배 정도 높다고 합니다. 이것이 왜 문제가 되는지 잠시 준비한 화면을 보겠습니다. (뉴스 보도 동영상을 함께 시청한 후) 이 뉴스를 보니 우리 청소년들의 당 섭취량이 얼마나 심각한 수준인지 알 수 있죠? 특히 의사 선생님의 인터뷰 내용 중 지나친 당 섭취가 비만과 심혈관 질환의 위험을 높여 우리 건강을 위협할 수 있다는 내용이 무섭게 다가옵니다.

학습 목표 응용

01 (가)에 나타난 '종호'의 말하기에 대한 이해로 적절하지 <u>않</u>은 것은?

① 상대방의 긍정적인 면을 언급하면서 격려하고 있다.

② 상대방이 겪고 있는 어려움에 공감을 표현하고 있다.

③ 상대방의 발표 계획에 대하여 긍정적인 반응을 보이고 있다.

④ 상대방에게 유창하게 발표할 수 있는 방안을 조언하고 있다.

⑤ 문제 상황을 이겨 낼 수 있도록 실천하기 쉬운 방법을 알려 주고 있다.

02 (나)에 나타난 발표자의 말하기 방식으로 가장 적절한 것은?

① 청중과 공유했던 경험을 직접 제시하여 발표의 목적을 밝히고 있다.

② 청중이 발표 내용을 신뢰할 수 있도록 객관적인 통계 자료를 활용하고 있다.

③ 청중이 던진 질문에 답변을 함으로써 발표 내용에 대한 청중의 호기심을 유발하고 있다.

④ 청중에게 구체적인 사례를 제시하고 이를 분석하면서 문제 해결의 단서를 제공하고 있다.

⑤ 청중이 좋아하는 음료들의 특징을 서로 대비함으로써 발표 내용의 유용성을 강조하고 있다.

03 〈보기〉는 (나)를 듣는 중에 학생들이 보인 반응이다. (나)를 바탕으로 이를 분석한 것으로 적절하지 <u>않은</u> 것은?

┤ 보기 ├

학생 1: 자료의 출처를 밝혀 주니 믿음이 가는군.
학생 2: 동작과 표정이 자연스러워서 그런지 발표 내용에 집중하게 돼.
학생 3: 지나친 당 섭취가 뇌 건강을 위협할 수 있다는 기사를 본 적이 있어.
학생 4: 나도 매일 당이 들어간 탄산음료를 마시고 있는데, 좀 줄일 필요가 있겠어.
학생 5: 여러 사람 앞에서 발표하기 때문인지 존댓말을 사용하고 있어.

① 학생 1은 발표자가 활용한 근거의 신뢰성을 평가하며 들었군.
② 학생 2는 비언어적 표현의 사용이 불안감 해소에 도움이 되었다고 평가하고 있군.
③ 학생 3은 자신의 배경지식을 활용하여 강연 내용을 이해하고 있군.
④ 학생 4는 발표 내용과 관련된 자신의 경험을 떠올리고 있군.
⑤ 학생 5는 발표자가 공식적 말하기 상황에 어울리는 표현을 사용했는지 판단하며 들었군.

04 〈보기〉의 ㉠에 해당하지 <u>않는</u> 것은?

┤ 보기 ├

말하기 불안을 극복하는 방법은 ㉠화자의 노력과 청자의 노력으로 나누어 생각해 볼 수 있다. 우선 화자의 입장에서 부정적 자아 개념이나 강박 관념 등을 바꾸어야 한다. 자신의 성격이 말하기 불안을 가중시킨다면 합리적인 사고로 전환하여 말하기 상황을 피하지 말고 그 상황에서 불안을 이겨 내도록 노력해야 한다.

① 발표 전에 연습을 충분히 한다.
② 발표에 필요한 자료를 충실히 준비한다.
③ 발표 내용에 긍정적인 반응을 보여 준다.
④ 준언어적, 비언어적 표현 방법도 미리 준비한다.
⑤ 발표 상황을 머릿속에 떠올리며 이미지 훈련을 한다.

고난도 **응용**

01 (가)의 '수민'이 겪는 말하기 불안의 원인에 해당하는 것만을 〈보기〉에서 모두 고른 것은?

┤ 보기 ├

말하기 불안은 다양한 원인에서 비롯된다. ⓐ청중 앞에서 말하는 것에 익숙하지 않아서 비롯되는 두려움뿐만 아니라 ⓑ말하기 실패 경험으로부터 비롯된 자신감의 부족이나 ⓒ청자의 반응에 대한 염려, ⓓ말할 내용에 대한 확신 부족, ⓔ말하기의 준비 부족이나 말하기 경험 부족에서 오는 부끄러움 등이 모두 말하기 불안의 원인이 될 수 있다. 또한 말하는 상황에서 완벽하게 말해야 한다는 생각은 거꾸로 말하기 장애를 유발하면서 말하기 불안을 야기할 수도 있다.

① ⓐ, ⓑ   ② ⓑ, ⓓ   ③ ⓐ, ⓑ, ⓒ
④ ⓐ, ⓒ, ⓔ   ⑤ ⓑ, ⓒ, ⓓ

02 다음 대화에서 '주희'가 지닌 불안을 해소해 줄 수 있는 효과적인 방안을 〈조건〉에 맞게 서술하시오.

주희: 다음 시간 발표는 내 차례야. 이미 발표 내용도 준비하고 연습도 몇 번 했는데, 여러 사람들 앞에서 말해야 한다고 생각하니 지금부터 긴장돼.
승우: 정말? 우리들끼리 이야기할 때는 네가 말을 제일 잘하잖아.
주희: 그렇긴 하지. 그런데 그건 친구들과 있을 때고, 많은 사람들 앞에서는 말을 잘 못하겠어. 발표할 때 실수할 것 같아서 잠도 잘 못 자겠어.

┤ 조건 ├

• '승우'가 '주희'에게 조언하는 어조로 쓸 것.
• 60자 내외로 쓸 것.

[01~06] 다음 글을 읽고 물음에 답하시오.

사회자: 학교에서 일어나는 여러 가지 사건, 사고 예방을 위해 대부분의 학교에서 '시시 티브이'를 설치하여, 어느 정도 예방 효과를 보고 있습니다. 그런데 최근 교실 내에서 일어나는 폭력이나 교권 침해 등이 사회 문제로 불거지면서 교실 내에도 시시 티브이를 설치해야 한다는 주장이 나오고 있습니다. 이에 이번 시간에는 '교실 내에도 시시 티브이를 설치해야 한다.'라는 논제로 토론을 하겠습니다. 먼저 찬성 측과 반대 측의 입론을 듣겠습니다. 토론자는 각 2분씩 발언 가능합니다. 찬성 측부터 입론해 주십시오.

호성: 최근 ○○○ 교육청에서 발표한 '학교 폭력 실태 조사' 결과에 따르면, 학교 폭력은 학교 밖(31%)보다 학교 안(69%)에서 많이 발생하며, 학교 안에서는 교실 안(31.9%)이 가장 높았습니다. 우리 학교의 경우에도 생활부 선생님께 확인해 보니 지난해 일어난 학교 폭력 사안 대부분이 교실 안에서 일어났다고 하셨습니다. 이런 현실을 감안한다면 사건, 사고 예방을 위한 시시 티브이가 가장 필요한 장소는 교실 안이라고 할 수 있습니다. 지난달에 저희 학급 안에서 한 친구가 돈을 잃어버린 불미스러운 일이 일어났습니다. 이 사건을 해결하는 과정에서 학급 친구들 모두 잠재적인 범인으로 의심받아야 했는데, 시시 티브이가 있었다면 굳이 그런 불쾌한 경험을 하지 않아도 되고, 도난 사고 자체도 아예 일어나지 않았을 것입니다. 이런 점에서 저희는 교실 내에도 시시 티브이를 설치해야 한다고 생각합니다.

사회자: 예, 잘 들었습니다. 다음 반대 측 입론하겠습니다.

승현: 학교 폭력 예방의 필요성에 대해서는 저희도 공감합니다. 하지만 그 방식이 교실 안까지 시시 티브이를 설치해야 한다는 것에는 동의하기 어렵습니다. 교실 안에 시시 티브이를 설치하면 개인의 동의 없이 모든 모습이 녹화되는데, 범죄 예방을 한다는 목적으로 학생들과 선생님들의 사생활을 침해하는 것은 옳지 않다고 봅니다. 국가 인권위에서 이미 지난 2012년에 교실 내 시시 티브이 설치가 인권 침해의 소지가 있다는 의견을 밝힌 바 있습니다. 시시 티브이로 인해 교실 내에서 생활하는 모든 학생과 교사들의 행동이 촬영되고, 지속적 감시에 의해 개인의 초상권과 프라이버시권, 학생들의 행동 자유권, 표현의 자유 등 개인의 기본권이 제한될 수 있다는 이유 때문

이었습니다. 저희도 이와 같은 이유로 교실 내에 시시 티브이를 설치하는 것에 반대합니다.

사회자: 양측의 입론을 잘 들었습니다. 이제 양측의 반론을 듣겠습니다. 먼저 반대 측에서 2분 이내로 찬성 측 주장에 대해 반론을 해 주시기 바랍니다.

지은: 시시 티브이가 학교 폭력을 방지하는 만병통치약인 듯이 말씀하셨는데, 저희가 조사한 자료에 의하면 어린이집 같은 경우에는 2015년 9월부터 실내에 시시 티브이 설치가 의무화됐는데도, 며칠 전 뉴스에서 보도된 것처럼 아동 학대 사건이 끊이질 않고 있습니다. 처음에 시시 티브이가 설치됐을 때는 신경이 쓰여 예방 효과가 있었는지 모르겠지만 시간이 지나면 이것 역시 무용지물이 되지 않을까요? 그리고 교실 내에 시시 티브이가 있으면 범죄와 무관하게 학생들의 사생활이 심각하게 침해받을 수 있습니다. 단적인 예로 체육을 준비하며 옷을 갈아입는 모습이 촬영되고, 이것이 자칫 인터넷에 유포될 가능성도 있지 않을까요? [A]

찬미: 저희는 시시 티브이가 모든 학교 폭력을 방지해 준다고 말하지 않았습니다. 이 점을 바로잡고 싶습니다. 모든 범죄를 예방할 수만 있다면 그것이 시시 티브이가 되었든 무엇이 되었든 도입을 주저할 필요는 없다고 생각합니다. 시시 티브이가 범죄를 100% 예방해 주지 못한다 하더라도, 사건이 일어났을 때 그 사건의 진상을 확인하여 문제를 해결하는 데 큰 도움이 될 것이고, 이러한 일이 반복된다면 시시 티브이를 의식하지 않을 수 없어서 범죄 예방에 의미 있는 도움이 될 것이라고 생각합니다. 다음 사생활 침해와 관련해서 말씀 드리겠습니다. 현재 시시 티브이에 녹화된 영상은 학교장이 학교 안전에 의심이 갈 행위가 있었을 경우 재생해 볼 수 있으며, 학부모와 학생도 적법한 절차와 요청에 따라 열람이 가능합니다. 이렇게 엄격하게 관리한다면 사생활 침해 부분은 크게 걱정하지 않아도 된다고 생각합니다. 그리고 체육복 갈아입는 문제는 탈의실을 따로 만들어 해결하면 좋을 것 같습니다. [B]

사회자: 그럼 이어서 찬성 측에서 2분 이내로 반대 측 주장에 대해 반론을 해 주시기 바랍니다.

01 토론의 특징으로 적절한 것만을 〈보기〉에서 있는 대로 고른 것은?

┤ 보기 ├

ㄱ. 찬성과 반대 의견으로 나뉘는 논제가 필요하다.
ㄴ. 주장을 뒷받침하는 근거는 신뢰성 있고 타당해야 한다.
ㄷ. 발언할 내용이 있으면 언제든 손을 들고 발언 기회를 얻을 수 있다.
ㄹ. 상대측의 주장을 경청하며 논리적 오류와 허점을 찾는 과정이 필요하다.
ㅁ. 찬성과 반대의 의견을 절충하여 새로운 결론을 도출하는 과정을 거친다.

① ㄱ, ㄴ　　② ㄷ, ㄹ　　③ ㄱ, ㄴ, ㄹ
④ ㄴ, ㄷ, ㄹ　　⑤ ㄱ, ㄴ, ㄷ, ㅁ

02 논제의 유형이 이 토론의 논제와 같은 것은?

① 행복은 성적순이 아니다.
② 우리 사회에 동물원은 필요하다.
③ 발해는 고구려의 역사를 계승하였다.
④ 학교에서 스마트폰 사용을 금지해야 한다.
⑤ 잊힐 권리를 인정하면 알 권리가 침해된다.

03 [B]를 고려할 때, [A]에 나타난 문제점을 지적한 말로 적절한 것은?

① 반박을 할 때에 논제에 대한 새로운 주장을 펼쳐서는 안 된다.
② 토론에서는 나와 다른 의견이라도 경청하는 태도를 보여야 한다.
③ 주장을 뒷받침하는 근거로 개인적인 체험을 제시하는 것은 적절하지 않다.
④ 출처가 분명하지 않은 근거를 제시하면 주장하는 내용에 대한 신뢰성이 떨어질 수 있다.
⑤ 반박을 할 때에는 상대방이 발언한 내용의 범위 안에서 어떤 문제점이 있는지를 살펴야 한다.

04 이 토론에 나타난 쟁점에 해당하는 것만을 〈보기〉에서 있는 대로 고른 것은?

┤ 보기 ├

ㄱ. 시시 티브이 설치 권한은 누구에게 있는가?
ㄴ. 시시 티브이는 학생들의 사생활을 침해하는가?
ㄷ. 시시 티브이 영상은 어떤 방식으로 관리해야 하는가?
ㄹ. 시시 티브이는 학교 폭력 예방에 지속적인 효과가 있는가?

① ㄱ, ㄴ　　② ㄱ, ㄹ　　③ ㄴ, ㄹ
④ ㄱ, ㄴ, ㄹ　　⑤ ㄴ, ㄷ, ㄹ

05 이 토론에 나타난 '사회자'의 역할에 대한 설명으로 적절한 것은?

① 토론의 진행 절차에 맞게 발언 순서를 지정하고 있다.
② 토론자의 주장에 대한 추가적인 근거를 요청하고 있다.
③ 토론자들의 발언 내용을 요약하여 토론의 진행을 돕고 있다.
④ 토론자의 모호한 발언에 대해 그 의미를 다시 설명하고 있다.
⑤ 논제에 쓰인 용어의 의미를 명확히 밝혀 논의의 범위를 한정하고 있다.

서술형
06 이 토론에서 찬성 측의 견해를 다음과 같이 정리할 때, ㉮와 ㉯에 들어갈 내용을 〈조건〉에 맞게 서술하시오.

문제 상황	㉮
해결 방안	교실 내에도 시시 티브이를 설치해야 한다.
기대 효과	㉯

┤ 조건 ├

• 찬성 측 학생들의 발언 내용에서 찾아 쓸 것.
• ㉮와 ㉯ 각각 20자 내외의 한 문장으로 쓸 것.

[07~12] 다음 글을 읽고 물음에 답하시오.

가 종호: 수민아, 내일 국어 시간에 발표할 사람은 너지? 준비는 다 했어?

수민: 응, 우리나라 청소년들의 지나친 당 섭취 문제에 대해 발표하려고 해.

종호: 흥미로운 주제네. 기대된다.

수민: 그런데……, 잘할 수 있을지 걱정이야.

종호: 왜? 자료 준비가 잘 안 돼?

수민: 그건 아니야. 자료 준비는 충분히 했어. 발표 자료도 잘 만들었고.

종호: 그런데 뭐가 걱정이야?

수민: 사실 여러 사람들 앞에서 발표해 본 경험이 별로 없어서, 벌써부터 긴장되고 떨려.

종호: 그렇구나. 많은 사람들 앞에서 발표하는 것이 쉬운 일은 아니지. 하지만 넌 평소에 친구들과 즐겁게 대화를 잘하니까, 친구들 앞에서 말한다 생각하고 편하게 생각해.

수민: 나도 그렇게 생각하고 싶은데…… 사실, 작년에 수업 시간에 발표하다 실수한 것이 자꾸 생각나서 또 실수할까 봐 두렵기도 해.

종호: 많이 걱정하고 있구나. 그럼 이렇게 해 보는 게 어떨까?
(㉠)

수민: 들어 보니 그렇게 어려운 것은 아니네. 한번 해 볼게. 고마워.

나 (자연스럽게 미소를 띠며 인사를 한다.) 안녕하세요. 이번 시간 발표를 맡은 김수민입니다. (잠시 심호흡을 한 후 발표를 시작한다.) 요즘 날씨가 무척 더워졌죠? 이런 날씨에 밖에서 운동하다 집에 돌아와 냉장고 문을 열고 가장 먼저 찾게 되는 게 뭘까요? (청중의 대답을 들은 후) 맞습니다. 저도 여러분과 같이 청량음료를 먼저 찾아 마실 거예요. 잠깐 이것 좀 보실까요? (상당량의 설탕을 담은 투명 용기를 들고) 이게 뭘까요? (대답을 들으며 호흡을 가다듬는다.) 네, 설탕입니다. 제가 오늘 발표할 내용이 바로 이것과 관련된 것입니다. 혹시 여러분 중에 여기 있는 설탕을 한꺼번에 먹으라면 먹을 수 있는 사람이 있을까요? (청중을 전체적으로 둘러보며 눈을 맞춘다.) 용감하게 도전하겠다는 사람도 있는데, 대부분은 싫은 표정을 짓고 있군요. (심각한 표정을 지으며) 그런데 우리는 매일 이 정도의 당을 먹고 있다고 합니다. 최근 보건 복지부와 한국 건강 증진 개발원에서 발표한 자료를 보니 국내 청소

년의 일평균 당 섭취량이 80g이나 된다고 합니다. (발표 요약 카드를 잠깐 확인하며) 이는 전 연령 평균에 비해 1.2배, 세계 보건 기구가 당 섭취량 기준으로 정한 약 50g보다 1.6배 정도 높다고 합니다. 이것이 왜 문제가 되는지 잠시 준비한 화면을 보겠습니다. (㉡뉴스 보도 동영상을 함께 시청한 후) 이 뉴스를 보니 우리 청소년들의 당 섭취량이 얼마나 심각한 수준인지 알 수 있죠? 특히 의사 선생님의 인터뷰 내용 중 지나친 당 섭취가 비만과 심혈관 질환의 위험을 높여 우리 건강을 위협할 수 있다는 내용이 무섭게 다가옵니다.

07 (가)에서 '수민'이 불안감을 느끼고 있는 원인에 해당하는 것만을 〈보기〉에서 있는 대로 고른 것은?

┤ 보기 ├
ㄱ. 발표의 방법이나 절차를 잘 모른다.
ㄴ. 청중 앞에서 발표해 본 경험이 부족하다.
ㄷ. 자료 준비가 충분이 이루어지지 않았다.
ㄹ. 발표할 주제가 청중의 흥미를 끌기 어렵다.
ㅁ. 과거에 발표를 할 때 실수했던 경험이 있다.

① ㄱ, ㄴ　　② ㄱ, ㄷ　　③ ㄴ, ㅁ
④ ㄷ, ㄹ　　⑤ ㄴ, ㄹ, ㅁ

08 자신의 '말하기 불안'을 진단하는 점검표를 만들려고 한다. 점검 항목으로 적절하지 <u>않은</u> 것은?
① 다양한 표현 방법을 알고 있다.
② 처음 접한 상황에서도 말을 잘한다.
③ 말을 잘할 수 있다는 자신감이 있다.
④ 여러 사람 앞에서 말할 때 떨지 않는다.
⑤ 말할 때 생기는 긴장을 간단한 운동으로 풀 수 있다.

09 다음은 (나)의 발표를 준비하는 과정에서 '수민'이 떠올린 생각이다. ⓐ~ⓔ 중, 발표에 반영되지 <u>않은</u> 것은?

> 이번 발표에서는 최근 언론에 보도되었던 청소년들의 지나친 당 섭취 문제에 관하여 발표해야겠어. ⓐ불안감을 해소하기 위해 시작할 때 심호흡을 하며 긴장을 풀어야겠어. ⓑ하루 섭취하는 양만큼의 설탕을 준비해서 보여 준다면 더 강한 인상을 줄 수 있겠지? ⓒ뉴스에 보도된 영상을 보여 준다면 청중이 발표에 더 흥미를 가질 수 있을 거야. 나는 긴장하면 말할 내용을 잊어버리는 성격이기 때문에 ⓓ발표 내용을 요약한 카드를 만들어 필요할 때마다 참고해야겠어. ⓔ발표 내용을 잘 이해하고 있는지 확인하기 위해 청중에게 질문을 던지는 것도 좋은 방법일 것 같아.

① ⓐ   ② ⓑ   ③ ⓒ
④ ⓓ   ⑤ ⓔ

중❷
10 〈보기〉를 참고할 때, ㉠에 들어갈 조언으로 가장 적절한 것은?

> ┤ 보기 ├
> '말하기 불안'은 여러 사람 앞에서 말을 하기 전이나 말을 하는 과정에서 개인이 경험하는 불안 증상이다. 이러한 말하기 불안은 긍정적인 자기 암시를 통해 해소될 수 있다. 성공하는 장면을 그려 본다든가, 부정적인 생각을 긍정적으로 바꾸어 본다든가 하는 것이 한 방법이다.

① 청중이 관심을 가질 만한 내용으로 주제를 교체하는 것은 어떨까?
② 발표 내용에 관한 다양한 자료를 사전에 충분히 준비하는 것이 좋겠어.
③ 선생님께 불안 증상이 사라질 때까지 발표를 연기해 달라고 말씀드려 봐.
④ 발표 내용을 모두 외운 다음에 거울을 보며 실제처럼 연습해 봐. 자신감이 많이 생길 거야.
⑤ 수업 시간에 선생님 질문에 대답을 잘해서 칭찬받았던 모습을 떠올려 봐. 잘할 수 있다는 믿음을 가져.

11 맥락을 고려하여 ㉡의 내용을 추측한 것으로 적절하지 <u>않</u>은 것은?

① 청소년의 당 섭취를 줄이기 위한 다양한 노력들이 필요하다.
② 상당 비율의 청소년들이 습관적으로 탄산음료를 섭취하고 있다.
③ 청소년들이 즐겨 마시는 음료에는 당 성분이 많이 함유되어 있다.
④ 청소년기에 당을 과다하게 섭취할 경우 여러 가지 질병을 유발할 수 있다.
⑤ 당 성분과 카페인이 많이 포함된 음료는 집중력을 높여 주는 효과가 있다.

12 〈보기〉의 대화 참여자에 대한 이해로 적절한 것은?

> ┤ 보기 ├
> 진성: 희수야, 왠지 표정이 어두워 보인다.
> 희수: 어쩌다 내가 독서 동아리 부장이 돼서, 첫 시간에 독서 발표를 했는데, 완전히 실패했어.
> 진성: 너 평소에 책 읽는 것도 좋아하고, 그 책과 관련해서 친구들과 대화하는 것도 좋아했잖아.
> 희수: 그렇긴 한데……, 내가 좀 소심해서 여러 사람 앞에서 말을 하면 얼굴이 빨개지고, 말을 더듬거든. 게다가 많은 사람 앞에서 발표해 본 경험도 없고. 나도 너처럼 자신감 있게 발표하고 싶은데…….
> 진성: 그랬구나. 나도 그렇지만 대부분의 사람들은 여러 사람 앞에서 말하는 것에 대해 부담을 느껴. 먼저 이 사실을 인식하고 나면 마음이 한결 편해져.

① '희수'는 발표를 앞두고 말하기 불안을 느끼고 있다.
② '희수'는 모든 담화 상황에서 말하는 것을 어려워하고 있다.
③ '희수'는 자신의 말에 대한 청중의 반응을 민감하게 받아들이고 있다.
④ '진성'은 '희수'가 성격 때문에 발표에 어려움을 겪는다고 판단하고 있다.
⑤ '진성'은 말하기 불안이 누구나 겪는 자연스러운 것이라고 생각하고 있다.

02 청중을 고려하여 말하고 설득 전략을 분석하며 듣기

개념 압축 APP

❶ 설득

개념	어떤 상황이나 문제에 대해 자신의 주장이나 의견을 호소력 있게 표현함으로써 타인의 생각과 행동, 태도 등에 ( )을/를 주는 행위
설득을 목적으로 하는 말하기 유형	연설, 설교, 토론 등

❷ 설득력을 높이는 요소

이성적 설득 전략	( ) 설득 전략	인성적 설득 전략
• 청중의 이성에 호소 • 연역, 귀납 등의 논증 방법을 활용하며 통계나 전문가 의견, 역사적 사실 등을 제시함.	• 청중의 감정에 호소 • 청중의 욕망, 분노, 자긍심, 동정심 등의 감정을 유발할 수 있는 사례나 상황 등을 제시함.	• 화자에 대한 공적 신뢰 • 화자의 성품, 평판, 주제에 대한 경험, 전문성 등에 달림.

⬇

설득력 있는 연설

❸ 청중 분석과 청중을 고려한 표현 전략

청중 분석	• 통계적 자료 수집: 소속, 평균 연령, 성별, 사회·경제적 수준, 직업, 종교, 교육 정도, 정치적 성향, 지역적 특성 등 • 청중의 태도를 구성하는 요소: 요구와 관심사, 지적 수준 및 배경지식의 정도, ( )에 대한 기존 입장, 개인적 관련성 등
표현 전략	• 준언어적 표현: 내용에 맞게 말하는 어조, 속도, 성량 등을 조절 • 비언어적 표현: 청중과의 의사소통을 돕는 적절한 ( )(이)나 눈짓, 얼굴 표정, 자세 등 • 매체 자료 사용 전략: 내용을 쉽고 흥미롭게 전달하는 매체 자료

❹ 비판적으로 분석하며 듣기

• 논리적 ( )이/가 있는지 점검함.
• 신뢰성, 타당성, 공정성을 기준으로 삼아 평가하며 수용함.

필수 어휘 사전

● **호소력:** 강한 인상을 주어 마음을 사로잡을 수 있는 힘.

● **자긍심:** 스스로에게 긍지(자기 능력을 믿음으로써 갖는 당당함)를 갖는 마음.

● **어조:** 말의 가락 = 억양, 음(音)의 상대적인 높이를 변하게 함.

확인 문제

1
다음에서 사용한 설득 전략은 무엇인지 쓰시오.

> 거리의 서점이 사라지고 있다. 전국의 서점은 2000년대에 들어 서서히 줄어들다가 2007년 이후 매년 200개 이상 없어져 2009년에는 2,850여 개만 남았다. 이는 인구 1만 7천 명당 서점 한 개꼴에 해당하며, 이웃 나라인 일본의 절반 수준이다.
> – 김성홍, 「책 없는 거리」 중에서

2
빈칸에 들어갈 적절한 말을 쓰시오.

> 여러 사람 앞에서 말할 때, 청중을 분석하는 것을 의례적으로 행해지는 말하기 준비 단계 중 하나라고 생각해서는 안 된다. 청중을 분석하는 것은 효과적인 ( )을/를 위해 꼭 필요한 과정이다. 또한 말하기 전에만 필요한 것이 아니라 여러 가지 말하기 전략을 활용하여 말하는 도중에도 청중과 시선 맞추기 등을 통해 청중의 반응을 점검하고, 말하기 내용이나 전략을 청중의 반응에 맞춰야 한다.

3
설득을 목적으로 하는 연설을 비판적으로 듣는 방법으로 적절하지 <u>않은</u> 것은?
① 내용이 공정한지 검토한다.
② 근거가 타당한지 평가한다.
③ 내용이 창의적인지 판단한다.
④ 내용이 믿을 만한지 따져 본다.
⑤ 내용 전개가 논리적인지 점검한다.

수행 평가 따라잡기

1 다음 광고 포스터를 보고 물음에 답해 보자.

┌─ 보기 ┐

㉠ 언어 표현으로 강조하기: 동일한 문구나 상표명을 반복하거나 언어유희를 사용하여 강한 인상을 남김.

㉡ 인물 내세우기: 유명한 사람을 등장시켜 모방 심리를 자극하거나, 일반인을 등장시켜 친근감을 자극함.

㉢ 불안한 심리 건드리기: 부정적인 상황을 보여 주고, 주의하거나 대비해야 한다는 메시지를 전달함.

㉣ 웃음이나 감동 주기: 풍자나 패러디, 유머를 통해 웃음을 자아내거나 가슴 따뜻한 소재나 장면을 통해 감동을 줌.

㉤ 신뢰성 보여 주기: 해당 분야의 전문가의 말을 인용하거나 소비자의 경험, 정부에서 인증한 마크, 성능 실험 등을 보여 줌.

(1) 이 광고의 목적은 무엇인지 말해 보자.

(2) 이 광고에 사용된 설득 방법을 〈보기〉에서 모두 고르고, 효과를 설명해 보자.

2 다음 연설을 읽고 연설자, 연설의 주제, 청중을 파악해 보자.

여러분, 안녕하세요. 반갑습니다. 시인 김용택입니다. 시골의 작은 초등학교에서 2학년들과 함께 생활하면서 저는 가르치는 것은 곧 배우는 것이라는 것을 깨닫게 되었습니다. 교육은 자기 교육입니다. 어린이들은 세상의 모든 것들을 새로운 눈으로 바라봅니다. 세상이 새로우니, 신비롭고 신비로우니 감동적이지요. 감동은 느끼고 스며들어서 생각과 행동을 바꾸게 합니다. 내 말과 행동을 고치고 바꾸어 어제와는 다른 오늘의 나를 만나는 것이 공부입니다.

제가 공부와 관련해서 이야기하고 싶은 것은 여러분이 하는 공부가 행복한 삶, 안정된 삶을 살 수 있는 공부로 바뀌어야 한다는 것입니다.

그러기 위해서는 여러분이 좋아하는 것을 찾아야 합니다. 좋아하는 것을 찾는 게 공부이고, 그렇게 하게 만드는 것이 교육입니다. 높은 점수를 받기 위한 것이 공부가 아니고 좋아하는 것을 찾는 것이 공부라는 것이죠. 좋아하면 열심히 하게 되고, 열심히 하면 잘하게 되고, 자기가 잘하면 사회에 나가서 할 일이 있습니다. 자기가 좋아하는 것을 평생 하면서 살아야 행복한 삶이 되는 거죠. 돈을 많이 벌고 출세하는 그런 삶이 아니라 행복하고 안정된 삶, 자기가 좋아하는 일을 하는 삶을 살아야 합니다.

– 김용택, 「자연과 어린이들을 보고 배우다」 중에서

[연설자]	[연설의 주제]	[청중]

끌어 주기

1

공익 광고는 인상적인 사진이나 문구로 사람들을 설득해야 하므로 참신하고 개성적인 발상과 표현이 많이 사용된다. 연설과는 다른 광고의 설득 전략을 알아보고, 표현 효과를 생각해 본다.

(1) 광고 문구와 함께 '스마트폰을 잡고 있는 손과 반대로 스마트폰에 잡혀 있는 어깨 사진'에 숨겨진 의미가 무엇인지 생각하며 의도를 파악하자.

예시 답안 스마트폰 중독에 대한 경고

(2) 〈보기〉의 ㉠~㉤은 광고에 사용되는 설득 전략이다. 표현 방법과 효과를 생각해 본다.

예시 답안 ㉠, '잡고 있습니까? 잡혀 있습니까?'란 광고 문구에서 유사 문구를 반복하는 언어유희를 사용하여 강한 인상을 남기고 있다.
㉢, 스마트폰에 잡혀 있는 모습을 보여 줌으로써 불안 심리를 건드리고 경각심을 심어 준다.

2

연설자가 연설에 앞서 자신의 말을 들을 청중을 분석하는 행위는 필수적이다. 청중의 관심과 요구를 파악하여 이를 바탕으로 연설 내용을 구성하고 표현과 전달 전략을 마련했을 때, 자신이 말하고자 하는 바를 잘 전달할 수 있기 때문이다. 연설 내용을 바탕으로 주제를 구체적으로 파악하고, 화자가 청중을 어떻게 지칭하는지 유의하며 청중을 파악해 본다.

예시 답안
• 연설자: 시인이자 초등학교 교사
• 연설의 주제: 좋아하는 것을 하며 사는 행복한 삶을 위한 공부를 하자.
• 청중: (사회생활을 해 보지 않은) 청소년이나 학생

힘들 때 힘을 빼면 힘이 생긴다 | 김하나

◉ 다음을 읽고 물음에 답하시오.

가 ㉠야구 좋아하시는 분들 계세요? 손 한번 들어 볼까요? ㉡오, 정말 많이 계시네요. 저도 야구 중계를 곧잘 보는 편인데요. ㉢재작년쯤이었던 것 같아요. 야구 중계를 우연히 보고 있는데, 베어스 팀의 경기였어요. 그 당시에 투수는 이현승 선수였고, 포수는 양의지 선수였어요. 베어스 팀이 위기 상황이 됐어요. 근데 그때 양의지 포수가 타임을 요청하더니, 이현승 투수한테로 다가갔어요. 보통 그럴 때 작전도 얘기하고 이런저런 의견을 교환하고 그러잖아요. 그런데 양의지 선수가 뭐라고 얘기했더니 이현승 투수가 글러브로 이렇게 약간 쥐어박는 시늉을 하더니 피식 웃고는 서로 각자의 자리로 돌아갔어요. 그리고 경기는 진행되었죠.

나 끝나고 나서 어떤 기자가 이현승 투수를 인터뷰하면서 물어봤어요. 아까 8회에 양의지 포수가 다가와서 뭐라고 하던가요? 그랬더니 이현승 투수가 뭐라고 대답했느냐면, ㉣여러분 여기 보시면 이 까만 거 있죠? 이걸 언더셔츠라고 하는데 이거를 이현승 투수가 두 겹을 입고 있었대요. 양의지 포수가 그 Ⓐ절체절명의 위기 순간에 다가와서 했다는 말이 ㉤"형, 이거 두 개 껴입었어? 추워? 나이 들었네." 이랬다는 거예요. 그러니까 이현승 투수는 '무슨 실없는 소리야.' 싶으니까 "야, 들어가." 이렇게 돼서 그렇게 헤어진 거죠. 양의지 포수가 하려고 했던 말이 무엇이었을까요? "형, 긴장 풀어. 힘 빼." 이 얘기를 하고 싶었던 거죠.

보통의 사람들이면 이럴 경우에 투수에게 다가가서 뭐라고 할까요? "형, 지금 너무 중요한 순간이야. 모두가 형만 쳐다보고 있어. 이번 공이 얼마나 중요한지 알지? 잘 던져야 해. 힘내!"라고 얘기를 하죠. 그러면 어떻게 될까요? 더 긴장하게 되겠죠. 어깨에 힘이 빡 들어가고. 그러면 공을 제대로 던지기가 더 힘들어질 거예요.

다 저는 카피라이터 출신이기 때문에 사람들에게 스스로의 욕망이 아닌 욕망을 ⓐ주입하는 기술을 갖고 있어요. '이런 차를 몰아라, 이런 코트를 입어라, 이런 집에서 살아라.' 사람들이 어떤 것을 굉장히 강렬하게 원하게 될 때는 그게 스스로만의 욕망이 아닐 수가 있어요. 저는 그런 기술을 갖고 있기 때문에 여러분께 이 '만다꼬'를 되새겨 보기를 권합니다. 뭔가를 굉장히 갖고 싶어질 때 '만다꼬?'라고 스스로에게 질문을 해 보면 이게 정말로 내가 그것을 원하는 것인지, 아니면 어떤 기술에 휘둘려서 잠시 그렇다고 착각하는 건지 그것에 대해서 생각할 시간을 벌 수도 있죠.

라 이 친구는 저와 같이 사는 친구인데요. 마라톤을 해요. 이 친구의 말에 따르면 마라톤의 ⓑ백미(白眉)는 다 힘들게 뛰고 나서 시원하게 마시는 음료에 있다고 합니다. 사람들은 인생을 마라톤에 비유하기를 좋아하죠. 인생 마라톤이야. 너 지금 보면 뒤처진 것 같아도 길게 보면 언젠가는 ⓒ역전할 수 있으니까 쉬지 말고 뛰어야 해. 이렇게들 얘기를 하죠. 그렇기 때문에 힘이 너무 빠져 있고 ⓓ기진맥진해 있는 사람에게도 사람들은 뭐라고 응원하죠? '힘내. 할 수 있어. 힘내.'라고만 응원하죠.

하지만 양의지 선수가 이현승 선수에게 했던 것처럼 Ⓑ그 사람이 잘 살게 도와주고 싶을 때는 힘을 빼도록 도와주는 게 더 나을 때도 있어요. 인생을 마라톤에 비유하는 사람들은 죽을 때까지 달리고 또 달리라고 얘기합니다. 저는 그런 분들에게 물어보고 싶어요. 그럼 음료는 어디 있나요? 저는 '최선을 다해서 인생을 살라.'라고 하는 말에 반대하지 않습니다. 저 또한 최선을 다해서 살고 있어요. 근데 그 최선은 달리고 또 달리고 쉴 새 없이 달리는 게 아니에요. 저의 최선은, 최선을 다해서 쫓기는 마음 없이 쉴 때도 있고요. 최선을 다해서 게으름을 부리면서 힘을 ⓔ비축할 때도 있고요. 최선을 다해서 남의 것이 아닌 내 인생을 살려고 질문을 던질 때도 있고요. 물론 최선을 다해서 달릴 때도 있지만, 최선을 다해서 음료를 마실 때도 있습니다.

마 여러분이 정말로 원하지 않는 것에 힘을 뺄 수 있어야 정말로 힘을 줘야 할 때 힘을 줄 수가 있습니다. 힘을 줄 때 주고 뺄 때 빼고, 그래야 리듬이 생기죠. 음악에서도 강박 강박만 있으면 리듬이 생겨나지 않죠. 강박이 있으면 약박이 있고, 음표가 있으면 쉼표가 있고, 그래야 리듬이 생겨나고 그걸로 아름다운 음악을 만들 수가 있어요. 저는 오늘 여러분께 여러분 각자의 음악을 만들어 갈 때 쉼표의 주문을 말씀드리고 싶었습니다.

학습 목표 응용

01 이 연설이 다양하고 구체적인 사실에서 주장을 이끌어 내고 있다면, 그 근거로 적절하지 **않은** 것은?

① 카피라이터의 기술
② 마라톤에 비유한 인생
③ 인생과 음악의 유사성
④ '만다꼬'라는 질문의 쓰임
⑤ 포수가 투수에게 한 농담의 의미

02 (다)의 내용이 설득력을 갖는 이유로 가장 적절한 것은?

① 화자의 직접 경험을 바탕으로 주장하고 있어서
② 객관적인 통계 자료를 근거로 제시하고 있어서
③ 동일한 문장의 반복을 통해 내용을 강조하고 있어서
④ 직업적 전문성이 화자에 대한 청중의 신뢰도를 높여 주어서
⑤ 추상적인 개념을 청중이 잘 알고 있는 대상에 비유하여 청중의 이해를 돕고 있어서

03 ㉠~㉤ 중, 청중을 고려한 내용으로 적절하지 <u>않은</u> 것은?

① ㉠: 청중이 강연에 능동적으로 참여하게 하였다.
② ㉡: 화자와 청중 간의 공통점을 찾아내어 청중이 친근감을 느끼게 했다.
③ ㉢: 성별을 고려하여 야구 얘기로 강연을 시작했다.
④ ㉣: 매체 자료를 활용하여 청중의 이해를 도왔다.
⑤ ㉤: 대화 속 말투, 몸짓을 실감 나게 재현하여 청중에게 즐거움을 주었다.

04 Ⓐ와 바꿔 쓰기에 적절하지 <u>않은</u> 한자 성어는?

① 좌충우돌(左衝右突)
② 누란지세(累卵之勢)
③ 풍전등화(風前燈火)
④ 일촉즉발(一觸卽發)
⑤ 백척간두(百尺竿頭)

05 ⓐ~ⓔ의 뜻풀이가 적절하지 <u>않은</u> 것은?

① ⓐ: 흘러 들어가도록 부어 넣음.
② ⓑ: 경기에서 속임수나 홀림수를 쓰지 아니하고 정당하게 두는 기술.
③ ⓒ: 형세가 뒤집힘. 또는 형세를 뒤집음.
④ ⓓ: 기운이 다하고 맥이 다 빠져 스스로 가누지 못할 지경이 됨.
⑤ ⓔ: 만약의 경우를 대비하여 미리 갖추어 모아 두거나 저축함.

고난도 응용

01 (가)~(마) 중, 다음 광고에서 사용하고 있는 설득 전략이 두드러지는 것은?

등 돌린 자식

효(孝), 부모님을 사랑하고 공경하는 마음입니다. 사랑하고 공경하는 마음으로 부모님을 향해 돌아서세요.
그게 바로 세상에서 가장 좋은 우리의 효도입니다.

kobaco 한국방송광고진흥공사
공익광고협의회

① (가) ② (나) ③ (다) ④ (라) ⑤ (마)

02 서술형

이 강연에서 화자가 Ⓑ와 같이 말한 이유를 〈조건〉에 맞게 쓰시오.

┌ 조건 ┐
• '최선'이라는 단어를 넣을 것.
• '~ 때문이다.'로 끝나는 한 문장으로 쓸 것.
└───────┘

2 세상을 바꾸는 실패와 상상력 |조앤 K. 롤링

⊙ 다음을 읽고 물음에 답하시오.

가 우선 제게 ⓐ이런 특별한 시간을 주신 대학교 측에 감사하다는 말씀을 드리고 싶습니다. 오늘 졸업생 여러분 앞에서 무슨 이야기를 해야 할지 고민을 많이 했습니다. 그래서 대학교를 졸업하던 당시에 제가 느꼈던 감정은 무엇인지, 졸업 이후 지금에 이르기까지 제가 얻은 교훈은 무엇인지 곰곰이 생각해 보았습니다. 그리고 두 가지 답을 얻었습니다.

나 제가 여러분 나이 때 가장 두려워했던 것은 실패였습니다. 그런데 대학을 졸업한 후 7년 동안, 저는 계속 실패만 했습니다. 결혼 생활이 짧게 끝났고, 번듯한 직장을 다닌 것도 아니어서 경제적으로 매우 어려웠습니다. 어떤 기준으로 보더라도 실패한 사람이었지요. 당시에는 이러한 암흑과도 같은 터널을 얼마나 오랫동안 가야 끝이 날지 전혀 알 수 없었습니다. 터널 끝에 한 줄기 빛이 들기를 바랄 뿐이었지만, 현실은 녹록지 않았습니다.

그런데도 저는 왜 '　ⓗ　'을/를 말하려고 할까요? 그것은 이러한 실패를 경험하면서 삶의 군더더기를 없앨 수 있었기 때문입니다. 연이는 실패로 제게 남은 것은 많지 않았지만 사랑하는 딸과 낡은 타자기, 그리고 어떤 아이디어가 있었습니다. 저는 실패한 제 자신을 있는 그대로 받아들이고, 저에게 가장 중요한 ⓑ단 한 가지 일에 에너지를 모두 쏟기 시작했습니다. 그렇게 저는 실패를 주춧돌 삼아, 그 위에 제 삶을 다시 튼튼하게 지을 수 있었습니다.

다 또한 실패를 극복하며 강인하고 현명해지면, 어떤 일이 있어도 헤쳐 나갈 수 있다는 자신감이 생깁니다. 시련을 겪지 않으면 스스로가 얼마나 강한지, 가까이에 있는 사람이 얼마나 소중한지 알 수 없습니다. 저는 이 깨달음을 얻기까지 혹독한 대가를 치렀지만, 이것은 매우 가치 있는 일이었습니다.

만약 타임머신을 타고 스물한 살이던 때로 돌아간다면 제 자신에게 이렇게 말해 주고 싶습니다. 뭔가를 얻고 성취하는 것이 삶의 전부가 아님을 깨달아야 비로소 행복할 수 있다고 말입니다. 삶은 때로는 우리 뜻대로 되지 않습니다. 그리고 아무것도 실패하지 않고 사는 것은 불가능합니다. ⓒ이 사실을 겸허히 받아들이면 그 어떤 고난도 이겨 낼 수 있습니다.

라 오늘 제가 하려는 두 번째 이야기로 상상력의 중요성을 꼽은 이유는 무엇일까요? 제가 삶을 다시 추스르는 데 상상력이 큰

역할을 했기 때문일 거라고 여러분은 생각하실 겁니다. 그러나 ⓓ그것이 다는 아닙니다. 제가 경험한 상상력의 가치는 더욱 넓은 의미의 가치입니다.

대학을 졸업하고 얼마 안 되어 저는 런던에 있는 국제 사면 위원회 본부의 연구 부서에서 일하면서 생활비를 벌고, 점심시간에는 짬을 내어 소설을 썼습니다. 이곳에서 일하는 수천 명의 직원들은 위기에 처한 생명을 구하고 속박당한 사람들에게 자유를 되찾아 주는 일을 하고 있었습니다. 그들은 편안하고 안정된 삶이 보장되어 있는데도, 자신들이 알지도 못하고 평생 만날 일도 없을 사람들을 구하려고 애를 썼습니다. 저는 ⓔ여기에서 일하는 동안 우리가 직접 경험하지 않은 타인의 아픔에 공감하게 하는 상상력의 힘을 느낄 수 있었습니다.

마 졸업생 여러분은 훌륭한 교육을 받았기 때문에 짊어진 책임도 남다르다고 봅니다. 여러분은 힘없는 사람들을 자신과 같이 여기고, 어려움에 처해 있는 사람들의 삶을 상상하는 힘을 가지세요. 그리고 여러분의 힘과 영향력을 그들을 위해 사용해 주십시오. 세상을 바꾸는 데 마법은 필요 없습니다. 우리의 마음속에는 이미 세상을 바꿀 힘이 있습니다. 우리는 더 나은 세상을 상상하고 만들 수 있는 힘이 있습니다.

내일이 오고, 여러분이 오늘 저의 말을 단 한 마디도 기억하지 못하더라도 고대 로마의 현인이었던 세네카의 말만큼은 꼭 기억하길 바랍니다.

"이야기에서는 이야기의 길이가 긴 것이 중요한 게 아니라 내용이 얼마나 훌륭한 것인지가 중요하다. 우리의 인생도 마찬가지다."

학습 목표 응용

01 이 연설을 듣고 평가할 때, 평가 항목으로 적절하지 **않은** 것은?

① 청중을 분석한 결과를 연설에 반영했는가?
② 자신감을 가지고 자연스럽게 이야기했는가?
③ 화자의 주장을 뒷받침하는 근거가 타당한가?
④ 연설의 목적에 따라 청중의 변화가 이루어졌는가?
⑤ 내용에 적절한 비언어적, 준언어적 표현을 활용했는가?

02 연설의 설득력을 높이는 요소 중, (라)와 관련이 가장 깊은 것은?

① 화자의 공신력
② 이성적 설득 전략
③ 감성적 설득 전략
④ 연설 상황과 청중에 대한 분석
⑤ 준언어적, 비언어적 표현의 사용

03 이 연설을 통해 알 수 있는 내용으로 적절한 것은?

① 화자가 고백하는 성공의 요소는 '상상력'이다.
② 인생의 성공은 무언가를 얻고 성취하는 데 있다.
③ 화자의 결혼 생활이 실패로 끝난 것은 경제적 이유 때문이다.
④ 국제 사면 위원회 직원들은 사회적 약자의 인권을 위해 일한다.
⑤ 대학을 졸업하고 나서도 편안하고 안정된 삶을 누리는 것은 힘들다.

04 ㉠에 들어갈 말을 3어절로 쓰시오.

05 문맥상 ⓐ~ⓔ가 의미하는 바로 적절하지 않은 것은?

① ⓐ: 대학교 졸업식에서 축사를 할 기회
② ⓑ: 더 나은 세상을 만드는 일
③ ⓒ: 살면서 겪는 위기 상황은 어느 누구도 피해 갈 수 없음.
④ ⓓ: 상상력을 바탕으로 한 작품을 써서 크게 성공함.
⑤ ⓔ: 국제 사면 위원회 본부

 고난도 응용

01 이 연설을 다 듣고 난 청중의 반응으로 가장 적절한 것은?

① 진영: 강렬하고 격앙된 어조 때문인가 나도 모르게 울컥했네.
② 효진: 구체적으로 실천한 사례를 나열하여 설득력을 높였어.
③ 문정: 유명인의 말을 인용하여 마무리하니까 더 믿음이 가고 여운이 남아.
④ 소희: '문제점-해결책'의 구조를 취하고 있어 나눔의 가치를 되새기게 되었어.
⑤ 민지: 화자가 청중과 질의응답을 주고받으며 연설을 유쾌하게 이끌어서 좋았어.

서술형 **02** 〈보기〉는 연설의 절차를 정리한 것이다. 이 연설을 위해 1단계에서 화자가 했을 사전 준비를 〈조건〉에 맞게 서술하시오.

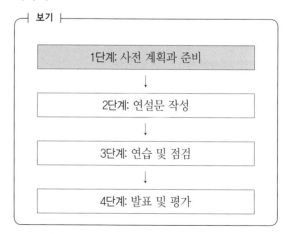

┤ 보기 ├

1단계: 사전 계획과 준비
↓
2단계: 연설문 작성
↓
3단계: 연습 및 점검
↓
4단계: 발표 및 평가

┤ 조건 ├

• '과정-결과'를 함께 쓸 것.
• (가)의 내용을 참고하여 쓸 것.

[01~07] 다음을 읽고 물음에 답하시오.

가 ㉠저는 오늘 이 자리에 여러분에게 힘을 뺄 수 있는 주문 한 마디를 알려 드리려고 나왔습니다. 이 얘기를 하려면 우선 저희 집안 얘기부터 먼저 해야 할 것 같은데요. 제가 중학생 때였던 것 같아요. 학교에서 가훈을 적어 오라는 숙제를 내 줬어요. 집에 가서 "우리 집 가훈이 뭐예요?"라고 물어봤어요. 저희 집은 참고로 부산인데 저희 아버지가 "가훈? 화목, 화목이라고 적어 가라."라고 하셨어요. 그래서 저는 ㉡'화목? 집안의 화목을 가장 자주 깨뜨리는 주범인 아버지가 할 말씀은 아닌데……' 하고 생각하면서도 그렇게 적어서 냈어요. 그건 대충 되는대로 적어서 냈던 가훈이었고요, 실질적인 우리 집의 가훈이 무엇인지를 저는 세월이 한참 흘러서야 불현듯 깨닫게 됐습니다. 그것은 저희 가족이 너무 자주, 오랫동안 써서 저희 가족의 무의식에 깊숙이 자리 잡게 된 하나의 단어였는데요, 그것은 바로 '만다꼬'라는 말이었어요.

나 경상도 출신인 분들은 이 말에 대해서 잘 아실 텐데요. '만다꼬'라는 말은 '뭐 하러, 뭐 한다고, 뭘 하려고.' 등에 해당하는 말로서 영어로 치면 'What for?' 이렇게 번역될 수 있는 말입니다. 의문사이기 때문에 항상 뒤에는 물음표가 뒤따르고요, 용례를 살펴보자면 다음과 같습니다.

"㉢만다꼬 그래 쎄빠지게 해쌌노?"
번역하자면 '뭐 하러 그렇게 열심히 하는 거니?'
"만다꼬 그 돈 주고 샀노?"
'뭐 하러 그만한 돈을 들여 샀어?'
이런 식으로 쓰입니다. 대답으로 쓰일 때도 있어요.
"난 꼭 그 자리에 오르고 말 거야."
"만다꼬?"
"우리 회사를 세계 1위 회사로 만듭시다."
"만다꼬?"
살짝 핀잔주는 뉘앙스로 말하는, 이 '만다꼬'라는 말을 ㉣사실 저는 어렸을 때는 그렇게 좋아하지 않았어요.
하지만 제가 세월이 흘러서 좀 자라고 난 뒤에 어른이 되어서 생각해 보니까, 이 '만다꼬'라는 말은 아주 중요한 질문이었어요. 사는 게 힘에 부칠 때나 선택의 기로에 놓였을 때 제 안에 내재되어 있는 이 '만다꼬'라는 말을 되새기면서 저는 그 질문에 대한 답을 찾을 수 있었어요. '만다꼬 이것을 해야 하지? 만다꼬 이렇게 살고 있지? 내가 정말로 이것을 원하나? 아니면 다른 사람들이

다 그렇게 사니까 나도 그렇게 살아야 한다고 떠밀려서 생각하는 건가?' 저는 '만다꼬'라는 질문을 찾으면서 제가 불필요하게 힘을 들이고 있던 곳에서 힘을 거두어들일 수 있었어요.

다 저는 카피라이터 출신이기 때문에 사람들에게 스스로의 욕망이 아닌 욕망을 주입하는 기술을 갖고 있어요. '이런 차를 몰아라, 이런 코트를 입어라, 이런 집에서 살아라.' 사람들이 어떤 것을 굉장히 강렬하게 원하게 될 때는 그게 스스로만의 욕망이 아닐 수가 있어요. 저는 그런 기술을 갖고 있기 때문에 여러분께 이 '만다꼬'를 되새겨 보기를 권합니다.

라 우리나라 사람들은 카메라를 굉장히 의식하며 사는 경향이 있어요. 바로 '남의 눈'이라고 하는 카메라입니다. 좁은 땅덩어리에 사람이 너무 많이 살아서 그런지 모르겠지만, 남들이 나를 어떻게 생각할까, 남의 눈에 내가 어떻게 보일까, 뒤처지게 보이지는 않을까? 이런 식의 신경을 굉장히 많이 쓰고 살아가는 문화권이에요, 우리나라는.

마 제가 생각하는 인생의 성공은요, 남들이 생각하는 성공이 아니라 제가 생각하는 인생의 성공이라는 것은 인생을 선물로 받아들일 수 있고, 인생에 대해서 고마움을 잊지 않을 정도의 조율을 해 나가는 데 있다고 생각해요. 여러분이 정말로 원하지 않는 것에 힘을 뺄 수 있어야 정말로 힘을 줘야 할 때 힘을 줄 수가 있습니다. ㉤여러분이 힘을 빼고 싶을 때 기억해야 할 세 글자의 단어가 뭐라고요? (청중: 만다꼬) '만다꼬'를 기억하십시오. 고맙습니다.

01 이와 같은 담화의 특성으로 적절하지 <u>않은</u> 것은?
① 설득을 목적으로 한다.
② 화자의 인격적 평판이나 태도가 영향을 미친다.
③ 말하기 전에, 상황과 청중에 대한 분석이 이루어져야 한다.
④ 공식적인 말하기이므로 경어체를 사용하여 내용을 전달한다.
⑤ 화자와 청중이 일대일 형식으로 의사소통하고 화자 중심으로 진행된다.

02 이 담화를 준비하며 화자가 의도한 것으로 적절하지 <u>않은</u> 것은?

① 청중과 골고루 눈을 맞추고 질문을 통해 참여를 유도해야지.

② 유머를 적절하게 사용하여 청중에게 웃음을 선사하고 싶어.

③ 안정감을 주기 위해 목소리 크기나 억양은 똑같이 유지해야지.

④ 신뢰감을 얻기 위해 분명하면서도 당당한 말투로 이야기해야겠어.

⑤ 담화 분위기가 자연스럽도록 내용에 어울리는 손짓과 몸짓을 사용해야겠어.

---

03 (중요) (가)~(마)에 쓰인 화자의 설득 전략이 바르게 연결된 것은?

① (가): 가훈에 대한 아버지 이야기로 웃음을 줌.

② (나): '만다꼬'의 의미와 그것이 쓰인 사례를 실감 나게 말해 재미와 웃음을 줌.

③ (다): 카피라이터라는 직업적 전문성을 내세워 욕망을 성찰하기를 제안함.

④ (라): 유추를 사용하여 카메라와 인간의 눈이 지닌 공통점을 들어 주장을 뒷받침함.

⑤ (마): 화자의 건강한 인생관을 솔직하게 말하여 청중의 신뢰를 얻음.

이성적 설득

감성적 설득

인성적 설득

---

04 〈보기〉에서 '만다꼬'에 대한 설명으로 적절한 것끼리 묶은 것은?

┤ 보기 ├

ㄱ. 화자가 생각하는 진짜 가훈이다.

ㄴ. 인생을 선물로 받아들이게끔 한다.

ㄷ. 경상도에서는 긍정적인 의미로 사용된다.

ㄹ. 남의 눈을 의식하지 않고 자기를 성찰하게 한다.

① ㄱ, ㄴ　　② ㄱ, ㄹ　　③ ㄴ, ㄷ

④ ㄴ, ㄹ　　⑤ ㄷ, ㄹ

---

05 (중요) 이 담화의 화자가 생각하는 바람직한 삶의 태도로 적절한 것은?

① 매사에 최선을 다해라.

② 진짜 원하는 일에 집중하라.

③ 남의 인생에 참견하지 말라.

④ 인생을 즐길 수 있는 여유를 가지라.

⑤ 노력한 일이 실패로 끝나더라도 포기하지 말라.

---

06 (중요) ㉠~㉤에 대한 설명으로 적절하지 <u>않은</u> 것은?

① ㉠: 화자가 이 자리에 온 이유를 밝히고 있다.

② ㉡: 모순적인 상황에 의문을 품는 화자의 모습을 연상하게 한다.

③ ㉢: 화자가 사투리 억양까지 실감 나게 재현해야 효과적이다.

④ ㉣: 화자가 '만다꼬'란 말을 쓰지 않는 이유이다.

⑤ ㉤: 화자가 청자에게 질문하고 직접 답하게 하여 공감을 얻고 있다.

---

07 (라)에 나타난 다음 주장에 대한 근거를 찾아 쓰시오.

주장	우리나라 사람들은 남의 눈을 의식한다.
근거	

[08~14] 다음을 읽고 물음에 답하시오.

가 우선 제게 이런 특별한 시간을 주신 대학교 측에 감사하다는 말씀을 드리고 싶습니다. 오늘 졸업생 여러분 앞에서 무슨 이야기를 해야 할지 고민을 많이 했습니다. 그래서 대학교를 졸업하던 당시에 제가 느꼈던 감정은 무엇인지, 졸업 이후 지금에 이르기까지 제가 얻은 교훈은 무엇인지 곰곰이 생각해 보았습니다. 그리고 두 가지 답을 얻었습니다. 저는 더 큰 세상으로 나아가는 출발점에 서 있는 여러분에게 '실패가 주는 혜택'과 '상상력의 중요성'을 말씀드리고 싶습니다.

나 제가 여러분 나이 때 가장 두려워했던 것은 실패였습니다. 그런데 대학을 졸업한 후 7년 동안, 저는 계속 실패만 했습니다. 결혼 생활이 짧게 끝났고, 번듯한 직장을 다닌 것도 아니어서 경제적으로 매우 어려웠습니다. 어떤 기준으로 보더라도 실패한 사람이었지요. 당시에는 이러한 ⓐ암흑과도 같은 터널을 얼마나 오랫동안 가야 끝이 날지 전혀 알 수 없었습니다. 터널 끝에 한 줄기 빛이 들기를 바랄 뿐이었지만, 현실은 녹록지 않았습니다.

다 저는 왜 '㉠실패가 주는 혜택'을 말하려고 할까요? 그것은 이러한 실패를 경험하면서 삶의 군더더기를 없앨 수 있었기 때문입니다. 연이는 실패로 제게 남은 것은 많지 않았지만 사랑하는 딸과 낡은 타자기, 그리고 어떤 아이디어가 있었습니다. 저는 실패한 제 자신을 있는 그대로 받아들이고, 저에게 가장 중요한 단한 가지 일에 에너지를 모두 쏟기 시작했습니다. 그렇게 저는 ⓑ실패를 주춧돌 삼아, 그 위에 제 삶을 다시 튼튼하게 지을 수 있었습니다.

실패는 또한 다른 곳에서 배울 수 없었던 제 자신을 알게 해 주었습니다. 실패를 딛고 일어나는 과정에서 제가 생각보다 성실하고 의지가 강하며, 제 주변에 보석보다 훨씬 더 값진 사람들이 있다는 것을 알게 되었습니다.

라 만약 타임머신을 타고 스물한 살이던 때로 돌아간다면 제 자신에게 이렇게 말해 주고 싶습니다. 뭔가를 얻고 성취하는 것이 삶의 전부가 아님을 깨달아야 비로소 행복할 수 있다고 말입니다. 삶은 때로는 우리 뜻대로 되지 않습니다. 그리고 ⓒ아무것도 실패하지 않고 사는 것은 불가능합니다. 이 사실을 겸허히 받아들이면 그 어떤 고난도 이겨 낼 수 있습니다.

마 오늘 제가 하려는 두 번째 이야기로 '상상력의 중요성'을 꼽은 이유는 무엇일까요? 제가 삶을 다시 추스르는 데 상상력이 큰 역할을 했기 때문일 거라고 여러분은 생각하실 겁니다. 그러나

그것이 다는 아닙니다. 제가 경험한 상상력의 가치는 더욱 넓은 의미의 가치입니다.

대학을 졸업하고 얼마 안 되어 저는 런던에 있는 국제 사면 위원회 본부의 연구 부서에서 ⓓ일하면서 생활비를 벌고, 점심시간에는 짬을 내어 소설을 썼습니다. 이곳에서 일하는 수천 명의 직원들은 위기에 처한 생명을 구하고 속박당한 사람들에게 자유를 되찾아 주는 일을 하고 있었습니다. 그들은 편안하고 안정된 삶이 보장되어 있는데도, 자신들이 알지도 못하고 평생 만날 일도 없을 사람들을 구하려고 애를 썼습니다. 저는 여기에서 일하는 동안 우리가 직접 경험하지 않은 타인의 아픔에 공감하게 하는 상상력의 힘을 느낄 수 있었습니다.

우리는 누구나 자신뿐만이 아니라 타인의 삶에 영향을 줄 수 있습니다. 졸업생 여러분은 훌륭한 교육을 받았기 때문에 짊어진 책임도 남다르다고 봅니다. 여러분은 ⓔ힘없는 사람들을 자신과 같이 여기고, 어려움에 처해 있는 사람들의 삶을 상상하는 힘을 가지세요. 그리고 여러분의 힘과 영향력을 그들을 위해 사용해 주십시오. ㉡세상을 바꾸는 데 마법은 필요 없습니다. 우리의 마음속에는 이미 세상을 바꿀 힘이 있습니다. 우리는 더 나은 세상을 상상하고 만들 수 있는 힘이 있습니다. Ⓐ

바 내일이 오고, 여러분이 오늘 저의 말을 단 한 마디도 기억하지 못하더라도 고대 로마의 현인이었던 세네카의 말만큼은 꼭 기억하길 바랍니다.

"이야기에서는 이야기의 길이가 긴 것이 중요한 게 아니라 내용이 얼마나 훌륭한 것인지가 중요하다. 우리의 인생도 마찬가지다."

여러분은 내면이 충만한 삶을 살기를 기원합니다. 감사합니다.

중요
08 이 연설에 활용된 말하기 방식으로 적절하지 않은 것은?

① 비유적 표현을 사용하여 내용을 강조하고 있다.
② 자문자답의 형식으로 청중의 호응을 이끌고 있다.
③ 내용의 출처를 밝혀서 정보의 신뢰성을 획득하고 있다.
④ 유명인의 말을 인용함으로써 신뢰도를 높이고자 하였다.
⑤ 개인적 경험을 구체적이고 진솔하게 말하며 중심 화제에 접근하고 있다.

09 이 연설을 듣고 알 수 있는 내용을 〈보기〉에서 골라 바르게 묶은 것은?

┤ 보기 ├

ㄱ. 상상력의 넓은 의미와 가치
ㄴ. 화자가 청중에게 기대하는 바
ㄷ. 더 나은 세상을 위한 화자의 노력
ㄹ. 화자가 작가라는 꿈을 갖게 된 계기

① ㄱ, ㄴ　　② ㄴ, ㄷ　　③ ㄷ, ㄹ
④ ㄱ, ㄹ　　⑤ ㄴ, ㄹ

10 이 연설에서 화자가 청중을 고려했다고 보기 어려운 것은?

① 청중이 가장 관심 있어 할 주제를 선정했다.
② 화자가 청중의 나이였을 때를 되돌아보았다.
③ 청중의 지적 수준을 고려하여 내용을 구성했다.
④ 연설 도중에 청중과 눈을 맞추며 반응을 확인했다.
⑤ 도표와 영상 자료 등을 제시하여 청중의 흥미를 유발했다.

중요
11 ㉠을 통해 화자가 깨달은 바가 아닌 것은?

① 내 삶이 내 뜻대로 되지 않을 수도 있어.
② 내 안에 실패를 이겨 낼 의지와 힘이 있구나!
③ 지금 내 곁에 있는 사람들이 정말 소중하구나.
④ 그동안 중요하지도 않은 일에 힘을 쏟고 있었네.
⑤ 인생에서 실패를 경험해 봐야 몸과 마음이 튼튼해져.

12 관용 표현을 활용하여 ⓐ∼ⓔ에 대해 보인 반응으로 적절하지 않은 것은?

① ⓐ: '산 넘어 산'이었구나.
② ⓑ: '실패는 성공의 어머니'라더니!
③ ⓒ: 그래, '원숭이도 나무에서 떨어진다'잖아.
④ ⓓ: '주경야독(晝耕夜讀)'하며 성공한 사람도 많아.
⑤ ⓔ: '동병상련(同病相憐)'을 느끼라는 거지.

13 Ⓐ에 두드러진 설득 전략을 사용한 부분으로 적절한 것은?

엄마, 아빠. 저 용돈 조금만 올려 주세요.
㉮요즘 날이 더워져서 뉴스에서도 최고 기온이 30도를 넘는다고 하잖아요. 학교에 오갈 때 걸어 다니기가 힘들어서 버스비가 필요해요.
㉯공부할 때 뇌가 에너지를 많이 쓴대요. 열심히 공부하다 보면 배고플 때 간식도 사 먹어야 하죠. ㉰연료가 없으면 자동차도 앞으로 나갈 수가 없잖아요?
요즘 오빠 대학교 학비에 돈이 많이 드는 거 알고 있어요. 엄마, 아빠가 저희를 챙겨 주시느라 애쓰시는 것도 늘 감사하게 생각하고 있고요.
그래서 저도 용돈을 아끼고 건강도 생각해서 군것질을 줄이고, 웬만하면 밥도 집에서 먹으려고 노력하고 있어요. ㉱조금이라도 도움이 되려고 틈이 날 때마다 청소나 빨래, 설거지 같은 집안일도 돕고 있고요.
이렇게 ㉲착한 딸의 용돈을 이번 달부터 올려 주시면 안 될까요? 사랑해요. 엄마, 아빠.

① ㉮　② ㉯　③ ㉰　④ ㉱　⑤ ㉲

서술형
14 〈보기〉를 참고하여 ㉡을 '역설적 표현'이라고 말할 수 있는 이유를 〈조건〉에 맞게 서술하시오.

┤ 보기 ├

역설(逆說, Paradox)은 겉으로 보기에는 논리적으로 모순되어 보이거나 진리에 어긋나는 것 같은 표현이지만, 사실은 그 속에 중요한 진실을 담고 있는 말을 가리킨다.

┤ 조건 ├

• 화자의 『해리포터』 시리즈와 연관 지을 것.
• '∼ 때문이다.'로 끝나는 한 문장으로 쓸 것.

[01~03] 다음 시를 읽고 물음에 답하시오.

가 생사(生死) 길은
ⓐ예 있으매 머뭇거리고,
나는 간다는 말도
ⓑ못다 이르고 어찌 갑니까.
어느 가을 이른 바람에
ⓒ이에 저에 떨어질 잎처럼,
한 가지에 나고
ⓓ가는 곳 모르온저.
아아, 미타찰(彌陀刹)에서 만날 나
ⓔ도(道) 닦아 기다리겠노라.

－ 월명사, 「제망매가」

나 내가 그의 이름을 불러 주기 전에는
그는 다만   [A]
하나의 몸짓에 지나지 않았다.

내가 그의 이름을 불러 주었을 때
그는 나에게로 와서   [B]
꽃이 되었다.

내가 그의 이름을 불러 준 것처럼
나의 이 빛깔과 향기에 알맞는
누가 나의 이름을 불러 다오.   [C]
그에게로 가서 나도
그의 꽃이 되고 싶다.

우리들은 모두
무엇이 되고 싶다.
너는 나에게 나는 너에게   [D]
잊혀지지 않는 하나의 눈짓이 되고 싶다.

－ 김춘수, 「꽃」

01 (가)와 (나)를 화자의 태도를 중심으로 비교한 내용으로 가장 적절한 것은?
① (가)와 (나)의 화자 모두, 대상을 객관적으로 관찰할 수 있는 거리에 두려고 한다.
② (가)의 화자는 자신이 처한 상황을 극복하려고 노력하는 반면 (나)의 화자는 체념한다.
③ (가)의 화자는 대상의 부재를 두려워하고 (나)의 화자는 대상의 존재 인식을 추구한다.
④ (가)의 화자는 대상과의 관계 단절을 슬퍼하고 (나)의 화자는 대상과의 관계 형성을 열망한다.
⑤ (가)에서는 현실 상황에 대한 화자의 낙관적인 태도가, (나)에서는 비관적인 태도가 두드러진다.

02 ⓐ~ⓔ에 대한 설명으로 적절한 것은?
① ⓐ: 미래에 닥칠 상실의 아픔을 예견하고 두려워하고 있군.
② ⓑ: 소식을 전하지 않은 상대에 대한 원망이 드러나 있어.
③ ⓒ: 화자는 자연의 섭리인 죽음을 받아들이지 못하고 있군.
④ ⓓ: 산 자와 죽은 자 사이의 거리감을 깨달은 슬픔이 느껴져.
⑤ ⓔ: 재회의 확신이 없으면서도 기다릴 수밖에 없는 처지를 한탄하고 있네.

03 [A]~[D]에 대한 설명으로 적절하지 <u>않은</u> 것은?
① [A]에서 '몸짓'은 '나'에게 의미 없는 존재이다.
② [B]에서 '꽃'은 이름 부르기를 통해 의미를 갖게 된 존재이다.
③ [C]에서 '빛깔과 향기'는 존재의 본질을 의미한다.
④ [D]에서 '눈짓'은 본질에 맞는 이름을 가지기 이전의 존재이다.
⑤ [A]~[D]에서 '나'는 서로에게 의미 있는 존재가 되고 싶어 한다.

[04~05] 다음 시조를 읽고 물음에 답하시오.

가 천만리 머나먼 길에 고운 님 여의옵고
내 마음 둘 데 없어 냇가에 앉았으니
저 물도 내 안 같아서 울어 밤길 예놋다

– 왕방연

나 까마귀 눈비 맞아 희는 듯 검노매라
야광명월(夜光明月)이 밤인들 어두우랴
님 향한 일편단심(一片丹心)이야 변할 줄이 있으랴

– 박팽년

05 (가)와 (나)에 사용된 표현 방법에 ○표를 할 때, ○의 개수로 옳은 것은?

표현 방법	(가)	(나)
색채어를 사용하였다.		
설의적 표현을 사용하였다.		
반어적 표현을 사용하였다.		
대조적인 소재를 사용하였다.		

① 3개　② 4개　③ 5개　④ 6개　⑤ 7개

[06~07] 다음 시를 읽고 물음에 답하시오.

맞벌이 부부 우리 동네 구자명 씨
일곱 달 된 아기 엄마 구자명 씨는
출근 버스에 오르기가 무섭게
아침 햇살 속에서 졸기 시작한다
경기도 안산에서 서울 여의도까지
경적 소리에도 아랑곳없이
옆으로 앞으로 꾸벅꾸벅 존다
차창 밖으론 사계절이 흐르고
진달래 피고 밤꽃 흐드러져도 꼭
㉠부처님처럼 졸고 있는 구자명 씨,
그래 저 십 분은 / 간밤 아기에게 젖 물린 시간이고
또 저 십 분은 / 간밤 시어머니 약시중 든 시간이고
그래그래 저 십 분은
새벽녘 만취해서 돌아온 남편을 위하여 버린 시간일 거야
고단한 하루의 시작과 끝에서
잠 속에 흔들리는 팬지꽃 아픔
식탁에 놓인 안개꽃 멍에
그러나 부엌문이 여닫히는 지붕마다
여자가 받쳐 든 한 식구의 안식이
아무도 모르게 / 죽음의 잠을 향하여
거부의 화살을 당기고 있다

– 고정희, 「우리 동네 구자명 씨」

04 〈보기〉를 참고하여 (가)와 (나)를 이해한 내용으로 적절한 것은?

보기

조선의 5대 임금인 문종이 죽고 난 후에 나이 어린 단종이 왕위를 계승하자, 단종의 숙부인 수양 대군은 힘으로 단종을 몰아내고 왕위를 빼앗는다. 그가 바로 조선의 7대 임금인 세조이다. 왕이 된 세조는 단종을 영월로 유배 보내는데, 이때 단종을 영월까지 호위한 인물이 (가)의 작가인 왕방연이다. 한편 세조 즉위 후에도 많은 선비가 단종을 복위시키려고 노력하다가 죽음을 맞게 되는데, (나)의 작가인 박팽년도 그중 한 명이다.

① (가)는 단종을 몰아낸 수양 대군에 대한 원망을 표현하였다.
② (나)는 단종을 복위시키지 못한 것에 대한 안타까움을 표현하였다.
③ (가)의 '님'은 단종 복위에 노력한 선비를, (나)의 '님'은 단종을 의미한다.
④ (가)의 '물'과 (나)의 '까마귀'는 모두 작가 자신을 빗대어 표현한 대상이다.
⑤ (가)와 (나)는 모두 '밤'이라는 시간적 배경을 사용하여 현실에 대한 부정적 인식을 드러내었다.

중요

06 〈보기〉를 바탕으로 이 시의 창작 의도를 파악한 것으로 가장 적절한 것은?

┤ 보기 ├

문학은 현실의 삶을 반영한다. 문학 작품을 감상할 때에는 작품 창작에 영향을 준 사회·문화적 배경을 고려한 후, 이를 바탕으로 작가의 창작 의도를 파악해야 한다.

① 여성의 사회생활을 부정적으로 바라보는 사회 분위기를 고발한다.
② 맞벌이 부부가 많아지면서 가족이 해체되는 현실에 안타까워한다.
③ 가족을 위해 헌신하는 여성의 모습을 통해 모성의 가치를 강조한다.
④ 가정의 평화를 위해 여성의 일방적 희생을 강요하는 사회를 비판한다.
⑤ 경제적인 이유로 여성을 가정 밖으로 몰아내는 사회 상황에 분노한다.

서술형 ✏️

07 ㉠에 담긴 '구자명 씨'의 삶의 모습에 대하여, '부처님'의 속성을 고려하여 ㉮와 ㉯를 각각 서술하시오.

부처님의 속성	구자명 씨의 삶
자비로우며 희생적이다.	㉮
움직임이 없다.	㉯

[08~09] 다음 글을 읽고 물음에 답하시오.

㉠"이제부터 내가 노새다. 이제부터 내가 노새가 되어야지 별수 있니? 그놈이 도망쳤으니까, 이제 내가 노새가 되는 거지."
기분 좋게 취한 듯한 아버지는 놀라는 나를 보고 히힝 한 번 웃었다. 나는 어쩐지 그런 아버지가 무섭지만은 않았다. 그러면 형들이나 나는 노새 새끼고, 어머니는 암노새고, 할머니는 어미 노새가 되는 것일까? 나도 아버지를 따라 히히힝 웃었다. 어른들은 이래서 술집에 오는 모양이었다. 나는 안주만 집어 먹었는데도

술 취한 사람마냥 턱없이 즐거웠다. ㉡노새 가족…… 노새 가족은 우리 말고는 이 세상에 또 없을 것이다.

그러나 그러한 생각은 아버지와 내가 집에 당도했을 때 무참히 깨어지고 말았다. 우리를 본 어머니가 허둥지둥 달려 나와 매달렸다.

"이걸 어쩌우, 글쎄 경찰서에서 당신을 오래요. 그놈의 노새가 사람을 다치고 가게 물건들을 박살 냈대요. 이걸 어쩌지."
"노새는 찾았대?"
"찾고나 그러면 괜찮게요? 노새는 간데온데없고 사람들만 다치고 하니까, 누구네 노새가 그랬는지 수소문 끝에 우리 집으로 순경이 찾아왔지 뭐유."

오늘 낮에 지서에서 나온 사람이 우리 노새가 튀는 바람에 많은 피해를 입었으니 도로 무슨 법이라나 하는 법으로 아버지를 잡아넣어야겠다고 이르고 갔다는 것이었다. 아버지는 술이 확 깨는 듯 그 자리에 선 채 한동안 눈만 데룩데룩 굴리고 서 있더니 힝 하고 코를 풀었다. 그러고는 아무 말 없이 스적스적 문밖으로 걸어 나갔다. 나는 "아버지." 하고 따랐으나 아버지는 돌아보지도 않고 어두운 골목길을 나가고 있었다. ㉢나는 그 순간 또 한 마리의 노새가 집을 나가는 것 같은 착각을 일으켰다. 그러고는 무엇인가가 뒤통수를 때리는 것을 느꼈다.

아, ㉣우리 같은 노새는 어차피 이렇게 비행기가 붕붕거리고, 헬리콥터가 앵앵거리고, 자동차가 빵빵거리고, 자전거가 쌩쌩거리는 대처에서는 발붙이기 어려운 것인가 하는 생각이 들었다. 언젠가 남편이 택시 운전사인 칠수 어머니가 하던 말, ㉤"최소한도 자동차는 굴려야지 지금이 어느 땐데 노새를 부려." 했다는 말이 생각났다. 그러나 그것은 잠깐 동안이고 나는 금방 아버지를 쫓았다. 또 한 마리의 노새를 찾아 캄캄한 골목길을 마구 뛰었다.

– 최일남, 「노새 두 마리」

08 이 글에 대한 설명으로 적절하지 <u>않은</u> 것은?

① 도시 하층민의 고단한 삶을 보여 준다.
② 인물의 내적 갈등을 중심으로 사건을 전개한다.
③ 서술자를 어린아이로 설정하여 현실을 전달한다.
④ 다양한 소재를 통해 창작 당시의 사회·문화적 배경을 알 수 있다.
⑤ 인물과 처지가 비슷한 노새를 등장시켜 인물이 처한 상황을 드러낸다.

09 ㉠~㉤에 대한 설명으로 적절하지 <u>않은</u> 것은?

① ㉠: 가장으로서 아버지의 책임감이 드러나 있다.
② ㉡: '나'의 긍정적이고 순진한 면모가 드러나 있다.
③ ㉢: '나'는 아버지와 노새를 동일시하고 있다.
④ ㉣: 시대에 적응하지 못하고 어렵게 살고 있는 처지가 나타나 있다.
⑤ ㉤: 아버지에게 동병상련을 느낀 칠수 어머니의 안타까움이 드러나 있다.

[10~11] 다음을 읽고 물음에 답하시오.

가

청포도

이육사

내 고장 칠월은
청포도가 익어 가는 시절

이 마을 전설이 주저리주저리 열리고
먼 데 하늘이 꿈꾸려 알알이 들어와 박혀

하늘 밑 푸른 바다가 가슴을 열고
흰 돛단배가 곱게 밀려서 오면

내가 바라는 손님은 고달픈 몸으로
청포를 입고 찾아온다고 했으니

내 그를 맞아 이 포도를 따 먹으면
두 손은 함뿍 적셔도 좋으련

아이야 우리 식탁엔 은쟁반에
하이얀 모시 수건을 마련해 두렴

나 대부분의 이육사의 시가 그러한 것처럼, 이 시는 각 연이 두 개의 시행으로 구성되어 있고 전체의 구조는 내용 전개상 네 단락으로 나눌 수 있어서 형식적인 안정감을 준다. 시상의 전개 과정도 순차적인 시간의 흐름을 따르고 있고 마지막 6연에서도 시상의 종결이 맺어지는 것을 분명히 하기 위해 시조 종장 첫 구에 쓰이던 '아이야'라는 관습적 시어까지 사용하고 있다.

다 청포도가 마을 사람들의 애환과 소망을 담아 제대로 익게 되면 그들이 기다리는 ㉠손님이 올 수 있는 상황이 저절로 마련된다. 3연은 손님이 등장하게 되는 배경을 나타낸 대목이다. 이 배경은 상당히 아름답고 풍요로운 정경으로 꾸며져 있어서 신비감을 갖게 한다. 청포도의 푸른빛과 바다의 푸른빛이 호응을 이루고 한편으로는 돛단배의 흰빛과 대조를 이룸으로써 색채의 미감을 전달한다. 하늘과 바다가 스스로 가슴을 열어 손님의 방문을 맞이하고 흰 돛단배가 제 길을 찾아 자연스럽게 밀려오는 평화로운 분위기를 조성한다.

10 (나), (다)를 바탕으로 (가)를 해석한 내용이 적절하지 <u>않은</u> 것은?

① 시간의 흐름에 따라 시가 전개되고 있다.
② 3연은 손님이 등장하는 배경을 나타내고 있다.
③ '아이야'는 우리나라 전통시의 관습을 따르고 있다.
④ 3연은 평화로운 분위기 속에서 과거를 회상하고 있다.
⑤ 각 연이 두 행으로 나누어져 있어 형식적 안정감을 준다.

11 〈보기〉를 바탕으로 할 때, ㉠의 의미를 파악한 것으로 적절한 것은?

┤ 보기 ├

이육사는 우리가 바라는 이상적인 세계가 막연한 기다림만으로 오는 것이 아니라는 사실을 인식하고 있었을 것이다. 많은 사람의 헌신과 희생을 거쳐야 비로소 우리가 바라는 이상 세계가 오리라는 믿음을 그는 견지한 것이다. 이 믿음이 십여 차례의 반복된 옥고와 모진 고문 속에서 그의 육체와 정신을 지켜 준 동력일지 모른다.

① 조국의 독립
② 사랑하는 사람
③ 인류 공동의 번영
④ 여유롭고 평화로운 삶
⑤ 자연과 인간이 하나 되는 세계

서술형 ✏️

12 다음은 음운에 관한 수업 내용의 일부이다. ㉠과 ㉡에 들어갈 적절한 말을 각각 쓰시오.

> 선생님: 이번 시간에는 음운의 개념에 대해 공부할 건데요.
>
> | 님 / 남 |
>
> 칠판에 쓴 이 '님'과 '남'이라는 두 단어의 의미는 무엇에 의해 달라졌나요?
> 학생 1: 모음에 점 하나를 찍은 것 때문이에요.
> 선생님: 그렇다면 그 점은 어떻게 발음하죠?
> 학생 2: 점은 발음할 수가 없어요. '님'과 '남'에서 차이가 나는 것은 'ㅣ'와 'ㅏ'예요.
> 학생 3: '님'과 '김'도 마찬가지예요. 'ㄴ'을 'ㄱ'으로 바꾸면 전혀 다른 뜻의 말이 돼요.
> 선생님: 아주 잘했어요. 바로 이렇게 'ㅣ'와 'ㅏ', 'ㄴ'과 'ㄱ'처럼 (㉠   ) 기능을 하는 소리의 최소 단위가 (㉡)(이)랍니다.

13 〈보기〉는 다음 단어를 이루는 음운을 분석한 내용이다. ⓐ~ⓔ 중, 적절한 것은?

> | 코 |
>
> ┤ 보기 ├
>
> (1) '코'를 구성하는 음운: ㅋ + ㅗ
> (2) 자음 'ㅋ'
> • 소리 나는 위치: 혀끝과 윗잇몸 사이 ………… ⓐ
> • 소리 내는 방법: 코로 공기를 내보냄. ……… ⓑ
> • 소리의 세기: 거칠고 거센 느낌을 줌. ……… ⓒ
> (3) 모음 'ㅗ'
> • 입술 모양: 입술을 둥글게 오므림.
> • 혀의 최고점의 위치: 입안의 앞쪽 ………… ⓓ
> • 혀의 높이: 혀가 낮게 내려감. ……………… ⓔ

① ⓐ   ② ⓑ   ③ ⓒ   ④ ⓓ   ⑤ ⓔ

14 〈보기〉를 참고할 때, ㉠과 같은 문장의 예로 적절한 것은?

> ┤ 보기 ├
>
> ㉠진이가 아빠와 닮았다.
> ㉡진이와 아빠가 도서관에 갔다.
>
> ㉠은 '진이가 닮았다.'와 '아빠가 닮았다.'로 쪼갤 수 없는 문장이다. '아빠와'는 '닮았다'를 꾸며 주는 부사어이기 때문이다. 따라서 ㉠은 홑문장이다.
> ㉡은 '진이가 도서관에 갔다.'와 '아빠가 도서관에 갔다.'로 쪼갤 수 있는 문장이다. 즉, ㉡은 두 개의 홑문장이 결합된 겹문장으로, 두 문장이 대등하게 이어진 문장이다. '도서관에 갔다.'는 중복을 피해 한 번만 썼다.

① 해와 달은 둥글다.
② 우리는 자유와 평화를 원한다.
③ 시와 소설은 문학의 한 갈래이다.
④ 그들은 산과 바다로 여행을 다녔다.
⑤ 그와 나는 한 달 전부터 서로를 좋아했다.

15 다음의 ㉠과 ㉡에 대한 설명으로 적절한 것은?

> ㉠ 나는 사람들 앞에서 노래를 부르고 있는 그를 거리에서 만났다.
> ㉡ 나는 거리에서 그를 만났는데, 그는 사람들 앞에서 노래를 부르고 있었다.

① ㉠은 부사절을 안은 문장이고, ㉡은 명사절을 안은 문장이다.
② ㉠은 인용절을 안은 문장이고, ㉡은 대등하게 이어진 문장이다.
③ ㉠은 대등하게 이어진 문장이고, ㉡은 종속적으로 이어진 문장이다.
④ ㉠은 '나'가 만난 '그'가 무엇을 하고 있는지를 구체적으로 표현하고 있다.
⑤ ㉡에는 '나'가 '그'를 만난 목적이 무엇인지를 자세하게 드러내고자 하는 의도가 담겨 있다.

16 남북 언어의 차이점을 설명한 것으로 적절하지 <u>않은</u> 것은?

① 남한과 달리 북한에서는 두음 법칙을 인정하지 않는다.

② 남한과 달리 북한에서는 합성어에서 사이시옷을 적지 않는다.

③ 남한은 북한에 비해 억양이 대체로 부드럽고 자연스러운 편이다.

④ 북한과 달리 남한에서는 외래어를 가급적 고유어로 바꾸어 사용하려고 한다.

⑤ 같은 단어라고 하더라도 남한과 북한에서 각기 다른 의미로 쓰이는 것들도 있다.

17 다음 사례를 통해 알 수 있는 사실로 가장 적절한 것은?

> 남한 사람이 북한 이탈 주민과 헤어지면서 "언제 같이 식사나 한번 합시다."라고 말한 경우를 가정해 보자. 이때 남한 사람은 단순히 친근함을 나타내는 의도로 건넨 인사말이지만, 북한 이탈 주민은 곧이 곧대로 듣고 언제 어디에서 식사를 하는지 묻게 될 것이다.

① 남한 사람들과 달리 북한 사람들은 외래어를 거의 사용하지 않는다.

② 남한 사람들과 달리 북한 사람들은 속마음과 다른 표현을 종종 사용한다.

③ 북한 사람들과 달리 남한 사람들은 높낮이가 없고 부드러운 말투를 사용한다.

④ 남한 사람들과 달리 북한 사람들은 말을 표면적 의미로 해석하는 경향이 있다.

⑤ 남한 사람들과 북한 사람들은 모두 자기 자신을 문장에서 드러내지 않으려 한다.

[18~19] 다음 글을 읽고 물음에 답하시오.

가 인류 역사는 구석기를 거쳐 신석기, 청동기, 철기 시대로 이어졌다. 그럼 지금 우리는 어느 시대를 살고 있을까? 많은 전문가들은 플라스틱 시대라고 말한다. 전자 제품뿐 아니라 주방용품, 음식 포장 용기, 음료수 병, 옷, 장난감, 공구, 청소 도구 등 플라스틱 없는 생활은 상상조차 할 수 없다. 플라스틱은 석유에서 추출되는 원료를 결합시켜 만든 고분자 화합물의 일종이다.

나 미국의 사진작가 크리스 조던은 2009년 북태평양 미드웨이 섬에서 촬영한 충격적인 사진을 인터넷에 공개했다. 사진 속에는 멸종 위기종 새인 알바트로스가 죽어 있고, 그 몸속에는 작은 플라스틱 조각들이 가득 차 있었다. 음료수 플라스틱 병뚜껑과 라이터, 작게 부서진 플라스틱 조각들이 죽은 알바트로스 사체의 배 속을 가득 채우고 있었다.

미드웨이 섬은 태평양에 위치한 미국령 산호초 섬으로, 하와이 제도의 북서부에 위치하고 있다. '중간점'이란 이름처럼 아시아와 북아메리카 대륙 사이의 중간 지점에 자리 잡고 있다. 태평양 한가운데에 있는 이 섬에는 세계 곳곳에서 버려진 쓰레기들이 바람과 해류를 따라 휩쓸려 온다. 바다를 이동하는 동안 단단한 플라스틱 쓰레기는 깨지고 닳고 작은 크기로 부서져 물속을 떠다닌다. 알바트로스는 이 플라스틱이 얼마나 위험한 것인지 모른 채 알록달록한 빛깔에 이끌려 꿀꺽 삼키고 말았던 것이다.

다 해양 쓰레기의 60~80%는 플라스틱이 차지하고 있고, 바다에 떠다니거나 풀숲 사이에 흉물스럽게 버려져 경관을 해치고 관광 산업에 피해를 준다. 잘게 부서진 플라스틱은 새와 물고기 같은 바다 생태계에 큰 영향을 미치고, 어업과 어장 같은 수산업에도 피해를 줄 뿐 아니라 배의 스크루에 감겨 선박의 안전도 위협하고 있다. 사람의 눈에 보이지 않을 정도로 작은 미세 플라스틱은 물고기의 내장뿐 아니라 싱싱한 굴 속에서도 발견되어 우리 건강까지 위협하고 있다.

라 손 닿는 곳 어디에나 있는 이 플라스틱 시대에 플라스틱을 전혀 사용하지 않을 순 없지만 줄일 수 있다면 줄여 보자. 특히 짧은 시간에 사용하고 버리는 일회용 플라스틱 제품은 선택하지 말자. 지질 시대에 만들어진 석유는 지구가 매우 오랜 기간에 걸쳐 만들어 낸 소중한 자원이다. 우리는 이 소중한 석유를 10분가량 쓰고 난 뒤 버려질 플라스틱으로 만들었다가 다시 수백 년 동안 분해되지 않는 쓰레기로 만들어 내고 있다. 지금까지 사람들이 만들어 낸 모든 플라스틱은 썩지 않고 이 지구에 존재하고 있다. 길바닥에 나뒹구는 쓰레기로, 바다를 떠다니는 해양 쓰레기로, 매립장에 가득 쌓인 쓰레기로 다양한 모습으로 존재하고 있다. 나는 이 땅에서 죽어 사라져도 내가 사용한 플라스틱은 여전히 남아 있다. 그런데도 계속 이렇게 편하게 쓰고 쉽게 버려도 될까?

18 (가)~(라)에 대한 설명으로 적절하지 **않은** 것은?

① (가): 중심 소재인 플라스틱의 개념을 설명하고 있다.

② (가): 질문을 던지며 플라스틱에 대한 독자의 관심을 유도하고 있다.

③ (나): 플라스틱의 피해에 대한 구체적인 사례를 제시하고 있다.

④ (다): 플라스틱이 동물과 인간에게 미치는 영향을 열거하고 있다.

⑤ (라): 플라스틱 사용을 줄이기 위해 플라스틱 대체품 사용을 제안하고 있다.

19 중요

〈보기〉에서 (나)를 이해하기 위한 배경지식으로 활용할 수 있는 정보는?

┤ 보기 ├

㉠붉은바다거북은 국제 자연 보호 연맹이 지정한 멸종 위기종이다. ㉡산란기를 맞은 바다거북은 많은 경우엔 7번이나 알을 낳으러 오고 한 번에 100개가량을 낳으니 꽤 많은 알을 낳는다. ㉢알에서 깨어난 새끼 거북은 모래 구덩이에서 나와 6cm가량 자라면 바다로 열심히 기어가는데, 일본 야쿠시마 섬에서 미국 캘리포니아 만까지 아주 먼 길을 돌고 돌아서 30년 만에야 다시 이곳 바닷가를 찾아온다. ㉣그러나 이 중에서 살아서 돌아오는 거북은 5,000분의 1에 지나지 않는다니 거친 야생에서 종족을 유지하려면 알을 많이 낳는 수밖에 없다. ㉤플라스틱은 생존율이 5,000분의 1에 지나지 않은 귀한 바다거북의 생명을 위협하고 있다. 플라스틱 조각과 비닐, 풍선 같은 쓰레기를 해파리 같은 먹이로 착각해서 삼키는 것이다.

① ㉠　　② ㉡　　③ ㉢　　④ ㉣　　⑤ ㉤

[20~21] 다음 글을 읽고 물음에 답하시오.

모든 전화번호가 휴대 전화에 저장돼 있으나 ㉠외우고 있는 전화번호는 손가락으로 꼽을 정도이고, 노래방 기기가 없이는 애창곡 하나 부를 수 없으며, 계산기가 없으면 암산은커녕 간단한 계산조차 하지 못한다. ㉡내비게이션이 없으면 여러 번 갔던 길도 찾을 수 없고, 심지어는 가족의 생일과 같은 단순한 정보도 기억하지 못하는 경우가 있다. 이러한 현상을 '디지털 치매', 또는 '아이티(IT) 건망증'이라 부른다. / 이처럼 디지털 기술에 지나치게 의존한 나머지 기억력과 계산 능력 등이 현저하게 떨어지는 현상에 관해 많은 사람들이 걱정을 한다. 하지만 이러한 현상은 단지 좋다, 나쁘다고 쉽게 말할 성격의 것은 아니다. 왜냐하면 디지털 치매 현상은 인류의 진화, 우리 사회의 노동 환경의 변화와 연관된 복잡한 현상이기 때문이다. 여기서는 디지털 치매 현상에 관해 우리가 생각하지 못했던 측면들을 살펴보고자 한다.

먼저 프랑스의 철학자 미셸 세르의 저서 『호미네상스(Hominescence)』와 2005년 12월 '새로운 기술들은 우리에게 무엇을 가져다주는가'라는 제목의 강연 내용을 살펴보면 인류의 진화 과정에 관한 흥미로운 내용을 볼 수 있다. 이를 요약하면 다음과 같다.

- 인류는 직립 원인으로 진화하는 과정에서 손을 도구로 사용하게 됨으로써 그 이전에 먹이나 물건을 무는 데 쓰였던 입의 기능이 퇴화했지만, 그 대신 입은 말하는 기능을 획득했다.
- 또 문자와 인쇄술이 발명되면서 인간은 호메로스(Homeros)의 서사시를 암송할 수준의 기억력을 상실했지만, ㉢기억의 압박에서 해방되어 새로운 지식 생산과 같은 일에 능력을 활용하게 되었다.
- 오늘날 휴먼 인터페이스는 기억력, 계산력 등의 약화를 가속화하지만 단순 기억이나 계산의 부담에서 벗어나 정보를 통제하고 관리하며, 지식을 창조하는 능력을 향상시킨다.
- ㉣이러한 과정을 통해 인류는 기술 진보와 함께 진화해 왔고, 지금의 디지털 현상도 진화의 과정일 뿐이다.

이러한 관점으로 볼 때, 디지털 기술은 인간의 기억력, 계산력 등의 약화를 가져온 대신 그보다 창조적인 능력을 향상시킨 것이라 볼 수 있다. 그러므로 ㉤디지털 치매 현상은 인간 진화의 양상으로 볼 수 있지 않겠는가?

20 이 글에 나타난 논증 방식에 대한 설명으로 가장 적절한 것은?

① 귀납적 방법으로 디지털 기술 치매 현상의 문제점을 지적하고 있다.

② 유추의 방법으로 치매 현상과 디지털 기술 의존 현상의 유사성을 밝히고 있다.

③ 연역적 방법으로 기술의 진화가 인간의 진화에 긍정적인 영향을 끼쳤음을 말하고 있다.

④ 귀납적 방법으로 디지털 치매 현상이 인간 진화의 과정일 뿐이라는 것을 강조하고 있다.

⑤ 연역적 방법으로 디지털 치매 현상이 인간의 능력을 향상시켜 준다는 사실을 증명하고 있다.

21 ㉠~㉤에 대한 설명으로 적절하지 <u>않은</u> 것은?

① ㉠: 기억하는 전화번호의 수가 무척 적다는 것을 강조한다.

② ㉡: 디지털 기술에 지나치게 의존하고 있는 사례를 보여 준다.

③ ㉢: 문자와 인쇄술의 발명으로 인류가 얻게 된 긍정적 측면에 해당한다.

④ ㉣: 기술의 진보와 인류의 진화가 밀접한 연관이 있음을 주장한다.

⑤ ㉤: 질문을 던지는 방식으로 미셸 세르의 주장에 의문을 제기한다.

[22~23] 다음 글을 읽고 물음에 답하시오.

가 빛 공해는 사람은 물론 짐승, 곤충 등의 행동에 영향을 끼치기도 한다. 호수 주변의 빛 공해가 물 위의 조류를 먹는 물고기의 포식 행위를 막아서 적조 등의 해로운 조류가 증가하고, 이것이 물고기를 전멸시키는 원인이 되었다는 연구 결과가 있다. 또한 많은 곤충학자들은 야간 조명이 벌의 비행 능력을 방해하고 있다고 주장한다. 조류학자들은 새들에게도 악영향을 줄 수 있다고 한다.

또한 식물에 24시간 빛을 쬐는 현상이 지속되면 씨를 맺지 못하는 현상이 발생하기도 한다. 예를 들어, 빛에 특히 민감한 들깨는 꽃과 씨를 맺지 못하고 키만 쑥쑥 자란다. 농촌 진흥청 국립 식량 과학원 연구 결과 6~10럭스 밝기의 빛에 장기간 노출될 경우 농작물의 수확량이 벼는 16%, 보리는 20%, 들깨는 94%가 감소하는 것으로 나타나기도 했다. 〈중략〉

가장 지혜롭게 사는 것은 자연법칙, 즉 자연의 시계대로 살아가는 것이다. 그러기 위해서는 세상이 바뀌기를 기다리기 전에 나부터 바꾸는 것이 필요하지 않을까? 지금 당장 가능한 한 불필요한 불을 끄자.

나 경관 조명을 시의 정책으로 적극 추진하여 성공한 대표적인 사례가 프랑스 리옹이다. 리옹에서는 도시의 조명 계획이 선거 공약으로까지 내세워졌다. 1989년 당선된 미셸 느와르 시장은 공약대로 5년간 매년 시 재정의 5%씩을 야간 경관 조성 사업에 투자하여 150개 건물과 교량에 조명 기기를 설치하여 도시 전체를 커다란 조명 예술 작품으로 바꿔 놓았다. 이 계획은 컨벤션 산업과 연계되어 리옹시를 세계적인 관광 도시와 국제회의 도시로 부상시키는 데 큰 역할을 하였고 리옹은 '빛의 도시', '밤이 아름다운 도시'라는 명성을 갖게 되었다.

도시에 있어서 야간 조명은 단순히 어둠을 밝히기 위한 수단이 아니며 감성을 자극할 수 있어야 한다. 또한 조명을 무조건 밝고 화려하게 한다고 좋은 것은 아니다. 요란한 색채의 조명을 서로 경쟁하듯이 밝게만 한다면 마치 테마파크와 같은 장면이 연출될 것이며 깊이 없고 산만한 경관이 만들어질 것이다. 강조할 곳, 연출이 필요한 부분에는 과감하게 조명 시설을 설치하고, 도시 전체적으로는 인공조명을 최소한으로 줄이는 등 적극적이면서 동시에 절제된 조명 계획이 적용되어야 한다. 우리나라의 도시도 야간 조명을 통하여 도시 전체를 하나의 예술 작품으로 만들어 나가는 노력이 필요하다.

22 (가)와 (나)를 비교하며 읽을 때의 효과로 적절하지 <u>않은</u> 것은?

① 글의 내용을 깊이 있게 이해할 수 있다.
② 대상을 객관적인 시각으로 판단할 수 있다.
③ 대상에 대한 균형 잡힌 시각을 가질 수 있다.
④ 대상의 다양한 측면을 폭넓게 이해할 수 있다.
⑤ 글쓴이의 생각에 적극적으로 동의하며 읽을 수 있다.

23 중요 (가)와 (나)의 관점과 형식을 〈보기〉와 비교하며 읽을 때, ㉠~㉢에 들어갈 말을 바르게 짝 지은 것은?

┤ 보기 ├

도시의 별 헤는 밤을 되찾아 주세요

별을 지표로 삼는 철새들이 길을 잃고, 식물들도 낮과 밤을 구별하지 못하고, 도시의 밤하늘에서 별이 보이지 않는 이유는 바로 빛 공해 때문입니다.
스위치를 내리면, 별빛이 켜집니다.

〈보기〉는 과도한 인공 불빛의 폐해에 주목하며 빛 공해를 줄이자는 내용을 담고 있다. 따라서 관점은 (가)와 (나) 중, (㉠)와/과 유사하다. 하지만 둘의 형식은 다르다. (㉠)은/는 객관적 근거를 자세하게 제시하여 주장을 (㉡)(으)로 이해시키는 논설문이지만, 〈보기〉는 간결한 문구와 사진을 제시하여 핵심 내용을 짧은 시간 안에 (㉢)(으)로 전달하는 광고문이다.

	㉠	㉡	㉢
①	(가)	창의적	경험적
②	(가)	체계적	인상적
③	(가)	감성적	압축적
④	(나)	논리적	과학적
⑤	(나)	이성적	구체적

24 중요 다음에서 설명하는 단계에서 해야 할 활동으로 적절하지 <u>않은</u> 것은?

좋은 글을 쓰기 위해서는 내용을 적절하게 조직해야 한다. 내용 선정하기가 끝난 후 이루어지는 글쓰기 단계이다.

① 글의 개요를 작성한다.
② 글의 주제를 분명하게 한다.
③ 글의 체계에 따라 내용을 정리한다.
④ 통일성 있게 내용의 흐름을 구성한다.
⑤ 추가·삭제·교체·재구성의 원리에 따라 내용을 구성한다.

25 다음에서 설명하는 쓰기 윤리로 적절한 것은?

이 쓰기 윤리는 공동체가 추구하는 사회적 가치를 해치지 않는 범위 안에서 글을 써야 함을 말한다. 최근 사회의 다원화로 인하여 보편적인 가치나 도덕규범을 정하기 어려워지고 있어 사회 윤리에 맞는 내용으로 글을 쓰기란 애매한 일일 수도 있다. 또한 특정한 가치만을 주장하는 행위를 바람직하지 않은 것으로 인식하기도 한다. 그러나 사회적인 질서와 안녕을 해치는 내용의 글은 사회 구성원의 혼란을 초래할 수 있으므로 주의해야 한다.

① 글의 내용이 윤리적이어야 한다.
② 글을 진지하고 진솔하게 써야 한다.
③ 글을 쓸 때 인용의 원칙을 따라야 한다.
④ 상대방을 비방하고 상처주지 말아야 한다.
⑤ 연구 결과에 대한 과장과 왜곡이 없어야 한다.

[26~28] 다음 글을 읽고 물음에 답하시오.

가 어떤 주제에 대하여 대상을 관찰, 조사하거나 실험을 한 후에 탐구 결과를 절차와 결과가 드러나게 쓴 글을 보고서라고 한다. 보고서에는 탐구 방법이나 목적에 따라, 대상이나 상황을 관찰하고 분석하여 쓴 관찰 보고서, 실험의 과정과 결과를 기록하여 쓴 실험 보고서, 어떤 대상을 조사한 후에 그 결과를 분석하여 쓴 조사 보고서 등이 있다.

나 보고서를 쓰기 위해서는 먼저 탐구 주제와 목적을 정한다. 주제는 자신과 예상 독자의 수준이나 흥미, 관심 분야 등을 고려하여 정하는데, 탐구가 가능하면서 독자의 관심을 끌 수 있는 내용이 바람직하다. 주제가 선정되면 구체적인 보고서 작성 계획을 세운다. 계획서에는 탐구 일정과 방법, 준비물 및 모둠원의 역할 분담 등이 들어가며, 탐구 결과를 예측하여 제시한 후 관찰, 조사, 실험을 통해 얻은 실제 결과와 비교할 수도 있다. 다음으로 계획서에 따라 탐구를 진행하며 자료를 수집한 후, 그 내용을 정리한다. 자료를 정리할 때에는 탐구 과정을 통해 수집한 구체적인 내용을 객관적으로 기록해 두어야 한다. 마지막으로 탐구 결과를 분석한 후, 이를 바탕으로 보고서를 작성한다.

다 처음 부분에서는 탐구의 목적과 필요성을 제시하고 탐구 기간, 탐구 대상, 탐구 방법 등을 기록한다. 탐구 기간이나 대상은 결과에 영향을 미치는 중요한 요소이므로 정확하게 기록해야 하며, 탐구 과정에서 설문지를 사용하였으면 설문 내용도 함께 제시하는 것이 좋다. 중간 부분에서는 탐구 결과와 결과를 분석한 내용을 제시한다. 탐구 결과는 독자들이 이해하기 쉽게 잘 정리해 제시해야 하며, 결과 분석은 보고서의 목적을 고려하여 작성한다. 마지막으로 끝부분에서는 탐구를 하며 느낀 점이나 독자들에게 바라는 점 등을 쓰고, 참고한 자료를 제시한다.

라 보고서를 쓸 때에는 탐구의 절차와 결과가 잘 드러나도록 체계적이고 정확하게 써야 한다. 이때 그림이나, 사진, 도표, 그래프 등의 다양한 매체 자료를 활용하면 보고 효과를 높일 수 있다. 또한 탐구 결과는 과장, 축소하거나 변형, 왜곡을 해서는 안 되며 편견을 담지 말고 객관적 사실만 기록해야 한다. 그리고 타인의 자료를 무단으로 표절해서는 안 되며, 필요에 의해 자료를 인용할 때에는 출처를 밝히는 등 쓰기 윤리를 준수하는 것이 중요하다.

26 이 글에 나타난 보고서의 특징으로 적절하지 <u>않은</u> 것은?

① 탐구를 수행하고 쓰는 글이다.
② 체계적으로 내용을 전달하는 글이다.
③ 독자의 행동 변화를 유도하는 글이다.
④ 절차와 결과가 잘 드러나게 쓰는 글이다.
⑤ 독자의 수준과 흥미를 고려해야 하는 글이다.

27 〈보기〉에 대한 설명으로 적절하지 <u>않은</u> 것은?

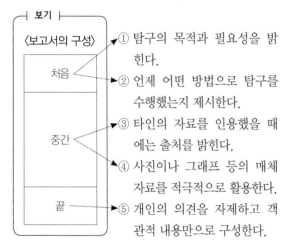

28 〈보기〉는 이 글을 바탕으로 '보고서 쓰기의 과정'을 정리한 것이다. ㉮와 ㉯에 알맞은 내용을 넣으시오.

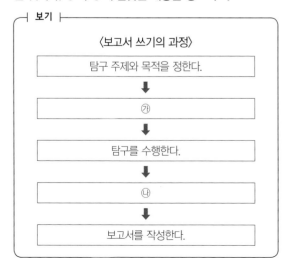

사회자: 학교에서 일어나는 여러 가지 사건, 사고 예방을 위해 대부분의 학교에서 '시시 티브이'를 설치하여, 어느 정도 예방 효과를 보고 있습니다. 그런데 최근 교실 내에서 일어나는 폭력이나 교권 침해 등이 사회 문제로 불거지면서 교실 내에도 시시 티브이를 설치해야 한다는 주장이 나오고 있습니다. 이에 이번 시간에는 '교실 내에도 시시 티브이를 설치해야 한다.'라는 논제로 토론을 하겠습니다. 먼저 찬성 측과 반대 측의 입론을 듣겠습니다. 토론자는 각 2분씩 발언 가능합니다. 찬성 측부터 입론해 주십시오.

㉠호성: 최근 ○○○ 교육청에서 발표한 '학교 폭력 실태 조사' 결과에 따르면, 학교 폭력은 학교 밖(31%)보다 학교 안(69%)에서 많이 발생하며, 학교 안에서는 교실 안(31.9%)이 가장 높았습니다. 우리 학교의 경우에도 생활부 선생님께 확인해 보니 지난해 일어난 학교 폭력 사안 대부분이 교실 안에서 일어났다고 하셨습니다. 이런 현실을 감안한다면 사건, 사고 예방을 위한 시시 티브이가 가장 필요한 장소는 교실 안이라고 할 수 있습니다. 지난달에 저희 학급 안에서 한 친구가 돈을 잃어버린 불미스러운 일이 일어났습니다. 이 사건을 해결하는 과정에서 학급 친구들 모두 잠재적인 범인으로 의심받아야 했는데, 시시 티브이가 있었다면 굳이 그런 불쾌한 경험을 하지 않아도 되고, 도난 사고 자체도 아예 일어나지 않았을 것입니다. 이런 점에서 저희는 교실 내에도 시시 티브이를 설치해야 한다고 생각합니다.

사회자: 예, 잘 들었습니다. 다음 반대 측 입론하겠습니다.

㉡승현: 학교 폭력 예방의 필요성에 대해서는 저희도 공감합니다. 하지만 그 방식이 교실 안에까지 시시 티브이를 설치해야 한다는 것에는 동의하기 어렵습니다. 교실 안에 시시 티브이를 설치하면 개인의 동의 없이 모든 모습이 녹화되는데, 범죄 예방을 한다는 목적으로 학생들과 선생님들의 사생활을 침해하는 것은 옳지 않다고 봅니다. 국가 인권위에서 이미 지난 2012년에 교실 내 시시 티브이 설치가 인권 침해의 소지가 있다는 의견을 밝힌 바 있습니다. 시시 티브이로 인해 교실 내에서 생활하는 모든 학생과 교사들의 행동이 촬영되고, 지속적 감시에 의해 개인의 초상권과 프라이버시권, 학생들의 행동 자유권, 표현의 자유 등 개인의 기본권이 제한될 수 있다는 이유 때문이었습니다. 저희도 이와 같은 이유로 교실 내에 시시 티브이를 설치하는 것에 반대합니다.

29 이와 같은 말하기에 대한 설명으로 적절하지 않은 것은?

① 찬성과 반대 의견이 팽팽하게 맞서는 논제가 필요하다.
② 최종 결론은 양측이 주장한 내용들을 절충하여 도출한다.
③ 상대방 주장의 논리적 오류를 발견하여 논박하는 과정을 거친다.
④ 민주 사회에서 의견 대립을 해결하기 위한 의사소통의 한 형태이다.
⑤ 논제에 대해 상반된 견해를 지닌 참가자들이 자신의 주장이 옳음을 내세운다.

30 ㉠과 ㉡이 입론에 대한 반론을 준비하는 과정에서 떠올린 생각 중, 적절하지 않은 것은?

① ㉠에 대한 반론: 시시 티브이는 학교 폭력을 예방해 주는 효과에 비해 사생활을 침해할 우려가 더 크지 않을까?
② ㉠에 대한 반론: 모든 교실에 시시 티브이를 설치하려면 많은 비용이 들 텐데, 우리 학교 현실에서 실현 가능할까?
③ ㉠에 대한 반론: 도난 사고와 관련한 경험을 근거로 들고 있는데, 이것은 논제에서 벗어났기 때문에 타당성이 떨어지지 않을까?
④ ㉡에 대한 반론: 2012년과 지금의 학교 상황이 많이 달라졌을 텐데, 당시 국가 인권위의 의견을 지금도 유효하다고 볼 수 있을까?
⑤ ㉡에 대한 반론: 시시 티브이를 설치할 경우 학생들의 안전을 지켜 주기 때문에 오히려 학생 인권 보호에 도움이 된다고 볼 수 있지 않을까?

[01~02] 다음 글을 읽고 물음에 답하시오.

악의가 섞이지 않은 실수는 봐줄 만한 구석이 있다. 그래서인지 내가 번번이 저지르는 실수는 나를 곤경에 빠뜨리거나 어떤 관계를 불화로 이끌기보다는 의외의 수확이나 즐거움을 가져다줄 때가 많았다. 겉으로는 비교적 차분하고 꼼꼼해 보이는 인상이어서 나에게 긴장을 하던 상대방도 이내 나의 모자란 구석을 발견하고는 긴장을 푸는 때가 많았다. 또 실수로 인해 웃음을 터뜨리다 보면 어색한 분위기가 가시고 초면에 쉽게 마음을 트게 되기도 했다. 그렇다고 이런 효과 때문에 상습적으로 실수를 반복하는 것은 아니지만, 한번 어디에 정신을 집중하면 나머지 일에 대해서 거의 백지상태가 되는 버릇은 쉽사리 고쳐지지 않는다. 특히 풀리지 않는 글을 붙잡고 있거나 어떤 생각거리에 매달려 있는 동안 내가 생활에서 저지르는 사소한 실수들은 내 스스로도 어처구니가 없을 지경이다.

그러면 실수의 '어처구니없음'은 어디서 오는 것일까. 원래 어처구니란 엄청나게 큰 사람이나 큰 물건을 가리키는 뜻에서 비롯되었는데, 그것이 부정어와 함께 굳어지면서 어이없다는 뜻으로 쓰이게 되었다. 크다는 뜻 자체는 약화되고 그것이 크든 작든 우리가 가지고 있는 상상이나 상식에서 벗어난 경우를 지칭하게 된 것이다. 그러니 상상에 빠지기 좋아하고 상식으로부터 자유로워지려는 사람에게 어처구니없는 실수가 그림자처럼 따라다니는 것은 아주 자연스러운 일이다.

[A] ⎡ 결국 실수는 삶과 정신의 여백에 해당한다. 그 여백마저 없다면 이 각박한 세상에서 어떻게 숨을 돌리며 살 수 있겠는가. 그리고 발 빠르게 돌아가는 세상에 어떻게 휩쓸려 가지 않고 남아 있을 수 있겠는가. 어쩌면 사람을 키우는 것은 능력이 아니라 실수의 힘일지도 모른다.

[B] ⎡ 그러나 날이 갈수록 실수가 용납되는 땅은 점점 좁아지고 있다. 사소한 실수조차 짜증과 비난의 대상이 되기가 십상이다. 남의 실수를 웃으면서 눈감아 주거나 그 실수가 나오는 내면의 풍경을 헤아려 주는 사람을 만나기도 어려워져 간다.

[C] ⎡ 나 역시 스스로는 수많은 실수를 저지르고 살면서도 다른 사람의 실수에 대해서는 조급하게 굴거나 너그럽게 받아 주지 못한 때가 적지 않았던 것 같다.

[D] ⎡ 도대체 정신을 어디에 두고 사느냐는 말을 들을 때면 그 말에 무안해져 눈물이 핑 돌기도 하지만, 내 속의 어처구니는 머리를 디밀고 이렇게 소리치는 것이다.

[E] ⎡ 정신과 마음은 내려놓고 살아야 한다고. 어디로 가는 줄도 모르고 뛰어가는 자신을 하루에도 몇 번씩 세워 두고 '우두커니' 있는 시간, 그 '우두커니' 속에 사는 '어처구니'를 많이 만들어 내면서 살아야 한다고.

– 나희덕, 「실수」

01 이 글의 내용과 일치하지 <u>않는</u> 것은?

① 일부러 실수하는 사람은 없다.
② 사람은 실수를 통해 성장하기도 한다.
③ 요즘 같은 세상에는 실수가 필요할 때도 있다.
④ 실수가 부정적인 결과만 가져오는 것은 아니다.
⑤ 실수를 눈감아 주는 것은 상대의 발전을 막는다.

02 [A]~[E]에 대한 반응으로 적절한 것은?

① [A]: 실수를 대하는 오늘날의 세태에 대한 비판 의식을 객관적으로 드러내고 있어.
② [B]: 실수로 야기될 수 있는 문제들을 거론하며 실수를 경계하라는 충고를 하고 있어.
③ [C]: 실수와 관련된 경험을 떠올리며 실수에서 긍정적 가치를 찾고 있어.
④ [D]: 실수에 대한 다른 사람의 반응에서 느꼈던 감정을 진술하게 표현했어.
⑤ [E]: 타인의 실수를 받아들이는 바람직한 태도를 강조하고 있어.

[03~05] 다음 글을 읽고 물음에 답하시오.

가 1945년 팔월 하순.

아직 해방의 감격이 온 누리를 뒤덮어 소용돌이칠 때였다.

말복(末伏)도 지난 날씨언만 여전히 무더웁다. 이인국 박사는 이 며칠 동안 불안과 초조에 휘몰려 잠도 제대로 자지 못하였다. 무엇인가 닥쳐올 사태를 오들오들 떨면서 대기하는 상태였다.

나 일본인 간부급들이 자기 집처럼 들락날락하는 이 병원에 이런 사상범을 입원시킨다는 것은 관선 시의원이라는 체면에서도 떳떳지 못할뿐더러, 자타가 공인하는 모범적인 황국 신민(皇國新民)의 공든 탑이 하루아침에 무너지는 결과를 가져오는 것이라는 생각이 들었다.

순간 그는 이런 경우의 가부 결정에 (㉠   )하는 자기 식으로 찰나적인 단안을 내렸다.

그는 응급 치료만 하여 주고 입원실이 없다는 가장 떳떳하고도 정당한 구실로 애걸하는 환자를 돌려보냈다.

다 "왜놈의 밑바시, 이 개새끼야."

일본 군용화가 그의 옆구리를 들이찬다.

"이 새끼, 어디 죽어 봐라."

구둣발은 앞뒤를 가리지 않고 전신을 내지른다.

등골 척수에 다급한 격을 받자 이인국 박사는 비명을 지르며 꼬꾸라졌다.

그는 현기증을 일으켰다. 어깻죽지를 끌어 바로 앉혀도 몸을 가누지 못하고 한쪽으로 쓰러졌다.

"민족과 조국을 팔아먹은 이 개돼지 같은 놈아, 너는 총살이야, 총살……"

라 그는 수술을 진행하는 동안 그들 군의관들을 자기 집 조수 부리듯 했다. 집도 이후의 수술대는 완전히 자기 전단하의 왕국이라고 생각되었다.

그러나 아까 수술 직전에 사인한, 실패되는 경우에는 총살에 처한다는 서약서가 통일된 정신을 순간순간 흐려 놓곤 한다.

수술대에 누운 스텐코프의 침착하면서도 긴장에 찼던 얼굴, 그것도 척수의 몽혼 주사 바늘이 빠진 후 삼 분이 못 갔다.

마 완치되어 퇴원하는 날, 스텐코프는 이인국 박사의 손을 부서져라 쥐면서 외쳤다.

"꺼삐딴 리, 스바씨보."

이인국 박사는 입을 헤벌리고 웃기만 했다. 마음의 감옥에서 해방된 것만 같았다.

"아진, 아진…… 오첸 하라쇼."

스텐코프는 엄지손가락을 높이 들면서 네가 첫째라는 듯이 이인국 박사의 어깨를 치며 찬양했다.

– 전광용, 「꺼삐딴 리」

03 이 글에 대한 설명으로 옳은 것끼리 묶은 것은?

> ㄱ. 작품 속의 서술자에 의해 내용이 전달된다.
> ㄴ. 비속어를 사용하여 인물의 심리를 드러낸다.
> ㄷ. 중심인물의 심리를 서술자가 직접 전달하고 있다.
> ㄹ. 토속적인 소재를 사용하여 향토적인 분위기를 형성한다.

① ㄱ, ㄴ   ② ㄱ, ㄷ   ③ ㄱ, ㄹ
④ ㄴ, ㄷ   ⑤ ㄴ, ㄹ

04 〈보기〉를 활용하여 '이인국'에 대해 이해한 내용으로 적절한 것은?

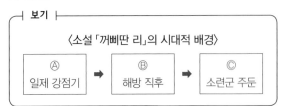

> ┤ 보기 ├
> 〈소설 「꺼삐딴 리」의 시대적 배경〉
> Ⓐ 일제 강점기 ➡ Ⓑ 해방 직후 ➡ Ⓒ 소련군 주둔

① Ⓐ에서 이인국은 사회·경제적으로 불안한 삶을 살았다.
② Ⓐ에서 이인국 박사는 일본인 간부의 치료 문제로 갈등을 하였다.
③ Ⓑ에서 이인국 박사는 다른 사람들과 함께 해방의 기쁨을 누렸다.
④ Ⓒ에서 이인국 박사는 의사로서의 능력을 발휘해 위기를 모면하려 하였다.
⑤ Ⓒ에서 이인국 박사는 Ⓐ에서의 행동에 대해 후회하였다.

05 문맥상 ㉠에 들어갈 수 있는 한자 성어로 가장 적절한 것은?

① 동분서주(東奔西走)   ② 일도양단(一刀兩斷)
③ 표리부동(表裏不同)   ④ 우유부단(優柔不斷)
⑤ 배은망덕(背恩忘德)

[06~07] 다음 글을 읽고 물음에 답하시오.

가 허생은 비바람이 새는 것은 아랑곳하지 않고 언제나 글 읽기만을 좋아하였으므로 그 아내가 삯바느질을 해서 겨우 입에 풀칠을 하였다.

어느 날 허생의 아내가 배고픈 것을 참다못해 울면서 말하는 것이었다. / "당신은 한평생 과거도 보러 가지 않으니, 글만 읽어 무엇합니까?" / 그러자 허생이 웃으며 대답하였다. / "내 아직 글 읽는 것이 익숙하지 못하오." / "그렇다면 장인바치 노릇도 못 하시나요?" / "장인바치 일은 평소에 배우지 못하였으니 어쩌오?"

나 다음날부터 그는 시장에 나가서 대추·밤·감·배·석류·귤·유자 따위의 과일을 모두 거두어 샀다. 파는 사람이 부르는 대로 값을 다 주고 혹은 시세의 배를 주고 샀다. 그리고 사는 대로 한정 없이 곳간에 저장해 두었다. / 이렇게 되자 오래지 않아서 나라 안의 과일이란 과일이 모두 바닥이 났다. 대신들의 집에서 잔치나 제사를 지내려고 해도 과일을 구경하지 못해 제사상도 제대로 갖추지 못할 형편이었다. 허생에게 두 배를 받고 판 과일 장수들이 이번에는 그에게 달려와서 열 배를 주고 다시 사 가는 것이었다.

다 이때 변산 지방에 수천 명의 도둑 떼가 나타나 노략질을 하고 있었다. 여러 고을에서는 나졸들까지 풀어서 도둑을 잡으려 하였으나 도둑의 무리를 쉽사리 소탕하지 못하였다. 그러나 도둑의 무리 역시 각 고을에서 대대적으로 막고 나서니 쉽게 나아가 도둑질하기가 어려워져서, 마침내는 깊은 곳에 몸을 숨기고 급기야는 굶어 죽을 판국에 이르렀다.

라 허생은 손을 휘저으며 말했다.

"밤은 짧고 말은 기니 듣기에 지루하군. 지금 자네 벼슬자리가 무엇인가?" / "어영대장입니다."

"그렇다면 나라에서는 믿을 만한 신하군. 내 와룡 선생을 천거할 테니 자네가 임금에게 청하여 삼고초려를 하게 할 수 있겠는가?" / 이완은 머리를 떨구고 한참 동안 생각하고 나서,

"어려운가 합니다. 그다음의 일을 듣고자 하옵니다."

허생이 이 말을 듣고 말했다.

"나는 두 번째라는 것은 배우지 못하였네."

이 공이 굳이 묻거늘 허생이 다시 입을 열었다.

"조선이 옛날 그들에게 입은 은혜가 있다고 해서, 많은 명나라 장졸들의 자손들이 도망하여 동쪽으로 온 후로 떠돌이 외로운 홀아비 생활을 하고 있네. 자네가 조정에 청하여 종실의 딸들

을 그들에게 시집보내고, 김류와 장유의 집 재산을 털어서 그들의 살림을 장만해 줄 수 있겠는가?"

이완은 한참이나 머리를 숙이고 있다가 비로소 고개를 들었다. "어렵겠습니다."

– 박지원, 「허생전」

06 이 글에 드러난 갈등 양상을 골라 바르게 묶은 것은?

┌───┐
│ ㉠ 과거를 볼지 말지 결정해야 하는 허생 │
│ ㉡ 생계를 걱정하는 아내와 무관심한 허생 │
│ ㉢ 굶어 죽을 판국에 이른 도둑과 이를 소탕하고자 │
│   하는 허생 │
│ ㉣ 나라를 위한 계책을 말하는 허생과 이를 받아들 │
│   이지 않는 이완 │
└───┘

① ㉠, ㉡   ② ㉠, ㉣   ③ ㉡, ㉢
④ ㉡, ㉣   ⑤ ㉢, ㉣

07 〈보기〉의 ㉮에 들어갈 내용으로 적절하지 <u>않은</u> 것은?

┤ 보기 ├

선생님: 소설의 배경은 사건이 발생하는 구체적인 시간과 공간뿐 아니라 인물을 둘러싼 역사적 상황이나 사회 현실 등을 의미합니다.

학생: 네. 그런데 소설에 배경이 명시되지 않으면 어떻게 알 수 있나요?

선생님: 인물들의 말과 행동, 소재 등을 통해 알 수 있지요. 이 소설에 한번 적용해 볼까요?

학생: 이 소설에서는 (㉮)는 사회·문화적 배경을 찾을 수 있어요.

① 과거 제도가 있었다

② 집권층이 쉽게 도둑들을 소탕하지 못했다

③ 먹고살기 힘들다면 양반도 장사를 할 수 있었다

④ 나라의 위기를 극복하기 위해 적극적으로 인재를 등용했다

⑤ 조선의 경제 구조가 매점매석으로 흔들릴 정도로 취약했다

[08~10] 다음을 읽고 물음에 답하시오.

가

봄은

신동엽

ⓐ봄은
ⓑ남해에서도 북녘에서도
오지 않는다. //
너그럽고 / 빛나는
봄의 그 눈짓은,
제주에서 두만까지
우리가 디딘
ⓒ아름다운 논밭에서 움튼다. //
ⓓ겨울은,
바다와 대륙 밖에서
그 매운 눈보라 몰고 왔지만
이제 올
너그러운 봄은, 삼천리 마을마다
우리들 가슴속에서
움트리라. //
움터서,
강산을 덮은 그 ⓔ미움의 쇠붙이들
눈 녹이듯 흐물흐물
녹여 버리겠지.

나 시인이 노래하는 '봄'이란 곧 통일, 또는 통일이 이루어진 시대를 의미한다. 그것은 '남해에서도 북녘에서도 / 오지 않는다.'라고 시인은 분명하게 끊어서 말한다. '남해'와 '북녘'은 모두 한반도를 둘러싼 외부의 힘을 말하는 것이다. 그러면 봄은 어디에서 오는가? 그것은 '제주에서 두만까지 / 우리가 디딘 / 아름다운 논밭에서 움튼다.' 즉, 우리 동포들이 살고 있는 바로 이 땅에서 그것은 이루어지는 것이다.

다 그리하여 찾아올 통일의 미래를 시인은 마지막 연에서 그려 본다. 오늘의 우리 강토를 덮고 있는 것은 '미움의 쇠붙이들', 즉 증오와 불신으로 가득 찬 군사적 대립·긴장이다. 우리 민족 모두의 마음속에서 싹트고 자라나는 훈훈한 봄은 마침내 이 '쇠붙이들'을 모두 녹여 버리고 새로운 세계를 열게 될 것이다. 그때 제주에서 두만강까지 펼쳐진 아름다운 논밭과 삼천리 마을은 얼마나 아름다울 것인가라는 간절한 꿈이 이 구절 뒤에 담겨 있다. 그

런 뜻에서 이 작품은 한 편의 시이면서 오늘의 시대적 상황에 관한 예언적 진단이기도 하다.

08 (가)에 대한 설명으로 적절하지 않은 것은?
① '우리나라'를 비유하는 대유법을 사용하고 있다.
② 단정적 어조로 화자의 확고한 의지를 드러내고 있다.
③ '봄'과 '겨울'의 대립적인 이미지로 시상을 전개하고 있다.
④ 공간의 이동에 따라 긍정적인 미래의 모습을 그려 내고 있다.
⑤ 상징적 의미를 지닌 소재를 사용하여 의미를 드러내고 있다.

09 (나)와 (다)를 바탕으로 (가)를 해석할 때, ⓐ~ⓔ의 의미를 설명한 것으로 적절하지 않은 것은?
① ⓐ: 통일
② ⓑ: 외부 세력
③ ⓒ: 우리 강산
④ ⓓ: 우리 내부의 불신
⑤ ⓔ: 군사적 긴장

10 〈보기〉는 (가)에 대한 해석이다. 이 해석의 주된 관점으로 적절한 것은?

┤ 보기 ├

우리가 살고 있는 이 시대의 가장 큰 과제가 무엇인가를 묻는다면 아마도 한국인들 대다수가 '분단된 민족의 통일'이라고 답할 것이다. 그러나 이처럼 통일을 갈망하면서도 그것이 어떻게 가능하며 그것을 이루는 일이 어디에서부터 시작되어야 하겠느냐는 물음에는 시원한 답이 잘 나오지 않는 것도 사실이다. 이 작품에서 시인은 바로 그러한 문제를 '봄'에 관한 시적 언어를 통해 노래한다.

① 작품 자체의 표현만을 중시하는 관점
② 작가의 삶을 고려하여 해석하는 관점
③ 작품이 쓰인 시대를 중심으로 하는 관점
④ 작품이 독자에게 미칠 영향을 주목하는 관점
⑤ 작품과 다른 작품과의 관계를 중점적으로 보는 관점

11 다음은 모음을 일정한 기준에 따라 분류한 것이다. ㉠~㉣에 대한 이해로 적절하지 <u>않은</u> 것은?

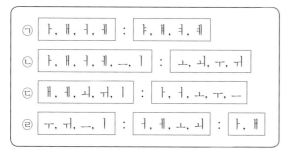

㉠	ㅏ, ㅐ, ㅓ, ㅔ : ㅑ, ㅒ, ㅕ, ㅖ
㉡	ㅏ, ㅐ, ㅓ, ㅔ, ㅡ, ㅣ : ㅗ, ㅚ, ㅜ, ㅟ
㉢	ㅐ, ㅔ, ㅚ, ㅟ, ㅣ : ㅏ, ㅓ, ㅗ, ㅜ, ㅡ
㉣	ㅜ, ㅟ, ㅡ, ㅣ : ㅓ, ㅔ, ㅗ, ㅚ : ㅏ, ㅐ

① ㉠은 발음하는 도중에 입술 모양이나 혀의 위치가 변하는지 그렇지 않은지를 기준으로 분류한 것이다.

② ㉡, ㉢, ㉣은 모두 단모음을 일정한 기준에 따라 분류한 것들이다.

③ ㉡은 발음할 때 입술의 모양을 기준으로 입술이 평평한지 둥근지를 가지고 나눈 것이다.

④ ㉢은 발음할 때 공기의 흐름이 발음 기관의 방해를 받는지 안 받는지를 기준으로 분류한 것이다.

⑤ ㉣은 발음할 때 혀의 높이를 기준으로 고모음, 중모음, 저모음의 셋으로 모음을 나눈 것이다.

12 _{중요} 다음 자음 분류표의 일부를 보면서 국어 자음의 체계와 특성에 대해 발표한 내용으로 적절하지 <u>않은</u> 것은?

소리 내는 방법\소리 나는 위치		입술소리	잇몸소리	여린입천장소리
파열음	예사소리	ㅂ	ㄷ	ㄱ
	된소리	ㅃ	ㄸ	ㄲ
	거센소리	ㅍ	ㅌ	ㅋ
비음		ㅁ	ㄴ	ㅇ

① 발음할 때 '탄탄하다'는 '단단하다'보다 거칠고 거센 느낌을 줍니다.

② 국어 자음 중 파열음은 예사소리, 된소리, 거센소리의 세 계열로 나눌 수 있습니다.

③ 'ㅁ', 'ㄴ', 'ㅇ'은 모두 공기의 흐름을 완전히 막았다가 한꺼번에 터뜨리며 소리를 내야 합니다.

④ 소리 내는 방법을 고려하면, '나무'를 발음할 때 코를 막을 경우 제대로 발음하기가 어렵습니다.

⑤ 소리 나는 위치에 따라 분류하면, 'ㅁ과 ㅂ', 'ㄴ과 ㄷ', 'ㄱ과 ㅇ'은 각각 같은 부류로 묶을 수 있습니다.

13 서술형 다음의 ㉠과 ㉡을 제시된 〈조건〉에 따라 자연스럽게 연결하여 하나의 문장으로 만들어 쓰시오.

> ㉠ 우리가 꿈을 이루고 싶다.
> ㉡ 우리는 날마다 노력을 계속해야 한다.

┤ 조건 ├

• ㉠과 ㉡을 종속적으로 이어진 문장으로 만들 것.
• ㉠이 ㉡의 조건이 되도록 쓸 것.
• 주어의 불필요한 반복을 피할 것.

14 _{중요} 다음은 문장의 짜임에 관한 수업 내용의 일부이다. 제시된 활동의 수행 결과를 발표한 내용으로 적절한 것은?

> 선생님: 그동안 배운 내용을 바탕으로 다음 문장의 짜임을 분석해 보세요.
>
> 친구란 두 신체에 깃든 하나의 영혼이다.
>
> [도움말] 먼저, 주어와 서술어의 관계가 몇 번 나오는지를 가지고 홑문장인지 겹문장인지 구분하세요. 그리고 겹문장이라면 홑문장들의 결합 방식을 분석하여 이어진문장인지 안은문장인지 구분하세요. 그런 다음, 이어진문장은 대등하게 이어졌는지, 종속적으로 이어졌는지 구분하고, 안은문장은 안긴문장의 역할을 기준으로 명사절, 관형절, 부사절, 서술절, 인용절을 안은 문장으로 구분해 보세요.

① 홑문장 세 개가 결합하여 만들어진 겹문장입니다.

② '두'와 '하나의'는 관형어이고, '신체에'는 부사어입니다.

③ 안긴문장의 주어와 서술어는 각각 '두 신체에', '깃든'입니다.

④ 앞 절과 뒤 절이 대조의 의미 관계를 지니며 대등하게 이어진 문장입니다.

⑤ '친구란 하나의 영혼이다.'라는 문장 속에 명사절이 안겨 있는 안은문장입니다.

15 〈보기〉와 같은 상황이 벌어진 이유로 가장 적절한 것은?

┤ 보기 ├

북한에 가서 취재 활동을 벌이던 한 기자가 버스를 타고 있었는데, 뒤늦게 탄 할머니가 그가 앉아 있는 의자 곁에 와서 서 있었다.

그는 할머니에게 자리에서 일어나면서 "할머니, 여기에 앉으세요."라고 말하였다.

그러자 할머니는 "일없습네다."라고 짧게 잘라 대답했다.

그는 할머니가 자신의 호의를 단박에 거절하는 것 같아 마음이 언짢았다. 나중에 동료로부터 '일없다'는 말이 북한에서는 정중한 사양의 표현이라는 설명을 듣고서야 오해를 풀 수 있었다.

① 언어 규정이 달라 발음이 서로 달랐기 때문
② 지역적인 차이로 억양과 어조가 서로 달랐기 때문
③ 같은 말이라도 의미가 달리 쓰이는 말이 있기 때문
④ 시대의 변화에 따라 각각 다른 신조어를 만들어 사용했기 때문
⑤ 다른 나라 말을 들여오는 과정에서 언어 정책이 서로 달랐기 때문

16 〈중요〉 통일 시대의 국어를 대비하는 태도로 적절하지 않은 것은?

① 남북 국어학자들 사이의 학술 교류를 정책적으로 지원한다.
② 남북 언어의 이질성보다는 동질성에 더 많은 관심을 갖는다.
③ 남북이 공통으로 사용할 수 있는 표준말을 제정하여 보급한다.
④ 상대방의 말에 대해 비하하는 태도보다는 이해하고 수용하는 태도를 갖는다.
⑤ 남북의 언어 차이로 인해 발생할 수 있는 문제 상황에 대한 경각심을 갖는다.

[17~19] 다음 글을 읽고 물음에 답하시오.

고추의 한국 입성

고추는 우리 식탁에서 빼놓을 수 없는 향신료이지만, 우리나라에 고추가 들어온 지는 400년밖에 되지 않는다고 합니다. 고추가 국내로 들어오게 된 시기를 놓고 의견이 분분한데, 임진왜란 즈음에 일본으로부터 들여온 것이라는 설이 일반적입니다.

중남미에서 유럽으로 건너온 고추는 포르투갈 무역선에 실려 1540년대 마카오와 중국 무역항에 도착합니다. 그리고 1543년 포르투갈 상인을 통해 일본 규슈까지 전해지게 됩니다. 그렇게 고추는 일본을 거쳐 지금의 부산인 동래 왜관을 통해 들어와 본격적으로 재배되기 시작했습니다. 임진왜란 이전에 이미 고추 재배가 경상도 일대로 퍼져 나간 것입니다. 재배가 어렵지 않은 덕분에 그 뒤 고추는 남에서 북으로 점차 확산되었습니다.

한국을 대표하는 김치는 고추 맛을 가장 잘 보여 주는 음식입니다. 하지만 김치가 원래부터 매웠던 것은 아니라고 합니다. '국물이 많은 절인 채소'라는 의미의 '침채'가 김치의 어원인데, 여기에 고추를 넣어 담그게 된 것은 1700년경부터입니다. 그 전까지는 마늘이나 산초, 생강, 파 등을 매운맛을 내는 향신료로 사용하고, 소금으로 간을 하여 발효시켜 먹었습니다.

1614년 편찬된 『지봉유설』에서는 일본에서 전래되었다 해서 고추를 '왜개자(일본에서 들여온 겨자)'라 불렀으며, 이익은 『성호사설』에서 '왜초'라고 일컬었습니다. 당시엔 고추를 일본인이 조선인을 독살할 목적으로 가져온 독초로 취급했다고 합니다. 그래서 멀리해 오다 향신료 가격이 오르면서 점차 고추로 눈을 돌리게 되었습니다. 18세기 들어 김치나 젓갈의 맛이 변하는 것을 방지하고 냄새를 제거하는 용도로 사용되면서 비로소 매운맛의 재료로서 자리 잡게 된 것입니다. 그 뒤 고추를 고초라고 불렀는데 이는 후추같이 매운맛을 내는 식물이라 하여 붙인 이름입니다. 이러한 과정을 거쳐 고추의 매운맛이 서민들 밥상에 정착하게 된 것은 불과 19세기 초반이었습니다. 한국 요리가 맵다는 고정관념도 실제로는 2백 년 남짓밖에 되지 않았다는 이야기입니다.

고추는 단순한 양념에서 더 나아가 고유한 민속주도 낳았습니다. 고추감주라 하여 고춧가루를 탄 감주는 감기를 낫게 하는 약으로 먹는 민속주입니다. 또 고추는 민속 약으로도 쓰이기도 했습니다. 신경통, 동상, 이질, 담 등의 민간요법에 쓰였습니다. 우리나라 사람은 이질 등 세균이 침입해 염증을 일으키는 소화기 질환에 비교적 강한 반면, 매운 걸 잘 먹지 못하는 일본인들이 이

질에 매우 약한 걸 보면 고추는 확실히 소화 기관을 강하게 만드는 것 같습니다.

우리에게 너무나도 친숙한 고추는 많은 매력을 지닌 채소로, 우리 민족과는 떼려야 뗄 수 없는 찰떡궁합의 향신료입니다. 보건 복지부의 조사에 따르면 우리나라는 1인당 하루 고추 섭취량이 7.2그램으로, 세계 최고 수준이라고 합니다. 심지어 매운 고추를 고추장에 찍어 먹는 유일한 나라입니다. 명실상부한 매운맛 대국입니다. 이제 고추의 알싸한 매운맛은 세계인들이 자꾸 찾는 맛이 되어 가고 있습니다.

17 이 글을 통해 확인할 수 있는 정보가 <u>아닌</u> 것은?

① 민속 약으로서의 고추의 효능
② 18세기에 사용한 고추의 용도
③ 고추가 우리나라에 들어온 경로
④ 고추를 처음 도입했을 때 멀리해 온 이유
⑤ 우리나라의 고추 도입 시기에 대한 다양한 의견

18 이 글을 읽은 독자가 〈보기〉와 같이 생각했을 때, 독자의 읽기 과정에 대한 설명으로 적절하지 <u>않은</u> 것은?

┌ 보기 ┐

글쓴이는 한국 요리가 맵다는 고정 관념이 2백 년 남짓밖에 되지 않았다고 했는데 왜 그렇게 생각한 거지? 잘 이해가 되지 않네. 앞부분의 중심 내용에 밑줄을 그으며 꼼꼼하게 읽어 봐야겠어. 아하, 고추의 매운맛이 서민들 밥상에 정착하게 된 것이 19세기 초반이라서 그렇구나.

① 자신의 읽기 과정을 점검하고 있다.
② 읽기 상황에 맞게 읽기 방법을 조정하고 있다.
③ 글을 이해하는 과정에서 문제가 발생하고 있다.
④ 문제를 해결하기 위해 앞뒤 문맥을 활용하고 있다.
⑤ 글쓴이가 제시한 주장이 합리적인지 판단하고 있다.

19 이 글의 내용이 배경지식으로 활용될 수 있는 책의 제목으로 가장 적절한 것은?

① 음식으로 보는 세계 문화
② 고추장에 담긴 과학 기술
③ 세상에서 가장 쉬운 고추 재배
④ 세계로 뻗어 나가는 우리 음식
⑤ 우리와 세계의 입맛을 사로잡은 고추의 역사

[20~21] 다음 글을 읽고 물음에 답하시오.

가 빛과 어둠! 우리는 빛은 좋은 것으로, 어둠은 나쁜 것으로 인식하는 경향이 있다. 적어도 건강상의 문제에 있어서는, 빛도 중요하지만 그에 못지않게 어둠도 중요하다. 행복 호르몬으로 불리는 세로토닌은 빛에 의해서, 수면 호르몬으로 불리는 멜라토닌은 어둠에 의해서 생성되기 때문이다. 그런데 빛의 발달, 조명으로 인해서 밤과 낮의 구분이 없어진 지 오래고, 도심의 밤은 항상 밝은 빛으로 가득 차 있다. 과연 우리 건강에 지장이 없을까?

과도한 인공 불빛 속에서 살아가고 있는 수많은 사람들은 빛 때문에 생체 리듬이 깨지고, 그로 인해 각종 증상에 시달리고 있다. 불면증, 우울증, 만성 피로, 식욕 부진 등은 생체 리듬과 밀접한 관계가 있다. 수면 호르몬인 멜라토닌은 불이 꺼진 상태에서만 발현되는데, 밤에 불을 켜고 자는 497명의 어린이 중 34%가 근시 현상을 보였다는 세계적인 과학 잡지 『네이처』의 보고서는 멜라토닌의 작용을 잘 보여 준다고 할 것이다. 이처럼 멜라토닌은 수면, 체온 조절 등을 통하여 생체 시계의 역할을 하며, 그 밖에도 항산화 작용, 면역 기능 개선, 학습과 기억력 증진 등에 효과가 있는 것으로 알려져 있다. 따라서 멜라토닌을 원활히 생성하기 위해 밤 10시 이전에는 불을 끄고 잠자리에 들고, 밤에 인공 불빛에 과도하게 노출되지 말아야 한다.

나 도시에 있어서 야간 조명은 단순히 어둠을 밝히기 위한 수단이 아니며 감성을 자극할 수 있어야 한다. 또한 조명을 무조건 밝고 화려하게 한다고 좋은 것은 아니다. 요란한 색채의 조명을 서로 경쟁하듯이 밝게만 한다면 마치 테마파크와 같은 장면이 연출될 것이며 깊이 없고 산만한 경관이 만들어질 것이다. 강조할 곳, 연출이 필요한 부분에는 과감하게 조명 시설을 설치하고, 도시 전체적으로는 인공조명을 최소한으로 줄이는 등 적극적이면서 동시에 절제된 조명 계획이 적용되어야 한다. 우리나라의 도시도 야간 조명을 통하여 도시 전체를 하나의 예술 작품으로 만들어 나가는 노력이 필요하다.

도시 브랜드 가치를 높이는 방법의 하나로 빛의 도입을 보다 적극적으로 검토할 필요가 있으며, 각 도시의 장소적 특성 등과 연계한 빛의 적용 전략에 대하여 구체적인 논의를 시작해야 한다. 우리나라의 도시도 멋진 야경으로 유명한 '밤이 아름다운 도시'로 불리는 날이 곧 오기를 기대해 본다.

21 〈보기〉는 (가), (나)의 공통된 화제에 대한 자신의 관점을 표현하는 글을 쓰기 위해 메모한 내용이다. ㉠~㉤ 중, 적절하지 않은 것은?

┤ 보기 ├

- 화제: 도시의 야간 조명
- 형식: 카드 뉴스
- 목적: 빛 공해의 부정적 측면에 대한 정보 제공 ···· ㉠
- 나의 관점: 빛 공해가 다양한 사회 문제와 경제적 손실을 초래하는 것을 알고 인공 불빛의 과도한 사용을 줄여야 한다.
- 표현 방법
  - 차량의 안전사고 유발, 이웃 주민 간 분쟁의 원인 제공, 에너지 낭비 등 주요 내용을 구체적인 사례를 하나하나 제시하며 자세하게 설명함. ·················· ㉡
  - 내용의 중요도에 따라 글자 크기와 글자 색을 달리함. ·················· ㉢
  - 주요 내용을 압축적으로 보여 주는 사진이나 그림, 그래프나 도표를 적절하게 활용함. ······ ㉣
- 표현의 효과: 짧은 문구와 다양한 시각 자료를 사용하여 말하고자 하는 바를 쉽고 빠르게 이해할 수 있음. ·················· ㉤

① ㉠　② ㉡　③ ㉢　④ ㉣　⑤ ㉤

20 (가)와 (나)를 비교하며 읽은 내용으로 적절하지 않은 것은?

① (가)와 (나)는 동일한 화제에 대해 상반된 관점을 드러내고 있다.

② (가)와 (나)의 글쓴이는 모두 야간 조명의 필요성을 인정하고 있다.

③ (가)는 (나)와 달리 야간 조명을 활용하는 측면보다는 야간 조명을 줄이는 것에 관심을 가지고 있다.

④ (나)는 (가)와 달리 인공조명을 최대한으로 늘려야 한다고 주장하고 있다.

⑤ (가)에는 개인의 건강을 중시하는 관점이, (나)에는 도시 경관을 중시하는 관점이 드러나 있다.

22 〈보기〉는 글쓰기 과정에서 경험한 어려움이다. 이를 해결하기 위한 방법으로 적절한 것은?

┤ 보기 ├

문장을 어떻게 써야 할지, 어떤 단어를 써야 할지 모르겠군.

① 일정한 순서를 정해서 글을 고쳐 쓴다.

② 적절한 시각적 자료를 삽입하여 글을 쓴다.

③ 글의 주제를 확인한 후 통일성 있게 글을 쓴다.

④ 예상 독자를 고려하여 독자의 수준에 맞춰 글을 쓴다.

⑤ 주제와 관련된 다양한 자료를 다양한 매체에서 찾아본다.

23 〈보기〉의 내용을 살펴보고, 쓰기 윤리의 관점에서 어떤 문제점이 있는지 〈조건〉에 맞게 서술하시오.

┌ 보기 ┤

　　몇몇 학자들은 객관적으로 증명되는 다양한 형태의 자료를 무시한 채 자신들의 주장을 뒷받침하기에 유리한 통계 자료만을 활용하여 한 시대를 평가하는 글을 발표하였다.

┌ 조건 ┤

• 글쓰기의 부정적 결과를 포함하여 서술할 것.

[24~26] 다음 글을 읽고 물음에 답하시오.

가 사람들은 일상에서 만나는 다양한 문제 상황에 대해 자기 나름의 기준으로 판단하고 입장을 정리한다. 하지만 사람마다 가치관이나 생각이 다르기 때문에 같은 상황에 대한 입장이 다를 수 있다. 이때 글을 통해 자신의 의견이나 주장을 드러내면서 다른 사람의 생각이나 태도의 변화를 유도하기도 하는데, 이와 같은 글을 주장하는 글이라고 한다.

나 주장하는 글을 쓰기 위해서는 가장 먼저 문제 상황에 대한 자신의 주장을 결정해야 한다. 이를 위해서는 문제 상황을 바라보는 다양한 입장을 충분히 검토해야 한다. 한쪽 입장만을 염두에 두고 생각을 하다 보면 편견에 빠져 상황을 정확하고 공정하게 바라보지 못할 수 있기 때문이다. 그리고 주장의 내용은 구체적이고 명확해야 하며, 실현 가능성이 있어야 한다.

다 주장이 결정되면 이를 뒷받침할 객관적이고 타당한 근거를 마련해야 한다. 근거 마련을 위한 자료는 면담이나 관찰, 설문 조사 등과 같은 직접적인 방법으로도 수집할 수 있지만, 인쇄 매체, 영상 매체, 디지털 매체 등을 통해서도 수집할 수 있다. 수집한 자료는 주장을 뒷받침할 수 있는 것들만으로 선별하는 작업을 거쳐야 한다.

라 다음으로 선별한 자료를 적절하게 배치하고 조직하는 과정을 거쳐야 한다. 일반적으로 주장하는 글은 '서론-본론-결론'의 3단계로 글을 구성한다. 서론에서는 글을 쓰게 된 동기나 문제 상황을 드러내면서 화제를 제시하는데, 개념 정의나 경험, 사례 등을 이용할 수 있다. 본론에서는 구체적인 주장이 전개된다. 이때 앞에서 준비한 자료를 활용하는데, 각 문단의 소주제를 뒷받침할 수 있는 근거를 함께 제시한다. 그리고 결론에서는 본론에서 밝힌 주요 내용을 요약하거나 강조하면서 글을 마무리한다.

마 글을 쓸 때에는 주장하는 내용을 일관되게 유지하는 것이 중요하다. 이때 하나의 문단에는 하나의 주장만이 제시되어야 내용을 명료하게 전달할 수 있다. 또한 문장과 문장, 혹은 문단과 문단은 적절한 접속어나 지시어를 사용하여 긴밀하게 연결되도록 해야 한다. 글을 완성하고 난 뒤에는 주장하는 내용이 잘 전달되는지, 글의 내용은 논리적으로 연결되는지, 문장이나 단어는 정확하게 썼는지 등을 검토하며 고쳐 쓰는 과정을 거친다.

중요

24 이 글을 읽고 내용을 정리한 것으로 적절하지 <u>않은</u> 것은?

① 주장하는 글을 쓰는 이유
　－사람마다 문제 상황에 대한 입장이 다르기 때문임.
② 주장을 결정할 때 유의할 점
　－다양한 의견을 충분히 검토한 후 결정해야 함.
③ 근거가 갖추어야 할 조건
　－주관적이며 다양한 해석이 가능해야 함.
④ 서론의 역할
　－글을 쓰게 된 동기를 드러내며 화제를 제시함.
⑤ 글을 쓸 때 유의할 점
　－주장하는 내용의 일관성을 유지함.

중요

25 이 글을 바탕으로 〈보기〉를 평가한 것으로 적절하지 않은 것은?

┤ 보기 ├

주장: 비둘기는 유해한 동물이다.

자료	사용 여부
환경부에서 유해한 동물로 지정함. – ○○ 일보, 20**. **. **.	○
미국에서는 비둘기 사료에 피임 성분을 넣음. – □□ 일보, 20**. **. **.	○
비둘기 배설물의 균이 인간에게 유해함. – ○○○ 교수 논문	○
서울 올림픽 때 비둘기를 많이 날림. – WWW.****.***	×

① 주장을 구체적이고 명확하게 설정하였다.
② 주장을 뒷받침하는 근거만을 선택하였다.
③ 자료를 수집할 때 출처를 함께 정리하였다.
④ 자료는 주로 매체 검색을 통해 수집하였다.
⑤ 자료를 수집하고 선별하는 과정을 보여 준다.

서술형

26 (마)를 바탕으로 〈보기〉의 문제점을 서술하시오.

┤ 보기 ├

주장하는 글은 독자에게 글쓴이의 주장이 분명하게 전달되어야 한다. 이를 위해서는 간결하고 명확한 문장을 사용하는 것이 좋다. 구체적이고 타당하면서, 출처가 분명한 자료를 근거로 사용해야 한다. 주장과 근거가 사회·문화적 맥락 안에서 수용 가능한 것인지를 점검해 보아야 한다.

27 〈보기〉에서 '지호'가 겪고 있는 말하기 불안의 주된 원인으로 가장 적절한 것은?

┤ 보기 ├

선생님: 지호야, 다음 시간에는 네가 발표할 차례인데, 준비는 잘 돼 가니?
지호: 네. 준비는 충분히 한 것 같아요. 그런데 …….
선생님: 왜, 무슨 문제라도 있는 거니?
지호: 제가 내성적인 성격이라 친구들 앞에서 말을 제대로 못해요.
선생님: 그렇구나. 연습을 여러 번 해 보면 좀 좋아지지 않을까?
지호: 연습도 여러 번 했는데 긴장과 불안이 사라지지 않아요. 이 상태로 발표를 잘할 수 있을까 걱정돼요.

① 발표 내용을 충분히 준비하지 못해서 불안해하고 있다.
② 발표 경험이 부족하고 낯선 청중과 환경 때문에 긴장하고 있다.
③ 발표를 유창하게 해야 한다는 생각 때문에 부담감을 가지고 있다.
④ 자신의 발표에 대한 청중의 반응과 평가를 지나치게 신경 쓰고 있다.
⑤ 자신에 대해 부정적이고 소극적으로 생각하고 있기 때문에 걱정하고 있다.

중요

28 말하기 불안을 극복하기 위한 방안으로 적절하지 않은 것은?

① 발표하려는 내용에 대한 확신을 갖는다.
② 불안 상황을 자연스러운 것으로 받아들인다.
③ 발표에서 실패했던 경험을 자주 떠올려 본다.
④ 자신이 겪는 어려움이 무엇 때문인지 점검한다.
⑤ 가상의 청중을 향해 사전에 충분한 연습을 한다.

[29~30] 다음 글을 읽고 물음에 답하시오.

가 이럴 때 '만다꼬?'라고 질문을 해 봐야 합니다. '만다꼬 내가 차를 바꿔야겠다고 생각을 하지? 지금 차도 멀쩡히 잘 쓰고 있는데…… 차를 바꿀 게 아니라 내가 오래전부터 하고 싶었던 뭔가를 해 봐야겠다.' 이렇게 생각을 할 수도 있는 거고, 내가 완전히 반하지는 않은 사람과 지금 만나고 있을 때 주변 사람들이 "결혼 안 해? 국수는 언제 먹여 줄 거야?"라고 얘기를 해서 압박감을 느낄 때도 '만다꼬? 저 사람들이 나 대신 결혼 생활을 해 줄 건가?' 아니잖아요. 내가 '이 사람이 너무 좋아서 자연스럽게 결혼을 해야겠다.'가 아니라 '결혼을 해야 하는 때가 됐는데 옆에 이 사람이 있으니까 결혼을 하는 것은 아무래도 아닌 것 같아.' 하고 판단을 내릴 수가 있겠죠. 애한테도 "야, 들어가서 공부해. 공부해라. 공부해라." 이렇게 잔소리를 하다가도 스스로 '만다꼬?'라고 물어볼 수 있겠죠. '이게 정말 저 애를 위한 걸까? 저렇게 공부에 취미가 없는 애에게 공부해라, 공부해라 압박하는 것은 혹시 내가 내 자식이 성적이 잘 나오면 남들 눈에 창피하기 때문에 그렇게 생각하고 있는 건 아닐까?' 하고 자기 스스로 성찰을 해 볼 수도 있겠죠.

나 저는 왜 '㉠실패가 주는 혜택'을 말하려고 할까요? 그것은 이러한 실패를 경험하면서 삶의 군더더기를 없앨 수 있었기 때문입니다. 연이는 실패로 제게 남은 것은 많지 않았지만 사랑하는 딸과 낡은 타자기, 그리고 어떤 아이디어가 있었습니다. 저는 실패한 제 자신을 있는 그대로 받아들이고, 저에게 가장 중요한 단 한 가지 일에 에너지를 모두 쏟기 시작했습니다. 그렇게 저는 실패를 주춧돌 삼아, 그 위에 제 삶을 다시 튼튼하게 지을 수 있었습니다.

실패는 또한 다른 곳에서 배울 수 없었던 제 자신을 알게 해 주었습니다. 실패를 딛고 일어나는 과정에서 제가 생각보다 성실하고 의지가 강하며, 제 주변에 보석보다 훨씬 더 값진 사람들이 있다는 것을 알게 되었습니다.

또한 실패를 극복하며 강인하고 현명해지면, 어떤 일이 있어도 헤쳐 나갈 수 있다는 자신감이 생깁니다. 시련을 겪지 않으면 스스로가 얼마나 강한지, 가까이에 있는 사람이 얼마나 소중한지 알 수 없습니다. 저는 이 깨달음을 얻기까지 혹독한 대가를 치렀지만, 이것은 매우 가치 있는 일이었습니다.

만약 타임머신을 타고 스물한 살이던 때로 돌아간다면 제 자신에게 이렇게 말해 주고 싶습니다. 뭔가를 얻고 성취하는 것이 삶의 전부가 아님을 깨달아야 비로소 행복할 수 있다고 말입니다.

삶은 때로는 우리 뜻대로 되지 않습니다. 그리고 아무것도 실패하지 않고 사는 것은 불가능합니다. 이 사실을 겸허히 받아들이면 그 어떤 고난도 이겨 낼 수 있습니다.

29 **(가)와 (나) 같은 말하기를 준비하는 과정에서 청중 분석이 중요한 이유로 가장 적절한 것은?**
① 말하는 이보다 듣는 이를 중심으로 진행되므로
② 듣는 이의 심리 변화 과정을 즉각적으로 반영해야 하므로
③ 듣는 이의 요청이 있어야 이루어지는 말하기 유형이므로
④ 듣는 이의 생각이나 행동, 태도의 변화를 목적으로 하므로
⑤ 다루려는 문제에 관한 듣는 이의 경험을 사례로 제시해야 하므로

30 **㉠의 내용으로 적절하지 않은 것은?**
① 실패를 자신감에 대한 시험대로 여기게 되었다.
② 자신이 진짜 하고 싶었던 일에 열정을 쏟게 되었다.
③ 앞으로 어떤 일도 극복할 수 있다는 용기를 얻게 되었다.
④ 실패를 하면 안 된다는 두려움이나 자만에서 벗어나게 되었다.
⑤ 자신의 장점을 발견하고 주변에 소중한 사람들이 있다는 것을 깨닫게 되었다.

교재 쪽수	제재명	저자	출전
9	숲	강은교	『빈자 일기』 (민음사, 1977)
9	콩, 너는 죽었다	김용택	『콩, 너는 죽었다』 (실천문학사, 2003)
10	제망매가	월명사	김완진 옮김, 『향가 해독법 연구』 (서울대학교출판부, 1980)
12	꽃	김춘수	『꽃』 (지식을만드는지식, 2014)
14	실수	나희덕	『반 통의 물』 (창비, 2018)
21	수난 이대	하근찬	『선생님과 함께 읽는 수난 이대』 (휴머니스트, 2012)
22	천만리 머나먼 길에	왕방연	『고시조대전』 (고대민족문화연구, 2012)
22	까마귀 눈비 맞아	박팽년	『한국 고전 문학 전집 1 – 시조 1』 (고대민족문화연구, 1993)
24	우리 동네 구자명 씨	고정희	『지리산의 봄』 (문학과지성사, 2018)
26	꺼삐딴 리	전광용	『꺼삐딴 리』 (문학과지성사, 2009)
28	노새 두 마리	최일남	『한국 단편소설 베스트 39』 (혜문서관, 2014)
30	허생전	박지원	『우리 고전 다시 읽기 26 허생전』 (신원문화사, 2008)
37	나룻배와 행인	한용운	『님의 침묵』 (범우사, 2017)
38	청포도	이육사	『청포도, 광야』 (창작시대사, 2015)
38	청포도 비평문	이숭원	『교과서 시 정본 해설』 (휴먼앤북스, 2008)
40	봄은	신동엽	『누가 하늘을 보았다 하는가』 (창비, 2017)
40	봄은 비평문	김흥규	『한국 현대시를 찾아서』 (푸른나무, 2005)
73, 74	플라스틱은 전혀 분해되지 않았다	박경화	『지구인의 도시 사용법』 (휴, 2015)
76	신대륙의 숨은 보물, 고추 이야기	홍익희	『세상을 바꾼 음식 이야기』 (세종서적, 2017)
83	도시의 밤은 너무 눈부시다	박경화	『고릴라는 핸드폰을 미워해』 (북센스, 2011)
84	의심, 생명을 불어넣는 마법사의 물	남창훈	『탐구한다는 것』 (너머학교, 2010)
86	디지털 치매, 걱정할 일 아니다	이준기	『지식의 이중주』 (북하우스, 2009)
93	숲을 늘려야 지구 온난화 속도 늦춘다	강석기	『동아사이언스』 (2019. 7. 9 기사)
94	밤도 대낮처럼 환하게, 인공 빛의 두 얼굴	문종환	『건강다이제스트』 (2014. 7. 숲속 호)
96	밤이 아름다운 도시	이진숙	『대전일보』 (2017. 11. 17 기사)
137	자연이 하는 말을 받아쓰다	김용택	(주) 세상을 바꾸는 시간 15분 (2013. 8. 18 방송)
138	힘들 때 힘을 빼면 힘이 생긴다	김하나	(주) 세상을 바꾸는 시간 15분 (2017. 10. 24 방송)
140	세상을 바꾸는 실패와 상상력	조앤 K. 롤링	제재형 외 11인 엮음, 『세계를 주름잡은 리더들의 명연설 2』 (청미디어, 2016)

EBS 중학

뉴런

| 국어 3 |

정답과 해설 [개념책]

I. 문학

01 심미적 체험의 소통

1 제망매가

본문 10~11쪽

01 ① 　 02 ⑤ 　 03 ④ 　 04 ② 　 05 ⑦: 떨어질 잎
ⓒ: 이른 바람

01 이 시가는 신라 경덕왕 때 월명사 지은 것으로, 10구체 향가의 전형적인 모습인 3단 구성(1~4구, 5~8구, 9~10구)으로 이루어져 있다.

오답 확인 ② 이 시가에서 후렴구는 찾아볼 수 없다. 음악적 효과를 주는 후렴구는 고려 가요에 발달되어 있다.
③ 문학에서 '수미상관'은 시의 처음과 끝에 같거나 비슷한 구절을 반복하여 배치하는 기법을 말하는데, 이 시는 이에 해당하지 않는다.
④ 행이 구분되어 있으며 '4구+4구+2구'의 세 부분으로 이루어져 있다.
⑤ 형식에 따라 4구체, 8구체, 10구체 향가가 있을 뿐 정해진 음보는 없다.

02 이 시가의 화자는 거스를 수 없는 인간의 죽음을 불교적으로 승화하고 있다. 이 시가에서 자연의 영원함을 노래한 부분은 찾아볼 수 없다.

오답 확인 ①, ③ 이 시가는 일찍 세상을 떠난 누이를 추모한 노래로, 화자는 누이의 죽음에서 느끼는 고통과 인생무상을 불교적 사상으로 극복하고자 한다.
②, ④ 누이의 죽음을 겪은 화자는 삶과 죽음의 문제를 나무와 낙엽에 빗대어 말하고 있다. 한 부모에게서 태어난 누이의 이른 죽음을 한 가지에 붙었던 잎이 일찍 불어온 바람에 떨어지는 자연 현상에 비유하여, 누이의 죽음에서 삶의 허무함과 무상함을 느끼는 화자의 상황을 나타내고 있다.

03 이 시가의 화자는 누이의 죽음에 대해 깊은 슬픔과 안타까움을 느끼지만, 불교의 윤회 사상을 바탕으로 슬픔을 극복하고 누이와의 재회를 기약하고 있다. 이와 같은 화자의 태도에서 경외감과 숙연함을 느낄 수 있다.

오답 확인 ① 죽은 누이를 추모하고 있으므로 밝고 경쾌한 분위기와는 거리가 멀다.
②, ③ 외롭고 쓸쓸한 분위기는 느껴지지만 따뜻하거나 차가운 분위기는 느껴지지 않는다.
⑤ 죽음에 대한 화자의 두려움은 나타나지만 긴장감이 느껴지지는 않는다.

04 '미타찰'은 불교의 아미타불이 있는 서방 정토, 즉 죽어서 간다는 극락세계이므로, 이와 의미가 대립하는 것은 '이승'이어야 한다. '예(여기에)'에서 '여기'는 이승을 의미한다.

05 이 시가에서는 죽은 누이를 이른 바람에 '떨어질 잎'에 비유하고 있다. '이른 바람'은 누이가 요절했음을 암시하는 시구이다.

2 꽃

본문 12~13쪽

01 ⑤ 　 02 ② 　 03 ③ 　 04 [예시 답안] 누군가에게 꼭 필요한 존재가 된다는 의미이다. / 서로에게 이 세상에 하나밖에 없는 존재가 된다는 의미이다.

01 이 시는 '몸짓(무의미한 존재)'과 '꽃(의미 있는 존재)'과 같은 대비적 의미의 시어를 사용하여 존재의 본질에 대한 화자의 생각을 드러내고 있다.

오답 확인 ① 이 시에 나타난 '꽃'은 자연물이 아니라 이름 부르기를 통해 의미를 갖게 된 존재라는 상징적인 의미를 지니므로 자연 친화적 정서를 드러낸다고 보기는 어렵다.
② 3, 4연은 현재 시제를 사용하지만 1, 2연은 과거 시제를 사용하고 있다.
③ '꽃'은 누군가에게 의미 있는 존재를 상징할 뿐 의인화된 대상은 아니다. 또한 이를 통해 화자가 처한 현실을 비판하고 있는 것도 아니다.
④ 이 시에서 반어적 표현은 찾아볼 수 없다.

02 2연의 '꽃'은 만남을 통해 의미를 부여받은 게 아니라 이름이 불려 의미 있는 존재가 된 것이다.

03 '이름 부르기'는 진정한 관계 맺기의 완성이 아니라 출발에 해당한다. 상대의 본질에 알맞은 이름을 불러 줌으로써 서로에게 의미 있는 관계를 맺을 수 있기 때문이다.

04 이 시에서 '꽃이 되었다.'라는 것은 이름을 부르는 행위를 통해 서로에게 의미 있는 존재, 중요한 존재가 되는 것을 의미한다. 〈보기〉에서 길들임을 통해 서로가 서로에게 꼭 필요한 세상에서 하나밖에 없는 존재가 되는 것과 비슷하다.

상	〈보기〉에 나타난 표현을 사용하여 서술한 경우
중	〈보기〉에 나타난 표현을 사용하여 서술했지만 어색한 경우
하	〈보기〉에 나타난 표현을 사용하지 않은 경우

③ 실수

본문 14~17쪽

01 ④ **02** ③ **03** ③ **04** [예시 답안] 곽휘원의 아내는 남편이 실수로 보낸 백지 편지를 자신을 향한 그리움을 말로 표현할 수 없다는 고백으로 생각하고 기뻐하였다. **05** ② **06** ② **07** ④ **08** ④ **09** ④ **10** [예시 답안] (1) 두 가지 실수 모두 예상하지 못한 긍정적인 결과를 불러왔다. (2) 마음의 여유를 가지고 살자.

01 이 글은 두 가지 일화를 제시하여 실수를 긍정적으로 바라보는 글쓴이의 생각을 드러낸 수필이다.

오답 확인 ① 수필은 글쓴이가 생활 속에서 얻은 생각과 느낌을 적은 문학의 한 갈래로, 논리적 근거를 바탕으로 독자를 설득하는 글이 아니다.
② 이 글은 과거형 진술을 통해 글쓴이가 겪었던 일화를 보여 주고 있다.
③ 글쓴이가 허구의 세계를 상상하여, 현실 세계에서 있음 직한 일을 꾸며 쓴 것은 소설이다.
⑤ 산문과 달리 간결하고 함축적인 언어로 전달하려는 내용을 표현하는 것은 시이다.

02 (나)에서 '원래 여행할 때 빗이나 화장품을 찬찬히 챙겨 가지고 다니는 성격이 아닌 데다'라는 내용을 통해 글쓴이가 꼼꼼하지 않고 덜렁거리는 성격임을 알 수 있다.

03 ⓒ '부스스해진'은 머리카락이나 털 따위가 몹시 어지럽게 일어나거나 흐트러져 있는 상태를 의미하므로 '엇비슷해진'으로 바꿔 쓸 수 없다.

04 곽휘원의 아내는 남편이 실수로 백지 편지를 보냈을 것이라는 생각은 하지 못하고, 자신을 향한 그리움을 말로 다 고백할 수 없어 백지 편지를 보냈다고 생각하여 기뻐했다.

상	내용도 정확하고 주어진 〈조건〉 세 가지를 모두 갖춰 서술한 경우
중	내용은 서술했는데 주어진 〈조건〉을 갖추지 못한 경우
하	내용도 부족하고 주어진 〈조건〉을 갖추지 못한 채 서술한 경우

05 스님에게 빗을 빌려 달라고 말하고 나서 스님의 파르라니 깎은 머리를 보았을 때, 글쓴이의 심정은 민망하고 겸연쩍었을 것이다.

06 이 글에 등장하는 두 가지 일화는 대조적인 것이 아니라 비슷한 사례로, 실수를 긍정적으로 바라보는 글쓴이의 생각을 뒷받침하고 있다.

오답 확인 ① 흔히 부정적으로 인식되는 실수를 글쓴이의 경험담을 토대로 새로운 시각으로 바라보면서 실수의 긍정적 의미를 이끌어 내고 있다.

③ 두 가지 실수에 얽힌 일화를 이야기하면서 이런 실수가 오히려 삶에 신선한 충격과 여유를 가져다줄 수 있다는 깨달음을 전하고 있다.
④ '어처구니없음'의 어원을 통해 제재에 의미를 부여하고 있다.
⑤ 다른 이의 사소한 실수에 대해 조급하게 굴거나 너그럽게 받아 주지 못했던 것을 반성하고, 실수를 너그럽게 받아들이자고 당부하고 있다.

07 이 글에서는 악의가 섞이지 않은 사소한 실수는 너그럽게 포용해야 한다고 말하고 있다.

08 실수는 바쁘고 각박한 세상에 여유를 가져다주는 삶과 정신의 여백에 해당하므로 실수를 용납하지 않는 삶보다 실수를 너그럽게 받아들이는 삶의 자세가 필요하다는 것이 이 글의 주제이다. 이를 바탕으로 강연을 한다면 실수에 대해 긍정적인 입장에서 이야기를 해야 한다.

09 글쓴이는 악의가 섞이지 않은 실수는 상대방의 긴장을 풀어 주거나 어색한 분위기를 편안하게 만들어 초면에 쉽게 마음을 트게 하는 등 긍정적인 효과가 있다고 깨달았다.

10 두 일화는 모두 악의가 섞이지 않은 실수가 예상하지 못한 긍정적인 결과를 가져왔다는 내용이고, 두 일화를 통해 글쓴이가 하고 싶은 말은 '정신과 마음에 여유를 가지고 살자.'는 것이다.

상	①과 ②를 모두 정확하게 서술한 경우
중	둘 중 하나만 정확하게 서술하고 나머지 하나는 부족한 경우
하	①과 ②를 모두 부정확하게 서술한 경우

⑫ 작품의 사회·문화적 배경과 현재적 의미

① 천만리 머나먼 길에 / 까마귀 눈비 맞아

본문 20~21쪽

01 ④ **02** ③ **03** 일편단심 **04** ⑤ **05** [예시 답안] '까마귀'는 세조 또는 세조를 따르는 간신들을, '야광명월'은 단종 또는 단종을 따르는 충신들을 상징한다.

01 (가)의 화자는 '고운 님'과 헤어진 상황을 '밤길'이라고 표현하면서, 이별의 슬픔을 표현하고 있다. 또한 (나)의 화자는 자신이 처해 있는 현실을 '밤'으로 표현하고 있다. (가)와 (나)의 화자 모두 현실을 부정적으로 인식하고 있는 것이다.

오답 확인 ① (가)의 화자가 '냇가'에 앉아 있지만, 자연 속의 삶을 꿈꾸고 있는 것은 아니다.
② (가)의 화자는 슬픔을 이야기하고 있지만, 그와 관련해서 다른 사람을 탓하고 있지는 않다.
③ (나)가 이별의 상황이라 볼 수 있는 근거는 없다.
⑤ (가)와 (나) 모두 현재 상황에 대한 정서를 표현할 뿐, 과거에 대한 이야기를 하고 있지 않다.

02 (나)의 '밤인들 어두우랴'는 밤이어도 어둡지 않다는 말을 의문의 형식으로 표현하여 의미를 강조한 것이다. 또한 '변할 줄이 있으랴' 역시 변하지 않는다는 의미를 의문형으로 표현한 것이다. 이와 같은 표현 방법을 설의법이라 한다.

오답 확인 ① (나)에는 '까마귀'나 '야광명월' 등의 동물이나 사물이 등장하기는 하지만 이들을 사람처럼 표현하는 의인법이 사용되지는 않았다.
② 두 구가 비슷한 구조로 반복되는 대구법이 사용되지 않았다.
④ '희화화'란 대상을 우스꽝스럽게 표현하는 것인데, (나)에는 희화화한 표현이 사용되지 않았다.
⑤ 의도와 반대로 표현하면서 의미를 강조하는 반어법이 사용되지 않았다.

03 (나)의 화자는 '님'에 대한 변함없는 마음을 표현하고 있다. '일편단심(一片丹心)'은 그러한 화자의 마음을 직접적으로 표현한 것으로, 한자 그대로의 의미는 '한 조각의 붉은 마음'이라는 뜻이지만 '진심에서 우러나오는 변치 아니하는 마음'이라는 의미로 사용된다.

04 (가)의 화자는 '물'이 울면서 밤길을 다닌다고 표현을 하였다. 하지만 정작 울고 싶은 것은 '님'과 이별한 화자 자신이다. 화자는 물을 통해 자신의 슬픈 마음을 표현하고 있는 것인데, 이와 같은 표현 방법을 '감정 이입'이라고 한다.

오답 확인 ① '천만리'는 실제 거리라기보다는 심리적 거리로 볼 수 있다. 즉, '님'과 이별한 슬픔의 크기를 '천만'이라는 수로 표현한 것이다.
② '고운 님'은 영월에 유배당한 단종을 가리킨다고 볼 수 있다.
③ '여의옵고'는 단종을 유배지에 남겨 놓은 슬픔을 표현한 것이다. 선비들의 죽음은 (나)와 관련된 배경지식이다.
④ '냇가'는 화자가 슬픔을 달래기 위해 잠시 머무는 공간이다.

05 (나)에 의하면 '까마귀'는 자신이 흰 척하고 있지만 검은 본성을 숨기지 못하는 존재이다. 여기에서 검은 본성은 부정적인 속성을 의미한다. 이를 〈보기〉와 관련지어 볼 때, '까마귀'는 단종을 몰아내고 부당하게 왕위를 빼앗은 세조나 그를 따르는 무리로 볼 수 있다. 반면 '야광명월'은 밝은 존재로 긍정적인 속성을 지니고 있다. 이는 왕위를 빼앗긴 단종이나 단종을 위해 목숨을 바친 선비들로 볼 수 있다.

상	'까마귀'와 '야광명월'을 바르게 찾았으며, 그 의미를 모두 바르게 서술한 경우
중	'까마귀'와 '야광명월'을 바르게 찾고 의미를 서술했으나, 의미 서술이 다소 미흡한 경우
하	• '까마귀'와 '야광명월' 중 하나만 찾아 의미를 정확하게 서술한 경우 • 소재 찾기나 의미 서술 중 한 가지만 정확하게 한 경우

② 우리 동네 구자명 씨
본문 22~23쪽

01 ④　　**02** ③　　**03** 꾸벅꾸벅　　**04** ④　　**05** [예시 답안] ㉮: 구자명 씨　㉯: 여자　㉰: 시의 내용이 구자명 씨 개인의 문제에서 여성 전체의 문제로 확장되었다.

01 이 시는 구자명 씨의 삶을 통해 여성 전체의 부당한 삶에 대해 이야기하고 있다. 이 시의 화자는 출근 버스 안에서 졸고 있는 구자명 씨의 모습을 보면서 그의 삶을 추측하고 있다. 따라서 화자가 자신의 이야기를 하고 있다는 진술은 적절하지 않다.

오답 확인 ① 이 시의 종결형은 '시작한다', '존다', '당기고 있다'와 같이 현재형을 사용하고 있다. 이와 같이 시에서 현재형 종결을 사용하면 독자들에게 생생한 현장감을 전달할 수 있다.
② '구자명 씨'라는 구체적인 인명과 '안산', '여의도' 등의 구체적인 지명을 사용하여 현실감을 드러내고 있다.
③ '그래 저 십 분은 ~ 시간'이라는 구절이 연속해서 반복되고 있다.
⑤ '팬지꽃'과 '안개꽃'이라는 상징적 소재를 사용하여 구자명 씨를 비롯한 여성들의 처지와 삶을 효과적으로 전달하고 있다.

02 이 시에서 배경을 묘사한 부분은 '아침 햇살 속'과 '차창 밖으론 ~ 사계절이 흐르고'이다. 전체적으로 아름답고 평화로운 분위기의 배경이다. 이는 고단한 삶으로 인해 버스에서 졸고 있는 구자명 씨의 모습과 대비되는데, 이를 통해 구자명 씨의 부정적 현실을 더욱 강조하는 효과를 얻고 있다.

오답 확인 ① 인물의 심리와 대조적인 배경이다.
② 서정적인 느낌의 배경이라 할 수 있지만, 이 배경이 시의 분위기를 낭만적으로 만드는 것은 아니다.
④ 배경이 사회·문화적 상황을 드러내고 있지는 않다.
⑤ 이 시의 배경은 미래의 전망과 관련이 없다.

03 '옆으로 앞으로 꾸벅꾸벅 존다'라는 구절은 구자명 씨가 출근 버스 안에서 졸고 있는 모습을 묘사하여 구자명 씨의 고단한 일상을 보여 준다. 특히 '꾸벅꾸벅'이라는 의태어를 사용함으로써 구자명 씨의 피곤한 모습을 더욱 실감나게 표현하고 있다.

04 이 시에서 구자명 씨는 가정에서 며느리로서, 아내로서, 그리고 어머니로서의 역할을 하느라 피곤해진 몸으로 직장에 가기 위해 출근 버스를 탔다. 즉, 이 시에서 사회생활은 구자명 씨의 삶을 더 고단하게 만드는 역할을 하는 것이다. 따라서 사회생활이 구자명 씨의 피난처 역할을 한다는 진술은 적절하지 않다.

오답 확인 ① 이 시의 구자명 씨는 배경이 되는 사회를 살아가는 일반적인 여성들의 삶을 대표하는 인물이라 볼 수 있다.
② 시의 화자는 한 식구의 안식을 여자가 받들고 있다고 표현하면서, 여성의 희생을 강조하고 있다.
③ 구자명 씨는 가정에서 며느리이자 아내, 그리고 어머니로서의 역할을 수행하면서 아침 일찍 직장으로 출근해야 하는 이중고를 겪고 있다.
⑤ 이 시는 여성에게 가정에 대한 모든 책임을 떠맡기는 가부장적 전통에 대한 비판을 담고 있다.

05 시의 화자는 전반부에서는 구자명 씨의 고단한 삶에 대해 이야기한다. 그러다가 후반부에서 식구의 안식을 책임지는 인물이 여자라고 표현하면서 시적 대상을 확장하고 있다. 이는 시에서 말하고자 하는 사회적 문제가 단순히 구자명 씨 개인의 문제가 아니라 그 시대를 살아가는 여성들 전체의 문제라는 시인의 생각을 표현한 것이다.

상	㉮~㉰를 모두 정확하게 작성한 경우
중	㉮~㉰를 모두 작성하였으나, ㉰의 내용이 다소 미흡한 경우
하	㉮와 ㉯만 맞게 쓰거나 ㉰만 정확하게 작성한 경우

---

③ 꺼삐딴 리

본문 24~29쪽

01 ①　　**02** ④　　**03** ⑤　　**04** ④　　**05** [예시 답안] (1) 이인국 박사가 자신의 입원을 거절하였다. (2) 이인국 박사가 친일 행위를 하였다.　　**06** ④　　**07** ②　　**08** ⑤　　**09** 이인국 박사가 스텐코프에게 노어로 혹 제거 수술을 제안하였다.　　**10** ①　　**11** ③　　**12** ④　　**13** ③　　**14** [예시 답안] (1) 이인국 박사의 미국 유학을 허락하는 내용이다. (2) 미국 유학을 다녀온 사람들이 날치는 것이 눈꼴사나웠기 때문이다.

01 이 글의 서술자는 작품 밖에 위치하는데, 작품 속 인물인 이인국 박사의 행동과 심리, 그리고 소설의 상황 등을 직접 전달하고 있다.

오답 확인 ② 인물 사이의 갈등이 드러나는 부분은 (나)로 볼 수 있는데, 대화보다는 서술자의 설명에 의해 상황이 전달되고 있다.
③ (가)~(라)에서는 공간적 배경의 변화가 두드러지게 드러나지 않는다.

④ 이 글의 서술자는 작품 밖에서 등장인물의 모든 것을 알고 있는 듯이 서술하고 있다.
⑤ 이 글에서 서술자의 교체는 일어나지 않는다. 이 글은 한 서술자의 일관된 시각으로 사건을 전달하고 있다.

02 (라)의 마지막 문장에서 '지난 일에 대한 뉘우침이나 가책 같은 건 아예 있을 수 없었다.'라고 설명하고 있다. 이인국 박사는 자신의 과거에 대해 후회하거나 뉘우치는 인물은 아니다.

오답 확인 ① (가)에서 이인국 박사가 사상범인 춘석의 입원 치료를 고민하는 것은 관선 시의원이라는 체면과 황국 신민이라는 다른 사람들의 인정 때문이다.
② (다)에서 이인국 박사는 일본어를 주로 사용한 덕에 '국어 상용의 가'라는 글을 받았다.
③ (나)에서 이인국 박사는 자신을 노려보는 인물이 입원 치료를 거절했던 춘석임을 알고 불안해하고 있다.
⑤ (다)에서 이인국 박사는 '국어 상용의 가'라고 쓰인 종이를 꼼꼼히 찢었다. 이는 자신의 친일 행위를 숨기기 위한 행동이다.

03 (가)에서 이인국 박사는 환자의 몰골이나 업고 온 사람의 옷매무새로 환자를 평가하고 있다(ㄷ). (라)에서는 앞일을 예상할 수 없는 불안한 상황에서도 미래에 대한 막연한 기대를 포기하지 않는다(ㄹ).

오답 확인 ㄱ, ㄴ. (가)에서 이인국 박사는 자신의 이해관계를 지키기 위해 일제의 눈치를 보며 사상범의 입원을 단번에 거부하고 있다.

04 '면허장'은 시대에 상관없이 사용하는 말로 소설의 시대적 배경을 드러내지 못한다.

오답 확인 ①, ⑤ 일제 강점기를 배경으로 하고 있음을 알 수 있다.
②, ③ 해방 직후를 배경으로 하고 있음을 알 수 있다.

05 (나)에서 이인국 박사를 노려보던 청년은 이인국 박사가 입원을 거절했던 사상범 춘석이다. 춘석의 입장에서는 자신의 입원을 거절한 이인국 박사에게 개인적인 원한이 있을 것으로 짐작할 수 있다. 또한 사상범이라는 말을 통해 춘석이 일제에 저항해서 독립운동을 하던 인물임을 알 수 있는데, 그런 춘석의 입장에서는 앞장서서 친일 행위를 한 이인국 박사에 대한 분노가 있었을 것으로도 짐작할 수 있다.

상	'개인적 차원'과 '민족적 차원'의 이유를 각각 한 문장으로 정확하게 작성한 경우
중	'개인적 차원'과 '민족적 차원'의 이유를 각각 한 문장으로 작성했으나 내용이 다소 미흡한 경우
하	'개인적 차원'과 '민족적 차원' 중 한 가지만 정확하게 작성한 경우

06 (마)에서 춘석이 이인국 박사에게 "너는 총살이야."라고 말한 것은 분노의 표현이지 실제로 이인국 박사의 총살이 결정되었다는 말은 아니다. 이인국 박사가 총살 판결을 받았다고 볼 수 있는 내용은 제시되지 않았다. 오히려 (바)의 '미결감 다른 감방'이라는 말에서 이인국 박사 역시 아직 법적 판결이 나지 않은 상태일 것이라고 짐작할 수 있다.

오답 확인 ① (마)에 나타난 춘석의 말과 행동을 통해 짐작할 수 있다.
② (마)의 '모든 사태는 짐작되었다.'를 통해 알 수 있다.
③ 이인국 박사는 의사로서 병에 걸린 감방의 환자들을 치료하고 스텐코프의 수술을 성공함으로써 새로운 기회를 얻게 되었다.
⑤ (사)의 '불구라면 불구로 ~ 생각이 들었다.'를 통해 알 수 있다.

07 (마)에서 춘석이 이인국 박사에게 사용하는 욕설을 통해 이인국 박사에 대한 춘석의 분노의 마음을 알 수 있다.

오답 확인 ① 서술자가 인물의 행동이나 심리를 전달하고 있지만 인물에 대한 감정을 직접 드러내지는 않았다.
③ (마)에서 이인국 박사와 춘석의 갈등이 드러나지만, 작가가 주로 드러내고자 한 것은 이런 개인 간의 갈등이 아니라 변하는 한국 근대사에 대처하는 이인국 박사의 행동이다.
④ 노어 책을 암송하다시피 공부하는 모습에서 살기 위해 노력하는 이인국 박사의 면모를 볼 수 있다.
⑤ 소련 장교나 노어 등의 내용이나 춘석의 말과 행동을 통해 해방 직후를 배경으로 하고 있음을 알 수 있다.

08 일제 강점기에 친일 행위를 하며 부와 명성을 얻었던 이인국 박사는 해방 직후에는 소련 장교인 스텐코프를 수술해 주고 '꺼삐딴 리'라는 찬사를 듣는다. 작가는 이러한 이인국 박사의 행동을 통해 개인적인 이익만을 추구하며 세태에 맞춰 기회주의적으로 행동하는 이인국 박사의 잘못된 처세술을 비판하고 있다. '꺼삐딴 리'라는 제목에는 이러한 작가의 의도가 반영되었다고 볼 수 있다.

09 ㉠에서 이인국 박사는 노어 공부에 열심인 모습을 보여 준다. 그리고 ㉡에서는 스텐코프의 수술을 성공적으로 마쳤다는 내용이 나온다. 따라서 ㉠과 ㉡ 사이에는 노어를 사용해 스텐코프에게 접근해 수술을 제안하였다는 내용이 들어갈 수 있음을 추론할 수 있다.

상	'노어를 사용했다.'는 내용과 '수술을 제안했다.'는 내용이 모두 들어가면서 완전한 한 문장으로 답을 작성한 경우
중	'노어를 사용했다.'는 내용과 '수술을 제안했다.'는 내용이 모두 들어갔으나 내용이 다소 미흡한 경우
하	'노어를 사용했다.'는 내용과 '수술을 제안했다.'는 내용 중 한 가지만 들어가게 답을 작성한 경우

10 (자)~(타)에서 이인국 박사가 우리나라의 골동품을 브라운 씨에게 선물하는 부정적인 방법으로 그의 환심을 사는 장면은 나오지만, 다른 사람을 해치는 모습은 직접적으로 드러나지 않는다.

오답 확인 ②, ⑤ 브라운 씨의 관사에 여러 개의 골동품이 있는 것으로 보아 이인국 박사 외에도 브라운 씨에게 선물을 한 사람이 많았음을 알 수 있다.
③ (타)에서 이인국 박사는 과거의 잘못에 대해 반성하지 않고 자신의 행동을 합리화하는 태도를 보여 준다.
④ 골동품을 외국에 반출하면서까지 출세를 하려는 이인국 박사의 행동은 비판의 대상이 될 수 있다.

11 '지성이면 감천'은 '정성을 다하면 어려운 일도 이룰 수 있다.'라는 뜻이다. 이와 비슷한 속담으로 '하늘은 스스로 돕는 자를 돕는다.'가 있는데, 이는 열심히 노력하는 사람은 그에 상응하는 보답을 받는다는 뜻이다.

오답 확인 ① 아무리 쉬운 일이라도 함께 협력해서 하면 훨씬 더 쉽고 효과적이라는 말이다.
② 애쓰던 일이 실패로 돌아가거나 남보다 뒤떨어져 어찌할 도리가 없다는 뜻이다.
④ 자기는 더 큰 흉이 있으면서 도리어 남의 작은 흉을 본다는 말이다.
⑤ 원인에 따라서 결과가 생긴다는 것을 비유적으로 이르는 말이다.

12 개인 교수를 받으며 열심히 영어를 공부한 덕에 브라운 씨의 인정을 받는 부분에서 이인국 박사의 처세술에 언어가 매우 중요한 역할을 함을 알 수 있다. 실제로 이인국 박사는 과거에도 일본어와 노어에 집착하는 모습을 보여 왔다.

오답 확인 ①, ② (자)의 마지막 내용을 볼 때, 이인국 박사는 문화재를 외국으로 유출하는 것에 대한 부끄러움은 느끼지 않고 있다.
③ 이인국 박사가 스텐코프를 떠올린 것은 그가 영어 공부에 도움을 주어서가 아니다. 이인국 박사는 스텐코프가 자신의 노어 실력을 칭찬했던 장면을 떠올린 것이다.
⑤ 청자병을 쓰다듬으며 만족해하는 모습을 통해 브라운 씨가 이인국 박사의 선물을 마음에 들어 하고 있음을 알 수 있으며, 이것이 이인국 박사를 도와주는 것에 영향을 미쳤을 것이라고 짐작할 수 있다.

13 '사마귀 같은 일본 놈', '닥싸귀 같은 로스케', '양키' 등의 표현을 통해 이인국 박사가 생존을 위해 일본, 러시아, 미국에 아부하는 태도를 보였으나, 이들을 경외하고 있지는 않음을 알 수 있다.

오답 확인 ① "나보다 얼마든지 날뛰던 놈들도 있는데 나쯤이야……."에서 이인국 박사는 다른 사람과 비교하면서 자신의 행동을 합리화하고 있다.
② "그 사마귀 같은 ~ 살아났는데"에서 이인국 박사가 어떻게 살아왔는지가 요약적으로 제시되고 있다.
③ "아직 이 이인국의 살 구멍은 막히지 않았다."라는 말을 통해 알 수 있다.
⑤ "혁명이 일겠으면 일구, 나라가 바뀌겠으면 바뀌구"에서 나라의

안위에 관계없이 자신의 이익만 추구하는 이인국 박사의 이기적 면모가 드러난다.

14 (카)의 "미국에 가서의 모든 일도 잘 부탁합니다."라는 이인국 박사의 말이나, (타)의 "어디 나도 댕겨오구 나면 보자!"라는 말을 통해 통지의 내용이 이인국 박사의 미국행과 관련이 있음을 알 수 있다. 또한 (타)의 '대학을 갓 나와서 ~ 눈꼴사나웠다.'를 통해 이인국 박사가 미국으로 가려하는 이유도 짐작할 수 있다.

상	'통지의 내용'과 '기다리는 이유'를 예시 답안과 같이 정확하게 작성한 경우
중	'통지의 내용'과 '기다리는 이유'를 작성했으나 내용이 다소 미흡한 경우
하	'통지의 내용'과 '기다리는 이유' 중 하나만 정확하게 작성한 경우

---

④ 노새 두 마리 본문 30~35쪽

01 ① **02** ③ **03** ① **04** ⑤ **05** [예시 답안] 산업화와 도시화가 진행되었던 1970년대이다. **06** ⑤ **07** ④ **08** ② **09** ① **10** [예시 답안] ⓐ, ⓒ, ⓓ는 산업화와 도시화 등 급격한 사회 변화가 나타나기 이전의 산물이며 ⓑ, ⓔ는 그러한 변화가 나타난 이후의 산물이다. **11** ③ **12** ④ **13** [예시 답안] '노새 두 마리'는 아버지와 (우리 집) 노새로, 시대의 변화에 적응하지 못하는 존재들이다. **14** ② **15** ⑤

01 이 글은 일인칭 관찰자 시점으로 '나'라는 관찰자가 사건을 서술하고 있다. 즉 일인칭의 시점으로 서술하고 있더라도 소설의 내용은 '나'의 눈에 비친 외부 세계이다. 작가는 자신의 의도를 표현하는 방법으로 관찰자를 설정할 수 있는데, 관찰자가 '어린아이'인 경우 외부 세계를 순수하게 관찰할 수 있다는 특징이 있다.

오답 확인 ② 서술자가 개입하여 인물의 행위나 생각에 대해 직접적으로 평가하는 것은 '편집자적 논평'으로, 주로 고전 소설에서 나타나는 특징이다.
④ 이야기 밖의 서술자가 사건을 객관적으로 관찰하여 서술하는 것은 '작가 관찰자 시점'이다.
⑤ 이야기 밖의 서술자가 인물들의 심리나 생각을 자세하게 서술하는 것은 '전지적 작가 시점'이다.

02 소설 속 소재는 다양한 역할을 한다. 갈등을 일으키거나 해소하기도 하고, 사건을 암시하기도 한다. 인물의 성격을 상징적으로 나타내기도 하고, 소설이 창작된 사회·문화적 상황을 나타내기도 한다. 독자들은 '연탄, 문화 주택, 슬래

브 집, 판잣집'을 보고 산업화와 도시화가 진행되던 1970년대가 소설의 배경임을 짐작할 수 있다.

03 (가)에 '우리 동네'의 모습이 드러나 있는데, 허름한 집들과 새로 생긴 집들과는 골목을 경계로 금을 긋듯 나누어져 있음을 알 수 있다.

04 동네가 변화하고 있는 과정에서도 노새는 여전히 이 골목저 골목을 헤집고 다녔는데, 구동네에서는 아무도 거들떠보지 않으며, 경우에 따라 눈을 찢어지게 흘기거나 구박을 한다. 반면 새 동네에서는 노새를 볼 기회가 흔하지 않았기 때문에 노새를 신기해하고, 부드러운 눈길로 바라본다.

05 (가)에는 허름한 집(판잣집)과 문화 주택(슬래브 집)이 함께 있는 동네의 모습이 묘사되어 있다. 이는 서울 변두리에 흔한 신흥 부락의 모습으로 동네의 변화는 산업화, 도시화 과정에서 생긴 것이다. 즉, 이를 통해 알 수 있는 사회·문화적 상황은 산업화와 도시화가 진행되는 1970년대이다.

상	'산업화', '도시화', '1970년대'라는 핵심 단어가 모두 제시된 경우
중	'산업화', '도시화'라는 시대적 상황은 제시했으나, '1970년대'이라는 시대적 배경을 구체적으로 제시하지 못한 경우
하	'산업화', '도시화', '1970년대'라는 핵심 단어는 제시하지 못했지만 문맥상 같은 내용을 담고 있는 경우

06 (라)에서 파랑 노새, 빨강 노새, 까만 노새 등 많은 종류의 노새가 뛰어다닌다고 생각한 것은 실제 노새가 뛰어다닌 것이 아니라 내가 거리의 자동차들을 노새로 착각한 것이다.

오답 확인 ① (다)에서 아버지는 넘어진 상황에서도 도망가는 노새를 보며 얼굴이 하얘졌다. 아버지는 노새의 도망에 당황하고 있으므로 노새의 도망을 예상했다고 볼 수 없다.
② (다)에서 노새가 도망갔을 때, 앞쪽에서 비명 소리가 들리는 장면을 보면 노새가 도망갈 때 주변 상황들이 매우 혼란스러웠음을 알 수 있다.
③ (마)에서 아버지는 통행금지 시간이 다 되어 들어왔고, 빈 몸이었으며 힘이 빠져 있다고 했으므로 노새를 찾지 못했음을 알 수 있다.
④ (마)에 삼륜차 때문에 아버지의 일감이 자칫 줄어드는 것 같다는 내용이 제시되어 있다.

07 어린 '나'는 잃어버린 노새를 찾느라고 이리저리 분주하게 뛰어다니고 있는데, 사람들은 그런 '나'에게 어떤 질문도, 위로도 하고 있지 않다. 이를 통해 남에게 무관심한 도시 사람들의 태도를 알 수 있다.

08 '나'는 길거리의 자동차들을 막 뛰어다니는 노새로 착각한다. 이는 노새를 찾고 싶은 '나'의 절박함과 다급함 때문이다.

09 자동차는 시대의 변화에 따라 등장한 문물로, 아버지의 말마차를 위협하기도 하고, 일감을 빼앗기도 한다. ⓒ을 보면 아버지는 자동차를 부정적으로 생각하고 있으며, 시대의 변화에 맞지는 않지만 자신의 일에 대한 자부심과 오기를 지니고 있음을 알 수 있다. 즉 자동차가 아니더라도 자신의 노새를 이용하여 충분히 연탄 배달을 할 수 있다고 생각하는 것이다.

오답 확인 ②, ③ 아버지는 자동차 자체를 부정적으로 생각하고 있기 때문에 연탄 배달에 자동차를 이용할 생각이 없다.

10 이 소설은 산업화와 도시화가 진행되는 1970년대를 배경으로 하고 있기 때문에 사회 변화 이전과 이후의 상반된 성격의 소재가 나타나 있다. 노새, 말 마차, 소달구지는 변화 이전부터 사용되던 소재이며, 자동차와 삼륜차는 변화 이후에 등장한 소재이다.

상	소재의 분류와 의미(변화 이전과 이후)를 모두 제시하고, 내용도 정확한 경우
중	소재의 분류나 의미(변화 이전과 이후)를 모두 제시했으나 내용이 하나만 정확할 경우
하	소재의 분류나 의미(변화 이전과 이후) 중 하나만 제시한 경우

11 이 소설의 아버지는 변화 속도에 적응이 느린 편인 반면, 칠수 어머니는 사회 변화를 받아들이고 적응하는 인물임을 알 수 있다. 하지만 이런 차이로 인해 세대 간의 갈등이 심해졌다고 보기는 어렵다.

오답 확인 ① 산업화로 인해 다양한 교통수단(비행기, 헬리콥터, 자동차, 자전거 등)이 등장한 것은 (아)에서 찾을 수 있다.
② 새로운 문물이 등장하고 시대의 변화에 따라 새로운 직업들이 나타났다. (아)에서 칠수 어머니의 남편 직업이 택시 운전사인데, 이 역시 택시(자동차)의 등장으로 새롭게 나타난 직업임을 알 수 있다.
④ (아)에서 '나'는 노새가 변화하는 상황에서 발붙이기 어려울 것이라고 생각하고 있기 때문에 급격한 사회 변화로 인해 이전의 것들이 사라질 수도 있음을 추측할 수 있다.
⑤ 아버지를 포함한 '나'의 가족은 도시화가 진행됨에 따라 변화에 적응하지 못하고 소외된 삶을 사는 도시 빈민층이다.

12 아버지는 '노새의 도망'이라는 중심 사건이 일어난 후 장소의 변화에 따라 태도의 변화도 보인다. (바)의 동물원에서는 노새를 잃은 아버지의 절망감이, (사)의 대폿집에서는 자신이 노새의 역할까지 해야겠다는 아버지의 다짐과 의지가, (아)의 집 앞에서는 좋지 않은 소식을 듣고 나아지지 않는 현실에 힘들어하는 아버지의 모습이 나타나 있다.

13 이 소설의 제목은 '노새 두 마리'로, 노새와 아버지를 지칭하는 말이다. 아버지와 노새는 시대의 변화에 적응하지 못하고 뒤처지는 존재를 상징한다.

상	노새의 두 대상(아버지와 노새)과 상징적 의미를 모두 정확하게 제시한 경우
중	노새의 두 대상(아버지와 노새)과 상징적 의미 중 하나만 정확하게 제시한 경우
하	노새의 두 대상(아버지와 노새) 중 하나만 제시한 경우나 상징적 의미의 정확성이 부족한 경우

14 '지금'은 '최소한 자동차라도 굴려야 하는 때'로 사회 변화가 일어나는 시기이고, 노새를 부린다는 것은 그런 시대의 변화에 뒤처짐을 의미한다. 즉 칠수 어머니는 사회 변화에 적응하지 못하고 노새를 부리는 아버지를 비꼰 것이다.

15 (아)에서 아버지는 노새를 찾으려고 노력했지만 결국 찾지 못하고, 상황은 더욱 악화됨을 알 수 있다. 아버지가 시대 변화에 적응하지 못하는 원인을 개인의 노력 부족으로 보기는 어렵다. 그러므로 아버지의 모습이 오늘날의 모습과 유사하다고 감상하는 것은 적절하지 않다.

오답 확인 ① 아버지는 시대의 변화를 따라가지는 못하지만 자신의 일에 대한 자부심과 소신을 갖고 있다.
② 나아지지 않는 현실에서 아버지를 찾아 골목길을 뛰는 '나'의 모습에서 아버지에 대한 유대감이나 사랑을 느낄 수 있다.
③ 아버지가 자신이 노새가 되겠다고 하는 것은 가족을 부양하기 위해 노새가 하던 일까지 자신이 해야겠다는 가장으로서의 책임감을 가지고 있기 때문이다.
④ 자동차를 굴리는 시대에 노새를 부리는 아버지는 첨단 과학 기술로 대표되는 사회 변화에 적응하지 못하는 오늘날의 사람들과 같은 처지라고 할 수 있다.

---

5 허생전 본문 36~41쪽

01 ④ **02** ⑤ **03** ① **04** ② **05** [예시 답안] 사재기를 통해 취약한 경제 구조를 비판하였다. **06** ⑤ **07** ④ **08** [예시 답안] 도둑을 몰아 나라의 문제를 해결하고, 도둑에게는 새로운 삶의 터전을 마련해 주었다. **09** ⑤ **10** ① **11** ⑤ **12** ③ **13** ② **14** ④

01 (가)에서 허생의 아내는 기존의 전통적이고 순종적인 여성과 다르게 허생에게 성을 내며 꾸짖고 있다.

오답 확인 ①, ② 허생은 '집에 비바람이 새는 것은 아랑곳하지 않고 언제나 글 읽기만 좋아'한다고 제시되어 있다. 경제적으로 무능력하고 생계에 관심이 없으며, 가난에 굴하지 않는 당당한 태도를 갖고 있다.
③ 허생의 아내는 허생이 과거도 보러 가지 않으면서 글을 읽는 것

을 의아해하고 있다. 허생의 아내는 글 읽기가 과거 급제를 하기 위한 것이라는 실용적이고 실리적인 생각을 가지고 있다.

⑤ (가)의 마지막 부분에서 변씨는 허생의 요구를 대뜸 받아들이고 그 자리에서 만 냥을 내주었다. 허생과 마찬가지로 비범한 인물임을 알 수 있다.

02 (가)에서 변씨는 허생이 양반, 즉 자신보다 신분이 높은 사람이라서 허생의 요구에 응할 수밖에 없었던 것이 아니라, 허생의 비범함을 알아보고 허생에게 만 냥을 빌려준 것이다.

오답 확인 ① (나)에서 허생의 사재기로 나라의 경제가 혼란에 빠지는 것을 보면 한 나라의 경제가 개인에 의해 좌지우지될 만큼 취약했음을 알 수 있다.

② (가)에서 허생의 아내가 허생에게 장사를 권하고 있으므로 경우에 따라 양반도 장사를 해서 생계를 유지할 수 있는 사회적 분위기임을 알 수 있다.

③ (가)에서 허생의 아내는 실생활의 문제를 해결하지 못하는 글 읽기는 의미가 없다고 생각한다. 실용적이고 실리적인 가치를 중시하는 실학적 사고가 대두되고 있음을 알 수 있다.

④ 만금을 얻은 허생은 안성에 거처를 마련했는데, 안성은 경기와 호남의 갈림길이고 삼남의 요충이기 때문이다. 즉 안성은 물자와 사람이 많이 모여드는 경제와 문화의 중심지임을 알 수 있다.

03 허생과 허생의 아내의 갈등을 통해 실생활의 문제를 해결하지 못하는 사대부의 무능을 비판하고 있다.

04 ⓐ는 연회나 제사에 쓰이는 식재료이고, ⓑ는 양반들의 소비품인 갓과 망건을 만드는 재료이다. 즉 둘 다 양반들이 소비했던 물품들이다.

05 허생은 변씨에게 빌린 만 냥으로 과일을 사서 곳간에 저장해 두고, 과일이 모두 바닥났을 때 비싼 값으로 팔았다. 말총 역시 같은 방법으로 팔았는데 이런 방법을 '사재기'라고 한다. 또한 만 냥으로 나라를 기울게 할 수 있음을 탄식했는데, 나라 경제 규모가 취약함을 비판하고 있는 것이다.

상	Ⓐ와 Ⓑ가 모두 정확하게 제시된 경우
중	Ⓐ와 Ⓑ 중 하나만 정확하게 제시된 경우
하	Ⓐ와 Ⓑ 중 하나만 정확하게 제시했지만 〈조건〉에 제시한 형식을 지키지 않은 경우

06 허생은 섬을 떠나면서 모든 재물을 물속에 던진 것이 아니라 은 50만 냥을 물속에 던져 버렸다. 나라의 경제 구조가 취약하기 때문에 남은 은 50만 냥이 쓸모가 없다고 생각했기 때문이다.

오답 확인 ① 도둑들은 평범한 삶을 원하고 있지만 최소한의 경제적 기반이 없어서 도둑질을 하게 되었다. 허생은 도둑들에게 100냥씩 주며 계집 한 사람과 소 한 마리씩 구해 오라고 하며 함께 섬으로 떠나 살 기반을 마련해 주었다.

② 허생은 섬을 떠나기 전 섬사람들에게 예의범절과 양보의 미덕을 당부하고 있다. 이를 통해 허생이 덕을 갖추는 것을 중시함을 알 수 있다.

③ (마)의 마지막 부분에서 섬에서 돌아온 허생이 온 나라 안을 두루 돌아다니면서 가난하고 의지할 곳 없는 사람들을 구제했음을 알 수 있다.

④ 도둑들은 허생의 말대로 여자와 소를 데리고 약속한 기일에 모여들었다. 그리고 허생과 함께 섬으로 떠났다.

07 허생은 섬의 다른 배들은 모조리 불을 질러 없애 버렸다. 이를 통해 섬 안의 사람들이 외부와 교류할 수 없음을 알 수 있다.

08 (다)에서 허생은 여러 가지 문제를 해결하면서 영웅적 모습을 보인다. 평범한 양민으로 살 수 있는 최소한의 경제적 기반도 없는 도둑들에게 100냥씩 주고 계집과 소를 구해 오라고 한 후 섬으로 데리고 가서 마을을 이룬다. 또한 허생은 도둑들을 섬으로 몰아가면서 도둑의 무리를 소탕하지 못해 혼란스러운 나라를 잠잠하게 만들었다.

상	도둑과 나라에 미치는 영향을 모두 정확하게 한 문장으로 제시한 경우
중	도둑과 나라에 미치는 영향 중 하나만 정확하게 한 문장으로 제시한 경우
하	도둑과 나라에 미치는 영향 중 하나만 정확하게 제시했지만 한 문장이 아닌 경우

09 (다)를 보면, 도둑들은 평범한 삶을 살고 싶지만 최소한의 경제적 기반이 없어 어쩔 수 없이 평민의 삶을 포기하고 도둑이 되었다. 돈을 많이 모으기 위해 도둑이 된 것도 아니며, 당시에는 도둑질하기가 어려워서 굶어 죽는 판국이었다.

10 도둑들은 허생의 물음에 '밭이 있고 처가 있으면 왜 도둑질을 하겠소?'라고 되묻는다. 즉 평민들은 평범한 삶을 살 수 있는 최소한의 경제적 기반이 있었다면 도둑이 되지 않았을 것임을 알 수 있다. 평민들이 도둑이 된 이유는 가난을 이기지 못해서이다.

오답 확인 ③ 허생은 도둑들에게 이름이 도둑의 명부에 올라 있어 평민의 삶으로 돌아가지도 못한다며 섬으로 갈 것을 권유하고 있다. 여기서 부를 축적하더라도 도둑들은 다시 평민으로 돌아갈 수 없음을 알 수 있다.

11 (바)에서 재물에 대한 허생과 변씨의 생각이나 태도를 추측할 수 있다. 허생은 변씨에게 '재물로 인해 얼굴이 좋아지는 것은 그대들'이라며 상인을 무시하고 있다. 또한 '만금이 어찌 도(道)를 살찌게 한단 말이오.'라고 말하며 재물

보다 도(道)를 우선시하고 있다. 상인보다 선비를 우월하게 인식하고 있는 것이다.

오답 확인 ①, ② 허생은 재물보다 도(道)가 우위에 있다고 생각하며, 지나친 재물은 마음을 괴롭게 한다고 생각하는 사람은 허생이다.
③ 허생은 재물로 인해 얼굴이 좋아질 수 있는 것은 상인 계급에 해당한다고 생각한다.

12 (사)에서 이완과 허생의 대화를 통해 이완의 특징을 알 수 있다. 이완은 허생이 제안한 세 가지 책략을 모두 받아들이지 않는데, 현실적인 이익보다 명분을 중시하며 예법과 형식에 얽매여 있기 때문이다.

13 허생은 실리를 중시하며 당대의 문제점을 해결하기 위해 세 가지 방법을 이완에게 제시하고 있다. 모든 요구가 왕과 사대부를 향한 것이지 백성을 향한 것은 없다.

오답 확인 ① 허생이 제안한 첫 번째 요구 '임금에게 청하여 삼고초려를 하게 할 수 있겠는가?'를 통해 알 수 있다.
③ 허생이 제안한 세 번째 요구 '사대부의 자제들에게 청나라의 차림새를 하고 학문을 배우게 할 수 있겠느냐?'를 통해 알 수 있다.
④, ⑤ 허생이 제안한 두 번째 요구 '종실의 딸들을 명나라 자손들에게 시집보내고, 세도가의 재산을 나누어 줄 수 있겠는가?'를 통해 알 수 있다.

14 허생은 명분을 중시하며, 예법과 형식에 얽매여 나라를 발전시킬 실질적인 방법을 거부하는 사대부를 비판하고 있다.

03 작품 해석의 다양성

1 「청포도」 해석
본문 44~47쪽

01 ③ 02 ④ 03 ③ 04 [예시 답안] 시상의 종결이 맺어지는 것을 분명하게 한다. 05 ⑤ 06 ③ 07 ④ 08 [예시 답안] 우리가 지켜 가야 할 정갈하고 고결한 마음의 자세를 말한다. 09 ③ 10 ④

01 이 글은 이육사의 「청포도」라는 시의 의미를 해석하고 이 시의 가치를 평가하고 있는 글이다. 이와 같이 문학 작품을 해석하고 평가하는 글을 문학 비평문이라고 한다.

02 (가)에서는 이육사의 「청포도」를 소개하고 있다. 이 시는 청포도가 익어 가는 고향의 평화로운 분위기를 바탕으로

미래를 낙관적으로 바라보고 있다. 현실에 대한 강한 저항은 드러나지 않는다.

오답 확인 ① '청포도', '바다', '하늘' 등의 소재를 통해 산뜻하고 깨끗한 느낌을 준다.
② 언젠가는 손님이 올 것을 확신하고 있다.
⑤ 푸른색과 흰색의 대비를 통해 선명한 느낌을 주고 있다.

03 1연에서 단순한 과일을 의미했던 '청포도'는 2연에서 마을의 전설이 담길 뿐만 아니라 먼 하늘까지 포함하여 상징적 사물이 된다. '전설'은 삶의 다양한 시간적 과정을 암시하고, 하늘은 공간적 희망이나 이상을 떠오르게 하는 역할을 한다.

04 (나)에서 '아이야'에 대해 시상의 종결이 맺어지는 것을 분명히 하기 위해 시조 종장 첫 구에 쓰이던 관습적인 시어라고 설명하고 있다.

상	시상 종결을 분명히 했다고 한 문장으로 서술한 경우
중	시상 종결을 분명히 했다고 서술했으나 한 문장이 아닌 경우
하	시상 종결을 분명히 한다고 서술하지 못한 경우

05 〈보기〉에서 '머언'은 '먼'을 의도적으로 늘여 쓴 것으로, 시적 허용에 해당한다.

06 이 글에서 「청포도」는 과거에서 현재, 미래로 시간 순서에 따라 시상이 전개됨을 알 수 있다.

오답 확인 ① (사)의 마지막 문장에서 제시되어 있는 내용이다.
②, ④ (라)에서 흰 돛단배가 있는 바다의 풍경이 푸른빛과 흰빛이 대비되는 아름다움을 전달하면서 신비하고 아름다우며 평화로운 분위기를 조성한다고 설명하고 있다.
⑤ (마)에서 이상 세계의 건설을 위해서는 고달픈 자기희생의 과정이 있어야 한다고 언급하고 있다.

07 '손님'이 찾아올 수 있는 배경은 푸른 바다와 흰 돛단배가 있는 평화롭고 아름다운 풍경이다. 이런 아름답고 평화로운 풍경이 이루어지는 전제는 바로 마을 사람들의 애환과 소망이 청포도로 열리는 것이다.

08 '은쟁반'과 '하이얀 모시 수건'은 흰빛이다. 이때 흰빛은 '손님'을 기다리는 정갈하고 고결한 마음을 나타낸다. 즉, 우리가 지켜 가야 할 마음의 자세를 상징한다고 할 수 있다.

상	우리가 지켜야 할 정갈하고 고결한 마음의 자세임을 하나의 문장으로 적절히 서술한 경우
중	우리가 지켜야 할 정갈하고 고결한 마음의 자세임을 적절히 서술하였으나 하나의 문장이 아닌 경우
하	우리가 지켜야 할 정갈하고 고결한 마음의 자세임을 적절하게 서술하지 못한 경우

09 이 글은 '손님'을 '이상적인 세계'로 보고 있지만, 〈보기〉는 간절히 기다리는 사람이라고 보고 있다. 그 외에도 이육사의 독립운동가로서의 삶을 근거로 하면 '손님'는 '조국의 독립, 광복'으로 해석할 수도 있다.

10 '인간의 행복은 단기간에 성취되는 것이 아니며 이상 세계의 건설을 위해서는 고달픈 자기희생의 과정이 있어야 한다는 삶의 진실을 이 시어가 함축하고 있다.'라는 해석의 근거로 '손님'이 '고달픈 몸'으로 찾아온다고 한 시구를 제시하고 있다.

② 「봄은」 해석
본문 48~51쪽

01 ⑤   **02** ⑤   **03** ①   **04** ⑤   **05** [예시 답안] 〈보기〉의 '봄'은 '조국의 광복'이고 ⊙은 '통일'이다.   **06** ③   **07** ③
08 [예시 답안] 통일은 우리 민족 내부에서 시작되어야 한다.   **09** ④
10 ④

01 이 글은 신동엽의 시 「봄은」에 대한 문학 비평문이다. 다른 문학 작품과의 관계는 특별한 목적으로 쓰인 비평문이 아닌 이상 일반적으로 고려할 점은 아니다.

[오답 확인] ① 문학 비평문에서는 글쓴이의 작품에 대한 평가를 중점적으로 다루므로 그것을 정확하게 파악할 수 있다.
② 글쓴이는 작품을 일정한 관점을 통해 해석하므로 이를 잘 파악해야 한다.
③ 내용을 정확하게 파악하기 위해서 작품에 대한 글쓴이의 해석을 잘 정리해야 한다.
④ 글쓴이가 해석을 위해 활용한 근거를 잘 파악해 해석이 타당한지 점검한다.

02 (가)에서 화자는 우리나라의 역사를 상징적으로 표현하고 있다. 과거의 일을 통해 교훈을 얻으려는 태도를 보여 주고 있지는 않다.

[오답 확인] ①, ③ 겨울이 지나고 너그러운 봄이 오리라는 확신을 가지고 있다.
② '~다.', '~리라.'라는 단정적 어조를 사용하고 있다.
④ '우리들 가슴속에서'라는 표현을 볼 때 '나'보다는 '우리'를 강조하고 있음을 알 수 있다.

03 (가)를 보면 '봄'과 '겨울', '매서운 눈보라'와 '너그러운 봄' 등 대조적인 대상을 서로 견주어서 주제를 부각하고 있다.

04 (나)에서는 우리가 살고 있는 시대의 가장 큰 문제가 무엇인지 묻고, 이 시가 시대적 문제인 '통일'을 다루고 있다고 말하고 있다. 그러므로 이 시는 시대적 상황을 고려하여 시를 해석하고 있는 글이라고 할 수 있다.

05 〈보기〉는 일제 강점기의 작품으로 이 시의 '봄'은 당시 우리 민족의 과제였던 '독립'을, ⊙은 현재 우리 민족의 과제인 '통일'을 상징한다.

상	〈보기〉의 '봄'과 ⊙의 상징적 의미를 하나의 문장으로 적절히 서술한 경우
중	〈보기〉의 '봄'과 ⊙의 상징적 의미를 서술하였으나 하나의 문장이 아닌 경우
하	〈보기〉의 '봄'과 ⊙의 상징적 의미를 적절하게 서술하지 못한 경우

06 이 글은 시 「봄은」을 시대적 상황에 비추어 해석하여 민족의 과제인 통일을 노래한 시로 보고 있다. 이와 같은 해석의 관점을 현실 중심 관점이라고 할 수 있다.

07 이 글에서 '남해'와 '북녘'은 모두 외세를 의미한다. 한반도의 북녘과 한반도의 남해라고 할 수 있다. 화자는 남북의 분단은 외세에 의해 만들어진 불행이라고 판단하였다. 남해와 북녘은 모두 부정적 대상이라고 할 수 있다.

08 (라)를 바탕으로 할 때, 3연에서 화자가 우리 민족의 분단 원인을 외부에서 찾고 있음을 알 수 있다. 화자는 이런 인식 속에서 분단을 극복하는 방법을 외부에서 찾을 수 없다고 말하면서 통일은 내부에서부터 시작됨을 강조하고 있다.

상	통일이 내부에서 시작되어야 함을 〈조건〉에 맞게 서술한 경우
중	통일이 내부에서 시작되어야 함을 적절히 서술하였으나 〈조건〉에 어긋난 경우
하	통일이 내부에서 시작되어야 함을 적절하게 서술하지 못한 경우

09 〈보기〉는 민족의 분단 원인이 외부에만 있는 것은 아니라고 말하고 있다. 이는 분단의 원인을 어떤 관점에서 보느냐의 문제로 가치관의 차이에서 비롯된 해석의 차이라고 볼 수 있다.

10 글쓴이는 '미움의 쇠붙이'를 군사적 대립과 긴장으로 보고 있으며, 이것이 눈 녹듯이 녹는다는 것은 이런 대립과 긴장이 사라진다는 것을 의미한다고 해석하고 있다.

Ⅰ 대단원 평가

본문 52~59쪽

01 ②　　02 ⑤　　03 ①　　04 ①　　05 ①　　06 ④
07 [예시 답안] 사소한 실수조차 용납되지 못하고 비난의 대상이 되는 현실 속에서 글쓴이도 다른 사람의 실수를 너그럽게 받아 주지 못했던 태도를 반성하고 있다.　08 ②　　09 [예시 답안] (1) 촛불 (2) 화자가 자신과 동일시하면서 자신의 감정을 대신 표현하는 대상이다.
10 ③　　11 ⑤　　12 ②　　13 ③　　14 ⑤　　15 ④
16 [예시 답안] 상대 국가의 언어를 익히는 것이다.　17 ⑤
18 ④　　19 ④　　20 [예시 답안] 남에게 무관심한 사람들이 많아지는　21 ④　　22 ④　　23 ④　　24 [예시 답안] 상업의 발달 및 부의 축적　25 ⑤　　26 ④　　27 ①　　28 ②
29 ⑤　　30 ⑤　　31 ③　　32 [예시 답안] 우리 민족의 분단은 외부로부터 왔고, 분단에 의한 고통은 그 고통을 겪는 사람들 스스로의 힘으로만 풀 수 있기 때문이다.

01 (가)의 화자는 누이의 죽음에서 슬픔과 안타까움, 삶의 무상함을 느낀다(ㄱ). (가)는 비유적 시어가, (나)는 상징적 시어가 많이 쓰였으므로 시어들의 함축적 의미를 생각하며 감상해 보는 것이 좋다(ㄹ).

`오답 확인` ㄴ. '꽃'의 개화 과정을 구체적으로 형상화하여 생명 탄생의 신비로움을 보여 주는 작품은 이호우의 「개화」이다.

> 개화(開花)
>
> – 이호우
>
> 꽃이 피네, 한 잎 두 잎.
> 한 하늘이 열리고 있네.
>
> 마침내 남은 한 잎이
> 마지막 떨고 있는 고비.
>
> 바람도 햇볕도 숨을 죽이네.
> 나도 가만 눈을 감네.

ㄷ. (다)의 글쓴이는 악의가 섞이지 않은 실수가 긍정적인 결과를 가져오기도 하므로 실수를 너그럽게 용납해 주는 태도를 갖자고 주장한다.

02 (가)에서 '바람(삶과 죽음을 가르는 자연의 섭리)'에 여기저기 떨어지는 '나뭇잎'은 '죽은 누이'이고, '잎'은 '한 나뭇가지(한 부모)'에서 난 '형제'이다. 한편 (나)에서 '꽃'은 '의미 있는 존재'를 상징하며 구체적 사물, 자연물이 아니라, 시인의 의식을 대변하는 추상적 존재로 처리되고 있다. (가),(나) 모두 자연물을 통해 화자의 인식이나 정서를 부각하고 있는 것이다.

`오답 확인` ① (가)의 '이에 저에 떨어질 잎처럼'에만 하강의 이미지가 나타난다.
② (가)와 (나) 모두 시간의 경과나 흐름은 뚜렷이 나타나지 않는다.
③ 감탄사 '아아'를 통해 고조된 감정을 드러내는 것은 (가)뿐이다.
④ 유사한 문장 구조의 반복과 변형은 (나)에만 나타난다.

03 (나)에서 '이름'이라는 시어가 반복되고 있으며, '이름 부르기'가 시의 전개상 중요한 의미를 지니고 있다.

04 ㉠의 첫머리의 감탄사 '아아'는 10구체 향가의 형식적 특징이며, ㉠에서 화자는 누이를 잃은 슬픔과 고뇌를 불교적 믿음에 의해 초극하고 내세에서 재회할 그날을 기약하고 있다. 또한 종교적 믿음으로 죽음에 대한 슬픔과 허무를 극복하려는 의지를 볼 수 있다.

05 (다)의 내용으로 보아, 악의가 섞이지 않은 실수는 사람 사이의 긴장을 풀어 주고 어색한 분위기를 없애 주어 초면에 쉽게 마음을 트게 되는 등 각박한 세상에서 숨 돌리며 살 수 있도록 해 준다.

06 ⓐ에서 '무엇'은 '꽃', '하나의 눈짓'과 같이 모두 '본질과 의미를 획득한 존재'를 상징하는 시어이다.

07 오늘날 각박해진 세상에서는 사소한 실수조차 용납되지 못하고 짜증과 비난의 대상이 된다. (다)의 글쓴이는 이 세태와 관련하여 다른 사람의 실수에 너그럽지 못했던 자신의 모습을 반성한다.

상	오늘날의 세태와 반성하는 자신의 모습, 두 가지 모두 바르게 서술한 경우
중	내용은 적절하지만 조건을 지키지 않은 경우
하	내용은 적절하지 않으면서 조건만 지킨 경우

08 (가)와 (나)는 고시조이고, (다)는 현대시로, 세 작품 모두 '시'에 해당한다. 시는 운율이 있고 함축적인 언어로 화자의 정서를 표현하는 문학 양식이다.

`오답 확인` ① (가)~(다) 모두 교훈을 목적으로 쓴 작품은 아니다.
③ (나)에만 의지적인 태도가 드러나고, (가)와 (다)에는 의지적인 태도가 드러나지 않는다.
④ '서사적인 구조'는 시간의 흐름에 따른 사건의 전개를 드러내는 구조를 의미한다. 세 작품 모두 구체적인 사건에 대해 서술한 것이 아니다.
⑤ (가)와 (나)는 정형시인 시조로 규칙적인 운율이 드러나지만, (다)는 운율이 겉으로 드러나지 않는 자유시이다.

09 (가)에서 '물'은 화자의 슬픈 감정을 대신 표현해 주는 소재이다. 즉, 물이 운다는 표현을 통해서 울고 싶은 화자의 마음을 우회적으로 드러내는 것이다. 이런 표현 방법을 '감정

이입'이라 한다. 〈보기〉에서도 눈물을 흘리면서 속 타는 줄 모르는 '촛불'을 통해 화자의 슬픈 마음을 드러내고 있다.

상	'촛불'을 찾아 쓰고, 역할을 정확한 한 문장으로 서술한 경우
중	'촛불'을 찾아 쓰고 역할도 썼지만, 내용이 다소 미흡한 경우
하	소재나 역할 중 한 가지만 쓴 경우

10 '밤'은 (나)의 화자가 인식하는 부정적인 현실을 상징적으로 드러내는 시어이다. 〈보기〉를 참고하면 화자는 세조에 의해 단종이 왕위를 잃은 상황을 '밤'으로 표현했음을 알 수 있다.

오답 확인 ① '까마귀'는 부정적인 존재로 왕위를 빼앗은 세조, 혹은 세조를 따르는 간신의 무리를 의미한다고 볼 수 있다.
② '야광명월'은 '까마귀'와 대조적인 소재로, 화자가 왕으로 인정하고 있는 단종과 그를 따르는 충신들이라 볼 수 있다.
④ 화자가 일편단심을 고백하는 '님'은 작가가 복위를 시도한 단종으로 볼 수 있다.
⑤ '변할 줄이 있으랴'는 설의법이 사용된 구절로, 변하지 않겠다는 의지를 표현하고 있다.

11 (다)에는 '진달래'나 '팬지꽃', '안개꽃' 등과 같이 색채를 연상할 수 있는 소재는 사용되었으나, 구체적으로 색채를 드러내는 형용사를 직접 사용하지는 않았다.

오답 확인 ① '시작한다', '존다' 등에서 현재형 시제를 사용하였다.
② '그래 저 십 분은 ~ 시간'이라는 유사한 문장 구조가 반복되었다.
③ '그러나 부엌문이 여닫히는 지붕마다'에서 '그러나'라는 접속어를 사용하여 시상을 전환하고 있다.
④ '꾸벅꾸벅'이라는 의태어를 사용하여 버스에서 졸고 있는 구자명 씨의 모습을 실감 나게 표현하였다.

12 '진달래'는 구자명 씨가 졸고 있는 버스 창밖에 펼쳐지는 풍경을 구성하는 소재이다. 이는 고단한 구자명 씨의 처지와는 대조적인 화사하고 아름다운 풍경이다. 한편 다른 소재들은 모두 구자명 씨, 혹은 구자명 씨를 비유한 보조 관념들이다.

13 이 글은 일제 강점기부터 한국 전쟁 이후로 이어지는 한국의 근현대사에서 각 시기마다 일본, 소련, 미국에 빌붙어서 부귀를 누려 온 이인국 박사의 기회주의적인 모습을 풍자적으로 드러낸 소설이다. 여기에서 이인국 박사는 저명한 의사로, 부도덕한 사회 지도층을 대표하는 인물이다.

14 (마)에서 이인국 박사는 "혁명이 일겠으면 일구, 나라가 바뀌겠으면 바뀌구, 아직 이 이인국의 살 구멍은 막히지 않았다."라고 하며 나라가 어떻게 되든 자신이 살 궁리를 먼저 하겠다는 태도를 보이고 있다. 이를 통해 이인국 박사의 이기적이고 기회주의적인 면모를 파악할 수 있다.

오답 확인 ① 이인국 박사가 '국어 상용의 가'라고 적힌 종잇장을 찢는 것은 양심의 가책을 느껴서가 아니라 친일 행적을 숨기기 위한 것이다.
② (나)에서 이인국 박사가 다른 사람을 이용하는 모습은 드러나지 않는다.
③ (다)에서 이인국 박사는 스텐코프의 혹을 제거하는 수술을 성공적으로 마치면서 스텐코프의 인정을 받고 있다. 이는 의사로서의 전문성이 드러나는 부분이다.
④ 이인국 박사는 영어를 잘하기 위해 얼마 전부터 개인 교수를 받고 있다고 말하였다. 따라서 이인국 박사에 대해 원하는 것을 얻기 위한 노력을 전혀 하지 않는다고 평가하는 것은 적절하지 않다.

15 감방에서 고통스러운 생활을 하던 이인국 박사는 전염병이 퍼지자 또 다른 위험에 두려움을 느끼고 불안해한다. '좌불안석(坐不安席)'은 '마음에 불안이나 근심 등이 있어 한자리에 오래 앉아 있지 못함.'이라는 뜻으로 이 상황에서의 이인국 박사의 심정을 드러내는 데 적합한 한자 성어이다.

오답 확인 ① '지난날의 잘못을 뉘우치고 고쳐 착하게 됨.'이라는 뜻이다.
② '편한 마음으로 자기 분수를 지키며 만족할 줄 앎.'이라는 뜻이다.
③ '거북한 섶에 누워 자고 쓴 쓸개를 맛본다.'라는 뜻으로, 원수를 갚으려 하거나 실패한 일을 다시 이루고자 굳은 결심을 하고 어려움을 참고 견디는 것을 이르는 말이다.
⑤ '달리는 말에 채찍질한다.'라는 뜻으로, 열심히 하는 사람을 더욱 잘하도록 격려함을 이르는 말이다.

16 (가)에서는 일제 강점기에 일본어를 사용하여 '국어 상용의 가'라는 종잇장을 받은 내용이 제시되어 있다. (다)에서 스텐코프와 말 절반 손짓 절반으로 의사소통하는 모습을 통해 노어를 익혔다는 것을 알 수 있다. 그리고 (라)에서는 영어를 배우기 위해 개인 교수까지 받고 있다고 말하고 있다. 우리나라에 영향을 주는 나라가 바뀔 때마다 그들의 언어를 익히며 잘 보이려고 노력하는 이인국 박사의 처세술을 알 수 있다.

상	'언어 습득'에 대한 내용을 완전한 문장으로 작성한 경우
중	'언어 습득'에 대한 내용을 썼지만, 문장이 어색하거나 맞춤법이 틀린 경우
하	'언어 습득'에 대한 내용을 썼지만 내용이 미흡한 경우

17 (나)에서 노새를 잃어버린 아버지가 엉거주춤한 소리로 노새가 달려간 곳으로 뛰어가는 것을 알 수 있다.

오답 확인 ① (가)에서 변두리 동네에 이삼 년 전부터 문화 주택이 들어서는 변화가 나타났음을 알 수 있다.
② (다)에서 '나'는 노새를 찾아야 한다는 생각으로 걸음을 멈출 수 없었다.
③ (마)에서 나는 얼룩말을 보고 아버지를 떠올리며 서로 닮았다고 생각하였다.

④ (바)에서 칠수 어머니는 '최소한도 자동차는 굴려야지. 지금이 어느 땐데 노새를 부려.'라고 하며 시대의 변화에 적응하지 못하는 아버지를 비꼬고 있다. 노새 역시 시대의 변화에 뒤처지는 소재이기 때문에 칠수 어머니가 부정적으로 생각함을 알 수 있다.

18 소설에 등장하는 소재는 다양한 역할을 한다. 갈등을 일으키거나 해소하기도 하며, 앞으로 일어날 사건을 암시하기도 한다. 또한 인물의 성격을 상징적으로 보여 주기도 하고, 소설이 창작된 사회·문화적 배경을 알려 주기도 한다. 이 글에 나타난 'ⓐ문화 주택'과 'ⓑ노새'는 산업화와 도시화가 진행되던 1970년대의 변화를 보여 주는 소재로, 소설의 배경이 되는 사회·문화적 상황을 드러내고 있다.

19 소설의 제목은 소설의 주제나 작가의 의도를 잘 드러낸다. 이 소설의 제목인 '노새 두 마리'는 노새와 아버지로 힘든 일을 감당하며 고단한 삶을 살아가지만 시대 변화에 적응하지 못하고 대도시에 발붙이고 살기 어려운 존재이다. 노새는 고된 노동으로부터 도망을 쳤지만 아버지는 가장으로서 책임을 다하고 있다. 그러므로 현실을 회피한다는 내용은 적절하지 않다.

20 (다)에서 '나'는 노새를 찾으며 거리를 헤매고 있는데, 거리의 사람들은 못마땅하게 쳐다보거나 호통을 친다. '나'가 왜 헤매고 다니는지 궁금해하지도 않고 도와주지도 않는다. 남에게 무관심한 현대인들의 태도를 잘 보여 준다.

21 (다)의 허생은 도둑들에게 평민으로 돌아가려고 해도 도둑의 명부에 올라 있어서 되지 않는다고 말하고 있다.

오답 확인 ① (가)에서 허생의 아내가 삯바느질을 해서 생계를 꾸려 감을 알 수 있다.
② (마)에서 허생은 당시 사대부의 복장과 예법이 명분에 얽매인 허례허식임을 비판하고 있다.
③ (라)에서 허생은 변씨에게 '재물로 인해서 얼굴이 좋아지는 것은 그대들'이라며, 자신은 변씨와 다름을 말하고 있다. 즉 허생은 자신과 변씨가 재물을 대하는 태도가 다르다고 생각한다.
⑤ (나)의 마지막 부분에서 허생에게 두 배를 받고 판 과일 장수들이 다시 열 배를 주고 사 갔음을 알 수 있다.

22 (라)에서 허생은 변씨에게 만금이 도(道)를 살찌게 할 수 없음을 주장하며 재물보다 도(道)가 중요함을 말하고 있다. 그리고 재물이 아닌 도(道)를 추구하는 선비인 자신이 재물을 추구하는 상인인 변씨보다 우월하다고 생각하고 있다.

23 (나)와 (마)의 내용을 참고하면, 작가는 허생을 통해 무능하고 허례허식만 중시하는 사대부를 비판하고자 함을 알 수 있다.

24 변씨는 장안에서 제일가는 갑부로, 허생에게 돈을 빌려주어 하고 싶은 일을 해 보도록 도와주는 신흥 상인 계층이다. 변씨와 같은 계층이 등장하게 된 것은 당시 화폐가 유통되고 상업과 수공업이 발달하면서 부의 축적과 집중화 현상이 나타났기 때문이다.

25 이 글은 시에 대한 비평문이다. 작품에 대해 객관적인 관점에서 해석하고 비평한 글로, 글쓴이의 개인적인 경험이 드러나 있지는 않다.

오답 확인 ② 1연부터 시상이 전개되는 순서에 따라 마지막 연까지 순서대로 해석하고 있다.
③ 비평문은 작품에 대한 글쓴이의 해석이 중심을 이루므로, 글이 설득력을 갖기 위해 근거가 분명해야 한다.
④ 글쓴이는 이육사의 삶이나 작품에 대해 비판보다는 긍정적인 관점에서 해석하고 평가하고 있다.

26 (가)에서 중심 소재인 청포도의 의미가 1연에서는 일반적인 과일이었지만 2연에서는 전설과 하늘까지 포함하는 상징적 사물로 상승하였다고 해석하고 있다. 이때 전설은 삶의 과정이고 하늘은 공간적 희망이나 이상을 떠오르게 한다고 해석하고 있다.

27 (나)는 작품 속의 표현을 그 자체만의 의미로 해석하고 있고 (다)는 이육사의 삶을 고려하여 해석하고 있으므로, (나)는 작품 중심 관점, (다)는 작가 중심 관점으로 해석하고 있다고 볼 수 있다.

28 '손님'과 화자는 서로 다른 생각을 가지고 있다고 볼 수 없다. 왜냐하면 화자가 손님과 함께할 잔치를 준비하고 있기 때문이고, 화자가 간절히 기다린 대상이 바로 손님이기 때문이다.

29 이와 같은 글을 문학 비평문이라고 한다. 문학 비평문은 문학 작품의 해석과 문학 작품의 가치를 평가하는 내용이 중심을 이룬다.

오답 확인 ④ 문학 비평문을 통해 정보가 전달되기도 하지만 정보 전달을 목적으로 하지는 않는다.

30 '바다와 대륙 밖'은 '민족의 소망이 담긴 공간'이 아니라, 분단의 원인이 되었던 '외세'이다.

31 (라)를 바탕으로 할 때, 「봄은」의 마지막 연은 군사적 대립과 긴장에 대한 두려움을 표현한 것이 아니라, 말하는 이가 간절히 원하는 통일이 이루어진 후의 평화로운 세상을 그리고 있다.

오답 확인 ⑤ 글쓴이는 이 시가 오늘의 시대 상황에 관한 예언

적 진단이라고 하면서 통일이라는 새로운 시대가 열릴 것이라고 전
망하고 있다.

32 글쓴이는 이 시에서 분단의 원인을 외세로 보고 있으며 분
단의 고통은 그 고통을 겪는 사람들 스스로의 힘으로만 풀
릴 수 있다는 고통의 치유 원리를 언급하고 있다. 그러므
로 봄은 밖으로부터 오는 것이 아니라 내부에서 움터야 하
는 것이다.

상	분단의 원인과 고통의 치유 원리를 모두 포함하여 하나의 문 장으로 서술한 경우
중	분단의 원인과 고통의 치유 원리 중에서 하나만 포함하여 하 나의 문장으로 서술한 경우
하	분단의 원인과 고통의 치유 원리을 모두 적절하게 서술하지 못한 경우

Ⅱ. 문법

01 음운의 체계와 특성

본문 64~65쪽

01 ④ **02** ㉠: 모음 ㉡: 자음 **03** ② **04** ⑤ **05** [예
시 답안] 입술 모양이나 혀의 위치가 고정되어 도중에 바뀌지 않는다.
06 ② **07** ④ **08** [예시 답안] ㉠의 'ㅔ'는 ㉡의 'ㅐ'보다 혀
의 높이가 높으므로 ㉠은 ㉡보다 입을 덜 벌리고 발음한다. / ㉡의 'ㅐ'
는 ㉠의 'ㅔ'보다 혀의 높이가 낮으므로 ㉡은 ㉠보다 입을 더 크게 벌
리고 발음한다. **09** ③ **10** ③ **11** ④ **12** ④
13 ⑤ **14** ① **15** [예시 답안] ㉠은 ⓐ에 비해 강하고 단단
한 느낌을 주고, ㉡은 ⓐ에 비해 거칠고 거센 느낌을 준다. **16** ③

01 '강'과 '공'에서 말의 뜻을 구별해 주는 것은 모음인 'ㅏ'와
'ㅗ'이다. '강'과 '상'에서 말의 뜻을 구별해 주는 것은 자음
인 'ㄱ'과 'ㅅ'이다. 이렇게 말의 뜻을 구별해 주는 소리의
가장 작은 단위를 음운이라고 하며, 그 종류에는 자음과
모음 등이 있다.

> **오답 확인** ①은 어절, ②는 단어, ③은 음절, ⑤는 품사를 말한다.

02 'ㅏ', 'ㅓ', 'ㅗ', 'ㅜ' 등과 같은 모음은 발음할 때 허파에서 나
온 공기가 발음 기관의 방해를 받지 않고 소리가 난다. 하
지만 'ㄱ', 'ㄷ', 'ㅂ', 'ㅅ' 같은 자음은 발음할 때 공기가 발음
기관의 어느 부분에 닿아서 방해를 받고 소리가 난다.

03 '아침때'를 이루는 음운을 음절별로 분석하면 '아'는 'ㅏ'로,
'침'은 'ㅊ', 'ㅣ', 'ㅁ'으로, '때'는 'ㄸ', 'ㅐ'로 분석할 수 있다. 따
라서 자음은 'ㅊ', 'ㅁ', 'ㄸ'의 3개이고, 모음은 'ㅏ', 'ㅣ', 'ㅐ'
의 3개이다.

04 'ㅏ, ㅓ, ㅗ, ㅜ'는 단모음으로 발음할 때 입술 모양이나 혀
의 위치가 고정되어 도중에 바뀌지 않는 모음이고, 'ㅑ,
ㅕ, ㅛ, ㅠ'는 이중 모음으로 발음할 때 입술 모양이나 혀의
위치가 도중에 바뀌는 모음이다.

> **오답 확인** ① 소리의 세기는 자음의 파열음, 파찰음, 마찰음을
> 분류하는 기준으로 모음과는 관련이 없다.
> ②, ③, ④ 단모음을 분류하는 기준이다. 이중 모음과는 관련이 없다.

05 'ㅏ, ㅐ, ㅓ, ㅔ, ㅗ, ㅚ, ㅜ, ㅟ, ㅡ, ㅣ'의 10개의 모음은 모
두 단모음이다. 따라서 발음할 때 입술 모양이나 혀의 위
치가 고정되어 도중에 바뀌지 않는다.

상	단모음의 특징을 '입술 모양이나 혀의 위치 변화'를 기준으로 정확히 설명한 경우
중	단모음의 특징을 막연하게 서술하거나 '단모음'이라는 용어 만 사용한 경우

하	단모음의 특징을 제대로 서술하지 못한 경우

06 발음할 때 혀의 최고점의 위치가 앞쪽에 있는 전설 모음은 'ㅐ, ㅔ, ㅚ, ㅟ, ㅣ'이다. '위기'를 이루는 모음은 'ㅟ'와 'ㅣ'로 모두 전설 모음이다.

오답 확인 ① 'ㅏ'는 후설 모음, 'ㅣ'는 전설 모음이다.
③ 'ㅗ'와 'ㅜ'는 후설 모음이다.
④ 'ㅗ'와 'ㅡ'는 후설 모음이다.
⑤ 'ㅐ'는 전설 모음, 'ㅜ'는 후설 모음이다.

07 입술 모양에 따라 단모음을 분류하면, 발음할 때 입술을 둥글게 오므리지 않고 평평하게 하여 소리 내는 평순 모음과 입술을 둥글게 하여 소리 내는 원순 모음으로 나눌 수 있다. '너구리'에서 'ㅓ'는 평순 모음, 'ㅜ'는 원순 모음, 'ㅣ'는 평순 모음이기 때문에 입술 모양은 평평했다가 동그래졌다가 다시 평평해진다.

08 혀의 높이에 따라 분류했을 때, '게'의 모음인 'ㅔ'는 중모음으로 발음할 때 혀가 중간쯤 올라가는 모음이고, '개'의 'ㅐ'는 저모음으로 발음할 때 혀가 낮은 위치에 오는 모음이다. 따라서 '개'를 발음할 때에는 '게'를 발음할 때보다 입을 더 크게 벌리고 혀를 더 낮은 곳에 위치시켜야 한다.

상	'혀의 높이'라는 분류 기준에 따라 차이점을 서술하고, 그 차이점에 따라 발음하는 방법을 구체적으로 서술한 경우
중	'혀의 높이'라는 분류 기준에 따른 차이점만 서술한 경우 또는 그 차이점에 따라 발음하는 방법만 구체적으로 서술한 경우
하	분류 기준과 그에 따른 발음 방법을 서술하지 못하고 차이점을 막연하게 설명한 경우 예 '개'는 '게'보다 크게 발음해야 한다.

09 입술을 둥글게 오므리고 발음하는 모음은 '원순 모음'인 'ㅗ, ㅚ, ㅜ, ㅟ'이다. 발음할 때 혀의 최고점의 위치가 뒤쪽에 있는 모음은 '후설 모음'으로 'ㅏ, ㅓ, ㅗ, ㅜ, ㅡ'이다. 발음할 때 혀의 위치가 가장 높은 모음은 '고모음'으로 'ㅜ, ㅟ, ㅡ, ㅣ'이다. 따라서 이 세 가지 특징을 모두 만족하는 모음은 'ㅜ'이다.

10 'ㄷ'은 혀끝이 윗잇몸에 닿아 소리 나는 잇몸소리이다. 혓바닥과 센입천장 사이에서 소리 나는 자음은 센입천장소리로 'ㅈ, ㅉ, ㅊ'이다.

11 소리 내는 방법에 따라 자음을 분류하면, 파열음, 파찰음, 마찰음, 비음, 유음으로 분류할 수 있다. 파열음은 공기의 흐름을 막았다가 터뜨리며 내는 소리로, 'ㄱ, ㄲ, ㅋ, ㄷ, ㄸ, ㅌ, ㅂ, ㅃ, ㅍ'이 해당한다. 파찰음은 공기의 흐름을 막았다가 서서히 터뜨리며 마찰을 일으켜 내는 소리로, 'ㅈ, ㅉ, ㅊ'이 해당한다. 마찰음은 공기가 흐르는 통로를 좁혀 마찰을 일으키며 내는 소리로, 'ㅅ, ㅆ, ㅎ'이 해당한다. 비음은 입안의 통로를 막고 코로 공기를 내보내면서 내는 소리로, 'ㄴ, ㅁ, ㅇ'이 해당한다. 유음은 혀끝을 윗잇몸에 가볍게 대었다가 떼거나 윗잇몸에 댄 채 공기를 그 양옆으로 흘려 보내면서 내는 소리로 'ㄹ'이 해당한다. 따라서 'ㅅ, ㅆ, ㅎ'은 모두 마찰음으로 소리 내는 방법이 같다.

오답 확인 ① 'ㅁ'은 비음이고 'ㅂ, ㅃ'은 파열음이다.
② 'ㄹ'은 유음이고, 'ㅋ, ㅌ'은 파열음이다.
③ 'ㄴ'은 비음이고, 'ㄷ'은 파열음이고, 'ㄹ'은 유음이다.
⑤ 'ㄱ, ㄲ'은 파열음이고, 'ㅇ'은 비음이다.

12 'ㄱ, ㄲ, ㅋ, ㄷ, ㄸ, ㅌ, ㅂ, ㅃ, ㅍ'은 모두 파열음으로 공기의 흐름을 막았다가 터뜨리며 내는 소리이다.

오답 확인 ① 발음할 때 입안이나 코안이 울리는 자음은 'ㄴ, ㄹ, ㅁ, ㅇ'이다.
② 혓바닥이 딱딱한 입천장에 닿아서 나는 소리는 센입천장소리인 'ㅈ, ㅉ, ㅊ'이다.
③ 발음할 때 코로 공기를 내보내면서 내는 소리는 비음인 'ㄴ, ㅁ, ㅇ'이다.
⑤ 성대 근육을 긴장시켜 힘주어 내는 소리로 단단하고 강한 느낌을 주는 소리는 된소리인 'ㄲ, ㄸ, ㅃ, ㅆ, ㅉ'이다.

13 발음할 때 입안이나 코안이 울리는 자음은 'ㄴ, ㄹ, ㅁ, ㅇ'이다. '데이지'에 쓰인 자음은 'ㄷ, ㅈ'으로, 발음할 때 입안이나 코안이 울리지 않는 자음이다.

오답 확인 ① '개나리'에 쓰인 자음 중 'ㄴ, ㄹ'이 발음할 때 입안이나 코안이 울리는 소리이다.
② '무궁화'에 쓰인 자음 중 'ㅁ, ㅇ'이 발음할 때 입안이나 코안이 울리는 소리이다.
③ '진달래'에 쓰인 자음 중 'ㄴ, ㄹ'이 발음할 때 입안이나 코안이 울리는 소리이다.
④ '봉숭아'에 쓰인 자음 중 'ㅇ'이 발음할 때 입안이나 코안이 울리는 소리이다.

14 겨울에 하늘에서 내리는 '눈'은 [눈:]이라고 길게 발음해야 한다. 하지만 나머지 단어들은 모두 짧게 발음해야 한다. 낮의 반대말인 '밤'은 [밤]으로, 동물인 '말'은 [말]로, 신체의 일부인 '발'은 [발]로 짧게 발음한다.

15 소리의 세기를 기준으로 자음을 분류할 때, ⓐ의 'ㄷ'은 예사소리, ㉠의 'ㄸ'은 된소리, ㉡의 'ㅌ'은 거센소리이다. 예사소리는 성대 근육을 긴장시키지 않고 내는 편한 느낌의 소리이고, 된소리는 성대 근육을 긴장시켜 힘주어 내는 단단하고 강한 느낌의 소리이고, 거센소리는 성대 근육을 긴장시켜 숨이 거세게 터져 나오는 거칠고 거센 느낌의 소리이다.

상	첫소리가 예사소리인 @와 비교하여 된소리인 ㉠의 특징과 거센소리인 ㉡의 특징을 모두 적절하게 쓴 경우
중	첫소리가 예사소리인 @와 비교하여 된소리인 ㉠의 특징과 거센소리인 ㉡의 특징 중 하나만 적절하게 쓴 경우
하	첫소리가 예사소리인 @와 비교하여 된소리인 ㉠의 특징과 거센소리인 ㉡의 특징을 모두 적절하게 쓰지 못한 경우

16 혀끝이 윗잇몸에 닿아서 나는 자음은 잇몸소리이므로 초성은 'ㄷ, ㄸ, ㅌ, ㅅ, ㅆ, ㄴ, ㄹ' 중 하나이다. 발음할 때 입술 모양을 평평하게 하는 모음은 평순 모음인 'ㅏ, ㅐ, ㅓ, ㅔ, ㅡ, ㅣ'이고, 혀의 높이가 높은 모음은 고모음인 'ㅜ, ㅟ, ㅡ, ㅣ'이므로, 중성은 'ㅡ, ㅣ' 중 하나이다. 혀의 양 옆으로 공기를 흘려 보내면서 내는 자음은 유음(흐름소리)이므로 종성은 'ㄹ'이다. 따라서 이 조건을 모두 만족하는 단어는 '실'이다.

02 문장의 짜임

본문 68~69쪽

01 ② **02** ② **03** ④ **04** [예시 답안] 겹문장이다. '그대는 사람이다.'와 '(그대는) 나에게 행복을 준다.'라는 두 문장이 결합하여 만들어져 주어와 서술어의 관계가 두 번 나타나기 때문이다.
05 ⑤ **06** ④ **07** ⑤ **08** ④ **09** ③ **10** ②
11 ① **12** [예시 답안] (1) 홑문장 (2) 긴박감을 느끼게 하고, 사건을 인상적으로 드러내고 있다. / 속도감을 느끼게 하고, 흥미를 높이고 있다.

01 문장의 주성분은 주어, 서술어, 목적어, 보어이다. 부사어는 문장에서 주로 주성분을 꾸며 뜻을 더해 주는 부속 성분이다.

02 ①의 '탑이', ③의 '하늘은', ④의 '말이', ⑤의 '나무'는 모두 주어이다. 하지만 ②의 '빚도'는 서술어 '갚는다'의 대상이 되는 목적어로, '빚을'로 바꾸어 쓸 수 있다.

03 '다섯 살 때까지 나는 시골에서 생활했다.'에서 주어는 '나는'이고 서술어는 '생활했다.'이므로 ④번 문장은 주어와 서술어의 관계가 한 번만 나타나는 홑문장이다.

오답 확인 ① '나는 개를 기른다.(주어+목적어+서술어)'와 '나는 고양이를 기른다.(주어+목적어+서술어)'라는 두 홑문장이 결합된 겹문장으로, 주어와 서술어의 관계가 두 번 나타난다.
② '나의 취미는 무엇이다.(관형어+주어+서술어)'와 '(나는) 음악을 감상한다.(주어+목적어+서술어)'라는 두 홑문장이 결합된 겹문장이다.

③ '나는 책상에서 공부한다.(주어+부사어+서술어)'와 '형이 책상을 썼다.(주어+목적어+서술어)'라는 두 홑문장이 결합된 겹문장이다.
⑤ '나는 무엇을 기다리고 있다.(주어+목적어+서술어)'와 '생일날이 어서 오다.(주어+부사어+서술어)'라는 두 홑문장이 결합된 겹문장이다.

04 '그대는 나에게 행복을 주는 사람이다.'의 전체 주어는 '그대는'이고 서술어는 '사람이다.'이다. 그리고 '사람'을 꾸며 주는 문장인 '나에게 행복을 주는'은 '(그대는) 나에게 행복을 준다.'라는 주어와 서술어를 갖춘 문장이다. 따라서 주어와 서술어의 관계가 두 번 나타나기 때문에 두 개의 홑문장이 결합해 만들어진 겹문장이다.

상	겹문장임을 정확히 파악하고, 그렇게 판단한 까닭을 문장을 분석하여 적절하게 서술한 경우
중	겹문장임을 정확히 파악하고, 그렇게 판단한 까닭을 문장 분석 없이 일반적으로 서술한 경우
하	겹문장이라고만 서술한 경우

05 ㉢에서 '(아이가) 울고 있다.'라는 홑문장이 '아이'를 꾸미는 관형어 역할을 하면서 '엄마는 아이를 달랜다.'라는 홑문장 안에 안겨 있다. ㉣에서 '그녀가 아이의 엄마이다.'라는 홑문장이 명사절로 바뀐 후 목적어 역할을 하면서 '우리는 무엇을 알았다.'라는 홑문장 안에 안겨 있다.

오답 확인 ㉠ 이 문장의 주어는 '아이가'이고, 서술어는 '걷는다'로 주어와 서술어의 관계가 한 번만 나타나는 홑문장이다.
㉡ '엄마가 웃다.'와 '아이도 웃는다.'라는 두 개의 홑문장이 나란히 이어져 있는 이어진문장으로 겹문장이다.

06 '사촌이 땅을 산다.'와 '배가 아프다.'가 나란히 이어진 문장으로, 조건의 의미를 나타내는 연결 어미 '-면'이 쓰여 종속적으로 이어진 문장이다.

07 @는 주어인 '그가'와 서술어인 '행복하기(행복하다)'로 이루어진 문장이고, ⓒ는 주어인 '땀이'와 서술어인 '나도록(나다)'으로 이루어진 문장이다. 따라서 두 문장 모두 주성분인 주어와 서술어만으로 이루어져 있어서 부속 성분은 쓰이지 않았다.

오답 확인 ① @의 주어와 서술어는 '그가 행복하다'이고, ⓑ의 주어와 서술어는 '내가 주다'이고, ⓒ의 주어와 서술어는 '땀이 나다'이다.
② @는 명사절로 안긴 문장이고, ⓑ는 관형절로 안긴 문장이고, ⓒ는 부사절로 안긴 문장이다.
③ @는 '바랐다'라는 서술어의 대상이 되는 목적어 역할을 하고 있고, ⓑ는 '책'이라는 체언을 꾸며 주는 관형어 역할을 하고 있고, ⓒ는 '쥐었다'라는 용언을 꾸며 주는 부사어 역할을 하고 있다.

④ ⓑ의 원래 문장은 '내가 그에게 책을 선물로 주었다.'이다. 주성분은 주어인 '내가', 목적어인 '책을', 서술어인 '주었다'이므로, ⓑ '내가 선물로 준'에는 주성분인 목적어가 생략되어 있다.

08 '윤지는 우산도 없이 빗속을 걸었다.'는 '윤지는 빗속을 걸었다.'와 '우산도 없이'가 결합된 겹문장이다. '우산도 없이'는 '걸었다'라는 용언을 꾸며 주므로 부사어 역할을 하고 있다.

> **오답 확인** ① '마음씨가 참 곱다'가 '철수는'의 서술어 역할을 하며 서술절로 안겨 있다.
> ② '(비가) 세차다'가 체언인 '비'를 꾸미며 관형절로 안겨 있다.
> ③ '그가 거짓말을 했다'가 주어 역할을 하며 명사절로 안겨 있다.
> ⑤ '배꼽이 빠지다'가 용언인 '웃었다'를 꾸미며 부사절로 안겨 있다.

09 제시된 설명에 따르면 '울지 말라고'는 인용격 조사 '고'를 사용하여 간접 인용절로 안긴 문장이다. 인용절의 경우는 명사절과 달리 일반적으로 직접 인용에 사용되는 조사 '라고', 간접 인용에 사용되는 조사 '고'까지 인용절의 범위에 포함한다. 따라서 간접 인용 조사 '고'까지 포함하여 '울지 말라고'가 인용절이다.

> **오답 확인** ① '항상 웃으면서'의 '-면서'는 '동시'의 의미를 지닌 종속적 연결 어미로, ①은 종속적으로 이어진 문장이다.
> ② '아무 말도 없이'는 부사절로 안긴 문장이다.
> ④ '그분이 질문을 반복해도'의 '-도'는 '양보'의 의미를 지닌 종속적 연결 어미로, ④는 종속적으로 이어진 문장이다.
> ⑤ '희망은 어디에나 있음'은 목적어 역할을 하며 명사절로 안긴 문장이다.

10 '그 학생은 국어는 잘하지만 수학은 못한다.'는 '그 학생은 국어는 잘한다.'와 '그 학생은 수학은 못한다.'라는 두 홑문장이 대조의 의미를 지니고 대등하게 이어진 문장이다. 이 문장의 문장 성분을 분석하면, '관형어＋주어＋목적어＋서술어＋목적어＋서술어'로 분석할 수 있다. 즉, 이 문장 전체의 주어는 '학생은'이고, '그'는 '학생'이라는 체언을 꾸며 주는 관형어이다. 관형어는 부속 성분이므로 이 문장이 주성분만으로 이루어져 있다는 설명은 잘못된 설명이다.

11 ㉠은 '다리가 불편하시다(주어＋서술어)'라는 홑문장을 전체 문장의 서술절로 안고 있는 겹문장이다. 전체 문장의 주어는 '할아버지께서는'이고 서술어는 서술절로 안긴 '다리가 불편하시다'이다. ㉡은 '아이는 어른을 좋아한다(주어＋목적어＋서술어)'라는 문장이 '어른이 자신(아이)을 칭찬해 준다.(주어＋목적어＋서술어)'라는 문장을 관형절로 안고 있는 문장이다.

> **오답 확인** ② ㉠은 서술절을, ㉡은 관형절을 안고 있다.
> ③ ㉠과 ㉡은 모두 이어진문장이 아니라 안은문장이다.
> ④ ㉠의 서술어 역할을 하는 말인 '다리가 불편하시다'에서 '불편하

다'는 상태나 성질을 나타내는 형용사이기 때문에 ㉠은 '누가 어떠하다'라는 구조로 이루어진 문장이다. ㉡의 서술어인 '좋아한다'는 움직임이나 작용을 나타내는 동사이기 때문에 ㉡은 '누가 어찌하다'의 구조로 이루어진 문장이다.
⑤ ㉠에서 안은문장의 주어는 '할아버지께서는'이고 안긴문장의 주어는 '다리가'이다. ㉡에서 안은문장의 주어는 '아이는'이고 안긴문장의 주어는 '어른이'이다. 따라서 둘 다 안은문장의 주어와 안긴문장의 주어가 일치하지 않는다.

12 제시된 글의 문장은 모두 주어와 서술어의 관계가 한 번만 나타나는 홑문장이다. 홑문장이 나열된 글을 읽다 보면 호흡이 짧아지고 빨라지는 것을 느낄 수 있다. 이를 통해 긴박감과 속도감을 느끼게 하고 사건을 인상적으로 제시하며 흥미를 높이고 있다.

상	홑문장임을 밝히고, 홑문장의 효과 두 가지 모두 적절하게 서술한 경우
중	홑문장임을 밝히고, 홑문장의 효과 한 가지만 적절하게 서술한 경우
하	홑문장이라는 것만 밝힌 경우

03 통일 시대의 국어

1 남북의 언어 차이가 있나요?

본문 72~75쪽

01 ⑤ **02** ① **03** ② **04** [예시 답안] 분단 후 70년 동안 문화적, 인적, 통신적 교류가 거의 없었기 때문이다. / 오랜 세월 교류 없이 남북이 서로 다른 체제를 유지하고 살았기 때문이다. **05** ① **06** ① **07** ④ **08** [예시 답안] 접미사 '-질'이 남한에서는 직업을 비하하는 뜻으로 쓰이는 것과 달리, 북한에서는 긍정적인 의미로 사용되기 때문이다.

01 이 글은 남북한의 언어를 문법과 발음, 억양, 어휘, 화용적 측면에서 차이점을 중심으로 설명하고 있으며, 독자들의 이해를 돕기 위해 구체적인 사례를 들고 있다.

> **오답 확인** ① 두 대상 간의 차이점을 제시한 것은 맞지만, 둘 사이의 절충 방안을 모색한 내용은 찾아볼 수 없다.
> ② 대상의 변화 과정을 시대순으로 제시하여 의의를 밝히는 내용은 찾아볼 수 없다.
> ③ 대상에 대한 그릇된 관점을 지적한 내용이나 대상의 장단점을 나열한 내용은 찾아볼 수 없다.
> ④ 대상에 관한 다양한 의견들을 제시하기보다는 두 대상 사이의 다양한 차이점을 제시하고 있다.

02 (나)에 따르면 남한에서는 두음 법칙을 인정하는 반면 북한에서는 이를 인정하지 않는다. 따라서 두음 법칙을 적용하여 발음한다는 것은 적절하지 않다.

오답 확인 ② (가)에 따르면 북한어도 남한어와 마찬가지로 '주어+목적어+서술어' 어순이 동일하다.
③ (라)에 따르면 남한에서는 '소시지'라고 표현하는 것을 북한에서는 '고기순대'라고 표현한다. 외래어를 고유어로 바꾸어 쓰려는 노력을 짐작할 수 있다.
④ (다)에 따르면 북한에서는 '안'이라는 어휘를 높은 억양으로 발음한다.
⑤ (라)에 따르면 남한에서는 '오징어'라고 부르는 것을 북한에서 '낙지'라고 부르고, 남한에서 '낙지'라고 부르는 것을 북한에서는 '오징어'라고 부른다.

03 남북한의 언어 차이를 극복하기 위해서 어느 한쪽을 중심으로 언어 통일을 꾀할 경우 상대측의 불편과 어려움이 가중될 수 있다. 그 때문에 반발이 일어나 언어 통일의 과정이 쉽지 않을 수 있다.

오답 확인 ① 남북이 공동 국어사전을 편찬하여 보급한다면 서로가 사용하는 어휘를 이해하는 데 도움을 줄 수 있다.
③ 남북한의 언어가 어떻게 다른지를 분명히 이해하고 이를 연구하는 것도 언어 차이를 극복하는 방안이 될 수 있다.
④ 서로 다른 언어 규정에서 달라진 말이 많은 만큼 공동의 언어 규정을 제정하여 이를 바탕으로 말다듬기를 한다면 언어 차이를 극복하는 데 도움이 될 수 있다.
⑤ 남북한 주민들 사이에 사회·문화적 교류가 활성화된다면 서로의 언어를 이해하는 데 큰 도움이 된다.

04 (바)에 따르면 남과 북은 지난 70년 동안 문화적, 인적, 통신적 교류가 없이 분단되어 살아왔다. 이렇게 오랜 세월 동안 교류가 없었기 때문에 언어적 차이가 많이 생긴 것이다.

상	(바)의 내용을 바탕으로 글자 수를 만족하여 바르게 서술한 경우
중	(바)의 내용을 바탕으로 서술하였지만, 글자 수 조건을 만족하지 못한 경우
하	'남북한이 분단되어 있기 때문에'와 같이 단편적인 사실만 서술한 경우

05 제시된 부분에서는 남북의 언어가 외래어, 신조어, 한자어, 전문어 등에서 어떤 차이점이 있는지를 중심으로 설명하고 있다.

06 (다)에 따르면 북한에서는 언어 정책상 한자어를 고유어로 대체하여 사용하도록 하였으며 고유어로 문화어를 지정하였다. 그 결과 많은 한자어가 언어 사용에서 사라지게 되었다. 따라서 북한에 비해 남한에서 한자어를 더 많이 사용한다고 볼 수 있다.

오답 확인 ② (라)에 따르면 남한에서는 '가감법'이라는 용어를 사용하지만 북한에서는 '더덜기법'이라는 용어를 사용한다.
③ (가)에 따르면 북한은 러시아, 중국을 통해 문물, 기술, 무역 교류가 이루어지고, 그 결과 러시아어, 중국어에서 유래한 외래어를 많이 사용한다.
④ (나)에 따르면 남북의 언어에는 새로운 제도, 생활 문화의 창조, 새로운 기술 등으로 발생하게 되는 신조어의 차이가 존재한다.
⑤ (마)에 따르면 '-질', '소행'과 같이 남한에서는 부정적 의미로 사용되는 말들이 북한에서는 긍정적 의미로 사용된다.

07 '녹색어머니'와 같이 '녹색'과 '어머니' 각각의 뜻으로 해석하기 어려운 합성어를 융합 합성어라고 한다. '앉아 있기가 몹시 거북하고 불안한 자리'를 뜻하는 '가시방석'도 '가시'와 '방석'의 의미만으로는 그 뜻을 온전히 이해하기 어려운 융합 합성어이다.

오답 확인 ①의 '밤나무', ②의 '손발', ③의 '논밭', ⑤의 '손수건'은 모두 합성어를 구성하고 있는 어근의 뜻을 알면 그 의미를 알 수 있다.

08 (마)에 따르면 남한에서는 '-질'이 '직업이나 직책에 비하하는 뜻을 더하는 접미사'를 뜻하지만 북한에서는 비하하는 뜻이 없는 긍정적인 의미로 사용된다.

상	접미사 '-질'의 의미 차이를 중심으로 〈조건〉을 만족하여 서술한 경우
중	접미사 '-질'에 대한 언급 없이 '남북의 언어에는 형태나 발음이 같은 단어라도 의미가 다른 사례가 존재하기 때문에'와 같이 서술한 경우
하	'어휘의 의미가 서로 다르기 때문에'와 같이 추상적으로 서술한 경우

② 남북한 언어 차이의 양상 본문 76~77쪽

01 ④　02 ①　03 ⑤　04 먼지 하나 없이 말끔하게(깨끗하게) 치워 놓았군요.

01 (가)~(다)의 자료를 통해 북한에서는 외래어를 고유어로 바꾸어 사용하려고 한다는 점을 알 수 있지만, (나)에서 '지뢰해제', '기재', '정형' 등의 한자어를 사용하고, 러시아어에서 유래한 '팍스'를 사용하고 있다는 점을 고려할 때 외래어를 모두 고유어로 바꾸어 사용한다는 것은 적절하지 않다.

오답 확인 ① 북한과 달리 남한에서는 외래어를 그대로 사용하는 경우가 많아서 북한 사람이 남한의 스포츠 중계방송을 보면 잘 이해하지 못할 수도 있다.

② 남한에서는 '-적'을 쓰는 것과 달리 북한에서는 '-상'을 쓰고, 남한에서는 '경계 초소를'이라고 하는 것과 달리 북한에서는 '경계초소는'이라고 쓴다. 접미사와 조사의 쓰임에도 차이가 있음을 알 수 있다.

③ (다)에서는 북한에서 사용하는 '전기여닫개'라는 말의 의미를 남한 종업원이 이해하지 못해 의사소통에 어려움이 생겼음을 알 수 있다.

⑤ (가)는 운동 경기에서 사용하는 용어, (나)는 군사 용어, (다)는 일상생활에서 사용하는 용어에서 남북의 언어 차이가 나타나고 있음을 알 수 있다.

02 오전 10시에 시작한 회담이 오후 5시가 지나서야 끝났다는 것은 그만큼 현안을 해결하는 데 서로의 입장이 달라 시간이 오래 걸렸기 때문으로 볼 수도 있지만, (나)의 중심 내용을 고려하면 언어 이질화 문제로 인해 그만큼 시간이 많이 걸렸다고 추측할 수 있다.

03 남한의 '도움닫기'와 북한의 '밟아달리기'는 모두 외래어를 고유어로 바꾸어 사용한 예로 볼 수 있다.

04 '몽당'은 '먼지'를 뜻하고, '말강스럽다'는 '티 없이 맑고 환하게 깨끗하다'를 뜻하기 때문에 ⓒ은 '먼지 하나 없이 깨끗하게 치워 놓았군요.'로 고칠 수 있다.

상	제시된 단어의 뜻풀이를 적용하여 자연스럽게 서술한 경우
중	제시된 단어의 뜻풀이는 바르게 적용하였지만 문장이 자연스럽지 않고 어색한 경우
하	'몽당'이나 '말강스럽다' 중 어느 하나의 뜻풀이만 적용하여 서술한 경우

Ⅱ 대단원 평가

01 ② **02** ④ **03** ③ **04** ⑤ **05** ① **06** [예시 답안] 우리말에서 'ㅂ'과 'ㅃ'은 예사소리와 된소리로 말의 뜻을 구분해 주는 음운의 역할을 하는데, 니콜은 'ㅂ'과 'ㅃ'을 구분하지 못하고 '뿔'을 '불'로 잘못 발음하여 의사소통이 제대로 이루어지지 못했다.
07 ⑤ **08** [예시 답안] ㉮는 '주어+부사어+서술어'로, ㉯는 '주어+부사어+목적어+서술어'로 분석되기 때문에 주어와 서술어의 관계가 한 번만 나타나는 홑문장이다. **09** ④ **10** ③ **11** ①
12 [예시 답안] ⓒ은 홑문장을 의미 관계에 따라 결합해 만든 겹문장이므로, 사건이나 사실의 선후 관계나 인과 관계가 잘 드러나 내용을 집약적으로 전달할 수 있다. **13** ③ **14** ② **15** ③
16 ④ **17** ② **18** ④ **19** [예시 답안] 남북의 언어가 서로 다르면 서로의 말을 오해할 수 있어 갈등이 생기거나 불신이 쌓여 통일의 과정이 순조롭게 진행되지 못할 수 있으며, 통일 이후에도 위화감이 있어 쉽게 통합되지 못할 수 있기 때문이다.

01 국어의 음운은 분절 음운과 비분절 음운으로 나눌 수 있다. 분절 음운은 자음과 모음처럼 정확히 나눌 수 있는 음운이고, 비분절 음운은 정확히 나눌 수는 없지만 소리의 길이, 높낮이, 강세 등과 같이 뜻을 구별하는 기능을 하는 음운이다.

오답 확인 ① 뜻을 가진 가장 작은 말의 단위는 형태소이다. 음운은 말의 뜻을 구별해 주는 소리의 가장 작은 단위이다.
③ 발음할 때 입안이나 코안이 울리는 자음은 'ㄴ, ㄹ, ㅁ, ㅇ'이다.
④ 모음은 입술이나 혀의 움직임에 따라 단모음과 이중 모음으로 나눌 수 있고, 단모음은 혀의 최고점의 위치, 입술의 모양, 혀의 높이에 따라 분류할 수 있다. 소리 내는 방법과 소리의 세기에 따라 분류할 수 있는 것은 자음이다.
⑤ 발음할 때 공기의 흐름이 발음 기관의 방해를 받고 나오는 소리는 자음이다.

02 음운은 말의 뜻을 구별해 주는 소리의 가장 작은 단위이기 때문에 더 작은 단위로 쪼갤 수는 없다.

03 혀의 높이를 기준으로 분류했을 때, 'ㅐ'는 저모음이고, 'ㅔ'는 중모음이고, 'ㅣ'는 고모음이므로 'ㅐ'에서 'ㅣ'로 갈수록 혀의 높이가 점차 높아짐을 알 수 있다.

04 발음 기관 단면도에서 표시된 부분은 혓바닥과 센입천장 사이이다. 혓바닥과 센입천장 사이에서 소리 나는 자음은 센입천장소리인 'ㅈ, ㅉ, ㅊ'이다.

05 '이것'의 자음은 소리 내는 방법에 따르면 마찰음이므로 'ㅅ, ㅆ, ㅎ' 중 하나이며, 소리 나는 위치에 따르면 잇몸소

리이므로 'ㄴ, ㄷ, ㄸ, ㅌ, ㄹ, ㅅ, ㅆ' 중 하나이다. 따라서 두 가지 조건을 모두 만족하는 자음은 'ㅅ, ㅆ'이다. '이것'의 모음은 입술 모양에 따르면 원순 모음이므로 'ㅜ, ㅟ, ㅗ, ㅚ' 중 하나이며, 혀의 최고점의 위치에 따르면 후설 모음이므로 'ㅡ, ㅜ, ㅓ, ㅗ, ㅏ' 중 하나이다. 따라서 두 가지 조건을 모두 만족하는 모음은 'ㅗ, ㅜ'이다. 따라서 정답은 'ㅅ'과 'ㅗ'로 이루어진 '소'이다.

06 니콜과 원희의 의사소통이 원활하지 못한 까닭은 니콜이 '뿔'을 '불'로 잘못 발음하였기 때문이다. 'ㅂ'과 'ㅃ'은 우리말에서는 말의 뜻을 구별해 주는 음운이기 때문에 정확히 구분하여 발음해야 하는데, 니콜이 발음을 제대로 하지 못했기 때문에 의사소통이 제대로 이루어지지 않은 것이다.

상	'불'과 '뿔'을 정확히 찾아 쓰고, 예사소리–된소리가 구분되는 우리말 음운 체계의 특성을 바탕으로 의사소통이 제대로 안 된 까닭을 서술한 경우
중	'불'과 '뿔'을 정확히 찾아 썼으나, 예사소리–된소리가 구분되는 우리말 음운 체계의 특성을 서술하지 못하고 의사소통이 제대로 안 된 까닭만 서술한 경우
하	'불'과 '뿔'을 정확히 찾아 썼으나, 예사소리–된소리가 구분되는 우리말 음운 체계의 특성이나 의사소통이 제대로 안 된 까닭은 서술하지 못한 경우

07 '온통 파란 바다가 눈부시게 아름다웠다.'의 문장 성분을 분석하면 '부사어＋관형어＋주어＋부사어＋서술어'로 분석할 수 있다. 따라서 이 문장 전체에서 '무엇이'에 해당하는 주어는 '바다가'이고, '어떠하다'에 해당하는 서술어는 '아름다웠다'이다.

　오답 확인　① '온통'은 '파랗다(파란)'라는 용언을 꾸며 주므로 부사어이다.
② '파란'은 체언인 '바다'를 꾸며 주므로 관형어(관형절)이고, '눈부시게'는 용언인 '아름다웠다'를 꾸며 주므로 부사어(부사절)이다.
③ '파란'은 체언을 꾸며 주는 관형어로 부속 성분에 해당한다.
④ 문장 전체에서 주성분에 해당하는 말은 주어인 '바다가'와 서술어인 '아름다웠다'이다.

08 ㉮ '행복은 어디에나 있어.'의 문장 성분을 분석하면, 주어는 '행복은'이고 서술어는 '있어'이고 '어디에나'는 '있어'라는 용언을 꾸며 주므로 부사어이다. ㉯ '노력은 결코 너를 배신하지 않아.'의 문장 성분을 분석하면, 주어는 '노력은'이고 목적어는 '너를'이고 서술어는 '배신하지 않아'이다. '결코'는 용언을 꾸며 주는 부사어이다. 따라서 ㉮와 ㉯는 모두 주어와 서술어의 관계가 한 번만 나타나므로 홑문장이다.

상	㉮와 ㉯의 문장 성분을 〈조건〉에 맞게 모두 정확히 분석하고, ㉮와 ㉯가 홑문장인 까닭을 적절하게 서술한 경우
중	㉮와 ㉯ 중 하나만 문장 성분을 〈조건〉에 맞게 분석하고, ㉮와 ㉯가 홑문장인 까닭을 적절하게 서술한 경우
하	㉮와 ㉯의 문장 성분을 〈조건〉에 맞게 분석하지 못하고, ㉮와 ㉯가 홑문장인 까닭만 서술한 경우. 혹은 ㉮와 ㉯ 중 하나는 문장 성분을 〈조건〉에 맞게 분석하였으나, ㉮와 ㉯가 홑문장인 까닭을 적절하게 서술하지 못한 경우

09 ㉡은 '(소녀는) 벌떡 일어났다.'와 '(소녀는) 팔짝팔짝 징검다리를 뛴다.'와 '(소녀는) 징검다리를 건너간다.'라는 세 개의 문장이 나란히 이어진 문장이다. ㉣은 '(소녀가) 단발머리를 나풀거린다.'와 '소녀가 막 달린다.'라는 두 개의 문장이 나란히 이어진 문장이다.

　오답 확인　㉠은 '(그것은) 조약돌이었다.'라는 문장이 '조약돌은 하얗다.'라는 문장을 관형절로 안고 있는 문장이다. ㉢ '소년은 벌떡 일어섰다.'라는 문장이 '저도 모르다'라는 문장을 부사절로 안고 있는 문장이다.

10 ⓑ는 '누나는 무엇이라고 말했다.'가 '가족이 그리웠다.'라는 문장을 인용절로 안고 있는 문장이며, 이 문장의 전체 주어는 '누나는'이다. 따라서 '가족이 그리웠다고'가 주어의 역할을 한다는 설명은 적절하지 않다.

　오답 확인　①, ②, ④ ⓐ는 '발이 참 크다.'라는 문장이 '우리 형은'이라는 주어의 서술어 역할을 하며 서술절로 안긴 문장이다. ⓒ는 '이 운동장은 다소 좁다.'라는 문장이 '우리가 축구를 하다.'라는 문장을 '좁다'라는 용언을 꾸며 주는 부사절로 안고 있는 안은문장이다. 따라서 ⓐ와 ⓒ, 그리고 위에서 설명한 ⓑ는 모두 주어와 서술어의 관계가 두 번 나타나는 안은문장으로 겹문장이다.
⑤ ⓒ에서 '우리가 축구를 하기'는 명사형 어미 '-기'와 결합하여 만들어진 명사절이다.

11 제시된 문장은 '수평선까지 펼쳐진 바다를 본다.'와 '그때의 추억이 떠오른다.'가 나란히 이어져 있는 이어진문장이다. 그리고 '수평선까지 펼쳐진 바다를 본다.'는 '(내가) 바다를 본다.'라는 문장이 '(바다가) 수평선까지 펼쳐져 있다.'라는 문장을 관형절로 안고 있는 문장이다. 따라서 이 문장은 세 개의 홑문장이 결합되어 만들어진 겹문장이다.

　오답 확인　② 이 문장에서 바다를 보는 주체인 주어는 생략되어 있다. 일반적으로 일인칭 대명사인 '나'가 주어로 나올 때에는 생략되는 경우가 있다.
③ '보니'의 '-니'는 원인의 의미를 나타내는 종속적 연결 어미이다. 따라서 앞 절이 뒤 절의 원인이 되고 있다고 할 수 있다.
④ '수평선까지 펼쳐진'이 '바다'의 의미를 구체적으로 표현하면서 '바다'를 꾸며 주고 있다.
⑤ '수평선까지 펼쳐진'의 주어인 '바다'가 바로 뒤에 꾸밈을 받는 자리에 반복되어 나타나므로 관형절의 주어는 생략되었다.

12 ㉠은 간결한 홑문장들이 나열되어 있는 반면, ㉡은 각각의 홑문장을 의미 관계를 고려하여 하나로 결합한 겹문장으로

이루어져 있다. 따라서 ⓒ은 ⊙에 비해 사건 간의 논리적인 관계가 잘 드러나고 내용을 집약적으로 전달할 수 있는 장점이 있다.

상	문장의 짜임과 관련지어 ⊙을 ⓒ으로 고칠 때 얻을 수 있는 효과를 적절하게 서술한 경우
중	문장의 짜임과 관련짓지 않고 ⊙을 ⓒ으로 고칠 때 얻을 수 있는 효과만 적절하게 서술한 경우
하	문장의 짜임만 서술하고 ⊙을 ⓒ으로 고칠 때 얻을 수 있는 효과를 서술하지 못한 경우

13 이 글에서는 남북한의 언어가 다양한 측면에서 차이가 있다는 것을 구체적인 예를 들어 설명하고 있다.

오답 확인 ① 남북한 언어의 유래를 밝히는 내용은 찾아볼 수 없다.
② (가)의 첫 문단에서 남북한 언어의 동질성을 제시한 내용은 있지만, 이 글 전체에서는 일부에 지나지 않는다.
④ 남북한 언어의 변화 과정을 설명한 내용은 찾아볼 수 없다.
⑤ (가)와 (나)는 기본적으로 남북한 언어의 이질성을 극복해야 할 필요성을 알게 하는 내용이지만, 이질성을 줄이는 방법은 제시되어 있지 않다.

14 (가)의 셋째 문단에 따르면 북한에서는 두음 법칙을 인정하지 않지만 남한에서는 두음 법칙을 인정한다. 하지만 남한어에서 두음 법칙이 인정되는 까닭과 관련한 내용은 찾아볼 수 없다.

오답 확인 ① (가)의 첫 문단을 통해 해결할 수 있다.
③ (가)의 넷째 문단을 통해 해결할 수 있다.
④ (가)의 다섯째 문단을 통해 해결할 수 있다.
⑤ (나)의 첫 문단을 통해 해결할 수 있다.

15 현재 실제로 사용하고 있는 어휘를 중심으로 극복 방안을 논의해야지, 지금은 잘 쓰이지 않는 어휘가 있을 수 있는 분단 이전의 어휘를 사용하도록 하는 것은 남북한 양쪽에 모두 부담을 줄 수 있어서 적절한 방안으로 볼 수 없다.

오답 확인 ① 남북이 공동 연구 기관을 만들어서 서로 다른 어문 규정을 통합하고 그 규정을 바탕으로 말다듬기를 한다면 언어 차이를 극복하는 데 도움이 될 수 있다.
② 남북한 사이에 교류가 거의 없어 이질화가 심해진 만큼 서로의 생활과 연관 지어 어휘를 익히게 한다면 언어 차이 극복에 도움이 될 수 있다.
④ 같은 형태의 어휘라 하더라도 의미가 서로 다르게 사용되는 어휘가 존재하는 만큼 공동 사전을 제작하여 어휘의 뜻을 통일하면 언어 차이를 극복하는 데 도움이 될 수 있다.
⑤ 다양한 분야에서 남북의 교류가 활성화되면 차이점을 좁혀 나가는 데 도움이 될 수 있다.

16 두음 법칙은 일부 소리가 단어의 첫머리에 발음되는 것을 꺼려 나타나지 않거나 다른 소리로 발음되는 현상을 뜻한

다. 남한의 '규율'을 북한에서 '규률'이라고 쓰는 것은 단어의 첫머리(두음)에서 나타나는 차이가 아니기 때문에 ⊙의 적절한 사례로 볼 수 없다.

17 남한에서 "언제 한번 식사라도 해요."는 일반적으로 겉으로 드러난 의미 그대로 쓰이는 것이 아니라 식사할 기회가 있기를 바란다는 의미로 쓰인다. 만약 이 말을 표면적 의미로 말했다면, 구체적으로 언제 어디에서 만나 식사를 할 것인지 약속을 정한 후 실행한다.

오답 확인 ① 남한에서는 표면적 의미보다는 친근한 관계를 형성하기 위한 인사말의 용도로 많이 쓰인다.
③ 북한에서는 남한과 달리 문장의 표면적 의미로 이해하기 때문에 실제로 특정한 날에 만나서 식사를 하자는 의미로 받아들인다.
④ 남한에서는 실제로 특정한 시간에 만나서 같이 식사하자는 의미보다는 식사할 기회가 있기를 바란다는 의미로 쓰인다.
⑤ 북한에서는 표면적 의미로 받아들이기 때문에 이 말대로 하지 않을 경우 믿을 수 없는 사람이라는 인상을 줄 수 있다.

18 〈보기〉에서 손님과 종업원은 '전기여닫개'라는 말 때문에 의사소통에 어려움을 겪는다. 남북의 언어 차이 중에서 어휘의 차이와 관련이 깊다고 할 수 있다.

19 언어의 차이가 많이 날 경우 소통에 문제가 생겨 통일의 과정에 어려움이 생길 수 있으며, 통일이 된 이후에도 언어의 차이가 지속될 경우 위화감이 생겨 국민 통합이 어려울 수 있다.

상	통일 과정과 통일 이후 언어의 차이로 인해 예상되는 문제 상황을 구체적으로 서술한 경우
중	통일 과정과 통일 이후 중 어느 한 상황에서 예상되는 문제 상황을 구체적으로 서술한 경우
하	통일 과정과 통일 이후에 대한 맥락 없이 단순히 '언어가 다르면 소통이 어렵기 때문이다.'와 같이 서술한 경우

Ⅲ. 읽기

01 문제를 해결하며 읽기

1 플라스틱은 전혀 분해되지 않았다

본문 86~89쪽

01 ③   02 ⑤   03 ⑤   04 ③   05 [예시 답안] 플라스틱이 동물에게 해를 끼친   06 ⑤   07 ①   08 [예시 답안] 이물질이 묻어 있거나 세척이 안 된 채 배출된 플라스틱은 재활용이 어렵기 때문이야.   09 ①   10 ④

01 (나)를 참고하면, 플라스틱은 지구상에 없던 물질을 인간이 만들어 낸 것으로, 석유를 널리 사용하면서부터 개발되었다. 따라서 플라스틱이 석유를 사용하기 전에 개발된 것은 아니다.

[오답 확인] ① (가)에서 플라스틱 끈은 꽤 오래전부터 거북의 몸에 걸려 있었고, 딱딱한 거북의 등껍질을 기형으로 자라게 할 정도로 단단하고 강했다고 제시하였다.
② (나)에서 플라스틱의 장점과 단점을 나열하던 중, 정전기를 띠기 때문에 표면에 먼지가 잘 붙는다는 단점을 제시하였다.
④ (다)의 마지막 부분에서 플라스틱 쓰레기는 깨지고 닳아 작은 크기로 부서져 물속을 떠다니고, 알바트로스는 플라스틱의 알록달록한 빛깔에 이끌려 위험한지도 모르고 이것을 삼켰다고 제시하였다.
⑤ (다)의 앞부분에서 음료수 플라스틱 병뚜껑과 라이터, 작게 부서진 플라스틱 조각들이 죽은 알바트로스 사체의 배 속을 가득 채우고 있었다고 제시하였다.

02 글을 읽는 과정에서 글에 쓰인 단어나 문장의 의미를 모르거나, 주제나 중심 생각이 직접 드러나지 않은 경우, 글쓴이의 주장이 합리적이고 타당한지 판단해야 하는 경우에 문제가 발생한다. 알바트로스의 사진 조작에 대한 사진작가의 명확한 설명이 (다)에 제시되어 있기 때문에 이에 대해 따로 증명할 방법을 묻는 것은 적절하지 않다.

[오답 확인] ① 글에 쓰인 단어의 의미를 모르는 경우에 해당한다.
② 글에 제시되어 있지 않은 글쓴이의 의도에 대한 질문을 할 수 있다.
③, ④ 글에 쓰인 문장의 의미를 명확하게 모르는 경우나 의미가 애매하거나 모호할 때 문제가 발생할 수 있다.

03 글에 쓰인 문장의 의미가 애매하거나 모호할 때, 앞뒤 문맥을 참고하면 그 의미를 명확하게 이해할 수 있다. ㉠의 앞부분을 참고하여 ㉠의 의미를 추론해 보면 지금까지 만들어 낸 플라스틱 중 가장 오래된 것은 100년 전에 만들어진 것이고, 분해 기간은 500년이기 때문에 플라스틱을 태우지 않는 한 분해되지 않은 채 자연 상태에 그대로 남아 있다는 것이다.

04 사진작가가 말한 비극은 알바트로스가 바닷물에 떠다니는 플라스틱 조각을 먹이로 착각하여 삼켰다가 위장 장애를 겪고, 결국엔 영양실조로 서서히 죽은 일을 의미한다.

05 이 글에는 플라스틱의 위험성을 알리고 그 사용을 줄이자는 글쓴이의 주장이 나타나 있다. 그리고 바다거북과 알바트로스의 사례를 통해 플라스틱이 생명체에 끼치는 악영향을 강조하며 자신의 주장을 뒷받침하고 있다.

상	중심 내용이 정확하게 제시되고 문맥이 어색하지 않은 경우
중	중심 내용이 정확하게 제시되었으나, 문맥이 어색한 경우
하	중심 내용의 제시가 미흡하고 문맥이 어색한 경우

06 (바)에 지구가 매우 오랜 기간에 걸쳐 만들어 낸 소중한 자원은 '석유'라고 제시되어 있다. 플라스틱은 이 석유를 사용하여 만들어 낸 재료이다.

[오답 확인] ① (라)에서 바닷가로 밀려온 뱀머리돌고래가 구조된 지 5일 만에 죽어 버렸고, 부검 결과 해양 쓰레기 때문에 폐사하였다는 사실을 알 수 있다.
② (마)의 앞부분에 사람들은 플라스틱을 재활용할 수 있다는 생각에 편하게 쓰고 쉽게 버리지만 종류가 너무 많아서 재활용되는 양은 그리 많지 않다고 제시되어 있다.
③ (바)에 잘게 부서진 플라스틱이 배의 스크루에 감겨 선박의 안전을 위협하고 있다고 제시되어 있다.
④ (바)에 손 닿는 곳 어디에나 있는 플라스틱 시대에 플라스틱을 전혀 사용하지 않을 수 없다고 제시되어 있다.

07 플라스틱 사용을 줄이자는 글쓴이의 주장을 (바)에서 확인할 수 있다.

08 글을 읽는 과정에서 발생하는 여러 가지 인지적인 문제들은 글에 나타난 정보와 독자의 배경지식을 활용하여 해결할 수 있다. 〈보기〉에 제시된 배경지식은 플라스틱 용기를 재활용하는 방법이다. 이와 관련된 내용은 (마)에 제시되어 있고, 특히 이물질이 묻어 있거나 세척이 안 된 채 배출된 플라스틱은 재활용이 어렵기 때문에 〈보기〉에 제시된 방법처럼 플라스틱을 배출해야 하는 것이다.

상	'이물질이 묻어 있거나', '세척이 안 된 경우', '재활용이 어렵다'라는 세 가지 중심 내용을 모두 포함하여 서술한 경우
중	'이물질이 묻어 있거나', '세척이 안 된 경우', '재활용이 어렵다'라는 세 가지 중심 내용 중, 두 가지를 포함하여 서술한 경우
하	'이물질이 묻어 있거나', '세척이 안 된 경우', '재활용이 어렵다'라는 세 가지 중심 내용 중, 한 가지를 포함하여 서술한 경우

09 (마)에서는 플라스틱 재활용이 어려운 이유를 제시하면서 플라스틱 재활용에 관한 정보를 전달하고 있다. 또한 (라)에서 뱀머리돌고래의 구체적인 사례를 제시하여 (바)에 나타나는 플라스틱 사용을 줄이자는 글쓴이의 주장을 뒷받침하고 있다.

오답 확인 ⓔ (바)에는 플라스틱이 인간과 동물에게 미치는 악영향을 열거했을 뿐, 대조하여 설명하고 있지 않다.

10 〈보기〉에서는 문제 해결 과정으로서의 읽기를 설명하고 있다. ④는 사회적 상호 작용으로서의 읽기에 대한 설명이다. 사회적 상호 작용으로서의 읽기는 읽기를 통해 자신이 속한 사회의 맥락을 이해하고, 그 결과를 사람들과 공유한다. 이를 통해 다른 사람과 영향을 주고받으며 사회에 참여하는 행위로 읽기를 이해하는 것이다.

오답 확인 ① 자신의 배경지식을 활용하여 읽기 과정의 문제를 해결하고 있다.
② 읽기 과정에서 단어의 뜻을 모르는 문제를 사전 찾기를 통해 해결하고 있다.
③ (라)에서 제시한 '해양 쓰레기 때문에 바다거북이 죽은 사례는 가끔 확인했지만'의 문장 이해에 문제가 발생했고, 이를 해결하기 위해 다른 정보를 찾아보고 있다.
⑤ 글쓴이의 주장이 합리적이고 타당한지 고민하는 것도 읽기 과정에서 발생할 수 있는 문제 중 하나이다.

---

② 신대륙의 숨은 보물, 고추 이야기 본문 90~93쪽

01 ⑤　　**02** ①　　**03** ④　　**04** ⑤　　**05** [예시 답안] 왜냐하면 고추가 전 세계 사람들의 입맛을 사로잡았기 때문이다.　**06** ②　**07** ⑤　　**08** ④　　**09** ④　　**10** [예시 답안] 보건 복지부 조사에 따르면 우리나라의 1인당 하루 고추 섭취량이 세계 최고 수준이기 때문이다.

01 (가)에는 콜럼버스에 의해 발견되고 전파된 고추에 대한 내용이 나와 있고, (나)에는 세계 곳곳에서 즐겨 먹는, 고추로 만든 다양한 소스에 대해 나와 있다.

02 글을 읽을 때 활용할 수 있는 배경지식은 글의 내용을 이해하는 과정에서 발생하는 다양한 인지적인 문제를 해결하는 데 도움을 줄 수 있는 내용이어야 한다. 사람들이 매운맛을 느끼는 감각은 이 글의 내용을 이해하는 것과 관계가 없다.

오답 확인 ② (나)에 제시된 '동남아에서도 덥고 습한 날씨 때문에 음식에 곁들이는 양념이 발달'했다는 내용을 이해하는 배경지식으로 활용할 수 있다.

③ (나)에 제시된 '엄청난 매운맛을 자랑하는 부트졸로키아 고추'의 내용을 이해하는 배경지식으로 활용할 수 있다.
④ (가)에 제시된 '콜럼버스의 신대륙 발견'을 이해하는 배경지식으로 활용할 수 있다.
⑤ (나)에 제시된 '굴라시'를 이해하는 배경지식으로 활용할 수 있다.

03 〈보기〉에서는 읽기의 목적과 상황에 맞게 읽기 방법을 조정하고 있다. 즉 읽기 과정을 점검하고, 이를 통해 읽기 전략을 조정하고 있는 것이다. 읽기 결과를 다른 사람과 공유하고 토의하는 것은 읽기 과정을 조정하고 점검하는 것과 무관하다.

04 ㉠은 매운맛이고, ㉡은 순한 맛이다. ㉠에 해당하는 소스는 고추장, 타바스코, 칠리, 삼발, 남프릭, 부트졸로키아 고추이며 ㉡에 해당하는 것은 파프리카 가루이다.

05 콜럼버스가 신대륙과 함께 발견한 고추는 콜럼버스에 의해 유럽으로 전해졌고, 많은 사람들의 입맛을 사로잡게 되었다. 그래서 글쓴이는 고추를 신대륙과 함께 발견한 '또 다른 보물'이라고 표현한 것이다.

상	중심 내용이 정확하게 포함되어 있으면서, 〈조건〉에 제시한 문장 형식으로 서술한 경우
중	중심 내용이 정확하게 포함되어 있으나, 〈조건〉에 제시한 문장 형식으로 서술하지 않은 경우
하	중심 내용이 대체적으로 포함되어 있으면서, 〈조건〉에 제시한 문장 형식으로 서술한 경우

06 이 글에서 분석은 쓰이지 않았다. 분석은 하나의 대상을 그 구성 요소나 부분으로 나누어 설명하는 방식이다.

오답 확인 ① (라)에서 '신경통, 동상, 이질, 담' 등을 예로 들어 고추가 민간요법에 쓰였음을 설명하고 있다.
③ (라)에서 우리나라 사람은 소화기 질환에 비교적 강한 반면 일본인들은 그렇지 않다는 점을 대조하여 설명하고 있다.
④ (다)의 뒷부분에 고추가 우리나라에 유입되고 정착되는 과정이 제시되어 있다.
⑤ (마)에서 보건 복지부의 조사를 인용하여 우리 민족과 고추의 관계를 설명하고 있다.

07 (마)의 마지막 문장에 고추의 알싸한 매운맛을 세계인들이 자꾸 찾는 맛이 되어 가고 있다고 했으므로 ㉺의 정리는 적절하지 않다.

08 ⓑ와 같이 글의 주제나 중심 생각에 대한 문제는 문맥이나 글쓴이의 의도 등을 추론하여 해결할 수 있다. 중심 생각은 독자의 동의 여부와는 무관하게 객관적으로 파악되어야

한다. 배경지식을 활용하여 동의할 수 있는 부분을 찾는 방법은 글쓴이의 주장에 대한 타당성을 판단할 때 활용할 수 있다.

09 ⓔ은 향신료를 의미하고 나머지는 고추가 가리킨다. 향신료의 가격이 오르면서 점차 고추로 눈을 돌리게 되었으므로 향신료에 고추가 포함되지 않음을 알 수 있다.

10 고추가 우리 민족과 떼려야 뗄 수 없는 향신료이기 때문에 그만큼 섭취량도 많은 것이다. 바로 뒤에 나온 통계 수치를 근거로 활용할 수 있다.

02 논증 방법 파악하기

① 의심, 생명을 불어넣는 마법사의 물 본문 96~97쪽

> **01** ① **02** ④ **03** ⑤ **04** ④ **05** [예시 답안] ⓐ는 의심으로, 의심은 죽어 있던 진실에 생명을 부여할 수 있기 때문이다.

01 (다)를 참고하면, 모두가 옳다고 주장하는 이야기가 틀릴 수 있다는 사실을 잊지 않고 의심을 할 때, 죽어 있던 진실이 살아날 수 있다.

> **오답 확인** ② (나)를 통해, '멸균시킨 육즙'은 '생명이 없는 육즙'이고 여기서는 생명체인 미생물이 발생하는 것이 불가능하다는 사실을 알 수 있다.
> ③ (라)를 통해, 아리스토텔레스의 주장을 대부분의 사람들이 별 의심 없이 받아들였음을 알 수 있다.
> ④ (바)를 통해, 새로운 가설을 세우고 실험을 통해 입증하여 잘못을 바로잡으려면 먼저 우리를 둘러싸고 있는 잘못된 믿음에 의심을 품어야 함을 알 수 있다.
> ⑤ (나)를 통해, 파스퇴르가 살던 시대 사람들은 권위 있는 학자들도 예외 없이 미생물이 저절로 발생한다고 믿었음을 알 수 있다.

02 이 글에서는 (나), (라), (마)의 구체적인 사례를 통해 (바)의 일반적인 원리를 도출하고 있다. 이와 같은 논증 방법은 '귀납'이다. '귀납'은 충분한 양의 구체적인 사례들을 검토한 후 그 결론으로 일반적인 사실이나 진리를 이끌어 내는 방법으로 사례가 충분할수록 논증의 타당성이 높아지는 특징이 있다.

> **오답 확인** ①~③, ⑤ '연역'에 대한 설명이다. '연역'은 일반적인 원리나 진리를 전제로 하여 구체적 사실을 결론으로 이끌어 내는

방법이다. 새로운 원리나 사실을 밝혀내기보다 개별적이고 구체적인 사실을 증명하는 데 주로 쓰이며, 근거로 제시한 일반적인 원리가 참이면 결론은 언제나 참인 특징을 가지고 있다.

03 (가)에서는 영국 왕립 학회의 모토를 인용하고 있다. 권위 있는 기관의 말을 인용하면 주장을 효과적으로 뒷받침할 수 있다.

04 ㉠~㉢은 모두 의심을 갖고 탐구하여 새로운 사실을 도출한 사례이다. 사회적으로 통용되는 사례를 그대로 받아들이는 것이 아니라 의심하고 실험을 통해 새로운 사실을 증명하였다.

05 글쓴이는 의심을 하는 순간 죽어 있던 진실이 생명을 얻고 살아나기 때문에 의심을 '마법사의 물'에 비유하였다.

상	'비유하는 대상'과 '이유', 〈조건〉의 문장 형식'의 세 가지를 모두 만족하여 서술한 경우
중	'비유하는 대상'과 '이유', 〈조건〉의 문장 형식'의 세 가지 중 두 가지만 만족하여 서술한 경우
하	'비유하는 대상'과 '이유', 〈조건〉의 문장 형식'의 세 가지 중 한 가지만 만족하여 서술한 경우

② 디지털 치매, 걱정할 일 아니다 본문 98~101쪽

> **01** ⑤ **02** ② **03** ① **04** [예시 답안] 디지털 치매 현상은 인간 진화의 자연스러운 양상으로 긍정적으로 바라볼 필요가 있다. **05** ② **06** ② **07** [예시 답안] 현대 노동 환경에서는 제공되는 정보의 양이 너무나 많기 때문이다. **08** ④

01 디지털 기술에 지나치게 의존한 나머지 기억력과 계산 능력 등이 현저하게 떨어지는 현상인 '디지털 치매'에 대한 일반적인 관점은 부정적이다. 하지만 이 글에서는 디지털 치매가 인류 진화의 자연스러운 과정일 뿐이므로 걱정할 필요가 없다고 주장하고 있다.

> **오답 확인** ① 디지털 치매의 개념은 제시되어 있지만, 그 의미가 변화되어 온 과정에 대한 내용은 찾아볼 수 없다.
> ② 이 글에서는 주로 디지털 치매에 대해 긍정적인 관점에서 서술하고 있다.
> ③ 디지털 치매가 지닌 문제점의 원인을 다각도로 살펴보는 내용은 찾아볼 수 없다.
> ④ 디지털 치매에 대한 인식이 어떻게 변화되어 왔는지에 대한 내용은 찾아볼 수 없다.

02 대부분의 사람들이 디지털 치매에 대해 부정적으로 바라보는 것과 달리 이 글에서는 인류 진화의 자연스러운 과정으

로 바라보고 있다. 디지털 치매를 부정적으로 볼 필요가 없다는 내용을 주로 다루고 있기 때문에 중심 화제는 ②가 가장 적절하다.

오답 확인 ① 글쓴이는 디지털 치매를 치료가 필요한 질병으로 보고 있지 않다.

03 인류는 손을 도구로 사용하게 됨으로써 그 이전에 먹이나 물건을 무는 데 쓰였던 입의 기능이 퇴화하였다. 따라서 입의 기능이 더욱 확대되었다는 것은 적절하지 않다.

04 글쓴이는 프랑스의 철학자 미셸 세르의 저서와 그의 강연 내용을 인용하여 지금의 디지털 현상이 기술 진보에 따른 인류의 진화의 과정일 뿐이라고 말하고 있다.

상	'디지털 치매 현상'에 대한 글쓴이의 관점을 담아 글자 수를 지켜 바르게 서술한 경우
중	글쓴이의 관점 없이 '디지털 치매 현상은 인간 진화의 자연스러운 양상이다.'와 같이 서술한 경우
하	'디지털 치매는 걱정할 일 아니다.'와 같이 막연하게 서술한 경우

05 주장하는 글을 읽을 때에는 글 속에 드러난 글쓴이의 관점과 주장, 근거의 타당성과 신뢰성 등을 비판적으로 판단하며 읽어야 한다. 글쓴이의 주장을 적극적으로 수용하며 읽는 것은 적절한 읽기 방법이 아니다.

06 3문단에서 현대 근무 환경에서는 정보를 잘 기억하는 능력보다는 여기저기 놓여 있는 정보를 효과적으로 잘 찾는 능력이 훨씬 중요하게 여겨진다고 하였다.

07 현대의 노동 환경은 수많은 일을 처리해야 하는 근무 환경으로 인해 정보들을 저장했다가 필요할 때마다 빨리 찾아내야 하는 환경으로 바뀌었다. 이에 따라 그때그때 짧게 집중하고, 또 계속해서 다른 일을 해야 하는 시대로 변화되었다고 한 것이다.

상	이 글에 제시된 현대의 노동 환경과 관련지어 글자 수를 지켜 바르게 서술한 경우
중	'현대의 노동 환경이 바뀌었기 때문이다.'와 같이 단순하게 서술한 경우
하	'정보는 기억하는 것이 아니고 찾는 것인 시대가 되고 있기 때문이다.'와 같이 원인보다 결과에 가깝게 서술한 경우

08 글쓴이는 디지털 기술 의존 현상을 인간의 진화와 문명의 진전 과정에서 늘 존재해 왔던 기존의 기술 의존 현상과 다를 바 없다고 보고 있다. 그러면서 현대 사회의 환경에 적응하기 위한 불가피한 선택이므로 걱정할 필요가 없다고 주장하고 있다.

03 관점과 형식 비교하기

1 밤도 대낮처럼 환하게, 인공 빛의 두 얼굴 본문 104~105쪽

01 ③ **02** ② **03** ③ **04** ③ **05** [예시 답안] 두 글은 모두 야간 조명에 대해 부정적인 관점을 취하고 있다. 하지만 이 글은 객관적인 자료를 근거로 들어 자신의 주장을 내세우는 논설문의 형식을 사용하고 있는 반면, 〈보기〉는 친근하고 부드러운 말투로 자신의 생각을 솔직하고 편안하게 드러내는 편지글의 형식을 사용하고 있다.

01 이 글의 갈래는 주장하는 글인 논설문이다. 논설문은 적절한 근거를 들어 주장을 펼치는 글로, 독자 설득을 목적으로 한다.

오답 확인 ①은 건의문, ②는 보고서, ④는 설명하는 글, ⑤는 기사문의 목적이다.

02 이 글의 글쓴이는 빛 공해가 사람과 동식물에 미치는 악영향을 근거로 과도한 인공 불빛의 사용을 줄이자고 주장하고 있다. 마지막 문장인 '지금 당장 가능한 한 불필요한 불을 끄자.'에서 이러한 글쓴이의 주장이 직접적으로 드러나 있다.

오답 확인 ① (나)에서 인공 불빛이 사람의 건강을 해친다는 내용이 제시되어 있으나, 이것은 빛 공해를 줄이자는 주장을 뒷받침하기 위한 근거로 쓰이고 있다.
③ (나)와 (마)에 자연법칙대로 살기 위해 일찍 잠자리에 들자는 내용이 나와 있으나, 이 글에서 궁극적으로 말하고자 하는 내용은 빛 공해를 줄이자는 것이다. 밤에 일찍 잠자리에 드는 것은 인공 불빛에 과도하게 노출되어 발생할 수 있는 피해를 줄이기 위한 구체적인 방안이라고 할 수 있다.
④ 도심의 과도한 야간 조명이 미치는 악영향을 서술하고 있지만, 도시를 떠나 자연에서 살아야 한다고 말하고 있지는 않다.
⑤ 과도한 인공 불빛의 사용을 줄이자고 주장하고 있을 뿐, 인공 불빛의 효과적인 사용 방안에 대해 말하고 있지는 않다.

03 이 글에서는 과도한 인공 불빛이 미치는 악영향을 설명하기 위해 구체적인 통계 수치를 객관적 근거로 제시하고 있다. (나)에서는 『네이처』의 자료를 인용하여 밤에 불을 켜고 자는 어린이의 34%가 근시 현상을 보였다고 하였고, (라)에서는 농촌 진흥청 국립 식량 과학원 연구 결과로 인공 불빛에 장기간 노출된 농작물 수확량의 감소 수치를 제시하고 있다.

04 (다)에서 글쓴이는 야간 조명이 새들에게 악영향을 줄 수 있다고 했을 뿐, 그 구체적인 내용에 대해서는 언급하지 않았다. 따라서 새들의 번식 능력이 감퇴했는지 여부는 확인할 수 없다.

오답 확인 ① (다)에서 야간 조명이 벌의 비행 능력을 방해하고 있다고 했다.
② (다)에서 호수 주변의 빛 공해가 물고기를 전멸시키는 원인이 되었다는 연구 결과를 제시하고 있다.
④ (라)에서 6~10럭스 밝기의 빛에 장기간 노출될 경우 들깨의 수확량은 94%가 감소하는 것으로 나타났다고 했다.
⑤ (나)에서 불면증과 우울증 등이 생체 리듬과 밀접한 관계가 있는데, 과도한 인공 불빛이 생체 리듬을 깨뜨린다고 하였으므로, 과도한 인공 불빛의 영향으로 불면증과 우울증이 발생할 수 있다고 볼 수 있다.

05 이 글은 야간 조명의 과도한 사용을 줄이자고 주장하는 글로, 야간 조명에 대한 부정적 관점을 바탕으로 객관적 자료를 근거로 제시하여 자신의 주장을 논리적으로 전개하는 형식을 취하고 있다. 〈보기〉는 할머니가 손녀에게 쓴 편지 글로, 지나친 야간 조명 때문에 별을 보지 못하는 것을 안타까워하고 아들이 깊은 잠을 못 자는 것을 걱정하고 있는 것으로 보아, 야간 조명에 대해 부정적 관점을 취하고 있음을 알 수 있다. 그런데 논설문인 이 글과 달리 편지글의 형식을 취하여, 야간 조명의 부정적 측면을 논리적으로 입증하기보다는 야간 조명의 문제점에 대한 자신의 생각을 솔직하고 편안하게 드러내고 있다.

상	이 글과 〈보기〉의 관점의 공통점과 형식의 차이점을 정확히 서술한 경우
중	이 글과 〈보기〉의 관점의 공통점을 쓰지 못하고, 형식의 차이점만 정확히 서술한 경우
하	이 글과 〈보기〉의 관점의 공통점만 쓰고, 형식의 차이점을 서술하지 못한 경우

② 밤이 아름다운 도시

본문 106~109쪽

01 ② **02** ② **03** ① **04** ① **05** [예시 답안] 오래된 거리와 형형색색의 연등들이 잘 어우러져 신비하고 이국적인 분위기를 만들어 내기 때문이다. **06** ② **07** ⑤ **08** ②
09 [예시 답안] 야간 조명을 활용하여 밤이 아름다운 도시를 만들자.

01 글에 담긴 글쓴이의 관점을 파악하려면 글쓴이가 글을 통해 전하려는 중심 내용을 파악하고 글쓴이가 대상을 바라보는 시각과 태도를 이해해야 한다. 또한 대상의 어떤 측면에 주목하고 있는지를 파악해야 한다. 글을 읽으면서 독자의 관점과 일치하는 내용을 파악하는 것은 글쓴이의 관점을 파악하는 것과는 직접적인 관련이 없다.

02 (가)에서 글쓴이는 '여행지에서 만나는 아름다운 야경은 낮의 풍경과는 또 다른 감성으로 관광객들을 매료한다.'라고 했다. 이를 통해 야간 조명이 선사하는 야경에 초점을 맞춰 야간 조명의 아름다움에 관해 이야기하고 있음을 알 수 있다.

오답 확인 ① 이 글은 도시의 야경이 주는 아름다움에 대해 이야기하고 있으므로, 야간 조명이 도시에서 벗어나 자연이 주는 아름다움을 느끼게 한다고 보기 어렵다.
③, ④, ⑤ 이 글에서는 야간 조명이 도시의 미관을 살리는 데 어떤 역할을 하는지에 초점을 맞추고 있으므로, 야간 조명의 편리성이나 실용성, 성찰의 기회 제공 등의 내용은 이 글과 관련이 없다.

03 (나)에는 야경이 아름다운 도시의 구체적 예로 헝가리 부다페스트, 체코 프라하, 베트남 호이안이 제시되어 있다. 이런 구체적인 사례는, 야간 조명을 활용하여 밤이 아름다운 도시를 만들자는 글쓴이의 주장을 뒷받침하고 있다.

04 (나)는 '밤의 풍경으로 기억되는 도시들', '아름다운 빛의 연출로 유명한 도시들'로 헝가리 부다페스트, 체코 프라하, 베트남 호이안을 소개하고 있다. 각 도시들의 아름다운 밤 풍경을 소개하고 있으므로, 소제목은 '밤 풍경이 아름다운 도시들'이 적절하다.

05 (나)에서 설명하는 호이안의 밤이 아름다운 까닭은 두 가지이다. 먼저 옛 거리가 그대로 보존되어 있다는 것, 그리고 거리를 장식한 연등과 여행객들이 강 위로 띄워 보내는 촛불 연등이 연출하는 아름다움이다. 즉 호이안의 밤이 아름다운 것은 이렇게 '오래된 거리'와 '아름다운 등불(연등)'이 잘 어우러져 신비하고 이국적인 분위기를 만들어 내기 때문이다.

상	'오래된 거리'와 '형형색색의 연등'이 어우러져 '신비하고 이국적인 분위기'를 만들어 내었다고 서술한 경우
중	'오래된 거리'와 '형형색색의 연등' 중 하나만 언급하고, 그것으로 인해 '신비하고 이국적인 분위기'를 만들어 내었다고 서술한 경우
하	'오래된 거리'와 '형형색색의 연등' 중 하나만 서술한 경우

06 이 글은 야간 조명을 활용하여 아름다운 밤의 도시를 만들자는 주장을 담은 논설문이다. 논설문은 일반적으로 '서론-본론-결론'의 체계적인 3단 구성을 취하고 있으며, 주장을 뒷받침하는 적절한 근거를 제시하여 주장의 타당성을 입증하는 특징을 지닌다.

오답 확인 ㄴ. 표제, 부제, 전문, 본문, 해설로 이루어진 구성은 기사문의 일반적인 형식에 해당한다.
ㄹ. 글쓴이가 실제로 경험한 내용과 그것을 바탕으로 얻은 깨달음을 위주로 구성하는 글은 수필에 해당한다.

07 (라)에서 글쓴이는 '도시 전체적으로는 인공조명을 최소한으로 줄이는 등 적극적이면서 동시에 절제된 조명 계획이 적용되어야 한다.'라고 주장하고 있다. 따라서 인공조명을 최대한 늘려야 한다는 것은 적절하지 않다.

오답 확인 ① (다)에서 '야간에는 조명된 부분으로만 시선이 집중되므로 주간에 비하여 효율적인 경관 연출이 가능하다.'라고 했다.
② (라)에서 '도시에 있어서 야간 조명은 단순히 어둠을 밝히기 위한 수단이 아니며 감성을 자극할 수 있어야 한다.'라고 했다.
③ (라)에서 '우리나라의 도시도 야간 조명을 통하여 도시 전체를 하나의 예술 작품으로 만들어 나가는 노력이 필요하다.'라고 했다.
④ (다)에서 '경관 조명을 시의 정책으로 적극 추진하여 성공한 대표적인 사례'로 '프랑스 리옹'을 소개하고 있으며, 그 결과 리옹시를 '세계적인 관광 도시'로 부상시킬 수 있었다고 했다.

08 이 글은 야간 조명을 적극적으로 활용하여 밤이 아름다운 도시를 만들자는 주장을 담고 있으므로, 야간 조명에 대해 긍정적, 우호적 관점을 취하고 있다고 할 수 있다. 하지만 〈보기〉는 과도한 야간 조명을 빛 공해라고 지칭하며 빛 공해가 동물들에 어떤 악영향을 미치는지를 보여 주고 있으므로, 야간 조명에 대해 부정적, 비판적 관점을 취하고 있다고 할 수 있다.

오답 확인 ① 이 글과 〈보기〉는 둘 다 논설문으로, 야간 조명을 대하는 관점은 주관적이라고 할 수 있다. 다만, 자신의 주장을 뒷받침하는 근거로는 객관적인 자료를 제시하고 있다.
④ 이 글과 〈보기〉는 둘 다 야간 조명에 대한 자신의 생각을 직접적으로 제시하고 있으므로 직설적으로 주장을 펼치고 있다고 할 수 있다.
⑤ 이 글은 프랑스 리옹시의 실제 사례 등을 들어 야간 조명을 활용한 도시 정책 방안을 제시하고 있으며, 〈보기〉는 빛 공해가 짐승과 곤충의 행동에 어떤 나쁜 영향을 미치는지를 구체적으로 서술하고 있으므로 둘 다 현실적 관점에서 접근하고 있다고 할 수 있다.

09 글쓴이의 주장은 (라)의 마지막 문장에 분명하게 드러나 있다. 우리나라의 도시도 야간 조명을 통해 밤이 아름다운 도시로 만들자고 글쓴이는 주장하고 있다.

상	글쓴이의 주장을 청유문 형식의 한 문장으로 적절하게 서술한 경우
중	글쓴이의 주장을 적절하게 서술하였으나, 청유문 형식의 한 문장으로 쓰지 않은 경우
하	글쓴이의 주장을 막연하게 서술한 경우 **예** 야간 조명을 활용하자. / 빛을 도입하자. / 아름다운 도시를 만들자.

III 대단원 평가

본문 110~115쪽

| 01 ② | 02 ⑤ | 03 (나), [예시 답안] 플라스틱의 분해 기간이 사용 기간보다 길기 때문이다. | 04 ④ | 05 ⑤ | 06 [예시 답안] 읽기 목적에 맞게 읽기 과정을 점검하고 조정한다. | 07 ① | 08 ⑤ | 09 ④ | 10 [예시 답안] 당연한 상식으로 믿는 것에 대해 의심을 품은 사람들이다. | 11 ④ | 12 ④ | 13 [예시 답안] 수많은 일을 처리해야 하는 근무 환경에서는 필요할 때마다 정보를 빨리 찾아내어 사용하는 것이 효율적이기 때문이다. | 14 ③ | 15 ① | 16 ④ | 17 ⑤ | 18 ② | 19 ⑤ | 20 [예시 답안] 해가 지면 불필요한 인공 불빛의 사용을 줄이고 일찍 잠자리에 든다. |

01 (가)에서 알바트로스 사진을 공개한 작가의 사례는 플라스틱 오염의 심각성을 강조하기 위한 것이지, 이를 통해 매체의 역할을 강조하고 있는 것은 아니다.

오답 확인 ① (가)에서 알바트로스의 사례를 통해 플라스틱이 해양 생태계에 좋지 않은 영향을 미치고 있음을 보여 주고 있다.
③ (나)를 통해 분해 기간이 매우 길다는 플라스틱의 성질 때문에 태우지 않는 한 자연 상태에 그대로 남아 있고, 이로 인해 문제가 발생한다는 사실을 알 수 있다.
④ (다)의 첫 번째 문단에 플라스틱이 생명체에 미치는 악영향이 나와 있다.
⑤ (다)에서 플라스틱을 전혀 사용하지 않을 수 없다는 현실 상황을 고려하여 플라스틱 제품의 사용을 줄이자는 제안을 하고 있다.

02 글쓴이가 (다)에서 플라스틱을 전혀 사용하지 않을 수 없다고 말한 이유는 손 닿는 어디에나 플라스틱이 있는 플라스틱 시대에 살고 있기 때문이지, 환경 보호에 대한 의지가 약해서는 아니다.

03 〈보기〉에 제시한 문제를 해결하기 위해서는 플라스틱 분해 기간에 대한 정보가 필요하다. (나)에는 플라스틱의 분해 기간이 500년이거나 그 이상이라는 내용이 나와 있으므로, 이를 참고하면 플라스틱의 분해 기간이 사용 기간보다 길기 때문이라는 답을 알 수 있다.

상	문단을 정확하게 제시하고, 의문에 대한 답으로 '플라스틱의 분해 기간'과 '사용 기간'을 활용하여 중심 내용을 정확히 서술한 경우
중	문단을 정확하게 제시하고, 의문에 대한 답으로 '플라스틱의 분해 기간'과 '사용 기간'을 활용하였지만 중심 내용을 모호하게 서술한 경우
하	문단이나 의문에 대한 답 중 하나만 정확하게 서술한 경우

04 전문가의 말을 인용할 때 정보의 신뢰성이 높아지지만, 이

글에서 전문가의 말을 인용한 부분은 찾을 수 없다.

오답 확인 ① (가)에서는 고추가 전 세계로 전파되는 과정을, (다)에서는 고추가 우리나라에 유입되어 정착되는 과정을 서술하고 있다.
② (가)에서 고추를 '또 다른 보물'로 비유하여 고추의 가치를 드러내고 있다.
③ (다)에서 '왜개자', '왜초', '고초'로 변화하는 고추의 명칭을 제시하고, '일본에서 들어온 겨자'나 '후추같이 매운맛을 내는 식물'이라는 명칭에 담긴 고추의 특징까지 함께 설명하고 있다.
⑤ (라)에서 보건 복지부의 통계 자료를 근거로 고추와 우리 민족이 떼려야 뗄 수 없는 관계임을 제시하고 있다.

05 (다)에 따르면, 다른 향신료의 가격이 오르면서 상대적으로 가격이 싼 고추가 부각되었다. 그러므로 고추가 다른 향신료보다 비쌌다는 내용은 적절하지 않다.

06 〈보기〉에서는 정보 수집이라는 읽기 목적을 다시 확인하고, 그에 맞게 중심 내용을 선별하여 정리해야겠다는 읽기 전략을 선택하고 있다. 즉 읽기 과정을 점검하고 조정하는 읽기 전략을 사용하고 있다.

상	읽기 과정을 '점검'하고 '조정'한다는 두 가지 행동을 명확하게 서술한 경우
중	읽기 과정을 '점검'하고 '조정'한다는 두 가지 행동을 모호하게 서술한 경우
하	읽기 과정을 '점검'하고 '조정'한다는 두 가지 행동 중 하나만 서술한 경우

07 파스퇴르는 권위에 따르지 않고 실험을 통해 미생물이 저절로 발생한다는 믿음에 대해 반론을 펼쳤다.

08 이 글은 귀납법을 활용하여 내용을 전개하고 있는데, 사례들을 종합할 수 있는 대전제를 글의 앞부분에서 제시하는 것은 연역법에 대한 설명이다.

오답 확인 ① 의심을 마법사의 물에 비유하며 중요성을 강조하였다.
② 글의 앞부분에 의심에 관한 영국 왕립 학회의 모토를 소개하였다.
③ 글의 마지막 부분에서 사례를 통해 얻은 결론, 즉 탐구하는 것의 의미를 제시하고 있다.
④ 글의 중간 부분에서 파스퇴르, 갈릴레이, 코페르니쿠스의 사례를 제시하고 있다.

09 이 글에는 기존의 믿음과 의심을 통해 새롭게 밝혀진 사실의 상반된 두 가지 소재가 나온다. ㉣은 후자에 해당하고, 나머지는 전자에 해당한다.

10 당연한 상식으로 믿는 것에 대해 의심을 품고 실험을 통해 그 잘못을 바로잡은 사람들의 사례가 파스퇴르, 갈릴레이, 코페르니쿠스를 통해 제시되어 있다.

상	세 사람의 공통점을 제시한 중심 내용이 정확하게 맞고, 두 가지 〈조건〉을 모두 지켜 서술한 경우
중	세 사람의 공통점을 제시한 중심 내용이 정확하게 맞고, 두 가지 〈조건〉 중 한 가지만 지켜 서술한 경우
하	세 사람의 공통점을 제시한 중심 내용이 정확하게 맞지만, 두 가지 〈조건〉 모두 지키지 않고 서술한 경우

11 과거의 노동 환경에서는 많은 정보를 기억하는 것이 중요했지만, 현대의 노동 환경에서는 필요할 때마다 정보를 빨리 찾아내는 능력이 중요해졌다고 하였다. 그렇기 때문에 디지털 기술 의존 현상(디지털 치매)에 대하여 걱정할 필요가 없다고 주장하고 있다.

12 제시된 글에서는 현대 사회는 정보를 잘 기억하는 능력보다 정보를 효과적으로 잘 찾는 능력이 훨씬 중요시되고 있다고 하였다. 따라서 더 많은 정보를 기억하기 위한 방법과 관련한 내용은 다루고 있지 않다.

오답 확인 ① 마지막 문단에서 글쓴이는 디지털 기술 의존 현상을 굳이 디지털 치매라는 이상한 종류의 병에 걸렸다고 걱정하지 말라고 하였다.
② 셋째 문단에 따르면 우리 뇌의 능력은 기억하는 뇌가 아닌 필요한 정보를 빨리 찾는 뇌로 바뀌어 가고 있다.
③ 첫째 문단에 따르면 현대의 노동 환경은 훨씬 복잡해졌고 제공되는 정보의 양은 너무나 많다.
⑤ 셋째 문단에 따르면 현대 사회에서는 여기저기 놓여 있는 정보를 효과적으로 잘 찾는 능력이 훨씬 중요하게 여겨지고 있다.

13 현대의 노동 환경에서는 제공되는 정보의 양이 너무나 많기 때문에 이 모든 정보를 다 기억하는 것은 불가능에 가깝다. 그렇기 때문에 필요한 정보를 잘 찾는 능력이 중시되는 시대가 되었다고 한 것이다.

상	현대의 노동 환경과 관련지어 글자 수를 지켜 바르게 서술한 경우
중	현대의 노동 환경에 관한 내용 없이 '많은 정보를 다 기억하기 어렵기 때문이다.'와 같이 서술한 경우
하	'정보를 잘 찾아야 인정받기 때문이다.'와 같이 막연하게 서술한 경우

14 디지털 치매는 디지털 기술에 지나치게 의존한 나머지 기억력과 계산 능력 등이 현저하게 떨어지는 현상을 뜻한다. '지도'는 디지털 기술이라고 보기 어렵고, 처음 가는 곳은 기억력과 관련이 없기 때문에 ③은 ㉡의 사례로 적절하지 않다.

15 (가)와 (나)의 갈래는 모두 논설문이다. 근거를 들어 주장을 펼치는 논설문은 일반적으로 '서론-본론-결론'의 3단 구성을 취한다. (가)는 서론에서 야간 조명으로 인해 밤이 대낮

같이 밝은 도시의 현실을 문제 상황으로 제시하고, 본론에서 인공 불빛이 동식물에 미치는 악영향을 서술한 후, 이를 근거로 결론에서 빛 공해를 줄이기 위한 노력을 촉구하고 있다. (나) 역시 이런 3단 구성을 취하고 있는데, 서론에서 야간 조명으로 만들어 낸 도시의 아름다운 야경을 화제로 제시하고, 본론에서 야간 경관 조명 정책의 성공적 사례와 적절한 야간 조명 계획 수립의 필요성을 서술한 후, 이를 근거로 결론에서 야간 조명을 활용한 도시 정책 마련의 필요성을 촉구하고 있다.

16 (나)에는 프랑스 리옹시가 성공적인 도시 조명 정책으로 세계적인 관광 도시가 된 사례가 소개되어 있다. 따라서 그 성공의 결과 관광 수익을 올렸으리라 추측할 수 있다. 하지만 그 도시 조명 정책은 '150개 건물과 교량에 조명 기기를 설치하여 도시 전체를 커다란 조명 예술 작품으로 바꿔 놓'은 것이므로, 인공조명을 활용한 정책이라고 할 수 있다. 따라서 리옹시가 인공조명을 줄인 친환경적 조명 정책을 펼쳤다는 것은 적절하지 않다.

오답 확인 (가)의 글쓴이는 과도한 인공 불빛이 동식물에 미치는 악영향을 근거로, 빛 공해가 될 수 있는 불필요한 빛 사용을 줄이자고 주장하고 있다. 반면 (나)의 글쓴이는 인공 불빛을 적절하게 활용하여 밤이 아름다운 도시를 만들자고 주장하고 있다. 이렇게 (가)의 글쓴이는 야간 조명의 부정적 측면에 초점을 맞춰 야간 조명의 사용을 줄이자고 이야기하는 반면, (나)의 글쓴이는 야간 조명의 긍정적 측면에 초점을 맞춰 야간 조명을 적극적으로 활용하자고 이야기하고 있다.

17 (가)는 빛 공해가 사람의 건강과 동식물의 생태 및 행동에 미치는 악영향을 근거로 빛 공해를 줄이자고 주장하고 있다. 그런데 야간 조명으로 인한 심각한 에너지 낭비 문제는 빛 공해의 부정적 측면에 해당하기는 하지만, 이 글에서 초점을 맞추고 있는 사람과 동식물에 미치는 악영향과는 직접적인 관련이 없다.

오답 확인 ① 야간 조명이 동물인 철새의 행동에 미치는 악영향에 해당한다.
②, ③, ④ 야간 조명이 사람의 건강에 미치는 악영향에 해당한다.

18 ㉠, ㉢, ㉣, ㉤에서 글쓴이는 야간 조명을 도시의 아름다움과 관련시켜 서술하고 있다. ㉠의 '아름다운 야경', ㉢의 '감성', ㉣의 '예술 작품', ㉤의 '밤이 아름다운 도시' 등의 표현을 통해 예술적이고 미적인 측면에서 야간 조명을 바라보고 있음을 알 수 있다. 하지만 ㉡에서는 '짧은 기간 내에 상대적으로 적은 예산을 투자'하여 효과를 볼 수 있다는 장점을 강조하여, 야간 조명을 활용한 도시 경관 정책이 경제적이고 효율적이라는 측면을 다루고 있다.

19 〈보기〉는 밤늦게 집에 돌아온 경험을 바탕으로 스마트 가로등이 범죄 발생률을 줄이고 행인의 불안감을 해소할 수 있다는 내용을 서술한 일기 형식의 글이다. 〈보기〉에는 글쓴이의 실제 경험과 생각, 그리고 아버지로부터 들은 내용과 글쓴이가 인터넷 검색을 통해 알게 된 내용 등이 자유롭게 표현되어 있다. 반면, (가)와 (나)는 논설문의 형식으로, 객관적 자료를 근거로 제시하여 글쓴이의 주장을 논리적으로 전개하고 있다.

오답 확인 ①, ② (가)는 빛 공해가 동식물에 미치는 악영향을 바탕으로 야간 조명에 대한 부정적, 비판적 관점을 드러내고 있다. 반면에 (나)는 야간 조명을 활용한 도시 정책에 대해, 〈보기〉는 야간 조명을 활용한 범죄 예방에 대해 다루고 있으며 야간 조명에 관한 긍정적, 우호적 관점을 드러내고 있다.
③ (가)는 빛 공해가 동식물에 미치는 악영향을 근거로 들어 빛 공해를 줄이자고 주장하고 있고, (나)는 리옹시의 경관 조명 정책을 근거로 들어 야간 조명을 활용하여 아름다운 도시를 만들자고 주장하고 있다. 〈보기〉는 가로등을 설치한 후에 범죄 발생률이 줄어든 예를 근거로 들어 스마트 가로등이 범죄를 예방하고 행인의 불안감을 줄일 수 있다는 생각을 드러내고 있다.
④ (가)는 빛 공해가 사람의 건강을 해칠 수 있고, 동물의 생태와 행동, 식물의 생식에 부정적인 영향을 미칠 수 있다고 하였으므로 건강과 환경을 중시하는 입장이 드러나 있다고 할 수 있다. (나)는 야간 조명이 도시를 아름답게 만들 수 있다고 하였으므로 안전과 실용이 아니라 도시 경관을 중시하는 입장이 드러나 있다고 할 수 있다. 〈보기〉는 야간 조명이 범죄를 예방하고 시민의 불안감을 해소한다고 했으므로 안전과 실용을 중시하는 입장이 드러나 있다고 할 수 있다.

20 (가)의 글쓴이는 빛 공해가 사람과 동식물에 미치는 부정적 영향을 근거로 들어, 빛 공해를 줄이자는 주장을 펼치고 있다. 그리고 그 구체적인 방법으로 마지막 문장에서 '지금 당장 가능한 한 불필요한 불을 끄자.'라고 제안하고 있다. 따라서 자연법칙에 따라 자연의 시계대로 지혜롭게 살아가기 위해서는, 해가 지면 불필요한 인공조명은 끄고 일찍 잠자리에 드는 생활을 하는 것이 바람직할 것이다.

상	글쓴이의 의도인 불필요한 인공 불빛의 사용을 줄이자는 내용과 해가 지면 일찍 잠자리에 드는 것과 같은 실천 가능한 방법을 모두 서술한 경우
중	글쓴이의 의도에 대해서는 서술하지 않고, 해가 지면 일찍 잠자리에 드는 것과 같은 실천 가능한 방법만 서술한 경우
하	글쓴이의 의도를 막연하게 서술하고, 구체적인 실천 방법은 서술하지 못한 경우

Ⅳ. 쓰기

01 쓰기의 본질과 쓰기 윤리

1 쓰기의 본질

본문 120~123쪽

01 ② **02** ⑤ **03** ② **04** ⑤ **05** ① **06** [예시 답안] 자료 수집 방법에는 크게 직접적 방법과 간접적 방법이 있다. 직접적 방법의 예로는 전문가와의 면담이 있고 간접적 방법의 예로는 인터넷 검색이 있다. **07** ② **08** ① **09** [예시 답안] 처음: 독자의 관심을 유도하면서 화제를 제시하고, 중간 부분의 내용 전개 방식을 안내한다. / 중간: 글의 중심 내용을 제시된다. / 끝: 내용을 요약하면서 주제를 분명히 한다. **10** ⑤ **11** ③ **12** [예시 답안] 너무 많은 자료나 주제에 맞지 않은 자료를 제시하지 않는다.

01 이 글에서는 글을 쓰는 것이 여행을 계획하는 것과 같이 문제를 해결하는 과정임을 전제하고 글쓰기의 과정을 설명하고 있다.

02 (나)에서는 글쓰기의 과정 중에서 첫 번째 단계인 계획하기 단계를 설명하고 있다. 중심 내용의 배열 순서를 정하는 단계는 내용 조직하기의 단계이다.
오답 확인 ① 계획하기 단계에서는 무엇을 쓸 것인지 주제를 가장 먼저 결정한다.
② 예상 독자가 누구인가에 따라 글의 종류와 표현이 달라질 수 있으므로 계획하기 단계에서 예상 독자를 분석해야 한다.
③, ④ 계획하기 단계에서는 예상 독자와 매체를 고려하여 주제, 글의 종류, 목적을 정한다.

03 인터넷 자료와 문헌 자료를 수집할 때 순서가 정해져 있는 것은 아니므로 인터넷 자료보다 문헌 자료를 먼저 수집해야 한다는 설명은 적절하지 않다.
오답 확인 ① 내용 선정하기 단계는 계획하기 후에 실시하는 글쓰기 단계이다.
③ 자료를 수집할 때에는 되도록 다양한 매체를 활용하는 것이 좋다.
④ 자료를 수집하기 전에 자신이 가지고 있는 주제와 관련된 지식을 정리해 볼 필요가 있다.
⑤ 전문가 면담, 현장 조사를 활용해 자료를 수집하는 것을 직접적 방법이라고 한다.

04 수집하는 자료는 독자의 수준에 맞아야 하며 글의 성격이나 주제와도 잘 어울려야 한다. 그리고 출처가 분명하여 믿을 만해야 한다. 하지만 그 자료가 다른 글에 인용되었던 자료여야 하는 것은 아니다.

05 ㉠은 글의 목적에 따라 글의 종류가 결정된다는 내용이다. 친교를 목적으로 하는 글로는 편지글이 대표적이다.

06 자료 수집 방법은 직접적 방법과 간접적 방법으로 크게 나눌 수 있다.

상	자료 수집 방법과 그 예를 적절하게 서술한 경우
중	자료 수집 방법을 적절히 서술하였으나, 예를 적절하게 제시하지 못한 경우
하	자료 수집 방법을 적절하게 제시하지 못한 경우

07 이 글에는 내용 조직하기부터 고쳐쓰기의 과정이 담겨 있다. 글쓰기를 위한 자료를 어떤 기준으로 선정해야 할지에 대한 어려움은 내용 선정하기 단계의 어려움이다.
오답 확인 ① 표현하기 단계의 어려움이다.
③ 고쳐쓰기 단계의 어려움이다.
④, ⑤ 내용 조직하기 단계의 어려움이다.

08 개요는 글의 설계도라고 할 수 있다. (라)에서는 개요를 작성함으로써 통일성 있는 글을 쓸 수 있다고 설명하고 있다.

09 글은 체계적으로 조직하여 쓰는 것이 바람직하다. 글은 보통 처음-중간-끝으로 구성되는데, 각 단계에 맞게 적절한 내용을 배치하여야 한다. 처음 부분에서는 독자의 관심을 유도하는 내용과 화제를 제시하고 글의 전개 방식을 안내하며 중간 부분은 글의 중심 내용을 제시한다. 끝부분은 내용을 요약하면서 글의 주제를 분명하게 한다.

상	세 단계에 어울리는 내용을 적절하게 서술한 경우
중	두 단계에 어울리는 내용을 적절하게 서술한 경우
하	한 단계에 어울리는 내용을 적절하게 서술한 경우

10 간결하고 명확한 문장으로 창의성을 가지고 표현하는 것은 적절한 표현하기의 방법이지만 내용 조직하기에서 작성한 개요에 따라 표현하는 것이 글의 통일성을 지키면서 주제를 효과적으로 표현하기에 좋다.

11 유행어나 속어는 되도록 사용하지 않는 것이 바람직하지만 글의 흐름상 어쩔 수 없이 사용되는 경우가 있을 수 있다. 이런 경우에도 단순히 독자의 관심을 끄는지를 점검하지 말고 쓰임의 적절성을 살펴보아야 한다.

12 시각 자료를 너무 많이 사용하면 독자들이 중심 내용에 집중하지 못할 수가 있으므로 적절한 양을 적절한 상황에서 사용해야 하며 주제에 맞지 않는 자료는 독자를 혼란스럽게 만들 수 있으므로 제시하지 않는 것이 바람직하다.

상	너무 많은 자료나 주제에 맞지 않는 자료를 제시하지 않는다고 서술한 경우
중	너무 많은 자료를 제시하지 않는다거나 주제에 맞지 않은 자료를 제시하지 않는다는 내용 중 한 가지만 서술한 경우
하	너무 많은 자료를 제시하지 않는다거나 주제에 맞지 않은 자료를 제시하지 않는다는 내용을 모두 서술하지 않은 경우

로 임해야 한다고 하며 글을 마무리하고 있다.

상	책임감, 윤리적인 태도를 모두 포함하여 자연스럽게 서술한 경우
중	책임감, 윤리적인 태도 중 하나만 모두 포함하여 자연스럽게 서술한 경우
하	책임감, 윤리적인 태도를 모두 포함하지 않고 서술한 경우

② 쓰기 윤리

본문 124~125쪽

01 ④   **02** ②   **03** ③   **04** ⑤   **05** ①   **06** [예시 답안] 글쓰기에 대해 책임감을 가지고 윤리적인 태도로 임해야 한다.

01 이 글은 글쓰기를 할 때 지켜야 할 윤리인 쓰기 윤리를 준수하며 글을 쓰기를 권하는 글로 올바른 글쓰기 태도와 관련이 깊은 주장하는 글이다.

02 쓰기가 공동체 안에서의 사회적 활동인 것은 공동체가 규정하고 있는 윤리 규범을 따라야 하기 때문이다. 공동체에서의 규범인 쓰기 윤리를 지키지 않으면 공동체를 혼란에 빠뜨릴 수 있다.

03 (다)에서는 글쓰기 과정에서의 윤리성에 대해 언급하고 있다. 즉, 글쓰기 과정에서 표절을 하지 않아야 하며 연구 과정에서는 과장과 왜곡을 하지 않아야 한다고 말하고 있다. 각종 기사나 자료를 활용할 때에도 임의로 자료를 변경해서는 안 된다고 주장한다. 그러나 여러 자료를 공평하게 활용해야 한다는 언급은 찾을 수 없다.

04 (라)에서는 글쓰기를 할 때 진실하고 진지하게 표현하는 것도 쓰기 윤리에 속하는 문제라고 주장하고 있다. 자신이 표현하고자 하는 생각이 무엇인지 분명히 알고, 이를 상대가 공감할 수 있도록 표현해야 한다면서 인터넷 글쓰기의 악성 댓글도 표현의 윤리성에 대한 인식이 부족하기 때문이라고 서술하고 있다.

[오답 확인] ③ 연구 결과를 인용할 때 요구되는 쓰기 윤리는 글쓰기 과정에서의 윤리성이다.

05 ㉠은 사회 구성원들이 혼란을 일으키지 않는, 사회적인 질서와 안녕을 해치지 않는 내용으로 글을 써야 한다는 말이다. '자신에게 해를 가하는 사람을 자신이 직접 처벌해야 한다.'는 것은 법치주의 국가에서는 사회적 통념상 적절하지 않은 내용이라고 할 수 있다.

06 (마)에서는 쓰기가 상대방과 적극적으로 소통하는 행위이기 때문에 글쓰기에 대해 책임감을 가지고 윤리적인 태도

② 보고하는 글과 주장하는 글

① 보고하는 글 쓰기

본문 128~129쪽

01 ⑤   **02** ⑤   **03** ①   **04** [예시 답안] '갑'은 다른 사람의 자료를 무단으로 표절하려 하고 있다. / '을'은 실험 결과를 사실과 다르게 왜곡(변형)하여 보고하려 하고 있다.

01 (다)에서 설문지를 사용할 수도 있다는 말은 하고 있지만, 보고서에서 설문지를 사용하는 이유에 대해 말하고 있지는 않다.

[오답 확인] ① (가)에서 '어떤 주제에 대하여 대상을 관찰, 조사하거나 실험을 한 후에 탐구 결과와 절차가 드러나게 쓴 글'을 보고서라고 정의하였다.
② (가)에서 보고서의 유형을 관찰 보고서, 실험 보고서, 조사 보고서 등으로 구분하여 제시하고 있다.
③ (라)에서 보고서를 쓸 때 유의할 점에 대해 설명하고 있다.
④ (다)에서 보고서의 구성 요소를 처음, 중간, 끝으로 나누어 설명하고 있다.

02 보고서를 쓸 때에는 절차와 결과가 잘 드러나게 써야 한다. 따라서 과정에 대한 진술은 최소화한다는 설명은 적절하지 않다.

[오답 확인] ① (나)에서 탐구 주제를 선정할 때에는 자신이 탐구할 수 있는 것으로 정해야 한다고 설명하였다.
② (나)에서 보고서 작성 계획에는 탐구 일정과 방법이 들어간다고 설명하였다.
③ (나)에서 자료 수집하기는 탐구를 진행하면서 하는 것이라 설명하고 있다.
④ (라)에서 결과 분석은 보고서의 목적을 고려하여 작성한다고 설명하고 있다.

03 관찰 보고서는 대상이나 상황을 관찰하고 분석하여 쓴 글을 말한다. 강낭콩의 발아 과정은 관찰의 대상으로 적절하다.

[오답 확인] ②, ③ 조사 보고서의 주제로 적절하다.

④, ⑤ 실험 보고서의 주제로 적절하다.

04 실험 결과가 예상과 다르게 나온 것에 대해 '을'은 '숫자만 조정'하자고 제안한다. 이것은 실험 결과를 왜곡하는 것으로 쓰기 윤리에 벗어나는 행동이다. 또한 '갑'은 인터넷에서 조사 내용을 따와 그대로 쓰자고 말하고 있는데, 이것은 다른 사람의 자료를 무단으로 표절하는 행위이다. 이 역시 쓰기 윤리에서 벗어나는 행위이다.

상	'갑'이 다른 사람의 자료를 표절하려 했다는 내용과 '을'이 실험 결과를 왜곡하려 했다는 내용을 각각 한 문장으로 정확하게 서술한 경우
중	'갑'이 다른 사람의 자료를 표절하려 했다는 내용과 '을'이 실험 결과를 왜곡하려 했다는 내용을 서술하였으나, 내용이 미흡하거나 문장이 완전하지 않은 경우
하	'갑'이 다른 사람의 자료를 표절하려 했다는 내용과 '을'이 실험 결과를 왜곡하려 했다는 내용 중 하나만 정확하게 서술한 경우

② 주장하는 글 쓰기

01 ②   **02** ③   **03** ③   **04** [예시 답안] 주장하는 내용이 사회·문화적 맥락에서 수용되기 어렵다.

01 이 글은 주장하는 글의 목적, 개념, 그리고 주장하는 글을 쓰는 방법에 대한 정보를 제공하는 설명문이다.

오답 확인 ① 이 글에서는 주장하는 글에 대해서만 설명할 뿐, 다른 글과 비교하지 않았다.
③ 주장하는 글 쓰기에 대한 정보를 제시하면서 다양한 의견을 제시하고 있지 않다.
④ 이 글은 주장하는 글을 제재로 한 설명문으로, 본인의 입장을 제시한 주장하는 글이 아니다.
⑤ 이 글은 글쓴이의 경험을 제시하는 글이 아니다.

02 〈보기〉의 선생님은 내용을 체계적으로 전개하기 위해서 글을 쓰기 전에 개요를 작성할 것을 조언하고 있다. 개요 작성하기는 내용 조직하기의 대표적인 방법으로, 이에 대한 설명은 (라)에 나타나고 있다.

03 (다)에서 주장을 뒷받침하는 근거는 객관적이고 타당해야 한다고 설명하고 있다. 주장은 주관적이어야 하지만, 근거는 객관적이어야 독자를 효과적으로 설득할 수 있다.

오답 확인 ① (나)에서 주장은 구체적이고 명확해야 한다고 하였다.
② (나)에서 주장은 실현 가능성이 있어야 한다고 하였다.
④ (바)에서 근거는 구체적이며 타당하고, 출처가 분명해야 한다고 하였다.

⑤ (다)에서 근거는 객관적이고 타당해야 한다고 하였다.

04 〈보기〉의 주장은 '우리나라 언어 중 존댓말을 없애야 한다'는 것이다. 그런데 이 주장은 존댓말을 중요한 특성으로 하는 우리말의 성격상 실현하기 어려우며, 사회적으로 용인되기도 어려운 주장이다. 이와 관련하여 (바)에서는 주장과 근거가 사회·문화적 맥락에서 수용 가능한 것이어야 한다고 서술하고 있다.

상	사회·문화적 수용과 관련하여 내용을 정확하게 서술한 경우
중	사회·문화적 수용과 관련하여 답을 서술하였으나, 문장이 정확하지 않은 경우
하	사회·문화적 수용과 관련하여 답을 서술하였으나, 내용이 미흡한 경우

Ⅳ 대단원 평가

01 ③   **02** ⑤   **03** ⑤   **04** [예시 답안] 추가·삭제·교체·재구성의 원리를 활용하여 고쳐 쓴다. / 글 수준에서 문단, 문장, 단어 수준으로 범위를 좁혀 가면서 고쳐 쓴다.   **05** ①   **06** ①   **07** ③   **08** [예시 답안] 다른 사람의 글을 허락 없이 표절하였으므로 글쓰기 과정의 윤리성을 지키지 않았다.   **09** ③   **10** ⓔ   -ⓑ-ⓒ-ⓓ-ⓐ   **11** ②   **12** [예시 답안] 타인의 자료를 인용할 때에는 출처를 밝혀야 하기 때문이다.   **13** ③   **14** ①   **15** [예시 답안] 단계: 결론 / 판단 이유: 본론의 내용을 요약하면서 주장을 강조하고 있기 때문이다.

01 〈보기〉에서 설명하고 있는 단계는 내용 조직하기 단계이다. (가)~(마)에서 내용 조직하기 단계에 대한 설명으로 적절한 것은 (다)이다.

오답 확인 ① (가)는 계획하기에 대한 설명이다.
② (나)는 내용 선정하기에 대한 설명이다.
④ (라)는 표현하기에 대한 설명이다.
⑤ (마)는 고쳐쓰기에 대한 설명이다.

02 (가)는 계획하기 단계, (나)는 내용 선정하기 단계이다. 계획하기 단계에서는 예상 독자, 글의 목적, 글의 종류 등에 관한 질문을 할 수 있으며 내용 선정하기 단계에서는 자료와 주제와의 연관성, 신빙성 등에 관한 질문을 할 수 있다.

오답 확인 ①, ④ 계획하기 단계에서 할 수 있는 질문이다.
②, ③ 내용 선정하기 단계에서 할 수 있는 질문이다.

정답과 해설 • 33

03 (다)는 내용 조직하기 단계이고 (라)는 표현하기 단계이다. (다) 내용 조직하기 단계에서는 주제를 분명하게 하고 글의 구조에 따라 내용을 조직한다. (라) 표현하기 단계에서는 부담감을 갖지 않고 글을 완성하는 데 노력한다. 그리고 적절한 시각 자료를 활용할 수도 있다. 부족하거나 빠뜨린 내용을 덧붙이는 것은 고쳐쓰기 단계에서 고려할 사항이다.

04 고쳐쓰기는 추가·삭제·교체·재구성의 원리로 이루어지며 글 수준 – 문단 수준 – 문장 수준 – 단어 수준의 순서로 고쳐쓰기를 하는 것이 일반적이다.

상	고쳐쓰기의 원리와 순서를 모두 적절하게 서술한 경우
중	고쳐쓰기의 원리와 순서 중에서 한 가지만 적절하게 서술한 경우
하	고쳐쓰기의 원리와 순서를 모두 적절하게 서술하지 못한 경우

05 이 글은 공동체 안에서의 사회적 활동인 쓰기를 할 때 지켜야 할 쓰기 윤리에 대한 자신의 생각을 쓴 글이다. 글쓴이는 이 글을 통해서 쓰기 윤리가 왜 필요한지에 대해 자신의 생각을 밝히고 있다.

06 (가)에서는 글의 중심 내용인 쓰기 윤리에 대해 소개하고 있다. 글쓴이는 글의 처음 부분에서 주로 독자의 관심을 끌기 위해 질문을 던지기도 하고 글쓴이의 경험을 제시하기도 한다. 하지만 (가)에서는 글의 중심 내용만을 소개하고 있다.

07 (나)와 (다)에는 쓰기 윤리 중에서 글 내용의 윤리성과 글쓰기 과정에서의 윤리성에 대한 글쓴이의 생각이 잘 드러난다. 다른 사람들이 공감하는 내용이라도 임의로 자료의 내용을 변경하여 활용하는 것은 적절하지 않다.

오답 확인 ① (라)를 보면 표현의 윤리성에서 자신의 체험이나 생각을 있는 그대로 드러내어 써야 한다고 말하고 있다.
② (나)에서 다원화된 사회에서는 보편적 가치나 도덕규범을 정하는 것을 쉽지 않다고 말하고 있다.
④ (나)에서 언급하고 있는 글 내용의 윤리성과 관련된 내용이다.
⑤ (다)에서 설명하고 있는 글쓰기 과정의 윤리성과 관련된 내용이다.

08 ○○의 경우 검색된 다른 사람의 글을 표절하여 자신의 글인 것처럼 과제로 제출하였다. 글쓰기 과정의 윤리성을 지키지 않은 것이다.

상	글쓰기 과정의 윤리성을 지키지 않았음을 이유를 들어 서술한 경우
중	이유를 제시하지 않고 글쓰기 과정의 윤리성을 지키지 않았다고 서술한 경우
하	글쓰기 과정의 윤리성을 지키지 않았다고 제대로 서술하지 못한 경우

09 이 글에서는 보고하는 글의 개념과 유형, 보고하는 글을 쓰는 과정과 보고하는 글의 구성 요소 및 보고하는 글을 쓸 때 유의할 점 등에 대해 정보를 제공하고 있다. 이 글에서 둘 이상의 대상을 견주어 공통점을 중심으로 설명하는 비교가 사용된 부분은 찾아볼 수 없다.

오답 확인 ① (라)에서 매체 자료의 종류를 예를 들어 설명하고 있다.
② (나)에서 보고서를 쓰는 과정을 단계별로 설명하고 있다.
④ (가)에서 보고서의 개념을 정의하고 있다.
⑤ (가)에서 보고서의 유형을 나누어 제시하고 있다.

10 (나)에 따르면, 보고서는 '탐구 주제와 목적 정하기 – 보고서 작성 계획 세우기 – 탐구를 진행하며 자료 수집하기 – 탐구 결과 분석하기 – 보고서 쓰기'의 절차에 따라 진행한다. 이에 따라 ㉮~㉲를 나열하면 ㉯-㉰-㉱-㉲-㉮가 된다. ㉯는 보고서의 주제를 선정하는 과정이고 ㉰는 보고서 작성을 위한 계획을 수립하는 과정이다. ㉱는 인터넷에서 자료를 수집하는 과정이고, ㉲는 탐구 결과를 분석하는 과정이다. 마지막으로 ㉮는 탐구 절차와 결과가 잘 드러나도록 보고서를 쓰는 과정이다.

11 〈보기〉에서 명호가 보고서를 쓰기 위해 관찰하는 식물은 일조량의 영향을 많이 받는다는 특성이 있다. 이런 특성 때문에 일조량이 많은 시기의 관찰 결과와 일조량이 적은 시기의 관찰 결과에는 큰 차이가 있을 수밖에 없다. 따라서 언제 관찰했는지를 정확하게 밝혀 주어야 한다.

12 보고서의 마지막에 참고 자료를 밝히는 것은 자료의 출처를 밝힘으로써 표절이나 무단 인용 등을 방지하기 위한 것이다.

상	'출처를 밝힌다'는 내용을 포함하여 정확한 문장으로 답을 작성한 경우
중	'출처를 밝힌다'는 내용으로 답을 작성하였으나, 문장이 정확하지 않은 경우
하	'출처를 밝힌다'는 내용으로 답을 작성하였으나, 내용이 미흡한 경우

13 (다)에서 주장하는 글을 쓸 때에는 3단계로 구성하는 것이 좋다고 설명하고 있으나, 왜 그런지 이유를 밝히지는 않았다. 따라서 이 글을 통해 주장하는 글을 3단계로 구성하는 이유에 대한 답을 얻을 수는 없다.

오답 확인 ① (마)에서 주장하는 글을 쓸 때에 유의할 점을 밝히고 있다.
② (가)~(라)에서는 주장하는 글을 쓰는 과정을 단계에 따라 설명하고 있다.
④ (나)에서 근거는 객관적이고 타당해야 한다고 하였고, (마)에서

출처가 분명한 자료를 근거로 사용해야 한다고 하였다.
⑤ (나)에서 근거를 마련하는 방법을 예를 들어 설명하고 있다.

14 주장하는 글은 글쓴이의 주장이 명확하게 드러나야 한다. 따라서 글쓴이는 일관되게 제시할 수 있는 확실한 주장을 마련해야 한다. (가)에서 주장을 마련하기 위해서는 다양한 입장을 충분히 검토해야 한다고 말하고 있지만, 이는 여러 의견을 충분히 검토한 후에 자신의 주장을 결정하라는 것이지 주장 자체를 다양하게 제시하라는 말은 아니다.

15 〈보기〉에서는 '지금까지 살펴본 바와 같이'라고 시작하면서 앞에 제시된 내용을 요약하여 정리하고 있다. 그리고 마지막에서는 '선거 연령을 18세 이하로 낮추는 것으로 선거법을 바꾸어야 한다.'라는 주장을 강조하여 제시하고 있다. (다)의 내용을 바탕으로 볼 때, 이는 결론 부분에 들어갈 내용이다.

상	단계가 결론임을 밝히고 '요약'과 '주장 강조'라는 내용을 넣어. 판단 이유를 정확하게 작성한 경우
중	단계가 결론임을 밝히고 '요약'과 '주장 강조'라는 내용을 넣어 판단 이유를 작성하였으나, 내용이 다소 미흡한 경우
하	단계가 결론임을 밝히고 판단 이유를 작성하였으나, '요약'이나 '주장 강조' 중 하나만 서술한 경우

V. 듣기 · 말하기

01 효과적으로 토론하고 발표하기

1 효과적으로 토론하기
본문 140~143쪽

01 ⑤   **02** ⑤   **03** ①   **04** [예시 답안] 사회자는 토론의 논제를 소개하고, 토론의 규칙과 절차를 알려 준다.   **05** ②   **06** ④   **07** ②   **08** [예시 답안] 여러 사람이 함께 생활하는 공간이라고 해서 사생활이 없다는 것은 지나친 단정입니다. 공적인 공간에 있더라도 보호받아야 할 사생활은 존재합니다.

01 '승현'은 교실 내에 시시 티브이가 설치될 경우 학생들과 선생님들의 사생활이 침해받을 수 있고, 국가 인권위에서 교실 내 시시 티브이 설치가 인권 침해의 소지가 있다고 밝힌 사실을 근거로 들어 반대하고 있다.

오답 확인 ① '호성'의 입론에서 용어의 개념을 정의한 내용은 찾아볼 수 없다.
② 현재의 방식은 교실 내에 시시 티브이가 설치되지 않은 것이다. '호성'의 입론에서 이와 관련한 기대 효과는 언급되지 않았다.
③ '승현'의 입론에서 문제를 시급하게 해결해야 한다고 강조하는 내용은 찾아볼 수 없다.
④ '승현'의 입론에서 현재의 방식의 긍정적 측면을 언급한 내용은 찾아볼 수 없다.

02 토론은 논제에 대한 찬성 혹은 반대 입장을 타당한 논거를 바탕으로 하여 주장하는 말하기이다. 다양한 논거들을 통해 자신의 주장이 옳다는 것을 강조하는 말하기이기 때문에 상대측에게 양보할 사안을 미리 준비하는 것은 토론의 준비로 적절하지 않다. 이러한 방안은 협상을 준비하는 과정에서 해야 할 일에 해당한다.

오답 확인 ① 논제와 관련한 자료들을 수집하고, 그러한 자료들을 중심으로 쟁점이 될 만한 내용을 선정하는 과정이 필요하다.
② 쟁점을 선정하였으면 쟁점이 되는 사안별로 자료를 수집하여 주장을 뒷받침해야 한다.
③ 입론을 준비하기 위해서는 찬성 혹은 반대 입장을 뒷받침해 주는 근거들을 마련해야 한다.
④ 토론에서는 논박의 과정을 거치기 때문에 상대측의 주장과 근거를 예측해 보고 이에 대한 반론을 미리 준비해 두는 것이 좋다.

03 '호성'은 학교 폭력과 도난 사고를 예방하기 위해 교실 내에도 시시 티브이를 설치해야 한다고 주장하였다. ①은 폭력이나 도난 사고가 일어날 경우 가해자를 특정하여 선의의 피해자가 생기는 것을 막아 줄 것이라고 생각하고 있

다. 이런 점에서 ①은 교실 내 시시 티브이 설치에 대해 긍정적으로 생각하고 있음을 알 수 있다.

오답 확인 ②, ③, ④, ⑤는 모두 교실 내에 시시 티브이를 설치하는 것에 대해 반대하는 입장에 해당한다.

04 이 토론에서 사회자는 논제와 관련한 배경을 설명하며 논제를 제시하고 있으며, 토론의 절차를 안내하고 다음 발언자를 지정하고 있다.

상	사회자의 역할 두 가지를 〈조건〉에 맞게 바르게 서술한 경우
중	사회자의 역할 중 한 가지만 〈조건〉에 맞게 바르게 서술한 경우
하	사회자의 역할 중 한 가지만 쓰고 〈조건〉을 충족시키지 못한 경우

05 토론의 과정에서 다른 사람을 설득하는 다양한 전략을 사용하기 때문에 목적에 맞는 의사소통 능력을 기를 수 있다는 의의가 있지만, 이를 통해 상대방보다 자신이 우월하다는 점을 깨닫는 것은 토론의 의의로 보기 어렵다.

오답 확인 ① 토론을 하기 위해서는 상대방의 말을 경청하여야 한다. 나와 생각이 다른 사람의 의견을 들으며 사고의 유연성도 기를 수 있다.
③ 토론의 준비 과정에서 논제와 관련한 자료를 수집하고 이를 분석하고 정리하는 능력을 기를 수 있다.
④ 논제에 대한 치열한 토론 과정을 거치면서 공동체의 문제에 대해 보다 적극적이고 능동적인 자세를 지니게 된다.
⑤ 토론에서는 상대방의 주장에 대한 논리적 허점과 오류를 찾아내어 이를 비판하는 과정을 거치기 때문에 비판적 안목을 기를 수 있다.

06 반론을 할 때에는 상대방보다 더 많은 근거를 제시하는 것이 아니라, 상대방이 제시한 근거의 신뢰성이나 타당성, 공정성을 판단하는 것이 바람직하다.

오답 확인 ① 상대의 지적에 대해 감정적으로 대응하기보다는 논거를 앞세워 논리적으로 대응해야 한다.
② 반론을 할 때에는 상대방의 입론에 드러난 논리적 허점과 오류를 찾아낼 수 있어야 한다.
③ 반론은 상대방이 발언한 내용 안에서 해야지, 발언하지 않은 내용을 지적하는 것은 적절하지 않다.
⑤ 입론이나 반론은 정해진 시간이 있기 때문에 제한된 시간 안에 분명하게 문제점을 지적해야 한다.

07 ㉠에서는 교실 내에 시시 티브이가 설치될 경우 체육복을 갈아입는 모습이 촬영되어 인터넷에 유포될 수 있다는 사실을 의문문의 형식으로 제시하고 있다. 이를 통해 교실 내에 시시 티브이를 설치해야 한다는 상대방의 주장에 대해 반대의 입장을 전달하고 있다.

오답 확인 ① 자신이 사용한 용어의 적절성에 대한 의견을 묻는 내용은 찾아볼 수 없다.

③ 상대방에게 질문을 던지는 것은 맞지만, 여기에는 상대방의 주장에 문제가 있다는 것을 지적하기 위한 의도가 담겨 있다.
④ 실제 일어난 사건이 아니라 예상되는 사건을 가정하여 문제를 제기하고 있다.
⑤ 질문하는 방식은 맞지만 상대방의 견해에 일부 동의하는 내용은 찾아볼 수 없다.

08 '호성'은 교실이 공적인 공간이기 때문에 사생활이 없다는 점과 폭력이나 도난 사건으로 피해를 입는 학생이나 선생님의 인권 역시 보호받아야 한다는 점을 내세우며 반대 측 입론에 대해 반론을 펼치고 있다.

상	반론 내용의 범위 안에서 한 가지에 대해 50자 내외로 바르게 서술한 경우
중	반론 내용의 범위 안에서 답변을 하고 있지만, 근거를 제대로 제시하지 못한 경우
하	반론 내용과 관련 없이 반대 측의 입장을 서술한 경우

② 효과적으로 발표하기
본문 144~145쪽

01 ①   **02** ②   **03** ⑤   **04** ④

01 수민이의 말 중에서 '자료 준비는 충분히 했어. 발표 자료도 잘 만들었고.'라는 내용이 있으므로, 발표 준비를 제대로 못하여 불안해하고 있다는 것은 적절하지 않다.

오답 확인 ② '사실 여러 사람들 앞에서 발표해 본 경험이 별로 없어서'라는 내용을 통해 확인할 수 있다.
③ '작년에 수업 시간에 발표하다 실수한 것이 자꾸 생각나서 또 실수할까 봐 두렵기도 해.'라는 내용을 통해 확인할 수 있다.
④ '흥미로운 주제네. 기대된다.'라는 내용을 통해 확인할 수 있다.
⑤ '우선 발표 전에 심호흡을 하면서 ~ 참고하는 것도 좋아.'라는 내용을 통해 확인할 수 있다.

02 비언어적 표현은 몸짓이나 손짓, 표정 등을 가리킨다. 수민이는 발표 중에 청중을 둘러보며 눈을 맞추고, 심각한 표정을 짓는 등의 비언어적 표현을 활용하고 있다. 수민이는 보건 복지부와 한국 건강 증진 개발원에서 발표한 자료를 구체적인 수치와 함께 제시하고 있다.

오답 확인 ㄴ. 발표 중간에 중심 내용을 요약해 주는 내용은 찾아볼 수 없다.
ㄹ. 발표 주제와 관련된 용어의 개념을 설명해 주는 내용은 찾아볼 수 없다.

03 수민이의 발표에서 자신이 느끼는 불안을 밝히고 청중의 양해를 구하는 내용은 찾아볼 수 없다.

오답 확인 ① 수민이는 발표를 시작하기 전에 잠시 심호흡을 하며 긴장을 풀었다.

② 설탕을 담은 투명 용기를 보여 주며 '이게 뭘까요?'라는 질문을 던지고, 청중의 대답을 듣는 동안 호흡을 가다듬었다.

③ 구체적인 자료를 제시하는 과정에서 발표 요약 카드를 잠깐 확인하고 있다.

④ '요즘 날씨가 무척 더워졌죠?'라는 가벼운 화제로 발표를 시작하고 있다.

04 ㉣은 청중의 흥미를 끌기 위한 질문이라고 볼 수 있다. 청중이 대답하기 까다로운 질문으로 보기는 어렵다.

오답 확인 ① ㉠은 더운 날씨에 밖에서 운동하고 집에 돌아오면 냉장고에서 청량음료를 꺼내어 마신 경험을 떠올리도록 하기 위한 말이다.

② ㉡은 청중의 이목을 끌기 위한 의도로 한 말이다.

③ ㉢은 청중이 눈으로 확인하고 쉽게 대답할 수 있는 질문을 던져 청중의 호기심을 자극한 말이다.

⑤ ㉤은 함께 시청한 뉴스 보도 영상 중에서 발표 주제와 밀접한 관련이 있는 내용을 짚어 주는 말이다.

02 청중을 고려하여 말하고 설득 전략을 분석하며 듣기

1 힘들 때 힘을 빼면 힘이 생긴다
본문 148~151쪽

01 ④	**02** ②	**03** ④	**04** ③	**05** [예시 답안] 지

금 너무 중요한 순간이니까 잘 던져야 해. / 이번 경기(공) 엄청 중요하니까 신중하게 잘 던져요. **06** ④ **07** ③ **08** ③ **09** ① **10** [예시 답안] 남의 눈을 의식하지 말고 자신과 자신의 인생을 성찰하며 살자. / 자신이 진짜 원하는 일에 집중하며 살자.

01 '만다꼬'라는 말의 뜻과 쓰임을 경상도 출신이라면 잘 알 거라는 말이 (다)에 나오긴 하지만 화자의 고향이 경상도인지는 확실히 알 수 없다. 또한 청중으로부터 동질감을 끌어내고자 고향을 밝힌 것도 아니다.

오답 확인 ① 화자가 야구 경기를 보러 갔을 때의 경험을 활용하여 설득력을 높이고 있다.

② 화자 자신도 '야구 중계를 곧잘 보는 편'이라며 청중과의 거리를 좁히고 있다.

③ (다)에서 화자는 자신이 강연하러 온 이유를 밝히면서 앞으로 말하고자 하는 것이 무엇인지 소개하고 있다.

⑤ (가)에서 화자는 질문을 던지고 청중이 손을 들게 하는 방법으로 대답할 기회를 줌으로써 청중을 강연에 능동적으로 참여시켰다.

02 (다)에서 화자는 '만다꼬'의 의미를 밝히고 그 단어가 쓰인

사례를 실감 나게 말함으로써 청중에게 재미와 웃음을 주고 있다. 이는 감정에 호소하여 청중의 마음을 사로잡는 '감성적 설득 전략'에 해당한다.

오답 확인 ① '이성적 설득 전략'이란 논리적인 근거를 들어 화자의 주장을 뒷받침하는 전략으로 설득력을 높이기 위해 논증 방법, 통계 자료, 자신의 경험, 다른 사람의 말 등을 근거로 활용한다.

③ '인성적 설득 전략'과 같다.

④ '인성적 설득 전략'은 화자의 됨됨이나 성실하고 진지한 태도 등을 바탕으로 화자의 말에 신뢰를 갖게 하는 전략이다.

⑤ '해설적 설득 전략'이란 유형은 없다.

03 ㉠을 말할 때 화자가 실감 나게 투수의 동작이나 표정을 흉내 냈다면 이런 비언어적 요소는 상황을 생생하게 재현하는 데 도움을 줄 뿐 아니라 청중에게 즐거움을 주어 강연 분위기를 부드럽고 발랄하게 만드는 효과가 있다.

04 ㉡은 양의지 포수가 진짜 하고 싶었던 말이 아니다. 가벼운 농담을 건넴으로써 중요한 순간에 투수가 긴장을 풀고 경기에 임할 수 있도록 도와준 격려의 말이다.

05 보통의 경우, 이런 상황이라면 너무 중요한 순간임을 다시 한번 인식시키며 정말 잘해야 한다고, 부담을 주는 이야기를 할 것이다.

상	이유와 행동을 자연스럽게 연결하여 한 문장으로 서술한 경우
중	이유와 행동 중 한 가지만 가지고 한 문장으로 서술한 경우
하	이유와 행동 중 한 가지만 밝혔는데 한 문장이 아닌 경우

06 (마)에서 사택에 사는 사람들이 남의 눈을 의식해 차를 바꾸었다는 것은 일반적인 사례로 볼 수 없는 특수 사례이다. 그러므로 이것을 우리나라 사람들이 남의 눈을 의식한다는 주장의 근거로 보기 어렵다.

오답 확인 ① 화자는 강연 내용에 어울리는 손짓과 몸짓을 사용하여 강연 분위기를 자연스럽게 만들었다.

② '만다꼬'를 예찬하고 있다고 보기 어렵고 지역성도 드러나지 않는다.

③ 화자가 카피라이터 출신이라는 직업적 전문성은 이야기의 신뢰도를 높인다.

⑤ 강연 마지막에서 핵심 내용을 청중에게 질문하고 답하게 하여 공감을 얻고 있다.

07 (마)에서 비판하고 있는 삶의 태도는 자신의 분수나 상황은 고려하지 않고, 다른 사람을 의식하여 행동하는 것이다. 그러나 ③은 '아무리 좋은 일이라도 당사자의 마음이 내키지 않으면 억지로 시킬 수 없음'을 비유적으로 이르는 속담으로 화자가 지향하는 태도이다.

오답 확인 ①, ②, ④, ⑤는 모두 '자기 처지나 분수에 맞게 행동하여야 한다.'는 깨달음이 담긴 속담이다.

08 ⓒ는 '남의 눈을 의식해 차를 바꾸는 것'과는 대조적인 의미를 지녔다. '진짜 자신이 원하는 것, 자신에게 필요하거나 정말 해 보고 싶었던 것' 등으로 보면 된다.

09 '인성적 설득'은 화자의 사람 됨됨이를 바탕으로 전하는 말에 신뢰를 주는 전략이다. 화자의 전문성, 도덕성, 사회성 등을 바탕으로 하여 믿을 만한 사람이라는 것을 알게 한다. ㄱ은 화자의 건강한 인생관을 밝혀 신뢰를 얻었고, ㄷ이 화자의 직업이라는 전문성을 내세워 신뢰성을 높였다면 모두 '인성적 설득 전략'에 해당한다.

> **오답 확인** ㄴ. 주장에 대한 근거로 화자의 경험을 드는 것은 이성적 설득 전략이다.
> ㄹ. 유추의 방법을 활용하여 설득력을 높이는 것은 이성적 설득 전략이다.
> ㅁ. 청중의 욕망을 자극했으므로 감성적 설득 전략이다.

10 화자는 (라)~(사)를 통해 '남의 눈을 의식하지 않고 자기를 성찰하며 살도록' 사람들을 변화시키려 했다.

상	화자의 의도를 정확하게 넣어, 청유형의 한 문장으로 서술한 경우
중	화자의 의도는 정확하게 서술하였으나, 청유형 문장이 아닌 경우
하	청유형의 한 문장으로 서술하였으나, 화자의 의도가 정확하지 않은 경우

② 세상을 바꾸는 실패와 상상력
본문 152~155쪽

> **01** ③ **02** ④ **03** ③ **04** ⑤ **05** [예시 답안] ⑤: 어떤 일이 있어도 헤쳐 나갈 수 있다는 것과 가까이 소중한 사람들이 있다는 것, ⑥: 졸업 후 7년 동안 실패를 거듭하며 힘들게 보냄. **06** ⑤
> **07** ① **08** [예시 답안] 화자인 조앤 K. 롤링이 상상력을 바탕으로 판타지 소설 『해리포터』 시리즈를 써서 크게 성공했기 때문이다.
> **09** ① **10** ②

01 이 연설의 목적은 화자가 지금까지 살아오면서 얻은 교훈과 깨달음을 청중에게 전달하고 설득하는 것이다.

> **오답 확인** ① 이 글은 2008년 하버드 대학 졸업식에서 조앤 K. 롤링이 한 축사이다.
> ② 대학교 졸업식이므로 청중은 대부분 20대 초반에서 후반으로 예상된다.
> ④ 화자는 순탄하지 못했던 자신의 인생사와 그 과정에서 실패했던 경험을 통해 얻은 깨달음을 전하고 있다.
> ⑤ 청중은 졸업을 앞두고 더 큰 세상으로 나아가는 출발점에 서 있다. 따라서 앞으로 어떤 직업을 가질 것인지, 어떻게 살아갈 것인지 등에 관심이 클 것이다.

02 화자는 거듭된 실패를 딛고 일어나는 과정에서 모든 것을 잃기보다, 자신이 성실하고 의지가 강하며 자신의 주변에는 소중한 사람들이 있다는 사실을 깨달았다.

03 화자는 이 연설을 통해 '실패는 누구나 할 수 있으므로 이를 두려워하지 않고 겸허히 받아들이면 인생에서 부딪히는 크고 작은 고난을 이겨 낼 수 있다.'는 교훈을 전하고 있다. 사람이 실패를 통해 성장할 수는 있지만 이를 극복한다고 해서 반드시 부와 명예를 얻을 수 있다고 단정할 수는 없다.

04 화자는 자신이 스물한 살이었던 시절을 후회한다거나 다시 스물한 살 때로 돌아가고 싶다고 말하는 것이 아니다. 그 나이 때의 청중에게 하고 싶은 말을 우회적으로 표현한 것이다.

> **오답 확인** ① 화자는 이 연설을 통해 자신이 곰곰이 생각해 본 끝에 얻은 두 가지 답, '실패가 주는 혜택'과 '상상력의 중요성'에 대해 말하고자 한다.
> ② 화자는 이혼했기 때문에 사회적으로 실패한 것으로 보이고, 번듯한 직장을 다닌 것이 아니라 경제적으로 어려웠다.
> ③ 매우 절망스럽고 암담해 희망이 보이지 않던 시절을 '암흑과도 같은 터널'에 비유했다.
> ④ '중요하지 않은 데 쓸데없이 힘과 신경을 쏟고 있었던 일'을 가리킨다.

05 ⑤은 실패를 통해 얻은 교훈이고, ⑥은 화자가 깨달음을 얻기까지 직접 겪었던 실패의 경험이다.

상	⑤, ⑥ 두 가지를 각각 〈조건〉에 맞게 서술한 경우
중	⑤, ⑥의 내용은 맞으나, 〈조건〉에 어긋나게 서술한 경우
하	⑤, ⑥ 중 한 가지만 〈조건〉에 맞게 서술한 경우

06 첫 번째 문단에서 자문자답의 방법을 통해 예상되는 청중의 생각을 이야기하고, 뒤이어 이를 반박함으로써 앞으로 전개될 이야기에 호기심을 불러일으키고 있다.

07 화자는 청중에게 앞으로 사회에 나가 세상을 바꾸는 일을 하라고 주문하며, 세상을 바꾸는 데 필요한 것은 타인의 상황과 아픔에 공감하는 상상력의 힘이라는 것을 이야기하고 있다. 그러나 화자가 바라는 더 나은 세상의 구체적인 모습은 제시하지 않았다.

> **오답 확인** ② 화자 자신이 대학을 졸업하고 국제 사면 위원회에서 일하면서 보고 들은 경험을 통해 상상력이 중요한 이유를 말하고 있다.
> ③ 국제 사면 위원회에서 일했던 경험이 있어 청중은 화자의 전문성과 됨됨이를 바탕으로 연설에 신뢰를 느낄 수 있다.
> ④ "우리의 마음속에는 이미 세상을 바꿀 힘이 있습니다."와 같은 부분에서 청중의 감정에 호소하고 있으며 이는 청중의 마음을 움직일 수 있다.

⑤ 마법사의 세계를 다룬 『해리포터』를 쓴 작가 조앤 K. 롤링이, "세상을 바꾸는 데 마법은 필요 없습니다."라고 말했으므로 역설적으로 들려 인상적일 수 있다.

08 소설은 현실 세계에서 있을 법한 일을 상상으로 꾸며 낸 허구적 이야기이다. 화자가 청중이 ㉠과 같이 생각할 것이라고 예상한 것은, 화자가 허구성이 가장 큰 특징인 소설을 써서 성공을 거두었기 때문일 것이다.

상	'상상력을 바탕으로 한 소설을 써서 성공했다.'는 내용이 들어가고, 〈조건〉에 맞게 서술한 경우
중	〈조건〉에 맞게 서술하였으나, 내용이 부족한 경우
하	내용도 부족하고, 〈조건〉도 지키지 못한 경우

09 〈보기〉 기사에 따르면 연설의 화자는 불치병 연구나 사회 각층의 소외된 이들을 위해 많은 돈을 기부하고 관련 재단 등을 운영해 왔다. 이는 화자의 공신력을 높임과 동시에 연설의 설득력도 높일 수 있다.

10 화자는 ㉡과 같이 말함으로써 청중이 힘없는 사람들의 아픔과 상황에 공감하기를, 동정심을 느끼기를 바라고 있다. 즉 청중에게 상상력을 통해 힘없고 어려움에 처해 있는 사람들의 상황을 헤아리고 이들을 위해 노력하는 삶을 살기를 주문하는 것이다.

Ⅴ 대단원 평가

본문 156~159쪽

01 ⑤ **02** ② **03** [예시 답안] ㉮: 교실 내에 시시 티브이를 설치하는 것에 찬성한다.. ㉯: 국가 인권위에서 교실 내 시시 티브이 설치가 인권 침해의 소지가 있다고 밝힌 적이 있다. **04** ④ **05** ⑤ **06** [예시 답안] 발표에서 실수할지 모른다는 부담을 줄여 줄 수 있다. 발표 중간에 내용을 잊었을 때 참고할 수 있다. **07** ④ **08** ③ **09** ④ **10** ① **11** ⑤ **12** ④ **13** [예시 답안] 타인의 삶을 헤아리는 상상력으로 힘없고 어려움에 처한 사람들을 위해 노력해야 한다. / 힘없는 사람들의 아픔에 공감하고 이들을 돕기 위해 노력해야 한다. **14** ①

01 토론은 어떤 논제에 대해 찬성과 반대 의견을 가진 사람들이 근거를 들어 자신의 주장이 옳음을 내세우고, 상대방의 주장이나 근거가 부당하다는 것을 명백하게 밝히는 말하기 방식이다. 따라서 소신 있게 자신의 주장을 끝까지 밀고 나가 배심원들에게 자신의 주장이 선택되도록 해야 한다.

오답 확인 ① 토론에서 상대방의 의견과 입장을 경청하는 태도는 필요하지만, 그렇다고 해서 그 내용을 수용하려는 태도는 적절하지 않다.
② 생활의 크고 작은 문제를 해결하기 위한 의사소통은 '협의'이다.
③ 토론은 논제에 대한 찬성과 반대의 주장이 오가고 그 중 하나를 선택하는 말하기이다.
④ 공동체의 문제를 협력적으로 해결하기 위한 집단적 소통 방식은 '토의'이다.

02 '호성'은 찬성 측 입론을 하면서 ○○○ 교육청에서 발표한 자료를 인용하고 있다. 근거 자료의 출처를 제시하고, 그 출처가 공신력을 지니고 있는 기관일 경우 내용의 신뢰성을 높일 수 있다.

오답 확인 ① 비유적인 표현을 활용한 부분은 찾아볼 수 없다.
③ 시시 티브이의 장점만 제시하고 있을 뿐 단점에 대한 언급은 찾아볼 수 없다.
④ '승현'의 입론 내용 중에 개인적인 경험을 사례로 제시한 내용은 찾아볼 수 없다.
⑤ '승현'의 입론에서 질문을 던지며 상대측의 주장을 반박하는 내용은 찾아볼 수 없다.

03 찬성 측은 학교 폭력 실태와 도난 사고 경험을 근거로 제시하여 교실 내에 시시 티브이를 설치하는 것에 찬성하고 있다. 반대 측은 사생활 침해와 인권 위원회의 의견을 근거로 제시하여 교실 내에 시시 티브이를 설치하는 것에 반대하고 있다.

상	㉮와 ㉯를 모두 바르게 서술한 경우
중	㉯만 바르게 서술한 경우
하	㉮만 바르게 서술한 경우

04 수민이는 "작년에 수업 시간에 발표하다 실수한 것이 자꾸 생각나서 또 실수할까 봐 두렵"다고 하였다. 이러한 말하기 불안을 극복하기 위한 방법으로 ⓐ에 해당하는 것은 발표 전에 실패보다는 성공의 상황을 예상하여 자신감을 갖는 것이다.

05 수민이가 갑자기 심각한 표정을 지은 것은 뒤에 말할 내용의 심각성을 강조하기 위해 일부러 그렇게 한 것이다.

06 발표 요약 카드를 미리 준비하면 발표의 중요 내용을 빠뜨리는 일을 막을 수 있으며, 긴장하여 내용이 잘 기억나지 않을 경우 참고할 수 있어서 긴장감도 풀 수 있다. 또한 기억하기 어려운 내용을 참고할 수도 있다.

상	두 가지 효과를 모두 바르게 서술한 경우
중	한 가지 효과만 바르게 서술한 경우
하	'발표에 도움이 된다.'와 같이 막연하게 서술한 경우

07 이 강연은 화자의 경험을 활용하여 청중을 설득하고 변화시키려 하고 있지, 사건의 원인과 결과를 제시하고 있지 않다.

> 오답 확인　① (나)에서 화자가 "여기 보시면 이 까만 거 있죠?"라는 말을 하는 것으로 보아 언더셔츠 사진을 제시하여 청중의 주의를 끌고 있음을 알 수 있다.
> ② 인생을 마라톤이라고 본다면, 휴식이나 쉼은 '음료'에 비유할 수 있다고 했다.
> ③ (가)에서 화자는 질문을 던지고 청중이 손 들어 답하게 함으로써 청중이 강연에 능동적으로 참여하도록 유도하고 있다.
> ⑤ 화자는 포수와 투수의 대화 속 말투, 몸짓을 실감 나게 재현하고 있다.

08 이 강연의 목적은 청중을 설득하여 청중의 행동이나 태도에 변화를 가져오는 것이다.

> 오답 확인　ㄱ. 정보(사실)를 알림.
> ㄴ. 독서를 권장하여 독서하게 함(행동 변화).
> ㄷ. 행동 변화를 추구함.
> ㄹ. 화자의 감정을 전달함.
> ㅁ. 사실을 물음.

09 〈보기〉에서 설명하고 있는 설득 전략은 '이성적 설득 전략'이다. (라)는 인생과 음악이 지닌 공통점을 들어 주장을 뒷받침하는 유추를 사용하고 있으므로 '이성적 설득 전략'이 두드러진다.

> 오답 확인　①, ② (가), (나)는 포수의 농담과 그 의미를 들어 중요한 순간에 힘을 빼는 것이 필요함을 설득하는 것으로 보아 '이성적 설득 전략'이 사용되었지만 '유추'를 사용했다고 볼 수 없다.
> ③ (다)는 사람들이 했던 말과 생각을 돌아보게 함으로써 바람직한 삶을 살고자 하는 사람들의 욕망을 자극하는 것으로 보아 '감성적 설득 전략'을 사용했다.

10 화자는 '살면서 힘을 뺄 땐 빼고, 줄 때는 주자.'와 '남의 눈 의식하지 말고 자기를 성찰하여 진짜 원하는 것에 집중하라.'는 주장을 하고 있다. 화자는 이 강연에서 ⓐ와 달리 '열심히 달리기만 하는 게 최고는 아니며 쉴 때는 쉬어야 한다.'는 이야기를 하고 있다.

11 이 연설은 '순탄하지 못했던 화자의 인생사와 실패의 경험 고백'을 통해서 대학을 이제 막 졸업하고 사회에 첫발을 내딛게 될 예비 사회인에게 '실패가 주는 혜택과 상상력의 진정한 가치'를 알려 주고 그들의 행동에 변화를 불러일으키는 것을 목적으로 한다.

12 화자는 자신의 실패담을 소개하며 실패야말로 삶의 소중한 경험이라고 이야기하고 있다. 실패를 두려워하지 않고 겸허히 받아들이면 인생에서 부딪히는 크고 작은 고난을 이겨 낼 수 있고, 자신의 삶을 긍정적으로 변화시킬 수 있다는 것이다.

> 오답 확인　① 실패를 경험하면 삶의 군더더기를 없애고 가장 중요한 일에 모든 에너지를 쏟을 수 있다.
> ② 실패를 극복하며 강인하고 현명해진다.
> ③ 실패를 통해 다른 곳에서 배울 수 없었던 자신을 알게 된다.
> ⑤ 실패를 겪으면서 몰랐던 자신의 장점을 알게 되고 가까이 있는 사람들의 소중함을 알게 된다.

13 (다)에서 화자는 세상을 바꾸는 것은 황당한 공상의 힘이 아니라 더 나은 세상을 상상하는 힘, 곤경에 처한 사람의 마음을 헤아릴 수 있는 공감의 힘이라고 말한다. 그러므로 타인의 삶을 헤아리는 상상력으로 힘없고 어려움에 처한 사람들을 위해 노력해 달라고 당부하고 있다.

상	'상상력을 통해 타인의 삶을 생각하고 이를 위해 노력해야 한다.'는 내용을 넣어, 한 문장으로 서술한 경우
중	내용은 적절히 서술하였으나, 〈조건〉을 맞추지 못한 경우
하	내용은 부족하고, 〈조건〉만 맞게 서술한 경우

14 ⓐ '군더더기'는 '쓸데없이 덧붙은 것'이란 뜻을 지닌다. 문맥상 '중요하지 아니하고 허름한 일'이란 뜻의 '허드렛일'과 바꿔 쓰기에 적절하지 않다.

> 오답 확인　② 가장 중요한 한 가지 일에 '노력'을 쏟기 시작했다고 바꿀 수 있다.
> ③ '주춧돌'이란 '기둥 밑에 기초 받쳐 놓은 돌'이란 뜻이지만 이 문장에서는 '밑거름, 밑바탕'의 의미로 쓰였다.
> ④ '짬'은 '어떤 일에서 손을 떼거나 다른 일에 손을 댈 수 있는 겨를'이란 뜻이므로 자투리 시간으로 볼 수 있다.
> ⑤ '속박'이란 '어떤 행위나 권리의 행사를 자유로이 하지 못하도록 강압적으로 얽어매거나 제한함.'이란 뜻이고 뒤에 자유를 되찾아 준다는 말이 나오므로 폭넓게 '인권을 침해받는'으로 이해할 수 있다.

EBS 중학

뉴런

| 국어 3 |

정답과 해설 [실전책]

Ⅰ. 문학

01 심미적 체험의 소통

1 제망매가
본문 10~11쪽

학습 목표 응용 01 ④ 02 ③ 03 ② 04 ②
05 ③ 06 ① 07 ④

고난도 응용 01 ③ 02 [예시 답안] '아아' 앞부분에서 누이의 죽음에 대해 슬퍼하고 괴로워하던 화자가, '아아' 뒷부분에서는 종교적 믿음으로 슬픔을 극복하고 누이와의 재회를 기약하고 있다.

학습 목표 응용

01 향가의 주된 작가층은 승려, 화랑과 같은 당대 지성인이었으나 그들만 향유한 것은 아니다.

02 이 시가는 10구체 향가로 '기-서-결'의 3단 구성을 취하고 있다. 누이의 죽음에 대한 화자의 정서는 9구의 감탄사 '아아'를 기준으로 슬픔과 허망함에서, 슬픔을 종교적으로 극복해 내려는 의지로 바뀌고 있다. 이러한 감탄사는 절제된 감정이 아닌 고뇌의 절정에서 터져 나오는 탄식이자, 종교의 힘으로 슬픔을 극복하도록 이끄는 시상의 전환점이다.

03 이 시가는 단순히 누이의 죽음을 애도하고 인생의 무상함을 노래하는 데 그치지 않고, 이를 불교적 신앙심으로 이겨 내려는 의지를 보임으로써 누이의 죽음이라는 현실의 괴로움을 종교적으로 극복하고 있다.

04 '바람'이 삶과 죽음을 지배하는 초월적 존재라면 '이른 바람'에 '떨어질 잎'은 누이의 요절을 의미하므로, 누이의 죽음을 겪고 있는 화자의 처지를 추측할 수 있다(ㄱ). '미타찰'은 이승과 대비되는 곳으로 불교에서 아미타불이 있다고 믿는 극락 세계이자 화자가 죽은 누이와 재회할 공간이다(ㄹ).

오답 확인 ㄴ. '가는 곳'은 인간이 죽은 뒤에 가는 곳을 의미한다.
ㄷ. '한 가지'는 화자와 누이가 동기간이라는 사실을 자연물에 빗대어 표현한 것이다.

05 이 시가에는 누이의 죽음이라는 사건이 있으나 이를 구체적으로 묘사하고 있지는 않다.

오답 확인 ① 누이를 잃은 화자의 슬픔과 고뇌, 안타까움, 허무함 등의 정서에서 진정성이 느껴진다.

② 사람이라면 누구나 겪게 될 본인과 가족의 희로애락을 제재로 삼고 있어 쉽게 공감할 수 있다.
④ 한 가지에서 난 잎들이 여기저기 떨어지는 모습으로 누이의 죽음을 그려 내어, 누이의 요절에 대한 슬픔을 감각적으로 표현하고 있다.
⑤ 누이를 잃은 슬픔에 계속 잠겨 있는 것이 아니라 신앙을 통해서라도 극복하려고 노력하는 모습이 공감을 얻을 만하다.

06 이 시가의 화자가 극복하기 어려운 가족의 죽음을 종교적 힘으로 이겨 낼 수 있었던 것은 내세에 다시 만날 수 있다는 불교의 윤회 사상(생명이 있는 것은 죽어도 다시 태어나 생이 반복된다고 하는 불교 사상) 때문이다. 떠난 사람은 언젠가 반드시 돌아오게 된다는 '거자필반'은 만남과 이별이 반복되는 세상의 이치를 들어 헤어짐에 대한 아쉬움을 달랠 수 있게 한다.

오답 확인 ② 전전반측(輾轉反側): 누워서 몸을 이리저리 뒤척이며 잠을 이루지 못함을 이르는 말이다.
③ 우공이산(愚公移山): 우공이 산을 옮긴다는 뜻으로, 어떤 일이든 끊임없이 노력하면 반드시 이루어짐을 이르는 말이다.
④ 전화위복(轉禍爲福): 재앙과 근심, 걱정이 바뀌어 오히려 복이 된다는 말이다.
⑤ 근묵자흑(近墨者黑): 먹을 가까이하는 사람은 검어진다는 뜻으로, 나쁜 사람과 가까이 지내면 나쁜 버릇에 물들기 쉬움을 비유적으로 이르는 말이다.

07 ④에서는 종교적 신념으로 슬픔을 극복하고 재회를 기약하는 화자의 태도가 드러나는데, 대상을 불쌍히 여기는 정서는 나타나지 않는다.

고난도 응용

01 이 시가의 화자는 누이의 죽음에서 느끼는 슬픔과 안타까움을 드러내고 있다. 이와 같은 화자의 태도는 죽은 아이에 대한 슬픔과 그리움을 노래한 ③의 시와 유사하다.

오답 확인 ① 직설적인 표현으로 부정적인 세력이 물러가고 순수와 열정의 시대가 도래하기를 바라고 있다.
② 풍요로운 가을 들판의 모습과 메뚜기가 없는 들판의 모습을 대비하여 생태계가 파괴된 현실을 비판하고 있다.
④ 주변의 작고 힘없는 존재들을 멈춰 서서 바라보며 이들에게 연민을 느끼고 있다.
⑤ '나'를 나룻배로, 사랑하는 대상을 '행인'으로 설정하여 임에 대한 기다림과 헌신적 사랑을 노래하고 있다.

02 '아아' 앞부분에서는 누이의 죽음에서 느꼈던 슬픔을, '아아' 뒷부분에서는 그것을 불교의 힘으로 극복하려는 화자

의 의지를 엿볼 수 있다.

상	'아이' 전과 후를 〈조건〉에 맞춰 모두 바르게 서술한 경우
중	'아이' 전과 후 중, 하나만 〈조건〉에 맞춰 바르게 서술한 경우
하	내용도 부족하고 〈조건〉도 맞추지 못한 경우

2 꽃
본문 12~13쪽

학습 목표 응용	01 ②	02 ③	03 ③	04 ③
05 ①	06 ④	07 ㉮: 무엇 / 눈짓 ㉯: 우리	08 ④
고난도 응용	01 ②	02 [예시 답안] 서로에게 의미 있는 존재		

가 되는, 진정한 관계 맺기를 바람.

학습 목표 응용

01 이 시는 상징적 소재인 '꽃'을 통해 존재와 존재가 서로를 인식하고 진정한 관계를 맺는 과정을 노래한 작품이다. 시가 창작될 당시의 시대상에 대해 알지 못해도 시를 이해하거나 감상을 하는 데 문제가 되지 않는다. 상징적 의미를 지닌 시어(몸짓, 꽃, 무엇, 눈짓 등)가 함축하고 있는 의미를 파악하면 시의 감상에 도움이 된다.

02 이 시는 존재 간에 의미 있는 관계를 맺고 싶어 하는 소망을 노래한 시로, 인간의 삶에 대한 심미적 인식이 잘 형상화되어 있다. 따라서 시의 화자는 존재의 참된 모습을 인식함으로써 서로에게 의미 있는 진정한 관계를 맺고자 하는 소망을 간절한 어조로 드러내고 있다.

오답 확인 ① 이 시는 현실을 직접적으로 비판하고 있지는 않다. ② '체념적 어조'란 '기대나 희망 등을 아주 버리고 더 이상 기대하지 않는 듯한 말투'이다. ④ '기도조'란 '인간보다 능력이 뛰어나다고 생각하는 어떠한 절대적 존재에게 비는 듯한 말투'이다. ⑤ '지적인 어조'란 '지식이나 지성에 관한 또는 그런 것이 느껴지는 말투'이다.

03 [C]는 미래뿐만 아니라 현재에도 바라고 있는 내용을 담고 있다.

04 이 시를 이해하기 위해 가장 기본이 되는 문제는 '나'와 '그'의 관계이다. 처음에 둘의 관계는 무의미했다가 상호 인식 과정을 통해 서로에게 '꽃'이라는 의미 있는 존재로 변하고, 마침내 오랫동안 잊히지 않는 의미를 지닌 존재가 될 수 있음을 보여 준다. 2연에서 내가 '그'의 이름을 불러 주었기에 그는 이미 '나'에게 특별한 의미가 있는 존재가 되었다.

오답 확인 ① 1연에서처럼 '나'가 '그'의 이름을 불러 주기 전에는 서로 의미 없는 사이였다.

② 이 시에서 '꽃'은 사랑이나 애정을 표현하는 수단이 아니다. ④, ⑤ '그'와 '나'는 상호 인식 과정과 이름 부르기를 통해 서로에게 의미 있는 존재가 되었지만 서로 지향하는 바가 대립하는지, 서로의 아픔과 고통을 나누고 싶어 하는지는 알 수 없다.

05 ⓑ~ⓔ는 '의미 있는 존재'이지만 ⓐ는 '나'가 이름을 부르기 전이므로 '의미 없는 존재'에 지나지 않는다.

06 화자는 누군가에게 의미 있는 존재가 되어 그와 진정한 관계를 맺고 싶을 뿐, 자신의 본질을 알아주지 않는 대상을 원망하지는 않는다.

07 이 시는 1연에서 4연으로 갈수록 존재의 범위가 점층적으로 확대된다. 서로 무의미한 존재였던 '나'와 '너'가 상호 인식 과정을 통해 서로에게 '꽃'이라는 의미 있는 존재로 바꾸고 진정한 관계를 맺게 되면 '㉯우리'가 된다. 이와 마찬가지로 '나'와 '너'가 상호 인식 과정을 통해 의미 있는 존재, '꽃'이 된다. 그리고 나서 우리들은 모두 마침내 '㉮무엇' 다시 말해서 오랫동안 서로에게 잊히지 않는 '㉮눈짓'이 될 수 있는 것이다.

08 이 시에서 이름을 부르는 행위는 단순히 친교적 표현이 아니라 무의미한 관계를 의미 있는 관계로, 무의미한 존재를 의미 있는 존재로 만드는 것이다. 이는 대상의 존재를 인식하는 행위이고 대상에게 의미를 부여하는 행위이며 진정한 관계를 맺는 과정이다. 그러나 대상의 존재를 인식하려면 이름을 불러야 하므로, 이름을 부르는 행위가 대상을 인식한 후에 일어난다고 보기는 어렵다.

고난도 응용

01 〈보기〉에서는 환자의 병에 이름을 붙이는 것만으로도 병의 반은 치료된 셈이라고 할 정도로 이름은 힘이 있고 가치 있음을 말하고 있다. 이 시에서 '나'가 '그'의 이름을 부르는 행위를 통해 무의미했던 존재가 의미 있는 존재가 되고, 진정한 관계로 발전하는 것과 같은 맥락이다.

02 2연에서 '나'가 '그'의 이름을 불러 줌으로써 '그'가 '나'에게 와서 의미 있는 존재가 되었다. 이는 '나'와 '그'가 의미 있는 관계가 되었음을 말한다. 3연에서 '나'는 내가 상대의 본래 모습을 알아봐 준 것처럼 누군가 자신의 존재를 알아봐 주기를 바란다. 4연에서 '우리' 모두는 서로에게 의미 있는 존재가 되는 진정한 관계 맺기를 소망한다.

상	〈조건〉에 맞춰 알맞은 내용을 쓴 경우
중	내용은 알맞으나 〈조건〉에 맞지 않는 경우
하	내용도 부족하고 〈조건〉에도 맞지 않는 경우

③ 실수

본문 14~15쪽

학습 목표 응용 01 ⑤   02 ④   03 ②   04 ⑤
05 ④

고난도 응용 01 ②   02 [예시 답안] 실수는 실수가 용납되지 않는 바쁘고 각박한 세상에서 우리 삶과 정신에 여유를 가져다주기 때문이다.

학습 목표 응용

01 이 글은 글쓴이가 실수와 관련된 일화를 통해서 자신의 정서를 진솔하게 담아낸 수필이다.

오답 확인 ①, ④ 글쓴이의 경험담을 토대로 통념상 부정적으로 인식되는 실수를 새로운 시각으로 바라보면서 실수의 긍정적인 의미를 이끌어 내고 있는 수필이다.
②, ③ 머리카락이 없어 빗 쓸 일이 없는 스님에게 빗을 빌린 실수를 예로 들어 실수가 삶에 신선한 충격과 여유를 가져다줄 수 있다는 깨달음을 전하고 있다.

02 글쓴이는 꼼꼼하지 않고 덜렁거리는 편이다. 그러나 타인의 사소한 실수조차 너그럽게 받아 주지 못한 자신의 모습을 인정하고 반성한다. 그러면서 실수를 용납하지 않는 삶보다는 실수를 너그럽게 받아들이는 삶의 자세가 필요하다고 말하고 있다.

03 글쓴이가 자신의 경험과 성찰에서 얻은 깨달음은, 요즘처럼 발 빠르게 돌아가는 세상일수록 정신과 마음을 내려놓고 사는 여유가 필요하다는 것이다. 글쓴이는 악의 없는 실수야말로 각박한 일상에 여유를 가져다주는 삶과 정신의 여백이라고 생각한다. 글쓴이는 자신의 실수를 긍정적으로 바라보고 있으므로, 자신에게 엄격하다고 볼 수는 없다.

04 실수 때문에 핀잔을 듣고 비난의 대상이 될 때면 서운하고 무안하지만 상식으로부터 자유로워지는 어처구니를 많이 만들어 내며 살 것을 당부하고 있다.

오답 확인 ① 머리카락이 없어서 빗을 쓰지 않는 스님에게 빗을 빌려 달라고 한 것을 뒤늦게 깨달았다.
② 오래전 기억을 회상하는 듯한 스님의 표정에서 그리움인지 무상함인지 모를 묘한 미소를 읽어 냈다.
③ 어떤 일에 집중할 때에는 실수를 자주 하는 편이라는 자신의 단점을 솔직하게 밝히고 있다.
④ 타인의 사소한 실수조차 비난과 짜증의 대상이 되는 현실에 씁쓸함을 느끼고 있다.

05 글쓴이는 스님에게 빗을 빌린 자신의 실수를 이야기하면서 악의가 섞이지 않은 실수는 봐줄 만하고 오히려 삶에 신선한 충격과 여유를 가져다준다는 깨달음을 전하고 있다. 그러나 돌이킬 수 없는 결과를 낳은 실수까지 긍정적인 의미를 가지고 있다고 말하지는 않았다.

고난도 응용

01 글쓴이는 악의가 섞이지 않은 실수가 오히려 삶에 신선한 충격과 기대하지 못했던 기쁨, 여유를 가져다준다고 생각한다. 이를 반박하려면 '어릴 때 몸에 밴 버릇은 늙어 죽을 때까지 고치기 힘들기 때문에 어릴 때부터 나쁜 버릇이 들지 않도록 잘 가르쳐야 한다.'는 뜻의 '세 살 적 버릇이 여든까지 간다.'는 속담을 활용하는 것이 적절하다.

오답 확인 ① 떠들썩한 소문이나 큰 기대에 비하여 실속이 없거나 소문이 실제와 일치하지 않는 경우를 비유적으로 이르는 말이다.
③ 운이 나쁜 사람도 좋은 수를 만날 수 있고 운이 좋은 사람도 늘 좋기만 하는 것이 아니라 어려운 시기가 있다는 말로, 세상사는 늘 돌고 돈다는 말이다.
④ 본바탕이 좋지 아니한 사람은 어디를 가나 그 본색을 드러내고야 만다는 말이다.
⑤ 모든 일은 근본에 따라 거기에 걸맞은 결과가 나타나는 것임을 비유적으로 이르는 말이다.

02 실수가 쉽게 용납되지 않는 바쁘고 각박한 세상에서 우리 삶과 정신에 여유를 가져다주기 때문에 글쓴이는 실수를 삶과 정신의 여백에 해당한다고 하였다.

상	내용이 정확하고 〈조건〉에 맞춰 서술한 경우
중	내용은 정확하나 〈조건〉에 맞춰 서술하지 못한 경우
하	내용이 부정확하고 〈조건〉에만 맞춰 서술한 경우

① 단원 평가

본문 16~19쪽

01 ③   02 ③   03 ⑤   04 ⑤   05 ④   06 ③
07 ②   08 ③   09 [예시 답안] 〈보기〉의 화자는 누이가 죽은 상황이 변할 수 없음을 받아들여 사무치는 그리움을 드러내는 반면, (가)의 화자는 죽음 이후의 세계가 있다고 믿어 재회를 기약하며 슬픔을 극복하고 있다.   10 ④   11 ①   12 ②   13 ②
14 ③   15 ④   16 [예시 답안] (1) 머리카락이 없어 빗을 쓰지 않는 스님에게 빗을 빌려 달라고 했기 때문이다. (2) 스님에게 과거의 기억을 떠올리게 했다.

01 (가)에서는 이승을 의미하는 '예'가 의미상 '미타찰'과 대비를 이룬다. '미타찰'은 불교적 이상향, 즉 극락이라 할 수 있는데 화자가 죽은 누이와 재회할 수 있다고 굳게 믿는 공간이자 화자가 열심히 도를 닦아야만 갈 수 있는 곳이다. (나)에서는 이름이 불리기 이전의 무의미한 존재인 '몸짓'과 본질에 맞는 이름이 불려 의미 있는 존재가 된 '꽃', '무엇', '눈짓'이 대비를 이루며 의미를 강조하고 있다.

02 (가)는 신라 시대 월명사가 지은 향가로, 인간적인 슬픔을 종교적 힘으로 극복하려는 숭고한 정신을 표현했을 뿐 과장된 표현을 찾아볼 수는 없다.

　오답 확인　①, ⑤ 화자는 누이의 죽음으로 두려움과 슬픔, 인생무상을 느끼지만 극락 세계에서 다시 만날 것을 믿기에 참아 내고 있다.
② 9구의 '아아'를 통해 죽음에 대한 고뇌를 표현하고 있다.
④ 같은 부모에게서 태어난 남매를 '한 가지'에 난 잎에, 젊은 나이에 죽는 것을 '이른 바람'에 '떨어질 잎'에 비유하고 있다.

03 (가)는 정제되고 세련된 비유를 사용하고 있으므로 누이의 죽음을 겪으며 느끼는 화자의 감정을 직설적으로 표현했다고 볼 수는 없다. [B]에서 누이의 요절은 '이른 바람', 죽은 누이는 '떨어질 잎', 같은 부모는 '한 가지'로 비유하고 있다.

　오답 확인　① 9구의 '아아'를 통해 죽음에 대한 고뇌를 표현하고 있다.
③ [B]의 '한 가지에 나고'는 같은 부모에게서 태어나 이제껏 가까이 살아온 인연을 비유한 것이다.
④ [C]에서 누이는 아미타불이 다스리는 극락에 갔을 것이니 자신도 죽은 뒤에 누이와 재회할 수 있도록 열심히 불도에 정진하겠다는 것으로 보아 화자가 승려임을 알 수 있다.
⑤ [C]에는 삶과 죽음에 대한 허무감과 이별의 슬픔을 불교적 신앙심으로 극복하려는 의지가 나타나 있다.

04 ㉠은 '망매' 즉 죽은 누이, ㉡은 시적 화자를 가리킨다.

　오답 확인　③ 시적 화자의 전환은 이루어지지 않는다.

05 화자는 '~이 되고 싶다.'라는 시구를 반복하여 서로의 존재를 인식하고 서로에게 의미 있는 관계가 되기를 소망하고 있다(ㄴ). 또한 '꽃'이라는 상징적 소재를 통해 존재의 참된 모습에 대한 화자의 인식을 그려 내고 있다(ㄹ).

　오답 확인　ㄱ. 시적 상황은 부정적이지도 긍정적이지도 않다.
ㄷ. 이 시에서 '꽃'은 의미 있는 존재를 의미하는 상징적 대상으로 시각적 심상을 활용한 묘사는 나타나지 않는다.

06 (나)의 화자는 밝혀지지 않은 상대의 본질에 호기심을 느낀다기보다 진정한 관계를 맺어 서로에게 의미 있는 존재가 되고 싶어 하고, 상대의 본질을 이해하고 싶어 한다.

07 (나)의 2연에서 '그는 나에게로 와서 / 꽃이 되었다.'는 것은 '그'가 '나'에게 의미 있는 존재가 되었다는 것, '그'와 '나'의 관계가 의미 있는 관계가 되었음을 말한다. 그러므로 ㉢을 일상 언어로 바꾼다면 '그에게 의미 있는 존재가 되고 싶다.'나 '그와 의미 있는 관계를 맺고 싶다.'로 표현하면 된다.

08 이 시의 화자는 이름을 부르는 행위를 통해 서로의 존재를 인식하고 서로에게 의미 있는 관계 맺기를 소망하고 있다. 자격 여부를 떠나 빛깔과 향기에 맞는 이름을 부른다는 것은 상대의 본질, 본래의 모습을 이해하게 된다는 의미이다.

　오답 확인　① (나)의 화자는 누군가가 자신의 존재를 알아봐 주기를 바라고 있다.
② (나)의 화자는 자신이 가지고 있는 존재의 본질을 알아봐 주는 누군가에게 의미 있는 존재가 되고 싶은 소망을 가지고 있다.
④, ⑤ 진정한 관계를 맺기 어려워진 요즘이기에 더욱 사람과 사람 사이의 진정한 관계의 의미를 생각해 볼 수 있다.

09 (가)의 화자는 죽은 뒤의 세상에서 누이를 다시 만날 수 있다는 종교적 믿음으로 슬픔을 견디고 있지만, 〈보기〉의 화자는 누이의 죽음을 변하지 않는 사실로 받아들이며 죽은 누이를 그리워하고 있다.

상	(가)와 〈보기〉의 화자가 죽음을 대하는 인식의 차이, 그로 인한 감정을 각각 바르게 서술한 경우
중	(가)와 〈보기〉의 화자가 죽음을 대하는 인식의 차이, 그로 인한 감정 중 한쪽만 바르게 서술한 경우
하	(가)와 〈보기〉의 화자가 죽음을 대하는 인식의 차이, 그로 인한 감정을 둘 다 미흡하게 서술한 경우

10 이 글은 글쓴이가 실수와 관련된 경험을 통해 자신의 정서를 진솔하게 담아낸 수필이다. 글쓴이가 허구의 세계를 상상하여, 현실 세계에서 있음 직한 일을 꾸며 쓴 것은 소설이다.

11 두 가지 일화를 바탕으로 흔히 부정적으로 인식하는 실수를 새로운 시각으로 바라보며 실수의 긍정적인 의미를 이끌어 낸 글이다. 실수가 오히려 삶에 신선한 충격과 여유를 가져다줄 수 있다는 깨달음을 전하고 있으므로 지난날의 실수에 대해 후회하고 반성하는 것은 적절한 반응이 아니다.

12 곽휘원이 실수로 보낸 백지를 곽휘원의 아내는 남편이 자신을 향한 그리움을 말로 다할 수 없어 보낸 것이라 생각해 오히려 기뻐했다.

13 실수에 대한 곽휘원의 일화를 통해 알게 된 것은 실수가 삶에 뜻밖의 신선함과 행복을 주기도 한다는 점이다.

14 ㉢'곤경'은 어려운 형편이나 처지를 뜻한다.

15 이 글의 글쓴이는 처음부터 실수에 대한 긍정적인 시각을 가지고 있다. 반면 〈보기〉의 글쓴이는 처음에는 '흉터'를 부끄러운 것으로 생각하다가 흉터가 우리 삶의 숨은 값이요 거울임을 깨달아 관점을 바꾸고 있다.

《오답 확인》 ② 이 글은 사소한 실수조차 용납되지 못하고 짜증과 비난의 대상이 되고 있는 현실을, 〈보기〉는 작은 상처나 흉터 하나 지니지 않으려 하고 남의 아픈 상처는 읽어 주지 못하는 세태를 비판하고 있다.
③ 이 글은 실수에 대한 부정적인 통념을, 〈보기〉는 흉터에 대한 부정적인 통념을 깨고 새로운 인식을 보여 준다.
⑤ 이 글의 글쓴이는 자신 역시 수많은 실수를 저지르고 살면서 다른 사람의 실수는 너그럽게 받아 주지 못한 것을 반성하고 있다. 한편 〈보기〉의 글쓴이는 남의 아픈 상처나 흉터에 위로와 경의를 보내겠다는 결심을 한다.

16 ㉠은 머리카락이 없어 빗을 쓰지 않는 스님에게 빗을 빌려 달라고 한 실수이다. 글쓴이의 이 실수는 스님으로 하여금 잊고 있던 과거를 추억하게 했다.

상	이유와 결과 모두 한 문장으로 바르게 서술한 경우
중	이유와 결과 중 어느 하나만 한 문장으로 바르게 서술한 경우
하	이유와 결과 모두 내용도 부족하고 한 문장으로 서술하지 못한 경우

(02) 작품의 사회·문화적 배경과 현대적 의미

(1) 천만리 머나먼 길에 / 까마귀 눈비 맞아

본문 22~23쪽

《학습 목표 응용》 01 ④ 02 ② 03 ④ 04 ①
05 (1) 부자유친(父子有親) (2) 장유유서(長幼有序) 06 ①
《고난도 응용》 01 ⑤ 02 [예시 답안] (1) ⓐ와 〈보기〉의 '까마귀'는 모두 '검다'는 특징을 가지고 있다. (2) ⓐ는 검은 속성을 바꾸지 못하는 부정적 존재이지만, 〈보기〉의 '까마귀'는 비록 겉은 검지만 속은 검지 않은 긍정적 존재이다.

《학습 목표 응용》

01 (나)~(라)는 모두 고시조이다. 평시조는 초장, 중장, 종장의 3장으로 구성되어 있으며, 연 구분이 되어 있지는 않다. 다만, 연시조의 경우는 여러 개의 평시조가 묶여 제시되기 때문에 연의 구분이 있는 것으로 볼 수도 있다. (나)와 (다)는 평시조이다.

《오답 확인》 ① 마지막 장인 종장의 첫 음보는 세 글자를 유지해야 한다. (나)의 '저 물도', (다)의 '님 향한', (라)의 '평생에', '올 길에', '늙기도'가 이에 해당한다.
② 각 장이 4마디씩 끊어 읽는 4음보로 구성되어 있다.
③ 시조는 고려 시대에 발생하여 조선 시대부터 본격적으로 창작되었으며, 현재까지 꾸준히 창작되고 있어서 '국민 문학'으로 불리기도 한다.
⑤ 시조는 3장 6구로 구성되어 있다. 즉 초장, 중장, 종장 등 세 개의 장은 각각 두 개의 구로 나눌 수 있다.

02 (가)를 참고할 때, (나)의 화자는 유배지까지 단종을 호송해야 했던 자신의 임무에 괴로움을 느끼면서 단종과의 이별을 슬퍼한 것으로 볼 수 있다. 하지만 다른 사람을 원망하는 내용은 드러나지 않는다.

《오답 확인》 ① (나)에서 화자와 이별한 '님'과 (다)에서 화자가 일편단심을 고백하는 '님'은 모두 왕위를 빼앗기고 유배를 간 단종으로 볼 수 있다.
③ (나)에서 '천만리'는 영월까지의 물리적 거리가 아니라 단종과 헤어진 슬픔의 크기나 심리적 거리를 표현한 것이다.
④ (다)에서 '야광명월'은 '까마귀'와 대비되는 소재로 어려운 상황에서도 그 가치를 잃지 않는 광명과도 같은 존재이다. 이는 작가가 유일한 왕으로 인정하고 있는 단종이나, 그를 따르는 충신들을 의미한다고 볼 수 있다.
⑤ (다)의 주제는 '님'에 대한 일편단심의 다짐이다. 여기에서 '님'은 단종으로 볼 수 있다.

03 (다)의 화자는 '님'에 대한 일편단심을 다짐하면서 부정적 상황을 극복하겠다는 의지를 드러내고 있다. 반면에 (나)의 화자는 슬픔은 표현하고 있지만, 부정적 상황을 극복하려는 의지는 드러내지 않고 있다.

《오답 확인》 ① (나)와 (다)는 정서 표현이 주목적인 시지만, (라)는 교훈 전달이 주목적인 시이다.
② (라)에는 말을 건네는 방식이 사용되었지만, (나)와 (다)는 모두 화자의 독백으로 시상이 전개된다.
④ 교훈적인 목적이 강한 작품은 (라)이다.
⑤ (나)와 (라) 모두 시적 화자가 겉으로 드러난다.

04 (다)의 '변할 줄이 있으랴'와 (라)의 '어찌하리', '무거울까' 등에는 설의법이 사용되었다(ㄱ). (다)에서는 '까마귀'와 '야광명월'이 대조되며, (라)에서는 〈제16수〉의 '늙은이'와 젊은 '나'가 대조된다(ㄴ).

《오답 확인》 ㄷ. (다)의 '희는 듯 검노매라'에는 색채어가 사용되었지만, (라)에는 색채어가 사용되지 않았다.
ㄹ. 청유형 종결은 (라)의 〈제13수〉에서만 사용되었다. '가자스라(가자꾸나)', '보자스라(보자꾸나)'가 청유형 종결 어미에 해당한다.

05 〈제4수〉에서는 부모님께 효도하라는 내용을 말하고 있다. 이는 〈보기〉의 '부자유친(父子有親)'에 해당한다. 또한 〈제

16수〉에서는 노인을 공경하라는 내용을 말하고 있는데, 이는 〈보기〉의 '장유유서(長幼有序)'에 해당한다.

06 (나)에서는 물이 울면서 밤길을 다닌다고 표현하고 있다. 이는 화자가 물에 자신의 감정을 이입하여 정서를 우회적으로 표현한 것으로, 실제로 '울어'의 주체는 화자로 보아야 한다. 이처럼 다른 사물에 감정을 이입해 자신의 감정을 우회적으로 표현하는 것을 '감정 이입'이라 한다.

고난도 응용

01 ⑤의 경험을 통해서는 '신중한 말의 필요성'이라는 교훈을 얻을 수 있다. (라)에 제시된 세 편의 시조 중 이와 관련된 내용을 교훈으로 한 것은 없다.
오답 확인 ① 부모님을 생각하는 마음은 〈제4수〉의 주제와 관계가 있다.
② 〈제13수〉의 중장에서는 자신의 논을 다 매고 난 후에 이웃의 논을 매어 주는 내용이 나온다. 이를 통해 상부상조하는 삶에 대한 교훈을 얻을 수 있다.
③ 〈제13수〉의 초장에서는 근면한 삶에 대한 교훈을 얻을 수 있다.
④ 〈제16수〉에서 노인 공경의 마음을 배울 수 있다.

02 Ⓐ의 '까마귀'는 흰 듯 보이지만 검은 본성을 숨기지 못하는 존재이다. 여기에서 '흰색'은 긍정적 속성을, '검은색'은 부정적 속성을 의미한다. 한편 〈보기〉의 '까마귀'는 '겉이 검은들 속조차 검을쏘냐'라는 구절에서 알 수 있듯이 겉은 검지만 속은 검지 않은 존재이다. 이는 겉모습으로 대상을 판단하지 말라는 교훈을 준다.

상	공통점과 차이점을 모두 정확하게 작성한 경우
중	공통점과 차이점을 모두 작성했지만 내용이 다소 미흡한 경우
하	공통점과 차이점 중 하나만 정확하게 작성한 경우

② 우리 동네 구자명 씨 본문 24~25쪽

학습 목표 응용 01 ②   02 ③   03 ④   04 ③
05 ㉠: 부처님 ㉡: 팬지꽃 ㉢: 안개꽃   06 ⑤
고난도 응용 01 ③   02 [예시 답안] ㄱ: 간밤에 아기에게 젖을 물림. ㄴ: 새벽에 만취해서 돌아온 남편을 돌봄. ㄷ: 며느리 ㄹ: 희생

학습 목표 응용

01 (가)는 가정의 안식을 위해 여성들에게 일방적인 희생을 강요하는 사회의 문제점과, 가사와 직장이라는 이중고에 시

달리는 여성들의 고달픈 삶을 비판적으로 바라보는 시이다. 또한 (나)는 가부장적 전통이 있는 조선 시대를 배경으로, 여성들이 겪는 시집살이의 고충을 노래한 민요이다.
오답 확인 ① (가)와 (나) 모두 미래에 대한 낙관적인 전망을 보이지 않는다.
③ (가)와 (나) 모두 부정적인 사회 모습을 보여 주지만, 이와 상반되는 이상적인 사회의 모습을 제시하고 있지 않다.
④ (가)와 (나) 모두 부정적인 현실을 극복하고자 하는 의지를 드러내지 않는다.
⑤ (가)와 (나) 모두 과거와 현재를 비교하지 않는다.

02 (가)에서는 '그래 저 십 분은 ~ 시간'이라는 문장 구조를 반복하면서 의미를 강조하고 있다.
오답 확인 ① 시의 처음과 끝을 반복하는 표현 방법은 '수미상관'이다. (가)에는 수미상관의 기법이 사용되지 않았다.
② 표면적으로는 모순된 표현 속에 진실을 담는 표현은 '역설법'이다. (가)에는 역설법이 사용되지 않았다.
④ 당연한 내용을 의문형으로 표현해 내용을 강조하는 것은 '설의법'이다. (가)에는 설의법이 사용되지 않았다.
⑤ 말하고자 하는 내용과 반대로 표현하는 방법은 '반어법'이다. (가)에는 반어법이 사용되지 않았다.

03 (나)에서는 한자어 사용을 줄이고 주로 순수한 우리말을 사용하고 있다.
오답 확인 ① '시집살이 개집살이'에서 언어유희가 사용되었다. 언어유희는 말장난과 같은 방법을 사용해 재미를 주는 방법이다.
② (나)의 1행부터 3행까지는 시집살이에 대한 동생의 질문이고, 뒷부분은 이에 대한 형님의 대답이다.
③ 각 행이 4음보로 구성되었다.
⑤ '배꽃 같던 요 내 얼굴 ~ 오리발이 다 되었네.'에서는 비유적인 표현과 과거와 현재를 대비하는 방법을 사용하여 시집살이의 고단함을 표현하고 있다.

04 [B]는 화자가 [A]에서 구자명 씨가 졸고 있는 이유를 추측한 것이다. 따라서 [A]가 [B]의 원인이라는 설명은 잘못되었다.
오답 확인 ① [A]는 버스에서 졸고 있는 구자명 씨의 모습을 표현한 부분으로, 화자는 자신이 관찰한 구자명 씨의 모습과 차창 밖의 배경의 풍경을 전달하고 있다.
② [B]는 화자가 추측하는 지난밤의 이야기로, [A]에서 구자명 씨가 졸고 있는 것의 이유를 추측한 것이다.
④ [A]와 [B]에 드러난 구자명 씨의 고단한 삶을 바탕으로 [C]에서 여성의 희생을 강요하는 현실을 비판하고 있다.
⑤ 전반부의 시적 대상은 '구자명 씨'였으나, 후반부에는 '여자'로 확장된다. 이는 시에서 지적하는 사회 현상이 구자명 씨 개인의 문제가 아닌 여성들 전체의 문제라는 문제의식을 드러낸 것이다.

05 10행의 '부처님처럼 졸고 있는 구자명 씨'는 피곤해서 꿈쩍 않고 졸고 있는 구자명 씨의 모습을 부처님에 비유한 것이

다. 그리고 팬지꽃과 안개꽃도 구자명 씨를 비유한 소재인데, 팬지꽃은 구자명 씨의 연약한 모습을, 안개꽃은 가정에서 희생은 하면서도 눈에 띄지 않는 구자명 씨의 처지를 비유한 것이다.

06 '울었던가 말았던가 베개 머리 소(沼) 이겼네.'는 며느리가 흘린 눈물이 연못을 이루었다고 과장되게 표현하면서 시집살이의 고단함을 이야기한 부분이다. 따라서 사실적인 표현이라는 설명은 적절하지 않다.

오답 확인 ① '당추'는 '고추'의 사투리이다. 사투리를 사용하여 '고추'가 연이어 나오는 것을 피했음을 알 수 있다.
② '푸르랴'라는 색채어를 사용하여 시어머니의 무서움을 표현하였다.
③ 무서운 시아버님을 '호랑새'로 꾸중과 잔소리가 많은 시어머니를 '꾸중새'로 표현하면서 재미를 주고 있다.
④ '배꽃 같던 요 내 얼굴'은 결혼 전의 곱던 모습을 비유적으로 표현한 것이고, '호박꽃이 다 되었네.'는 결혼 후에 고된 시집살이로 상한 모습을 비유적으로 표현한 것이다.

고난도 응용

01 〈보기〉의 화자는 아내와 맞벌이를 하는 남편이다. 화자는 이불을 꿰매고 속옷 빨래를 하면서, 똑같이 공장을 다니면서도 가사는 온전히 아내에게만 맡겼던 자신의 과거 모습에 대해 부끄러워하며 반성하고 있다. (가)의 구자명 씨 역시 〈보기〉의 아내와 마찬가지로 직장을 다니면서도 새벽까지 집안일을 해야 하는 고단한 삶을 살고 있다. 따라서 〈보기〉의 화자는 구자명 씨를 보면서 아내에게 느끼는 미안함이나 안타까움을 느낄 수 있을 것이다. 또한 자신처럼 구자명 씨의 남편도 아내의 고단한 삶을 깨달을 필요가 있다고 생각할 수 있다.

오답 확인 ① 구자명 씨는 직장을 다니는 여성이므로 직장을 다니라고 조언해 줄 필요가 없다.
② 〈보기〉의 화자는 여성이 엄마의 역할을 감수해야 한다는 말을 하지 않았다. 오히려 여성의 과중한 가사에 안타까운 마음을 가지고 있다.
④ 〈보기〉의 화자는 그동안 힘든 집안일을 혼자 해 온 아내를 생각하며 부끄러워하고 있다. 따라서 아내가 남편에게 부끄러운 마음을 가져야 한다는 조언을 해 줄 이유가 없다.
⑤ 〈보기〉의 화자는 남편과 아내의 역할을 구분하여 생각하고 있지 않다. 오히려 집안일을 여자의 역할이라 생각했던 과거의 태도를 부끄러워하고 있다.

02 (가)의 구자명 씨는 가정에서는 며느리이자 아내, 그리고 일곱 달 된 아기의 엄마로서 고단한 삶을 살고 있다. 그러면서 가정 외에서는 직장인으로서의 역할을 수행해야만 한다. 직장인으로서의 구자명 씨의 삶은 1행~10행에 나와

있고, 가정에서의 구자명 씨의 삶은 11행~16행에 자세히 나와 있다.

상	ㄱ~ㄹ을 모두 정확하게 작성한 경우
중	ㄱ~ㄹ 중 세 개를 정확하게 작성한 경우
하	ㄱ~ㄹ 중 두 개를 정확하게 작성한 경우

③ 꺼삐딴 리

본문 26~27쪽

학습 목표 응용 01 ⑤ 02 ⑤ 03 ② 04 ④
고난도 응용 01 ③ 02 [예시 답안] (1) 숱한 난관 앞에서도 ~ 덕목일 수도 있다. (2) 이인국 박사는 시대 변화에 따른 난관 앞에서 지조와 절개를 지키기보다 처세술을 발휘하여 난관을 극복한 기회주의자이다.

학습 목표 응용

01 이 소설의 서술자는 작품 밖에 위치하면서 상황을 설명해 주는 한편 이인국 박사의 행동과 심리까지 다 표현하고 있다. 하지만 다른 인물들의 심리는 직접 드러내지 않고 외적인 모습만 보여 줌으로써 독자들이 추측하게 유도하고 있다.

오답 확인 ① 이인국 박사의 기회주의적인 모습을 풍자하면서 한국 근현대사에서 부정적 처세술로 부유한 삶을 유지해 온 일부 지식인 계층을 비판하고 있다.
② (나)의 '공든 탑이 하루아침에 무너지는 결과', (마)의 '지성이면 감천' 등에서 관용어를 사용하였다.
③ (다)에서 춘석이 사용하는 비속어를 통해 이인국 박사에 대한 춘석의 분노를 표현하고 있다.
④ (가)~(마)를 시간 순서대로 재배열하면 (나)-(다)-(라)-(가)-(마)가 된다.

02 (가)에서 이인국 박사가 브라운 씨에게 골동품을 선물하려는 것을 짐작할 수 있다. 그리고 (마)에서 청자병을 쓰다듬으며 즐거워하는 브라운 씨의 모습을 통해 그가 이인국 박사의 선물에 만족하고 있음을 알 수 있다.

오답 확인 ① (나)에서 이인국 박사는 환자의 초라한 몰골이나 사상범이라는 것 등을 이유로 환자를 입원시키지 않기로 결심하였다.
② 춘석이 '때도 묻지 않은 일본 병사 군복'을 입은 것으로 보아, 그가 이전에 그 군복을 입지 않았음을 알 수 있다. 춘석이 일본군 병사 출신이라는 것을 알려 주는 내용은 없다.
③ (라)에 스텐코프가 신체적 약점에도 불구하고 고급 장교까지 승진했다는 내용이 있다. 하지만 승진에 신체적 약점을 이용했다는 내용은 없다.
④ (가)에서 아내는 골동품을 꾸리라는 이인국 박사의 요구에 별다른 반응을 보이지 않는다.

03 (가)~(마)에는 이인국 박사가 과거의 행동에 대해 죄책감을 느꼈다는 내용이 나오지 않는다.

오답 확인 ① '황국 신민'은 일제 강점기라는 배경을, '당성'은 사회주의 국가인 소련의 영향을 받던 해방 직후의 시기라는 배경을, 그리고 '국무성'은 미국과 관계를 맺고 있는 한국 전쟁 이후의 시기라는 배경을 각각 드러낸다.
③ 이인국 박사의 병원에 일본인 간부들이 자기 집처럼 들락날락한다는 것은 (나)의 내용을 통해 알 수 있다.
④ (다)에서 이인국 박사는 일제 강점기의 친일 행위 때문에 끌려가 죽을 위기에 처한다. 하지만 (라)에서 스텐코프의 혹을 수술해 주면서 위기에서 벗어나게 된다.
⑤ (마)의 '나의 처세술은 유에스에이에서도 통하는구나.'라는 이인국 박사의 생각을 통해 알 수 있다.

04 이인국 박사가 스텐코프의 볼에 붙은 혹을 생각하는 것은 의사로서의 사명감 때문이 아니라, 이를 이용하여 자신이 살 궁리를 하는 것이다.

오답 확인 ① (마)의 '국무성에서 온 통지'는 이인국 박사가 브라운 씨에게 지는 신세의 구체적 예이다.
② 초라한 몰골의 환자를 사상범이라 했는데, 일제 강점기의 사상범은 일제에 저항하며 독립운동을 했던 사람들이었다.
③ '가장 떳떳하고 정당한 구실'은 이인국 박사의 비겁한 행동을 반어적으로 표현한 것이다.
⑤ 이인국 박사는 브라운 씨에게 감사의 인사를 하면서 자신이 혹을 치료해 준 것을 고마워하던 스텐코프를 생각하고 있다.

고난도 응용

01 이 소설에서 이인국 박사는 자신의 이익을 위해 힘을 가진 자들에게 빌붙으며 사는 부정적인 처세술을 보여 준다. 따라서 이인국 박사에게는 지조 있게 행동하라는 충고를 해 줄 수 있다. ③은 조선 시대 사육신 중 한 명인 성삼문의 시조로, 굶주려 죽을지라도 지조만은 지키겠다는 의지를 표현한 시이다.

오답 확인 ① 사랑하는 사람을 간절히 기다리는 마음을 표현한 시조이다.
② 자연 속에서 소박한 삶을 사는 즐거움을 노래한 시조이다.
④ 자연 속에서 편안하게 사는 것도 모두 임금의 은혜라고 생각하는 마음을 표현한 시조이다.
⑤ 부모님의 은혜에 감사하는 마음을 표현한 시조이다.

02 〈보기〉에서는 이인국 박사에 대해 '숱한 난관 앞에서도 지조와 절개를 중시한' 인물이라고 평가하고 있다. 하지만 (나)에서 일제 강점기에 모범적인 황국 신민으로서의 삶을 산 것이나, (라)에서 해방 직후에 적군이었던 소련군 장교인 스텐코프의 혹을 제거하는 수술을 해 준 것, (가)와 (마)에서 미국인인 브라운 씨에게 청자병을 선물한 것 등으로

볼 때, 이인국 박사의 삶은 지조나 절개와는 거리가 멀었음을 알 수 있다. 따라서 이인국 박사에 대해서는 자신의 안위를 위해서 탁월한 처세술을 이용하며 여러 가지 난관을 극복한 기회주의자라는 평가를 내리는 것이 적절하다.

상	'잘못된 내용'을 정확하게 찾고, '이유'를 예시 답안과 유사하게 정확한 문장으로 작성한 경우
중	'잘못된 내용'을 정확하게 찾고 '이유'를 예시 답안과 유사하게 썼으나, 문장이 정확하지 않거나 내용이 다소 미흡한 경우
하	'잘못된 내용'은 찾았으나, '이유'를 적절하게 제시하지 못한 경우

④ 노새 두 마리 본문 28~29쪽

학습 목표 응용 01 ④ 02 ⑤ 03 ④ 04 [예시 답안] 서술자는 '나'로 어린아이이다. 어린아이를 서술자로 설정하면 사건을 순수한 시선으로 서술하는 효과를 얻을 수 있다.

고난도 응용 01 ⑤ 02 [예시 답안] 변화하는 시대에 적응하지 못하고 뒤처지는 존재이다.

학습 목표 응용

01 (나)에서 '나'가 노새보다 주저앉은 아버지의 일이 더 큰일일 것 같아 아버지의 손을 잡고 일으키려고 했다는 내용을 통해 '나'가 아버지를 걱정하고 있음을 알 수 있다. 노새를 잡지 못한 아버지에 대한 원망은 드러나 있지 않다.

오답 확인 ① (나)를 통해 노새를 잃어버린 아버지의 눈이 실망과 낭패로 가득 차 있음을 알 수 있다.
② (나)에서 지나가는 사람들이 부자의 모습을 잠깐잠깐 쳐다만 보았지 관심을 보이지는 않았음을 알 수 있다.
③ (라)에서 술에 취한 아버지가 '나'와 서로 웃으면서 즐거워했음을 알 수 있다.
⑤ (마)에서 칠수 어머니는 아버지에게 자동차를 굴리는 시기에 노새를 부린다며 비꼬아 말하고 있다. 즉 칠수 어머니는 아버지를 시대의 변화에 적응하지 못하는 사람으로 생각하며, 아버지에 대해 부정적 태도를 보이고 있다.

02 〈보기〉에서는 소설의 사회·문화적 배경을 암시하는 소재에 대해 설명하고 있다. 연탄, 문화 주택, 슬래브 집, 노새는 도시화와 산업화가 일어나는 1970년대의 모습을 암시하지만 골목길은 특정한 시대적 배경을 암시하지 않는다.

03 노새는 아버지의 연탄 배달을 도우면서 가족의 생계의 일부분을 책임지고 있었다. 하지만 노새가 도망가면서 아버지는 노새의 역할까지 자신이 맡아야 된다고 생각하고 있다. 따라서 ⊙에는 가장으로서 가족의 생계를 위해 최선을 다하려는 아버지의 모습이 나타나 있다.

04 서술자에 따라 소설의 시점이 결정되는데, 이 소설의 시점은 '일인칭 관찰자 시점'이다. 소설의 서술자는 '나'로 작품 안에 등장하지만 중심 사건을 관찰하여 서술하고 있다. 이 글과 같이 서술자가 어린아이일 경우, 순수한 시각으로 사건을 서술할 수 있다는 특징이 있다.

상	'서술자', '서술자의 특징', '효과'를 모두 정확하게 제시한 경우
중	'서술자', '서술자의 특징', '효과' 중 두 가지가 정확하게 제시한 경우
하	'서술자', '서술자의 특징', '효과' 중 한 가지를 정확하게 제시한 경우

고난도 응용

01 이 글은 산업화와 도시화가 진행되던 1970년대의 모습을, 〈보기〉는 6·25 전쟁이라는 특수한 상황을 담고 있는 소설이다.

오답 확인 ① 이 글과 〈보기〉는 모두 어린아이의 시선으로 사건을 전달하고 있다.
② 독자가 소설을 읽고 깨달음을 얻을 수는 있지만, 소설의 목적이 독자에게 교훈을 주기 위한 것은 아니다.
③ 〈보기〉는 6·25 전쟁이라는 역사적 사실을 전달하기보다는 그 상황에 놓인 인물들의 모습을 보여 주는 데 초점이 있다.
④ 이 글과 〈보기〉는 모두 서술자가 작품 안에서 사건을 관찰하고 있다.

02 이 글의 아버지는 변화하는 시대에 적응하지 못하고 뒤처지는 존재이다. 〈보기〉의 큰오빠 역시 주변이 모두 변하고, 그 과정에서 가족들이 이사를 권유함에도 불구하고 집을 팔 생각조차 없는, 변화를 거부하는 인물이다.

상	'변화하는 시대', '적응하지 못함.', '뒤처짐.'의 중심 내용을 모두 포함하여 서술한 경우
중	'변화하는 시대', '적응하지 못함.', '뒤처짐.'의 중심 내용 중 두 가지를 포함하여 서술한 경우
하	'변화하는 시대', '적응하지 못함.', '뒤처짐.'의 중심 내용 중 한 가지를 포함하여 서술한 경우

⑤ 허생전

본문 30~31쪽

학습 목표 응용 01 ③　02 ⑤　03 ④　04 ⑤
고난도 응용 01 ②　02 [예시 답안] ㄱ은 잘못된 인재 등용의 현실을 비판하기 위함이고, ㄴ은 명나라를 위해 청나라를 쳐야 한다는 북벌론의 허구성을 지적한 것이다. ㄷ은 당대 사대부의 복장과 예법이 명분 없는 허식일 뿐임을 비판한 것이다.

학습 목표 응용

01 (다)에는 수천 명의 도둑 떼가 나타나 노략질을 하는 사회적 상황과 노략질이 어려워 굶어 죽을 판국에 이른 도둑들의 상황이 나와 있다. 하지만 나라에서 도둑 무리를 소탕하지 못한 이유는 제시되지 않았다.

02 대신들은 집에서 잔치나 제사를 지내려고 해도 허생이 과일을 사재기했기 때문에 제사상도 제대로 갖추지 못할 형편이 되었다. 그리고 허생은 만 냥으로 나라를 기울게 할 수 있을 정도로 취약한 경제 구조에 대해 탄식하였다.

오답 확인 ① (가)에서 허생은 나라의 과일을 모두 산 후에, 더 비싼 값으로 팔아 돈을 벌었다.
② (마)에서 허생은 신임받는 신하에게 사대부들의 허례허식을 비판하며 나라를 위해 할 수 있는 일을 말해 주고 있다.
③ (라)에서 허생이 도둑들과 함께 빈 섬으로 떠났음을 알 수 있다.
④ (라)에서 허생이 도둑들과 함께 떠나기 전, 도둑들에게 100냥씩 가지고 가서 계집 한 사람과 소 한 마리를 구해 오라고 말하였다.

03 허생의 아내는 허생에게 과거를 목적으로 하지 않는 글 읽기가 무용지물임을 말하며, 장인바치 일이나 장사를 하라고 권유하고 있다.

오답 확인 ① 아내는 남편의 능력을 시험해 보기 위해서가 아니라 경제적으로 너무 힘들어서 남편에게 성을 낸 것이다.
② 아내가 남편과의 대화에서 결과적으로 권유한 장인바치 일이나 장사는 남편이 원하는 일이 아니다.
③ 아내는 학문의 목적을 과거 급제라 생각하고, 실생활의 문제를 해결하지 못하는 사대부의 무능을 비판하고 있다. 현실적이고 실용적인 사고방식을 가지고 있기 때문에 생활의 토대가 되는 물질적 조건을 정신적 풍요로움보다 중요하게 생각한다.
⑤ 아내는 무능한 남편을 대신하여 삯바느질을 해서 생계를 꾸려나가고 있다.

04 사대부들이 예법만 찾는 것은 실용이나 실리보다 명분과 형식을 중시하는 태도이다. 실사구시(實事求是)는 사실에 입각하여 진리를 탐구하려는 태도로 실용적이고 실리적인 성격을 가지고 있다.

오답 확인 ① 불폐풍우(不蔽風雨)는 집이 허술하여 바람과 비를 가리지 못함을 뜻한다.
② 호구지책(糊口之策)은 그저 입에 풀칠이라도 할 수 있는 방법을 찾는 사람들이 내는 계책으로, 매우 가난한 살림에 겨우 먹고 살아 갈 수 있는 방법을 뜻한다.
③ 매점매석(買占賣惜)은 특정한 상품의 가격이 오르거나 내릴 것을 예상하여 그 상품을 한꺼번에 많이 사 두고 되도록 팔지 않으려는 것을 뜻한다.
④ 쾌도난마(快刀亂麻)는 어지럽게 얽힌 삼베를 한 칼에 잘라 버린다는 뜻으로, 문제를 명확하면서도 빠른 시간에 해결하는 모습을 의미한다.

01 (가)에서는 생계에 관심이 없고 경제적으로 무능력한 사대부가 많은 상황을, (나)에서는 만 냥으로 나라가 기울어질 만큼 나라의 경제 규모가 작고 취약한 상황을 보여 준다.

> 오답 확인 ⓑ (다)를 보면 나라에서 수천 명의 도둑 떼를 소탕하지 못한 내용이 나온다. 이는 무능한 지배층을 비판한 것이다.
> ⓓ (마)에서 이완은 나라를 위해 제안한 허생의 의견을 받아들이지 않고 있다.

02 이완은 허생이 제안한 ㄱ~ㄷ의 세 가지 전략을 모두 거절한다. 이를 통해 허생은 기존의 예법과 명분에 얽힌 사대부들의 무능함과 허례허식, 관념성을 비판하고 있다.

상	ㄱ, ㄴ, ㄷ의 세 가지 모두 정확하게 제시한 경우
중	ㄱ, ㄴ, ㄷ 중 두 가지를 정확하게 제시한 경우
하	ㄱ, ㄴ, ㄷ 중 한 가지를 정확하게 제시한 경우

02 단원 평가

본문 32~35쪽

> **01** ④   **02** ②   **03** ③   **04** [예시 답안] ⓐ와 ⓑ는 모두 가족을 위해 희생하는 구자명 씨(여성)의 고달픈 삶을 비유한다.   **05** ③
> **06** ③   **07** [예시 답안] 시대의 흐름에 따라 입장을 바꾸며 기회주의적으로 행동하며 살아온 것이다.   **08** ③   **09** ②   **10** ①
> **11** [예시 답안] 사회 변화에 적응하지 못하고 힘들게 살아가는 존재
> **12** ③   **13** ⑤   **14** [예시 답안] 재물로 인해서 얼굴이 좋아지는 것은 그대들에게나 있는 일이요., 그대가 어찌 나를 장사꾼으로 본단 말이오.

01 (가)에서는 임과의 이별로 인한 슬픈 마음을 '냇가(의 물)'에 이입하여 표현하고 있으며, (나)에서는 '까마귀'와 '야광명월'이라는 대조적인 소재를 통해 정서를 표현하고 있다.

02 〈보기〉는 (가)와 (나)가 창작된 시기의 사회·문화적 배경에 대한 설명이다. ㉡은 단종을 유배 보내는 상황을 의미하다.

03 (다)에서는 가족을 위해 고단한 삶을 감수해야 하는 '구자명 씨'의 모습을 여성으로 확대하면서, 여성에게 일방적인 희생을 강요하는 사회를 비판하고 있다.

04 가족을 위해 희생하는 구자명 씨의 고달픈 삶을 '팬지꽃'과 '안개꽃'에 빗대어 표현하고 있다.

상	'구자명(여성)'과 '고달픈 삶'의 중심 단어를 모두 포함하여 중심 내용을 제시하고, 〈조건〉에 맞는 문장 형식으로 서술한 경우
중	'구자명(여성)'과 '고달픈 삶'의 중심 단어 중 하나만 포함하여 중심 내용을 제시하고, 〈조건〉에 맞는 문장 형식으로 서술한 경우
하	'구자명(여성)'과 '고달픈 삶'의 중심 단어가 포함되지 않았지만 중심 내용을 제시하고 〈조건〉에 맞는 문장 형식으로 서술한 경우

05 (가)에서 이인국 박사는 환자의 경제 정도보다 사상범이라는 사실에 더 마음이 켕긴다고 나와 있다. 사상범을 입원시키는 것은 모범적인 황국 신민으로서 떳떳한 일이 아니기 때문이다.

> 오답 확인 ① (마)에서 브라운 씨는 이인국 박사가 준 청자병을 몇 번이고 쓰다듬으면서 몹시 즐거운 표정이었으므로 선물에 매우 만족하고 있음을 알 수 있다.
> ② (나)의 '국어(國語) 상용(常用)의 가(家)', (다)의 스텐코프에게 하는 말, (라)의 '생큐, 생큐.'를 보면 이인국 박사가 일본어, 러시아어, 영어를 할 수 있음을 알 수 있다. 이인국 박사는 세태에 적응하기 위한 수단으로 언어를 배운 것이다.
> ④ (나)에서 이인국 박사는 해방이 되던 날에 액자의 뒤에 '국어(國語) 상용(常用)의 가(家)'라고 쓰인 종이를 손끝에 힘을 주어 꼼꼼히 찢었다. 이를 통해 자신의 친일 행위를 숨기기 위해 노력하고 있음을 알 수 있다.
> ⑤ (다)에서 이인국 박사는 스텐코프가 완치되어 퇴원하는 날 '마음의 감옥에서 해방된 것' 같다고 하였다. 이전까지 마음이 불안하고 초조했음을 알 수 있다.

06 양키가 미국을 비하하는 표현이지만 반일 감정보다 반미 감정이 고조된 시기임을 알 수는 없다. 양키라는 표현은 일본(일본 놈)이나 소련(로스케)처럼 미국을 나타내는 말이며, 당시에 미국의 영향을 받았음을 알 수 있다.

07 (마)에는 이인국 박사의 삶이 요약되어 있다. 이인국 박사는 시대의 흐름에 따라 일본, 러시아, 미국 편에 서는 기회주의적 삶을 살고 있다. 이것이 이인국 박사의 처세술이다.

상	'시대의 변화'와 '기회주의'를 모두 포함하여 처세술의 내용을 구체적으로 서술한 경우
중	'시대의 변화'와 '기회주의' 중 하나를 포함하여 처세술의 내용을 구체적으로 서술한 경우
하	'시대의 변화'와 '기회주의'의 중심 내용이 포함되지 않았지만 처세술의 내용이 구체적으로 서술된 경우

08 (라)에서 칠수 어머니는 '최소한도 자동차는 굴려야지 지금이 어느 땐데 노새를 부려.'라고 말했다. 즉 노새를 부리는 것이 시대에 뒤떨어진다고 생각하는데, 이는 산업화와 도시화가 이루어지면서 비행기, 자동차, 자전거 등이 보급되었기 때문이다.

> 오답 확인 ① 이 글에서 아버지와 아들의 사이가 서먹하다는 내용은 찾아볼 수 없다.
> ② (가)를 보면 판잣집과 슬래브 집이 골목을 경계로 공존하고 있음

을 알 수 있다.
④ (가)를 보면 구동네와 새 동네 사람들이 서로 어울리는 법이 없었음을 알 수 있다.
⑤ 산업화와 도시화를 거부하는 사람이 많아졌다기보다는 아버지와 같이 산업화와 도시화에 적응하지 못하는 사람들이 나타나기 시작했다.

09 노새가 '나'와 아버지에게 가족과 같은 존재였기에 '나'와 아버지 사이에서 갈등을 유발하고 있지는 않다.

10 ⓐ~ⓔ는 모두 소설의 사회·문화적 배경을 알려 주는 소재이다. ⓐ와 ⓔ는 새로운 시대 변화를 반영하는 소재이며, ⓑ, ⓒ, ⓓ는 시대 변화 이전의 산물이다.

11 작가는 노새와 비슷한 삶을 살아가고 있는 아버지를 노새에 빗대어 제목을 '노새 두 마리'라고 지었다. 이 둘은 도시화와 산업화라는 사회적 변화에 적응하지 못하고 뒤처지며 힘들게 살아가고 있는 존재이다.

상	'사회적 변화', '부적응'의 중심 내용을 정확하게 포함하고 서술이 자연스러운 경우
중	'사회적 변화', '부적응'의 중심 내용을 대체적으로 포함하고 서술이 자연스러운 경우
하	사회적 변화', '부적응'의 중심 내용을 대체적으로 포함했지만 서술이 부자연스러운 경우

12 (다)에서 허생이 도둑들에게 그들이 평민으로 돌아가려고 해도 도둑 명부에 이름이 올라 있어 안 된다고 말하자 도둑들 역시 이를 인정하고 있다. 즉 당시 도둑들은 조선의 신분제에 저항하는 사람들이 아니라 신분제를 받아들이며 사는 사람들이었다.
오답 확인 ① (가)에서 허생은 글 읽기 자체에 의미를 두고 있으며, 아내는 글 읽기를 과거 급제의 수단으로 생각하고 있음을 알 수 있다.
② (나)에서 허생은 나라의 취약한 경제 구조에 대해 탄식하였다.
④ (라)에서 변씨는 옛날 허생에게 빌려준 돈에다 이자만 계산하여 받으려 했음을 알 수 있다.
⑤ (마)에서 허생은 명나라의 원수를 갚겠다고 하면서 상투 하나를 아끼는 사대부를 비판하고 있다.

13 〈보기〉에서는 무능하고 허위의식에 가득찬 사대부들이 존재했던 조선 후기의 사회·문화적 상황과 소설의 내용을 관련지어 감상하고 있다.

14 상인보다 선비가 우위에 있다는 허생의 계급 의식은 상인인 변씨와의 대화에서 알 수 있다. 즉 '재물로 인해서 얼굴이 좋아지는 것은 그대들에게나 있는 일이요.'나 '그대가 어찌 나를 장사꾼으로 본단 말이오.'라는 말에서 허생의 계급 의식이 드러난다.

상	허생의 두 가지 말을 모두 정확하게 제시한 경우
중	허생의 두 가지 말 중 하나를 정확하게 제시한 경우
하	허생의 말을 제시하지 않았으나 '허생'이 '변씨'보다 우위에 있다는 상황만을 제시한 경우

03 작품 해석의 다양성

1 「청포도」해석   본문 38~39쪽

학습 목표 응용 01 ③   02 ③   03 ⑤   04 [예시 답안] 마을의 전설이 담길 뿐만 아니라 먼 하늘까지도 포함하는 상징적 사물   05 ④   06 ①
고난도 응용 01 [예시 답안] 서로 대비되는 색을 통해 강하고 선명한 느낌을 준다. 02 ④

학습 목표 응용

01 (라)에서는 3연에서 손님이 올 수 있는 상황이 조성되는 것과 손님이 오는 상황이 주는 분위기를 설명하고 있다. 하지만 손님에 대한 화자의 태도와 심정이 직접적으로 드러난다는 설명은 없다.
오답 확인 ① (나)를 보면 '대부분의 이육사의 시가 그러한 것처럼'이라는 문구가 있다.
② (다)는 중심 소재인 '청포도'의 의미와 가치가 어떻게 변화되는지 설명하고 있다.
④ (마)에서는 '손님'이 '고달픈 몸을 가진 손님'으로 구체화된 것에 대해 설명하고 있다.
⑤ (바)를 보면 포도를 함께 나누는 축제와 향연이라는 표현이 있다.

02 (가)의 화자는 청포도가 익어 가는 평화로운 고장에서 축제와 같은 손님과의 만남을 기대하고 있지만, 자신의 삶을 돌아보며 사색하고 있지 않다.

03 시의 처음과 끝에 유사한 구절을 반복하는 것을 수미상관이라고 한다. 이 시의 구성 방식과는 관련이 없다.
오답 확인 ① '아이야'의 사용을 통해 알 수 있다.
② 청포도가 익어 가고 손님의 오는 미래를 상상하고 있으므로, 시간의 흐름대로 시상이 전개됨을 알 수 있다.

04 글쓴이는 1연에서 단순한 과일이었던 청포도가 2연에서는 전설과 하늘을 포함하는 상징적인 사물이 된다고 해석하고 있다.

상	'전설'과 '하늘'을 포함하는 상징적 사물이 됨을 적절하게 서술한 경우
중	'전설'과 '하늘' 중에서 하나만 포함하는 상징적 사물이라고 서술한 경우
하	'전설'과 '하늘'을 언급하지 않고 상징적 사물이라고 서술한 경우

05 〈보기〉의 소재들은 모두 색채를 나타내는 소재들이다. 하늘과 바다는 푸른색을, 흰 돛단배는 흰색을 드러낸다. 푸른색과 흰색이 대비를 이루면서 평화롭고 풍요로운 분위기를 형성한다.

06 (바)에서 글쓴이는 손님과 '나'의 만남이 포도를 매개로 한 축제와 향연이라고 말하고 있고 희망과 미래를 설계하는 자리라고 해석하고 있다.

고난도 응용

01 〈보기〉를 보면 푸른색과 붉은색이 대비되면서 선명한 시각적 이미지를 그려 내고 있음을 알 수 있다. (가)에서도 흰색과 푸른색이 대비되어 강하고 선명한 느낌을 자아내고 있다.

상	〈보기〉와 (가)에 드러나는 색의 대비와 그 효과를 모두 포함하여 서술한 경우
중	〈보기〉와 (가)에 드러나는 색의 대비와 그 효과를 서술했으나 다소 미흡한 경우
하	〈보기〉와 (가)에 드러나는 색의 대비와 그 효과 중 한 가지를 포함하여 서술한 경우

02 〈보기〉는 독립운동가로서의 이육사의 삶을 조명하고 있다. 이를 바탕으로 '청포도'를 해석하면 말하는 이는 조국 독립을 향한 강한 열망을 지닌 독립투사이다. 지쳐 고향으로 돌아와 안식하는 존재가 아니다.
오답 확인 ① 화자의 생각과 시인의 삶은 직접적인 연관성을 갖는다.
② '손님'은 화자가 강하게 염원하는 '조국의 독립'이다.
③ '내 고장'은 '조국'을, '손님'은 '조국의 독립'을 의미한다.
⑤ '고달픈 몸'에는 조국의 독립에 쉽게 이루어지는 것이 아니라는 시인의 현실 인식이 담겨 있다.

2 「봄은」 해석
본문 40~41쪽

학습 목표 응용 01 ① 02 ⑤ 03 ① 04 ⑤
05 [예시 답안] 분단이 외세에 의해 이루어졌으므로 통일을 외세에 의존하여 이룰 수 없기 때문이다. 06 ②
고난도 응용 01 ③ 02 [예시 답안] 우리 역사를 둘러싼 '순수하지 못한 것'을 의미한다.

학습 목표 응용

01 이 글은 신동엽의 「봄은」을 이 시대의 가장 큰 과제인 통일 문제를 소재로 쓴 시로 해석하고 있다. 이는 시를 둘러싼 현실을 중심으로 문학 작품을 해석한 것이다.

02 (나)를 보면 이 시가 '통일을 갈망하면서도 그것이 어떻게 가능하며 그것을 이루는 일이 어디에서부터 시작되어야 하겠느냐는 물음'에 답하는 시라고 작품을 해석하고 있다.

03 〈보기〉의 소재들은 모두 한반도를 둘러싼 외부의 환경이라고 할 수 있다. 이 소재들은 모두 우리 민족의 분단의 원인이 되었던 외세를 상징하는 소재들이다.
오답 확인 ② 통일의 시대를 상징하는 소재는 '봄', '봄의 눈짓'이다.
③, ④, ⑤는 이 시에서 상징적으로 다루고 있지 않은 대상들이다.

04 글쓴이는 이 시에서 '봄'은 통일의 시대를 의미하며, 겨울은 우리 외부에서 왔지만 봄은 우리 내부에서 시작되리라고 말하고 있다. 이때 우리의 노력이 필요하다는 설명은 적절하지만 국제적 협력으로 이루어진다는 설명은 잘못된 것이다.
오답 확인 ① 봄은 우리 가슴속에서 움트리라고 말했으므로 외부의 힘을 의미하는 남해나 북녘에서 오지 않는다.
③ 2연에서 봄에 대해 표현된 내용이다.
④ 분단을 상징하는 겨울은 우리의 노력에 의해 움튼 봄에 의해 극복되어야 한다.

05 (라)에서 글쓴이는 '분단은 우리가 원해서가 아니라 한반도를 둘러싼 국제 정치의 상황, 더 자세하게 말한다면 제2차 세계 대전이 끝나면서 한반도에 들어온 강대국 사이의 긴장과 대립에 따른 결과'라고 언급하고 있다. 그러므로 분단을 극복하기 위해 외세에 의존하는 것은 어리석은 일이다.

상	분단의 원인과 그 이유를 하나의 문장으로 적절하게 제시한 경우
중	분단의 원인과 그 이유를 제시하였으나 하나의 문장이 아닌 경우
하	분단의 원인과 그 이유를 적절하게 제시하지 못한 경우

06 (마)에서는 이 시의 마지막 연이 봄이 움튼 이후의 이상적인 세계에 대해 말하고 있다고 해석한다. 그 세계는 '미움의 쇠붙이'로 상징되는 증오와 불신으로 가득 찬 군사적 대립과 긴장이 사라진 세계를 의미한다.

고난도 응용

01 '봄'는 통일의 시대를 상징한다. 민주화라는 시대적인 과제

가 대두되기도 했던 시대이지만, 여기에서는 민주화까지 포함한 상징이라고 보기는 어렵다.

오답 확인 ① 시에 대한 해석은 주관성을 바탕으로 한다. 다만 객관적 근거에 의해 뒷받침되어야 한다.
② 시대적 상황을 고려하여 해석하였으므로 현실 중심 관점이다.
④ 통일을 위한 우리 내부의 노력을 강조하고 있다.
⑤ 통일이 되어 군사적 대립과 긴장이 사라진 세계를 꿈꾸고 있다.

02 〈보기〉의 시는 '봄은'을 쓴 신동엽의 다른 작품이다. 이 시에서 껍데기는 '4·19', '동학 농민 운동'과 같은 역사적 사건을 둘러싼 '순수하지 못한 것'을 의미한다. 그리고 마지막 연에서는 군사적 대립과 긴장과도 연결되고 있다.

상	'순수하지 못한 것'을 의미한다고 자연스럽게 서술한 경우
중	'순수하지 못한 것'이라고 서술하기는 하였으나 문장이 자연스럽지 못한 경우
하	'순수하지 못한 것'이라는 의미를 제대로 전달하지 못한 경우

03 단원 평가

본문 42~45쪽

01 ④　　**02** ③　　**03** [예시 답안] 시인 이육사가 독립운동으로 십여 차례 반복된 옥고와 모진 고문을 당했기 때문이다.　　**04** ③
05 ①　　**06** ⑤　　**07** ①　　**08** ②　　**09** ①　　**10** ①
11 ⑤　　**12** [예시 답안] 떠나는 임을 축복하기 위해서이다.　**13** ②
14 ①　　**15** ②　　**16** ④　　**17** [예시 답안] 나비가 바다를 경험하고 성숙한 존재가 되었음을 의미한다.

01 문학 비평문에서 작가의 개성이 드러날 수는 있지만 개성적인 표현이 강조된다고 보기는 어렵다.

오답 확인 ①, ②, ⑤ 문학 비평문은 작품에 대한 글쓴이의 주관적인 해석과 평가가 중심을 이루는 글로, 객관적인 근거가 바탕이 된다.
③ 문학 비평문은 문학 작품을 작품, 작가, 현실, 독자 등 다양한 관점에서 해석한다. 이 글에서는 작가 중심 관점이 드러나고 있다.

02 '청포도'는 단순한 과일에서 마을 사람들의 삶과 희망, 미래를 상징하는 존재로 발전한다. 그 자체로서 자연의 아름다움이나 소중함을 상징하고 있지는 않다.

03 〈보기〉와 같은 해석은 이육사가 독립운동가로서의 삶을 살았다는 근거를 바탕으로 하는 것이다. (라)에는 이육사가 십여 차례 옥고를 치렀다는 내용이 있는데, 이는 독립운동과 관련된 것으로 볼 수 있다.

상	이육사가 독립운동으로 반복된 옥고와 모진 고문을 당했음을 한 문장으로 서술한 경우
중	이육사가 독립운동으로 반복된 옥고와 모진 고문을 당했음을 서술하였으나 한 문장이 아닌 경우
하	이육사가 독립운동으로 반복된 옥고와 모진 고문을 당했음을 제대로 서술하지 못한 경우

04 ㉠의 관습적 시어는 우리 전통 시가인 시조 종장의 첫 구에 쓰이던 '아이야'와 같은 시어들을 말한다. 〈보기〉에서는 '어즈버'인데 '어즈버'는 감탄사이다.

05 이 글에서는 신동엽의 시 「봄은」을 시대, 즉 현실을 고려한 관점에서 해석하고 평가하고 있으므로 '시대의 과제를 노래한 시, 「봄은」'이라는 제목이 가장 적절하다고 할 수 있다.

06 '아름다운 논밭'은 우리 강산, 국토를 의미하는 시어이다.

오답 확인 ④ '남해'는 외부의 힘, 외세를 의미한다. 이 시에서 외세는 분단의 원인이었으므로 통일을 방해하는 세력이라고 할 수 있다.

07 (라)에서 글쓴이는 이 시가 '한 편의 시이면서 오늘의 시대적 상황에 관한 예언적 진단이기도 하다.'라고 말하고 있으므로 글쓴이가 이 시를 민족의 미래에 대한 예언이라고 평가하고 있다고 볼 수 있다.

08 ㉠은 '봄(통일)'은 우리 내부에서 시작되어야 하는데, 그 이유는 고통은 그 고통을 겪는 사람들이 스스로의 힘으로 풀 수 있기 때문이라는 것이다. 이런 해석의 근거는 분단이 우리의 뜻과는 달리 외세에 의해 이루어졌다는 역사적 사실이다.

09 이 글을 보면 시구 중에서 '영변에 약산 / 진달래꽃'을 김소월의 삶과 관련지어 해석하고 있다. 그러므로 이 글은 작가의 삶을 중심으로 하는 관점이라고 할 수 있다.

오답 확인 ② 절대론적 관점을 말한다.
③ 효용론적 관점을 말한다.
④ 반영론적 관점을 말한다.

10 (가)의 말하는 이는 사랑하는 사람과의 이별 앞에서 사랑하는 사람을 축복하는 마음으로 보내 주겠다는 마음을 표현하고 있다.

오답 확인 ② 이 시는 일제 강점기에 쓰였지만 시대적 상황과는 관련이 없다.
③ 원망의 마음이 표현되어 있지는 않다.
④ 정신적인 성숙을 이루었음이 드러나지는 않는다.
⑤ '죽어도 아니 눈물 흘리오리다'는 반어법이 쓰인 시구로, 매우 슬플 것이라는 감정을 반대로 표현한 것이다.

11 (나)에서 글쓴이는 (가)가 국민 애송시가 된 이유를 제시하고 있다. 그러나 이 시의 표현이 독특하고 낭만적이어서 인상적이라는 이유는 제시하지 않았다.

12 (다)를 보면 임이 떠나는 길에 꽃을 뿌리는 것은 평안도에서 아름답기로 소문난 약산 진달래를 두 팔로 한 아름 따가 떠나는 임을 축복하겠다는 의도를 가지고 있다.

상	떠나는 임을 축복하기 위해서라고 한 문장으로 서술한 경우
중	떠나는 임을 축복하기 위해서라고 서술하였으나 한 문장이 아닌 경우
하	떠나는 임을 축복하기 위해서라고 제대로 서술하지 못한 경우

13 (다)의 내용을 참고하면 '영변에 약산 / 진달래꽃'은 이 세상에서 가장 아름다운 것을 의미하는 소재이다.

오답 확인 ① 김소월의 고향과 관련이 깊지만 시구의 의미는 고향과 관련이 없다.

14 이 글은 김기림의 시 「바다와 나비」를 작품 외적인 요소를 배제한 채 작품의 표현을 중심으로 해석한 글이다.

15 (나)에서 글쓴이는 이 시의 새로움이 흰나비가 수심조차 알 수 없는 바다와 대면하고 있기 때문에 발생하게 된다고 말하고 있다. 흰나비는 바다와 잘 어울리지 않은 대상이기 때문이다.

16 (다)와 (라)를 보면 나비의 움직임을 공주의 우아한 춤과 연관 짓고 있지만 나비의 비상이 공주의 한계를 극복하기 위한 노력이라고 해석하고 있지는 않다.

오답 확인 ① 바다를 '청무우밭'이라고 생각하고 내려앉은 나비는 날개가 절어 지쳐서 돌아온다.
② 이 시에서 나비는 세상 물정을 모르기에 '공주'에 비유되기에 제격이다.
③ (라)에 흰나비의 우아한 날개는 공주가 입은 흰 드레스를 연상시킨다고 언급되어 있다.
⑤ (다)에 바다가 '청무우밭'이 아니고 푸른 게 모두 '청무우밭'이 아니라는 것을 나비가 깨달았다고 표현하고 있다.

17 글쓴이는 나비가 짜디짠 바다의 깊이와 파도의 흔들림을 맛보고 '허리'가 더욱 실해졌다고 말하고 있다. 이는 나비가 바다의 고난을 겪으면서 성숙했음을 의미하는 것이다.

상	나비가 바다를 경험하고 성숙했음을 한 문장으로 서술한 경우
중	나비가 바다를 경험하고 성숙했음을 표현하였으나 한 문장으로 서술하지 못한 경우
하	나비가 바다를 경험하고 성숙음을 제대로 표현하지 못한 경우

Ⅱ. 문법

01 음운의 체계와 특성

01 단원 평가
본문 50~53쪽

01 ③　**02** ④　**03** ④　**04** ①　**05** ③　**06** [예시 답안] (1)과 (2)의 분류 기준은 혀의 최고점의 위치이며, (1)은 혀의 최고점이 입안의 앞쪽에 위치하여 발음되고, (2)는 혀의 최고점이 입안의 뒤쪽에 위치하여 발음된다.　**07** ④　**08** ①　**09** ㉠: 평순 모음 ㉡: 원순 모음　**10** ⑤　**11** [예시 답안] 두 입술 사이에서 나는 소리로 소리 나는 위치가 같다.　**12** ②　**13** ⑤　**14** ⑤　**15** ③　**16** ③　**17** [예시 답안] ㄹ과 ㅇ은 모두 코안이나 입안이 울리는 소리로, 부드럽고 밝고 경쾌한 느낌을 준다.　**18** ①　**19** ①　**20** ②　**21** ③　**22** ③　**23** [예시 답안] 입술 모양을 기준으로 분류하면 'ㅓ'는 평순 모음이고 'ㅗ'는 원순 모음이므로, '종'을 발음할 때에는 입술을 동그랗게 오므려서 발음해야 한다.

01 우리말에서 자음과 모음 이외에 비분절 음운으로 기능하는 것은 소리의 길이이다. 소리의 강약은 말의 뜻을 구별해 주는 음운으로서의 기능을 하지 않는다.

02 '별'은 'ㅂ+ㅕ+ㄹ'로 이루어진 음절이므로, '자음+모음+자음'으로 구성되어 있다.

오답 확인 ① '이'는 'ㅣ'라는 모음 하나로 이루어진 음절이다.
② '창'은 'ㅊ+ㅏ+ㅇ'으로 이루어진 음절이므로, '자음+모음+자음'으로 구성되어 있다.
③ '혀'는 'ㅎ+ㅕ'로 이루어진 음절이므로, '자음+모음'으로 구성되어 있다.
⑤ '원'은 'ㅝ+ㄴ'으로 이루어진 음절이므로, '모음+자음'으로 구성되어 있다.

03 최소 대립쌍이 되려면 음절을 이루는 부분 중 하나만 달라야 한다. '사랑'과 '사람'에서 두 단어의 뜻을 구별해 주는 소리는 각각 'ㅇ'과 'ㅁ' 하나이므로 두 단어는 최소 대립쌍에 해당한다.

오답 확인 ① '길'과 '줄'에서는 'ㄱ'과 'ㅈ', 'ㅣ'와 'ㅜ'가 다르기 때문에 최소 대립쌍이 될 수 없다.
② '통'과 '탑'에서는 'ㅗ'와 'ㅇ', 'ㅏ'와 'ㅂ'이 다르기 때문에 최소 대립쌍이 될 수 없다.
③ '모두'와 '모든'에서는 'ㅜ', 'ㅡ'와 'ㄴ'이 다르기 때문에 최소 대립

쌍이 될 수 없다.

⑤ '행복'과 '행운'에서는 'ㅂ'과 'ㅗ'와 'ㄱ', 'ㅜ'와 'ㄴ'이 다르기 때문에 최소 대립쌍이 될 수 없다.

04 이중 모음은 'ㅑ, ㅒ, ㅕ, ㅖ, ㅘ, ㅙ, ㅛ, ㅝ, ㅞ, ㅠ, ㅢ'의 11개이다. '새 발의 피'에서 '의'에 이중 모음 'ㅢ'가 들어 있다.

05 'ㅣ'는 고모음이고 평순 모음이며 'ㅟ'는 고모음이고 원순 모음이므로, 혀의 높이는 높고, 입술 모양은 평평했다가 동그래진다.

오답 확인 ① 'ㅏ'는 저모음, 평순 모음이며 'ㅜ'는 고모음, 원순 모음이므로, 혀의 높이는 낮았다가 높아지고, 입술 모양은 평평했다가 동그래진다.
② 'ㅔ'는 중모음, 평순 모음이며 'ㅓ'는 중모음, 평순 모음이므로, 혀의 높이는 중간쯤이고 입술 모양은 평평하다.
④ 'ㅗ'는 중모음, 원순 모음이며 'ㅣ'는 고모음, 평순 모음이므로, 혀의 높이는 중간쯤이었다가 높아지고, 입술 모양은 동그랬다가 평평해진다.
⑤ 'ㅡ'는 고모음, 평순 모음이며 'ㅓ'는 중모음, 평순 모음이므로, 혀의 높이는 높았다가 중간쯤으로 낮아지고 입술 모양은 평평하다.

06 (1)의 'ㅣ, ㅔ, ㅐ, ㅟ, ㅚ'는 혀의 최고점이 앞쪽에 위치하는 전설 모음이고, (2)의 'ㅡ, ㅓ, ㅏ, ㅜ, ㅗ'는 혀의 최고점이 뒤쪽에 위치하는 후설 모음이다. 따라서 혀의 최고점의 위치를 기준으로 분류한 것이다.

상	(1)과 (2)의 분류 기준을 적절하게 쓰고, 혀의 최고점의 위치를 기준으로 (1)과 (2)의 차이를 적절하게 설명한 경우
중	(1)과 (2)의 분류 기준을 적절하게 쓰지 않았지만, 혀의 최고점의 위치를 기준으로 (1)과 (2)의 차이를 적절하게 설명한 경우
하	(1)과 (2)의 분류 기준만 적절하게 쓰고, 혀의 최고점의 위치를 기준으로 (1)과 (2)의 차이를 적절하게 설명하지 못한 경우

07 'ㅚ'와 'ㅟ'는 단모음이지만, 발음할 때에는 이중 모음으로 발음하는 것도 허용한다. 즉, 'ㅚ'는 [we]로 발음할 수 있고, 'ㅟ'는 [wi]로 발음할 수 있다.

08 단모음의 분류 기준인 '입술의 모양', '혀의 최고점의 위치', '혀의 높이'에 따라 제시된 모음을 분류해 보면 다음과 같다. 'ㅡ'는 평순 모음, 후설 모음, 고모음이고, 'ㅓ'는 평순 모음, 후설 모음, 중모음이며, 'ㅏ'는 평순 모음, 후설 모음, 저모음이다. 따라서 이 세 모음은 혀의 높이에서 차이가 나기 때문에 세 모음이 모두 혀의 높이가 가장 높아졌을 때 나는 소리(고모음)라는 설명은 적절하지 않다.

오답 확인 ② 단모음에 대한 설명으로 'ㅡ, ㅓ, ㅏ'는 모두 단모음이다.
③ 평순 모음에 대한 설명으로 'ㅡ, ㅓ, ㅏ'는 모두 평순 모음이다.

④ 모음에 대한 설명으로 'ㅡ, ㅓ, ㅏ'는 모두 모음이다.
⑤ 후설 모음에 대한 설명으로 'ㅡ, ㅓ, ㅏ'는 모두 후설 모음이다.

09 ㉠과 ㉡은 단모음을 입술 모양에 따라 분류한 것이다. ㉠에 해당하는 'ㅣ, ㅔ, ㅐ'는 발음할 때 입술 모양이 평평한 평순 모음이고, ㉡에 해당하는 'ㅟ, ㅚ'는 발음할 때 입술 모양이 둥근 원순 모음이다.

10 ⓓ의 모음 'ㅏ'는 발음할 때 혀의 높이가 낮은 저모음이고, ⓑ의 모음 'ㅔ'는 발음할 때 혀의 높이가 중간쯤 올라가는 중모음이고, ⓒ의 모음 'ㅣ'는 발음할 때 혀가 높이 올라가는 고모음이다. 따라서 혀의 높이는 'ⓓ → ⓑ → ⓒ'의 순서대로 점차 높아진다.

11 'ㅁ, ㅂ, ㅃ, ㅍ'은 '소리 나는 위치'에 따라 분류하면 모두 입술소리로, 두 입술 사이에서 나는 소리이다. '소리 내는 방법'에 따라 분류하면 'ㅁ'은 비음이고, 'ㅂ, ㅃ, ㅍ'은 파열음이다. 따라서 공통점은 입술소리라는 것이다.

상	소리 나는 위치라는 분류 기준을 적절하게 쓰고, 입술소리라는 공통점을 정확히 쓴 경우
중	소리 나는 위치라는 분류 기준을 적절하게 쓰지 않고, 입술소리라는 공통점만 정확히 쓴 경우
하	소리 나는 위치라는 분류 기준만 적절하게 쓰고, 입술소리라는 공통점을 쓰지 못한 경우

12 2번 위치에서 나는 소리는 입술소리로 두 입술 사이에서 나는 소리인 'ㅁ, ㅂ, ㅃ, ㅍ'이다. 3번과 6번 위치에서 나는 소리는 잇몸소리로 혀끝과 윗잇몸 사이에서 나는 소리인 'ㄴ, ㄷ, ㄸ, ㅌ, ㄹ, ㅅ, ㅆ'이다. 4번과 7번 위치에서 나는 소리는 센입천장소리로 혓바닥과 단단한 앞쪽 입천장 사이에서 나는 소리인 'ㅈ, ㅉ, ㅊ'이다. 5번과 8번 위치에서 나는 소리는 여린입천장소리로 혀의 뒷부분과 부드러운 뒤쪽 입천장 사이에서 나는 소리인 'ㄱ, ㄲ, ㅋ, ㅇ'이다. 9번 위치에서 나는 소리는 목청소리로 목청에서 나는 소리인 'ㅎ'이다.

13 'ㅌ'은 소리 내는 방법에 따라 분류하면 공기의 흐름을 완전히 막았다가 한꺼번에 터뜨리며 소리를 내는 파열음이다.

오답 확인 ① 'ㄱ'은 'ㅌ'과 같은 파열음이다.
②, ④ 'ㅆ'과 'ㅎ'은 공기가 흐르는 통로를 좁혀 마찰을 일으키며 내는 소리인 마찰음이다.
③ 'ㅈ'은 공기의 흐름을 막았다가 서서히 터뜨리며 마찰을 일으켜 내는 소리인 파찰음이다.

14 혀의 뒷부분이 여린입천장에 닿아서 나는 소리인 여린입천장소리는 'ㄱ, ㄲ, ㅋ, ㅇ'이고, 코로 공기를 내보내면서 내

는 소리인 비음은 'ㄴ, ㅁ, ㅇ'이다. 따라서 두 조건을 모두 만족하는 소리는 'ㅇ'이다.

15 거칠고 거센 느낌을 주는 자음은 거센소리인 'ㅋ, ㅌ, ㅍ, ㅊ'이다. '캄캄하게'에는 거센소리인 'ㅋ'이 포함되어 있다.

16 입술소리는 'ㅁ, ㅂ, ㅃ, ㅍ'이고, 그중 파열음은 'ㅂ, ㅃ, ㅍ'이다. 이것을 소리의 세기에 따라 분류하면, 예사소리인 'ㅂ', 된소리인 'ㅃ', 거센소리인 'ㅍ'으로 나눌 수 있다.

[오답 확인] ① 'ㄱ, ㄲ, ㅋ'은 여린입천장소리이다.
② 'ㄷ, ㄸ, ㅌ'은 잇몸소리이다.
④ 'ㅈ, ㅉ, ㅊ'은 센입천장소리이다.
⑤ 'ㅅ, ㅆ'은 잇몸소리이고, 'ㅎ'은 목청소리이다.

17 '얄리얄리 얄랑셩 얄라리 얄라'에 주로 쓰인 자음은 'ㄹ'과 'ㅇ'이다. 'ㄹ'과 'ㅇ'은 모두 코안이나 입안이 울리는 소리로, 밝고 경쾌하며 부드러운 느낌을 주는 특징이 있다.

상	'ㄹ'과 'ㅇ'이 코안이나 입안이 울리는 소리이고, 부드럽고 밝고 경쾌한 느낌을 준다는 내용을 모두 서술한 경우
중	'ㄹ'과 'ㅇ'이 코안이나 입안이 울리는 소리라는 것과 부드럽고 밝고 경쾌한 느낌을 준다는 것 중 하나만 적절하게 서술한 경우
하	'ㄹ'과 'ㅇ'이 발음할 때 소리가 울린다는 것만 막연히 서술한 경우

18 '한'은 'ㅎ+ㅏ+ㄴ'으로 이루어진 음절이다. 'ㅎ'은 목청소리이고, 'ㅏ'는 저모음이고, 'ㄴ'은 비음(콧소리)이다.

[오답 확인] ② '즉'은 'ㅈ+ㅡ+ㄱ'으로 이루어진 음절이다. 'ㅈ'은 센입천장소리이고, 'ㅡ'는 고모음이고, 'ㄱ'은 파열음이다.
③ '봄'은 'ㅂ+ㅗ+ㅁ'으로 이루어진 음절이다. 'ㅂ'은 입술소리이고, 'ㅗ'는 중모음이고, 'ㅁ'은 비음이다.
④ '남'은 'ㄴ+ㅏ+ㅁ'으로 이루어진 음절이다. 'ㄴ'은 잇몸소리이고, 'ㅏ'는 저모음이고, 'ㅁ'은 비음이다.
⑤ '길'은 'ㄱ+ㅣ+ㄹ'로 이루어진 음절이다. 'ㄱ'은 여린입천장소리이고, 'ㅣ'는 고모음이고, 'ㄹ'은 유음(흐름소리)이다.

19 혓바닥이 딱딱한 입천장에 닿아서 나는 자음은 센입천장소리로, 'ㅈ, ㅉ, ㅊ'이다. 입술 모양을 둥글게 하여 소리 내는 모음은 원순 모음으로, 'ㅜ, ㅟ, ㅗ, ㅚ'이다. '주최'에 쓰인 자음은 'ㅈ, ㅊ'이고, 모음은 'ㅜ, ㅚ'이므로 정답이다.

20 제시된 대화에서 외국인 친구는 '끌게'라는 말을 '클게'라고 잘못 발음하였다. 'ㄲ'과 'ㅋ'을 제대로 구분하여 발음하지 못한 것이다. 이는 된소리와 거센소리를 구분하여 발음하고, 된소리와 거센소리가 말의 뜻을 구별해 주는 음운으로서의 기능을 하는 우리말 음운 체계의 특성과 관련이 있다.

21 제시된 글을 보면, '눈'은 [눈:]이라고 길게 발음할 때와 [눈]이라고 짧게 발음할 때 뜻이 달라진다. '말'도 [말:]이라고 길게 발음할 때와 [말]이라고 짧게 발음할 때 뜻이 달라진다. 따라서 소리의 길이도 말의 뜻을 구별해 주는 음운으로서의 기능을 한다고 볼 수 있다.

22 〈보기〉는 양성 모음과 음성 모음의 느낌의 차이에 대해 설명한 글이다. 〈보기〉에 따르면 '풀쩍'에 쓰인 모음은 'ㅜ'와 'ㅓ'로 음성 모음에 해당하여 크고 어둡고 무거운 느낌을 주며, '폴짝'에 쓰인 모음은 'ㅗ'와 'ㅏ'로 양성 모음에 해당하여 작고 밝고 가벼운 느낌을 준다.

23 제시된 대화에서 종민은 자신의 이름을 '김종민'이라고 말했지만 접수처 직원은 '김정민'으로 잘못 알아들었다. 모음 'ㅗ'를 'ㅓ'로 잘못 알아들은 것이다. 이런 오해를 막기 위해서는 'ㅗ'와 'ㅓ'의 차이를 알고 'ㅗ'를 'ㅓ'와 구분되게 정확히 발음해야 한다. 'ㅗ'와 'ㅓ'는 입술 모양을 기준으로 했을 때, 각각 원순 모음과 평순 모음이라는 차이가 있다. 따라서 '종'의 'ㅗ'를 발음할 때에는 원순 모음의 특징에 맞게 입술을 동그랗게 오므려서 발음해야 한다.

상	오해를 유발한 음운인 'ㅗ'와 'ㅓ'를 정확히 찾아 쓰고, 음운의 분류 기준과 관련된 '입술의 모양', '원순 모음', '평순 모음'에 대해 쓰고, 이를 근거로 발음할 때 유의할 점을 적절히 쓴 경우
중	오해를 유발한 음운인 'ㅗ'와 'ㅓ'를 정확히 찾아 쓰고, 음운의 분류 기준과 관련된 '입술의 모양', '원순 모음', '평순 모음'에 대해 쓰진 않았지만, 발음할 때 유의할 점은 적절히 쓴 경우
하	오해를 유발한 음운인 'ㅗ'와 'ㅓ'만 찾아 쓴 경우

02 문장의 짜임

02 단원 평가
본문 56~59쪽

01 ④ **02** ③ **03** ④ **04** [예시 답안] 보어, 서술어 '되다', '아니다' 앞에서 의미를 보충한다. / 완전한 뜻을 갖지 못하는 서술어를 보충하여 완전한 문장이 되게 한다. **05** ⑤ **06** ④ **07** [예시 답안] 단 한 사람이 날마다 너를 기다렸다. 단 한 사람이 저기 있다. 그 사람은 너의 어머니이다. **08** ④ **09** 쌓여 / 쌓여서 / 쌓이니 / 쌓이자 / 쌓이므로 / 쌓이니까 / 쌓이면 **10** ④ **11** ③ **12** ④ **13** ⑤ **14** ⑤ **15** ⑤ **16** [예시 답안] 소리도 없이 **17** ④ **18** ② **19** ④ **20** [예시 답안] ⓐ는 오빠가 책을 읽는 일과 그림을 보는 일이 동시에 일어나고 있음을 표현하고 있고, ⓑ는 오빠가 그림을 보는 의도가 책을 읽기 위함임을 표현하고 있다. **21** ③ **22** [예시 답안] 문장이 복잡한 구조의 겹문장 하나로 이루어져 있어서 의미를 파악하기가 어렵구나. 간결하고 명확하게 내용을 전달할 수 있도록 적절한 홑문장을 사용하여 문장 길이를 짧게 줄이면 좋겠어.

01 ④는 '민들레꽃이 활짝 피어 있다.'와 '제비꽃이 활짝 피어 있다.'가 이어져 만들어진 겹문장이다. 따라서 '민들레꽃과'의 문장 성분은 주성분인 주어이다.

> **오답 확인** ①의 '즐거운'은 관형어이고, ②의 '보름달보다', ③의 '갑자기', ⑤의 '열심히'는 부사어이다.

02 〈보기〉의 '아버지, 우리도 집으로 들어가요.'라는 문장의 문장 성분을 분석하면 '독립어＋주어＋부사어＋서술어'로 분석할 수 있다. ③ '와, 그가 결국 이겼군요.'도 독립어인 감탄을 나타내는 '와', 주어인 '그가', 서술어인 '이겼군요.', 그리고 '이겼군요'라는 용언을 꾸며 주는 부사어인 '결국'으로 이루어진 문장이다.

> **오답 확인** ① '주어＋부사어＋서술어'로 이루어져 있다.
> ② '관형어＋목적어＋부사어＋서술어'로 이루어져 있다.
> ④ '독립어＋주어＋목적어＋서술어'로 이루어져 있다.
> ⑤ '관형어＋부사어＋주어＋서술어'로 이루어져 있다.

03 ④에서 '누가/무엇이'에 해당하는 주어는 '관광객이'이다. 이 주어를 서술하는 말인 서술어는 '어찌하다'에 해당하는 '구경하고 있다(구경하다)'이다. '돌다리를'은 구경하는 대상이 되는 말인 목적어이다. 따라서 이 문장은 '주어＋목적어＋서술어'로 이루어져 있다.

> **오답 확인** ①, ②, ③ '주어＋부사어＋서술어'로 이루어져 있다.
> ⑤ '부사어＋주어＋목적어＋서술어'로 이루어져 있다.

04 첫째 문장의 '되었다'와 셋째 문장의 '되겠지'의 기본형은 '되다'이다. 이 '되다'와 둘째 문장의 '아니다' 앞에 위치하여 의미를 보충하는 역할을 하는 문장 성분은 보어이다.

상	문장 성분이 '보어'임을 정확히 밝히고, 보어의 기능을 적절하게 서술한 경우
중	문장 성분이 '보어'임을 정확히 밝히지 못했지만, 보어의 기능을 적절하게 서술한 경우
하	문장 성분이 '보어'임을 정확히 밝혔지만, 보어의 기능을 적절하게 서술하지 못한 경우

05 제시된 문장인 '우리 모두의 꿈은 반드시 이루어진다.'는 '관형어＋관형어＋주어＋부사어＋서술어'로 이루어져 있다. 따라서 부속 성분으로는 관형어가 두 개, 부사어가 한 개이다.

> **오답 확인** ① 문장의 기본 구조를 이루는 문장은 '꿈은 이루어진다.'이므로 '무엇이 어찌하다.'가 적절하다. '어찌하다'는 '이루어지다'와 같은 동사를 나타내는 말이다.
> ②, ④ 제시된 문장의 주어는 '꿈은'이고 서술어는 '이루어진다'이다. 따라서 이 문장은 주어와 서술어의 관계가 한 번만 나타나는 홑문장이다.
> ③ 주성분은 주어인 '꿈은'과 서술어인 '이루어진다'이다.

06 '굳은 땅에 물이 고인다.'는 '땅이 굳다.'와 '땅에 물이 고인다.'라는 두 개의 홑문장이 결합하여 이루어진 겹문장으로, '땅이 굳다.'가 관형절로 안겨 있다.

> **오답 확인** ① '말이 씨가 된다.'는 '주어＋보어＋서술어'로 이루어진 홑문장이다.
> ② '등잔 밑이 어둡다.'는 '관형어＋주어＋서술어'로 이루어진 홑문장이다.
> ③ '꿈보다 해몽이 좋다.'는 '부사어＋주어＋서술어'로 이루어진 홑문장이다.
> ⑤ '참새가 방앗간을 그저 지나랴.'는 '주어＋목적어＋부사어＋서술어'로 이루어진 홑문장이다.

07 제시된 문장을 분석하면, 일단, '단 한 사람이 저기 있다.'와 '(그런데) 그 사람은 너의 어머니이다.'라는 두 문장이 이어져 있음을 알 수 있다. 그중 앞 문장의 주어인 '단 한 사람'을 꾸며 주는 문장인 '(단 한 사람이) 날마다 너를 기다렸다.'가 관형절의 형태로 안겨 있다.

상	세 문장을 모두 찾아 〈조건〉에 맞게 적절하게 서술한 경우
중	세 문장 중 두 문장을 찾아 〈조건〉에 맞게 적절하게 서술한 경우
하	세 문장 중 한 문장만 적절하게 서술한 경우

08 '코끼리는 코가 정말 길다.'는 '코가 정말 길다.'라는 홑문장이 전체 주어인 '코끼리는'의 서술어 역할을 하며 서술절로

안겨 있는 문장이다.

09 '눈이 쌓이다.'는 '길이 미끄럽다.'의 원인이나 동기, 조건이 되는 문장이다. 따라서 원인이나 동기의 의미를 지니는 종속적 연결 어미인 '-아/어, -아서/어서, -(으)니, -(으)므로, -자, -니까'를 사용하거나 조건의 의미를 지니는 종속적 연결 어미인 '-(으)면'을 사용하여 두 문장을 이어 주는 것이 자연스럽다.

10 ④의 ㉠은 '산속에서 살고 싶다.'와 '바닷가에서 살고 싶다.'가 접속 조사 '(이)나'로 연결된 대등하게 이어진 문장이다. ㉡은 '바닷가에서 살다.'와 '산속이 그리워질 것이다.'가 조건의 의미를 지니는 연결 어미 '-(으)면'으로 이어져 있다. 따라서 ㉡은 종속적으로 이어진 문장이다.

[오답 확인] ① ㉠은 어떤 일의 원인이나 동기를 나타내는 연결 어미 '-자'가 쓰인 종속적으로 이어진 문장이고, ㉡은 나열의 연결 어미 '-고'가 쓰인 대등하게 이어진 문장이다.
② ㉠은 원인의 연결 어미 '-(으)니'가 쓰인 종속적으로 이어진 문장이고, ㉡은 접속 조사 '와'가 쓰인 대등하게 이어진 문장이다.
③ ㉠은 배경의 연결 어미 '-는데'가 쓰인 종속적으로 이어진 문장이고, ㉡은 대조의 연결 어미 '-지만'이 쓰인 대등하게 이어진 문장이다.
⑤ ㉠은 조건의 연결 어미 '-(으)면'이 쓰인 종속적으로 이어진 문장이고, ㉡은 대조의 연결 어미 '-(으)나'가 쓰인 대등하게 이어진 문장이다.

11 ⓐ와 ⓒ는 '목적어＋서술어'로 이루어져 있고, '내가'라는 주어는 생략되어 있다. ⓑ와 ⓓ의 주어인 '내가'도 생략되어 있다.

[오답 확인] ① ⓐ와 ⓒ의 '너를'은 각각 '볼수록'과 '알수록'이라는 서술어의 대상이 되는 말이므로 목적어이다.
②, ④ 제시된 문장은 '너를 볼수록 즐거워진다.'와 '너를 볼수록 행복해진다.'가 나열된 대등하게 이어진 문장이다. 그리고 이 두 문장은 각각 '-ㄹ수록'이라는 연결 어미를 사용하여 이어져 있다. '-ㄹ수록'은 앞 절 일의 어떤 정도가 그렇게 더하여 가는 것이, 뒤 절 일의 어떤 정도가 더하거나 덜하게 되는 조건이 됨을 나타내는 연결 어미로 종속적 연결 어미에 해당한다. 따라서 ⓐ와 ⓑ, ⓒ와 ⓓ는 각각 종속적으로 이어져 있고, 'ⓐ+ⓑ'와 'ⓒ+ⓓ'는 대등하게 이어져 있다.
⑤ '(내가) 너를 본다.', '(내가) 즐거워진다.', '(내가) 너를 안다.', '(내가) 행복해진다.'라는 네 개의 홑문장이 결합하여 이루어진 겹문장이다.

12 ④는 '내 친구는 무엇을 바란다.'라는 문장 안에 '(내 친구가) 백두산 천지에 가다.'가 목적어 역할을 하며 명사절로 안긴 문장이다.

[오답 확인] ① '집은 지리산 산골짜기에 있다.'라는 문장에 '내가 (집에서) 태어나다.'라는 문장이 관형절로 안겨 있다.

② '겨울 풍경이 무척 아름답다.'라는 문장이 이 문장의 전체 주어인 '한라산은'의 서술어 역할을 하며 서술절로 안겨 있다.
③ '내장산 단풍 소식을 들었다.'라는 문장 안에 '귀가 따갑다.'가 부사절로 안겨 있다.
⑤ '그는 무엇이라고 나에게 말했다.'라는 문장 안에 '(그는) 설악산에 다녀왔다.'가 인용절로 안겨 있다.

13 ㉠의 명사절은 '친구들과 뛰어놀기'이며, 뒤에 부사격 조사 '에'가 붙어 문장 전체에서 부사어의 역할을 하고 있다. ㉡의 명사절은 '그가 거짓말을 하지 않았음'이며, 뒤에 목적격 조사 '을'이 붙어 문장 전체에서 목적어의 역할을 하고 있다. ㉢의 명사절은 '취미 생활을 하기'이며, 뒤에 주격 조사 '가'가 붙어 '어렵다'라는 서술어의 주어 역할을 하고 있다.

14 '등굣길에 피어 있는 무궁화가 예쁘다.'는 '무궁화가 예쁘다.'라는 문장이 '(무궁화가) 등굣길에 피어 있다.'라는 문장을 관형절로 안고 있는 문장이다. 서술절은 쓰이지 않았다.

[오답 확인] ① 문장 전체 주어인 '토끼는'의 서술절로 '눈이 빨갛다.'가 안겨 있는 문장이다.
② 문장 전체 주어인 '형은'의 서술절로 '다리가 무척 길다.'가 안겨 있는 문장이다.
③ 문장 전체 주어인 '욱이는'의 서술절로 '성격이 참 좋다.'가 안겨 있는 문장이다.
④ 문장 전체 주어인 '할아버지께서는'의 서술절로 '귀가 어두우시다.'가 안겨 있는 문장이다.

15 ⓑ는 문장이 관형절로 안길 때 생략된 문장 성분이 없는 동격 관형절을 말한다. ⑤에 쓰인 관형절도 '그녀가 사업에 성공했다.'라는 문장이 생략된 문장 성분 없이 안겨 있으므로 동격 관형절에 해당한다.

[오답 확인] ① 이 문장에서 관형절은 '일'을 꾸며 주는 말인 '그녀가 한'이며, 원래 문장은 '그녀가 (일을) 하였다.'이므로 목적어가 생략되어 있다.
② 이 문장에서 관형절은 '동네'를 꾸며 주는 말인 '그녀가 살고 있는'이며, 원래 문장은 '그녀가 (동네에서) 살고 있다.'이므로 부사어가 생략되어 있다.
③ 이 문장에서 관형절은 '자전거'를 꾸며 주는 말인 '그가 처음 타 보는'이며, 원래 문장은 '그가 (자전거를) 처음 타 보다.'이므로 목적어가 생략되어 있다.
④ 이 문장에서 관형절은 '그녀'를 꾸며 주는 말인 '그에게 꽃다발을 준'이며, 원래 문장은 '(그녀가) 그에게 꽃다발을 주었다.'이므로 주어가 생략되어 있다.

16 문장이 부사절로 안기려면 '-게', '-이', '-도록' 등을 사용하여 문장이 부사어의 역할을 하도록 바꿔 주어야 한다. '소리도 없다.'는 '소리도 없이'로 바꾸는 것이 가장 자연스럽다.

상	'소리도 없이'라고 정확하고 자연스럽게 바꿔 쓴 경우
중	부사절은 맞지만 다소 부자연스러운 표현인 '소리도 없게', '소리도 없도록' 등으로 바꿔 쓴 경우
하	부사절로 바꿔 쓰지 못한 경우

17 ④에서 "이 바보."라는 말을 직접 인용하고 있으므로 인용격 조사 '라고'를 붙이는 것이 적절하다.

오답 확인 ① 간접 인용절이 쓰였으므로 '상관없다라고'를 '상관없다고'로 고쳐 써야 한다.
② 직접 인용절이 쓰였으므로 "하나도 버리지 마라." 뒤에 조사 '고'가 아니라 '라고'가 와야 한다.
③ 간접 인용절이 쓰였으므로 '따갑다라고'를 '따갑다고'로 고쳐 써야 한다.
⑤ 직접 인용절이 쓰였으므로 "도라지꽃이 이렇게 예쁜 줄 몰랐다." 뒤에 조사 '고'가 아니라 '라고'가 와야 한다.

18 '군말이 많으면 쓸 말이 적다.'의 문장의 짜임을 분석하면, '군말이 많다.'가 조건의 의미 관계를 지닌 연결 어미 '-(으)면'을 통해 '쓸 말이 적다.'와 종속적으로 이어진 문장임을 알 수 있다. 그중 뒤 절인 '쓸 말이 적다.'에서는 '쓸'이 '말'이라는 체언을 꾸며 주고 있으므로 '(말을) 쓰다'가 관형절로 안겨 있음을 알 수 있다.

19 제시된 문장의 구조를 분석하면, '우리는 어느 날 문득 깨달음을 얻었다.'라는 문장 안에 '행복은 각자가 마음먹기에 달려 있다.'가 관형절로 안긴 문장임을 알 수 있다. 그리고 이 안긴문장을 다시 분석하면, '행복은 무엇에 달려 있다.'라는 문장에 '각자가 마음먹다.'가 부사어 역할을 하는 명사절로 다시 안겨 있음을 알 수 있다. 따라서 이 문장에서 안긴문장들을 분석하면, 문장의 주어는 각각 '행복은'과 '각자가'이므로 주어가 모두 드러나 있음을 알 수 있다.

20 ⓐ와 ⓑ는 두 문장을 연결하는 어미가 달라 의미상의 차이가 나타나고 있다. ⓐ는 '오빠가 책을 읽다.'와 '오빠가 그림을 본다.'가 '-면서'라는 동시의 의미를 지니는 연결 어미로 이어진 문장이다. 따라서 오빠가 책을 읽는 행위와 그림을 보는 행위가 동시에 일어나고 있음을 표현하고 있다. ⓑ는 '오빠가 책을 읽다.'와 '오빠가 그림을 본다.'가 '-려고'라는 목적이나 의도의 의미를 지니는 연결 어미로 이어진 문장이다. 따라서 오빠가 그림을 보는 의도가 책을 읽기 위함임을 표현하고 있다. 이렇게 두 홑문장을 나란히 이어 붙여 이어진문장을 만들 때 어떤 연결 어미를 사용하느냐에 따라 문장의 의미나 문장을 통해 표현하려는 말하는 이의 의도가 달라질 수 있다.

상	ⓐ에 쓰인 '동시'의 의미와 ⓑ에 쓰인 '의도나 목적'의 의미를 각각 정확하게 서술한 경우
중	ⓐ에 쓰인 '동시'의 의미와 ⓑ에 쓰인 '의도나 목적'의 의미 중 하나를 정확하게 서술한 경우
하	ⓐ에 쓰인 '동시'의 의미와 ⓑ에 쓰인 '의도나 목적'의 의미를 정확하게 풀어 쓰지 않고, ⓐ와 ⓑ의 문장을 유사하게 반복하며 막연하게 뜻을 풀이한 경우 예 ⓐ는 오빠가 책도 읽고 그림도 본다는 말이다. ⓑ는 오빠가 책을 읽고 싶어서 그림을 본다는 말이다.

21 ⓛ은 '요즘은 장마철이다.'와 '습도가 높다.'라는 두 문장이 이어진 문장이다. 그런데 의미 관계를 고려할 때, 앞 절은 뒤 절의 원인에 해당하기 때문에 '요즘은 장마철이어서 습도가 높다.'와 같이 종속적으로 이어진 문장으로 고쳐야 한다.

오답 확인 ⓒ은 '아침부터 비가 온다.'와 '아침부터 바람이 분다.'가 대등하게 이어진 문장이다. 그런데 두 문장을 결합하는 과정에서 '비가'의 서술어 '온다'가 생략되었기 때문에 비문이 되었다. 따라서 '아침부터 비가 오고, 바람이 분다.'로 고쳐야 한다.
ⓒ 이 문장의 주어는 '소원은'이고 서술어는 '산다'인데, 주어와 서술어가 호응하지 않아 비문이 되었다. 따라서 '나의 소원은 우리 가족이 함께 사는 것이다.'라고 고쳐야 한다.

22 〈보기〉의 일기는 단 하나의 문장으로 이루어져 있다. 여러 개의 홑문장이 결합하여 만들어진 하나의 겹문장인데, 지나치게 많은 홑문장을 무리하게 하나로 이어서 쓰다 보니 의미를 파악하기가 쉽지 않은 문제점이 발생하고 있다. 따라서 의미 전달이 쉽고 명확하게 이루어지도록 문장을 몇 개로 나누어 길이를 적절하게 조정할 필요가 있다.

상	〈보기〉의 문제점을 적절하게 지적하고, 문장의 짜임을 고치는 방법을 적절하게 쓴 경우
중	〈보기〉의 문제점은 지적하지 않고, 문장의 짜임을 고치는 방법만 적절하게 쓴 경우
하	〈보기〉의 문제점만 지적하고, 문장의 짜임을 고치는 방법은 쓰지 않은 경우

03 통일 시대의 국어

1 남북의 언어 차이가 있나요?

본문 62~63쪽

학습 목표 응용 01 ①   02 ①   03 ①   04 ④
고난도 응용 01 ④   02 [예시 답안] 같은 단어라도 남한과 북한에서의 뜻이 다른 어휘가 존재한다.

01 이 글은 문법과 발음, 억양, 화용, 어휘 등 다양한 측면에서 남북의 언어가 어떤 차이점을 보이고 있는지를 중심으로 설명한 글이다.

오답 확인 ② (나)에 두음 법칙과 관련한 내용이 언급되긴 하였지만 두음 법칙이 일어나는 까닭과 관련한 내용은 찾아볼 수 없다.
③ (다)에서 억양 측면에서 남한과 북한의 차이를 설명하고 있긴 하지만 억양에 따라 문장의 의미가 차이나는 것과 관련한 내용은 찾아볼 수 없다.
④ 남북의 언어 이질화를 극복하기 위한 것이 이 글을 쓴 의도라고 볼 수는 있지만, 이 글에서 구체적인 극복 방안에 대한 내용은 찾아볼 수 없다.
⑤ 무분별한 외래어 사용의 부작용과 관련한 내용은 찾아볼 수 없다.

02 (나)에 따르면 남한에서는 두음 법칙을 인정하는 반면, 북한에서는 이를 인정하지 않는다.

오답 확인 ② (가)에 따르면 문법적 구조 측면에서 볼 때 남한과 북한의 한국어의 구조는 대체적으로 동일하다.
③ (다)에 따르면 남한 사람들이 '안'보다는 '먹' 부분을 더 높게 발음하는데, 북한 사람들은 '먹'보다는 '안'을 더 높게 발음한다.
④ (사)에 따르면 남한에서는 '수갑'이 '죄인의 손에 끼우는 고리'를 뜻하지만 북한에서는 '손에 끼는 장갑'을 의미한다.
⑤ (라)에 따르면 남한과 달리 북한에서는 "언제 한번 식사라도 해요."라는 말을 관계를 유지하기 위한 인사말로 받아들이지 않고, 표면적 의미로 해석하여 식사를 하자고 말했다고 해석한다.

03 이 글에서 남북한의 언어 차이를 다양한 측면에서 설명한 것에는 남북한의 언어 이질화 실태를 보여 주는 한편, 국어의 동질성을 회복하기 위한 관심과 노력을 당부하기 위한 의도가 담겨 있다고 추측할 수 있다.

04 남북의 언어 차이를 극복하기 위한 방안으로 제삼국의 언어를 도입하여 공동으로 사용하는 것은 국어의 정체성을 해칠 수 있고, 서로에게 불편을 주는 방안이기 때문에 적절하지 않다.

오답 확인 ① 남북의 어휘를 하나로 통합한 『겨레말 사전』을 편찬한다면 언어의 차이를 극복하는 데 도움이 될 수 있다.
② 왜 남북 언어 차이를 극복하고 언어를 통일해야 하는지를 인식하도록 하는 것이 언어 통일의 출발점이라고 볼 수 있다.
③ 언어의 동질성을 회복하기 위해 공동의 언어 규정을 만든 후 이를 바탕으로 말다듬기 사업을 진행하는 방안도 필요하다.
⑤ 각각 서울말과 평양말을 중심으로 표준어와 문화어를 제정하고 보급하여 언어의 차이가 나타났는데, 이를 묶을 수 있는 새로운 표준어를 제정한다면 좀 더 원활하게 이것을 보급하고 교육할 수 있을 것이다.

01 주인은 조건이 맞지를 않아 채용할 수 없다는 뜻을 '다음에 연락드리죠.'와 같이 돌려 말하였는데, 북한 이탈 주민은 주인이 한 말을 곧이곧대로 받아들여 연락을 기다리고 있다. 이는 화용적 측면에서 남한 사람과 달리 북한 사람은 상대방의 말을 표면적 의미로 해석하는 특성에서 비롯된 것이다.

02 〈보기〉는 형태와 발음이 같은 '바쁘다'라는 단어가 남한과 북한에서 각각 다른 의미로 쓰이고 있다는 것을 보여 준다.

상	어휘 차원에서 차이가 발생했다는 점과 차이의 양상을 모두 바르게 서술한 경우
중	차이의 양상은 바르게 서술하였지만, 어느 차원에서 차이가 발생했는지 밝히지 않은 경우
하	차이의 양상에 대한 내용 없이, 단순히 '어휘 차원에서 차이가 있다.'와 같이 서술한 경우

② 남북한 언어 차이의 양상

본문 64~65쪽

학습 목표 응용	**01** ④	**02** ④	**03** 지뢰해제용 기재
정형	**04** ③	**05** ④	**06** ⑤
고난도 응용	**01** ②	**02** ⑤	**03** [예시 답안] 평소 북

한어에 관심을 갖고, 정확한 뜻을 이해하기 위해 노력한다.

01 (가)와 (나)의 내용을 바탕으로 북한에서는 외래어를 고유어로 바꾸어 사용하기 위해 노력하고 있음을 알 수 있다. 하지만 (가)에서 다수의 한자어와 러시아어 '팍스'를 사용하고 있는 점을 고려할 때 외래어를 모두 고유어로 바꾸어 쓴다고 볼 수는 없다.

오답 확인 ① (가)에서 '지뢰해제', '경계초소는' 등, (나)에서 '꽃아넣기', '륜밑넣기', '걸음어김' 등을 고려할 때, 북한은 남한에 비해 띄어쓰기를 많이 하지 않는다는 것을 알 수 있다.
② (가)에서 '이격한다'라는 서술어 앞에 남한에서는 '경계 초소'을 쓰지만, 북한에서는 '경계초소는'을 쓰고 있다. 이를 통해 조사의 쓰임이 다른 경우가 있음을 확인할 수 있다.
③ (가)에서 남한의 '장비'를 북한에서는 '기재'라고 한다는 것과 (나)에서 남한의 '드리블'을 북한에서는 '곱침'이라고 한다는 등의 내용을 통해 확인할 수 있다.
⑤ (가)에서 남한에서는 '기본적', '근원적'과 같이 접미사 '-적'을 사용하지만 북한에서는 '기본상', '근원상'과 같이 접미사 '-상'을 사용한다는 것을 알 수 있다.

02 (가)에서는 군사 회담 합의문 작성 과정에서 나타난 남북한 언어의 차이에 대해 말하고 있다. '군사 부분의 신뢰 회복은 언어의 이질감을 해소하는 데에서부터 출발해야'라는 내용을 고려할 때, 남북의 언어 차이로 자칫 의도하지 않은 오해와 갈등이 생겨 무력 충돌까지 발생할까 봐 염려하고 있음을 알 수 있다.

오답 확인 ① 북한 측이 합의한 내용을 실행하지 않을 수 있다는 내용을 짐작할 수 있는 내용은 찾아볼 수 없다.
② 비록 많은 시간이 걸리긴 했지만 회담 합의문을 작성했다는 내용을 고려할 때, 합의 내용을 문서로 작성하는 것이 불가능하다고 보는 것은 적절하지 않다.
③ 북측 대표단의 말을 이해하는 데 어려움이 있었지만, 그 자체가 글쓴이가 염려하고 있는 상황으로 볼 수는 없다.
⑤ 남북의 언어 차이를 이유로 북한 측이 합의에 소극적일 수 있다는 것을 추측할 만한 내용은 찾아볼 수 없다.

03 남한의 '지뢰 제거'를 북한에서는 '지뢰해제'로, 남한의 '장비'와 '현황'을 북한에서는 각각 '기재'와 '정형'으로 쓴다고 하였다. 이를 종합하면 ⊙에는 '지뢰해제용 기재정형'이 들어가야 한다.

04 남측이 내놓은 "쌍방은 경계 초소를 250m 이격한다."라는 문구를 북한 대표단이 바꾼 문구와 비교하면 양측 모두 '이격한다'라는 말을 사용하고 있음을 알 수 있다. 따라서 '이격한다'는 '언어의 이질감'의 예로 적절하지 않다.

오답 확인 ① 북한의 '근원상'은 남한에서 '근원적으로'라고 쓴다.
② 북한의 '수뇌회담'은 남한에서 '정상 회담'이라고 쓴다.
④ 북한의 '륜밑넣기'는 남한에서 '골밑 슛'이라고 쓴다.
⑤ 북한의 '그물다치기'는 남한에서 '네트 터치'라고 쓴다.

05 ⓒ은 외래어를 고유어로 바꾸어 사용하려는 북한의 말다듬기 정책을 보여 준다. '드리블'이나 '덩크 슛'과 같은 농구 용어를 잘 아는 남한 사람들은 북한의 용어를 이해하는 데 어려움을 겪을 수 있지만, 농구 용어를 잘 모르는 사람이라면 오히려 외래어보다 고유어로 표현된 북한의 용어를 더 쉽게 이해할 수도 있다.

오답 확인 ① 외래어를 그대로 사용할 경우와 고유어로 바꾸어 사용할 경우 국제적인 의사소통에서 차이가 발생할 수 있다.
② 스포츠 용어를 고유어로 바꾸려다 보니 조금은 억지스럽게 바꾼 느낌이 들지만, 친숙한 고유어로 바꾸려고 노력한 점은 인정할 수 있다.
③ 외래어를 고유어로 바꾸는 과정에서 기존에 없던 어휘를 새롭게 만들 수 있어 우리말이 더 풍부해질 수 있다.
⑤ 외래어를 고유어로 바꾸려는 점에서 주체적인 태도를 엿볼 수 있다.

06 통일 시대의 국어를 위해 남한의 표준어와 북한의 문화어

중에서 어느 하나를 대표로 정하여 강요하는 것은 상대방의 반발을 살 수 있어 적절한 방안이라고 볼 수 없다.

오답 확인 ① 남북의 언어 차이를 극복하기 위해서는 먼저 차이를 인정하고 포용하며 수용하는 태도를 가져야 한다.
② 남북의 언어 차이를 극복하기 위한 방안에 관심을 두는 것도 통일 시대의 국어를 위해 필요한 태도이다.
③ 남북의 주민들이 다양한 분야에서 활발히 교류한다면 언어 차이를 극복하고 동질성을 회복하는 데 도움이 될 수 있다.
④ 남한과 북한에서 서로 다르게 사용하는 어휘를 알아보고 그 뜻을 정확하게 이해하려는 노력도 통일 시대의 국어를 위해 가져야 할 바람직한 태도이다.

고난도 응용

01 (가)에서 띄어쓰기의 차이로 인해 의미에도 차이가 생겼다는 내용은 없기 때문에 띄어쓰기 때문에 글의 의미를 파악하기 쉽지 않았을 것이라고 추측한 것은 적절하지 않다.

오답 확인 ① 접미사 '-적'과 '-상'의 차이, 조사 '를'과 '는'의 쓰임이 달라 낯선 느낌을 받을 수 있다.
③ 남한과 북한의 언어에 차이가 있다고는 하지만 기본적으로 양측 모두 한국어를 사용하고 있기 때문에 의사소통에 결정적인 어려움은 없었을 것이다.
④ 같은 대상을 가리키는 용어가 서로 달라 상대측의 의도를 파악하는 데 어려움을 겪을 수 있다.
⑤ 군사 문제에서 오해가 생기면 자칫 무력 충돌로 이어질 수 있는 만큼 문구 하나하나에 각별히 신경 썼을 것이다.

02 제시된 인터뷰 내용을 통해 탁구의 용어인 '서브'와 '리시브'를 북한에서는 각각 '쳐넣기'와 '받아치기'로 바꾸어 사용하고 있음을 알 수 있다. 이는 외래어를 고유어로 바꾸어 사용하려는 북한의 언어 정책을 보여 주는 사례라고 볼 수 있다.

03 남북한의 언어 차이를 극복하기 위해 중학생 수준에서 할 수 있는 일을 생각해 본다.

상	중학생이 할 수 있는 방안을 30자 내외의 한 문장으로 바르게 서술한 경우
중	중학생이 할 수 있는 방안을 바르게 서술하였으나 지나치게 짧게 서술한 경우
하	중학생이 실천할 수 없는 방안을 서술한 경우

03 단원 평가

01 ③ 02 ④ 03 ④ 04 [예시 답안] 남은 준호를 꾸
짖기 위한 의도로 말하였지만, 북은 준호를 칭찬하기 위한 의도로 말
하였다. 05 ② 06 ① 07 ③ 08 ③ 09 ⑤
10 ② 11 ④ 12 ② 13 ⑤ 14 ⑤ 15 ④
16 ③ 17 [예시 답안] 남한과 북한이 함께 쓸 수 있는 통일 국어
사전을 만들어 보급해야 한다.

01 이 글에서는 남북한의 언어 차이를 다양한 측면에서 구체적
사례와 함께 설명하고 있다. 이를 바탕으로 글쓴이는 남북한
의 언어 차이를 극복하기 위한 방안의 필요성을 말하고자
한다는 점을 추측할 수 있다. 따라서 이 글을 바탕으로 설
득하는 글을 쓰고자 할 때 '남한과 북한 모두 상대의 언어에
관심을 가져야 한다.'는 적절한 주장으로 볼 수 있다.

오답 확인 ① 남북한의 언어 차이를 설명하고 있을 뿐, 남북한
간의 문화 수준의 격차에 대해 설명한 내용은 찾아볼 수 없다.
② 언어 통일의 과정에서 고유어를 중시하는 정책을 고려해 볼 수
는 있지만, 본질적인 주장으로 보기는 어렵다.
④ 북한이든 남한이든 어느 한쪽의 어문 규정을 따르라고 강요하는
것은 올바른 방안이라고 볼 수 없다.
⑤ 북한 지역에서 사용하는 방언도 소중한 국어 자료인 만큼 잘 보
존해야 하는 것은 맞지만, 이 글은 방언 차원이 아닌 남북한의 언
어 차이에 대해 설명한 글이기 때문에 적절한 주장으로 보기는 어
렵다.

02 남북으로 분단된 이후 오랜 세월 동안 교류가 단절되었기
때문에 언어의 이질화가 더욱 심해졌다고 볼 수 있다.

오답 확인 ① 남북의 정치 체제가 달라서 이와 관련된 언어에도
차이가 발생할 수 있지만, 단순히 정치 체제의 차이가 언어의 이질
화를 심화하는 것은 아니다.
② 남북의 지역적 특색의 차이로 인해 일부 언어의 차이가 발생할
수는 있지만, 이것 역시 본질적인 원인이라고 보기 어렵다.

03 '칼파스'와 '고기순대'는 모두 '소시지'를 가리키는 북한말이
다. '일없다'는 북한에서 '괜찮다'를 뜻하는 말로 쓰인다.

오답 확인 ① '언제 한번 만나서 식사라도 같이 합시다.'라는 말
을 표면적으로 받아들이지 않고 관계 유지를 위한 인사말로 받아들
였다는 점에서 남한 사람끼리의 대화로 볼 수 있다.
② A의 말에서 '오징어'가 어떤 대상을 가리키는지 알 수는 없지만,
B는 '왕래'라는 말을 통해 남한 사람이라는 것을 알 수 있다.
③ '수갑'의 의미를 서로 다르게 인식하고 있다는 점에서 남한 사람
과 북한 사람의 대화로 볼 수 있다.
⑤ '로동자'와 '리롭지', '않습네다'라는 말을 통해 A는 북한 사람,
'노동자', '이롭지'라는 말을 통해 B는 남한 사람이라는 것을 알 수
있다.

04 남한에서는 '소행'이 부정적인 의미로 사용되는 데 비해 북
한에서는 긍정적인 의미로 사용된다. 따라서 제시된 말에
담긴 남한 사람과 북한 사람의 의도는 정반대로 나타날 수
있다.

상	남과 북의 의도를 조건에 맞게 바르게 서술한 경우
중	남과 북의 의도를 바르게 서술하였지만 글자 수 조건을 충족 하지 못한 경우
하	남과 북의 의도 중 어느 하나만 바르게 서술한 경우

05 (가)의 셋째 문단에 따르면 억양이 달라서 남한 사람들은
북한 사람들이 불친절하고 무뚝뚝하다고 오해할 수는 있
다. 하지만 같은 한국말을 사용하고 있기 때문에 말뜻을
전혀 이해하지 못한다고 할 수는 없다.

오답 확인 ① 남북한 언어의 차이가 커질수록 상대방에 대한 이
질감이 심화되어 통합에 어려움을 겪을 수 있다.
③ 어휘가 다르다 보면 상대방이 한 말의 의미를 제대로 이해하지
못하여 오해가 생기거나 갈등이 생길 수 있다.
④ (나)의 셋째 문단의 내용처럼 전문어가 서로 다를 경우 전문적인
작업을 해야 하는 상황에서 의사소통에 문제가 생겨 일을 같이 해
나가기 어려울 수 있다.
⑤ (나)의 첫째 문단의 '녹색어머니'처럼 뜻이 통하지 않아 이 말이
무엇을 의미하는지 설명하다 보면 대화 시간이 길어질 수 있다.

06 남한의 '어묵'과 북한의 '고기떡'은 형태나 발음이 같은 단
어에 해당하지 않는다. 같은 대상을 가리키는 말이 서로
다른 경우에 해당한다.

오답 확인 ②의 '오징어'와 '낙지', ③의 '바쁘다', ④의 '궁전', ⑤
의 '새침데기'는 모두 형태나 발음이 같지만 그 의미가 남한과 북한
에서 서로 다르게 사용되는 단어의 예에 해당한다.

07 제시된 글에서 밑줄 친 '8·3인민소비품'은 생활용품을 뜻
하는 말로 북한의 제도, 생활 문화 등으로 만들어진 신조
어에 해당한다. 이처럼 새로운 제도, 생활 문화의 창조, 새
로운 기술 등으로 발생한 신조어에 해당하는 것은 '녹색어
머니'이다.

08 남한의 '시냇물'을 북한에서는 '시내물'이라고 적는 것에서
사이시옷을 적지 않는 북한 언어의 특징을 알 수 있다. 남
한의 '유속'을 북한에서는 '류속'이라고 적는 것에서 두음 법
칙을 인정하지 않는 북한 언어의 특징을 알 수 있다. 남한
의 '건널 수'를 북한에서는 '건널수'라고 적는 것에서 의존
명사를 앞말과 붙여 쓰는 북한 언어의 특징을 알 수 있다.

09 '양동이'는 한자 '양(洋)'과 고유어 '동이'가 결합된 말이고,
'물바께쯔'는 고유어 '물'과 일본식 영어인 '바께쯔'가 결합
된 말이다. 따라서 남한과 달리 북한에서는 외래어를 대체

로 우리말로 바꾸어 쓰려고 한다는 예로 적합하지 않다.

10 남한에서는 '드리블', '덩크 슛'과 같은 외래어를 그대로 사용하지만, 북한에서는 '곱침', '꽂아넣기' 등과 같이 고유어로 바꾸어 사용한다.

11 남한에서 오랫동안 쓰이던 '동무'라는 단어를 사용하는 것이 금기시되고, 그 자리에 한자어인 '친구'가 널리 쓰이는 것을 통해 서로 다른 정치 체제와 이념이 단어의 의미 변화와 사용에 영향을 미친다는 것을 알 수 있다.

12 남한에서는 '메시지', 북한에서는 '메쎄지'로 쓰이는 말을 제3의 안인 '메세지'로 단일화한 것이기 때문에 ㉠의 사례로 들기에 적절하다.

오답 확인 ①은 북한에서 쓰는 외래어로 단일화한 예에 해당한다.
③은 남한에서 쓰는 외래어로 단일화한 예에 해당한다.
④는 남북한의 외래어를 인정하여 복수로 한 예에 해당한다.
⑤는 북한에서 쓰이는 말로 단일화한 예에 해당하지만, 외래어가 아니라는 점에서 〈보기〉의 사례와 관련이 없다.

13 제시된 글에서는 우리의 경우 외래어를 순우리말로 바꿔 사용하는 북한의 어휘를 이해하는 데는 큰 어려움을 느끼지 않는다고 하였다. 따라서 남한 사람들이 북한이 외래어를 순화한 말을 잘 이해하지 못한다는 것은 적절하지 않다.

오답 확인 ① 북한 사람들은 남한의 언어 중 단어가 어렵다는 평가를 많이 한다는 내용을 통해 확인할 수 있다.
② 남한 사람들은 북한 사람들의 발음과 억양이 우리의 것과는 달라 낯설고 긴장하게 되는 경향이 있다는 내용을 통해 확인할 수 있다.
③ 어휘 면에서 '한자어와 외래어가 많은 우리의 말'을 통해 확인할 수 있다.
④ '오랜 남북의 분단 상황에서 이질적으로 발전한 두 언어가 남북 간의 동질성을 회복하는 데 걸림돌이 되지 않도록'이라는 내용을 통해 확인할 수 있다.

14 단어나 어절을 끊어서 말하는 경향은 남한 사람들보다 북한 사람들에게서 찾아볼 수 있는 특징이다.

15 남한의 표준어와 북한의 문화어 중 보다 많은 사람이 사용하는 언어는 표준어이다. 즉, ④는 남한의 말을 중심으로 언어를 통일하자는 방안인데, 이는 북한 사람들의 반발을 살 수 있기 때문에 적절한 방안으로 보기 어렵다.

오답 확인 ① 민간 교류가 활성화되면 서로의 언어에 대한 이해의 폭이 넓어져 이질감이 점차 해소될 수 있다.
② 상대방의 언어를 이해하기 위해서는 그 언어에 영향을 끼칠 수밖에 없는 이념이나 제도에 대해 이해하는 과정이 필요하다.
③ 남북한의 언어 차이를 극복하기 위해서는 무엇보다 어떤 차이가

있는지를 분명히 인식하고 극복의 필요성에 대한 공감대가 형성되어야 한다.
⑤ 전문가라고 할 수 있는 남북한 국어학자들이 함께 머리를 맞대고 연구하다 보면 차이를 좁혀 나가는 데 큰 도움이 될 수 있다.

16 '렬, 률'은 편의상 모음 뒤에서는 [열]과 [율]로 발음한다고 하였으므로 '대렬'은 [대열]로 발음한다.

오답 확인 ①의 '론문[론문]', ②의 '리론[리론]'은 'ㄹ'을 모든 모음 앞에서 [ㄹ]로 발음하는 원칙에 따라 발음한 것에 해당한다. ④의 '정렬[정녈]', ⑤의 '선렬[선녈]'은 '렬, 률'은 'ㄹ'을 제외한 자음 뒤에서는 [녈], [뉼]로 발음한다는 규정을 따른 것이다.

17 제시된 글은 독일은 통일되면서 바로 통일 독일어 사전을 편찬하여 언어 차이를 극복했다는 내용이다. 우리도 통일 시대의 국어를 대비하기 위하여 남북한 공동의 사전을 편찬하여 언어 차이를 극복해야 한다는 점을 시사해 준다.

상	통일 국어 사전의 편찬이라는 중심 내용을 포함하여 30자 내외의 온전한 문장으로 서술한 경우
중	통일 국어 사전의 편찬이라는 중심 내용은 포함하였지만 20자 이내로 서술한 경우
하	통일 국어 사전의 편찬이라는 중심 내용 없이 언어 차이를 극복하기 위한 다른 방안을 서술한 경우

Ⅲ. 읽기

01 문제를 해결하며 읽기

1 플라스틱은 전혀 분해되지 않았다
본문 74~75쪽

학습 목표 응용 01 ⑤ 02 [예시 답안] 플라스틱 사용을 줄이자. 03 ③ 04 ④ 05 ⑤
고난도 응용 01 ⑤ 02 [예시 답안] 플라스틱 사용을 줄이자라는 글쓴이의 주장은 타당하지 않다.

학습 목표 응용

01 (마)에서 글쓴이는 플라스틱 사용을 줄이자고 당부하고 있지만 구체적인 방법은 제시하고 있지 않다.

02 글쓴이의 당부는 (마)에 제시되어 있다. 글쓴이는 분해 기간이 길어 썩지 않고 지구에 존재할 플라스틱의 사용을 줄이자고 당부하고 있다.

상	중심 내용이 정확히 맞고, '청유형' 문장으로 제시된 경우
중	중심 내용이 정확히 맞지만, '청유형' 문장으로 제시되지 않은 경우
하	중심 내용이 비교적 맞지만, '청유형' 문장으로 제시되지 않은 경우

03 읽기 과정에서 발생할 수 있는 문제는 글쓴이의 주장이 합리적이고 타당한지 판단하기 어려운 경우에 발생한다. (다)에서 플라스틱의 분해 기간을 정확히 알 수 없다고 한 것은 플라스틱 분해 기간에 대한 전문가의 의견이지 글쓴이의 의견은 아니다. 그러므로 이 의견의 타당성에 대해 문제를 제기하는 것은 적절하지 않다.

04 〈보기〉에 제시된 배경지식의 내용은 플라스틱의 90.5%가 재활용되지 않는다는 것이므로 플라스틱 종류가 너무 많아 재활용되는 양이 그리 많지 않다는 내용이 제시된 ⓓ에서 활용할 수 있다.

05 〈보기〉에 제시된 문제는 하나의 사례만으로 플라스틱의 악영향을 일반화할 수 있느냐는 내용이다. 이를 해결하기 위해 글에 나타난 정보나 배경지식을 활용해야 하는데, 일반화한 내용의 타당성을 높이기 위해서는 비슷한 사례를 제시하면 된다. 플라스틱으로 피해를 본 동물의 사례는 ⑤이다.

고난도 응용

01 독자는 배경지식을 활용하여 글을 읽기도 하지만, 글 읽기를 통해 배경지식을 쌓기도 한다. 이 글을 통해 쌓을 수 있는 배경지식은 글의 내용에 제시되어 있어야 한다. 이 글에 플라스틱이 바다 생물의 생명을 위협하는 내용은 제시되어 있지만 플라스틱이 미세 플라스틱으로 변화한다는 내용은 제시되어 있지 않다.

오답 확인 ① (다)를 통해 정보를 얻을 수 있다.
② (가)를 통해 정보를 얻을 수 있다.
③ (라)를 통해 정보를 얻을 수 있다.
④ (나)를 통해 정보를 얻을 수 있다.

02 독자는 글쓴이의 주장이 합리적이고 타당한지 판단하기 어려운 문제에 부딪힐 때, 글쓴이의 주장과 관련된 다른 정보를 찾아 해결할 수 있다. 〈보기〉에 제시된 정보는 모두 플라스틱의 사용을 줄이는 것에 대한 부정적 의견이다. 따라서 이런 정보를 활용할 경우 글쓴이의 주장은 타당하지 않다고 판단할 수 있다.

상	'글쓴이의 주장'과 '타당성 판단 결과'를 정확히 제시한 경우
중	'타당성 판단 결과'는 정확히 제시하였지만, '글쓴이의 주장'을 불분명하게 제시한 경우
하	'타당성 판단 결과'는 틀리게 제시하였지만, '글쓴이의 주장'을 정확히 제시한 경우

2 신대륙의 숨은 보물, 고추 이야기
본문 76~77쪽

학습 목표 응용 01 ② 02 ⑤ 03 ② 04 ② 05 ④
고난도 응용 01 ④ 02 [예시 답안] 고추는 양념, 민속주, 민속 약으로 쓰인다.

학습 목표 응용

01 이 글은 설명하는 글이다. 설명하는 글은 어떤 지식이나 정보를 읽는 이에게 전달하고 이해시키기 위해 쉽게 풀어서 쓴 객관적인 글이다. 따라서 독자는 자신이 알지 못했던 정보를 정리하며 글을 읽을 수 있다.

오답 확인 ① 글쓴이의 직접적인 경험과 교훈이 제시된 글은 '수필'이다.
③ 주장과 근거 사이의 논리적 인과 관계를 파악하면 읽는 글은 '주장하는 글'이다.

④ 문제 제기와 해결 방안이 담겨 있는 글은 '건의하는 글'이다.

⑤ '문학'은 작품 속에 드러난 문학적 형상화 방법에 대해 관심을 가지며 읽을 수 있다.

02 독자가 배경지식을 활용하여 글을 읽는 것은 적극적인 독서 방법 중 하나이다. 편견이나 선입견 없이 글쓴이의 생각을 객관적으로 받아들일 수 있는 것은 배경지식을 활용하여 읽는 것과 무관하다.

03 이 글에 고추의 영양소와 효능에 대한 정보는 제시되어 있지 않다.

　오답 확인　① (나)와 (라)에서 고추의 다양한 쓰임새에 대한 정보를 얻을 수 있다.

③ (가)에는 고추를 발견하게 된 계기가 제시되어 있다.

④ (다)에는 우리나라에 고추가 정착되는 과정이 제시되어 있다.

⑤ (나)에는 세계 곳곳에서 고추를 즐기는 방법이 제시되어 있다.

04 〈보기〉에는 읽기 과정에서 발생한 문제를 해결하며 읽는 방법이 제시되어 있다. ㉠에서는 향신료의 가격이 오르면서 고추에 대한 관심이 높아지고, 이를 김치에 이용했다는 내용이 나오는데 앞의 문맥을 살펴보면 향신료는 마늘이나 산초, 생강, 파 등 매운맛을 내는 재료임을 알 수 있다. 그러므로 향신료 가격이 오르면서 매운맛을 내면서도 비교적 가격이 저렴한 고추가 향신료를 대체했음을 알 수 있다.

05 ⓓ는 '고춧가루를 탄 감주'이며, 나머지는 모두 '고추'를 가리킨다.

　고난도 응용

01 [A]를 읽으면서 발생할 수 있는 의문은 '덥고 습한 날씨가 왜 양념을 발달하게 했을까?'이다. 이를 해결할 때 활용할 수 있는 배경지식은 높은 온도와 습도 때문에 음식이 쉽게 상하고 이를 방지하기 위해 강한 향신료와 소스가 발달했다는 내용의 ④이다.

02 읽기 목적은 정보 수집이므로 필요한 정보가 포함된 문단을 읽어야 한다. 보고서의 주제가 고추의 여러 가지 쓰임이기 때문에 이와 관련한 정보가 필요하고, (라)를 통해 관련 정보를 얻을 수 있다.

상	세 가지 쓰임을 정확하게 제시하고, 〈조건〉의 문장 형식으로 서술한 경우
중	두 가지 쓰임을 정확하게 제시하고, 〈조건〉의 문장 형식으로 서술한 경우
하	한 가지 쓰임을 정확하게 제시하고, 〈조건〉의 문장 형식으로 서술한 경우

---

01 단원 평가
　본문 78~81쪽

01 ②	02 ①	03 ③	04 [예시 답안] 플라스틱이 동물의 생명을 위협한다.	05 ②	06 ③	07 ⑤	08 ③
09 ③	10 ⑤	11 [예시 답안] 고추의 재배가 어렵지 않았기 때문이다.	12 ①	13 ⑤	14 [예시 답안] 능동적인 읽기 태도를 기를 수 있다.		

01 〈보기〉에서는 읽기 과정에서 글의 내용을 이해하는 데 방해가 되는 문제를 만나고, 다른 정보를 활용하여 이를 해결하는 과정이 제시되어 있다. 이처럼 글을 읽는 과정에서 발생하는 여러 가지 인지적인 문제들을 해결하며 글의 내용을 이해하는 것은 읽기를 문제 해결 과정으로 인식하고 있는 것이다.

　오답 확인　③ 읽기 과정에서 자신이 글의 내용을 잘 이해했는지 점검하고 읽기의 목적과 상황에 맞게 읽기 방법을 효과적으로 조정하는 것이다.

④ 읽기를 통해 자신이 속한 사회의 맥락을 이해하고 그 결과를 사람들과 공유하는 것이다. 이를 통해 다른 사람과 영향을 주고받으며 사회에 참여하는 행위가 사회적 상호 작용으로서의 읽기이다.

02 (가)에서 글쓴이가 바다거북의 고통이 얼마나 심했을지 가늠하지 못하는 것은 바다거북의 고통에 공감하지 못하는 것이 아니라, 바다거북의 고통이 매우 심했을 것이라는 의미이다.

03 (나)에는 플라스틱의 개념과 장단점, 재활용 실태 등에 대한 정보가 제시되어 있다. 플라스틱이 고온에 잘 녹으며 흠집이 생기기 쉽고, 먼지가 잘 붙는다는 단점은 제시되어 있지만 단점을 극복할 수 있는 방법은 제시되어 있지 않다.

04 (다)에는 플라스틱 조각을 먹고 죽은 알바트로스의 사례가 제시되어 있다. 이를 통해 글쓴이는 플라스틱이 동물의 생명을 위협할 수 있다는 정보를 전달하고 있다.

상	중심 내용을 포함하고, 제시된 단어를 활용하여 한 문장으로 서술한 경우
중	중심 내용을 포함하고, 제시된 단어를 활용했지만 두 문장 이상으로 서술한 경우
하	중심 내용을 포함하고, 한 문장으로 서술했지만 제시된 단어를 활용하지 않은 경우

05 (가)는 해양 쓰레기로 죽은 돌고래, (나)는 플라스틱 재활용이 어려운 이유, (다)는 플라스틱의 악영향, (라)는 플라스틱 사용을 줄이자는 글쓴이의 당부가 각각의 중심 내용이다. 플라스틱 재활용이 어렵기 때문에 플라스틱 사용 자체를 줄여야 한다는 주장을 하고 있으므로 (나)는 (라)를

뒷받침하는 근거가 됨을 알 수 있다.

오답 확인 ① (가)는 (나)가 아닌, (라)의 주장을 뒷받침하는 근거가 된다.
③ (나)는 플라스틱의 재활용, (다)는 플라스틱의 악영향에 대한 내용이므로 같은 현상을 다루고 있다고 보기 어렵다.
④, ⑤ (다)는 플라스틱이 인간과 동물에 미치는 구체적인 악영향에 대해 서술하고 있으므로 결론이나 문제 상황에 대한 해결 방법이라고 보기 어렵다.

06 독자는 글의 내용과 관련 있는 배경지식을 활용하여 글을 읽을 수 있다. ⓒ은 (다)를, ⓒ은 (나)를 읽을 때 활용할 수 있는 배경지식이다.

07 글쓴이의 주장은 (라)에 제시되어 있다. (라)에서 글쓴이는 플라스틱을 아예 안 쓸 수는 없지만 사용량을 줄이고, 특히 일회용 플라스틱은 사용하지 말자고 주장하고 있다.

08 글을 읽는 과정에서 발생하는 여러 가지 인지적인 문제들을 해결하며 글의 내용을 이해하는 것이 문제 해결 과정으로서 글을 읽는 것이다. ㉠에서 모르는 단어를 사전에서 찾거나 ⓒ에서 배경지식을 활용하여 문맥을 이해하는 활동이 문제 해결 과정으로서의 읽기 활동의 예이다. ⓒ은 글을 읽고 블로그에 자신의 생각을 올리면서 다른 사람들과 의견을 교류하고 있으므로 사회적 상호 작용으로서의 읽기 활동에 해당한다.

09 (다)를 참고하면, 고추가 국내로 들어오게 된 시기를 놓고 의견이 분분함을 알 수 있다.

오답 확인 ① (다)에서 고추의 재배가 어렵지 않은 덕분에 고추가 남에서 북으로 점차 확산되었음을 알 수 있다.
② (가)에서 콜럼버스가 신대륙 발견과 함께 감자와 고추도 발견했음을 알 수 있다.
④ (나)에서 파프리카는 부드러운 고추의 변종으로, 단맛부터 매운맛까지 다양함을 알 수 있다.
⑤ (가)에서 콜럼버스에 의해 유럽으로 전해진 고추는 16세기 포르투갈과 네덜란드 상인을 통해 아시아, 아프리카까지 퍼져 나갔음을 알 수 있다.

10 (나)에서 매운맛과 순한 맛의 고추 맛을 설명하고 있지만 고추 맛의 변화 과정을 설명한 것은 아니다.

오답 확인 ① 매운맛과 순한 맛의 상반된 두 가지 맛에 대해 설명하고 있다.
② 동남아에서 매운 소스가 개발된 이유를 덥고 습한 날씨 때문이라고 밝히고 있다.
③ 멕시코를 중심으로 살사, 타바스코, 칠리 등 매운 소스가 발전했다고 설명하고 있다.
④ 파프리카를 활용한 대표적인 음식을 '굴라시'라고 제시하고 있다.

11 (다)를 참고하면, 고추는 재배가 어렵지 않은 덕분에 남에

서 북으로 점차 재배 범위가 확산되었음을 알 수 있다.

상	'고추 재배가 어렵지 않다'는 중심 내용을 정확하게 포함하고 완결된 문장으로 제시한 경우
중	'고추 재배가 어렵지 않다'는 중심 내용을 정확하게 포함했지만, 완결된 문장으로 제시하지 않은 경우
하	'고추 재배가 어렵지 않다'는 중심 내용을 대체적으로 포함하면서 완결된 문장으로 제시한 경우

12 (라)에 고추의 매운맛이 소화 기관을 강하게 만들 수 있다는 내용이 있기 때문에 ㉠의 내용을 바로잡을 수 있다. 또한 (나)에 김치가 원래부터 매웠던 것이 아니라는 내용이 있기 때문에 ⓒ의 내용을 바로잡을 수 있다.

오답 확인 ⓒ (가)에서 김치에 고추를 넣기 전 매운맛을 내기 위해 마늘, 산초, 생강, 파 등을 활용했다고 하였으므로 ⓒ은 맞는 정보이다.
㉣ (라)에서 보건 복지부의 조사에 따르면 우리나라의 1인당 하루 고추 섭취량이 세계 최고 수준이라고 하였으므로 ㉣은 맞는 정보이다.

13 (라)에서 우리나라의 1인당 고추 섭취량이 세계 최고 수준임을 확인할 수 있지만 (다)에서 고추가 단순한 양념 이외의 다양한 용도로 쓰임을 확인할 수 있다.

오답 확인 ①, ③, ④ (나)에서 확인할 수 있다.
② (다)에서 확인할 수 있다.

14 〈보기〉에서 독자는 자신의 읽기 과정을 점검하고 조정하고 있다. 읽기 과정에서 자신의 인지 상태를 점검하고 문제 상황을 인식하며, 이를 해결하기 위해 노력하기 때문에 능동적인 읽기 태도를 기를 수 있다는 장점이 있다.

상	중심 내용(능동적인 읽기 태도)을 정확히 포함하여 서술한 경우
중	중심 내용(능동적인 읽기 태도)을 정확히 포함하지 않았지만, 맥락상 유사한 내용을 서술한 경우
하	중심 내용(능동적인 읽기 태도)과 맥락상 유사한 내용을 서술했지만, 문장이 부자연스러운 경우

02 논증 방법 파악하기

1 의심, 생명을 불어넣는 마법사의 물
본문 84~85쪽

학습 목표 응용 01 ④ 02 ① 03 ④ 04 ②
05 [예시 답안] ⓐ, ⓑ, ⓒ는 기존에 믿었던 사실이고, ⓓ, ⓔ는 새롭게 밝혀진 사실이다.
고난도 응용 01 ④ 02 [예시 답안] 사실을 당연하게 받아들이지 않고 의심하는 태도이다.

01 코페르니쿠스는 누구나 믿고 따르던 프톨레마이오스의 생각에 의심을 품고 지동설을 통해 새로운 사실을 밝혀냈다. 즉 지구에 대한 코페르니쿠스와 프톨레마이오스의 생각은 서로 달랐다.

02 이 글에서 글쓴이는 탐구하는 것은 당연하다고 믿는 것을 의심하는 것에서부터 시작한다고 주장하고 있다. 우리 주변의 잘못된 믿음에 의심을 품고 새로운 가설과 실험을 통해 그 믿음을 바로잡는 탐구의 태도가 글쓴이가 주장하는 바와 유사하기 때문에 ①을 근거로 활용할 수 있다.

03 ㉠에서는 영국 왕립 학회의 모토를 인용하고 있다. 권위 있는 기관의 말을 인용할 경우, 독자의 호기심을 자극하고 주장의 타당성을 높일 수 있다.

04 글쓴이는 의심을 하는 순간 죽어 있던 진실이 생명을 얻고 살아나기 때문에 의심을 마법사의 물로 비유하여 표현하였다.

05 〈보기〉의 설명대로 이 글에는 '사람들이 가지고 있는 기존의 믿음'과 '의심을 통해 새롭게 밝혀진 사실'의 상반된 두 가지 사실을 제시하고 있다. ⓐ는 파스퇴르가 살던 시대의 사람들이 보편적으로 가진 믿음이며, ⓑ와 ⓒ도 의심하지 않는 기존의 믿음이다. 그에 반해 ⓓ는 아리스토텔레스의 주장에 의심을 품고 실험을 통해 갈릴레이가 밝혀낸 사실이며, ⓔ도 프톨레마이오스의 생각에 의심을 품고 코페르니쿠스가 밝혀낸 사실이다.

상	'분류'와 '의미'의 서술이 모두 정확한 경우
중	'분류'는 정확하지만, '의미'의 서술이 모호한 경우
하	'분류'와 '의미'의 서술이 모두 모호한 경우

01 이 글에 쓰인 논증 방식은 귀납이다. ④에서 호랑이와 고래라는 구체적인 포유류의 사례를 통해 '포유류는 새끼를 낳는다.'라는 결론을 도출했으므로 귀납에 해당한다.

오답 확인 ① '모든 인간이 죽는다.'라는 대전제를 통해 '소크라테스는 죽는다.'라는 구체적 사실을 이끌어 냈으므로 연역에 해당한다.
② 아이와 비슷한 속성을 가진 묘목을 근거로 결론을 도출했으므로 유추에 해당한다.
③ '포유류는 새끼에게 젖을 먹인다.'라는 대전제를 통해 '원숭이는 새끼에게 젖을 먹인다.'라는 구체적 사실을 이끌어 냈으므로 연역에 해당한다.
⑤ 문제점을 제시하고 그 해결 방법을 모색하고 있기 때문에 문제 해결에 해당한다.

02 〈보기〉의 데카르트는 경험을 통해 얻은 지식을 의심하고, 더 이상 의심할 수 없는 단 하나의 사실을 찾아낸다. 이를 통해 볼 때 데카르트는 글쓴이가 강조하는 의심의 태도, 즉 사실을 당연하게 받아들이지 않는 태도를 실천한 사람이라고 할 수 있다.

상	'사실'과 '의심'을 모두 포함하여 중심 내용을 맞게 서술한 경우
중	'사실'과 '의심' 중 하나를 포함하여 중심 내용을 맞게 서술한 경우
하	'사실'과 '의심'은 포함하지 않았지만, 중심 내용을 맞게 서술한 경우

② 디지털 치매, 걱정할 일 아니다   본문 86~87쪽

학습 목표 응용   **01** ⑤   **02** ③   **03** ④   **04** ⑤
고난도 응용   **01** ⑤   **02** [예시 답안] 디지털 치매는 단순히 기억력과 계산력을 약화시키는 것이 아니라 이성의 핵심 기능까지 상실하게 할 수 있다는 점에서 질병으로 봐야 한다.

01 이 글에는 디지털 치매에 대한 글쓴이의 긍정적인 의견이 드러나 있을 뿐 부정적인 의견은 제시되지 않았다.

오답 확인 ① (나)에서 디지털 치매 현상의 개념을 정의하고 있다.
② (가)에서 디지털 치매 현상의 다양한 사례를 제시하고 있다.
③ (다)에서 프랑스의 철학자 미셸 세르의 저서와 강연 내용을 인용하고 있다.
④ (다)에 인용된 내용에서 인류의 기술이 진보해 온 대표적인 과정이 순서대로 제시되고 있다.

02 (다)에 따르면 오늘날 휴먼 인터페이스는 기억력, 계산력 등의 약화를 가속화하였다. 따라서 '기억하고 계산하는 능력'은 ⓑ에 들어가기에 적절하다.

03 글쓴이는 프랑스의 철학자 미셸 세르의 저서와 강연 내용을 인용하여 디지털 기술에 의존하는 현상은 자연스러운 현상이므로 이것을 꼭 부정적으로 볼 필요가 없다는 자신의 주장을 뒷받침하고 있다.

04 (라)에 따르면 현대의 노동 환경에서는 제공되는 정보의 양이 너무나 많다. 그리고 (마)에 따르면 자기 자신만의 정보를 잘 기억하는 능력보다는 여기저기 놓여 있는 정보를 효과적으로 잘 찾는 능력이 훨씬 중요하게 여겨지는 사회로 바뀌고 있다. 따라서 현대의 노동 환경에서 가장 필요한 능력은 방대한 정보를 효율적으로 찾아 활용하는 능력이라고 할 수 있다.

01 (다)에는 시대의 흐름에 따른 인류의 기술 진보와 인류의 진화 과정을 보여 주는 다양한 사례들을 제시한 후 그것들을 바탕으로 결론을 내리는 귀납의 방식이 쓰였다. 이와 같은 논증 방식이 쓰인 것은 ⑤이다.

오답 확인 ①, ③ 일반적 원리나 진리를 전제로 하여 특수한 사실을 결론으로 이끌어 내는 연역의 방식이 쓰였다.
② 둘 이상의 대상이나 현상이 비슷하다는 점을 근거로 하나의 대상에서 나타나는 현상이 다른 대상이나 현상에서도 그럴 것이라고 추론하는 유추의 방식이 쓰였다.
④ 문제 상황을 제시하고 이를 해결할 방안을 제시하는 문제 해결 방식이 쓰였다.

02 글쓴이는 디지털 치매를 기술 진보와 함께 인류의 진화 과정에 나타나는 자연스러운 현상으로 보고 있다. 그러나 〈보기〉에서는 디지털 치매가 결국에는 비판적 사고력 같은 이성의 핵심 기능까지 상실하게 할 수 있다며 디지털 치매를 부정적으로 바라보고 있다.

상	두 견해 사이의 쟁점이 드러나도록 글자 수를 지켜 바르게 서술한 경우
중	'디지털 치매는 인간 고유의 능력들을 위협한다.'와 같이 〈보기〉의 관점만을 서술한 경우
하	〈보기〉의 관점과 관련 없이 '디지털 치매는 치료가 필요한 질병이다.'와 같이 막연하게 서술한 경우

02 단원 평가
본문 88~91쪽

01 ② **02** ③ **03** ① **04** [예시 답안] 이 글은 구체적 사실에서 일반적 원리를 이끌어 내지만 〈보기〉는 일반적 원리에서 구체적 사실을 이끌어 낸다. **05** ④ **06** ⑤ **07** ③ **08** ③ **09** ⑤ **10** ② **11** ③ **12** ① **13** ② **14** ④ **15** ②

01 '탐구하는 것'은 기존의 권위 있는 학자들의 생각과 믿음에 의심을 품고, 새로운 가설을 세우고 실험을 통해 입증하여 그 잘못을 바로잡는 일이다.

02 이 글의 중간 부분에는 결론을 도출하기 위한 구체적 사례가 제시되어 있다. 미생물이 저절로 발생한다는 믿음을 깬 파스퇴르, 자유 낙하를 하는 두 물체 중 더 무거운 것이 더 빨리 땅에 떨어진다는 아리스토텔레스의 주장을 깬 갈릴레이, 우주의 중심이 지구라는 프톨레마이오스의 생각을 깬 코페르니쿠스의 사례가 그것이다.

03 (가)의 구체적 사례를 통해, (나)의 결론을 이끌어 내고 있으므로 (가)는 (나)의 주장을 뒷받침하는 근거라고 할 수 있다.

04 이 글은 구체적 사례로부터 일반적 원리를 도출하는 귀납이 사용되었고, 〈보기〉에서는 '모든 인간은 죽는다.'라는 일반적 원리로부터 '소크라테스는 죽는다.'라는 구체적 사례를 이끌어 내는 연역이 사용되었다.

상	'논증 방법의 차이'가 명확히 드러나고, 〈보기〉에서 제시한 두 용어를 모두 활용한 경우
중	'논증 방법의 차이'가 명확히 드러났지만, 〈보기〉에서 제시한 두 용어를 활용하지 않은 경우
하	〈보기〉에서 제시한 두 용어를 모두 활용했지만, '논증 방법의 차이'가 모호하게 드러난 경우

05 글쓴이는 디지털 치매를 예방해야 할 질병으로 여기지 않고 있으며, 디지털 치매 예방과 관련한 내용은 이 글에서 찾아볼 수 없다.

오답 확인 ① (나)에 따르면 디지털 치매는 디지털 기술에 지나치게 의존한 나머지 기억력과 계산 능력 등이 현저하게 떨어지는 현상이다.
② 디지털 치매의 다양한 사례는 (가)에서 확인할 수 있다.
③ (나)에 따르면 디지털 치매 현상은 인류의 진화, 우리 사회의 노동 환경의 변화와 연관된 복잡한 현상이다.
⑤ (다)에 따르면 우리 뇌의 능력은 점점 기억하는 뇌가 아닌 필요한 정보를 빨리 찾는 뇌로 바뀌어 가고 있다.

06 (라)에서 글쓴이는 디지털 치매를 이상한 종류의 병에 걸렸다고 걱정하지 말라고 말하고 있다. 그리고 디지털 치매는 인간 진화의 자연스러운 양상일 뿐이며 미래형 인간을 향한 진보의 결과로 이를 마음 편하게 받아들이길 권하고 있다.

07 (다)에서 글쓴이는 우리 뇌의 능력은 점점 기억하는 뇌가 아닌 필요한 정보를 빨리 찾는 뇌로 바뀌어 가고 있다고 하였다. 이전에는 자기 자신만의 정보를 잘 기억하는 능력이 중시되었다면, 현대는 여기저기 놓여 있는 정보를 효과적으로 잘 찾는(검색하는) 능력이 중시되고 있다.

08 이 글에서는 디지털 치매의 특성과 발생 배경을 제시한 후, 디지털 치매는 인간 진화의 자연스러운 양상이라고 주장하고 있다. 디지털 치매를 병이라고 걱정하지 말고 미래형 인간을 향한 진보의 결과로 인식을 바꿀 것을 권하고 있는 것이다.

오답 확인 ① 디지털 치매에 대한 학자의 견해는 (다)의 미셸 세르의 저서와 강연 내용이 소개되어 있을 뿐이다.
⑤ (가)에서 디지털 치매의 여러 사례를 제시하고는 있지만, 이 사례들을 유형별로 분류한 내용은 찾아볼 수 없다.

09 (마)에 따르면 디지털 치매 현상은 병이 아니라 인간 진화의 자연스러운 양상일 뿐이다. 디지털 치매 현상의 문제점을 제시한 내용도 없고, 해결 방안 마련을 당부하는 내용도 찾아볼 수 없다.

10 (가)에서는 디지털 치매에 해당하는 다양한 사례들을 제시하여 글의 내용에 대한 흥미를 유발하면서 중심 화제인 디지털 치매를 자연스럽게 소개하고 있다.
오답 확인 ① 글쓴이의 주장을 요약적으로 제시한 부분은 (마)이다.
③ 앞으로의 전망과 해결 과제는 제시되어 있지 않다.
④ 구체적인 근거를 들어 주장을 뒷받침하는 부분은 (다)와 (라)이다.
⑤ 글에서 사용한 논증 방식을 미리 안내하는 내용은 찾아볼 수 없다.

11 [A]에서는 손의 사용, 문자와 인쇄술의 발명, 휴먼 인터페이스 등과 같은 인류의 기술 진보에 따라 어떤 진화의 과정을 거쳐 왔는지를 다양한 사례를 통해 결론을 이끌어 내는 귀납의 방식으로 논증하고 있다.

12 이 글의 글쓴이는 디지털 치매 현상을 미래형 인간을 향한 진보의 결과로 마음 편하게 받아들이길 권하고 있다. 이런 점에서 디지털 치매 현상을 낙관적·긍정적으로 바라보고 있음을 알 수 있다.

13 ②는 글쓴이의 주장을 그대로 수용한 것으로 비판적인 읽기에 해당하지 않는다.
오답 확인 ① 글쓴이는 디지털 치매 현상의 부정적인 면(기억력과 계산력의 약화)은 간략하게 언급하면서 주로 긍정적인 면을 언급하고 있다.
③ 글쓴이는 현대에는 많은 정보를 기억하는 것보다 필요한 정보를 빨리 찾는 능력이 중요시되었다고 하였다.
④ 귀납에 의한 논증은 가급적 사례가 충분할수록 타당성을 높일 수 있다.
⑤ 디지털 기술에 의존하여 필요한 정보를 빨리 찾는 능력이 중요해졌다고 했지만, 정전이나 기술적인 결함으로 디지털 기술을 활용할 수 없는 상황이 되었을 때는 심각한 문제 상황을 일으킬 수도 있다.

14 ㉡과 같이 '무엇의 정도나 수준을 낮게 하다.'라는 뜻으로 쓰인 것은 ④의 '떨어뜨리다'이다.
오답 확인 ① '위에 있던 것을 아래로 내려가게 하다.'를 뜻한다.
② '가지고 있던 물건을 빠뜨려 흘리다.'를 뜻한다.
③ '무엇과 거리가 벌어지게 하다.'를 뜻한다.
⑤ '시험이나 선발 등에 붙거나 뽑히지 못하게 하다.'를 뜻한다.

15 디지털 치매는 (가)와 (나)에서는 디지털 기술 의존 현상과 같은 의미로 쓰였지만, 뒤에 이어지는 내용을 고려할 때 (마)에서는 병의 일종으로 쓰였다. 글쓴이는 디지털 기술 의존 현상(ⓐ)은 인간 진화의 자연스러운 과정일 뿐이므로 이것을 병에 해당하는 디지털 치매(ⓑ)에 걸렸다고 걱정하지 말라고 주장하고 있다.

03 관점과 형식 비교하기

① 밤도 대낮처럼 환하게, 인공 빛의 두 얼굴
본문 94~95쪽

학습 목표 응용 01 ③ 02 ③ 03 ③ 04 ③
05 ⑤ 06 ③
고난도 응용 01 ⑤ 02 [예시 답안] 빛 공해는 멜라토닌의 생성을 억제하여 생체 리듬을 깨뜨리고, 불면증, 우울증, 만성 피로, 식욕 부진 등과 같은 각종 증상에 시달리게 하므로 건강에 나쁜 영향을 미친다.

학습 목표 응용

01 이 글은 주장하는 글인 논설문이다. 논설문을 읽을 때에는 글쓴이가 주장하는 바와 그것을 뒷받침하는 근거를 중심으로 글 전체의 중심 내용을 메모하며 읽는다. 세부 내용까지 메모할 필요는 없다.
오답 확인 ① 주장하는 글에서는 객관적 사실을 근거로 들어 주관적 의견을 서술하는 경우가 많으므로 사실과 의견을 구분하며 읽는다.
② 주장하는 글을 읽을 때에는 글을 통해 글쓴이가 말하고자 하는 바를 파악하여 글을 쓴 의도와 목적을 이해하며 읽는다.
④ 주장하는 글을 읽을 때에는 대상에 대한 글쓴이의 관점을 파악하며 읽는다.
⑤ 주장하는 글은 일반적으로 '서론-본론-결론'의 3단 구성으로 이루어져 있으므로 이런 구성 방식을 고려하여 글의 종류나 형식을 파악하며 읽는다.

02 (다)에서는 호수 주변의 빛 공해가 물고기의 포식 행위를 막아 물고기를 죽게 하고, 야간 조명이 벌의 비행 능력을 방해하며 새들에게도 악영향을 줄 수 있다고 말하고 있다. 따라서 인공 불빛이 동물의 행동에 미치는 악영향을 다루고 있음을 알 수 있다.
오답 확인 ① (가)는 야간 조명의 발달로 밤이 지나치게 밝은 도시의 현실을 다루고 있다.
② (나)는 인공 불빛이 사람들의 건강에 미치는 악영향을 다루고 있다.
④ (라)는 인공 불빛이 식물의 생식에 미치는 악영향을 다루고 있다.
⑤ (마)는 빛 공해를 줄이기 위한 노력을 촉구하는 내용을 다루고 있다.

03 (나)에서 세계적인 과학 잡지 『네이처』의 보고서를 인용하여 야간 조명이 사람의 눈 건강에 미치는 부정적 영향을 객관적으로 서술하고 있다. 또한 (나)에서는 야간 조명과 근시 현상의 상관관계를, (라)에서는 야간 조명이 농작물 수확량 감소에 미치는 영향을 구체적인 수치를 활용하여 제시함으로써 내용의 신뢰성을 높이고 있다.

04 이 글은 인공 불빛이 사람의 건강을 해치고, 동물의 생태와 행동에 나쁜 영향을 미치며, 식물의 생식 능력을 감퇴시키는 등 사람과 동식물에 악영향을 미친다는 것을 근거로 들어, 불필요한 인공 불빛의 사용을 줄여야 한다는 생각을 드러내고 있다.

오답 확인 ① 글쓴이는 이 글 전체에서 과도한 인공 불빛의 사용을 문제 상황으로 인식하고 있으므로, 우리나라의 인공조명이 필요에 비해 다소 부족한 편이라고 볼 수 없다.
② (가)에서 글쓴이는 적어도 건강상의 문제에 있어서는 빛 못지않게 어둠도 중요하다고 했다. 이것은 빛과 어둠 모두의 중요성을 강조한 것이지, 빛보다 어둠이 더 중요하다고 본 것은 아니다.
④ (마)에서 글쓴이가 자연의 시계대로 살아야 한다고 한 것은, 해가 지면 불필요한 야간 조명의 사용을 줄이고 일찍 잠자리에 들자는 뜻으로 이해할 수 있다. 도시를 떠나 원시적인 삶의 방식을 따라야 한다는 뜻으로 해석하기는 어렵다.
⑤ (나)에서 글쓴이는 밤에 인공 불빛에 과도하게 노출되지 말아야 한다고 했고, (마)에서 불필요한 불을 끄자고 했다. 따라서 과도하거나 불필요한 야간 조명의 사용을 줄이자는 것이지, 야간 조명 사용을 전면 금지해야 한다고 주장하는 것은 아니다.

05 이 글에서는 밤을 대낮같이 밝게 만드는 야간 조명의 지나친 사용을 문제 상황으로 제시하고 있다. 그리고 이런 현상이 사람과 동식물에 어떤 영향을 미치는지 하나하나 따져 보면서 문제의 심각성을 강조하고 있다.

06 이 글에는 야간 조명에 관한 부정적 관점이 드러나 있다. ㄴ. '대낮같이 밝은 밤, 암 발병률과 비만 위험 높여'는 야간 조명이 사람의 건강에 미치는 부정적 영향을 다루는 표제이므로 야간 조명에 대한 부정적 관점이 드러나 있다고 할 수 있다. ㄷ. '빛 공해가 웬 말? 별빛 축제로 우주 감성 여행을 떠나요!'는 야간 조명의 지나친 사용을 '빛 공해'라고 표현하고 있으며, 이 빛 공해에서 벗어나 별빛을 감상할 수 있는 프로그램을 소개하고 있으므로 야간 조명에 대한 부정적 관점이 드러나 있다고 할 수 있다.

오답 확인 ㄱ. '○○ 축제, 야간 조명으로 볼거리 풍부'는 야간 조명을 활용하여 볼거리가 풍부한 축제를 연다는 표제이고, ㄹ. '아름다운 야경으로 되살아난 ○○시, 관광 수익 창출에 성공'은 야간 조명의 경제적 효과를 다루는 표제이므로 둘 다 야간 조명에 대한 긍정적 관점이 드러난다고 할 수 있다.

고난도 응용

01 이 글은 야간 조명이 사람과 동식물에 미치는 부정적 영향을 다루고 있지만, 〈보기〉는 야간 조명을 활용한 도시의 관광 정책이 경제적이고 효율적이라는 내용을 다루고 있다. 따라서 이 글은 야간 조명의 단점을, 〈보기〉는 장점을 주로 언급하고 있다고 할 수 있다.

오답 확인 ①, ② 이 글은 야간 조명에 대해 부정적, 비판적 관점을, 〈보기〉는 긍정적, 우호적 관점을 취하고 있다.
③ 이 글은 야간 조명이 사람의 건강에 미치는 폐해를 다루고 있으므로 야간 조명을 건강과 관련시키고 있다고 볼 수 있다. 하지만 〈보기〉는 야간 조명을 활용한 관광 정책의 경제성과 효율성을 이야기하고 있으므로 야간 조명을 환경 문제와 관련시키고 있다고 보기는 어렵다.
④ 이 글은 야간 조명이 사람과 동식물에 미치는 악영향을 객관적 자료를 활용하여 제시하고 있고, 〈보기〉는 야간 조명을 활용한 경관 연출의 효율성과 경제성을 언급하고 있다. 따라서 두 글 모두 야간 조명에 대해 사실에 입각하여 이성적으로 접근하고 있다고 할 수 있다.

02 ㉠에 대한 답은 (나)에 제시되어 있다. (나)에서 글쓴이는 과도한 인공 불빛이 멜라토닌의 원활한 생성을 방해하고 그로 인해 생체 리듬이 깨져 각종 증상에 시달릴 수 있다고 말하고 있다. 따라서 빛 공해는 건강에 나쁜 영향을 미친다고 할 수 있다.

상	이 글에 제시된 구체적인 근거를 들어 글쓴이가 기대하는 답을 명확하게 서술한 경우
중	이 글에 제시된 구체적인 근거를 들었으나, 글쓴이가 기대하는 답을 모호하게 서술한 경우
하	이 글에 제시된 구체적인 근거를 들지 못하고, 글쓴이가 기대하는 답을 모호하게 서술한 경우

② 밤이 아름다운 도시 본문 96~97쪽

학습 목표 응용 **01** ② **02** ③ **03** ① **04** ②
고난도 응용 **01** ③ **02** [예시 답안] 글쓴이는 ㉠~㉣을 통해 야경이 아름다운 도시들을 구체적 사례로 제시하여, 우리나라에서도 야간 조명을 활용하여 야경이 아름다운 도시를 만들어야 한다고 주장하고 있다.

학습 목표 응용

01 이 글에서 글쓴이는 야간 조명을 활용하여 밤이 아름다운 도시를 만들어야 한다는 주장을 펼치고 있다. 따라서 야간

조명의 가치를 도시 미관과 관련지어 아름다움의 측면에서 다루고 있다고 할 수 있다.

오답 확인 ① 글쓴이는 야간의 인공조명을 활용한 도시 경관 정책을 다루고 있다. 자연조명에 대해서는 따로 언급하지 않았다.
③ 글쓴이는 도시 브랜드 가치를 높이는 방법의 하나로 야간 조명을 적극적으로 활용하자고 제안하고 있을 뿐, 야간 조명에 대한 정부의 부정적 입장은 다루고 있지 않다.
④ 글쓴이는 도시 경관을 아름답게 가꾸기 위해 인공조명을 활용해야 한다고 주장하고 있을 뿐, 인공조명이 사람의 건강에 미치는 영향에 대해서는 언급하고 있지 않다.
⑤ 글쓴이는 편리성이나 실용성이 아니라 아름다움이나 예술성의 측면에서 야간 조명의 장점을 언급하고 있다.

02 (다)는 본론 부분으로 야간 경관 조명 정책의 성공적 사례를 객관적 근거로 제시하여 인공조명을 활용한 야간 경관 조명 정책의 필요성을 주장하고 있다.

오답 확인 ① (가)는 서론 부분으로 야간 조명으로 만들어 낸 도시의 아름다운 야경을 화제로 제시하고 있을 뿐, 이런 도시의 야경을 문제 상황으로 인식하고 있지 않다.
② (나)는 본론 부분으로 야경이 아름다운 도시의 구체적 예들을 소개하고 있다. 이러한 구체적 사례는 우리나라에서도 야경이 아름다운 도시를 만들자는 글쓴이의 주장을 뒷받침하는 근거로 쓰이고 있다.
④ (라)는 본론 부분으로 우리나라에서도 적절한 야간 조명 계획을 수립해야 한다는 내용을 통해 글쓴이의 주장을 드러내고 있다.
⑤ (마)는 결론 부분으로 야간 조명을 활용한 도시 정책 마련의 필요성을 촉구하며 글을 마무리하고 있다. 문제의 심각성을 강조하는 내용은 없다.

03 (나)에서는 부다페스트가 인공 불빛을 활용하여 도시의 주요 건물과 도나우 강물 그리고 세체니 다리 등을 아름답게 연출하여 환상적인 밤 풍경을 만들어 내고 있다고 소개하고 있다.

오답 확인 ② (나)에서 호이안은 거리를 장식한 연등과 여행객들이 강 위로 띄워 보내는 촛불 연등을 활용하여 아름다운 야경을 만들어 내었다고 소개하고 있다.
③ (가)에서 '도시에 밤이 찾아오면 낮 동안의 분주함을 조용히 덮은 채로 낮과는 전혀 다른 새로운 풍경이 연출된다'고 이야기하고 있다.
④ (라)에서는 테마파크를 조성하는 내용을 다루지 않았다. 다만, 도시의 야간 조명을 활용할 때, 테마파크와 같은 장면이 연출되지 않도록 인공조명을 적절하게 활용하는 절제된 조명 계획이 필요하다고 언급하고 있다.
⑤ (다)에서 야간 경관 조명 정책은 적은 예산을 투자하여 짧은 기간 내에 원하는 모습을 만들 수 있다고 언급했으므로, 초기에는 비용이 많이 든다는 설명은 적절하지 않다.

04 이 글은 밤이 아름다운 도시의 사례를 소개하고 야간 조명을 활용한 도시 경관 정책의 성공 사례를 들어 우리나라에

도 밤이 아름다운 도시가 만들어져야 한다고 주장하는 글이다. 따라서 ⓐ에는 아름다움의 측면에서 도시를 바라보는 내용이 제시되어야 한다.

고난도 응용

01 ⓐ는 글쓴이가 도시에 있어서 야간 조명을 바라볼 때, 생활의 편리성이나 안전성보다는 아름다움이나 예술성의 측면에 주목하고 있음을 보여 준다. 〈보기〉의 다영도 야경의 아름다움과 낭만성에 주목하고 있고, 성민도 야간 조명으로 인한 공원 풍경의 아름다움에 주목하고 있다.

오답 확인 수진은 가로등 설치로 인해 밤거리가 안전해졌다는 데 주목하고 있고, 우철은 야간 조명으로 인해 밤에도 편리하게 생활할 수 있다는 데 주목하고 있다.

02 ㉠~㉣은 모두 야경이 아름다운 도시라는 공통점을 지니고 있다. 글쓴이는 이렇게 밤이 아름다운 도시를 구체적 사례로 제시하여 우리나라에서도 야간 조명을 활용하여 야경이 아름다운 도시를 만들어야 한다는 주장을 독자에게 전달하고 있다.

상	㉠~㉣의 공통점을 바탕으로 글쓴이의 의도가 드러나게 주장을 서술한 경우
중	㉠~㉣의 공통점은 적절하게 쓰지 않았지만, 글쓴이의 의도가 드러나게 주장을 서술한 경우
하	㉠~㉣의 공통점만 적절하게 쓰고, 글쓴이의 의도가 드러나게 주장을 서술하지 못한 경우

03 단원 평가
본문 98~101쪽

01 ①	02 ③	03 ③	04 ④	05 ⑤	06 ③

07 ⑤ 08 [예시 답안] 야간 조명을 활용하여 아름다운 야경을 만들어 낸 도시를 구체적인 사례로 제시하고 있다. 09 ③ 10 ⑤
11 ⑤ 12 [예시 답안] 문제가 (사람과 동물에) 미칠 영향 13 ④
14 ⑤ 15 [예시 답안] (가)의 글쓴이는 야간 조명을 부정적으로 바라보며 야간 조명의 지나친 사용을 줄이자고 주장하는 반면, (나)는 야간 조명을 긍정적으로 바라보며 야간 조명을 활용하여 밤이 아름다운 도시를 만들자고 주장하고 있다.

01 (가)는 야간 조명의 과도한 사용이 사람과 식물에 미치는 악영향을 다루고 있고, (나)는 야간 조명을 활용하여 아름

다운 도시를 만들자는 내용을 다루고 있다. 따라서 두 글은 모두 야간 조명을 화제로 다루고 있다.

오답 확인 ② 밤하늘의 별에 대해서는 (가)와 (나) 모두 다루지 않았다.
③, ④ 도시의 야경과 도시의 아름다움은 (나)에서만 다루고 있는 내용이다.
⑤ (가)와 (나)는 모두 야간의 인공조명에 대해 다루고 있을 뿐, 자연 조명에 대해서는 다루지 않았다.

02 동일한 화제를 다룬 여러 글을 관점을 비교하며 읽다 보면, 글을 깊이 있게 이해할 수 있고, 대상에 대한 다양한 시각을 접함으로써 사고의 폭을 넓히고 균형 잡힌 시각을 가질 수 있다. 또한 대상에 대한 자신의 관점을 세울 때에도 도움을 받을 수 있다. 하지만 글의 세부 내용까지 모두 기억할 수 있는 것은 아니다.

03 (가)는 빛 공해가 사람의 건강과 식물의 생식에 미치는 부정적 영향을 서술하면서 과도한 인공 불빛이 우리의 삶과 자연계 전반에 악영향을 끼치고 있다고 주장하고 있다. 따라서 건강과 환경을 중시하고 있다고 볼 수 있다. 하지만 (나)는 인공조명이 아름다운 야경을 연출한다는 점에 초점을 맞춰 우리나라에서도 야간 조명을 활용하여 야경이 아름다운 도시를 만들자고 주장하고 있다. 따라서 도시 미관을 중시하고 있다고 볼 수 있다.

오답 확인 ① (가)와 (나)는 모두 도시 경제의 발전에 대해서는 다루지 않았다.
② (가)와 (나)는 모두 인공조명을 화제로 다루고 있다. 인공조명과 자연조명을 비교하는 내용은 나와 있지 않다.
④ (가)에는 인공조명이 식물의 생식에 부정적 영향을 미치는 문제를 다루며 자연 생태계에도 관심을 보이고 있다. 따라서 자연보다 인간을 더 중요시한다고 보기는 어렵다. (나)에는 인공조명을 활용하여 도시의 경관을 아름답게 만들자는 주장이 제시되어 있을 뿐, 인간보다 자연이 더 중요하다는 내용은 찾아보기 어렵다.
⑤ (가)에서는 도시의 안전성 문제를 다루지 않았고, (나)에서는 도시의 편의성 문제를 다루지 않았다.

04 (가)와 (나)는 야간 조명이라는 동일한 대상을 화제로 다루고 있으나, 관점에서는 차이를 보인다. 야간 조명에 대해 (가)는 부정적 관점을, (나)는 긍정적 관점을 취하고 있다. ④는 빛 공해로 인해 밤하늘의 별들을 보기 어려워졌다는 내용으로, 야간 조명에 대한 부정적 관점을 드러내고 있다. 따라서 (나)가 아니라 (가)와 관점이 유사하다.

05 (가)에서는 빛 공해가 사람과 동식물에 미치는 부정적 영향을 다루고 있다. 하지만 빛 공해로 인해 이웃 주민 간의 갈등이 유발된다는 내용은 찾아볼 수 없다.

오답 확인 ①, ② (가)에서는 멜라토닌이 면역 기능 개선과 학습

과 기억력 증진에 효과가 있다고 했다. 그런데 빛 공해로 인해 멜라토닌이 제대로 생성되지 않을 수 있다고 했으므로, 빛 공해로 인해 면역 기능이 떨어지거나 학습 부진이 발생할 수 있다고 추론할 수 있다.
③ (가)에서 밤에 불을 켜고 자는 어린이들의 34%가 근시 현상을 보였다고 하였다. 따라서 빛 공해가 눈에 나쁜 영향을 끼칠 수 있다고 추론할 수 있다.
④ (가)에서 농촌 진흥청 국립 식량 과학원의 연구 결과에 따르면 장기간 빛을 쬔 농작물의 수확량이 감소되었다고 하였다. 따라서 빛 공해가 식물의 생식 능력을 감퇴시킬 수 있다고 추론할 수 있다.

06 세계적인 과학 잡지 『네이처』에 실린 내용이 신뢰할 만한 것인지를 묻는 것은 주장의 타당성을 판단하는 적절한 질문이지만, 『네이처』에 어떤 연구 결과들이 실려 있는지 확인하는 것은 (가)에 드러난 주장의 타당성을 판단하는 것과는 관련이 없다.

오답 확인 ① 글쓴이의 주장이나 근거와 상반된 사례를 조사해 보면, 그 타당성을 판단하는 데에 도움이 된다.
② 글쓴이의 주장이 현실적으로 실현 가능한지 판단하여 주장의 타당성을 따져 볼 수 있다.
④ 특수한 몇 가지의 사례를 근거로 결론을 이끌어 낼 경우에 일반화의 오류에 빠질 수 있으므로 검토해 볼 필요가 있다.
⑤ 주장을 뒷받침하는 근거로 제시된 연구 결과가 과연 믿을 만한 것인지 따져 보는 것은 주장의 타당성을 판단하는 데 도움이 된다.

07 (나)는 야간 조명을 활용하여 밤이 아름다운 도시를 만들자는 주장을 펴고 있는 논설문이다. 따라서 글쓴이는 일반인에게 야간 조명을 활용하여 도시의 가치를 높이기 위한 노력이 필요함을 설득하고자 이 글을 썼음을 알 수 있다.

08 [A]는 야경이 아름다운 도시의 예로 헝가리 부다페스트를 소개하면서, 부다페스트가 인공조명을 어떻게 활용하여 아름다운 야경을 만들어 내었는지를 상세하게 서술하고 있다. 이렇듯 글쓴이는 구체적인 사례를 제시하여 우리나라에서도 야간 조명을 활용하여 부다페스트처럼 야경이 아름다운 도시를 만들어야 한다는 자신의 주장을 효과적으로 뒷받침하고 있다.

상	[A]의 중심 내용과 논지 전개 방법을 모두 적절하게 서술한 경우
중	[A]의 중심 내용은 적절하게 서술하지 않고, 논지 전개 방법만 적절하게 서술한 경우
하	[A]의 중심 내용만 적절하게 서술하고, 논지 전개 방법은 적절하게 서술하지 못한 경우

09 (가)와 (나)는 객관적인 근거를 들어 글쓴이의 주장의 타당성을 입증하는 형식을 취하고 있는데, 이러한 형식을 취하면 글쓴이의 생각을 논리적이고 설득력 있게 독자에게 제

시할 수 있다. 창의적이고 참신한 표현의 효과를 거둘 수 있는 글은 일반적으로 문학 갈래의 글이다.

10 학생 5는 모든 인공조명을 차단해야만 빛 공해의 문제들을 해결할 수 있다고 했다. 하지만 인공조명에 대해 부정적 관점을 취하고 있는 (가)에서도 모든 인공조명을 금지해야 한다는 입장을 드러내고 있지는 않다. '밤에 인공 불빛에 과도하게 노출되지 말아야 한다'거나 '불필요한 불을 *끄자*'라는 말에서 (가)의 글쓴이가 불필요한 인공조명의 사용을 줄이자고 주장하고 있음을 알 수 있다. 따라서 (가)와 (나)를 읽고 인공조명을 모두 차단해야 한다고 생각하는 것은 적절한 반응으로 보기 어렵다.

[오답 확인] ① (가)에서 빛 공해가 사람과 동물에 미치는 부정적 영향을 다루고 있으므로, 야간 불빛의 문제점을 알게 되었다는 것은 적절한 반응이다.
② (가)에서 과도한 인공 불빛 때문에 생체 리듬이 깨지고 그로 인해 불면증과 같은 증상에 시달릴 수 있다고 했으므로 적절한 반응이다.
③ (가)에서 야간 조명으로 인해 불면증이 생길 수 있다고 했으므로, 불면증 문제를 해결할 수 있는 방안으로 옥외 조명을 차단하는 방안을 제시하는 것은 적절하다. 그리고 (나)에서 야간 조명이 도시 미관을 살릴 수 있다고 했으므로, 이런 긍정적 측면을 고려하여 생활의 불편을 주지 않는 선에서 야간 조명을 적절하게 활용하는 방법에 대해 생각해 볼 수 있다.
④ (가)를 읽고 야간 조명이 빛 공해가 되지 않도록 인공조명의 사용을 줄이자는 생각을 할 수 있다. 또한 (나)를 읽고 인공조명의 활용 가치를 깨닫고 꼭 필요한 곳에만 인공조명을 활용하여 도시의 가치를 높이자는 절충안을 마련해 볼 수 있다.

11 (나)에서 글쓴이는 야간 경관 조명 계획을 세울 때, 빛을 단순히 어둠을 밝히는 수단으로서만 인식하지 말고, 야간 조명이 사람들의 감성을 자극할 수 있도록 해야 한다고 말하고 있다.

[오답 확인] ① (가)에서 글쓴이는 적어도 건강상의 문제에 있어서는 빛과 어둠이 모두 중요하다는 점을 지적하고 있다.
② (나)에서 글쓴이는 야간에는 조명된 부분으로만 시선이 집중되기 때문에 주간에 비해 효율적인 경관 연출이 가능하다고 했다.
③ (나)에서 글쓴이는 도시 브랜드 가치를 높이는 방법의 하나로 야간 조명의 도입을 적극적으로 검토할 필요가 있다고 했다.
④ (가)에서 글쓴이는 야간 조명의 과도한 사용이 사람의 건강과 동물의 생태와 행동에 미치는 악영향에 대해 서술하고 있다.

12 (가)는 처음에 밤과 낮의 구분이 없어질 정도로 밤이 환해진 현상을 문제 상황으로 제시한 후, 그 문제 상황이 사람과 동물에 어떤 부정적 영향을 미치는지를 보여 주고 있다. 그리고 그 악영향을 막기 위해서는 불필요한 인공 불빛의 사용을 줄이고 자연법칙에 맞게 살아야 한다는 해결책을 제시하고 있다.

13 (나)에서 글쓴이는 야간 조명을 활용하여 밤이 아름다운 도시를 만들자는 주장을 펴기 위해, 프랑스 리옹시의 야간 경관 조명 정책의 성공 사례를 제시하고, 야간 조명 계획을 어떻게 수립해야 하는지 실천 방법을 제안하고 있다.

14 (나)는 도시 경관을 아름답게 바꾸는 야간 조명의 긍정적 측면에 주목하며 밤이 아름다운 도시가 되면 세계적인 관광 도시로 발돋움하여 경제적인 효과도 얻을 수 있음을 이야기하고 있다. ⑤에서도 야간 조명을 활용한 정책으로 한동안 침체기를 맞았던 소도시가 관광 도시로 발돋움하고 있다는 내용을 다루고 있으므로 (나)와 ⑤의 관점이 가장 유사하다고 볼 수 있다.

[오답 확인] ①은 야간 조명으로 인한 에너지 낭비를, ③은 야간 조명이 건강을 해친다는 내용을 다루고 있다. 따라서 둘 다 야간 조명을 부정적 관점에서 바라보고 있다.
②는 야간 조명으로 인해 도시의 밤거리가 안전해졌다는 내용을 다루고 있고, ④는 야간 조명의 발달로 밤에 강변에서 무더위를 식힐 수 있다는 내용을 다루고 있다. 따라서 둘 다 야간 조명을 긍정적 관점에서 바라보고 있으나, 아름다움의 측면과는 관련이 없다.

15 (가)와 (나)는 모두 야간 조명이라는 동일한 화제를 다루고 있지만, 관점에서는 차이를 보인다. (가)는 부정적 관점에서 과도한 야간 조명의 폐해를 중심으로 야간 조명의 지나친 사용을 줄이자고 주장하고 있고, (나)는 긍정적 관점에서 야간 조명을 활용하여 도시를 아름답게 가꾸자고 주장하고 있다.

상	(가)와 (나)의 주장을 대조의 방법을 사용하여 관점의 차이가 드러나게 한 문장으로 서술한 경우
중	(가)와 (나)의 주장을 관점의 차이가 드러나게 서술한 경우
하	(가)와 (나)의 주장을 적절하게 쓰지 못하고, (가)와 (나)에 나타난 관점의 차이만 서술한 경우

Ⅳ. 쓰기

01 쓰기의 본질과 쓰기 윤리

1 쓰기의 본질

본문 106~107쪽

학습 목표 응용 01 ③　　02 ④　　03 ④　　04 ③
05 [예시 답안] 적절한 단어를 선택하고 어법에 맞게 쓴다. / 글쓴이의 주장을 분명하게 드러내고 근거를 타당성이 있게 제시한다.　**06** ②
고난도 응용 01 [예시 답안] 중간 부분에 주제와는 관련 없는 최근 발표된 발명품의 사례를 제시하여 통일성을 해치고 있다.　**02** ①

학습 목표 응용

01 글쓰기의 과정은 계획하기 – 내용 선정하기 – 내용 조직하기 – 표현하기 – 고쳐쓰기에 따라 전개된다. (가)는 계획하기, (나)는 내용 조직하기, (다)는 내용 선정하기, (라)는 고쳐쓰기, (마)는 표현하기에 해당한다.

02 계획하기 단계에서는 가장 먼저 무엇을 쓸 것인지 정한다. 글의 목적을 정하고 목적에 따라 글의 종류를 정한다. 그리고 예상 독자를 분석하는 활동을 한다. 독자의 관심을 끌 수 있는 방법을 정하는 것은 표현하기 단계에 해당한다.

03 (나) 단계는 내용 조직하기 단계이다. 개요는 글의 내용과 종류에 따라 달라지므로 글의 종류가 달라지면 개요의 형식도 달라지는 것이 바람직하다.
오답 확인 ① 내용 조직하기 단계에서는 가장 먼저 주제가 분명하게 드러나도록 한다.
② 내용을 조직할 때에는 글 전체의 흐름을 생각하면서 조직한다.
③ 내용을 조직하는 것은 글을 통일성 있게 쓰기 위해서이다.
⑤ 일반적으로 글은 '처음 – 중간 – 끝'으로 구성된다. 이에 따라 내용을 적절히 배열하는 것이 내용 조직하기이다.

04 (다)를 보면 자료 수집에 앞서 자신이 가진 정보를 떠올려 보는 활동을 한다. 이런 활동 중에 브레인스토밍, 마인드 맵이 대표적이다. 그리고 자료 수집 방법은 간접적 방법과 직접적 방법으로 나눌 수 있다. 직접적 방법에는 전문가와의 면담, 현장 조사 등이 있으며 간접적 방법으로는 인터넷 검색, 도서 검색, 관련 서적, 신문, 잡지, 방송 매체의 활용이 있다.

05 (마)에서는 글쓰기 단계 중에서 표현하기에 대해 설명하고 있다. 모든 글을 쓸 때에는 적절한 단어를 선택하고 어법

에 맞게 표현해야 한다. 주장하는 글에서는 글쓴이의 주장이 분명하게 드러나고 근거가 타당성이 있게 제시되어야 한다.

상	글쓰기의 일반적 유의 사항과 주장하는 글의 유의 사항을 모두 포함하여 자연스럽게 서술한 경우
중	글쓰기의 일반적 유의 사항과 주장하는 글의 유의 사항 중 한 가지만 모두 포함하여 자연스럽게 서술한 경우
하	글쓰기의 일반적 유의 사항과 주장하는 글의 유의 사항을 모두 포함하지 않고 서술한 경우

06 ㉠ 글 수준의 고쳐쓰기에서는 글의 주제, 목적, 예상 독자에 알맞은 글인지, 내용 전개의 순서가 적절한지, 글 전체의 통일성이 있는지 등을 살펴본다.
오답 확인 ① 문단 수준의 고쳐쓰기이다.
③ 문장 수준의 고쳐쓰기이다.
④, ⑤ 단어 수준의 고쳐쓰기이다.

고난도 응용

01 중간 부분에 '최근에 발표된 발명품의 사례'라는 주제와 직접적으로 관련되지 않은 내용이 제시되어 있어 글 전체의 통일성을 해치고 있다. 개요를 작성하면서 이와 같이 주제와 관련이 없는 내용을 삭제하고 보충할 내용이 있으면 추가하면서 내용을 구성한다. 그리고 완성된 개요를 바탕으로 표현하기 단계에 실제로 글을 쓰는 활동을 한다.

상	주제와 관련되지 않은 내용이 제시되어 통일성을 해친다고 한 문장으로 서술한 경우
중	주제와 관련되지 않은 내용이 제시되어 통일성을 해친다고 서술하였으나, 한 문장으로 서술하지 않은 경우
하	주제와 관련되지 않은 내용이 제시되어 통일성을 해친다고 제대로 서술하지 않은 경우

02 제목은 글 전체의 내용을 대표하는 것이므로 적절한 제목을 짓기 어려운 경우 글의 내용을 대표할 수 있는 내용이 무엇인지 생각해 보는 것이 좋다. 글의 소재를 모두 나열하여 제목을 지으면 글의 중심 내용이 드러나지 않는다.
오답 확인 ② 고쳐쓰기 단계에서 만나는 문제를 적절하게 해결하고 있다.
③ 계획하기 단계의 문제를 해결하고 있다. 주제의 구체화는 예상 독자와 글의 목적을 고려하는 것이 좋다.
④ 독자의 관심을 유도하기 위해서 시각적 보조 자료를 활용하는 것은 표현하기 단계의 문제 해결로 적절하다.
⑤ 내용 선정하기 단계의 문제 해결 과정으로 적절한 해결책을 제시하였다.

2 쓰기 윤리

본문 108~109쪽

학습 목표 **응용**	**01** ④	**02** [예시 답안] 〈보기〉와 이 글의 공통

적인 화제는 쓰기 윤리이다. **03** ④ **04** ⑤ **05** ③
06 ⑤

고난도 **응용** **01** ⑤ **02** [예시 답안] 사실을 과장, 왜곡하여
보도하였으므로 쓰기 윤리를 어겼다는 문제점이 있다.

학습 목표 **응용**

01 이 글은 글쓰기를 할 때 지켜야 할 쓰기 윤리에 대하여 글쓴이의 생각을 쓴 글이다.

02 〈보기〉는 인터넷에서 글쓰기를 할 때 쓰기 윤리를 지켜야 한다는 내용을 담고 있는 공익 광고이다. 이 글도 글쓰기에서 지켜야 할 쓰기 윤리를 말하고 있으므로 공통적인 화제는 쓰기 윤리라고 할 수 있다.

상	공통적 화제가 쓰기 윤리임을 주어진 형식에 따라 서술한 경우
중	공통적 화제가 쓰기 윤리임을 제시했으나, 주어진 형식을 갖추지 못한 경우
하	공통적 화제가 쓰기 윤리임을 제시하지 못한 경우

03 (가)에서는 쓰기는 공동체 안에서의 사회적 활동이므로 공동체가 규정하고 있는 윤리 규범을 따라야 한다는 점을 강조하고 있다.

04 (나)에서는 공동체가 추구하는 사회적 가치를 해치지 않는 범위 안에서 글을 써야 한다고 서술하고 있다. 즉, 사회적인 질서와 안녕을 해치는 내용의 글은 사회 구성원의 혼란을 초래할 수 있으므로 주의해야 한다는 것이다. 이 말은 글의 내용이 사회적으로 볼 때 건전한 사고방식으로 이해 가능해야 한다는 것을 의미한다.

05 (다)에 제시된 쓰기 윤리는 글쓰기 과정의 윤리성으로, 표절이나 연구 결과에 대한 과장과 왜곡을 하지 않아야 하고 인용한 자료를 임의로 변경해서는 안 된다는 내용을 담고 있다. 이와 같은 쓰기 윤리를 어기게 되면 그릇된 정보를 만들어 내어 사회적 혼란을 불러올 수 있다. ③은 표절, 연구 결과에 대한 과장과 왜곡, 인용한 자료의 내용을 임의로 변경하는 것과 관련이 없으므로 쓰기 윤리를 어긴 행위라고 볼 수 없다.

오답 확인 ① 표절에 해당하므로 쓰기 윤리를 어긴 것이다.
②, ④, ⑤ 결과를 사실과 다르게 과장·왜곡한 경우이므로 쓰기 윤리를 어긴 것이다.

06 표현의 윤리성은 쓰는 사람의 체험이나 생각을 있는 그대로 드러내어 써야 한다는 쓰기 윤리이다. 표현의 윤리성을 지키기 위해서는 상대방의 생각을 분명하게 알아야 하는 것이 아니라 먼저 자신이 표현하고자 하는 생각이 무엇인지 분명히 알아야 한다.

오답 확인 ① 표현의 윤리성은 사회적 소통 과정으로서의 쓰기 활동에 임할 때 꼭 필요한 태도라고 말하였다.
② 표현의 윤리성을 지킴으로써 독자와의 의사소통 과정을 원활하게 이끌고 생각을 공유하고 서로 공감하는 사회를 만들어 나갈 수 있다고 하였다.
③ 인터넷 악성 댓글 문제도 표현의 윤리성과 관련되어 있다.

고난도 **응용**

01 쓰기 윤리를 지켜 글을 쓴다고 해서 꼭 도덕적이고 교훈적인 내용을 쓸 필요는 없다. 쓰기의 내용이 갖추어야 할 윤리성은 사회적인 질서와 안녕을 해치는 내용의 글은 사회 구성원의 혼란을 초래할 수 있으므로 주의해야 한다는 것이다.

02 〈보기〉의 설명은 '가짜 뉴스'에 대한 설명이다. 가짜 뉴스는 사실이 아닌 내용을 진짜 뉴스처럼 퍼뜨리는 것을 말한다. 즉, 어떠한 의도를 가지고 거짓 정보를 사실인 것처럼 포장하거나 아예 없었던 일을 언론사 기사처럼 만들어 유포하는 것으로, '페이크 뉴스(Fake News)'라고도 한다. 이런 가짜 뉴스는 사실을 과장하고 왜곡할 수 있으므로 쓰기 윤리를 어겼다고 할 수 있다.

상	가짜 뉴스가 과장, 왜곡을 통해 쓰기 윤리를 어겼음을 서술한 경우
중	가짜 뉴스가 쓰기 윤리를 어겼음을 명확한 이유 없이 서술한 경우
하	가짜 뉴스가 쓰기 윤리를 어겼음을 적절하게 서술하지 못한 경우

01 단원 평가

본문 110~113쪽

01 ① **02** 문제, 해결 **03** ⑤ **04** ⑤ **05** ②
06 ④ **07** ④ **08** ④ **09** ③ **10** ③ **11** ③
12 [예시 답안] 문자를 통해 자신의 내면을 드러내어 상대방과 적극적으로 소통하는 행위 / 글쓰기에 대해 책임감을 가지고 윤리적인 태도로 임하는 것 **13** ① **14** ④ **15** ① **16** [예시 답안] 처음 부분에 안동 하회 마을을 가족 여행지로 권하는 이유를 보충한다.

01 이 글은 글쓰기의 과정을 문제 해결의 과정으로 보고 단계별로 해야 할 활동을 설명하고 있는 글이므로 글쓰기 절차에 대한 정보를 전달하고 있다고 할 수 있다.

02 (가)에서는 여행 계획을 세우는 것처럼 글쓰기의 과정이 문제를 해결해 가는 과정임을 보여 주고 있다.

03 (나)는 계획하기 단계이다. 글쓴이가 독자를 고려하여 표현하는 단계는 표현하기 단계이다.

오답 확인 ①, ③ 계획하기는 글의 전체를 구상하는 단계로 글쓰기의 첫 단계이다.
② 계획하기 단계는 예상 독자를 결정하는 단계로, 예상 독자에 따라 글의 수준이나 내용, 표현이 달라질 수 있다.
④ 계획하기 단계에서 글의 목적을 먼저 정하고 그에 따라 글의 종류를 정한다.

04 (다)는 내용 선정하기 단계이다. 내용 선정하기 단계에서는 먼저 주제와 관련하여 자신이 알고 있는 정보를 정리한 후 주제에 맞는 자료를 다양한 매체를 활용하여 수집한다. 그때 수집하는 자료는 출처가 분명하며 믿을 만해야 한다.

05 (가)는 내용 조직하기, (나)는 표현하기, (다)는 고쳐쓰기에 해당한다. (가)에서는 내용 조직하기 단계에서 글을 쓰는 사람이 해야 할 일을 설명하고 있다.

06 (가)는 조직하기 단계이다. 조직하기 단계에서는 주제를 구체화하고 글의 개요를 작성하여 체계적인 구조에 맞추어 중심 내용을 정리해야 한다. 글의 목적에 따라 글의 종류를 정하는 활동은 계획하기 단계에서 할 일이다.

07 (나)는 내용 조직하기 이후에 이어지는 활동인 표현하기 단계이다. 글의 통일성을 고려하면서 내용의 순서를 배열하는 것은 내용 조직하기 단계에서 해야 할 활동이다.

08 고쳐쓰기의 순서는 '글 수준 – 문단 수준 – 문장 수준 – 단어 수준'으로 이루어지는 것이 자연스럽다.

09 이 글은 글을 쓸 때 필요한 쓰기 윤리에 관한 글이다. 쓰기 윤리는 글을 쓸 때 지켜야 하는 바람직한 태도와 관련이 있다.

10 글 내용의 윤리성은 공동체가 추구하는 사회적 가치를 해치지 않는 범위에서 글을 써야 한다는 쓰기 윤리를 말한다. 사회의 다원화로 공동체가 추구하는 사회적 가치에 대한 생각이 다를 수 있게 되었지만 글 내용의 윤리성이 사회의 다원화로 인해 제기된 것은 아니다.

11 자신이 체험을 일을 바탕으로 허구를 덧붙여 소설로 쓰는 행위는 소설을 창작하는 자연스러운 과정이므로 쓰기 윤리를 위반했다고 볼 수 없다.

오답 확인 ①, ④ 표현의 윤리성을 어긴 경우로 볼 수 있다.
② 표절에 해당하며 글쓰기 과정의 윤리성을 어긴 경우로 볼 수 있다.
⑤ 연구 결과를 과장·왜곡한 것으로 글쓰기 과정의 윤리성을 어긴 경우로 볼 수 있다.

12 (마)를 통해 쓰기는 단순히 생각을 문자화하는 것이 아니라 자신의 내면을 드러내 상대방과 적극적으로 소통하는 것이며 책임감과 윤리적 태도를 전제로 하는 행위임을 알 수 있다.

상	쓰기의 진정한 의미와 올바른 쓰기의 전제 조건을 모두 적절하게 서술한 경우
중	쓰기의 진정한 의미와 올바른 쓰기의 전제 조건 중에서 한 가지만 적절하게 서술한 경우
하	쓰기의 진정한 의미와 올바른 쓰기의 전제 조건을 모두 적절하게 서술하지 못한 경우

13 (가)는 계획하기 단계로 글쓰기를 전체적으로 구상하는 단계라고 할 수 있다. 글쓰기의 설계도를 개요라고 하는데 개요를 작성하는 단계는 내용 조직하기 단계이다.

14 (마) 단계는 고쳐쓰기 단계이다. 주제를 고려하며 고쳐쓰기를 진행하는 것은 적절한 고쳐쓰기 방법이지만, 고쳐쓰기 단계에서 주제를 다시 설정하면 글 전체의 내용이 혼란스러워질 수 있으므로 삼가는 것이 좋다.

오답 확인 ① 글 수준에서 하는 고쳐쓰기로 적절한 활동이다.
② 문장 수준에서 하는 고쳐쓰기로 적절한 활동이다.
③ 문단 수준에서 하는 고쳐쓰기로 적절한 활동이다.
⑤ 단어 수준에서 하는 고쳐쓰기로 적절한 활동이다.

15 (가) 계획하기 단계에서는 글의 목적, 주제, 예상 독자, 갈래(종류), 매체를 결정하여 글쓰기의 전체적 내용을 구상한다.

16 '처음'은 글을 쓰게 된 동기로 구성된다. (라)를 보면 처음 부분이 가족 여행을 권유하는 내용과 가족여행을 권유하는 이유로 구성되어 있다는 것을 알 수 있다. 그러므로 개요에 '가족 여행을 권하는 이유'가 빠져 있음을 알 수 있다.

상	처음 부분에 가족 여행지로 하회 마을을 권하는 이유를 보충해야 한다고 서술한 경우
중	어느 부분에 보충해야 하는지를 포함하지 않고 가족 여행지로 하회 마을을 권하는 이유를 서술한 경우
하	보충해야 할 부분과 가족 여행지로 하회 마을을 권하는 이유를 모두 서술하지 못한 경우

02 보고하는 글과 주장하는 글

① 보고하는 글 쓰기

학습 목표 응용	01 ⑤	02 ③	03 ①

고난도 응용 01 ③ 02 ③ 03 [예시 답안] 학생: 문태 / 이유: 학생들의 흥미를 끌 수 있는 탐구 주제를 선정하는 것은 탐구 계획서를 작성하기 전에 해야 할 일이기 때문이다.

학습 목표 응용

01 보고하는 글은 탐구의 결과를 절차와 함께 제공하는 글이다. 따라서 객관적이고 정확한 정보를 제공하여 탐구 결과에 대한 독자들의 이해를 도와야 한다. 독자에 따라서 해석이 달라지면 결과가 왜곡돼 전달될 수 있으므로 체계적이고 정확하게 써야 한다.

> **오답 확인** ① (가)의 다섯 번째 문단의 '쓰기 윤리를 준수하는 것이 중요하다.'에서 알 수 있다.
> ② (가)의 다섯 번째 문단의 '체계적이고 정확하게 써야 한다.'에서 알 수 있다.
> ③ (가)의 첫 번째 문단의 '절차와 결과가 드러나게 쓴 글'에서 알 수 있다.
> ④ (가)의 세 번째 문단의 '탐구 과정을 통해 수집한 구체적인 내용을 객관적으로 기록해 두어야'에서 알 수 있다.

02 (가)의 다섯 번째 문단에서 '다양한 매체 자료를 활용하면 보고 효과를 높일 수 있다.'라고 하였는데, (다)에서는 탐구 결과를 그래프로 정리하였다.

> **오답 확인** ① (다)의 자료는 설문 조사를 통해 얻은 것이다.
> ② 학생들의 보고서는 '중학생들의 여가 활용 실태'를 조사하여 기록한 조사 보고서이다.
> ④ 학생들은 여가 활용 방법을 남학생과 여학생으로 나누어 정리하고 있다.
> ⑤ (다)의 내용으로 보아 동일한 설문지를 남학생과 여학생에게 나누어 주고 그 결과만 구분하여 정리한 것을 알 수 있다.

03 〈보기〉에서는 인터넷 검색으로 수집한 다른 나라 청소년들의 여가 활용 실태를 기록하였다. 그런데 조사 자료만 제시되었을 뿐, 출처가 드러나지 않아서 자료에 대한 신뢰성을 떨어뜨리고 있다. 따라서 자료를 인용할 때에는 출처를 밝혀야 한다는 조언을 해 줄 수 있다.

> **오답 확인** ② 다른 사람이 조사한 통계 자료를 인용할 수도 있다. 다만 이 경우 출처를 밝혀야 한다.
> ③ 〈보기〉의 내용은 민호네 모둠의 탐구 주제와 관련이 있다.

④ 〈보기〉에는 주관적 의견이 제시되지 않았다.
⑤ 직접 조사한 결과를 제시하기 전에 다른 나라의 사례를 제시한 것은 큰 문제가 없다.

고난도 응용

01 (가)의 다섯 번째 문단에 쓰기 윤리를 준수하지 않는 구체적인 사례가 제시되어 있다. 따라서 이 글을 읽고 다시 쓰기 윤리를 준수하지 않는 사례를 조사할 필요는 없다.

> **오답 확인** ① 네 번째 문단에서 설문 조사를 하는 것이 좋다고 말했지만 설문지를 만들 때 유의할 점은 밝히지 않았다. 따라서 심화 학습의 주제로 적절하다.
> ② 네 번째 문단에서 참고한 자료를 제시해야 한다고 말했지만, 구체적인 제시 방법은 밝히지 않았다. 따라서 심화 학습의 주제로 적절하다.
> ④ 네 번째 문단에서 탐구 기간이나 탐구 방법이 결과에 영향을 미친다고 말했지만 구체적으로 어떤 영향인지 밝히지는 않았다. 따라서 심화 학습의 주제로 적절하다.
> ⑤ 첫 번째 문단에서 보고서의 유형으로 세 가지를 제시했는데, 그 외에 다른 보고서가 있는지 찾아볼 수도 있다. 따라서 심화 학습의 주제로 적절하다.

02 〈보기〉는 탐구 전에 예측한 결과이다. 그런데 (다)의 탐구 결과를 보면 예측한 내용과 큰 차이가 있음을 확인할 수 있다. 이런 경우에는 예측과 결과 사이에 차이가 발생한 이유를 분석해서 제시해야 한다. 결과에 맞추어 예측을 수정하거나, 예측에 맞게 결과를 조작하는 것은 쓰기 윤리에 어긋나는 행동이다.

03 (나)에서 학생들은 탐구 계획서를 만들기 위한 회의를 하고 있다. 그런데 (가)의 두 번째 문단에서 계획서 작성 전에 주제를 선정해야 하는데, 이 과정에서 탐구가 가능하면서 독자의 관심을 끌 수 있는지를 고려해야 한다고 하였다. 이와 관련된 발언을 한 학생은 문태이다. 따라서 문태의 발언은 이 회의 이전 과정에 나와야 했던 것이므로 적절하지 않다.

상	상황에 맞지 않은 발언을 한 학생이 문태임을 밝히고, 이전 단계에서 할 발언이라는 내용을 이유로 정확히 서술한 경우
중	상황에 맞지 않은 발언을 한 학생이 문태임을 밝히고 이전 단계에서 할 발언이라는 내용을 이유로 서술했으나, 내용이 다소 미흡한 경우
하	이유는 정확하게 서술했으나, 문태임을 밝히지 않은 경우

② 주장하는 글 쓰기

본문 118~119쪽

> **학습 목표 응용** 01 ⑤ 02 ① 03 ④ 04 ⑤
> 05 ④
> **고난도 응용** 01 ⑤ 02 [예시 답안] 출처가 분명하지 않은 자료를 사용하였다. 문장과 문장이 긴밀하게 연결되지 않았다.

학습 목표 응용

01 주장하는 글은 문제 상황에 대한 자신의 입장을 밝히는 글이다. 주장을 결정하는 과정에서 다양한 의견을 검토할 필요는 있지만, 주장이 다양한 입장을 포함해서는 안 된다.

02 주장하는 글의 개념이나 필요성, 글쓰기의 과정 등은 제시되었지만 주장하는 글의 종류에 대한 정보는 (가)에 제시되지 않았다.

> **오답 확인** ② 첫 번째 문단에서 확인할 수 있다.
> ③ 두 번째 문단에서 다섯 번째 문단은 주장하는 글 쓰기의 과정을 단계별로 정리하고 있다.
> ④ 마지막 문단에서 확인할 수 있다.
> ⑤ 두 번째 문단과 세 번째 문단, 그리고 마지막 문단에서 확인할 수 있다.

03 (나)는 글을 쓰기 전에 작성한 개요이다. 개요는 수집한 자료를 단계에 맞게 배치하면서 글에 대한 전체적인 계획을 수립하는 것이다. 이는 (가)의 네 번째 문단과 관련이 있다.

> **오답 확인** ① 주장을 마련하는 과정으로, 글쓰기의 가장 첫 번째 단계에 해당한다.
> ② 자료를 수집하는 과정으로, 글쓰기의 두 번째 단계에 해당한다.
> ③ 글을 검토하고 고쳐 쓰는 과정으로, 글쓰기의 가장 마지막 단계에 해당한다.
> ⑤ 구체적으로 글을 쓰는 과정으로, 조직하기 다음에 수행하는 과정이다.

04 (나)의 주장은 '비둘기에게 먹이를 주지 말자.'이다. (가)에서 주장하는 글은 다른 사람의 생각이나 태도를 변화시키기 위한 글이라고 한 것을 고려했을 때, 이 글은 비둘기에게 먹이를 주어야 한다고 생각하는 사람을 설득하기 위한 글로 활용될 수 있다.

> **오답 확인** ① 서론에서 현수막을 본 경험을 제시하면서 글을 시작하겠다고 계획하였다.
> ② 〈본론 2〉는 인터넷 등을 통해 수집할 수 있는 자료이고, 〈본론 3〉의 학급 친구들의 의견은 설문 조사를 통해 얻을 수 있는 자료이다.

③ 결론에서 주장을 다시 한번 강조하겠다고 계획하였다.
④ 주장을 결정할 때에는 현실에서 실현 가능한지를 검토해야 한다.

05 Ⓐ에는 비둘기의 유해성을 뒷받침할 수 있는 구체적인 근거가 제시되어야 한다. 먹이 통제 실험을 하니 비둘기의 직접 먹이 활동 지수가 높아졌다는 연구 결과는 비둘기의 유해성과 관련이 없다. 이는 먹이를 주지 않는 것이 비둘기 문제를 해결할 수 있는 유일한 방법이 될 수 없다는 주장의 근거로 활용해야 한다.

고난도 응용

01 〈보기〉는 '비둘기에게 먹이를 주지 말자.'라는 (나)의 주장을 반박하는 글을 쓰기 위해 수집한 자료이다. ②는 미국과 스페인에서 피임약을 넣은 먹이를 주거나 불임 시술을 하는 등의 방법을 사용해서 비둘기 개체 수 줄이기에 성공한 사례이다. 이를 통해 먹이를 주면서도 비둘기의 개체 수를 관리할 수 있는 다른 방법이 있으니, 이런 방법을 연구해야 한다는 주장을 내세울 수 있다.

> **오답 확인** ① ①은 사료를 선별하면 비둘기 배설물의 유해성을 줄일 수 있다는 주장의 근거로 삼을 수 있고, ②는 비둘기 관리의 다른 방법의 사례로 제시할 수 있다. 두 자료 모두 비둘기가 유해하지 않다는 주장의 근거가 될 수 없다.
> ② ①을 통해 볼 때, 쌀을 먹이로 주었을 때 산성도가 가장 높다. 따라서 배설물로 인한 건물 부식을 막는 효과적인 방법이 될 수 없다.
> ③ ①은 먹이 주기의 긍정적 영향에 관한 자료가 아니고, 먹이에 따른 배설물 산성도의 차이를 보여 주는 자료이다.
> ④ ②에 제시된 방법도 결국 비둘기의 개체 수를 줄이기 위한 방법에 해당한다.

02 〈보기〉에서는 영국의 사례를 제시하고 있는데, 구체적인 출처를 밝히지 않아 자료의 신뢰성을 떨어뜨리고 있다. 또한 문장과 문장 사이의 긴밀성이 떨어지는데, 두 번째 문장을 '이로 볼 때, 비둘기 먹이 주기 ~ 인식하고 있음을 알 수 있다.'로 수정해 문제를 해결할 수 있다.

상	'출처가 분명하지 않은 자료 사용'과 '긴밀성 부족'과 관련된 내용을 각각 한 문장으로 정확하게 서술한 경우
중	'출처가 분명하지 않은 자료 사용'과 '긴밀성 부족'과 관련된 내용을 서술했으나, 내용이 미흡하거나 완전한 문장이 아닌 경우
하	'출처가 분명하지 않은 자료 사용'과 '긴밀성 부족'과 관련된 내용 중 한 가지만 정확하게 서술한 경우

02 단원 평가

본문 120~123쪽

01 ②	02 ④	03 [예시 답안] 다른 사람의 자료를 무단으
로 표절(인용, 도용)하면 안 돼.	04 ④	05 ④	06 ②
07 ④	08 조사 보고서	09 ④	10 ⑤	11 ⑤
12 ③	13 [예시 답안] 간결하고 명확한 문장을 사용해야 해.

01 객관적인 자료를 사용해야 한다는 것은 보고하는 글과 주장하는 글 모두에 해당하는 설명이다. 따라서 이 내용은 ㄴ에 들어가야 한다.

오답 확인 ① (가)를 통해 볼 때, 탐구의 과정과 결과가 드러나는 글은 보고하는 글이다.
③ (가)의 네 번째 문단과 (나)의 네 번째 문단으로 볼 때, 보고하는 글과 주장하는 글 모두 3단계로 구성하는 것이 일반적이다.
④ (나)를 통해 볼 때, 독자를 설득하기 위해 쓰는 글은 주장하는 글이다.
⑤ (나)의 다섯 번째 문단을 통해 볼 때 주장하는 글을 쓸 때에는 주장하는 내용을 일관되게 유지하는 것이 중요하다.

02 보고서를 쓰기 위한 탐구를 할 때에는 예측한 내용에 탐구 결과를 맞추어서는 안 된다. 탐구 결과는 정확하고 객관적으로 정리하여 보고해야 한다.

오답 확인 ① (가)의 세 번째 문단에서 탐구 과정을 통해 수집한 정보는 객관적으로 기록해 두어야 한다고 설명하였다.
② (가)의 다섯 번째 문단에서 보고서를 쓸 때 다양한 매체를 활용하는 것이 좋다고 설명하였다.
③ (가)의 두 번째 문단에서 독자의 흥미를 고려하여 주제를 선정해야 한다고 설명하였다.
⑤ (가)의 세 번째 문단에서 탐구 대상에 대해 구체적인 내용을 객관적으로 기록해야 한다고 설명하였다.

03 '을'은 블로그에서 찾은 사진을 저작자의 허락 없이 자신의 보고서에 이용하겠다고 말하고 있다. (가)의 마지막 문단에서 보고서를 쓸 때에 다른 사람의 자료를 무단으로 표절해서는 안 된다고 말하고 있는데, '을'의 행동은 이러한 점을 위반한 것으로 볼 수 있다.

상	'표절'이나 '인용', '도용' 등의 단어를 사용하여 조언하는 문장으로 정확하게 서술한 경우
중	'표절'이나 '인용', '도용' 등의 단어를 사용하여 답을 작성하였으나, 조언하는 문장이 아닌 경우
하	'표절'이나 '인용', '도용' 등의 단어가 직접 드러나지 않거나 내용이 미흡한 경우

04 주장에 맞는 타당한 근거를 선별하는 활동은 '근거 마련하기' 과정에서 이루어져야 한다. ㉠에서는 글의 통일성이나 응집성 등을 고려하여 정확하게 글을 쓰는 활동이 이루어져야 한다.

오답 확인 ① (나)의 두 번째 문단에서 주장을 결정할 때에는 다양한 입장을 충분히 검토해야 한다고 설명하였다.
② (나)의 마지막 문단에서 근거는 출처가 분명해야 한다고 설명하고 있다.
③ (나)의 네 번째 문단에서 일반적으로 주장하는 글은 '서론–본론–결론'의 3단계로 구성한다고 설명하였다.
⑤ (나)의 다섯 번째 문단에서 주장하는 글을 쓸 때에는 주장이 일관되게 유지되어야 한다고 설명하였다. 따라서 글을 고쳐 쓸 때에는 계획했던 주장이 일관되게 유지되는지 확인해야 한다.

05 '우리 학교 학생들의 도서관 이용 현황'은 설문 조사 등의 방법으로 자료를 수집해야 하는 탐구 주제이다. 따라서 조사 보고서의 주제로 적절하다.

오답 확인 ① 조사 보고서의 주제로 적절하다.
② 실험 보고서의 주제로 적절하다.
③, ⑤ 관찰 보고서의 주제로 적절하다.

06 〈보기〉는 근거의 필요성에 대해 설명하는 내용이다. 따라서 주장에 대한 근거를 마련해야 한다는 내용을 뒷받침하는 내용으로 활용할 수 있다.

07 경태는 희선이의 의견에 대해 "우리가 직접 가 보지 않고 소개하는 건 의미가 없지 않나?"라고 의문을 제기하고 있다. 이는 자신들의 수준과 처지를 고려한 것이지, 예상 독자의 수준을 고려한 것은 아니다. 경태는 자신들이 직접 수행할 수 있는 주제인지를 생각한 것이다.

오답 확인 ① 진수는 예상 독자는 고려하지 않고 자신이 좋아한다는 것만 생각하며 주제를 제시하였다.
② 준선이는 친구들이 '프로 게이머의 세계'라는 주제에 관심을 갖고 있는지를 고려하고 있다.
③ 희선이는 자신이 생각한 주제를 말하면서 학생들이 방학에 여행을 많이 갈 것이라는 주제 선정의 이유를 함께 제시하였다.
⑤ 영철이는 자신들이 전국의 문화유산을 직접 다녀보면서 조사할 수 없다는 이유로 경태의 의견에 동의하고 있다.

08 문영이는 친구들의 식습관을 알아보고 전문가의 조언을 덧붙이는 보고서를 제안하였다. 〈보기〉에 따르면 이는 어떤 대상을 조사한 후에 그 결과를 분석하여 쓴 조사 보고서에 해당한다.

09 건강한 식습관을 기르기 위해 유의할 점은 학생들의 설문을 통해 얻을 수 있는 내용이 아니라 전문가의 조언을 통해 얻을 수 있는 내용이다.

10 탐구 결과를 정리하고 분석할 때에는 객관적이고 정확하게 분석해야 한다. 가치관을 반영하여 자료를 분석하다가 결

과를 왜곡할 수 있으므로, 주관적인 의견을 드러내서는 안 된다.

11 주장하는 글을 쓰기 위해서는 주장을 결정해야 한다. 이때 주장은 구체적이고 분명해야 하며, 자신이 확신할 수 있는 내용이어야 한다. 자신이 확신하지 못하는 주장으로는 다른 사람을 설득할 수 없기 때문이다. 따라서 많은 사람이 동의하는 방향으로 주장을 결정해야 한다는 조언은 적절하지 않다.

오답 확인 ① 주장은 실현 가능한 것이어야 한다. 주장이 아무리 좋더라도 현실에서 실현할 수 없는 내용이라면 의미가 없기 때문이다.
② 자신이 확신을 가지고 있는 입장을 주장으로 결정해야 다른 사람을 자신 있게 설득할 수 있다.
③ 주장은 구체적이고 명확한 언어로 정리해야 다른 사람에게 내용을 정확하게 전달하는 한편 오해의 여지를 줄일 수 있다.
④ 주장을 결정할 때에는 다양한 의견을 충분히 검토하는 것이 좋다.

12 ⓒ에는 교복이 학습 능력을 떨어뜨린다는 주장을 뒷받침하는 내용이 들어가야 하므로 이와 관련된 연구 결과나 전문가의 의견 등이 들어가는 것이 적절하다. 초등학교에서도 일부 사립 학교에서만 교복을 입는다는 내용은 학습 능력과 관련성이 적다.

오답 확인 ① 주제와 관련된 일상의 경험을 제시하면 독자의 흥미를 자극할 수 있다.
② 교복값 인상 현황은 경제적 부담의 근거 자료로 적절하다.
④ 교복이 복장 선택을 방해한다는 내용과 관련하여 근거로 활용할 수 있다.
⑤ 결론에서는 본론의 내용을 정리하면서 주장을 강조할 수 있다.

13 〈보기〉에서 지성이는 교복이 경제적 부담을 줄 수 있다는 내용을 밝히고 있다. 하지만 긴 내용을 하나의 문장으로 서술하면서 주장하는 내용을 명확하게 전달하지 못하는 문제점이 있다. 주장하는 글을 쓸 때에는 내용을 명확하게 전달하기 위해 간결하고 정확한 문장을 사용하는 것이 좋다.

상	'간결하고 정확한 문장'이라는 내용을 넣어서 완성된 문장으로 정확하게 작성한 경우
중	'간결하고 정확한 문장'이라는 내용을 넣어서 답을 작성했으나, 문장이 부정확하거나 내용이 다소 미흡한 경우
하	예시 답안과 유사하게 작성했으나, '간결하고 정확한 문장'이라는 내용이 정확하게 드러나지 않은 경우

Ⅴ. 듣기 · 말하기

01 효과적으로 토론하고 발표하기

1 효과적으로 토론하기
본문 128~129쪽

학습 목표 응용 01 ④ 02 ④ 03 ② 04 ④
05 ②
고난도 응용 01 ⑤ 02 ⑤

학습 목표 응용

01 토론에서 논제는 문제의 해결에 관한 제안이나 주장을 뜻한다. 토론이 이루어지기 위해서는 찬성과 반대의 대립이 분명히 드러날 수 있어야 한다. 따라서 ④가 논제로 가장 적절하다.

오답 확인 ① 찬성과 반대로 나뉠 수 없기 때문에 논제로 적절하지 않다.
② 찬성의 의견이 압도적으로 나타날 수 있기 때문에 논제로 적절하지 않다.
③ 과학적으로 증명해야 하는 사안도 논제로 적절하지 않다.
⑤ 반대의 의견을 말하는 것은 법적으로도 문제가 될 수 있기 때문에 논제로 적절하지 않다.

02 토론을 준비하는 과정에서는 상대측이 내세울 수 있는 주장과 근거를 예측하고 이에 대한 반론의 전략을 세워야 한다. 아울러 우리의 주장과 근거에 대해 상대방이 어떤 반론 전략으로 나설지를 예측하여 방어할 수 있는 내용을 따로 준비하는 것이 좋다. 사전에 주장과 근거를 서로 공유하는 것은 오히려 토론의 원활한 진행에 방해가 된다.

03 '호성'은 학교 폭력이 교실 안에서 가장 많이 일어난다는 실태 조사 결과와 도난 사고가 생겼을 때의 경험을 근거로 제시하면서 교실 내에 시시 티브이를 설치하는 것은 학교 폭력과 도난 사고를 예방하는 데 도움이 됨을 주장하고 있다.

04 반론은 상대측의 주장과 근거가 적절하지 못하다는 입장에서 반대 의견을 제시하는 진술을 말한다. 따라서 반론의 과정에서는 상대측이 내세운 모든 근거에 대해 반박하기보다는 논리적 허점이나 오류, 빈약한 근거 등을 발견하고 이에 대해 반론을 펼치는 것이 좋다.

오답 확인 ② 토론은 상대측의 주장에 문제가 있음을 지적하고, 우리 측의 주장이 옳다는 것을 설득하는 말하기이기 때문에 반론을 적절하게 펼치면, 우리 측의 주장을 부각할 수도 있다.

05 토론은 상대측의 주장에 문제가 있음을 끊임없이 지적하여 최종적으로 우리 측의 주장이 선택되도록 하는 것이 목적이다. 따라서 상대방의 의견을 적극적으로 수용하는 것은 토론에서 불필요하며, 평가 항목이 될 수 없다.

오답 확인 ③ 용어의 개념을 명확하게 이해하지 못하면 토론 과정에서 용어를 서로 다른 의미로 사용할 가능성이 생긴다. 같은 용어에 대해 서로 다른 의미로 말을 하면 토론 과정에서 혼동이 생길 수 있다.

고난도 응용

01 제시된 뉴스 보도에서는 헌법 재판소가 안전사고 예방과 아동 학대를 방지하기 위해 어린이집에 시시 티브이를 설치하는 것이 합헌이라고 결정한 내용을 전하고 있다. 따라서 이 보도 내용은 교실 내에 시시 티브이를 설치해야 한다고 생각하는 찬성 측의 근거 자료로 활용되기에 적절하다.

오답 확인 ② '호성'도 찬성 측 토론자이기는 하지만, 아동 학대 문제의 심각성은 토론의 논제와 관련성이 적다.

02 '찬미'는 교실 내 시시 티브이가 학교 폭력 예방에 도움이 된다는 점과 녹화된 영상은 엄격하게 관리된다는 점을 들어 시시 티브이 설치를 찬성하고 있다. 시시 티브이를 설치했을 때의 단점에 대해 언급한 내용은 없다.

② 효과적으로 발표하기
본문 130~131쪽

학습 목표 응용 01 ④　　02 ②　　03 ②　　04 ③
고난도 응용 01 ①　02 [예시 답안] 평소에 우리들과 이야기할 때처럼 자연스럽게 말을 하도록 해 봐. 친구들이 좀 더 많아진 것이라고 생각하면 한결 마음이 편해질 거야.

학습 목표 응용

01 '종호'가 '수민'에게 조언한 내용 중 유창하게 발표할 수 있는 방법과 관련한 내용은 찾아볼 수 없다.

오답 확인 ① '넌 평소에 친구들과 즐겁게 대화를 잘하니까'를 통해 확인할 수 있다.
② '그렇구나', '많이 걱정하고 있구나' 등을 통해 확인할 수 있다.
③ '흥미로운 주제네. 기대된다.'를 통해 확인할 수 있다.

02 발표 내용에 대한 신뢰성을 높이기 위하여 보건 복지부와 한국 건강 증진 개발원에서 발표한 자료를 인용하였다.

03 발표자는 미소를 띠며 인사하고, 눈을 맞추고, 심각한 표정을 짓는 등의 비언어적 표현을 사용하여 청중과 교감하며 발표 내용을 효과적으로 전달하고 있다. '학생 2'는 비언어의 적절성 사용이 발표에 집중하는 데 도움이 된다는 반응을 보인 것이다.

오답 확인 ③ '학생 3'은 기사에서 본 내용을 배경지식으로 하여 강연 내용을 이해하고 있다.

04 발표를 들으며 발표 내용에 긍정적인 반응을 보이는 것은 화자의 노력이 아닌 청중의 노력에 해당한다.

고난도 응용

01 '수민'은 여러 사람 앞에서 발표해 본 경험이 별로 없다는 것(ⓐ)과 작년 수업 시간에 발표하다가 실수한 경험(ⓑ)으로 인해 말하기 불안을 겪고 있다.

오답 확인 ⓒ와 ⓓ에 관한 내용은 찾아볼 수 없으며, ⓔ는 '자료 준비는 충분히 했어. 발표 자료도 잘 만들었고.'라는 말을 통해 말하기 불안의 원인에 해당하지 않는다는 것을 알 수 있다.

02 '우리들끼리 이야기할 때는 네가 말을 제일 잘하잖아.'라는 내용을 고려할 때, 친구들과 이야기한다는 생각으로 발표하면 불안감을 이겨 낼 수 있을 것이라고 조언할 수 있다.

상	조언하는 내용을 글자 수에 맞게 바르게 서술한 경우
중	조언하는 내용은 예시 답안과 유사하지만, 30자 미만으로 서술한 경우
하	'긴장하지 말고 편하게 말해.'와 같이 막연하게 조언하는 내용으로 서술한 경우

01 단원 평가
본문 132~135쪽

01 ③　02 ④　03 ⑤　04 ③　05 ①　06 [예시 답안] ㉮: 학교 폭력이 교실 안에서 가장 많이 발생하고 있다. ㉯: 교실에서 발생하는 학교 폭력과 도난 사고를 예방할 수 있다.　07 ③
08 ①　09 ⑤　10 ⑤　11 ⑤　12 ⑤

01 토론을 위해서는 찬성과 반대 의견이 대등하게 나뉘는 논제가 필요하다. 입론을 할 때에는 주장을 뒷받침하는 신뢰성 있고 타당한 근거를 제시해야 한다. 그리고 반론을 할

때에는 상대측의 주장과 근거를 경청한 후 논리적 오류와 허점을 찾아 이를 지적할 수 있어야 한다.

오답 확인 ㄷ. 토론에서 발언은 토론의 절차에 따라 사회자가 지명한 사람만이 할 수 있다.
ㅁ. 토론의 결론은 찬성과 반대 중 어느 하나로 도출된다.

02 이 토론의 논제와 같이 우리가 원하는 모습은 무엇이며, 그것의 실현을 위해 어떤 행동을 새롭게 해 나가야 할 것인지에 대한 주장을 담고 있는 논제를 '정책 논제'라고 한다. 정책 논제는 일반적으로 '~해야 한다.'와 같은 형식을 띠는데, 이에 해당하는 것은 ④이다.

오답 확인 ①과 ②는 가치 논제에 해당하고, ③과 ⑤는 사실 논제에 해당한다. 가치 논제는 특정 주장이 옳은지 그른지, 바람직한지 바람직하지 않은지 등 가치 판단을 하기 위한 논제를 뜻하고, 사실 논제는 특정 상황에 대한 사실 여부를 가리기 위한 논제를 뜻한다.

03 [B]에서 '찬미'는 '저희는 시시 티브이가 ~ 바로잡고 싶습니다.'와 같이 말하면서 상대측의 반론 내용 중에 자신들이 발언하지 않은 내용에 관한 것이 있음을 지적하고 있다. 이를 고려할 때, [A]에서 '지은'은 상대방이 발언한 내용의 범위 안에서 오류나 논리적 허점을 지적해야 하는 반론의 규정을 어겼다고 볼 수 있다.

04 이 토론에서는 교실 내에 시시 티브이를 설치할 경우 교사와 학생들의 사생활 침해 문제와 학교 폭력 예방 효과의 지속성을 쟁점으로 하여 반론을 주고받고 있다.

오답 확인 ㄱ. 시시 티브이 설치 권한에 관하여 주장하는 내용은 찾아볼 수 없다.
ㄷ. '찬미'의 발언 속에 사생활 침해 문제를 해결하기 위해 시시 티브이 영상을 엄격하게 관리하고 있다는 내용이 제시되어 있지만, 이 토론에서 영상의 관리 방식이 쟁점이 되지는 않았다.

05 토론을 시작하면서 사회자는 논제의 배경을 소개한 후, 논제를 제시하고 있다. 그리고 토론 절차와 규칙을 안내한 후 발언 순서를 지정하고 있다.

06 찬성 측은 ○○○ 교육청에서 발표한 '학교 폭력 실태 조사'와 생활부 선생님의 면담 결과를 바탕으로 교실 내에서 학교 폭력이 가장 많이 발생한다고 하였다. 그리고 교실 내에 시시 티브이를 설치할 경우 학교 폭력을 예방하는 것은 물론 도난 사고의 예방 효과도 있다고 하였다.

상	㉮와 ㉯ 모두 〈조건〉에 맞게 바르게 서술한 경우
중	㉮와 ㉯ 중 한 가지만 〈조건〉에 맞게 바르게 서술한 경우
하	㉮와 ㉯ 중 한 가지만 바르게 서술하였으나, 〈조건〉을 충족시키지 못한 경우

07 '수민'은 여러 사람들 앞에서 발표해 본 경험이 별로 없다는 것(ㄴ)과 작년에 수업 시간에 발표하다 실수한 것이 자꾸 생각나서 또 실수할까 봐(ㅁ) 불안감을 느끼고 있다.

오답 확인 ㄱ. 대화 내용 중에 발표의 방법이나 절차와 관련한 내용은 찾아볼 수 없다.
ㄷ. "자료 준비는 충분히 했어."라는 '수민'의 말을 고려할 때 적절하지 않다.
ㄹ. "흥미로운 주제네. 기대된다."라는 '종호'의 말을 고려할 때 적절하지 않다.

08 다양한 표현 방법을 많이 알고 있는지는 '말하기 불안'의 원인이나 극복 방안과 관련이 없다.

09 (나)의 발표 내용 중에서 청중이 발표 내용을 이해하고 있는지 확인하는 질문을 던지는 내용은 찾아볼 수 없다.

10 〈보기〉에서는 '말하기 불안'을 극복하기 위한 방안으로 '긍정적인 자기 암시'를 제시하고 있다. 수업 시간에 선생님 질문에 대답을 잘해서 칭찬받았던 경험을 떠올리는 것은 긍정적인 자기 암시에 큰 도움이 된다.

11 뉴스 보도 동영상을 시청한 후, '이 뉴스를 보니 우리 청소년들의 당 섭취량이 얼마나 심각한 수준인지 알 수 있죠?'라고 말한 것으로 보아, 동영상의 ⓒ은 청소년들의 지나친 당 섭취의 문제점에 대한 내용일 것으로 추측할 수 있다. ⑤는 당 섭취의 긍정적인 면에 해당하므로 ⓒ의 내용과 어울리지 않는다.

12 말하기 불안으로 걱정하는 '희수'에게 '진성'은 "대부분의 사람들은 여러 사람 앞에서 말하는 것에 대해 부담을 느껴."라고 말하면서 말하기 불안이 자연스러운 것이라고 위로하며 격려하고 있다.

오답 확인 ① "첫 시간에 독서 발표를 했는데. 완전히 실패했어."라는 '희수'의 말을 고려할 때 발표를 앞두고 말하기 불안을 느끼고 있다는 것은 적절하지 않다.
② 친구들과 대화하는 것을 좋아한다는 내용을 고려할 때 '희수'가 모든 담화 상황에서 말하는 것을 어려워하고 있다는 것은 적절하지 않다.
③ '희수'가 청중의 반응을 민감하게 받아들이고 있다는 내용은 찾아볼 수 없다.
④ "소심해서 여러 사람 앞에서 말을 하면 얼굴이 빨개지고, 말을 더듬거든."은 '희수'가 자기의 성격에 대해 말한 것이다.

02 청중을 고려하여 말하고 설득 전략을 분석하며 듣기

① 힘들 때 힘을 빼면 힘이 생긴다
본문 138~139쪽

학습 목표 응용 01 ① 02 ④ 03 ③ 04 ①
05 ②
고난도 응용 01 ② 02 [예시 답안] 모든 것에 최선을 다하려고 하다 보면 정작 자신이 원하는 것에 집중하기 어려워지기 때문이다.

학습 목표 응용

01 이 강연은 다양하고 구체적인 사실에서 자신의 주장을 이끌어 내는 귀납 논증을 활용했다. 주장에 대한 근거로 보기 어려운 것은 '카피라이터의 기술'이다.

오답 확인 ② 인생에 비유되는 마라톤에서 계속 달리기만 하는 것이 최선은 아니다.
③ 음표와 쉼표가 음악의 리듬을 만들 듯 인생에서도 힘을 뺄 땐 빼고 줄 땐 주어야 한다.
④ '만다꼬?'라는 질문 덕에 불필요한 힘을 거두어들일 수 있었다.
⑤ 위기 상황에서 포수가 투수에게 던진 실없는 농담 덕분에 투수가 힘을 빼고 경기를 잘 치를 수 있었다.

02 (다)에서 화자는 자신이 카피라이터 출신이라는 직업적 전문성을 내세워 욕망을 성찰하기를 제안하고 있다. 화자의 직업적 전문성은 이야기의 신뢰감을 높여 준다.

03 이 강연은 청중이 남성인지 여성인지 알 수 없다. 남성만 야구를 좋아하는 것도 아니므로 ⓒ이 청중의 성별을 고려해서 한 이야기라고 볼 수 없다.

오답 확인 ① ⑤은 질문을 던져 청중이 손을 들게 하는 방법으로 대답할 기회를 주고 있다. 이로써 청중은 강연에 능동적으로 참여하게 된다.
② ⑥에서 화자는 자신도 야구 중계를 곧잘 보는 편이라며 청중과의 공통점을 찾아낸다. 여기서 청중은 화자와의 거리감이 좁혀지며 강연 내용에 집중하게 된다.
④ 말로만 하면 잘 몰랐을 '언더셔츠'를 ⓔ처럼 시각 자료로 제시함으로써 청중의 이해를 도왔다.
⑤ ⑩의 말투, 몸짓을 실감 나게 재현함으로써 청중에게 웃음을 줄 수 있다.

04 Ⓐ '절체절명(絕體絕命)'이란 '몸도 목숨도 다 되었다.'는 뜻으로, '어찌할 수 없이 절박한 경우'를 비유적으로 이르는 말이므로 '아무에게나 또는 아무 일에나 함부로 맞닥뜨림.'이란 뜻의 '좌충우돌'과 바꾸어 쓸 수 없다.

오답 확인 ② '층층이 쌓아 놓은 알의 형세'라는 뜻으로, '몹시 위태로운 형세'를 비유적으로 이르는 말이다.
③ '바람 앞의 등불'이라는 뜻으로, '사물이 매우 위태로운 처지에 놓여 있음'을 비유적으로 이르는 말이다.
④ '한 번 건드리기만 해도 폭발할 것같이 몹시 위급한 상태'를 이르는 말이다.
⑤ '백 자나 되는 높은 장대 위에 올라섰다.'는 뜻으로, '몹시 어렵고 위태로운 지경'을 이르는 말이다.

05 단어의 정확한 뜻을 모르더라도 문맥으로 보아 뜻풀이가 맞는지 생각해 볼 수 있다. ⓑ는 '흰 눈썹'이라는 뜻으로, '여럿 가운데에서 가장 뛰어난 사람이나 훌륭한 물건'을 비유적으로 이르는 말이다.

고난도 응용

01 광고는 수용자를 설득하기 위해 아래와 같은 설득 전략을 사용한다.

- **언어 표현으로 강조하기**: 동일한 문구나 상품명을 반복하거나, 언어유희를 사용하여 강한 인상을 남김.
- **인물 내세우기**: 유명한 사람을 등장시켜 모방 심리를 자극하거나, 일반인을 등장시켜 친근감을 자극함.
- **불안한 심리 건드리기**: 부정적인 상황을 보여 주고, 이에 주의하거나 대비해야 한다는 메시지를 전달함.
- **웃음이나 감동 주기**: 풍자나 패러디, 유머를 통해 웃음을 자아내거나, 가슴 따뜻한 소재나 장면을 통해 감동을 줌.
- **신뢰성 보여 주기**: 해당 분야 전문가의 말을 인용하거나 소비자의 경험, 정부에서 인증한 마크, 성능 실험 등을 보여 주어 신뢰도를 높임.

이 광고는 한자 '효도 효(孝)' 자 중, '아들 자(子)'가 등 돌리고 있는 이미지를 보여 주어 '부모님을 사랑하고 공경하자.'라는 주제로 수용자의 행동 변화를 촉구하고 있다. 위의 다섯 가지 광고 설득 전략 중 '웃음이나 감동 주기'를 사용하고 있으므로 (가)~(마) 중, '감성적 설득 전략'이 두드러진 문단을 찾으면 된다. ② (나)는 포수와 투수의 대화 속 말투, 몸짓을 실감 나게 재현하여 화자에게 웃음을 주는 감성적 설득 전략이 두드러진다.

오답 확인 ① (가), ② (나)는 포수의 농담과 그 의미를 들어 '중요한 순간에 힘을 빼는 것이 필요하다'는 것을 설득하고 있으므로 이성적 설득 전략이 두드러진다.
③ (다)는 화자가 카피라이터 출신이라는 직업적 전문성을 내세워

욕망을 성찰할 것을 제안하고 있으므로 인성적 설득 전략이 두드러진다.

④ (라)는 인생을 마라톤에 빗대어 '인생에서 힘을 줄 때 주고, 뺄 땐 빼야 한다.'는 화자의 주장을 뒷받침하고 있으므로 이성적 설득 전략이 두드러진다.

⑤ (마)는 음악과 인생이 지닌 공통점을 들어 주장을 뒷받침하고 있으므로 이성적 설득 전략이 두드러진다.

02 인생이 마라톤이라면 내내 전속력으로 달리는 것이 불가능하듯, 항상 모든 일에 최선을 다하려고 하다보면 정작 자기에게 제일 중요한 일, 가장 원하는 일에 집중하기 어렵다.

상	내용이 맞고, 〈조건〉을 맞추어 서술한 경우
중	내용은 맞지만, 〈조건〉을 맞추어 서술하지 못한 경우
하	내용은 부족하고, 〈조건〉에만 맞게 서술한 경우

② 세상을 바꾸는 실패와 상상력

본문 140~141쪽

> **학습 목표 응용** **01** ④   **02** ①   **03** ④   **04** 실패가 주는 혜택   **05** ②
>
> **고난도 응용** **01** ③   **02** [예시 답안] 대학교 졸업식이라는 연설 상황과 대학 졸업생이라는 청중 분석을 통해 연설의 주제를 정한다.

학습 목표 응용

01 이 연설은 청중의 태도나 생각, 행동 변화를 목적으로 하지만 ④는 당장에 평가할 수 있는 항목이 아니므로 적절하지 않다.

오답 확인 ① 이 연설은 대학 졸업식장에서, 이제 막 대학을 졸업하고 사회에 첫발을 내딛게 될 예비 사회인을 청중으로 하고 있다. 화자는 이를 고려하여 청중이 가장 관심 있어 할 내용을 주제로 삼았다.

②, ⑤는 화자가 연설 중에 갖춰야 할 표현상 조건이고, ③은 내용상의 조건이다.

02 (라)에서처럼 화자가 국제 사면 위원회에서 일한 경험을 밝힘으로써 청중이 화자의 전문성과 됨됨이를 바탕으로 연설에 신뢰를 갖게 된다면 이는 '화자의 공신력'과 관련이 깊다고 할 수 있다.

03 (라)에 따르면 국제 사면 위원회 직원들은 위기에 처한 생명을 구하고 인권을 침범당한 사람들의 자유를 되찾아 주는 일을 한다.

오답 확인 ① 실패를 주춧돌 삼아 그 위에 자신의 삶을 다시 튼튼하게 지었다고 했으므로 화자의 성공 요소는 '실패의 경험'이다.

② 무엇을 얻고 성취하는 것이 삶의 전부가 아니라 실패를 겸허히 받아들이는 자세가 중요하다.

③ 화자의 결혼 생활이 왜 짧게 끝났는지는 이 글에 나와 있지 않다.

⑤ 어느 한쪽으로 단정 짓기 어렵다.

04 (나), (다)를 바탕으로 ㉠에는 '실패가 주는 혜택'이 들어가면 적절하다. 그러나 제시된 지문에서 찾을 수 없으므로 의미만 통한다면 비슷한 표현도 정답이 될 수 있다. 예를 들면 '실패가 주는 이점', '실패 경험의 이점' 등도 정답이 될 수 있다. 단, 3어절이어야 한다.

05 화자인 『해리포터』 시리즈의 작가 조앤 K. 롤링이 연이은 실패를 겪고 몰두하게 된 한 가지 일이고 그 일로 삶을 튼튼하게 지을 수 있었다고 했으므로 ㉡는 '글쓰기'이다.

고난도 응용

01 화자는 세네카의 명언을 인용하여 내면이 충만한 삶을 살기 바라는 마음을 전달하며 연설을 인상적이고 감동적으로 마무리하고 있다.

오답 확인 ① 이 연설은 강렬하고 격앙되기보다는 차분하고 침착한 어조가 어울린다.

② 화자가 구체적으로 실천한 사례가 아니라 실패를 겪으며 얻은 깨달음을 바탕으로 '실패가 주는 혜택' 세 가지를 논리적으로 제시하고 있다.

④ '문제점-해결책'의 구조를 취하고 있지 않다.

⑤ 이 연설에서 화자는 청중과 질의응답을 주고받기보다는 자문자답을 통해 예상되는 청중의 생각을 이야기하고, 뒤이어 이를 반박함으로써 앞으로 전개될 이야기에 호기심을 불러일으킨다.

02 연설의 준비 단계 중 1단계에서는 먼저 연설 상황과 청중에 대한 분석이 이루어져야 한다. 예상 청중의 나이와 지식수준, 청중의 관심과 요구 등이 어떠할지 분석한 뒤 이에 맞는 주제를 선정한다. 연설의 목적이 청중의 생각이나 행동을 변화시키는 데 있으므로 청중을 고려하는 것이 무엇보다 중요하다.

상	'연설 상황, 청중 분석, 주제 선정'이란 내용을 포함하고, 〈조건〉에 맞게 서술한 경우
중	내용은 예시 답안과 유사하지만, 〈조건〉에 맞추어 서술하지 못한 경우
하	내용은 부족하고, 〈조건〉에만 맞게 서술한 경우

02 단원 평가

본문 142~145쪽

01 ⑤	02 ③	03 ②	04 ②	05 ②	06 ④
07 좁은 땅덩어리에 사람이 너무 많이 살아서 그런지					08 ③
09 ①	10 ⑤	11 ⑤	12 ⑤	13 ⑤	14 [예시 답안] 마법사의 세계를 다룬 『해리포터』를 쓴 작가가, "세상을 바꾸는 데 마법은 필요 없다."고 말하고 있기 때문이다.

01 (가)~(라)와 같은 담화 유형은 연설이다. 이는 한 사람이 다수의 청중을 대상으로 특정한 목적 아래 행하는 공식적인 말하기이므로 궁극적으로 청중에게 자신의 뜻을 효과적으로 전달하고 청중의 감동과 행동 변화를 이끌어 내야 한다.

오답 확인 연설은 정보 전달이나 청중 설득을 목적(①)으로 하는 공식적 말하기의 한 형태(④)로 화자의 솔직하고 진실한 태도, 내용에 대한 전문성과 자신감 있는 태도 등이 연설의 설득력에 영향을 미친다(②). 화자는 준비 단계부터 실행 단계까지 청중의 기대와 요구, 반응 등을 민감하게 살피면서 필요하면 청중과 상황에 맞게 내용을 조정할 수 있는 순발력과 융통성을 갖추어야 한다. 특히 연설하기 전에 주제에 관한 청중의 태도와 지식수준, 청중의 기대와 요구 등을 고려할 필요가 있다(③).

02 연설에서 화자는 가능하면 본인의 목소리를 사용하되 목소리를 가다듬어 편안한 상태에서 말하여 불필요한 잡음을 없애야 한다. 한편 격한 어조보다는 말의 내용과 상황에 어울리는 어조를 사용하는 것이 좋은데 늘 똑같은 목소리와 억양을 유지하면 지루함이 느껴지고 내용 전달에 효과가 떨어진다.

오답 확인 ①, ④, ⑤ 연설의 메시지 못지않게 듣기 좋은 목소리와 분명하고 정확한 어조, 당당한 말투, 적절한 몸동작과 자연스러운 시선 처리, 바른 말하기 자세 같은 준언어적 표현과 비언어적 표현들이 중요하다.
② (가)에서 화자는 아버지와의 일화로 청중에게 웃음을 주고 있다.

03 (나)에서 화자는 감성적 설득 전략을 사용하여 '만다꼬'의 의미와 그것이 쓰인 사례를 실감 나게 말해 재미와 웃음을 주고 있다.

오답 확인 ① (가) 감성적 설득 전략을 사용하였다.
③ (다) 인성적 설득 전략을 사용하였다.
④ (라) 카메라와 인간의 눈이 지닌 공통점을 들어 설명하고 있지 않다.
⑤ (마) 인성적 설득 전략을 사용하였다.

04 '만다꼬'는 경상도 지방에서 많이 쓰이는 사투리로 '뭐 하려고?'라는 뜻으로 풀이되며 불필요한 힘을 뺄 수 있게 해 준다.

오답 확인 ㄱ. 아버지는 가훈을 '화목'이라고 적어 가라 하셨지만 어른이 된 화자는 실질적인 가훈이 '만다꼬'였음을 깨닫는다.
ㄴ. 화자는 인생을 선물로 받아들일 수 있고 인생에 대해 고마움을 잊지 않을 정도의 조율을 해 나갈 수 있다면 그 인생은 성공이라 생각한다.
ㄷ. 경상도에서는 살짝 핀잔주는 뉘앙스로 말해진다.
ㄹ. 남의 눈을 지나치게 의식하는 사람들에게 화자는 '만다꼬'를 떠올리며 자기를 성찰하고 자기 삶에 집중하라고 이야기한다.

05 화자는 간접 또는 직접 경험을 바탕으로 '인생에서 힘을 줄 때 주고 뺄 때 빼야 한다.'는 주장을 하고 있다. '힘을 뺄 일'은 자신이 진짜 원하지 않는 일, 남의 눈을 의식해서 어쩔 수 없이 하는 일 등으로 볼 수 있다. 그러므로 화자가 지향하는 삶의 태도는 '남의 눈을 의식하지 않고 자신을 성찰하여 진짜 하고 싶은 일에 최선을 다하는 것'이다.

06 ⓔ에서 화자는 어렸을 때 '만다꼬'란 말을 좋아하지 않았다고 했을 뿐 쓰지 않는다는 말은 하지 않았다. 오히려 세월이 흘러 자라고 난 뒤에는 이 말이 아주 중요한 질문이었음을 인정하게 되었다.

07 (라)에 나온 '좁은 땅덩어리에 너무 많이 살아서 그런지'라는 내용을, 우리나라 사람들이 남의 눈을 많이 의식한다는 주장에 대한 근거로 제시하고 있다.

08 이 연설에는 출처를 밝힐 만한 내용이 나오지 않았다.

오답 확인 ① (나)에서 '희망이 보이지 않았던 과거의 힘든 시간'을 '암흑과도 같은 터널'에 비유해 강조하고 있다.
② (다), (마)에서 화자는 자문자답을 사용하여 앞으로 전개될 이야기에 호기심을 유발하고 있다.
④ (바)에서 화자는 자신이 청중에게 전하고 싶은 바를 잘 표현하고 있는 세네카의 말을 인용함으로써 연설의 신뢰도를 높이고자 했다.
⑤ (나)에서 대학 졸업 후 순탄하지 못했던 자신의 인생사와 그 과정에서 실패했던 경험을 진술하게 표현하였다.

09 ㄱ. 화자는 상상력을 '황당한 공상의 힘'으로 보지 않고 '더 나은 세상을 상상할 수 있는 힘', '곤경에 처한 사람의 마음을 헤아릴 수 있는 공감의 힘'이라고 말한다. ㄴ. 화자는 다양한 설득 전략을 사용하여 청중이 상상력을 통해 타인의 삶을 생각하는 태도를 갖게 되길 기대한다.

오답 확인 ㄷ. 더 나은 세상을 만들기 위해 화자가 기울인 구체적인 노력이 드러나지 않는다.
ㄹ. 화자가 작가라는 것도, 그 꿈을 갖게 된 계기도 알 수 없다.

10 이 연설에서 화자가 이용한 도표나 영상 자료는 찾아볼 수 없다.

오답 확인 ① 앞으로 어떤 직업을 가질 것인지, 어떻게 살아갈 것인지 등에 관심이 많은 청중 즉, 사회에 첫발을 내딛는 대학 졸업생들에게 삶의 중요한 가치를 일깨워 주고 있다.
② 대부분의 청중이 20대 초반에서 후반일 것으로 예상되므로 자신이 스물한 살이던 때를 돌아보았다.
③ 대학교 졸업생이라는 청중의 지적 수준을 고려했을 것이다.
④ 질의응답을 통해 연설을 진행하지는 않지만 자문자답이더라도 청중에게 질문을 하려면 그들과 눈을 맞추며 그들의 반응을 확인해야 한다.

11 ㉠을 통해 화자는 진짜 하고 싶었던 일에 열정을 쏟게 되었고, 몰랐던 자신의 장점을 발견했으며 주변에 소중한 사람이 있다는 것을 알게 되었다. 또한 실패를 극복하면서 인생의 다양한 어려움에 대처할 수 있는 용기와 힘을 얻게 되었다.

12 '동병상련(同病相憐)'이란 '같은 병을 앓는 사람끼리 서로 가엾게 여긴다.'는 뜻으로, '어려운 처지에 있는 사람끼리 서로 가엾게 여김.'을 이른다. ㉣는 자기와 다른 처지에 있는, 힘들고 어려운 사람들의 아픔과 마음을 헤아리고 공감하라는 뜻이다.
오답 확인 ① '갈수록 더욱 어려운 지경에 처하게 되는 경우'를 비유적으로 이르는 속담이므로 암흑 같은 터널이 끝나지 않는 상황과 유사하다.
② '실패를 밑거름 삼아 성공적인 삶을 이뤘다.'는 내용이므로 적절하다.
③ '아무리 익숙하고 잘하는 사람이라도 간혹 실수할 때가 있음.'을 이르는 속담으로 누구나 인생에서 실패를 겪을 수밖에 없다는 점을 겸허하게 인정한다는 점에서 적절하다.
④ '낮에는 농사짓고, 밤에는 글을 읽는다는 뜻으로, 어려운 여건 속에서도 꿋꿋이 공부함.'을 이르는 말로, 국제 사면 위원회 본부에서 일하면서 생활비를 벌고, 점심시간에는 짬을 내어 소설을 썼던 화자의 상황과 통한다.

13 '훌륭한 교육을 받았기 때문에 책임도 남다르다.'는 부분에서 청중의 자긍심을, '어려움에 처해 있는 사람들의 삶을 상상하라.'는 부분에서 청중의 동정심을, '우리의 마음속에는 이미 세상을 바꿀 힘이 있다.'에서 청중의 욕망을 불러일으켜 청중의 마음을 움직이려는 것으로 보아 ⒜에는 감성적 설득 전략이 사용되었다.
오답 확인 ① 기온이 올랐다는 뉴스를 근거로 든다.
② 공부할 때 뇌가 에너지를 많이 쓴다는 사실을 근거로 든다.
③ 유추 논증을 사용해 자신과 자동차의 비슷한 점을 근거로 들어 간식비가 필요함을 주장한다.(이성적 설득 전략)
④ 집안일을 돕는 착한 딸이란 것을 이야기하여 말에 신뢰를 준다.(인성적 설득 전략)

14 화자가 풍부한 상상력을 바탕으로 마법의 세계를 다룬 작품을 주로 썼고, 대표작『해리포터』시리즈도 마법의 세계를 소재로 하여 큰 성공을 거둔 작품이라는 점을 생각했을 때, "세상을 바꾸는 데 마법이 필요 없습니다."라고 한 화자의 말은 역설적으로 들릴 수 있다.

상	필요한 내용을 모두 넣어 〈조건〉에 맞게 서술한 경우
중	필요한 내용은 모두 넣었으나, 〈조건〉을 충족시키지 못한 경우
하	〈조건〉은 충족되었으나, 내용이 부족한 경우

1회 성취도 평가

본문 146~156쪽

01 ④	02 ④	03 ④	04 ⑤	05 ①	06 ④

07 [예시 답안] ㉮: 인내하는 마음으로 고단한 삶을 감수하고 있다., ㉯: 너무 피곤해서 움직임조차 없이 졸고 있다. 08 ② 09 ⑤
10 ④ 11 ① 12 ㉠: 말의 뜻을 구별해 주는, ㉡: 음운
13 ③ 14 ⑤ 15 ④ 16 ④ 17 ④ 18 ⑤
19 ⑤ 20 ④ 21 ⑤ 22 ⑤ 23 ② 24 ⑤
25 ① 26 ③ 27 ⑤ 28 [예시 답안] ㉮: 탐구 계획서를 작성한다., ㉯: 탐구 결과를 정리하고 분석한다. 29 ② 30 ③

01 (가)의 화자는 시적 대상인 누이의 죽음으로 누이와 단절된 것을 슬퍼하고 (나)의 화자는 시적 대상과 진정한 관계를 맺게 되길 열망한다.

02 ㉣은 동기간 우애와 사랑이 비유적으로 표현된 부분이다. 같은 부모에게서 태어나 이제껏 가까이 살아온 인연이 죽음 앞에서 허무하게 스러져 버렸다는 안타까운 탄식이 나타나 있다.

오답 확인 ① ㉠에는 사람이 한 번 태어나면 죽는 것이 필연이라는 불교적 사생관이 드러나 있다.
② ㉡에는 누이의 죽음을 마주한 화자의 괴로운 심경이 나타나 있다.
③ ㉢에서는 누이의 죽음에 대한 개인적 슬픔이 '바람'과 '떨어질 잎'의 비유를 통해 삶과 죽음에 대한 일반적 허무감으로 확대되고 있다.
⑤ ㉤에는 삶과 죽음에 대한 허무감과 이별의 슬픔을 불교적 신앙심으로 극복하려는 의지가 나타나 있다.

03 [D]에서 '눈짓'은 서로가 서로를 인식하는 의미 있는 존재를 상징한다. 알맞은 이름을 부여받음으로써 자신의 본질과 의미를 인정받은 존재로 우리 모두의 소망인 것이다.

04 (가)와 (나)의 시간적 배경은 모두 '밤'이다. 〈보기〉를 참고할 때 이는 세조에 의해 단종이 왕위를 빼앗기게 된 시대적 상황에 대한 작가들의 부정적 인식을 반영한 것으로 볼 수 있다.

오답 확인 ① (가)에서는 '님'으로 표현된 단종과의 이별로 인한 슬픔은 표현하고 있지만, 다른 사람에 대한 원망의 감정은 드러내지 않았다.
② (나)는 단종에 대한 일편단심을 다짐하는 시로, 화자는 안타까움을 표현하지 않았다.
③ (가)의 '님'과 (나)의 '님'은 모두 단종을 의미한다고 볼 수 있다.
④ (가)의 '물'은 작가가 자신의 감정을 대신 전달하기 위해 사용한 대상물이며, (나)의 '까마귀'는 세조 혹은 세조를 따르는 무리들을 비유한 것이다.

05 (가), (나)에 사용된 표현 방법은 다음과 같다.

표현 방법	(가)	(나)
색채어를 사용하였다.	×	○
설의적 표현을 사용하였다.	×	○
반어적 표현을 사용하였다.	×	×
대조적인 소재를 사용하였다.	×	○

06 이 시의 주제는 마지막 부분에 잘 나타나 있다. 즉, '여자가 받쳐 든 한 식구의 안식이 / 아무도 모르게 / 죽음의 잠을 향하여 / 거부의 화살을 날리고 있다'에서 말하는 바와 같이 가정의 안식을 이유로 여성들에게 일방적인 희생을 강요하는 현대 사회에 대한 비판 의식을 드러내고 있다.

07 '부처님처럼 졸고 있는 구자명 씨'는 '부처님'을 어떻게 보느냐에 따라 중의적으로 해석할 수 있다. 우선 '부처님'을 자비와 희생의 종교적 대상으로 본다면 구자명 씨의 삶이 부처님처럼 자비와 희생의 삶이라는 것을 의미하게 된다. 또한 '부처님'을 돌이나 금속 등으로 만든 부처상으로 본다면 고단한 구자명 씨가 부처님처럼 움직이지 않고 졸고 있다는 의미로 해석할 수 있다.

상	㉮와 ㉯를 예시 답안과 유사한 내용으로 정확하게 작성한 경우
중	㉮와 ㉯를 예시 답안과 유사하게 작성했으나, 내용이 다소 미흡한 경우
하	㉮와 ㉯ 중에 하나만 정확하게 작성한 경우

08 이 글은 시대의 변화에 적응하지 못하고 사는 도시 빈민의 고단한 삶을 내용으로 하고 있다. 인물의 내적 갈등이 특별하게 나타나지 않는다.

09 칠수 어머니는 아버지에게 동병상련을 느낀 것이 아니라 반대의 입장에서 ㉤과 같이 말하며 아버지를 비꼬고 있다.

오답 확인 ① 도망간 노새 대신 자신이 노새가 되겠다는 아버지의 말에서 가장으로서 가족들의 생계를 책임지려고 하는 아버지의 생각을 알 수 있다.
② 아버지가 노새가 되고, 가족 모두 노새 가족이 되는 것은 시대 변화에 적응하지 못하고 힘겹게 사는 삶을 의미하지만 어린아이의 시선으로 보기 때문에 재미있게 느껴지는 것이다.
③ '나'는 집을 나가는 아버지의 모습을 노새 같다고 표현하면서 아버지와 노새를 동일시하고 있다.
④ 비행기, 헬리콥터, 자동차, 자전거가 있는 곳에서 노새가 살기 어렵듯이 시대의 변화에서 적응하지 못하면 살기 어려움을 나타낸 것이다.

10 (다)를 바탕으로 할 때 (가)의 3연을 평화로운 분위기로 파악한 것은 올바른 해석이지만 3연에서 과거를 회상하고 있

다는 해석은 잘못된 것이다.

오답 확인 ① 시상의 전개 과정도 순차적인 시간의 흐름을 따르고 있다고 해석하였다.

② 3연은 손님이 등장하는 배경을 설명하고 있다.

③ '아이야'는 시조 종장 첫 구에 쓰이는 관습적 시어이다.

⑤ 이 시의 각 연은 두 행으로 되어 있고 전체의 구조는 내용 전개상 네 단락으로 나눌 수 있어 형식적 안정감을 준다.

11 〈보기〉의 내용을 보면 (가)를 쓴 이육사가 조국의 독립을 위해 반복된 옥고와 모진 고문을 견디어 냈음을 말하고 있다. 그러므로 ⊙의 손님은 '조국의 독립'이라고 해석할 수 있다.

12 '님'과 '남'의 의미가 달라진 것은 모음 'ㅣ'와 'ㅏ'의 차이 때문이고, '님'과 '김'의 의미가 달라진 것은 자음 'ㄴ'과 'ㄱ'의 차이 때문이다. 이렇게 말의 뜻을 구별해 주는 최소의 소리 단위를 음운이라고 하며, 음운에는 자음과 모음 등이 있다.

상	⊙과 ⓒ에 들어갈 말을 모두 적절하게 쓴 경우
중	⊙에 들어갈 말은 적절하게 썼으나, ⓒ에 들어갈 말은 적절하게 쓰지 않은 경우
하	⊙에 들어갈 말은 적절하게 쓰지 못하고, ⓒ에 들어갈 말만 적절하게 쓴 경우

13 'ㅋ'은 소리의 세기를 기준으로 나누면 거칠고 거센 느낌의 소리인 거센소리에 해당한다.

오답 확인 ① 'ㅋ'은 소리 나는 위치에 따라 분류하면 혀의 뒷부분과 여린입천장 사이에서 나는 소리인 여린입천장소리이다.

② 'ㅋ'은 소리 내는 방법에 따라 분류하면 공기의 흐름을 막았다가 터뜨리며 내는 소리인 파열음이다.

④ 'ㅗ'는 혀의 최고점의 위치에 따라 분류하면 발음할 때 혀의 최고점의 위치가 뒤쪽에 있는 후설 모음이다.

⑤ 'ㅗ'는 혀의 높이에 따라 분류하면 발음할 때 혀의 위치가 중간쯤인 중모음이다.

14 '그와 나는 한 달 전부터 서로를 좋아했다.'는 '그는 한 달 전부터 서로를 좋아했다.'와 '나는 한 달 전부터 서로를 좋아했다.'로 쪼갤 수 없다. 따라서 ④의 문장은 ⊙과 같은 홑문장의 예에 해당한다.

오답 확인 ① '해는 둥글다.'와 '달은 둥글다.'로 쪼갤 수 있으므로 ⓒ의 예와 같이 대등하게 이어진 문장이다.

② '우리는 자유를 원한다.'와 '우리는 평화를 원한다.'로 쪼갤 수 있으므로 ⓒ의 예와 같이 대등하게 이어진 문장이다.

③ '시는 문학의 한 갈래이다.'와 '소설은 문학의 한 갈래이다.'로 쪼갤 수 있으므로 ⓒ의 예와 같이 대등하게 이어진 문장이다.

④ '그들은 산으로 여행을 다녔다.'와 '그들은 바다로 여행을 다녔다.'로 쪼갤 수 있으므로 ⓒ의 예와 같이 대등하게 이어진 문장이다.

15 ⊙에서는 '그'의 행동을 나타내는 문장을 관형절로 안긴 문장으로 나타내어 '그'가 무엇을 하고 있는지를 구체적으로

표현하고 있다.

오답 확인 ⊙ '나는 그를 거리에서 만났다.'라는 문장이 '(그가) 사람들 앞에서 노래를 부르고 있었다.'라는 문장을 관형절로 안고 있는 문장이다. 따라서 ⊙은 관형절을 안은 문장이다.

ⓒ '나는 거리에서 그를 만났다.'와 '그는 사람들 앞에서 노래를 부르고 있었다.'라는 두 문장이 나란히 이어진 문장으로, 앞 절이 뒤 절의 배경이 되는 의미를 지니고 있다. 따라서 ⓒ은 종속적으로 이어진 문장이다. 연결 어미 '-는데'는 배경의 의미를 지니기 때문에 목적이나 의도를 나타내는 것과는 관련이 없다.

16 외래어를 가급적 고유어로 바꾸어 사용하려고 노력하는 것은 남한이 아니라 북한의 말다듬기 정책에 해당한다.

오답 확인 ① 남한에서는 '노인', '양심'과 같이 두음 법칙을 인정하지만, 북한에서는 '로인', '량심'과 같이 두음 법칙을 인정하지 않는다.

② 남한에서는 '시냇물'과 같이 합성어에서 사이시옷을 적지만, 북한에서는 '시내물'과 같이 사이시옷을 적지 않는다.

③ 남한 사람은 북한 사람에 비해 대체로 부드럽고 자연스러운 억양을 보인다.

⑤ '수갑'이 남한에서는 '죄인의 손에 끼우는 고리'를 뜻하지만 북한에서는 '손에 끼는 장갑'을 뜻하는 것처럼 같은 단어라도 남북이 각기 다른 의미로 쓰이는 것들이 있다.

17 남한 사람이 단순히 친근함을 나타내는 의도로 건넨 "언제 같이 식사나 한번 합시다."라는 말을 북한 사람은 곧이곧대로 듣는다. 인사말에 담긴 말하는 사람의 의도보다는 표면에 드러난 말의 의미를 그대로 받아들이는 직접 화법에 익숙하기 때문이다.

오답 확인 ⑤ 남한 사람이 한 인사말에 자기 자신이 드러나 있지 않은 것은 맞지만, 이것만으로 자기 자신을 문장에서 드러내지 않으려 한다고 볼 수는 없다.

18 (라)에는 플라스틱 사용을 줄이자는 글쓴이의 당부가 드러나 있지만 플라스틱 대체품 사용을 제안하는 내용은 없다.

19 (나)에서는 플라스틱으로 인해 생명의 위협을 받는 알바트로스의 사례가 제시되어 있다. (나)를 읽을 때 활용할 수 있는 배경지식은 플라스틱이 바다 생명체의 생명을 위협할 수 있다는 내용이어야 한다. 이에 해당하는 것은 ⓜ이다.

20 프랑스의 철학자 미셸 세르의 저서와 강연 내용을 요약하여 인용한 부분에서는 구체적인 사례들로부터 결론을 이끌어 내는 귀납의 논증 방식이 쓰였다. 이러한 귀납적 방법을 통해 디지털 치매 현상이 인간 진화의 자연스러운 과정일 뿐이라는 것을 강조하고 있다.

21 ⓜ에서는 독자에게 질문을 던지는 방식을 사용하여 디지털 치매 현상을 인간 진화의 양상으로 볼 수 있다는 것을

강조하고 있다. 독자들에게 어떤 대답을 요구하는 의문문이 아니기 때문에 설의적 표현에 해당한다. 설의적 표현은 말하고자 하는 바를 강조하기 위해 일부러 대답을 요구하지 않는 의문문의 형태로 표현하는 것을 뜻한다.

오답 확인 ① '손가락으로 꼽을 정도'는 그 수가 무척 적음을 강조하는 말이다.
② 여러 번 갔던 길인데도 내비게이션이 없으면 찾아갈 수 없다는 것은 지나치게 디지털 기술에 의존하고 있는 현상을 단적으로 보여 주는 사례이다.

22 동일한 대상을 다룬 두 글의 관점이나 형식을 비교하며 읽으면, 대상을 보다 객관적인 시각으로 판단할 수 있고 대상의 다양한 측면을 접함으로써 대상에 대한 폭넓은 이해가 가능해진다. 따라서 한 편의 글에 대한 이해도 보다 깊어질 수 있다. 그리고 글에 나타난 글쓴이의 관점이 타당한지, 형식은 적절한지 등을 비판적으로 검토하며 읽을 수 있다. 따라서 글쓴이의 생각에 적극적으로 동의하며 읽게 된다고 보긴 어렵다.

23 〈보기〉는 '도시의 별 헤는 밤을 되찾아 주세요'라는 문구에서 짐작할 수 있듯이, 과도한 인공조명의 폐해를 지적하며 빛 공해를 줄이자고 설득하는 공익 광고이다. (가)는 빛 공해가 동식물에 미치는 악영향을 근거로 들어 빛 공해를 줄이자고 주장하는 논설문이다. (나)는 경관 조명을 시의 정책으로 추진하여 성공을 거둔 프랑스 리옹의 사례를 들어 우리나라에서도 야간 조명을 활용하여 밤이 아름다운 도시를 만들자고 주장하는 논설문이다. 따라서 관점 면에서는, 〈보기〉와 (가)가 야간 조명에 대한 부정적 관점을, (나)가 긍정적 관점을 취하고 있다고 할 수 있다. 형식 면에서는, 〈보기〉는 광고문으로 간결한 문구와 사진 자료를 활용하여 핵심 내용을 짧은 시간 안에 인상적, 압축적으로 전달하고 있고, (가)와 (나)는 논설문으로 객관적 근거를 자세하게 제시하여 주장의 타당성을 체계적, 논리적으로 전달하고 있다고 할 수 있다.

24 제시된 글에서 설명하는 글쓰기 단계는 내용 조직하기 단계이다. 내용 조직하기 단계에서는 가장 먼저 주제를 분명하게 하고 글의 체계에 따라 내용을 정리하고 통일성 있게 내용의 흐름을 구성한다. 이를 효과적으로 수행하기 위해 글의 개요를 작성한다.

25 제시된 글에서 설명하는 쓰기 윤리는 글 내용의 윤리성이다. 글을 쓸 때 글의 내용이 사회에서 요구하는 보편적인 가치나 도덕규범을 지켜야 하며 최소한 사회적인 질서와 안녕을 해치는 내용은 쓰지 말아야 한다는 것이다.

오답 확인 ②, ④ 표현의 윤리성이다.
③, ⑤ 글쓰기 과정의 윤리성이다.

26 보고서는 어떤 문제에 대해 탐구를 한 후에, 그 내용을 절차와 결과가 잘 드러나게 쓰는 글이다. 독자의 행동 변화를 유도하는 글은 주장하는 글이다.

오답 확인 ① '관찰, 조사, 실험'은 탐구의 구체적인 방법이다.
② (다)에서 보고서의 짜임을 설명하고 있는데, 이처럼 보고서는 짜임에 맞게 체계적으로 써야 하는 글이다.
④ (가)에서 보고서에 대해 절차와 결과가 잘 드러나게 쓰는 글이라 설명하고 있다.
⑤ (나)에서 보고서의 주제를 선정할 때 독자의 수준과 흥미를 고려해야 한다고 설명하고 있다.

27 보고서는 전체적으로 객관적인 태도로 쓰는 것이 중요하다. 그런데 보고서의 끝부분에는 탐구를 하면서 느낀 점이나 독자들에게 바라는 점을 제시할 수 있는데, 이 내용은 보고서를 쓰는 사람의 주관적인 의견이다. 탐구 내용은 객관적으로 쓰되, 느낀 점에는 주관적인 의견이 들어갈 수 있는 것이다.

오답 확인 ① (다)를 통해 알 수 있다.
② (다)에서 처음 부분에는 탐구 기간과 탐구 방법이 제시된다고 설명하고 있다.
③ (라)를 통해 알 수 있다.
④ (라)를 통해 알 수 있다.

28 보고서 쓰기의 과정은 (나)에 자세히 나와 있다. 보고서를 쓰기 위해서는 먼저 독자와 자신의 수준이나 흥미 등을 고려해 주제를 결정해야 하며, 주제가 결정된 뒤에는 탐구 계획서를 작성한다. 그리고 탐구를 진행하며 보고서를 쓸 내용을 수집한 후, 결과를 정리하고 분석한다. 마지막으로 분석한 자료를 바탕으로 보고서를 작성하면 된다.

상	'탐구 계획서 작성'과 '탐구 결과 정리 및 분석'의 내용을 모두 정확한 문장으로 작성한 경우
중	'탐구 계획서 작성'과 '탐구 결과 정리 및 분석'으로 답을 작성했으나, 내용이 다소 미흡한 경우
하	'탐구 계획서 작성'과 '탐구 결과 정리 및 분석' 중 하나만 답으로 작성한 경우

29 토론은 논제에 대한 찬성 의견과 반대 의견을 가진 사람들이 입론과 반론의 과정을 거쳐 어느 한쪽을 결론으로 도출하는 말하기이다. 찬성 측과 반대 측이 주장한 내용들을 절충하는 것은 적절하지 않다.

오답 확인 ④ 민주 사회에서는 어떤 사안에 대하여 찬반으로 나뉘어 대립하는 경우가 많이 생기는 만큼, 타당한 근거를 바탕으로 주장을 펼쳐 설득하는 말하기인 토론 능력이 필요하다.

30 '호성'은 자기 학급에서 도난 사고가 일어났던 경험을 말하면서 교실 내에 시시 티브이를 설치하는 것에 찬성하고 있다. 도난 사고와 관련한 경험도 주장을 타당하게 뒷받침하고 있으므로 논제에서 벗어났다고 볼 수 없다.

오답 확인 ① 학교 폭력을 예방하기 위하여 시시 티브이를 설치하자는 주장에 대해서 학교 폭력 예방과 사생활 침해 우려 중에서 어떤 것이 더 중요한지에 대해 반론하는 것은 적절하다.
② 모든 교실에 시시 티브이를 설치하는 것이 실현 가능한 것인지 반론하는 것은 적절하다.
④ 2012년과 현재의 사회 분위기나 학교 현장의 상황도 달라졌을 가능성도 있기 때문에 ④는 적절한 반론이라고 할 수 있다.
⑤ 학교 폭력으로부터 학생의 안전을 지켜 주는 것도 학생의 인권 보호에 도움이 된다는 점을 바탕으로 ⑤와 같이 반론하는 것은 적절하다.

2회 성취도 평가
본문 157~167쪽

01 ⑤	02 ④	03 ④	04 ④	05 ②	06 ④
07 ④	08 ④	09 ④	10 ③	11 ④	12 ③

13 우리가 꿈을 이루고 싶다면 날마다 노력을 계속해야 한다. **14** ②

15 ③	16 ②	17 ⑤	18 ⑤	19 ⑤	20 ④
21 ②	22 ④				

23 [예시 답안] 자신에게 유리한 자료만을 활용하여 글을 쓰는 것은 사실을 왜곡할 수 있으므로 쓰기 윤리에 어긋난다. 이와 같은 글쓰기는 왜곡된 사실로 사회 구성원을 혼란에 빠뜨릴 수 있다. **24** ⑤ **25** ② **26** [예시 답안] 문장과 문장이 긴밀하게 연결되지 않았다. **27** ⑤ **28** ③ **29** ④ **30** ①

01 글쓴이는 다른 사람의 실수에 대해 조급하게 굴거나 너그럽게 받아 주지 못했던 자신을 성찰하고 반성한다. 그러면서 악의가 섞이지 않은 실수는 봐줄 만하다고 말한다.

02 자신의 실수를 비난하는 다른 사람들에게 느꼈던 서운한 감정을 [D]에서 진솔하게 표현하고 있다.

오답 확인 ① [A]에서 글쓴이는 실수의 긍정적인 역할에 대해 이야기하고 있다.
② [B]에서는 사소한 실수조차 비난과 짜증의 대상이 될 정도로 실수를 용납하지 않는 오늘날의 세태를 비판하고 있다.
③ [C]에서는 이제까지 다른 사람의 실수를 대했던 자신의 태도를 성찰하고 반성하고 있다.
⑤ [T]에서는 상상을 즐기며 상식으로부터 자유로워지는 어처구니를 많이 만들어 내며 살 것을 당부하고 있다.

03 (다)에서는 비속어를 사용하여 이인국 박사에 대한 춘석의 분노를 표현하고 있다(ㄴ). 또한 이 소설의 서술자는 중심인물인 이인국 박사의 심리를 직접 드러내고 있다(ㄹ).

오답 확인 ㄱ. 이 소설의 서술자는 작품 밖에 있다.
ㄷ. 이 소설에서는 토속적인 소재를 사용하지도 않았고, 소설의 분위기가 향토적이지도 않다.

04 (라)와 (마)에서 이인국 박사는 스텐코프 박사의 혹을 제거하는 수술을 해 줌으로써 위기를 모면하려 하고 있다.

오답 확인 ① (나)를 통해 볼 때 이인국 박사는 일제 강점기에 모범적인 황국 신민으로서 안정된 생활을 누려 왔음을 알 수 있다.
② (나)에서 이인국 박사가 갈등을 하는 것은 사상범을 입원시킬 것인가의 문제 때문이다.
③ (가)에서 이인국 박사는 해방의 감격이 온 누리를 뒤덮을 때 집에서 오들오들 떨고 있다. 이는 (나)에 드러난 자신의 친일 행적 때문이다.
⑤ 이 소설에서 이인국 박사는 자신의 과거 행적에 대한 후회를 전혀 하지 않는다.

정답과 해설 ● **91**

05 글의 흐름으로 볼 때, ㉠에는 갈등의 순간에서 단호하게 결정을 내리는 모습을 표현하는 말이 들어가야 한다. '일도양단(一刀兩斷)'은 어떤 일을 머뭇거리지 않고 선뜻 결정함을 비유적으로 이르는 말이다.

오답 확인 ① 동쪽으로 뛰고 서쪽으로 뛴다는 뜻으로, 여기저기 사방으로 분주하게 돌아다님을 이르는 말이다.
③ 마음이 음흉하여 겉과 속이 다름을 뜻하는 말이다.
④ 어물거리며 망설이기만 하고 결단력이 없음을 뜻하는 말이다.
⑤ 은혜를 잊고 도리어 배반함을 뜻하는 말이다.

06 (가)에는 허생과 허생 아내의 갈등이 나타나 있으며(㉡), (라)에는 나라를 위해 계책을 말하는 허생과 이를 받아들이지 않는 이완 장군 사이의 갈등이 나타나 있다(㉢).

07 ㉮에는 이 소설에 나타난 사회·문화적 배경이 들어가야 적합하다. (라)에서 허생은 이완에게 인재를 얻기 위해서 노력이 필요함을 강조하고 있지만 이완이 받아들이지 않는다. 즉 나라의 위기를 극복하기 위해 적극적으로 인재를 등용했다는 사회·문화적 배경은 나타나 있지 않다.

오답 확인 ① (가)에서 허생 아내는 허생이 과거 제도를 보기를 원하고 있으므로 과거 제도가 있었다는 사회·문화적 배경을 알 수 있다.
② (다)에서 변산 지방에 수천 명의 도둑 떼가 나타나 노략질을 하고 있다는 것을 보아 집권층이 쉽게 도둑들을 소탕하지 못한 사회·문화적 배경을 알 수 있다.
③ (가)에서 허생 아내는 양반인 허생에게 장사를 권하고 있다. 이를 통해 지위가 양반이라도 먹고살기 힘들다면 장사를 할 수 있었다는 사회·문화적 배경을 알 수 있다.
⑤ (나)에서 허생이 과일을 모두 사서 곳간에 저장해 두자 과일 장수들이 열 배의 가격을 주고 다시 허생의 과일을 사는 일이 발생했다. 즉 조선의 경제 구조가 매점매석으로 흔들릴 정도로 취약했음을 알 수 있다.

08 (가)는 공간의 이동에 따라 시상이 전개되고 있지는 않다.

09 (나), (다)로 볼 때 '겨울'은 '우리 내부의 불신'이 아니라 '통일의 시대'와 대비되는 '분단의 시대'이다.

10 〈보기〉의 내용을 보면 (가)를 시대적 상황을 고려하여 해석하고 있음을 알 수 있다. 그러므로 작품이 쓰인 시대를 중심으로 한 관점이라고 할 수 있다.

오답 확인 ① 작품 외적인 요소를 고려하지 않고 작품의 표현에만 주목하여 작품을 해석하는 관점이다.
② 작가의 삶이 작품에 영향을 미쳤다는 것을 전제로 작품을 해석하는 관점이다.
④ 작품이 독자에게 어떤 영향을 미쳤는지를 중심으로 작품을 해석하는 관점이다.

11 발음할 때 공기의 흐름이 발음 기관의 방해를 받는 소리는 자음이고, 방해를 받지 않는 소리는 모음이다. ㉢은 모두 단모음으로, 혀의 최고점의 위치를 기준으로 '전설 모음 : 후설 모음'으로 분류한 것이다.

오답 확인 ㉠은 발음할 때 입술이나 혀의 움직임을 기준으로 모음을 '단모음 : 이중 모음'으로 분류한 것이다.
㉡은 발음할 때 입술의 모양을 기준으로 단모음을 '평순 모음 : 원순 모음'으로 분류한 것이다.
㉣은 발음할 때 혀의 높이를 기준으로 단모음을 '고모음 : 중모음 : 저모음'으로 분류한 것이다.

12 자음 분류표에 따르면 'ㅁ, ㄴ, ㅇ'은 소리 내는 방법을 기준으로 분류할 때 비음에 해당한다. 비음은 콧소리로, 입 안의 통로를 막고 코로 공기를 내보내면서 내는 소리이다.

오답 확인 ① 자음 분류표에 따르면 'ㄷ'은 예사소리이고 'ㅌ'은 거센소리이므로 '탄탄하다'는 '단단하다'보다 거칠고 거센 느낌을 준다.
② 자음 분류표에 따르면 파열음은 예사소리, 된소리, 거센소리의 세 계열로 나누어져 있다.
④ '나무'에 쓰인 자음은 'ㄴ'과 'ㅁ'으로, 자음 분류표에 따라 소리 내는 방법을 기준으로 분류하면 비음에 해당한다. 비음은 코로 공기를 내보내면서 내는 소리이므로 코를 막고 소리 낼 경우 제대로 발음하기가 어렵다.
⑤ 자음 분류표의 소리 나는 위치에 따라 분류하면, ㅁ과 ㅂ은 입술소리, 'ㄴ과 ㄷ'은 잇몸소리, 'ㄱ과 ㅇ'은 여린입천장소리에 해당한다.

13 ㉠이 ㉡의 조건이 되려면 연결 어미 '-(으)면'을 사용한다. 그리고 ㉠과 ㉡의 주어가 각각 '우리가', '우리는'으로 반복되므로 하나는 생략한다. 그러면 ㉠과 ㉡을 합쳐 '우리가 꿈을 이루고 싶다면 날마다 노력을 계속해야 한다.'라는 겹문장을 만들 수 있다.

상	㉠과 ㉡을 종속적으로 이어진 문장으로 만들고, ㉠이 ㉡의 조건의 의미를 지니며, 주어의 반복을 피하여 겹문장을 적절하게 만든 경우
중	㉠과 ㉡을 종속적으로 이어진 문장으로 만들고, ㉠이 ㉡의 조건의 의미를 지니고 있지만, 주어가 반복되게 겹문장을 만든 경우
하	조건의 의미가 명확히 드러나지 않게 ㉠과 ㉡을 종속적으로 이어진 문장으로만 만들고, 주어가 반복되게 겹문장을 만든 경우

14 '친구란 두 신체에 깃든 하나의 영혼이다.'의 문장 성분을 분석하면, '주어＋(관형어＋부사어＋서술어)＋관형어＋서술어'로 분석할 수 있다. '두'와 '하나의'는 각각 명사인 '신체'와 '영혼'을 꾸며 주는 관형어이고, '신체에'는 동사인 '깃들다'를 꾸며 주는 부사어이다.

①, ③, ④, ⑤ '친구란 두 신체에 깃든 하나의 영혼이다.'는 '친구란 하나의 영혼이다.'라는 문장이 '(하나의 영혼이) 두 신체에 깃들다.'라는 문장을 관형절로 안고 있는 문장이다. 따라서 홑문장 두 개가 결합하여 만들어진 겹문장이고, 안긴문장의 주어는 '영혼이'이며, 서술어는 '깃든'이다.

15 '일없다'는 말이 남한에서는 '소용이나 필요가 없다'라는 뜻으로 쓰이지만 북한에서는 정중한 사양의 표현으로 쓰인다. 이처럼 남북한의 언어에는 같은 말이라도 의미가 달리 쓰이는 말이 존재한다.

16 통일 시대의 국어를 대비하기 위해서는 남북한 언어의 동질성에 대한 관심도 필요하지만, 무엇보다 이질성을 분명히 인식할 필요가 있다. 어떤 차이가 있는지를 알아야 그 차이를 극복할 방안을 찾아볼 수 있기 때문이다.

① 남북 국어학자들 사이의 학술 교류를 통해서 보다 효과적인 언어 통일 방안을 만들어 낼 수 있기 때문에 정책적으로 지원해 줄 필요가 있다.
③ 남과 북이 함께 사용할 수 있는 표준말을 제정하여 이를 보급한다면 언어의 통일에도 도움이 될 수 있다.
④ 서로의 차이를 인정하고 수용하는 태도를 가져야 이해의 폭을 넓힐 수 있다.
⑤ 통일 시대에 남한과 북한이 사용하는 언어가 지금과 같이 다르다면 사회 통합이 원만하게 이루어지기 어려울 수 있다.

17 고추가 국내로 들어오게 된 시기에 대해 의견이 분분하다고 제시되어 있지만 의견의 구체적 내용은 제시되어 있지 않다.

① 민속 약으로서 고추는 신경통, 동상, 이질, 담 등의 민간요법에 쓰였다는 내용이 있다.
② 18세기에는 고추가 김치나 젓갈의 맛이 변하는 것을 방지하고 냄새를 제거하는 용도로 사용되었다는 내용이 있다.
③ 고추가 임진왜란 즈음에 일본으로부터 들어온 것이라는 내용이 있다.
④ 고추를 처음 도입했을 때에는 일본인이 조선인을 독살할 목적으로 가져온 독초 취급을 했기 때문에 멀리 하였다는 내용이 있다.

18 〈보기〉에서 독자는 글에 쓰인 문장의 의미가 애매하고 모호하여 앞뒤 문맥을 활용하여 문장의 의미를 파악하고, 자신의 읽기 과정을 점검하면서 조정하고 있다. 글쓴이가 제시한 주장이 합리적인지 판단하는 것 역시 문제 해결 과정으로서의 읽기에 해당하지만 〈보기〉에서는 관련 과정을 찾아볼 수 없다.

19 다른 글을 읽을 때, 이 글을 배경지식으로 활용하기 위해서는 글에서 다루고 있는 내용과 관련이 있어야 한다. 이 글의 내용이 고추의 한국 입성과 고추의 대중화이므로 '우리와 세계의 입맛을 사로잡은 고추의 역사'라는 제목의 책이

관련된 내용을 다룰 것이다.

20 (나)에서 글쓴이는 야간 조명 계획을 세울 때 '도시 전체적으로는 인공조명을 최소한으로 줄이는' 노력을 해야 한다고 주장했다. 따라서 (나)가 (가)와 달리 인공조명을 최대한으로 늘려야 한다고 주장하고 있다는 설명은 적절하지 않다.

① (가)와 (나)는 야간 조명이라는 동일한 화제에 대해 각각 부정적, 긍정적인 관점을 드러내고 있다.
② (나)의 글쓴이는 야간 조명을 활용하여 밤이 아름다운 도시를 만들자고 주장하고 있다. (가)의 글쓴이는 야간 조명 자체를 없애자고 주장하는 것이 아니라, '과도한 인공 불빛'에 노출되는 것을 우려하고 있다. 따라서 야간 조명의 필요성은 인정하고 있다고 볼 수 있다.
③, ⑤ (가)는 과도한 야간 조명이 사람의 건강을 해치므로 야간 조명을 줄여야 한다고 주장하고 있고, (나)는 야간 조명을 활용하여 도시 경관을 아름답게 가꾸자는 주장을 하고 있다.

21 〈보기〉는 카드 뉴스 형식으로 도시의 야간 조명이 일으키는 경제적 손실과 다양한 사회 문제에 대한 정보를 제공하는 글을 쓰기 위한 메모이다. 카드 뉴스는 다양한 시각 자료와 간결한 문구를 활용하여 핵심 정보를 이해하기 쉽게 전달하는 새로운 형식의 매체이다. 따라서 카드 뉴스에 담는 정보를 ⓒ처럼 자세하게 설명하는 방식으로 표현하는 것은 적절하지 않다. 핵심 정보만 추려 간결한 문구를 간단한 시각 자료와 함께 제시하면서 나열하듯이 표현하는 것이 적절하다.

ⓐ 카드 뉴스는 정보 전달을 목적으로 하는 매체이므로, 빛 공해의 부정적 측면에 대한 객관적 정보를 제공하는 것은 적절하다.
ⓒ, ⓓ, ⓔ 카드 뉴스는 시각적 이미지와 간결한 문구로 이루어지므로, 핵심 정보를 압축하여 시각적으로 전달하는 것이 중요하다. 따라서 문구로 표현할 때에도 정보의 중요도나 종류에 따라 글자 크기와 글자 색을 달리하고, 사진, 그림, 그래프나 도표 등의 다양한 시각 자료를 활용하여 핵심 정보를 전달하는 것이 효과적이다.

22 〈보기〉에서 제시된 문제 상황은 글을 쓰는 과정에서 문장을 어떻게 쓰고 어떤 단어를 선택해야 하는지를 고민하고 있다. 이럴 때에는 예상 독자를 고려하면서 독자의 수준에 맞추어 글을 쓰는 방식으로 해결하는 것이 좋다.

23 〈보기〉에서는 역사적으로 한 시대를 평가하는 글을 쓸 때 다양한 자료를 바탕으로 객관적인 평가를 한 후 글을 작성해야 하지만 그렇지 못하고 일부의 자료만을 인용하여 왜곡된 평가를 내린 사례이다. 이와 같은 글쓰기는 사실을 의도적으로 왜곡한 것으로, 사회 구성원들이 시대에 대한 잘못된 판단을 내리게 되는 결과로 연결될 수 있어 쓰기 윤리에서 어긋난다.

상	사실을 왜곡했음을 부정적 결과와 함께 자연스럽게 서술한 경우
중	사실을 왜곡했음을 서술했으나, 부정적 결과를 함께 서술하지 않은 경우
하	쓰기 윤리에 어긋난다는 점을 적절하게 서술하지 못한 경우

24 (다)에서 근거는 객관적이고 타당해야 한다고 설명하고 있다. 주장은 주관적인 내용이지만, 이를 뒷받침하는 근거는 누구나 인정할 수 있는 객관적 정보여야 한다.

오답 확인 ① (가)에서 확인할 수 있다.
② (나)에서 확인할 수 있다.
④ (라)에서 확인할 수 있다.
⑤ (마)에서 확인할 수 있다.

25 '미국에서는 비둘기 사료에 피임 성분을 넣음.'이라는 자료는 '비둘기는 유해한 동물이다.'라는 주장을 뒷받침하기에 적절하지 않다. 따라서 주장을 뒷받침하는 근거만을 선택하였다는 평가는 적절하지 않다.

오답 확인 ① '비둘기는 유해한 동물이다.'라는 주장은 구체적이고 명확한 것으로 평가할 수 있다.
③ 각 자료 뒤에 출처를 밝혀 정리하였다.
④ 신문이나 인터넷, 논문 자료 등 매체 검색을 통해 수집할 수 있는 자료들로 구성하였다.
⑤ 〈보기〉는 자료의 사용 여부를 결정하는 과정이다.

26 〈보기〉에서는 간결한 문장으로 내용을 전달하고 있다. 하지만 (마)의 내용을 참고하여 볼 때, 접속어나 지시어 등을 사용하지 않으면서 문장과 문장 사이의 긴밀성이 떨어진다는 문제가 있다.

상	'긴밀성 부족'과 관련된 내용을 답으로 정확하게 작성한 경우
중	'긴밀성 부족'과 관련된 내용을 답으로 작성하였으나, 문장이 정확하지 않거나 내용이 미흡한 경우
하	예시 답안과 유사하게 작성했으나, '긴밀성'이라는 말이 구체적으로 언급되지 않은 경우

27 '지호'는 자신의 내성적인 성격 때문에 친구들 앞에서 말을 제대로 못하며, 연습을 여러 번 해도 긴장과 불안이 사라지지 않는다고 말하였다. 이런 점을 고려할 때 '지호'는 자신에 대한 부정적 인식 때문에 말하기 불안을 겪고 있다는 것을 알 수 있다.

28 발표에서 실패했던 경험을 자주 떠올리면 오히려 또 실수할까 봐 불안감이 커질 수 있으며, 자신감도 잃을 수 있다. 오히려 성공의 경험을 떠올리거나, 발표를 성공적으로 잘했을 상황을 가정해 보는 것이 말하기 불안을 극복하는 데 더 효과적이다.

29 (가), (나)는 청중의 생각이나 행동 변화를 목적으로 하는 말하기이다. 말을 하기 전 청중의 수준, 관심사와 요구 등을 파악한 후에 이를 고려하여 말할 내용을 효과적으로 생성, 조직하고, 표현과 전달 방식 등 설득 전략을 활용하면 목적 달성에 도움이 되기 때문이다.

오답 확인 ① 담화는 화자와 청자가 더불어 하는 것이지만 그중에서 연설은 화자 중심으로 진행되는 말하기이다.
② 듣는 이의 심리 변화를 즉각적으로 반영하는 것은 말하기의 준비 과정에서 일어나는 것이 아니다.
③ 듣는 이의 요청으로 이루어지기도 하지만 화자가 먼저 준비하고 청중을 초대할 수도 있다.
⑤ 청중의 경험을 사례로 제시하려면 청중에 대한 분석이 필요하겠지만 모든 연설이 듣는 이의 경험을 사례로 제시해야 하는 것은 아니다.

30 화자는 실패를 겪으며 얻은 깨달음을 바탕으로 ㉠ 세 가지를 논리적으로 제시하고 있다. 이를 통해 청중에게 '앞으로 살아가면서 겪을 수 있는 실패를 두려워하지 말라.'라는 교훈을 전한다.

오답 확인 ② 화자는 실패를 경험하면서 삶의 군더더기를 없애고 가장 중요한 한 가지 일에 에너지를 모두 쏟을 수 있었다.
③ 실패를 극복하며 강인하고 현명해져 어떤 일이 있어도 헤쳐 나갈 수 있다는 자신감이 생겼다.
④ 삶은 때로는 우리 뜻대로 되지 않기 때문에 아무것도 실패하지 않고 사는 것은 불가능하다는 것을 인정하게 되어 실패에 대한 두려움이나 자만에서 벗어날 수 있었다.
⑤ 실패를 극복하는 과정에서 화자는 자신이 생각보다 성실하고 의지가 강하며, 주변에 소중한 사람들이 있다는 사실을 깨달았다.

Memo

Memo

EBS 중학

뉴런

| 국어 3 |

미니북

교과서 **시·소설** 한눈에 보기

시

작품	쪽수	교학사	금성	동아	미래엔	비상	지학사	창비	천재(노)	천재(박)
가난한 사랑 노래(신경림)	4쪽		●						●	
껍데기는 가라(신동엽)	6쪽				●					
꽃(김춘수)	8쪽									●
나룻배와 행인(한용운)	10쪽		●							
나를 멈추게 하는 것들(반칠환)	12쪽						●			
들판이 적막하다(정현종)	14쪽									●
멧새 소리(백석)	16쪽						●			
묵화(김종삼)	18쪽						●			
봄(이성부)	20쪽					●				
봄은(신동엽)	22쪽			●						
산에 언덕에(신동엽)	24쪽			●						
상처가 더 꽃이다(유안진)	26쪽			●						
서시(윤동주)	28쪽	●								
성북동 비둘기(김광섭)	30쪽						●			
수라(백석)	32쪽			●						
숲(강은교)	34쪽							●		
진달래꽃(김소월)	36쪽							●		
청포도(이육사)	38쪽								●	●
햇빛이 말을 걸다(권대웅)	40쪽		●							

소설

작품	쪽수	교학사	금성	동아	미래엔	비상	지학사	창비	천재(노)	천재(박)
기억 속의 들꽃(윤흥길)	42쪽			●					●	
길모퉁이에서 만난 사람(양귀자)	43쪽									●
꺼삐딴 리(전광용)	44쪽							●		●
노새 두 마리(최일남)	45쪽				●	●				
마술의 손(조정래)	46쪽			●						
박씨전(작자 미상)	47쪽								●	
별(알퐁스 도데)	48쪽						●			
수난이대(하근찬)	49쪽	●	●				●			
심청전(작자 미상)	50쪽						●			
춘향전(작자 미상)	51쪽	●								
허생전(박지원)	52쪽				●					
호질(박지원)	53쪽		●							
홍길동전(허균)	54쪽							●		
흥부전(작자 미상)	55쪽					●				

'2015 개정 교육 과정'으로 개발된 9종의 중학교 3학년 국어 교과서를 바탕으로, 중학교 3학년 수준에서 필수적으로 익혀야 하는 문학 작품을 선정하였습니다.

가난한 사랑 노래 – 이웃의 한 젊은이를 위하여 | 신경림

• 금성, 천재(노)

가난하다고 해서 외로움을 모르겠는가
너와 헤어져 돌아오는
눈 쌓인 골목길에 새파랗게 달빛이 쏟아지는데.
가난하다고 해서 두려움이 없겠는가
˚두 점을 치는 소리
방범대원의 호각 소리 메밀묵 사려 소리에
눈을 뜨면 멀리 육중한 기계 굴러가는 소리.
가난하다고 해서 그리움을 버렸겠는가
어머님 보고 싶소 수없이 ˚뇌어 보지만
집 뒤 감나무에 까치밥으로 하나 남았을
새빨간 감 바람 소리도 그려 보지만.
가난하다고 해서 사랑을 모르겠는가
내 볼에 와 닿던 네 입술의 뜨거움
사랑한다고 사랑한다고 속삭이던 네 숨결
돌아서는 내 등 뒤에 터지던 네 울음.
가난하다고 해서 왜 모르겠는가
가난하기 때문에 이것들을
이 모든 것들을 버려야 한다는 것을.

• **두 점** 새벽 두 시
• **뇌어** 지나간 일이나 한 번 한 말을 여러 번 거듭 말하여

핵심 정리

갈래	자유시, 서정시	성격	현실적, 감각적
제재	가난한 젊은이의 삶	주제	가난 때문에 모든 것을 버려야 하는 한 젊은이의 삶의 애환
특징	• 유사한 구절의 반복적 표현을 통해 주제를 구체화하고 강조함. • 진실한 삶의 따뜻함과 그 속에 나타나는 인간의 아름다움을 나타냄.		

시의 짜임

1 ~ 3행	너와 헤어져 돌아오는 길의 외로움
4 ~ 7행	고달픈 현실 생활의 두려움
8 ~ 11행	고향을 향한 그리움
12 ~ 15행	사랑하면서도 헤어질 수밖에 없는 아픔
16 ~ 18행	가난 때문에 모든 것을 버려야 하는 서러움

표현상 특징과 효과

| 표현 | 작품 전체를 통해 유사한 문장 구조가 반복됨. 설의법을 사용함.
◎ '가난하다고 해서 ~ 을 모르겠는가' |
| 효과 | 시적 화자인 가난한 젊은이의 정서가 한층 강조되어 나타남. |

사회·문화적 배경과 창작 의도

시구	사회·문화적 배경
• '두 점을 치는 소리' • '방범대원의 호각 소리' • '육중한 기계 굴러가는 소리'	• 1970~1980년대 산업화가 본격적으로 시작되면서 일자리를 찾아 고향을 떠나 도시로 간 사람이 많음. • 도시 노동자들이 열악한 노동 환경에서 일했으며, 가난 때문에 힘겨워 했음.

↓

| 창작 의도 | 열심히 일해도 가난하게 살 수밖에 없었던 당시 젊은이들을 안타깝게 여기고 위로하고자 함. |

1 이 시의 화자는 가난 때문에 감정이 메말라 있다. (○, ×)

2 이 시의 화자는 □□이/가 있는 도시 변두리에 살고 있다.

3 이 시에 부제를 붙인다면 '이웃의 한 □□□을/를 위하여'가 적절하다.

답 **1** × **2** 공장 **3** 젊은이

02

껍데기는 가라 | 신동엽

• 미래엔

껍데기는 가라.
사월도 알맹이만 남고
껍데기는 가라.

껍데기는 가라.
동학년 곰나루의, 그 아우성만 살고
껍데기는 가라.

그리하여, 다시 / 껍데기는 가라.
이곳에선, 두 가슴과 그곳까지 내논
아사달 아사녀가
중립의 *초례청 앞에 서서
부끄럼 빛내며 / 맞절할지니

껍데기는 가라.
한라에서 백두까지
향그러운 흙 가슴만 남고
그, 모오든 쇠붙이는 가라.

• **초례청** 전통 혼례를 치르는 장소

핵심 정리

갈래	자유시, 참여시	성격	저항적, 현실 참여적
제재	분단된 조국 현실	주제	민족의 화합과 분단 극복에 대한 염원
특징	• 특정 시구의 반복을 통해 시적 화자의 염원을 강조함. • 상징적 의미의 시어를 대립시켜 주제를 강조함. • 명령형 어미의 사용으로 단호한 의지를 드러냄.		

시의 짜임

1연	2연	3연	4연
4·19혁명의 순수한 정신이 남길 바람.	동학 농민 혁명의 순수한 정신이 남길 바람.	민족의 순수함이 빛나길 바람.	순수성으로 분단을 극복하길 바람.

시어의 상징적 의미

시어	상징적 의미		시어	상징적 의미
'껍데기'	불순한 존재, 불의와 탄압, 거짓, 허위, 가식, 외세 및 반민족 세력 등	⟷	'알맹이'	화자가 지향하는 본질적인 존재, 진실, 순수, 정의, 바람직한 것, 한국적인 것 등
'쇠붙이'	껍데기의 대표, 무기, 독재, 불의, 총알·전쟁·무력·폭력·군사 등	⟷	'향기로운 흙가슴'	순수한 민족애, 순수한 정신, 평화와 통일의 정신 등

가야 할 것	남아야 할 것

표현상 특징과 효과

명령형 어미 '~라'의 반복	➡	• 운율 형성 및 형식의 완결성에 기여함. • 긴장감을 고조하고, 화자의 단호한 의지를 표현함. • 주제를 선명하게 전달함.

1 이 시는 분단의 비극적 현실 상황을 직접 다루고 있다. (○, ×)

2 이 시에서는 명령적 어조의 서술어인 '□□'을/를 반복하여 긴장감을 고조하고 설득력과 공감의 폭을 넓힌다.

3 '민족의 화합과 통일'을 상징하는 시어를 찾아 쓰시오.

답 1 ○ 2 가라 3 맞절

꽃 | 김춘수

• 천재(박)

내가 그의 이름을 불러 주기 전에는
그는 다만
하나의 몸짓에 지나지 않았다.

내가 그의 이름을 불러 주었을 때
그는 나에게로 와서
꽃이 되었다.

내가 그의 이름을 불러 준 것처럼
나의 이 빛깔과 향기에 알맞는
누가 나의 이름을 불러 다오.
그에게로 가서 나도
그의 꽃이 되고 싶다.

우리들은 모두
무엇이 되고 싶다.
너는 나에게 나는 너에게
잊혀지지 않는 하나의 눈짓이 되고 싶다.

핵심 정리

갈래	자유시, 서정시	성격	관념적, 주지적, 상징적
제재	꽃	주제	서로의 존재를 인식하고 서로에게 의미 있는 관계가 되기를 소망함.
특징			• 간절한 어조를 사용하여 시적 화자의 소망을 드러냄.
			• 구체적인 대상을 통해 추상적이고 관념적인 의미를 전달함.
			• 존재의 의미를 점층적으로 심화하고 확장함.

시적 대상과 시의 화자

시적 대상	'그(인식의 대상)'
시의 화자	누군가에게 의미 있는 존재가 되고 싶은 '나'

'이름 부르기'의 의미

표현상 특징과 효과

'~이 되고 싶다'의 반복	의미 있는 존재가 되고 싶은 소망의 간절함을 강조함.
• '내가 그의 이름을 ~'의 반복 • '너는 나에게 나는 너에게'	의미를 강조함.

1 이 시의 화자는 작품 표면에 드러나 있다. (○, ×)

2 이 시는 존재의 의미에 대한 인식이 '나 → 너 → □□'로 점차 확대 및 심화되고 있다.

3 '몸짓'과 의미가 대조되는 시어를 모두 찾아 쓰시오.

답 1 ○ 2 우리 3 꽃, 무엇, 눈짓

04

나룻배와 행인 | 한용운

· 금성

나는 나룻배
당신은 행인.

당신은 흙발로 나를 짓밟습니다.
나는 당신을 안고 물을 건너갑니다.
나는 당신을 안으면 깊으나 옅으나 급한 여울이나 건너갑니다.

만일 당신이 아니 오시면 나는 바람을 쐬고 눈비를 맞으며 밤에서 낮까지 당신을 기다리고 있습니다.
당신은 물만 건너면 나를 돌아보지도 않고 가십니다그려.
그러나 당신이 언제든지 오실 줄만은 알아요.
나는 당신을 기다리면서 날마다 날마다 낡아 갑니다.

나는 나룻배
당신은 행인.

핵심 정리

갈래	자유시, 서정시	성격	상징적, 명상적
제재	나룻배와 행인	주제	'당신'을 향한 헌신적인 사랑과 간절한 기다림
특징	• '나'와 '당신'을 '나룻배'와 '행인'에 비유하며 시상을 전개함. • '나'의 태도가 '당신'의 태도와 대조를 이루며 강조됨. • 수미 상관의 방법을 사용하고, 종결 어미 '-ㅂ니다'를 반복하며 운율을 형성함. • 쉬운 우리말과 경어체를 사용하여 시적 화자의 태도를 드러냄.		

핵심 특강

시의 화자와 시적 대상

나룻배(시의 화자)	행인(시적 대상)
사랑하는 사람을 위해 자신을 희생하며 기다리는 '나'	이기적이며 무심한 '당신'

'나'와 '당신'의 태도

이 시에서 '나'와 '당신'의 태도는 대조적으로 드러난다. '나'는 당신에게 희생적인 태도를 보이지만, '당신'은 '나'에게 무심한 태도를 보이고 있다.

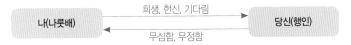

소재의 상징적 의미

나룻배	'나'의 희생적 사랑과 간절한 기다림을 드러냄.
흙발	'나'에 대한 '당신'의 무심함을 드러냄.
바람, 눈비	'당신'을 기다리며 '나'가 겪어야 할 시련과 고난을 의미함.
밤, 낮	'당신'에 대한 '나'의 간절한 기다림의 시간을 의미함.

핵심 체크

1 이 시의 □연에는 '당신'이 돌아올 것에 대한 '나'의 믿음이 드러나 있다.

2 '나'는 '당신'에게 희생적이고, 헌신적인 태도를 보이지만, '당신'은 '나'에게 □□□ 태도를 보인다.

3 이 시에서 '바람', '눈비'는 '당신'에 대한 '나'의 간절한 기다림의 시간을 상징한다.
(O, ×)

답 1 3 2 무심한(무정한) 3 ×

05

나를 멈추게 하는 것들 | 반칠환

• 지학사

보도블록 틈에 핀 씀바귀꽃 한 포기가 나를 멈추게 한다

어쩌다 서울 하늘을 *선회하는 제비 한두 마리가 나를 멈추게 한다

육교 아래 봄볕에 탄 까만 얼굴로 도라지를 다듬는 할머니의 옆모습이 나를 멈추게 한다

굽은 허리로 실업자 아들을 배웅하다 돌아서는 어머니의 뒷모습은 나를 멈추게 한다

나는 언제나 나를 멈추게 한 힘으로 다시 걷는다

• **선회하다** 둘레를 빙글빙글 돌다.

갈래	자유시, 서정시	성격	성찰적, 사색적
제재	나를 멈추게 하는 것들	주제	사소하지만 꿋꿋이 살아가는 사물과 사람들이 주는 삶의 위안
특징	• 일상적인 대상들로부터 발견한 삶의 가치를 성찰함. • '나를 멈추게 한다.'라는 구절을 반복하여 주제 의식을 효과적으로 강조함.		

핵심 특강

● 시의 짜임

1~2연		3~4연		5연
나를 멈추게 하는 주변의 사물들	➡	나를 멈추게 하는 주변의 사람들	➡	나를 멈추게 하는 것들의 의미

● 시적 화자를 멈추게 한 소재들의 공통점

보도블록 틈에 핀 씀바귀꽃 한 포기

⬇

| 어쩌다 서울
하늘을 선회하는
제비 한두 마리 | ➡ | • 나약하고 소외된 것들
• 사소하고 일상적이지만 가치 있는
대상들 | ⬅ | 굽은 허리로 실업자 아들을
배웅하다 돌아서는
어머니의 뒷모습 |

⬆

육교 아래 봄볕에 탄 까만 얼굴로
도라지를 다듬는 할머니의 옆모습

● 시에 드러난 심미적 인식

| 작고 보잘것없어 보이던
일상의 사물과 사람들 | ➡ | 꿋꿋이 살아가는 대상들로부터
삶의 위안을 얻음 |

핵심 체크

1 이 시는 중심 소재들을 ☐☐하며 그들이 지닌 공통점을 드러내고 있다.

2 이 시의 화자는 사소하고 힘없는 대상들로부터 발견한 삶의 가치를 노래하고 있다.
(O, ×)

3 이 시의 화자가 자신의 심미적 체험을 표현하기 위해 주로 사용한 감각적 심상을
쓰시오.

답 1 열거(또는 나열) **2** × **3** 시각적 심상

06

들판이 적막하다 | 정현종

• 천재(박)

가을 햇볕에 공기에
익는 벼에
눈부신 것 천지인데,
그런데,
아, 들판이 적막하다―
메뚜기가 없다!

오 이 불길한 고요―
생명의 황금 고리가 끊어졌느니……

핵심 정리

갈래	자유시, 서정시	성격	성찰적, 대조적
제재	들판, 메뚜기	주제	적막한 들판에서 깨달은 생태계의 위기
특징	• 결실을 맺은 가을 들판의 풍요로움과 메뚜기가 사라진 적막함을 대비하여 주제를 강조함. • 생태계 파괴에 관한 불안감을 드러내고 생태계의 위기를 경고함. • 쉼표, 느낌표, 말줄임표, 줄표 등의 문장 부호를 통해 시적 화자의 정서를 효과적으로 드러냄.		

핵심 특강

시의 창작 의도와 시적 화자의 태도

| 들판에서 메뚜기가 사라짐. | ➡ | 생명체들 사이의 유기적 연결이 끊어지고 생태계의 조화가 무너짐. | ➡ | 생태계의 파괴가 불러올 위험, 현실에 대해 우려함. |

시의 대조적 상황

벼가 익어가는 가을 들판		메뚜기가 없는 들판
풍요롭다, 눈부시다 (긍정적 이미지)	◀ '그런데' ▶ 분위기 전환	적막하다, 불길하다 (부정적 이미지)

표현상 특징과 효과

표현	효과
쉼표, 줄표, 느낌표, 말줄임표 등의 사용	화자의 정서를 효과적으로 드러냄.
'ㅔ'의 반복으로 각운 사용	운율감 형성함.
감탄사를 통한 영탄적 어조	정서(위기감, 불안감)를 고조함.

핵심 체크

1 이 시의 화자는 가을에, 황금빛 벼로 가득 찬 □□을/를 바라보고 있다.

2 4행의 '그런데'가 시의 전반적인 분위기를 바꾸고 있다. (○, ×)

3 이 시는 인간의 욕심으로 인해 □□□이/가 파괴되었음을 고발한 작품으로 '생태 시'라고 부를 수 있다.

답 1 들판 2 ○ 3 생태계

07

멧새 소리 | 백석

• 지학사

처마 끝에 명태(明太)를 말린다
명태(明太)는 꽁꽁 얼었다
명태(明太)는 길다랗고 파리한 물고긴데
꼬리에 길다란 고드름이 달렸다
해는 저물고 날은 다 가고 볕은 서러웁게 차갑다
나도 길다랗고 파리한 명태(明太)다
문(門)턱에 꽁꽁 얼어서
가슴에 길다란 고드름이 달렸다

핵심 정리

갈래	자유시, 서정시	성격	비유적, 묘사적
제재	명태	주제	타향에서의 비극적인 삶
특징	• 은유적 표현을 사용하여 시적 화자가 자신의 처지를 명태에 비유함. • 감각적 이미지를 사용하여 시의 분위기를 효과적으로 나타냄.		

핵심 특강

◑ 시의 화자의 상황과 태도

	시적 화자의 상황	추운 겨울날, 해질녘에 꽁꽁 얼어붙은 명태를 바라보고 있음.
시적 대상 '명태'		
	시적 화자의 태도	명태와 자신을 동일시하며 자신의 처지에 대한 부정적인 인식을 드러냄.

◑ '명태'와 화자의 관계

명태의 모습	시적 화자의 모습
• 처마 끝에 꽁꽁 얼었음.	• 문턱에 꽁꽁 얼어 있음.
• 길다랗고 파리한 물고기임.	• 길다랗고 파리한 명태임.
• 꼬리에 길다란 고드름이 달렸음.	• 가슴에 길다란 고드름이 달렸음.

↓

'명태'	시적 화자의 자화상이자 암울한 시대를 사는 우리 민족의 분신

◑ '고드름'의 의미 변화

전반부		후반부
구체적인 사물을 묘사함.	➡	• 추상적인 의미를 전달함. • 내적 고뇌, 부정적인 자기 인식을 비유함.

핵심 체크

1 이 시에서는 화자의 시선이 내부에서 외부로 이동하고 있다. (○, ×)

2 이 시의 화자는 '명태'와 자신을 동일시하며 자신에 대한 긍정적 인식을 드러내고 있다. (○, ×)

3 명태의 차가운 이미지와 해질녘의 □□□ 이미지를 통해 시적 화자의 힘든 처지를 짐작할 수 있다.

답 **1** × **2** × **3** 하강적

08

묵화 | 김종삼

• 지학사

물먹는 소 목덜미에
할머니 손이 얹혀졌다.
이 하루도
함께 지났다고,
서로 발잔등이 부었다고,
서로 적막하다고,

핵심 정리

갈래	자유시, 서정시	성격	서정적, 애상적
제재	할머니와 소	주제	할머니의 고단한 삶과 할머니와 소의 유대감
특징	• 절제되고 압축된 표현으로 절제미를 느낄 수 있음. • '–다고'를 반복하여 운율감을 형성함. • 마지막 행을 쉼표로 마무리하여 여운을 남김.		

핵심 특강

⊃ 제목이 '묵화'인 까닭

'묵화'의 특징	시 '묵화'의 특징
• 먹으로 짙고 옅음을 이용하여 그린 그림을 의미함. • 화려하지 않고 담담하게 대상을 표현함.	세부적인 내용이나 배경 묘사를 생략한 채 인생의 고단함과 적막함을 절제된 언어로 담담하게 표현하여 한 편의 묵화가 연상되고 여백의 미가 느껴짐.

⊃ '시적 대상인 '소'의 의미

이 하루도
함께 지났다고,
서로 발잔등이 부었다고,
서로 적막하다고, ⇒
• 오랫동안 할머니와 함께 지내 옴.
• 단순히 일을 부리는 대상이 아니라 가족 같은 삶의 동반자임.
• 육체적 노동의 힘듦과 정신적 적막함을 덜어 주는 친구 같은 존재임.

⊃ 표현상의 특징과 효과

'-다고'라는 연결 어미와 반복과 쉼표로 시행이 마무리 됨. ⇒
• 여운을 주고, 운율이 느껴짐.
• 제시된 장면이 매일 반복될 것이고, 할머니와 소의 교감이 지속될 것임을 예측하게 해 줌.

핵심 체크

1 이 시는 배경과 대상에 대한 세부 내용의 생략과 압축으로 이루어져 있다. (○, ×)

2 이 시의 주제는 '쓸쓸하고 고단한 하루하루를 살고 있는 할머니와 소의 □□□' 이다.

3 '소 목덜미에 할머니 손이 얹혀졌다.'라는 행동에 담긴 할머니의 의도는 무엇인지 한 단어로 쓰시오.

답 1 ○ 2 유대감 3 위로

09

봄 | 이성부

• 비상

기다리지 않아도 오고
기다림마저 잃었을 때에도 너는 온다.
어디 *뻘밭 구석이거나
썩은 물웅덩이 같은 데를 기웃거리다가
한눈 좀 팔고, 싸움도 한판 하고,
지쳐 나자빠져 있다가
다급한 사연 들고 달려간 바람이
흔들어 깨우면
눈 부비며 너는 더디게 온다.
더디게 더디게 마침내 올 것이 온다.
너를 보면 눈부셔
일어나 맞이할 수가 없다.
입을 열어 외치지만 소리는 굳어
나는 아무것도 미리 알릴 수가 없다.
가까스로 두 팔을 벌려 껴안아 보는
너, 먼 데서 이기고 돌아온 사람아.

● **뻘** 개흙의 방언. 갯바닥이나 늪 바닥에 있는 거무스름하고 미끈미끈한 고운 흙. 유기물이 뒤섞여 있어 거름으로도 쓴다.

핵심 정리

갈래	자유시, 서정시	성격	희망적, 상징적
제재	봄	주제	자유와 평화의 새 시대에 대한 간절한 기다림
특징	• 대상을 의인화하여 상징적으로 그려 냄. • 확고한 신념에 찬 어조로 굳은 믿음을 드러냄.		

❯ '봄'의 상징적 의미

봄

시대적 상황 중심의 해석	작품 자체만 가지고 본 해석
• 부조리한 현실을 이겨낼 존재 • 시적 화자가 염원하는 민주주의와 자유, 평화	• 희망의 이미지, 간절한 기다림의 대상 • 계절의 순환처럼 당연히 와야 할 대상 • 앞으로 맞이할 새로운 시대 • 온갖 역경을 이겨내고 오는 존재

⬇

현재는 부재 상태에 있지만, 언젠가는 회복될 수 있다고 믿는 가치

❯ 주요 시어의 의미

뻘밭 구석, 썩은 물웅덩이	'봄'이 오는 것을 가로막는 장애물, 시련과 역경
다급한 사연	'봄'이 어서 오기를 바라는 말하는 이의 간절한 바람
바람	'봄'이 와야 함을 전달해 주는 매개체

❯ '봄'의 의인화 효과

표현		효과
'너는 온다.', '어디 뻘밭 구석이거나 ~ 눈 부비며 너는 더디게 온다.', '너, 먼 데서 이기고 돌아온 사람아.'	➡	봄을 인격화함으로써 봄이 오랜 기다림 끝에 오는 것임을 강조함.

핵심 체크

1 이 시의 화자는 기다림의 대상인 '너'가 늦더라도 반드시 올 것을 확신한다. (○, ×)

2 이 시에서 '바람'은 '봄'이 오는 것을 가로막는 장애물이다. (○, ×)

3 이 시에서 '봄'은 계절의 순환처럼 반드시 돌아오는 존재이지만, 쉽게 오는 것이 아니라 온갖 ☐☐을/를 이겨 내고 오는 존재이다.

답 1 ○ 2 × 3 역경 (또는) 시련

10

봄은 | 신동엽

봄은
남해에서도 북녘에서도
오지 않는다.

너그럽고 / 빛나는
봄의 그 눈짓은,
제주에서 두만까지
우리가 디딘 / 아름다운 논밭에서 움튼다.

겨울은,
바다와 대륙 밖에서
그 매운 눈보라 몰고 왔지만
이제 올
너그러운 봄은, 삼천리 마을마다
우리들 가슴속에서 / 움트리라.

움터서, / 강산을 덮은 그 미움의 쇠붙이들
눈 녹이듯 흐물흐물 / 녹여 버리겠지.

갈래	자유시, 참여시	성격	상징적, 희망적
제재	겨울과 봄	주제	우리 자신의 힘으로 이루어 내는 민족 화합과 통일에 대한 소망
특징	\- '봄'과 '겨울'과 같이 상징적인 의미의 시어를 대립적으로 배치하여 시적 의미를 강조함. \- 계절이 순환하는 것처럼 '봄'이 오는 것도 필연적으로 이루어질 것이라는 신념을 표현함.		

22 • EBS 중학 뉴런 **국어 3**

핵심 특강

시상의 전개

각 연의 종결에서 단정적 어조를 사용하여 통일에 대한 확고한 의지를 표출하고 있다.

1연		2연		3연		4연
통일의 주체 제시	➡	자주적 통일의 기반	➡	분단의 원인과 해결책	➡	통일된 조국에 대한 염원

종결 어미		종결 어미		종결 어미		종결 어미
'않는다'	➡	'움튼다'	➡	'움트리라'	➡	'녹여 버리겠지'

시어의 대조

봄	
의미	• 진정한 통일과 화해의 시대 • 민족 통일이 이루어지는 희망찬 미래
특성	• 너그럽고 빛남. • 우리 논밭, 가슴속에서 움틈. • 미움의 쇠붙이를 녹임.

⟺

겨울	
의미	• 냉전 시대 • 분단된 민족으로서의 고통스러운 현실
특성	• 바다와 대륙 밖에서 매운 눈보라를 몰고 옴. • 미움의 쇠붙이들로 강산을 덮음.

남해, 북녘, 바다, 대륙 밖
외세를 상징함.

⟺

제주에서 두만, 삼천리 마을
우리 국토를 상징함.

핵심 체크

1 이 시의 화자는 한반도의 분단을 가져온 '외세'를 원망하고 있다. (O, ×)

2 이 시에서 '봄'을 '우리 민족의 통일'로 본다면 이것은 우리 민족 구성원의 □□속에서 온다고 볼 수 있다.

3 이 시에서 '증오와 불신으로 가득 찬 동족간의 군사적 대결'을 상징하는 시구를 찾아 쓰시오.

답 1 × 2 마음(가슴) 3 미움의 쇠붙이들

11

산에 언덕에 | 신동엽

• 미래엔

그리운 그의 얼굴 다시 찾을 수 없어도
화사한 그의 꽃
산에 언덕에 피어날지어이.

그리운 그의 노래 다시 들을 수 없어도
맑은 그 숨결
들에 숲속에 살아갈지어이.

쓸쓸한 마음으로 들길 더듬는 행인아.

눈길 비었거든 바람 담을지네.
바람 비었거든 인정 담을지네.

그리운 그의 모습 다시 찾을 수 없어도
울고 간 그의 영혼
들에 언덕에 피어날지어이.

핵심 정리

갈래	자유시, 서정시	성격	상징적, 희망적, 추모적
제재	그리운 그의 얼굴	주제	그리운 '그'로 표상되는 정신적 가치의 실현과 지속에 대한 소망
특징	• 그리운 이의 죽음을 긍정적인 태도로 인식함. • 유사한 문장 구조의 반복을 통해 주제를 강조함. • 예스러운 종결 어미 '~ㄹ지어이/~ㄹ지네'의 반복을 통해 시적 화자의 소망과 신념을 강조함.		

핵심 특강

화자와 '행인'과 '그'의 관계

'그' ←—그리움을 느낌.— 화자 —위로를 전함.→ '행인'

'그' —————그리움과 쓸쓸함을 느낌.————→ '행인'

표현상 특징

유사한 통사 구조를 반복함.	율격을 형성하고 주제를 형상화함.
3, 4연에서는 규칙을 파괴함.	운율과 의미에 활력소를 제공함.

➡

예스러운 종결 어미 사용의 효과

~ㄹ지어이	• 여운을 느끼게 함. • 소박한 마음을 표현하고 시에 진정성을 더함. • 화자의 그리움과 부활에 대한 소망을 효과적으로 표현함.
~ㄹ지네	화자의 소망과 신념을 강조함.

핵심 체크

1 이 시의 계절적 배경은 겨울이다. (○, ×)

2 이 시에 등장하는 '행인'과 시적 화자가 공통으로 지니고 있는 정서는 그리움이다.
(○, ×)

3 1연의 '화사한 그의 꽃'은 '그의 영혼'을 ☐☐☐ 이미지로 형상화한 것이다.

답 **1** ○ **2** ○ **3** 시각적

12

상처가 더 꽃이다 | 유안진

• 미래엔

어린 매화나무는 꽃 피느라 한창이고

사백 년 고목은 꽃 지느라 한창인데 / 구경꾼들 고목에 더 몰려섰다

˚둥치도 가지도 꺾이고 구부러지고 휘어졌다

갈라지고 뒤틀리고 터지고 또 튀어나왔다

진물은 얼마나 오래 고여 흐르다가 말라붙었는지

주먹만큼 굵다란 혹이며 패인 구멍들이 험상궂다

거무죽죽한 혹도 구멍도 모양 굵기 깊이 빛깔이 다 다르다

새 진물이 번지는가 개미들 바삐 오르내려도 / 의연하고 의젓하다

사군자 중 으뜸답다

꽃구경이 아니라 상처 구경이다

상처 깊은 이들에게는 훈장(勳章)으로 보이는가

상처 ˚도지는 이들에게 ˚부적(符籍)으로 보이는가

백 년 못 된 사람이 매화 사백 년의 상처를 헤아리랴마는

감탄하고 쓸어 보고 어루만지기도 한다

만졌던 손에서 향기까지도 맡아 본다 / 진동하겠지 상처의 향기

상처야말로 더 꽃인 것을.

- **둥치** 큰 나무의 밑동.
- **도지는** 나아지거나 나았던 병이 도로 심해지는.
- **부적** 잡귀를 쫓고 재앙을 물리치기 위하여 붉은색으로 글씨를 쓰거나 그림을 그려 몸에 지니거나 집에 붙이는 종이.

핵심 정리

갈래	자유시, 서정시	성격	감각적, 교훈적, 대조적
제재	매화나무	주제	꽃보다 더 가치 있는 상처
특징	• 꽃 피느라 한창인 어린 매화나무와 꽃 지느라 한창인 고목을 대조함. • 상처를 지닌 고목의 모습을 상세하게 묘사함. • 상처가 꽃보다 더 아름답다는 역설적인 발상을 보여 줌.		

대조적 심상

어린 매화나무		사백 년 고목	구경꾼
꽃이 피고 있음.	⟺	꽃이 지고 있음.	고목의 상처를 바라봄.

공통점: 상처를 지님. 사는 동안 아픔을 경험함

심미적 인식의 주체

구경꾼	시의 화자·시인
• 꽃보다 상처가 아름다움을 깨달음. • 고목을 만지고 향기도 맡으며 진정한 아름다움을 체험함.	구경꾼들의 모습을 바라보며 깨달음을 얻는 심미적 체험을 함.

표현상 특징과 효과

대조	어린 매화나무와 고목의 모습을 대조하여 대상을 강조함.
묘사	고목의 거친 모습을 묘사 → 시각적 이미지를 사용하여 대상의 모습을 생생하게 드러냄.
도치	상처를 후각적으로 표현할 때, 도치를 통해 향기의 강렬함을 강조함.
역설	'상처야말로 더 꽃인 것을.'이란 모순된 표현을 통해, 고통을 견뎌낸 상처가 꽃보다 더 아름답다는 시인의 생각을 강조함.

1 이 시에서 '고목'의 고통은 현재에도 지속되고 있다. (○, ×)

2 이 시는 □□□을/를 한 시인의 경험이 담겨 있다.

3 이 시에서 '고목'과 사군자의 공통된 특성을 2어절로 찾아 쓰시오.

답 1 ○ 2 꽃구경 3 의연하고 의젓하다

13

서시 | 윤동주

• 교학사

죽는 날까지 하늘을 우러러
한 점 부끄럼이 없기를,
잎새에 이는 바람에도
나는 괴로워했다.
별을 노래하는 마음으로
모든 죽어 가는 것을 사랑해야지
그리고 나한테 주어진 길을
걸어가야겠다.

오늘 밤에도 별이 바람에 스치운다.

핵심 정리

갈래	자유시, 서정시	성격	성찰적, 고백적, 의지적
제재	별	주제	부끄러움 없는 삶에 대한 다짐
특징	• '과거(1~4행) → 미래(5~8행) → 현재(9행)'의 시간 순서에 시간의 변화에 따라 시상을 전개함. • 이미지 대립을 통해 시적 상황을 제시함.		

핵심 특강

시간 순서에 따른 시상의 전개

1~4행(과거)		5~8행(미래)		9행(현재)
부끄러움 없는 삶에 대한 소망	➡	미래의 삶에 대한 결의와 의지	➡	현실 인식과 시적 화자의 의지

소재의 상징적 의미

하늘	시적 화자가 윤리적 판단을 내리는 기준
바람	• 3행: 시적 화자에게 부끄러움을 느끼게 하는 요인 • 9행: 순수하고 순결한 삶을 방해하는 현실적 시련이나 장애 요인
별	희망과 이상의 세계. 순수한 자아와 양심의 세계
길	시적 화자에게 주어진 숙명, 운명
밤	시적 화자가 처한 어두운 현실. 일제 강점기의 시대 상황

대립적 이미지

이상	———	하늘, 별	———	밝음
⇕		'ㄴ나'		⇕
현실	———	밤, 바람	———	어둠, 시련

14

성북동 비둘기 | 김광섭

• 지학사

성북동 산에 번지가 새로 생기면서
본래 살던 성북동 비둘기만이 번지가 없어졌다
새벽부터 돌 깨는 산울림에 떨다가 / 가슴에 금이 갔다
그래도 성북동 비둘기는 / 하느님의 광장 같은 새파란 아침 하늘에
성북동 주민들에게 축복의 메시지나 전하듯 / 성북동 하늘을 한 바퀴 휘 돈다

성북동 메마른 골짜기에는
조용히 앉아 콩알 하나 찍어 먹을 / 널찍한 마당은커녕 가는 데마다
채석장 포성이 메아리쳐서 / 피난하듯 지붕에 올라앉아
아침 구공탄 굴뚝 연기에서 향수를 느끼다가
산 1번지 채석장에 도로 가서
금방 따낸 돌 온기에 입을 닦는다

예전에는 사람을 성자(聖者)처럼 보고
사람 가까이 / 사람과 같이 사랑하고
사람과 같이 평화를 즐기던 / 사랑과 평화의 새 비둘기는
이제 산도 잃고 사람도 잃고
사랑과 평화의 사상까지 / 낳지 못하는 쫓기는 새가 되었다

핵심 정리

갈래	자유시, 서정시	성격	상징적, 비판적
제재	비둘기	주제	자연 파괴와 비인간화되어 가는 현대 문명에 대한 비판
특징	• 선명한 감각적 이미지를 제시함. • 비둘기를 의인화하여 문명 비판적 내용을 우의적으로 표현함.		

핵심 특강

작품의 사회·문화적 상황

구체적 배경	주제
• 자연을 파괴하면서까지 산업화, 도시화가 이루어지던 시대임. • 산업화, 도시화로 황폐해진 자연으로부터 인간이 점차 소외됨. ➡	현대 물질문명 비판

소재의 상징적 의미

성북동 비둘기	• 인간(현대 문명)에 의해 파괴되는 자연 • 도시화와 재개발로 삶의 터전을 빼앗긴 사람들 • 산업화, 도시화 속에서 현대 문명에 의한 상실감을 경험하는 현대인	상징적 의미 간의 공통점 문명의 발달로 점점 소외되어 가는 대상

시에 쓰인 감각적 심상

시각적 심상	'가슴에 금이 갔다'	비둘기의 아픔, 상심
청각적 심상	'돌 깨는 산울림', '채석장 포성'	자연의 파괴 또는 문명의 침투
촉각적 심상	'메마른 골짜기'	파괴된 자연
	'돌 온기에 입을 닦는다'	자연의 모습을 그리워하는 행위

핵심 체크

1 이 시는 '비둘기'를 의인화하여 문명 비판적 내용을 우의적으로 형상화하고 있다.
(O, ×)

2 이 시의 화자는 인간과 □□이/가 조화를 이루며 평화롭게 살기를 바란다.

3 이 시에서 '비둘기'는 '사랑과 평화'라는 □□□ 상징을 넘어 개인적 상징으로 쓰인다.

답 1 O 2 자연 3 관습적

15

•수라 | 백석

•비상

거미 새끼 하나 방바닥에 나린 것을 나는 아무 생각 없이 문밖으로 쓸어 버린다
차디찬 밤이다

언제인가 새끼 거미 쓸려 나간 곳에 큰 거미가 왔다
나는 가슴이 짜릿한다
나는 또 큰 거미를 쓸어 문밖으로 버리며
찬 밖이라도 새끼 있는 데로 가라고 하며 서러워한다

이렇게 해서 아린 가슴이 싹기도 전이다
어데서 좁쌀알만 한 알에서 •가제 깨인 듯한 발이 채 서지도 못한 무척 작은 새
끼 거미가 이번엔 큰 거미 없어진 곳으로 와서 아물거린다
나는 가슴이 메이는 듯하다
내 손에 오르기라도 하라고 나는 손을 내어미나 분명히 울고불고할 이 작은 것
은 나를 무서우이 달아나 버리며 나를 서럽게 한다
나는 이 작은 것을 고이 보드러운 종이에 받어 또 문밖으로 버리며
이것의 엄마와 누나나 형이 가까이 이것의 걱정을 하며 있다가 쉬이 만나기나
했으면 좋으련만 하고 슬퍼한다

• **수라(修羅)** 아수라. 싸움 따위로 혼잡하고 어지러운 상태에 빠진 곳이나 그러한 상태를 말한다.
• **가제** '갓', '방금'의 평안도 방언.

핵심 정리

갈래	자유시, 서정시	성격	서사적, 상징적
제재	거미를 문밖으로 쓸어버린 경험	주제	가족 공동체 붕괴에 대한 안타까움과 가족에 대한 그리움
특징	• 시적 대상인 거미를 의인화하여 표현함. • 시상의 전개에 따라 시적 대상에 대한 시적 화자의 정서가 심화됨.		

핵심 특강

화자의 정서 변화

1~3연으로 갈수록 시적 화자의 정서가 심화되고 있다.

	시적 대상	시적 화자의 행동	화자의 정서
1연	'거미 새끼'	문밖으로 쓸어버림.	무심함.
2연	'큰 거미'	새끼 있는 데로 가라고 문밖으로 버림.	가슴이 짜릿함, 서러움.
3연	'무척 작은 새끼 거미'	부드러운 종이에 받아 문밖으로 버림.	가슴이 메임, 서러움, 슬픔.

시인의 소망

가족 공동체의 안락함을 누리지 못하는 1930년대 민중들의 삶에 대한 안타까움을 방바닥에 떨어진 거미 가족에 빗대어 표현하고 있다.

헤어져 서로를 찾고 있는 거미 가족	=	일제 강점기에 해체된 우리의 가족 공동체
거미 가족의 헤어짐	=	공동체적 삶의 붕괴
⬇		⬇
거미 가족의 재회	=	공동체적 삶의 회복

핵심 체크

1 이 시는 한밤중 □□□에 내려온 거미를 밖으로 쓸어내 버린 경험을 소재로 하고 있다.

2 이 시의 제목인 '□□'은/는 작품이 쓰인 시대 상황과 관련지을 때, '일제 강점기에 가족 공동체가 붕괴된 우리 민족의 현실'로 볼 수 있다.

3 이 시의 화자가 슬픔을 느끼는 것은 거미 가족의 모습에서 당시 우리 민족의 모습을 발견했기 때문이다. (○, ×)

답 **1** 방바닥 **2** 수라 **3** ○

숲 | 강은교

• 창비

나무 하나가 흔들린다
나무 하나가 흔들리면 / 나무 둘도 흔들린다
나무 둘이 흔들리면 / 나무 셋도 흔들린다

이렇게 이렇게

나무 하나의 꿈은 / 나무 둘의 꿈
나무 둘의 꿈은 / 나무 셋의 꿈

나무 하나가 고개를 젓는다
옆에서 / 나무 둘도 고개를 젓는다
옆에서 / 나무 셋도 고개를 젓는다

아무도 없다 / 아무도 없이
나무들이 흔들리고 / 고개를 젓는다

이렇게 이렇게
함께

핵심 정리

갈래	자유시, 서정시	성격	비유적, 교훈적
제재	나무	주제	공동체 정신으로 조화롭게 사는 삶의 추구
특징	• 인간의 삶을 나무의 움직임에 비유하여 나타냄. • 평범하게 일상을 살아가는 개인을 나무로 의인화하여 표현함.		

핵심 특강

〉 시의 짜임

1연	2연	3연	4연	5연	6연
고민, 고뇌하는 모습	고민과 고뇌의 교감	욕망과 이상의 교감	거부와 부정의 교감	나무들만의 세계로서의 숲	공존과 연대를 형성하면서 서로 조화로운 관계를 맺는 나무들

〉 시에 쓰인 표현 방법

의인법	조화롭게 공존하는 개체로 나무를 의인화함으로써, 이상적 인간의 삶을 형상화함.
반복법	유사한 문장 구조와 시어의 반복으로 의미를 강조하고 운율을 형성함.
점층법	'하나 → 둘 → 셋', '하나의 꿈 → 둘의 꿈 → 셋의 꿈' ⬇ • 개체와 개체의 교감과 연대의 형성 과정을 나타냄. • 공감대를 바탕으로 공동체 의식이 형성되는 과정을 보여 줌. • 각 개인의 삶이 다른 사람의 삶에도 영향을 준다는 인식을 바탕으로 함.

〉 '나무의 꿈'의 갖는 의미

나무의 꿈	독립된 개체로서 각기 살아가는 인간들이 나무들이 숲을 이룬 것처럼 공동체 의식을 가지고 조화롭게 살아가기를 바람.

핵심 체크

1 이 시의 화자는 독립된 개체로서 개개인이 존중받는 삶을 추구하고 있다. (O, ×)

2 이 시는 나무의 움직임을 통해 이상적인 삶의 모습을 ☐☐☐으로 형상화하고 있다.

3 '조화로운 공동체적 삶'을 암시하며, 주제를 압축하여 보여 주는 시어를 찾아 쓰시오.

답 1 × 2 점층적 3 함께

17

진달래꽃 | 김소월

• 창비

나 보기가 역겨워
가실 때에는
말없이 고이 보내 드리오리다

*영변(寧邊)에 *약산(藥山)
진달래꽃
아름 따다 가실 길에 뿌리오리다

가시는 걸음걸음
놓인 그 꽃을
사뿐히 즈려 밟고 가시옵소서

나 보기가 역겨워
가실 때에는
죽어도 아니 눈물 흘리오리다

● **영변** 평안북도에 있는 지명.
● **약산** 약산 동대를 가리키는 말. 진달래가 곱기로 유명함.

해심 정리

갈래	자유시, 서정시	성격	애상적. 민요적
제재	임과의 이별	주제	이별의 정한(情恨)
특징	* 3음보의 민요적 율격을 활용하여 리듬감을 형성함. * 여성 화자를 설정하여 이별의 정한을 노래함. * 이별의 슬픔을 반어적으로 표현함. * 3음보, 수미 상관, '– 오리다'의 반복으로 운율을 살림.		

핵심 특강

시의 짜임

1연	2연	3연	4연
이별에 대한 체념과 순응	떠나는 임에 대한 축복	임에 대한 희생적 사랑	이별의 슬픔에 대한 승화

소재의 의미

진달래꽃	• (시인의) 고향을 대표하는 꽃으로, 소중한 것을 의미함. • 아름답고도 희생적인 사랑을 나타냄.

반어적 표현의 효과

표현	나 보기가 역겨워 / 가실 때에는 / 죽어도 아니 눈물 흘리오리다.
의미	임과의 이별이 몹시 슬퍼서 많이 울 것 같지만, 죽어도 눈물을 흘리지 않겠다며 반대로 표현함.

↓

실제 말하고자 하는 바와는 반대로 표현하여 이별하는 슬픔을 더 강하게 드러냄.

문학적 전통의 계승

이 작품은 7·5조, 3음보의 민요적 율격을 바탕으로, 우리 민족의 보편적이고 전통적인 정서인 이별의 정한을 노래하고 있다.

핵심 체크

1 이 시는 남성 화자를 설정하여 임에 대한 희생적 사랑을 노래하고 있다. (○, ×)

2 이 시는 3음보의 □□□ 율격을 활용하여 리듬감을 형성하고 있다.

3 이 시의 4연에서는 '죽어도 아니 눈물 흘리오리다.'라는 □□□ 표현을 통해 시적 화자의 슬픔을 강조하고 있다.

답 1 × 2 민요적 3 반어적

18 청포도 | 이육사

내 고장 칠월은
청포도가 익어 가는 시절

이 마을 전설이 주저리주저리 열리고
먼 데 하늘이 꿈꾸려 알알이 들어와 박혀

하늘 밑 푸른 바다가 가슴을 열고
흰 돛단배가 곱게 밀려서 오면

내가 바라는 손님은 고달픈 몸으로
청포를 입고 찾아온다고 했으니

내 그를 맞아 이 포도를 따 먹으면
두 손은 함뿍 적셔도 좋으련

아이야 우리 식탁엔 은쟁반에
하이얀 모시 수건을 마련해 두렴

핵심 정리

갈래	자유시, 서정시	성격	감각적, 상징적
제재	청포도	주제	평화롭고 풍요로운 삶에 대한 소망
특징	• 상징적 소재를 사용하여 평화롭고 풍요로운 삶에 대한 소망을 그림. • 푸른색과 흰색의 색채 대비를 통해 시적 화자의 소망을 나타냄.		

핵심 특강

◗ 색채 대비

푸른색		하얀색
'청포도', '하늘', '푸른 바다', '청포'	⬌	'흰 돛단배', '은쟁반', '하이얀 모시 수건'

◗ 시어의 상징적 의미

시적 화자가 기다리는 그리움의 대상		일반적으로는 평화로운 세계
	손님	
독립운동을 함께 할 애국지사		역사적으로는 조국의 광복

◗ 시의 화자의 태도

시의 화자 '나'	화자의 상황	손님을 간절히 기다리고 있음.
	화자의 태도	손님을 정성스럽게 맞이하려고 준비하고 있음.

핵심 체크

1 이 시가 발표된 시대의 상황을 고려하면 '손님'은 시적 화자가 '애타게 기다린 임'으로 볼 수 있다. (O, ×)

2 이 시에서 □□□은/는 '풍요롭고 아름다운 삶'을 상징한다.

3 이 시의 화자가 기다리는 '손님'은 어떤 모습으로 찾아온다고 했는지 쓰시오.

　　　　　　　　　　　답 1 × 2 청포도 3 고달픈 몸으로 청포를 입고 찾아온다.

햇빛이 말을 걸다 | 권대웅

• 금성

길을 걷는데
햇빛이 이마를 툭 건드린다
봄이야
그 말을 하나 하려고
수백 광년을 달려온 빛 하나가
내 이마를 건드리며 떨어진 것이다
나무 한 잎 피우려고
잠든 꽃잎의 눈꺼풀 깨우려고
지상에 내려오는 햇빛들
나에게 사명을 다하며 떨어진 햇빛을 보다가
문득 나는 이 세상의 모든 햇빛이
이야기를 한다는 것을 알았다
강물에게 나뭇잎에게 세상의 모든 플랑크톤들에게
말을 걸며 내려온다는 것을 알았다
반짝이며 날아가는 물방울들
초록으로 빨강으로 답하는 풀잎들 꽃들
눈부심으로 가득 차 서로 통하고 있었다
봄이야
라고 말하며 떨어지는 햇빛에 귀를 기울여 본다
그의 소리를 듣고 푸른 귀 하나가
땅속에서 솟아오르고 있었다

핵심 정리

갈래	자유시, 서정시	성격	자연 친화적, 관조적
제재	봄날의 햇빛	주제	봄날의 햇빛과 지상 만물의 교감
특징	• 시각적 심상을 통해 봄의 밝고 따뜻한 분위기를 나타냄. • 동일한 시어 '봄이야'와 종결 어미 '–다'의 반복으로 운율을 형성함. • 의인법을 사용하여 햇빛과 자연물의 대화와 소통의 구조를 잘 드러냄.		

핵심 특강

시상 전개에 따른 시적 화자의 태도

1 ~ 6행	봄소식을 전하러 온 햇빛을 반갑게 맞이함.
7 ~ 17행	햇빛이 만물과 소통 및 교감하고 있음을 깨닫고 놀람.
18 ~ 21행	햇빛의 신비함과 경이로움에 집중함.

시어의 함축적 의미

햇빛	• 봄이 왔음을 알리는 존재임. • 겨우내 잠들어 있던 생명을 깨우는 사명을 지님. • 강물, 나뭇잎, 풀잎, 꽃잎 등의 자연물과 소통하고 교감함.
푸른 귀	• '푸른 새싹'을 의미함. • 봄이 왔음을 알리는 '햇빛'의 소리에 '귀를 기울여 본다.'라고 소통하고 교감하는 모습을 표현함.

시에 쓰인 표현 방법

의인법	• '햇빛'을 의인화하여 자연물과의 소통 및 교감을 생동감 있게 표현함. • 친밀한 분위기를 형성함.

핵심 체크

1 시의 화자는 봄날에 햇빛이 만물을 비추는 장면을 바라보고 있다. (○, ×)

2 '햇빛'의 사명은 겨울 동안 잠들어 있던 자연의 □□□을/를 깨우는 일이다.

3 이 시에서 '햇빛'이 하고 싶은 말에 해당하는 시어를 찾아 한 단어로 쓰시오.

답 1 ○ 2 생명력 3 봄이야

20 기억 속의 들꽃 | 윤흥길

• 동아, 천재(노)

줄거리 6·25 전쟁이 한창인 때, 만경강 다리 근처에 위치한 '나'의 마을에는 피란민의 발길이 끊이지 않는다. '나'는 한 무리의 피란민이 머물다 떠난 자리에 혼자 남겨져 있던 명선이를 발견한다. 어머니는 '나'를 따라 우리 집에 온 명선이를 내쫓으려 하지만, 명선이가 금반지를 꺼내 보이자 태도를 바꾸어 명선이를 받아들인다. 하지만 얼마 못 가서 어머니는 집안일을 돕지 않고 놀고먹기만 하는 명선이를 내쫓을 궁리를 한다. 그러자 명선이는 금반지 하나를 더 내밀고, 아버지는 금반지의 출처를 추궁한다. 아버지의 추궁을 피해 집을 나간 명선이가 당산 숲에서 발견되고 여자아이라는 사실이 밝혀진다. 명선이의 목에 걸린 개패에 적힌 것을 읽고 명선이에게 돈이 될 만한 것이 있다고 확신한 아버지는 명선이가 계속 집에 머물 수 있도록 한다. 그 후 '나'와 명선이는 폭격으로 끊어진 만경강 다리에서 자주 놀게 된다. 그러던 어느 날 다리에서 놀던 명선이가 비행기 폭음에 놀라 다리 아래로 떨어진다. 명선이가 죽은 뒤 '나'는 명선이가 자주 가던 다리 끝까지 가는 데 성공한다. 그곳에서 명선이가 숨겨 둔 헝겊 주머니를 발견한 '나'는 주머니 속의 금반지를 보고는 놀라서 주머니를 송두리째 강물에 떨어뜨리고 만다.

핵심 정리

갈래	단편 소설	시점	1인칭 관찰자 시점
배경	6·25 전쟁 중, 만경강 근처 마을	주제	전쟁으로 인한 비극과 인간성 상실
특징	• 서술자인 '나'의 과거 회상의 형식으로 서술함. • 어린아이의 눈을 통해 전쟁의 폭력성과 비인간성을 효과적으로 보여 줌. • 사투리와 비속어를 통해 당시 삶의 모습과 인물들의 성격을 사실적으로 표현함.		

핵심 특강

❯ 제목 '기억 속의 들꽃'의 의미

들꽃(쥐바라숭꽃)	명선이
• 척박한 환경에서도 살아남은 강인한 생명력을 지님. • '명선이'의 머리에 달렸던 꽃이 강으로 떨어짐.	• 전쟁 중에 홀로 되어 남장을 하고 다닐 만큼 악착같이 살아남으려 함. • 비행기의 폭음에 놀라 다리 밑으로 떨어져 죽음.

➡ 전쟁 상황에서 들꽃처럼 살다 간 '명선이'를 잊을 수 없음.

길모퉁이에서 만난 사람 | 양귀자

· 천재(박)

줄거리 북한산 자락에 둘러싸인 우리 동네에 오면 예술인들을 많이 만날 수 있다고 하면서, '나'는 두 명의 예술가와 '김대호 씨'를 소개한다. 첫 번째 예술가는 '김밥 아줌마'이다. 그이가 만드는 작품은 보통의 김밥과는 달리 그 맛이 환상적이다. 김밥 아줌마는 작품을 만들 때 사람들이 보고 있으면 화를 낼 정도로 김밥을 만드는 일에만 집중한다. '나'는 그이의 김밥을 서슴지 않고 '작품'이라 부른다. 두 번째 예술가는 '빵떡모자 아저씨'이다. 트럭을 몰고 다니며 야채와 과일을 파는데, 최고의 품질만을 고집하고 있다는 자부심을 지니고 있다. 자신이 파는 물건에 대한 지식과 애정이 있는데, 만약 자기 것보다 더 좋은 것을 파는 사람이 나타난다면 장사를 집어치우겠다고 말할 만큼 자존심이 센 사람이다. 그리고 '김대호 씨'는 말과 행동이 느리지만 맡은 일은 빈틈없이 해내는 사람으로, 낙천적이고 이해심이 많아서 주위 사람을 편하게 해 준다.

핵심 정리

갈래	단편 소설, 연작 소설	시점	1인칭 관찰자 시점
배경	1990년대, 어느 동네	주제	평범한 이웃들의 삶에 관한 심미적 성찰
특징	• 등장인물 사이에 뚜렷한 갈등이 나타나지 않음. • 주변에서 만날 수 있는 평범한 사람들의 삶을 섬세한 관찰과 묘사로 소개함. • 자기 나름의 삶을 열심히 살아가는 평범한 이웃들의 삶을 따스한 시선으로 그려 냄.		

핵심 특강

'김밥 아줌마'와 '빵떡모자 아저씨'의 삶의 모습

김밥 아줌마	• 맛이 환상적인 김밥을 만듦. • 주변에 신경 쓰지 않고 오직 김밥 만드는 행위에만 몰두함.
빵떡모자 아저씨	• 자신이 파는 야채와 과일이 최고라는 자부심을 지니고 있음. • 자존심이 세고, 최고의 가치만을 추구함.

➡ 공통점: 자신의 일에 열정적이고 최선을 다함. → '나'가 우리 동네의 예술가로 소개함.

'김대호 씨'의 삶의 모습과 그 가치

김대호 씨	느리지만 맡은 일을 빈틈없이 해내는 성실한 인물임.	➡	정신없이 살아가는 우리의 삶을 돌아보게 함.

꺼삐딴 리 | 전광용

• 창비, 천재(박)

줄거리 이인국은 종합 병원을 운영하는 외과 전문의다. 어느 날, 그는 미 대사관의 브라운과 만날 시간을 맞추려고 회중 시계를 꺼내 보다가 30년 전 과거를 회상한다. 그 회중시계는 일제 강점기에 제국 대학을 졸업하며 부상으로 받은 것이다. 그는 잠꼬대도 일본어로 할 정도로 완전한 황국 신민으로 동화되어 철저히 일본인으로 살아왔다. 해방 후 그는 소련군 점령하에서 과거 친일 행위로 치안대에 연행되어 감방에 감금된다. 이질 환자들이 만연하자 응급처치실에서 일하게 된 그는 스텐코프라는 소련인 군의관에게 잘 보이기 위해 온갖 정성을 다하고, 스텐코프의 뺨에 붙은 혹 제거 수술을 성공한 그는 친소파로 돌변하여 영화를 누린다. 이때 그는 아들을 모스크바로 유학시키게 되는데, 바로 그 다음해에 6·25 전쟁이 발발하여 오늘날까지 부자간의 이별이 되고 말았다. 그는 1·4 후퇴 때 가족과 함께 남한으로 내려온다. 이인국은 남한에서도 그 상황에 맞는 처세술로 현실에 적응하며, 간호원 '혜숙'과 재혼해 딸을 낳는다. 대사관에서 브라운을 만난 이인국은 브라운에게 고려 청자를 선물하고, 결국 미 국무성 초청장을 받는 데 성공한다.

핵심 정리

갈래	단편 소설, 풍자 소설	시점	전지적 작가 시점
배경	1940〜1950년대, 북한과 남한	주제	시류에 따라 변절하면서 순응해 가는 기회주의자의 삶에 대한 비판
특징		• 현재 시점에서 중심 인물이 겪은 인생의 고비를 하나씩 회상하는 구성 방식을 취함. • 일제 강점기에서 6·25 전쟁까지의 현대 한국사를 조망하며, 사회 지도층의 위선을 풍자함.	

핵심 특강

) 소재의 의미와 역할

황국 신민, 성조기, 적기	시대적 배경을 알 수 있게 함.
회중 시계	주인공의 분신이자 과거를 회상하는 매개체로서, 일왕(日王)에게 받은 것이라는 점에서 그의 반민족적 사고를 단적으로 드러냄.

) 제목 '꺼삐딴 리'의 의미와 역할

'꺼삐딴'은 영어 '캡틴'을 러시아 식으로 발음한 것으로서, 이인국 박사의 기회주의적 행태를 풍자하는 의미를 담고 있다.

노새 두 마리 | 최일남

• 미래엔, 비상

줄거리 고향을 떠나 도시 변두리에 자리잡은 '나'의 아버지는 노새로 연탄 배달을 하며 생계를 이어 간다. '나'의 동네는 이삼 년 전부터 문화 주택이 들어서면서 동네가 제법 그럴 듯하게 변화했지만, 구동네와 새 동네 사람들은 서로 어울리지 않는다. 어느 날 연탄을 가득 싣고 가파른 언덕길을 힘겹게 오르던 중 노새가 멈춰 선다. 사람들이 도와주기는커녕 바라만 보고 있는 상황에서 마차가 전복되자 노새가 달아나 버린다. 아버지와 '나'는 열심히 노새를 찾으러 돌아다니지만 찾을 길이 없어 막막하기만 하다. 노새를 찾아 헤매다 무심코 들어간 동물원에서 '나'는 아버지가 노새와 닮았다고 생각한다. 집에 돌아오는 길에 들른 대폿집에서 술에 취한 아버지는 이제부터 자신이 노새가 되겠다고 웃으며 말을 한다. 집에 돌아온 아버지는 노새가 사람을 다치게 하고 가게 물건을 박살내서 순경이 찾아왔다는 어머니의 말을 듣고 문밖으로 나간다. 아버지를 뒤쫓아 나간 '나'는 자기네 같은 서민은 도회지에서 발붙이고 살기 어려운 것인가 생각한다.

핵심 정리

갈래	단편 소설	시점	1인칭 관찰자 시점
배경	1970년대 서울의 변두리 동네	주제	시대 변화에 적응하지 못하는 도시 이주민들의 힘겨운 삶
특징	• 어린아이인 '나'의 눈을 통해 현실의 모습과 아버지의 삶을 그려 냄. • 대비되는 소재(자동차 ↔ 노새)를 통해 주제 의식을 드러냄.		

핵심 특강

◗ 제목 '노새 두 마리'의 뜻

노새 두 마리		상징적 의미
(우리 집) 노새, 아버지	⇒	• 산업화와 도시화에서 뒤처진 존재 • 시대의 변화에 적응하지 못하고 고달픈 삶을 살아가는 존재

◗ 소재의 역할

헬리콥터, 자동차, 자전거	⇒	산업화가 급격하게 진행되는 도시의 모습을 보여 줌.

마술의 손 | 조정래

· 동아

줄거리 밤골에 전기가 들어온다는 소식이 전해지자 마을 사람들은 들뜨며 기대한다. 전기가 들어오게 된 날 마을에서는 잔치가 벌어진다. 다음날 낯선 청년들이 텔레비전을 가지고 들어와 마을 사람들에게 홍보를 하고, 많은 집들이 텔레비전을 구입한다. 텔레비전의 보급은 마을 공동체에 큰 변화를 가져온다. 텔레비전이 있는 집 아이들과 없는 집 아이들 사이에 계급이 생기고, 이웃집도 거리감이 생긴다. 마을의 화제는 거의 텔레비전과 연관된 것들로 바뀌고, 마을의 분위기도 많이 바뀐다. 저녁마다 당산나무 밑에 모여 어울려 놀던 마을 사람들은 점점 개인의 삶을 즐기게 되고, 잔칫집에도 일손을 구하기 어려워진다. 3개월 만에 거의 모든 집이 텔레비전을 샀고, 월부금을 제때 내지 못한 집은 텔레비전을 빼앗기기도 한다. 반면 살림이 넉넉한 집에서는 선풍기와 전기밥솥 같은 가전 제품을 들여 놓기도 한다. 한편 월전댁이 텔레비전 드라마에 푹 빠져 있는 동안 집에 화재가 일어나는데, 마을 사람들이 너무 늦게 도착하여 월전댁의 집은 모두 불에 타고 만다.

핵심 정리

갈래	단편 소설	시점	전지적 작가 시점
배경	1970년대, 밤골	주제	문명의 도입으로 인한 공동체적 삶의 상실
특징			• 사투리와 비속어를 사용하여 사실성을 높임. • 밤골에서 일어난 사건들을 통해 기술 문명의 발달로 인간의 삶이 어떻게 달라졌는지를 보여 줌.

핵심 특강

◗ 제목의 의미

제목 '마술의 손'	➡	전기와 함께 들어온 가전 제품들

◗ 전기가 들어온 이후 '밤골'의 변화

공동체적 삶의 모습이 사라지고 개인주의화 된 사회 모습 보여 준다.

전기가 들어오기 전	전기가 들어온 후
• 당산나무 밑에서 함께 어울려 놀았음. • 잔칫집에는 이웃 사람들이 밤늦게까지 일을 도와 줌.	• 집집마다 자기 집 방에서 텔레비전을 보고 있음. • 잔칫집에서 일손을 구하기 어려워짐.

25 박씨전 | 작자 미상

• 천재(노)

줄거리 이득춘의 아들 시백은 어려서부터 총명하고 비범하였다. 어느 날, 박 처사라는 사람이 찾아와 자기 딸과의 혼인을 청하자, 이득춘은 박 처사가 신기가 범상하지 않음을 알고 쾌히 응낙한다. 시백은 첫날밤에 박씨가 천하에 박색임을 알고 실망하여 박씨를 돌보지 않는다. 가족들도 박씨의 얼굴을 보고는 모두 비웃는다. 이에 박씨는 후원에다 피화당을 지어 달라고 청하여 그곳에 홀로 거처한다. 박씨는 신이한 재주를 부려서 집안의 재산을 늘리고, 시백의 장원 급제를 돕는다. 시집온 지 삼 년이 된 어느 날, 박 처사는 딸의 액운이 다하였다며 도술로 딸의 허물을 벗겨 주자, 박씨는 일순간에 절세미인으로 변한다. 이에 시백을 비롯한 모든 가족들이 박씨를 사랑하게 된다. 이후 호왕(胡王)은 용골대 형제에게 10만 대군을 주어 조선을 침공한다. 사직이 위태로워지자 왕은 남한산성으로 피난하지만 결국 항복하겠다는 글을 보낸다. 많은 사람이 잡혀 죽었으나, 오직 박씨의 피화당에 모인 부녀자들만은 무사하였다. 이를 안 적장 용홀대가 피화당에 침입하자 박씨는 그를 죽이고, 복수하러 온 그의 동생 용골대도 크게 혼을 내어 물리친다. 왕은 박씨를 충렬부인에 봉한다.

핵심 정리

갈래	역사 군담 소설, 전쟁 소설	시점	전지적 작가 시점
배경	조선 시대, 한양과 금강산	주제	박씨 부인의 영웅적 기상과 재주, 청나라에 대한 적개심과 복수심
특징	• 변신 모티프를 사용함. • 병자호란의 패배라는 역사적 사실을 승리로 바꿈으로써 민족적 자긍심을 고취함.		• 실존 인물을 등장시켜 사실성을 높임.

핵심 특강

「박씨전」의 구성

전반부		후반부
'박씨'가 천하의 박색이라는 이유로 시댁 식구들로부터 천대를 받음(가정 내 갈등).	변신 ⇒	병자호란이 일어나자 '박씨'가 뛰어난 능력을 발휘하여 오랑캐를 물리침(사회적 갈등).

「박씨전」의 역사적 의의

이 작품에서는 조선의 항복으로 끝난 병자호란을 승리한 것처럼 그리며 민족의 자긍심을 높이고 있다.

26

별 | 알퐁스 도데

• 지학사

줄거리 '나'는 뤼브롱산에서 홀로 양을 치는 스무 살의 목동이다. '나'가 세상 소식을 전해 들을 수 있는 유일한 방법은 보름에 한 번씩 식량을 날라다 주는 농장 사람들로부터 듣는 것이다. 그러던 어느 일요일, 양식이 오기를 목이 빠지게 기다리던 '나'는 평소에 흠모하던 아름다운 스테파네트 아가씨가 양식을 싣고 목장에 오자 놀란다. 늘 오던 꼬마 일꾼은 병이 나고 아주머니는 휴가 중이었기 때문에 아가씨가 대신 온 것이다. 식량을 전해 주고 마을로 돌아가던 스테파네트는 갑자기 내린 소나기로 인해 불어난 강물에 빠질 뻔하고 날마저 어두워지자 되돌아온다. 나는 불안해하는 아가씨를 정성껏 보살핀다. 밤이 오자 스테파네트는 잠을 이루지 못하고 '나'와 나란히 앉아 밤을 새우게 된다. '나'는 스테파테트에게 별의 이름과 거기에 얽힌 이야기를 들려주게 되고, 이야기를 들으면서 스테파네트는 '나'의 어깨에 머리를 기대고 앉아 잠이 든다. '나'는 별들 중에 가장 여릿여릿하고 가장 반짝이는 별 하나가 자신에게 내려와 어깨에 기대어 잠든 것이라고 생각한다.

핵심 정리

갈래	단편 소설, 순수 소설	시점	1인칭 주인공 시점
배경	• 시간적: 19세기 • 공간적: 프랑스 프로방스	주제	아가씨를 향한 양치기의 순수하고 아름다운 사랑
특징	• 하늘의 별과 같은 인간의 순수성을 추구함. • 두드러진 갈등 구조가 드러나지 않음. • 전체적으로 조용하면서 잔잔한 분위기를 드러냄.		

핵심 특강

◗ '나'의 심리 변화

놀람		설렘		행복함
식량을 주고 떠났던 스테파네트가 흠뻑 젖어서 돌아옴.	➡	스테파네트와 함께 시간을 보내게 됨.	➡	스테파네트가 '나'의 어깨에 기대어 잠이 듦.

◗ 이 소설의 심미적 가치

'나'의 순수하고 아름다운 사랑	➡	정신적 사랑의 아름다움

수난이대 | 하근찬

• 교학사, 금성, 지학사

줄거리 만도는 6·25 전쟁에 징병되어 나갔던 아들 진수가 돌아온다는 소식에 하나밖에 남지 않은 팔을 휘저으며 읍내로 향하는 용마루재를 단숨에 올라간다. 만도는 아들이 병원에서 나온다는 소식 때문에 생긴 불안한 마음을 애써 달래 본다. 그리고 외나무다리가 있는 개천을 지나고 단골 주막도 지나친 후에 시장에 들러 고등어를 사 가지고 기차역에 도착한다. 기차가 도착하기를 기다리던 만도는 자신이 한 쪽 팔을 잃었던 일제 강점기를 회상한다. 만도는 강제 징용을 당해 남양 군도에서 굴착 공사를 하던 중에 폭발 사고로 한 쪽 팔을 잃었던 것이다. 드디어 기차가 도착한다. 하지만 만도 앞에 선 진수는 한 쪽 다리를 잃은 상이군인이다. 실의에 빠져 집으로 돌아오던 만도와 진수는 외나무다리 앞에 선다. 외나무다리는 한쪽 팔이 없는 만도가 한쪽 다리가 없는 진수를 업고 건너야만 한다. 일제 강점기의 상처를 가진 만도가 6·25 전쟁의 상처를 가진 진수를 업고 외나무다리를 건넌다. 그리고 이 모습을 용머리재가 가만히 내려다보고 있다.

핵심 정리

갈래	단편 소설, 전후 소설	시점	전지적 작가 시점, 3인칭 관찰자 시점
배경	• 시간적: 일제 강점기, 6·25 전쟁 • 공간적: 1950년대 시골	주제	아버지와 아들에게 닥친 시련과 이를 극복하려는 의지(민족의 수난과 극복 의지)
특징	• '현재−과거−현재'의 역순행적 구조를 보여 줌. • 사투리와 비속어를 사용하여 인물의 성격을 드러내고 생동감과 현실성을 높임. • 해학적인 문체를 통해 비극적 상황 속에서도 긍정적인 희망을 느끼게 함.		

핵심 특강

◗ 작품의 사회·문화적 배경

인물	역사적 사건	개인의 수난
만도	일제 강점기의 강제 징용	한쪽 팔을 잃음.
진수	6·25 전쟁	한쪽 다리를 잃음.

◗ 중심 소재의 상징적 의미

외나무다리	• '만도'와 '진수'가 극복해야 할 시련	• '만도'와 '진수'가 화합하게 되는 매개물

28
심청전 | 작자 미상

• 지학사

줄거리 황주 도화동에 심 봉사라는 장님이 있었다. 심 봉사에게는 딸이 있었는데 이름은 심청이었다. 심 봉사의 아내는 심청을 낳은 후 얼마 지나지 않아 세상을 떠나고 심 봉사는 온갖 고생을 하며 심청을 키운다. 심 봉사는 물에 빠진 자신을 구해 준 스님에게 눈을 뜨기 위한 시주 3백 석을 약속한다. 이 이야기를 들은 심청은 아버지의 눈을 뜨게 하기 위해 남경 상인에게 공양미 3백 석을 받기로 하고 제물로 자신의 몸을 판다. 아버지와 안타까운 이별을 한 심청은 인당수에 몸을 던진다. 하지만 심청의 효심에 감동한 용왕의 도움으로, 심청은 죽은 어머니와 재회한 후 연꽃을 타고 인간 세상으로 돌아온다. 그리고 연꽃에서 나온 심청의 아름다움과 착한 성품에 반한 천자는 심청을 황후로 삼는다. 황후가 된 심청은 심 봉사를 찾기 위해서 큰 맹인 잔치를 열고, 고생 끝에 잔치에 도착한 심 봉사와 만나는 기쁨을 나눈다. 이 놀랍고 감동스러운 사건으로 심 봉사는 눈을 뜬다.

핵심 정리

갈래	고전 소설, 한글 소설, 판소리계 소설	시점	전지적 작가 시점
배경	• 시간적: 송나라 시대 / • 공간적: 황주, 용궁	주제	부모에 대한 지극한 효심
특징	• 유교적 덕목인 효를 강조하며 도교적인 소재가 등장함. • 공간적 배경이 현실 세계뿐 아니라 비현실적 세계까지 확장됨. • '설화 → 판소리 → 소설'의 발전 과정을 거침.		

핵심 특강

「심청전」의 구성

전반부		전환점		후반부
가난하고 비참한 삶을 살다가 공양미 삼백 석에 팔려 감.	➡	인당수에 제물로 바쳐짐.	➡	용왕에게 구출되었다가 황후가 되어 아버지와 재회함.

'심청'의 효에 대한 상반된 견해

긍정적		부정적
아버지를 위해 하나밖에 없는 목숨을 내 놓을 정도의 진정한 효녀임.	⬌	앞 못 보는 아버지를 홀로 남겨 두었고 아버지의 마음 아프게 했으므로 효녀가 아님.

29 춘향전 | 작자 미상

• 교학사

소설

[줄거리] 성 참판과 퇴기 월매 사이에서 태어난 춘향은 뛰어난 미모와 재주를 지녔다. 어느 날 남원 부사의 아들 이몽룡은 광한루에 구경 나왔다가 춘향이 그네를 타는 모습을 보고 한눈에 반한다. 그날 밤 이몽룡은 춘향의 집을 찾아가 춘향 모 월매에게 춘향과의 백년가약을 맹세한다. 이후 몽룡의 아버지가 서울로 가게 되어 둘은 어쩔 수 없이 이별을 한다. 몽룡은 다시 꼭 돌아오겠다는 약속을 하고, 춘향은 몽룡이 과거에 급제하여 돌아올 것이라 믿으며 기다린다. 새로 사또로 부임한 변학도는 춘향에게 수청 들 것을 강요한다. 춘향은 죽음을 무릅쓰고 정절을 지키려 하고, 이로 인해 하옥된다. 한편 몽룡은 과거에 급제하여 전라도 암행어사가 되어 내려온다. 몽룡이 거지꼴로 변장하여 춘향의 집을 찾아가니 월매가 푸대접하고, 옥중의 춘향은 절망에 빠진다. 몽룡은 변 사또의 생일잔치 때 각 읍수령이 모인 틈을 타 어사출두를 단행한다. 어사또는 변 사또를 파직하고 벌을 준 후, 춘향과 재회한다. 그 후 어사또는 춘향을 데리고 상경하여 부부로서 행복하게 살아간다.

핵심 정리

갈래	고전 소설, 한글 소설, 판소리계 소설	시점	전지적 작가 시점
배경	• 시간적: 조선 후기 / • 공간적: 전라도 남원	주제	신분을 뛰어넘는 사랑
특징	• 해학과 풍자를 바탕으로 뛰어난 문학성을 달성함. • 판소리의 영향으로 운문체와 산문체가 혼합되고, 서술자가 사건에 개입하는 부분이 많음.		

핵심 특강

작품에 반영된 사상

인간 평등	사회 개혁	자유연애	정절 중시
신분 차이를 뛰어넘은 사랑의 실현	탐관오리의 횡포 등 부조리에 대한 항거	남녀의 자유로운 사랑	여성의 지조와 정절 예찬

「춘향전」의 형성과 전승 과정

설화	➡	판소리 사설	➡	판소리계 소설	➡	신소설
열녀 설화		춘향가		춘향전		옥중화

허생전 | 박지원

• 미래엔

줄거리 허생은 남산 아래 묵적골의 오두막집에 살며 십 년 째 책만 읽고 있는 인물이다. 삯바느질로 살림을 꾸려 오던 아내는 허생의 경제적 무능에 대해 화를 낸다. 아내의 질책을 들은 허생은 보던 책을 덮고 세상으로 나온다. 허생은 한양에서 제일 부자라는 변 씨를 찾아가 돈 만 냥을 빌린다. 안성에 내려간 허생은 과일 장사를 하여 큰돈을 벌고, 제주도에 들어가 말총 장사를 하여 더 큰돈을 번다. 그 후 허생은 무인도 하나를 얻어 도둑들과 들어가 농사를 짓고 다시 백만금을 번다. 돌아온 허생은 가난한 사람을 구제하고, 남은 돈으로 변 씨에게 빌린 돈을 갚는다. 한편 변 씨로부터 허생의 이야기를 들은 북벌 운동의 총책임자 이완(李浣)장군이 허생을 찾아온다. 허생은 북벌을 위한 세 가지 제안을 하지만, 유교적 명분을 중시하는 이완은 모든 제안을 받아들이지 못한다. 이에 허생이 화를 내며 이완을 죽이려 하자, 놀란 이완은 허생의 집에서 도망간다. 다음 날 이완이 허생의 집을 찾았으나 오두막은 텅 비고 허생은 사라지고 없었다.

핵심 정리

갈래	한문 소설, 풍자 소설	시점	전지적 작가 시점
배경	• 시간적: 조선 효종 때 • 공간적: 국내와 국외	주제	양반의 무능과 허위의식에 대한 비판
특징	• 실학 사상을 바탕으로 조선 후기 사회의 모순을 풍자함. • '허생'이라는 영웅적인 인물이 등장함. • '빈 섬'을 통해 이상국의 모습을 보여 줌.		

핵심 특강

● 소설의 사회·문화적 배경

경제적 측면	외교적 측면	문화적 측면
• 경제 규모가 작음. • 유통이 발달되지 않음.	• 북벌론이 대두됨.	• 양반들이 명분만을 중시함.

● 이 글의 비판 대상

현실적인 제안이나 이익보다 명분과 예법을 중시하는 당시의 양반 계층을 비판한다.

호질 | 박지원

· 금성

줄거리 정나라의 어느 고을에 벼슬하기를 달갑게 여기지 않고 학식과 덕이 높아 많은 사람의 존경을 받는 북곽 선생이 살았다. 같은 읍 동쪽에는 열녀로 칭송받는 과부 동리자가 살았는데, 사실 동리자의 다섯 아들 모두 성이 다른 자식이었다. 하루는 북곽 선생이 남몰래 과부 동리자의 집을 찾았다. 동리자의 다섯 아들이 북곽 선생을 여우가 둔갑한 것으로 오해하여 들이닥치자, 북곽 선생은 줄행랑을 친다. 도망치던 북곽 선생은 똥구덩이에 빠지게 되고, 이에 나오려고 구덩이 밖으로 목을 내밀어 보니 호랑이가 떡 버티고 있었다. 호랑이는 선비란 참 구린 것들이라고 말하며, 사람의 도리를 입으로만 하고 행실은 더러운 사람들을 비판하고 꾸짖는다. 호랑이의 꾸지람에 북곽 선생이 연신 굽실거리며 아첨을 떨다 보니, 날은 밝았고 호랑이는 간 곳 없었다. 김을 매러 가는 농부가 절을 하는 이유를 묻자, 북곽 선생은 덕 있는 선비인 양하며 농부를 대한다.

핵심 정리

갈래	한문 소설, 풍자 소설, 우화 소설	시점	전지적 작가 시점
배경	• 시간적: 중국 춘추 시대 • 공간적: 정나라 어느 고을	주제	양반의 위선적인 삶과 인간 사회의 부도덕성에 대한 풍자
특징	• 인물의 행위를 우스꽝스럽게 표현함. • 실학 사상을 바탕으로 인간의 부정적 모습을 비판함. • 동물을 의인화하여 표현함.		

핵심 특강

》 인물의 성격

북곽 선생	동리자
겉으로는 높은 학식과 높은 인품을 지닌 선비이지만, 부도덕하고 위선적임.	열녀로 알려져 있지만, 성이 다른 다섯 아들을 둔 겉과 속이 다른 인물임.

》 '범'의 역할

• 위선적 인물을 비판하는 인물로 작가 의식을 대변한다.

• 작품의 흥미를 더해 준다.

32 홍길동전 |허균

· 창비

줄거리 조선 세종 때, 홍 판서에게는 세 부인이 있었는데, 정실부인이 인형을 낳고, 시비 춘섬이 길동을 낳았으며, 초란은 소생이 없었다. 길동이 영리하여 홍 판서의 사랑을 받자, 이를 시기한 초란이 무녀를 불러 길동을 없앨 것을 모의한다. 이후 초란은 길동을 죽이기 위해 자객을 보내는데, 길동이 이를 도술로 물리치고는 부친과 어머니께 작별을 고하고 출가한다. 길동은 집을 나와 떠돌다가 산중 도적의 소굴에 들어가 활빈당을 조직하고, 전국 탐관오리의 재물을 빼앗아 가난한 백성들에게 나누어 준다. 조정에서는 이를 알고 홍길동을 잡아들이라 하나 길동이 둔갑술을 부려 위기를 벗어난다. 왕은 결국 길동을 달래기 위해 병조 판서의 벼슬을 내리는데, 길동은 왕 앞에 찾아와 절하고 조선을 떠난다. 이후 길동은 율도국에 들어가 이상적인 나라를 세워 다스린다.

핵심 정리

갈래	고전 소설, 한글 소설, 사회 소설	시점	전지적 작가 시점
배경	• 시간적: 조선 세종 / • 공간적: 조선, 율도국	주제	적서 차별 제도 비판과 사회 개혁
특징	• 영웅의 일대기 구조에 따라 사건이 전개되고, 비현실적 요소가 드러남. • 사회 제도에 대한 비판 의식을 바탕에 둠.		

핵심 특강

「홍길동전」의 영웅 일대기 구조

고귀한 혈통을 지니고 태어남.	판서의 아들로, 용꿈을 꾸고 잉태됨.
비범한 능력을 지님.	총명하고 도술에 능함.
어려서 위기를 겪음.	초란의 음모로 위험에 빠짐.
조력자를 만나 위기를 벗어남.	도술을 부려 자객을 죽임.
자라서 다시 큰 위기를 만남.	활빈당으로 인해 조정에서 잡아들이려 함.
위기를 극복하고 영웅이 됨.	벼슬을 거절하고 율도국의 왕이 됨.

작품에 드러난 사회·문화적 배경과 창작 의도

• 적서 차별 제도(서자는 관직에 진출할 수 없음.) • 관료 사회의 횡포(지배층이 백성들을 수탈함.)	➡	당시 사회의 부조리를 고발 및 개혁하여 새로운 사회를 건설해야 한다는 의지를 담음.

흥부전 | 작자 미상

• 비상

줄거리 전라도와 경상도의 경계 지역에 사납고 못된 형 놀부와 순하고 착한 아우 흥부가 살았다. 부모님이 돌아가신 후 놀부는 부모의 유산을 독차지하고 동생 흥부를 집에서 쫓아낸다. 흥부는 아내와 많은 자식들과 함께 초라한 움집을 짓고 살았는데, 먹을 것이 없어 고생을 한다. 한번은 놀부의 집에 쌀을 구하러 갔다가 매만 맞고 돌아온다. 품팔이를 하고 매품팔이까지 했지만 여전히 먹고살기가 힘들었다. 어느 봄 흥부네 집에 제비가 찾아와 집을 짓고 새끼를 낳았는데, 그중 한 마리가 떨어져 다리가 부러진다. 흥부가 제비 다리를 고쳐 주었는데, 이듬해 그 제비가 박씨 하나를 물어다 준다. 흥부가 박씨를 심어 가을에 박을 타니, 그 속에서 금은보화가 나와 흥부는 큰 부자가 된다. 놀부가 이 소식을 듣고 제비 새끼의 다리를 일부러 부러뜨린 후 치료하여 날려 보낸다. 이듬해 제비가 역시 박씨를 물고 와 놀부가 박씨를 심고 가을에 박을 타게 되는데, 그 속에서 도깨비 등이 나와서 결국 놀부는 망하게 된다. 이 소식을 들은 흥부는 형 놀부에게 재산을 나누어 주고, 놀부는 자신의 잘못을 뉘우치고 흥부와 함께 행복하게 살아간다.

핵심 정리

갈래	고전 소설, 한글 소설, 판소리계 소설	시점	전지적 작가 시점
배경	• 시간적: 조선 후기 • 공간적: 경상도와 전라도의 경계	주제	형제간의 우애와 권선징악
특징	• 판소리 사설을 바탕으로 정착되어 운문체와 산문체가 혼합됨. • 대조적인 인물 묘사를 통해 주제를 강조하고, 해학적인 표현을 통해 웃음을 유발함.		

핵심 특강

인물의 대조적 특성

흥부	• 가난하지만 선량함. • 현실적으로 무능함.	⟷	놀부	• 부유하지만 인정이 없음. • 욕심이 많음.

「흥부전」의 형성과 전승 과정

설화		판소리 사설		판소리계 소설		신소설
방이 설화	➡	흥보가	➡	흥부전	➡	연의 각

쪽수	제재	저자	출처
4쪽	가난한 사랑 노래	신경림	「가난한 사랑 노래」 (실천문학사, 1988)
6쪽	껍데기는 가라	신동엽	「누가 하늘을 보았다 하는가」 (창비, 2017)
8쪽	꽃	김춘수	「꽃」 (지식을만드는지식, 2014)
10쪽	나룻배와 행인	한용운	「님의 침묵」 (범우사, 2017)
12쪽	나를 멈추게 하는 것들	반칠환	「뜰채로 죽은 별을 건지는 사랑」 (시와시학사, 2001)
14쪽	들판이 적막하다	정현종	「한 꽃송이」 (문학과지성사, 1992)
16쪽	멧새 소리	백석	「정본 백석 시집」 (문학동네, 2007)
18쪽	묵화	김종삼	「김종삼 전집」 (나남출판, 2005)
20쪽	봄	이성부	「우리들의 양식」 (민음사, 1995)
22쪽	봄은	신동엽	「누가 하늘을 보았다 하는가」 (창비, 2017)
24쪽	산에 언덕에	신동엽	「누가 하늘을 보았다 하는가」 (창비, 2017)
26쪽	상처가 더 꽃이다	유안진	「알고(考)」 (천년의시작, 2009)
28쪽	서시	윤동주	「하늘과 바람과 별과 시」 (소와다리, 2016)
30쪽	성북동 비둘기	김광섭	「성북동 비둘기」 (미래사, 2003)
32쪽	수라	백석	「나와 나타샤와 흰 당나귀」 (다산북스, 2005)
34쪽	숲	강은교	「빈자 일기」 (민음사, 1977)
36쪽	진달래꽃	김소월	「김소월 전집」 (서울대학교 출판부, 2007)
38쪽	청포도	이육사	「청포도·광야」 (창작시대사, 2015)
40쪽	햇빛이 말을 걸다	권대웅	「조금 씁쓸했던 생의 한때」 (문학동네, 2003)